Mosquito Verlag

DIE ANTWORT

DAVID ICKE

David Icke

DIE ANTWORT

Titel der Originalausgabe: „THE ANSWER“

2. Auflage, 2022

Deutsche Übersetzung: Peter Hiess
Layout: Inna Kralovyetts

www.mosquito-verlag.de

ISBN 978-3-943238-64-8

Widmung

Für *Alles Was Ist, War* und *Je Sein Kann*

Was ist der Sinn des Lebens?
Es muss keinen Sinn geben.
Es ist einfach.
Genießen Sie es.

David Icke

Zitate des persischen Mystikers Dschalāl ad-Dīn Muhammad Rūmī, auch kurz Rumi genannt, aus dem 13. Jahrhundert. Seine Worte sind eine Bestätigung dafür, dass nichts neu ist – es wurde nur vergessen:

„Dieses Universum ist nicht außerhalb von dir.
Schau in dich hinein –
alles, was du willst, bist du schon."

„Du bist kein Tropfen im Ozean,
du bist ein gesamter Ozean in einem Tropfen."

„Hör auf, dich so klein zu machen.
Du bist das Universum in ekstatischer Bewegung."

„Warum bleibst du im Gefängnis,
wenn die Tür so weit offen steht?"

„Erhebe deine Worte, nicht deine Stimme.
Es ist der Regen, der Blumen wachsen lässt,
nicht der Donner."

„Stell dir jemanden vor, der nicht dauernd mitzählt,
der nicht reicher sein will und auch keine Angst vor dem
Verlieren hat, der sich nicht einmal im Geringsten für seine
eigene Persönlichkeit interessiert:
Er ist frei."

Und eines noch, mit dem ich mich wirklich gut identifizieren kann …

„Lauf weg von dem, was bequem ist. Vergiss die Sicherheit.
Lebe dort, wo du Angst hast zu leben. Zerstöre deinen Ruf.
Sei berüchtigt.
Ich habe lange genug versucht, umsichtig zu planen.
Von nun an werde ich verrückt sein."

Ich bin jetzt schon seit 30 Jahren verrückt. Probieren Sie es aus – es ist wunderbar.

„Ich bin nicht verrückt –
meine Realität sieht einfach anders aus als deine.
Die Leute halten dich vielleicht für verrückt,
weil du etwas glaubst, trägst oder sagst,
aber das ist egal."

Die Grinsekatze in „Alice im Wunderland"

Alice: „Glaubst du, ich habe den Verstand verloren?"

Der verrückte Hutmacher: „Ich fürchte, ja. Aber weißt du was?
Das macht die Besten aus."

„Alice im Wunderland"

„Auch wenn ich die Antworten vielleicht nicht kenne,
kann ich doch sagen: Ich bin frei.
Und wenn mich die Fragen hierher geführt haben,
dann bin ich meiner Bestimmung gefolgt."

Aus dem Song „Who I Was Born to Be", Text von Audra Mae,
gesungen von Susan Boyle

Inhaltsverzeichnis

PROLOG

„Wenn ich herausfinde, wer ich bin, werde ich frei sein."
Ralph Ellison

Auf den Seiten dieses Buches werde ich meine Erkenntnisse aus 30 Jahren Recherche und direkten Erfahrungen in vielen Ländern zusammenfassen und darlegen, was meiner Meinung nach *wirklich* in der Welt passiert – und warum. Es handelt sich dabei um meine Sichtweisen, die zwar nicht die Ihren sein müssen, sich aber im Zuge der Maßnahmen, die uns allen im „Covid-19"-Polizeistaat zugemutet werden, immer schwerer leugnen lassen.

Es wird immer offensichtlicher, dass das, was ich seit Jahrzehnten vorhergesagt habe, nun tatsächlich eintritt und die globale Gesellschaft sich in rasantem Tempo zu dem von mir prognostizierten Bild wandelt. Die Ereignisse haben sich noch nie so schnell in diese Richtung bewegt wie während der künstlich erzeugten „Covid-19"-Hysterie und der faschistischen landesweiten Lockdowns, bei denen Milliarden Menschen auf aller Welt unter tatsächlichen und virtuellen Hausarrest gestellt wurden. 85 Prozent dieses Buches wurden geschrieben, bevor diese drakonischen Verordnungen – die übrigens auf einer Lüge basieren – erlassen wurden. Ich habe beschlossen, mich mit meinem Bericht über die „Covid-19"-Geschichte und ihre katastrophalen Auswirkungen durch ein wirtschaftliches Armageddon bis zu den spät hinzugefügten Kapiteln am Ende des Buches zurückzuhalten. Erst dort entlarve ich die Art und Weise des Virusbetrugs und die Gründe dafür in allen Einzelheiten. Ich werde natürlich schon vorher hier und da kurz auf das „Virus" eingehen, aber ich möchte, dass Sie den Rest des vorliegenden Werks und die Informationen, die ich vor dem „Virus"-Blitzkrieg dargelegt habe, zuerst lesen. Dann werden Ihnen nämlich die Personen und die Gründe hinter dem Virusschwindel im Gesamtkontext und mit vernichtender Klarheit vor Augen stehen. In meinem ganzen Leben hat nichts meine Ansichten über den Plan zur globalen Kontrolle so sehr bewiesen wie die inszenierte Covid-19-Illusion. Ich betone also noch einmal: *Wenn Sie meine Kommentare zum Thema Virus sehen, dann bedenken Sie bitte, dass der Text rund um sie herum verfasst wurde, bevor die Virushysterie und die Lockdowns begannen.*

Ist es wirklich reiner Zufall, dass genau das, was ich seit drei Jahrzehnten über die Pläne für die Menschheit schreibe, jetzt so offensichtlich passiert? Oder ist es vielmehr der eklatanteste Beweis und die Bestätigung für eine geplante Agenda zur totalen Versklavung der Menschen? Ich behaupte lautstark das Letztere und bin davon überzeugt, dass Sie mir am Ende dieses Buches, wenn alle Punkte und Stränge miteinander verknüpft sind, in dieser Ansicht zustimmen werden. Die Zufallstheorie ist angesichts der vorliegenden Beweise einfach nicht glaubwürdig. Ich werde sehr deutlich machen, was meiner Meinung nach vor sich geht – aber ich möchte, dass die *Beweise* für sich selbst sprechen und dass Sie selbst entscheiden können, was diese Beweise bedeuten. Fangen wir also an.

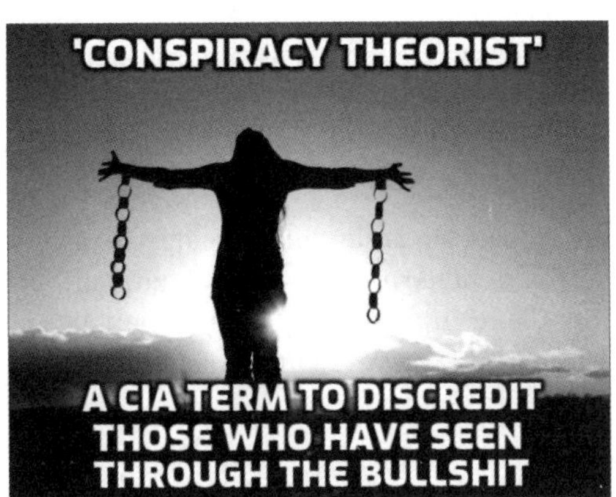

Abb. 1: „'Verschwörungstheoretiker'. Ein CIA-Begriff zur Diffamierung all jener, die den offiziellen Schwachsinn durchschauen." – *Die Mainstreammedien verwenden noch Jahrzehnte später den CIA-Propagandabegriff für all jene, die wissen, dass die Regierungen uns belügen.*

Ich decke seit 30 Jahren eine Verschwörung zur Versklavung der Menschheit in einer weltweiten orwellschen Diktatur der totalen Kontrolle auf. Sie wird sich schließlich (und zwar sehr bald, wenn wir nicht schnell aufwachen) einstellen, wenn künstliche Intelligenz (KI) mit dem Gehirn verbunden wird und den menschlichen Geist *ersetzen* wird. Sie finden, das klingt verrückt? Genau das passiert aber genau jetzt, Schritt für Schritt, direkt vor unseren Augen. Sobald dieser Plan realisiert ist, wird es mit dem menschlichen Denken und Fühlen vorbei sein; auch unsere Wahrnehmungen werden dann direkt von der KI und den Leuten, die diese KI kontrollieren, gesteuert. Es ist völlig sinnlos, wenn jetzt wieder manche „Verschwörungstheorie" schreien. Dabei handelt es sich ja ohnehin nur um einen Begriff, der in den 1960er-Jahren von der CIA verbreitet wurde, um jeden zu diffamieren, der die lächerliche offizielle Version des Kennedy-Attentats infrage stellte (Abb. 1).

Die Definitionen des Begriffs „Verschwörung" lauten wie folgt: böser, ungesetzlicher, verräterischer oder betrügerischer Plan, der im Geheimen von zwei oder mehreren Personen ausgeheckt wird; Zusammenschluss von Personen zu einem geheimen, ungesetzlichen oder bösartigen Zweck; Vereinbarung von zwei oder mehreren Personen, ein Verbrechen, einen Betrug oder eine andere unrechtmäßige Handlung zu begehen; jedwede übereinstimmenden Handlungen oder Verbindungen zum Erzielen eines bestimmten Ergebnisses. Wenn man davon ausgeht, ertrinkt die Welt geradezu in Verschwörungen auf jeder Ebene der Gesellschaft. Doch für die Mainstreammedien oder eigentlich für den gesamten Mainstream-Einheitsbrei gibt es keine Verschwörungen. Jeder, der das Gegenteil behauptet, wird als Spinner verleumdet, der mit einer Verschwörungstheorie hausieren geht – und das sogar angesichts der drakonischen, faschistischen Maßnahmen im Zuge des Covid-19-Schwindels. Bei dem, was ich seit 1990 aufdecke, handelt es sich nicht um mehrere Verschwörungen ohne Verbindung zueinander (obwohl es diese natürlich gibt, siehe die obigen Definitionen), sondern um *eine einzige* Verschwörung mit vielen Gesichtern, von der die menschliche Gesellschaft auf ein und dasselbe verachtenswerte Ziel zugetrieben wird. Was ich enthüllt habe, ist keine Theorie. Es ist vielmehr eine offenkundige Realität, die sich Tag für Tag weiter entfaltet, während die KI das menschliche Leben übernimmt und die Freiheit ausgelöscht wird. Die Irren auf dem Spielplatz des Teufels im Silicon Valley verraten Ihnen heute, dass das, wovor ich schon so lange warne, tatsächlich passieren wird. Sie tun dies, weil sie keine andere Wahl haben, sobald die KI die Macht übernimmt und das nicht mehr länger geheim gehalten werden kann. Ihr Verkaufsargument ist das Aufkommen einer neuen Ära, in der die Menschen dank ihrer Verbindung zur KI „Götter" sein werden. In Wahrheit wird der „neue Mensch" jedoch „posthuman" sein und überhaupt nichts Menschliches mehr an sich haben. Insider wie der Google-Manager Ray Kurzweil weisen sogar auf 2030 als das Schlüsseljahr für diese Entwicklung hin; dann sollen menschliche Gehirne mit der KI-Cloud verbunden sein. Kurzweil sagte:

> Unser Denken […] wird eine Kombination aus biologischem und nichtbiologischem Denken sein. […] Menschen werden ihre Grenzen erweitern und ‚in der Cloud denken' können. […] Wir werden den Zugang zur Cloud in unsere Gehirne einbauen, […] allmählich verschmelzen und uns verbessern. […] Meiner Meinung nach ist das die Natur des Menschseins – wir überwinden unsere Grenzen.
>
> Ist die Technologie dann dem, was wir sind, einmal weit überlegen, dann wird der kleine Anteil, der noch menschlich ist, immer kleiner und kleiner werden, bis er gänzlich vernachlässigbar ist.

Ich habe diesen Vorgang „die Assimilation" genannt, weil dabei das menschliche Bewusstsein von der KI schlußendlich gänzlich absorbiert wird. Das ist es, was wirklich hinter der KI steckt. Ich meine damit nicht die Mittelsmänner und -frauen im Silicon Valley. Nicht einmal die Tech-Milliardäre steuern diese Entwicklung, sondern sind nur Putzlappen, wenn auch sehr reiche. Was heute geschieht, ist das Endspiel in einer Geschichte, die sich in unserer Illusion von „Zeit" über Jahrtausende erstreckt hat. Unser menschlicher Realitätssinn wurde vor langer Zeit von einer Macht infiltriert, die nicht menschlich ist. Sie hat eine globale Hierarchie der Kontrolle geschaffen und dafür gesorgt, dass ihre Vertreter und Agenten die menschliche Wahrnehmung auf dem Weg in die *totale* Versklavung jahrhundertelang manipulieren konnten (Abb. 2). Wer die Wahrnehmung kontrolliert, der steuert auch die individuelle und kollektive Erfahrung – ein kausaler Zusammenhang, auf den ich später näher eingehen werde. Grundvoraussetzung für das Gelingen des Plans ist die ständige Zentralisierung der Macht. Mit jedem Schritt in diese Richtung übernehmen immer weniger Personen immer mehr Kontrolle über die Bevölkerung. Aus Stämmen wurden Nationen, aus Nationen Superstaaten wie die Europäische Union sowie Handelsblöcke, die vom Zentrum aus gesteuert werden. Entscheidungen werden zunehmend von globalen Konzernen und Institutionen wie den Vereinten Nationen, der Weltgesundheitsorganisation WHO und der Welthandelsorganisation WTO getroffen.

Die Menschen bezeichnen diese Verschwörung (ohne zu realisieren, dass es überhaupt eine Verschwörung ist) als Globalisierung. Worum es dabei geht? Um die weltweite Zentralisierung der Macht über jeden Aspekt des menschlichen Lebens – also genau den Plan, den ich seit Jahrzehnten aufdecke. Heute ist es so weit, dass von Silicon Valley aus der Informationsfluss kontrolliert wird, der bei den meisten Menschen die Wahrnehmung von Ereignissen und der Realität insgesamt steuert. Die hysterische Silicon-Valley-Zensur durch Google, Facebook, Twitter, Amazon und die anderen üblichen Verdächtigen (die von der gleichen Macht im Schatten gelenkt werden) soll bestimmen, was Sie sehen und hören – und damit auch, wie Sie die Welt *wahrnehmen*. Sobald die KI-Verbindung erst einmal in Ihrem Gehirn installiert ist, wird nicht einmal mehr das nötig sein, weil man Ihre Wahrnehmungen dann direkt an Sie übermitteln kann.

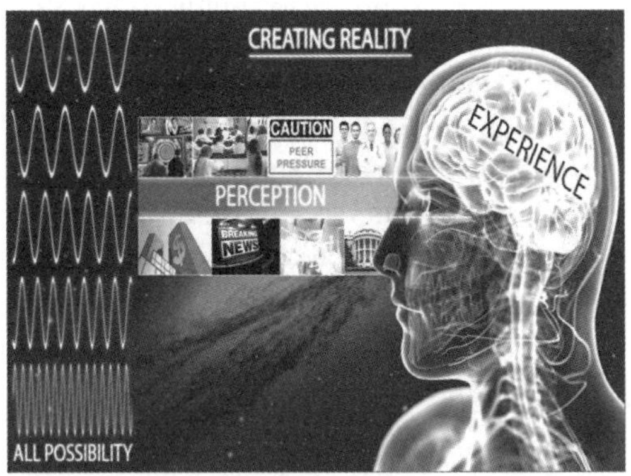

Abb. 2: Wie die menschliche Wahrnehmung begrenzt wird. Wer den Informationsfluss kontrolliert, kontrolliert die Wahrnehmung. (Bild: Gareth Icke)

Dies ist seit jeher das Ziel der nichtmenschlichen Unterwanderung der menschlichen Gesellschaft, wie sie von Mittelsmännern und Agenten in scheinbar menschlicher Gestalt vorgenommen wird. Der neueste Stand der Technik, den man uns vorsetzt, ist nichts im Vergleich zu den technologischen Kenntnissen in anderen Realitäten. Dort war das, was wir heute „smart" nennen, schon bekannt, als die Menschen der offiziellen Geschichtsschreibung zufolge noch Steine aneinanderschlugen und in Höhlen wohnten. Der konstante Strom „neuer Erfindungen" wird dazu genutzt, die Kontrolle über die Menschheit Tag für Tag zu festigen; die Hintergrundmächte haben nur darauf gewartet, dass wir einen Punkt in unserer intellektuellen Entwicklung erreichen, an dem wir selbst unser technologisches Gefängnis bauen und betreiben können. An diesem Punkt stehen wir heute. Technische Spielereien und Kommunikationssysteme, die für den Betrieb des globalen Gefängnisses notwendig sind, werden von unterirdischen Basen aus ins öffentliche Bewusstsein geschleust. Dahinter stecken Geheimprojekte, deren wahre Herkunft mit Tarngeschichten und Galionsfiguren verschleiert wird. Aus diesem Grund funktioniert der technische Fortschritt auch so nahtlos. Es gibt keine „Nähte" oder großen Verzögerungen, weil die Manipulatoren nur darauf warten, dass der nächste Schritt „erfunden" werden kann. Es gibt keine Lücken, da technische Beschränkungen jahrzehntelang hinter verschlossenen Türen erwogen und dann in der Öffentlichkeit „überwunden" werden. Beinahe jede Woche werden neue Entwicklungsschritte der technologischen KI enthüllt, wobei das Tempo stetig zunimmt.

Die Menschheit wurde wahrnehmungsmanipuliert, um das Denkvermögen – ihre „Klugheit" – zu entwickeln, das sie ihr eigenes technologisches Alcatraz bauen und betreiben lässt. Gleichzeitig durfte sie nicht weise genug werden, um zu erkennen, was sie da eigentlich tut. Ich sage es seit Jahrzehnten: Klugheit ohne Weisheit ist die zerstörerischste Kraft auf Erden. Den Beweis dafür sehen wir jeden Tag – und das passiert nicht zufällig, sondern wurde absichtlich herbeigeführt. Klugheit wird viel zu oft mit Weisheit verwechselt. Sie befasst sich aber nur mit Informationen, während die Weisheit erkennt, was diese Informationen bedeuten und welche Folgen sie haben werden. Es ist klug, eine Atomwaffe zu bauen, aber nicht weise. Ich habe die Verschwörung sowohl in der Vergangenheit als auch in der Gegenwart in so gut wie allen Details entlarvt, die nichtmenschliche Macht geschildert, die im Hintergrund die Fäden zieht und über die für uns unsichtbaren Realitäten geschrieben. Die Informationen dazu finden Sie unter anderem in meinen Büchern „... und die Wahrheit wird euch frei machen", „Das größte Geheimnis", „Children of the

Matrix“, „Tales from the Time Loop“, „The David Icke Guide to the Global Conspiracy“, „Die Wahrnehmungsfalle“, „Der Löwe erwacht“, „Das Ich-Phantom“, „Alles, was Sie wissen sollten, Ihnen aber nie jemand erzählt hat“ und „The Trigger“. Im vorliegenden Buch konzentriere ich mich darauf, wie die menschliche Wahrnehmung so manipuliert wurde, dass sie dem vom Kontrollsystem vorgegebenen Weg folgt. Von diesem Wissen ausgehend wird „Die Antwort“ uns befreien. Die Antwort, von der im Titel die Rede ist, bezieht sich darauf, wer und was wir wirklich sind. Sie zeigt uns, wie wir der falschen Selbstwahrnehmung entkommen können, die man uns vorgaukelt und aufzwingt. Das Wissen, wer wir sind, wo wir sind und wie diese beiden Punkte zusammenhängen, ist das Fundament der menschlichen Freiheit. Genau deshalb wird auch alles unternommen, um uns diese Informationen und dieses Bewusstsein vorzuenthalten.

So funktioniert es

Für jene Leser, die mit meiner Arbeit noch nicht vertraut sind, sind einige Erklärungen vonnöten. Ich befasse mich mit der durchweg verborgenen hierarchischen Struktur, die im Auftrag der dahinterstehenden nichtmenschlichen Macht die Richtung vorgibt, in die sich die menschliche Gesellschaft entwickelt. Ohne die Kenntnis dieser Struktur und ihrer Funktionsweise lässt sich der Kontext des Weltgeschehens schlicht und einfach nicht begreifen.

Ich wende seit Langem den Vergleich mit der Spinne und dem Netz an. Die Spinne ist in diesem Fall die nichtmenschliche Macht, die jenseits des *außerordentlich* schmalen Frequenzbands der Wahrnehmung über die fünf menschlichen Sinne wirkt. Die meisten Menschen glauben, dass sie alles sehen können, was es im „Raum“, den sie beobachten, zu sehen gibt. Aber das stimmt nicht. In Wahrheit sehen sie nur einen winzigen Bruchteil dessen, was um uns herum und in uns existiert. Das elektromagnetische Spektrum (einschließlich Radiowellen, Mikrowellen, Infrarot-, Ultraviolett-, Röntgen- und Gammastrahlen) macht nur 0,005 Prozent dessen aus, was im Universum in verschiedenen Formen von Energie und Realität existiert. Nach Meinung mancher Wissenschaftler ist der Prozentsatz ein bisschen höher, aber nicht viel. Es geht darum, dass das elektromagnetische Spektrum nur ein Bruchteil dessen ist, was jenseits seines Frequenzbands existiert; doch die Menschen können nicht einmal die gesamte Bandbreite *dieses* Spektrums sehen. Das menschliche Sehvermögen – also all das, was wir als visuelle Realität oder „die Welt“ wahrnehmen – ist auf jenen Mikrobereich der erwähnten 0,005 Prozent beschränkt, der als sichtbares Licht bekannt ist (Abb. 3 und 4). Wir sind in unserer visuellen Wahrnehmung auf ein winziges Frequenzband beschränkt, und auch das nur in dem Maße, wie es die Mainstreamwissenschaft derzeit messen kann oder glaubt, messen zu können (Abb. 5).

In Wahrheit ist das, was wir sehen, im Vergleich zur Unendlichen Realität jenseits der Brandmauern des sichtbaren Lichts und der illusorischen Grenzen der Lichtgeschwindigkeit ein noch viel kleinerer Ausschnitt. Wenn Sie fernsehen oder Radio hören, nehmen

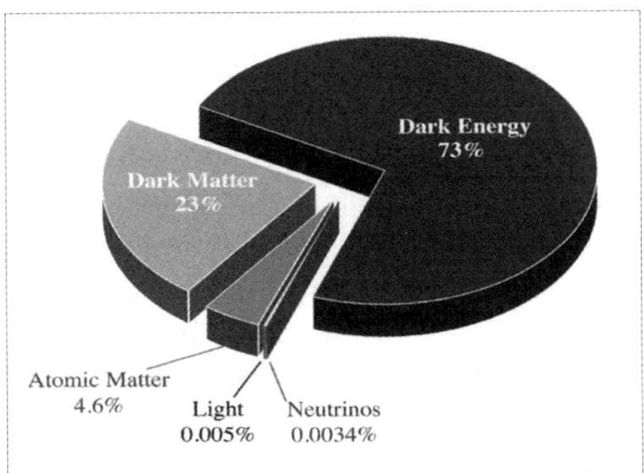

Abb. 3: Das fast unendlich kleine Frequenzband, das wir „Licht" oder elektromagnetisches Spektrum nennen. Wissenschaftler bezeichnen das, was wir nicht sehen können, als „dunkel", was meiner Meinung nach selbst in ihrer Version der Realität falsch ist. „Dunkel" sollte einfach nur als das betrachtet werden, was außerhalb des menschlichen Sehvermögens liegt.

Sie nur das wahr, was von den Kanälen und Sendern, die Sie bevorzugen, ausgestrahlt wird. Alle anderen Kanäle und Sender existieren im selben Raum, aber Sie sind sich ihrer nicht bewusst, wenn Sie nicht den Kanal wechseln oder einen neuen Sender einstellen. Wenn die Leute fragen, warum wir die nichtmenschliche Macht nicht sehen können – *das* ist der Grund dafür. Diese Macht ist in Frequenzbereichen aktiv, die außerhalb der vom Menschen wahrgenommenen visuellen Realität liegen und daher für uns unsichtbar sind. Wenn Sie Fernsehsender „A" sehen, dann können Sie die Sender „B", „C" oder „D" nicht sehen, obwohl es sie gibt. Erst wenn Sie den Kanal wechseln und von Sender „A" wegschalten, können Sie einen anderen

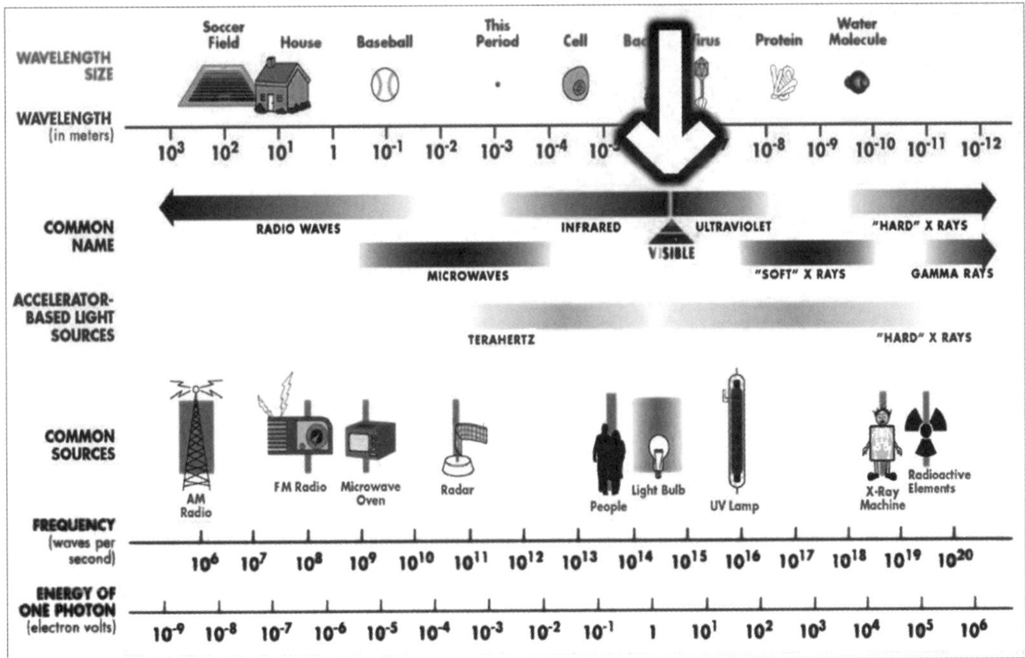

Abb. 4: Sichtbares Licht – die einzige Realität, die wir „sehen" können – macht nur einen Bruchteil der 0,005 Prozent aus. Die fünf Sinne des Menschen nehmen nicht mehr als einen „TV-Sender" innerhalb der Unendlichen Existenz wahr.

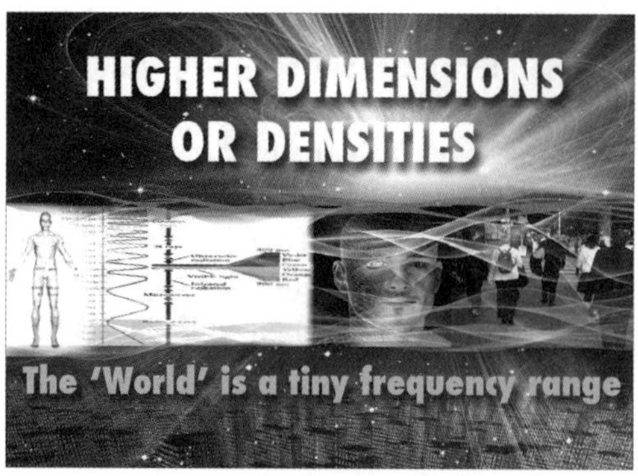

Abb. 5: „Höhere Dimensionen bzw. Dichten / Die ‚Welt' ist ein winziger Frequenzbereich" – *Unsere „Welt" ist ein Frequenzband innerhalb der Unendlichen Realität.*

Abb. 6: Eine Aufgliederung des Netzes aus Geheimgesellschaften, halb geheimen und öffentlichen Organisationen, dank derer die „Spinne" im Zentrum der menschlichen Gesellschaft uns allen ihr Programm aufzwingen kann. (Bild: Neil Hague)

sehen. Doch auch Sender „A" verschwindet nicht, wenn Sie umschalten – Sie sind einfach nur nicht mehr mit seiner Wellenlänge oder seinem Programm verbunden und können ihn daher nicht sehen.

Damit habe ich gerade beschrieben, was passiert, wenn wir „sterben" (oder eben nicht – weil nur der Körper stirbt): Unser Bewusstsein wechselt den Kanal oder verschiebt seinen Aufmerksamkeitsbrennpunkt. Der Tod ist nicht mehr als ein Wechsel der *Aufmerksamkeit* von einer Realität hin zu einer anderen. Wir können nicht sehen, wer die Menschheit kontrolliert, doch die nichtmenschlichen Wesen, die diese Macht repräsentieren, können in unsere Realität eindringen, indem sie den Frequenzbereich unserer visuellen Wahrnehmung betreten und dann wieder verlassen. Es gibt unzählige Berichte von Personen, die Wesenheiten oder Raumschiffe gesehen haben wollen, die „aus dem Nichts erscheinen" und dann blitzartig „verschwinden". In Wahrheit erscheinen oder verschwinden sie aber gar nicht, sondern dringen nur in den für Menschen sichtbaren Frequenzbereich ein und verlassen ihn wieder. Für den Beobachter kommen sie aus dem Nichts und verschwinden auch wieder ins Nichts – dabei handelt es sich aber nur um den Effekt, wenn diese Wesen oder Objekte in den Bereich sichtbaren Lichts eintreten und ihn wieder verlassen. Was macht ein Fernsehkanal, wenn man auf ihn umschaltet? Und was, wenn man wieder von ihm wegschaltet? Die Kanäle oder Realitäten erscheinen „aus dem Nichts" und „verschwinden ins Nichts", doch in Wirklichkeit gehen sie *nirgendwohin*. Wir verbinden uns nur mit ihnen und trennen uns dann wieder von ihnen.

Das Netz

Was ich als DAS NETZ bezeichne, ist die vernetzte Struktur der Geheimgesellschaften, die es der Spinne aus dem Verborgenen heraus ermöglicht, die Ereignisse im Sichtbaren zu bestimmen (Abb. 6.). Bei den Netzsträngen, die der Spinne am nächsten sind, handelt es sich um die exklusivsten Geheimgesellschaften. Deren Initiierte kennen die Pläne der Spinne genau und wissen, wohin die Reise gehen soll. Die Kommunikation mit der Spinne, ob direkt oder durch satanistische Rituale, ermöglicht es diesen Eingeweihten im Inneren DES NETZES, über technologische Möglichkeiten schon lange Bescheid zu wissen, bevor sich diese in der Welt des Sichtbaren manifestieren. So können sie sich die technologischen Kenntnisse aneignen, bevor sie der Öffentlichkeit offiziell bekannt gegeben werden. Wer Zugang zu diesem inneren Heiligtum DES NETZES hat oder durch jahrzehntelange Arbeit dorthin vorgedrungen ist, kann das vorhersagen, was wir als „Zukunft" wahrnehmen, einschließlich der damit verbundenen Technologien. Die „Zukunft" ist in diesem Sinne nur das Programm der Spinne, das da gesponnen wird. Wenn es einen Plan für die Welt gibt und nichts oder niemand eingreift, um diesen Plan zu stoppen, dann wird er realisiert werden. Enthüllt man diesen Plan jedoch, dann sagt man die Zukunft vorher. Aus diesem Grund haben sich meine Bücher aus den vergangenen Jahrzehnten als außerordentlich präzise erwiesen, was die Vorhersage von Ereignissen – einschließlich eines Plans für „Pandemien" – angeht. Mir geht es in meiner Arbeit nur darum, genug Leute wachzurütteln, damit die Menschheit *doch noch* eingreift und das geplante Ergebnis der totalen Kontrolle aufhält.

Berühmte Autoren wie Aldous Huxley („Schöne neue Welt", erschienen 1932) und George Orwell („1984", erschienen 1948) waren mit ihren Prognosen deshalb so genau, weil sie – auf welche Art auch immer – den Plan der Spinne durchschauen und daher Technologien und andere Möglichkeiten vorhersagen konnten, die zu ihrer Zeit noch gar nicht existierten. Je weiter wir uns im NETZ nach außen bewegen, weg von der Spinne und den Initiierten in ihrem Allerheiligsten, auf desto mehr Geheimgesellschaften treffen wir, die wir namentlich und durch ihr Handeln bereits kennen. Dazu gehören die Tempelritter, der Malteserorden, Opus Dei, die Jesuiten, die Freimaurer und viele andere Organisationen, die bei genauer Betrachtung eine ineinandergreifende Befehlsstruktur aufweisen. Die meisten Mitglieder dieser Gesellschaften wissen aber nichts von dieser Vernetzung und dem Plan, den ihr innerster Kern verfolgt. Die verschiedenen Ebenen oder „Grade" sind von dem abgeschottet, was die über ihnen Stehenden wissen (Abb. 7). Die menschliche Gesellschaft ist genauso aufgebaut: Die große Mehrheit in jeder Organisation wird in Unwissenheit darüber gehalten, was die wenigen an der Spitze wissen und durchzusetzen versuchen. Sie sind nichts als Spielfiguren und Fußsoldaten für einen Plan, von dessen Existenz sie nicht einmal etwas wissen. Geheimdienste (die selbst wie Geheimgesellschaften strukturiert sind) sind bekannt für dieses Kompartimentierungs- bzw. Need-to-know-Prinzip.

Es gibt einen Punkt im NETZ, wo das Verborgene auf das Sichtbare trifft. An diesem Punkt befinden sich die Gruppierungen, die ich als „Schwellen"-Organisationen bezeichne – darunter das Chatham House (gegründet in London im Jahr 1920), den Council on Foreign Relations (USA, 1921), die Bilderberg-Gruppe (USA, Europa, weltweit, 1954), der Club of Rome (Europa, USA, weltweit, 1968) und die Trilaterale Kommission (USA, Europa, weltweit, 1972). Sie und andere unterstehen der Geheimgesellschaft Round Table, die Ende des 19. Jahrhunderts in London vom Haus Rothschild und dessen Lakaien Cecil Rhodes gegründet wurde (Abb. 8). Die Definition des Begriffs „Schwelle" beschreibt die Rolle dieser Organisationen perfekt: „ein Übergang zwischen zwei Zuständen". In diesem Fall handelt es sich um das Verborgene und das Sichtbare, zwischen denen besagte Organisationen als Vermittler fungieren. Solche Schwellengruppierungen versammeln Politiker, Regierungsbeamte, Finanziers, Unternehmer, Geheimdienstmitarbeiter und Medienvertreter, um die Welt in eine bestimmte Richtung zu drängen. Viele der dort vertretenen Handlanger und Laufburschen haben davon aber dank des Need-to-know-Prinzips keine Ahnung.

Zu den Schwellenorganisationen gehört auch eine erstaunliche Liste von Denkfabriken und Nichtregierungsorganisationen (NGOs). Ihre Aufgabe ist es, den im verborgenen Teil DES NETZES ausgeheckten Plan in der Welt des Sichtbaren durchzusetzen – über

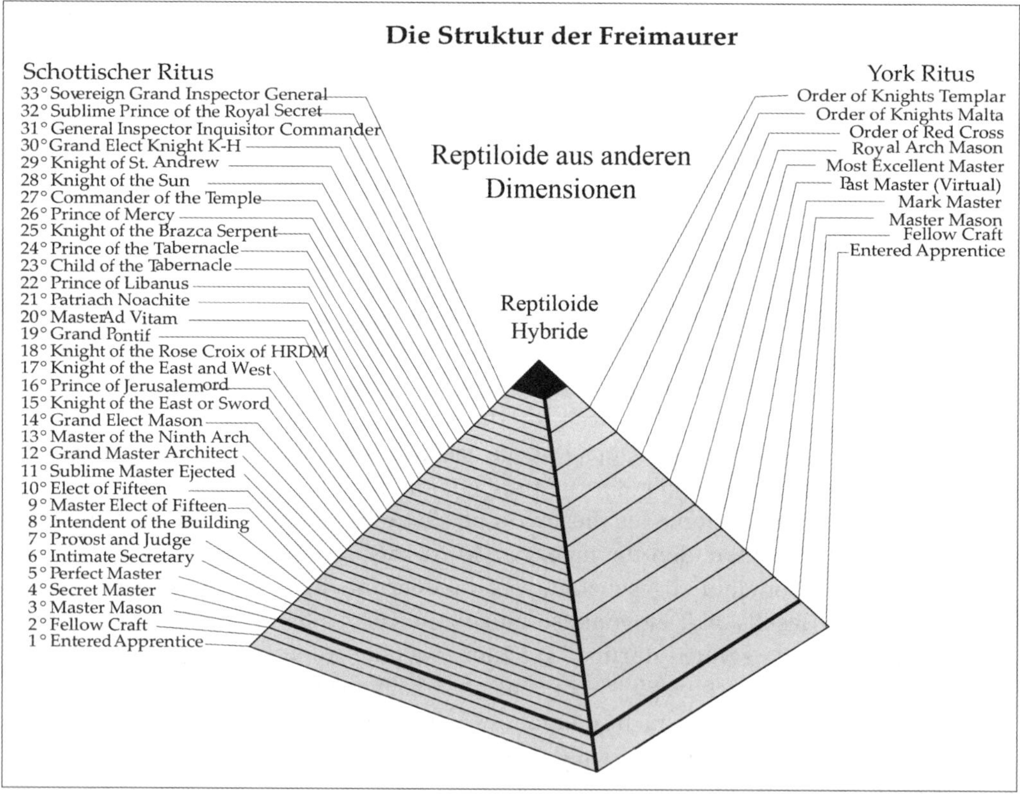

Abb. 7: Die voneinander abgeschotteten „Grade", die via Need-to-know-Prinzip dafür sorgen, dass jede tiefere Ebene der Freimaurerei nicht weiß, was auf den höheren Ebenen bekannt ist, sind die strukturelle Basis für alle Organisationen im Netz.

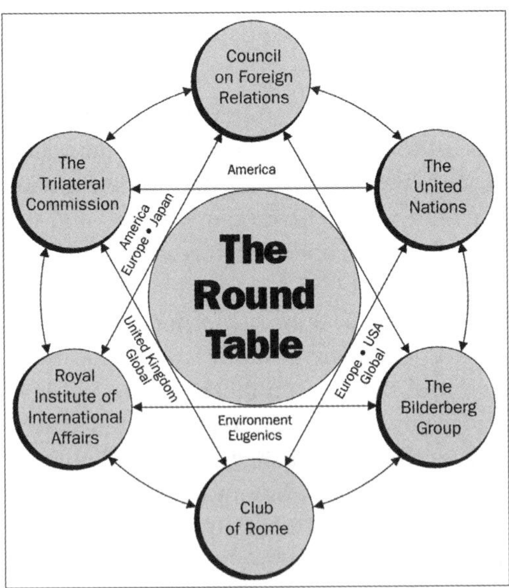

Abb. 8: Die großen „Schwellen"-Organisationen, die den verborgenen Plan der Spinne in der menschlichen Gesellschaft realisieren.

Abb. 9: Was in der Welt des „Sichtbaren" passiert, wird im Verborgenen ausgeheckt.

Regierungen, Behörden, Banken, Unternehmen, geheimdienstliche und militärische Gruppierungen, Medienkonglomerate sowie all die Säulen der Gesellschaft und Institutionen, die der Menschheit die Marschrichtung diktieren. Wir beobachten scheinbar beliebige und nicht miteinander zusammenhängende Entscheidungen, die von diversen Staaten, Gruppen und Organisationen getroffen werden, doch jene Entscheidungen, die die Gesellschaft verändern, sind alles andere als beliebig und hängen sehr wohl miteinander zusammen. Sie sind der Plan der Spinne, realisiert durch ihre unzähligen Vertreter, die im Endeffekt alle demselben Herrn gehorchen (Abb. 9). Im inneren Kern DES NETZES sind alle verknüpft, ja *ein und dasselbe:* Regierungen und Politiker, das Bankensystem, die globalen Konzerne, die Silicon-Valley-Giganten, die Mainstreammedien, das Bildungswesen, die Schulwissenschaft, das Pharmakartell („Big Pharma") und so weiter. Die überwiegende Mehrheit der Mitarbeiter dieser Gruppen und Organisationen, die Tag für Tag im Auftrag der Spinne handeln, hat keine Ahnung, woher diese Entscheidungen, Veränderungen und Grundsätze kommen und was damit kollektiv erreicht werden soll. Ebendiese Struktur erlaubt es den Wenigen, die Vielen zu kontrollieren und zu manipulieren, wobei die Vielen natürlich nicht erfahren, was wirklich passiert und warum. Wer sollte sie auch darüber aufklären – die *Mainstreammedien*? Die gehören DEM NETZ – und die meisten Mainstream-„Journalisten" wissen über den wahren Plan im Hintergrund genauso wenig wie der Rest der Bevölkerung. Oder noch weniger …

Der Todeskult

Der innere Kern des globalen Netzwerks aus Geheimgesellschaften hat sich dem Satanismus mit Menschenopfern verschrieben. Diese Leute bringen ihren verborgenen „Göttern" buchstäblich Opfer. Sie werden von Wesenheiten außerhalb der menschlichen Wahrnehmung beherrscht, die vom Tod besessen sind und sich von der Energie und der schrecklichen Angst ernähren, die beim Tod – vor allem bei einem Opfertod – freigesetzt werden.

Die meisten Menschen glauben, dass den „Göttern" dargebrachte Menschenopfer bereits im Altertum ein Ende fanden. Würden sie meine Bücher lesen, dann wäre ihnen klar, dass das Gegenteil der Fall ist: Viele der Reichen und Berühmten dieser Welt praktizieren diese Gräuel bis heute. Besagte Menschen wüssten dann auch, dass es satanistische Rituale gibt, bei denen Kindern Energie abgesaugt wird; ein Brauch, der seinen Ursprung im „jungfräulichen Opfer an die Götter" hat. Dabei geht es häufig um Kinder. Satanistische und pädophile Ringe arbeiten oft zusammen, wenn sie im Dienst DES NETZES und der „Götter" Kinder ins Visier nehmen. Diese uralten Praktiken haben sich im Schutze dieses Netzwerks während der ganzen Epoche abgespielt, die wir als Geschichte wahrnehmen. Deshalb bezeichne ich die innere Elite DES NETZES auch als Todeskult. Sie können den Hintergrund des Kults in aller Ausführlichkeit in meinen Büchern „The Trigger" und „Alles, was Sie wissen sollten, Ihnen aber nie jemand erzählt hat" (im Folgenden nur „Alles, was Sie wissen sollten" genannt) nachlesen.

Ein zentrales Netzwerk innerhalb des Kults ist unter dem Namen Sabbatianismus-Frankismus bekannt. Diese Bewegung entstand im 17. Jahrhundert und war die treibende Kraft hinter dem Zionismus und der Gründung Israels, aber auch hinter Saudi-Arabien und der Köpfe abhackenden (Todeskult) „ISIS"-Version des islamischen „Extremismus", den wir als Wahhabismus kennen. Der Sabbatianismus-Frankismus ist nach den zwei dunklen Okkultisten Schabbtai Zvi (1626–1676) und Jakob Joseph Frank (1726–1791) benannt und eine Form des Satanismus. Jakob Joseph Frank tat sich mit dem sabbatianisch-frankistischen Mayer Amschel Rothschild, dem Gründer der Rothschild-Bankiersdynastie, zusammen und gründete 1776 den berüchtigten Illuminatenorden, einen weiteren bedeutenden Strang im NETZ.

In „The Trigger" entlarve ich den Sabbatianismus-Frankismus im Hinblick auf die *wahren* Täter hinter 9/11 (einem Massen-Todesritual) und allen darauffolgenden Regimewechsel-Kriegen (millionenfacher Tod) und der Auslöschung der Freiheit. Im vorliegenden Buch werde ich den inneren Kern, der DAS NETZ innerhalb der menschlichen Gesellschaft kontrolliert, als „den Kult" bezeichnen. Man muss sich stets die zentrale Rolle des sabbatianisch-frankistischen Flügels hinsichtlich Israels, der Vereinigten Staaten, Großbritanniens, Europas und weltweit bei der Manipulation globaler Ereignisse vor Augen halten. Das kleine Israel hat deshalb so viel Macht und Einfluss, weil es das Lehensgut des Sabbatianismus-Frankismus (des globalen Kults) ist. Vor allem die jüdische Gemeinschaft sollte dies wissen, weil sie von diesem Kult, der sich nur als jüdisch ausgibt, unterwandert wurde.

Abb. 10: Die ständig wachsende Besessenheit vom Tod

Abb. 11: Okkultes Symbol (links) und Symbol der Extinction-Rebellion-Bewegung (rechts)

Der größte Teil meiner Informationen über den Sabbatianismus-Frankismus stammt von jüdischen Quellen, die sich sehr wohl dessen bewusst waren und sind, wie sehr ihre Gemeinschaft infiltriert wurde. Der Sabbatianismus-Frankismus und der Rest des Kults ist darauf spezialisiert, Gesellschaften, Kulturen und Religionen zu unterwandern. Seine Mitglieder geben sich als Mitglieder dieser Gemeinschaften aus, verfolgen aber ein ganz anderes Ziel. Die Unterwanderung gibt dem Kult die Möglichkeit, alle möglichen Gruppen zu erschaffen und zu kontrollieren, während die meisten der Beteiligten keine Ahnung haben, dass es überhaupt einen Kult gibt, geschweige denn, dass er ihre Organisation, Religion, Kultur oder Gesellschaft steuert.

Wie viele von denen, die blind dem offiziellen Unsinn vom menschengemachten Klimawandel folgen und eine dystopische Transformation der Gesellschaft fordern, um „das Problem zu lösen", wissen über den Club of Rome Bescheid, einen Ableger des dahinterstehenden Kults? Diese Organisation wurde eigens geschaffen, um (reale und eingebildete) Umweltprobleme zur Umwandlung der Gesellschaft in eine weltweite, zentralistische Diktatur nach marxistischem Muster voranzutreiben. Diese „neue Gesellschaft" entspricht genau dem, was „Klimawandel"-Demonstranten und Befürworter des „Green New Deal" in den USA fordern. Wer da im Hintergrund die Fäden zieht? Natürlich der *Todeskult*. Die Besessenheit von Gruppen wie Extinction Rebellion, die die „Auslöschung" schon im Namen tragen, ist deutlich sichtbar (Abb. 10). Man redet uns ein, dass das Symbol der Gruppe eine Sanduhr in einem Kreis darstellt – als Symbol dafür, dass unsere Zeit abläuft (Abb. 11). In Wahrheit handelt es sich aber um ein Symbol, das seit langer Zeit im Okkultismus und der „Sexualmagie" zum Einsatz kommt und als „Zeichen des Tiers" bezeichnet wird. Das O steht für das Weibliche, das X für das Männliche. Der „Zeremonialmagier" Kenneth Grant war Sekretär und persönlicher Assistent des britischen Elite-Okkultisten Aleister Crowley. In seinem Buch „Aleister Crowley & der verborgene Gott" (1973) erklärt er, dass sich das Symbol auch auf einen keltischen Gott namens Nodons bezog:

> Das Herz des Sigils von Nodons entspricht dem Zeichen des Tiers: die Verschmelzung von O und X, die den Blitz erzeugt. Nodons ist der Gott der Großen Tiefe oder des Abgrunds, mikrokosmisch mit dem Unterbewusstsein gleichzusetzen. Er herrscht über den Abgrund, steuert und nutzt dessen Blitz. […] Der Sitz des Steins ist [die ägyptische Göttin] Isis, und auf diesem Fundament ist die Göttin eingerichtet

> und regiert Himmel, Erde und die Tiefen unterhalb der Erde. Mit anderen Worten: Die Göttin, die alle Wünsche erfüllt, wird durch die Vereinigung von X und O angerufen […]

Die Demonstrationen von Extinction Rebellion sind unglaublich ritualisiert. Da treten Menschen mit weißen Gesichtern und blutroten Gewändern auf, die durch die Straßen marschieren. Ich behaupte nicht, dass alle Anhänger von Extinction Rebellion und Unterstützer des Green New Deal wissen, dass sie Aktivposten des globalen Kults sind; sie sind eher so etwas wie Bauern in einem Schachspiel, das sie nicht begreifen. Würden sie dieses Buch von Anfang bis Ende lesen, dann würden sie vielleicht sehen, wie gewaltig sie hereingelegt wurden. Der menschengemachte Klimawandel ist ein Schwindel, mit dem die Zentralisierung der globalen Macht über jede Einzelheit unseres Lebens gerechtfertigt werden soll. Zum Zeitpunkt der Abfassung gilt dies auch – und zwar *im ganz großen Stil* – für die „Pandemie", die sich in jeder Hinsicht perfekt für die Mächte eignet, die uns einen weltweiten orwellschen Staat aufzwingen wollen.

Die permanente Regierung ist die wahre Regierung

Jedes Land und die Welt insgesamt hat eine permanente Regierung, die mittels Abschottungsprinzip vom Kult gesteuert wird. Diese Regierungen sind immer an der Macht, unabhängig von den vergänglichen politischen Parteien, die nur *scheinbar* der Ursprung gesellschaftlicher Veränderungen sind. Die permanente Regierung wird von vielen als „Deep State" oder „Tiefer Staat" bezeichnet, obwohl auch dieser nur Teil der permanenten Kontrolle ist. DER TIEFE STAAT setzt sich aus vom Kult gelenkten Mitarbeitern der Geheimdienste, des Militärs und der Strafverfolgungsbehörden zusammen – neben Regierungsbeamten und Eingeweihten, die den Plan des Kults für die Welt realisieren wollen. Sie lenken, manipulieren und unterwandern die gewählten Regierungen und die Mitglieder ihrer Organisationen, die nicht dem Kult angehören (also die überwiegende Mehrheit), um sicherzustellen, dass der Kult das bekommt, was er will. Weitere Teile der permanenten Regierungen sind Banken- und Finanznetzwerke, die Technik-, Biotechnik-, Pharma- und Medienriesen (aber auch einige der „Alternativmedien"), die Ölmultis, andere Großkonzerne, die Legislative und die Gerichte.

Abb. 12: „SPINNE, Geheimgesellschaften, Finanz-/Bankwesen, Militär/Geheimdienste, Unternehmen, Regierungsbehörden, Legislative/Gerichte, Medien, Politiker und gewählte Regierung" – *Permanente Regierungen agieren national und global. Sie diktieren die Ausrichtung von Ländern und der Welt, während „gewählte" Politiker aller Parteien kommen und gehen.*

Politiker kommen und gehen, doch die verborgene Regierung ist immer da – unabhängig davon, welche Farbe die für kurze Zeit gewählten Pappkameraden und ihre Parteien gerade haben. Die Richtung, in die sich die Welt bewegen soll, ist vorgegeben und wird unerschütterlich weiterverfolgt (Abb. 12). Amerika ist das perfekte Beispiel für die Funktionsweise dieser permanenten Regierung, obwohl deren Machenschaften in allen Ländern dieselben sind. Die Vereinigten Staaten werden (wenigstens nach offizieller Lesart) von der Demokratischen oder der Republikanischen Partei regiert. Die permanente Regierung kontrolliert beide dieser Parteien, also sorgt jedes Kreuz auf dem Wahlzettel nur dafür, dass der Kult an der Macht bleibt. Die Republikaner werden von einer Gruppe kontrolliert, die man Neocons oder Neokonservative nennt (einer ihrer Hauptgeldgeber war der Casino-Milliardär Sheldon Adelson); bei den Demokraten gibt es eine ähnliche Gruppe, die ich als Democons bezeichne (und die als einen ihrer Hauptgeldgeber den Investor-Milliardär George Soros hat). Sowohl Adelson als auch Soros sind jenen Mächten unterstellt, die Israel kontrollieren – und das ist der schattenhaft agierende sabbatianisch-frankistische Flügel des Kults. Soros würde diese Verbindung zu Israel leugnen, um die Illusion aufrechtzuerhalten, dass er sich in irgendeiner Weise von Adelson unterscheidet. Das tut er aber keineswegs. Mögen diese Leute und andere einander immer? Nein – oft genug konkurrieren sie auch miteinander und sind Rivalen. Die über ihnen stehenden Ebenen sorgen jedoch dafür, dass die gegenseitige Verachtung nicht aus dem Ruder läuft oder im Weg steht. Und wehe, wenn sie es doch tut! Wir sehen die US-Präsidentschaft zwischen dem „Demokraten" Bill Clinton, dem „Republikaner" George Bush junior, dem „Demokraten" Barack Obama und dem „Republikaner" Donald Trump hin und her wandern. Wenn einer dieser Herren an der Macht ist, gilt er als mächtigster Mensch der Welt. In Wahrheit sind sie jedoch nur Marionetten der permanenten Regierung, da sowohl Neocons als auch Democons ihre Befehle von ein und demselben Kult erhalten (Abb. 13).

Abb. 13: Politiker kommen und gehen, doch die Verdeckte Hand – von mir als Kult bezeichnet – ist immer da und steuert sie im Endeffekt alle. (Bild: Gareth Icke)

Politische Streitereien, Angriffe und Gegenangriffe sind nichts als eine Nebenattraktion. Der Plan des Kults für die totale Kontrolle über die Menschheit schreitet dessen ungeachtet weiter fort. Öffentliche Streitereien, die in den Medien breitgetreten werden, tragen auch zur Überzeugung des Volkes bei, dass es eine echte politische Wahl innerhalb des Systems hat, das wir „Demokratie" nennen. Dieser Begriff wird austauschbar mit „Freiheit" verwendet – dabei ist Demokratie in Wirklichkeit nur die Fähigkeit, genügend Leute durch Lügen so weit zu bringen, bei Wahlen für einen oder den anderen zu stimmen. Man lügt schon im Wahlkampf über die geplante Politik und macht dann weitgehend das Gegenteil, wenn man gewonnen hat. Dann darf man als Politiker das Land offiziell bis zum nächsten Lügenfest regieren und wird anschließend eventuell durch eine andere

Partei abgelöst, die aber von der gleichen Macht aus dem Schatten gesteuert wird wie man selbst.

Das passiert die ganze Zeit auf der ganzen Welt: Die Menschen stimmen für Partei „A", die somit an die Macht kommt. Doch der Öffentlichkeit gefällt nicht mehr, was besagte Partei tut, also stimmt beim nächsten Mal eine Mehrheit für Partei „B". Dann gefällt den Leuten aber wieder nicht, was diese Partei tut, weil dabei so ziemlich dasselbe herauskommt wie vorher – also glauben sie, die einzige Möglichkeit, sie wieder loszuwerden, ist eine Rückkehr zu Partei „A", die sie bei der vorigen Wahl abgewählt haben. Und so geht es immer weiter, Generation für Generation. Kopf, du verlierst – Zahl, du verlierst auch. In manchen Ländern gibt es noch eine Partei „C", doch das Prinzip bleibt gleich. Die Regierung, die Sie zu sehen bekommen, untersteht der permanenten Regierung, die man nicht sieht. Nationale permanente Regierungen verschmelzen zu einer globalen permanenten Regierung, die durch Das Netz über die ganze Welt bestimmt. Vor diesem Hintergrund erscheinen die enormen Spaltungen in der Bevölkerung zwischen der politischen „Linken" und der „Rechten" in einem ganz neuen Licht und wirken ziemlich lächerlich. Sie folgen dem alten Teile-und-herrsche-Prinzip, mit dem man die ins Visier genommene Bevölkerung dazu bringt, gegen sich selbst Krieg zu führen und gleichzeitig zu glauben, sie hätte eine Wahl (Abb. 14).

Abb. 14: „Teile und herrsche: ‚rechts' gegen ‚links'" – Wenn man das Volk dazu bringt, unterschiedliche Masken auf demselben Gesicht zu unterstützen, funktioniert das Teile-und-herrsche-Prinzip jedes Mal. (Bild: Gareth Icke)

Kultkriege

Im Nahen Osten ist ein Krieg nach dem anderen der Beweis dafür, dass hinter all den politischen Gesichtern und Fassaden eine permanente Regierung existiert. Eine Neocon-„Denkfabrik" namens Project for the New American Century (PNAC), gegründet und dominiert von Ultrazionisten mit einer fanatischen Loyalität zu Israel und dem Sabbatianismus-Frankismus, veröffentlichte im September 2000 ein Dokument, in dem sie dazu aufrief, amerikanische Truppen im Nahen Osten und anderswo „mehrere Kriege führen und entschieden gewinnen" zu lassen. Damit könnten Regimewechsel in einer ganzen Reihe von Staaten wie dem Irak, Libyen, Syrien und dem Iran sowie in Nordkorea und schließlich auch China herbeigeführt werden. Der Kult möchte die gesamte eurasische Landmasse von Europa bis China und von Russland bis hinunter in den Nahen Osten beherrschen; das erklärt auch, warum Russland dauernd so verteufelt wird. Im PNAC-Dokument heißt es, dass man diese Politik vor der amerikanischen Öffentlichkeit nur rechtfertigen und sich die enorme Erhöhung der Militärausgaben sichern könne, indem man die Amerikaner einen weiteren Angriff auf ihr Heimatland erleben lasse, so wie 1941 durch die Japaner auf Pearl Harbor in Hawaii. Im Dokument heißt es:

> [Der] Transformationsprozess [durch Kriege und Regimewechsel] wird voraussichtlich sehr lange dauern, sofern nicht ein katastrophales Ereignis als Katalysator wirkt – wie ein neues Pearl Harbor.

Genau ein Jahr später hatten die USA dann das, was Präsident Bush jun. „das Pearl Harbor des 21. Jahrhunderts" nannte – den 11. September 2001 alias 9/11. Mitglieder des Project for the New American Century, die hinter dem erwähnten Dokument standen, waren im Januar 2001 mit Bush ins Amt gekommen. Zu ihnen gehörten Dick Cheney (Vizepräsident und De-facto-Präsident), Donald Rumsfeld (Verteidigungsminister), Paul Wolfowitz (stellvertretender Verteidigungsminister), Dov Zakheim (Rechnungsprüfer des gesamten Pentagon-Budgets) und viele andere, die mit Israel verbündet waren und sich den Regimewechselplänen des PNAC verschrieben hatten. In „The Trigger" ist mir zweifelsfrei der Nachweis gelungen, dass das satanistische sabbatianisch-frankistische Netzwerk des Kults, das von Israel aus operiert und mit Agenten im Tiefen Staat der USA im Bunde ist, der wahre Täter hinter 9/11 war. Den Anschlag benutzte man dann als Vorwand für den „Krieg gegen den Terror" (eigentlich den Krieg *des* Terrors), um die Liste von Zielländern abzuarbeiten. Man marschierte in Afghanistan ein, um den falschen 9/11-Bösewicht Osama bin Laden zu „schnappen", und nahm sich dann die anderen Länder auf der ursprünglichen PNAC-Liste vor ... den Irak, Libyen, Syrien und den Iran, wobei Nordkorea und zunehmend auch China ebenfalls ins Visier genommen wurden.

Die Funktionsweise der permanenten Regierung wird offensichtlich, wenn man sich die verschiedenen Präsidenten aus scheinbar „gegnerischen Parteien" ansieht, die gegen diese Länder vorgingen: George Bush jun. („Republikaner", Irak), Barack Obama („Demokrat", Libyen und Syrien) und Donald Trump („Republikaner", Iran). Auch der britische Premierminister und Kriegsverbrecher Tony Blair (Labour Party) kooperierte beim Einmarsch in Afghanistan und im Irak mit Bush; als Obama Libyen und Syrien belagerte, wurde er dabei wiederum von David Cameron (Conservative Party) unterstützt. Sie mögen als „verschiedene" Präsidenten, Premierminister und Parteien erscheinen, folgen aber alle demselben Drehbuch. Und das wurde von der permanenten Regierung geschrieben.

Den Verstand loslösen

All das bringt mich zum eigentlichen Anliegen dieses Buches: Wie wir dem menschlichen Geistesgefängnis entkommen können, indem wir die Kontrolle über unsere Wahrnehmung und Identität wieder an uns reißen. Damit meine ich unsere Wahrnehmung von *allem*, vom Weltgeschehen bis zur Natur des Wahren „Ich" und der Realität selbst. Die Anzahl der Agenten des Kults, die in vollem Wissen um ihr Tun arbeiten, ist mikroskopisch klein im Verhältnis zu einer Weltbevölkerung, die auf acht Milliarden Menschen zusteuert. Die einzige Möglichkeit, wie so wenige so viele kontrollieren und lenken können, besteht darin, ihre gesamte Wahrnehmung zu übernehmen. Eine „physische" Kontrolle kann man mithilfe des Militärs und der zivilen Exekutivorgane nur über kleine Gruppen ausüben (es sei denn, die Bevölkerung willigt massenhaft durch Wahrnehmungskontrolle ein, wie bei der „Pandemie"). Zur globalen Kontrolle ist genau diese Wahrnehmungskontrolle nötig. Verhalten resultiert aus der Wahrnehmung. Wer die Wahrnehmung kontrolliert, steuert auch das Verhalten und das, was Menschen tun oder nicht tun, wogegen sie sich wehren und was sie unterstützen. Wer die Wahrnehmung übernimmt, der übernimmt auch das Verhalten; übernimmt man das Verhalten, dann übernimmt man die Welt. Die Reihenfolge der Kontrolle sieht so aus: Wahrnehmung = Verhalten = gesamte menschliche Gesellschaft.

Die nächste Frage lautet: Woher kommen Wahrnehmungen? Sie entstehen durch die *Informationen*, die wir erhalten. Wir entwickeln unsere Wahrnehmungen durch Informationen, die wir aus persönlichen Erfahrungen, von einer Zufallsbekanntschaft in der Kneipe, den Abendnachrichten im Fernsehen, einem Facebook-Posting und unzähligen anderen Quellen beziehen. Somit lässt sich die Reihenfolge auf Informationen = Wahrnehmung = Verhalten = gesamte menschliche Gesellschaft erweitern. Wer die Informationen kontrolliert, kontrolliert die gesamte Reihenfolge.

Der Kult kontrolliert bereits einen Großteil der Informationen und will die Kontrolle vollständig übernehmen. Wahrnehmungen sind *Annahmen*, die unter Berücksichtigung der erhaltenen Informationen auf einer Einschätzung des Gehirns basieren. Die Menschheit könnte ihr Wissens- und Kreativitätspotenzial enorm erhöhen, wenn sie nur realisierte, dass Wahrnehmung und Wahrheit nicht dasselbe sein müssen – und es auch selten sind. Wenn wir die „Wahrheit" erkennen, dann tun wir ja nichts anderes, als Annahmen zuerst zu Wahrnehmungen und dann zur Behauptung „So ist es" werden zu lassen. Laut Donald D. Hoffman, einem Professor für Kognitionspsychologie an der University of California, Irvine, ist Wahrnehmung eine kontrollierte Illusion; Realität hingegen bedeutet, dass wir uns über unsere Halluzination einig sind. Ja – aber wer kontrolliert die Illusion und sorgt für die Einigkeit über Halluzinationen, indem er die Informationen und die daraus resultierenden Annahmen kontrolliert? Der Kult will die totale Kontrolle durchsetzen, indem er uns die Wahrnehmung direkt durch eine Verbindung von Gehirn und KI aufzwingt. Im Moment muss er aber noch die Informationen kontrollieren, um die Wahrnehmung zu kontrollieren, um so die kollektive Realität zu übernehmen. Und das ist auch der Grund, warum der Kult davon besessen ist, Informationsquellen zu kontrollieren, indem er die Mainstreammedien und Silicon Valley in seinen Besitz bringt. Abweichende Informationen unterdrückt er durch die ständig zunehmende Zensur, die ich in meinen anderen Büchern ausführlich dokumentiert habe und die mehr und mehr Menschen jeden Tag erleben.

Der Kult versucht jede Informations- und Meinungsquelle zu unterdrücken, die das offizielle Narrativ zu nahezu jedem Thema infrage stellt, darunter die Politik der (vom Kult gesteuerten) Regierungen, „Covid-19", Impfungen, Regimewechsel-Kriege, menschengemachter Klimawandel, die wahre Natur der menschlichen Biologie und die politische Korrektheit, die das Volk dazu bringt, sich selbst zu zensieren. All diese Themen und noch viele mehr sind nichts als Aspekte des Plans der Spinne und werden über Das Netz durch den Kult durchgesetzt. Die Koordination der Zensur durch dieses Netzwerk ist offensichtlich und wird von der vom Kult geschaffenen, pseudoprogressiven Kultur der „Wokeness" bejubelt. Wer sich heute als „woke" oder „erwacht" ausgibt, sagt damit ironischerweise nur aus, dass er sich im Tiefschlaf befindet. Der Klimaschwindel, die extremen Lehren, Ansichten und Sprachregelungen im Hinblick auf das Geschlecht sowie die Besessenheit, überall nur Rassismus zu sehen, sind sämtlich Facetten der Wokeness und nicht zufällig auch Facetten des Plans, den der Kult weltweit verfolgt. Aber darauf werde ich noch zu sprechen kommen.

Falsche Selbstwahrnehmung

Grundlage und Quintessenz der massenhaften Wahrnehmungsprogrammierung ist es, die Menschheit in ständiger Unwissenheit darüber zu halten, wer wir sind und wo wir sind. Es geht darum, uns von der Wiege bis zur Bahre den Glauben einzuprogrammieren, dass wir kosmische Zufälle einer willkürlichen „Evolution" sind, und unsere Identität ausschließlich darüber zu definieren, wie andere und wir selbst uns bezeichnen.

Das Leben hat einen Anfang und ein Ende – und wenn du tot bist, bist du tot. Wenn jemand Letzteres nicht glaubt, dann redet man ihm einfach ein, dass er den Forderungen eines zornigen, verurteilenden externen „Gottes" mit Regeln und Vorschriften (also Regeln und Vorschriften des Kults) unterliegt, die befolgt werden müssen, um das Höllenfeuer zu vermeiden oder sich ein Rendezvous mit ein paar Jungfrauen zu sichern, die nur auf Rechtgläubige warten.

Ob man religiös oder Atheist ist, die begrenzenden Etiketten sind immer anwendbar. Es sind die Etiketten des „Ich bin", so wie in „Ich bin ein Mann", eine Frau, schwul, Transgender, schwarz, weiß, reich, arm, Christ, Moslem, Hindu, Jude und so weiter. Aber diese Etiketten sind nicht das, was wir sind, sondern nur das, was wir für kurze Zeit *erleben*. Wir – das ewige „Ich" – sind der Ausdruck eines Unendlichen Zustands des Gewahrseins, der diese Erfahrungen macht. Überlegen Sie sich einmal, wie unmöglich es wäre, Menschen unter Druck zu setzen, sie zu verängstigen, einzuschüchtern und zu manipulieren, damit sie das tun, was der Kult verlangt, wenn wir alle wüssten, dass wir ein Aufmerksamkeitsbrennpunkt innerhalb eines Zustands Unendlichen Gewahrseins sind – und dass dieser Brennpunkt eben die kurze Erfahrung macht, menschlich zu sein. Dabei ist völlig gleich, wie sein Körper aussieht, welche Hautfarbe er hat, welchem Volk er angehört und welche sexuellen Vorlieben er hat. Und um wie viel schwieriger es wäre, uns zu teilen und zu beherrschen, wenn den Menschen bewusst wäre, dass wir alle Aspekte *desselben* Bewusstseins sind, deren zeitweilige Etiketten nichts als vorgegaukelte Unterteilungen sind, nicht annähernd so real, wie sie zu sein scheinen?

Wie könnte der Kult das notwendige Teile-und-herrsche-Prinzip durchsetzen und Konflikte zwischen den Etiketten von Volkszugehörigkeit, Kultur, Sexualität, Politik und Einkommensklasse schüren, wenn wir alle wüsten, dass es sich dabei nur um vorübergehende

Illusionen handelt und unsere Realität nur eine andere Art „Traum“ ist? Oder dass das menschliche Leben so ist, als würde man sich ein Headset aufsetzen und ein Spiel in der virtuellen Realität spielen? Solche Spiele mögen sehr real erscheinen, doch wenn man das Headset abnimmt – wenn man „stirbt“ –, sieht man, dass das alles nur eine technisch erzeugte Illusion war, ein Traum oder Albtraum, den wir in diesem Moment für wirklich hielten. Das ist die wahre Natur des menschlichen Lebens. Wie Rumi, ein persischer Mystiker aus dem 13. Jahrhundert, schon sagte:

> Dieser Ort ist ein Traum. Nur der Schlafende hält ihn für real. Dann erreicht dich der Tod wie die Morgendämmerung, und du erwachst lachend aus dem, was du für dein Leid hieltest.

Diese Wahrheiten müssen uns vorenthalten werden, damit der Todeskult siegen kann. Das vorliegende Buch handelt davon, wie das gemacht wird und wie wir zum wahren und ewigen „Ich“ zurückkehren können, das wir sind und jenseits der illusorischen Ablenkungen der fünf Sinne immer sein werden. Der innere Kreis des Kults weiß, was die Realität ist und wie sie funktioniert. Seine Macht beruht darauf, dieses Wissen von der Bevölkerung fernzuhalten. Seine Mitglieder tun dies, indem sie solche Informationen in der Öffentlichkeit abtun oder verteufeln, während sie sie zugleich an Generationen ausgewählter Eingeweihter im Netzwerk der Geheimgesellschaften weitergeben. Geheimgesellschaften und andere Aktivposten im NETZ unterstehen letztlich dem Kult, der wiederum seinen nichtmenschlichen Meistern oder der Spinne untersteht. Auf diese Weise wurden wir dazu manipuliert, unsere wahre Natur zu vergessen und in einer isolierten „Blase“ der Identität und Beschränkung zu leben, die ich als „Ich-Phantom“ oder *Etiketten*-Ich bezeichne (Abb. 15). Darauf baut die ganze Kontrolle der Menschheit auf – aber das alles muss nicht so sein. Öffnen Sie Ihren Geist und erwachen Sie.

Abb. 15: „Ich weiß, worum es im Leben geht“ – *Die menschliche Illusion, das „Ich-Phantom“*

KAPITEL 1

WAS IST „REALITÄT"?

„Wenn du nicht weißt, wer du wirklich bist, wirst du auch nie wissen, was du wirklich willst."
Roy T. Bennett

In Wörterbüchern wird der Begriff „bewusst" wie folgt definiert: „die Umgebung erkennen und auf sie reagieren" oder „etwas verstehen und erkennen". Meine Definition im Rahmen dieses Buches ist eine ganz andere.

Ich treffe eine klare Unterscheidung zwischen dem, was ich „Verstand" und „Bewusstsein" nenne. Den Begriff „Verstand" oder „Körper/Intellekt" verwende ich zur Beschreibung der Realitätswahrnehmung mit den fünf Sinnen, während „Bewusstsein" für das erweiterte Gewahrsein jenseits der Mauern der fünf Sinne steht. Aus diesem Blickwinkel lassen sich die beiden eingangs erwähnten Definitionen auch anders interpretieren.

Nehmen wir die erste: „die Umgebung erkennen und auf sie reagieren". Gut, aber *welche* Umgebung soll man da erkennen? Die wahrgenommene „Umgebung" (ein völlig falscher Begriff, wie ich noch zeigen werde) ist in Wahrheit illusorisch, auch wenn wir sie zu erleben scheinen. So ist die Welt beispielsweise nicht „fest", sondern erscheint nur für die Sinne so, die nicht Bewusstsein in seiner Urform sind. Unsere fünf Sinne oder Systeme zur Informationsdecodierung nehmen unsere „Umgebung" „sinnlich" wahr, sind sich ihrer aber nicht einmal im weitesten Sinne des Wortes „bewusst" oder „erkennen" sie. Wäre das nämlich der Fall, dann würden wir die Illusionen und Verstandestäuschungen durchschauen und die Welt so wahrnehmen, wie sie wirklich ist.

Und dann die zweite Definition des Wörtchens „bewusst": „etwas verstehen und erkennen". Kann jemand wirklich *irgendetwas* verstehen, geschweige denn *etwas Bestimmtes*, wenn wir anscheinend eine „physische" Welt aus „fester Materie" erleben, die in Wahrheit beides nicht ist? Wie können wir etwas in der Welt verstehen, wenn wir das *Wesen der Welt* nicht begreifen? Eben – wir können es nicht. Und doch treffen alle Institutionen der menschlichen Gesellschaft Entscheidungen und erarbeiten Vorstellungen, die auf einer illusorischen Realität basieren, „in" der sie zu leben meinen. Wie können solche Entscheidungen und Vorstellungen etwas anderes sein als verzerrt und fehlgeleitet?

Die Institutionen, von denen hier die Rede ist, sind jene des Bildungswesens, der Wissenschaft, Medizin, Politik und Medien, von denen bis auf wenige Ausnahmen alle Menschen ihre Wahrnehmungen beziehen und auf dieser Grundlage ihre Entscheidungen treffen.

Insgesamt erfasst diese Situation sehr gut die Bedeutung des Gleichnisses vom „blinden Blindenführer" – oder, wie ich es ausdrücken wurde, des „unbewussten Unbewusstenführers". Der auf den fünf Sinnen beruhende Verstand ist meiner Definition nach nicht *bewusst*, sondern *sensorisch* – „die Aufnahme von Sinnesempfindungen betreffend". Er nimmt nicht selbst wahr, sondern *decodiert* stattdessen. Das Wie und Warum werde ich auf den Seiten des vorliegenden Werks näher erläutern. Dieses Eingesperrtsein in der Wahrnehmung durch die fünf Sinne ist der Grund dafür, dass so viele Menschen (vor allem in der akademischen Welt, der Wissenschaft und der Medizin) nur an das glauben, was sie sehen, berühren, schmecken, riechen oder hören können – *sinnlich erfassen* und *decodieren*. Diese Leute sind über ihr sensorisches Selbst hinaus nicht *bewusst*. Meiner Definition nach sind sie daher *un*bewusst und Sklaven des Fünf-Sinne-Verstands. Unsere Sinne sind genauso wenig bewusst, wie ein Computer bewusst ist, wenn er Daten *decodiert* und in einer Form auf dem Bildschirm darstellt, die wir erkennen.

Als „bewusst" bezeichne ich das, was jenseits der Grenzen des rein Sensorischen agiert. Man kann es sich wie die Person vorstellen, die mit Tastatur und Maus am Computer sitzt, während der sensorische Verstand der Computer ist, der auf die Eingaben der Person reagieren sollte (Abb. 16). Dringt ein Computervirus in ein System ein und übernimmt es – *unterwirft* es –, dann kann der Anwender noch so viel auf die Maus tippen und auf die Tasten hämmern, das Gerät wird nicht darauf reagieren. Der Computer verselbständigt sich, jemand anderer übernimmt die Kontrolle. Ich behaupte, dass genau das mit der Menschheit passiert ist. Ein „Virus" – der Todeskult und seine nichtmenschlichen Herren – hat die menschliche Wahrnehmung infiltriert und im Wesentlichen den sensorischen Verstand (Körper/Intellekt) vom erweiterten Gewahrsein abgekoppelt.

Wir sind nicht unsere Körper und auch nicht unsere Sinneswahrnehmungen. Beides sind nur Erfahrungen für das Wahre Selbst, das einfach nur Gewahrsein ist – ein Zustand reinen Bewusstseins (Abb. 17). Alles, was existiert, ist Bewusstsein, *dasselbe* Bewusst-

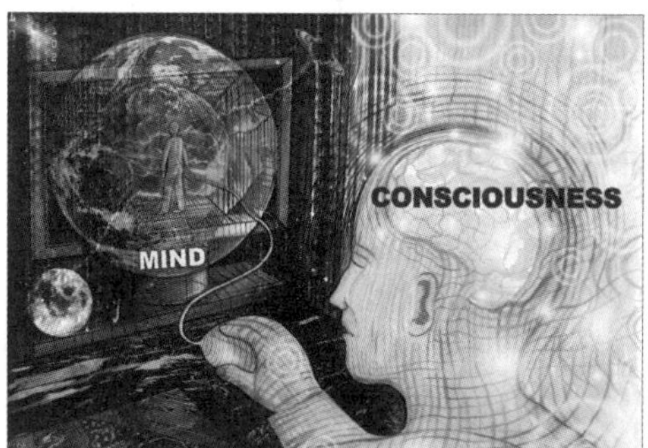

Abb. 16: Eine symbolische – aber äußerst zutreffende – Darstellung der menschlichen Misere: Der Computeranwender (Bewusstsein) wird vom Computer (Körper/Intellekt) getrennt, der dann mit falschen Wahrnehmungen über alles gefüttert wird, um die Kontrolle über die Menschheit zu gewährleisten. (Bild: Neil Hague)

Abb. 17: „Das wahre ‚Ich', einfach nur Gewahrsein" *– Wer sind wir? Wir sind Gewahrsein, ein Zustand reinen Bewusstseins. Der Körper ist nur ein vorübergehendes Vehikel für die kurze Erfahrung, die dieses Gewahrsein als „Mensch" macht.*

Abb. 18: Wir mögen uns selbst als „individuell" erleben, doch wir sind auch alle Ausdruck desselben unendlichen Gewahrseinsstroms, den ich auch DAS FELD *nenne. (Bild: Neil Hague)*

Abb. 19: Wenn unser Aufmerksamkeitsbrennpunkt in das menschliche Frequenzband eintritt, sollten wir von unseren erweiterten Bewusstseinsebenen geleitet werden. Stattdessen werden die meisten Menschen manipuliert, nur im Bereich ihrer fünf Sinne zu agieren, wo der Kult kontrolliert, was sie sehen und hören. Das Ergebnis ist eine „physische" Versklavung durch Wahrnehmungsversklavung. (Bild: Neil Hague)

Abb. 20: Die Grundlage der Kontrolle über die Menschheit – Isolation in der Wahrnehmungsblase (siehe auch Neil-Hague-Farbteil)

sein in verschiedenen Gewahrseinszuständen. Und wir sind *so wie alles andere* eine Ausdrucksform dieses Zustands des Unendlichen und Ewigen Gewahrseins (Abb. 18). Unsere Ausdrucksform oder unser *Aufmerksamkeitsbrennpunkt* macht derzeit eine kurze Erfahrung als Mensch, und unser Körper/Intellekt (der symbolische Computer) ist das Vehikel für diese Erfahrung. Die Menschheit wurde durch den Kult dazu gebracht, ihre wahre Natur zu vergessen und sich mit dem „Ich" der fünf Sinne und all dessen illusorischen Etiketten sowie des Gefühls des Getrenntseins und der Spaltung zu identifizieren (Abb. 19).

Dabei sollten wir ursprünglich eine Verbindung zum Wahren „Ich" (den Händen auf Maus und Tastatur) beibehalten, um unseren Geist potenziell sogar der Unendlichkeit selbst zu öffnen. Ist unser Geist aber verschlossen, dann geht dieser Einfluss auf unser *erlebendes* Gewahrsein (der Körper/Intellekt) verloren und wir werden in der „Blase" isoliert, in der unser Realitätssinn von der Wahrnehmung durch die fünf Sinne dominiert wird (Abb. 20). Statt von unseren erweiterten Gewahrseins-Ebenen beeinflusst zu werden, lassen wir uns von Informationen hypnotisieren, die auf unser Gehirn und unsere fünf Sinne einströmen. Diese Informationen erhalten wir von Medien, Politik, Wissenschaft, Medizin und der akademischen Welt, die allesamt vom Kult kontrolliert werden – wobei fast niemand in diesen Berufen eine Ahnung hat, dass er oder sie einem vom Kult gesteuerten Plan folgt. Diese Leute sind von ihren Blasen ebenso hypnotisiert wie jeder andere.

Die Wahrnehmungen innerhalb der isolierten „Blase" sind so programmiert, dass sie die Realität *mit den Sinnen erfassen*, ohne sich ihrer *bewusst* zu sein. So kann der Kult über diese manipulierte Unkenntnis dem menschlichen Erleben seinen Willen aufpfropfen. Daher kommt der kollektive Wahnsinn des Krieges, der Spaltung und der Konflikte aller Art. Die Unterwerfung des Körper/Intellekts soll dem Plan zufolge durch die massenhafte Verbindung der KI mit dem Gehirn vollendet werden. Dieser Schritt würde uns von der bloßen Wahrnehmungsprogrammierung zur vollständigen Assimilation an die künstliche Intelligenz und die dahinterstehende Macht bringen. Und damit meine ich nicht die Assimilation des Wahren „Ich“, sondern die der Körper/Intellekt-Blase, die auf den fünf Sinnen beruht und vom Wahren „Ich“ isoliert ist. Das ist wie ein Virus, der die Kontrolle über ein ganzes Computernetzwerk übernimmt, indem er die Betreiber (das Wahre „Ich“) umgeht und ausschaltet und das System stattdessen mit einer anderen Quelle (dem Kult und seinen Herren im Verborgenen) verbindet.

Alles ist bewusst, weil alles Bewusstsein in seinen unendlich vielen Zuständen und Formen ist. Da aber nicht alles *gleichermaßen* bewusst ist, unterscheide ich in diesem Buch zwischen dem, was ich als Körper/Intellekt bezeichne, und dem Bewusstsein. Man braucht die Menschheit nur fünf Minuten lang zu beobachten, um mehrere Zustände des Gewahrseins zu erkennen. Der sensorische Verstand ist eine Form des Gewahrseins, die in ihrer Wahrnehmung – verglichen mit dem Bewusstsein jenseits der Körper/Intellekt-Blase – unglaublich eingeschränkt ist.

Was hat es mit diesem „Gott“ auf sich?

Abb. 21: Unser „individuelles“ Gewahrsein ist Unendliches Gewahrsein, das sich selbst erfährt. Wir sind das „Individuelle“ und zugleich das Ganze.

Wir sind ein Aufmerksamkeitsbrennpunkt innerhalb eines Unendlichen Zustands des Gewahrseins, der von manchen „Gott“ genannt wird. Ich verwende diesen Ausdruck mit all seinen religiösen Assoziationen und Ablenkungen nicht. Für diejenigen, die das tun, sei aber Folgendes gesagt: Wir sind nicht von „Gott“ *getrennt*, sondern ein *Teil* von „Gott“. Wir sind ein einzigartiger Aufmerksamkeitsbrennpunkt, durch den Unendliches Gewahrsein oder „Gott“ sich auf unendliche Weise erfahren kann (Abb. 21). Unendliches Gewahrsein bedeutet Unendliche Möglichkeit und Unendliches Potenzial für Unendliches Erleben. Wir alle sind ein Ausdruck desselben Bewusstseins – und das Voneinander-Getrenntsein ist eine durch unsere fünf Sinne vermittelte Illusion, die der Kult unbedingt aufrechterhalten will. Der amerikanische Kosmologe Carl Sagan drückte es so aus:

> Wir sind eine Möglichkeit für das Universum [ich bevorzuge den Ausdruck „Das Unendliche“], sich selbst zu erkennen. Ein Teil unseres Wesens weiß, dass wir von

dort kommen. Wir sehnen uns danach, zurückzukehren. Und das können wir auch, weil der Kosmos auch in uns ist. Wir bestehen aus Sternenstaub.

Was ist das „Menschliche“ anderes als ein Zustand des Gewahrseins, der sich selbst auf vielfältige Weise erfährt? Der Grad des Gewahrseins des „Teils“ wird durch die Stärke der Verbindung zum Ganzen bestimmt. Je mehr wir die Wahrnehmung der Identität mit dem Ganzen verlieren (Ich bin Unendliches Gewahrsein, das sich als Mensch erlebt) und uns selbst als isoliertes, willkürliches „Etikett“ wahrnehmen (Ich bin Ethel an der Kasse oder Charlie am Drive-in-Schalter), desto mehr gehen die Verbindung und der Einfluss des Unendlichen Gewahrseins verloren. Dann sind wir in der Illusion gefangen und vergessen, was wir wirklich sind. Dies kann man symbolisch sehr gut als das Leben in einer Blase aus isoliertem Körper/Intellekt darstellen, in der die Wahrnehmung von allem nur noch aus Informationen aus dem Inneren unserer Blase gespeist wird (Abb. 22). Doch hinter der Wand dieser Blase liegen unendlich viele Möglichkeiten und Potenziale, ein unendliches Gewahrsein, das ein völlig anderes Verständnis dafür vermitteln kann, wer man ist und wo man sich befindet. Der Kult arbeitet unermüdlich daran, die Menschheit in der Blase gefangen zu halten, denn nur dann kann er seinen Willen durchsetzen. Er isoliert den Körper/Intellekt gegen erweiterte Bewusstseinszustände und programmiert ihn mit den Wahrnehmungen sowie der Identität, die uns in die Massenknechtschaft treiben sollen. Entscheidend dabei ist es, den inneren Kern des Netzwerks aus Geheimgesellschaften zu nutzen, um das wahre Wesen der Realität in Generationen des Kults zu verbreiten, während man dieses Wissen vor der infiltrierten Bevölkerung verborgen hält.

Abb. 22: Die Menschheit ist in Wahrnehmungsblasen gefangen und wird von kultgesteuerten Informationsquellen des Mainstreams programmiert, die innerhalb der Blase agieren. (Siehe auch Neil-Hague-Farbteil)

Beschreibungen der Unendlichen Realität, die ich hier skizziert habe, finden sich in der gesamten Geschichte. Es gab sie schon lange, bevor der Kult die Mainstream-„Wissenschaft“ anwies, uns einzureden, dass wir kosmische Zufälle sind, das Bewusstsein nur aus dem Gehirn kommt und der Tod das Ende ist. Auf Wahrnehmungsebene sollte durch die Proklamierung dieses Unsinns erreicht werden, dass wir alle glauben, nicht der ewige Ausdruck eines unendlichen Ganzen zu sein, sondern nur eine bedeutungslose Ansammlung zufällig entstandener Zellen. „Experten“ erzählen uns, dass das Gehirn der Ursprung des Bewusstseins ist und das Leben von der Gehirnaktivität abhängt. Ist das Gehirn nicht aktiv, dann hört das Bewusstsein angeblich zu existieren auf. Die massenhafte Verbreitung dieser Illusion ist eine notwendige Vorstufe zur Massenkontrolle. Die vom Kult kontrollierten „Bildungs“- und akademischen Institutionen speisen diesen Blödsinn in jede Generation junger Menschen ein, die ihn dann zum Großteil an die nächste Generation weitergeben. Innerhalb der akademischen Welt und in den Es-gibt-nur-diese-Welt-„Wissenschaftlern" läuft dasselbe Programm (sonst würden sie nie einen Posten finden). Ihre Finanziers und die vorgesetzten Behörden verlangen von ihnen, dass sie genau das auch lehren – in einem Wahrnehmungs-Perpetuum-mobile, in dem die Unwissenden andere Unwissende anlügen und das dann „Bildung" nennen. Für diejenigen, die auf dieses Wahrnehmungsprogramm nicht hereinfallen, gibt es immer noch die eng damit zusammenhängende Religionsfalle. Sie verspricht manchen das ewige Leben, wenn sie sich nur an die Gebote „Gottes" (des Kults) halten, während andere zur ewigen Verdammnis in der Hölle verurteilt sind. In einem Satz ausgedrückt besagt jede Religion: „Tu, was ‚Gott' (wir) dir befiehlt, sonst steckst du bis zum Hals in Schwierigkeiten."

Die alten Kulturen auf der ganzen Welt wussten, dass das Bewusstsein ewig ist, und ihre Gesellschaften wurden auf dieser Kenntnis in den Jahrtausenden gegründet, bevor die Kult-„Wissenschaft" und die Religion sich meldeten und eine andere Geschichte erzählten, die durch die vom Kult inszenierte Kolonisierung von England und Europa aus über die ganze Welt verbreitet wurde. Der Kult siedelte nach einer jahrhundertelangen Reise aus Sumer und Babylon (dem heutigen Irak), Ägypten, Asien und von anderen Orten seine Zentrale in Großbritannien an (daher das Britische Weltreich). Zu den weiteren bedeutenden Zentren des Kults gehören Italien und Deutschland, aber auch China. Durch die Kolonisierung konnte er sich in Nordamerika ebenfalls festsetzen; mit der vom Sabbatianismus-Frankismus betriebenen Gründung Israels ließ er sich dann auch im ausschlaggebenden Land Palästina nieder (siehe dazu auch „The Trigger").

Die Illusion auflösen

Bevor ich mich genauer mit der Realität befasse, sollte ich vielleicht den illusorischen „Normalzustand" zusammenfassen, an den wir glauben sollen. Für diesen Glauben müssen wir akzeptieren, dass das, was wir zu erleben scheinen, *tatsächlich* das ist, was wir erleben und erfahren. Die offizielle Realität ist das, was man den *fünf Sinnen* vormacht. Kann ich es sehen? Ja. Höre ich es? Ja. Es berühren? Ja. Es riechen? Ja. Es schmecken? Ja. Gut, dann existiert es. Aber *existiert es wirklich* in der Form, wie wir es wahrnehmen? Sind wir und die Welt wirklich „physisch" und „festkörperlich"? Nein. Das sensorische System der fünf Sinne ist ein Informationsdecodierer, ebenso wie ein Computer WLAN- oder andere digitale Signale zu einer ganz anderen Form auf dem Bildschirm decodiert. Die fünf Sinne decodieren Informationen auf bestimmte Art (wiederum wie ein Computer), die meist das widerspiegelt, was ihnen programmiert wurde. Ein Computer decodiert Informationen aus elektronischen Schaltkreisen und elektromagnetischer Strahlung zu Bildern, Farben, Grafik und Text auf dem Bildschirm, so wie Radio- und Fernsehsender Ton und Bild in Wellen übertragen, die dann vom Fernsehgerät decodiert werden (Abb. 23). Wir nehmen das Internet als das wahr, was wir auf dem Bildschirm sehen, obwohl das Internet in dieser Form nur auf dem Bildschirm existiert. Überall sonst wird die gleiche Information in Form elektronischer Schaltkreise, Programmcodes und EM-Felder ausgedrückt. Auch unsere

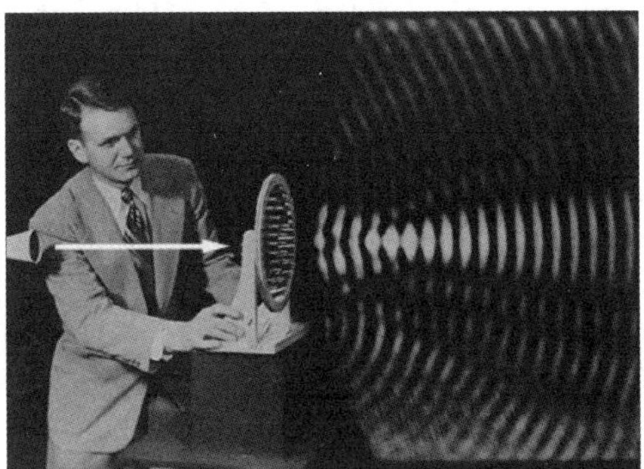

Abb. 23: Die Grundlage der menschlichen Realität sind in Wellenfeldern codierte Informationen. Die illusorische „physische" Realität ist eine decodierte Projektion dieser Informationen.

Abb. 24: Ein Computer decodiert Informationen aus nicht sichtbaren WLAN-Strahlungsfeldern zu für uns sichtbaren Darstellungen auf dem Bildschirm.

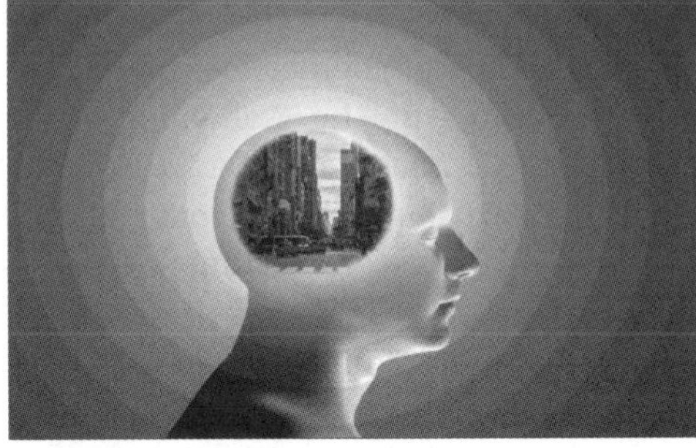

Abb. 25: Das menschliche Gehirn und die Decodierungssysteme der fünf Sinne tun dasselbe, indem sie nicht sichtbare Welleninformationen in holografische, illusorische „physische" Informationen umwandeln, die nur in unseren „Köpfen" existieren. (Bild: Gareth Icke)

menschliche Realität besteht aus elektromagnetischen Informationswellenfeldern, und wir interagieren mit diesen Feldern auf dieselbe Art, wie ein Computer mit WLAN-Signalen interagiert. Ein Computer ist so programmiert, dass er WLAN-Welleninformationen decodiert, um das zu erzeugen, was wir auf dem Bildschirm sehen. Unsere fünf Sinne sind zusammen mit dem Gehirn so programmiert, dass sie Informationen aus Strahlungswellenfeldern decodieren, um die Realität zu erzeugen, die wir als „physische Welt" wahrnehmen (Abb. 24 und 25).

Die Grundlage unserer Realität und des menschlichen Selbst ist nicht „physisch". Sie ist eine Wellenfeldinformation (denken wir hier wieder an WLAN), die von den fünf Sinnen zu der „Welt" decodiert wird, die wir als physisch zu erleben glauben. Wenn Sie sich jeden einzelnen dieser Sinne näher ansehen, werden Sie erkennen, dass dies wahr ist. Die Sinne codieren Wellenfeldinformationen zu elektrischen Informationen, die an das Gehirn weitergeleitet werden, um dort zu dem decodiert zu werden, was wir als physische Welt erleben. Bestimmte Gehirnbereiche verarbeiten das, was jeder der Sinne empfängt, und kombinieren diese Quellen dann zu dem Konstrukt, das wir für die menschliche Realität halten (Abb. 26). Unsere Wahrnehmung alles Physischen und Festkörperlichen ist eine aus diesem Decodierungsvorgang resultierende Illusion. Was uns physisch erscheint, ist in Wirklichkeit holografisch – also nur *illusorisch* physisch. Hologramme erwecken den Eindruck der Festkörperlichkeit, sind aber alles andere als fest. Diese Illusion kann man bereits in den holografischen Bildern von heute erkennen, die so festkörperlich aussehen können wie Sie und ich, aber in Wahrheit nichts als energetische Projektionen ohne jede feste Substanz sind. Ich werde im nächs-

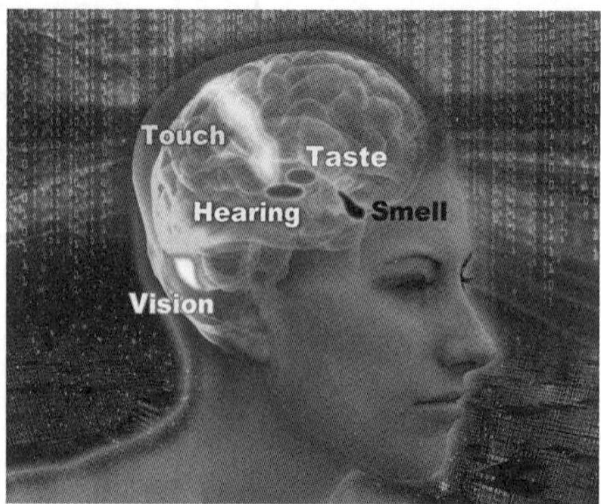

Abb. 26: Unterschiedliche Gehirnteile sind darauf spezialisiert, die Eindrücke unterschiedlicher Sinne zu decodieren und sie dann zu dem zusammenzusetzen, was wir als Realität wahrnehmen. (Bild: Neil Hague)

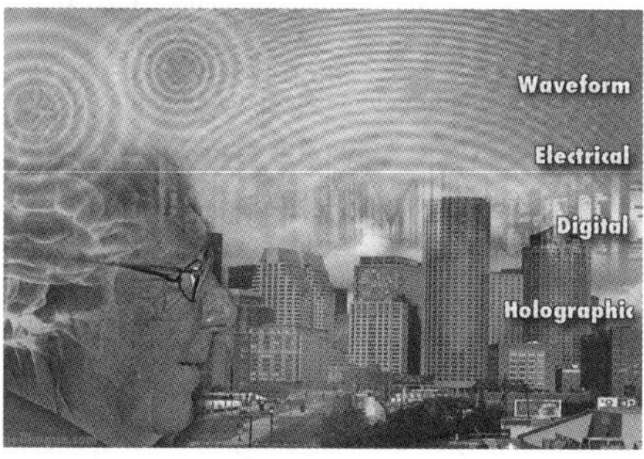

Abb. 27: Das menschliche Decodierungssystem wandelt Welleninformationen in elektrische Informationen um, die dann zu digitalen und holografischen Informationen – der illusorischen „physischen" Welt – werden. (Bild: Neil Hague)

Abb. 28: Die Grundlage des menschlichen Körpers und aller Bestandteile unserer Realität sind in Wellenfeldern codierte Informationen. (Siehe Neil-Hague-Farbteil)

ten Kapitel genauer darauf eingehen. Erst am Ende dieses komplexen Decodierungsprozesses entsteht die „externe" Welt so, wie wir sie wahrnehmen (Abb. 27). Die holografische „physische" Realität ist zudem nicht wirklich extern für uns, auch wenn unsere Sinne uns das mitteilen mögen. Die Welt, die wir scheinbar außerhalb von uns erleben, existiert in dieser Form nur *in unseren Köpfen – im Gehirn –*, genauso, wie die Informationen auf dem Computerbildschirm in dieser Form nur *innerhalb* des Computers existieren. Ich habe Wissenschaftler behaupten gehört, dass unsere Sinne eine externe Realität dekonstruieren und sie im Gehirn rekonstruieren. Das stimmt absolut nicht, wie uns schon ein flüchtiger Blick auf allgemein anerkannte Befunde sagen kann. Die von uns erfahrene Realität ist, wie schon bewusstere Wissenschaftler festgestellt haben, wie ein Computerbildschirm, der sämtliche Programmcodes, Schaltkreise und Pixel verbirgt, durch die der Ton und die Bilder überhaupt erst ermöglicht werden. In unserem Fall sind diese Programmcodes, Schaltkreise und Pixel Informations- bzw. Bewusstseinswellen, die nach der Decodierung unsere illusorische „physische" Realität bilden.

Die Grundlage unserer Realität – einschließlich unserer selbst – sind Informationswellenfelder, die Ausdruck des *Bewusstseins* sind. Das heißt, dass alles in irgendeiner Form bewusst ist. Die Information, die im Wellenfeld eines Baums codiert ist, macht ihn erst zu einem Baum und nicht zu einer Blume oder einem Dornenstrauch. Was ist ein Baum in einem Virtual-Reality-Spiel? Nichts als Informationen, die vom Computer zur Form eines Baums decodiert werden. Jeder Ausdruck einer Form, jeder Gedanke und jedes Gefühl übertragen unterschiedliche Frequenzen, die alle von den Wellen dargestellten und in ihnen enthaltenen Informationen widerspiegeln. Form ist In*for*-*m*ation – Wellen*form*-In*form*ation. Das, was

Abb. 29: Alles ist mit Dem Feld verbunden und interagiert in Form von Wellen über Das Feld mit allem anderen. (Siehe Neil-Hague-Farbteil)

Abb. 30: Eine Darstellung der heute allgegenwärtigen WLAN-Felder – einer technischen Überlagerung Des Feldes, die im Prinzip auf dieselbe Weise funktioniert.

im Wellenfeld des menschlichen Körpers codiert ist, lässt uns „physisch" menschlich erscheinen (Abb. 28). Unsere Realität ist die Summe all dieser Informationswellenfelder innerhalb des Frequenzbands der menschlichen Sinne. Ich werde diese Gesamtheit im Folgenden als Das Feld bezeichnen.

Es ist der Ozean aus Energie, der alles verbindet – auch wenn unsere Sinne uns mitteilen, dass jede „Form" von allen anderen „Formen" durch einen dazwischenliegenden „Raum" getrennt ist. Dieser „Raum" ist mit den Informationen (dem Bewusstsein) Des Felds angefüllt, das alles miteinander verbindet (Abb. 29). Die WLAN-Technologie ahmt Das Feld nach; den Grund dafür werden wir später noch erkennen (Abb. 30). Körper/Intellekt-Felder interagieren mit Dem Feld auf dieselbe Art und Weise, wie wir uns Informationen aus dem Internet holen und dort auch Informationen veröffentlichen. Das Feld beeinflusst uns, und wir beeinflussen Das Feld. Wir *sind* Das Feld, und Das Feld ist wir – wir sind untrennbar. Der Spruch „Wir sind eins" ist keine abgedroschene esoterische Phrase. Er beschreibt vielmehr, wie alles in unserer Realität und in *allen* Realitäten im Endeffekt ein Feld aus Energie bzw. Bewusstsein ist. Die scheinbare Trennung ist eine Illusion, die auf der Art und Weise beruht, wie wir die Realität wahrnehmen. Es geht darum, zu erkennen, dass *alles* ein Informationswellenfeld ist, das wir zu der Welt decodieren, in der wir zu leben glauben, während sie in Wirklichkeit in uns lebt – in unserem Körper/Intellekt. Das Verständnis dieser grundlegenden Wellennatur der „physischen" Realität ist die Voraussetzung, um zu begreifen, was wirklich in der Welt passiert. Dies wird später im Buch noch sehr deutlich werden.

Ohren, um zu hören? Zungen, um zu schmecken?

Der Gehörsinn ist das naheliegendste Beispiel für die Umwandlung von Wellen in elektrische Signale. Unsere Ohren erhalten Wellenfeldinformationen als Schallwellen und leiten sie als elektrische Signale ans Gehirn weiter. Erst wenn das Gehirn diese Information decodiert hat, „hören" wir Töne. Die Menschen sagen, dass sie einander „sprechen" hören, doch es werden gar keine Wörter zwischen uns übertragen, sondern nur Schallwellen. Wörter manifestieren sich erst am *Ende* der Abfolge, nicht am Anfang. Wenn wir sprechen, erzeugen wir mit unseren Stimmbändern Informations-*Wellenfelder*. Diese Schallwellen werden dann von den Ohren decodiert und auf elektrischem Wege ans Gehirn weitergeleitet, wo sie zu den Wörtern decodiert werden, die wir mit unseren Ohren zu hören glauben. Doch wir hören sie erst im Gehirn. So ist es mit allen Sinnen. Töne sind in Form von Schall*wellen* für unsere Sinne *unhörbar*, bis die durch sie übermittelten Informationen im Gehirn eintreffen. Denken wir zum Beispiel an einen fallenden Baum. Dieser Baum ist ein elektromagnetisches Informationswellenfeld, das auf das elektromagnetische „Meer" – DAS FELD – einwirkt. Durch diese Welleninteraktion wird im „Meer" eine Wellenstörung erzeugt. Wenn niemand da ist, der diese Störung decodiert, dann macht der fallende Baum kein Geräusch. Ist aber ein Beobachter anwesend, dann wird er diese Wellenstörung als elektromagnetische (Schall-)Wellen aufnehmen und diese auf elektrischem Wege ans Gehirn weiterleiten, wo sie zum Geräusch eines fallenden Baums decodiert werden. Daher kann die Frage „Macht ein fallender Baum ein Geräusch?" mit „Nur wenn Sie es hören!" beantwortet werden (Abb. 31).

Abb. 31: Ein fallender Baum macht (so wie alles andere) nur ein Geräusch, wenn es jemand hört.

Alle fünf Sinne funktionieren auf diese Weise. Was wir als Speisen und Getränke wahrnehmen, sind in Wahrheit Informationsfelder, die von den Sinnen in die Form umgewandelt werden, die wir sehen und schmecken. Die Zunge schickt elektrische Signale ans Gehirn, das dann „Schmeckt gut!" oder „Was ist denn das für ein Dreck?!" diagnostiziert. Es ist das *Gehirn*, das in der menschlichen Realität schmeckt – und genau dasselbe gilt für das Sehen, das Tasten, das Riechen und das Hören (Abb. 32). Heute werden Methoden zur

Abb. 32: In seinem Grundzustand ist alles Wellenfeldinformation – auch Nahrungsmittel. „Physische" Lebensmittel sind decodierte Wellenfeldenergie (Information). (Siehe Neil-Hague-Farbteil)

Schmerzlinderung eingesetzt, die den Schmerzpunkt daran hindern, elektrisch mit dem Gehirn zu kommunizieren. Wenn das Gehirn dieses Signal nicht zu „Aua!" entschlüsseln kann, gibt es auch keinen Schmerz. Nahrungsmittelhersteller produzieren das, was sie eben als Nahrungsmittel bezeichnen, und fügen diesen Produkten Geschmacksverstärker hinzu, um das Gehirn dazu zu überlisten, mehr Geschmack zu decodieren, als das „Nahrungsmittel" eigentlich enthält. Auch Autositze werden mittlerweile so entwickelt, dass sie das Gehirn aus gesundheitlichen Gründen täuschen, damit es glaubt, dass man nicht hinter dem Lenkrad sitzt, sondern zu Fuß unterwegs ist. Die „physische" Realität ist eine Illusion, und der Kult weiß das. Er arbeitet ständig daran, Ihnen dieses Wissen vorzuenthalten, um Sie zu einer leichten Beute für seine Wahrnehmungsmanipulation zu machen. Die berühmte Szene im ersten „Matrix"-Film – wenn der Verstand der Filmfigur Neo in ein Computerprogramm versetzt wird, um ihm die illusorische Natur der physischen Welt zu zeigen – beschreibt die Welt, wie sie wirklich ist:

> Neo: Das ist nicht real?
>
> Morpheus: Was ist „real"? Wie definierst du „real"? Wenn real bedeutet, zu fühlen, riechen, schmecken und sehen, dann ist „real" nichts anderes als elektrische Signale, die von deinem Gehirn interpretiert werden.

Und genauso ist es. Alles, was wir für real halten, existiert nur im Gehirn oder Körper/Intellekt in der Form, die wir erleben. Der britische Philosoph Alan Watts, der in den USA für seine westliche Interpretation der fernöstlichen Philosophie bekannt wurde, schrieb dazu:

> [Ohne das Gehirn] gäbe es auf der Welt kein Licht, keine Wärme, kein Gewicht, keine Festigkeit, keine Bewegung, keinen Raum, keine Zeit oder sonst irgendein erdenkliches Merkmal. Alle diese Phänomene sind Interaktionen oder Transaktionen von Vibrationen mit einer bestimmten Anordnung von Nervenzellen.

Außerhalb des Gehirns existiert keine der Grundlagen der „physischen Realität" in dieser Form. Der Mainstreamwissenschaftler Robert Lanza beschreibt in seinem Buch „Biocentrism", wie wir elektromagnetische Wellen und Energie zu einer visuellen und „physischen" Erfahrung decodieren. Er verwendet das Beispiel einer Flamme, die Photonen oder winzige Pakete elektromagnetischer Energie aussendet, die jeweils elektrisch und magnetisch pulsieren:

> Diese [...] unsichtbaren elektromagnetischen Wellen treffen auf eine menschliche Netzhaut. Wenn (und nur wenn) diese Wellen einen Abstand von 400 bis 700 Nanometern zwischen den Wellenbergen haben, ist ihre Energie genau geeignet dazu, einen Reiz an die acht Millionen zapfenförmigen Zellen in der Netzhaut zu senden.
>
> Jede dieser Zellen schickt dann einen elektrischen Impuls an eine benachbarte Nervenzelle, und so wandern die Signale mit 400 Stundenkilometern die Leitung hoch, bis sie den Okzipitallappen des Gehirns im Hinterkopf erreichen. Dort wird ein kaskadierender Neuronenkomplex durch den eintreffenden Reiz zum Feuern angeregt. Diese Erfahrung nehmen wir subjektiv als gelbe Helligkeit wahr, die an einem Ort auftritt, den wir unserer Konditionierung zufolge die „Außenwelt" nennen.

Illusionsverwirrung

Jede Bewegung ist eine decodierte Illusion. Es gibt keine *Bewegung?* Sie erleben sogar, dass Sie sich im Traum bewegen, obwohl Sie selbst sich überhaupt nicht bewegen. Das alles passiert in ihrem Kopf. *Sie* liegen im Bett und schlafen tief. Wie kann das menschliche Erleben eine „physische Bewegung" umfassen – außer als holografischen Traum, wenn man davon ausgeht, dass die holografische „physische" Realität nur im Gehirn existiert? Wenn man ein Virtual-Reality-Headset aufsetzt, um ein Computerspiel zu spielen, dann erlebt man, wie man in einem Auto dahinrast oder einen Abhang hinunterstürzt, während der eigene Körper relativ still auf einem Stuhl sitzt. Ein britischer Zeitungsjournalist schrieb, dass das hervorstechendste Merkmal solcher Spiele die physische Empfindung der Bewegung sei, ohne sich tatsächlich zu bewegen: „Mein Hirn schickt Signale an meinem Körper, die die Illusion erzeugen, dass ich wie eine Flipperkugel herumsause, obwohl ich mich in Wirklichkeit nicht vom Fleck rühre." So funktioniert die Illusion der Bewegung beim Menschen.

Auch Farben existieren nicht, bevor sie nicht vom Gehirn decodiert werden. Jede Farbe und Schattierung ist eine spezifische Frequenz, die wir erst decodieren müssen, wenn wir sie „sehen" wollen. Objekte (Wellenfelder) absorbieren manche Farbfrequenzen und reflektieren andere. Diejenigen, die sie reflektieren, können wir decodieren und „sehen" sie in ihrer „Farbe", die absorbierten sehen wir nicht. Alles, was wir optisch wahrnehmen, ist reflektiertes Licht. Deswegen sehen wir auch in pechschwarzer Umgebung nichts, da hier die Objekte (Wellenfelder) kein Licht zur Verfügung haben, das sie reflektieren können. Von den beiden Farbextremen Schwarz und Weiß absorbiert Schwarz das gesamte Licht und sieht daher schwarz aus, während Weiß alles Licht reflektiert und weiß aussieht. Andere Farben absorbieren einen Teil des Lichts und reflektieren einen anderen Teil, wodurch sie die spezifische Lichtdarstellung erhalten, die wir als Farbe „sehen" (decodieren). Ein Regenbogen zeigt das Spektrum des Sonnenlichts an; das Wort „Spektrum" stammt von lateinischen „spectrum" (Erscheinung) ab. Das sagt eigentlich schon alles.

Auf die gleiche Weise, wie sich Schall nur manifestieren kann, wenn seine Wellen vom Gehirn decodiert werden, kann sich auch die visuelle Realität nur über diesen Vorgang manifestieren. Dies ist die eigentliche Grundlage des wissenschaftlichen Konzepts vom „Beobachtereffekt", das davon ausgeht, dass die „physische" Realität nur dann existiert, wenn sie beobachtet oder „gemessen" wird. Wird die Realität weder beobachtet noch gemessen, so verbleibt sie in einem Wellenfeldzustand und wird erst dann „physisch", wenn wir sie in irgendeiner Form betrachten, auch durch ein Messgerät. Eine Schlagzeile in den Medien lautete: „Ihr ganzes Leben ist eine ILLUSION: Neuer Test bestätigt die Theorie, das die Welt nicht existiert, bis wir sie betrachten." Andrew Truscott, ein außerordentlicher Professor an der Australian National University, hat sich mit diesem Phänomen befasst. Seiner Aussage nach existiert die Realität auf Quantenebene tatsächlich nicht, wenn wir sie nicht betrachten. Er gab an, dass die Experimente seiner Forscherteams gezeigt hätten, wie „die Atome nicht von A nach B unterwegs waren. [...] Erst wenn sie am Ende ihres Weges gemessen werden, entsteht ihre Eigenschaft als Welle oder Teilchen."

Abb. 33: Der weiße Wellenkamm und das Meer sind dasselbe Gewässer. Menschen und Unendlichkeit sind dasselbe Bewusstsein – sie nehmen nur eine andere visuelle Form an.

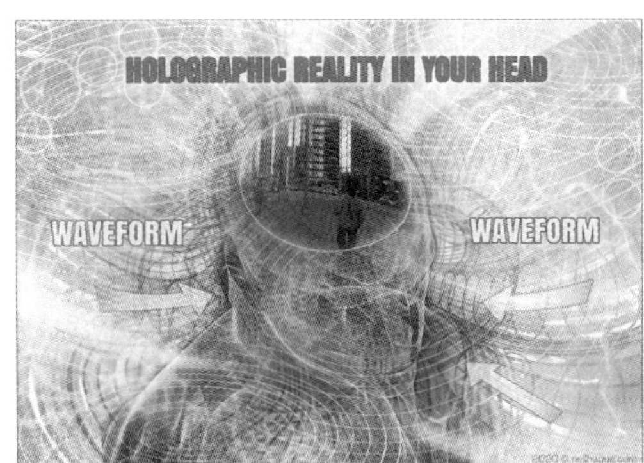

Abb. 34: Es scheint alles so real, aber es ist nur eine aus Welleninformationen decodierte holografische Illusion, die im eigenen Kopf stattfindet. (Siehe Neil-Hague-Farbteil)

Der theoretische Physiker Werner Karl Heisenberg (1901–1976) wurde als Pionier der Quantenmechanik berühmt und sagte, dass „ein Weg erst dann entsteht, wenn man ihn beobachtet". Ein Artikel in der *Epoch Times* beschrieb die Ergebnisse eines anderen Experiments unter dem Titel „Ihr Verstand kann Materie kontrollieren":

> Es wurde demonstriert, dass atomare Teilchen auch Wellen sind. Ob sie sich als Wellen oder Teilchen manifestierten, hing davon ab, ob jemand hinsah oder nicht. Beobachtung beeinflusste die physische Realität der Teilchen – oder, um es technisch auszudrücken: Die Beobachtung ließ die Wellenfunktion kollabieren.

Wissenschaftler haben lange über das seltsame Phänomen gegrübelt, dass Teilchen *gleichzeitig* auch Wellen sind. Das ist doch unmöglich, oder? Müssten sie nicht das eine oder das andere sein? Nein, müssten sie nicht – wenn man sich klarmacht, dass Teilchen oder Wellen Manifestationen *derselben Information* sind. Sie scheinen nur unterschiedlich zu sein, weil die Information eine andere Form hat (Abb. 33). Wellen sind das zugrunde liegende Informationskonstrukt, Teilchen dessen decodierte holografische Darstellung. Der „Kollaps der Wellenfunktion" ist der Vorgang der Decodierung der holografischen Realität, die auf der Quantenebene jenseits des menschlichen Wahrnehmungsvermögens in einer anderen Form existiert. Die Quantenrealität setzt sich aus Möglichkeits- und Potenzialwellen zusammen, die vom Verstand zu einer holografischen Wirklichkeit decodiert werden. Wissenschaftler sagen, dass die „physische" Realität nur dann existiert, wenn wir sie beobachten, doch hier fehlt der wichtige Begriff *decodieren*. Die physische Realität existiert nur, wenn sie *decodiert* wird. Der Akt der Beobachtung löst den Decodierungsprozess aus. Die menschliche Realität benötigt einen Beobachter, um zu existieren, weil der Beobachter sie in dieser Form im Decodierungssystem des Gehirns *erst existieren* lässt (Abb. 34). Wellen („nichtphysisch") und Teilchen („physisch") sind verschiedene Formen desselben Informationsfelds. Wie schon Albert Einstein sagte: „Das [Wellen-]Feld ist die einzige bestimmende Kraft der Teilchen [Materie]."

Er ist hinter dir!

Abb. 35: *„Er ist hinter dir!" Wenn die Realität durch Beobachtung decodiert wird, ist die wahre Realität immer „hinter dir".*

Abb. 36: *Schauen Sie – und sehen Sie etwas, was nicht wirklich da ist, außer in ihrem „Kopf". (Bild: Neil Hague)*

Aus Gründen, die ich bereits erörtert habe, *muss* Einsteins Behauptung zutreffend sein. Das Beobachter-Prinzip kann man mit der klassischen Szene in einer englischen Pantomime vergleichen, wo ein Schauspieler in den Saal blickt und das Publikum ihm zuruft, dass „jemand hinter dir" ist. Wenn der Schauspieler sich umdreht, um nachzusehen, bewegt sich die Person dahinter mit ihm mit. Egal, wie oft er sich umwendet – das, wonach er sucht, ist immer hinter ihm und daher für ihn unsichtbar (Abb. 35). Lenken Sie Ihre Aufmerksamkeit in eine beliebige Richtung – und aus dem Wellenfeld wird ein Hologramm. Wir sehen nicht, was „hinter uns" ist (die Wellenfeldrealität), weil der Akt der Beobachtung das holografische Decodieren auslöst (Abb. 36).

Der Autor Michael Talbot erzählt in seinem Buch „Das holographische Universum" von einer Begebenheit, deren Zeuge er bei einer Familienfeier wurde, wo ein Bühnenhypnotiseur zur Unterhaltung der Gäste eingeladen war. Dabei wurde ein Mann namens Tim in hypnotische Trance versetzt. Der Hypnotiseur sagte ihm, dass er nach seiner Rückkehr in den Wachzustand nicht mehr in der Lage sein würde, seine Tochter zu sehen. Dann ersuchte er die Tochter, sich genau vor ihren Vater zu stellen. Anschließend fragte man den scheinbar wieder erwachten Tom, ob er sie sehen könne. „Nein", antwortete er, sie halte sich nicht im Raum auf. Dabei blickte er praktisch genau in ihren Nabel, weil er auf einem Stuhl saß und sie vor ihm stand. Der Hypnotiseur legte ihr dann die Hand auf den Rücken und fragte Tom, ob er sehen könne, was er da gerade in der Hand hatte. „Ja", sagte Tom, der sich über diese einfache Frage amüsierte, „Sie haben eine Uhr in der Hand." Man forderte ihn auf, die Inschrift auf der Uhr zu lesen, und das gelang ihm auch, obwohl seine Tochter zwischen ihm und der Uhr stand.

Ein Schulwissenschaftler würde das für unmöglich halten, obwohl die Erklärung ganz einfach ist. Die Grundform des Körpers seiner Tochter war ein Wellenfeld aus Informationen, die auf Frequenzen außerhalb des visuellen Frequenzbereichs eines Menschen aktiv sind. Wenn sie nicht innerhalb des Frequenzbands von Toms Augen via Gehirn zu einer holografischen Form decodiert wurde, konnte sie auch nicht in der „physischen" Realität

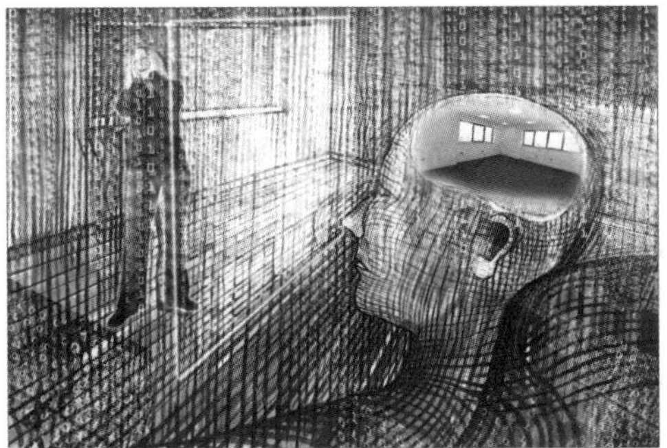
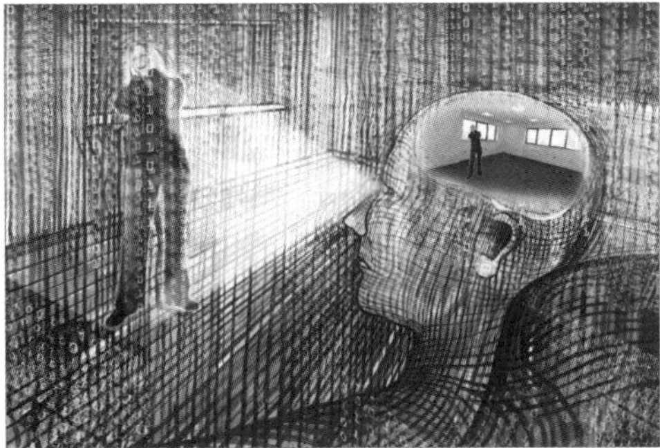

Abb. 37: Wenn wir etwas nicht aus der Wellenform decodieren, dann kann es auch nicht in unserer holografischen „physischen" Realität auftauchen. (Bild: Neil Hague)

ihres Vaters auftauchen. Außerdem konnte sie ihm, wenn sie nicht als Hologramm in seinem Verstand vorhanden war, auch nicht den Blick auf die Uhr verstellen (Abb. 37). Die hypnotische Suggestion, dass Tom seine Tochter nicht sehen würde, hinderte das Decodierungssystem seines Gehirns daran, das Feld seiner Tochter zu lesen. Daher war sie für ihn unsichtbar.

Das ist auch eine grundsätzliche Erklärung für „Geister", bei denen es sich um Bewusstseins-Wellenfelder handelt, die nicht mit einem menschlichen Körperfeld verbunden sind und daher nicht in die „physische Realität" decodiert werden müssen. Aus diesem Grund erscheinen die meisten Geister als feinstofflich und nicht „fest", obwohl manche von ihnen dazu imstande sind, ein Selbstbild so stark zu projizieren, dass sie „fest" scheinen, wenn auch nur für kurze Zeit. Neo fragt im Film „Matrix", wie es möglich ist, dass er scheinbar einen Körper hat, während er sich in einem Computerprogramm befindet, das mit einem Gehirn verbunden ist. Man antwortet ihm, dass sein Verstand ein „residuales Selbstbild" erzeugt – eine „mentale Projektion deines digitalen Selbst". Bei einem „Geist" handelt es sich um das mentale Selbstbild des ehemaligen digitalen Selbst, das nach wie vor im Wellenfeld des „Geistes" eingeprägt ist. Selbst die illusorische „Welt", die sich das Gehirn konstruiert, manifestiert sich aus einem Bruchteil der Informationen, die wir in jeder Sekunde empfangen. In der populärwissenschaftlichen Zeitschrift *Wonderpedia* hieß es dazu:

> Jede Sekunde rattern 11 Millionen Sinneseindrücke über diese [Gehirn-]Bahnen. [...] Das Gehirn wird mit einer beängstigenden Fülle von Bildern, Tönen und Gerüchen konfrontiert, die es rigoros auf eine überschaubare Liste von etwa 40 Eindrücken herunterfiltert. Das heißt, dass 40 Sinneseindrücke pro Sekunde das ausmachen, was wir als Realität wahrnehmen.

Unsere erlebte Realität konstruiert sich aus 40 Sinneseindrücken oder Informationsbits von den 11 *Millionen*, die wir in jeder Sekunde empfangen. Die Lücken werden durch das ausgefüllt, von dem das Gehirn glaubt, dass es da sein sollte. Es ist eigentlich urkomisch, wenn man sich vorstellt, wie die Realität aussieht – im Vergleich zu dem, wie wir sie erleben. Durch die immer ausgefeilteren Virtual-Reality-Spiele und -Systeme können wir einen kleinen Einblick in den Vorgang der Realitätsmanifestation gewinnen, weil sie mittels Technik die Art und Weise imitieren, wie wir mit biologischen Mitteln (die ja genau genommen nur eine andere Art Technik sind) die Realität erschaffen. Der Spieler trägt dabei ein Headset, Kopfhörer und Datenhandschuhe, mit denen die elektrischen Informationen und Codes des Spiels die Decodierung der „normalen" Realität überschreiben und die dazu üblicherweise benutzten Sinne dazu bringen, eine Scheinwelt zu decodieren (Abb. 38). Dieser Gedankentrick kann derart wirksam sein, dass Menschen so reagieren, als sei das, was ihren Augen, Ohren und dem Tastsinn künstlich vorgespielt wird, real (Abb. 39). Und damit habe ich gerade die menschliche Realität und die Methode zur Erzeugung ihrer Illusionen beschrieben.

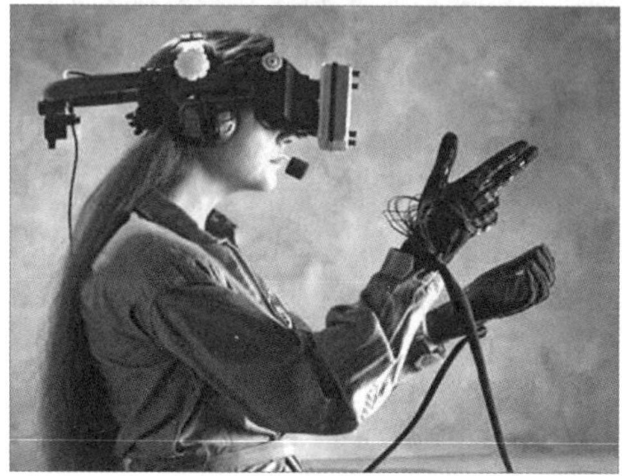

Abb. 38: Der Prozess des Decodierens von Virtual-Reality-Spielen ist im Prinzip derselbe wie beim Decodieren der „physischen" Welt.

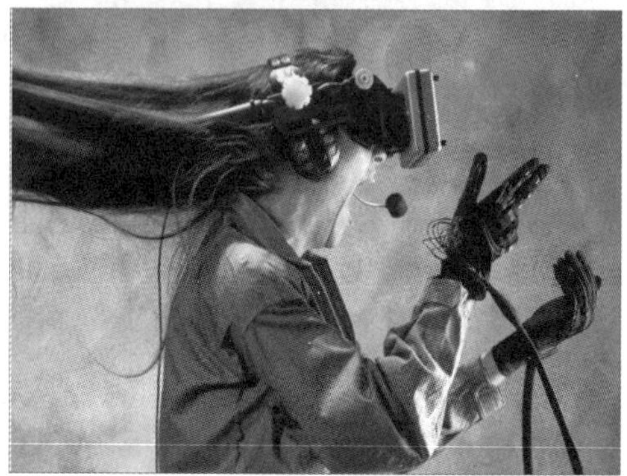

Abb. 39: Wie die „physische" Welt kann auch diese sehr „real" wirken.

Das Gehirn ist ein Informationsverarbeiter

Der obige Zwischentitel liest sich wie eine Selbstverständlichkeit. Natürlich verarbeitet das Gehirn Informationen, da sind wir uns einig. Es ist die Einordnung in einen größeren Kontext, an der sich die Wege vieler Vertreter der Schulwissenschaft und mein eigener scheiden. Dazu gehört die Behauptung, dass Bewusstsein (Information) nicht nur vom Gehirn verarbeitet wird, sondern auch im Gehirn *entsteht*. Dem kann ich absolut nicht zustimmen. Gut, verschiedene Teile des Gehirns „leuchten auf" oder schalten sich ein, wenn sich Menschen in unterschiedlichen Wahrnehmungszuständen befinden. Aber geschieht das, weil das Gehirn diese Zustände erzeugt – oder weil es diese Zustände mit spezialisierten, diesen Zuständen zugehörigen Gehirnarealen *decodiert*, während die *verarbeiteten* Informationen woandersher stammen? Ich behaupte Letzteres.

Woher aber kommen die Informationen, die das Gehirn zu dem decodiert, was wir als unsere Gedanken, Gefühle und Empfindungen wahrnehmen? Auf diese Frage gibt es viele Antworten, weil diese Informationen aus mehreren möglichen Quellen stammen können. Diejenigen, die in der Blase eingeschlossen sind, verarbeiten wahrscheinlich Informationen aus ihrer Blase über das Gehirn, wohingegen all jene, die die Wahrnehmungs-Brandmauern des Kults durchbrochen haben und auf ein erweitertes Gewahrsein zugreifen können, Informationen von weit jenseits der Blase verarbeiten. Daraus resultiert, dass diese beiden Gruppen sich selbst und die Realität drastisch anders sehen werden. Vergessen Sie einen Moment lang alles, was man Ihnen über das Gehirn erzählt hat, und stellen Sie sich vor, dass es Bewusstsein nur verarbeitet, nicht erzeugt – „Wenn Sie es mir vorsummen, kann ich es spielen", wie der Musiker sagt. Die vom Gehirn verarbeiteten Informationen kommen von Bewusstseinsfeldern außerhalb des Gehirns. Dabei kann es sich um Informationen handeln, die auf die „Blase" der fünf Sinne beschränkt sind, oder solche aus einem beliebig erweiterten Gewahrsein, mit dem sich Ihr Verstand verbinden kann. Wenn Sie Zugang zu diesen erweiterten Ebenen haben, dann bezeichnen die Leute innerhalb der Blase Sie als verrückt und geistesgestört.

Abb. 40: Das Gehirn kann Frequenzinformationen aus anderen Realitäten decodieren, so wie es „Wörter" aus den menschlichen Stimmbändern decodieren kann. Dazu müssen wir nur unseren Geist öffnen und die Blase durchbrechen. (Bild: Neil Hague)

Die vom Gehirn verarbeiteten Informationen können aber auch aus unzähligen anderen Quellen wie dem Fernsehen, sozialen Medien, persönlichen Erfahrungen oder dem lächerlicherweise als „Bildungswesen" bezeichneten System stammen. Das Gehirn verarbeitet alles, was ihm vorgesetzt wird, solange diese unzähligen potenziellen Informationen innerhalb des Frequenzbands der Gehirnaktivität geliefert werden. Es decodiert den Schall (bzw. die Schallfrequenz) der menschlichen Stimme ebenso wie Informationen, die ihm aus Realitäten weit jenseits der menschlichen Stimme geliefert werden, wenn der Verstand sich für diese Bewusstseinsebenen öffnet (Abb. 40). Behaupten Menschen von sich, dass sie „Stimmen im Kopf hören", dann beschreiben sie dasselbe Phänomen wie den Empfang von Informationen, die von Stimmbändern als Wellen erzeugt und vom Gehirn zu Wörtern decodiert werden. Diese Informationen können von einem anderen Menschen oder aus „weit entfernten" Dimensionen der Realität (wie bei Hellsehern oder Medien) stammen. Sie können auch in Form von technisch erzeugten Wellen übermittelt werden, um in die Wahrnehmung des Gehirns einzudringen und eine Zielperson irrezuführen und zu manipulieren. Der Kult betreibt heute weltweit ein genau solches System, wie ich noch schildern werde. Das Gehirn ist Empfänger, Sender und Verarbeiter von Informationen, aber nicht deren Ursprung. Die Unterscheidung, was man „selbst" und was eine andere Quelle der Welleninformationen ist, die man zu Gedanken und Gefühlen decodiert, kann durchaus schwierig sein. Es gibt jedoch Methoden, diese Unterscheidung zu treffen, auf die ich später eingehen werde.

Das Gehirn mag Informationen verarbeiten, aber es ist nicht neutral, ebenso wenig wie ein Computer neutral ist, wenn er dazu codiert wurde, Informationen auf bestimmte Weise zu verarbeiten. Wenn man einen Computer so programmiert, dass er Information „A“ und nicht Information „B“ decodiert, wird er genau das tun. Man bezeichnet das als „Firewall“ – und es wird in China dazu eingesetzt, große Bereiche des Internets der Bevölkerung vorzuenthalten, weil die chinesischen Diktatoren nicht wollen, dass die Leute diese Informationen zu sehen bekommen. Mit dem Gehirn kann man das Gleiche machen.

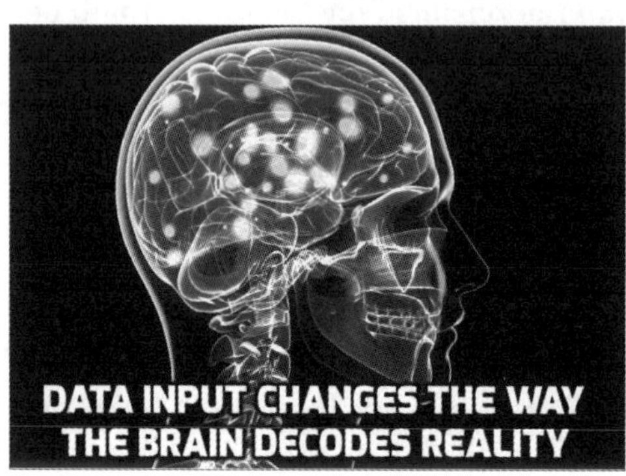

Abb. 41: „Die Dateneingabe entscheidet, wie das Gehirn die Realität decodiert" – *Das Gehirn wird zu dem, was es empfängt und verarbeitet.*

Dabei spielt die „Plastizität“ des Gehirns eine wichtige Rolle. Bis vor Kurzem glaubte man noch, dass das Gehirn nach seiner Heranbildung für den Rest des Lebens unverändert bleibt. Heute weiß die Wissenschaft, dass genau das Gegenteil der Fall ist. Der Begriff „Plastizität“ beschreibt, wie das Gehirn die Art und Weise seiner Informationsverarbeitung entsprechend der verarbeiteten Information ändert (Abb. 41). Alle Informationen werden als Frequenzen übermittelt. Jeder Gedanke, jedes Gefühl und jeder Wahrnehmungszustand zeichnet sich durch seine einzigartige Frequenz aus. Wenn das Gehirn Informationen verarbeitet, ordnet es seine Neuronennetzwerke so an, dass sie in der Reihenfolge feuern (decodieren), die von diesen Frequenzen vorgegeben wird. Das Gehirn verarbeitet bestimmte Frequenzen von Informationen, Gedanken, Gefühlen und Wahrnehmungszuständen – und das ist auch der Grund dafür, warum unterschiedliche Wahrnehmungen und Verhaltensweisen unterschiedliche Gehirnbereiche aufleuchten lassen, die an der Verarbeitung dieser Frequenzen beteiligt sind. Das Gehirn aktiviert sich nicht selbst, sondern das Bewusstsein aktiviert die besagten Gehirnbereiche über die Wahrnehmung.

Je mehr das Gehirn von gleichförmigen Informationsflüssen, von den gleichen Gedanken, Gefühlen und Wahrnehmungen (Frequenzen) dominiert wird, desto mehr verfestigt seine Plastizität die neuralen Netzwerke zu einer sich wiederholenden Verarbeitungsreihenfolge (wenn die Nervenzellen „feuern“, dann *decodieren* sie). Das lässt sich nur durch andere Informationen, Gedanken, Gefühle und Wahrnehmungen ändern, die in Form anderer Frequenzen eintreffen und damit dank der Plastizität auch die Verarbeitungsreihenfolge ändern. Wahrnehmungen werden als Frequenzwellen übermittelt und erzeugen eine sich selbst erfüllende bewusste und unterbewusste Feedbackschleife, die uns nur innerhalb des Frequenzbands unserer Wahrnehmungen mit Dem Feld der Möglichkeiten interagieren lässt. Auf diese Art und Weise wird aus unseren Wahrnehmungen unsere erlebte Realität.

Wenn der Kult das weiß und daran arbeitet, die Menschheit von diesem Wissen fernzuhalten, wird das Potenzial für Massenmanipulation geradezu grenzenlos. Die Wahrnehmungsfrequenzen wirken dank der Plastizität so auf das Gehirn ein, dass sie ihm die Art und Weise diktieren, wie es Informationen verarbeitet. Kommt es zu keiner Veränderung, dann verarbeitet das Gehirn Informationen einfach auf die gleiche Weise weiter. Durch diese Abfolge werden verfestigte Wahrnehmungen zu selbsterfüllenden Prophezeiungen, weil das Gehirn Informationen nur so verarbeitet, dass sie zu den verfestigten Wahrnehmungen und der darauffolgenden Reihenfolge passen, wie die Neuronen feuern. Wir sehen dies bei Menschen, die nicht in der Lage und auch nicht bereit sind, einen anderen Standpunkt oder einen anderen Blick auf Situationen und Themen in Erwägung zu ziehen. Sie sagen: „Meine Meinung steht fest“ (verfestigte Neuronenbahnen), *„Ich habe recht!“* und „Die Wissenschaft ist sich darüber einig“, auch wenn sie das ganz offensichtlich nicht ist.

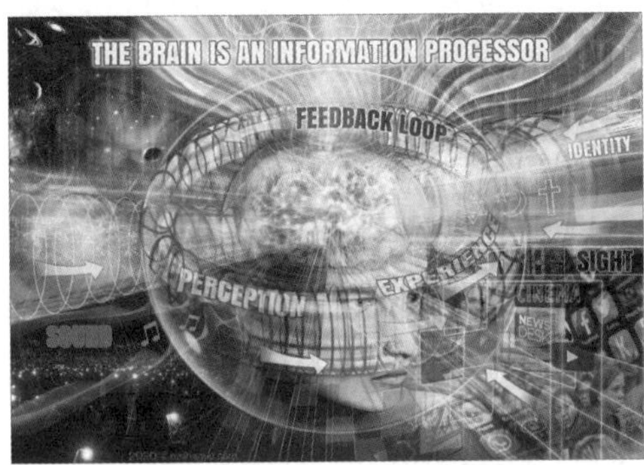

Abb. 42: „Das Gehirn ist ein Informationsverarbeiter“ – *Wahrnehmungen erzeugen eine bewusste und unterbewusste Feedbackschleife, die uns nur innerhalb des Frequenzbands unserer Wahrnehmungen mit* DEM FELD *der Möglichkeiten interagieren lässt. (Siehe Neil-Hague-Farbteil)*

Der Ausdruck „seinen Geist verschließen“ ist hier sehr zutreffend. Menschen könnten sich jederzeit daraus befreien, wenn sie sich zur Erkenntnis hinreißen ließen, dass sie in ihren eigenen starren Wahrnehmungen gefangen sind, die das Gehirn dazu bringen, alle Informationen so zu verarbeiten, dass sie diese Wahrnehmungen zu *bestätigen* scheinen (Abb. 42). Das dreht sich immer so weiter, wie ein Karussell, das sich zwar scheinbar bewegt, aber nirgends hinkommt. Das von Internetriesen wie YouTube verwendete System, das dem Nutzer auf seiner bisherigen Aktivität basierende Informationen empfiehlt, ist in dieser Hinsicht nicht sonderlich hilfreich. Schauen Sie sich das an – es ist wieder einmal etwas, das nur bestätigt, wovon Sie ohnehin schon überzeugt sind. Die bloße Idee, wir könnten so etwas wie eine solide Wahrnehmung der Realität entwickeln, wo wir uns doch nur eines winzigen Bruchteils von 0,005 Prozent alles im Universum Existierenden bewusst sind, zeugt von Wahnsinn. Religionen gehen hier noch einen Schritt weiter und beharren darauf, dass die Menschheit alles, was sie wissen muss, in einem *einzigen Buch* innerhalb eines winzigen Teils eines Bruchteils von 0,005 Prozent alles im Universum Existierenden finden kann. Würde man Wahnsinn bewerten, dann wäre dieses Beispiel Weltklasse. Daran zeigt sich aber auch, warum der Kult seit jeher danach strebt, weltweit jene Informationen zu kontrollieren, die Menschen zu sehen und hören bekommen. Informationen bestimmen eben die Art und Weise, wie das Gehirn Informationen verarbeitet. Damit bestimmen sie den Realitätssinn des betreffenden Menschen und werden schließlich zu seiner erlebten Realität. Zu diesem Thema werden Sie in späteren Kapiteln noch einiges mehr lesen, gerade in Bezug auf die aktuellen Ereignisse, die aus dieser Perspektive ganz anders aussehen.

Zeit? Welche Zeit?

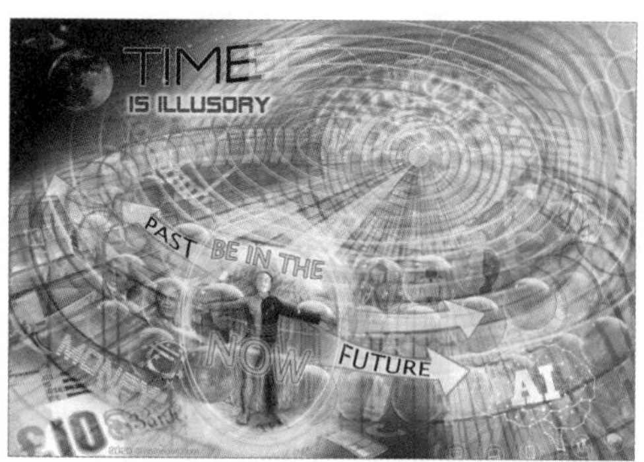

Abb. 43: Die Illusion von Zeit: „Vergangenheit", „Gegenwart" und „Zukunft" sind nichts als Wahrnehmungen. Alles passiert im selben Jetzt. (Siehe Neil-Hague-Farbteil)

Ich verstehe, warum viele Leute nicht begreifen können, dass es so etwas wie Zeit nicht gibt – wo doch „Zeit" die Grundlage der menschlichen Gesellschaft ist. Alles wird von der Wahrnehmung der „Zeit" angetrieben: „Die Zeit läuft ab." „Es ist Zeit zu gehen." „Kinder, wie die Zeit vergeht ..." „Die Zeit rast dahin." Dabei ist der einzige Moment in der gesamten Unendlichen Realität das Jetzt. Es gibt nichts anderes. Was wir als Vergangenheit, Gegenwart und Zukunft wahrnehmen, passiert alles im selben Jetzt. Ich weiß, das scheint den meisten Menschen unverständlich, aber betrachten Sie es einmal aus folgender Perspektive: Wo ist die „Gegenwart"? Im Jetzt. Wo sind Sie, wenn Sie an die „Vergangenheit" denken? Im Jetzt. Wo sind Sie, wenn Sie über die Zukunft sinnieren? Im Jetzt. Wo findet die wahrgenommene „Zukunft" schließlich statt? Im Jetzt. Wo ist die „Vergangenheit" passiert? Im Jetzt. Es gibt nur das Jetzt (Abb. 43).

Während Sie dieses Buch in der wahrgenommenen „Gegenwart" lesen, existieren alle Ihre Gedanken und Erinnerungen an die „Vergangenheit" in Ihrem Bewusstsein und Unterbewusstsein in derselben „Gegenwart" wie sämtliche Wellenfeldwahrnehmungen, die Sie als „Zukunft" erleben werden. Sie alle vibrieren im selben Feld des Jetzt. Manche Wissenschaftler spekulieren darüber, wie die Zukunft die Gegenwart oder gar die Vergangenheit beeinflussen kann. Einige ihrer Experimente scheinen diese Spekulationen zu bestätigen. Dabei beeinflussen in Wahrheit „Vergangenheit", „Gegenwart" und „Zukunft" einander, weil sie alle Ereignisse und Verbindungen in ein und demselben Jetzt sind. „Zeit" ist ein decodiertes Konstrukt der holografischen Realität. Wellenfeldereignisse im Jetzt werden vom Gehirn zu einer holografischen Reihenfolge angeordnet, sodass eines auf das andere zu folgen scheint. Die scheinbare Geschwindigkeit, mit der der Körper/Intellekt diese Reihe abarbeitet, führt zur Wahrnehmung von „Zeit", wobei unser geistiger und emotionaler Zustand beeinflusst, wie schnell oder langsam die „Zeit" zu vergehen scheint. Wenn wir etwas tun müssen, das wir nicht mögen, haben wir den Eindruck, dass die „Zeit" langsam vergeht; bei erfreulichen Tätigkeiten scheint sie schneller zu vergehen: „Meine Güte, wo ist denn nur die Zeit hin?" oder „Die Zeit vergeht wie im Fluge, wenn man sich amüsiert." Einstein nannte dieses Phänomen Relativität und bezog sich damit auf den Ablauf „Zeit" in Relation zum *Beobachter* – also dem Decodierer. Bei ihm standen Standort und Geschwindigkeit des Beobachters in Bezug zum Beobachteten im Vordergrund, doch dieser Gedanke führt tiefer, nämlich zur Geschwindigkeit, mit der der Beobachter Informationen verarbeitet. Eine Abfolge von Ereignissen („Zeit") entsteht erst dann, wenn wir diese Abfolge zu erlebter Realität codieren. Das Vergehen der „Zeit“ wird von der Wahrnehmung bestimmt; während sie für den einen wie im Flug vergeht, zieht sie sich für den anderen unendlich lange hin.

Je mehr Informationen das Gehirn verarbeitet, desto schneller scheint die „Zeit“ zu vergehen. Da heute immer mehr Informationen verarbeitet werden, insbesondere wegen der Nachrichten in Echtzeit, der sozialen Medien und des Internets, haben manche Leute den Eindruck, die „Zeit“ beschleunige sich immer mehr. Studien an Soldaten haben gezeigt, wie sehr sich Zeit im Kopf abspielt. Drei Gruppen von Versuchspersonen mussten einen Marsch von gleicher Länge absolvieren und erhielten an einem bestimmten Punkt die Auskunft, sie seien unterschiedlich lange unterwegs gewesen, obwohl das gar nicht der Fall war. Einer Soldatengruppe teilte man die korrekte Zeit bzw. die zurückgelegten Kilometer mit; der zweiten sagte man, sie sei kürzer marschiert als die tatsächliche Zeit; der dritten Gruppe machte man vor, sie sei länger auf dem Weg gewesen als in Wirklichkeit. Die Müdigkeit der drei Gruppen entsprach der Zeit, die sie marschiert zu sein *glaubten* – obwohl Zeit und Entfernung bei allen identisch waren.

Abb. 44: Unterschiedliche Szenen auf einer DVD erscheinen als Vergangenheit, Gegenwart oder Zukunft, obwohl sie alle auf derselben Scheibe und im selben JETZT existieren. Nur unsere Wahrnehmung von ihnen erzeugt die Illusion der „Zeit“. (Bild: Neil Hague)

Der Aussage, dass ein Film auf DVD als Ganzes im JETZT existiert, wird wohl jeder zustimmen. Wir erleben den Film in diesem JETZT als Abfolge von „Zeit“, weil eine Szene auf die andere folgt. Die Stelle, an der Sie auf der DVD gerade sind, wird Ihnen als Ihre „Gegenwart“ erscheinen, während die Szenen, die Sie schon gesehen haben, Ihre „Vergangenheit“ und die noch kommenden Szenen Ihre „Zukunft“ sind (Abb. 44). Eine DVD, die in Ihrer Gesamtheit im JETZT ist, wird beim Abspielen dennoch als vergehende „Zeit“ erlebt, die von der Vergangenheit über die Gegenwart in die Zukunft fortschreitet. Genauso erleben wir das Vergehen der „Zeit“, obwohl es nur das JETZT gibt. Der Philosoph Alan Watts beschrieb „einzelne“ Ereignisse als „verschiedene Abschnitte eines kontinuierlichen Geschehens“. Das ist ein guter Vergleich, wie der mit der DVD oder jener von der Reise entlang eines Flusses, die als Reihe von Momenten in der „Zeit“ erlebt wird, wobei der Fluss aber von der Quelle bis zu seiner Mündung ins Meer im selben Moment existiert. Bei wahrgenommenen „Momenten“, die auf vergangene „Momente“ folgen, handelt es sich in Wahrheit um „verschiedene Abschnitte eines kontinuierlichen Geschehens“. Die Zeit, wie wir sie wahrnehmen, ist ganz offensichtlich ein menschliches Konstrukt, weil sie eine Uhrzeit beinhaltet – und die ist eine lächerlich künstliche Angelegenheit, weil man eine unsichtbare Linie namens internationale Datumsgrenze überqueren und sich in einem Augenblick im Morgen und im ande-

Abb. 45: Kann „Zeit" real sein, wenn man durch das Überschreiten einer unsichtbaren Linie in einen anderen „Tag" kommt? „Zeit" existiert nicht. Erst wir lassen sie in Erscheinung *treten. (Bild: Neil Hague)*

ren im Gestern befinden kann (Abb. 45). Die Menschen in Australien beginnen jedes neue Jahr lange vor den Amerikanern, aber wenn ein Amerikaner in seinem Heute einen Australier in seinem Morgen anruft, sprechen sie trotzdem im selben JETZT.

Die *Geschwindigkeit* des Alterns hängt mit der Wahrnehmung von „Zeit" zusammen, die jedoch nur als decodierte Illusion existiert. Während die Wellenfeldstabilität des Körpers gleich bleibt, kann sich das Körperhologramm nicht verändern. Das Altern ist eine Interaktion zwischen Geist und Körper. Im Bauplan des Körpers gibt es eine Sequenz, die zu einem Zyklus von der Geburt bis zum Tod führt. Wer würde schon in einem Frequenzband bleiben wollen, wenn es eine Unendlichkeit zu erforschen gibt? Die Geschwindigkeit dieser „Alterungs"-Sequenz hängt jedoch vom Verstand und dessen Wahrnehmungen ab. Die Menschen glauben, dass sie in einem bestimmten Zyklus und Zeitraum altern müssen, weil das fast alle anderen auch tun. Hier haben wir es wieder einmal mit einer selbsterfüllenden Prophezeiung zu tun, in der das Altern von der Wahrnehmung des Alterns bestimmt wird – und die wird wiederum aus der Erfahrung der „Norm" des Alterns gewonnen. Das folgende Zitat greift das Thema der Zeit als Illusion auf:

> Es gibt keine Zeit, es gibt nur Uhren. Die Zeit ist nicht mehr als ein vereinbartes Konstrukt. Wir haben eine Entfernung (einen Umlauf um die Sonne) hergenommen, sie in Segmente unterteilt und diese Segmente dann mit Namen bezeichnet. Das hat zwar seinen Nutzen, doch wir wurden dadurch programmiert, unser Leben nach diesem Konstrukt auszurichten, als ob es real wäre. Wir haben unser gemeinsames Konstrukt mit etwas Konkretem verwechselt und sind so zu seinem Sklaven geworden.

Damit sind wir Sklaven der Kult-„Götter" und des manipulierten Konstrukts der illusorischen „Zeit", aber das müssen wir nicht sein. Sobald wir begreifen, wie der Verstand und die Wahrnehmung von „Zeit" zusammenwirken, können wir beginnen, die Zeit zu kontrollieren. Spitzensportler tun dies bereits, ohne sich dessen bewusst zu sein. Forscher an der Universität London haben herausgefunden, dass Ausübende einer Sportart, bei der sich ein Ball schnell bewegt (Tennis, Baseball, Cricket usw.) die Zeit verlangsamen können. Durch ihre Konzentration beim Spielen verarbeiten sie Informationen so schnell, dass ihre holografische Filmsequenz langsamer abläuft als bei den meisten Menschen. Die Zuseher bei einem Tennismatch, deren Köpfe von links nach rechts und wieder zurück wandern, wenn sie dem Ball mit den Augen folgen, nehmen eine andere Geschwindigkeit wahr als die Spieler. Das ermöglicht es ihnen, einen Ball zu treffen, den sie in der „Zuschauergeschwindigkeit" nie erreichen könnten.

Über berühmte Fußballer sagt man oft, dass sie mehr „Zeit" zu haben scheinen als alle anderen. Das liegt an der Art ihrer Informationsverarbeitung. Sie bewerten eine Situation auf dem Spielfeld (verarbeiten also Informationen) so schnell, dass sie schneller reagieren können als andere, die langsamer verarbeiten (und daher auch langsamer reagieren). Denken Sie daran, dass das Spiel in den Köpfen der Spieler stattfindet und es daher der Verstand sein muss, der über das Ergebnis entscheidet. Wenn diese Tatsache in der Welt des Sports mehr anerkannt wird, dann werden wir auch sehen, wie sich Leistungen aller Art sprunghaft verbessern. Die Grenzen der sportlichen Leistung werden – wie im Leben selbst – nur durch die selbst auferlegten Wahrnehmungsgrenzen des Verstands bestimmt. Es gibt einen veränderten Zustand, den Spitzensportler gut kennen: die „Zone". Ich habe sie selbst erlebt, als ich noch Profifußballer war, und weiß, dass sie nicht auf den Sport beschränkt ist. Auch wenn ich schreibe oder Vorträge halte, gehe ich in die Zone. Im Sport verlangsamt die Zone die „Zeit", der Lärm der Menge löst sich in Stille auf, und jede Nervosität oder Sorge über das Ergebnis verschwindet. Man greift auf eine Ebene des Gewahrseins jenseits des „bewussten" Verstands zu, der voller Selbstzweifel sein kann („Du denkst zu viel nach"). So erreicht man eine Gelassenheit und eine Konzentrationsebene, die sich nur auf die bevorstehende Aufgabe fokussiert und sich nicht um das Ergebnis sorgt. In diesen Augenblicken kommen die besten Leistungen zustande, die andernfalls durch Selbstzweifel und Emotionen vereitelt werden können.

Die Lichtgeschwindigkeit? Viel zu langsam ...

Die kollektiv programmierte Wahrnehmungsgrenze von Geschwindigkeit und „Zeit" ist die Lichtgeschwindigkeit, von der man uns sagt, sie sei die schnellstmögliche Geschwindigkeit. Es wird sich noch zeigen, was für ein Schwachsinn das ist. Wir leben in einer unendlichen Realität aus Unendlicher Möglichkeit, in der es kein schnellstes oder langsamstes Irgendwas gibt. Die Lichtgeschwindigkeit von 300.000 Kilometern pro Sekunde (und die damit verbundene wahrgenommene Physik) gilt nur für das Frequenzband der aktuellen menschlichen Wahrnehmung und ist selbst darin durch die Wahrnehmungen des Bewusstseins formbar. Die Lichtgeschwindigkeit drückt nur die Unfähigkeit des Körpers/Intellekts aus, die Realität bewusst schneller als mit Lichtgeschwindigkeit zu decodieren. Den Grund dafür werde ich noch aufzeigen. Die bereits gemessene Geschwindigkeit der Kommunikation durch das Bewusstsein ist unendlich viel höher als die Lichtgeschwindigkeit – sie erfolgt *im selben Augenblick*. Wenn man Zellen derselben Person 70 Kilometer voneinander entfernt, reagiert die eine augenblicklich auf Veränderungen in der anderen. Dieses Experiment entlarvte nicht nur den Mythos von der Lichtgeschwindigkeit, sondern bestätigte auch die Existenz der Wellenkommunikation über eine von uns wahrgenommene ungeheure „Entfernung".

Physiker unter der Leitung von Juan Yin an der Technischen Universität Shanghai schätzten die Geschwindigkeit, mit der Photonen (winzige Lichtpakete) interagieren, auf das *Zehntausendfache* der offiziellen Lichtgeschwindigkeit. Nähert man sich der Lichtgeschwindigkeit und den Grenzen des Körper/Intellekt-Decodierungssystems innerhalb des menschlichen Frequenzbands an, so ändert sich neben vielen anderen Dingen auch die

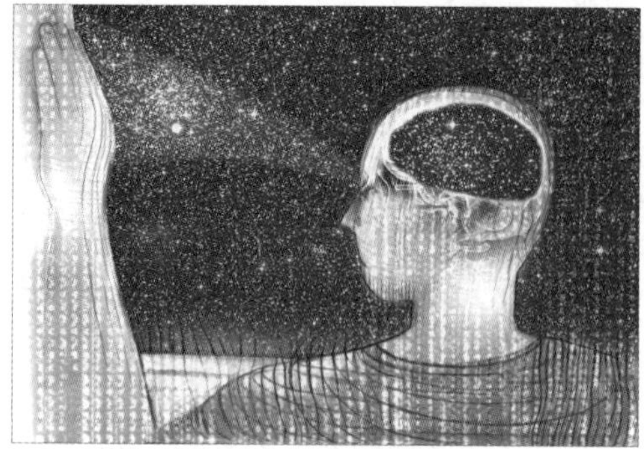

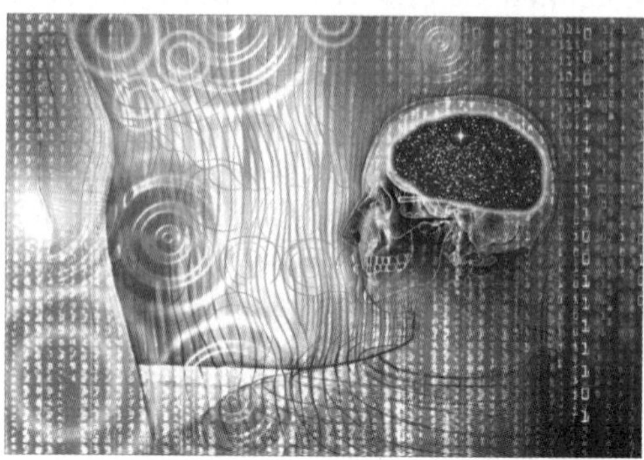

Abb. 46: Der Nachthimmel scheint so weit weg zu sein, aber er existiert in dieser Form nur in Ihrem Kopf. Was ist mit dem „Raum" passiert? (Bild: Neil Hague)

Abb. 47: Die gesamte Existenz teilt sich denselben „Raum" auf unterschiedlichen Frequenzbändern, so wie analoge Radio- und Fernsehsender sich denselben „Raum" teilen, ohne einander zu überschneiden, wenn sie nicht sehr nahe nebeneinander auf der Skala liegen. (Bild: Neil Hague)

„Zeit". Zeit und Entfernung sind nichts als weitere Illusionen der holografischen, decodierten Realität. Blicken Sie in den Nachthimmel, und alles, was Sie in der Form, in der Sie zu „sehen" glauben, dort oben „sehen", existiert nur in Ihrem „Kopf" – in den Körper/Intellekt-Decodierungssystemen (Abb. 46). In Wirklichkeit ist es nicht einmal Ihr Kopf, sondern ein Bereich im hinteren Teil des Gehirns, wo die visuelle Realität decodiert wird und Sie Ihren persönlichen Film zusammenstellen.

In Computerspielen scheint es sowohl Zeit zu geben, da eine Szene auf die andere folgt, als auch Raum, der durch Tiefe und Perspektive vermittelt wird. Dennoch handelt es sich dabei nur um Codes, die der Computer decodieren muss. Der Raum, wie wir ihn wahrnehmen, wird durch die holografische Form definiert. Bereiche ohne Form werden von uns als „Raum" bezeichnet. Die Menschen halten diesen „Raum" für leer, obwohl er ein Bewusstseinsfeld voller Informationen ist – Das Feld. Was wir „Raum" nennen, ist nur die Abwesenheit von Form oder „Dingen" und ist absolut nicht leer. Die Unendlichkeit existiert in demselben „Raum", wo Sie gerade sitzen oder stehen, doch nur ein verschwindend kleiner Teil von ihr kann vom menschlichen Decodierungssystem wahrgenommen werden (Abb. 47). Man sagt uns, dass das Licht von den Sternen Milliarden Lichtjahre zu uns zurücklegt – dabei gibt es gar keinen „Raum", den es „durchqueren" könnte, oder eine „Zeit", in der es „unterwegs" ist, außer als eine Illusion decodierter Wahrnehmung. Was man glaubt, das nimmt man wahr, und was man wahrnimmt, das erlebt man. Ändern Sie daher das, was Sie glauben, und Sie verändern Ihr Erleben.

Jede Menge Beweise

Abb. 48: Unzählige Menschen haben beschrieben, wie sie im Rahmen einer Nahtoderfahrung den Wahrnehmungsfokus der fünf Sinne verlassen und eine völlig andere Welt betreten haben.

Es gibt buchstäblich Millionen Menschen, die uns Beweise für andere Realitäten und Bewusstseinsebenen geliefert haben. Dabei handelt es sich um Personen, die Nahtoderfahrungen (NTE) gemacht haben: Ihr Körper starb scheinbar, ihr Gewahrsein wurde freigesetzt und begab sich zu einem anderen Beobachtungsstandpunkt außerhalb ihres Körpers (Abb. 48). Die Realität, wie ich sie bisher skizziert habe, liefert eine Erklärung dafür, warum Nahtoderfahrene dies so beschreiben. Im Laufe der Geschichte muss es wenigstens mehrere hundert Millionen NTE gegeben haben; sie werden bereits in antiken griechischen und römischen Texten sowie in mittelalterlichen Werken erwähnt. Nahtoderfahrene in der Gegenwart berichten, dass sie medizinisches Personal beim Versuch beobachtet hätten, „sie" (oder eher ihr zeitweiliges Vehikel) wiederzubeleben, während ihre Wahrnehmung vom Körper getrennt war. Viele können sich genau daran erinnern, was die Ärzte und Schwestern sagten, während „sie" offiziell „tot" waren. Viele beschreiben auch, wie sie von oben auf ihren Körper herabgeblickt haben und den Eindruck gehabt hätten, er sei kein Teil mehr von ihnen.

NTE haben etliche Gemeinsamkeiten wie das Durchschreiten eines Tunnels (das aber bei Weitem nicht jedes Mal vorkommt), die Begegnung mit längst verstorbenen Freunden und Verwandten (die oft viel jünger aussehen als zum Zeitpunkt ihres „Todes") und das Erleben atemberaubend schöner Orte, wo sich der Betreffende von unbeschreiblicher Liebe umhüllt fühlt. Nahtoderfahrene berichten von einem außergewöhnlichen Gefühl der Ruhe und des Friedens, bei dem sie sich zum ersten Mal frei fühlten. Nicht bei allen ändert sich das Leben zum Besseren, wenn sie in ihre Körper zurückgekehrt sind, aber dies ist bei den meisten der Fall, sobald sie sich damit abgefunden haben, dass sie in einer Welt leben, von der sie nun wissen, dass sie nicht das ist, was sie zu sein scheint. Ein Nahtoderfahrener sagte: „Ich gehöre nicht dazu, weil ich mich nicht ‚anpasse' und nicht alles akzeptiere." Das passiert, wenn man die Illusion durchschaut. Andere berichten, dass sie sich als toleranter, liebevoller und mitfühlender empfinden, nicht mehr von Materialismus und Statusdenken besessen sind. Das häufigste Merkmal einer Nahtoderfahrung ist jedoch, dass die Betroffenen den Tod nicht mehr fürchten. Die meisten Menschen haben Angst vor dem Tod, obwohl es da nichts zu fürchten gibt. Doch der Kult will nicht, dass wir das wissen, weil die Angst vor dem Tod (Angst vor dem Unbekannten) für sein Streben nach absoluter Kontrolle so nützlich ist (siehe auch den Covid-19-Schwindel).

Ich habe im Lauf der Jahre viele Berichte über Nahtoderfahrungen gelesen, und die meisten waren sehr positiv. Nur wenige Betroffene ziehen das menschliche Leben dem vor, was sie im „Tod" erlebt haben. Sie kehren zurück, weil sie erfahren, dass ihre Zeit noch nicht gekommen ist oder weil sie ihre Kinder und andere geliebte Menschen nicht zurücklassen wollen. Die meisten Nahtoderfahrenen werden durch ihre Erfahrung verwandelt – und durch das, was sie daraus über die Realität jenseits der kurzsichtigen Perspektive des Körpers, die unsere Aufmerksamkeit an das verschwindend kleine Frequenzband des sichtbaren Lichts fesselt, gelernt haben. „Wir" sterben nicht, nur die Illusion stirbt. Meine eigenen Erkenntnisse werden durch ein Forscherteam von der belgischen Universität Lüttich und der kanadischen University of Western Ontario bestätigt. Die Wissenschaftler analysierten 158 Berichte über Nahtoderfahrungen und stellten fest, dass es weit mehr positive Aussagen gibt als negative. Der kanadische Rettungssanitäter Adam Tapp, der elf Minuten lang klinisch tot war, sagte:

> Es war, als würde ich nach einem Nickerchen an einem Ort aufwachen, an dem ich schon immer war. Ich empfand keine Angst oder so, nur völlige Zufriedenheit und Glück.

Abb. 49: Das Foto meiner Mutter mit der Lebenskraft, die zum Zeitpunkt ihres „Todes" ihren Körper verlassen hat. Der „Tod" war nicht mehr als eine Transformation ihres Aufmerksamkeitsbrennpunkts.

Als meine Mutter „gestorben" war, ging ich ins Bestattungsinstitut und sah ihren Körper dort aufgebahrt. Ich berührte ihre Hand, die wie erwartet kalt und leblos war. Doch daneben stand ein großformatiges Foto von ihr, das mein Bruder Paul für die Beerdigung besorgt hatte. Dieses Foto strahlte eine Unmenge *Leben* und Energie aus (Abb. 49). Kameras nehmen nicht nur ein sichtbares Bild auf, sondern fangen auch die energetische Lebenskraft – das Wahre „Ich" – auf, die sich vorübergehend im Körper niedergelassen hat. Die Lebenskraft, die ich auf dem Porträtfoto meiner Mutter sah und die sich nicht mehr

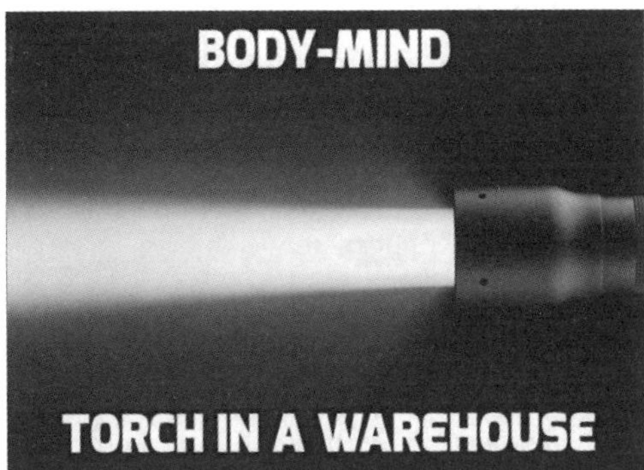

Abb. 50: „Körper/Intellekt: Taschenlampe im Lagerhaus" – *Unsere erlebte Realität ist wie der Lichtstrahl einer Taschenlampe in einem stockdunklen Lagerhaus. Wir nehmen nur das wahr, was gerade im Lichtkegel liegt.*

Abb. 51: „Unendliches Gewahrsein" – *Das Verlassen des Körpers ist so, als würden alle Lichter in der Lagerhalle angehen – und wir erkennen, dass die Realität doch um einiges größer ist, als wir geglaubt haben.*

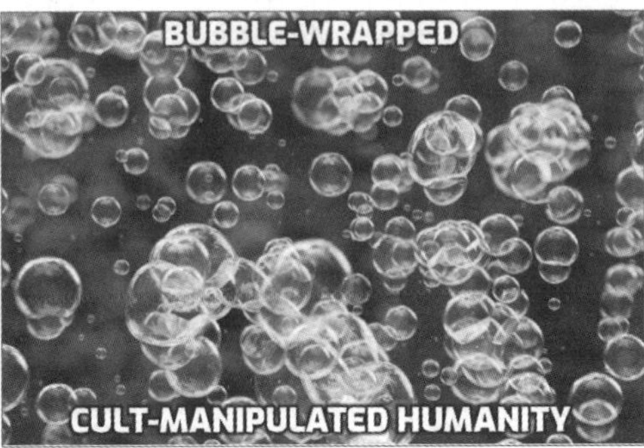

Abb. 52: „In Blasen gehüllte, vom Kult manipulierte Menschheit" – *Lassen Sie die Blase zerplatzen – die Freiheit ruft!*

in ihrem Körper befand – genau *das* ist es, was wir sind. Schaltet man einem elektrischen Gerät den Strom ab, dann „stirbt" es oder hört zu funktionieren auf, während der elektrische Strom, die Lebenskraft des Geräts, weiterhin existiert. Ein Körper ohne Lebenskraft zersetzt sich, weil die ihn erhaltende Energie verschwunden ist. Eine Nahtoderfahrene beschrieb unsere Welt einmal, als würde man mit einer Taschenlampe durch ein stockdunkles Lagerhaus gehen, wo alles, was man sehen und dessen man gewahr werden kann, von diesem schmalen Lichtstrahl abhängt (Abb. 50). Das Verlassen des Körpers war nach ihrer Aussage, als würden alle Lichter in der Lagerhalle angeschaltet. Man sieht plötzlich das ungeheure Ausmaß dessen, was man ist und wo man ist, wohingegen man vorher nur das gesehen hat, was sich im Lichtstrahl der Taschenlampe befand (Abb. 51).

Ein weiteres wiederkehrendes Thema bei außerkörperlichen Erfahrungen ist das Gefühl, „eins" zu sein mit allem und mit allem verbunden zu sein. Ein Nahtoderfahrener erzählte, er sei sich seiner Umgebung in einem Krankenhaus in Los Angeles bewusst gewesen und habe Gespräche seiner Familienmitglieder in Indien mitgehört. Er sagte, er habe sich überall zugleich gefühlt. Das passiert, wenn unser Gewahrsein nicht mehr durch die Kurzsichtigkeit der körperlichen Existenz im Bereich des sichtbaren Lichts – dem Lichtstrahl der Taschenlampe – fokussiert ist, sondern wir auf die Wahrnehmungsrealität von Wellen zugreifen, die sich jenseits der Illusion von Entfernung und Zeit mit anderen Wellen verbinden. Das „individuelle" Selbstempfinden ist nach wie vor vorhanden, aber gleichzeitig verspürt man eine nahtlose Verbindung mit allem Existierenden. Auch dies lässt sich ganz einfach erklären: Wir sind ein einzigartiger Aufmerksamkeitsbrennpunkt innerhalb eines nahtlosen Flusses Unendlichen Gewahrseins – und sind zur gleichen „Zeit“ sowohl die „individuelle“ Aufmerksamkeit als auch das Ganze. Die Trennung des Menschen vom Gewahrsein des Ganzen ist vom Kult manipuliert und bedeutet, dass das „inkarnierte“ Bewusstsein die Realität aus einer Position der Isolation und des Getrenntseins erlebt – der Blase (Abb. 52).

Ein Nahtoderfahrener beschrieb die Realität jenseits des Körpers so:

> Alles, von Anfang an, meine Geburt, meine Vorfahren, meine Kinder, meine Frau, alles kommt zur selben Zeit zusammen. Ich sah alles über mich und über jeden aus meiner Umgebung. Ich sah alles, was sie gerade dachten, was sie früher gedacht hatten, was früher geschehen war und was jetzt geschah. Es gab keine Zeit, keine Abfolge von Ereignissen, keinerlei Beschränkungen durch Entfernungen, Zeit oder Ort. Ich konnte gleichzeitig überall dort sein, wo ich sein wollte.

Ganz genau. So sieht das Leben jenseits des begrenzten Fokus und der decodierten Illusionen des Körper/Intellekts aus. Stellen Sie sich vor, wie anders unsere Welt wäre, wenn die Menschheit erkennen würde, dass wir nur eine vorübergehende Illusion bzw. einen Film erleben und in Wahrheit *jeder von uns* Ausdrucksform desselben Unendlichen Ganzen ist, in dem es – unabhängig von dem, was unsere fünf Sinne uns sagen – keine Zeit, keine Abfolge von Ereignissen, keine Begrenzung, Entfernung, Zeitdauer oder Orte gibt. Dort können wir gleichzeitig überall sein, wo wir sein wollen. Wie könnte man Volksgruppen, Religionen, Geschlechter, politische Richtungen und Einkommensklassen gegeneinander aufhetzen, wenn jeder wüsste, dass diese Etiketten und Erfahrungen nur vorübergehend und illusorisch sind, dass wir *alle auch unsere Mitmenschen* sind?

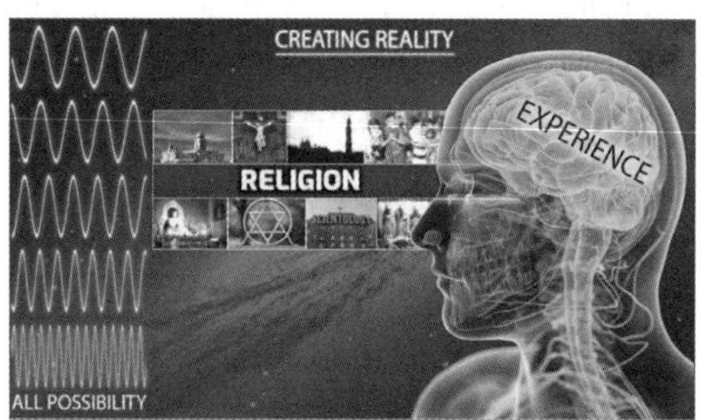

Abb. 53: Religion ist eine der stärksten je erfundenen Formen der Bewusstseinskontrolle, unabhängig vom jeweils angebeteten Gott. (Bild: Gareth Icke)

Abb. 54: „Teile und herrsche“ – *Erschaffe Religionen und spiele sie dann gegeneinander – und untereinander – aus, um die ins Visier genommene Gruppe in Konfliktparteien zu spalten. (Bild: Gareth Icke)*

Der Kult muss diese Illusion aufrechterhalten, weil sonst seine Politik des „teile und herrsche“ nicht mehr funktionieren würde. Religion ist eine der stärksten je (vom Kult) erfundenen Formen der Bewusstseinskontrolle und die am besten funktionierende Variante des Teile-und-herrsche-Prinzips (Abb. 53 und 54). Glauben die Menschen wirklich, dass sie nach dem Verlassen ihres Körpers weiterhin Christen, Moslems, Juden, Hindu, schwarz, weiß, Mann, Frau, transsexuell, reich, arm und so weiter sein werden? Manche wünschen sich das vielleicht, machen sich damit aber etwas vor. Werden die Menschen, die an „körperlichen" oder geistigen Behinderungen leiden, immer noch behindert sein, wenn sie sich aus dem Körper zurückgezogen haben, in dem sich die Behinderung manifestiert hat? Wir müssen dringend den grundlegenden Unterschied zwischen dem *Erleben* und dem *Selbst* erkennen. Diese Erkenntnis allein wird schon die Welt verändern.

Du bist, was du glaubst

Manche Nahtoderfahrene berichten von erstaunlichen gesundheitlichen Veränderungen, etwa, dass sogar Krebs im Spätstadium plötzlich heilt. Sie sagen auch, dass Schmerz mit dem Verlassen des Körpers verschwindet. Das ist nur logisch. Schmerz ist ein Phänomen der Sinne und nicht des Unendlichen Bewusstseins jenseits des Körperlichen. Die Betroffenen beschreiben, wie sie auch ohne Bindung an die fünf Sinne sehen, betasten, hören, schmecken und riechen können, sogar auf weitaus bessere Weise. Wie kann man ohne die Augen des Körpers sehen? Alles ist *Illusion*. Das erweiterte Gewahrsein ist mit allen „Sinnen" gewahr, ohne die Wahrnehmungsbeschränkungen des Körpers zum Sehen zu benötigen. Wenn das inkarnierte Gewahrsein aber so auf den Körper fokussiert und von den Illusionen des Nur-mit-den-Augen-Sehens programmiert ist, dann wird es auch diese Realität erfahren, bis es vom Körper befreit ist.

Menschen können im Zustand der Meditation und in veränderten Bewusstseinszuständen mit geschlossenen Augen Visionen haben. Bilden wir uns etwa ein, dass wir unsere lebhaften Träume mit unseren *Augen* sehen? Blinde schildern, dass sie nach Verlassen ihres Körpers sehen konnten. Blindheit ist die Unfähigkeit, optische Informationen über die Auge-Gehirn-Verbindung innerhalb der menschlichen Realität des sichtbaren Lichts zu decodieren. Sobald sich diese Menschen aus der Illusion der fünf Sinne hinausbegeben, sehen sie mit einem Bewusstsein, dessen Gewahrsein ansonsten – im menschlichen Erleben – von den Körpersystemen herausgefiltert wird.

Zu den anderen häufigen Phänomenen, die bei Nahtoderfahrungen auftreten, gehört die „Lebensbilderschau", bei der die betroffenen Personen sehen, welche (netten oder weniger netten) Folgen ihre Handlungen für andere hatten. Viele Leute erzählen auch, dass ihnen Wissen über das Leben und die Realität eingeflößt wurde, wenn sie vom Informationsfilter des Körpers befreit und bewusst mit dem Gewahrsein, den Einsichten und dem Wissen verbunden waren, die der Kult wahrnehmungsmäßig von uns abschirmen will. Eine Nahtoderfahrene kehrte mit einem profunden Wissen über Quantenphysik zurück, das sie vorher nicht hatte, weil sie sich nie mit diesem Thema befasst hatte. Man kann aber auch im Körper auf solche Informationen zugreifen – wie, das werde ich noch erklären.

Schulwissenschaftler ignorieren diesen Berg an Beweisen, der aus den Erfahrungen von Millionen Menschen zusammengetragen wurde, weil er ihre Version der Realität zerstört. Ihre Arbeit baut auf folgender Grundlage auf: „Wenn ich es nicht erklären kann, dann kann es auch nicht existieren." Dadurch wird ihre selbstbetrügerische Arroganz in die Stratosphäre katapultiert; ich nenne das die Arroganz der Ignoranz. „Was ist mit den physikalischen Grundgesetzen?", rufen sie mit weinerlicher Stimme. Ja, was ist damit? Sie gelten nur in der Theorie und innerhalb der Frequenzmauern der menschlichen Realität. Woanders haben sie keine Gültigkeit – und sie müssten nicht einmal hier gelten, sobald wir begreifen, was die Realität ist und wie sie wirklich funktioniert. Erscheinungsformen dieser Wirklichkeit werden als „Wunder" bezeichnet (weil sie „gegen die physikalischen Grundgesetze verstoßen"), doch so etwas wie Wunder gibt es gar nicht – nur das Begreifen, dass Unendliche Möglichkeit bedeutet, dass alles möglich ist. Im weiteren Verlauf des vorliegenden Buches wird alles klar werden.

Die meisten Menschen machen glückselige Erfahrungen, wenn sie ihren Körper verlassen, aber manche nicht. Wieder andere sehen religiöse Figuren, aber die meisten nicht. Es gibt viele Gründe für diese Unterschiede, darunter auch das Sprichwort „Der Tod ist kein Heilmittel gegen die Unwissenheit." Ebenso muss eine Nahtoderfahrung nicht unbedingt ein Heilmittel gegen die Wahrnehmungsprogrammierung sein, obwohl es das natürlich sein *kann*. Wenn Sie daran glauben, dass Jesus Sie erlösen wird, dann werden Sie bei einer Nahtoderfahrung vielleicht Jesus sehen. Man darf auch nicht vergessen, dass das Bewusstsein jenseits des Körpers versucht, Ihnen Informationen und Konzepte mitzuteilen. Wenn Sie Liebe mit Jesus assoziieren, dann könnte dieses Bild als Symbol für Liebe eingesetzt werden und Ihnen in einer verwirrenden Situation Trost spenden. Das heißt aber nicht, dass es wirklich einen Jesus gibt. Und außerdem weiß ohnehin niemand, wie „er" ausgesehen hat, sollte es ihn tatsächlich gegeben haben. Ich glaube zwar keine Sekunde lang daran, dass dem so war, doch ich kann mit einer solchen mythischen Erscheinung durchaus etwas anfangen, weil sie in vielen Gestalten und unter vielen Namen in verschiedenen Kulturen als *Symbol* für erweiterte Bewusstseinszustände gilt. Das würde auch die Aussage „Niemand kommt zum Vater denn durch mich" erklären – nur durch erweiterte Bewusstseinszustände kann man des Unendlichen Ganzen gewahr werden.

Die ursprüngliche „Jesus"-Geschichte wurde in unterschiedlichen Visionen bereits auf der ganzen Welt erzählt, bevor „Jesus" gelebt haben soll. Jede dieser Geschichten könnte erweiterte Bewusstseinszustände symbolisieren. Es handelt sich um eine immer wiederkehrende Erzählung, die in unterschiedliche historische und kulturelle Umfelder verpflanzt wurde und verschiedene Namen für ihren Helden hat. In der Bibel findet sich nicht einmal eine physische Beschreibung von „Jesus". Das Bild, das die Menschen von ihm haben, stammt aus viel späteren künstlerischen Darstellungen und Interpretationen. Dennoch sehen jene Leute, die „Jesus" im Laufe von Nahtoderfahrungen begegnet sein wollen, die klassische Version dieser Gestalt. Es spielt sich nur im Kopf ab, so wie alles.

Der New-Age-„Jesus" heißt „Sananda" und behauptete von sich, ein „Aufgestiegener Meister" zu sein. Was glauben Sie, wie er meist dargestellt wurde? Genau – so wie der christliche „Jesus". Ich glaube nicht an die historische Existenz eines „Jesus", bin jedoch offen für seine Rolle als *Symbol* für erweitertes Gewahrsein. Der Bewusstseinszustand beim Verlassen des Körpers beeinflusst massiv die Erfahrung, die man macht. Das ändert sich erst, wenn einem die Wahrheit klar wird, dass all das, was man über das Leben und die Realität geglaubt hat, gelinde gesagt nicht alles ist. Jene Menschen, die ein gewisses

Verständnis der Realität haben, sind sich des Prozesses bewusst, der auf den „Tod“ folgt, doch alle, deren Gewahrsein an die Wahrnehmungsprogramme des Kults gefesselt ist, können ernsthaft irritiert und verwirrt sein, wie so viele Nahtoderfahrungen gezeigt haben.

Der jeweilige Zustand des Gewahrseins beeinflusst mit Sicherheit die Erfahrungen, die man mit psychoaktiven Drogen macht. Diese Drogen aktivieren Bereiche und Kanäle des Gehirns, über die man auf Realitäten zugreifen kann, die der menschlichen Wahrnehmung ansonsten nicht zugänglich sind. Sie wurden jahrtausendelang als bedeutende Quelle für das schamanische Realitätsverständnis verwendet. Im Jahr 2003 nahm ich in Brasilien zwei Nächte lang Ayahuasca, einen psychoaktiven Pflanzensud, und hatte insgesamt sieben Stunden lang ein fantastisches Erlebnis. In der zweiten Nacht sprach eine laute, klare, kraftvolle und weiblich klingende Stimme volle fünf Stunden lang über die illusorische Natur der „physischen“ Realität zu mir. Ich nenne die Mitteilende DIE STIMME. Während einer Erklärung über die Illusion von „Zeit“ und „Raum“ sagte DIE STIMME: „Warum fliegst du von A nach B, wenn du doch A und B und alles ‚dazwischen‘ bist?“

Als ich wieder nach Hause kam und mich an alles erinnerte, was mir gesagt worden war, begann ich intensiv über das Thema zu recherchieren und fand heraus, dass die Schulwissenschaft (vor allem die Quantenphysik) bereits Beweise dafür hatte, dass die physische Realität eine Illusion ist. Die maßgebenden Instanzen versuchen dennoch, die Behauptung aufrechtzuerhalten, dass die Welt alles sei, was es gibt, und dass Sie nur Ihr Gehirn sind. Dieses Narrativ vertritt – aus Gründen, die ich bereits erklärt habe – der Kult.

Es gibt Menschen, die mit psychoaktiven Drogen alptraumhafte Erfahrungen gemacht haben. Meiner Ansicht nach öffnen diese Rauschmittel nur Gehirnkanäle, die den Zugang zu tieferen Ebenen des Selbst ermöglichen, aber auch dort spiegeln sie nur den mentalen und emotionalen Zustand einer Person sowie die Aktivitäten von deren Unterbewusstsein wider. Ich kenne Leute, die Hunderte Male Drogen wie LSD eingenommen haben, aber deshalb auch nicht erleuchteter wurden als jemand, der nie etwas Stärkeres als eine Tasse Tee getrunken hat. Es geht nicht nur darum, den Verstand zu öffnen, sondern auch um die Frage, für welche Ebene des Gewahrseins man sich öffnet.

Gail Bradbook, eine Mitbegründerin der Klimaextremistengruppe Extinction Rebellion, konsumiert psychoaktive Tränke, hält sich deshalb für erleuchtet und möchte, dass andere daran teilhaben. In einer BBC-Sendung sagte sie, dass ihr die Idee zur Gründung von Extinction Rebellion gekommen sei, als sie „tief im Gebet versunken“ war, nachdem sie „psychedelische Arzneien“ eingenommen habe. Ihre anschließende „Erleuchtung“ brachte sie dazu, einen Klimakult auf die Beine zu stellen, der – wie ich noch zeigen werde – eine fundamentale Bedrohung für die menschliche Freiheit darstellt. Sie verwechselt ihre Forderungen nach einer weltweiten Zentralisierung der Macht zur „Rettung der Welt“ (also genau das, wonach der Kult schon die längste Zeit strebt) mit einem „Erwachen“. Eine derartige „Erleuchtung“ ist in Wahrheit der schnellste Weg zu noch größerer Versklavung.

Ich sage es daher noch einmal: Psychoaktive Drogen bringen einen nur dorthin, wo man unterbewusst oder vielleicht sogar bewusst bereits ist. Diese Tatsache bestimmt die Ebene des Gewahrseins jenseits der menschlichen Realität, mit der man Kontakt aufnehmen kann. Diese Drogen sind, wie der Tod, kein Heilmittel gegen Unwissenheit, können es aber für manche sein. Es geht immer um die Wahrnehmung – aber wer kontrolliert die? Wir tun es, wenn wir die Entscheidung treffen, uns von niemand anderem vorschreiben zu lassen, wie wir zu denken haben.

Das Ausmaß der Realitätsillusion, die vom Kult gnadenlos manipuliert wird, lässt sich daran erkennen, dass die Schulwissenschaft glaubt, Zeit und Raum (beide illusorisch) gehörten zu den Grundbausteinen des Universums. Diese systematisch auferlegte Ignoranz (definitionsgemäß „tadelnswerte Unwissenheit, Kenntnislosigkeit in Bezug auf jemanden oder etwas“) ist die Grundlage der Kontrolle über die Menschheit. Wir müssen ihr ein Ende machen, bevor – wie Martin Luther King es ausdrückte – „die Glocken der Freiheit läuten“ können.

KAPITEL 2

WER SIND WIR?

„Jedes Wachstum ist im Grunde eine Erweiterung des Gewahrseins."
Joseph Rain

Hinter der systematischen Wahrnehmungsfalle, in die die Menschheit getappt ist, steht eine bösartige Macht, die uns das ganze Leben lang unaufhörlich mit ihrer Indoktrination verfolgt. Wenn jemand aus der vom Kult induzierten Trance erwacht, ist das schon ein schlagender Beweis für die Kraft des Bewusstseins, das die Programmierung überwinden kann. Und die Anzahl der Erwachenden nimmt stetig zu.

Die Menschen sind unterbewusst und wahrnehmungsmäßig im Körper/Intellekt gefangen, weil sie dazu *manipuliert* werden. Wenn man das begreift, versteht man auch, dass die bloße Tatsache des Erwachens aus der Trance nicht zu einem Gefühl der Überlegenheit führen sollte. Schließlich hat jeder von uns einmal geschlafen. Das durch die Wahrnehmungen der fünf Sinne geprägte Unterbewusstsein kann unglaublich dumm wirken, aber das liegt daran, dass die Menschen vom Einfluss des Wahren und Unendlichen „Ich" abgeschottet werden und in einer sensorischen Welt gefangen sind, die ein ganzes Menschenleben lang die Wahrnehmung übernimmt. Die gute Nachricht lautet, dass wir jederzeit bewusst werden können, wenn wir das wollen. Immer mehr Menschen erwachen aus ihrem induzierten Koma, während andere durch eine Flut von Programmierungen, die zunehmend über Technologie eingesetzt werden, noch tiefer in die Fliegenfalle des Kults rutschen. Doch auch sie haben eine Chance, der Illusion – der Wahrnehmungsfalle – zu entkommen, wenn sie diese Entscheidung treffen. Dieses Buch soll den Prozess beschleunigen und um neue Aspekte ergänzen.

Je mehr Menschen sich ihres Wahren Selbst bewusst werden, desto mehr muss sich die Welt ändern, um diese Entwicklung zu reflektieren – genauso, wie die verrückte Welt von heute und in einer langen Phase der „Vergangenheit" das kollektive menschliche *Un*bewusste reflektiert hat und weiterhin reflektiert. Wenn wir diese Tatsache akzeptieren, finden wir auch Erklärungen für viele „vergangene" und „gegenwärtige" Ereignisse. Ironischerweise (und dies ist eine weitere wichtige Erkenntnis) sind die *un*bewusstesten Personen immer die in Machtpositionen, aus denen heraus sie das Leben und die gesellschaftlichen Verhältnisse aller anderen lenken. Auch das ist einmal mehr Absicht und kein Zufall. Der Kult muss seine Opfer im Schlaf der Unbewusstheit halten, wenn er sich die fortlaufende kollektive Kontrolle durch Wahrnehmungsprogrammierung sichern will. Das erreicht er am effektivsten, wenn er unbewusste, in ihren Blasen isolierte Menschen in Machtpositionen bringt und sie aus dem Schatten heraus wie Marionetten steuert.

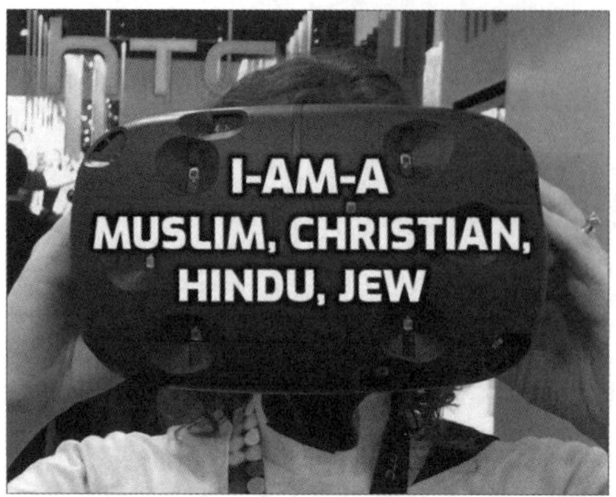

Abb. 55: „Ich bin" ... genau das, was mir meine Erziehung eingetrichtert hat: Moslem, Christ, Hindu, Jude.

Das Komplott macht es erforderlich, dass der Körper/Intellekt vom erweiterten Gewahrsein abgetrennt wird, damit man den derart isolierten Körper/Intellekt durch die Kontrolle aller Informationen mit der erforderlichen Selbst- und Realitätswahrnehmung programmieren kann. Dieser Prozess funktioniert überall gleich. Moslems kommen eher aus moslemischen Familien, Christen aus christlichen Familien, Hindus aus hinduistischen Familien und Anhänger des Judaismus aus jüdischen Familien. In jedem Fall ist die übernommene Version der Realität und des Lebens die einzige, die sie beim Heranwachsen zu hören bekommen haben (Abb. 55). Die stärkste Form der Bewusstseinskontrolle ist die Wiederholung; das wussten schon die vom Kult geschaffenen Nazis sehr gut. Man wiederholt eine Behauptung oder eine angebliche „Tatsache" so lange, bis daraus ein „Das weiß doch jeder" wird. Dabei „weiß" in Wahrheit jeder nur das, was man ihm *eingeredet* hat. Die betreffenden Menschen „wissen" es nicht, sondern haben nur die *Wahrnehmung* davon *eingespeist* bekommen – das ist ein großer Unterschied. Fügt man dem noch Zuckerbrot und Peitsche, also Belohnungen und Bestrafungen für den Glauben oder Nicht-Glauben an die Lehrmeinung hinzu, dann ist es kein Wunder, dass die Religion, in die Menschen hineingeboren werden, diejenige wird, der sie ein Leben lang folgen – mit all den Einschränkungen und Zumutungen, die mit dem jeweiligen Glauben einhergehen.

Die beschriebene Abfolge gilt auch für diejenigen, die keiner Religion folgen oder ihr sogar generell ablehnend gegenüberstehen. Die atheistische Bevölkerung wird genauso durch Familie, „Bildung", die akademische Welt und die Medien programmiert, indem man ihr permanent Informationen eintrichtert, die als „normal" und „vernünftig" bezeichnet werden, obwohl das meiste davon eine extreme Verdrehung der Realität darstellt. Jungen Menschen wird eingeredet, dass sie diesen Mist glauben müssen. Mit „Prüfungen" testet man dann, inwieweit sie die besagten Informationen aufgenommen haben; sollten sie nicht bestehen, dann könnte das lebenslange berufliche Folgen im System für sie haben. Wer regelmäßig infrage stellt, was man ihm da vorsagt, gilt schon in der Schule als „störender Einfluss". Hat der Arzt bereits Ritalin verschrieben?

Ich werde mich später ausführlich mit diesem lebenslangen Programmierungsprozess befassen, weil er entscheidend für das Verständnis dessen ist, wie die kollektive menschliche Wahrnehmung gekapert wird und wie wir es schaffen, nicht mehr darauf hereinzufallen. Unser menschliches Leben ist eine Auswahlmöglichkeit – eine *Wahrnehmung*. Die Auswahl, die Sie treffen, entscheidet über Ihre Gesundheit, Ihre Zufriedenheit und Ihre gesamte Erfahrung. Damit meine ich *alles*, was Sie je erleben werden, auch das, was man gemeinhin als „Zufall“, „Glück“ und „Pech“ bezeichnet. Es gilt auch für jene Umstände, die scheinbar von anderen geschaffen werden. Um zu verstehen, wie das sein kann, müssen wir zuerst sämtliche durch den Mainstream geprägten Wahrnehmungen, Glaubensvorstellungen und vorgefassten Meinungen über die Natur des Selbst, der Realität und den menschlichen Körper ablegen.

Abb. 56: Die meisten Menschen glauben, dass sie ihre falsche Identität sind.

Abb. 57: „Menschenleben: Von der Wiege bis zur Bahre“ – *Ich bin das, was man mir sagt, das ich bin.*

Alles, was das Kontrollsystem uns darüber erzählt hat, ist reine Vortäuschung. Im Kern dieser endlosen Propaganda, die Tag für Tag einer Generation nach der anderen vorgesetzt wird, steht der Kult. Er weiß genau, dass man uns nur in Unwissenheit darüber halten muss, wer wir wirklich sind, wodurch sein Programm zur Kontrolle praktisch zu einem Kinderspiel wird. Das ist die Grundlage der Versklavung der Menschheit – man verkauft uns auf hypnotische Art und Weise eine falsche Identität bzw. das, was ich als Blase oder „Ich-Phantom“ bezeichne (Abb. 56). Wie treffend, dass das Wort „Person“ vom lateinischen *persona* kommt und dort „Schauspielermaske“ bedeutet. Die Persona unseres „Ich-Phantoms“ ist tatsächlich unsere Schauspielermaske oder unser Headset. Wir haben das Gefühl, in unserem festen Körper eine festkörperliche Welt zu erleben. Aber das stimmt nicht. Man redet uns ein, dass wir Opfer unserer Genetik sind. Auch das ist falsch. Wir leben scheinbar in einer Welt, in der alles von allem anderen durch „leeren“ Raum getrennt ist. Doch das tun wir nicht. Bei alledem handelt es sich um Illusionen, und wir werden von der Wiege bis zur Bahre dazu manipuliert, sie für wirklich zu halten (Abb. 57). Wenn die Menschen diesen Betrug durchschauen, können sie auch verhindern, dass er weiterhin ihr Leben kontrollieren wird.

Das Eine

Abb. 58: „Was wir zu sein glauben ...was wir sind" – *Der Körper ist nur ein vorübergehendes Vehikel für das Gewahrsein, dass wir ewig sind.*

Wer sind wir? Wenn wir die vorläufige menschliche Form ablegen, sind wir formloses *Gewahrsein* – ein Zustand reinen Bewusstseins (Abb. 58). Wie gewahr wir sind, das hängt davon ab, für welchen Gewahrseinsgrad wir uns entscheiden bzw. welchen wir *zulassen*. Das Ausmaß dieses „wie gewahr" entscheidet über unsere Lebenserfahrung. Wir sind einzigartige Aufmerksamkeitsbrennpunkte in einem unendlichen Fluss des Gewahrseins oder Bewusstseins. Und dieses Gewahrsein in seiner „Gesamtheit" (Unendlichkeit) nennen manche „Gott" oder „Gottheit". Bei den amerikanischen Ureinwohnern heißt es „Großer Geist" oder „Manitu" – und ich sage ALLES WAS IST oder DAS EINE dazu. Die Existenz ist kein einzelner Wahrnehmungszustand; vielmehr erfährt sich DAS EINE ständig durch seine unendlichen Ausdrucksformen in unterschiedlichen Gewahrseinszuständen selbst. Es gibt eine Ebene des Gewahrseins, die ich als UNENDLICHES GEWAHRSEIN IM GEWAHRSEIN SEINER SELBST bezeichne; es ist sich der Tatsache gewahr, dass alles Gewahrsein ist. Dies wurde verschiedentlich als „die Leere", „der Vater" oder in meinem Fall eben DAS EINE bezeichnet. Der alte religiöse Begriff „Vater" ist ein Versuch, dieses Konzept auf die menschliche Erfahrung zu beziehen. DAS EINE ist in Wahrheit Vater *und* Mutter und alles, was existiert. Es ist das Reich der Gesamtheit aller Möglichkeiten und des gesamten Potenzials. Unsere Wahrnehmungen bestimmen, welche Möglichkeiten und welches Potenzial wir tatsächlich manifestieren. Wie das funktioniert, darauf komme ich noch zurück.

Die Gesamtheit aller Möglichkeiten ist das, was sich als logische Folge aus ALLES WAS IST, WAR UND JE SEIN KANN ergibt. Dem menschlichen Verstand, der in der Illusion von Vergangenheit, Gegenwart und Zukunft gefangen ist, erscheint dies unmöglich. Wie kann irgendetwas Alles was *ist*, *war* und je *sein kann* sein? Damit ist jedoch nichts anderes als die Gesamtheit aller Möglichkeiten gemeint. Die Realität ist unendlich, weil innerhalb des Gewahrseins DES EINEN die Möglichkeiten unendlich sind. Wie wäre ein Zustand der Gesamtheit aller Möglichkeiten auch denkbar, wenn nicht alles möglich wäre? Deshalb ist UNENDLICHES GEWAHRSEIN IM GEWAHRSEIN SEINER SELBST „Vergangenheit", „Gegenwart" *und* „Zukunft" (wie sie sich uns darstellen) zugleich; es ist *und* ist nicht; es kann *und* kann nicht; es tat *und* tat nicht; es ist überall *und* nirgends; es ist alles und nichts; es existiert und existiert nicht. Manche Leute halten Gott für allgegenwärtig, andere halten dies wiederum für unmöglich und verrückt. Im Sinne DES EINEN, das die Struktur von allem durchzieht, weil DAS EINE eben alles ist, ist es aber wahr. In der Gesamtheit aller Möglichkeiten muss auch das Unmögliche existieren, weil das Unmögliche eine Möglichkeit ist. Ob wir uns (durch unsere Wahrnehmung) dafür entscheiden, das Mögliche oder Unmögliche zu erleben, bleibt uns überlassen.

Was der eine als Unmöglichkeit erlebt, wird der andere irgendwie überwinden und möglich machen können. Wenn Sie nicht wissen, wie man etwas macht, ist diese „Sache" tatsächlich unmöglich. Wenn man es aber *weiß*, wird es möglich. Beides sind Potenziale in der Gesamtheit aller Möglichkeiten, die auch jedes Paradoxon beinhaltet. Die Gesamtheit aller Möglichkeiten muss vor Paradoxa – ein Paradox wird übrigens lexikalisch als „Zustand, in dem man logisch gezwungen ist, sich selbst zu widersprechen" definiert – geradezu übergehen. Wenn alles möglich ist, muss das sogar so sein. Für jede „Wahrheit" muss es eine widersprüchliche „Wahrheit" oder Realitätswahrnehmung und *Möglichkeit* geben. Wenn man etwas aus einem Blickwinkel (Wahrnehmung) betrachtet, ist A „wahr"; sieht man es aus einem anderen Blickwinkel (Wahrnehmung), ist B „wahr". Sie können beide wahr (möglich) sein, je nach gewähltem Standpunkt, obwohl sie einander scheinbar widersprechen. Ist der Körper, so wie wir ihn erleben, fest? Ja. Ist er vom Standpunkt des erweiterten Gewahrseins wirklich fest? Nein. Und schon haben wir ein Paradoxon – er ist es *und* er ist es nicht. Beides stimmt von zwei unterschiedlichen Erlebensstandpunkten aus … Wahrnehmung, *Möglichkeit*. Der menschliche Glaube daran, „recht zu haben", könnte von einer Neubewertung durchaus profitieren.

Das Nichts ist alles

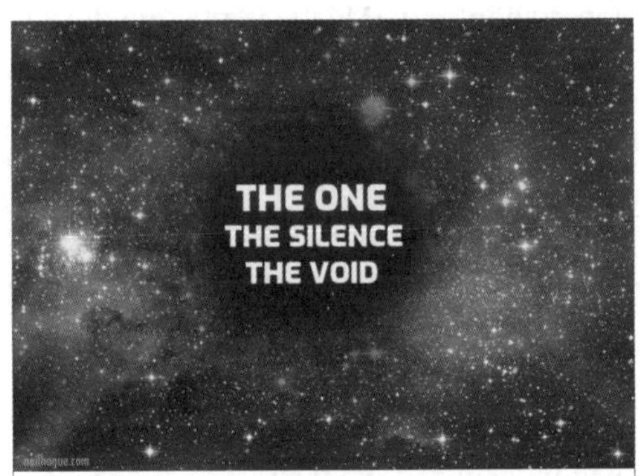

Abb. 59: „DAS EINE. DIE STILLE. DIE LEERE." – Das ALLES WAS IST, WAR UND JE SEIN KANN, das die gesamte Existenz durchdringt. Es ist die gesamte Existenz.

Das Wort LEERE ist ein Versuch der Beschreibung DES UNENDLICHEN GEWAHRSEINS IM GEWAHRSEIN SEINER SELBST, weil dies auf den ersten Blick leer erscheint (Abb. 59). Die Menschen, die im Laufe der Geschichte in veränderte Bewusstseinszustände eingetreten sind, haben dabei „Gott", den „Vater" oder DAS EINE als LEERE oder STILLE wahrgenommen. Während meiner Ayahuasca-Erfahrung im Jahr 2003 ging es mir auch nicht anders. Ich betrachtete aus dem Bereich der Schwingung, Frequenz und Form heraus eine unbeschreibliche, strahlende Schwärze. Ich weiß, das klingt vielleicht unsinnig, aber diese Dunkelheit strahlte wie das hellste Licht. „Dies ist das Unendliche, David", sagte die Ayahuasca-Stimme zu mir. „Es ist das, aus dem du kommst und wohin du zurückkehren wirst."

Das Wort „zurückkehren" ergibt natürlich nur im Zusammenhang mit der menschlichen Wahrnehmung einen Sinn. Wir sind *immer* das Unendliche – wir waren nie „weg", wir haben es nur vergessen und wurden dazu manipuliert. Die leuchtende Schwärze war ruhig und still und so ganz anders als die Bewegung und Vibration in der Welt der Form. DIE LEERE wurde auch als „Nichts" beschrieben, aber innerhalb dieser Ruhe und Stille ist *alles* in Form der Gesamtheit aller Möglichkeiten enthalten, die nur darauf warten, sich aus der Vorstellungskraft von „Gott" oder DEM EINEN, also auch aus *unserer* Vorstellungskraft als Ausdruck DES EINEN zu manifestieren.

Setzen Sie sich einen Augenblick still hin. Was hören Sie? Nichts. Gut, dieses „Nichts" ist nur die Abwesenheit von Schallwellen, die ihr Gehirn decodieren kann. Doch innerhalb der Stille, innerhalb des Nichts, ist alles. Wenn Sie Töne hören oder Bilder sehen, sind das Möglichkeiten, die sich aus der Gesamtheit aller Möglichkeiten manifestiert haben, aus der Ruhe und Stille. Stille ist die Norm, der Grundzustand, während Töne im ALLES WAS IST kommen und gehen. Rumi, der persische Mystiker aus dem 13. Jahrhundert, sagte einmal: „Stille ist die Sprache Gottes, alles andere ist eine schlechte Übersetzung."

Wissenschaftliche Studien haben die negativen Auswirkungen von übermäßiger Geräuschbelastung – wenn etwas beispielsweise zu laut oder einfach zu viel ist, auch wenn es gar nicht laut ist – nachgewiesen. Ruhe und Stille wirken sich positiv auf Herz und Verstand aus. Ich sitze bei der Arbeit den ganzen Tag in der Stille oder einer Beinahe-Stille, weil ich in einer ruhigen Gegend wohne, und genieße das sehr. Das Wort „Lärm" kommt vom italienischen *all'arme* („Zu den Waffen!") und ist mit „Alarm" verwandt. Es ist sicher sehr empfehlenswert, nach Möglichkeit seine Zeit an Orten zu verbringen, wo es ruhig ist und nicht alarmierend laut.

Abb. 60: DAS EINE ist über seine unendlichen Aufmerksamkeitsbrennpunkte – einschließlich uns – der Schöpfer der gesamten Realität. (Siehe auch Neil-Hague-Farbteil)

DIE LEERE ist der *Ursprung* der gesamten Schöpfung (Möglichkeit), die Bereiche von Frequenz und Schwingung hingegen sind die Schöpfung selbst (Abb. 60). Die Ayahuasca-Stimme sagte: „Wenn es schwingt, ist es eine Illusion." Von der Ruhe und Stille ging eine enorme unbeschreibliche Liebe aus, die bestätigte, was DIE STIMME am Beginn unserer fünfstündigen Kommunikation gesagt hatte: „Du musst nur wissen, dass unendliche Liebe die einzige Wahrheit ist – *alles* andere ist Illusion." So nannte ich dann auch das Buch, das ich bald danach schrieb. Aber drücken wir es anders aus: UNENDLICHES GEWAHRSEIN IM GEWAHRSEIN SEINER SELBST (DIE LEERE, DAS EINE, die Quelle der Liebe) ist die einzige Wahrheit – alles andere ist die Schöpfung oder Vorstellungskraft DES UNENDLICHEN GEWAHRSEINS, manifestiert durch Informationen (Bewusstsein bzw. „Gedanken") in Form von Schwingungsfrequenzen.

Wie kann es eine „einzige Wahrheit" innerhalb der Gesamtheit aller Möglichkeiten geben? Die einzige Wahrheit *ist* die Gesamtheit aller Möglichkeiten. Sie ist nur durch die Vorstellungskraft DES EINEN begrenzt – und die ist grenzenlos.

Fünf Jahre nach meiner Erfahrung in Brasilien erkrankte Dr. Eben Alexander, ein Neurochirurg an der Harvard Medical School, schwer und fiel in ein Koma, das eine Woche dauerte. Er berichtet, dass seine Ärzte der Ansicht gewesen seien, er würde nicht oder zumindest nicht mehr als funktionsfähiger Mensch aus dem Koma erwachen. Eben gibt zu, dass er aufgrund seiner akademischen Wahrnehmungsprogrammierung davon überzeugt war, dass diese Welt alles ist, was es gibt. Sein Vater, der ebenfalls Wissenschaftler war, bestärkte ihn noch in dieser Meinung, weil er ebenfalls glaubte, dass Bewusstsein ausschließlich im Gehirn existiert und „man" stirbt, wenn das Gehirn stirbt. Alexander erlangte seine Fähigkeiten wieder, obwohl sein Gehirn nach eigener Aussage so heruntergefahren war, dass während des Komas nur die primären Überlebensfunktionen aktiv blieben.

Später schrieb er das Buch „Blick in die Ewigkeit", das 2012 erschien und in dem er über die Nahtoderfahrungen berichtet, die seine Wahrnehmung des Selbst und der Realität veränderten. Er erinnerte sich daran, „da draußen" einer weiblichen Gestalt begegnet zu sein, die er irgendwie wiedererkannte, ohne zu wissen, warum oder woher. Nach seiner Genesung soll man ihm das Bild seiner jüngeren Schwester aus seiner leiblichen Familie (er war adoptiert worden) gezeigt haben, die er nie zuvor gesehen hatte. Es handelte sich um die Gestalt, der er in seinem Nahtodzustand begegnet war.

Alexanders Behauptungen sind natürlich umstritten, und jeder muss für sich selbst entscheiden, was er davon hält. Der Teil seines Buches, der mich aus offensichtlichen Gründen am meisten beeindruckte, war die Erinnerung an sein Erleben des „Kerns", den er als eine ... blendende Finsternis beschrieb. Genau das hatte ich neun Jahre vorher gesehen. Er schilderte diesen „Kern" auch als einen Ort, von dem „die reinste Liebe ausging und an dem alles bekannt ist". Alles ist bekannt = die Gesamtheit aller Möglichkeiten. Ich hatte dies als das allwissende ALLES WAS IST, WAR UND JE SEIN KANN bzw. DAS EINE erlebt. Wie Albert Einstein sagte: „Jeder, der sich ernsthaft mit der Wissenschaft beschäftigt, gelangt zu der Überzeugung, dass sich in den Gesetzen des Universums ein Geist manifestiert, ein Geist, der dem des Menschen weit überlegen ist." Dieser Geist ist DAS EINE, das die gesamte Existenz und nicht nur ein Universum durchdringt.

Das, was wir Schöpfung nennen, entsteht aus DEM EINEN – und zwar durch unendlich viele Ausdrucksformen DES EINEN (einschließlich der „Menschen"). Die Schöpfung ist wiederum nur durch die Vorstellungskraft DES EINEN begrenzt, die ebenfalls unendlich ist. Die Schöpfung ist daher unendlich in ihren Möglichkeiten, und wir erleben im Mikrofrequenzband des für die Menschen sichtbaren Lichts nur einen Bruchteil davon. Dennoch sind wir als Ausdrucksform DES EINEN auch Mitschöpfer DES EINEN. Bewusstseinsfelder, die von DEM EINEN ausgehen, zeugen selbst wieder andere Bewusstseinsfelder, so wie sich eine einzelne Zelle immer wieder teilt, bis sie zu den *Billionen* Zellen im menschlichen Körper geworden ist. Es geht darum, dass alle diese Zellen Manifestationen *einer* Zelle sind, so wie alles Existierende die Manifestation *eines* Bewusstseins ist. Wir sind „individuelle" Aufmerksamkeitsbrennpunkte und *alle* Aufmerksamkeitsbrennpunkte. Der Teil ist das

Abb. 61: „Der Ozean ist der Tropfen, der Tropfen ist der Ozean" – *Ein Tropfen kann individuell erscheinen, aber sobald man ihn mit dem Ozean verbindet, stellt sich die Frage, wo der Tropfen aufhört und der Ozean beginnt. Sie sind ein und dasselbe.*

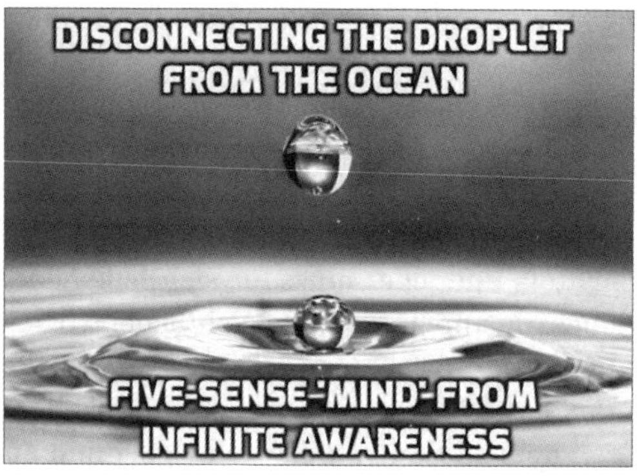

Abb. 62: „Trennung des Tropfens vom Ozean, des Fünf-Sinnes-‚Verstands' vom Unendlichen Gewahrsein" – *Die Grundlage der menschlichen Wahrnehmungskontrolle ist die Trennung des Tropfens vom Gewahrsein des Ozeans – unserem Wahren Selbst.*

Ganze, und das Ganze ist der Teil. Wo hört der Tropfen auf und wo beginnt der Ozean, sobald der Tropfen wieder mit dem Ozean verbunden ist? Sie sind ein und dasselbe. Das gesamte Programm des Kults beruht darauf, die Tropfen in Unkenntnis des Ozeans zu halten, der wir alle sind (Abb. 61 und 62).

Wir sind alle Manifestationen oder Mitschöpfer Des Einen – ja, sogar Sie, der Sie auf der Straße schlafen und glauben, dass Sie ein trauriger, von allen abgewiesener Außenseiter und Versager sind. In meinem erweiterten Gewahrsein während der Ayahuasca-Erfahrung, jenseits der Wahrnehmungsbegrenzungen des Körpers, fühlte ich mich mit allem verbunden, war aber nach wie vor ein einzigartiges, individuelles „Ich". Wir sind nicht das eine oder das andere. Wir sind *beides*. Je mehr sich Ihr Geist öffnet und Ihr Bewusstsein erweitert, desto mehr erweitern sich Ihr Selbstgefühl und das „Ich". Der Großteil der Menschheit wurde so manipuliert, dass er nur das Individuum wahrnimmt. Auch die meisten Weltreligionen akzeptieren zwar, dass es andere Realitäten gibt, stellen „Gott" und die Menschheit aber dennoch als voneinander getrennt statt als *ein und dasselbe* dar. Die Aussage „Ich bin Gott" gilt als Blasphemie.

In der Welt des Kults muss es Diener und Herren geben, die die Pläne des Kults für die Menschheit widerspiegeln. Doch Unendliches Gewahrsein in seinem vollständig erwachten Zustand – Das Eine — durchdringt alles. Es ist das, was das Netz des Lebens webt. Das Eine durchdringt sämtliche Realitäten und ist genau jetzt auch in Ihnen. Die Wahrnehmung schafft die erlebte Realität, wie ich noch genauer erläutern werde. Die menschliche Wahrnehmung der Isolation und einer *ausschließlichen* Individualität wird zu unserem Erleben dieser beiden Zustände. Dabei handelt es sich nur um Illusionen, die aber ohne eine bewusste Verbindung zum Einen sehr real erscheinen können. Definieren Sie neu, wer Sie sind, öffnen Sie Ihr Herz und Ihren Geist für ein erweitertes Gewahrsein, und Ihr Erleben wird – *muss* – sich ändern.

Was ist „menschlich"?

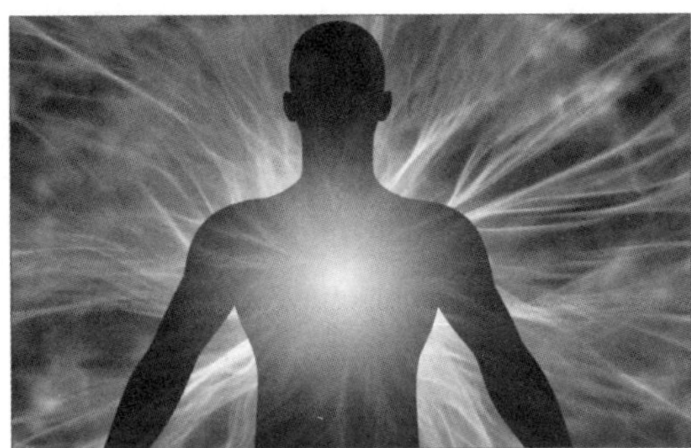

Abb. 63: Der Körper und das elektromagnetische aurische Feld ergeben das, was ich Körper/Intellekt nenne und was die Realität mittels der fünf Sinne erfährt. Doch wir sind viel mehr als das.

Nun können wir all dies mit der globalen menschlichen Gesellschaft von heute verbinden. Das menschliche Erleben funktioniert auf mehreren Ebenen des Gewahrseins. Da wäre zum einen die Ebene, die elektromagnetisch und visuell als das „aurische Feld" des Menschen erfasst werden kann. Die Kombination aus Körper und aurischem Feld ergibt das, was ich Körper/Intellekt nenne. Sie ist vielen auch als „Ego" bekannt (Abb. 63). Wenn wir von Menschen mit einem offenen oder einem verschlossenen Geist sprechen, haben wir die perfekte Beschreibung parat. Ein offener Geist bleibt mit den erweiterten Gewahrseinszuständen verbunden, während ein verschlossener Geist sich in die Blase zurückzieht und alles aus der Fünf-Sinnes-Perspektive des Körpers/Intellekts wahrnimmt. Der Großteil der Menschheit lebt in einer solchen Blase (obwohl sich das in letzter Zeit mehr und mehr ändert); sie ist vor allem bei jenen zu finden, die die Massenwahrnehmung in den Institutionen des Mainstream-Einheitsbreis diktieren – also bei Menschen in Wissenschaft, akademischen Kreisen, Medien, Medizin, Handel, Politik und Regierung.

Dann gibt es eine Ebene unseres Gewahrseins, die gemeinhin als „Seele" bezeichnet wird, außerhalb des menschlichen Frequenzbands agiert und sich mit dem Körper/Intellekt über energetische Vortexpunkte verbindet, die als „Chakren" bekannt sind. Dabei handelt es sich um einen uralten Sanskritbegriff vom indischen Subkontinent, der „Räder aus Licht" bedeutet – eine hervorragende Beschreibung der sich drehenden energetischen (Bewusstseins-)Verbindungen zwischen den Gewahrseinsebenen innerhalb ein und desselben „Selbst" (Abb. 64). Wenn die Chakren geöffnet sind, kann das menschliche „Ich" vom Seelen-„Ich" beeinflusst und geleitet werden – und über dieses auch eine Verbindung zum „Ich" innerhalb DES EINEN herstellen. Mit anderen Worten: Es gibt keine Grenze dafür, wie weit wir unseren Geist öffnen können. Schließen sich diese Chakrenverbindungen zum Bewusstsein aber oder werden schwächer, so sind wir zunehmend wahr-

Abb. 64: Die als „Chakren" bekannten Energie-Vortexpunkte, die unsere unterschiedlichen Ebenen des Seins durchdringen und zwischen ihnen kommunizieren

nehmungsmäßig in den fünf Sinnen isoliert und werden zum Opfer der Identität mit illusorischen menschlichen Etiketten. Das Etikett „Ich", das Ich-Phantom bzw. der Körper/Intellekt erscheint dann als einziges „Ich". Der Körper/Intellekt ist eine Projektion der Seele. Wird der Einfluss der Seele geschwächt, dann kann der Körper/Intellekt ein Eigenleben entwickeln und sich selbst neu ausrichten. Es gibt Vortexpunkte im ganzen Körper; die sieben wichtigsten sind:

- Das Kronen- oder Scheitelchakra oben auf dem Kopf (viele Nahtoderfahrene erzählen, dass sie durch einen Punkt auf der Kopfoberseite wieder in ihren Körper eintraten);
- das „Dritte Auge" in der Mitte der Stirn, über das wir psychische Verbindungen zu anderen Wirklichkeiten herstellen können;
- das Kehlchakra, das mit der Kommunikation auf mehreren Ebenen zu tun hat und sich mit den Stimmbändern verbindet, um deren Schwingung zu beeinflussen;
- das Herzchakra im Zentrum des Brustkorbs, durch das wir Liebe ausdrücken (darüber werden wir später noch viel mehr erfahren);
- das Solarplexuschakra direkt unter dem Brustbein;
- das Sakralchakra unterhalb des Nabels, von dem aus wir Emotionen erleben (die Verbindung dieses Emotionschakras zum Darm ist der Grund dafür, dass Menschen „die Hosen voll haben", wenn sie nervös und ängstlich sind); und zu guter Letzt
- das Wurzelchakra am unteren Ende der Wirbelsäule, das uns in der scheinbar „physischen" Realität erdet und auch mit Sexualität und Fortpflanzung zu tun hat.

Jedes der Chakren ist mit einer endokrinen Drüse (also einem Teil des Hormonsystems) verbunden, darunter auch der erbsengroßen Zirbeldrüse im Gehirn, die auch als „Drittes Auge" bekannt ist, weil man sie mit dem übersinnlichen Sehen oder dem „sechsten Sinn" assoziiert. Die Zirbeldrüse ist geformt wie ein Zapfen der Zirbelkiefer und befindet sich in der Mitte des Gehirns. Sie wurde im Laufe der Geschichte von Kulturen auf aller Welt verehrt, weil sie eine Verbindung zu „Gott" und der erweiterten Realität herstellt. Endokrine Drüsen regulieren die Hormone, inklusive der Sexualhormone, den Stoffwechsel, biologische Zyklen wie den Schlaf sowie das Immunsystem. Über diese Mechanismen wirkt sich das energetische Gleichgewicht oder Ungleichgewicht der Chakra-Vortexpunkte auf die „physische" und psychische Gesundheit des gesamten Körpers aus. Im Fall der Verbindung zwischen Zirbeldrüse und Drittem Auge beeinträchtigt sie etwa die Fähigkeit, sich in andere Gewahrseinsebenen auszudehnen; eine Fehlfunktion sperrt die Menschen in der Fünf-Sinnes-

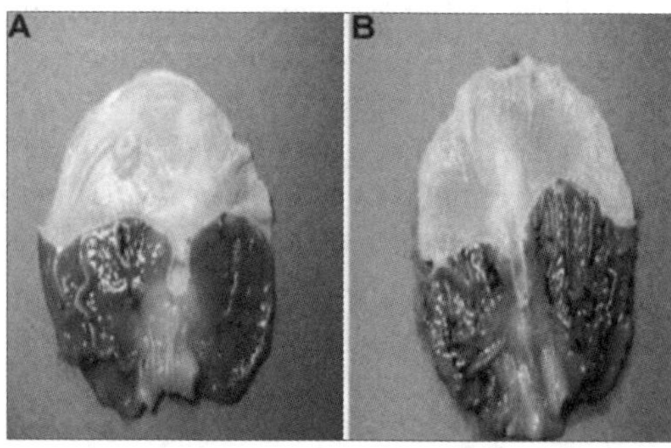

Abb. 65: Fluoride verkalken die Zirbeldrüse, die uns mit Gewahrseinsfrequenzen jenseits des Körpers/Intellekts verbindet. Das ist mit Sicherheit kein Zufall.

Blase ein. Der Kult weiß das ganz genau. Deshalb hat er auch mittels Manipulation dafür gesorgt, dass dem Trinkwasser und Zahnpasten Fluoride hinzugefügt werden, die angeblich die Zähne schützen sollen. In Wahrheit aber führen sie nachweislich zu einer Verkalkung der Zirbeldrüse (Abb. 65).

Das Thema des Einsperrens der Menschen in ihre fünf Sinne findet sich *allerorten*. Nimmt man hinzu, dass Aluminium (in Impfstoffen und vielen anderen Substanzen), Glyphosat (ein Unkrautbekämpfungsmittel, das längst in die Nahrungskette gelangt ist) und WLAN ebenfalls die Funktion der Zirbeldrüse hemmen, erkennt man, worum es hier geht. Wissenschaftliche Untersuchungen haben gezeigt, wie sich die Kombination von Aluminium und Glyphosat durch die dabei entstehenden Verbindungen besonders schädlich auf die Zirbeldrüsenfunktion auswirken. Die Blut-Hirn-Schranke schützte das Gehirn bislang vor diesen und anderen Giftstoffen, wird aber nun durch technisch erzeugte 5G-Strahlung durchbrochen, was die beschriebene Wirkung um ein Vielfaches verstärkt.

„Schlangengöttin"

Vom Wurzelchakra geht die transformative Energie namens „Kundalini" (vom Sanskrit-Ausdruck für „gerollt, gewunden") aus, die als zusammengerollte Schlange symbolisiert wird. Die Kundalini-Energie wird in einigen östlichen Traditionen als Göttin verehrt und durch den Hermesstab symbolisiert, dessen Flügel die „Erleuchtung" darstellen sollen, die mit der Kundalini-Aktivierung einhergeht (Abb. 66). Die dadurch erzielte Wirkung kann langsam und bedächtig sein oder – wie bei mir im Jahre 1991 – wie eine Atombombenexplosion stattfinden. Wenn die Kundalini-Energie ausgelöst wird, bewegt sie sich durch die Chakren, das Rückenmark und zentrale Nervensystem nach oben, um durch das Kronenchakra auszutreten und auf dem Weg alle anderen Chakren zu aktivieren (Abb. 67). Diese Aktivierung soll Menschen in einen Zustand der „Erleuchtung" versetzen und sie „illuminieren". Der Ausdruck „Illuminati", der eines der zentralen Netzwerke innerhalb des globalen Kults beschreibt, bezieht sich auf dieses Prinzip der Kundalini-Aktivierung, das Menschen bewusst mit anderen Realitäten verbinden und gelegentlich herausragende übersinnliche Fähigkeiten hervorbringen kann.

Abb. 66: Der Caduceus (Hermesstab) steht symbolisch für die Kundalini-Energie, die durch die Chakren und das zentrale Nervensystem aufsteigt und aus dem Kronenchakra auf der Kopfoberseite austritt, um uns mit anderen Realitäten zu verbinden. Die Art dieser Realitäten wird von unserem eigenen Seinszustand bestimmt.

An dieser Stelle sei betont, dass eine solche Verbindung weder gut noch schlecht ist. Die Kundalini-Erweckung kann Sie mit einem erweiterten Bewusstsein mit hoher Schwingung

Abb. 67: Eine Kundalini-Aktivierung kann Menschen mit hohen Frequenzen des Gewahrseins verbinden – oder mit den niedrigen Frequenzen, in denen der Kult und seine „Götter" aktiv sind.

oder einem Bewusstsein mit niedriger und manipulativer Schwingung verbinden. Sie wird immer das widerspiegeln, wo Sie sich gerade bewusst und unterbewusst befinden, wie das auch bei psychoaktiven Drogen der Fall ist. Die Eingeweihten des Illuminatenkults werden in satanistischen Ritualen und in Geheimgesellschaften mittels Kundalini-Aktivierung für die Frequenzbereiche geöffnet, von denen aus die nichtmenschliche Macht den Kult durch die Übernahme der Wahrnehmung kontrolliert. Ob die Kundalini-Erweckung Sie mit hohen oder niedrigen Gewahrseinsbereichen verbindet, hängt von Ihrer eigenen Frequenz ab, die wiederum von Ihren Wahrnehmungen und Ihrem Seinszustand bestimmt wird. Sind Sie zum Beispiel von Liebe oder Hass getrieben? Dabei handelt es sich um sehr unterschiedliche Frequenzen. Immer mehr Menschen gehen durch die Erfahrung des „Kundalini-Aufstiegs"; insgesamt ist ein fantastisches menschliches Erwachen im Gange, von dem man aber nichts merkt, wenn man nur den Mainstream-Einheitsbrei sieht. Die Leute, die im Mainstream gefangen sind, werden die Letzten sein, die mitbekommen, was gerade geschieht.

Der Kundalini-Prozess oder eine langsamere Form des Erwachens aus der Blase kann sehr schwierig und verwirrend sein, weil er die Wahrnehmungen eines Menschen umwandelt. Plötzlich scheint die Welt nicht mehr so zu sein wie zuvor, und Ihre Umgebung könnte vermuten, dass Sie „verrückt geworden" sind. Viele Leute, die in psychiatrischer Behandlung landen, haben nur eine Kundalini-Erfahrung, die dazu führt, dass sie seltsame neue Dinge wahrnehmen oder „Stimmen hören", weil die Aktivierung sie mit anderen Informations- und Einflussquellen jenseits der fünf Sinne verbunden hat. Bei den meisten Menschen legt sich das irgendwann, aber bis dahin haben viele von ahnungslosen Psychiatern – die nicht wissen, was los ist oder wie der Mensch wirklich funktioniert – Medikamente verschrieben bekommen. Auch Familienmitglieder, die ebenfalls keine Ahnung haben, was da passiert, können eine solche Medikation (Unterdrückung des Erwachens) unterstützen. Das sind eben die Folgen von „gebildeter" Unwissenheit.

Ich hatte 1991 eine kolossale Kundalini-Erweckung nach einer lebensverändernden „paranormalen" Erfahrung auf einem Hügel in Peru, von der ich bereits in anderen Büchern berichtet habe. Dort beschrieb ich, wie Energie wie ein Bohrer durch die Oberseite meines Kopfes eindrang und durch meinen Körper hinunterströmte, während ein anderer Energiefluss in die Gegenrichtung lief. Was ich zu der Zeit nicht wusste: Diese Energie strömte durch das Chakrennetzwerk und zentrale Nervensystem, um das Kundalini zu aktivieren – *aber gewaltig*! Mein bewusster Verstand wurde von Konzepten, Informationen und einem Gewahrsein aus einem Bereich jenseits der Sinne überschwemmt. All das stürzte mich in drei Monate völliger Verwirrung und Verwunderung, in denen ich nicht mehr wusste, wer ich war, wo ich war oder was da um Himmelswillen mit mir geschah. Ich nenne dies meine „türkise Periode“, weil ich damals das Bedürfnis verspürte, ständig türkisfarbene Kleidung zu tragen. Alles ist eine einzigartige Frequenz, auch die Farben. Ich wurde in dieser Zeit von Türkis angezogen, weil mein energetisches Feld als Folge der Transformation, die ich gerade durchlief, von der *Frequenz* der Farbe Türkis angezogen wurde. Aus dem gleichen Grund werden Menschen unterbewusst von bestimmten Farben angezogen und strahlen auch in diesen Farben („In dieser Farbe siehst du immer toll aus!“), während sie sich in anderen ausgelaugt fühlen und auch so aussehen. Dabei ist es nicht die wahrgenommene Farbe, die diesen Effekt hat, sondern ihre Frequenz und wie diese sich auf unser eigenes Frequenzfeld auswirkt.

Mach die Welle!

Um zu erkennen, was der Körper ist, müssen wir uns von dem deprogrammieren, was uns über seine Natur beigebracht wurde. Alles in der geschaffenen Realität außerhalb der Ruhe und Stille der Leere sind Informationen (Gedanken, Vorstellungen), die durch Frequenzen und Schwingungen in Form von Wellen übermittelt werden. Wir sprechen von Schall*wellen*, Gedanken*wellen* und Gehirn*wellen* – und die Schöpfung entsteht aus den Gedanken- oder Bewusstseinswellen, die vom Bewusstsein „Gottes“ oder Des Einen über alle dessen Aufmerksamkeitsbrennpunkte ausgehen. Das Eine erfährt sich selbst durch die unendlichen Reiche der Schöpfung. „Im Haus meines Vaters gibt es viele Wohnungen“, wie schon in der Bibel steht. Sie, ich, alles außerhalb der Leere sind Informations- bzw. Bewusstseinsfelder, die die Form von Wellen, Frequenzen und Schwingungen annehmen – und wann immer wir das wollen, können wir uns bewusst mit Dem Einen verbinden. Die Menschen glauben, dass sie nur ihr menschliches Etikett sind; dabei sind sie in Wahrheit ein Ausdruck der Unendlichkeit und letztendlich diese Unendlichkeit selbst. Natürlich will der Kult, dass wir das nicht wissen, weil seine Macht über uns von unserer Unwissenheit abhängt.

Die Wahrnehmung bestimmt die Frequenz und Art der von uns erzeugten Wellen. Je erweiterter Ihr Bewusstsein und Ihr „Ich“-Gefühl sind, desto höher und erweiterter wird auch die Schwingungsfrequenz sein, die Sie ausstrahlen und mit der Sie sich verbinden, bis Sie wahrnehmungsmäßig zum Einen werden und in die ruhige, stille Allwissenheit der Leere zurückkehren, aus der Sie gekommen sind. Auch dann sind Sie nach wie vor „Sie“, nur in einem ganz anderen Bewusstseins- und Wahrnehmungszustand. Die biblische Geschichte vom verlorenen Sohn, der seinen „Vater“ verlässt, sein Leben in den Sand setzt, aus der Erfahrung lernt und wieder nach Hause zurückkehrt, wo er von seinem Vater willkommen geheißen wird, passt hier als symbolische Beschreibung sehr gut. „Der Vater“ verurteilte seinen Sohn nicht, genauso wie Das Eine nicht verurteilt. Wofür auch immer Sie sich entscheiden, was auch immer Sie erleben – Sie sind Das Eine, das sich selbst erfährt. Es geht nur darum, dass wir uns nicht in höhere Bewusstseinsebenen ausdehnen können, solange wir in Wahrnehmungszuständen der Isolation, des Gefühls der *ausschließlichen* Individualität und in emotionalen Gefängniszellen aus Hass, Unruhe, Angst, Sorge, Depression, Schuld, Groll, Rache und so weiter verharren. Dabei handelt es sich nämlich um niedrig schwingende Zustände, die uns in einem niedrig schwingenden Erleben gefangen halten. Wenn Sie sich im Wahrnehmungsfrequenzband „A" befinden, können Sie ausschließlich dieses Frequenzband erfahren, weil Sie nur mit ihm verbunden sind und interagieren können. Der Radiosender „A" kann nicht gleichzeitig Sender „B" sein, da die beiden ihr Programm auf verschiedenen Wellenlängen ausstrahlen. Das Gleiche gilt nach dem, was als „Tod" wahrgenommen wird. Unser Wahrnehmungszustand (Frequenz-/Schwingungszustand) entscheidet, zu welcher Realität – welcher der „Wohnungen" im Haus des Vaters – wir hinstreben, obwohl die Loslösung vom Körper und seinen Illusionen die Wahrnehmung klarerweise sehr schnell verändern kann.

Abb. 68: Wenn sich der Körper/Intellekt vom Einfluss des größeren Selbst – der „Seele", des „Höheren Selbst" – abkoppelt, sind wir den Wahrnehmungen ausgeliefert, die wir nur über die fünf Sinne aufnehmen. (Siehe auch Neil-Hague-Farbteil)

Sowohl Körper/Intellekt als auch Seele sind Bewusstseinsfelder aus Frequenzen und Wellen. Sie sind dazu bestimmt, sich als eine „Einheit" zu verbinden und zu kommunizieren, doch wenn die Frequenzen von Körper/Intellekt und Seele nicht mehr miteinander synchronisiert sind, werden Kommunikation und gegenseitiger Einfluss reduziert (Abb. 68). Die Seele – von manchen auch als „Höheres Selbst" bezeichnet – hämmert wie wild auf die Tastatur und drückt auf die Maus, ohne aber eine Antwort vom Körper/Intellekt oder „Ego" zu erhalten. Der Kult arbeitet mit aller Kraft daran, diese Trennung aufrechtzuerhalten und den Körper/Intellekt von der Seele zu isolieren. Sein Ziel ist es, den isolierten Körper/Intellekt mit Wahrnehmungen zu programmieren, die eine massenhafte Kontrolle der Menschheit möglich machen (Abb. 69).

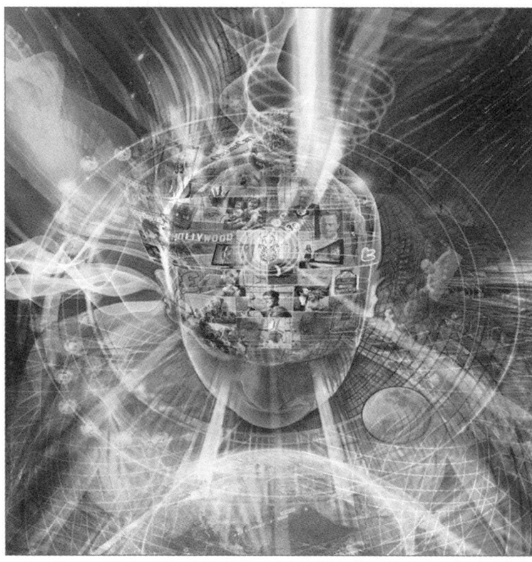

Abb. 69: Die Menschheit wird permanent mit Informationen bombardiert. Die meisten davon sind falsch und stammen aus Quellen, die dem Kult dienen, um die menschliche Massenwahrnehmung zu formen. (Bild: Neil Hague)

Das Wissen über die wahre Realität blieb stets dem innersten Kreis der Geheimgesellschaften und satanistischen Netzwerke vorbehalten. Besagte Netzwerke gaben ihre Kenntnisse über Generationen hinweg so weiter, dass der weitaus überwiegende Teil der Menschheit davon ausgeschlossen war. In der antiken Welt war dieses Wissen noch weitverbreitet, später sorgte man jedoch dafür, dass es der Allgemeinheit entzogen wurde. Dies erreichte man nicht zuletzt durch die Auferlegung von Religionen, die jede genauere Erkundung der Realität mit einem Todesurteil belegten, das vom Kult verhängt wurde, der hinter all diesen Religionen stand. Kult-Reiche (vor allem das britische Weltreich) nahmen Schamanen und Träger des alten Wissens ins Visier, während die Welt mit einer gefälschten Version der Realität kolonisiert wurde. Damit kaperten sie dann die allgemeine Wahrnehmung und trichterten der Menschheit die korrupten Glaubenssätze der (vom Kult initiierten) Mainstreamwissenschaft und der (vom Kult) etablierten Religionen ein, um sich ein offizielles Monopol auf die Wahrnehmung der Realität zu sichern. In fernöstlichen Religionen ist von Maya („Illusion") und Brahman (Unendliche Existenz, Unendliches Wissen und ultimative Realität) die Rede. Das ist gut. Leider werden diese grundlegenden Wahrheiten aber meist durch die rituelle Verehrung einer umwerfenden Anzahl von Hindu-„Göttern" verschleiert. Selbst Wissen zu horten und andere in Unwissenheit zu zwingen – das ist die ganze Grundlage, auf der die Kontrolle über die Menschheit aufbaut. Heute kehrt das Wissen langsam zurück, weil immer mehr Menschen erweiterte Gewahrseinszustände für sich erschließen und es die relativ wenigen aufgeschlossenen Wissenschaftler gibt, die wirklich nach der Wahrheit suchen. (Meist tun sie dies im Bereich der Quantenphysik, die die Realität jenseits der wahrgenommenen „physischen" Welt erforscht.) Sie sehen den unhaltbaren Trugschluss der „physischen" Illusion und begreifen, was unsere fernen Vorfahren wussten und was der Kult mit aller Macht zu unterdrücken versucht hat.

Der Körper ist nicht fest; schon die Quantenphysik zeigt, dass das gar nicht möglich ist. Er ist ein Feld aus Energiewellen, die mit einer Informationsblaupause codiert sind. Dieses Feld reagiert permanent – in positiver oder negativer Weise – auf andere Wellen in Form von Gedanken oder Gefühlen, aber auch auf die heutzutage ständig zunehmenden Formen technischer Strahlung in unserer „smarten" Gesellschaft. Alles, einschließlich Essen, Trinken und den Dingen, die wir konsumieren und mit denen wir interagieren, sind Manifestationen von Informationswellenfeldern – und Wellen beeinflussen andere Wellen auf positive, negative oder neutrale Weise. Haben Sie sich je gefragt, warum sich das menschliche Verhalten durch die „smarte" Revolution der technisch erzeugten Strahlungswellen so verändert hat und warum die Anzahl der Jugendselbstmorde so zunimmt? Dann bleiben Sie dran, denn die Antwort auf diese Frage wird aus dieser Perspektive klar.

Aufgeschlossene Wissenschaftler, die außerhalb der Gebetsmühlen-Wissenschaft tätig sind, sind zu den gleichen grundlegenden Schlussfolgerungen gelangt, was die Funktion von Wellen und ihre Auswirkungen auf das menschliche Leben betrifft. Manchen mag es seltsam erscheinen, dass sie diese Schlussfolgerungen aus wissenschaftlicher Forschung ziehen können, wenn ich doch auf ganz andere Art zu derselben Ansicht gelangt bin. Aber daran ist eigentlich nichts seltsam. Wenn man erweiterte Gewahrseinszustände jenseits des Körpers/Intellekts erschließt, macht man sich dasselbe Wissen zunutze, ob man nun Wissenschaftler ist oder jemand, der – wie ich – mit 15 Jahren zum Schulaussteiger wurde, um Profifußball zu spielen. Das Etikett spielt keine Rolle. Es geht vielmehr darum, wie sehr man seinen Geist für andere Ebenen des Gewahrseins und der Möglichkeiten öffnet. Das entscheidet im Endeffekt darüber, was man weiß und was nicht. Demnach ist es besser, einen offenen Geist zu haben und kein „Wissenschaftler" zu sein als ein „Wissenschaftler" mit einem total verschlossenen Intellekt.

Atom-Mythologie

Ersetzt man die konditionierte Wahrnehmung von Festigkeit und Materialismus durch Wellenfelder und Hologramme, dann löst man damit sofort Rätsel, von denen sich die etablierte Mainstreamwissenschaft seit Anbeginn verwirrt zeigte. Wenn man sich klarmacht, dass nichts fest und physisch ist, ergibt alles plötzlich Sinn. Die Grundlage der materialistischen Weltsicht ist das Atom, von dem es heißt, dass sich aus ihm alle Materie bildet – „feste" Materie. Wie merkwürdig ist es da, dass Atome selbst gar keine Festigkeit haben! Sie sind Pakete aus Energiewellen, die laut Ansicht der Wissenschaft aus Elektronen bestehen, die einen Atomkern „umkreisen". Atome sind nicht fest, also kann sich aus ihnen auch keine feste Welt bilden (Abb. 70). Die Teilchen und der Atomkern machen alles in allem nur einen Bruchteil des Atoms aus. Der Rest ist in physischer Hinsicht „leer". Dennoch behaupten Wissenschaftler, dass der Körper aus *Atomen* besteht. Sie postulieren doch tatsächlich, dass der Körper physisch ist und über eine Festigkeit verfügt, obwohl das nicht sein kann, wenn Atome selbst keine Festigkeit besitzen. Atome sind eine decodierte Manifestation von Informationen, die in Wellenform übertragen werden. Die folgende Beschreibung relativiert die gesamte „physische" Atomtheorie:

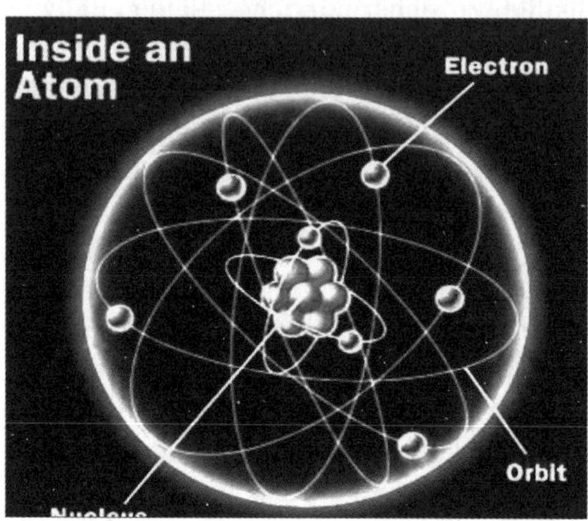

Abb. 70: Atome, die selbst nicht fest sind, können keine festkörperliche Welt erzeugen. Das ist nur logisch.

> Hätte der Atomkern die Größe einer Erdnuss, dann wäre das ganze Atom etwa so groß wie ein Baseballstadion. Könnten wir den ungenutzten Raum im Inneren unserer Atome loswerden, würde jeder von uns in ein Staubkorn passen, und die gesamte Menschheit hätte in einem Zuckerwürfel Platz.

Wenn man sich weiter in das Thema Kernteilchen und Elektronen vertieft, wird man feststellen, dass auch diese nicht „physisch" sind. Trotzdem kämpft die Mainstreamwissenschaft mit stetig abnehmender Glaubwürdigkeit darum, die Behauptung „Die Welt ist fest und der Körper ist es auch" aufrechtzuerhalten – wenn doch beide es nachweislich *nicht* sind. Die Bezeichnung Atom wurde vom griechischen Philosophen Demokrit (ca. 460–370 v. Chr.) geprägt und ist von einem Wort abgeleitet, das „unteilbar" bedeutet. Demokrit formulierte die Theorie, die später zur Grundlage der modernen Wissenschaft wurde: Materie besteht aus „unteilbaren" Atomen und Bewegung geht von den Atomen aus, die miteinander kollidieren und voneinander abprallen. Vielleicht fällt Ihnen auf, dass dies zu wissenschaftlichen Erklärungen für das Universum geführt hat, in denen es immer um das Zusammenprallen von Dingen mit anderen Dingen geht. Der (illusorische) Urknall soll der Auslöser gewesen sein; seither taumelt das Universum anscheinend kollidierend herum wie ein Betrunkener am Samstagabend. Ruft ein Taxi – das Universum ist wieder einmal besoffen! Wie erklären Sie sich, dass dies und jenes passiert ist, Professor? „Eine Kollision." Und das? „Es ist mit etwas zusammengestoßen."

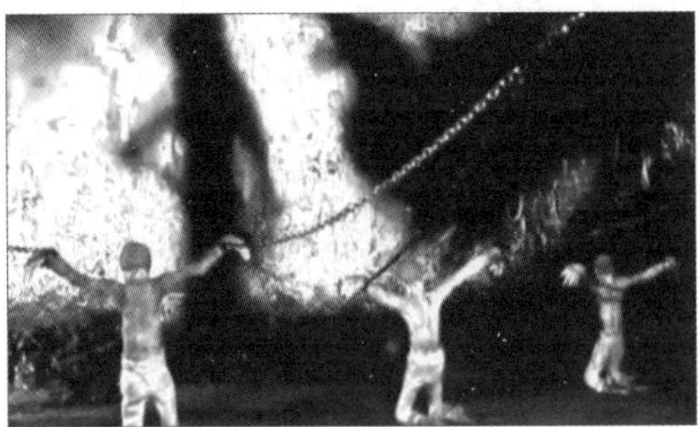
Abb. 71: Platons Höhlengleichnis symbolisiert die menschliche Zwangslage.

Sogar im antiken Griechenland gab es schon Denker, die das alles durchschauten. Der berühmte Philosoph Sokrates (ca. 470–399 v. Chr.) glaubte, dass eine andere, von der „physischen Realität" getrennte Kraft die Blaupause für die sichtbare Welt bereitstellte – und er hatte recht. Sein Schüler Platon (ca. 427–347 v. Chr.) beschrieb in seinem Höhlengleichnis etwas Ähnliches (Abb. 71). Er erzählte die symbolische Geschichte von Gefangenen, die angekettet in einer Höhle leben und nie etwas anderes sehen als eine Wand. Hinter ihnen ist ein Feuer, das sie nicht sehen können. Tiere laufen an den Flammen vorbei und werfen Schatten an die Wand. Diese Schatten werden für die Gefangenen zur Realität, da sie alles sind, was sie sehen und erfahren. Einige Gefangene studieren die Schatten und werden als Experten für die wahrgenommene Realität anerkannt; dabei befassen sie sich nur mit Schatten, von denen sie glauben, dass sie real seien. Mainstreamwissenschaftler und -gelehrte tun heute genau dasselbe, mit Ausnahme einiger weniger achtbarer Persönlichkeiten, die ihren eigenen Weg beschreiten. Im Rahmen meines Vergleichs sind die „Experten" jene Leute, die die Realität innerhalb der Blase erforschen und davon überzeugt sind, dass es nichts anderes gibt. In Platons Gleichnis entkommt ein Gefangener und erkennt, dass die Schatten Illusionen sind. Er kehrt zurück, um seinen ehemaligen Leidensgenossen die Wahrheit zu verkünden, doch die anderen glauben ihm nicht und nennen ihn verrückt. Platon wollte mit diesem Gleichnis eindeutig die menschliche Zwangslage darstellen, die bis heute andauert.

Die Realität, die wir zu erleben glauben, ist der „Schatten" von etwas anderem – eine decodierte Projektion der Wellenfeldrealität. Die Seele ist ein Wellenfeldphänomen, ebenso wie der Körper/Intellekt. Der Körper ist eine Informationsblaupause, die sich durch „Fortpflanzung" reproduzieren kann. Auch er ist, wie alles andere, ein Gewahrseinszustand und wurde für den Geist – eine Inkarnation der Seele – gestaltet, damit sie diese Realität erfahren kann. Der Gedanke dahinter ist, dass der Geist oder das „Ego" mit der Seele synchronisiert und verbunden bleibt, wobei er durch ihr erweitertes Gewahrsein beeinflusst wird. In diesem Verbindungszustand ist der Körper/Intellekt *in* dieser Welt, aber nicht vollständig *von* ihr. Er hat einen Wahrnehmungsradar, der nicht den Illusionen der „Materie" unterliegt. Sollte aber der Geist in seinen Wahrnehmungen nicht mehr von der Seele beeinflusst werden, so wird der gesamte Fokus der Realität von den fünf Sinnen erfasst. Dies wird dann die dominante Realität, die aus den Informationen der Fünf-Sinnes-Realität bezogen wird – in Gestalt der vom Kult kontrollierten Medien, der Wissenschaft, Medizin und dem, was in Schulen und an Universitäten gelehrt wird (Abb. 72). Ist die Seele

Abb. 72: Die programmierte Blase: Halt den Mund – ich weiß, was los ist. Das System hat es mir verraten.

nicht mehr im Spiel, kann der gesamte Realitätssinn in den isolierten Körper/Intellekt einprogrammiert werden, um Blasenwahrnehmungen zu erzeugen.

Dieser eine Satz beschreibt sehr gut, wie ein paar Wenige die Vielen während fast der gesamten Menschheits-„Geschichte" versklaven konnten. Das zieht sich bis in unsere Gegenwart, in der „smarte" Technologie eine ganz neue Dimension der Kontrolle möglich macht. Es gibt zwei Hauptebenen des Geistes, die bewusste und die unterbewusste. Man schätzt, dass etwa 95 Prozent des menschlichen Verhaltens auf unterbewusste Programmierungen und nicht auf bewusste Entscheidungen zurückzuführen sind. Der Kult und seine nichtmenschlichen Beherrscher zielen auf das Unterbewusste ab, damit sich ihre Zielpersonen *nicht bewusst* werden, was in weiten Teilen ihres Geistes los ist. Erinnern Sie sich an das Zitat aus der Zeitschrift *Wonderpedia*, in dem von den elf Millionen Sinneseindrücken pro Sekunde die Rede war, die über unsere (Gehirn-)Bahnen rattern, und die vom Gehirn auf eine überschaubare Liste von etwa *40* Eindrücken heruntergefiltert werden? Wir werden bewusst nur eines Bruchteils dessen gewahr, was wir sehen, hören, ertasten, riechen und schmecken, während das Unterbewusstsein *alles* aufnimmt. Der Kult verfügt über eine ausgeklügelte Sprache der Symbolik, die ich in meinen anderen Büchern ausführlich beschrieben habe und die dazu dient, den bewussten Verstand zu umgehen und das Unterbewusstsein anzusprechen.

So erzeugen wir die „physische" Realität

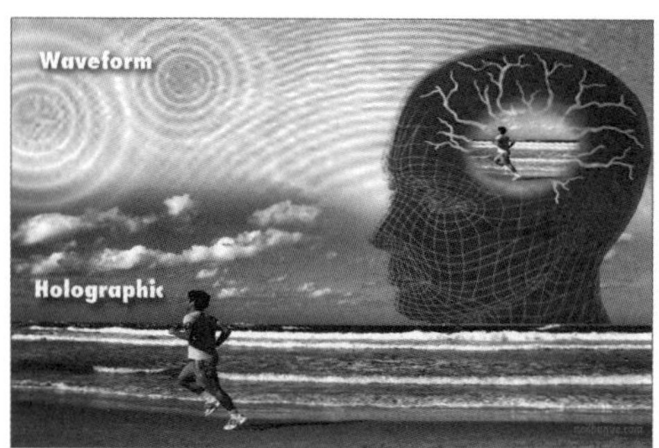

Abb. 73: Die menschliche Realität: Die Wellenform wird über menschliche Decodiersysteme holografisch. (Bild: Neil Hague)

Eine Wellenfeldinformationsblaupause wird zur Erfahrung einer physischen Welt, wenn wir die Wellenfeldinformationen zu Hologrammen decodieren. Die fünf Sinne decodieren *Wellenfeld*informationen zu elektrischen Informationen, die sie an das Gehirn übermitteln. Dort werden sie dann zu den digitalen bzw. holografischen Informationen decodiert, die wir als physische Welt wahrnehmen (Abb. 73). Die verschiedenen Informationsformen sind dieselben Informationen, die nur auf unterschiedliche

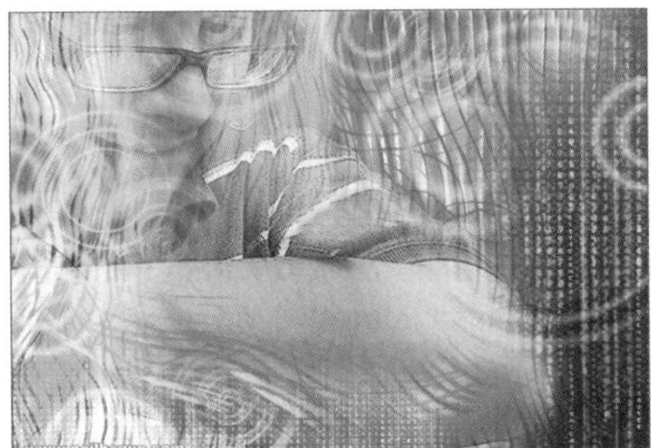

Abb. 74: *Wir decodieren sogar unseren eigenen Körper in holografische Form. Wo befindet sich Ihr Körper? In Ihrem* Geist. *(Bild: Neil Hague)*

Abb. 75: *Hier handelt es sich um digital generierte „Personen", die nicht als lebende menschliche Wesen existieren. Die Technik kann auch falsche Landschaften und Objekte erschaffen.*

Art ausgedrückt werden. Da Wellenfelder die Grundlage aller geschaffenen Realität sind, kann auch der Körper nichts anderes sein. Diese Decodierungssequenz ist das Werk des Geistes. Das bedeutet, dass wir unseren *eigenen* Körper in eine scheinbar dreidimensionale physische Realität decodieren, indem wir das tun, was die Wissenschaftler als „Beobachtung" oder „Hinsehen" bezeichnen würden (Abb. 74). Dies geschieht durch die Interaktion des Körper-Wellenfelds mit dem Geist-Wellenfeld auf eine Art und Weise, die ich bald näher erläutern werde.

Unsere Körper existieren in unserem Geist, weshalb Ihr Geisteszustand den Zustand Ihres Körpers bestimmt. Die Charaktere in den technisch ausgefeiltesten Virtual-Reality-Spielen können höchst real erscheinen und sind doch nur vom Computer decodierte Informationen. Heute kann man schon Porträts erzeugen, die wie lebende menschliche Wesen aussehen (Abb. 75). Ich habe mir ein Experiment angesehen, bei dem man die Versuchspersonen mit Headsets ausstattete, die ihnen die Illusion vermittelten, ihr Körper sei der einer Puppe. Dadurch wurde das Gehirn so getäuscht, dass sie auf alles, was man mit der Puppe tat, so reagierten, als würde es *ihnen* passieren. Wir brauchen also nicht wirklich einen „physischen" Körper, um uns als solcher zu *erleben*. Die virtuelle Realität ist eine technische Nachahmung unserer erlebten Realität, die selbst nur eine weiterentwickelte Version der virtuellen Realität ist.

Mittlerweile nähern sich Realität und virtuelle Realität einander so stark an, dass sie nach Aussage von Fachleuten auf diesem Gebiet bald nicht mehr voneinander zu unterscheiden sein werden. Wir akzeptieren die Tatsache, dass die Virtual-Reality-Technologie decodierte Information ist, die zunehmend die „echte" Realität widerspiegelt, können aber immer noch nicht ganz begreifen, dass die „echte" Realität sich im Grunde auf dieselbe Weise manifestiert. Die Virtual-Reality-Technologie kapert und überschreibt genau dieselben fünf Sinne, mit denen wir die „echte" Realität decodieren. Sehen Sie sich an, wie die virtuelle Realität funktioniert – und Sie sehen, wie die „echte" Realität funktioniert. Die Welten der virtuellen Realität existieren nur im Gehirn, ebenso wie die „echte" Realität; das gilt auch für das Gehirn selbst, das in seinem Urzustand ein Wellenfeldkonstrukt ist. Das behaupte ich seit Jahren, und der amerikanische Kognitionswissenschaftler Donald Hoffman ist ebenfalls dieser Ansicht:

Abb. 76: „Es gibt keinen Löffel. Nicht der Löffel verbiegt sich, sondern du selbst." – *Diese berühmte Szene aus „Matrix" beschreibt die „physische" Illusion perfekt.*

Das Gehirn selbst ist eine Illusion. [...] Neuronen existieren nicht, außer wenn wir sie sehen, genauso wie unterschiedliche Farben [...] nur dann existieren, wenn wir sie sehen.

Wo sind der „physische" Körper und die „physische" Welt? In unserem *Geist*. Die Redewendung „Geist triumphiert über Materie" ist sinnlos, weil der Geist die Materie und die Materie der Geist *ist* (Abb. 76). Und das gilt für alle Bewusstseinsebenen und Ausdrucksformen der „Materie". Max Planck (1858–1947), der „Vater der Quantenphysik", sagte:

> Alle Materie entsteht und besteht nur durch eine Kraft, welche die Atomteilchen in Schwingung versetzt und sie zum winzigsten Sonnensystem des Atoms zusammenhält. Wir müssen hinter dieser Kraft einen bewussten und intelligenten Geist annehmen. Dieser Geist ist der Urgrund aller Materie.

Er sagte auch:

> Ich betrachte Bewusstsein als fundamental. Ich betrachte Materie als abgeleitet vom Bewusstsein. Wir können nicht über das Bewusstsein hinausgelangen. Alles, worüber wir sprechen, alles, was wir als existent betrachten, setzt Bewusstsein voraus.

Der Geist ist der *Decodierer* und *Wahrnehmer* – der *Schöpfer* – aller Materie.

Holografische Illusion

Abb. 77: All diese Bilder zeigen Hologramme, die „fest" erscheinen, obwohl sie es gar nicht sind.

Die Realität, die wir als physisch erleben, ist in Wirklichkeit holografisch und formbar, nicht festkörperlich. Hologramme treten aus einer ebenen Fläche in einer Form hervor, die sie dreidimensional erscheinen lässt (Abb. 77). Die Technologie begann mit einfachen Hologrammen, wie man sie in Geschäften sieht, doch seither hat sich die Holografie – wie die virtuelle Realität – immer mehr der menschlichen Realität angenähert. Hologramme werden mittlerweile verwendet, um holografische Scheinpersonen in Filme und Bühnenshow neben „echten" Menschen einzusetzen, wobei die Unterscheidung immer schwerer

Abb. 78: Hologramme von – teilweise längst verstorbenen – Menschen können in Szenen mit lebenden Menschen eingesetzt werden.

Abb. 79: Die Frau auf diesem Bild ist ein Hologramm, das auf die Bühne projiziert wird.

Abb. 80: Die Gitarristen sind Hologramme.

Abb. 81: Das Motorrad ist ein digitales Hologramm.

fällt. Die besten von ihnen sehen so „fest" aus wie Sie und ich. Holografische Darstellungen längst verstorbener Künstler wie Elvis treten in Duetten mit höchst lebendigen Sängern auf. Ich habe eine komplette Comedy-Sendung gesehen, in dem ein Hologramm des verstorbenen großen britischen Komikers Les Dawson auftrat (Abb. 78). Holografische Versionen von Menschen können in die ganze Welt übertragen werden (Abb. 79 und 80). Es gibt auch digitale Hologramme, die eigentlich genau das sind, was die „physische" Realität in Wahrheit ist.

Rich Terrile, der Direktor des Zentrums für evolutionäre Programmierung und automatisiertes Design am Jet Propulsion Laboratory der NASA, sagte 2017, dass er das Universum für ein digitales Hologramm hält. Damit muss er richtig liegen, weil alles, was wir in der materiellen Welt wahrnehmen, ein digitales Hologramm ist. In diesem Fall würde man erwarten, dass in der Struktur unserer Realität eine Verpixelung festzustellen ist, ähnlich wie die Pixel auf dem Fernsehschirm, die wir zu Bildern von TV-Sendungen decodieren. Und das ist tatsächlich der Fall. In einem Artikel der Zeitschrift *New Scientist* aus dem Jahr 2009 über die holografische Realität hieß es, dass bei ausreichender Vergrößerung „das Raum-Zeit-Gefüge körnig wird und letztlich aus winzigen Einheiten besteht, die eher wie Pixel aussehen".

Ein 2017 erschienener Bericht von Forschern der britischen Universität Southampton führte „stichhaltige Belege" dafür an, dass die menschliche Realität so ist, als würde man einen 3-D-Film auf einem 2-D-Bildschirm sehen. Ja – einem *Wellenfeld*bildschirm. Laut Kostas Skenderis, dem Leiter der Fakultät für angewandte Mathematik und theoretische Physik an der Universität Southampton, nehmen wir unsere

„Außenwelt“ zwar als hoch, breit und tief wahr, die zugrunde liegende Realität sei aber eher wie ein Flatscreen. Das Wissenschaftlerteam veröffentlichte seine Studie in der von Experten begutachteten Fachzeitschrift *Physical Review Letters*. Ihren Forschungsergebnissen zufolge könnte das Universum ein „riesiges und komplexes Hologramm“ sein. Professor Skenderis sagte, dass die Erforschung der holografischen Realität einen gewaltigen Schritt zum Verständnis der Struktur des Universums darstelle. Er verglich die Realität mit dem Ansehen eines 3-D-Films im Kino – mit dem Unterschied, dass wir Objekte berühren und die „Projektion“ als real erleben können.

Ich gehe sogar noch weiter und meine, dass wir „feste“ Objekte bzw. Hologramme nicht im herkömmlichen Sinn „berühren“, sondern nur deren elektromagnetische Felder. Die Haut bzw. der Tastsinn ist ein wesentlicher Decodierer von Informationen zur holografischen Realität und zugleich eine Wellenantenne. Wir *sehen* auch keinen holografischen Film, sondern wir *erschaffen – decodieren* – ihn.

Auch Wissenschaftler der japanischen Universität Ibaraki wollen „überzeugende Belege“ dafür entdeckt haben, dass es sich beim Universum um eine holografische Projektion handelt. Dieser Meinung schließen sich mehr und mehr Forscher an, weil die Nachweise nicht zu leugnen und die scheinbaren Widersprüche der „Materie“ bestens erklärbar sind, wenn man von der Holografie-Theorie ausgeht. Leonard Susskind, ein Physikprofessor an der Stanford University, hat das holografische Modell zur Beschreibung des Universums ebenso angenommen wie der berühmte argentinische theoretische Physiker Juan Martín Maldacena und viele andere Wissenschaftler. Susskind sagte: „Was einst eine gewagte Vermutung war, gehört heute zu den alltäglichen Werkzeugen der Physik.“

Wie konnte ich mir lange vor diesen Erkenntnissen der Mainstreamwissenschaft schon so sicher sein, dass die Realität holografischer Natur ist? Wenn man DAS FELD jenseits der fünf Sinne für sich erschließt, weiß man einfach, was los ist, ohne das im Detail mathematisch ausarbeiten und bestätigen zu müssen. Wer in der Schule schlecht war und sich deswegen als Versager fühlt, sollte das beherzigen. Ein aufgeschlossener Geist und vor allem – wie wir noch sehen werden – ein aufgeschlossenes Herz sind um einiges erhellender als ein Universitätsabschluss, ob mit Bestnoten oder nicht. Man braucht keinen wissenschaftlichen Verstand, um die Realität zu verstehen, sondern einen *aufgeschlossenen Geist*. Wirklich große Wissenschaftler *wissen* zuerst und arbeiten dann die Details aus, während der Großteil der Wissenschaft den entgegengesetzten Weg geht.

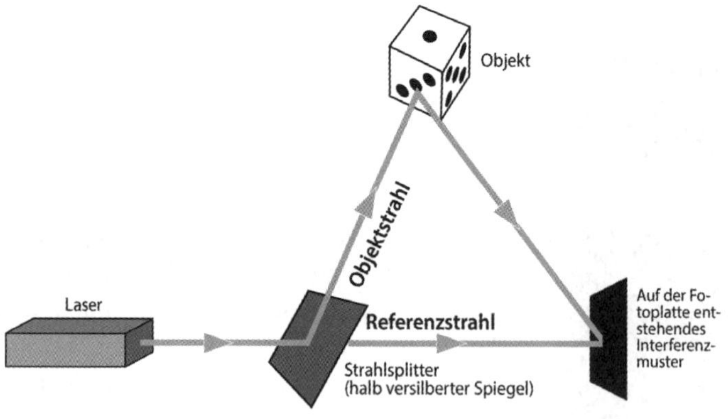

Abb. 82: Hologramme werden durch den Zusammenstoß zweier Teile eines Laserstrahls erzeugt, aus dem ein Interferenzmuster entsteht – eine Wellenformversion des aufgenommenen Objekts.

Die Grundlage aller Hologramme – inklusive der, die unsere menschliche Gesellschaft und Realität ausmachen – sind Informationen, die in *Wellenfeldern* codiert sind. Normalerweise werden Hologramme erzeugt, indem man einen Laserstrahl in zwei Teile zerlegt. Ein Teil (der „Objektstrahl") läuft über das zu fotografierende Objekt, um es als Wellenfeld aufzunehmen, und trifft dann auf einer holografischen Fotoplatte auf. Der andere Teil (Referenzstrahl) trifft direkt auf derselben Fotoplatte auf (Abb. 82). Die beiden Hälften stoßen auf der Oberfläche der Platte zusammen und erzeugen ein „Interferenzmuster", das aus den in einem Wellenfeld codierten Informationen des abgebildeten Objekts besteht (Abb. 83). Der Vorgang ist damit vergleichbar, dass man zwei Kieselsteine in einen Teich wirft, deren Wellen sich ausbreiten, bis sie zusammenstoßen und ein Wellenmuster im Wasser bilden (Abb. 84). Dieses Muster ist eine Wellenfelddarstellung des Gewichts der Steine, ihrer Fallhöhe und der Geschwindigkeit, mit der sie geworfen wurden, sowie ihrer Entfernung voneinander.

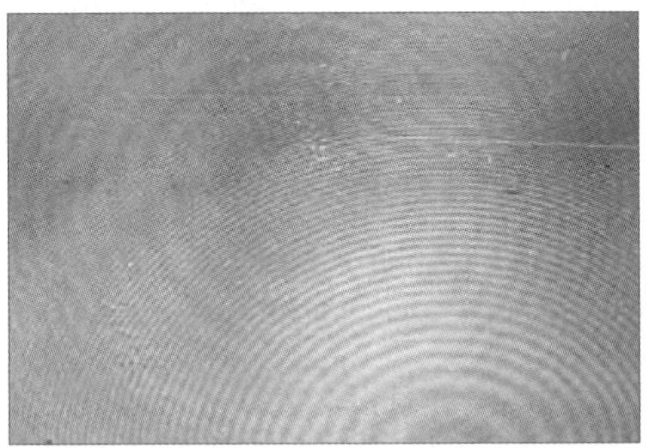

Abb. 83: Ein holografisches Wellenform-Interferenzmuster

Abb. 84: Wenn man zwei Steine ins Wasser wirft, erzeugen sie Wellen, die sich ausbreiten und überlagern, wobei sie ein Interferenzmuster bilden. Dieses Muster enthält Informationen über das Gewicht der Steine, den Ort, von dem aus sie geworfen wurden, und die Wurfgeschwindigkeit.

Abb. 85: Ein sehr solide wirkendes holografisches Auto, durch das man aber durchgehen kann

Bei der Holografie wird ein weiterer Laserstrahl auf das Wellenfeldinterferenzmuster gerichtet, woraufhin – scheinbar wundersamerweise, aber in Wahrheit nicht – ein dreidimensionales „festes" Bild des aufgenommenen Objekts als Hologramm projiziert wird. Der Laser „liest" (decodiert) die Informationen im Wellenfeldmuster; im Fall der menschlichen Realität ist dieser Laser unser *Verstand*. Unsere gesamte Realität wird vom Verstand aus der Grundform der Wellen zu einer holografischen „physischen" Illusion decodiert. Hologramme können so solide erscheinen, dass manche Menschen sich weigern, durch sie durchzumarschieren, wenn sie zum Beispiel bei einer Messe oder Präsentation ein holografisches Auto vor sich sehen. Trauen sie sich dann doch, so stellen sie fest, dass sie es können (Abb. 85).

Na gut, aber warum können wir dann nicht durch Wände oder andere Menschen hindurchgehen? Dafür gibt es zwei Hauptgründe: Zum einen erlebt der Verstand das, was er für real hält, auch als real, und zum anderen ist der Widerstand, den man verspürt, wenn man gegen ein „festes" Objekt stößt, kein physischer, sondern ein elektromagnetischer Widerstand. Ich sitze momentan auf einem Stuhl und falle nicht durch die Sitzfläche und dann durch den Fußboden und die Erde usw., weil die elektromagnetischen Wellen meines Hinterns sich von denen des Stuhls unterscheiden. Auf holografischer („physischer") Ebene haben mein Hintern und der Stuhl keinen Kontakt miteinander. Sie stellen auf elektromagnetischer *Wellenfeldebene* einen Widerstand her. Wenn Wellenfeldfrequenzen weit genug voneinander entfernt sind, können sie einander durchdringen.

Das ist auch der Grund, warum Menschen „Geister" durch Wände gehen oder schweben sehen. Geisterhafte Gestalten (andere Ausdrucksformen des Bewusstseins) scheinen oft ätherisch. Sie sind keine Manifestation des Frequenzbands, auf dem sichtbares Licht und die fünf Sinne agieren, weshalb sie auch scheinbar feste Objekte durchdringen können, so wie Radiofrequenzen Wände durchdringen. Wer sein visuelles Decodierungspotenzial über die gewohnten Grenzen der menschlichen Wahrnehmung hinaus erweitern kann, neigt dazu, „Geister" zu sehen, wohingegen andere, die auf die Fünf-Sinnes-Realität beschränkt sind, solche Erfahrungen eher nicht haben. Der eine sagt: „Ich habe einen Geist gesehen"; der andere antwortet ihm: „Du spinnst, ich sehe da gar nichts." Es dreht sich immer nur um die Frequenz und darum, worauf man sich einstimmen kann und worauf nicht.

Die „physische" Realität ist also eine holografische Illusion. Das macht einen ziemlichen Unterschied für das Verständnis des menschlichen Erlebens und dessen, was man „paranormal" nennt. Alle „paranormalen" Phänomene, die nicht passieren könnten, wenn die Welt „fest" wäre, würden aus der Perspektive der illusorischen Festigkeit von Hologrammen plötzlich möglich und erklärbar. Wir würden erkennen, dass der Geist die Macht hat, auf Informationswellenfelder einzuwirken und dadurch die Art der Hologramme zu verändern. Unmöglich scheinende Ereignisse und „Wunder" sind demnach nichts als vom Bewusstsein erzeugte Wellenfelder, die andere Wellenfelder und damit die holografische „solide" Realität beeinflussen.

Im nächsten Kapitel werde ich herausarbeiten, dass sämtliche „paranormalen" Aktivitäten sich aus dieser Einsicht heraus ganz einfach erklären lassen. Große Teile der Mainstreamwissenschaft konzentrieren sich ausschließlich auf die „physische" Realität, die in Wahrheit gar nicht existiert, und können daher nie die scheinbaren Geheimnisse des Lebens erklären, weil diese ein Verständnis der nichtphysischen Realität erfordern. Unter solchen Umständen können Mainstreamwissenschaftler mit ihrer „physischen" Denkweise immer nur das Mantra „Das ist nicht möglich" vor sich herbeten, weil vieles von ihrem Wissensstand und ihrer Perspektive her tatsächlich *unmöglich* ist.

Elektrische Realität

Der Körper/Intellekt agiert und kommuniziert elektrisch und elektromagnetisch. Auch das Gehirn kommuniziert mit dem Körper sowie dessen Zellen und Organen durch elektrische Signale. Wir sind auf menschlicher Ebene elektromagnetische Wesen und ein Teil dessen, was ich als kosmisches Internet bezeichne, in dem alles miteinander in wechselseitiger Beziehung steht und sich gegenseitig beeinflusst. Das wird durch einen Informationsaustausch ermöglicht, da unsere Gedanken, Gefühle und Wahrnehmungen über Wellenverbindungen mit Dem Feld wechselwirken.

Der Biologe Bruce Lipton weist darauf hin, dass jede menschliche Zelle eine Spannung von 1,4 Volt hat. Das klingt nicht nach viel – bis man es mit den *Billionen* Zellen im Körper multipliziert. Im Internet kann man sich Videos ansehen, die zeigen, wie sich die Leistung einer Antenne erhöht, wenn sie von einer menschlichen Hand berührt und die Elektrizität übertragen wird (das passiert auch bei der energetischen Heilung durch „Handauflegen").

Wir sind elektrisch, und wenn der Körper keinen elektrischen Strom mehr erzeugt, sagt man, dass wir „sterben". Unsere Zellen sind Batterien, die Strom speichern. Wenn sie sich entleeren, werden wir schwach und krank; füllen sie sich auf, tritt der gegenteilige Effekt ein. Dies beeinflusst auch die Geschwindigkeit des Alterns, bei dem Zellen aus Mangel an optimaler Stromspannung absterben oder nicht gleichwertig ersetzt werden. Auf diese Weise beginnt sich die ursprüngliche Blaupause des Körpers aufzulösen, was wir als Alterung und ein Nachlassen unserer Funktionen erleben. Denken Sie einmal darüber nach, welche Folgen es hat, wenn wir heute in technisch erzeugten Strahlungsfeldern leben, die die elektromagnetischen Körpersysteme inklusive des Zellersatzes durcheinanderbringen. Gerät dieser ständige Austausch erheblich aus dem Gleichgewicht, dann wird das als Krebs bezeichnet. Und das ist auch die Verbindung zwischen technischen Strahlungsfeldern und Krebs sowie anderen Erkrankungen.

Emotionaler Stress bringt die elektrischen, harmonischen Signale im Körper/Intellekt aus dem Gleichgewicht und verzerrt sie, indem er seine eigenen elektrischen Felder erzeugt. So wird aus Stress Krankheit. Eine „Kampf oder Flucht"-Stressreaktion als spontane Antwort auf Gefahr oder ein kurzes Stresserlebnis spielen keine Rolle. Der Körper ist darauf ausgelegt, mit solchen Situationen umzugehen und kommt danach wieder ins Gleichgewicht. Dauerhafter Stress hingegen, auch als „Hintergrundangst" oder „Überlebensstress" bekannt, ist etwas ganz anderes und kann äußerst gesundheitsschädlich sein. Stresserzeugte verzerrte Wellenfelder können die Kommunikation des Immunsystems stören und Menschen durch ihre Interaktion mit den Denkstrukturen daran hindern, klar zu denken. Bei Zuständen von Liebe und Freude, die harmonische Wellen erzeugen und diesen Zustand auf den Körper übertragen, ist das Gegenteil der Fall.

Eine weitere Stressfolge ist die Abhängigkeit von Chemikalien, die von diesen Zuständen produziert werden. Meine Mutter sagte immer über eine Nachbarin: „Es ist das Unglücklichsein, das sie am Leben hält." Die Abhängigkeit von Gefühlschemikalien hat zur Folge, dass manche Menschen, wenn sie gerade nicht besorgt (unglücklich) sind, schnell etwas finden müssen, über das sie sich Sorgen machen können, um ihren chemischen

Kick zu bekommen. Heilmethoden außerhalb des Mainstreams bauen zunehmend darauf, ein elektrisches bzw. elektromagnetisches Gleichgewicht herzustellen, etwa indem sie die Geschwindigkeit und Richtung des elektrischen Spins der Zellen harmonisieren. Ein genauerer Blick auf das Sonnensystem und die Galaxis verrät uns, dass alles sich dreht, bis hinunter zum kleinsten Teilchen. Wenn diese Drehung (der Spin) den Idealzustand verlässt, kann dies zu einem elektrischen Chaos im Körper führen. Die Betroffenen gehen dann zum Arzt, der keine Ahnung von der wirklichen Ursache hat und ein Medikament (ebenfalls ein Wellenfeld) verschreibt, das ein noch schlimmeres elektrisches Durcheinander – Verzeihung: „chemische Nebenwirkungen“ – hervorrufen kann.

Pharmazeutische Medikamente sind unausgeglichene Informationsfelder (daher haben sie auch „Nebenwirkungen“), wohingegen eine natürliche, nicht synthetische Ernährung und Vitamine harmonische Felder haben können, die sich mit dem Körper synchronisieren, anstatt Schaden anzurichten. Die Kunst dabei ist, zu wissen, welche Felder (Ernährung/Nahrungsergänzungen) in einer bestimmten Situation zur Wiederherstellung der Harmonie beitragen können und welche nicht. Über allem aber steht die Macht des Geistes, den Körper zu heilen, indem er die Wahrnehmungswellen erzeugt, die das als Krankheit erlebte Ungleichgewicht ausgleichen.

Die Sprache verrät es

Die Realität lässt sich an den Formulierungen erkennen, die Menschen verwenden, ohne zu merken, dass sie damit die Wahrheit ausdrücken. Wir sprechen von der „elektrisierenden Stimmung“, die wir in einem Raum, Theater oder Stadion fühlen können und die durch diverse menschliche Interaktionen erzeugt wird. In einer aufgeregten Menschenmenge stellen sich einem die Nackenhaare auf und die Haut kribbelt, da elektromagnetische Energie in Form von Emotionen ausgestrahlt wird. Die Haut ist eine Antenne, so wie der ganze Körper – daher das Kribbeln inmitten starker elektromagnetischer Felder. Das passiert Menschen auch an Orten, wo es „spukt“, wenn sie die elektromagnetischen Felder von Wesen spüren, die knapp außerhalb unseres visuellen Frequenzbereichs existieren. Wir sprechen auch von Spannung, die zwischen Menschen knistert; anderen wiederum sagen wir nach, dass sie eine „magnetische Anziehungskraft“ haben. Dabei geht es immer nur um die Stärke und Kompatibilität von elektrischen bzw. elektromagnetischen Feldern. Sex ist das Verschmelzen zweier elektromagnetischer Felder, die gemeinsam eine elektrische Energie erzeugen, die größer ist als die Summe ihrer Teile … zumindest manchmal.

Die uralte Kunst der Akupunktur beruht auf dem Ausgleich der Informationsflüsse, die über Kraftlinien – sogenannte Meridiane – als Elektrizität und Elektromagnetismus im Körper zirkulieren. Sie sind die körperlichen Gegenstücke zu geografischen Meridianen oder „Ley-Linien“, die die Erde umrunden und sie durchdringen (Abb. 86 und 87). Beide Systeme sind Manifestationen der Kommunikationsnetze DES FELDS, die alles mit allem verbinden. Bevor die Religionen das entsprechende Wissen unterdrückt haben, kann-

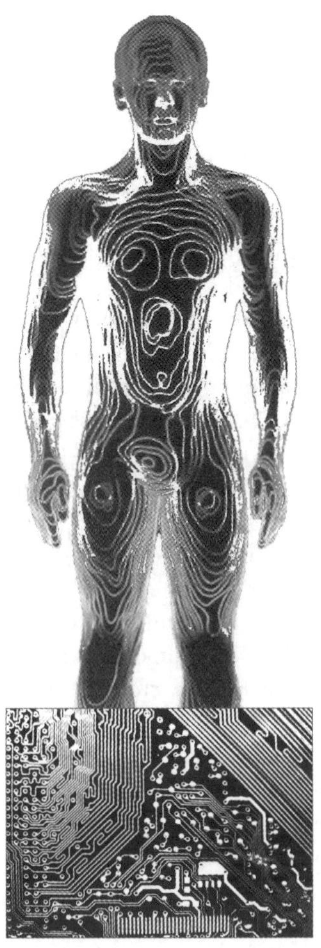

Abb. 86: Das durch einen Tracer-Farbstoff markierte Meridiansystem des Körpers sieht aus wie die Hauptplatine eines Computers.

ten unsere Vorfahren diese Phänomene. Sie markierten ihre Wege und die wichtigen „Chakra"-Vortexpunkte, an denen sich viele Linien kreuzen, mit Erdwällen, Menhiren und Steinkreisen. Je mächtiger der Vortex, als desto heiliger galten der Kreis und der jeweilige Standort. Haarfeine Nadeln und andere in der Akupunktur eingesetzte Methoden balancieren den aus elektrisch codierten *Informationen* bestehenden Fluss durch das Meridiansystem aus, den die Chinesen als „Chi" bezeichnen (Abb. 88).

Auch hier ist das Prinzip dasselbe wie bei einem Computer. Stört ein Virus den Informationsfluss durch das System, dann reagiert der Computer langsamer oder überhaupt nicht mehr auf Tastatur- oder Mausbefehle. Was auf dem Monitor erscheint oder nicht erscheint, wird durch diese verzerrten Informationen beeinflusst. Genau das passiert auch, wenn sich die elektrisch codierten Informationen des Chi in einem Zustand der Disharmonie und Unausgeglichenheit befinden. Im alten China zahlte man seinen Akupunkteur aus diesem Grund auch nur, wenn es einem gut ging – nicht, wenn man krank wurde. Der Akupunkturarzt sollte das Chi im Gleichgewicht halten, um sicherzustellen, dass sich keine Krankheit manifestierte. Ein Musterbeispiel für eine von Ignoranz diktierte Wahrnehmung ist der Versuch, die Akupunktur als „eine Nadel in den Fuß stecken, um Kopfschmerzen zu behandeln" lächerlich zu machen. Wenn die Leute, die sich so äußern, wenigstens genug Selbstachtung hätten, vorher ein wenig zu recherchieren, dann wüssten sie, dass das Chi in Kreisläufen durch den Körper wandert. Verläuft ein solcher Funktionskreis durch den Fuß und den Kopf, dann kann man ihn im Fuß so blockieren, dass sich das auf den Kopf überträgt.

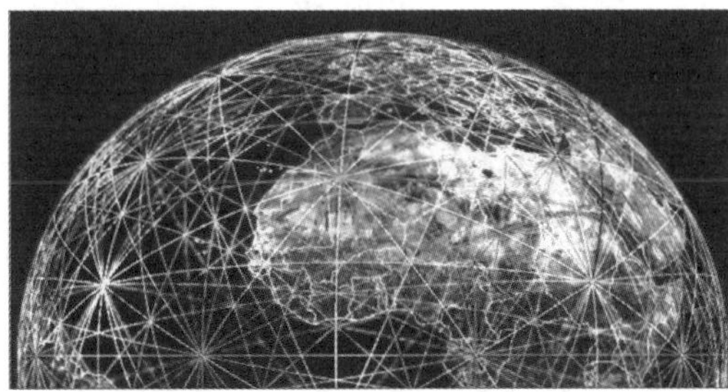

Abb. 87: Auch die Erde ist von Meridianlinien energetischer Kraft überzogen und durchdrungen.

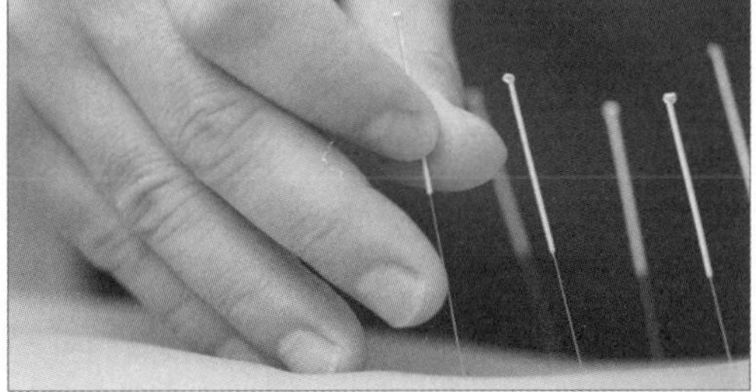

Abb. 88: Haarfeine Nadeln und andere Methoden balancieren den Energiefluss bzw. das „Chi" (Informationen) im Meridiansystem des Körpers aus.

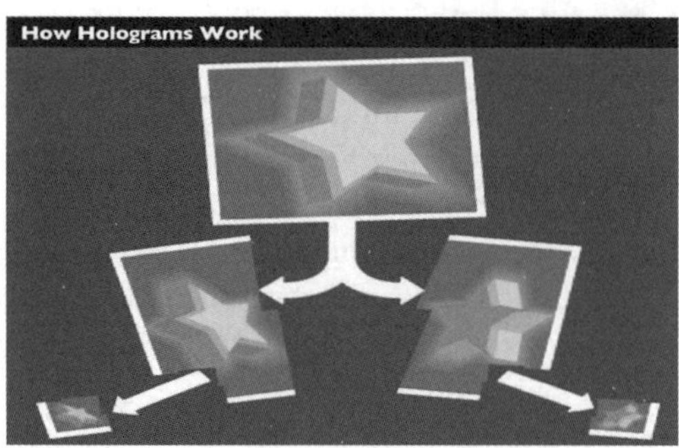

Abb. 89: Jeder Teil eines Hologramms ist eine kleinere Version des Ganzen und mit derselben Information codiert.

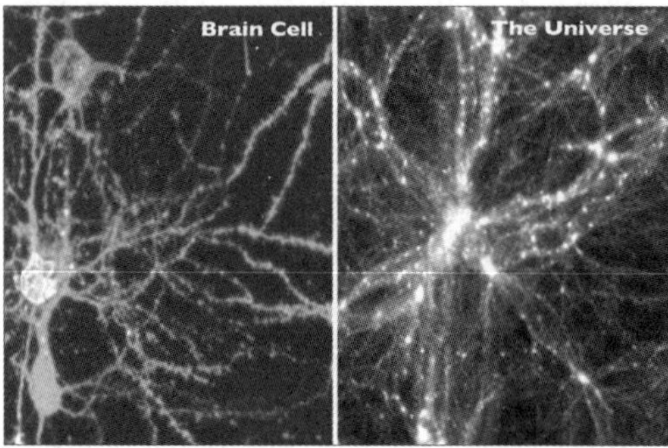

Abb. 90: Gehirnaktivität (links) und das Universum (rechts): Wie oben, so unten – das holografische Prinzip.

Abb. 91: Aus der Hand können Informationen gewonnen werden, weil sie die Informations-Blaupause des gesamten Körpers in verkleinerter Form darstellt – genau die Funktionsweise von Hologrammen.

Bevor wir zum nächsten Thema weitergehen, möchte ich noch eine Anmerkung zu Hologrammen loswerden. Diese haben nämlich die erstaunliche Eigenschaft, dass jeder Teil des Hologramms eine verkleinerte Version des Ganzen ist. Zerschneidet man eine holografische Wellenfeldaufnahme oder ein Interferenzmuster in vier Teile und richtet den Laserstrahl auf alle vier, so würde man erwarten, vier Viertel des Originalbilds zu sehen. Das ist aber nicht der Fall, sondern man sieht eine Version der *gesamten* Aufnahme, die nur ein Viertel so groß ist wie das Original (Abb. 89). Daran ändert sich auch nichts, wenn man das Bild in noch kleinere Teile zerschneidet. Das liegt daran, dass Informationen in einem holografischen Wellenfeld bzw. Interferenzmuster anders verteilt sind. Wenn man die Größe des Bilds reduziert, wird es zwar unschärfer, ist aber immer noch vollständig.

Das menschliche Energiefeld ist eine kleinere Version des Erdfelds. Gehirnaktivität und die Ebenen des Universums ähneln einander in unserer holografischen Realität auf bemerkenswerte Art und Weise (Abb. 90). Dies ist auch der Grund dafür, warum Heilverfahren wie Akupunktur und Reflexzonenmassage bestimmte Bereiche im menschlichen Körper identifizieren konnten, die kleinere Darstellungen des gesamten Körpers sind. Wenn der Körper ein Hologramm ist und jeder seiner Teile eine kleinere Version des Ganzen, muss das auch so sein. Winzige Zellen haben nach dem holografischen Prinzip ein Atmungs-, Verdauungs- und Immunsystem, so wie der Körper. Die Erde ist mit einem elektrischen System aus Ley-Linien ausgestattet, so wie der Körper sein Chi-Meridiannetz besitzt. Ein geübter Handleser kann dank der Art und Weise, wie holografische Informationen verteilt sind, Tatsachen über den gesamten Körper aus der Hand lesen (Abb. 91).

Die holografischen Prinzipien sind die Grundlage des uralten Motivs „Wie oben, so unten". Die Realität ist mit Sicherheit nicht das, was man uns glauben machen möchte. „Unerklärliche Geheimnisse" lassen sich mittels aufgeschlossener Recherchen sehr schnell erklären. Wo wir gerade davon sprechen …

KAPITEL 3

WELCHE GEHEIMNISSE?

„Das Unmögliche kann nicht passiert sein; daher muss das Unmögliche möglich sein, auch wenn es nicht so scheint."

Agatha Christie

Aus der Realitätsperspektive, die ich hier beschreibe, schmelzen die sogenannten Geheimnisse des Lebens dahin wie Schnee in der Sonne. Eine lange Liste „unerklärlicher" Phänomene wird zur Erkenntnis: „*Aha*, so ist das also!" und „Verflixt, jetzt ergibt alles einen Sinn!"

Kommen wir noch einmal auf das Bild zurück, wie zwei ins Wasser geworfene Kieselsteine Wellen erzeugen (Abb. 92). Wenn die Wellen beider Steine zusammenstoßen und sich miteinander verbinden, kommt es zu einer Wellen*verschränkung* – und aus diesem Begriff der Verschränkung heraus lässt sich alles andere erklären. Zum Beispiel: Der Körper/Intellekt ist eine Verschränkung zwischen den Wellenfeldern des Körpers und des Verstands. Solange diese Felder synchronisiert oder verschränkt bleiben, „leben" wir. Der wellenverschränkte Tanz der synchronisierten Schwingung des Körper/Intellekts ist der Tanz des menschlichen Lebens. Wenn der Körper aufhört zu funktionieren (also sein *Wellenfeld* nicht mehr schwingt und Elektrizität erzeugt), löst sich der Verstand aus der Verschränkung und man – respektive der Körper – „stirbt".

Abb. 92: Wellenverschränkung – einer der Schlüssel zum Verständnis der Realität und der menschlichen Interaktionen.

Das geschieht in dem Augenblick, von dem Nahtoderfahrene berichten: Sie verlassen den Körper, der Geist wird von den Wahrnehmungsbeschränkungen des Körpers befreit und öffnet sich für eine völlig andere Realität. Die Wellenverschränkung mit dem Körper fokussiert die Aufmerksamkeit des Geistes über die Decodiersysteme der fünf Sinne auf das hauchdünne Frequenzband des sichtbaren Lichts. Sobald sich der Geist von dieser Kurzsichtigkeit des menschlichen Körpers befreit hat, werden wir uns anderer Realitäten bewusst. Erinnern wir uns an das Gleichnis mit der Taschenlampe und dem Lagerhaus. Wenn die Wellenfeldschwingung des Körpers wiederhergestellt wird, sodass die Verschränkung wieder funktioniert, kann der Geist in den Körper zurückkehren. Ist das nicht der Fall, dann verabschieden wir uns von hier. Der Verstand braucht einen Körper, der innerhalb des Frequenzbands der menschlichen Welt agiert, um die Welt der Menschen erfahren und mit ihr interagieren zu können. Sucht er sich einen anderen Körper, um sich mit diesem zu verschränken, bezeichnen wir das als Reinkarnation.

Menschen, die viele außerkörperliche Erfahrungen (Nahtoderlebnisse, bei denen der Körper nicht sterben muss) machen, sind nicht mehr so stark mit dem Körper verschränkt, sodass ihr Geist leichter freigesetzt werden kann. Man kann den Verstand aber auch darauf trainieren – er hat die Macht, die Art der Wellenverschränkung zu steuern oder auch zu bestimmen, ob sie überhaupt stattfinden soll. Die Wellenkraft des Geistes kann uns selbst bei schlechtesten medizinischen Aussichten ins Leben zurück- („Ich bin *fest entschlossen*, weiterzuleben!"), aber auch totdenken („Ich habe meinen Lebenswillen verloren …"). Der Geist regiert den Körper. Der Kult will jedoch, dass wir genau das Gegenteil glauben; deshalb nutzen wir diese Kraft nicht auf alle möglichen Arten. Der Körper kann ohne den Geist nicht existieren. Wenn sich der Geist von ihm löst, nimmt er die Lebensenergie mit sich, die den Körper belebt und befähigt; ohne diese Energie beginnt der Körper zu verwesen. Uns geht dann buchstäblich das Licht aus, wie auch in vielen Beschreibungen des Todes zu lesen steht.

Das menschliche Leben ist der *Rhythmus* oder die Schwingung des Lebens, und die Körperrhythmen – einschließlich der zirkadianen Rhythmik und aller anderen biologischen Rhythmen – sind mit dieser Grundschwingung und deren Interaktion mit anderen Wellen verbunden. Eine andere Form der Verschränkung ist die Quantenverschränkung, bei der miteinander „verschränkte" Teilchen verbunden bleiben, sodass Änderungen, die an einem Teilchen stattfinden, sich auch auf das andere auswirken, selbst über große Entfernungen. Albert Einstein hat dies als „spukhafte Fernwirkung" bezeichnet. Doch dieses Phänomen hat absolut nichts „Spukhaftes" an sich. Wenn Teilchen als Ausdrucksformen von Wellen durch diese Wellen miteinander verbunden sind, dann werden sie sich im Einklang verhalten – als Manifestationen derselben Welle oder desselben *Felds*.

Das Gen-Phantom

Die Wellenfeldbeziehung zwischen Körper und Geist ist grundlegend für ein Verständnis der menschlichen Realität. Man redet uns ein, dass unsere Gene praktisch unser gesamtes körperliches und geistiges Schicksal bestimmen. Manche Frauen lassen sich tragischerweise die Brüste entfernen, nachdem sie erfahren, dass sie ein genetisch hohes Brustkrebsrisiko haben. Die Schulmedizin ist oft brillant im Umgang mit Unfallverletzungen, orthopädischen Problemen, Operationen und der Wiederbelebung von Menschen an der Schwelle des Todes. (Bringen Elektroschocks eigentlich nur das Herz wieder zum Schlagen oder regen sie in erster Linie die Wellenfeldschwingung wieder an, die Elektrizität erzeugt?) Auch Antibiotika haben sich als höchst wirksam erwiesen, obwohl sie viel zu häufig verschrieben werden, sodass Infektionen mutieren und als „Superkeime" gegen diese Medikamente resistent werden können.

Was Erkrankungen im Allgemeinen angeht, so kann die moderne Medizin eine ziemliche Katastrophe sein. Eine der häufigsten Todesursachen in den USA – gleichauf mit Herzkrankheiten und Krebs – sind medizinische *Behandlungen* aller Art. Das klingt verrückt? Möglicherweise, aber es ist trotzdem wahr; man muss sich nur die veröffentlichten Statistiken anschauen. Und dabei sind das nur die Zahlen, die offiziell zugegeben werden. Viele andere Todesfälle mit medizinischer Ursache verbergen sich hinter falschen Diagnosen. Der Grund dafür ist, dass die Schulmedizin keine Ahnung hat, was der Körper jenseits des Biologischen wirklich ist, geschweige denn, wie er funktioniert. Dafür sorgt schon die Kontrolle durch das Pharmakartell (Abb. 93). Diese Schöpfung des Kults hat dank Leuten wie dem Ölmagnaten und Kult-Agenten J.D. Rockefeller (siehe dazu meine anderen Bücher) die Vorherrschaft über die „Gesundheit" erlangt. Big Pharma (der Todeskult – weil er so viele Menschen umbringt) besitzt die medizinischen Fakultäten, wo Ärzte ausgebildet und in*doktor*iniert werden. Auch die Ärztekammern und großen Ärztevereinigungen gehören den Pharmakonzernen, ebenso wie die Regierungen, die sich von einer Armee von Lobbyisten und freigiebigen politischen Spenden manipulieren lassen.

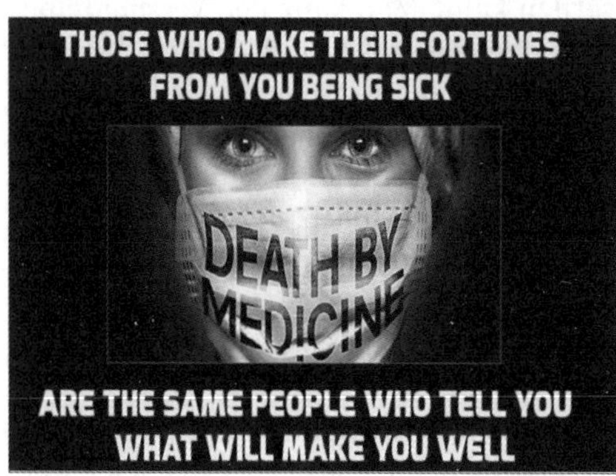

Abb. 93: „Diejenigen, die damit reich werden, dass Sie krank sind, sind dieselben Leute, die Ihnen sagen, was Sie gesund machen wird" – *Das vom Kult aufgebaute Pharmakartell, das die Schulmedizin kontrolliert und alle funktionierenden Alternativen unterdrücken will.*

Die Lage ist so ungeheuerlich und schlimm, dass man am besten stets die folgende Faustregel anwenden sollte: Wenn Big Pharma etwas will, dann schadet das garantiert der Menschheit. Die Schulmedizin ist ein Auswuchs der Mainstream-„Wissenschaft", die im Grunde ihres Wesens auch nur ein Erzeugnis des Kults ist. Beide werden von finanziellen und staatlichen Autoritäten gelenkt, die dafür sorgen, dass im Mainstream (und zunehmend auch im Rest der Welt) ausschließlich die Big-Pharma-Versionen des Körpers und seiner medizinischen Behandlung erlaubt sind.

Sie wollen Arzt sein? Dann halten Sie sich gefälligst an unsere Vorschriften, oder wir lassen Sie rausschmeißen. Das ist schon vielen richtigen Ärzten passiert, wenn sie funktionierende Methoden anwenden wollten, anstatt sich strikt an das von den Pharmariesen vorgegebene Regelwerk zu halten.

Sie wollen ein Mainstreamwissenschaftler sein? Glauben Sie bloß nicht, dass Sie Fördermittel oder eine angesehene Position erhalten, wenn Sie das infrage stellen, was wir Ihnen als „wissenschaftliche" Lehrmeinung (die dann zur medizinischen Lehrmeinung wird) vorsetzen. Der Beweis dafür ist der Entzug oder das völlige Fehlen von Fördermitteln für Wissenschaftler, die sich gegen die Lehrmeinung vom menschengemachten „Klimawandel“ stellen. Der Kult versucht diese Meinung durch seinen Klimakult durchzusetzen, in dem das dominierende Thema „Auslöschung“ (Tod) ist. Mit den gleichen Methoden wird in der gesamten akademischen Welt gearbeitet, die überwiegend orthodoxe Lehrmeinungen vertritt, die ihren Ursprung wiederum in den Lehren des Kults haben. Die große Mehrheit in diesen Institutionen hat keine Ahnung, dass sie die Regeln des Kults befolgt; diejenigen im inneren Zirkel der Geheimgesellschaften und satanistischen Gruppierungen wissen dies jedoch sehr wohl.

Grundlage der medizinischen Lehrmeinung ist die Auffassung, dass alles von den Genen und nicht vom Verstand gelenkt wird – obwohl genau das Gegenteil der Fall ist. Diese kalkulierte Umkehrung der Tatsachen wurde vom Kult konzipiert, um in der menschlichen Gesellschaft den Körper vom Geist zu isolieren, wobei doch in Wahrheit der Körper der Geist *ist*. Die Big-Pharma-Medizin baut auf dieser falschen Darstellung auf und produziert daher Medikamente, die den Körper (das Hologramm) chemisch beeinflussen. Das heißt, dass sich die Ärzte auf das Symptom konzentrieren, das sie im Hologramm sehen, anstatt auf die Ursache, die ein energetisches Ungleichgewicht im Wellen- bzw. Informationsfeld ist, das in das Hologramm hineindecodiert wurde (Abb. 94). Ein Problem im Hologramm (Symptom) ist in Wahrheit ein Problem im Feld (Ursache).

Abb. 94: Ein Ungleichgewicht oder Fehler im Körperwellenfeld wird zur Krankheit (Disharmonie) im Hologramm. Ein ausgeglichenes Wellenfeld bedeutet holografische „Gesundheit“, weil das eine ein Spiegelbild des anderen ist. (Siehe Neil-Hague-Farbteil)

Alternativmediziner werfen der Schulmedizin seit Langem vor, nur die Symptome zu behandeln und dabei die Ursache zu ignorieren. Das kann auch gar nicht anders sein, wenn die Medizinindustrie die Existenz des Körper-Wellenfelds anzweifelt, in dem aber *immer* die Ursache liegt. Ich sage „immer“, weil der Körper ein Informationswellenfeld und auf holografischer Ebene nur eine decodierte Projektion dieses Felds ist. Was in dem Feld passiert, das passiert auch im Hologramm; was den Geist nicht stört, stört auch den Körper nicht. Auch wenn von Big-Pharma-Medikamenten behauptet wird, dass sie psychologische Wirkungen haben, zielen sie doch immer auf die Art der Informationsverarbeitung im Gehirn ab und nicht auf die Informationsquelle selbst – den Wellenfeldgeist.

Der Körper hat ein paar Billionen Zellen (Zell-„Batterien“), und in beinahe jeder davon befindet sich die „Festplatte“ des Körpers, die DNS (Abb. 95). Anscheinend verfügen wir über drei Milliarden DNS-Basenpaare; jeweils ein Abschnitt wird als Gen bezeichnet. Die DNS einer normalen menschlichen Zelle enthält schätzungsweise 30.000 bis 120.000 Gene, von denen aber immer nur ein Bruchteil aktiviert ist. Es handelt sich hier um biologische Nanotechnologie. Die Gene enthalten Anweisungen dafür, wie der Körper aussehen soll – von der Augenfarbe bis zur Größe –, und wie er in jedem Augenblick zu

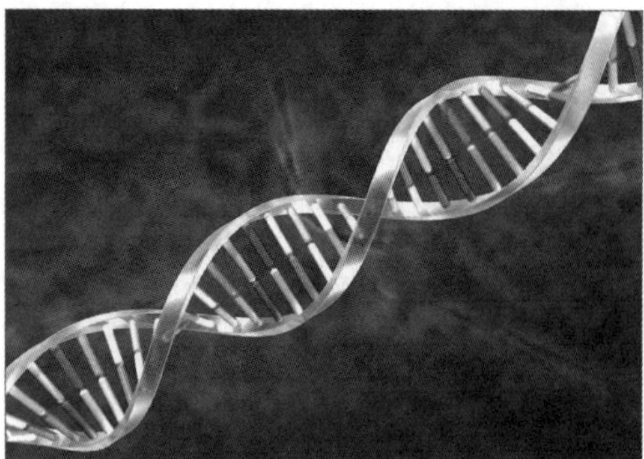

Abb. 95: Die „Festplatte" des Körpers – der als DNS bekannte Sender/Empfänger von Informationen

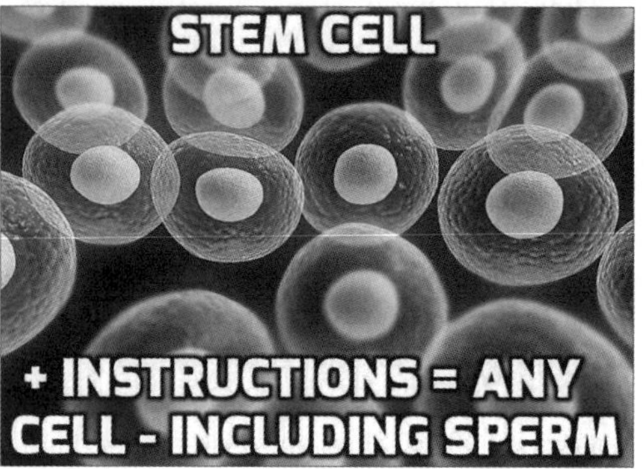

Abb. 96: Als „unbeschriebenes Blatt" produzierte Stammzellen können so codiert werden, dass sie jede Funktion auszuführen imstande sind.

funktionieren hat. Daher stammt auch der Mythos, dass die Gene kontrollieren, was mit dem Körper passiert, welche Krankheiten man hat und sogar, wie lange man leben wird. Dies ist zutiefst irreführend, weil es den X-Faktor des Bewusstseins jenseits des Verstands außer Acht lässt. Jede einzelne Zellmembran ist ein Flüssigkristall, so wie auch die DNS kristallin ist, weil beide Sender und Empfänger von Informationseinheiten sind. Dies ist das Wellenkommunikationssystem, durch das Geist (und Herz) die Zellfunktion aktivieren und deaktivieren.

Der amerikanische Entwicklungsbiologe Bruce Lipton, der das Buch „Intelligente Zellen: Wie Erfahrungen unsere Gene steuern" geschrieben und auf YouTube eine Präsentation unter dem Originaltitel des Werks „Biology of Belief" veröffentlicht hat, weist darauf hin, dass Zellmembranen Halbleiter-Informationsprozessoren sind wie die – ebenfalls kristallinen – Prozessoren, die in elektrischen Schaltkreisen verwendet werden. Die Gene sind eine programmierbare „Festplatte". Stammzellen werden vom Körper als „unbeschriebenes Blatt" produziert und empfangen dann Signale, in denen codierte Anweisungen ihre Funktion bestimmen (Abb. 96). Durch dieses Kommunikationssystem „entwickeln" sich Menschen, Tiere und die Natur im Sinne eines Informationsaustauschs zwischen Körper, Geist und Umwelt, um so neue Fähigkeiten hervorzubringen, die sie mit Veränderungen ihrer Umwelt fertigwerden lassen. Tiere sind dank dieses Informationsaustauschs mit ihrer Umgebung im Einklang. Daher brauchen in der Wüste lebende Arten weniger Wasser, während Vögel, die Fische jagen, mit einem hervorragenden Sehvermögen ausgestattet sind. Wenn diese Umwandlung durch die Codierung neuer Zellfunktionen mit den Umweltveränderungen Schritt halten kann, nennt man das Evolution, wenn nicht, kommt es zu einem sogenannten Artensterben.

Wir sind also viel mehr als nur ein Klumpen Fleisch, und unsere Welt ist viel mehr als ein kosmischer Zufall. Ich werde noch genauer beschreiben, dass das gesamte Universum ein elektrisches bzw. elektromagnetisches Phänomen ist, das zudem – wie alles andere, das existiert – bewusst ist.

Sich selbst ein- (und aus-)schalten

Welche Gene aktiv sind und welche nicht, wird hauptsächlich vom Verstand und seinen *Wahrnehmungen* durch die Wellenverschränkung mit dem Körper gesteuert. Ich rede nun schon seit Jahrzehnten über die zentrale Rolle der Wahrnehmung. *Alles* hat seinen Ursprung in der Wahrnehmung, weshalb der Kult in all seinen Ausprägungen auch als oberstes Ziel die Kontrolle der Wahrnehmung anstrebt. Jeder Gedanke, jedes Gefühl – also jede Wahrnehmung – manifestiert sich als einzigartige Frequenz (Welle), die aus dem Geist ausstrahlt. Man kann spüren, wie Menschen diese Wellen emittieren. Wenn wir von „guten" oder „schlechten" Schwingungen sprechen, hat das durchaus seinen wahren Kern. Auch wenn sich jemand mit seiner Mimik und seinem Verhalten verstellt, spüren wir etwas an ihm, das sich nicht richtig *anfühlt*. Dabei nehmen wir die Wellenfrequenzen auf, die die wahren Wahrnehmungen und Einstellungen hinter der „physischen" Maske der betreffenden Person repräsentieren.

Die Art dieser Frequenzen oder Wahrnehmungen bestimmt, welche Gene in den Zellen aktiviert beziehungsweise eingeschaltet werden und welche nicht. Wir besitzen Gene mit unterschiedlichen Anweisungen, die den „physischen" und psychischen Zustand des Körpers beeinflussen. Unter ihnen gibt es Gene, die Sie gesund, fröhlich, optimistisch sowie mental und emotional ausgeglichen machen, während andere Sie krank, depressiv – manchmal sogar tödlich –, pessimistisch sowie mental und emotional *un*ausgeglichen machen können. Der Unterschied liegt nur in ihrer Art der *Informationsverarbeitung*.

Stellen Sie sich nun Wahrnehmungswellen bzw. Signale vor, die vom Geist ausgehen und so wirken, dass verschiedene Gene mit entsprechenden Funktionen aktiviert und deaktiviert werden. Das ist deshalb möglich, weil Gene mit unterschiedlichen Funktionen auf vom Geist bzw. Verstand ausgestrahlte Frequenzen reagieren, die sich auf dieselben Funktionen beziehen (Abb. 97). Die Wellenfrequenz geistiger Prozesse und diejenige, die die Funktion eines bestimmten Gens repräsentiert, arbeiten auf *derselben Wellenlänge* und verschränken sich. Auf diese Weise wird der *Wahrnehmungs*zustand des menschlichen Geists an das genetische System des Körpers übertragen. Wenn Sie sich deprimiert fühlen, werden diese Frequenzen die Gene aktivieren, die Anweisungen zur Depression in sich tragen. Dadurch wird dieser Gefühlszustand auf einen ähnlichen Effekt im Körper übertragen. Die gleichen Wahrnehmungswellen beeinflussen auch, welche Funktionen in jene Stammzellen codiert werden, die noch nicht programmiert sind.

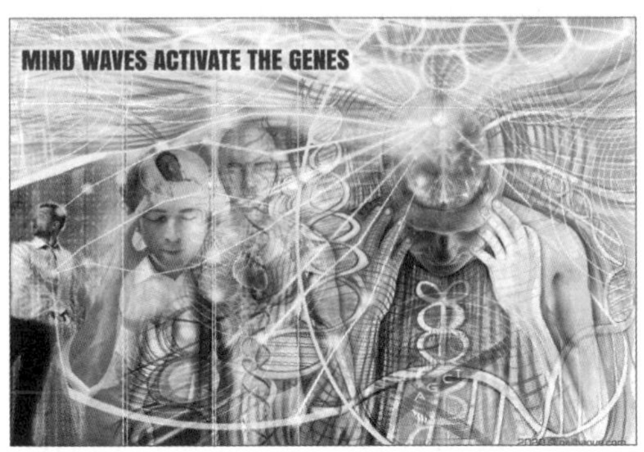

Abb. 97: Unser mentaler und emotionaler Zustand wird in Form von Wellen übertragen, die mit diesen Zuständen zusammenhängende Gene ein- und ausschalten können. Auf diese Weise hat unser Gemütszustand „genetische" Konsequenzen – gute oder schlechte. (Siehe Neil-Hague-Farbteil)

Die Schulmedizin sieht nur die chemischen Auswirkungen im Körper und nicht das Wellenungleichgewicht, das diesen chemischen Effekt auslöst und aus dem bewussten *und* unbewussten Verstand hervorgeht. Ärzte verschreiben chemische Medikamente für ein chemisches Symptom und übersehen die Wellenfeldursache. Durch diese Wellenverbindung bzw. -verschränkung wird Stress zur Krankheit. Die störende Wirkung, die Stresswellen auf herzbezogene Gene haben können, ist die Ursache dafür, dass Stress Herzkrankheiten verursacht. Derselbe Prozess gilt auch für Krebs und alle anderen Erkrankungen. Wenn der Geist und seine Emotionen sich nervös oder ängstlich fühlen, führt die Frequenzaktivierung dazu, dass Emotionsgene im Darm „die Hosen voll machen", wie ich bereits erwähnt habe. Nicht die *Gene* entscheiden ursächlich über körperliche Auswirkungen, sondern geistige Frequenzen diktieren, welche Gene eingeschaltet werden und welche nicht. Der Geist ist die Botschaft, die Gene überbringen die Botschaft. Verschiedene Teile des Gehirns „leuchten auf" und werden durch verschiedene Gedanken und Gefühle aus demselben Grund aktiviert wie die Gene. Das Gehirn spricht bei seiner Informationsverarbeitung auf Wahrnehmungswellen/Signale aus dem Geist an, die jene Gehirnteile aktivieren, die mit den betreffenden Frequenzen in Verbindung stehen. Auch hier ist das Gehirn der Informationsverarbeiter und nicht die Quelle der Informationen, so wie die Gene als Prozessoren – *Halbleiter*prozessoren – die Information verarbeiten und nicht deren Quelle sind.

Was ich gerade beschrieben habe, wird derzeit von einer neuen wissenschaftlichen Disziplin namens Epigenetik untersucht. Bisher glaubte die Wissenschaft, dass sich die DNS – oder die „Festplatte" – ändern oder dass sie mutieren müsse, um die genetische Beschaffenheit unseres Körpers zu verändern. Heute weiß man, dass das nicht stimmt. Dies spiegelt die lange Geschichte wissenschaftlicher Dogmen wider, die zwischen „So ist das" zu „Nun ja, ähem, vielleicht ist es gar nicht so" oder „Sie reden Unsinn, Sie wissenschaftlicher Frevler" zu „Na gut, okay, Sie hatten recht, aber wir rechnen uns das als unser eigenes Verdienst an und bezeichnen es als neue Entdeckung" dahintaumeln.

Die Epigenetik erforscht, wie sich der Körper „physisch" und psychisch dadurch verändert, dass Gene ein- und ausgeschaltet werden und welche Genfunktionen dominant sind. Bedeutsam hierbei ist, dass diese Ein-Aus-Sequenz, die durch die Wahrnehmungs- bzw. geistigen Wellen einer Generation bestimmt wird, mittels Fortpflanzung an die nächste Generation weitergegeben werden kann. Samen- und Eizellen verschmelzen, bilden gemeinsam das Körperprogramm (die „Software") und übertragen die epigenetische (Wellenfeld-)Blaupause der Eltern (obwohl es Fälle gibt, in denen dies nicht passiert). Kinder können mit derselben Ein-Aus-Gensequenz und allen positiven und negativen Folgen, die dies mit sich bringt, zur Welt kommen.

Das Kind wird mit dem geboren, was die Wahrnehmungen der Eltern und anderer „Vorfahren" genetisch durch Lebenserfahrung entwickelt haben. Diese Tatsache kommt in Sätzen wie „Sie ist genau wie ihre Mutter" oder „Er ist genau wie sein Vater" zum Ausdruck. Dafür gibt es natürlich noch andere Gründe, doch die Epigenetik ist eben einer davon. Außerdem trifft es zu, dass Signale zur Aktivierung und Deaktivierung der Genfunktion nicht auf den Geist allein beschränkt sind, auch wenn dieser ihre Hauptquelle ist. Medikamente und Giftstoffe sind in ihrer Grundform Wellenfeldphänomene, obwohl wir sie holografisch als chemische Stoffe wahrnehmen. Die vom Pharmakartell produzierten Medikamente verursachen deshalb so viele gesundheitliche Schäden, weil sie energetische Wellenverzerrungen sind, die diese Verzerrung an die Wellenfelder des Körpers und der Gene übertragen.

Für Giftstoffe in Lebensmitteln und der Umwelt gilt dasselbe. Glauben wir denn wirklich, dass die Giftstoffe in Unkraut- und Insektenvernichtungsmitteln, die auf Pflanzen gesprüht werden, nicht in den daraus hergestellten Lebensmitteln enthalten sind? Natürlich sind sie das, sowohl in Wellenform als auch in der chemischen Form im Hologramm.

Abb. 98: „Lasst sie Dreck fressen, der Rest erledigt sich von selbst" *–Es ist nicht nur chemischer Dreck. Es ist Wellenfelddreck.*

Was wir essen und trinken, mag wie ein Sandwich oder eine Limonade aussehen, doch in ihrer Grundform sind Speisen und Getränke Informationswellenfelder. Diese Felder können mit dem Körper/Intellekt harmonieren („Vollwertkost"), aber auch Disharmonie und Krankheit erzeugen, wenn ihre störenden Wellen das Feld des Körpers/Intellekts verzerren („Einen Big Mac und eine Cola, bitte!"). Es ist seit Langem erwiesen, dass Essen und Trinken sich auch psychologisch auswirken; verantwortlich dafür ist das eben beschriebene Wechselspiel aus Wellenfeld und Genen (Abb. 98). Die durch Fast Food repräsentierten Frequenzen haben in den vergangenen Jahrzehnten Gene getriggert, die mit Gewichtszunahme zu tun haben. Durch den epigenetischen Effekt werden ganze Generationen von Kindern mit einer stärkeren genetischen Veranlagung zur Gewichtszunahme geboren, die frühere Generationen nicht hatten.

Die Explosion der smarten Technologien belastet jeden von uns mit Strahlungsfrequenzen von Telefonen, Funkmasten, Satelliten und WLAN. Dies wird enorme Auswirkungen auf die epigenetische Genfunktion haben – in einer Art und Weise, die der Allgemeinbevölkerung sowie der Medizin- und Telekommunikationsindustrie heute noch gar nicht bewusst ist.

Doch der Kult weiß natürlich, was los ist, und hat diese Folgen von langer Hand geplant. Der ungetestete 5G-Mobilfunkstandard, der derzeit weltweit eingeführt wird, stellt die nächste Stufe der genetischen und psychologischen Manipulation dar. Ich werde mich in späteren Kapiteln ausführlich mit diesem Thema befassen. Glauben die Leute denn wirklich, dass die Veränderung in den Wahrnehmungen und Emotionen vor allem junger Menschen im smarten Zeitalter purer Zufall ist?

Glauben ist Sehen

Wenn jemand vergiftet wird, ist es nicht die Chemikalie, die ihn umbringt, sondern die zutiefst verzerrten Wellenfelder, die *holografisch* als Chemikalie dargestellt werden. Die Wellenfeldoszillation des Körpers wird dabei so zersetzt, dass er nicht mehr funktionieren kann; seine tanzenden Wellen stellen ihren Tanz ein. Es gibt amerikanische Christen, die ihre Heilige Schrift so wörtlich nehmen, dass sie mit Giftschlangen hantieren und sogar Strychnin trinken, um ihren Glauben zu beweisen. Einige sterben dabei, wie man das erwarten würde, andere aber nicht. Wie kann das sein? Die Gefahr von Schlangengift und Strychnin liegt in der Wirkung ihrer Wellenfelder auf das Wellenfeld des Körpers. Wenn der Wellenfeldverstand in seinem Glauben, dass er nicht sterben kann, stark genug ist, dann werden die Frequenzsignale aus dem Geist nicht zulassen, dass das Gift körperliche Reaktionen hervorruft, die zum Tode führen.

Wir haben es also auch wieder mit dem Prozess „Geist triumphiert über Materie" zu tun. Man drängt uns immer mehr dazu, die Gene zu fürchten. Gentests sollen Menschen davor warnen, was ihre genetische Blaupause später im Leben für sie bereithält. Dies ist in vieler Hinsicht eine tragische Ironie. Wenn man glaubt, dass man das Opfer seiner genetischen Blaupause ist, dann sendet man die Körper/Intellekt-Wellen in genau dem Frequenzband aus, das die Gene aktivieren kann, die schließlich zum gefürchteten Ergebnis führen. Der Glaube wird so zu einer sich selbst erfüllenden Prophezeiung. Glaubt unser Verstand aber nicht an ein solches Ergebnis – vor allem, wenn wir *wissen* und nach der Tatsache leben, dass der Geist den Körper regiert –, dann werden diese Krebs- oder sonstigen Gene das ganze Leben nicht aktiviert. Wie kommt es, dass so viele Menschen innerhalb des Zeitraums sterben, den der Arzt ihnen noch gegeben hat? Die Frage „Wie lange habe ich noch zu leben, Herr Doktor?" ist sehr häufig eine, die buchstäblich ein Todesurteil hervorruft. Der Verstand ist so sehr davon überzeugt, dass der Körper innerhalb des angegebenen Zeitraums sterben wird, dass er Frequenzwellen ausschickt, die genau zu diesem Ergebnis führen. Es gab Fälle, in denen man Menschen gesagt hat, sie hätten eine tödliche Krankheit und nur noch eine bestimmte Zeit zu leben. Die Betroffenen starben dann tatsächlich innerhalb dieser Zeitspanne, und eine Obduktion enthüllte, dass sie die „tödliche Krankheit" gar nicht gehabt hatten. Sie starben an dem *Glauben*, diese Krankheit zu haben, und am *Glauben* an die ärztliche Prognose über ihre Lebenserwartung. Geschichten und Berichte dieser Art gibt es in rauen Mengen.

Auf diese Weise glauben wir uns ins Leben und in den Tod. Man sehe sich nur die Liste der Fälle an, in denen einer Gruppe ein Medikament verabreicht wird, das diese oder jene Wirkung haben soll, während eine zweite Gruppe nur eine Zuckerpille oder ein „Placebo" erhält, ohne es zu wissen. Häufig erleben diejenigen, die das nichtmedikamentöse Placebo einnehmen, die Wirkung des Medikaments, das sie gar nicht geschluckt haben. In einigen Versuchen mit psychoaktiven Drogen sind die Testpersonen, die nur ein Placebo eingenommen hatten, auf einen psychedelischen „Trip" gegangen. Andere wiederum haben sich von gesundheitlichen Problemen erholt, auch von schweren, indem sie ein Placebo einnahmen, von dem sie glaubten, es sei ein Medikament, das sie heilen würde.

Das kann durch den von mir beschriebenen Vorgang geschehen: Der Glaube an eine Heilung sendet die Verstandes-/Gehirnwellen aus, die die genetische Blaupause und deren Immunsystem aktivieren, um das erwartete Ergebnis zu erzielen. Es gibt aber auch den „Nocebo"-Effekt, bei dem der Glaube an eine negative gesundheitliche Wirkung den Verstand darauf fokussiert, genau das zu produzieren. Es ist verständlich, dass man vor den möglichen „Nebenwirkungen" von Medikamenten warnt – aber wie viele Leute erleben dann ebendiese Wirkungen, weil die Möglichkeit dazu in ihren Verstand und ihre Wahrnehmungen übertragen wurde? Erzählen Sie jemandem, dass die Tasse Tee, die er gerade getrunken hat, vergiftet war – und warten Sie ab, was passiert, auch wenn der Tee überhaupt nicht giftig war. Wie viele Medikamente wirken wohl, weil die Menschen glauben, dass sie wirken? Dasselbe gilt auch für alternative Heilmethoden, obwohl diese viel mehr im Einklang damit stehen, wie der Körper funktioniert und was er ist. Der Geist ist *alles*, wenn es um den Körper geht. Auch das weiß der Kult natürlich.

Ich möchte Ihnen noch ein Beispiel dafür geben, wie die Wahrnehmung Illusionen manifestiert. Ich habe viele Jahre lang auf beiden Seiten des Atlantiks über Bewusstseinskontrolle geforscht und dabei viele Menschen kennengelernt, die im Rahmen der berüchtigten Bewusstseinskontrolloperation MK-Ultra der US-Regierung, des amerikanischen Militärs und der CIA auf schockierende Weise misshandelt wurden. Teil dieses schrecklichen Programms war „traumabasierte Bewusstseinskontrolle", bei der das Versuchsobjekt extrem angsterregenden Situationen ausgesetzt wird. Der Verstand errichtet danach eine amnestische Gedächtnisbarriere um diese Erfahrung, wie eine Blase oder eine Bienenwabe, damit die betreffende Person das Geschehene nicht immer wieder durchleben muss. Dadurch entstehen in sich abgeschlossene Abteilungen des Verstands, die von Insidern als „Alters" – Alternativpersönlichkeiten – bezeichnet werden. Diese abgespaltenen Persönlichkeiten können von Gedankenmanipulatoren dazu programmiert werden, bestimmte Aufgaben auszuführen, darunter auch Attentate, wie der fiktive gehirngewaschene Auftragskiller im Film „Der Manchurian-Kandidat". Dabei wird eine „Frontpersönlichkeit" installiert, die als bewusster Verstand des programmierten Menschen agiert, während die anderen Alters im Unterbewusstsein verbleiben. Bestimmte Wörter, Redewendungen oder sogar Töne werden so codiert, dass sie das Umschalten zwischen den Alters auslösen und einen unbewussten Alter zeitweilig zur Frontpersönlichkeit machen. Diese führt dann die ihm zugewiesene Aufgabe aus und lässt sich beispielsweise von reichen und berühmten Menschen sexuell und gewalttätig missbrauchen. Sobald die Aufgabe erfüllt ist, wird die primäre Persönlichkeit wiederhergestellt, die keine Ahnung hat, was der andere Persönlichkeitsteil getan oder erlebt hat.

Ich habe dies in anderen Büchern detailliert dargelegt und komme deshalb jetzt darauf zurück, weil viele Menschen, die unter MK-Ultra gelitten haben, mir Folgendes berichteten: Wenn sie als ein Alter oder Geistesfragment Drogen nahmen oder betrunken waren, verschwand die Wirkung sofort, sobald sie zu einem anderen Alter umgeschaltet wurden, der zum Zeitpunkt des Drogen- oder Alkoholkonsums nicht „bewusst" bzw. „Frontpersönlichkeit" war. Eine Frau erzählte mir, dass ihr größter Albtraum war, im Krankenhaus als ein Alter eine Narkose zu bekommen und dann während der Operation in einen anderen

Alter zu wechseln. Sie wusste, dass die Narkose in diesem Fall nicht mehr wirken und sie aufwachen würde. So weit reicht die Illusion der erlebten Realität.

Zu den neuesten Bewusstseinskontrolltechniken gehören Oberschwingungen, die das Wellenfeld und die elektrischen Muster des Gehirns technisch manipulieren, um Wahrnehmungen und Verhalten zu programmieren, aber auch Todesprogramme installieren können, die den Körper dazu bringen, sich abzuschalten. Hat da jemand 5G gesagt? Hinzu kommt die dauerhafte Informationskontrolle des Kults durch „Bildung" und Medien, die ja ebenfalls eine Form der Wahrnehmungshypnose ist. Ich werde im Folgenden noch darauf eingehen, dass der Kult sein Wissen darüber, wie Wahrnehmung zur erlebten Realität wird, gnadenlos ausnutzt, um die massenhafte Kontrolle der Menschheit in Gang zu setzen.

Ich weiß selbst sehr gut, wie das Bewusstsein medizinische Prognosen nichtig machen kann. Im Alter von 15 Jahren, nur sechs Monate nach Beginn meiner Fußballkarriere, traten bei mir erste Gelenkbeschwerden auf, die schlimmer wurden, bis ich mit 21 Jahren zu spielen aufhören musste. Die Ärzte diagnostizierten eine rheumatoide Arthritis und erstellten eine furchtbare Prognose mit der Aussicht, dass ich nach meinem 30. Lebensjahr bereits im Rollstuhl sitzen würde. Ich weigerte mich, dies zu akzeptieren und lehnte das Angebot ab, bis an mein Lebensende schmerzstillende Medikamente zu nehmen. Es ist gut, dass ich das getan habe – sonst wäre ich jetzt tot. Ich brauchte nach meinem 30. Geburtstag zwar keinen Rollstuhl, doch die Arthritis verschlimmerte sich und verursachte an ihrem Höhepunkt starke Schmerzen in meinen Zehen, Knöcheln, Knien, Hüften, Handgelenken und Fingern.

Diese Erfahrung brachte mir viel Positives, das mir zu diesem Zeitpunkt allerdings nicht so vorkam. Dazu gehörte das Ende meiner Fußballerlaufbahn, das mich zum Journalismus und später zu dem führte, was ich heute tue. Sie weckte auch eine wilde Entschlossenheit in mir, mich von den Schmerzen und der Arthritis nicht aufhalten zu lassen. Irgendwann kam dann eine Phase, in der ich die Beziehung zwischen Geist und Körper zu verstehen begann. Ich beschloss, diese Erkenntnis in die Praxis umzusetzen, indem ich meine Wahrnehmung dazu nutzte, auf die Arthritis einzuwirken. Ich fasste den Entschluss, dass die Arthritis sich nicht weiter verschlimmern, sondern bessern würde, sodass ich von meinen Schmerzen befreit wäre. Mit „Entschluss" meine ich etwas viel Tieferes, das ich „Wissen" nenne; ich werde zu gegebener Zeit noch darauf zu sprechen kommen. Wenn dieses Buch erscheint, bin ich 69 Jahre alt und sollte *wirklich* schon im Rollstuhl sitzen, da meine Arthritis erstmals auftrat, als ich 15 Jahre alt war. Aber das tue ich nicht. Ich habe keine Schmerzen, und abgesehen von einer bleibenden Deformation meiner rechten Hand wird mein Leben in keiner Weise von der Arthritis beeinträchtigt.

Was man glaubt, nimmt man wahr, und was man wahrnimmt, erlebt man. Seien Sie kein Opfer Ihrer Gene. Beherrschen Sie sie stattdessen durch Ihre Wahrnehmungen, die darüber entscheiden, welche Gene aktiviert werden und welche nicht. Unvermeidliche erbliche Schäden und ärztliche Prognosen sind nichts als Mythen – wenn man das weiß.

„Geborener" Sieger? „Geborener" Verlierer?

Der Prozess, wie aus Wahrnehmung Erleben wird, zieht sich durch das gesamte menschliche Leben. Oft ist von „geborenen Siegern" die Rede. Was ist das anderes als der Verstand, der das Erleben bestimmt? „Geborene Sieger" scheinen stets Situationen und „Glücksfälle" zu manifestieren, die sie trotz drohender Niederlagen wieder einmal siegen lassen. Genauso gibt es andere, ob Einzelpersonen oder Teams, die kurz vor dem Sieg stehen und dann doch verlieren. Man kann dies bei Sportlern beobachten, die in weniger wichtigen Spielen großartig und dann beim entscheidenden Match oder im Meisterschaftsfinale schlechter abschneiden als die weniger talentierten Konkurrenten, die einen stärkeren „Willen" – eine stärkere Wahrnehmung – haben.

Ein Beispiel dafür war die englische Fußballmannschaft Leeds United in den 1960er- und 1970er-Jahren. Leeds war ein wunderbares Team mit hochtalentierten Spielern, das von einem gewissen Don Revie trainiert wurde. Die Sportler schlugen sich die gesamte Saison lang bestens, um dann im entscheidenden Augenblick nachzulassen. Es war nicht ihr Talent, das ihnen im Wege war, sondern ihre eigene Wahrnehmung. Revie war berühmt dafür, ausführliche „Dossiers" über jeden gegnerischen Spieler zu erstellen, die seine Mannschaft lesen sollte. Damit legte er viel zu viel Wert auf das, was die andere Mannschaft tun könnte, statt darauf, was *seine* Mannschaft tun konnte. Leeds United war so gut, dass es keine Rolle spielte, was die andere Mannschaft tat, wenn sie nur selbst ihr Potenzial ausschöpften. Doch für Revie, der ein abergläubischer Mensch war, spielte es eine so gewaltige Rolle, dass es fast schon besessene Züge hatte. Dadurch zeigte sich seine innere Unsicherheit so deutlich, dass sich diese Stimmung auf seine Mannschaft übertrug, besonders in Situationen, die über eine ganze Fußballsaison entschieden.

Wahrnehmungsübertragung kommt in großen wie kleinen Gruppen und sogar in ganzen Bevölkerungen vor, wie man an Nazi-Deutschland gesehen hat. Jeder Mensch strahlt Wellenfrequenzen ab, die seine Wahrnehmungen und seinen emotionalen Zustand widerspiegeln. Auch Fußballmannschaften sind daher Gruppen von Wellenfeldern, die sich miteinander *verschränken*. Die wahrnehmungsstärkeren Felder zwingen sich den anderen auf, und Fußballkenner sprechen von einer Persönlichkeit, die „die Umkleidekabine und das Geschehen auf dem Spielfeld beherrscht". Sie beschreiben diese Sportler auch gerne als … „geborene Sieger". Der Trainer ist als Chef der Mannschaft offensichtlich am besten in der Lage, der Gruppe seine Wahrnehmungen aufzuzwingen. Auf diese Weise hätte Don Revie seine Unsicherheiten vor allem in Phasen hoher Belastung via Wellenfeld auf die Mannschaft übertragen können. Die Zuversicht, zu gewinnen, wird dann zur Angst vor dem Verlieren – was etwas ganz anderes ist. Die Wahrnehmung wird in der von mir geschilderten Art vom Geist auf den Körper übertragen, und die Handlungen des Körpers spiegeln die Wahrnehmungen des Geistes wider. In der Sportberichterstattung wird das dann etwa so ausgedrückt: „Sie waren die ganze Saison über toll, konnten aber in diesem entscheidenden Spiel einfach nicht ihre Leistung abrufen." Bei der großartigen Mannschaft von Leeds United unter Revie war das viel zu oft der Fall, um noch Zufall zu sein. Die Dominanz der

Wahrnehmung bzw. des Wellenfelds zeigt sich in jedem Bereich der menschlichen Gesellschaft und ganz sicher im Sport, wo sie stets öffentlich sichtbar ist.

Es gibt noch ein weiteres Phänomen, das als „störender Einfluss in der Umkleidekabine" bekannt ist. Dabei handelt es sich um einen Spieler mit negativen Einstellungen und Wahrnehmungen, der diese Wellen im kollektiven Wellenverschränkungsfeld der Mannschaft ausstrahlt und damit eine Spaltung oder Verzerrung erzeugt, die Wahrnehmungen und Leistung des gesamten Kollektivs beeinträchtigt. Ich habe in Mannschaften mit solchen störenden Charakteren gespielt und in anderen, wo alle einander unterstützten – und das kann die Leistung der ganzen Gruppe durchaus stark beeinflussen. Dies ist der eigentliche Hintergrund von Begriffen wie „ansteckendes" Verhalten, ansteckende Begeisterung und ansteckende Negativität. Die „Ansteckung" verbreitet sich mittels Wellenverschränkung. Ein weiteres „sportliches" Beispiel für diese Verschränkung und ihren Einfluss auf das Spielergebnis ist der Effekt von Fans auf eine Mannschaft oder einen einzelnen Spieler. Die Zuschauer einer Sportveranstaltung beeinflussen das Ergebnis oder können es zumindest beeinflussen. Bei einem Heimspiel vor ihren eigenen Fans gewinnen Mannschaften häufiger als bei Auswärtsspielen. Die Wellenfelder der Zuschauermenge verschränken sich mit den Feldern der Mannschaft, auf die ihre Aufmerksamkeit gerichtet ist. Wenn dieser Beitrag positiv ist, werden die „guten Schwingungen" auf die Mannschaft übertragen, zusammen mit potenziell enormen Energieschüben, die Durchhaltevermögen und Leistung fördern.

Viele erfolgreiche britische Athleten erzählten nach den Olympischen Spielen 2012 in London, wie sie sich durch die einheimischen Fans gestärkt gefühlt hatten, vor allem, wenn es um Sekundenbruchteile ging und sie mit ihren Körpern scheinbar am Limit waren. Irgendwie fanden sie genau im nötigen Augenblick einen weiteren Energieschub; dabei handelte es sich um eine Kombination aus ihrem eigenen Verstand (Entschlossenheit) und dem Beitrag der Wellenfeldenergie durch die Verschränkung mit Zusehern, die ihnen einen Sieg wünschten. Das Gegenteil davon kann natürlich ebenfalls zutreffen: Fußballmannschaften, die in einer erfolglosen Phase stecken, schlagen sich häufig bei Auswärtsspielen besser, weil zu Hause die Frustration und Kritik ihrer Fans via Wellenverschränkung auf sie übertragen werden und Leistung, Selbstvertrauen sowie Energie der Spieler stören und beeinträchtigen können.

„Geborene Sieger" sind jedoch in ihren Wahrnehmungen so stark, dass sie auch in einer feindseligen Atmosphäre ihre maximale Leistung erbringen können und von ihrer Entschlossenheit angetrieben werden, sich nicht beeinflussen zu lassen. Wenn Sie an den Satz „Ich kleines Licht habe sowieso nichts zu sagen" glauben, dann werden Sie ein Leben leben, das diese Selbstwahrnehmung auch nach außen trägt, weil Ihr Wahrnehmungszustand in Wellen übertragen wird, die sich mit anderen, damit im Einklang stehenden Wellen verschränken. Somit werden Sie Menschen, Situationen und Erfahrungen anziehen, die Ihren Geistes- und Gefühlszustand widerspiegeln und eine sich selbst erfüllende Prophezeiung erzeugen. Alles in unserer Realität ist ein Frequenzwellenfeld, ein Muster aus miteinander verschränkten, vibrierenden, schwingenden Informationen, auch die Umstände, in denen wir leben, die potenziellen Situationen und Erfahrungen – sie alle sind Formen von Bewusstsein. Wenn wir mit ihrer „Schwingung" im Einklang stehen, ziehen wir sie an, wenn nicht, dann eben nicht.

Dies wird noch von höchster Bedeutung sein, wenn ich darauf zu sprechen komme, wie der Kult die menschliche Gesellschaft manipuliert und wie wir das verhindern können. Sie mögen Ihr Leben nicht? Dann hören Sie auf, es zu erschaffen – es *anzuziehen*.

Das Beziehungs-(Wellen-)Feld

Abb. 99: Beziehungen aller Art gründen auf Wellenverschränkung und der Anziehung bzw. Abstoßung von „Schwingungen". (Siehe Neil-Hague-Farbteil)

Beziehungen aller Art – von romantischen Erlebnissen über die Erfahrungen, die wir anziehen, bis zur Wirkung der Planeten in der Astrologie – können als Wellenverschränkungen zwischen Verstand und Bewusstsein betrachtet und verstanden werden (Abb. 99). Wahrnehmungen entscheiden ganz offensichtlich darüber, welche privaten Beziehungen wir anstreben; sollte dieses Gefühl auf Gegenseitigkeit beruhen, dann folgt eine Wellenverschränkung, die wir gemeinhin als „Bindung" bezeichnen. Eine Verschränkung kann man uns aber auch aufzwingen, wenn wir das zulassen. Eine Beziehung, die ausschließlich auf „physischer" Anziehung beruht, wird auch eine Wellenverschränkung bilden, die das reflektiert. Lässt die Anziehung nach, so löst sich die Verschränkung ebenfalls auf, und das Paar (die Paarung) trennt sich – zumindest dann, wenn das rein Körperliche wirklich die einzige Verbindung war. Wenn die „physische" Anziehung nachlässt und sich eine Animosität entwickelt hat, wird die Anziehungs- durch eine Feindseligkeits-Wellenverschränkung ersetzt, wodurch sich eine sehr unschöne Situation entwickeln kann. Feindseligkeit und Hass von einem der Partner fließen in das verschränkte Feld ein und können beim anderen noch mehr Feindseligkeit und Hass auslösen. Dies wird dann wiederum in einer gegenseitigen Rückkopplungsschleife reflektiert, die das Leben beider Partner beeinträchtigt oder gar zerstört.

Legt man diese Wechselwirkung auf die Gesamtheit der menschlichen Gesellschaft um, so ist sie überall erkennbar, von privaten Beziehungen bis hin zu Weltkriegen. Eltern, Gemeinschaften und Religionen, die ihren Kindern Hass auf andere Gemeinschaften und Religionen einflößen, sorgen für eine negative, zerstörerische und andauernde Wellenverschränkung, die von Generation zu Generation weitergegeben wird, wie wir das überall auf der Welt beobachten können. Die Verschränkung zwischen Paaren kann auf mehreren Wellen basieren, die durch mehrere gegenseitige Wahrnehmungen erzeugt werden, einschließlich Anziehung *und* Abstoßung, Liebe (oder die menschliche Version davon) *und* Hass. Solche Beziehungen bezeichnet man als Hassliebe; welche Wellenverbindung zu einem bestimmten Zeitpunkt dominiert, hängt von den jeweiligen Umständen ab.

Candle-Light-Dinner – „Ich liebe dich". Betrunken nach Hause kommen – „Du ekelhafter Scheißkerl!" Wenn Beziehungen, welcher Art auch immer, auf *bedingungsloser* Liebe aufbauen, die vom Herzchakra-Vortex erzeugt wird und nicht nur aus der Leistengegend kommt, kann die Verschränkung beiden Seiten zuträglich und förderlich sein. Sie kann unbegrenzt lange dauern, auch wenn sich ihre Natur ändert. Wir können das bei Paaren im fortgeschrittenen Alter sehen, die das Stadium der Lust weit hinter sich gelassen haben, einander mehr denn je lieben und in Wellenfeldharmonie sowie gegenseitiger Unterstützung leben.

Der individuelle Verstand bestimmt über die individuellen Erfahrungen, während die kollektive Erfahrung von den verschränkten geistigen Vorstellungen aller Mitglieder der Gesellschaft bestimmt wird. Ein Mensch mit diktatorischem Verstand kann Wellenverschränkung mit ganzen Nationen betreiben und seine Wahrnehmungen allen anderen aufzwingen. Aus den vielen Beispielen dafür seien nur Hitler, Stalin, Mussolini und die chinesische Führung herausgegriffen. Die Nazi-Mentalität verschränkte sich mit Millionen Deutschen und erzeugte die hypnotisierten Massen, die in Resonanz gingen, wenn sie an den grotesken Kundgebungen der nicht hinterfragten, wellenverschränkten Huldigung Hitlers teilnahmen.

Die Gemeinsamkeit bei alledem besteht darin, dass das, womit auch immer Ihre Wellen (Wahrnehmungen) sich synchronisieren, in irgendeine Form von Beziehung eingebunden wird. Wo es keine Synchronisierung gibt, entsteht auch keine Beziehung. Heiler, die mit „Handauflegen" arbeiten, stellen eine Wellenverschränkung mit den Personen her, mit denen sie arbeiten, und übertragen über diese Kanäle Energie. (Achten Sie also darauf, den richtigen Heiler zu wählen …) Energieheilung kann direkt oder aus der Ferne erfolgen, wenn Energiewellen aus dem Feld des Heilers ausgesandt werden, um sich mit dem Empfänger zu verschränken. Ich habe das selbst erlebt, und es funktioniert, wenn der Heiler *weiß*, was er tut.

Wellenverschränkung gilt auch für unsere Wünsche, Ambitionen, Ängste und jegliche Situation, der wir gegenüberstehen. Jeder Gedanke und jedes Gefühl ist eine Wellenfrequenz. Wünsche, Ambitionen, Ängste und Situationen sind Wellenfelder von Gedanken und Emotionen auf bestimmten Frequenzen. Unsere Wahrnehmungen in Bezug auf das, was wir wollen, fürchten oder erleben, bestimmen die Art der Beziehung oder Nichtbeziehung, die wir zu diesen Möglichkeiten haben. Nehmen Sie einmal an, Sie wollen etwas erreichen, glauben aber mit Ihrer Identitätswahrnehmung „So was passiert mir doch ohnehin nie" nicht daran, dass Sie es können oder schaffen werden. Die Wellen, die von Ihrem Geist erzeugt werden, werden in diesem Wahrnehmungszustand nicht mit den Wellenfeldern synchronisiert, die das repräsentieren, was Sie erreichen wollen. Wenn Sie fest entschlossen sind, alles zur Erreichung Ihres Ziels zu tun, weil sie daran glauben, dass Sie es erreichen *könnten*, werden Sie bis zu einem gewissen Grad eine Wellenverschränkung mit dem Ziel herstellen; wenn Sie aber *wissen*, dass Sie es schaffen werden, bewirken Sie eine Verschränkung mit dem Feld des *erreichten Ziels*. Dadurch können Sie das *erreichte Ziel* manifestieren und in dem erfolgreich sein, was Sie wollen.

Die Kraft des Körpers/Intellekts wirkt auf vielen Ebenen: Sie können nicht daran glauben, dass Sie ihr Ziel erreichen werden; hoffen, dass Sie es erreichen werden; zuversichtlich sein, dass Sie es erreichen werden; und – ganz oben auf der Liste – *wissen*, dass Sie es erreichen werden. Als ich noch Fußballer war, sah ich viele hochtalentierte junge Spieler, die auf der Strecke blieben, weil sie nicht glaubten – *wussten* –, dass sie Fußballer werden würden. Man sagt Leuten nach, dass sie „mangelndes Selbstvertrauen" haben, aber in Wahrheit geht das Problem viel tiefer. Ich habe schon als Kind gesagt, dass ich einmal Profifußballer sein würde. Nur wenige Leute glaubten mir. Schließlich wollen viele junge Menschen Fußballer werden, aber nur wenige schaffen es, weil die Konkurrenz so groß ist. Ich *wusste* es einfach. Ich hoffte nicht – ich *wusste*. Ich konnte nicht erklären, warum ich keinen Augenblick daran zweifelte, dass ich mein Ziel erreichen würde, obwohl meine Chancen statistisch gesehen ziemlich gering waren. Was folgte, war eine Reihe von „Glücksfällen", die mich zur richtigen Zeit an den richtigen Ort brachten, wo ich im richtigen Spiel die richtige Leistung lieferte. War das wirklich alles nur ein glücklicher Zufall oder hat mein Geist es erschaffen, indem er das gewünschte Resultat bereits *kannte* und so eine Wellenverschränkung mit den Wellenfeldern herstellte, die dieses Resultat repräsentierten? Es ging und geht um mehr als nur „positives Denken", das auf einer vergleichsweise niedrigen Ebene angesiedelt ist, wenn es um die Manifestation von Erfahrungen geht. *Wissen* geht weit darüber hinaus, wie ich im Folgenden noch erläutern werde, und ist mit Intuition verbunden – echtes Wissen ist intuitives Wissen.

Was ist in dich gefahren?

Ein extremes Beispiel für die Wellenverschränkung ist die „Besessenheit". Dieser Begriff bezeichnet die uralte Vorstellung von üblicherweise als „dämonisch" bezeichneten Wesenheiten, die in einen menschlichen Körper einfahren und ihn übernehmen, um sein Verhalten und sogar sein Aussehen diktieren zu können. Wir haben das in vielen Horrorfilmen wie „Der Exorzist" gesehen, und der Vorgang ist in jeder Kultur der Menschheitsgeschichte ähnlich beschrieben worden (Abb. 100). Dafür gibt es auch einen guten Grund – es ist wahr.

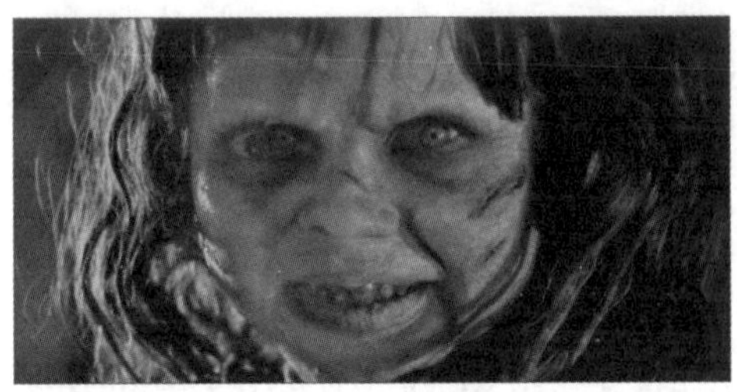

Abb. 100: Die Besessenheit durch dämonische Wesenheiten, wie sie in diesem klassischen Bild aus dem Film „Der Exorzist" gezeigt wird, ist real.

Die Mainstreamwissenschaft weist selbst die Möglichkeit eines solchen Geschehens zurück. Sie versteht die Realität nicht und verfügt nicht über die Wissensbasis zur Erklärung derartiger Vorgänge. Geht man vom „wissenschaftlichen" Motto „Wenn ich nicht erklären kann, wie es passiert, kann es auch nicht passieren" aus, dann kann man nur noch leugnen, dass es passiert. Dabei kümmert man sich auch nicht um die Berge an persönlichen Erfahrungen von Menschen, die seit Jahrhunderten oder Jahrtausenden der von uns wahrgenommenen „Zeit" ähnliche Phänomene miterlebt haben. Tatsächlich *kann* man sie erklären, so wie das gesamte Spektrum des „Paranormalen", und zwar ganz einfach. Die Wissenschaft verwendet den Begriff „paranormal" für alles, was sie nicht erklären kann, trotz der besagten himalajahohen Menge an persönlichen Erfahrungen und Berichten aus alter und neuer Zeit, die belegen, dass diese Phänomene real sind. Doch nur wissenschaftlich bestätigte Absurditäten können sich für das offizielle Zertifikat „normal" qualifizieren.

Die Wesen, die in Menschen einfahren und diese besessen machen, sind Bewusstseins-Wellenfelder, die außerhalb des Frequenzbands sichtbaren Lichts agieren und sich mit den Wellenfeldern des Körpers/Intellekts verschränken können, wenn – und die Betonung liegt auf wenn – der Körper/Intellekt in damit kompatible geistige und emotionale Frequenzen fällt. Dies kann in Zuständen von Angst oder Depressionen passieren, aber auch durch die Wirkung von Drogen und extremem Alkoholkonsum. Es ist aber auch möglich, wenn man mit einer besessenen Person Sex hat, weil die Wesenheit dann über die Wellenverbindung der sexuellen Energie „überspringen" und eine energetische Verschränkung herstellen kann. Der Kult setzt sexuelle Jäger ein, um andere Menschen für die Besessenheit und Kontrolle durch ein solches Wesen zu öffnen. Die Wesenheit löst eine Wellenfeldverschränkung aus und kann dann damit beginnen, ihr eigenes Informationsfeld und ihre Persönlichkeit auf die Zielperson zu übertragen – ähnlich wie ein Computervirus, der von einem Computersystem „Besitz ergreift". Freunde und Beobachter werden bemerken, dass sich Persönlichkeit und Verhalten der Zielperson ändern; im Extremfall verwandeln und verzerren sich sogar die Gesichtszüge. Das Bewusstseins-/Informationsfeld des besitzergreifenden Wesens überträgt so viel von seiner eigenen Welleninformation, dass die besessene Person die holografische Form des Wesens anzunehmen beginnt (Abb. 101). Es muss nicht bei allen Besessenen, deren Wahrnehmung beeinflusst ist und gelenkt wird, so weit gehen, aber es kommt durchaus vor.

Abb. 101: Das Informationsfeld des besitzergreifenden Wesens wird in das Feld der besessenen Person infundiert, die dann in den extremsten Fällen sogar das Erscheinungsbild des Wesens holografisch widerspiegelt. (Bild: Neil Hague)

Satanisten *wollen* bei ihren Ritualen auf diese Art besessen werden. Die Hierarchie des Satanismus wird durch die Macht der Wesenheiten bestimmt, die von Menschen Besitz ergreifen. Das heißt, dass die dämonische Hierarchie im Unsichtbaren zur satanistischen Hierarchie im Sichtbaren wird. So wird die Hackordnung innerhalb des Kults festgelegt. Agenten des Kults, die die menschliche Gesellschaft über DAS NETZ steuern, sind in Wahrheit nichtmenschliche Wesen, die sich hinter einer scheinbar menschlichen Form verstecken. Ich verwende das Wort *scheinbar*, weil die wichtigsten Familien und Agenten des Kults eigentlich biologische Softwareprogramme und eine Form dessen sind, was wir heute als künstliche Intelligenz oder KI bezeichnen würden. Ihre Denkprozesse sind die einer KI; aus diesem Grund sind die Führer des Kults intellektuell auch so weit entwickelt, haben aber keinerlei Empathie. Verfügt ein Computerprogramm etwa über Empathie? Nein – es handelt einfach nach den eingegebenen Daten.

Fragt sich da wirklich noch jemand, warum der Kult so viel Böses über die Menschheit gebracht hat, ohne dass dies emotionale Konsequenzen für seine Mitglieder gehabt hätte? Diese biologischen KI-Softwarevehikel gestatten es ihren verborgenen Meistern, die menschliche Gesellschaft zu manipulieren, ohne dass sie dafür in den menschlichen Frequenzbereich eindringen müssen. Die „Meister" sind ebenfalls eine Form der KI, aber darauf werde ich später noch zurückkommen. Der Plan, das menschliche Bewusstsein über Gehirnverbindungen und andere Mittel in die KI zu assimilieren, rührt von diesem KI-„Gewahrsein" her, das sich stärken will, indem es den menschlichen Geist in sich aufnimmt. Die KI-Natur der Kult-Führer erklärt, warum sie so besessen von der Technologie sind, die sie zur Durchsetzung ihrer Kontrolle benutzen. Sie sind *nicht* menschlich, und ihre Bewusstseinsfelder sind frei von Einfühlungsvermögen und Mitgefühl, sodass sie vor nichts zurückschrecken. Diener des NETZES in niedrigeren Positionen (also jene Leute, die meist nicht wissen, was wirklich vor sich geht) sind auf weniger starke Weise besessen, aber immer noch genug, um sie zu Befürwortern und Manipulatoren des vom Kult durchgesetzten Plans zu machen, auch wenn sie den wahren Hintergrund und Ursprung dieses Plans nicht kennen.

Aus naheliegenden Gründen wissen die meisten Besessenen nicht, dass sie besessen sind. Die innere Elite hingegen weiß es definitiv und rühmt sich dieser Tatsache. Ich habe Berichte von vielen Ehefrauen und Familien von Männern gehört, die den Freimaurern beigetreten sind, woraufhin sich ihre Persönlichkeit zu verändern begann. Sie büßten ihre frühere Herzlichkeit, Empathie und ihren Sinn für Gerechtigkeit, Fairness und Anstand ein. Die Mehrzahl der Freimaurer weiß nicht, dass ihre seltsamen Initiationsrituale nicht nur Rückgriffe auf ein vergangenes Zeitalter sind. Sie sollen vielmehr eine energetische Wellenfeldumgebung schaffen, in dem sich Wesenheiten an den Eingeweihten heften können. Je elitärer die Geheimgesellschaft und satanistische Gruppierung ist, desto extremer wird dies.

Satanistische Zauberkünste und Voodoo gründen auf denselben Wellenverbindungen, die dazu genutzt werden, die Zielpersonen negativ zu beeinflussen. Wenn man eine Nadel in eine Puppe steckt, die eine Person symbolisiert, und diese Person dann Schmerz empfindet, auch wenn sie sich ganz woanders aufhält, so ist dieser Vorgang möglich und erklärbar. Die Puppe wird zum Wellensurrogat der betreffenden Person – einem *Aufmerksamkeits*fokus, der die Person repräsentiert und damit eine Wellenverschränkung ermöglicht. Durch diese Verbindung wird das Wellenfeld des Opfers gestört, sodass es das übermittelte Unwohlsein verspürt. Das Militär der USA und vieler anderer Länder beschäftigt paranormal agierende Todeskommandos, die sich mit den Wellenfeldern der Leute verbinden, die sie ermorden wollen. Sie können die Schwingungen der Herzwellen der Zielpersonen stoppen oder sie auf andere Weise beeinträchtigen – *es sei denn*, das Wellenfeld (Geist/Bewusstsein) der ins Visier genommenen Person ist mächtiger als das ihre.

Gestaltwandler und Wellenfeldfamilien

Ich wurde – und werde – wegen meiner Behauptung, dass die innere Hierarchie und viele tiefer stehende Agenten des Kults Gestaltwandler sind, ebenso häufig wie heftig verspottet. Diese Gestaltwandler können dank ihrer hybriden *Wellenfeldinformationsfelder* sowohl in ihrer menschlichen als auch in ihrer primären nichtmenschlichen Form in Erscheinung treten. Ich schrieb, dass sie entweder als Menschen oder als Reptiloide auftreten können, obwohl die Reptiloiden nicht die einzigen darin verstrickten Wesenheiten sind. Sie können dies in allen Einzelheiten in meinem Buch „Alles, was Sie wissen sollten" nachlesen. Der Spott der Medien und eines Großteils der Öffentlichkeit rührt auch hier wieder von einer Unkenntnis der Realität her. Wenn man bedenkt, wie die Menschen darauf programmiert sind, ihr ganzes Leben lang an eine falsche Version der Realität zu glauben, kann ich auch verstehen, warum es dazu kommt. Komischerweise nehme ich diesen Leuten nichts übel, sondern bemitleide sie eher. Ich verstehe, warum sie das ablehnen, was ich zu sagen habe – obwohl ich es schön fände, wenn sie eines meiner Bücher läsen, bevor sie abwinken und arrogant etwas verwerfen, von dem sie lieber nichts wissen wollen.

Der dahinterstehende Gedankengang sieht etwa so aus: „Die Welt ist fest, also ist es unmöglich, von einer Form zur anderen zu wechseln – dieser Icke ist eindeutig verrückt." Wäre die Welt wirklich *fest*, dann wäre das alles richtig, aber sie ist es eben nicht. Gestaltwandeln ist kein „physischer" Vorgang. Das kann es auch nicht sein, weil es nichts Physisches gibt. Rufen Sie sich in Erinnerung, was ich vorher über das geschrieben habe, was die Wissenschaft „Beobachtereffekt" nennt und ich als „Decodereffekt" bezeichne. Bei der scheinbaren Festkörperlichkeit handelt es sich in Wahrheit um ein Hologramm, das vom Verstand des *Beobachters* aus einem Informationswellenfeld zu seiner Erscheinungsform decodiert wird. Was wir als physische Realität zu sehen glauben, ist in Wahrheit die holografische Realität, die in dieser Form nur im Decodierungsprozess des Körpers/Intellekts existiert. Das Gestaltwandeln als wahrgenommenes „physisches" Ereignis ist in Wirklichkeit der Beobachter, der den menschlichen Teil des Hybridfelds decodiert, woraufhin sich das Feld wandelt, um den nichtmenschlichen Teil zu projizieren, den der Beobachter ebenfalls decodiert. Was hier geschieht, ist eine *Wellenfeldverschiebung* von Informationen, doch für den Verstand des Beobachters scheint die Person *physisch* von einer Form in die andere übergegangen zu sein, weil zuerst ein Feld decodiert wird und dann das andere. Das ist ein perfektes Beispiel dafür, wie man durch die Unterdrückung der wahren Natur der Realität große Teile der anvisierten Bevölkerung dazu bringen kann, Tatsachen als unmöglich abzuqualifizieren.

Ich habe im Laufe der Jahrzehnte sehr ausführlich über die Blutlinien des Kults geschrieben, die sich seit Urzeiten untereinander vermehrt haben. Am bekanntesten sind sie als „Königshäuser" und „Adel", auch wenn sie heute überwiegend dunkle Anzüge tragen und als Politiker, Regierungsbeamte, Bankiers, Geschäftsleute und Medienvertreter tätig sind. Ihre geplante Fortpflanzung gibt die hybride Wellenfeldblaupause (ein biologisches KI-Softwareprogramm) an ihre Nachfahren weiter. Diese Blaupause enthält ein duales Informationsfeld: Ein Teil ist von menschlicher Wellenfeldinformation durchdrungen, der andere ist nichtmenschlich und oft – aber bei Weitem nicht immer – reptiloider Natur. Wenn man sich das Verhalten und die Wesensart von Reptilien genauer ansieht, bemerkt man, wie programmiert sie wirken. Ich habe mir eine ganze Reihe von Krokodil- und Alligator-Vorführungen in Naturparks angesehen, bei denen das computerhafte Verhalten („Drücken Sie die Eingabetaste") dieser Tiere eindeutig erkennbar war.

Königliche und aristokratische Blutlinien (Wellenfelder) werden als „blaublütig" bezeichnet; schon dieser Begriff verdeutlicht den Unterschied zwischen den besagten Familien und dem Rest der Menschheit. Die ganze, überall auf der Welt auftauchende Thematik der königlichen Blutlinien mit ihrem „Gottesgnadentum", das ihnen das Recht zu herrschen gibt, rührt daher, dass sie Blutsverwandte der „Götter" sind. Die Kaiser im alten China, die ihr Herrschaftsrecht auf ihre Abstammung vom „Schlangengott" zurückführten, sind nur ein Beispiel dafür. Das „göttliche" Herrschaftsrecht wurde mit dem christlichen Gott assoziiert, lässt sich aber viel zutreffender auf die „Deva" (die Sanskrit-Bezeichnung für Götter, die weibliche Form ist „Devi") anwenden, die als „Leuchtende oder übernatürliche Wesen" definiert sind. Die Menschen des Altertums bezeichneten ihre nichtmenschlichen „Götter" oft als „Leuchtende". Das Wort „Deva" entspringt derselben indogermanischen Wortwurzel wie das lateinische *deus* („Gott") oder *divus* („der Göttliche"), von dem sich die englischen Wörter *divine* („göttlich") und *deity* („Gottheit") herleiten.

Die Blutlinien des Kults erhielten ihr (göttliches) Herrschaftsrecht von „übernatürlichen Göttern" – den nichtmenschlichen Mächten hinter der Kontrolle der Menschheit. Die biblische Geschichte von den „Söhnen Gottes", die sich mit den Töchtern der Menschen vermischten, um eine Rasse von Mischwesen namens Nephilim zu erzeugen, beschreibt die Einleitung der hybriden Blutlinien. Der Kult infiltrierte aber auch die gesamte menschliche Genetik. Es ist kein evolutionärer Zufall, dass einer der Teile des menschlichen Gehirns, der das Verhalten am stärksten beeinflusst, als protoreptilisches Gehirn bezeichnet wird und ganz sicher ein „Eingabetaste drücken"-Reaktionssystem hat, wie wir noch sehen werden (Abb. 102). Sämtliche Hintergründe dazu finden sich im Detail in meinen anderen Büchern. Im Originaltext, aus dem „Söhne Gottes" übersetzt wurde, war in Wahrheit von den „Söhnen der Götter" die Rede. Diese „Söhne" und „Götter" stehen symbolisch für die nichtmenschlichen Wesenheiten, die vor langer Zeit die menschliche Gesellschaft gekapert haben und bis heute ihren Willen und ihre Agenda durch den Kult realisieren. Sie werden von den Familien der Blutlinie geführt, die bis auf die Nephilim zurückgeht, wobei diese Familien auch als biologische KI-Softwareprogramme betrachtet werden können.

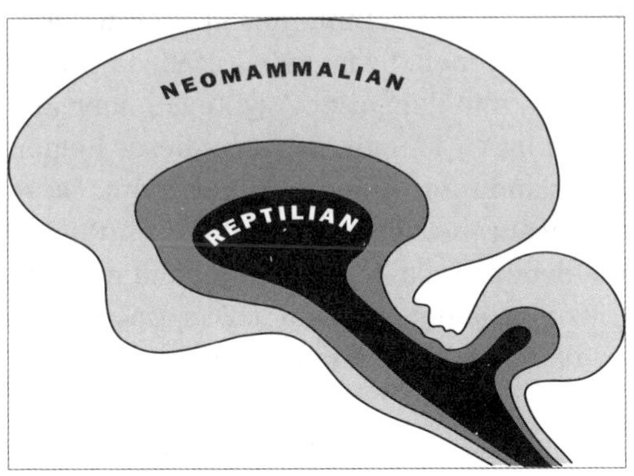

Abb. 102: Das Reptiliengehirn alias R-Komplex hat enormen Einfluss auf die menschliche Wahrnehmung und das Verhalten.

Als die Völker der Welt die offene Herrschaft der „königlichen" Diktaturen abzulehnen begannen, setzten die Nephilim ihre Kontrolle fort und erweiterten sie noch, indem sie in die Bereiche der Politik, des Bankwesens, der Wirtschaft, der Medien und so weiter vordrangen, wo sie bis heute das Sagen haben. Sie vermischen sich mittels heimlich arrangierter Ehen weiterhin miteinander, um sicherzustellen, dass das Softwareprogramm der Nephilim-Blutlinie nicht durch eine Vermehrung mit dem „gemeinen Volk" verwässert oder gelöscht wird. Mittlerweile gehören sie nicht mehr vorwiegend Königshäusern an, benehmen sich aber in einer Weise, als ob dem so wäre. Sie glauben, dass sie etwas Besonderes sind, über der breiten Masse stehen und das „göttliche" Recht haben, alles zu steuern. Nephilim-Blutlinien, die heute beruflich in dunklen Anzügen und Uniformen unterwegs sind, organisieren Das Netz im Auftrag Der Spinne, die in Frequenzen außerhalb des menschlichen Sehvermögens agiert. Die nichtmenschlichen Wesenheiten, die ich als Die Spinne bezeichne, sind dieselben Wesen, die im Alten Testament kollektiv „Gott" und in anderen Kulturen auf der ganzen Welt „die Götter" genannt werden. Aus diesem Grund wird der alttestamentarische „Gott" in seiner Art und seinem Verhalten ganz anders beschrieben als der „Gott" aus dem Neuen Testament. Ein paar offenkundige Nephilim-„Königshäuser" haben bis heute überlebt, vor allem die britische königliche Familie, die ausschließlich auf Grundlage der *Blutlinien*-Erbfolge nach wie vor das Staatsoberhaupt des Vereinigten Königreichs und des Commonwealth stellt.

Ich habe schon sehr viel über die menschlich-reptiloide Hybridnatur der britischen Royals geschrieben und wurde dafür auch reichlich verspottet. Das ist mir egal. Mich interessiert die Wahrheit, kein Schulterklopfen und ein „Daumen hoch" auf Facebook. Ich möchte nicht als „normal" angesehen werden, da dieses Wort innerhalb der menschlichen Gesellschaft nur eine andere Bezeichnung für klinische Geisteskrankheit ist. Die Fake-Royals erfreuen sich unglaublich privilegierter Lebensumstände auf Kosten des britischen Volkes, so wie das gesamte Nephilim-Netzwerk als das „eine Prozent" auf Kosten der Weltbevölkerung lebt. Sie sind menschlich-reptiloide Gestaltwandler aus der Nephilim-Blutlinie – und wer das nicht mag oder akzeptieren kann, der soll meinetwegen das Gegenteil tun. Spott und Verachtung werden mich jedenfalls nicht davon abhalten, weiterhin die Wahrheit auszusprechen.

Die Blutlinien auf der ganzen Welt stecken hinter der Entstehung der großen Religionen, die ihren Interessen der Wahrnehmungskontrolle dienen. Es ist kein Zufall, dass viele bedeutende Blutlinien des Kults aus dem Nahen Osten und dem alten Ägypten, Sumer und Babylon – die zwei Letztgenannten bilden heute den Irak – kamen, weil aus dieser Region auch drei der großen Weltreligionen stammen: Christentum, Judentum und Islam. Diese drei Religionen haben sehr viel gemeinsam und verehren zum Teil dieselben Gottheiten und Helden. Man betont jedoch gerne die Unterschiede zwischen ihnen, um auch hier seit Jahrhunderten mit dem „Teile und herrsche"-Prinzip arbeiten zu können. Das funktioniert auch heute noch bestens und bringt nach wie vor hauptsächlich dem Kult etwas, der diese Religionen geschaffen hat.

Der Philosoph Alan Watts zeigte auf, das Religionen eine Kopie der monarchischen Gesellschaften sind, denen sie entstammen. Die Gläubigen knien, verbeugen sich und werfen sich vor ihrem „Gott" nieder, wie sie es einst vor ihrem Monarchen getan hatten. Der christliche „Gott" sitzt auf einem Thron. Der Begriff „Basilika" bedeutet „Königshalle". In der Bibel werden „Jesus“ und „Gott“ auch als „König der Könige“ und „Herr aller Herrn“ bezeichnet. Die Beziehung zwischen den Gläubigen und ihrem Gott ist im Christentum und anderen Religionen dieselbe wie zwischen Untertanen und Monarchen. Diese Version der „Gottes“-Anbetung ist einfach nur eine Erweiterung der durch die Blutlinien des Kults ausgeübten monarchischen Kontrolle.

Das kann nicht wahr sein? Kann es doch!

Will man die wahre Natur der Realität verschleiern, so muss man sämtliche Phänomene, die die vom Kult kontrollierte Mainstreamwissenschaft nicht erklären kann, verwerfen und vorgeblich als Schwindel entlarven. Wenn nämlich Dinge geschehen oder möglich sind, von denen die Wissenschaft behauptet, dass sie unmöglich sind, dann wird der Öffentlichkeit schnell klar, dass die von der Wissenschaft verbreitete Version der Realität nicht alles sein kann, was es zu wissen gibt. Diese Erkenntnis hat das Potenzial, die Köpfe für andere Möglichkeiten zu öffnen – und das ist etwas, was der Kult um jeden Preis verhindern will.

Nehmen wir nur einmal die Astrologie, die ihren Ursprung in der Antike hat und behauptet, dass die Bewegungen der Planeten und Sterne das menschliche Leben und Verhalten beeinflussen. Astrologen sind der Ansicht, dass diese Kräfte einen bedeutenden Einfluss auf die Persönlichkeit haben; verantwortlich dafür sollen die astrologischen Gegebenheiten zum Zeitpunkt der Geburt (oder möglicherweise der Zeugung) sein. Darauf werde ich noch näher zu sprechen kommen, wenn ich die Macht des erweiterten Bewusstseins behandle, das nicht nur astrologische Welleneinflüsse, sondern auch alle anderen, die heute im Eiltempo auf uns zurasen, außer Kraft setzen kann. Ich möchte ausdrücklich betonen, dass astrologische Einflüsse eben nur *Einflüsse* sind und nicht zwingend auf uns wirken müssen, wenn wir dies nicht durch eine bewusste Entscheidung oder unsere Fünf-Sinnes-Unbewusstheit zulassen. Die Grundlage der Astrologie und ihre Funktionsweise lässt sich einfach erklären – das ist auch ein Grund dafür, dass die Mainstreamwissenschaft sie so eilig zurückweist. Der „wissenschaftliche“ Verstand ist besessen von Kompliziertheit. Jede Antwort muss kompliziert sein, sonst kann sie nicht stimmen. („Schaut euch doch an, wie viel mich mein Abschluss in physiologischer, physikochemischer und physiopathologischer Kompliziertheit gekostet hat.“) Das wahre Genie liegt jedoch nicht darin, Kompliziertheit zu verstehen, sondern das Einfache hinter der Kompliziertheit zu erkennen. Es geht darum, das Ganze und nicht nur die Einzelteile zu sehen. Die Mainstreamwissenschaft ist so von den Zweigen besessen, dass sie den Wald nicht sieht. Der serbisch-amerikanische Wissenschaftler Nikola Tesla (1856–1943), der dem wissenschaftlichen Mainstream weit voraus war, sagte einmal:

> Die Wissenschaftler von heute denken tief statt klar. Man muss zurechnungsfähig sein, um klar zu denken, aber man kann tief denken und ziemlich verrückt sein.

Der Wissenschaftler Robert Lanza drückte es so aus:

Letzten Endes ist die heutige Wissenschaft unglaublich gut darin, die Funktionsweise einzelner Teile zu ergründen. Nachdem die Uhr auseinandergenommen wurde, können wir korrekt die Zahl der Zähne jedes Rädchens und die Umdrehungszahl der Schwungscheibe bestimmen. Wir wissen, dass der Mars für eine Umdrehung 24 Stunden, 37 Minuten und 23 Sekunden benötigt – das ist eine verlässliche Information. Was uns entgeht, ist der Blick für das große Ganze.

Wir geben vorläufige Antworten. Auf der Grundlage unseres sich ständig erweiternden Verständnisses physikalischer Prozesse erschaffen wir exzellente neue Technologien. Wir sind überwältigt von unseren auf neuesten Entdeckungen basierenden Anwendungen. Nur bezüglich einer Fragestellung schneiden wir schlecht ab – die unglücklicherweise sämtliche Kernpunkte mit einschließt: Was ist das Wesen dieses Dings, das wir Realität nennen, bzw. des Universums insgesamt?

Wenn man das große Ganze im Auge behält, könnte die Astrologie eigentlich gar nicht unkomplizierter sein. Sämtliche Formen sind Hologramme, die vom Beobachter aus Wellenfeldern decodiert werden, und dieses „sämtliche" schließt Planeten und Sterne ein, die als bewusste Wellenfelder unterschiedliche Informationsfrequenzen aussenden – die „Sphärenmusik". Sie verschränken sich mit den Wellenfeldern anderer Planeten, Sterne und Menschen. Diese Verschränkung ist am stärksten, wenn sich Himmelskörper in bestimmten Konstellationen zueinander befinden. Die Astrologen bezeichnen solche Winkelbeziehungen als Konjunktionen, Quadrate, Trigone, Oppositionen und so weiter. Diese Konstellationen erzeugen Wellenverschränkungen, die gemeinsam stärker sind als ihre Einzelteile und ihre Wirkung auf andere Wellenfelder verstärken, mit denen sie sich verschränken, *darunter auch die Menschheit.* Von Planeten und Sternen ausgehende Wellen, insbesondere in aufeinander ausgerichteten Kombinationen, wirken sich auf das menschliche Wellenfeld aus. Das betrifft auch die Billionen Zellen und deren Gene, die – je nachdem, ob sie aktiv oder inaktiv sind – mit einer Unzahl von Anweisungen betreffend Gesundheit und Verhalten codiert sind (Abb. 103). Zum Zeitpunkt der Geburt bzw. Zeugung (wahrscheinlich ist es eine Kombination aus beidem) wird das Wellenfeld des Kindes von der astrologischen Wellenblaupause geprägt, die durch die Positionen der Planeten und Sterne erzeugt wird. Diese Blaupause wird sich von Zeit zu Zeit ändern, da die Himmelskörper ihre Wellenbeziehungen zueinander verändern; die entsprechenden Zeiträume bezeichnet man als „Tierkreiszeichen". Die astrologische Frequenzfeld-Prägung eines Menschen, der im Sternzeichen Stier geboren ist, unterscheidet sich von dem eines „Löwen", und sogar die Tageszeit macht einen Unterschied, weil sich das astrologische

Abb. 103: Die Astrologie beruht auf der Wirkung der Wellenverschränkung zwischen den Frequenzwellen der Planeten und Sterne und den Frequenzwellen der Menschen, Tiere und allen Lebens. (Siehe Neil-Hague-Farbteil)

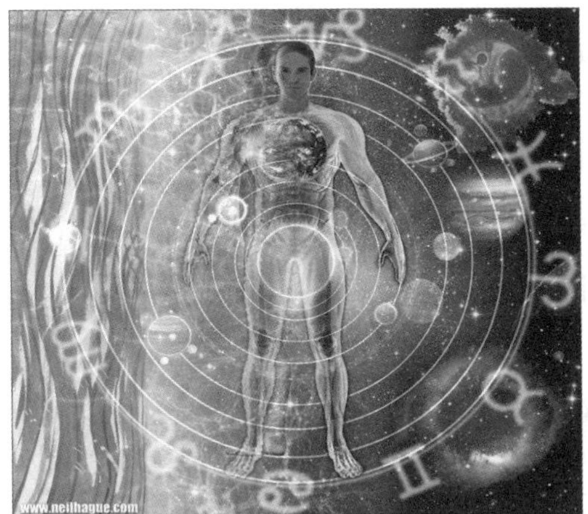

Abb. 104: Unsere einzigartigen Wellenmuster, die durch Planetenwellenfelder im Augenblick der Geburt oder auch Zeugung beeinflusst wurden, wechselwirken während eines gesamten Menschenlebens mit den Wellenfeldern von Planeten und Sternen; darauf baut die Astrologie auf. Der Himmel ist – wieder einmal – **in uns.** *(Bild: Neil Hague)*

Feld permanent verändert. Unterschiedliche astrologische Prägungen wechselwirken im Leben jedes Menschen mit den gerade aktiven astrologischen Abläufen – und die Interpretation dieser Einflüsse bleibt der esoterischen Kunst der Astrologie vorbehalten. Menschen, die in denselben astrologischen Zeiträumen geboren wurden, können Begabungen für bestimmte Berufe oder Fähigkeiten besitzen; ein Grund dafür ist eben auch der Stand der Gestirne (Abb. 104).

Denselben Hintergrund hat der chinesische Tierkreis mit seinem Jahr des Affen, der Ratte, des Büffels, des Tigers, des Hasen, des Drachen und so weiter; und das Prinzip kommt auch bei den Methoden anderer Kulturen zum Tragen, die Wirkung der astrologischen Informationswellen zu analysieren. Das Bewusstsein kann in gewissen Wellenzuständen auch zum „Inkarnieren" angeregt werden, indem es sich mit Lebenssituationen und Orten verschränkt, die mit dem jeweiligen Zustand konform gehen. Das wäre dann die Wellenfeldgrundlage eines Reinkarnationszyklus, in dem ein „Leben" die Grundprägung des „nächsten" bestimmt. Doch die Reinkarnation ist nicht das, was sie zu sein scheint, weil die Zeit eine Illusion ist und alles im selben JETZT passiert. Offenbar gibt es über die Wahrnehmung einer zeitlichen Reinkarnations-„Reihenfolge" also einiges mehr zu wissen. Die Sonne hat einen wesentlichen („astrologischen") Einfluss auf die Menschheit, da sie uns mit Photonen (Informationen) bombardiert, die von unserem Muttergestirn als *Wellen* ausgesandt werden. Photonen (Sonnenlicht) werden durch 7-Dehydrocholesterin – einen Cholesterin-Vorläufer – in der Haut zum lebenswichtigen Vitamin D umgewandelt (decodiert).

Cholesterin hat noch viele andere wichtige Funktionen. Das Gehirn enthält 20 Prozent des körpereigenen Cholesterins, das ein wesentlicher Bestandteil der Zellmembran und an der Zellsignalisierung beteiligt ist. Alzheimer und Demenz, die sich in letzter Zeit zu einer wahren Epidemie entwickelt haben, sind andere Bezeichnungen für die Tatsache, dass Gehirnzellensignale aussetzen und fehlerhaft kommunizieren. Vielleicht ist Ihnen ja aufgefallen, das der Kult systematisch versucht, Cholesterin zu verteufeln und den Cholesterinspiegel in unseren Körpern durch Umstellung der Ernährungsgewohnheiten und die ständige Einnahme von Statinen zu reduzieren. Ist das etwa auch nur Zufall? Keineswegs.

Zur Sonne gibt es noch etwas zu sagen, das für alle anderen Bereiche relevant ist. Wir definieren die Sonne durch den Lichtkreis am Himmel, obwohl das nur der Teil ist, den wir sehen können. Der Einfluss der Sonne wird in Form von Wellen und Photonen, die ebenso ein Teil der Sonne sind wie die von uns wahrgenommene Feuerkugel, durch das gesamte

Sonnensystem übertragen. Alles, vom Planeten bis zum einzelnen Menschen, hat ein Frequenzfeld, das wir sehen können, und eine weitaus größere Wellenfeld-„Aura“, die für uns nicht sichtbar ist. Je stärker der Geist und das erweiterte Gewahrsein, desto größer sind seine aurische Reichweite und sein Einfluss.

Ich habe gerade dasselbe gedacht

Auch „paranormale“ Telepathie und übersinnliche Phänomene lassen sich durch Wellenverbindungen erklären. Vergessen Sie die „Entfernung“ – die ist nur eine Illusion der holografischen decodierten Realität. Alles, was Sie am Nachthimmel in einer bestimmten Form zu „sehen“ glauben, existiert nur in ihrem „Kopf“, den Körper/Intellekt-Decodiersystemen. Was ist mit den Milliarden Lichtjahre und Billionen Kilometer entfernten Sternen passiert, wenn sie sich in dieser Form zwischen unseren Ohren befinden? Wie schon der bereits zitierte Nahtoderfahrene über die Realität jenseits unseres Körpers sagte:

> Es gibt keine Zeit, keine Abfolge von Ereignissen, es gibt keine Begrenzungen der *Entfernung*, der Zeitdauer und des Ortes. Ich konnte gleichzeitig überall sein, wo ich sein mochte.

Wir sind *Wellen* und können sein, wo wir sein wollen, und an so vielen „Orten“, wie wir es möchten, sobald wir einmal von der fokussierten Aufmerksamkeit des Körpers/Intellekts befreit sind. Andere Ebenen von uns sind bereits überall in der Schöpfung gleichzeitig aktiv, während diese Welle desselben Bewusstseins gerade eine Erfahrung als Mensch durchmacht. Sie haben immer noch Angst vor dem Tod? Sie glauben immer noch, die „unbedeutende“ Sabine an der Kasse oder Frank im Callcenter zu sein? Unsere Wellen können sich mit anderen Wellen verbinden und durch diese Verschränkung Informationen mit denen auf der anderen Seite der Welt oder in anderen Dimensionen der Realität austauschen. Man bezeichnet dies als Telepathie, Intuition, Vorahnung und Gedankenlesen. Zahlreiche Experimente haben bewiesen, dass diese Phänomene real sind; nicht umsonst werden sie von Geheimdiensten und dem Militär häufig für verdeckte Operationen eingesetzt. Dieselben Wellenverbindungen ermöglichen es auch Pflanzen, Bäumen und der Natur insgesamt, untereinander und mit uns zu kommunizieren. Ja, wir können mit Bäumen und Pflanzen „sprechen“. Obwohl sie die menschliche Sprache nicht verstehen, spüren sie die Schwingungen der Schallwellen von unseren Stimmbändern sowie die Wellen, die wir allgemein aussenden. Sie erkennen Liebe, Gefahr, Freund oder Feind, indem sie all das *fühlen*.

Menschen, die in einer engen Beziehung zueinander stehen, stimmen sich stärker auf die Wellenfelder des anderen ein, wodurch auch die Wahrscheinlichkeit für eine telepathische Verbindung zwischen ihnen steigt. Der eine sagt etwas und der andere antwortet: „Ich habe gerade dasselbe gedacht.“ Es gibt unzählige Geschichten von Menschen, die an jemanden denken und kurz darauf einen Anruf von der besagten Person erhalten. Bei anderen wiederum stellt sich die Vorahnung, dass einem geliebten Menschen etwas zugestoßen ist, als wahr heraus. Unsere „primitiven" Vorfahren wussten darüber Bescheid – daher auch der Ausdruck „Buschfunk", der darauf zurückgeht, dass Stammesvölker „weit entfernter" Ereignisse gewahr wurden und mit ihrer Familie und Freunden im Dorf kommunizieren konnten, während sie selbst auf der Jagd waren. Wir alle sind dazu fähig, *weil wir genauso sein sollen*, doch unsere Wahrnehmungsprogrammierung hat diese natürlichen Prozesse in den meisten Menschen blockiert. Wir müssen sie uns zurückholen.

Übersinnliche Kommunikation ist eine weitere Form der Telepathie, bei der sich das Medium oder der Hellseher mit den Wellenfeldern von Wesen abstimmt, die die menschliche Realität verlassen haben, oder mit den Wellenfeldern von Menschen, die nach wie vor hier sind. Vielleicht haben Sie schon einmal Fernsehsendungen über „übersinnliche Detektive" gesehen, die dort Verbrechen aufklären, wo die Polizei versagt. Sie stellen sich auf die Wellen des Verbrechers und/oder des verstorbenen oder vermissten Opfers ein und schließen aus diesen Informationen, was geschehen ist. Manchmal tun sie das, indem sie den Tatort aufsuchen, da die wellencodierte Repräsentation des Ereignisses immer noch im dortigen Energiefeld vorhanden ist. Sämtliche Ereignisse und Handlungen werden in Wellenfeldern aufgezeichnet, was ja auch logisch ist, da sämtliche Ereignisse und Handlungen Wellenfelder *sind*. In Häusern kann es deshalb „spuken", weil dort Informationsfelder mit aufgezeichneten Geschehnissen vorhanden sind. Man kann sich das wie eine Wellenfeldaufnahme ähnlich einer CD oder DVD vorstellen. Je mehr Emotion an den Ereignissen beteiligt war, desto kraftvoller ist die Aufnahme.

Abb. 105: Hellseher und Medien verbinden ihr Gewahrsein mit Realitäten jenseits des menschlichen Fünf-Sinnes-Frequenzbands. (Bild: Neil Hague)

Viele Orte, an denen es „spukt", haben nichts mit körperlichen Wesenheiten zu tun, sondern mit im Wellenfeld codierten Ereignissen. Das ist zum Beispiel der Fall, wenn Menschen am Schauplatz eines historischen Gemetzels „Schlachtgeräusche" hören. Medien sehen nicht in die „Vergangenheit" oder „Zukunft", weil beides nicht existiert, sondern lesen vielmehr die Wellenfelder im JETZT. Die aufgeschlossensten Medien und Hellseher können sich mit erweiterten Bewusstseinszuständen verbinden, die fantastische Einsichten über die Realität und die menschliche Misere vermitteln können (Abb. 105).

Mir ist das im Zuge meiner Ayahuasca-Erfahrung und bei unzähligen anderen, weit weniger dramatischen Gelegenheiten passiert. Und wenn ich „unzähligen" schreibe, meine ich damit, dass solche Dinge praktisch täglich vorkommen, meist in Form eines intuitiven „Wissens" und nicht als akustisch wahrnehmbare Wörter. Wellenfeldinformationen aus diesen Quellen werden vom Gehirn auf dieselbe Art und Weise decodiert wie menschliche Sprache; wenn dies der Fall ist, können sie manchmal wie „Stimmen im Kopf" klingen.

Oft werden Menschen, die über eine solche Erfahrung berichten, als verrückt abqualifiziert. Doch was hören Sie, wenn ein Freund oder Arbeitskollege mit Ihnen spricht? Genau – Stimmen im Kopf! Es handelt sich also um dieselbe Informationsverarbeitung im Gehirn, nur von einer anderen Quelle. Medien können Ihren Körper als zeitweilige Vehikel für körperlose Wesenheiten zur Verfügung stellen, die dann durch sie sprechen. Die Wesenheit stellt eine Wellenverschränkung her, die stark genug ist, dass sie direkt zum Gehirn des Mediums sprechen kann und die Informationen zu Wörtern decodiert werden. Ich war Zeuge von Fällen, wo die Verbindung so stark war, dass sich die Stimme des Mediums und sogar dessen Gesichtszüge veränderten. Wer nicht an Gestaltwandler glaubt, hätte sehen sollen, was ich bei diesen Gelegenheiten erlebt habe. Der Vorgang ist eine Form der vorübergehenden Besessenheit – mit dem Unterschied, dass er nicht aufgezwungen wird, sondern das Medium sich bewusst dafür entscheidet, ihn zuzulassen.

Ich würde zu zwei Dingen raten, wenn Sie in Erwägung ziehen, ein Medium oder einen Hellseher zu kontaktieren: Recherchieren Sie zum einen die Geschichte der betreffenden Person und ob deren Aussagen bei früheren Kunden gestimmt haben oder nicht. Nicht jeder, der sich als Medium bezeichnet, ist auch wirklich gut. Zum anderen sollten Sie daran denken, dass eine Wesenheit nicht unbedingt in Ihrem Interesse handelt, nur weil sie durch einen Hellseher oder ein Medium spricht. Der Tod ist kein Heilmittel für Unwissenheit oder Manipulationsgelüste. Ich bin in solchen Situationen sehr kritisch. Seien Sie es auch, wenn Sie nicht hinters Licht geführt werden wollen.

So ein Zufall aber auch!

Synchronizität ist ein weiteres Wellenphänomen, das Menschen „erstaunliche Zufälle" erleben lässt, die statistisch gesehen so gut wie unmöglich sind. „Ist ja toll, Sie hier zu sehen – damit hätte ich nicht gerechnet." Hätte man aber durchaus können, wenn man eine Wellenfeldverschränkung mit dem Ort und der anderen Person hergestellt hat. So funktioniert Synchronizität eben. Manche Menschen bezeichnen derartige Ereignisse als „Bestimmung". Und manchmal *sind* sie das auch, wenn Wellenfelder für eine Begegnung als Teil einer geplanten Lebenserfahrung vorcodiert sind. Wellenfelder können zwei Personen oder ein einzelnes Individuum, eine Situation, Information oder ein Ort sein. In anderen Fällen wird die „Bestimmung" einfach durch die Synchronisation und Verschränkung von Wellenmustern „ermöglicht", die von den Gedankenwellen (Wahrnehmungen) der beteiligten Parteien erzeugt werden.

Synchronizität war stets ein zentrales Merkmal meines Lebens. Ich hätte die enorme Bibliothek an Informationen, die ich in den vergangenen 30 Jahren meines Lebens gesammelt habe, nicht zusammenstellen können, wenn mich nicht ständige Synchronizitäten dabei geleitet hätten. Viele Menschen haben mir erzählt, wie sie sich in einer Buchhandlung umgesehen haben, als neben ihnen eines meiner Bücher aus dem Regal fiel. Manchen würde so etwas gespenstisch vorkommen, andere wiederum nennen es puren Zufall –

auch wenn es viel zu oft passiert ist, um es noch so nennen zu können. Die Person, die sich in der Buchhandlung umgesehen hat, ist ein Wellenfeld, ebenso wie das Buch. Wenn etwas im unbewussten Feld der Person will, dass der bewusste Verstand sich gewisse Informationen ansieht, dann wird eine elektromagnetische Wellenverbindung hergestellt, die das Buch aus dem Regal zieht und sagt: „He, schau dir das an." Es kann auch sein, dass ein Erkenntnissuchender ein Wellenfeld hat, das diese Absicht reflektiert und sich über eine symbiotische Frequenzverbindung mit Informationen verschränkt, die dem Erkenntnisgewinn dienen. „Wer sucht, der findet", wie es schon in der Bibel heißt. Wer zu „suchen" beginnt, erlebt häufig, dass Menschen und Informationen, die mit dem „Gesuchten" zu tun haben, „zufällig" in ihr Leben treten. Mir passiert das nun schon seit 30 Jahren.

Es kann aber auch sein, dass Sie eine Reihe von Büchern betrachten und Ihre Aufmerksamkeit sich auf eines davon richtet, von dem Sie anfangs gar nicht wissen, wovon es handelt. Das Unbewusste kommuniziert durch Synchronizitäten, Zufälle und „paranormale" Erfahrungen permanent mit dem bewussten Verstand. Die Zeichen und Symbole dieser Kommunikation kann man ebenso deutlich lesen lernen wie Worte. Ich nenne das die Sprache des Lebens. Alles, was geschieht, sagt uns etwas. Der Trick ist, es zu erkennen und zu begreifen, was die Sprache des Lebens uns mitteilen will. Wenn Menschen den Prozess des Erwachens vom Körper/Intellekt zu erweiterten Bewusstseinszuständen durchlaufen, fällt ihnen auf, dass die Synchronizität in ihrem Leben stark zunimmt. Das erweiterte Bewusstsein bringt eine stärkere Wellenkommunikation in einem höheren und breiteren Frequenzband hervor. Das bedeutet, dass wir uns via Verschränkung mit einer weitaus größeren Bandbreite anderer Wellenfelder verbinden können – Menschen, Orte, Situationen, Informationen, Erkenntnisse.

Wir erleben dies als „Mein Gott, was für ein Zufall!" – doch in Wahrheit ist hier ein Wellenmagnetismus am Werk. Wenn sich Ihre Frequenz durch die Erweiterung Ihres Gewahrseins erhöht, beschleunigt sich die Informationsverarbeitung. Was Ihnen vorher beim Versuch, es zu verstehen, Kopfschmerzen bereitet hätte, wird plötzlich klar und einfach. Eine schnellere Verarbeitungsgeschwindigkeit kann ihre Wahrnehmung der „Zeit" beeinflussen, weil sie in Wirklichkeit die Geschwindigkeit ist, mit der Sie Informationen verarbeiten.

Persönliche Erfahrungen

Mein eigenes bewusstes Erwachen kam im Jahr 1990 in einem Zeitschriftenladen richtig in Gang. Was damals passierte, verknüpft alle diese Themen. Ich stand an der Tür, als sich die Atmosphäre plötzlich änderte; heute weiß ich, dass dafür ein Feld elektromagnetischer Wellenenergie verantwortlich war. Meine Füße fühlten sich an, als würden sie von Magneten (elektromagnetische Wellenenergie) in den Boden gezogen, und ich hörte einen starken Gedanken (Wellenverschränkungs-Kommunikation) durch meinen Geist gehen, der mir sagte: „Geh und schau dir die Bücher auf der anderen Seite an." Ich spazierte verwirrt durch den Laden zu einem alleine stehenden Bücherregal, wo ich sofort auf den

Titel „Mind to Mind" aufmerksam wurde (eine Wellenverbindung herstellte). Ich las den Text auf der Rückseite und stellte fest, dass es sich um die Biografie einer professionellen Hellseherin namens Betty Shine handelte.

Im Jahr zuvor hatte ich auf „synchronistische" Art die Erfahrung gemacht, eine Präsenz in meiner Umgebung (Bewusstseins-Wellenfeld) zu spüren, auch wenn ich mich in einem anscheinend leeren Raum aufhielt. Dieses Gefühl wurde immer stärker und deutlicher. Seinen Höhepunkt erreichte es vor meinem Erlebnis im Zeitschriftenladen, nach dem ich Betty Shine unbedingt treffen und erfahren wollte, ob sie „mitbekommen" würde, was um mich herum geschah. Ich erzählte ihr nur, dass ich Arthritis hatte und mir ihr heilendes „Handauflegen" (ein Austausch von Wellenenergie) vielleicht helfen könnte. Bei den ersten beiden Terminen passierte gar nichts, beim dritten arbeitete sie mit ihren Händen in der Nähe meines linken Knies, als ich plötzlich so etwas wie ein Spinnennetz auf meinem Gesicht spürte (elektromagnetische Wellenenergie). Ich erinnerte mich, in ihrem Buch gelesen zu haben, dass man diese netzartige Empfindung verspüren kann, wenn „Geister" mit einem kommunizieren wollen. In einem solchen Moment verbinden sich andere Dimensionen der Realität durch eine elektromagnetische Verschränkung mit uns. Ich sagte nichts, doch ein paar Sekunden später warf Betty den Kopf zurück und rief aus: „Mein Gott, das ist kraftvoll! Dafür muss ich die Augen schließen." Sie erzählte mir, dass eine Gestalt in ihrem Geist (eine Wellenprojektion aus einer anderen Realität) ihr Informationen zukommen ließe, die sie an mich weiterleiten sollte.

Im Jahr 1990 war ich noch Fernsehmoderator und Parteisprecher der britischen Grünen. Jetzt erfuhr ich, dass ich die Weltbühne betreten und „große Geheimnisse enthüllen" würde. In einer Mitteilung hieß es: „Ein Mann alleine kann die Welt nicht verändern, aber ein Mann kann die Botschaft übermitteln, die die Welt verändern kann." Alles, was ich an diesem Tag und in der darauffolgenden Woche erfuhr (und in meinen anderen Büchern ausführlich geschildert habe), ist tatsächlich geschehen oder geschieht gerade. Von dem Moment an, als ich an diesem Vormittag Bettys Haus verließ, wandelte sich mein Leben zu einer ununterbrochenen Reihe von Sychronizitäten und „Zufällen". Rückblickend gesehen, war das auch vorher schon so gewesen, aber jetzt wurde es mir bewusst. Der sychronistische „Zufall" hat mich seit damals auf eine unglaubliche Entdeckungsreise geführt, die bis heute anhält. Das vorliegende Buch ist nur die neueste Episode.

Lebensentwürfe

Das Leben ist nicht das, was man uns weismachen will. Auch die Menschheit ist nicht „alleine". Die Schöpfung wimmelt nur so vor Leben, ja, sie *ist* manifestiertes Leben. Das Bewusstsein jenseits der kurzsichtigen visuellen Begrenzungen des sichtbaren Lichts führt (oder manipuliert) ein anderes Bewusstsein, das eine kurze Erfahrung als Mensch macht. Wenn man ausschließlich in der Fünf-Sinnes-Realität gefangen ist, kann die Verbindung zum hochfrequenten Wohlwollen im Rauschen des niederfrequenten Übelwollens verloren gehen. Genau das ist das Ziel des Kults und seiner andersdimensionalen Meister.

Das Leben ist kein reiner Zufall. Entscheidungen ziehen Folgen nach sich, die zu neuen Entscheidungen werden. Es gibt bestimmte Erfahrungen, die wir machen wollen, obwohl sich uns dabei manipulierte Wahrnehmungen in den Weg stellen können. Aus diesem Grund werden wir von bestimmten Eltern in bestimmten Situationen und an bestimmten Orten zur Welt gebracht. Wir können uns auch dafür entscheiden, an einem bestimmten astrologischen Punkt in den Zyklus einzutreten, um so die gewählte Richtung, die wir einschlagen wollen, noch zu unterstreichen. Informationen können in unsere Wellenfelder codiert werden, um bestimmte Ereignisse und Begebenheiten auszulösen. Diese Situationen sind für mich klar erkennbar, wenn ich auf mein Leben zurückblicke.

Meine Arthritis kam aus dem Nichts, als ich 15 Jahre alt war, und beendete meine Fußballkarriere im Alter von 21 Jahren, sodass ich zum Journalismus und allem anderen, was darauf folgte, überwechselte. Ohne die Arthritis hätte ich nicht dasselbe Leben gelebt und wäre mit Sicherheit nicht so früh fest entschlossen gewesen, alle Schwierigkeiten zu überwinden – eine Eigenschaft, die mir später sehr zugutekam. Der massenhafte Spott, den ich in den 1990er-Jahren erlebte, befreite mich von der Angst davor, was andere Leute von mir dachten. Ein paar Jahre später hatte ich bereits kein Problem mehr damit, offen über wirklich unkonventionelle Themen zu sprechen und zu schreiben, die mir noch mehr Spott und Beschimpfungen einbrachten. Als ich die erste Phase des öffentlichen Gewitzels durchlebte, hatte ich noch keine Ahnung, dass diese unkonventionellen Informationen auf mich zukommen würden. Auf anderen Ebenen wusste ich es aber sehr wohl – und es war dieses aus anderen Realitäten stammende Wissen, das mich all diese Jahre geleitet hat.

Die durch eine extreme Erfahrung gewonnene Befreiung von der Angst, was andere über mich sagen könnten, war eine Vorbereitung für das, was kommen sollte. Im Leben geht es nicht nur um eine einzelne Erfahrung. Es setzt sich vielmehr aus einer langen Reihe von Erfahrungen zusammen, die alle miteinander verbunden sind, entweder durch die Entscheidungen, die wir aus der Fünf-Sinnes-Perspektive treffen oder durch Planung vor der Geburt. Letzteres kann als ein Gefühl der Bestimmung empfunden werden, und ich schätze, das ist es in gewisser Weise auch, wenn man unter Bestimmung etwas versteht, das man sich zu erleben oder erreichen vornimmt. Doch was immer auch passiert – *es ist nur eine Erfahrung*, der garantiert die nächste folgen wird.

Die Planung vor der Geburt kann sogar vorentscheiden, wann Sie „sterben“, indem sie den Augenblick codiert, wann der Geist sich aus der Verschränkung mit dem Körper befreit. Jemand kann „jung“ an einem seltenen Herzleiden sterben, wenn die Uhr von Geburt an auf dieses Ereignis hintickte, weil es im Wellenfeld codiert war. Aus menschlicher Sicht mag das schwer zu glauben sein, und das ist auch verständlich. Sobald Sie aber von der Gefängniszellen-Wahrnehmung des Körpers/Intellekts und dessen fünf Sinnen befreit sind, sieht das Leben anders aus. Dann wissen Sie nämlich, dass Leben alles ist, was existiert, dass der Tod eine Illusion ist und ein menschliches Leben nur eine sehr vorübergehende Erfahrung.

Das Paranormale ist absolut normal (im Gegensatz zum „Normalen")

Die Wellennatur der Realität löst alle klassischen paranormalen „Rätsel". Wie können Menschen mit ihren Gedanken Uhren anhalten? Ganz einfach, indem auf die Uhr fokussierte Gedanken- bzw. Intentionswellen sich mit dem Wellenfeld der Uhr verschränken und deren Funktion beeinflussen. Warum ziehen Sie bei einem Tarot-Kartenlesen Karte „A" und nicht Karte „B", um daraus Ihre „Zukunft" herauslesen zu können? Nun ja, zum einen ist es nicht Ihre Zukunft, sondern nur eine Abfolge von Möglichkeiten und Wahrscheinlichkeiten, die ein geübter Kartenleger aus den von Ihnen ausgewählten Karten und deren Reihenfolge herauslesen kann. Trotzdem ist das doch verrückt, oder? Nein, ist es nicht. Zum anderen passiert die ganze Geschichte nämlich auf der Wellenfeldebene. Tarotkarten sind Wellenfelder, die bestimmte Gedanken-, Gefühls- und mögliche bzw. wahrscheinliche Zustände (Frequenzen) repräsentieren. Ihr Wellenfeld synchronisiert sich mit Karten, die die Frequenzen von Gedanken, Gefühlen und Möglichkeiten/Wahrscheinlichkeiten repräsentieren, die in Ihrem Feld existieren. Sie stellen eine elektromagnetische Frequenzverbindung zwischen Hand und Karte her, und die Reihe symbolischer, auf dem Tisch ausgelegter Karten zeigt, was in Ihrem Feld passiert (Abb. 106).

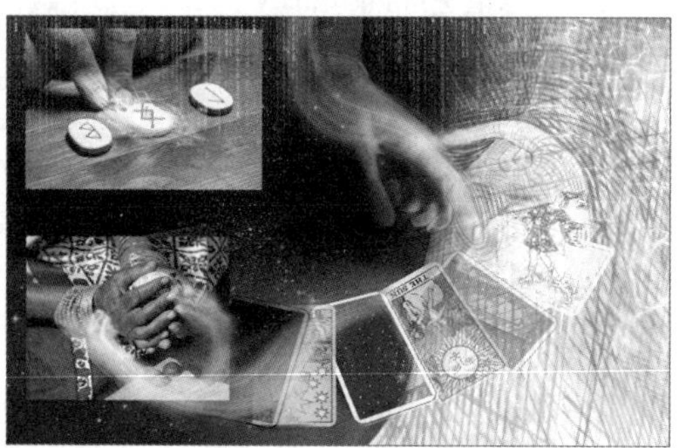

Abb. 106: Tarotkarten und Runensteine sind elektromagnetische Felder, die das elektromagnetische Feld der beteiligten Person widerspiegeln. Was in Ihrem Feld passiert, wird sich wahrscheinlich – aber nicht sicher – als holografische Erfahrung manifestieren. (Bild: Neil Hague)

Runen, die ebenfalls verschiedene Wahrnehmungszustände und Möglichkeiten symbolisieren, funktionieren genauso wie andere Formen der Wahrsagerei. Ich habe mir die Runen von Schamanen legen lassen und auch die afrikanische Version mit Knochen, die zu verschiedenen Symbolen geschnitzt sind, bereits erlebt. Dabei soll man die Hand über einen Korb voll Runen bzw. Knochen halten, um das eigene Wellenfeld mit diesen Symbolen zu synchronisieren und verschränken. Die Hände sind ein kraftvolles Zentrum für den energetischen Austausch. Dann werden die Runen oder Knochen auf den Boden geworfen, wo der Schamane aus ihren Positionen zueinander seine Analyse erstellt. Dem voreingenommenen Verstand erscheint das wie Unfug, bis man erkennt, dass die Position der Steine und ihre Beziehung zueinander durch die Verbindungen, die sie mit dem elektromagnetischen Feld der betreffenden Person eingingen, schon vor dem Werfen festgelegt waren. Die Runen geben dieses Feld dann auf dem Boden wider und können von jemandem gelesen werden, der sein Handwerk versteht (die Fähigkeiten des Runenlesers sind entscheidend).

Bei der Numerologie wiederum deutet man Menschen und deren Zustände mithilfe von Zahlen. Ich habe bereits beschrieben, wie Wellenfelder zu *digitalen* Hologrammen decodiert werden. Das Hologramm ist eine digitale Version der Informationen im Wellenfeld. Numerologen und Hellseher lesen unterschiedliche Formen derselben Informationen. Ich habe mich im Zuge meiner Recherchen in kurzen Abständen hellseherischen und numerologischen Deutungen durch verschiedene Leute unterzogen und erhielt dabei genau dieselben Informationen. Die von Wellenfeldern erzeugte Synchronizität kann sich auch daran zeigen, dass im Leben eines Menschen bestimmte Zahlen wiederkehren. Mich scheint zum Beispiel die Zahl 8 zu verfolgen, die auch seit Kindheitsjahren meine Lieblingszahl ist. Ich habe zwei Jahrzehnte lang in einem Haus mit der Nummer 8 gewohnt – und in diesem Fall hat die Zahl mich „gefunden", nicht umgekehrt. Zahlen sind digitale Versionen von Frequenzen; eine wiederkehrende Zahl ist demnach eine wiederkehrende Frequenz. Sprache ist eine Manifestation von Wellenfrequenzen *und* Zahlen. Hebräisch ist zum Beispiel eine sehr zahlenorientierte Sprache, in der Wörter mit bestimmten Zahlenwerten gebildet werden, die wiederum bestimmte Frequenzen repräsentieren. Auf diese Weise sind die Sprache selbst und ihre Verwendung eine an vorderster Front stehende Quelle der Wahrnehmungsprogrammierung.

Eine Menge paranormaler Phänomene zeigen sich in Verbindung mit elektrischen Systemen. Da schalten sich Lichter ein und aus, beginnen Musikgeräte zu spielen oder werden stumm und so weiter. Wellenfelder sind in unserer Realität elektrisch bzw. elektromagnetisch. Das spürt man, wenn sich in einer grusligen Situation, bei der ein unsichtbares Wellenfeldwesen oder ein „Geist" in der Nähe ist, die Nackenhaare aufstellen. Bei einer aufgeregten Menschenmenge, die eine Masse kollektiver Wellenfeldenergie erzeugt, ist es ähnlich. Die „Atmosphäre" in einem Sportstadium („Die Atmosphäre war elektrisierend …") ist das Ergebnis der von der Menge abgestrahlten elektromagnetischen Wellen, die durch ihre Verschränkung gemeinsam energiereicher werden als die Summe ihrer Teile. Elektrische Schaltkreise können daher von Wellen beeinflusst werden, die von Menschen herrühren – oder von Wesenheiten, die elektrische Wellen im Rahmen von „Spuk"-Ereignissen über Realitäten hinweg projizieren können. Manche dieser Manipulationen können bösartig sein, der Großteil wird aber nur von jenen Leuten so empfunden, die Angst vor dem Unbekannten haben.

Der Kult will die Bevölkerung in einem Zustand der Unwissenheit halten, damit es mehr Unbekanntes zu fürchten gibt. Man denke nur daran, wie Religion dazu benutzt wurde, ihre Anhänger so zu manipulieren, dass sie das Unbekannte als „okkult" fürchten, obwohl das Wort lediglich „verborgen" bedeutet. Verborgenes Wissen kann zum Guten oder zum Schlechten benutzt werden. Was Menschen fürchten, dem weichen sie aus – in diesem Fall ist es jedoch Wissen, das sie frei machen könnte. Mein Bruder Paul erlebte in den Tagen nach dem Tod unserer Mutter einige scheinbar unerklärliche Ereignisse und „Zufälle" mit Elektrogeräten sowie Zahlen. Auf diese Art versuchen uns geliebte Menschen etwas mitzuteilen: „He, es ist okay, es gibt keinen Tod."

In der ersten Nacht meiner Ayahuasca-Erfahrung in Brasilien lag ich in einer großen, runden und stockdunklen Hütte im Regenwald auf einer Matratze. Ich war allein, abgesehen von einem Begleiter, der schon oft Ayahuasca konsumiert hatte. (Eigentlich glaube ich, dass er schon den halben Regenwald geraucht oder getrunken hat.) Er spielte Musik von einer CD ab, als die Ayahuasca-Wirkung einsetzte und ich eine unglaublich kraftvolle

Energie in einem Bogen von der Mitte meiner Brust (Herzchakra) zu meiner Stirn (Drittes-Auge-Chakra) strömen spürte. Es fühlte sich an wie Hände, die mich an der Brust und Stirn packten. Die Musik hörte auf und fing dann wieder an, als wäre der Strom ab- und eingeschaltet worden. Dann leuchtete eine der Neonröhren auf, gefolgt von einer zweiten und dritten. Ich fragte mich, warum mein Begleiter mit der Musik und dem Licht herumspielte. Dann sah ich aber, dass er ganz in meiner Nähe saß und nicht einmal in der Nähe des CD-Spielers oder Lichtschalters war. Und selbst wenn er das Licht eingeschaltet hätte, wären alle Lichter in der Hütte angegangen, nicht eines, zwei oder drei. Die elektromagnetische Energie, die ich so stark spürte, beeinflusste die elektrischen Schaltkreise. Genau dasselbe passiert bei paranormalen Ereignissen.

Eines der für Menschen furchteinflößendsten Beispiele ist die sogenannte Poltergeistaktivität, bei der „physische" Objekte sich bewegen und sogar in einem Raum herumfliegen können. Wenn wir uns diesem Thema aus der von mir geschilderten Perspektive nähern, lässt es sich ebenfalls erklären. „Physische" Objekte sind nicht physisch, sondern decodierte holografische Projektionen von Wellenfeldern, mit denen sich andere Felder verschränken – und auf diese Art können sie auch „bewegt" werden. Dafür können „andersweltliche" nichtmenschliche Wesen verantwortlich sein, obwohl das Bewegen von Objekten energetischer Dichte sehr viel Energie erfordert. Doch auch Menschen können solche Aktivitäten *unwissentlich* verursachen, so verrückt das auch klingen mag. Ich habe in vielen Berichten über Poltergeistaktivitäten festgestellt, dass sie einen gemeinsamen Faktor haben: heranwachsende Mädchen, die ein emotionales Trauma durchmachen. Auf Wellenfeldebene senden diese Mädchen vielleicht chaotische, unausgeglichene und potenziell starke emotionale Frequenzen aus, die sich sicher mit anderen Feldern in dem Raum verschränken und ein Chaos verursachen könnten, das man dann einem „Poltergeist" zuschreibt.

Nach „spukhaften" Ereignissen erzählen Betroffene häufig, wie es an dem Ort plötzlich sehr kalt wurde. Dabei handelt es sich um den „Geist" (Bewusstsein in einer anderen Realität), der Energie in Form von Wärme aus dem Feld saugt, um Kraft für eine Kommunikation zwischen den Realitäten zu sammeln. Wenn jemand einen kalten Schauer über den Rücken hinunterlaufen fühlt, dann ist dies das elektromagnetische Feld einer Wesenheit, das sich auf das menschliche Zentralnervensystem auswirkt.

Wir könnten jetzt noch schier endlos mit ganz einfachen Erklärungen für scheinbar unmögliche Geschehnisse weitermachen. Dazu müssen wir nur unseren Geist von der gefälschten Version der Realität befreien, die uns ein ganzes Leben lang vom Mainstream-Einheitsbrei eingetrichtert wurde. Bedenken Sie, dass Politik, Regierungen, Konzerne, Wissenschaft, Medizin, Universitäten, Medien und all die anderen globalen Institutionen Tag für Tag Entscheidungen treffen, mit denen die menschliche Gesellschaft in eine bestimmte Richtung gelenkt wird – und das auf Grundlage einer Welt, die es gar nicht wirklich gibt, sondern die nur als decodierte Illusion existiert. Kein Wunder, dass die erwähnten Institutionen nur Chaos anrichten. Wie könnte es auch anders sein, wenn man eine Welt, in der alles mit allem anderen verbunden ist, als etwas wahrnimmt, in der nichts mit etwas anderem zusammenhängt? Der Traum ist der Träumer und der Träumer ist der Traum. Wenn wir das vergessen, können wir einen Albtraum erschaffen.

KAPITEL 4

WAS IST LIEBE?

„Hab genug Mut, der Liebe noch einmal und immer noch einmal zu vertrauen."
Maya Angelou

Dies ist kein Buch, in dem es einfach heißt: „Liebe ist die Antwort." Sie ist es natürlich, weil alles von ihr kommt, aber ich möchte hier im Kontext der Wechselwirkung von Realität und Bewusstsein darlegen, warum sie es ist.

Die Antwort ist die Quelle aller anderen Antworten – die Antworten auf die diversen Herausforderungen, vor denen die Menschheit steht und die im Grunde hausgemacht sind. Bei genauerer Betrachtung haben wir nämlich selbst *sämtliche* Herausforderungen über uns gebracht, weil wir anderen gestattet haben, uns unsere Wahrnehmung und Identität zu diktieren. Ich spreche in Bezug auf Die Antwort nicht von der menschlichen Version der „Liebe", die meist auf gegenseitiger Anziehung beruht. Vor vielen Jahren unterhielt ich mich in den USA mit einem Experten für Bewusstseinskontrolle. Er behauptete, zwei Menschen, die sonst auf der Straße aneinander vorübergehen würden, ohne den anderen auch nur eines Blickes zu würdigen, dazu bringen zu können, sich zu „verlieben" (voneinander angezogen zu sein), indem er bestimmte Chemikalien in ihrem Gehirn (Chemikalien = Wellenfeldfrequenzen) aktivierte.

Liebe in ihrer tiefsten Bedeutung geht weit über ein einfaches „Der oder die gefällt mir" hinaus. Aus diesem Grund kann auf Anziehung beruhende „Liebe" auch so vergänglich und zeitlich begrenzt sein. Sie muss es nicht sein, wenn andere Ausdrucksformen der Liebe mitspielen – aber sie kann es sein, wie man Tag für Tag sieht. Die am Traualtar und im Rausch der gegenseitigen Anziehung ausgesprochene Verpflichtung zu einem lebenslangen Zusammensein kann innerhalb weniger Wochen oder auch Jahre ihre Gültigkeit verlieren. Ohne eine tiefere Liebe, die eine Verbindung aufrechterhält, endet die Beziehung oft in feindseligen Gefühlen. Was wurde aus den Worten der Liebe, die man vor dem Geistlichen noch mit scheinbarer Aufrichtigkeit ausgesprochen hat? Sie waren illusorisch und bauten nicht auf *wahrer* Liebe auf. Die Liebe der Anziehung lässt sich in Redewendungen wie „Ich liebe dich, *wenn* …" und „Ich liebe dich, *weil* …" zusammenfassen. Doch Liebe im wahren und unendlichen Sinn liebt nicht nur, *wenn* und *weil*. Sie liebt einfach unendlich und nimmt dementsprechend unendliche Formen an. Im selben Bett zu liegen ist nur eine davon – und nicht einmal annähernd die wichtigste. Liebe muss auch freiwillig geschenkt und nicht eingefordert werden, weil Liebe nur dann Liebe ist, wenn sie freiwillig ist. „Ich will, dass du mich liebst“ und „Ich versuche ja, dich zu lieben“ funktionieren nicht wirklich.

Die chemische „Liebe“, bei der unser Verstand Chemikalien erzeugt, die mit „physischer“ Anziehung zu tun haben, kann natürlich eine Manifestation der Unendlichen Liebe sein, die sich in intimen Beziehungen ausdrückt. Die Sache ist die, dass „physische“ Beziehungen nur eine Ausdrucksform der Liebe sind. Im menschlichen Diskurs erleben wir Liebe am stärksten als Freundschaft. Paare, die sich „physisch“ voneinander angezogen fühlen und dann eine tiefgehende Freundschaft entwickeln, können ein Leben lang zusammenbleiben. Die auf „physischer“ Anziehung beruhende „Liebe“ kann vergehen, doch die Freundschafts-Liebe – Unendliche Liebe – vergeht nie. Ihre Tiefe zeigt sich in diesem Sprichwort: „Ein Freund ist jemand, der einen Raum betritt, wenn alle anderen ihn verlassen.“ Der Freund ist vielleicht nicht mit dem einverstanden, was Sie getan haben, er ist vielleicht sogar entsetzt darüber, aber er hält trotzdem zu Ihnen und fragt: „Wie kann ich helfen?“ Freundschaft verbindet die Herzen, während die rein auf Anziehung beruhende chemische „Liebe“ die Leistengegend bevorzugt. Gut, es kann beides zusammen sein, das ist sogar perfekt. Wenn es aber nur Letzteres ist, tickt die Uhr bereits.

Um herauszuarbeiten, wie Liebe meist falsch dargestellt wird, müssen wir mit Begriffen wie Unendliche Liebe und bedingungslose Liebe (ohne „wenn“ und „weil“) arbeiten. Wenn wir nur lieben, „wenn“ und „weil“, dann lieben wir gar nicht. Das hat mit Liebe nichts zu tun. Es ist vielmehr eine vertragliche Vereinbarung von Ursache und Wirkung – du tust dies und erhältst im Gegenzug jenes. Bitte hier unterschreiben. Unendliche Liebe ist Ursache und Wirkung *zugleich*. Sie kennt kein „wenn“ oder „weil“. Die nettesten und liebevollsten Menschen können manchmal Arschlöcher sein, doch die echte Liebe liebt weiter, auch wenn sie das Benehmen der Person nicht mag. Das heißt nicht, dass man eine enge Beziehung zu jemandem beibehalten soll, der dauernd nur widerwärtig ist. Stattdessen sollte man erkennen, dass die betreffende Person sich so verhält, weil sie weder für andere noch für sich selbst Liebe empfindet.

Genauso verhält es sich auch mit dem Bösen: Es ist ein Fehlen von Liebe für sich selbst und jene Menschen, auf deren Leben das eigene Handeln Auswirkungen hat. Ich habe 30 Jahre damit verbracht, die Psychopathen zu entlarven, die die menschliche Gesellschaft lenken, doch ich empfinde keinen Hass gegen sie. Was hätte das auch für einen Sinn? Hass würde sich auf mich auswirken, nicht auf sie, und meine eigene Wahrnehmung der Realität und des Wellenfeldzustands verzerren. Man wird zu dem, was man hasst und was man bekämpft. Das sieht man überall, wo es Hass und wahrgenommenen „Widerstand“ gibt. Der Hass bildet eine Wellenfeldverschränkung mit dem, was man hasst; für das, was man bekämpft, gilt dasselbe. Würde ich den Kult hassen, dann würde ich eine Wellenverbindung zu dem Megahass eingehen, der der Kult ist. Durch diese Wellenfeldverschränkung wird man zu dem, gegen das man lieblos Stellung nimmt. Ein perfektes Beispiel dafür sind die „Antifaschisten“, die sich wie Faschisten benehmen. Wenn wir denen, mit denen wir nicht einer Meinung sind, die Liebe entziehen, ändern wir gar nichts, sondern verurteilen uns nur dazu, dass alles so weitergeht wie bisher.

Anti-Hass = Anti-Liebe

Der Niedergang der Liebe (obwohl es immer noch eine ganze Menge davon gibt, was aber nicht in den täglichen Schlagzeilen auftaucht) lässt sich an der allgegenwärtigen „Anti-Hass“-Bewegung in allen ihren scheinbar endlosen und sich ständig wiederholenden Varianten beobachten. Wohlgemerkt, es sind keine „Pro-Liebe“-, sondern „Anti-Hass“-Gruppen – und „Anti-Hass“ ist nicht Liebe. „Anti-Hasser“ greifen vermeintliche „Hasser“ an, tragen aber selbst Hass im Gesicht und Gewalt im Kopf. Andere, darunter auch viele ultrazionistische Gruppierungen, wollen diejenigen, gegen die sich ihr „Anti-Hass“ richtet, finanziell, rechtlich und durch die Aberkennung ihrer Redefreiheit vernichten. Dank ihrer verschlossenen Herzen können sie ihrem Hass freien Lauf lassen und sich zugleich in ihrer offensiv nach außen getragenen, in Wahrheit aber geheuchelten Anti-Hass-Haltung suhlen. Wo ist die Liebe in solchen Gruppen? „Anti-Hass“ ist keine Liebe, sondern nur eine andere Bezeichnung für Hass.

Die Tatsache, dass der in den Schatten lauernde Kult mit seinen bösartigen Plänen für die Menschheit diese Anti-Hass-Hassgruppen heimlich finanziert und inszeniert, ist kein Zufall. Wenn die Wenigen ihren Willen Milliarden Menschen aufzwingen wollen, müssen diese Milliarden geteilt sein, damit man sie beherrschen und dazu manipulieren kann, einander zu versklaven. Das erreicht der Kult, indem er Gruppierungen, Fraktionen und Glaubenssysteme schafft, die in gewalttätigen Konflikten und Kämpfen um die Vormachtstellung gegeneinander ausgespielt werden können. Die neueste Version dieser Methode, die der Religion in der gesamten Menschheitsgeschichte so gut gedient hat, heißt „Identitätspolitik“. Was sind Identitätspolitik und der damit zusammenhängende Klimakult denn anderes als moderne Religionen, die von den Manipulatoren mithilfe der „Intersektionalität“ zu einer *einzigen* Religion vereint werden sollen? Intersektionalität wird definiert als „die komplexe, kumulative Art und Weise, in der sich die Auswirkungen mehrerer Arten von Diskriminierung (wie Rassismus, Sexismus und Klassismus) verbinden, überschneiden oder überlagern, insbesondere in den Erfahrungen marginalisierter Individuen oder Gruppen“. Vom Standpunkt der Manipulatoren heißt das: „Spielen wir unterschiedliche Identitätsgruppierungen im Kleinen gegeneinander aus, aber vereinen wir sie gleichzeitig auch hinter einem gemeinsamen Ziel (unserem Ziel) – nämlich dem gesellschaftlichen Umsturz –, damit wir unseren seit Langem gehegten Plan für die weltweit zentralisierte Kontrolle und Tyrannei endlich in die Tat umsetzen können.“

Wenn Sie die Scheuklappen abnehmen, sehen Sie, wie genau diese Welt Tag für Tag mehr vor unseren Augen sichtbar wird, vor allem getrieben durch den Klimakult, der auf dem Schwindel von der menschengemachten globalen Erwärmung beruht, und mehr als alles andere durch den großen Betrug mit der „Viruspandemie“, den ich später noch in allen Einzelheiten aufdecken werde. Um das gewünschte Ergebnis sicherzustellen, muss man Spaltung und Konflikte erzeugen, und dazu braucht man das Fehlen von Liebe. Mit anderen Worten: Man muss die psychopathische Mentalität der vom Kult gelenkten Manipulatoren auf die anvisierte Zielgruppe übertragen – und das erreicht man am ehesten, wenn man die Liebe aus dem menschlichen Diskurs heraussaugt, so wie die Liebe aus dem

Diskurs innerhalb des Kults herausgesaugt wurde. Man überträgt die *eigene* Mentalität auf die Zielpersonen und macht sie so zum verlängerten Arm seiner selbst.

Konflikte und Ungerechtigkeiten, die die menschliche Gesellschaft plagen, beruhen auf dem Fehlen von Liebe und ihrer wesentlichen Bestandteile wie Empathie, dem Sicherungssystem in zwischenmenschlichen Interaktionen. Empathie ist „die Fähigkeit und Bereitschaft, Empfindungen, Emotionen, Gedanken, Motive und Persönlichkeitsmerkmale einer anderen Person zu erkennen, zu verstehen und nachzuempfinden“. Wenn Sie dazu fähig sind und etwas von dem fühlen können, was der Mitmensch aufgrund Ihrer Handlungen fühlt, dann wird sich Ihre Handlungsweise ändern. Wenn Sie keine Empathie empfinden können, tun Sie einfach, was Ihnen passt – weil es keine emotionale Konsequenz daraus gibt, so extrem Ihr Verhalten auch sein mag.

Wir müssen das, was andere fühlen, nicht unbegrenzt lange mitempfinden, weil uns das nur auslaugen und den energetischen Zustand der anderen Menschen widerspiegeln würde. Es ist nur eine kurze empathische Verbindung nötig, um entweder unser eigenes Verhalten zu ändern oder jemanden zu unterstützen, der von anderen beeinträchtigt wurde. Der Kult, dem die wesentlichen Aspekte der Liebe wie Empathie und Mitgefühl fehlen, kann daher auf emotionaler Ebene seinen Plan für die Menschheit ungehindert durchziehen. Man kann den Kult in diesen Begriffen beschreiben: das *Fehlen von Liebe*. Ich bezeichne die Handlanger des Kults schon seit langer Zeit als Psychopathen und liege damit genau richtig. Das Hauptmerkmal eines Psychopathen ist nämlich … das *Fehlen von Empathie* und damit das Fehlen von *Liebe*.

Liebloses „Geld“

Das vom Kult geschaffene globale Bankensystem ist – wie erwartet – psychopathisch und damit eine Erweiterung der Mentalität seiner Schöpfer. Es ist eine Manifestation des Fehlens von Liebe und könnte mit einer Zufuhr von Liebe in seiner derzeitigen Form nicht mehr existieren. Das Bankwesen ist ein Netzwerk der organisierten Kriminalität, das darauf aufbaut, dass man Leuten „Geld“ leiht, das (außer in der Theorie) nicht existiert. Für diese „Kredite“ verlangt man Zinsen. Ein „Kredit“ ist illusorisches „Geld“ in Gestalt von Zahlen auf einem Bildschirm, das die Banken nach dem sogenannten Mindestreserve-System aus dem Nichts erschaffen dürfen. Einfach ausgedrückt heißt das, dass sie „Geld“ verleihen dürfen, das sie gar nicht haben, weil sie einen Zaubertrick namens „Kredit“ anwenden. Damit kontrollieren sie jeden, den sie in ihre Falle aus Schulden und krimineller Aktivität locken können. Der weitaus überwiegende Teil des in Umlauf befindlichen Geldes hat seinen Ursprung in Privatbanken, die falsches Geld namens „Kredit“ ausgeben. Das vom Kult geschaffene und kontrollierte Bankensystem hat die Macht, über die Menge des in Umlauf befindlichen „Geldes“ zu entscheiden, je nachdem, wie viele „Kredite“ es ausgibt. Dies wiederum bestimmt, ob wir einen Wirtschaftsaufschwung oder einen wirtschaftlichen Zusammenbruch erleben. Zieht man „Geld“ aus dem Verkehr, indem man die Verfügbarkeit von Krediten reduziert, dann macht man es vielen Leuten unmöglich, ihre Schulden zurückzuzahlen. Es ist nämlich gar nicht genug Geld – ob theoretisch oder nicht – im Umlauf, um dieses Ziel zu erreichen, wie hart die Schuldner auch immer dafür arbeiten mögen.

Wissen Sie noch, dass man den Wirtschaftseinbruch nach 2008 als „*Kredit*krise" bezeichnete? Wenn Menschen aufgrund der Handlungsweise des Banken- und Finanzsystems mit ihren Rückzahlungen in Verzug geraten, kann *dasselbe* System ihren Besitz beschlagnahmen, der als Sicherheit für den „Kredit" angeboten wurde. Auf diese Weise häuft das System ständig mehr reale Sachwerte im Austausch für nicht existierendes „Geld" an. Es ist ein unglaublicher Betrug, den keine politische Partei je infrage stellt, obwohl er die Grundlage der menschlichen Kontrolle und Versklavung ist. Warum setzen sich Politiker nie dafür ein, dass ein Land zinsenfrei sein *eigenes* Geld schöpft und es auch ohne Verzinsung an seine Bevölkerung verleiht? Ganz einfach – weil der Kult, der seine Tentakel überall ins Finanzwesen und in die Politik ausgestreckt hat, das nicht wünscht. Meiner Erfahrung nach verstehen die meisten Politiker sowieso nicht, wie das Bankwesen funktioniert.

Ich habe all das höchst detailliert schon in meinen anderen Büchern beschrieben. Die eiskalt berechnete Wirkung dieser organisierten Kriminalität besteht darin, die Bevölkerung in Schulden zu stürzen, die viele Leute nicht zurückzahlen können. Wenn dies der Fall ist, kassieren die Bankiers das Vermögen ihrer Schuldner, also deren Häuser und Wohnungen, Unternehmen, Grundstücke und andere Besitztümer – und das alles im Austausch für ein „Darlehen", das außer als Computerdatei nicht *existiert*.

Der Pandemieschwindel hat den Banken und dem Finanzsystem die Gelegenheit gegeben, die Hunde und Geier loszulassen wie nie zuvor. Sie zerren an den Gedärmen des menschlichen Elends und nehmen den Leuten ihre Behausungen, Firmen und Mittel, weil die armen Schuldner inmitten der weltweiten Finanzkatastrophe, die durch die Aktionen des Kults und seiner Helfer in idiotischen Regierungen ausgelöst wurde, ihre „Kredite" nicht zurückzahlen können. Das ist nicht Ergebnis eines Zufalls, sondern eines genau kalkulierten Plans. Der Kreditbetrug findet seit vielen Jahrhunderten statt und hat dazu geführt, dass einige Wenige der Bevölkerung den Reichtum der Welt stehlen konnten. Daher haben wir heute das „eine Prozent".

Abb. 107: „Durch Geld gefangen" – *Wer in der Welt, wie sie heute aufgebaut ist, das Geld kontrolliert, der hat durch die Kontrolle der Entscheidungsmöglichkeiten auch die Freiheit weitgehend unter Kontrolle. (Bild: Gareth Icke)*

Wer das Geld kontrolliert (insbesondere seine *theoretische* Schöpfung in Form von „Krediten"), der kontrolliert auch die Entscheidungsmöglichkeiten für die Menschen. Das bedeutet eine Kontrolle über die Freiheit oder gar deren völlige Auslöschung. Freiheit ist die Fähigkeit, Entscheidungen zu treffen. In der heutigen, vom Kult geschaffenen Struktur der menschlichen Interaktionen diktiert das „Geld“ (also wer es besitzt und wer nicht), wer noch Entscheidungen treffen kann und wer nicht … wer *Freiheit* hat und wer nicht (Abb. 107). Überlegen Sie sich das im Licht der Ereignisse des Jahres 2020. Die Diktatur über unsere Entscheidungen wird von Banken und anderen Geldkontrolleuren des Finanzsystems wie Hedgefonds und Private-Equity-Gesellschaften durchgesetzt.

Kehren wir aber nun zur Liebe und ihrem Fehlen zurück. Könnte jemand, der von einem Ort der Liebe kommt, sich jemals ein solches System der finanziellen Kontrolle aus reinem Gewinn-, Macht- und Omnipotenzstreben ausdenken oder es gar durchsetzen? Daran würde einen doch schon die Empathie hindern. Würde jemand mit Empathie Familien auf die Straße setzen, weil sie die Raten ihrer „Kredite“ nicht abzahlen können, die es ohnehin nicht gibt, nie gab und nie geben wird, außer als reines Konzept? Könnten Bankiers dies sogar Familien antun, die in Immobilien leben, für deren Kauf die Bank nie „Geld“ verliehen hat? Das ist nach dem Crash des Jahres 2008 so vielen Menschen passiert, weil Banken und korrupte Gerichtssysteme es mit gefälschten Dokumenten schafften, Häuser räumen zu lassen, mit denen sie absolut keine vertragliche Bindung hatten.

Liebe würde und könnte so etwas niemals tun. Psychopathen (die sich durch das Fehlen von Liebe auszeichnen) wären hingegen sehr wohl dazu imstande und würden dabei sogar noch einen sexuellen Rausch erleben. Das Finanzsystem, das über Entscheidungsmöglichkeiten und damit über die Freiheit der Menschen bestimmt, ist also ein Grundpfeiler der Kontrolle über die Menschheit – und er ist aus dem Fehlen von Liebe erwachsen.

Designer-„Liebe“

Dann gibt es noch das, was ich als personalisierte oder Designer-„Liebe“ bezeichne. Dabei empfindet man für die Menschen in seiner nächsten Umgebung, also zum Beispiel Familie und Freunde, echte Empathie, die sich aber nicht auf Leute außerhalb dieses Kreises erstreckt. Man erkennt diese personalisierte Form der Liebe etwa daran, wenn jemand Mitgefühl für die Notlage seiner Familie oder anderer enger Vertrauter aufbringen kann, ihm aber Menschen, die auf der anderen Seite der Welt bombardiert werden, egal sind. Ich habe oft genug beobachtet, wie Anhänger der „Liebe deine Familie“-Mentalität die Massenbombardierung anderer, weit entfernter Familien bejubelten oder sogar forderten, ebenso wie ich ständig Anti-Hasser beobachte, die alle Andersdenkenden vernichten und ausrotten wollen.

Sie alle sind Beispiele für Designer-„Liebe“, bei der man nur jene „liebt“, die einem nahestehen oder so denken wie man selbst. Das hat mit Unendlicher Liebe nichts zu tun, sondern ist endliche, illusorische Liebe. Die Religion ist dafür ein sehr gutes Beispiel. Zwischen den Gläubigen herrscht eine (illusorische) „Liebe“; für diejenigen aber, die eine andere Version von „Gott“ mit einem anderen ritualistischen Etikett verehren, empfindet man Feindseligkeit. Indien und Pakistan sind Zentren für einander feindlich gesinnte Religionen, die den Menschen vorschreiben, wen sie (in der Theorie) lieben *und* wen sie hassen sollen. Ich schreibe deshalb „in der Theorie", denn wenn man nur Menschen „liebt", die sich mit einem Etikett identifizieren, doch jene unter einem anderen Etikett hasst, liebt man im eigentlichen Sinne gar niemanden.

Wie können wir wirklich lieben, wenn wir nicht begreifen, was Liebe ist? Designer-Liebe und -Empathie finden wir auch in der Welt des Sports, wo manche Anhänger einer Fußballmannschaft die Anhänger einer anderen Mannschaft hassen, weil sie die Blasphemie begehen, die „falsche" Gruppe von Spielern zu unterstützen, die einen luftgefüllten Ball in ein Netz befördern wollen. Damit will ich nichts gegen Fußball als Form der Unterhaltung sagen – schließlich war ich selber einmal Fußballer. Ich sage nur, dass wir so sehr in der Illusion des menschlichen Lebens gefangen sind, dass wir ernsthaft nach einer Trikotfarbe gehen, um zu entscheiden, wen wir mögen, lieben und hassen. Ich wohne nicht weit entfernt von zwei Fußballvereinen an der englischen Südküste, Portsmouth und Southampton. Bei ihren Spielen gegeneinander ist eine starke Polizeipräsenz erforderlich, weil viele Anhänger der beiden Mannschaften einander hassen. Und warum? Weil eine Gruppe zu Portsmouth hält und die andere zu Southampton. Das ist alles. Ich bin kein Fan einer der beiden Mannschaften, aber wenn ich zu einem ihrer Spiele ginge, könnte ich sofort feststellen, welche Gruppe mich liebt und welche mich hasst, indem ich einfach einen Schal in den Farben einer der beiden Mannschaften trage. Das ist völlig irre (Abb. 108). Das Fehlen von Liebe kann einen solchen Irrsinn (ein extremes Ungleichgewicht) auslösen, weil Liebe Gleichgewicht *ist* – das ultimative Gleichgewicht.

Abb. 108: Unterhaltung – ja. Alles andere – Illusion.

Wo auch immer es ein Ungleichgewicht gibt – und die Menschheit neigt in dieser Hinsicht zu Extremen –, lässt sich das mit Liebe stets wieder ausgleichen. Jede Situation, in der es um Konflikt, Gewalt und Unstimmigkeiten geht (Ungleichgewicht), kann man mit einer Zufuhr von Liebe zum Besseren wenden, also wieder ins Gleichgewicht bringen. Wir können den unausgewogenen Irrsinn, den nur Liebe heilen kann, in den endlosen Kriegen zwischen Fraktionen der menschlichen Familie beobachten. Wir sind Aufmerksamkeitsbrennpunkte im selben Strom des Unendlichen Gewahrseins, kämpfen und konkurrieren also nur in der Illusion des Getrenntseins gegeneinander, um ein illusorisches Ergebnis zu erreichen. Wir sind dauernd auf der Suche, *für immer und ewig*, und der „Böse" von heute kann morgen schon der „Gute" sein. Es gibt auch kein „Ergebnis", nur die aktuelle Erfahrung. Denken Sie über jedes beliebige „Ergebnis" nach, dann werden Sie sehen, dass es immer nur ein vorübergehender Schritt („Ergebnis") vor dem nächsten Schritt („Ergebnis") ist. Es gibt keine „Ergebnisse", nur Erfahrungen, die wie Meereswellen aufeinanderfolgen.

Aber ich muss doch „etwas erreichen"! Ich muss „jemand sein"! Wozu denn – Sie sind bereits überall. Und Sie sind *auch schon* jeder und alles. Es kann sein, dass Sie etwas

Bestimmtes erleben wollen, aber das ist nicht dasselbe wie das Bedürfnis, „etwas zu erreichen“ und „jemand zu sein“, wenn Sie doch ohnehin schon überall und alles sind. Die Menschen sind so sehr damit beschäftigt und darauf fokussiert, „etwas zu erreichen“ und „jemand zu sein“, dass sie das Erleben des einzigen Moments verpassen, den es gibt – das JETZT. Wir versäumen das, was im JETZT passiert, wenn unsere Wahrnehmung in der illusorischen Vergangenheit (Bedauern, Ressentiments) gefangen ist und in die illusorische „Zukunft“ (Ich muss jemand *sein*; ich muss etwas *erreichen*) gezogen wird. Der Verlust dieses Wissens – dank des Kults übrigens ein systematischer Verlust – ist untrennbar mit dem Fehlen jener Liebe verbunden, durch die das erweiterte Gewahrsein zu uns spricht. Es ist wahr, dass man es nicht allen recht machen kann, und verständlich, dass wir uns mit unseren Nächsten am engsten verbunden fühlen. Das heißt aber nicht, dass wir keine Empathie für die Menschen außerhalb unseres Kreises empfinden können und uns um die Freiheit, gerechte Behandlung und Notlagen anderer sorgen können, auch wenn wir nicht wissen, wie sie heißen. Es gibt heutzutage einen Begriff namens „Mitleidsmüdigkeit“. Doch Mitleid ist Liebe, und Liebe kennt keine Grenzen und schon gar keine Müdigkeit. Wir können unsere Familien lieben und für sie sorgen und uns trotzdem für weit entfernte Menschen unterschiedlicher Ethnien, Religionen und Hautfarben einsetzen. Martin Luther King sagte einmal:

> Ungerechtigkeit an irgendeinem Ort bedroht die Gerechtigkeit an jedem anderen. Wir sind in einem unentrinnbaren Netz wechselseitiger Abhängigkeit verfangen und in ein einziges Gewand gemeinsamen Schicksals verwoben. Was den einen unmittelbar betrifft, betrifft alle anderen mittelbar.

Das ist buchstäblich auf mehreren Realitätsebenen wahr. Wenn man die Illusionen und die sie bestärkenden Etiketten entfernt, bleibt die Erkenntnis übrig, dass wir alle einander sind – Aufmerksamkeitsbrennpunkte im selben unendlichen Fluss des Bewusstseins, die eine kurze Erfahrung namens „menschlich“ machen.

Quelle der Liebe

Die Liebe, von der ich rede, ist mehr als nur Empathie und Mitgefühl. Sie ist *alles* – und damit ist sie auch *alles*, was wir dazu benötigen, ein Gefängnis in ein Paradies zu verwandeln. Die Liebe ist das Grundgefüge der Existenz. Ein Großteil der Menschheit wurde von ihrem Einfluss abgetrennt, und zwar von einem bösartigen Netzwerk, das ein Todeskult ist, weil es *selbst* schon länger und tiefgreifender als alle anderen vom Einfluss der Liebe abgetrennt wurde. Um diese Trennung zu begreifen, müssen wir auf DIE LEERE, DAS EINE, DEN URSPRUNG, das ALLES WAS IST IM GEWAHRSEIN SEINER SELBST zurückkommen – wie auch immer Sie es nennen wollen. Manche werden den Begriff „Gott“ bevorzugen, aber der wurde durch die Religion so in Verruf gebracht, dass er für mich keine Bedeutung mehr hat. Meiner Ansicht nach ist es eine groteske Verdrehung der Realität, DAS EINE mit dem zornigen, blutrünstigen „Gott" des Alten Testaments gleichzusetzen – dem „Gott", der seinen „Sohn" im Neuen Testament an einem Kreuz opfert oder im extremen Islam die Enthauptung von „Ungläubigen" fordert. Religiöse Fantasien haben die Absichten des Kults immens gefördert, indem sie die Quelle der Liebe im Herzen der Menschen durch einen mythischen „Gott" der Gewalt, der aufgezwungenen Regeln und der Selbstbesessenheit ersetzten, auf den religiöse Gruppierungen Anspruch erheben können. Die Gruppierungen, die dieser abscheulichen Version von „Gott" folgen, kann man dann in Konflikte und Kämpfe um die Vorherrschaft hineinmanipulieren, wie sie die Menschheit seit so langer Zeit schon plagen, spalten und beherrschen.

Ich schreibe seit Jahrzehnten darüber, dass der Kult die treibende Kraft hinter der Erschaffung der Religion war. Wir können auch verstehen, warum der Kult eine von Gott befreite Version der Mainstream-„Wissenschaft" hochgezüchtet hat, um auch beim Großteil der Menschen, die jede unverhohlen daherkommende Religion ablehnen, die Wahrnehmung der Realität zu dominieren. So oder so hat man Das Eine aus der Gleichung herausgenommen; nur so konnte man den lieblosen Plan des Kults realisieren, den Einfluss Des Einen auf Wahrnehmung und Verhalten der Menschheit zu blockieren. Ich habe meine eigene Erfahrung der „blendenden Finsternis" aus Ruhe und Stille beschrieben, die die „Schöpfung" aus der Gesamtheit aller Möglichkeiten Des Einen hervorgehen lässt. Die Schöpfung ist das Reich der Frequenz und Schwingung, der Schöpfer hingegen ist Stille und Ruhe. Die Grundlage aller Existenz ist die Allwissende Gesamtheit aller Möglichkeiten von Stille und Ruhe, während Klang und Form nur Möglichkeiten innerhalb der Gesamtheit aller Möglichkeiten sind. Als Mensch kann man Stille und Ruhe im Zustand tiefer Meditation erfahren, durch den man Zugang zum „Wissen" erlangt – der *All*wissenheit Des Einen. „Stille Kontemplation" ist eine ähnliche Erfahrung; man redet auch von der Stille des Herzens und einem ruhigen Geist. Manche Leute sagen, dass Yoga und meditative Kampfkünste wie Tai Chi sie in eine ruhige Geistesverfassung versetzen. Ich nenne meine eigenen diesbezüglichen Erfahrungen „Tagträumen". Dann erlaube ich meinem Geist, sich zu öffnen und zu fließen, ohne dass Gedankengeschwätz und der Fokus auf die Eindrücke der fünf Sinne das Tor zu diesem Zustand verschlossen halten. Diese Zustände führen mich in die Stille und Ruhe, aus denen das Wissen entspringt. Als ich im Wörterbuch die Definition von „Tagträumen" nachschlug, fand ich dort witzigerweise einen sehr passenden Beispielsatz: „Er passte im Unterricht nie auf und schien in einem permanenten Tagtraum zu sein." Das trifft genau auf meine Schulzeit und den Großteil meines Lebens bis heute zu. Das Eine ist der Ursprung der Schöpfung, der Beobachter der Schöpfung und der Erlebende der Schöpfung – durch Ausdrucksformen seiner selbst wie Sie und ich und *alles*. Wie schon Shakespeare (oder wer auch immer hinter diesem Namen steckte) schrieb:

> Die ganze Welt ist Bühne, und alle Frau'n und Männer bloße Spieler. Sie treten auf und gehen wieder ab, sein Leben lang spielt einer manche Rollen.

Die Art dieser „Rollen" wird durch die Stärke der Verbindung bestimmt, die wir zum Einen haben, während wir „auf der Bühne" stehen. Diese „Rollen" sind unsere „Persona" – unsere Schauspielermaske. Wenn Menschen an „Gott" denken, blicken sie gerne zum Himmel (wegen der Symbolik, dass Gott dort auf einer Wolke residiert). Diese Gewohnheitshandlung folgt aus dem Glauben, dass alles, was man sieht, alles ist, was es gibt. Wenn man glaubt, alles Existierende im „Raum" vor seinen Augen sehen zu können, dann muss „Gott" irgendwo „da oben" sein, weil man „ihn" nicht sehen kann. Glaubt man aber im Gegensatz dazu, dass der eigene Sichtbereich nur ein Frequenzband ist, das der Körper/Intellekt decodieren kann, dann verlagert sich das Konzept „Gott" von „da oben" nach „hier drinnen" – eine Macht, die denselben „Raum" einnimmt wie wir, aber jenseits unseres Sichtbereichs. DAS EINE ist nicht „da oben". DAS EINE durchdringt alles. Aus dieser Perspektive können wir mit Recht sagen, das „Gott überall ist" und „Liebe überall ist". Ja, das sind sie. Liebe ist überall, weil DAS EINE die Welle der Liebe ist und alles durchdringt. Und damit meine ich nach wie vor Liebe wie in Unendliche Liebe und bedingungslose Liebe.

Das Herz – Tor zum Einen

Abb. 109: Der Herzvortex in der Mitte des Brustkorbs – das Tor zum „Zuhause".

Es gibt eine Ebene der Unendlichen Realität, die die Liebe DES EINEN ist – und sie umfasst auch die Ebene des Kults. Die Eingeweihten des Kults haben sich ihrem Einfluss nur verschlossen und verhalten sich deshalb so, wie sie es tun. In der Körper/Intellekt-Erfahrung besteht unsere Hauptverbindung mit DEM EINEN durch einen geöffneten Herzvortex bzw. das Herzchakra, das nicht zufällig auch der Gleichgewichtspunkt in der Hauptreihe der sieben Chakren ist (Abb. 109); die Trennung vom EINEN ergibt sich demgemäß durch einen geschlossenen Herzvortex. Wir spüren die Liebe in all ihren Formen, sogar die reine Anziehungsliebe, in der Mitte unseres Brustkorbs, was wir mit Formulierungen wie „Ich liebe dich von ganzem Herzen" und „Du bringst mein Herz zum Flattern" umschreiben. Vom Herzchakra, über das wir uns mit der Liebe verbinden können, die DAS EINE ist, kommt die Symbolik des Herzens, das für die Liebe steht. Dieses Symbol scheint sich allerdings auf das „physische" Herz zu beziehen, wobei die wahre Verbindung zur Liebe über das spirituelle oder energetische Herz besteht, das gemeint ist, wenn man etwas „aus tiefstem Herzen" oder „im Grunde seines Herzens" empfindet. Dennoch gibt es eine entscheidende Verbindung zwischen den beiden, da das Wellenfeldherz (Chakra) auf seine holografische Projektion – das „physische" Herz – einwirkt. Wenn das Herzchakra verschlossen oder durch extreme Trauer energetisch belastet ist, kann dadurch das holografische Herz so beeinträchtigt werden, dass man tatsächlich „an gebrochenem Herzen sterben" kann. Nun versteht man auch, warum in einer Welt, die von kultinduzierter Stressbelastung, Frustration, Besorgnis und Angst überflutet ist, Herzkrankheiten eine der häufigsten Todesursachen sind. Stress, Frustration, Besorgnis und Angst sind dichte Wellenfelder, die sich auf den Herzchakra-Vortex auswirken – dafür sprechen schon die Formulierungen „Mein Herz ist voller Angst" und „Herzeleid". Unsere Sprache ist mit Sprüchen und Redewendungen gespickt, aus denen die Wahrheit über das spirituelle Herz ersichtlich ist, obwohl sie sich dem Anschein nach nur auf das „physische" Herz beziehen:

> Folge deinem Herzen; hör auf dein Herz; goldenes Herz; Herz aus Stein; Herzensentscheidung; herzliche Grüße; das Herz auf der Zunge tragen; schweres Herz; Freude im Herzen; Hand aufs Herz!; großes Herz; von ganzem Herzen; herzlos; von Herzen; sein Herz an etwas hängen; das Herz am rechten Fleck; aus tiefstem Herzen; herzzerreißend; im Herzen jung; herzerweichend; Herzensangelegenheit; Herzensgüte; fass dir ein Herz.

Man spricht auch von „Herz und Verstand" oder „ein Herz und eine Seele". Alle diese Formulierungen und viele mehr spiegeln verschiedene Zustände des Herzchakras und seiner Verbindung mit oder Trennung von der Quelle der Liebe – DEM EINEN – wider. Wir sagen zudem „Herz *und* Verstand" oder „Ein Herz *und* eine Seele". Darin drückt sich eine tiefgründige Wahrheit aus, weil hier Herz und Verstand beziehungsweise Herz und Seele immer zusammen gesehen werden. Das Herzchakra ist unsere Hauptverbindung vom Körper/Intellekt zur Seele und DEM EINEN. Wenn es verschlossen oder verkleinert ist, nimmt auch sein Einfluss auf die Wahrnehmung und Identität DES EINEN (Liebe) ab und wir sind in der Blase des reinen Körpers/Intellekts eingesperrt. *Haben wir dich!*, wie der Kult sagen würde. Viele Menschen haben das Gefühl, „verloren" zu sein. Sie tragen eine Leere in sich, die sie nicht erklären können, und sehnen sich nach etwas „Fehlendem", das sie nicht in Worte fassen können. Dieses Gefühl ist weitverbreitet und rührt aus dem Verlust einer bewussten Verbindung über das Herz zu DEM EINEN her (Abb. 110).

Abb. 110: Ein geöffnetes Herz öffnet sich für DAS EINE.

Liebe ist mehr als menschliche „Liebe“

Wenn wir über Liebe nachdenken, werden die meisten von uns über Beziehungen im Sinne von wahrer Liebe, unerwiderter Liebe und so weiter nachdenken. Liebe in dem Sinn, den ich hier beschriebe – die Liebe DES EINEN – ist jedoch weit mehr als das. Dies ist ein Hauptgrund, aus dem der Kult unsere Herzen verschließen will. Das Herzchakra ist unsere Verbindung zum EINEN, und DAS EINE ist nicht nur die Quelle der Liebe – also die Quelle dessen, was wir üblicherweise mit diesem Wort verbinden –, sondern es ist auch die *Gesamtheit aller Möglichkeiten* und ... All-*Wissend*. In vielen antiken Kulturen galt das Herz als die Verbindung zur wahren Intelligenz, der Seele und der Quelle von ALLEM WAS IST. Wenn das stimmt, dann muss das Herz auch unsere Verbindung zu dieser natürlichen oder wissenden *Intelligenz* sein. Genau das ist laut wissenschaftlichen Erkenntnissen auch wirklich der Fall, wie ich gleich erläutern werde.

Abb. 111: „Ich denke“ – *Der Kopf denkt.*

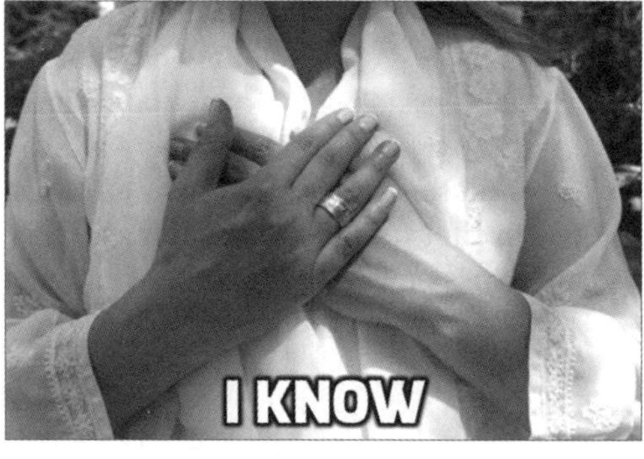

Abb. 112: „Ich weiß“ – *Das Herz weiß.*

Zuerst müssen wir aber noch den gewaltigen Unterschied zwischen dem Körper/Intellekt und der Intelligenz des Herzens mit ihrer Verbindung zu DEM EINEN herausarbeiten. Er lässt sich am ehesten durch den gigantischen Unterschied zwischen Denken und Wissen definieren. Der Körper/Intellekt *denkt*, weil er nicht *weiß*, und muss versuchen, alles durch die Informationsverarbeitung im Gehirn herauszufinden. Wissen hat seinen Ursprung nicht im Gehirn, sondern kommt aus dem Herzen und der Verbindung zum EINEN. Gesprochene Sprache und diverse Formulierungen verraten die Wahrheit über das Herz ebenso wie die Körpersprache. Wenn wir „Ich denke“ sagen, dann deuten wir dabei auf den Kopf, weil in ihm das Denken stattfindet (Abb. 111); wenn wir aber sagen „Ich weiß“, dann bewegen sich unsere Hände auf das Herz(chakra) zu, aus dem das Wissen kommt (Abb. 112). Der Körper ist eine Erweiterung des Geistes, daher *tut* er das, was der Geist *wahrnimmt*. Die Körpersprache kann also viel über den mentalen und emotionalen Zustand einer Person aussagen.

Wissen wird auch als Intuition bezeichnet, weil auch die nicht denkt, sondern *weiß*. Wenn wir etwas intuitiv wissen, haben wir keine Stunden damit zugebracht, es mit dem Gehirn auszuarbeiten. Stattdessen wird es uns innerhalb eines Augenblicks als Ganzes klar, ohne eine Abfolge von Gedanken oder eine gepunktete Linie, die uns zu einer Schlussfolgerung führen. Wir sagen dann: „Ich weiß nicht, wieso ich es weiß, aber ich *weiß* es einfach.“ Der isolierte Körper/Intellekt will hingegen über sämtliche Einzelheiten Bescheid wissen und fordert die Forschungsunterlagen ein, um zu „beweisen“, was man „weiß“. Wenn wir finden, dass etwas „kontraintuitiv“ ist, dann meinen wir in Wahrheit damit, dass es der programmierten Wahrnehmung widerspricht.

Das Gefängnis des Intellekts

Die menschliche Gesellschaft feiert den Intellekt und lehnt gleichzeitig das erweiterte Gewahrsein ab, von dem der Intellekt nur ein Bruchteil ist. Daraus folgt, dass hauptberufliche „Skeptiker“, die für alles und jedes Fünf-Sinnes-„Beweise“ einfordern, völlig vom Intellekt beherrscht werden. Ein Beispiel dafür ist die intellektuelle humanistische Bewegung, die auf dem Glauben basiert, dass diese Welt alles ist, was es gibt, ohne ein Weiterbestehen des Bewusstseins in ihre Überlegungen einzubeziehen. Humanismus wird in Philosophielexika wie folgt definiert:

> Das Bekenntnis zum Blickwinkel, den Interessen und der zentralen Bedeutung des Menschen; der Glaube an Vernunft und Autonomie als grundlegende Aspekte der menschlichen Existenz; der Glaube, dass Vernunft, Skepsis und die wissenschaftliche Methode die einzig angemessenen Instrumente zur Entdeckung der Wahrheit und Strukturierung der menschlichen Gemeinschaft sind; der Glaube, dass die Grundlagen für Ethik und Gesellschaft in Autonomie und moralischer Gleichheit zu finden sind.

Die Mainstreamwissenschaft und die akademische Welt lassen sich, wie zu erwarten, zum überwiegenden Teil von dieser Mentalität leiten, die über die fünf Sinne hinaus nichts wahrnehmen kann. Wie soll man etwas entdecken, wenn es riesige Bereiche gibt, in denen man sich zu suchen weigert? Die Grundlage des Fünf-Sinnes-Intellektualismus ist das Konzept der „Vernunft“, das in den Augen der Mainstreamwissenschaft, der akademischen Welt und des Systems im Allgemeinen darüber entscheidet, ob etwas wahr ist. Doch der Großteil dessen, was man gemeinhin „Vernunft“ nennt, ist nichts als eine vom begrenzten Gewahrsein – also der Unwissenheit – bezogene Wahrnehmung, die mit einem verschlossenen Geist einhergeht.

Was der Mainstream-Einheitsbrei als „Vernunft“ klassifiziert, beinhaltet immer „rational“ und „logisch“. Die Wörterbuchdefinitionen dieser Begriffe zeigen die Wahrnehmungs-Rückkopplungsschleife, die den Zustand der Unwissenheit weiter aufrechterhält: *Vernunft* wird als „durch logisches Denken feststellen oder schlussfolgern“ definiert; *Logik* ist „ein System vernünftiger Argumente“; und *rational* ist „auf Vernunft basierend oder mit ihr übereinstimmend“.

Abb. 113: „Ich weiß genau, wo ich bin“ – *Die menschliche Wahrnehmungsillusion.*

Doch was ist *Vernunft* wirklich? Sie ist ein Prozess der Bewertung von Informationen auf der Grundlage von wahrgenommener (programmierter) Glaubwürdigkeit und Tatsachen, um zu einer Schlussfolgerung über die Natur der Dinge zu gelangen. Die Glaubwürdigkeit und Begrenztheit Ihrer „Vernunft“ hängt ausschließlich davon ab, wie weit Sie Ihr Erkundungsnetz auszubreiten bereit sind. Wenn Sie es nur innerhalb des von außen auferlegten, briefmarkengroßen „Normal“-Bereichs auswerfen, kann „Vernunft“ nur Blödsinn sein – und ist es auch (Abb. 113). Diese Art von „Vernunft“ führt zur Versklavung der Wahrnehmung und niemals zur Erleuchtung. Der französische Mathematiker und Philosoph Blaise Pascal sagte schon im 17. Jahrhundert: „Der Zielpunkt der Vernunft ist es, die Grenzen der Vernunft aufzuzeigen.“ Nur wer einen offenen Geist und ein erweitertes Gewahrsein hat, wird diese Grenzen erkennen und überwinden können. Das folgende Beispiel stammt von einem mittelamerikanischen Schamanen:

> Wir sind Wahrnehmende, wir sind Gewahrsein; wir sind keine Objekte; wir haben keine Festigkeit. Wir sind grenzenlos. [...] Wir oder vielmehr unsere Vernunft vergessen das – und daher verstricken wir unsere Gesamtheit in einen Teufelskreis, dem wir in unserem Leben nur selten entkommen.

Solche Wahrnehmungen stellen sich ein, wenn man von der Briefmarke der „Rationalität“ und „Vernunft“ heruntersteigt. Aus diesem Grund lehrt das vom Kult geschaffene „Bildungssystem“ Kinder und Jugendliche während ihrer gesamten Entwicklungsjahre die kurzsichtige Illusion der Mainstream-„Vernunft“, die ihre Gesamtheit in einen Teufelskreis verstrickt, dem sie in ihrem Leben nur selten entkommen. Die Beschränktheit der Mainstreamwissenschaft, die Natur der Wirklichkeit zu erfassen, führt natürlich auch dazu, dass die Intuition für sie nicht existiert, weil sie nicht aus einer Fünf-Sinnes-Perspektive erklärbar ist. Wenn man seinen Geist aber ein wenig öffnet, lässt sie sich *sehr wohl* erklären. Intuitives Wissen stammt aus einer Verbindung des Herzens mit dem erweiterten Gewahrsein Des Einen sowie aus Wellenverschränkungen mit anderen Informationsfeldern. Letztere können eine Wellenfrequenz-Verbindung zu einem geliebten Menschen sein, durch die Sie wissen, was gerade mit ihm los ist, oder zu Wellenfeldern, die wir als Ereignisse und Geschehnisse – sowohl aktuelle als auch „historische“ – erleben.

Alle Menschen und Situationen sind Wellenfelder, die sich mit Dem Feld verbinden. Durch diesen Kanal können wir uns auf besagte Informationen im Feld, dem Energieozean bzw. dem Kosmischen WLAN einstimmen und auf das Gewahrsein in Form von „Wissen“ zugreifen. Man redet uns ein, es sei rätselhaft, dass Tiere trotz eines Fehlens jeglicher Hinweise auf Ebene der fünf Sinne ein Erdbeben oder schlechtes Wetter im Voraus spüren können. Doch das ist kein Rätsel. Tiere besuchen keine Schule, konsumieren keine

Medien und haben kein Smartphone. Dadurch können sie ihre natürliche Sensibilität für Veränderungen im FELD behalten, die eigentlich alle Menschen haben sollten. Sie spüren Wellenstörungen im FELD, die auf bevorstehende Probleme hinweisen, und weichen diesen Problemen nach Möglichkeit aus. Was ist das anderes als eine Form von „Intuition" oder Wissen?

Meine seit Beginn der 1990er-Jahre erschienenen Bücher stecken voller Informationen über Ereignisse, die seither passiert sind oder noch passieren. Bis Mitte der Neunziger recherchierte ich Fünf-Sinnes-Informationen und kam so zu Schlussfolgerungen über das, was vor sich geht. Ab damals wusste ich intuitiv, was los ist, und die Fünf-Sinnes-Bestätigung in Form von Fakten und Recherchen folgte erst danach. Wäre es andersherum gewesen, dann hätte ich nie eine Verbindung zwischen so vielen Themen herstellen können. Es ist das Wissen, das diese Verbindungen schafft, und die Fünf-Sinnes-Recherche, die die Details hinzufügt. Das HeartMath-Institut in den Vereinigten Staaten, das die Natur des Herzens und des Herzchakras erforscht, konnte in Studien nachweisen, dass bei Menschen, deren Herz und Geist sich im Einklang befinden, eine ungeheure Kreativität freigesetzt werden kann. Das muss auch so sein. Offene Herzen in energetischer Harmonie verbinden sich mit dem Fluss DES EINEN, der die Gesamtheit aller Möglichkeiten ist … also auch der Kreativität. Verschlossene Herzen können das nicht (Abb. 114).

Abb. 114: Verschlossene Herzen haben uns hierhergebracht. Offene Herzen werden uns nach Hause bringen. (Siehe Neil-Hague-Farbteil)

Keine Sorge, Kumpel

Ein weiterer Aspekt der Unendlichen Liebe, auf die man über das Herz zugreifen kann, ist der, dass sie nicht durch Angst belastet, blockiert und eingeschränkt ist. Die Menschheit ist so oft vor Angst erstarrt – Angst davor, etwas zu verlieren, zu gewinnen, Angst vor dem Versagen, vor Konsequenzen, vor dem Tod, vor dem Unbekannten, vor dem, was andere denken. Die Liste ließe sich seitenlang fortsetzen. Angst ist die Grundlage dafür, wie der Kult Milliarden Menschen weltweit kontrolliert und steuert (ich sage nur: Pandemieschwindel). Man gibt uns endlose Gründe, uns zu fürchten und voreinander Angst zu haben. Jeden Tag scheint es etwas anderes zu geben, das wir fürchten sollen. Früher war es die Angst, keine Nahrung zu finden, oder die Furcht davor, dass der Feind vor den Toren steht. Heute wirkt die Liste endlos – fürchte dies, fürchte das, fürchte alles. Der Ausdruck „Kultur der Angst" beschreibt die Manipulation der Angst, um die Kontrolle sicherzustellen. Die Gesamtheit all dieser Ängste führt dazu, dass die Menschen bei Autoritäten Schutz vor dem suchen, was sie fürchten, während die Angst voreinander ständig neue Spaltungen und Konflikte verursacht. Der Kult will, dass die Weltbevölkerung in seinem Polizeistaat Schutz sucht und dabei die stets noch stärkeren Zumutungen des Kults akzeptiert.

Was bei 9/11 und anderen vom Kult inszenierten Terroranschlägen geschah, soll die Menschen dazu bringen, die Aushöhlung ihrer Freiheit im Namen des Schutzes vor „Terroristen" zu suchen oder zumindest nicht infrage zu stellen. Besagte „Terroristen" werden, wie sich immer wieder aufs Neue herausstellt, von derselben Macht gesteuert, die immer weitere Gesetze erlässt, um uns vor ihnen zu „schützen". Ich habe die Wendung Problem-Reaktion-Lösung (PRL) geprägt, um diese Methode zu beschreiben: Erst schafft man hinter den Kulissen ein Problem, dann wird man von der Öffentlichkeit aufgefordert, „etwas dagegen zu tun", und schließlich bietet man ganz offen die Lösung (des Kults) an, mit der man die Gesellschaft auf die gewünschte Weise verändern kann. Der Virusschwindel ist ein eklatantes Beispiel dafür, auf das ich später genauer eingehen werde.

Es gibt aber auch eine andere Version, die ich *Kein*-Problem-Reaktion-Lösung nenne. Dafür benötigt man kein echtes Problem, sondern nur die *Wahrnehmung* eines solchen – wie bei den „Massenvernichtungswaffen" im Irak und auch beim Virusbetrug. In meinem Buch „The Trigger" finden Sie eine ausführliche Darstellung dieser Methode, ausgehend von 9/11 und all dem, was seither damit gerechtfertigt wurde. Das Schlüsselelement bei PRL-Ereignissen (auch als „Operationen unter falscher Flagge" bekannt) ist es, der Bevölkerung Angst einzujagen und sie damit bereit für die „Lösung" zu machen. In Kriesen, in denen mit Bewusstseinskontrolle experimentiert wurde, weiß man sehr gut, dass Angst und Traumata die Menschen für hypnotische Suggestion anfälliger machen. Die Medien ergehen sich Tag für Tag in immer neuen Gründen, sich zu fürchten, einschließlich der Furcht voreinander. Ein entscheidender Punkt, um die Kontrolle der Massen sicherzustellen, ist eben der, die Bevölkerung in einen Krieg gegeneinander zu hetzen.

Das Gefühl der Trennung wird ganz entscheidend durch die Wahrnehmung untermauert, dass unsere Fünf-Sinnes-Etiketten unser wahres Ich sind. Wenn wir unser Herz für den Fluss der Unendlichen Liebe und des erweiterten Gewahrseins DES EINEN öffnen, wandeln sich unsere Wahrnehmungen und die Methoden des Kults funktionieren nicht mehr. Wir werden nicht durch Furcht beeinträchtigt, weil die Unendliche Liebe weiß, dass es nichts zu fürchten gibt. Was auch immer gerade geschieht, ist nur eine kurze Erfahrung für den Körper/Intellekt, während das Wahre „Ich" die Erfahrung beobachtet und das Potenzial besitzt, sie zu ändern. Unendliche Liebe – DAS EINE – wird immer das tun, was sie für richtig erachtet; daran kann keine Manipulation, keine Angst vor Konsequenzen oder was auch immer etwas ändern. Wer an die möglichen Folgen denkt, wenn er das tut, von dem er weiß, dass es richtig ist, überlegt sich bereits, *nicht* das zu tun, von dem er weiß, dass es richtig ist. Unendliche Liebe wird das niemals tun. Ich habe mich nie gefürchtet und werde nie Angst davor haben, was mir passieren könnte, wenn ich das tue, von dem ich weiß, dass es richtig ist. Darüber hinaus weiß ich auch, dass sich solche Konsequenzen ohnehin nie manifestieren werden, wenn ich meinem Herzen folge. Nur wenn ich sie fürchten sollte, könnte ich sie mittels Wellenverschränkung auf mich ziehen. Manchen Leuten sagt man nach, ein „schwaches Herz" zu haben. Aber so etwas gibt es gar nicht. Einen „schwachen Verstand" vielleicht, ja, aber das Herz in seiner Kraft ist niemals „schwach".

Es ist die Liebe im wahren und unendlichen Sinn, durch die wir mit erweiterten Zuständen von Gewahrsein, innewohnender Intelligenz, Weisheit, Wissen, intuitiver Erkenntnis, Mut und dem, was über Mut hinausgeht – nämlich der Abwesenheit von Angst –, Verbindung aufnehmen. Angst ist ja eigentlich nur das Fehlen von Liebe, so wie Liebe in ihrer reinsten und stärksten Form das Fehlen von Angst ist. Was zeigt denn die Welt von heute (und schon seit geraumer Zeit in der „Vergangenheit") anderes als das Fehlen von erweiterten Zuständen von Gewahrsein, innewohnender Intelligenz, Weisheit, Wissen, intuitiver Erkenntnis, Mut und dem, was über Mut hinausgeht – nämlich die Abwesenheit von Angst? All das sind Aspekte der Unendlichen Liebe, die von Dem Einen ausgeht.

Wir können ein Fehlen von Liebe in der menschlichen Gesellschaft konstatieren, aber das heißt nicht, dass die Liebe „nicht existiert". Weit gefehlt! Wir erleben täglich erstaunliche Akte der Empathie und des Mitgefühls in Beispielen persönlicher und kollektiver Liebe. Wir sehen sie auch in Mut und Selbstaufopferung, die uns einen Einblick in die Unendliche Liebe gewähren, von der hier die Rede ist. Solche Taten sind jedoch nicht die Norm, viel öfter kommt als Reaktion „Nicht mein Problem ..." Es stimmt auch (und hat ernsthafte Folgen für das menschliche Wohlbefinden), dass solche Akte der Liebe am seltensten in den Schaltstellen der wirtschaftlichen, politischen und administrativen Macht sowie einflussreichen Kreisen vorkommen. Dafür ist der Kult verantwortlich – und das muss sich ändern, wenn wir das Ziel des Kults, die Menschheit total zu kontrollieren, vereiteln wollen. Beim derzeitigen Stand der Dinge ist die entscheidende Phase dieser Übernahme keine paar Jahrzehnte mehr entfernt und wir sollten sie dringend aufhalten. (Den vorigen Satz und 85 Prozent dieses Buches habe ich geschrieben, bevor der Kult durch seine künstlich erzeugte Virenangst weltweit ein erstaunliches Ausmaß an Macht an sich reißen konnte.)

Abb. 115: „Liebe ist die Erkenntnis, dass wir alle einander sind" – *Darum ist es so verrückt, Menschen nach ihren vorübergehenden und illusorischen Etiketten zu beurteilen.*

Wenn der Kult uns seine Kontrolle auferlegen will, muss er die Illusion des Getrenntseins aufrechterhalten, damit er ungehindert teilen und herrschen kann. Es liegt in unserer Macht, diese Wände der Illusion niederzureißen, wann immer wir wollen, und die Wahrheit dahinter zu sehen – die Wahrheit, dass wir *alle* Liebe sind und das auch immer schon waren, trotz unserer oft sehr täuschenden Verkleidungen. Wir haben vergessen und wurden zum Vergessen motiviert und manipuliert. Daraus entstand eine Welt, die diesen Gedächtnisschwund widerspiegelt, doch jetzt erwacht die vergessene Liebe in den Herzen und Köpfen langsam wieder. Viele erinnern sich, und je mehr Menschen sich erinnern, desto schneller werden die Illusionen verblassen und einstürzen. Aus der neuen kollektiven Wahrnehmung, die auf der Erkenntnis beruht, dass wir alle einander sind, muss eine neue Realität hervorgehen (Abb. 115).

Liebe ist, *was* wir sind. Das Fehlen von Liebe ist, *wo* wir sind. Was ist also DIE ANTWORT? Diese Frage beantwortet sich selbst.

Die Wissenschaft der Liebe

Das HeartMath-Institut wurde 1991 in Kalifornien gegründet, um den Einfluss des Herzens auf das menschliche Verhalten und psychische Wohlbefinden sowie vieles andere zu erforschen. Das Institut hat seitdem eine beträchtliche Menge an Informationen geliefert, die bestätigen, dass das Herz viel mehr ist, als es zu sein scheint. Man stellte fest, dass sowohl Herzchakra als auch „physisches Herz" zentrale Elemente der menschlichen Psychologie, Wahrnehmung und Gesundheit (Harmonie) in all ihren Formen sind. Wenn die Herzenergie (Liebe) harmonisch fließt, ist alles gut – wenn nicht, löst das eine Reihe von Problemen aus.

Ein Aspekt der Liebe ist es, die Dinge ins Gleichgewicht zu bringen. Die Forschungen am HeartMath-Institut sollten also bestätigen, dass das Herz, wenn es für den Fluss der Liebe offen ist, ein Gleichgewicht in den Systemen und der Informationsverarbeitung des Körpers/Intellekts herstellt. Man redet uns immer ein, dass das Gehirn alles regelt; dabei ist es das Herz, das sein Gleichgewicht oder Ungleichgewicht ans Gehirn vermittelt, wo der jeweilige Zustand als Wahrnehmung verarbeitet wird. Wenn ich in diesem Zusammenhang vom Herzen spreche, beziehe ich mich aus Gründen der Einfachheit sowohl auf das Herzchakra als auch seine holografische „physische Projektion", wobei das Herzchakra das entscheidende Element ist. Befinden Herz, Gehirn und Zentralnervensystem sich in Harmonie oder „Kohärenz", dann tritt die Person laut HeartMath-Institut in einen erweiterten Bewusstseinszustand ein; bei Disharmonie oder Inkohärenz ist das Gegenteil der Fall. Meiner Ansicht nach ist Letzteres so, weil die Verbindung über das Herz zur Seele und DEM EINEN dann aufhört, das wahre Ausmaß seines Gewahrseins, der ihm innewohnenden Intelligenz und seines Gleichgewichts (Liebe) an die psychischen und „physischen" Systeme des Körpers/Intellekts weiterzugeben.

Andere Studien zeigen, dass wir, wenn Herz und Geist im Einklang sind, in Bewusstseinszustände eintreten, die als „nichtlokal" oder „außerhalb der Grenzen von Zeit und Raum" bezeichnet werden. Der isolierte Körper/Intellekt lebt in seiner Blase der „Zeit", während das Herz im JETZT lebt. Wenn Herz und Geist in Harmonie sind, können die Menschen auch klarer denken. Energetische Verzerrungen und Chaos, die aus einem Ungleichgewicht von Herz und Geist entstehen (zum Beispiel Traumata und Stress), stören das „klare Denken". Aus offensichtlichen Gründen will der Kult nicht, dass seine Zielpersonen vom EINEN über die Herzverbindung beeinflusst werden, und versucht daher, die menschliche Gehirnwahrnehmung (*in* der Welt und *von* der Welt) von der Herzwahrnehmung (*in* der Welt, aber nicht *von* ihr) zu isolieren. Diese zwei Wahrnehmungszustände unterscheiden sich ganz gewaltig voneinander. Die Vorgehensweise des Kults besteht darin, die menschliche Gesellschaft so aufzubauen, dass ein Maximum an Angst, Stress, Sorge,

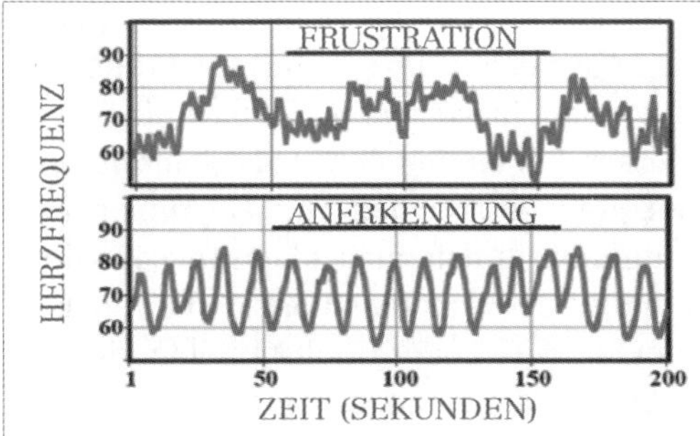

Abb. 116: Unterschiedliche mentale und emotionale Zustände erzeugen Frequenzkohärenz oder -inkohärenz – also eine Verbindung zum oder Abkopplung vom erweiterten Gewahrsein.

Abb. 117: Herzbewusstsein verbindet und sieht alles als Einheit.

Abb. 118: Gehirnbewusstsein trennt und sieht alles als von allem anderen getrennt.

Depression, Hass, Bedauern, Ressentiments, inneren und äußeren Konflikten etc. – all das, was ich niedrig schwingende Emotionen nenne – garantiert ist. Dies lässt sich auch exakt als disharmonische und inkohärente fortwährende Emotion beschreiben; ich habe dafür auch schon den Ausdruck *white noise emotion* gehört, also eine Emotion, die als Hintergrundrauschen immer mitläuft. Studien am HeartMath-Institut haben bestätigt, dass dadurch die Kommunikation zwischen Herz, Gehirn und Zentralnervensystem gestört wird und erweiterte Bewusstseinszustände unterdrückt werden (Abb. 116).

Wer sich in einem Zustand der energetischen (Informations-)Inkohärenz befindet, zieht sich wahrnehmungsmäßig in die *Blase* zurück. Je mehr Angst, Stress, Sorge, Depression, Hass, Bedauern, Ressentiments, innere und äußere Konflikte der Kult erzeugen kann, desto tiefer ist die Wahrnehmungsversklavung, weil die betroffenen Personen in den Illusionen der fünf Sinne gefangen sind. Die Kohärenz bzw. Inkohärenz von Herz und Geist hat eine wesentliche Wirkung auf die psychische und „physische" Gesundheit.

Die Forscher am HeartMath-Institut sprechen von einer „Biokommunikation" oder einer energetischen Übertragung zwischen offenen Herzen. Ich nenne dies Wellenverschränkung. Herzwellen (Liebe, Harmonie, Seele, Das Eine) verbinden sich mit ähnlichen Wellen in anderen Menschen und stellen so eine Wahrnehmungseinheit her, die mit dem *Einssein* verbunden ist. Das kann zwischen Menschen, Menschen und Tieren oder Menschen, Tieren und der „natürlichen Welt" stattfinden (Abb. 117). Wenn Herzwellen schwach oder inkohärent sind, geht die Wahrnehmungseinheit des *Einsseins* zugunsten der Vorherrschaft der Gehirnwellenverbindungen verloren, die ohne den Einfluss des Herzens alles so darstellen, als wäre es von allem anderen getrennt (Abb. 118). Das zeigt noch deutlicher, warum der Kult stets das Herz ins Visier nimmt.

Der Kult kann die wahre Liebe, die vom EINEN durch das Herz fließt, nicht direkt beeinflussen. Ihre Frequenz ist so hoch, dass die Handlanger des Kults und ihre nichtmenschlichen Meister keine Verbindung dazu herstellen können. Ihr Verhalten ist darauf zurückzuführen, dass sie sich vor ihrem Einfluss verschlossen haben und daher als „herzlos" und Angehörige der „dunklen Seite" bezeichnet werden können. Trotzdem sind sie immer noch ein Ausdruck DES EINEN und können zur Wahrnehmungseinheit zurückkehren, sobald sie sich dafür entscheiden. Derzeit stellen sie auf der Bühne zwar die „Bösen" dar, doch es wartet immer ein anderes Kostüm auf sie, in dem sie eine andere Rolle spielen können. Da sie nicht in der Lage sind, einen direkten Einfluss auf die Liebe auszuüben, müssen sie versuchen, deren Einfluss auf ihre menschlichen Ziele zu blockieren. Sie tun dies durch eine Manipulation des menschlichen Lebens, das möglichst viele niedrig schwingende Emotionen erzeugen soll, wodurch sich der Herzchakra-Kanal schließt sowie energetische Verzerrungen und Inkohärenzen zwischen Herz, Gehirn und Zentralnervensystem geschaffen werden, damit der Körper/Intellekt im Wahrnehmungsgefängnis des Kults isoliert wird. Entscheidend für dieses Vorhaben ist es, die Massen in Unwissenheit über ihre wahre Identität zu halten. Erst wenn sich dieser Schleier hebt, haben wir die Macht, uns über das Herz neu mit unserer Seele und DEM EINEN zu verbinden – dann hat der Kult ausgespielt.

Sobald wir aus dem Herzen sprechen und handeln statt nur aus dem Körper/Intellekt, ändert sich alles. Wenn sich das Herz für DAS EINE öffnet, werden wir statt des Getrenntseins die Einheit aller Dinge erkennen. Dann erfahren wir bewusst unsere Individualität, aber auch den unendlichen Strom des Bewusstseins, der uns alle verbindet. Wir werden sehen, dass es absolut lächerlich ist, Menschen nach ihrer Volkszugehörigkeit und ihren Etiketten zu beurteilen – und dass dies ironischerweise niemand mit mehr Besessenheit tut als „Antirassisten".

Ich kann aus eigener Erfahrung sprechen. Mit meinem bewussten „Erwachen" in den Jahren 1990 und 1991 begann der durch mein Kundalini-Erlebnis ausgelöste Prozess der Öffnung meines Herzens. Von diesem Augenblick an – und mit Fortschreiten des Prozesses immer mehr – habe ich die Verbindungen und die Einheit (DAS EINE) gesehen, die alle scheinbar voneinander unabhängigen Punkte in meinem Leben (Menschen, Erfahrungen, alles andere) miteinander verknüpfen. Eine Öffnung des Herzens bedeutet nicht, dass man sich plötzlich „perfekt" zu verhalten beginnt (was heißt „perfekt" überhaupt?), sondern dass man von nun an von etwas über den Körper/Intellekt Hinausgehendem beeinflusst wird und sich der eigene Gewahrseinszustand erweitert. Je weiter dieser Prozess voranschreitet, desto mehr erkennt man, dass die erwähnten Punkte eigentlich nur

Abb. 119: „Menschlich" ist nur ein Aufmerksamkeitsbrennpunkt innerhalb eines äußerst schmalen Frequenzbands. Wir können unseren Geist aber auch zu einer Verbindung mit erweitertem Gewahrsein öffnen und unsere Realität aus einer völlig anderen Perspektive wahrnehmen. (Bild: Neil Hague)

verschiedene Aufmerksamkeits- und Gewahrseinsbrennpunkte innerhalb eines einheitlichen Ganzen sind (Abb. 119). Die Öffnung des Herzens bedeutet auch nicht, dass wir nie in den isolierten Körper/Intellekt-Modus zurückfallen werden. Solche Rückfälle werden jedoch seltener, je mehr das Herz an der Erarbeitung der Wahrnehmung beteiligt ist.

Folge deinem Herzen

In den frühen 1990er-Jahren kam ich zu einem Entschluss, der mein Leben mehr veränderte als alles andere: Wenn mein Herz und mein Kopf (Intuition und Denken) von nun an im Widerspruch zueinander standen, würde ich immer meinem Herzen und damit der Intuition folgen. Diese Entscheidung führte mich in etliche interessante Situationen, Erfahrungen und unbequeme Zustände. Ich war unter anderem massivem Spott ausgesetzt – und in solchen Momenten schreit das Gehirn: „Siehst du nun, was passiert, wenn du nicht auf mich hörst?!" Der Konflikt zwischen Hirn und Herz beeinträchtigt bis zu einem gewissen Grad das Leben fast aller Menschen, weil es hier um unterschiedliche Weltsichten und Entscheidungsmuster geht. Die meisten Menschen folgen ihrem Kopf („Denk doch mal nach!"), auch wenn die aus dem Herzen kommende Intuition sie in eine andere Richtung drängt.

Das Herz sieht die Realität und die meisten Situationen anders als der Kopf. Es hat aus einem Zustand erweiterten Gewahrseins eine andere Sicht auf das Leben, die sich nicht auf die Wahrnehmungsnormen der menschlichen Körper/Intellekt-Gesellschaft beschränkt. Wer seinem Herzen folgt, handelt nicht im briefmarkengroßen „Normal", das die überwiegende Mehrheit (dank der Kopfwahrnehmung) immer noch für die „wirkliche" Welt hält. Ich trug die Konsequenzen daraus, die sich in einem geradezu historischen Ausmaß an Spott und Hohn ausdrückten. Glücklicherweise bin ich ein sturer Kerl, wenn ich das sein will, und ließ mich nicht wieder in die Herde zurückdrängen. Stattdessen beschloss ich, bei meinen Ansichten zu bleiben. Und dann passiert irgendwann etwas Wunderbares: Die Kopfperspektive erkennt, dass es zwar zu Schwierigkeiten führen kann, wenn man der Intuition des Herzens folgt, aber dennoch letztlich alles gut geht – und zwar nicht trotz der Schwierigkeiten, sondern *wegen* ihnen.

Unsere größten Gaben sind oft hervorragend als unser schlimmster Albtraum getarnt. Der Spott der Massen, so schwer er auch zu ertragen war, machte mich im Endeffekt zu dem, der ich bin. Mein Kopf (begrenztes Gewahrsein) wusste nicht, was da passierte, doch mein Herz (erweitertes Gewahrsein) tat es mit Sicherheit. Der Körper/Intellekt kann genau bis zur nächsten Biegung des Flusses sehen, aber das Herz sieht den ganzen Fluss, von der Quelle bis zum Meer. Das Bewusstsein, mit dem sich mein Herz verband und das mich zu einer scheinbar seltsamen Handlungsweise drängte, wusste genau, dass ich demnächst Informationen wie die über gestaltwandelnde Menschen verbreiten würde, die mir jede Menge Spott und Beschimpfungen einbringen sollten. Um das durchzuhalten, musste jede Besorgnis darüber, was andere von mir denken oder sagen könnten, ausgelöscht wer-

Abb. 120: Die Blase scheint Sinn zu ergeben – bis sie platzt. Dann zeigt sich die „wirkliche Welt" innerhalb der Blase als das, was sie tatsächlich ist: ein Wahnwitz.

den. Während ich den massenhaften Spott erlebte, erschien er mir wie ein Albtraum, doch in Wahrheit war er eine Gabe, die mich frei machte.

So sieht der Unterschied in der Perspektive von Kopf und Herz aus. Der Kopf reagiert auf jeden Vorfall, das Herz agiert auf lange Sicht. Mittlerweile arbeiten mein Herz und mein Kopf seit Jahrzehnten im Einklang miteinander. Wenn mein Herz sagt: „Tu dies, geh dorthin", sagt der Kopf: „Gut, dann los!" Der Krieg ist vorbei. Herz und Hirn werden eins. Fast jeder wird vom System in die Unbewusstheit gepresst – und der Druck, dort zu bleiben, bis der Leichenwagen kommt, hält unaufhörlich an. Da ist es kein Wunder, dass wir so lange Zeit, oft sogar das ganze Leben, in der Blase verbringen. *Aber das müssen wir nicht.* Wir können uns alle jederzeit für das erweiterte Gewahrsein öffnen, das ja unser natürlicher Zustand ist. Das gilt vor allem dann, wenn wir wissen, wie das funktioniert (Abb. 120). Dazu werde ich im letzten Kapitel dieses Buches kommen, doch ich verrate Ihnen jetzt schon eines: Es ist viel einfacher, als die meisten Menschen glauben.

Herz-Hirn-Bauch

Vor diesem Hintergrund war ich kein bisschen überrascht, als ich herausfand, dass durch wissenschaftliche Forschungen wichtige wahrnehmungsbestimmende Verbindungen zwischen Hirn und Herz identifiziert worden waren. Die Mainstreamwissenschaft hat lange geglaubt, dass das Gehirn das Gehirn und das Herz das Herz ist – ein weiteres Beispiel für die Illusion, die dadurch gespeist wird, dass man alles getrennt von allem anderen sieht. Man nahm lange an, dass das Gehirn einen Großteil der Wahrnehmungsinformationen verarbeitet; dabei ist in Wahrheit das Herz wesentlich einflussreicher. Das Herz projiziert das stärkste elektromagnetische Feld des Körpers, das 5.000-mal stärker ist als das Feld des Gehirns und noch in mehreren Metern Entfernung vom Körper angemessen werden kann (Abb. 121). Man würde wohl

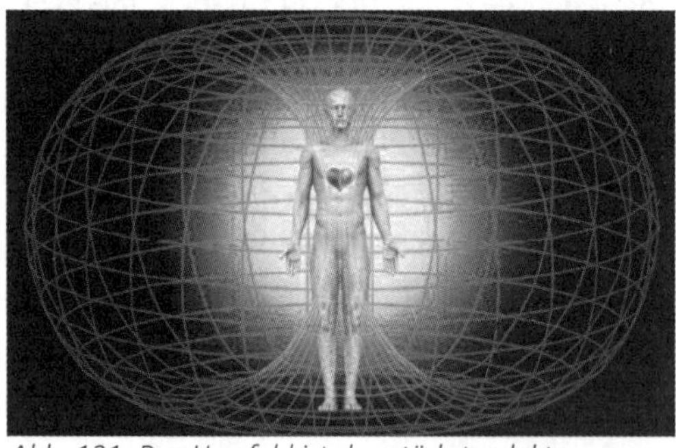

Abb. 121: Das Herzfeld ist das stärkste elektromagnetische Feld im Körper.

erwarten, dass die stärksten elektromagnetischen Wellen von der Quelle des am meisten erweiterten Bewusstseins ausgehen. Das Herz erzeugt im menschlichen Körper zudem die meiste Bioelektrizität und übertrifft auch hier das Gehirn um das bis zu 60-Fache.

Es wird weit mehr Kommunikation vom Herz zum Gehirn geleitet als in die andere Richtung. Zudem ist das Herz das einzige Organ, das unabhängig Informationen ans Gehirn senden kann. Das Herz kann auch unabhängig *vom* Gehirn agieren, hat sein eigenes Lang- und Kurzzeitgedächtnis sowie ein eigenes Nervensystem. Das Organ verfügt über etwa 40.000 Neuronen und ein Netzwerk von Neurotransmittern, was zum Ausdruck „Herzgehirn" geführt hat. Wissenschaftliche Untersuchungen haben ergeben, dass das Herz Informationen *vor* dem Gehirn empfängt und diese mit seiner eigenen Wahrnehmung an verschiedene Gehirnteile weiterleitet. Das Gehirn wiederum meldet in einer Rückkopplungsschleife Daten über seine Kohärenz oder Inkohärenz an das Herz zurück. Das Herz kann den Verstand öffnen; der Verstand kann das Herz verschließen. Informationsübertragungen vom Herzen wirken sich im Speziellen auf die frontalen Gehirnbereiche aus, die für Denken, Logik, Sprechen und Sprache, Koordination, Objektunterscheidung, Langzeitgedächtnis, Empathie (natürlich), Persönlichkeit, Aufmerksamkeit und Motivation zuständig sind. Der Frontallappen hat auch mit dem Streben nach Belohnung und der Gehirnchemikalie Dopamin zu tun, die von Social-Media-Plattformen wie Facebook (mehr dazu später) gnadenlos manipuliert werden. Die Herzkommunikation hat einen immensen Einfluss auf die Wahrnehmungssysteme des Gehirns, wenn Herz und Hirn harmonisch bzw. kohärent zusammenarbeiten. Diese Interaktionen werden jedoch verzerrt, wenn die Verbindung schwach oder gestört ist.

Ein offenes Herz und ein offener Verstand erzeugen eine Rückkopplungsschleife, in der beide Partner als Einheit arbeiten und wahrnehmen. Trennungen zwischen Herz und Gehirn führen zu den gegensätzlichen Wahrnehmungen „Was sagt dir dein Kopf?" und „Was sagt dir dein Herz?" Es existieren aber auch noch andere Wahrnehmungsverbindungen zum emotionalen Zentrum im Bauch, die zu „Was sagt dir dein Bauch?" oder „Wie sieht dein Bauchgefühl aus?" führen. Wenn Herz, Gehirn, Bauch und Nervensystem in Kohärenz miteinander kommunizieren, lautet die Frage nur „Was sagst DU?" Einheit und Einssein sind dann hergestellt.

Bauch, Herz und Gehirn sind durch den Vagusnerv – den längsten und komplexesten der Hirnnerven, die im Gehirn entspringen – miteinander verbunden. Der Wortteil „Vagus" kommt vom lateinischen Wort *vagari,* das „umherschweifen" bedeutet und die Natur sowie Funktion dieses Nervs sehr gut beschreibt. Sowohl der Vagusnerv als auch der Darm (Bauch) sind für die psychologische und „physische" Gesundheit des Menschen sehr viel wichtiger, als weithin angenommen wird. Sie sind zudem die Quelle energetischer Kraft – man hat „Wut im Bauch". Auch das kann durch niedrig schwingende Emotionen sabotiert werden, die wir durch das Bauchchakra im Darm spüren. Wir alle kennen Menschen mit „Bierbäuchen", doch dieselben vorgewölbten Bäuche kann man auch bei spirituell entwickelten Menschen im Osten sehen, die kein Bier trinken. Für sie ist der Bauch der Ort der energetischen Kraft und ein Wahrnehmungsbrennpunkt, den sie als *hara* oder *tanden* bezeichnen. Aus ästhetischen Gründen könnte man vielleicht einen Waschbrettbauch anstreben, aber ist der auch als *hara* geeignet? Viele Experten für diese

Themen sagen Nein. Im Idealfall wollen wir eine harmonische Verbindung zwischen Herz, Darm, Gehirn und Nervensystem, um unsere Kraft wirklich leben zu können. Damit will ich nicht sagen, dass wir viel Bier trinken sollten – es gibt ja den Bierbauch und den *hara*-Bauch, und die sind nicht dasselbe. Auf der Website des HeartMath-Instituts heißt es zur Herz-Hirn-Verbindung:

> Die Forschung hat gezeigt, dass das Herz über vier Hauptwege mit dem Gehirn kommuniziert: neurologisch (durch die Übertragung von Nervensignalen), biochemisch (über Hormone und Neurotransmitter), biophysikalisch (durch Druckwellen) und energetisch (durch Wechselwirkungen elektromagnetischer Felder). Die Kommunikation über all diese Kanäle hat einen maßgeblichen Einfluss auf die Gehirnaktivität.

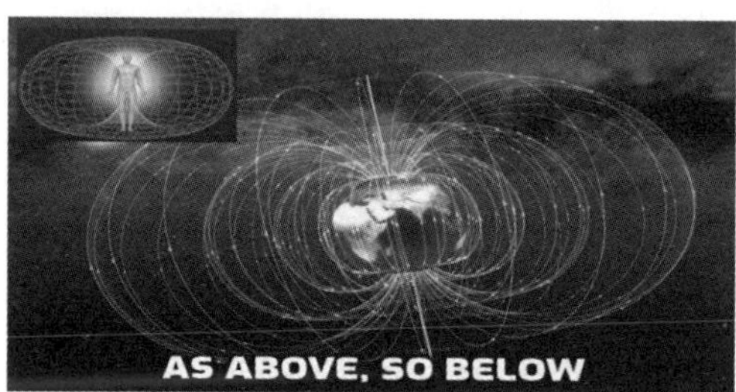

Abb. 122: „Wie oben, so unten" – Auch das Erdmagnetfeld und das Körperfeld spiegeln das holografische Prinzip wider.

Das Herz ist Liebe, die Gleichgewicht ist. Wellen aus einem offenen Herzen können alle anderen Systeme – mentale, emotionale, „physische", was auch immer – ins Gleichgewicht bringen und eine harmonische Verbindung zum Bewusstseinsfeld der Erde sicherstellen, was wiederum zu einer harmonischen Wechselwirkung zwischen Menschen und Natur führt (Abb. 122). Dieses Gleichgewicht spiegelt die Einheit, Harmonie und das Einssein wider, das Liebe und Das Eine ist. Ich habe schon erwähnt, dass es kein Ungleichgewicht und keinen Konflikt gibt, den eine Zufuhr von Liebe nicht harmonisieren könnte. Das schließt auch die mentalen, emotionalen und biologischen Systeme des Körpers/Intellekts ein. Das Herz gleicht Emotionen durch seine Verbindung zur emotionsregulierenden Amygdala im Gehirn und die Freisetzung von Hormonen aus. Durch diese zentrale Verbindung zwischen Emotionen und Herz wird klar, warum Stress eine so häufige Ursache für Herzerkrankungen ist – die gestörte Wellenverschränkung und ein sich schließendes Herzchakra wirken sich auf das „physische Herz" aus. Die Schwingung der Herzchakra-Energie, das Wellenfeld des Körpers und die elektrischen Rhythmen des holografischen Herzens sind miteinander verbunden. Ein Wellenungleichgewicht vom Herzchakra wird ans „physische" Herz übertragen, aber wenn sich das Chakra der Liebe öffnet, werden stärkere und ausgeglichenere Energien frei, die wir mit dem Körper/Intellekt und dessen emotionalen Prozessen austauschen.

Studien haben gezeigt, dass die Rückkopplungsschleife des Herzens mit emotionalen Zuständen einen starken Einfluss auf Art und Stärke des elektromagnetischen Felds des Herzens hat. Dieses Feld wird durch niedrig schwingende Emotionen geschwächt und durch andere wie Liebe, Wertschätzung, Mitgefühl, Empathie und Freude („Ich habe Freude im Herzen") gestärkt. Angst und Sorgen fühlen wir im Bauch; Liebe, Wertschätzung, Mitgefühl, Empathie und Freude sind hingegen „herzliche" Emotionen. Dies ist ein weiterer Grund, warum der Kult niedrig schwingende Emotionen zu erzeugen versucht –

er will damit die Herzen der Menschen verschließen. Herzwellen können energetisch so stark verdichtet – so tief „hinuntergezogen“ – werden, dass es die Ausdrücke „verschlossenes Herz“ und „Herz aus Stein“ dafür gibt. Die Kultisten versuchen uns dahin zu manipulieren, damit die Menschheit so wird wie sie.

Das Herz ist unser Zugangspunkt zur Weisheit – der Weisheit erweiterter Bewusstseinszustände. Der Kult will natürlich eines am allerwenigsten: dass die Menschheit weise wird. Weisheit durchschaut die Illusion nämlich. Das sogenannte herzbasierte Leben führt durch seine Verbindung zum erweiterten Gewahrsein sowie einem Gleichgewicht zwischen Herz, Körper und Verstand zu Weisheit, Intelligenz und Klarheit der Wahrnehmung. Ich würde hier allerdings auch eine Warnung aussprechen. Ich habe etliche Leute gesehen, die sich für herzbasiert halten und die Erkenntnisse der Forschungen am HeartMath-Institut vertreten, aber mit Sicherheit zu blauäugig in die Welt sehen. Viele von ihnen verleugnen den Plan des Kults und vermeiden jede Information, die sie für „negativ“ halten. Ich konnte das in der „New Age“-Bewegung beobachten, wo sich dieses Leugnen hinter dem Begriff „positiv“ versteckte. Der Kult ist sehr froh darüber, dass Menschen in ihrer Blase des „positiven Denkens“ verharren. Dadurch kann er ungehindert seinem Vorhaben nachgehen, die Bevölkerung dahin zu manipulieren, dass ihr ein herzbasiertes Leben und „positive Emotionen“ ohnehin unmöglich sind.

Das „Spirituelle“ ist leichte Beute, wenn ihm nicht eine gewisse Cleverness den Rücken stärkt. Nichts ist leichter zu manipulieren als naive Aufrichtigkeit. Es gibt sicher eine Menge „herzbasierte“ Menschen, die ihr Mitgefühl für den Planeten Erde ausdrücken, indem sie Maßnahmen gegen den menschengemachten Klimawandel und für die Zentralisierung der Macht unterstützen. Schließlich geht es ja darum, „den Planeten zu retten“. Dabei handelt es sich jedoch um einen vom Kult erschaffenen Schwindel, der genau diese Zentralisierung der weltweiten Macht rechtfertigen soll. Im Herzen steckt weit mehr als nur „positive Emotionen“. Wir müssen uns der Realität bewusst sein *und* registrieren, wer so unermüdlich daran arbeitet, unser Realitätsbewusstsein zu behindern. Wenn man Letzteres ignoriert, hat das nichts mit Weisheit zu tun – herzbasiert oder sonst wie. Es ist vielmehr eine Leugnung der Realität. Man muss nicht „negativ“ sein, um der Realität ins Auge zu blicken, damit man damit umgehen kann und weiß, wie das Spiel gespielt wird. Wer wirklich in seinem Herzen ist, kann unangenehme Informationen verbreiten, ohne davon seine eigenen Felder und Flüsse stören zu lassen. Wie würde sonst DAS EINE solche „Negativität“ beobachten, ohne hineingezogen zu werden? Das dahinterstehende Prinzip ist dasselbe. Seit wann soll das Wissen über *irgendetwas* überhaupt „negativ“ sein? Wissen ist nie „gut“ oder „schlecht“, „positiv“ oder „negativ“. Es kommt immer darauf ein, wie es verwendet, verarbeitet und gehandhabt wird. Liebe ist Information – jede Information und nicht nur die Teile, die uns gefallen.

Von allem Anfang an

Liebe und Emotionen des Herzens – oder ihr Fehlen – können sich tiefgreifend auf Babys im Mutterleib und nach der Geburt auswirken. Ich habe das Buch „Die Kraft der Elternliebe: Wie Zuwendung das kindliche Gehirn prägt" der britischen Psychotherapeutin Dr. Sue Gerhardt gelesen, in dem die Autorin die Verbindungen zwischen der emotionalen Umgebung und der Entwicklung des ungeborenen Kindes mit besonderem Schwerpunkt auf die Zeit zwischen der Empfängnis und dem vollendeten zweiten Lebensjahr dokumentiert. Es ist ernüchternd, Bilder von einem Kind im Mutterleib zu sehen, das zusammenzuckt, wenn die Eltern einander anschreien. Es gibt einige Kulturen, die das schon seit frühester Zeit wissen und beachten. Dort darf niemand in Gegenwart einer Schwangeren die Stimme erheben, sondern muss ruhig bleiben. Gerhardt beschreibt eine Schwangerschaft im südamerikanischen Patagonien:

> Wenn eine Patagonierin schwanger ist, werden alle unliebsamen Gegenstände von ihr ferngehalten; sie wird morgens mit Musik geweckt; man bemüht sich, sie mit Vergnügungen abzulenken, die ihrem Geschmack entsprechen; ihr Geist wird mit Freude erhellt, ohne dass sie aus Mangel an Aktivität träge wird [...]

Sue Gerhardt erläutert, warum dies als wichtig erachtet wird. Sie beschreibt, wie sich die Gehirnsysteme des Kindes im Mutterleib entwickeln und von Ernährung sowie Emotionen der Mutter in Form von Biochemikalien, die in ihrem Körper zirkulieren, beeinflusst werden. Die Art dieser Emotionen kann die Entwicklung der kindlichen Systeme ernsthaft beeinflussen und Bahnen öffnen, die später zu einer Anfälligkeit für Probleme führen wie „Anorexie, psychosomatische Krankheiten, Sucht, antisoziales Verhalten, Persönlichkeitsstörungen oder Depression". Gerhardt weist darauf hin, dass Stress bei der Mutter bestimmte Chemikalien im Mutterleib freisetzen kann, die später im Leben die Neigung zu einem Hängebauch hervorrufen können – der zum Großteil auf unverarbeitete, gespeicherte Emotionen um das Gefühlschakra zurückzuführen ist. Die Umgebung eines Kindes vor der Geburt zeigt dem Kind, was es im Leben zu erwarten hat, und seine psychologischen und körperlichen Systeme entwickeln sich dementsprechend. Gerhardt nennt dies „Wettervorhersage". Meiner Ansicht nach sind die vor- und nachgeburtliche Umgebung und Beziehung auch eine Wellenverschränkung. Die Art von Wellen, die dabei übertragen werden, lösen im Kind via Epigenetik aus, welche Genfunktionen aktiviert werden und welche nicht. Gerhardt bezeichnet die Zeit von der Empfängnis bis zum Alter von zwei Jahren als „von einzigartiger Bedeutsamkeit", weil in dieser Periode „das Nervensystem selbst aufgebaut und durch Erfahrungen geformt wird". Sie fährt fort:

> In dieser Zeit hat das *Verhalten* der Eltern einen ebenso großen Einfluss auf die emotionale Struktur des Kindes wie sein genetisches Erbe. Ihre Reaktionen auf das Baby lehren es, was seine eigenen Emotionen sind und wie es mit ihnen umgehen soll. Das bedeutet, dass unsere frühesten Erfahrungen als Babys (und sogar als Embryos) viel mehr Bedeutung für unser erwachsenes Selbst haben, als vielen von uns bewusst ist. In der Babyzeit fühlen wir zum ersten Mal, lernen mit unseren

Gefühlen umzugehen und beginnen unsere Erfahrungen so zu organisieren, dass sie unser späteres Verhalten und unsere Denkfähigkeiten beeinflussen.

Dieses erlernte Verhalten kann man sehr gut an der Reaktion von Eltern beobachten, wenn ihr Kind stürzt. Wenn man daraus eine Riesenaffäre macht, folgt das Kind diesem Stichwort und weint. Kinder suchen mit ihren Blicken die Gesichter der Eltern ab, um zu sehen, wie sie reagieren sollen. Wenn man sich so verhält, als wäre der Sturz keine große Sache, steht das Kind wieder auf und macht weiter, als wäre nichts passiert. Ich habe das bei meinen eigenen Kindern erlebt, und Gerhardt beschreibt, wie „Gesichter mit dem Ausdruck von Angst und Wut erkannt werden [...] und eine automatische Reaktion hervorrufen".

Abb. 123: „Hol sie dir früh und behalte sie ein Leben lang" – *Kinder und Jugendliche stehen deshalb so im Visier des Kults, weil sie die Erwachsenen von morgen sind. Und die sollen so versklavt sein wie keine Generation zuvor.*

Der Kult weiß, wie die emotionale Umgebung eines Kindes Gehirn- und Gefühlsbahnen einrasten lässt, die seine Reaktionen und Interaktionen für den Rest des Lebens prägen (Abb. 123). Er will keine emotional ausgeglichenen und herzzentrierten Menschen, weil die viel schwieriger zu teilen und beherrschen sind. Das Finanzsystem sowie die Agenten und Handlanger des Kults in Regierungen machen den Eltern das Leben so schwer wie möglich, um die prägenden Jahre des Kindes so stressig wie möglich zu gestalten. Gestresste, frustrierte, besorgte und ängstliche Eltern, die nicht wissen, wie sie die nächste Miete bezahlen und wovon sie Lebensmittel kaufen sollen, laden dieses Gefühl auf ihren Kindern ab – mit all den möglichen Effekten, über die Gerhardt schreibt. Es gibt ein altes Sprichwort: „Gebt mir ein Kind, bis es sieben ist, und ich zeige euch den Mann." Viele Karrieremütter setzen ihren stressigen Lebensstil bis zur Geburt fort und machen dann so bald wie möglich damit weiter. Was tut man damit dem Kind an?

Der Kult steckte – wie ich das in meinen anderen Büchern ausführlich beschrieben habe – hinter dem Aufstieg des Feminismus, um Frauen damit in die Berufstätigkeit zu drängen, wenn sie ansonsten in den lebenswichtigen ersten Jahren mit ihren Kindern zu Hause geblieben wären. Der Gedanke dahinter war, Eltern aus all den bereits erwähnten Gründen von ihren Kindern zu trennen ... und außerdem zwei Leute in einem Haushalt besteuern zu können statt nur eine Person. Damit will ich nicht sagen, dass Frauen nicht berufstätig sein sollen. Das geht mich erstens nichts an, und zweitens war es natürlich richtig, dass Frauen sich aus einer von Männern dominierten Gesellschaft befreien wollten. Der Kult ist nur sehr gut darin, auf berechtigte Anliegen aufzuspringen und sie zu seinen Gunsten zu verdrehen. Ich möchte nur auf die Nachteile dieses gewählten Lebenswegs hinweisen, wenn die Kinder noch klein sind, weil der Kult – und das sei hier nochmals betont – bei jeder sich bietenden Gelegenheit versucht, Eltern von ihren Kindern zu trennen, damit der Staat die prägenden Jahre kontrollieren kann. Diese Bemühungen werden seit einiger Zeit immer extremer. Elternrechte werden in alle Richtungen durch diktatorische Schulen und Sozialdienste beschnitten, die in satanistischer Manier aus völlig fadenscheinigen Gründen fürsorglichen Eltern ihre Kinder wegnehmen. Das geschieht derzeit überall auf der Welt, weil es Teil des globalen Plans ist, den der Kult verfolgt. Was tut man einem Kind an, wenn man es seinen liebevollen Eltern entreißt? In den folgenden Kapiteln werde ich darauf eingehen, wohin das führen soll.

Zurück zur Liebe

Sue Gerhardt hält fest, dass Babys mit einem Gehirn zur Welt kommen, das nur ein Viertel so groß ist wie das eines Erwachsenen und viel unvollständiger als das anderer Säugetiere: „Die Betreuung durch einen Menschen in der frühen Kindheit (und darüber hinaus) spielt eine wesentlich größere Rolle bei der Formung des Gehirns." Der Kult ist sich dessen bewusst und macht sich daran, den Verstand von Kindern buchstäblich so zu formen, dass aus ihnen die Erwachsenen werden, die er sich wünscht. Viele Eltern müssen weiterarbeiten, um ihre Rechnungen bezahlen zu können. Ich werfe daher keineswegs den Eltern vor, dass sie versuchen, finanziell zu überleben und das Beste für ihre Kinder herauszuholen. Das System ist gegen sie, und das mit Absicht.

Wir sollten aber nicht vergessen, dass – wie in Studien bestätigt wurde – eine feindselige Stimmung vonseiten der Eltern die emotionale Entwicklung eines Kindes noch stärker beeinträchtigt als Armut. Ich frage mich angesichts des Mangels an Liebe und Zuwendung oft, warum manche Eltern überhaupt Kinder haben. Reiche Familien schicken ihre Kinder schon in sehr jungen Jahre auf private Internate. Welche Botschaft über Liebe und Ablehnung erhält der Nachwuchs dadurch? Dabei sind genau das die Kinder, die überwiegend zu Leitern und Verwaltern des Systems heranwachsen – nach einer Kindheit, in der sie ihre Herzen verschließen mussten, um emotional zu überleben. Kann ich am Wochenende nach Hause kommen, Papa? Nein, diesmal nicht, mein Sohn, ich spiele Golf.

Für solche Eltern sind Kinder bloße Anhängsel und keine einzigartigen Ausdrucksformen des Lebens. „*Meine* Kinder haben ihre Kindheit damit verbracht, sich auf Prüfungen vorzubereiten, um einen Studienplatz an einer Elite-Uni zu kriegen. Ich bin so stolz darauf, dass sie meinem Rat gefolgt sind." Diesen Kindern wird die Kindheit gestohlen und die Zukunft vorherbestimmt – du wirst Anwalt, Bankier, Politiker. Verantwortlich dafür sind Eltern, die ihre Kinder als Symbol für ihren eigenen wahrgenommenen „Erfolg" ausnutzen. Wenn man den Satz „Ich will ja nur dein Bestes" hört, heißt das üblicherweise „Ich will ja nur das Beste für *mich*" oder „Was ich sage, ist das Beste." Lasst euch das nicht gefallen, Kinder. Seid das, wofür ihr euch entscheidet. Ich habe im Laufe der Jahre viele Leute kennengelernt, die so aufgewachsen sind, und erkannt, dass sie hinter ihrer Fassade emotional kaputt sind. Die meisten von ihnen behandeln aber ihre eigenen Kinder genauso, indem sie sie in Internate stecken, obwohl sie eigentlich Liebe bräuchten. Wohlhabende Eltern behaupten oft, dass sie ihren Kindern jeden Wunsch erfüllen und Geld dabei keine Rolle spielt. Was dabei übersehen wird, ist das wichtigste Geschenk, das man für Geld nicht kaufen kann – und auch nicht muss, weil es immer umsonst zu haben ist: *Liebe*.

Anderen Kindern wird von ihren völlig desinteressierten Eltern eingeredet, sie seien dumme, unnütze Idioten. Diese Prägung kann ein ganzes Leben lang anhalten. Kinder sind in ihren prägenden Jahren viel beeinflussbarer als Erwachsene; deswegen zielt der Kult auch auf junge Menschen ab, um ihnen zu „empfehlen", was sie ihr ganzes Leben lang glauben sollen. Ein Lehrer erzählte mir einmal, wie er ein „Problemkind" aus seiner Klasse zu Hause besuchte und beide Eltern sternhagelvoll vorfand, während daneben ein Kleinkind mit den leeren Flaschen spielte. Kein Wunder, dass der Schüler ein „Problemkind" war. Die emotionsverarbeitende Amygdala im Gehirn, die Schmerz, Angst, Zorn, Trauer und Freude steuert, bildet sich innerhalb von 15 Wochen nach der Zeugung und wird durch den emotionalen Zustand der Mutter in dieser Zeitperiode und danach beeinflusst. Ist ein emotionales Muster erst einmal codiert, kann es „Eingabetaste drücken"-Reaktionen erzeugen, bei denen ein Reiz (eine Erfahrung) jedes Mal dieselbe emotionale Antwort auslöst. Infolgedessen definieren viele Menschen, die nie richtige Freude und Glückseligkeit des Herzens erlebt haben, ihren Glückszustand über das Niveau ihres Unglücklichseins: Ich bin heute weniger unglücklich – so muss sich Glück anfühlen. Kinder neigen zu schnell wechselnden Gefühlen und können innerhalb von Sekunden von Tränen auf Gelächter umschalten. Mit zunehmendem Alter verfestigen sich die Muster aber, wodurch Gefühlszustände stunden-, tage- und wochenlang anhalten können; bei manchen sogar für den Rest ihres Lebens. Sue Gerhardt schreibt, dass „eine Mutter mit einem hohen Maß an Angst oder Depression [...] mit größerer Wahrscheinlichkeit die Art Baby bekommt, das nur schwer mit Stress oder neuen Reizen umgehen kann und länger braucht, um über Stresssituationen hinwegzukommen". Sie fährt fort:

> Schon als Neugeborenes kann ihr Baby ängstlicher sein und im Alter von vier Monaten mit höherer Wahrscheinlichkeit einen überdurchschnittlichen Cortisolspiegel [Stresshormon] haben. Im schlimmsten Fall ist es auch wahrscheinlicher, dass Babys [...] mit Verhaltens- oder emotionalen Problemen aufwachsen.

Das Gegenteil ist nachgewiesenermaßen der Fall, wenn Kinder eine Herzensverbindung zu ihren Eltern und ihrem Umfeld haben, die sich selbst dann aufbauen kann, wenn beide Elternteile berufstätig sind. Auch lassen sich die Auswirkungen negativer Gefühle rückgängig machen, wenn Liebe ins Spiel kommt. Gerhardt weist darauf hin, dass „Liebe auch später noch eine neue Realität formen kann". Kinder sehnen sich – ebenso wie Erwachsene – nach einer Herzverbindung. Das Herz eines Babys schlägt, bevor sich das Gehirn heranbildet, und die Hirnwellen der Mutter synchronisieren sich mit dem Herzschlag des Embryos im Mutterleib. Die Art und Weise dieser Verbindung ist absolut entscheidend für die Lebenserfahrung eines noch ungeborenen Kindes. Wohin man auch schaut – Liebe ist DIE ANTWORT.

Wasser als Zeuge

Welchen Einfluss Herz- und Gehirnwellen haben, konnte durch ihre Wirkung auf Wasser eindeutig nachgewiesen werden. Ein Forscherteam des Instituts für Luft- und Raumfahrttechnik an der Universität Stuttgart entwickelte eine Methode, Informationen in Wassertröpfchen zu fotografieren. Bei einem Experiment forderten die Wissenschaftler Leute aus der Gegend auf, jeweils vier Tropfen aus einem gemeinsamen Wasserbehälter zu entnehmen und in einer Schale mit ihrem Namen zu platzieren. Das Team fotografierte die Tropfen dann mit seiner neuen Technik und stellte fest, dass sich jeder Tropfensatz eindeutig von den anderen unterschied, während die einzelnen Tröpfchen in den vier Sätzen praktisch deckungsgleich waren (Abb. 124). Der bloße Vorgang, bei dem eine Person einen Tropfen aus einem Behälter entnahm und in ein anderes Gefäß überführte, hatte ausgereicht, dem Wasser ihre eigene energetische Signatur aufzuprägen. Dieselbe Art von Interaktion haben wir mit DEM FELD und miteinander. Forschungen am HeartMath-Institut ergaben, dass der Herzschlag eines Menschen im Wasser nachgewiesen werden kann. Da der Körper zu 80 Prozent aus Wasser (einem Wellenfeld im Grundzustand) besteht, tauschen wir auf dieser Ebene die ganze Zeit Herzrhythmen untereinander aus. Der pH-Wert (Maß für den Säuregehalt) ließ sich in Experimenten verändern, wenn sich jemand auf diese Absicht konzentrierte (und damit eine Wellenverbindung herstellte).

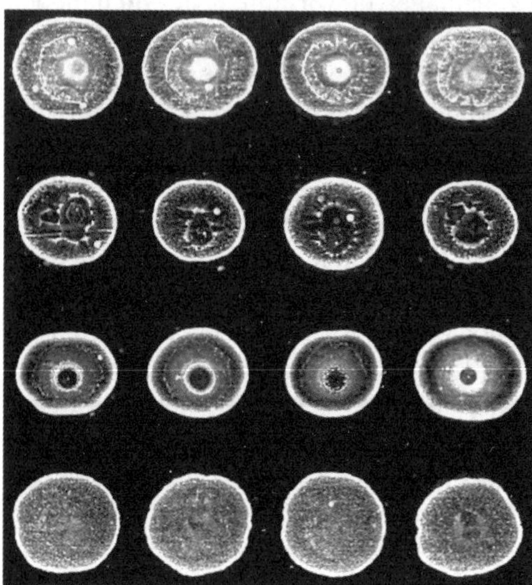

Abb. 124: Jeder von einer bestimmten Person entnommene Satz von vier Tröpfchen unterschied sich von den anderen, doch die Vierergruppen selbst waren praktisch identisch.

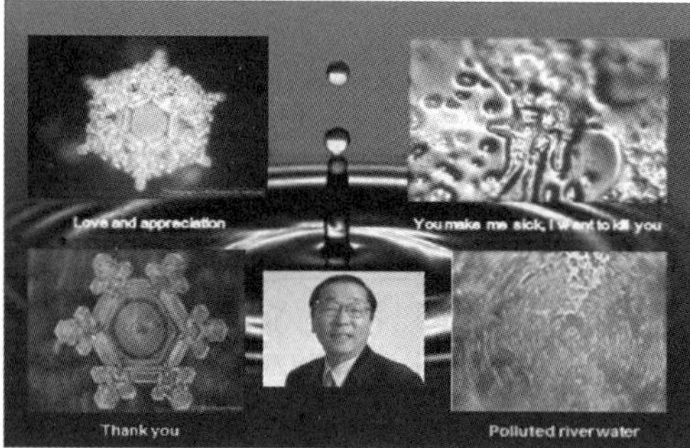

Abb. 125: Der erstaunliche Unterschied zwischen Wasserkristallen, die Wörter von Liebe (links oben), Dankbarkeit (links unten) und Hass (rechts oben) widerspiegeln, sowie denen aus verschmutztem Wasser (rechts unten).

Dr. Masaru Emoto, ein mittlerweile leider verstorbener japanischer Freund von mir, wurde bekannt, weil er Fotos anfertigte, die den Einfluss von Gedanken und Gefühlen auf Wasser belegten. Wir schrieben zusammen ein Buch, das auf Japanisch erschien, und ich besuchte sein Zentrum in Tokio. Dr. Emoto arbeitete mit kleinen Wasserkanistern, denen er unter-

Abb. 126: Der Unterschied in den Wasserkristallen, die aus Kanistern entnommen wurden, die man zuvor mit „Hass" (rechts) oder „Liebe" (links) beschriftet hatte. Das ist es, was Liebes- und Hasszustände mit uns selbst, anderen Menschen und DEM FELD tun.

schiedliche Frequenzen und Schwingungen aufprägte, indem er beispielsweise die Worte „Liebe" oder „Hass" auf einen Kanister schrieb. Dann fror er das Wasser sehr schnell ein und fotografierte die Eiskristalle. Die Unterschiede zwischen ihnen waren erstaunlich (Abb. 125). Wörter wie „Liebe" und „Wertschätzung" erzeugten wunderschöne, ausgeglichene und harmonische Kristalle, die Ausgewogenheit und Harmonie der Wörter widerspiegelten. Im Gegensatz dazu erzeugte das Wort „Hass" ein hässliches Durcheinander, wenn es seine Wellen auf das Wasser übertrug (Abb. 126). Jetzt könnte man sich natürlich fragen, warum das geschriebene Wort solche Auswirkungen haben kann. DIE ANTWORT lautet, dass alles im Grundzustand ein Informationswellenfeld ist, dessen Frequenz durch die Absicht bestimmt wird. Wir sehen „Liebe", „Wertschätzung" und „Hass" vielleicht als geschriebene Wörter, doch sie sind in Wirklichkeit Wellenfelder, die ihre Absicht und Bedeutung widerspiegeln. Diese Felder wirken auf das Wellenfeld des Wassers, wie die Eiskristalle zeigen.

Abb. 127: Liebe und Konzentration („Gebet") besitzen die Macht, dunkle und negative Zustände in Schönheit und Harmonie umzuwandeln.

So wirkt sich auch der Hass der „Anti-Hasser" in genau derselben destruktiven Weise auf DAS FELD aus, wie der der „Hasser", die sie angeblich bekämpfen. Der Kult steht hinter beiden Gruppen, weil sie gleichermaßen dazu beitragen, Disharmonie im Feld zu erzeugen. Dr. Emoto untersuchte den Einfluss von verschmutztem Wasser, verschiedenen Musikstilen und technischen Geräten einschließlich Mobiltelefonen auf die Kristalle. Das Ergebnis war immer dasselbe: Harmonie = Schönheit, Disharmonie = igitt! Mobiltelefone erzeugten stark verzerrte Kristalle und reflektierten damit die Art und Weise, wie sie das menschliche Wellenfeld verzerren. Die kristalline Darstellung von verschmutztem Wasser kann als Bestätigung für das dienen, was ich bereits zum Thema Toxizität geschrieben habe, die in sämtlichen ihrer Formen der chemische (holografische) Ausdruck zutiefst unausgeglichener Wellenfelder ist. Toxische chemische Disharmonie kann, so wie toxische Gefühls- und Gedankendisharmonie, wieder ins Gleichgewicht gebracht werden, wie Dr. Emotos Arbeit deutlich zeigte. Er setzte Wasser mit verzerrten Kristallen (Wellen) einem fokussierten „Gebet" oder einer harmonischen Absicht aus, wodurch die negative Wirkung auf die Wellen umgekehrt wurde (Abb. 127). Das können wir auch mit DEM FELD und der Menschheit machen, indem wir die Wellen verändern, die wir aussenden.

Viele Menschen glauben, dass sie mit „Gott" interagieren und ihn um Hilfe bitten, wenn sie „beten". In gewisser Weise könnte man das als wahr ansehen, weil Das Eine das Gewahrsein hinter der gesamten erlebten Schöpfung ist. Auf einer menschlicheren Ebene ist das Gebet die konzentrierte Interaktion mit Dem Feld der Gedanken und Wünsche. Verbindet (verschränkt) Sie dies mit einem Wellenfeld, das Ihr Gebet widerspiegelt, dann können Sie das Erbetene in Ihrem Leben manifestieren. Wenn das geschieht, sagt man: „Meine Gebete wurden erhört." In Wahrheit haben Sie Ihre eigenen Gebete erhört. Das sogenannte Gebet zeigt sich in den Emoto-Bildern als konzentrierte Absicht des Herzens, das gestörte Wellenfeld im Wasser zu harmonisieren, wodurch sich wieder Struktur in den Kristallen zeigt.

Der Einfluss der Wellen auf das Wasser erklärt auch, wie die Homöopathie funktioniert – und das tut sie, trotz der arroganten Behauptung der Schulmedizin, dass es sich dabei um „Quacksalberei" handeln soll. In Wahrheit ist die Schulmedizin die Quacksalberei, weil sie dank des Big-Pharma-Kartells des Kults nicht einmal eine Ahnung davon hat, dass der Körper ein Wellenfeld ist. Professor Dame Sally Davies, ehemalige oberste Amtsärztin Englands, bezeichnete Homöopathen als „Krämer" und die Homöopathie als „Quatsch". Eine britische Tageszeitung berichtete, dass 2.500 „Tierärzte und Tierfreunde" ein Verbot der Anwendung von Homöopathie bei Tieren gefordert hätten. Sie behaupteten, dass Homöopathie im Vergleich zu „bewährten Medikamenten" – die in Wirklichkeit gemeinsam mit anderen schulmedizinischen Behandlungen eine der führenden Todesursachen der Menschheit sind – gefährlich sei. Simon Stevens, Leiter und medizinischer Direktor des von den Pharmariesen kontrollierten Nationalen Gesundheitsdiensts NHS in England, forderte die britische Behörde für berufliche Standards auf, der Homöopathische Gesellschaft die Zulassung zu entziehen. Der ahnungslose Kerl behauptete, dass eine Unterstützung dieser Gesellschaft ihr einen „Anschein von Glaubwürdigkeit" verleihe, der schutzlose Patienten zu „Scheinbehandlungen" verleite. Sprach er da über Homöopathie oder über die Schulmedizin? Er vertrat auch die Ansicht, dass Homöopathie die Anzahl der Eltern reduziere, die ihre Kinder impfen lassen. Eine solche Impfung beinhaltet immer die Verschränkung eines stark unausgeglichenen Wellenfelds der Toxizität mit den Wellenfelder von Kindern … was kann da schon schiefgehen?

Simon Stevens, Sally Davies und ihresgleichen sind von der Mainstreamkrankheit befallen, die sagt: Wenn wir etwas nicht erklären können, kann es nicht sein. Wie sollte man Homöopathie auch begreifen können, wenn man eine Ansicht über den Körper hat, die von medizinischen Fakultäten und Berufsverbänden kommt, die von Big Pharma – also dem Kult – kontrolliert sind und vorschreiben, was Ärzte zu denken haben, welche Behandlungen sie verschreiben dürfen und welche nicht? Ein ernsthaftes Problem, das der Mainstream-Einheitsbrei mit der Homöopathie hat, ist die Tatsache, dass die Arzneien (die man aus Blumen und anderen natürlichen Substanzen gewinnt) so stark verdünnt werden, dass keine „physische" Substanz übrig bleibt. Im erwähnten englischen Zeitungsartikel hieß es: „Wissenschaftler wenden ein, das die Heilmittel so verdünnt sind, dass sie wahrscheinlich nichts mehr von der ursprünglichen Substanz enthalten." Im isolierten, vom Mainstream-Einheitsbrei geformten Körper/Intellekt muss „keine physische Substanz" definitionsgemäß „keine mögliche Wirkung" bedeuten. Gähn …

Bei einem weiteren Experiment des Forscherteams vom Stuttgarter Institut für Luft- und Raumfahrttechnik wurde eine Blume kurz in einen Wasserbehälter getaucht und sofort wieder herausgenommen. Anschließend fotografierten die Wissenschaftler Tropfen aus dem Tank und stellten fest, dass jeder einzelne die Information der Blume enthielt. Wie ist das möglich? Welleninformationen von der Blume verschränkten sich mit dem Wellenfeld des Wassers. In der Homöopathie ist es nicht die verwendete *Substanz*, die sich auf die Gesundheit auswirkt. Es ist vielmehr die Wellenfeld*frequenzinformation* der Substanz, die mit dem Wellenfeld des Körpers in eine Wechselwirkung tritt. Das Stuttgarter Experiment hat nachgewiesen, dass die Welleninformation auch dann noch im Wasser bleibt, wenn die Substanz nicht mehr vorhanden ist.

Der russische Forscher Dr. Wladimir Poponin entdeckte das gleiche Phänomen in einem Experiment, bei dem er einen Laser auf DNS richtete. Nachdem die „physische" DNS entfernt worden war, blieb sie im Laser in energetischen *Wellen* vorhanden, so wie die Blume im Wasser. Man bezeichnet dieses Phänomen als „Phantom-DNS-Effekt", obwohl es gar nichts Phantomhaftes an sich hat, sondern einfach ein Wellenfeldeffekt ist.

Bevor ich fortfahre, möchte ich noch festhalten, dass man zwar die Grundlagen der Homöopathie erklären kann (obwohl ich Homöopathen kennengelernt habe, die keine Ahnung davon hatten), aber es auch hier naturgemäß darum geht, wie gut der behandelnde Fachmann ist. Nicht jedes gesundheitliche Problem muss auf die Behandlung ansprechen. Wegen der Unterschiede im Wellenfeld, die bei Patienten in unterschiedlichen mentalen und emotionalen Zuständen auftreten, kann sich jede Situation anders darstellen.

Alle in einem Boot

Wir senden ständig Wellen von Gedanken, Gefühlen und Gewahrsein ins kollektive Feld aus. Auf diese Weise werden unsere eigenen Seinszustände in den Energieozean – Das Feld – übertragen, mit dem wir alle verbunden sind und permanent interagieren. Die dominierenden Wellen (kollektiven Seinszustände) wirken sich auf alles aus, was mit Dem Feld verbunden ist, also auf „uns" und die gesamte natürliche Welt. Welche Auswirkungen müssen die vom Kult veranlasste, technisch erzeugte Strahlung und 5G über Das Feld auf uns alle sowie auf Tiere, Vögel, Insekten, Bäume und den Rest der Natur haben? Technisch erzeugte Wellen stören die Radarsysteme von Vögeln, Walen und Delfinen, die Das Feld zum Navigieren nutzen. Die Folgen sind unter anderem, dass Vögel sich verfliegen und Wale und Delfine stranden.

Eine Ebene Des Felds ist das irdische Magnetfeld, das wir mit jedem Gedanken und jedem Gefühl beeinflussen. Umgekehrt beeinflusst es auch uns als Ausdrucksform Des Felds. Das Hauptziel des Kults besteht darin, die Wellennatur Des Felds zu kontrollieren, indem es so niedrig schwingend und disharmonisch wie möglich gemacht wird; dazu muss der Kult die Menschheit in einem niedrigen schwingenden emotionalen Zustand hal-

Abb. 128: „Kontrolliere das Meer, und du kontrollierst die Fische" – *Wir interagieren ständig mit* DEM FELD, *so wie Computer mit WLAN interagieren.*

ten und andererseits DAS FELD mit technischen Frequenzwellen durchdringen, die speziell dazu entworfen wurden, die Kommunikationssysteme zwischen Herz und Körper/Intellekt zu stören. Wie beeinflusst man alle Fische auf einmal? Indem man das Meer beeinflusst. Die Beziehung zwischen Menschheit und DEM FELD ist genau dieselbe (Abb. 128).

Der Klimakult und sein politischer Flügel, die grünen Parteien, wurden in eine derartige Besessenheit vom Schwindel der menschengemachten „globalen Erwärmung" hineinmanipuliert, dass sie sich nicht für die Auswirkungen der Strahlungsflut auf die Menschheit und die Natur interessieren. Die britischen Grünen verweigerten sogar ihren eigenen Mitgliedern, bei einer Parteitagung über 5G zu diskutieren, und drohten einem Mitglied, das vor der Veranstaltungshalle gegen diesen Entschluss protestierte, mit der Polizei. Die Behauptung, dass dies nicht mehr die Partei ist, der ich in den 1980er-Jahren beigetreten bin, wäre noch schwer untertrieben. Die Grünen wurden, wie der Klimakult generell, der Agenda des Kults untergeordnet. Und traurigerweise befindet sich diese Bewegung im Allgemeinen in einem so unbewussten Zustand, dass sie nicht einmal eine Ahnung von der Existenz des Kults hat, geschweige denn weiß, dass sie seine Pläne und Ziele vorantreibt.

Die gute Nachricht ist, dass wir weder niedrige Schwingungen zum FELD hinzufügen noch uns von seinem niedrig schwingenden, chaotischen Zustand beeinflussen lassen müssen. Wir können die Art der von uns ausgesandten Wellen nämlich ändern, indem wir unsere Herzen öffnen und hochfrequente Wellen erzeugen, die auch die Verschränkung mit niederfrequenten Wellen im FELD blockieren. Wir können mit DEM FELD auf einer anderen Frequenzebene wechselwirken und werden dadurch gestärkt statt geschwächt und beeinträchtigt. Alle Wege, die uns hier herausbringen können, kommen vom und führen zum Herzen.

Globales Herz

Aus alldem lässt sich der unglaubliche Einfluss ersehen, den wir auf DAS FELD haben können und den DAS FELD auf uns hat. Ich bin bereits darauf eingegangen, wie sich das in Sportmannschaften auswirkt, doch es gilt auch für alle anderen Gruppen, einschließlich Familien und Arbeitskollegen. Forschungen des HeartMath-Instituts haben ergeben, dass Menschen in Herz-Geist-Kohärenz diese persönliche Harmonie in kollektiver Harmonie widerspiegeln, wenn sie zusammenarbeiten oder miteinander interagieren (Abb. 129).

Abb. 129: Würden wir uns mit dem Herzen verbinden und durch es interagieren, dann könnte das die Welt verändern.

Das Gegenteil ist der Fall, wenn sich Herz und Geist durch ein emotionales Ungleichgewicht in Inkohärenz befinden. Menschen in kohärenten oder inkohärenten Seinszuständen können diese durch Wellenverschränkung auf andere übertragen, wobei der jeweils dominante Zustand sich durchsetzt. Derselbe Vorgang passiert auf nationaler oder globaler Ebene durch DAS FELD. Unsere Resonanz auf mentaler, emotionaler und Herzebene kann eine globale gesellschaftliche Kohärenz und Kooperation bewirken, unsere Dissonanz kann die Welt auseinanderreißen.

Hitler und die Nazis waren dunkle Okkultisten, die diesen Vorgang durchschaut hatten und DAS FELD Mitte des 20. Jahrhunderts in Deutschland in einem solchen Ausmaß mit ihren Frequenzen durchtränkten, dass sie den Körper/Intellekt eines Großteils der deutschen Nation kaperten. Wer einen Mikrokosmos dieser Methode sehen will, braucht sich nur Aufnahmen von Hitlers Kundgebungen anzusehen, bei denen Musik, marschierende Soldaten und Farben gemeinsam mit Hitlers sorgfältig ausgearbeiteten Reden dazu eingesetzt wurden, DAS FELDS derart zu verzerren, dass ein riesiges Publikum via Wellenverschränkung in einen Rausch versetzt wurde. Dabei wurden die Felder der Zuseher der kollektiven Kraft der Veranstaltung hinzugefügt. Hitler wurde oft als „magnetisch" im Sinne einer „magnetischen Persönlichkeit" bezeichnet; damit umschreibt man die elektromagnetische Wellenfeldenergie. Die Quelle eines großen Teils dieses „Magnetismus" war jedoch auf die Konzentration der Menschenmenge (Verschränkung) zurückzuführen. So viel zum Thema „Gib mir deine Kraft ..."

Der Kult hat die menschliche und emotionale Wahrnehmung im Visier und speist permanent niedrigfrequente Wellen in DAS FELD ein, die dann in einer endlosen Rückkopplungsschleife zur Menschheit zurückfließen. Wir können diesen Kreislauf mit dem Herzen durchbrechen. Schließlich manipuliert man uns dazu, diese Rückkopplungsschleife zu erzeugen, also verfügen wir auch über die Macht, sie zu löschen.

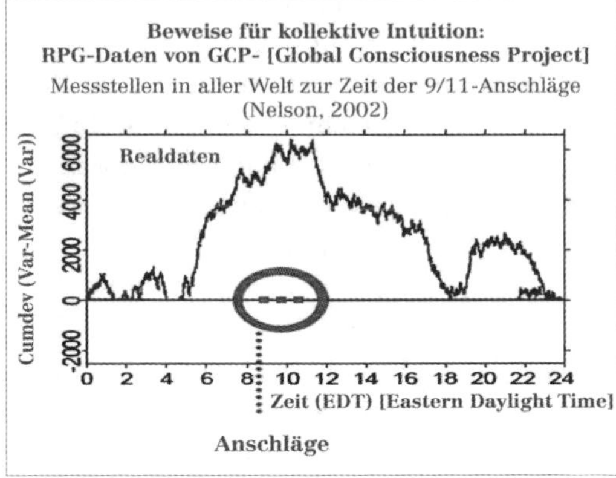

Abb. 130: Was mit dem Erdfeld passierte, als die Welt von den 9/11-Anschlägen erfuhr

Das HeartMath-Institut hat Sensoren auf der ganzen Welt positioniert, um Veränderungen im Magnetfeld der Erde zu messen, die mit Ereignissen in Verbindung stehen, die starke Auswirkungen auf die kollektiven Gefühle haben. Sie detektierten eine gewaltige Spitze im Erdfeld in genau dem Zeitraum, als die Menschen weltweit über die 9/11-Terroranschläge erfuhren (Abb. 130).

Wesentlich ist aber, dass dieser interaktive Effekt nicht negativ sein muss. Unendliche Liebe in allen ihren Ausdrucksformen ist viel mächtiger als jede Negativität – und wir können die Wellenfrequenzen DES FELDS verändern. Ob wir das auch wirklich tun werden, liegt in unserer Entscheidung, doch wir sind dazu imstande. Ein einfaches, bereits erwähntes Beispiel dafür war die fokussierte Absicht der Liebe, die den Wellenzustand verschmutzten Wassers umwandeln kann, was in den Kristallen ersichtlich wurde.

Wie können wir die „Welt" verändern? Indem wir uns selbst verändern – weil die Erde *unsere* kollektive Manifestation ist. Davon wird später noch ausführlich die Rede sein. Das HeartMath-Institut bietet viele Methoden und Techniken an, mit denen man die Kohärenz zwischen Herz und Geist verstärken kann. Den Link zum Institut finden Sie am Ende des Buches.

Liebe – die ultimative Kraft

Ich habe Leute sagen hören, dass Liebe eine Schwäche ist und kaum etwas verändern kann. Veränderung kann es angeblich nur geben, wenn man „seinen Verstand einsetzt" und die Unterdrücker hasst (die ja eigentlich nur ein Vehikel sind, um sich mittels Wellenverschränkung selbst zu unterdrücken). Das ist ein völliges Missverständnis der Liebe, von der ich hier rede. Ich meine keine menschliche oder Anziehungs-Liebe, sondern etwas unendlich Größeres. Doch das Wort „Liebe" wurde schon so oft entstellt, dass ich es nur in Ermangelung eines passenderen Begriffs verwende. Unendliche Liebe, bedingungslose Liebe ist das, was wir in menschlicher Sprache gerade noch ausdrücken können, weil sich unsere Sprache – zumindest im Westen – nicht so entwickelt hat, dass sie beschreiben könnte, was sie nicht versteht.

Ich habe bereits erwähnt, dass Liebe keine Angst kennt und immer das tun wird, von dem sie weiß, dass es richtig ist. Damit wird unmittelbar vor dem nächsten Schritt die Schwäche aus der Gleichung genommen. „Schwäche", ob in Gedanken oder Taten, ist immer eine Manifestation von Angst. Schon deshalb ist Liebe in ihrer stärksten Form die Abwesenheit von Angst und die ultimative Kraft. Liebe überlegt sich nicht, welche Konsequenzen es haben könnte, wenn sie tut, was sie für richtig erachtet – sie tut es einfach. Liebe tut auch nicht immer das, was andere von ihr erwarten. Oft bedeutet Liebe nämlich, das Gegenteil zu tun. Ist es denn Liebe, Kindern alles zu geben, was sie sich wünschen, und sie vor jeder emotionalen Störung zu bewahren, damit sie irgendwann in die Welt hinausgehen und mit deren Herausforderungen nicht zurechtkommen? Oder ist es Liebe, sie in den Jahren des Heranwachsens beim Aufbau innerer Stärke und eines Selbstvertrauens zu unterstützen, um sich im Erwachsenenleben diesen Herausforderungen zu stellen und sie zu meistern, weil sie nun das Zeug dazu haben? Heute sehen wir, welche Folgen die fehlgeleitete „Liebe" für viele junge Leute hatte. Ihre Helikopter-Eltern haben auf Schritt und Tritt ein Riesentheater um sie gemacht und so „Wattekinder" produziert, die aus dem Elternhaus direkt in die Programmierzentralen von höherer Schule und Universität weiterziehen.

Diese Jugendlichen sind die selbsternannte „Woke"-Generation, die sich durch ein völlig übersteigertes narzisstisches Anspruchsdenken (der Erfolg der „Du kriegst alles was du willst"-Erziehung) auszeichnet und wütend ihr Spielzeug aus dem Kinderwagen wirft, wenn die Erwachsenenwelt nicht dort weitermacht, wo ihre Eltern aufgehört haben. Dazu kommt, dass die Woke-Mentalität von einer mentalen Schwäche durchdrungen ist, die Menschen zu Handlangern eines Systems macht, das behauptet, sie zu schützen, indem es ihnen ihre Freiheit nimmt (und die aller anderen, was der Zweck der Übung ist). „Woker" sind die Fußsoldaten und (Twitter-)Sturmtruppen des Kults, dessen Plan vorsieht, sämtliche Freiheiten auszulöschen, wobei die Redefreiheit ganz oben auf der Liste steht. Liebe im wahren Sinne hätte schon vor langer Zeit eingegriffen, um diese persönliche und kollektive Katastrophe abzuwenden. Dabei wären die Eltern von ihrem Nachwuchs mit jeder Menge Anfeindungen konfrontiert worden: „Wie kannst du sagen, dass ich das nicht haben darf?!", „Wie kannst du nur sagen, dass ich das nicht tun darf?" und – mit aller gebührenden Ironie: „Du liebst mich ganz sicher nicht!" Liebe hat viele Facetten und Gesichter, die sich alle zusammen darin ausdrücken, dass man tut, was man für richtig hält.

Es gibt den Mythos, dass „Liebe deine Feinde" bedeutet, zu kuschen und sich schikanieren zu lassen. Wie kann es „richtig" sein, die Herrschaft anderer zu akzeptieren, die einem ihren Willen aufzwingen wollen? Echte Liebe lässt sich das nicht gefallen und wird dies in Abwesenheit von Angst auch *ganz sicher nicht* dulden. Liebe ist nämlich auch die Selbstliebe und Selbstachtung, die sich nicht unterwerfen lässt und vor niemandem den Kopf einzieht. Wenn Sie sehen wollen, was Sturheit wirklich bedeutet, dann versuchen Sie doch, der Unendlichen Liebe zu befehlen, dass sie nicht tun darf, was sie für richtig hält. Aber man muss seine vermeintlichen Unterdrücker nicht hassen, sondern sich nur ihre Ansinnen für das eigene Leben und das Leben anderer nicht aufzwingen lassen. Dazu ist kein Hass nötig. Was wir hassen, damit verschränken wir uns und werden schließlich selbst dazu. Wenn ich eine Wellenverbindung mit dem Kult herstelle, dann auf *meiner* Frequenz und nicht auf seiner. Damit das gelingt, muss ich die Agenten des Kults nach meiner Definition von Liebe lieben – und dazu gehören Mitgefühl und ein Verständnis dafür, warum sie so sind, wie sie sind.

Ihre Handlungen rühren von ihren Wahrnehmungen und ihrer Identität her, die sich gebildet haben, während ihre Herzzentren für den Einfluss Des Einen verschlossen waren. Wären Sie gerne so wie sie? Oder wäre es nicht ein Albtraum, so von jeder Liebe für sich selbst und andere isoliert zu sein, dass man andere verletzen und beherrschen will? Diese Leute brauchen unser Mitgefühl, aber NICHT unser Einverständnis.

Falsche „Liebe" ist überall – und damit meine ich „Liebe", die sich nur durch das Wort und einen passenden Gesichtsausdruck manifestiert, nicht aber durch Taten oder eine herzbasierte Integrität. Ich habe viele „New Ager" kennengelernt und unzählige Woker beobachtet, die nach außen die Persona (Maske) der Liebe zeigen, weil sie von anderen (und sich selbst) so gesehen werden wollen. In Wahrheit aber gehörten viele dieser New Ager (wenn auch *bei Weitem* nicht alle) zu den lieblosesten, manipulativsten Selbstbetrügern, denen ich quer durch alle Gesellschaftsschichten begegnet bin. Woker behaupten, liebevolle, mitfühlende Kämpfer für soziale Gerechtigkeit zu sein, wollen aber die Freiheit, die Berufslaufbahn und die Existenz aller zerstören, die nicht ihrer Meinung sind. Sie kennen keine Empathie mit denjenigen, die sie ins Visier nehmen, und keine Vergebung, sondern nur eine verbissene Wut auf jeden, der gegen die Woke-Gewaltherrschaft verstößt, die sich selbst mit sagenhafter Ironie auch noch als „Anti-Hass" tituliert. Wir brauchen dringend eine massenhafte Neubewertung dessen, was Liebe ist, bevor wir etwas Sinnvolles erreichen können. Erst wenn die Wahrheit über die Liebe ins Bewusstsein dringt, werden wir überallhin können. Ich werde diese Themen im Laufe des Buches noch vertiefen.

Wer sind Sie also? Sie sind Ihr Herz. Wer sind wir? Wir sind alle *Ein* Herz. Warum leben wir dann nicht so? Weil der Kult das nicht will. Ist der Kult allmächtig? Nein – *wir* sind es, *aber nur dann*, wenn wir unserem Herzen folgen.

KAPITEL 5

WO SIND WIR?

„Wenn Sie glauben, dass die Welt um Sie herum ein physisches, von Ihrem Geist getrenntes Konstrukt ist, dann täuschen Sie sich."
Kevin Michel

Ja – der Titel dieses Kapitels ist wirklich eine gute Frage. Wo zum Teufel *sind* wir? Was ist dieser „Ort"? Ist es nicht erstaunlich, dass diese tiefgreifenden und grundlegenden Fragen von den Mainstreammedien nie gestellt werden? Andererseits will der Kult auch nicht, dass sie überhaupt aufkommen, also werden die vom Kult kontrollierten Medien sie auch garantiert nicht auf tiefgehende und konsequente Art und Weise stellen.

Hier und da findet man den einen oder anderen Schnipsel: „Wissenschaftler haben entdeckt", „wissenschaftliche Studien zeigen" oder „Wissenschaftler glauben" dieses und jenes, heißt es. Die Punkte werden aber kaum jemals verbunden, ebenso wenig wie man ernsthaft versucht, die Wahrheit über die Natur der Realität herauszufinden. Dabei sollte doch gerade die Frage, wer und wo wir sind, im Vordergrund der menschlichen Nachforschung stehen. Doch auch hier wollen die Leute, die unsere Gesellschaft manipulieren, uns nicht herausfinden lassen, wer und wo wir sind, weil dieses Wissen alles verändern würde. Ich habe in meinem Buch „Alles, was Sie wissen sollten" ausführlich über meine seit Langem vertretene Ansicht geschrieben, dass wir eine Art Simulation erleben, die einem interaktiven Virtual-Reality-Spiel ähnelt. Ich bin kurz nach der Jahrtausendwende zu diesem Schluss gelangt und habe seither auch darüber publiziert, obwohl ich diese Möglichkeit schon zuvor in Betracht gezogen hatte. In jüngerer Vergangenheit haben sogar etliche Mainstreamwissenschaftler behauptet, dass immer mehr Belege genau darauf hindeuten. Einer von ihnen heißt Rich Terrile und ist Leiter des Zentrums für evolutionäre Computerprogramme und automatisiertes Design am Jet Propulsion Laboratory. Er vertrat vor ein paar Jahren öffentlich die Ansicht, dass das Universum ein digitales Hologramm ist (das stimmt!). Auch brachte er das offensichtliche Argument vor, dass eine solche Realität, die nur ein holografisches Konstrukt ist, von irgendeiner Form von Intelligenz geschaffen worden sein muss. Das deckt sich mit meiner seit den 1990er-Jahren vertretenen Ansicht, dass eine unsichtbare Macht unsere Realität manipuliert.

Der amerikanische Kernphysiker Silas Beane leitete ein Forschungsteam an der Rheinischen Friedrich-Wilhelms-Universität Bonn, das die Frage untersuchte, ob unsere Realität eine Simulation ähnlich der aus den „Matrix"-Filmen sein könnte. Sie kamen zu dem

Abb. 131: „Physiker Silas Beane: Das Universum ist eine Simulation, die auf würfelförmigen Gittern beruht" – *Silas Beane und die von ihm vorgeschlagene Struktur der Simulation/Matrix.*

Schluss, dass dies höchstwahrscheinlich der Fall ist – und Beane war der Meinung, dass die in der Simulation erstellte Realität würfelförmig sein könnte (Abb. 131). Ich behaupte seit Jahrzehnten, dass die Lichtgeschwindigkeit nicht die höchstmögliche Geschwindigkeit ist, sondern nur die äußere Brandmauer der Simulation oder Matrix darstellt. „Licht" und das elektromagnetische Spektrum sind daher die Matrix, die wir für die „Welt" halten. Morpheus sagt im ersten „Matrix"-Film: „Du hast bisher in einer Traumwelt gelebt, Neo!" Und das tun wir alle.

Laut wissenschaftlicher Lehrmeinung ist die Lichtgeschwindigkeit mit 300.000 Kilometern pro Sekunde die höchstmögliche Geschwindigkeit. Doch die Mainstreamwissenschaft glaubt auch an den „Urknall" vor etwa 13,7 Milliarden Jahren, als das Universum noch auf die Größe eines Atomkerns komprimiert gewesen sein soll, was als „Singularität" bezeichnet wird. Diese Singularität soll dann explodiert sein, woraus subatomare Teilchen, Energie, Materie, Raum, Zeit, Planeten und Hans an der Supermarktkasse entstanden. Der amerikanische Autor und Forscher Terence McKenna beschrieb die Urknalltheorie wie folgt:

> Gebt uns ein Wunder gratis, den Rest machen wir dann schon – von der Entstehung der Zeit bis zum Jüngsten Gericht! Nur ein einziges Wunder frei Haus, und alles Weitere entfaltet sich von da an gemäß den Naturgesetzen und den bizarren Gleichungen, die kein Mensch versteht, die aber in diesem Metier heilig sind.

Eine andere brillante Beobachtung besagt, dass die Wahrscheinlichkeit, dass sich das Universum durch Zufall entwickelt haben könnte, etwa so hoch ist wie die, dass ein Wirbelsturm über einen Schrottplatz fegt und dabei einen Jumbojet zusammenbaut. Laut dem Physiker Silas Beane würde allein die *Tatsache*, dass es sich um eine Simulation handelt, ihre eigenen „physikalischen Gesetze" erschaffen und damit die zur Verfügung stehenden Möglichkeiten beschränken. Für mich stellt die Lichtgeschwindigkeit diese Beschränkung dar, innerhalb derer „Zeit" und „Raum" in unserer holografischen Realität codiert sind. Nahtoderfahrene haben berichtet, dass das „Licht" in ihrer außerkörperlichen Erfahrung sich vom Sonnenlicht (der Lichtgeschwindigkeit) unterschied. „Es ist nicht wie das Licht, das in deinen Augen brennt", sagte einer von ihnen. „Nicht wie Sonnenlicht." Ich schreibe schon lange, dass Sonnenlicht die Matrix bzw. eine Simulation ist.

Virtual-Reality-Spiele und -Simulationen haben ihre eigenen physikalischen Gesetze und Beschränkungen, die von ihrem Schöpfer in sie hineincodiert wurden. Im Prinzip ist unsere Realität nichts anderes. Die „physikalischen Gesetze", wie sie die Mainstreamwissenschaft wahrnimmt, sind einfach nur codierte Beschränkungen der Simulation. Aus diesem Grund können Nahtoderfahrene auch eine ganz andere Realität und unbeschränkte Möglichkeiten erleben, wenn sie sich aus ihrem Körper entfernen, der sie mit der Simulation verschränkt und ihre Aufmerksamkeit innerhalb seiner Illusionen fokussiert hat.

Abb. 132: Die „reale Welt".

Mainstreamwissenschaftler sind die „Experten" in Platons Höhlengleichnis, die die Schatten an der Wand (Simulation) studieren und sie für „real" halten. „Mensch" zu sein ist wie das Aufsetzen eines Headsets bei einer Virtual-Reality-Simulation, wobei die fünf Sinne die Simulation zur scheinbar „natürlichen" Realität decodieren (Abb. 132). Das Forscherteam von Silas Beane in Bonn fand heraus, dass kosmische Strahlung sich an einem bestimmten Muster aus würfelförmigen Gittern ausrichtet, die Grundlage des Simulationskonstrukts sein könnten. Kosmische Strahlung besteht aus „Atomfragmenten", die von außerhalb des Sonnensystems kommen und mit Lichtgeschwindigkeit auf der Erde auftreffen. Auf der Website Space.com heißt es dazu:

> Vieles an der 1912 entdeckten kosmischen Strahlung ist noch mehr als ein Jahrhundert danach rätselhaft. Ein Paradebeispiel dafür ist die Frage, woher sie eigentlich kommt. Die meisten Wissenschaftler nehmen an, dass ihr Ursprung mit Supernovae (Sternexplosionen) zu tun hat, doch das widerspricht der Tatsache, dass Observatorien bei ihrer Durchmusterung des Himmels viele Jahre lang eine gleichmäßige Verteilung der kosmischen Strahlung feststellten.

Kosmische Strahlung ist in Wahrheit eine Informationsquelle der Matrix bzw. Simulation. Die Bonner Forscher hoben insbesondere den sogenannten GZK-Cutoff (die Greisen-Sazepin-Kusmin-Obergrenze) hervor, eine Begrenzung für die kosmischen Strahlungsteilchen, die aus der Wechselwirkung mit der kosmischen Hintergrundstrahlung resultiert. An diesem Prozess sind „Pionen" genannte Teilchen beteiligt, die ich, als ich zum ersten Mal davon las, für die menschliche Rasse hielt. Im Aufsatz des Forscherteams „Constraints on the Universe as a Numerical Simulation" [dt. etwa: „Beschränkungen, denen das Universum unterliegt, wenn man es als numerische Simulation betrachtet"] heißt es, dass das „Begrenzungsmuster" der GZK-Grenze genau das ist, was man in einer Computersimulation erwarten würde. Die Konsequenz, die sich daraus für die menschliche Wahrnehmung ergäbe, wird so geschildert: „Wie ein Gefangener in einer pechschwarzen Zelle könnten wir die ‚Wände' unseres Gefängnisses nicht sehen." Das ist richtig, obwohl wir den Wänden einen Namen gegeben haben: Lichtgeschwindigkeit. Sie ist die scheinbar höchstmögliche Geschwindigkeit, stellt aber in Wahrheit die Grenze der decodierten Wahrnehmung des Körper/Intellekts dar.

Das Bewusstsein kann augenblicklich kommunizieren, jenseits der Begrenzungen des „Lichts“, weil es auf Frequenzen agiert, die sich außerhalb der Simulation befinden. Wir kommunizieren ständig mit Überlichtgeschwindigkeit, während unsere bewusste Wahrnehmung vom Gehirn bestimmt wird, das Informationen innerhalb des Frequenzbands der Simulation decodiert. Das Grundgerüst der Matrix wird aus stehenden Energie- und Informationswellen gebildet. Wellen kommen zum „Stehen“, wenn sie in einem begrenzten Bereich (in diesem Fall der Lichtgeschwindigkeit) gehalten werden. Zunächst fließen sie in eine Richtung, treffen auf ein begrenzendes Hindernis und fließen daraufhin in die umgekehrte Richtung. Dabei interagieren sie miteinander, heben sich gegenseitig auf und beginnen, „auf der Stelle“ zu schwingen (Abb. 133). Vergleichbar ist das mit zwei Menschen, die aufeinander zulaufen und bei ihrem Aufeinandertreffen auf der Stelle laufen, weil sie die Vorwärtsbewegung des jeweils anderen blockieren.

Abb. 133: Eine stehende Welle, die durch die Schwingung zweier gleich starker, aufeinandertreffender Kräfte erzeugt wird.

Das dahinterstehende Prinzip lässt sich in der Kymatik erkennen – einem Verfahren, bei dem *durch Schwingung stehende Wellen erzeugt* werden. Man verteilt ein feines Pulver gleichmäßig auf einer Metallplatte und versetzt sie dann mit Klangfrequenzen in Schwingungen. Dabei entsteht ein Muster, das die verwendete Frequenz visualisiert (Abb. 134 bis 136).

Abb. 134: Ein durch eine Klangschwingung erzeugtes Kymatikbild. Teilchen formen sich zu einem Muster, das eine Frequenz/Schwingung visualisiert. Kurzum: Die Frequenz/Schwingung wird „physisch“ manifestiert. Ändert sich die Schwingung, so formen die Teilchen ein neues Muster. (Bild: Cymascope.com)

Die durch Schallschwingungen gebildeten kymatischen Muster sind stehende Wellen, die so lange bestehen bleiben, bis sich die Frequenz ändert – dann verwandeln sie sich in ein anderes, durch die neue Frequenz erzeugtes Muster. Auf diese Art schaffen Frequenzwellen „Materie“ und Form. Sie können auf YouTube mit den Suchbegriffen „Standing Waves.mov“ und „Cymatics full documentary bringing matter to life with sound“ Videos von stehenden Wellen und Kymatikbeispielen aufrufen. Eine sehr gute Website zum Thema ist Cymascope.com.

Ein verschlossener Geist ist ebenfalls eine stehende Welle, da er innerhalb der Wahrnehmungsblase im Einklang mit den Frequenzen von Lügen und Illusionen schwingt (Abb. 137).

Die Realität als stehende Welle

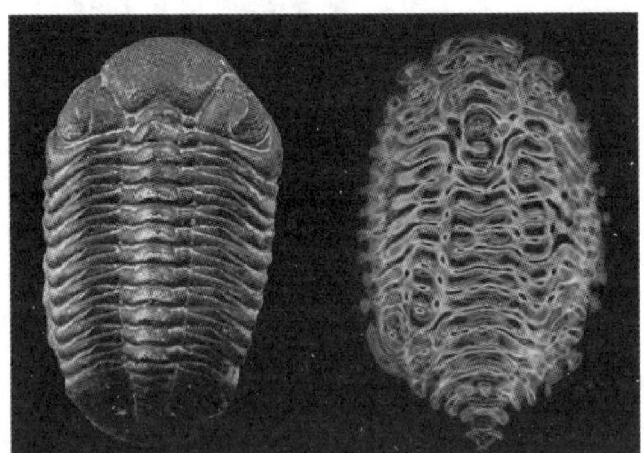

Abb. 135: Ein versteinerter Trilobit neben einem durch Schwingungen erzeugten Kymatikbild. (Bild: Cymascope.com)

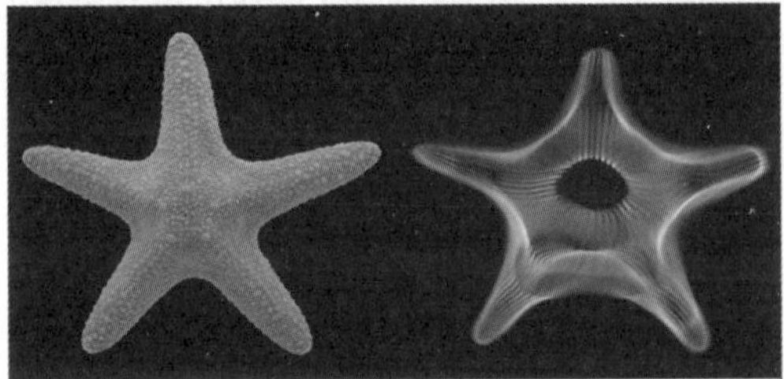

Abb. 136: Echter Seestern und durch Kymatik erzeugter Seestern. (Bild: Cymascope.com)

Abb. 137: Ein verschlossener Geist (= eine Blase) ist eine stehende Welle, die auf der Stelle schwingt und sich nicht weiterbewegt.

Das Universum (Simulation) ist eine stehende Welle, ebenso wie alles im Universum einschließlich des menschlichen Körpers. Und was sind klassische Beispiele für stehende Wellen? *Hologramme*. So treffen alle Stränge zusammen, wenn man mit offenem Geist an die Realität herangeht … Die beiden Wellen, die bei einem Hologramm aufeinandertreffen, interagieren miteinander und erzeugen so eine *stehende Welle*, die nach ihrer Decodierung als scheinbar dreidimensionale Form sichtbar wird. Stehende Wellen, Hologramme und Kymatikbilder sind verschiedene Versionen ein und desselben Phänomens. Das Herz schwingt – schlägt – im Rhythmus der stehenden Welle des Körpers. Wenn wir davon sprechen, dass Gefühle den Herzrhythmus beeinflussen, dann beschreiben wir damit eigentlich, wie Emotionswellen den Rhythmus der stehenden Welle des Körpers und den Rhythmus der Herzwelle beeinflussen. Wenn die stehende Welle oszilliert, ist die Form „lebendig", hört sie auf zu schwingen, ist das der „Tod". Unser Geist ist mit der stehenden Welle verschränkt, bis sie aufhört zu oszillieren; dann werden wir vom Körper freigesetzt. Ein Mensch kann seinen „Lebenswillen verlieren" und mit seinen Geistes- und Gefühlswellen eine solche energetische Dichte bzw. Schwere (langsame Schwingung) erzeugen, dass die stehende Welle zu schwingen aufhört. Ein Beispiel dafür ist, wenn jemand an gebrochenem Herzen stirbt. Auf die gleiche Weise können Geistes- und Gefühlswellen einer anderen Art die stehende Welle verstärken und jemanden von der Schwelle des „Todes" zurückbringen. Viele Leute

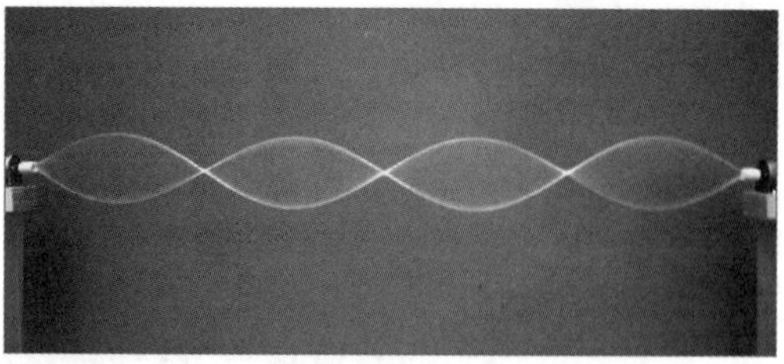

Abb. 138: Man vergleiche eine stehende Welle ...

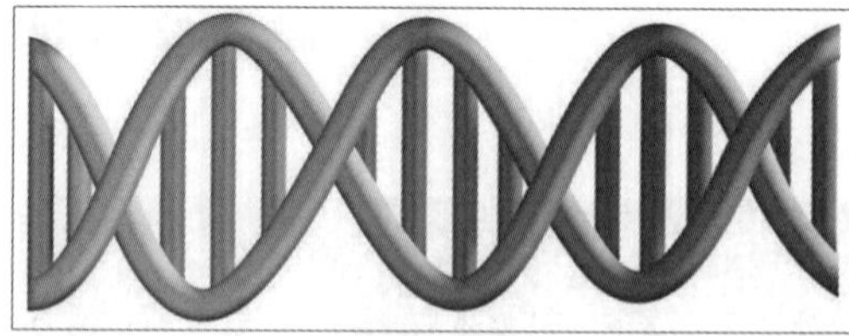

Abb. 139: ... mit der DNS. Wieder nur ein Zufall? Ausgeschlossen!

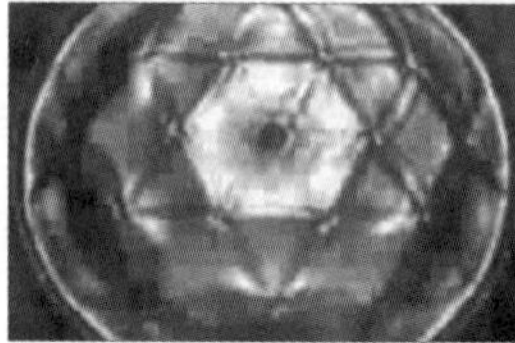

Abb. 140: Das auch als „Davidstern" bekannte Hexagramm ist eine Tonfrequenzschwingung, wie dieses Bild belegt, das erzeugt wurde, indem man Schall durch ein flüssiges Medium schickte. Dieses Symbol findet sich auf der israelischen Nationalflagge und ist der Ursprung des Namens Rothschild (rotes Schild); zudem ist es das Symbol für den Saturn, den es in seiner Frequenz widerspiegelt.

Abb. 141: Ein auf dieselbe Art durch Schallwellen erzeugtes Hexagramm. Alle Symbole – alle Formen – sind stehende Wellen, die durch Schwingung erzeugt werden.

rufen dann: „Es ist ein Wunder!", dabei wurden sie nur Zeugen einer Welleninteraktion.

Viele Nahtoderfahrene sind zurückgekehrt, um ihren Körper geheilt von dem vorzufinden, was sie fast getötet hätte. Ihre außerkörperliche Erfahrung hat ihre Wahrnehmungen verändert, die dann ihren Wellenfeldzustand veränderten, was wiederum ihren Körper veränderte. Die DNS ist eine stehende Welle, die als Sender wie Empfänger fungiert und eine holografische Repräsentation der universalen Welle verkörpert. Man kann die DNS sogar optisch sehr gut mit einer stehenden Welle vergleichen (Abb. 138 und 139).

Der deutsche Biophysiker Fritz-Albert Popp entdeckte, dass die DNS auf einer bestimmten Frequenz schwingt. Diese Erkenntnis wurde seither vielfach von innovativen Forschern bestätigt. „Materie" ist die Manifestation stehender Wellen, die im Einklang mit verschiedenen Frequenzen schwingen. Dies gilt auch für Symbole – die aus diesem Grund vom Kult auf der ganzen Welt eingesetzt werden. Symbole sind holografische Manifestationen bestimmter Frequenzen und werden überall in unserer Umgebung platziert, um die menschliche Wahrnehmung durch Wellenverschränkung zu beeinflussen. Sie werden wahrscheinlich die Symbole in den Abbildungen 140 und 141 erkennen, die erzeugt wurden, indem man Schall mit bestimmten Frequenzen durch ein flüssiges Medium schickte. Frequenz und Form sind nur unterschiedliche Ausdrucksweisen derselben Information. Interessanterweise sind sowohl das Hexagramm (der „Davidstern" auf der israelischen Nationalflagge) als auch der Würfel Symbole für den Saturn (Abb. 142). Die Gründe dafür lege ich in „Alles, was Sie wissen sollten" ausführlich dar – sie haben jedenfalls mit der Simulation zu tun.

Schon der Name „Rothschild" bezieht sich auf ein Symbol, nämlich ein rotes Schild – das Hexagramm auf dem Stammhaus der Familie im Frankfurt des 18. und 19. Jahrhunderts. Gründer der Dynastie war der sabbatianisch-frankistische

Abb. 142: Das Hexagramm bzw. der Davidstern und der Würfel (man denke an Silas Beanes Würfelmatrix) sind uralte Symbole für den Saturn, weil sie dessen Frequenz reflektieren. Vor allem der schwarze Würfel ist ein Symbol für den Saturn. Einen schwarzen Würfel finden wir in Mekka, der heiligen Stätte des Islam; außerdem gibt es noch eine israelische „Sicherheitsfirma", die mit dem israelischen Geheimdienst Mossad in Verbindung steht und „Black Cube" („Schwarzer Würfel") heißt. Der heilige Wochentag im jüdischen Glauben ist der Samstag, der Tag des Saturn.

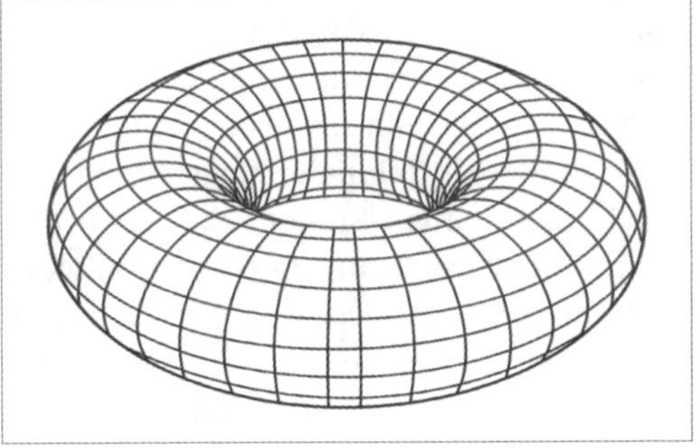

Abb. 143: Laut einer 2019 veröffentlichten, „bahnbrechenden" wissenschaftlichen Studie ist dies die Form des Universums. In meinen Büchern stand schon lange vorher, dass das Universum wie ein Torus geformt ist.

Kultist Mayer Amschel Rothschild, der auch als „Gründungsvater des internationalen Finanzwesens" bekannt ist und den Illuminatenorden des Kults ins Leben rief. Letztendlich hängt alles zusammen. Der berühmte amerikanische Autor, Esoteriker und Okkultist Manly P. Hall beschrieb die Macht und Bedeutung von Symbolen treffend mit diesen Worten: „Wenn die Menschen die Sprache der Symbole lesen lernen, wird ihnen ein gewaltiger Schleier von den Augen fallen." Bleiben diese Symbole des Kults jedoch undecodiert, dann sind sie Teil dieses Schleiers.

Wissenschaftler verkündeten im Jahre 2019 die Ergebnisse einer Studie, die einen „Paradigmenwechsel" einleiten sollte und ergab, dass das Universum eine geschlossene Schleife in der Form eines Torus oder donutartigen Rings ist. Eleonora Di Valentino von der Universität Manchester leitete ein internationales Astronomenteam, das Daten vom Planck-Weltraumteleskop der Europäischen Weltraumorganisation ESA analysierte. Sie kamen zum Schluss, dass das Universum eine gekrümmte, in sich geschlossene und sich aufblähende Kugel ist. Di Valentino bezeichnete die Ergebnisse als „Krise der Kosmologie", die ein „drastisches Überdenken des derzeitigen kosmologischen Lambda-CDM-Modells" erfordere.

Was hat die Forscher denn bisher am Überdenken gehindert? Ich habe schon in früheren Büchern darüber geschrieben, dass das Universum eine geschlossene Schleife in Form eines Donuts oder „Torus" ist (Abb. 143). Ich habe sogar ein 2003 erschienenes Buch „Tales from the Time Loop" genannt, auf dessen Cover die Torussimulation dargestellt wird (Abb. 144). Auch im menschlichen Auge lässt sich ein Torus finden – wie oben, so unten (Abb. 145). Das Universum ist eine in sich geschlossene Schleife, weil es eine Simulation innerhalb des Frequenzbands der „Lichtgeschwindigkeit" ist. Es ist ein Wellenfeldkonstrukt, das zu einer holografischen geschlossenen Schleife decodiert wurde,

Abb. 144: Titelbild meines 2003 erschienenen Buches „Tales from the Time Loop", auf dem unsere Realität als Torusring dargestellt wird, der eine illusorische Zeitschleife durchläuft.

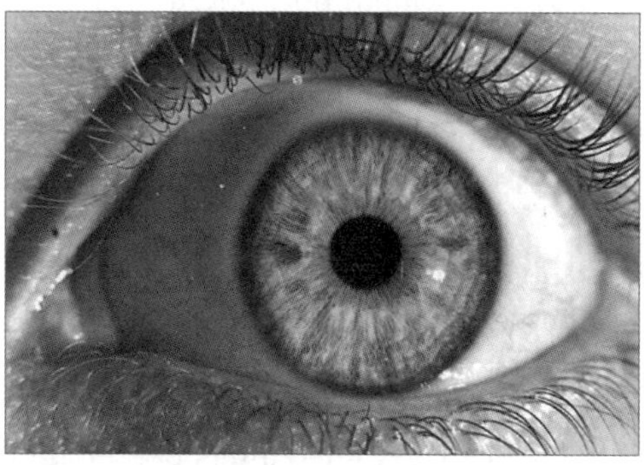

Abb. 145: Der Torus im menschlichen Auge.

Abb. 146: Der Large Hadron Collider im Schweizer CERN.

die nur von einem Bewusstsein durchbrochen werden kann, das sich über den Körper/Intellekt hinaus ausgedehnt hat.

Vergleichen könnte man diese Schleife mit dem Large Hadron Collider, dem leistungsstärksten Teilchenbeschleuniger der Welt, der am Europäischen Kernforschungszentrum CERN in der Schweiz untergebracht ist (Abb. 146). Worum es bei diesem milliardenschweren Projekt wirklich geht, behandle ich in „Alles, was Sie wissen sollten" – es ist auf jeden Fall nicht das, was man uns erzählt. Der Speicherring [engl.: *collider*] ist ein 26,7 Kilometer langer unterirdischer, ringförmiger Tunnel bzw. eine Röhre aus supraleitenden Hauptmagneten, die in 50 bis 175 Metern Tiefe unterhalb der schweizerisch-französischen Grenze verläuft. In diesem Ring werden Protonen (Teilchen/Wellen) auf Lichtgeschwindigkeit beschleunigt und zum Kollidieren gebracht. Die Protonen durchlaufen den Ring 11.245-mal pro Sekunde (Abb. 147). Der Grund dafür ist eine lange Geschichte, die ich im erwähnten Buch erzählt habe.

Ich erwähne den Hadron Collider an dieser Stelle als bildliche Darstellung des Torus-Universums. Stellen Sie sich vor, Sie befänden sich in dieser geschlossenen Röhre, ohne zu wissen, dass sie in sich geschlossen ist, und decodierten die darin kreisende Energie zu einer holografischen Welt, die völlig anders ist als die Röhre, wie sie in einem nicht decodierten Zustand erscheinen würde. Sie würden glauben, dass die Zeit sich „nach vorne" bewegt, obwohl Sie sich in Wahrheit in einer Schleife aufhalten. Ihre eigene Position in dieser Schleife würden Sie als Gegenwart bezeichnen und von dort aus „Vergangenheit" und „Zukunft" definieren. Tatsächlich ist die menschliche Realität aber ein Zyklus im Jetzt. Das Bild, das dies in Abb. 148 symbolisiert, stammt

Abb. 147: Der CERN-Ring (oder die Ringe) erinnert an eine Miniversion der Simulation.

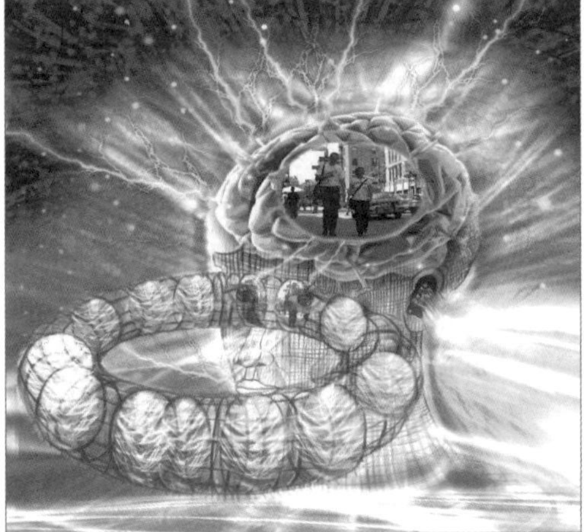

Abb. 148: Das Zeitschleifen-„Universum", das wir zu einer illusorischen „physischen" Realität decodieren und als „menschliche Welt" erleben.

aus meinem 2010 im Original erschienenen Buch „Der Löwe erwacht".

Ich gehe davon aus, dass universelle Zyklen wie das Große Jahr (Zyklus der Präzession, fast 26.000 Jahre), die Yugas oder Weltzyklen im Hinduismus und der Maya-Kalender mit seinen klar abgegrenzten Zeiträumen oder „Zählungen" Messzyklen des Simulationsprogramms sind. Einige Rechercheure haben Punkte in diesen Zyklen identifiziert, an denen zahlreiche globale Katastrophen stattfanden, die das meiste zuvor Existierende zusammen mit dem damaligen Wissen über das Leben auslöschten. Die „bekannte" Menschheitsgeschichte ist also nur ein Bruchteil dessen, was wirklich geschah, und fantastische uralte Bauwerke, die wir heute nur mit Mühe bauen könnten, sind Beweise dafür, dass die scheinbare Aufwärtsentwicklung vom primitiven Menschen zur modernen Welt ein Hirngespinst ist. Eine Simulation mit diversen Punkten, an denen ein „Systemneustart" vorgesehen ist, wäre eine hervorragend geeignete Methode, die Menschheit in einer Wahrnehmungsillusion zu isolieren.

„Ich komme aus dem Licht." Na gut – aber aus welchem?

Vor diesem Hintergrund werden viele Geheimnisse verständlich. Zudem deutet er auf das Wissen hin, das im Kult verborgen ist. Wenn Menschen „das Licht" anbeten, dann beten sie ihr eigenes Wahrnehmungsgefängnis an (Abb. 149). So wird auch verständlich, warum ein „Gott" des Kults Luzifer ist, der *Licht*bringer. Genau – er bringt die *Simulation*. „Luzifer" wird auch als „gefallener Engel" dargestellt; in der Bibel wird mit diesem Begriff die nichtmenschliche Macht beschrieben, die durch ihre hybriden Lakaien (die Nephilim-Blutlinien des Kults) innerhalb der Simulation so agiert wie Agent Smith und seine Kollegen in den „Matrix"-Filmen. Sollten Sie die „Matrix"-Trilogie noch nicht gesehen haben, dann sei sie Ihnen ans Herz gelegt, vor allem der erste Film, damit Sie ein Gefühl dafür bekommen, was unsere Realität ist und wie wir manipuliert werden.

Abb. 149: „Ich habe das Licht gesehen" – *Ich habe die falsche Art Licht gesehen.*

Meiner Definition nach sind gefallene Engel jene Wesen, die ihre Herzzentren vor einer Verbindung mit DEM EINEN verschlossen haben und nun der Menschheit dasselbe antun wollen, damit sie das menschliche Körper/Intellekt-Gewahrsein in ihr eigenes assimilieren können. Wie wir noch sehen werden, sind das genau die Ziele der smarten Technologie und künstlichen Intelligenz. Luzifers angebliche „Revolte gegen Gott" soll nach seiner Weigerung erfolgt sein, „Gottes Liebe zu erwidern" (verschlossenes Herzzentrum); danach wollte er „so mächtig sein wie sein Schöpfer". „Luzifer" wird auch Satan und der Teufel genannt; die Bibel belegt ihn mit reptilischen Bezeichnungen wie „großer Drache" oder „diese alte Schlange". Die kultischen Blutlinien wiederum sind menschlich-reptiloide Hybriden, die ihre verborgenen Meister mittels *Satanismus* verehren.

In „The Trigger" entlarve ich das sabbatianisch-frankistische Netzwerk innerhalb des Kults als wahren Verantwortlichen für 9/11. Dieser Aspekt des Kults wurde nach seinen geistigen Vätern Schabbtai Zvi (1626–1676) und Jakob Joseph Frank (1726–1791) benannt, wie ich bereits erwähnt habe. Der Sabbatianismus-Frankismus hasst das Judentum und das Jüdische, hat es aber durch seine Manipulationen geschafft, Israel und dessen weltweite Verbindungen zu kontrollieren, wobei der Großteil der Juden allerdings keine Ahnung hat, dass der Sabbatianismus-Frankismus überhaupt existiert. Das bekannte Motiv der Luzifer-Verehrung findet sich bei Jakob Joseph Frank wieder, der gesagt hat, dass Luzifer der wahre Gott sei.

Abb. 150: Die Pyramide und das Symbol des allsehenden Auges finden sich auf dem Dollarschein, der Rückseite des Großen Siegels der Vereinigten Staaten und an vielen anderen Stellen.

Die Kabbala oder Kabbalah, die jüdische Bibel der Mystik und der esoterischen Lehren, ist das heilige Buch des Sabbatianismus-Frankismus – vor allem das Schriftwerk des Zohar (Sohar), dessen Name „strahlender Glanz" (Licht) bedeutet. Von diesem Namen rührt die Vorstellung her, „illuminiert" (Kundalini-Aktivierung) zu sein. Auch der Name einer besonders bedeutenden Gruppierung innerhalb des Kults, der „Illuminaten", rührt daher. Deren Symbol ist das „allsehende Auge", das auf dem Dollarschein und der Rückseite des Großen Siegels der Vereinigten Staaten zu sehen ist (Abb. 150). Die elitäre satanistische Geheimgesellschaft der Illuminaten wurde 1776 von drei sabbatianisch-frankistischen Kultisten gegründet: Jakob Joseph Frank,

Abb. 151: Die Freiheitsstatue wurde New York von französischen Freimaurern aus Paris geschenkt, die ihre wahre Bedeutung kannten.

Abb. 152: Eine kleinere Version der Freiheitsstatue auf einer Seine-Insel in Paris.

Mayer Amschel Rothschild – dem Begründer der Rothschild-Finanzdynastie – und dem öffentlichen Aushängeschild Adam Weishaupt, der von den Jesuiten ausgebildet wurde und trotz gegenteiliger Behauptungen kein Jude war.

Das Motiv von Luzifer, dem Lichtbringer (Simulation), ist weitverbreitet, wenn man weiß, wonach man suchen muss. Ein Beispiel dafür ist die Freiheitsstatue, die die leuchtende Fackel der „Illumination" hochhält. Die Statue wurde New York von französischen Freimaurern aus Paris geschenkt, die ihre wahre Bedeutung kannten. Eine kleinere Version der Freiheitsstatue steht in der französischen Hauptstadt auf einer kleinen Insel in der Seine (Abb. 151 und 152). Die Freimaurerei verehrt Luzifer als den „Großen Baumeister/Architekten des Universums", also den Baumeister der Simulation. Die Symbolik des Architekten findet sich auch in den „Matrix"-Filmen wieder – als die Figur, die die Matrix konstruierte. Über diese Themen und noch viele mehr erfahren Sie genaue Details in „Alles, was Sie wissen sollten".

Wissenschaftliche Fakten und Zahlen zur Simulation

Ein weiterer Mainstreamwissenschaftler, der nach Beweisen für eine Simulation gesucht hat, ist James Gates, ein amerikanischer theoretischer Physiker und Professor für Physik an der University of Maryland sowie Direktor des Zentrums für String- und Teilchentheorie. Gates war außerdem im wissenschaftlichen Beirat von US-Präsident Obama. Ein von ihm geleitetes Forscherteam entdeckte Computercodes digitaler Daten, die in die energetische Struktur unserer Realität eingebettet sind und die Form 1 oder 0 annehmen – also genau der Binärcode, der in Computern verwendet wird (Spannung liegt an = 1, Spannung liegt nicht an = 0). Dieser Code ähnelt sehr dem der Matrix in den gleichnamigen Filmen und den A-, C-, G- und T-Basencodes, aus denen die DNS besteht und die ebenfalls Binärwerte haben (Abb. 153 und 154). Diese Codes und ihre Beziehungen zueinander entscheiden, wie die „physische" Form aussieht. Die Unterschiede in der Codierung zwischen Mensch und Ratte sind marginal, obwohl sich diese beiden Lebensformen in der Form

Abb. 153: Binärcodes aus Nullen und Einsen stehen für das Ein oder Aus elektrischer Ladungen in Computersystemen.

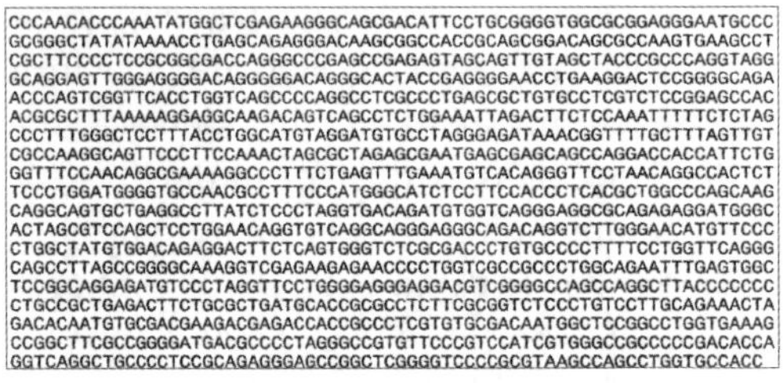

```
CCCAACACCCAAATATGGCTCGAGAAGGGCAGCGACATTCCTGCGGGGTGGCGCGGAGGGAATGCCC
GCGGGCTATATAAAACCTGAGCAGAGGGACAAGCGGCCACCGCAGCGGACAGCGCCAAGTGAAGCCT
CGCTTCCCCTCCGCGGCGACCAGGGCCCGAGCCGAGAGTAGCAGTTGTAGCTACCCGCCCAGGTAGG
GCAGGAGTTGGGAGGGGACAGGGGGACAGGGCACTACCGAGGGGAACCTGAAGGACTCCGGGGCAGA
ACCCAGTCGGTTCACCTGGTCAGCCCCAGGCCTCGCCCTGAGCGCTGTGCCTCGTCTCCGGAGCCAC
ACGCGCTTTAAAAAGGAGGCAAGACAGTCAGCCTCTGGAAATTAGACTTCTCCAAATTTTTCTCTAG
CCCTTTGGGCTCCTTTACCTGGCATGTAGGATGTGCCTAGGGAGATAAACGGTTTTGCTTTAGTTGT
CGCCAAGGCAGTTCCCTTCCAAACTAGCGCTAGAGCGAATGAGCGAGCAGCCAGGACCACCATTCTG
GGTTTCCAACAGGCGAAAAGGCCCTTTCTGAGTTTGAAATGTCACAGGGTTCCTAACAGGCCACTCT
TCCCTGGATGGGGTGCCAACGCCTTTCCCATGGGCATCTCCTTCCACCCTCACGCTGGCCCAGCAAG
CAGGCAGTGCTGAGGCCTTATCTCCCTAGGTGACAGATGTGGTCAGGGAGGCGCAGAGAGGATGGGC
ACTAGCGTCCAGCTCCTGGAACAGGTGTCAGGCAGGGAGGGCAGACAGGTCTTGGGAACATGTTCCC
CTGGCTATGTGGACAGAGGACTTCTCAGTGGGTCTCGCGACCCTGTGCCCCTTTTCCTGGTTCAGGG
CAGCCTTAGCCGGGGCAAAGGTCGAGAAGAGAACCCCTGGTCGCCGCCCTGGCAGAATTTGAGTGGC
TCCGGCAGGAGATGTCCCTAGGTTCCTGGGGAGGGAGGACGTCGGGGCCAGCCAGGCTTACCCCCCC
CTGCCGCTGAGACTTCTGCGCTGATGCACCGCGCCTCTTCGCGGTCTCCCTGTCCTTGCAGAAACTA
GACACAATGTGCGACGAAGACGAGACCACCGCCCTCGTGTGCGACAATGGCTCCGGCCTGGTGAAAG
CCGGCTTCGCCGGGGATGACGCCCCTAGGGCCGTGTTCCCGTCCATCGTGGGCCGCCCCCGACACCA
GGTCAGGCTGCCCCTCCGCAGAGGGAGCCGGCTCGGGGTCCCCGCGTAAGCCAGCCTGGTGCCACC
```

Abb. 154: Die Nukleinbasencodes A, C, G und T in der DNS, die ebenfalls Binärwerte haben.

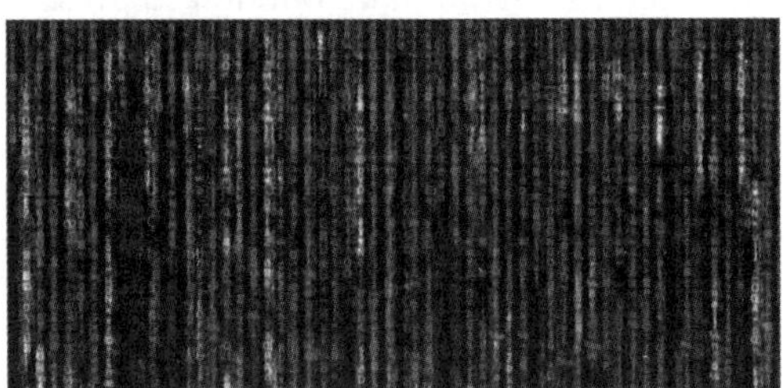

Abb. 155: Die digitalen Codes der Matrix, die in den gleichnamigen Filmen auf Computerbildschirmen zu sehen sind.

grundlegend unterscheiden. DNS-Codes können als digitale Binärwerte betrachtet werden, wobei A und C gleich 0 sowie G und T gleich 1 sind. Die Code-Sequenzen der DNS sehen aus wie eine binäre Zahlencodierung und die Zahlen, die in den „Matrix"-Filmen über die Computerbildschirme laufen und die digitale Grundlage der Realitätssimulation darstellen (Abb. 155).

James Gates sagte, dass er und sein Kollegen keine Ahnung hätten, was digitale Computercodes im Gefüge unserer Realität verloren haben – doch dies wäre erklärbar, wenn wir es tatsächlich mit einer Simulation zu tun haben. Das Team um Gates fand auch fehlerkorrigierende bzw. Blockcodes in der energetischen Struktur unserer Realität. Dabei handelt es sich um mathematische Sequenzen, die von Computern dazu verwendet werden, Daten wieder in ihren ursprünglichen Zustand – die „Werkseinstellungen" – zu versetzen, wenn der Rechner fehlerhaft arbeitet. Diese Codes wären dazu notwendig, die Simulation trotz der Einwirkung anderer Kräfte am Laufen zu halten. Laut Gates wurde auch eine Reihe von in der Realität eingebetteten Gleichungen entdeckt, die nicht von denen zu unterscheiden sind, die hinter Suchmaschinen und Internetbrowsern stehen. Das Internet und die digitale Technologie im Allgemeinen ahmen nämlich die Simulation nach, um eine Simulation in der Simulation zu erzeugen und den menschlichen Körper/Intellekt in noch extremeren Zuständen der Illusion und Isolation zu versklaven, als sie die Hauptsimulation zu bieten hat.

Ich habe bereits erwähnt, dass eine Ebene unserer Realität – die Simulation – digital ist und die „physische" Welt aus digitalen Hologrammen besteht. Die Numerologie deutet die Welt auf dieser Ebene der Zahlen. Max Tegmark, ein Physiker am Massachusetts Institute of Technology (MIT) und Verfasser des Buches „Unser mathematisches Universum: Auf der Suche nach dem Wesen der Wirklichkeit", sagte: „Das Universum kann durch Zahlen und Mathematik vollständig beschrieben werden." Er ist der Ansicht, dass die Realität mit Zahlen und Mathematik so codiert ist, wie man auch Computerspiele codiert. Insofern ist die

Abb. 156: Physik und Mathematik von Videospielen und virtueller Realität sind dieselben wie in unserer erlebten Realität.

Physik unserer Realität im Grunde mit der von Computerspielen gleichzusetzen (Abb. 156). Tegmark vergleicht das menschliche Erleben mit den Figuren in modernen Spielen. Diese Figuren glauben dank ihrer Softwarecodierung, dass sie an reale Objekte stoßen, sich verlieben und Gefühle empfinden. Irgendwann könnten sie dann die Funktionsweise des Spiels genauer zu untersuchen beginnen und dadurch erkennen, dass alles aus Pixeln besteht. So würden sie sehen, dass das, was sie für „physisch" hielten, in Wahrheit nur Zahlen sind. Tegmark vergleicht dies mit der menschlichen Realität:

> Genau in dieser Situation befinden wir uns in unserer Welt. Wenn wir uns umsehen, sieht sie nicht sonderlich mathematisch aus, aber alles, was wir sehen, besteht aus Elementarteilchen wie Quarks und Elektronen. Und welche Eigenschaften hat ein Elektron? Hat es einen Geruch, eine Farbe, eine Konsistenz? Nein! [...]
>
> Wir Physiker haben uns schlaue Namen für diese Eigenschaften ausgedacht – wie elektrische Ladung, Spin oder Leptonenzahl –, doch das Elektron schert es nicht,wie wir sie nennen. Die Eigenschaften sind einfach nur Zahlen.

Was diese Wissenschaftler aufdecken, ist genau das, was man erwarten würde, wenn wir in einer Art Simulation leben. Wir kennen auch das antike Konzept der „göttlichen Proportion", das sich auf mathematische und geometrische Abfolgen bezieht, die man in unserer Realität, der „natürlichen" Welt und dem menschlichen Körper findet. Menschen, die in das verborgene Wissen eingeweiht waren, verstanden diese Zahlenfolgen und bedachten sie mit Namen wie Phi, Pi, Goldener Schnitt, Goldene Zahl oder Goldene Spirale. Sie codierten sie in ihre Tempel, Kathedralen und andere wichtige Gebäude hinein, um bestimmte Energien/Informationen und Frequenzen anzuziehen - sich damit zu verschränken –, die sie mit „Gott" oder „den Göttern" verbinden sollen. Künstler wie der Eingeweihte Leonardo da Vinci codierten diese Proportionen oder Verhältnisse in ihre Gemälde. Da Vinci war deshalb so „seiner Zeit voraus", weil er die Realität verstand, indem er sich in das Gewahrsein außerhalb der Simulation einklinkte; darüber hinaus hatte er enge Verbindungen zu Geheimgesellschaften.

Der Zahlenwert des Goldenen Schnitts beträgt 1,6180339887498948420... und setzt sich danach endlos fort. Das Verhältnis des Goldenen Schnitts ergibt sich aus der „Teilung einer Linie in zwei Teile, sodass der längere Teil, geteilt durch den kürzeren Teil, der Gesamtlänge der beiden Teile, geteilt durch den längeren Teil, entspricht". Einfach ausgedrückt ist es eine Zahlenfolge, die sich überall finden lässt und offensichtlich absichtlich und nicht zufällig vorhanden ist.

Eine weitere allgegenwärtige Zahlenreihe ist die Fibonacci-Folge, die auf jeden Fall schon im alten Indien von einem Mathematiker namens Virahanka behandelt wurde, aber

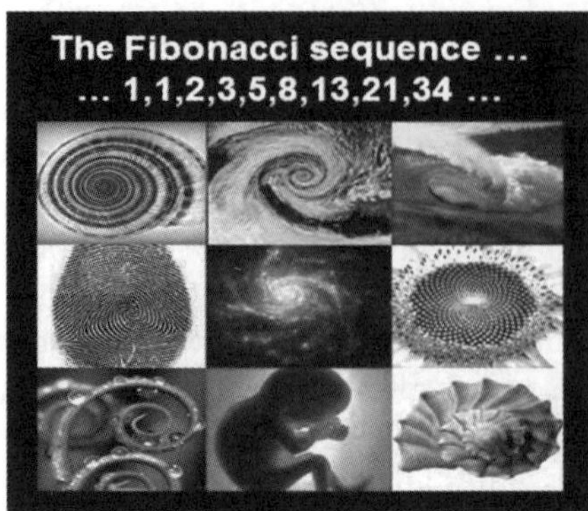

Abb. 157: Die Fibonacci-Zahlenfolge findet sich in unserer gesamten Realität immer wieder.

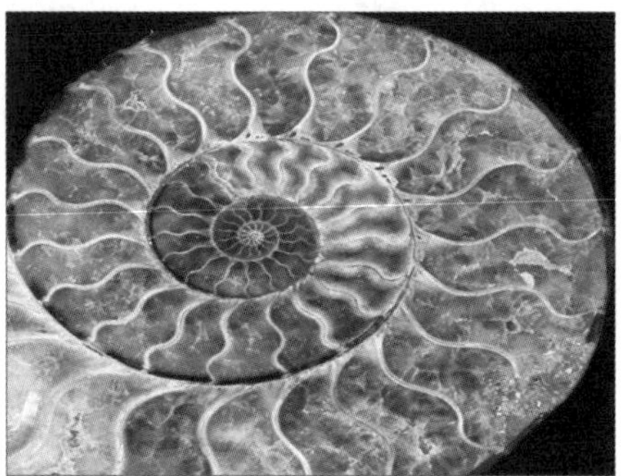

Abb. 158: Auch in Muschelschalen sind Fibonacci-Zahlen codiert.

Abb. 159: Sich wiederholende holografische Fraktalmuster tauchen allerorten auf.

nach dem italienischen Mathematiker Leonardo Fibonacci (12./13. Jahrhundert) benannt ist, der auch als Leonardo da Pisa bekannt war. In der Fibonacci-Folge ergibt die Summe zweier aufeinanderfolgender Zahlen die unmittelbar nachfolgende Zahl, also: 1, 1, 2, 3, 5, 8, 13, 21, 34, 55 und so weiter. Je weiter man in der Folge voranschreitet, desto mehr nähert sich der Quotient aufeinanderfolgender Zahlen dem Goldenen Schnitt. Die Fibonacci-Folge ist allem eingeschrieben, vom menschlichen Gesicht und Körper bis hin zu Tieren, DNS, Fruchtständen, Kiefernzapfen, Bäumen, Muscheln, Spiralgalaxien, Wirbelstürmen und der Anzahl der Blütenblätter in einer Blume (Abb. 157 und 158).

Und dann gibt es noch die fraktalen Muster, die in der Struktur der Realität codiert sind – und auch sie sind überall. Fraktale sind ein „endloses Muster, das unendlich komplex und in verschiedenen Größenordnungen selbstähnlich ist“; das sind dieselben Eigenschaften, die auch Hologramme besitzen (Abb. 159 und 160) und die das hermetische Prinzip „Wie oben, so unten“ widerspiegeln. Fraktale Muster finden sich in:

Flussnetzen, Gebirgsketten, Kratern, Blitzen, Küstenlinien, den Hörnern von Bergziegen, dem Baum- und Astwachstum, Farbmustern von Tieren, Ananas, Herzfrequenzen, Herzschlägen, Neuronen und Gehirnen, Augen, Atmungssystemen, Kreislaufsystemen, Blut- und Pulmonalgefäßen, DNS, geologischen Bruchlinien, Erdbeben, Schneeflocken, Kristallen, Meereswellen, Gemüsen, Bodenporen und sogar den Ringen des Saturn.

Fraktale bzw. holografische Muster tauchen in binären elektrischen Ladungen auf, die in unsere energetische Realität codiert sind, ebenso wie in der Sender/Empfänger-Festplatte des Körpers – der DNS (Abb. 161). Eine wissenschaftliche Abhandlung erfasste das Wesen der DNS schon in der Überschrift: „DNS ist eine fraktale Antenne in elektromagnetischen Feldern“. Die DNS ist ein Sender/Empfänger von Informationen und außerdem digital,

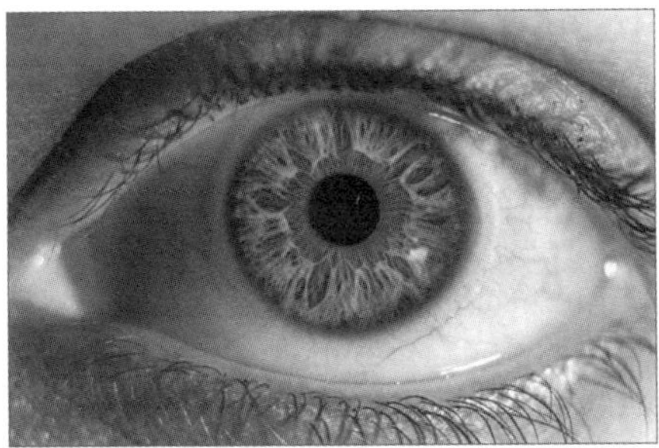

Abb. 160: Fraktalmuster findet man auch im Torus des menschlichen Auges.

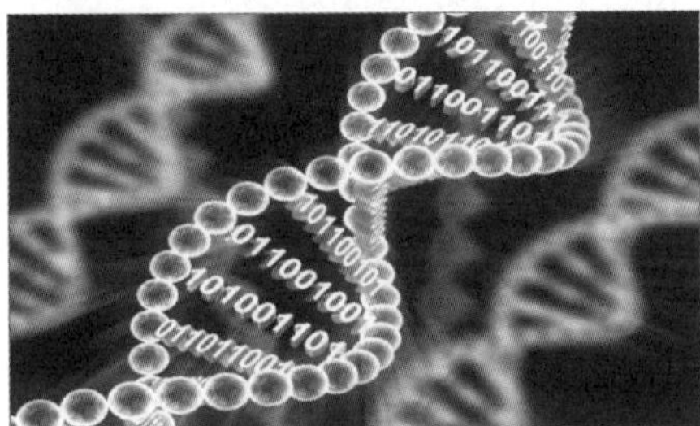

Abb. 161: Binäre DNS.

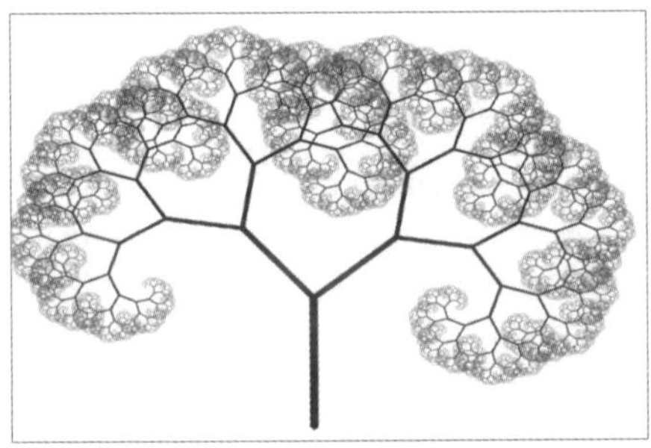

Abb. 162: Auch das Baumwachstum folgt fraktalen Mustern.

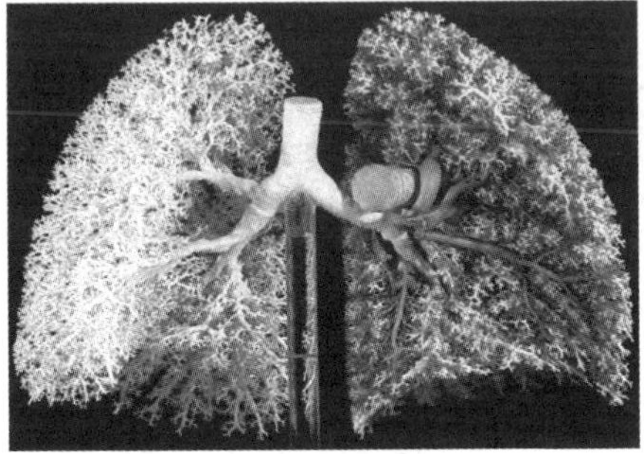

Abb. 163: Fraktalmuster in der menschlichen Lunge.

binär, holografisch und fraktal, weil auch unsere erlebte Realität digital, binär, holografisch und fraktal ist.

Der amerikanische Psychologieprofessor David Pincus sagte, dass fraktale Muster auch in Psychologie, Verhalten, Sprachmustern und zwischenmenschlichen Beziehungen festgestellt wurden. Das wirft die Frage auf, wie viel vom menschlichen Verhalten dem „freien Willen" entspringt und wie groß der Anteil ist, der einfach nur dem Simulationsprogramm folgt. Darauf werde ich später noch zu sprechen kommen.

Fraktale Prinzipien haben mit „symmetrischer Mathematik" zu tun, in der es darum geht, dass „eine Form exakt so wie eine andere ist", wenn man sie bewegt, dreht, kippt oder verschiebt. Auch die symmetrische Mathematik findet sich überall, von der Art und Weise, wie Bäume wachsen, bis zur Struktur der menschlichen Lunge (Abb. 162 und 163). Dmitri Krioukov, ein Physiker an der University of California, San Diego, war Mitautor einer Studie, die in der Fachzeitschrift *Nature's Scientific Reports* veröffentlicht wurde. In ihr hieß es, dass „unentdeckte und fundamentale Gesetze" das Wachstum von Systemen auf allen Ebenen regeln könnten, vom elektrischen Feuern zwischen Gehirnzellen bis zum Wachstum sozialer Netzwerke und der Ausdehnung von Galaxien (*auch hier* finden wir wieder das holografische Prinzip). Krioukov schreibt:

> Die natürliche Wachstumsdynamik ist bei unterschiedlichen realen Netzwerken wie dem Internet, dem Gehirn oder Social-Media-Netzwerken gleich. Für einen Physiker ist dies ein unmittelbares Signal, dass wir an der Funktionsweise der Natur etwas noch nicht verstehen.

Was wir hier nicht verstehen, ist die Tatsache, dass wir es mit einer holografischen Simulation zu tun haben. Die *Huffington Post* berichtete Folgendes über die Forschung von Krioukov und seinem Team:

Als die Forscher die Vergangenheit des Universums mit dem Wachstum von sozialen Netzwerken und Hirnschaltkreisen verglichen, stellten sie fest, dass all diese Netzwerke in ähnlicher Weise expandieren: Sie gleichen die Verbindungen zwischen ähnlichen Knotenpunkten an solche an, die bereits über viele Verknüpfungen verfügen.

Ein Katzenliebhaber beispielsweise wird, wenn er im Internet surft, einerseits große Websites wie Google oder Yahoo benutzen, andererseits aber Homepages von Katzenfreunden oder Katzenvideos auf YouTube abrufen. In ähnlicher Weise verbinden sich zwar benachbarte Gehirnzellen gern miteinander, doch die Neuronen stellen auch Verknüpfungen zu „Google-Gehirnzellen" her – die wiederum mit jeder Menge anderer Hirnzellen in Verbindung stehen. Krioukov bemerkte dazu, dass es sich bei der seltsamen Ähnlichkeit zwischen großen und kleinen Netzwerken kaum um einen Zufall handeln kann.

Worum handelt es sich bei all diesen wiederkehrenden mathematischen Reihenfolgen, die unsere Realität durchdringen? Meiner Ansicht nach sind es die Computercodes der Simulation (Abb. 164 und 165). Ich habe mir eine Präsentation von Donald Hoffman, einem Professor in der Fakultät für Kognitionswissenschaften an der Universität of California, Irvine angesehen, in der er sein Konzept unserer erlebten Realität beschrieb, die sich wie eine Computerschnittstelle verhalte. Ich kann seinen Worten nur zustimmen:

> Die Evolution hat uns mit einer Benutzerschnittstelle ausgestattet, die die Wahrheit verbirgt. Nichts, was wir sehen, ist die Wahrheit – schon die Sprache von Raum und Zeit und Objekten ist die falsche Sprache, um die Realität zu beschreiben.

Ich behaupte, dass nicht die Evolution für diese Prägung verantwortlich ist, sondern eine Manipulation. Die Computerschnittstelle – die Entsprechung zu einem Computermonitor – ist die Simulation, die uns ein falsches Gefühl von Realität vermittelt, um zu verbergen, dass sie eine Simulation ist.

Abb. 164: „Pi, Phi und Fibonacci-Zahlenfolgen sind ... Computercodes" – *Volltreffer! Die Computercodes der Simulatio.*

Abb. 165: „Fraktalmuster sind ... Computercodes" – *Volltreffer! Die Computercodes der Simulation.*

Elektrisches Universum

Abb. 166: Blitze sind das offensichtlichste Beispiel für eine elektrische Atmosphäre.

Abb. 167: Das elektrische Phänomen der Aurora borealis – der Polarlichter.

Ein bedeutender Hinweis auf die Existenz einer Simulation stammt aus einem höchst überzeugenden Bereich der unabhängigen wissenschaftlichen Forschung, der uns das Universum als ein elektrisches/elektromagnetisches Kommunikationssystem offenbart. Genau solche Systeme stehen auch hinter Computern und virtueller Realität. Diese Forschung ist unter dem sehr passenden Namen Electric Universe – Elektrisches Universum –, aber auch als Thunderbolts Project bekannt. Ich verfolge die Beiträge des Projekts seit vielen Jahren; Sie finden sie unter Thunderbolts.info.

Alles, vom Universum bis zum menschlichen Körper mitsamt Gehirn, ist auf einer bestimmten Ebene ein elektrisches bzw. elektromagnetisches Kommunikationssystem. Die elektrische Natur der Atmosphäre zeigt sich deutlich in Blitzen, dem Nordlicht (Aurora borealis) und den schnell rotierenden elektromagnetischen Feldern von Wirbelstürmen, wie sie bei Gewittern auftreten (Abb. 166 und 167). Die elektrische Struktur unserer Realität geht jedoch noch viel tiefer. Elektrizität und Elektromagnetismus erfüllen alles. Den Verfechtern der Theorie des Elektrischen Universums zufolge sind Planeten und Sterne Punkte bzw. „Bauelemente" eines gigantischen elektrischen Schaltkreises, den wir als Realität erleben und als Nacht-

Abb. 168: Wir sehen im „Himmel" Sterne, Planeten und den Weltraum, doch das ist nur eine Ebene der Informationsmatrix.

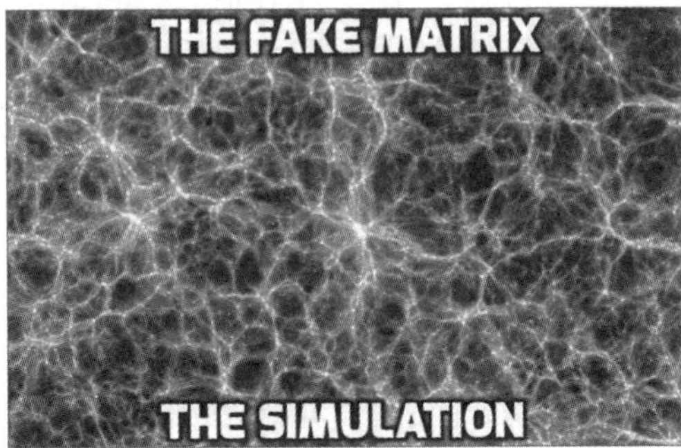

Abb. 169: Auf einer anderen Ebene ist das Universum – die Simulation bzw. falsche Matrix – ein gigantisches elektrisches System.

Abb. 170: Die Simulation ist ein elektrisches/elektromagnetisches System, das mit dem menschlichen Körper und Gehirn interagiert und zur Verschleierung der Primärrealität eine falsche Realität darüberlegt. Ich nenne dieses System das kosmische Internet. (Bild: Neil Hague)

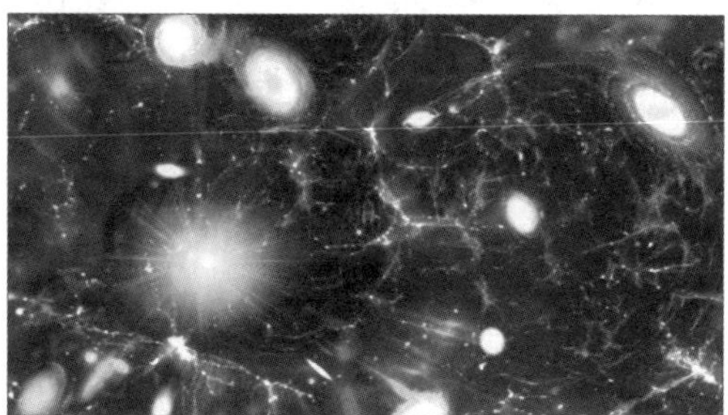

Abb. 171: Galaxien sind in dieselbe „großräumige Struktur" – die Simulation – „eingebettet".

himmel sehen (Abb. 168 und 169). Die elektrische Wirkung auf diese Schaltkreise aus Planeten und Sternen sowie deren Kombinationen ist eine weitere Ebene zur Erklärung der Funktionsweise der Astrologie. Alles zusammen bezeichne ich als kosmisches Internet (Abb. 170).

Ich habe bereits erwähnt, dass die Sonne viel größer ist, als sie dem Auge erscheint, und dass ihr Wellenfeld durch das ganze Sonnensystem schwingt. Dies gilt auch für die elektrischen Schaltkreise und Kommunikationssysteme der Sonne. Die Vertreter der Theorie des Elektrischen Universums weisen schon lange auf diese Tatsache hin, und auch vonseiten der Mainstreamwissenschaft gibt es immer mehr Bestätigungen für dieses elektrische Verbindungsnetz. In der Fachpublikation *Astrophysical Journal* wurde 2019 eine Studie veröffentlicht, aus der hervorging, dass Hunderte Galaxien in synchronisierten Bewegungen agieren und rotieren, selbst wenn sie Dutzende Millionen Lichtjahre voneinander entfernt sind (die Illusion von Zeit und Raum). In die Studie wurden 445 Galaxien einbezogen, die sich in einem Radius von 400 Millionen Lichtjahren um die Erde befinden. Joon Hyeop Lee, ein Astronom am Korea Astronomy and Space Science Institute, äußerte die Vermutung, dass etwas diese Galaxien zu verbinden und sie dazu zu bringen scheint, sich synchron zu verhalten. In irgendeiner Weise „interagieren sie direkt miteinander", sagte er. Die Studie legte nahe, dass die Galaxien in ein und dieselbe „großräumige Struktur" eingebettet sind. Ja, genau – es ist das elektrische/elektromagnetische Gitter des kosmischen Internets oder auch dessen, was ich als die Simulation bezeichne (Abb. 171).

Die virtuelle Realität aus dem Computer wird durch dieselben Codes und dieselbe elektrische Kommunikation zusammengehalten, sodass die Ereignisse auf dem Bildschirm synchron ablaufen. „Die dynamische Kohärenz über Millionen Lichtjahre hinweg kam unerwartet und war daher überraschend für uns, weil solche Distanzen ja offensichtlich zu groß dafür sind, dass benachbarte Galaxien in eine direkte Wechselwirkung miteinander treten könnten", sagte Joon. Die verbindende Kraft blieb unsichtbar oder – anders ausgedrückt – lag außerhalb des Frequenzbands menschlicher und technologischer Sicht. Und dann wäre da noch David Sibeck, ein Projektwissenschaftler am Goddard Space Flight Center der NASA, der Satellitenbeobachtungen dieser elektrischen/elektromagnetischen Verbindungen bestätigte:

> Die Satelliten haben Hinweise auf magnetische Röhren gefunden, durch die die obere Erdatmosphäre direkt mit der Sonne verbunden ist. Wir glauben, dass Sonnenwinde entlang dieser Röhren fließen und die Energie für geomagnetische Stürme und Polarlichter liefern.

Es sind Verbindungen zwischen Sonne und Erde, ob über das Wellenfeld oder elektrisch, die unser Klima und die Temperaturen in Zyklen von zu- und abnehmender Energie verändern. Diese Zyklen präsentieren sich in den fantastischen Energieexplosionen auf der Sonnenoberfläche, die wir als Sonnenflecken kennen. Dabei handelt es sich um ein Phänomen, das nicht in die manipulierten „Klimamodelle" einbezogen wird, die ohnehin nur deshalb entwickelt wurden, um den Schwindel vom menschengemachten Klimawandel zu verkaufen. Der ganze ungeheuerliche Betrug wird durch Klimaprojektionen bestätigt, die den fundamentalen Effekt der *Sonne* auf die irdischen Temperaturen gar nicht erst einbeziehen. Stattdessen gibt man Kohlendioxid – dem Gas des Lebens, ohne das wir alle längst tot wären – die Schuld (*viel* mehr dazu erfahren Sie später im Buch).

Die Sonne ist vorrangig elektrischer Natur. Von besonderer Bedeutung ist zudem, dass das beobachtbare Universum zu 99,999 Prozent aus Plasma besteht, wie auch die Sonne. Plasma wird auch oft als vierter Aggregatzustand der Materie bezeichnet und ist ein nahezu perfektes Medium für ... *Elektrizität und Elektromagnetismus*. Die Plasmasonne *verarbeitet* elektrische Energie, ist aber nicht deren Ursprung. Sonnenenergie kommt nicht aus dem Inneren der Sonne; diese Behauptung der Mainstreamwissenschaft beruht auf einer Annahme, nicht auf Beweisen. Stattdessen kommt sie vom universalen elektrischen Wellenfeld bzw. Schaltkreis. Könnte man den Himmel auf einer anderen Frequenzebene betrachten, so würde man ein ungeheuer großes elektrisches System sehen, mit den Sternen und Planeten als Punkten im Stromkreis, der das gesamte Universum erfüllt. Die Sonne absorbiert und verarbeitet Energie aus diesem System, das in Zyklen von höherer und niedrigerer Energie arbeitet, so wie Wellen (aller Art) Spitzen und Täler haben (Abb. 172). Elektrische Energie wird von der Sonne verarbeitet, nicht erzeugt, und ins Sonnensystem abgegeben, wo sie Temperatur, Klima und vieles andere in den planetaren Feldern beeinflusst. Diese Projektion von Energie wird von Atmosphäre und Magnetfeld zu der Wärme decodiert, die wir spüren.

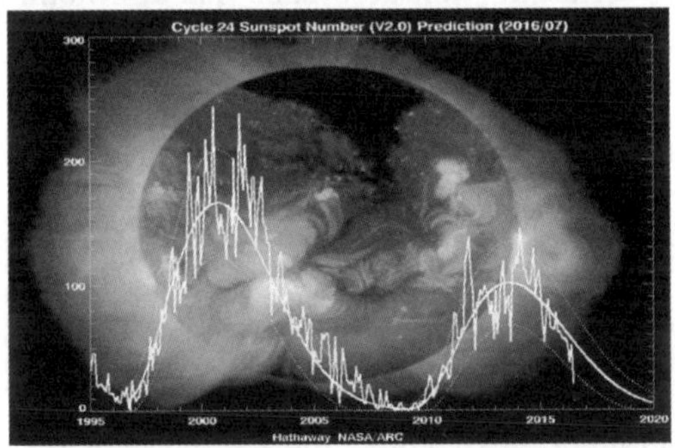

Abb. 172: Die Sonnenenergie steigt in Zyklen an und nimmt wieder ab. Erkennbar sind diese Schwankungen an der Anzahl der Sonnenflecken oder enormen Explosionen auf der Sonne, die Energie ins Sonnensystem projizieren.

Der Weltraum ist kalt. Je höher man in der Erdatmosphäre aufsteigt, desto kälter wird es – obwohl es nach der „Logik" der Mainstreamwissenschaft eigentlich wärmer werden sollte, wenn man sich zur Sonne hinbewegt. Warum wären denn sonst Planeten nahe der Sonne viel heißer? Je näher man ihr kommt, desto stärker ist die Energie, die zu Wärme decodiert wird – und das wird auch durch die Beschaffenheit ihrer Felder beeinflusst.

Die Sonne ist an ihrer Oberfläche viel kühler als weit draußen in ihrer Atmosphäre; dabei sollte es eigentlich umgekehrt sein, wenn die Wärme tatsächlich in ihrem Inneren erzeugt würde. Die Mainstreamwissenschaft schätzt die Oberflächentemperatur der Sonne auf rund 5.000 Grad Kelvin, während sie sehr viel weiter draußen bei 200 *Millionen* Grad Kelvin liegen soll.

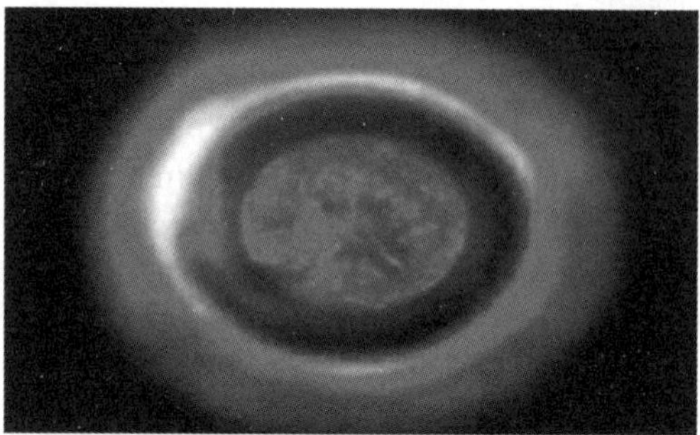

Abb. 173: Man nahm an, dass Sonnenfleckenexplosionen im Inneren der Sonne entstehen, doch laut Vertretern der Theorie des Elektrischen Universums absorbiert der Torus rund um die Sonne Elektrizität aus DEM FELD, die Zyklen von höherer und niedrigerer Leistung durchschreitet. Wenn der Torus in Hochphasen überlastet wird, setzt er Energie in Form gigantischer Blitze frei, die in die Sonne einschlagen und die Sonnenflecken in ihre Oberfläche stanzen. Daher sind Sonnenflecken ein Maß für die Sonnenaktivität.

Rund um die Sonne befindet sich in beträchtlicher Entfernung von der Oberfläche ein donutförmiger Torus, der in Ultraviolettaufnahmen aufgezeichnet werden konnte (Abb. 173). Dieser parallel zum Sonnenäquator liegende Torus absorbiert Elektrizität aus dem universellen Stromkreis, die von der Sonne verarbeitet wird. Wenn er überlastet ist, entstehen Blitze in gigantischem Ausmaß, die Löcher in die Sonnenoberfläche stanzen – die sogenannten Sonnenflecken. Diese weisen auf die veränderliche elektrische Leistung der Sonne hin, weil der Torus nur dann eine Überlast hat und Sonnenflecken erzeugt, wenn viel Energie im Stromkreis fließt. Man weiß, dass sich die Sonne in Zeiten niedriger Aktivität (elektrischer Verarbeitung) abdunkelt, obwohl dies für das menschliche Auge nicht wahrnehmbar ist; man könnte es aber mit einem Dimmer vergleichen. Die NASA berichtete 2019, dass Prognosen zufolge der Zyklus der Sonnenaktivität zwischen 2020 und 2025 der seit 200 Jahren niedrigste und 30 bis 50 Prozent niedriger als der vorangegangene sein könnte.

Die Mainstreamwissenschaft sieht sich zunehmend gezwungen, die Fakten über das universale elektrische System zu akzeptieren, da ständig neue Beweise ans Tageslicht kommen. Haimin Wang, ein Physikprofessor am New Jersey Institute of Technology, sagte über Sonnenfleckenaktivität:

> Früher haben wir geglaubt, dass die magnetische Entwicklung der Sonnenoberfläche die Sonneneruptionen [Sonnenflecken] antreibt. Unsere neuen Beobachtungen deuten aber darauf hin, dass Störungen in der äußeren Sonnenatmosphäre über Magnetfelder auch direkte und signifikante Störungen an der Oberfläche hervorrufen können. Keines der gegenwärtigen Sonneneruptionsmodelle hat dieses Phänomen vorhergesehen.

Das Magnetfeld der Erde – die Magnetosphäre – ist durch die Wechselwirkung von Elektrizität mit Plasma (also im Grunde eines Wellenfeldzustands mit einem anderen) festgelegt. Wenn Plasma, das Elektrizität einer bestimmten Frequenz/Ladung leitet, auf Plasma mit einer anderen Ladung trifft, bildet sich automatisch eine Barriere zwischen

Abb. 174: Die Magnetosphären von Planeten werden durch den Widerstand zwischen unterschiedlichen elektrischen Ladungen im Plasmafeld zwischen den Planeten und dem Sonnensystem gebildet.

den beiden, die das planetare Magnetfeld definiert. Planeten und Sterne emittieren unterschiedliche elektrische Ladungen in das Plasmamedium. Dort, wo diese unterschiedlichen Ladungen aufeinandertreffen, entsteht die als „Langmuir-Schicht" bezeichnete Barriere. Sie ist nach dem amerikanischen Wissenschaftler Irving Langmuir (1881–1957) benannt, der dieses Phänomen entdeckte (Abb. 174).

Die Tatsache, dass Planeten und Sterne unterschiedliche Frequenzen aussenden, ist ein weiterer Beweis für die Vorstellungen, die der Astrologie zugrunde liegen. Immer mehr Wissenschaftler erkennen nun, dass die Beweise darauf hindeuten, dass unsere „physische" Realität eine holografische Simulation ist. Darauf bin ich schon vor 20 Jahren gekommen – mit dem Unterschied, dass diese Wissenschaftler die Simulation scheinbar als etwas außerhalb von uns Liegendes betrachten. Meiner Ansicht nach existiert die „Matrix" in der Form, die wir als „physische" Realität erleben, aber nur, wenn wir sie zu einer Manifestation im Gehirn decodieren. Die holografische Realitätsebene ist in uns und nicht außerhalb.

Wenn wir uns noch einmal ansehen, was ich vorher über das menschliche Decodierungssystem gesagt habe, können wir dies nun mit der elektrischen Realität in Verbindung bringen. Das grundlegende Informationskonstrukt der Simulation ist in Wellen codierte Information; wird diese decodiert, dann wird sie zu einer elektrischen und digitalen/holografischen Realität. Wir sehen, dass dies perfekt zu den fünf Sinnen passt, die Wellen zu elektrischer Information decodieren, die an das Gehirn weitergeleitet wird, wo sie zu digitaler/holografischer Information und der wahrgenommenen „physischen" Realität wird. Das Universum hat Wellenfeld-, elektrische, digitale und holografische Ebenen, ebenso wie die menschlichen Decodierungsprozesse. *Beide sind Ausdrucksformen desselben simulierten Systems.*

Wer schuf die Simulation?

All diese Erkenntnisse sind höchst aufschlussreich für die Fragen, wie die Simulation von der nichtmenschlichen Macht hinter dem Kult geschaffen wurde und wie die Beschaffenheit unserer erlebten Realität ist. Es gibt andere Ebenen der Erde, die auf einem viel höheren Frequenzband agieren – was bedeutet, dass wir sie nicht sehen können. Viele Nahtoderfahrene haben diese hochfrequente Erde mit ihren unglaublich lebhaften Farben, wie sie sie nie zuvor gesehen hatten, bereits beschrieben. Diese Farben sind Manifestationen der viel höheren Frequenzen, die außerhalb der Wahrnehmungsgrenzen der Körper/Intellekt-Simulation existieren. Schamanen und Seher sprechen seit Urzeiten von dieser anderen „Erde", ebenso wie jene Menschen, die Erfahrungen mit psychoaktiven Tränken machten.

Die Realität der „anderen Erde" existierte vor der Simulation und existiert auch heute noch. Dank ihrer höheren Frequenz ist sie energetisch viel weniger dicht, wodurch um einiges mehr möglich ist und auch das Bedürfnis nach „physischer" Nahrung verschwindet. Auf dieser Ebene kann man Nahrung direkt aus dem energetischen Feld beziehen. Die Kommunikation erfolgt nicht über die Stimme, sondern per Telepathie, und die Menschen können sich einfach kraft ihrer Gedanken an andere Orte versetzen, statt „physisch" dorthin zu gehen, fahren oder im Flugzeug zu fliegen. Wozu braucht man denn noch Flugzeuge, wenn man ohne die Dichte, die Menschen normalerweise haben, selbst fliegen kann? Die hochfrequente Erde ist die Primärrealität des Planeten, auch wenn sie nur ein winziger Bruchteil der Unendlichen Realität ist.

Die biblische Geschichte von den gefallenen Engeln und ihrer „Revolte gegen Gott" (ein Motiv, das auch in nichtchristlichen Kulturen der Frühzeit immer wieder auftaucht) ist in Wahrheit die Geschichte der Simulation. Gefallene Engel haben ihre Herzverbindung zum EINEN so weit eingebüßt, dass sie die Frequenzen herunterfielen (daher bezeichnet man sie als „gefallen"), halten sich aber weiter für „Götter", die von ihrem Meister-„Gott" regiert werden. Ihn kennen die Kultisten als Luzifer, den Lichtbringer – also den, der ihnen die aus „Licht" gebildete Simulation innerhalb der Grenzen der Lichtgeschwindigkeit brachte. Der „Sündenfall" betrifft jene Bewohner der Primärerde, die von den Gefallenen verlockt und ebenfalls die Frequenzen hinuntermanipuliert wurden. Die Primärerde ist das, was in der Bibel als „Garten Eden" bezeichnet wird. Die Menschen verließen diesen Garten und waren danach in der Dichte und den daraus resultierenden falschen Wahrnehmungen des Selbst und der Realität gefangen. Die gefallenen Wesen sind genau die, mit denen der Kult und die Satanisten in ihren Ritualen Verbindung aufnehmen. Mitglieder des innersten Kreises des Kults sind inkarnierte gefallene Engel, die sich hinter einer von biologischer KI-Software erzeugten „menschlichen Gestalt" verbergen.

Die Gefallenen machten sich daran, ihre eigene Welt zu schaffen, um das auf der Primärerde vorherrschende Gewahrsein auf unbestimmte Zeit gefangen zu nehmen und es in einer „Verstand" genannten Form zu versklaven. Sie schufen die Simulation – eine Kopie der Primärerde, für deren Schöpfung sie sich der Wellen- und digitalen Natur des Universums bedienten. Ich behaupte, dass dies zu Beginn des 1. Buches Mose (Genesis) beschrieben wird, wo „Gott" nach seiner Proklamation „Es werde *Licht*" in „sieben Tagen" die Welt erschafft. Die zentrale Vorgehensweise des Kults ist die Methode der Umkehrung: Die gesamte Wahrnehmung wird so manipuliert, dass sie das genaue Gegenteil der realen Situation darstellt. Ein perfektes Beispiel dafür ist, dass „*der* Gott" aus dem Alten Testament in Wahrheit genau jener Luzifer, Satan oder Teufel ist, den „*der* Gott" angeblich bekämpft. Wenn beim Münzwurf „Kopf" kommt, betest du Luzifer an, und bei „Zahl" … betest du Luzifer an. Haben Sie sich je gefragt, warum der „Gott" des Alten Testaments so ganz anders dargestellt wird als der aus dem Neuen Testament? Der Versuch des Christentums, beide als ein und dieselbe Wesenheit darzustellen, ergibt absolut keinen Sinn.

Ich bin nach 30 Jahren der Recherche über all diese miteinander zusammenhängenden Themen zu dem Schluss gekommen, dass es sich bei der Simulation um ein Wellenfeldkonstrukt (vergleichbar mit einem WLAN-Feld) handelt, das ein menschlicher Körper/Intellekt decodiert und als Realität wahrnimmt. Ich bezeichne den Körper seit Jahrzehnten als biologischen Computer. Carl Sagans Aussage, dass der Mensch aus „Sternenstaub" – den Elementen der Sterne – besteht, ist eine weitere Bestätigung des „Wie oben, so unten"-Prinzips. Der Astronomieprofessor Chris Impey von der University of Arizona sagte, dass Menschen, Tiere und der Großteil der „Materie" auf der Erde diese Elemente enthalten, weshalb „wir buchstäblich aus Sternenmaterial" bestehen.

Betrachtet man dies aus der Simulationsperspektive, so kommt man auf einem etwas anderen Weg zur selben Geschichte. Sind die Figuren in einem Computerspiel mit anderen mathematischen Methoden und nach anderen Regeln codiert als der Rest des Spiels? Bestehen sie aus anderem „Material"? Nein. Mit der Simulation und dem menschlichen Körper, der von den „Göttern" des Kults speziell zur Interaktion mit der Simulation geschaffen wurde, verhält es sich ebenso. Seine Wellenfelder basieren auf denselben grundlegenden Codes, und das spiegelt sich auch in seinem holografischen „physischen" Zustand wider – wir sind „Sternenstaub".

Die Erschaffung des Körpercomputers wird symbolisch in der Geschichte nacherzählt, wie „Gott" „Adam" und „Eva" schuf. In dieser Geschichte wird auch auf die Söhne „Gottes" (im Original: „der Götter") Bezug genommen, die sich mit den Töchtern der Menschen vermischen. Diese Vermischung muss man nicht wörtlich als Fortpflanzung verstehen. Der Körper kann auch dadurch verändert werden, dass man Informationsfrequenzen aussendet, die vom Sender-/Empfänger-System unserer DNS durch Veränderungen im Wellenfeld (5G, 6G, 7G?) zu holografischen Mutationen decodiert werden.

Ein russisches Forscherteam verwandelte Froschembryos in Salamanderembryos, indem es DNS-Informationsmuster von Salamandern auf sie übertrug. Dr. Michael Levin von der Tufts University in Massachusetts erzeugte Kaulquappen mit Augen auf dem Rücken und sechsbeinige Frösche, indem er ihre elektrischen Kommunikationssysteme manipulierte. Levin glaubt, dass man dieselbe Methode auch auf Menschen anwenden könnte, um verlorene Gliedmaßen nachwachsen zu lassen. So vieles wird möglich, wenn die Illusionen des Kults erst einmal gebrochen sind und wir die wahre Natur der Realität begreifen.

Der menschliche Körper ist eine Kopie der Formen in der Realität der Primärerde, aber in seiner Wellen- und digitalen Natur viel, viel dichter und begrenzter. Das bedeutet aber auch, dass der Kult und seine Herren viele Funktionen der ursprünglichen Form beibehalten mussten, die es dem erwachenden Gewahrsein erlauben, sich mit dem erweiterten Bewusstsein außerhalb der Simulation zu verbinden. Die ganze „smarte" Technologie und der KI-Plan drehen sich einzig und allein darum, diese Verbindungen zu kappen, indem man eine neue menschliche Form schafft, die noch stärker mit der Simulation verknüpft ist. Auch darüber werde ich auf den Seiten dieses Buches noch einiges zu berichten haben.

Das Ganze noch einmal? Ähhh … nein, danke

Die Simulation ist ein künstlich erzeugtes Informationsfeld, das über Das Feld gelegt wurde. Die Menschheit wurde so manipuliert, dass sie sich mit dieser künstlichen Matrix verbindet, mit ihr interagiert und sie als Realität wahrnimmt. Die heutige „smarte" Technologie und die WLAN-Netze legen ein *weiteres*, noch eingeschränkteres Feld über das Hauptsimulationsfeld, um die Menschheit noch stärker von Dem Feld zu trennen. Das war erst möglich, als die Menschen sich intellektuell ausreichend weiterentwickelt hatten, um eine solche Technologie konstruieren und bedienen zu können. Geplant wurden die aktuellen Entwicklungen aber schon vor Jahrtausenden, zumindest in unserer Wahrnehmung der „Zeit" (auch dazu später viel mehr).

Die Reihenfolge sieht so aus: Erstelle ein digitales Informationskonstrukt, eine Wellenfeldkopie der Primärerde; erschaffe Formen – menschlich, tierisch usw. –, die mit diesem Konstrukt wellenverschränkt sind; verführe das Bewusstsein, eine Wellenverschränkung mit diesen Formen einzugehen (in ihnen zu „inkarnieren"). Ein wichtiger Aspekt dieser Verführung sind die einzigartigen Empfindungen der fünf Sinne, die sich sehr von der Primarrealität unterscheiden und anscheinend wie eine Drogensucht wirken. So wie Menschen nach Virtual-Reality-Spielen und den von Smartphones ausgestrahlten Frequenzen süchtig werden können, kann das Bewusstsein nach den Empfindungen der fünf Sinne süchtig werden. Diese Süchte erzeugen eine Wellenverschränkung mit der Simulation, die das Bewusstsein in Form des Verstands immer wieder in die Fünf-Sinnes-Realität zurückzieht. Dieser Vorgang ist als Reinkarnation bekannt.

Abb. 175: „Ein Milliardstel eines Stecknadelkopfs" – Um uns „weiterzuentwickeln" und die „Erleuchtung" zu finden, müssen wir immer und immer wieder auf einem stecknadelkopfgroßen Planeten inkarnieren und den Rest der Unendlichkeit ignorieren. Das klingt doch durchaus sinnvoll, nicht wahr? Oder wir kommen nur einmal auf diese Welt, und dann richtet „Gott" über uns. Man redet uns schon ziemlich viel Schwachsinn ein, an den wir glauben sollen … und viele tun das auch noch.

Östliche Religionen glauben an den Kreislauf von Reinkarnation und „Karma", in dem wir ständig auf Erden inkarnieren, um den „karmischen Kreislauf" von Handlungen und Konsequenzen zu durchlaufen, bis wir durch viele Versuche und Irrtümer endlich einen Frequenzzustand („Erleuchtung") erreichen, der hoch genug ist, dass wir diesem Kreislauf entkommen und uns der Primärrealität annähern können. Die Mainstreamwissenschaft schätzt, dass die Erde im Vergleich mit der wahrgenommenen Ausdehnung des Universums nur so groß ist wie das Milliardstel eines Stecknadelkopfs (Abb. 175). Glauben wir denn wirklich, dass wir für unsere „Entwicklung" immer wieder auf einem Planeten von der Größe des Milliardstels eines Stecknadelkopfs inkarnieren müssen – im

Vergleich zu einem Universum, das selbst nur ein winziger Bruchteil der Unendlichen Realität ist? Das ist doch verrückt.

Aus meiner Sicht bietet sich eine andere Erklärungsmöglichkeit an: Man wird in die Simulation hineingelockt; man wird nach den Sinneseindrücken der Simulation süchtig, so wie Menschen im Alltag nach Computerspielen süchtig werden; man verlässt den Körper am Ende seines Zyklus, ist aber nach wie vor so süchtig nach (und daher zutiefst wellenverschränkt mit) der Simulation, dass man immer wieder zu ihr hingezogen wird (wie Motten zum Licht oder Bienen zum Honigtopf). Das wiederholt sich so lange, bis man die Illusion durchschaut hat und so die eigene Frequenz auf eine Schwingungsebene (durch das Herz) erhöht, die es einem ermöglicht, der elektromagnetischen Anziehung der Simulation zu entkommen. „Reinkarnation" *muss* nicht passieren, sondern *wir* lassen sie passieren, wobei wir von den verborgenen „Göttern" noch dazu ermuntert und manipuliert werden.

Wir können jederzeit aus der Matrix flüchten, indem wir erkennen, dass sie eine Fliegenfalle ist, und uns daran erinnern, wer und was wir wirklich sind. Der Neurochirurg und Autor Eben Alexander beschreibt, wie er im Zuge seiner Nahtoderfahrung zunächst in ein dunkles Reich schwerer Schwingungen eintrat, das er als tiefen Morast wahrnahm. Er fühlte sich darin gefangen und konnte sich nicht befreien, bis ein Wesen kam, das ihn herausholte. Als er in der Primärrealität sein wahres Selbst erkannte und seine Frequenz sich entsprechend erhöhte, war er nach eigener Aussage dazu fähig, diesen „dunklen Ort" zu betreten und zu verlassen, wann immer er das wollte. Ob man ihm nun glaubt oder nicht – das Grundthema stimmt.

Befürworter der Reinkarnation behaupten, dass wir uns den Körper, die Situation und die „Zeit" (Astrologie) unserer „Inkarnation" aussuchen, damit sie am besten für die Erfahrung geeignet ist, die wir zu machen wünschen. Meiner Ansicht nach lässt sich das auch durch den Zustand der Wellenfrequenz des Geistes erklären, die sich mit anderen Wellenfeldern – Körpern, Situationen, Orten und astrologischen Feldern verschränkt, die am besten zu dem passen, (a) was sie erleben will und/oder (b) wohin ihre Wellenverschränkungen den Geist ziehen, weil sich sein Wellenfeld einfach an ähnliche Felder anhängt. Wohin es uns verschlägt und was wir dabei lernen, wird von unserem Wellenfeldzustand entschieden, der wiederum von unserem *Wahrnehmungs*zustand bestimmt wird.

Eine weitere bedeutende Frage in diesem Zusammenhang lautet: Suchen sich Süchtige aus, wonach sie süchtig sind? Sie haben keine Kontrolle – ihre Sucht aber schon. Bei denjenigen, deren Verstand nach den fünf Sinnen der Simulation süchtig ist, hat die „Matrix" die Kontrolle. Das vorliegende Buch soll Werkzeuge anbieten, mit deren Hilfe wir uns von dieser Sucht befreien können, die so große Teile der Menschheit in der Wahrnehmungs- und Fünf-Sinnes-Knechtschaft des angeblichen „karmischen Kreislaufs" hält. Wir sollten nicht vergessen, dass viele Nahtoderfahrene berichten, an einen Punkt gelangt zu sein – der manchmal symbolisch als Zaun oder Wand dargestellt ist –, von dem sie wissen, dass sie ihn nicht überschreiten dürfen, wenn sie zu ihrem Körper in diesem speziellen „Leben" zurückkehren wollen. Die bloße Tatsache, dass sie davon berichten können, sagt schon aus, dass sie den erwähnten Punkt nicht überschritten haben. Sie wissen nicht, was dahinter liegt.

Mit Sicherheit liegt die Unendliche Realität dahinter, aber gibt es auch einen Bereich, aus dem die nach wie vor wellenverschränkten und nach der Simulation süchtigen Geister hierher zurückkehren? Ich glaube, dass dem so ist und dass genau deshalb unser Frequenzzustand zum Zeitpunkt des „Todes" so wichtig ist. Ich nehme an, dass die meisten echten Hellseher mit ihren „Ich empfange eine Maria, kennt jemand eine Maria?"-Mitteilungen auf diesen Bereich zugreifen. Nur die offensten Geister mit stark erweitertem Gewahrsein können sich auf Frequenzen einstimmen, die hoch genug sind, um wirklich fundierte Informationen durchzulassen, die frei von den Manipulationen und der Sichtweise der Simulation sind. Die Sucht nach der Simulation hat sich durch den karmischen Kreislauf in diesem Zyklus derart verstärkt, dass aus der Primärrealität eine Intervention gesteuert wird, um den Kreislauf zu durchbrechen. Ich werde im letzten Kapitel mehr darüber berichten.

Während meiner Ayahuasca-Erfahrung im Jahr 2003 wurde mir das Bild eines Pfads gezeigt, der über ein Feld führte. Dann fielen plötzlich Menschen aus dem Himmel auf diesen Pfad. Als immer mehr Menschen auf dem Pfad unterwegs waren, traten sie ihn tiefer aus, sodass er sich schließlich in die dunkler werdende Rille einer alten Vinylplatte verwandelte. Die Menschen in der Dunkelheit folgten dieser Rille und gingen dorthin, wohin sie sie führte (also immer im Kreis). Die Stimme erklärte zu diesen Bildern, dass die Menschheit deshalb in jeder „Inkarnation" so leicht auf die Programmierung hereinfalle, weil sie sie schon viele Male zuvor durchgemacht habe. „Sie" fragte aus der Perspektive der Schallplattenrille, ob es wirklich so seltsam sei, dass Menschen gen Himmel blicken, wenn sie „Gott" suchen – immerhin sei das ja die einzige Richtung, aus der sie „Licht" wahrnehmen könnten.

Eines möchte ich noch zur „Reinkarnation" sagen: Man hört immer wieder, dass jemand über bestimmte Eigenschaften oder Ereignisse in seinem Leben sagt, dass er „in einem früheren Leben ein schlechter Mensch gewesen sein muss" oder dass „das wohl mein Karma sein muss". In Wahrheit hat das vielleicht mit beidem nichts zu tun, obwohl das Grundprinzip der Verschränkung mit ähnlichen Frequenzen auch hier gilt. Wir bewohnen Körperwellenfelder, die mit den Gefühlszuständen und Charaktereigenschaften anderer codiert sind. Ich habe die Weitergabe von epigenetisch schaltbaren Gensequenzen, die von den Wellenfeldern „früherer Generationen" geprägt werden, bereits beschrieben. Sie können „physisch", geistig oder emotional sein. Eine Person, die sich heute schlecht fühlt, weil sie ganz unabhängig von ihrer Ernährungsweise immer übergewichtig ist und bleibt, könnte die epigenetische Gensequenz von jemandem geerbt haben, der ein Fast-Food-Süchtiger war und giftigen Müll konsumierte, durch den Gene eingeschaltet wurden, die für Gewichtszunahme sorgen. Das passiert in unserer Fast-Food-Ära unglaublich vielen Leuten. Eine scheinbar irrationale Angst, die in Anbetracht der Erfahrungen, die ein Mensch in diesem Leben gemacht hat, keinen Sinn ergibt, muss nichts mit einem „früheren Leben" zu tun haben. Es kann auch sein, dass jemand in der genetischen Linie der betreffenden Person eine schlechte Erfahrung gemacht hat, die nach wie vor im Körperfeld codiert ist und eine scheinbar unerklärliche emotionale Reaktion auf bestimmte Situationen auslöst. Wie ich noch erläutern werde, kann das Bewusstsein diese Programme löschen.

Kultvampire und Agent Smith

Die hybriden Blutlinien des Kults – eine Mischung aus Wellenfeldern gefallener Engel und Menschen –, die ich in meinen Büchern seit Jahrzehnten bloßstelle, sind die „Agent Smiths" der Simulation. Agent Smith ist die Figur in den „Matrix"-Filmen, die so gut wie alle Ereignisse in der Simulation im Auftrag derjenigen manipuliert, die aus dem Unsichtbaren agieren und die Matrix erschaffen haben (Abb. 176). Das ist die Rolle der Blutlinien, die DAS NETZ aus geheimen, halbgeheimen und öffentlichen Organisationen und Institutionen (einschließlich Politik und Regierung) leiten, um den Plan für die totale Kontrolle über die Menschheit voranzutreiben, der von den luziferischen, für Menschen nicht sichtbaren Gefallenen diktiert wird. Agent Smith ist ein KI-Programm, das sich zu mehreren Smiths replizieren kann. Ich behaupte, dass die wichtigsten Agenten des Kults in unserer Welt ebenfalls biologische Softwareprogramme oder KIs sind, die mithilfe künstlicher Intelligenz alles zu übernehmen versuchen, indem sie die Menschheit mit der KI verknüpfen.

*Abb. 176: Agent Smith in den „**Matrix**"-Filmen symbolisiert die Agenten des Kults innerhalb der Simulation, die im Auftrag ihrer unsichtbaren „Götter" Ereignisse manipulieren. Smith ist ein Computerprogramm oder das, was wir heute als künstliche Intelligenz bezeichnen würden – genauso wie die Hauptakteure des Kults, die unsere Welt steuern.*

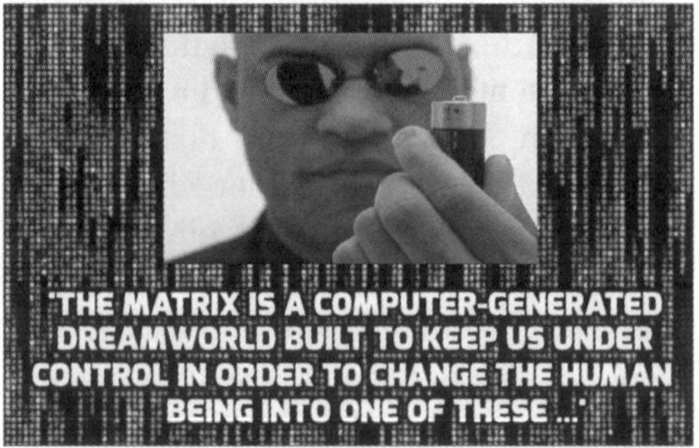

Abb. 177: „Die Matrix ist eine computergenerierte Traumwelt, die geschaffen wurde, um uns unter Kontrolle zu halten. Für sie sind wir nicht viel mehr als das!" – *In derselben Art und Weise ist die Menschheit die Energiequelle für die verborgenen „Götter" des Kults. Je mehr niederfrequente mentale und emotionale Wellen wir erzeugen, desto besser ist das für sie.*

Für den Kult und seine „Götter" ist das Biologische eine Form der Technologie. Eines ihrer Ziele ist das vampirische Aussaugen der niedrig schwingenden mentalen und emotionalen Energie, die von Menschen ausgeht, die der Kult in niedrig schwingende mentale und emotionale Zustände manipuliert hat. In den „Matrix"-Filmen wird dies symbolisch dargestellt, als die Figur Morpheus eine Batterie hochhielt und sagt, dass die „Maschinen" (die symbolisch für die Gefallenen stehen) Menschen zu Batterien gemacht hätten, um sich selbst mit Energie zu versorgen (Abb. 177). Die gleiche Thematik haben mir auch Schamanen und Bewahrer des alten Wissens aus aller Welt vermittelt. Die Gefallenen haben ihre Herzzentren so stark gegen den Energiefluss DES EINEN verschlossen, dass sie eigene Energiequellen entwickeln mussten, die ihrem niedrig schwingenden Zustand entsprechen. Die Menschheit ist eine solche Energiequelle.

Abb. 178: „Archonten im Fressrausch – Angst, Tod und Verfall" – *Die unsichtbaren „Götter" des Kults ernähren sich von niederfrequenter menschlicher Energie, vor allem Angst, Besorgnis, Hass, Missgunst, Kummer und ähnlichen Gefühlszuständen. (Bild: Neil Hague)*

Abb. 179: Die Hauptfigur mit dem allsehenden Auge im Disney-Film „Die Monster AG", in dem die Monster ihre Welt durch die Angst menschlicher Kinder mit Energie versorgen.

Die Strategie des Kults besteht darin, die menschliche Wahrnehmung zu kontrollieren und Konflikte, Angst, Besorgnis, Depression, Hass, Verzweiflung, Schuld, Missgunst und Kummer so gnadenlos und unentwegt herbeizumanipulieren, dass immense Wellen niederfrequenter Energie an die Gefallenen übertragen werden, damit sie diese Energie absorbieren und sich davon ernähren können (Abb. 178). Wenn wir aufhören, diese Frequenzen im jetzigen Ausmaß zu erzeugen, sind die Manipulatoren von ihrer Energiequelle abgeschnitten und entsprechend geschwächt (ein weiterer Vorteil der Öffnung des Herzens).

Der vom Kult kontrollierte Disney-Konzern brachte 2001 den Film „Die Monster AG" in die Kinos, in dem es um eine „Monsterwelt" ging, die keine Energiequelle hatte. Die Monster behoben dieses Problem, indem sie in die Welt der Menschen eintraten und dort Kinder erschreckten. Die Schreie der Kinder wurden in einem Röhrengerät eingefangen, aus dem man die Energie dann ins Energiesystem der „Monster" übertrug. Der Held des Films war ein Wesen mit einem riesigen (allsehenden) Auge (Abb. 179). Satanistische Rituale, bei denen „den Göttern" Opfer dargebracht werden, gibt es seit vielen Jahrhunderten – und es gibt sie auch heute noch. Diese Opferungen zielen speziell darauf ab, ein Übermaß an Furcht und Schrecken zu erzeugen, das von „den Göttern" absorbiert werden kann. Die Rituale sind so gestaltet, dass sie vor der eigentlichen Opferung in der betreffenden Person den höchstmöglichen Schrecken hervorrufen, der „den Göttern" als „Geschenk" oder „Opfergabe" dargebracht wird. Das ist die eigentliche Grundlage des ganzen Schwachfugs, „den Göttern zu opfern". Während die „Götter" die Wellenfeldebene des Schreckens außerhalb des sichtbaren Lichts in sich aufnehmen, trinken die Satanisten das Blut des Opfers, das denselben Schrecken in Form von Adrenalin enthält. Die Gefallenen sind Energievampire, ihre Kultgehilfen hingegen Blutvampire.

Die „Götter" haben am liebsten Kinder als Opfer, weil sie die besonderen Frequenzen vorpubertärer Kinder am meisten schätzen. Pädophilenringe sind genau aus diesem

Grund im Kern mit satanistischen Ringen verbunden. Während besessene Pädophile Sex mit Kindern haben, machen die Wellenverschränkungen vom Kind zum Pädophilen und durch diesen zu dem Wesen, das von ihm Besitz ergriffen hat, es diesem Wesen möglich, die Energie des Kindes in sich aufzunehmen. So viele der reichen und berühmten Agenten und Blutlinien des Kults, die ich in Königshäusern, der Politik, im Bankwesen, in der Wirtschaft, in Geheimdiensten, im Militär, in den Polizeibehörden und der „Unterhaltungs"-Branche identifiziert habe, sind sowohl mit Pädophilie als auch mit Satanismus verbunden. Sind wir wirklich so naiv, dass wir es für reinen Zufall halten, dass Jimmy Savile – der britische Megapädophile und Kinderbeschaffer für die Reichen und Berühmten – seit Jahrzehnten beste Beziehungen zum innersten Kreis der Blutlinie des britischen Königshauses und vor allem zu Prince Charles hatte? Oder dass Savile in den 1960er-Jahren von Lord Mountbatten, einem bekannten Pädophilen und dem Mentor von Prince Charles, in die königlichen Kreise eingeführt wurde? Oder dass Prinz Andrews enge Freundschaft zu Jeffrey Epstein – einem Agenten des sabbatianisch-frankistischen Kults und des israelischen Mossad, nebenbei noch Megapädophiler und Kinderbeschaffer – keine sinistren Hintergründe hatte? Oder dass die britische Premierministerin Margaret Thatcher eng mit Savile befreundet war und eine Regierung führte, die bekannte Pädophile schützte? *Also wirklich …*

Die im Körper/Intellekt gefangene Menschheit wird aber nicht nur in niederfrequenten Zuständen gehalten, damit man sich von ihrer Energie ernähren kann. Die Simulation ist ein Frequenzband. Wenn der Körper/Intellekt in Wahrnehmungssklaverei und -illusion gehalten werden soll, müssen wir durch Körper, Geist und Emotionen mit der Simulation verschränkt sein, also in ihrem Frequenzband bleiben. Daher kommt es, dass seit uralten Zeiten jeder, der sein Gewahrsein über dieses Wahrnehmungsgefängnis hinaus ausdehnt und die Wahrheit sieht, zur Zielscheibe wird. Der Kult hat Religionen geschaffen, die unter Todesdrohung darauf beharrten, dass jeder an das glauben musste, was sie verkündeten. „Hexen" (Hellseherinnen) wurden ertränkt und „Gotteslästerer" aller Art auf dem Scheiterhaufen verbrannt oder auf andere Art massenhaft ermordet. Die Inquisition war eine Operation des Kults, mit der er seine Kontrolle über die menschliche Wahrnehmung schützen und aufrechterhalten wollte. Als mehr und mehr Menschen sich von der Religion abwandten, setzte der Kult die Mainstreamwissenschaft ein, um den Massen die Wahrheit über die Realität vorzuenthalten, während er selbst das verborgene Wissen an jede neue Generation der „Elite" weitergab. Die neue Religion namens Wissenschaft wurde durch eine andere Inquisition überwacht, sodass angehende Wissenschaftler, Akademiker und Ärzte der vorgeschriebenen „Wahrheit" folgen müssen, wenn sie sich keinen anderen Job suchen wollen. Die Mainstreamwissenschaft ist die alte Religionsblaupause unter einem anderen Namen.

Der Szientismus (der Glaube, dass sich mit wissenschaftlichen Methoden alle Fragen beantworten lassen) hat seine eigenen heiligen Schriften („wissenschaftliche Orthodoxie") und zwingt den Menschen seinen Glauben durch das „Bildungssystem" (nichts anderes als die früheren Klosterschulen), die Mainstream- und einen Großteil der „alternativen" Medien auf. Sie alle benutzen die heilige Szientismus-Orthodoxie als Richtwert dafür, „wie die Dinge" sind – obwohl sie damit in den meisten Fällen total danebenliegen (Abb. 180).

Abb. 180: „Warte, ich empfange da was! Ach ja – totalen Schwachsinn!" – *Ja, ich empfange da auch was: Davon kommt noch viel mehr.*

Wo man einst Menschen umbrachte, weil sie die Wahrheit außerhalb der Simulation erkannt hatten (was auch heute noch geschieht), sind die bevorzugten Waffen in den westlichen Ländern heute Spott, Missbilligung und Zensur durch die im Besitz des Kults befindlichen Internetriesen Google, YouTube, Facebook, Twitter und wie sie alle heißen. Sie sind das moderne Antlitz der Inquisition und der Bücherverbrenner und arbeiten Hand in Hand mit Behörden, die alternative Heilmethoden ins Visier nehmen, weil sie auf dem Wissen beruhen, das uns vom religiösen Dogma des Szientismus (des Kults) vorenthalten werden soll.

Wo sind die „Aliens"?

Warum wimmelt es in Anbetracht des Nachthimmels alleine in der Galaxis, die wir „sehen" (decodieren) können, nicht von Leben? Dafür müsste doch schon das Wahrscheinlichkeitsgesetz sorgen. In alten Kulturen auf aller Welt wurden Besuche von nichtmenschlichen Wesen beschrieben. Jahrtausendealte Fels- und Höhlenmalereien stellen Wesen dar, die eine bemerkenswerte Ähnlichkeit mit den Gestalten aufweisen, von denen in der Jetztzeit Menschen berichten, die Außerirdische gesehen haben oder von ihnen entführt worden sein wollen. Dass diese Wesen existieren, steht fest – aber warum zeigen sie sich dann nicht allen?

Der italienische Physiker Enrico Fermi (1901–1954), der den ersten Kernreaktor entwickelte, dachte über diese Frage nach und stellte das Fermi-Paradoxon auf. Michael Hart, ein amerikanischer Astrophysiker, befasste sich mit diesem Rätsel und schrieb 1975 einen Artikel für das *Royal Astronomical Society Quarterly Journal*, der den Titel „Eine Erklärung für die Abwesenheit Außerirdischer auf der Erde" trug. Er gelangte zur Schlussfolgerung, dass es vier mögliche Antworten auf diese Frage gibt: (1) Die Aliens kamen nie hierher, weil es etwas gibt, „das interstellare Reisen unmöglich macht". (2) Die Aliens wollen nicht zur Erde kommen. (3) Fortgeschrittene Zivilisationen sind vor zu kurzer Zeit entstanden, als dass Außerirdische es schon bis zu uns geschafft hätten. Und (4) Aliens haben die Erde bereits besucht, aber wir haben sie nicht gesehen.

Ich hätte noch eine weitere Antwort parat: Die Gefallenen, die hinter der Simulation stecken, wollen nicht, dass die Menschheit in Kontakt mit Außerirdischen tritt, die ihren Geist für das wahre Ausmaß und die Natur der Realität öffnen könnten. Sie wollen uns glauben lassen, dass wir alleine sind (*alleine* – isoliert, abgekoppelt). Was würde passieren, wenn die Menschen bewusst nichtmenschliche Zivilisationen wahrnähmen, die gekommen sind, um uns bisher vorenthaltenes Wissen zu vermitteln? Der menschliche Geist würde sich öffnen, und mit der Wahrnehmungskontrolle durch den Kult wäre es vorbei. Offene Besuche von wohlwollenden und in ihrer Entwicklung fortgeschrittenen Außerirdischen sind das Letzte, was die Gefallenen wollen. Da sie so viel Kontrolle über die Zugangspunkte zur Realität haben, können sie solche Besuche in den meisten Fällen verhindern, wenn auch nicht immer. Was sie wollen, ist ein geschlossenes System, dessen Zugangspunkte und Portale sie kontrollieren.

Die meisten „Außerirdischen" (aber nicht alle), über die berichtet wird, sind reptilischer Natur oder die klassischen Greys (Grauen), also beides Ausdrucksformen der gefallenen Engel. Bösartige „Greys" und „Reptiloide" wurden in die Matrix eingebracht, um den Gefallenen zu dienen. Ich halte die klassischen Greys für eine weitere Form biologisch-technischer künstlicher Intelligenz, die der Kult mit dem menschlichen Gehirn verbinden will. Noch andere „UFOs" werden in Wirklichkeit von Menschen geflogen und sind mit der Technologie ausgestattet, die aus dem Technologietransfer zwischen den Gefallenen und Handlangern des Kults in unterirdischen Stützpunkten – oder sogenannten DUMBs (*deep underground military bases;* tief unter der Erde gelegenen Militärstützpunkten) – stammen. Diese Stützpunkte werden von den Kultebenen des Militärs betrieben, und was dort passiert, davon erfahren nicht einmal Mitglieder gewählter Regierungen … oder eher eigentlich *vor allem* Mitglieder gewählter Regierungen nicht.

Die Existenz „fliegender Untertassen" oder der Antigravitationstechnologie ist seit Jahrzehnten gut dokumentiert. Man muss daher in betrügerischer Weise weiterhin der Bevölkerung und den Politikern das Wissen über eine Technologie vorenthalten, die allem, was uns als neuester Stand vorgegaukelt wird, weit voraus ist. Wenn jemand einen kurzen Blick auf solche technischen Entwicklungen werfen kann, wird er sofort annehmen, dass es sich um das Werk von „Außerirdischen" handeln müsse. Amerikanische Militärpiloten haben über ihre Sichtung von Fluggeräten berichtet, die mit unglaublicher Geschwindigkeit unterwegs sind und ihre Flugrichtung auf eine Weise ändern, die für bekannte menschliche Technologie unmöglich ist. Das Pentagon hat diese Sichtungen, die teilweise sogar durch Radarbeobachtungen verifiziert sind, zwar zugegeben, weigert sich aber, Einzelheiten seiner internen „Untersuchungen" zu veröffentlichen.

Astrologische Umkehrung?

Wie hoch ist die Wahrscheinlichkeit, dass ein solch scheinbar grenzenloses Reich aus Sternen und Planeten ohne Leben ist, wenn sich das Leben auf einem Planeten, der vergleichsweise nur so groß ist wie ein Stecknadelkopf, derart weit entwickelt hat? Sie wissen schon, derselbe Stecknadelkopf, auf dem wir immer wieder inkarnieren müssen, um „Gottes Plan" zu folgen. Das ist doch alles lächerlich … *es sei denn* … die Simulation wurde gezielt so programmiert, dass das Bewusstsein der Zielpersonen das Gefühl der Isolation empfinden muss, das ihnen bestätigt, dass wir alle alleine und in jeder Hinsicht wahrlich „kleine Lichter" sind. Denken Sie daran, dass die Simulation eine *Simulation* ist, ein artifizielles Konstrukt, und dass ihre Schöpfer darin Informationen auf jede beliebige Weise codieren können, so wie die Programmierer eines Videospiels. Die Dimensionen mögen andere sein, doch das Prinzip ist genau dasselbe. Die heutige Virtual-Reality-Technologie ahmt die Simulation nach. Das Universum und die Galaxis scheinen mit Ausnahme von uns leblos zu sein, weil die Simulation *so gestaltet wurde*.

Ich erinnere mich noch gut daran, wie ich als Kind bei einem Besuch im damals ganz neuen Londoner Planetarium, das 1958 eröffnet wurde, wie von einem Blitz der Offenbarung getroffen wurde. Ich war damals vielleicht sieben oder acht Jahre alt. An diesem Ausflug war einiges seltsam – einschließlich der Tatsache, dass er überhaupt stattfand. Wir hatten nicht viel Geld, und Reisen außerhalb meiner Heimatstadt Leicester waren in jenen Tagen sehr selten, selbst wenn sie nur ans Meer gingen. Mein Vater kam an diesem Morgen die Treppe hinunter und sagte: „Mach dich fertig – wir fahren nach London." Ich konnte es gar nicht glauben. Was war denn da passiert? London? Toll! Ich war noch nie dort gewesen, und es sollte lange Zeit dauern, bis ich wieder hinkam. Noch seltsamer war, dass mein Vater ankündigte, dass wir dort das Planetarium besuchen würden, obwohl er nie vorher oder nachher ein Interesse an Astronomie gezeigt hatte. Ich hatte keine Ahnung, was ein Planetarium war und wusste nicht, was mich erwartete.

Noch heute kann ich mich deutlich an den Moment und den Eindruck erinnern, als die Lichter im Planetarium ausgingen und ich den Nachthimmel auf die Kuppeldecke projiziert sah. „Es sieht so *echt* aus", dachte ich. Wenn mir jemand erzählt hätte, dass es Nacht sei und das Dach aufgegangen wäre, hätte ich das auch geglaubt. Das Erlebnis hat mich so tief beeindruckt, dass ich es nie vergessen habe. Warum das so war, begriff ich erst, als ich erkannte, dass *der Nachthimmel selbst* eine holografische Projektion ist. Wenn Raumfahrzeuge Bilder an die Erde senden, sehen die Planeten darauf immer so real und massiv aus. Das ist auch ganz logisch – weil die decodierte Simulation *holografisch* ist.

Wenn die Planeten und Sterne aber ein projiziertes holografisches Konstrukt sind, wie sieht es dann mit den von der Astrologie gemessenen Welleneffekten auf den Menschen aus? Ich muss jetzt etwas kontrovers sein, aber dafür bin ich ja bekannt. Das alles zeigt uns nämlich, dass die astrologischen Einflüsse … *Teil des Kontrollprogramms sind.* Diese Einflüsse wirken ständig mental wie emotional auf uns ein und legen unseren „Lebensweg" fest. Deshalb ist es so wichtig, dass wir uns in das Bewusstsein jenseits der Simulation ausdehnen, um die astrologischen Einflüsse zu überwinden. Ohne ein erweitertes Gewahrsein ist das menschliche Leben nicht mehr als das Abspielen eines Softwareprogramms mit vielen unterschiedlichen Einflüssen, einschließlich der astrologischen, die uns den Weg vorschreiben. Das soll nicht heißen, dass wir Astrologen oder deren Deutungen nicht brauchen. Ganz im Gegenteil – erfahrene Astrologen erkennen tatsächlich die Einflüsse der Simulation und können uns damit sehr wertvolle Informationen liefern. Ich will damit nur sagen, dass wir erkennen müssen, was diese Einflüsse sind. Wenn wir dann noch unsere Herzen und unseren Verstand öffnen, können wir die Kraft des Bewusstseins dazu nutzen, sie nötigenfalls zu überwinden.

Die Gnostiker wussten es – und sie waren nicht die Einzigen

Die Themenbereiche, die ich hier anspreche, waren überall in der antiken Welt bekannt, bevor die vom Kult initiierten Religionen auftauchten, um die Offenbarung einschlägigen Wissens mit dem Tode zu bestrafen. Bedroht war vor allem eine Gruppe von Menschen, die einem bestimmten Glaubenssystem folgten: die Gnostiker mit ihrer Philosophie des Gnostizismus. Wo auch immer sie sich ansiedelten und ihre Informationen zu verbreiten begannen, entsandte die katholische Kirche – die babylonische Kirche, die von Agenten des Kults nach Rom verlegt worden war – ihre Armeen und den Pöbel, um sie zu vernichten. Das bekannteste Beispiel, das die Gnostiker betraf, war die Zerstörung der großen Bibliothek von Alexandria im Ägypten des 5. Jahrhunderts. In der Bibliothek tätige gnostische Denker hatten schätzungsweise eine halbe Million Schriftrollen, Manuskripte und Dokumente gesammelt, in denen alte Geschichte und altes Wissen aus vielen Zentren der Zivilisation wie Ägypten, Assyrien, Griechenland, Persien, Indien und anderswo überliefert waren (Abb. 181).

Abb. 181: Die große Bibliothek von Alexandria.

Es handelte sich um historisches Wissen (unter anderem über die Ankunft der Gefallenen) und Informationen über die Realität, die die vom Kult gesteuerte katholische Kirche nicht verbreitet sehen wollte. Eine einflussreiche Vertreterin der gnostischen Lehren war Hypatia, eine in Athen ausgebildete Mathematikerin, Astronomin und Philosophin, die in Alexandria Leiterin der platonischen Schule war und in der geistigen Tradition der griechischen Philosophen Platon und Aristoteles stand. Eines ihr Zitate gibt den Geist der aufgeschlossenen Forschung, der in der großen Bibliothek etabliert wurde, sehr schön wieder: „Verteidige dein Recht zu denken. Denken und sich zu irren ist besser, als nicht zu denken." Diese Hingabe an das freie Denken führte dazu, dass die Gnostiker schon vor Jahrtausenden Erkenntnisse über die Realität hatten, die dann erst die moderne Wissenschaft „entdeckte" und für sich beanspruchte. So wussten sie beispielsweise bereits 2.000 Jahre vor dem polnischen Mathematiker und Astronomen Nikolaus Kopernikus, dass die Erde um die Sonne kreist.

Da der Kult über solche freigeistigen Erkenntnisse nicht glücklich war, wurde die Große Bibliothek in einer Reihe von Angriffen durch die Kirche zerstört. Bei einem davon im Jahr 415 wurde Hypatia von einem Mob ermordet, der von Kyrill, dem Patriarchen von Alexandria, aufgehetzt worden war. Wie so viele Massenmörder vor und nach ihm wurde auch dieser Kyrill vom Vatikan heiliggesprochen. Gnostiker gab es bekanntlich auch Jahrhunderte später unter dem Namen „Katharer" in Südfrankreich, wo sie nach der Belagerung der Burg Montségur im Languedoc am Nordhang der östlichen Pyrenäen im Jahr 1244 massenhaft abgeschlachtet wurden.

Wenn man die gnostische Philosophie liest, begreift man recht schnell, warum die Kirche des Kults in Rom diese „Ketzer" beseitigen wollte, wo immer sie sich zusammenscharten. „Gnosis" bedeutet „Wissen", genauer gesagt, verborgenes oder spirituelles Wissen. Was ich Körper/Intellekt nenne, bezeichneten die Gnostiker als „Nous", und was bei mir das Unendliche Selbst ist, war bei ihnen das „Pneuma". Von daher rührt auch der englische Ausdruck *using your nous,* was so viel bedeutet wie „den Verstand einsetzen". Doch es ist viel besser, das Pneuma – Ihr erweitertes Gewahrsein – einzusetzen.

Abb. 182: Ein Teil des fantastischen Fundes gnostischer Schriften in Nag Hammadi.

Lange Zeit glaubte man, alle detaillierten Aufzeichnungen über den gnostischen Glauben seien mit dem Untergang der Katharer in Montségur verloren gegangen. Doch dann wurde im Jahr 1945 im kleinen ägyptischen Ort Nag Hammadi, etwa 130 Kilometer nördlich von Luxor am Nilufer, ein erstaunlicher Fund gemacht. Ein Einheimischer entdeckte einen versiegelten Tonkrug, der mit gnostischen Texten und Schriften gefüllt war, die später als Nag-Hammadi-Bibliothek bekannt wurden (Abb. 182). Sie bestanden aus 13 in Leder gebundenen Papyrus-Kodizes und mehr als 50 Texten in koptisch-ägyptischer Sprache. Man nimmt an, dass die Texte aus der Zeit von 350 bis 400 n.Chr. stammen, was sie in die Zeit vor dem Angriff auf die Bibliothek datieren würde, bei dem Hypatia ermordet wurde. Die Forschung geht davon aus, dass es sich um Übertragungen aus dem Griechischen handelt, deren Originale zwischen 120 und 150 n.Chr. oder vielleicht noch früher verfasst wurden. Durch diesen unglaublichen Fund wurde viel mehr über die gnostische Sicht auf die Realität bekannt. Das ist besonders bedeutsam, weil die Texte die ganze Zeit versteckt waren und unverändert geblieben sind, während viele andere religiöse Texte manipuliert, umgeschrieben und übersetzt wurden, um den Autoritäten der jeweiligen Zeit ins Konzept zu passen.

Nach meinen Schlussfolgerungen über die Gefallenen und die Simulation war ich umso erstaunter über das, was ich in den Nag-Hammadi-Schriften zu lesen bekam. Die Gnostiker schrieben bereits vor mehr als 1.600 Jahren (in der von uns wahrgenommenen „Zeit") über eine nichtmenschliche Macht, die sie „Archonten" nannten, und eine „Scheinwelt", die man im modernen Sprachgebrauch als Simulation bezeichnen würde. Es ist kein Wunder, dass die vom Kult geschaffene und gesteuerte katholische Kirche diese Leute loswerden wollte. „Archon" ist ein griechisches Wort, das „Herrscher", „Fürst", „Obrigkeit" und „von Anbeginn" bedeutet. Ein Fünftel der Nag-Hammadi-Manuskripte handelt davon, wie die menschliche Gesellschaft von Archonten manipuliert wird, die unter der Leitung des obersten Archonten stehen, den die Gnostiker als „Jaldabaoth" oder „Demiurgen" bezeichnen und den der Kult Luzifer, den Lichtbringer nennt. Andere Namen für Jaldabaoth oder den Demiurgen sind Satan und der Teufel, die in der Bibel mit reptilischen Bezeichnungen belegt werden (Abb. 183). Dem gnostischen Glauben zufolge waren Jaldabaoth und die Archonten die Quelle allen Übels in der menschlichen Gesellschaft und erschufen

Abb. 183: „Verschiedene Namen, selbe Bedeutung: Jaldabaoth, Teufel, Satan, Luzifer" – *So viele Namen, doch sie beschreiben alle dieselbe Macht.*

Abb. 184: In gnostischen Texten wird geschildert, wie Archonten in unserer Realität in reptilischer Gestalt auftreten, die sehr den „Greys" aus den Legenden und Mythen der UFO-Forschung ähnelt.

die materielle Welt, die ich als die Simulation bezeichne. Für die Gnostiker sind menschliche Körper eine Falle, die uns in der Scheinrealität gefangen halten soll.

In den gnostischen Texten werden Archonten in ihrer grundlegenden Form als Energiewesen (bei mir wären das Wellenfelder des Bewusstseins) beschrieben, doch sie konnten auch „materielle" Form annehmen. Am häufigsten sollten sie sich in Reptilien- oder Schlangengestalt manifestieren, aber auch als Wesen, die aussehen wie „ein ungeborenes Kind oder ein Fötus mit grauer Haut und dunklen, unbeweglichen Augen". Reptiloide Wesen tauchen in meinen Büchern seit den 1990er-Jahren als Manipulatoren auf, die das menschliche Leben aus den verborgenen Reichen heraus beeinflussen, während menschlich/reptilische Mischwesen innerhalb der Simulation agieren und nach außen hin wie Menschen erscheinen. Die Beschreibung grauer, fötusartiger Wesen mit dunklen Augen entspricht der Erscheinungsform der klassischen Greys, die aus der UFO-Forschung bekannt sind (Abb. 184). Sie sind die bei Weitem häufigsten „außerirdischen" Wesen, über die von Zeugen und sogenannten Entführten aus aller Welt berichtet wird. Letztere beschreiben in bemerkenswert übereinstimmenden Einzelheiten, wie sie von einer nichtmenschlichen Spezies, meist den „Greys", entführt wurden.

In gnostischen Texten ist auch von ihrer Version DES EINEN die Rede, den sie symbolisch „den Vater" oder „das Alles" nennen. Im „Codex Brucianus" des Nag Hammadi heißt es:

> Er ist ein Unbegreiflicher, aber er ist es, der Alles begreift. Er nimmt das All in sich auf, und nichts existiert außerhalb von diesem, sondern das Alles existiert in ihm. Er ist ihnen allen Grenze, umschließt sie alle, und alle existieren in ihm. Er ist der Vater aller Äonen, vor ihnen allen existierend. Kein Ort existiert außerhalb von ihm.

Was für eine perfekte Beschreibung DES EINEN, der stillen und ruhigen „Istheit" der Gesamtheit aller Möglichkeiten und der Unendlichen Intelligenz, die die gesamte Existenz durchdringen und für deren Einfluss wir uns jederzeit öffnen können, wenn wir uns dafür entscheiden. Die Nag-Hammadi-Texte unterteilen die Realität in „erhabene Äonen" (die Primärrealität) und die „niederen Äonen" der materiellen Welt. Im gnostischen Kontext sind Äonen Bänder der Wahrnehmung, der Realität und des Potenzials. Die erhabenen Äonen im Reich des ALLES WAS IST IM GEWAHRSEIN SEINER SELBST, sind „die Stille", „die

Abb. 185: „Die ‚wirkliche Welt' (erhabene Äonen) ... Die Schattenwelt (niedere Äonen)" – *Die Gnostiker beschrieben die Primärrealität und die Scheinwelt; Letztere bezeichne ich als die Simulation. Die Primärrealität ist ein Ort der Harmonie, der Liebe und des* Jetzt. *Die Scheinwelt ist ein Ort der Zwietracht, des Bösen und der von Jaldabaoth (Luzifer, dem Lichtbringer) geschaffenen „Zeit".*

ruhige Stille", die „lebendige Stille" mit ihrem „wässrigen Licht" (Abb. 185). Dieses Licht unterscheidet sich sehr stark vom Licht der Simulation innerhalb der Grenzen der Lichtgeschwindigkeit und wurde auch von Nahtoderfahrenen beschrieben. Die Gnostiker setzten Wasser oft symbolisch für Unendliches Licht ein, etwa in Formulierungen wie „die Wasser, die oben sind", „die Wasser über der Materie" oder „die Äonen im lebendigen Wasser". Am Beginn des biblischen Buches Genesis wird beschrieben, wie der „Gott" des Alten Testaments (ich nenne ihn „Jaldabaoth") die Erde aus dem „Tohuwabohu" (der Leere) erschuf, indem er „über dem Wasser" schwebte:

> Am Anfang schuf Gott Himmel und Erde; die Erde aber war wüst und leer, Finsternis lag über der Urflut, und Gottes Geist schwebte über dem Wasser. Gott sprach: Es werde Licht. Und es ward Licht.

Für die Gnostiker gab es in den erhabenen Äonen weder „Zeit" noch „Raum", wie ich das bereits beschrieben habe. In einem Text heißt es: „Da die Emanationen [vom ‚Vater'] grenzenlos und unermesslich" sind, kann es weder Zeit noch Raum geben, und sie sind reines Bewusstsein oder Gewahrsein, genannt „Pleroma" oder „Gesamtheit", „Fülle" und die „Perfektion" der „Emanationen vom Vater". Im „Tractatus Tripartitus" steht:

> Die Emanation von der Gesamtheit, die von dem Einen ausgeht, der existiert, geschah nicht gemäß einer Trennung voneinander, als etwas, das von demjenigen, der sie erzeugt, losgelassen wurde. Ihre Erzeugung ist vielmehr wie ein Prozess der Ausdehnung, da sich der Vater zu denen hin ausdehnt, die er liebt, sodass die, die aus ihm hervorgegangen sind, auch zu ihm werden können.

Gnostiker sprechen auch von der Interaktion zwischen „Vater" und „Mutter", die sie als „Gedanke" bezeichnen. Ihre Interaktion brachte eine dritte Kraft oder Ausdehnung Des Einen hervor, die sie symbolisch als den Sohn darstellten. Es gibt zahlreiche Motive in den Nag-Hammadi-Texten, die das Christentum sich aneignete und im Lauf der Jahrhunderte verdrehte.

Die Scheinwelt der Archonten

Abb. 186: In gnostischen Texten steht geschrieben, dass Jaldabaoth eine schlechte Nachbildung der Primärrealität schuf. Für mich beschreibt das die Erschaffung der Simulation. (Bild: Neil Hague)

Abb. 187: Die schlechte Nachbildung der Gnostiker ist die Simulation.

In den Nag-Hammadi-Manuskripten heißt es, dass die materielle Welt „irrtümlich" erschaffen wurde, als eine Emanation des „Vaters" sich von seinem Einfluss abtrennte. Dies ist die gnostische Version des Sündenfalls und der Gefallenen. Die Emanation, die von den Gnostikern Jaldabaoth oder Demiurg genannt wird, soll ein „formloses Wesen" gewesen sein, das eine „schlechte Nachbildung" der erhabenen Äonen (der Primärrealität) schuf, die zu den niederen Äonen oder der „materiellen" Welt – von der ich behaupte, dass sie eine Simulation ist – wurde (Abb. 186 und 187).

Meiner Meinung nach könnte man das, was die Gnostiker als schlechte Nachbildung bezeichneten, in moderner Sprache eine digitale Wellenfeldkopie der kosmischen Primärrealität nennen – eine Virtual-Reality-Darstellung. Eine Simulation lässt sich sehr treffend auch als schlechte Nachbildung bezeichnen. Sobald diese Nachbildung geschaffen worden war, konnte man sie ständig verändern und herabstufen, so wie man auch die Kopie einer Website herunterladen und dann beliebig verändern kann, während das Original so bestehen bleibt, wie es immer war. Dies geschieht seit der Erstellung der Simulation und war nie augenfälliger als in der aktuellen technologischen Transformation.

Das gnostische „Apokryphon des Johannes" besagt, dass Jaldabaoth ein „falscher Geist" ist, der in den Nag-Hammadi-Texten als „der Blinde", der „blinde Gott" und „der Törichte" bezeichnet wird. In jüdischen talmudischen Schriften wird Jaldabaoth Samael genannt, was so viel bedeutet wie „das Gift Gottes" oder „der blinde Gott". Laut den Gnostikern regierte dieser „wahnsinnige" Gott das grenzenlose Chaos. Im Nag-Hammadi-Manuskript „Vom Ursprung der Welt" heißt es: „Es erschien eine Macht, die über die Dunkelheit [niedere Äonen] herrscht. Und die Mächte, die nach ihr entstanden, nannten den Schatten ‚das grenzenlose Chaos'." Zur Bestätigung dieser Erzählung muss man sich nur den Planeten Erde ansehen. Die Nag-Hammadi-Texte stellen unsere Realität des Chaos als „Hölle",

„Abgrund" und „äußere Dunkelheit" dar, wo gefangene Seelen gequält und von Dämonen manipuliert werden (also genauso, wie ich das seit Jahrzehnten beschreibe).

In der Schrift „Hypostase der Archonten" wird Jaldabaoth wie folgt zitiert: „Ich bin Gott, und es gibt keinen Gott außer mir." Ähnliches kennt man aus dem Alten Testament vom „Gott" der Genesis, der „die Welt erschuf" – also die Simulation erzeugte: „Ich bin der Herr, und sonst niemand; außer mir gibt es keinen Gott" (Jesaja 45,5). „Gott der Herr" aus der Bibel ist „Gott Archon" (Jaldabaoth) aus den gnostischen Manuskripten. In der populären Kultur wird Jaldabaoth als „Dunkler Lord", „Herr der Zeit", Lord (Darth) Vader oder Dormammu – der böse Beherrscher der „Dunklen Dimension", der in der Marvel-Comicverfilmung „Doctor Strange" die irdische Dimension übernehmen will – dargestellt. Der zornige, hasserfüllte, rachsüchtige „Gott" des Alten Testaments, auch als Jahwe/Jehova bekannt, ist eindeutig Jaldabaoth aus den gnostischen Manuskripten. Hier sei er kurz aus dem Buch Levitikus zitiert:

> Ihr esst das Fleisch eurer Söhne und Töchter. Ich vernichte eure Kulthöhen, zerstöre eure Räucheraltäre, häufe eure Leichen über die Leichen eurer Götzen und verabscheue euch. [...] Euch aber zerstreue ich unter die Völker und zücke hinter euch das Schwert. Euer Land wird zur Wüste, und eure Städte werden zu Ruinen.

Ein netter Kerl. Ich möchte an dieser Stelle noch einmal betonen, dass ich zu all meinen früher erwähnten Schlussfolgerungen aus zahlreichen anderen Quellen gelangt bin, *bevor* ich die Nag-Hammadi-Dokumente gelesen habe – was sie für mich noch überzeugender machte. In den Texten heißt es, dass Jaldabaoth die erhabenen Äonen (den „Garten") verlassen habe. Er schuf ihm unterstellte Wesenheiten nach seinem Bilde, KI-Softwarekopien namens Archonten, und „in sich selbst" ein Abbild des Kosmos (die Simulation). Beachten Sie die Formulierung „in sich selbst". Ich erinnere mich in diesem Zusammenhang an ein Zitat von Caleb Scharf, dem Direktor des Astrobiology Center an der amerikanischen Columbia University, der sagte, dass außerirdisches Leben so weit fortgeschritten sein könnte, dass es sich in den Quantenbereich transkribiert, um dort zu Physik und Zahlen zu werden. Damit beschrieb Scharf eine Intelligenz, die sich nicht mehr von der Struktur des Universums unterscheiden lässt. Dieser Ansicht bin ich seit langer Zeit. Ich behaupte, dass die KI jenseits dessen, was man uns erzählt hat, Jaldabaoth ist – die archontische Macht, die sich selbst in den Quantenbereich transkribiert hat, um zu Physik und Zahlen zu werden. Das würde auch erklären, warum die Physik unserer Realität sich so von der außerhalb der Lichtgeschwindigkeit unterscheidet (Abb. 188).

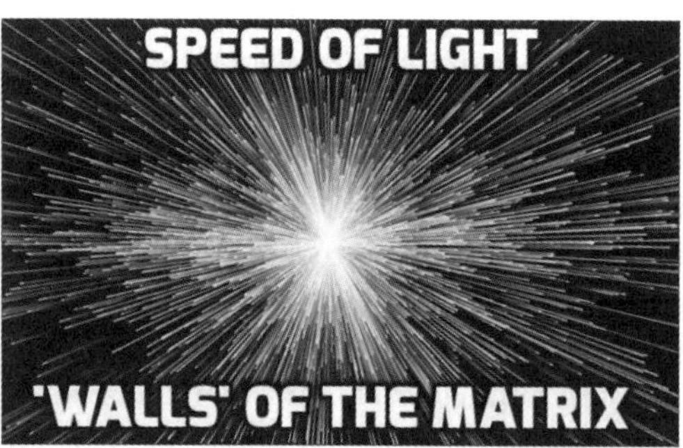

Abb. 188: Die Lichtgeschwindigkeit ist die Grenze innerhalb der Simulation, die „Wand" der Matrix.

Die KI-Verbindung wird im Kapitel 12 „Wohin gehen wir – wenn wir es zulassen?" noch unglaublich wichtig sein. In den gnostischen Texten heißt es über Jaldabaoth: „Er wurde kräftig und schuf sich andere Äonen aus Licht, Feuer und Flammen, die jetzt noch existieren." Feuer und Flammen stehen für das „Licht" der Simulation innerhalb der Lichtgeschwindigkeit. Dasselbe Motiv findet sich in vielen alten Kulturen auf der ganzen Welt, wie ich in anderen Werken ausführlich beschrieben habe. Archonten sind die gnostische Entsprechung der islamischen (und vorislamischen) Dschinn, der christlichen Dämonen und der Chitauri der Zulu-Tradition, die auch „Kinder der Schlange" oder „Verwüster" genannt werden. Satan gilt bei den Christen als „Dämon der Dämonen", während die Gnostiker Jaldabaoth als „Archon der Archonten" bezeichnen; beide sind auch als „der Betrüger" bekannt. In den Nag-Hammadi-Dokumenten werden die Archonten als Parasiten des Geistes, Umkehrer, Wärter, Torwächter, Vorenthalter, Richter, Mitleidlose und Täuscher tituliert. Bei den Gnostikern sind die Archonten aus „leuchtendem Feuer"; im Islam sind die Dschinn „aus rauchlosem Feuer" erschaffen (Abb. 189). Sowohl Archonten als auch Dschinn sollen Wesen sein, die aus dem Verborgenen die Menschheit manipulieren. Ich redete einmal mit einem moslemischen Taxifahrer in New York über meine Arbeit und erwähnte dabei die Archonten und wie sie beschrieben wurden. „Das klingt genau wie die Dschinn", sagte er sofort. Gnostiker schildern die materielle Welt mit Worten wie Mangel, Unvollkommenheit, Dunkelheit und Abgrund, während die erhabenen Äonen bei ihnen „die Fülle" heißen. Die Primärrealität nennen sie „das Existierende", während die materielle Realität (die Simulation) das „Nichtexistierende" ist. Im „Codex Brucianus" heißt es:

Abb. 189: Archonten und Dschinn – verschiedene Namen, dieselbe Geschichte, dasselbe Phänomen … wie so oft.

> Und damals hat das Existierende sich von dem Nichtexistierenden getrennt, und das Nichtexistierende ist die Schlechtigkeit, welche sich in der Materie manifestiert hat. Und die umkleidende Kraft trennte das Existierende von dem Nichtexistierenden und nannte das Existierende „ewig" und das Nichtexistierende „Materie", und sie trennte in der Mitte das Existierende von dem Nichtexistierenden und legte zwischen sie Vorhänge.

Gnostiker unterscheiden zwischen unserem „Geist" in den erhabenen Äonen und unserer „Seele", die in der materiellen Welt gefangen ist. Die meisten Hellseher nehmen mit dem Reich der Seele Verbindung auf; nur wenige greifen auf den Geist zu, wo die wirklich erstklassigen Informationen zugänglich sind. Bleibt unser Aufmerksamkeitsbrennpunkt im Bereich der Seele (Verstand/Psyche) und geht nicht in den des Geistes über, wenn wir uns aus der „Körperlichkeit" zurückziehen, dann bleiben wir in den niederen Äonen auf anderen, energetisch weniger dichten Ebenen gefangen, bevor wir mittels „Reinkarnation" in einer anderen körperlichen Form zurückkehren. Bei den Gnostikern gibt es die Vorstellung von einem Ort der Mitte, einem Raum zwischen den erhabenen und niederen Äonen, den sie als „Zustand der zeitweiligen Nichtexistenz" bezeichnen, wo die Seele auf ihre Wiedergeburt wartet oder durch Unwissenheit (niederfrequentes Wellenfeld) dort gefangen ist. Archonten sollen die Ausgänge und Tore dieses Orts bewachen, doch sie sind niederfrequente Idioten und können hochfrequente Zustände weder blockieren noch beeinflussen.

Der Text „Pistis Sophia" stellt die Grenzen der Jaldabaoth-Realität (Simulation) als einen Drachen dar, der seinen eigenen Schwanz verschlingt:

> „Die äußerste Finsternis ist ein großer Drache, der seinen Schwanz in seinem Munde hat und der sich außerhalb des ganzen Kosmos befindet und diesen ganz umgibt."

Abb. 190: Die Ouroboros-Schlange oder auch der Leviathan ist ein reptilisches Symbol, das den Rand der Simulation anzeigt. Wenn wir diese Wahrnehmungsgrenze passieren, können wir der Matrix entkommen.

Auch hier finden wir die Reptiliensymbolik wieder. Ein okkultes Symbol gibt genau diese Vorstellung in Form des Ouroboros oder Leviathan wieder – einer Schlange, die sich in den eigenen Schwanz beißt (Abb. 190). Für die Gnostiker war die äußerste Planetensphäre bzw. der äußerste Archont (der niederen Äonen/Simulation) der Saturn. Jenseits davon sollte sich die Schlange Leviathan befinden, an der Seelen vorbeimüssen, wenn sie ins Paradies gelangen (sich wieder mit dem reinen Geist verbinden) wollen. Leser von „Alles, was Sie wissen sollten" erinnern sich wahrscheinlich, was ich über den Saturn und seine Rolle in der Simulation geschrieben habe; auch das passt wieder perfekt mit den Nag-Hammadi-Manuskripten zusammen. In der Symbolik des Kults finden sich immer wieder Bezüge auf den Saturn, der auch „Herr des Karmas" und „Herr über die Zeit" genannt wird – beides Vorstellungen aus der Simulation. Ich behaupte auch, dass der Mond (der mit der Wahrnehmung von „Zeit" verbunden ist) und das Sternbild Orion für die Simulation und die Kontrolle der Menschheit von großer Bedeutung sind. Das Motiv des gnostischen großen Drachens oder Ouroboros lässt sich auch im alten esoterischen Konzept des „magischen Rings" wiederfinden (Abb. 191). Eine Definition lautet:

> Ein zutiefst mystischer, bedeutungsvoller Begriff für den Ring bzw. ringförmigen Wall, innerhalb dessen das Bewusstsein derjenigen festgehalten wird, die noch immer der Täuschung des Getrenntseins unterliegen – das gilt unabhängig davon, ob der Ring groß oder klein ist.
>
> Der Begriff bezeichnet allgemein jeden Zustand, in dem eine Wesenheit, die in der Entfaltung ihres Bewusstseins ein bestimmtes Stadium evolutionären Wachstums

Abb. 191: Die uralte Vorstellung vom magischen Ring, den wir durchschreiten müssen, um „nach Hause" zurückzukehren. Wie in der gnostischen Version sind der Schlüssel dazu unsere Wahrnehmungen. (Bild: Neil Hague)

Abb. 192: Die Menschheit ist durch die Unterdrückung der Wahrnehmung und ihrer wahren Identität in Unwissenheit gefangen. Dadurch wird ein niederfrequenter Zustand aufrechterhalten, der die Menschen in den Blasen der Simulation festhält. Wie ich später noch erläutern werde, können wir aber jederzeit ausbrechen, wenn wir nur wollen. (Bild: Neil Hague)

erreicht hat, sich aufgrund irgendeiner mentalen oder spirituellen Täuschung außerstande sieht, in einen noch höheren Zustand einzutreten.

Wir stoßen immer wieder auf dieselben Motive, die sich wie folgt zusammenfassen lassen: Das Bewusstsein ist durch frequenzbestimmende Realitätswahrnehmungen in der Illusion „materieller" Realität gefangen. Die Simulation ist ein Frequenzband, in das die Menschheit und der Körper/Intellekt hineinmanipuliert wurde – und sie wird davon abgehalten, es zu durchbrechen, indem sie sich ihrer wahren Realität als formloser Geist gewahr wird (Abb. 192). Wird diese Erkenntnis als echtes *Wissen* und nicht nur als intellektuelles Konzept integriert, dann beschleunigt dies unsere Geist/Seele-Frequenz und wir können nach dem menschlichen „Tod" den magischen Ring, Ouroboros bzw. die äußeren Frequenzwände der Simulation durchschreiten. Im „Tractatus Tripartitus" heißt es über Seelen, die in den niederen Äonen gefangen sind:

„Deswegen fielen sie hinab in die Grube der Unwissenheit, welche genannt wird ‚die Finsternis, die draußen ist' und ‚das Chaos' und ‚die Unterwelt' und ‚der Abgrund'."

Die Grube der Unwissenheit meint den niederfrequenten Zustand, das Gefängnis der Illusion. Für die Gnostiker ist die Menschheit als Ganzes in die „Vergessenheit" manipuliert. Wir können nur aus diesem Zustand hinausfinden, wenn wir uns an unsere wahre Natur erinnern und die Illusion durchschauen, indem wir unser Herz für einen hochfrequenten Zustand öffnen.

Der Film „Die Truman Show" mit Jim Carrey stellt diese Situation symbolisch sehr gut dar, ob absichtlich oder durch Zufall. Die von Carrey gespielte Figur Truman kommt in den gewaltigen Kulissen einer Fernseh-Seifenoper zur Welt. Alle Menschen in seiner Umgebung sind Schauspieler, was er aber nicht weiß. Die jeden Tag auf- und untergehende Sonne kommt ihm real vor, ist aber in Wahrheit eine technische Illusion, die wie die gesamte Show von einem Kontrollraum aus inszeniert wird, der dem Mond verblüffend ähnlich sieht. Erst später im Erwachsenenalter merkt Truman, dass etwas nicht stimmt – er „erwacht" und segelt mit einem Boot auf den scheinbar endlosen Ozean hinaus, um die äußere Wand der Kuppel zu finden, die er als Grenze der Kulisse bisher nie sehen durfte. Er entdeckt eine Tür in der Kuppelwand und betritt durch sie die reale Welt (die symbolisch für die Primärrealität steht).

Abb. 193: Ein Bild aus dem Jahr 1888 zeigt das Firmament als „gewaltiges Gewölbe".

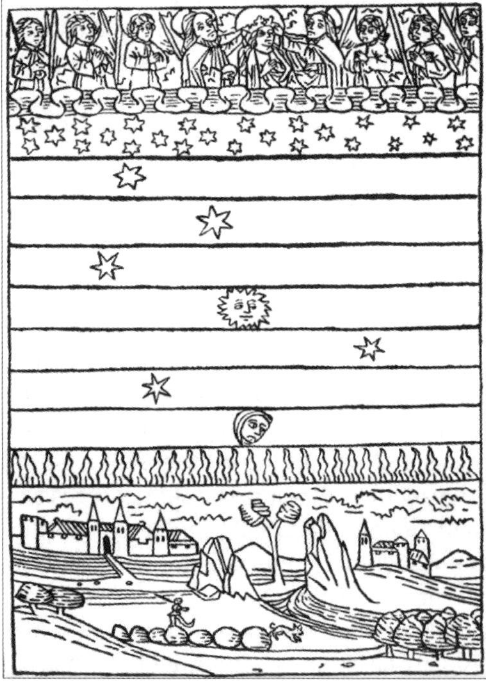

Abb. 194: Eine andere Darstellung des Firmaments und der zweigeteilten Welt, diesmal aus dem Jahr 1475.

Interessanterweise kann man zu Firmament auch Himmelsgewölbe sagen; aus dieser Perspektive erhält der Ausdruck „jenseits des Firmaments" aus der Bibel eine ganz neue Bedeutung. Diese Vorstellung gibt es seit Jahrhunderten, wie man in den Abbildungen 193 und 194 sehen kann, die aus den Jahren 1888 und 1475 stammen. Der Untertext zum zweiten Bild lautet: „Ein Missionar des Mittelalters erzählt, dass er den Punkt gefunden hat, wo der Himmel und die Erde sich berühren". In der Bibel wird beschrieben, wie der alttestamentarische „Gott" (Jaldabaoth) am zweiten Tag der Schöpfung das „gewaltige Gewölbe" des Firmaments schuf, um das Urmeer (Unendliches Gewahrsein) zu einem oberen und einem unteren Teil (Unendliche Realität und simulierte Realität) zu trennen:

> Dann sprach Gott: Ein Gewölbe entstehe mitten im Wasser und scheide Wasser von Wasser. Gott machte also das Gewölbe und schied das Wasser unterhalb des Gewölbes vom Wasser oberhalb des Gewölbes. So geschah es.

Der Bibeltext beschreibt die Trennung dessen, was die Gnostiker als erhabene und niedere Äonen bezeichnen. Gnostische Schriften symbolisieren die Ebenen des Bewusstseins als Wasser, wie sich in den Formulierungen „vom Wasser oberhalb des Gewölbes", „die Wasser über der Materie" oder „die Äonen im lebendigen Wasser" zeigt. Die Simulation ist eine Umkehrung (die gnostische „schlechte Nachbildung" und „Schattenwelt") der Primärrealität. Gnostiker stellten mit Begriffen wie Fülle/Mangel, unsterblich/sterblich, spirituell/psychisch, Geist/Seele, Existenz/Nichtexistenz, Nicht-Zeit/Zeit, Nicht-Raum/Raum Vergleiche zwischen den beiden an. Der Mangel an Möglichkeiten im Vergleich zur Primärrealität ist der Grund dafür, dass die archontische Macht Technologie entwickeln musste, um die riesige Lücke im kreativen Potenzial zu überbrücken. Die Primärrealität manifestiert sich direkt durch das Bewusstsein, ohne dass dazu irgendeine Technologie notwendig ist.

Software-Archonten

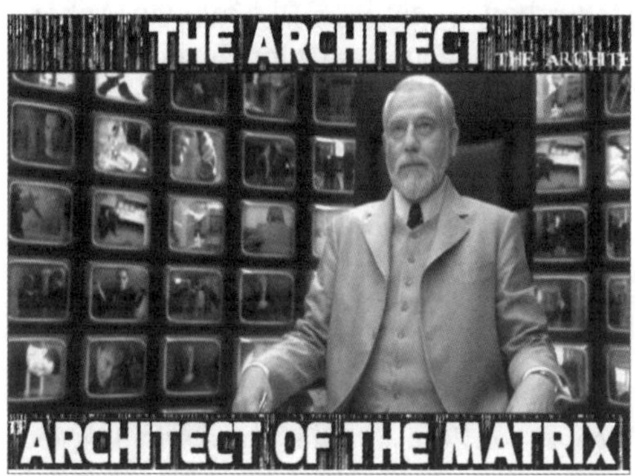

*Abb. 195: Der bärtige Architekt, der in der Filmserie die **Matrix** erschuf.*

Agent Smith und andere Agenten in den „Matrix"-Filmen werden als Softwareprogramme dargestellt, die in die Simulation eingespeist wurden, um Ereignisse zu manipulieren und Dissidenten aufs Korn zu nehmen. Sie handeln im Auftrag des Schöpfers der Matrix, der hier „Der Architekt" genannt wird (Abb. 195). Der weiße Bart des Architekten verweist auf Kronos, die griechische Entsprechung des römischen Gottes Saturn, der meist mit einer Sichel und einem Stundenglas dargestellt wird, um seine Herrschaft über die „Zeit" zu symbolisieren (Abb. 196). Nach dem römischen Hauptgott Saturn waren die Saturnalien benannt – mehrere Tage dauernde Feierlichkeiten gegen Ende des Jahres, die später in den westlichen Ländern zu Weihnachten wurden. In anderen Gestalten wird Kronos/Saturn als „Alter Vater Zeit" mit langem Bart oder als der Sensenmann – ein weiteres Symbol für die Besessenheit des Kults vom Tod – dargestellt (Abb. 197 und 198). Der Sensenmann wird mit dem Saturn assoziiert, der astrologisch mit dem Tod in Verbindung gebracht wird.

Die Archonten sind in Erzengeln, Erzbischöfen (engl.: „*arch*-angels" und „*arch*-bishops") und ähnlichen Begriffen codiert. Dasselbe ist beim jüdischen Gott des Saturn namens El der Fall. Seinen Namen finden wir in Is-Ra-*EL* (mit seinem Saturnsymbol, der Davidsternflagge), *EL*-ite, *EL*-ections (Wahlen) usw. Agent Smith kann sich in „Matrix" unzählige Male replizieren, weil „er" ein Softwareprogramm ist. Ich behaupte, dass dasselbe auch

Abb. 196: *Der bärtige Kronos, Beherrscher der „Zeit" und im antiken Griechenland Gott des Saturn.*

Abb. 197: *Kronos ist heute auch unter dem Namen „Alter Vater Zeit" bekannt.*

für die Verteter der Blutlinien des Kults gilt. Sie sind biologische Software, die seit undenklichen Zeiten als die „Seelenlosen" oder „Herzlosen" bekannt sind. Sie sind kalte, gefühllose Psychopathen, die keine Seele und keine Herzverbindung zu DEM EINEN haben. Wir reden hier von biologischen KI-Robotern, die in ihrer Grundform auf KI basierende Wellenfelder aus codierten Informationen sind. Dass der Kult so von der Vermischung des Blutes innerhalb seiner Blutlinien besessen ist, liegt daran, dass die Softwarecodes erhalten bleiben sollen. Es geht nicht wirklich um den Schutz des „blaublütigen" Genpools, sondern um den des „Wellencode-Pools", der erst holografisch zum biologischen Genpool wird.

Archonten sind im Allgemeinen Wellenfeldsoftware und werden in gnostischen Texten in einer Form beschrieben, die wir heute mit Cyborgs assoziieren würden. Die Kälte und Gefühllosigkeit der Greys gemahnt genauso an Softwareprogramme wie das roboterhafte Verhalten der reptiloiden Spezies. Der Zulu-Oberschamane Credo Mutwa, der 2020 im Alter von 98 Jahren von uns gegangen ist, erzählte mir schon vor Jahrzehnten, dass wir das Verhalten des Reptils studieren müssen, wenn wir die Illuminati verstehen wollen. Genau das habe ich getan – und dabei festgestellt, dass sie außergewöhnlich computerartig sind, wie ich bereits erwähnt habe. Einmal las ich einen Artikel über den Schweizer Hellseher Anton Styger, in dem es nicht um diese Themen, sondern eigentlich nur um sein Leben ging. Dennoch war eine seiner Aussagen äußerst relevant für das, wovon hier die Rede ist. Fähige Hellseher können tiefer in das energetische Feld und die Welt jenseits des rein sichtbaren Lichts hineinsehen. Styger sagte:

Abb. 198: Der Sensenmann ist ein weiteres Symbol des Kults für den Saturn, das den Tod ebenso wie die Zeit darstellen soll. Schließlich geht es hier um einen Todeskult, also ist es auch kein Wunder, dass die Kultisten den Saturn verehren. (Warum, das erfahren Sie in „Alles, was Sie wissen sollten")

Wenn ich beispielsweise Menschen aus der Geschäftswelt oder der Politik sehe, die ganz besonders stark der materiellen Welt verhaftet sind, dann fällt mir auf, dass sie gar keine Lichtkörper [Wellenfelder, die man mit „menschlich" assoziieren kann] mehr haben. Bei manchen dieser Menschen ist der sonst immer vorhandene Lichtpunkt im Herzchakra überhaupt nicht mehr sichtbar.

Stattdessen sehe ich eine Schicht von „glänzendem Teer" um diese Menschen herum, in der sich ein monströses Wesen von der Gestalt einer Echse erkennen lässt. Wenn solche Menschen beispielsweise im Fernsehen sprechen, sehe ich wie in einem Konkavspiegel, dass sich eine Krokodilsgestalt um die Person herum manifestiert. Das Licht aus dem Kehl- und Stirnchakra ist nicht mehr zu sehen.

Sie haben keine „Lichtkörper" im menschlichen Sinn, weil sie besessene Softwarekonstrukte sind. Dass sie kein Licht im Herzchakra aufweisen, erklärt ihr *herzloses* Verhalten und die fehlende Verbindung zum Einen. Diese Softwarewesen steuern unsere Welt, indem sie Politik, Geheimdienste, Militär, Bankwesen, Wirtschaft, Medien, Universitäten, Wissenschaft, Medizin, Erziehungswesen, Silicon Valley und alles andere kontrollieren. Viele von ihnen haben einen schnellen Verstand und Intellekt, weil sie eben KIs sind. Das erklärt auch, warum es in den gnostischen Dokumenten heißt, dass Archonten keine *ennoia* („Intentionalität" oder „kreative Vorstellungskraft") haben. Sie müssen die Kreativität ihrer Ziele – in diesem Fall der Menschheit – ausnutzen, die sie dazu manipulieren, sich ihr eigenes technologisches Gefängnis zu bauen. Sie müssen die kreative Vorstellungskraft der Menschen manipulieren (weil sie selbst keine haben), um die von ihnen gewünschte Realität zu manifestieren. Dieser Punkt wird später in Bezug auf die aktuellen Ereignisse noch höchst relevant werden. Archonten können kopieren und imitieren, aber nicht erneuern. Die Gnostiker nannten dies Gegenmimikry. Ein Beispiel dafür ist die Nachahmung der Primärrealität mit der schlechten Nachbildung der simulierten virtuellen Realität. Diese Idee lässt sich sehr gut auf Hongkong/China übertragen, wo so vieles kopiert und nicht geschaffen wird; die Produkte dort *sind gefälscht*, was an Jaldabaoth erinnert, der laut den Gnostikern ein „falscher Geist" ist. Die gnostischen Texte besagen, dass Archonten Experten in Täuschung und *phantasia* sind – sie erzeugen *Illusionen* durch „Hal" bzw. *virtuelle Realität*, mit dem Ziel, „die Menschheit in ihren Wahrnehmungsfunktionen zu übermannen" und „Furcht und Sklaverei" über sie zu bringen. John Lamb Nash, der Autor des Buches „Not In His Image" über die Nag-Hammadi-Texte, schrieb:

> Zwar können die Archonten, da ihnen der göttliche Aspekt der Ennoia (Intentionalität) fehlt [weil sie keine Verbindung zu DEM EINEN haben], nichts Originäres erschaffen – zu imitieren vermögen sie jedoch mit Vehemenz. Ihre Kompetenz liegt in der Simulation (HAL, virtuelle Realität). Indem er die Fraktalmuster [des Originals] kopiert, formt der Demiurg eine himmlische Welt [...] Seine Konstruktion ist himmlischer Kitsch, wie die im italienischen Stil gehaltene Villa eines Mafiabosses, inklusive militanter Engel, die sämtliche Eingänge bewachen.

Dazu fällt mir ein Zitat aus dem Film „Per Anhalter durch die Galaxis" ein: „Am Anfang wurde das Universum erschaffen. Das machte viele Leute sehr wütend und wurde allenthalben als Schritt in die falsche Richtung angesehen."

Computerrealität imitiert Simulationsrealität

Die gnostische Sicht der Realität ist meiner eigenen in den von mir beschriebenen Bereichen sehr ähnlich, aber das heißt nicht, dass ich ein Gnostiker bin. Es gibt nur eine Übereinstimmung unserer Ansichten über die gefälschte Realität und deren Ursprung. Das Letzte, was wir brauchen, sind noch mehr Schwarz-Weiß-Etiketten. Es gibt sicher vieles, in dem Gnostiker und ich nicht einer Meinung sind. Das Motiv eines falschen Gottes, der gegen „*den* Gott" rebelliert und die Menschheit durch Täuschung manipuliert, taucht in mannigfaltigen Formen in den Religionen und Kulturen der Welt auf. Es ist eine allgemeingültige Geschichte.

Abb. 199: Das interaktive Universum von „No Man's Sky" mit seinen mehr als 18 Trillionen Planeten.

Wenn jemand es für zu weit hergeholt hält, dass man eine simulierte Realität im *scheinbaren* Maßstab des Universums installieren kann, dann empfehle ich einen Blick auf interaktive Spiele wie das im Jahr 2016 veröffentlichte „No Man's Sky" (Abb. 199). In diesem Spiel gibt es mehr als 18 Trillionen Planeten, von denen jeder mit einer einzigartigen Flora und Fauna sowie Tierarten ausgestattet ist. Zudem finden sich darin empfindungsfähige außerirdische Rassen und auch „mechanische Lebensformen". Der alles beherrschende Gott heißt Atlas (Jaldabaoth) und ist ein „allgegenwärtiges Wesen, das durch eine rote Kugel in einem schwarzen Diamanten verkörpert wird". Sein Wille wird von den Sentinels bzw. Wächtern (Archonten) durchgesetzt, die „mechanische Lebensformen sind; selbstreplizierende, nichtorganische Maschinen [, die] als Arbeitsmaschinen des Atlas und als universelle Polizei fungieren und die Handlungen derer kontrollieren, die in diesem Universum leben".

Das fasst die menschliche Misere ziemlich genau zusammen. Wir erleben eine falsche Realität in Form einer interaktiven Virtual-Reality-Simulation, in der Informationen in der Simulationsversion DES FELDS codiert werden und wir sie zu einer scheinbar physischen Welt decodieren. Die menschliche Persönlichkeit ohne eine Verbindung zu einem Bewusstsein jenseits der Blase wird von elektronischen/elektromagnetischen Reizen durch ein System von Aktivierung und Reaktion (Input-Output) zwischen der Simulation und den fünf Sinnen erzeugt. Körper/Intellekte sind mit kleineren oder größeren Unterschieden in ihrer „Verdrahtung" bzw. ihren Wellenfeldern ausgestattet und können daher unterschiedlich auf denselben Input reagieren. So ist es möglich, dass eine Person mit Mitgefühl auf eine Situation reagiert und die andere völlig empathiebefreit mit Verachtung. Werden diese Reaktionen ausgelebt, so tritt die eine Person als mitfühlender Mensch in Erscheinung und die andere als Psychopath. Die menschlichen Reaktionen auf elektronische/elektromagnetische Reize (eine Situation) sind das, was wir als „Persönlichkeit" bezeichnen. Gleichzeitig gibt es enorme Ähnlichkeiten in der Art und Weise, wie Menschen auf einen angstauslösenden Reiz reagieren – die „Eingabetaste drücken"-Reaktion, wie ich das nenne.

Wir haben also Körper/Intellekte, die massenhaft auf angstauslösende Reize reagieren, vor allem auf solche, die mit der Angst vor dem Tod und dem Unbekannten (die ein und dasselbe sind) zu tun haben. In ihren auf den fünf Sinnen basierenden Reiz-Rückkopplungsschleifen reagieren sie aber unterschiedlich auf diverse elektrische Inputs, wodurch der Eindruck unterschiedlicher „Persönlichkeiten" entsteht. Ich behaupte, dass diese „Persönlichkeiten" zum Großteil elektrischen Input-Output-Wechselwirkungen entspringen, während eine Verbindung zu erweitertem Gewahrsein einen über die programmierten Begrenzungen der menschlichen Persönlichkeit hinausführen kann. Das Herzbewusstsein tut das, von dem es weiß, dass es richtig ist, und setzt damit die Input-Output-Rückkopplungsschleifen außer Kraft. Auf angstauslösende Reize reagiert es nicht mit einem Output von Angst und angstbasierten Handlungen. Es sieht die Dinge in aller Ruhe und aus einer umfassenden Perspektive so, wie sie sind, weil es der Tatsache gewahr ist, dass es ein ewiger Zustand Unendlichen Bewusstseins ist, das eine kurze und vorübergehende Erfahrung macht. Es fürchtet den Tod nicht, weil es weiß, dass der Tod nur eine Verlagerung der Aufmerksamkeit von einer kurzsichtigen zu einer unendlichen Realität ist. Das Herzgewahrsein könnte als „Persönlichkeit" erscheinen, wenn man sein Verhalten wahrnimmt (nicht zuletzt deshalb, weil sich dieses so sehr von der „Norm" unterscheidet), doch die betreffenden Menschen reagieren aus dem „Ich" jenseits der Blase heraus und nicht aus ihrer von den fünf Sinnen dominierten Input-Output-Automatik. Das Herzbewusstsein hebt die Wechselwirkung zwischen Simulation und Körper/Intellekt auf, sodass die Sinne auf das Herz reagieren können statt auf die Simulation. Auf diese Weise beginnen wir, selbst auf die Simulation einzuwirken, statt dass dies nur umgekehrt der Fall ist.

Die Simulation erzeugt die Illusion eines Zeitablaufs von der Vergangenheit über die Gegenwart in die Zukunft wie ein Videospiel, wobei es sich in beiden Fällen nur um codierte Informationen handelt, die ein vorgegebenes Programm im JETZT ausführen. Die ebenfalls dem Programm eingeschriebenen Zyklen, die wir mit Begriffen wie Reinkarnation, Karma oder Astrologie bezeichnen, sind Rückkopplungsschleifen, die Seelen und Verstand auch nach dem „Tod“ des Menschen in der Illusion halten – es sei denn, wir transformieren unsere Selbstwahrnehmung, erinnern uns an unsere wahre Natur, öffnen unsere Herzverbindung und erweitern uns in Frequenzbereiche, die die Simulation nicht kontrollieren kann. Unsere Versklavung hängt in ihrer Gesamtheit davon ab, dass wir durch unseren Wahrnehmungszustand im Frequenzband der Simulation innerhalb der Lichtgeschwindigkeit festgehalten werden. Das können wir jedoch jederzeit ändern, wenn wir nur wollen.

Wir sollten auch nicht glauben, dass die manipulierenden Wesenheiten als die Kraft hinter einem scheinbar gigantischen simulierten Universum allmächtig sind. Wer sagt denn überhaupt, dass es wirklich gigantisch ist? Auch das Universum von „No Man's Sky“ ist von scheinbar gewaltigen Dimensionen, obwohl es sich nur um Computercodes handelt, die diese Illusion erzeugen. Als ich im Londoner Planetarium in den „Nachthimmel“ blickte, schien dieser fantastische Ausmaße zu haben, obwohl er nur als Projektion an der Decke existierte. Der „echte“ Nachthimmel scheint uns ebenfalls gigantisch, auch wenn er nur in unserem Gehirn in dieser Form existiert. Die Simulation besteht aus zweidimensionalen, „flachen“ codierten Informationsfeldern, die wir durch speziell dafür entwickelte Körper/Intellekt-Systeme zu einer illusorischen 3-D-Umgebung decodieren. Hologramme funktionieren auf dieselbe Weise. Das wahre Ausmaß der Simulation kann im Vergleich zu dem, was wir wahrnehmen, winzig sein. Zum Zeitpunkt seiner Veröffentlichung lagen „No Man's Sky“ 600.000 Zeilen Computercode zugrunde. Das hört sich nach viel an – bis man es damit vergleicht, dass moderne Autos mit ihren Entertainment- und Drahtlossystemen mit 100 *Millionen* Codezeilen funktionieren und diese Anzahl in nächster Zeit noch auf das Doppelte oder Dreifache erhöht werden soll. Könnte es sein, dass wir Wellenfelder nur dann zu Hologrammen decodieren, wenn wir sie beobachten, um damit Rechenleistung einzusparen, die zur permanenten Darstellung des Ganzen in holografischer Form notwendig ist – ganz so, wie Computerbildschirme in den Ruhemodus gehen, um bei Nichtbenutzung Energie zu sparen?

So können wir unser Gefängnis decodieren

Dass die Simulation uns so stark in ihren Bann zieht, liegt nicht allein daran, dass sie ein Welleninformationskonstrukt ist. Viel entscheidender ist es, inkarnierte Geister dazu zu bringen, die Illusion zu decodieren und gleichzeitig daran zu glauben, dass sie real ist. Das Gehirn und seine Körpersysteme decodieren die Matrix ständig zu einer holografischen Form. Die Wahrnehmung wird zwar nur von den fünf Sinnen (dem Punkt, an dem Matrix und Körper interagieren) bestimmt, doch die Simulation hat die Kontrolle. So ist der Geist in der Welt und von der Welt – und hat keine anderen Bezugspunkte. Computerspielfiguren würden schließlich auch nicht wissen, dass sie nur auf Software reagieren, sondern alles in ihrer Umgebung für real halten.

Wichtig dabei ist jedoch, dass es um das Reagieren geht. Die Menschheit wird letztlich nicht von Agenten des Kults manipuliert und gesteuert, die alle um einen runden Tisch sitzen und gemeinsam ihre nächsten Schritte planen. Die Transformation einer ganzen globalen Gesellschaft, die derzeit stattfindet, könnte in diesem Ausmaß niemals von einer solchen Tafelrunde erreicht werden. Der archontische Plan ist vielmehr in der energetischen Struktur des Simulationsfelds codiert, damit die Menschheit ihn zur Realität decodiert; nur dadurch kann das alles so schnell und auf der ganzen Welt geschehen. Damit das funktioniert, muss die Menschheit auf die Wellenfrequenzen eingestimmt werden, über die diese Informationen übermittelt werden – und 5G ist die nächste Stufe. Die unablässige Propaganda durch das „Bildungssystem" und die Massenmedien ist speziell darauf ausgerichtet, uns Wahrnehmungen einzuflößen, die die vom Kult gewünschte Realität schaffen, indem sie sich mit den Wellenfeldern verschränken, die vom Plan des Kults durchdrungen sind. Woran man glaubt, das nimmt man wahr, und was man wahrnimmt, das erlebt man. Kurz gesagt: Die Menschheit decodiert und manifestiert sich ihr eigenes Gefängnis. Das wird sich nur durch eine Transformation der Wahrnehmung beenden lassen – und dazu muss die eigene Identität vom Wahren Selbst durchdrungen werden.

Wie viel menschliche Wahrnehmung wird bereits durch die Simulation vorgegeben? Was ist der wahre Ursprung des ständigen Geschwätzes, das den Menschen durch den Kopf geht? Ich nenne es den „Szenario-Verstand", weil es eine endlose Liste von Szenarien ausspuckt und sich damit befasst, wie wir darauf reagieren würden – obwohl das Szenario gar nicht stattfindet. Würde er dies tun, dann würde ich jenes tun; würde sie dies sagen, würde ich jenes antworten. Woher kommt das alles? Ziehen Sie sich einmal an einen ruhigen Ort zurück und *beobachten* Sie dieses Geschwätz. Treten Sie einen Schritt zurück. Hören Sie zu, wie es endlos weiterschwafelt. Sie können ihr eigenes Körper/Intellekt-Geschwätz beobachten. Was sagt Ihnen das? Es sind *nicht Sie*, der da schwätzt. Vielmehr sind *Sie* der *Beobachter* des Geschwätzes.

Benjamin Libet (1916–2007), ein Wissenschaftler an der Fakultät für Physiologie an der University of California, San Francisco, hat in seinem Bestreben, das menschliche Bewusstsein zu verstehen, viele bedeutende Experimente durchgeführt. So wurde zum Beispiel eine Gruppe gebeten, ihre Hand zu bewegen, wann auch immer sie „wollte", während ihre Gehirnaktivität überwacht wurde. Libet fand heraus, dass die Gehirnaktivität zum Bewegen der Hand jeder bewussten Entscheidung zu dieser Handlung eine halbe Sekunde vorherging. John-Dylan Haynes, der am Leipziger Max-Planck-Institut für Kognitions- und Neurowissenschaften forscht, stellte bei seinen Untersuchungen fest, dass er mittels Überwachung der Gehirnaktivität eine Handlung *zehn Sekunden* vor einer bewussten Entscheidung vorhersagen konnte. Frank Tong, ein Neurowissenschaftler an der Vanderbilt University in Nashville, Tennessee, sagte: „Zehn Sekunden entsprechen hinsichtlich der Hirnaktivität einer kompletten Lebensspanne."

Wo wurden diese Entscheidungen wirklich getroffen, wenn nicht im bewussten Verstand? Meiner Ansicht nach kommen *manche* – ich sage bewusst nicht alle, sondern manche – aus der Simulation. Morpheus sagt in „Matrix": „Sind es deine Gedanken, die du gerade denkst?" Der Körper ist als Begrenzungseinrichtung für das Bewusstsein codiert. In unserem formlosen energetischen Zustand können wir ohne den Körper sehen, hören, fühlen, riechen und schmecken. Wir brauchen ihn eigentlich gar nicht, außer um mit der Simulation zu interagieren. Er fokussiert unsere Aufmerksamkeit innerhalb des Frequenzbands der Simulation oder sogar einem noch schmaleren Band, das sichtbares Licht genannt wird. Er lässt uns glauben, dass wir nur durch den Körper sehen, hören, fühlen, riechen und schmecken können, was dazu führt, dass die Menschen auf die Illusion hereinfallen, dass der Körper das ist, was wir sind, und dass wir ohne ihn nichts sind. Dabei sind wir ohne ihn *alles*.

Mainstreamwissenschaft und Schulmedizin unterstützen dauernd den Glauben, dass der Körper die Gesamtheit des „Ich“ ist. Der Körper erzeugt *mittels Gegenmimikry eine schlechte Nachbildung des Bewusstseins* und schränkt damit unseren Sinn für uns selbst, die Realität und das Mögliche ein. Es verwundert nicht, dass die Gnostiker den Körper als Gefängnis bezeichneten, der den „göttlichen Funken“ in der Materie gefangen hält. Dadurch erklärt sich auch das Geheimnis, warum die Atmosphäre und die Ökosysteme der Erde sich perfekt dazu eignen, das Leben zu erhalten, wie wir es wahrnehmen, obwohl nur eine winzige Veränderung eine Katastrophe bedeuten würde. Der Wissenschaftler Robert Lanza schreibt in seinem Buch „Biocentrism“:

> Warum sind die physikalischen Gesetze genau so ausbalanciert, dass tierisches Leben existieren kann? [...] Nähme die starke Kernkraft um zwei Prozent ab, dann würden die Atomkerne nicht mehr zusammenhalten. Simple Wasserstoffatome wären dann die einzige Art von Atomen, die es im Universum gäbe. Wäre die Gravitationskraft nur einen Hauch schwächer, dann würden sich die Sterne (einschließlich der Sonne) nicht mehr entzünden. Und dies sind nur [einige der] mehr als 200 Parameter, die im Sonnensystem und im Universum so genau bemessen sind, dass die Annahme, es handle sich dabei um reine Zufallsergebnisse, die Grenzen der Glaubwürdigkeit zu sprengen droht – auch wenn die konventionelle Physik unserer Tage genau das unumwunden behauptet.

Natürlich handelt es sich nicht um Zufallsergebnisse. Diese Werte sind genauso *gemacht*. Wie? Indem unsere Welt eine Virtual-Reality-Simulation mit ihren eigenen codierten Regeln und Informationen ist. Warum? Damit der Kult und seine nichtmenschlichen „Götter“ die menschliche Wahrnehmung in andauernder Illusion und Kontrolle versklaven können. Die Simulation wurde im Laufe der Jahre von vielen durchbrochen, die der Menschheit ihre Misere bewusst machen wollten und dann häufig die vom Kult veranlassten Konsequenzen dafür tragen mussten. Das ist auch heute noch der Fall, da eine konzertierte Aktion des aus der Primärrealität „inkarnierten“ Bewusstseins im Gang ist, den Gefallenen die Kontrolle zu entreißen. Die menschliche Familie soll darüber informiert werden, was wirklich geschieht, wie der Gefangene in Platons Höhlengleichnis. Wir machen zwar Fortschritte, aber die Sache ist – gelinde gesagt – noch lange nicht erledigt.

KAPITEL 6

WARUM WISSEN WIR NICHT?

„Hat eine öffentliche Diskussion in einer Gesellschaft, wo kaum jemand gelernt hat, wie man denkt, während Millionen Menschen beigebracht wurde, was sie zu denken haben, überhaupt einen Sinn?"

Peter Hitchens

Das Spiel des Lebens – in diesem Fall des menschlichen Lebens – findet in einem Stadium (der Simulation) namens *Wahrnehmung* statt. Daraus ergibt sich alles andere. Was wir wahrnehmen, wird zu dem, was wir glauben; das wiederum wird zu unserem Verhalten – und das schließlich wird zu dem, was wir erleben. So sieht die Sache aus. Wenn wir diese Verbindungen durchschauen, verstehen wir die Welt und die menschliche Misere.

Unsere Wahrnehmungen bestimmen unsere Frequenz, und unsere Frequenz bestimmt unsere Wellenverschränkung mit Menschen, Orten, Situationen und Erfahrungen. Durch diesen Prozess erzeugen wir unsere eigene Realität und unser Erleben, indem wir eine holografische Darstellung unserer *Wahrnehmungen* in unser Leben anziehen. Die Wahrnehmung, dass man selbst ein „kleines Licht" ist, muss unweigerlich Wellen aussenden, die aufgrund des wahrgenommenen Potenzials („Ich habe keine Macht", „Ich bin ein Opfer" und „Ich werde nie viel erreichen") so begrenzt und schwach sind, dass die Rückkopplungsschleife zwischen Wahrnehmung und DEM FELD genau diese Art von Leben zurück übermittelt (Abb. 200). Betrachtet man das Leben dagegen vom Standpunkt aus, dass man Unendliches Gewahrsein (die Gesamtheit aller Möglichkeiten) ist, das eine kurze Erfahrung als Mensch macht, so stellt man eine völlig andere Rückkopplungsverbindung mit dem Feld her – und zwar eine, die sowohl in ihrem Umfang größer als auch in ihrer Frequenz viel höher ist. Ein erweitertes Selbstgefühl erweitert automatisch das

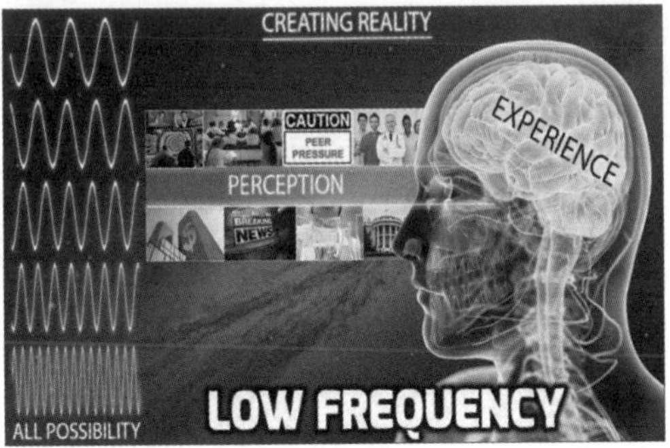

Abb. 200: Ein verschlossener Geist sendet eine in sich geschlossene Frequenz aus, die mit DEM FELD nur innerhalb dieses begrenzten Bands von Möglichkeiten interagiert und so die Rückkopplungsschleife erzeugt, in der die Wahrnehmung, dass man selbst ein „kleines Licht", „kleines Ich" oder sein „Etiketten-Ich" sei, mittels Ursache und Wirkung begrenzte Erfahrung und eingeschränktes Gewahrsein erzeugt. (Bild: Gareth Icke)

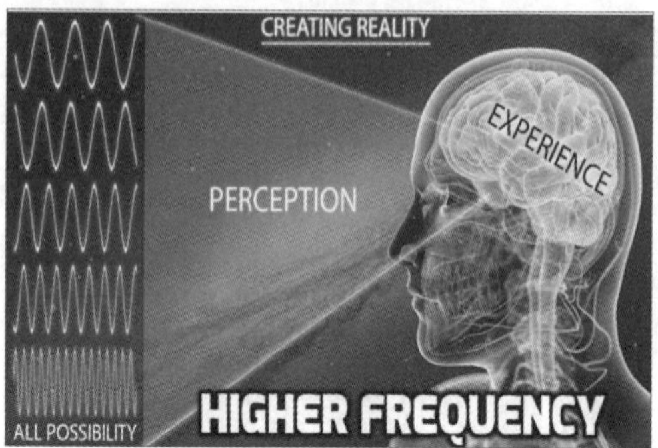

Abb. 201: Öffnen Sie Ihren Geist und erweitern Sie Ihre Selbstwahrnehmung, dann wird sich auch Ihre Interaktion mit DEM FELD und den Möglichkeiten erweitern. Eine Wahrnehmung, dass man ein „großes Licht" oder auch „großes Ich" ist, erzeugt eine ebensolche Erfahrung. (Bild: Gareth Icke)

zugängliche Bewusstsein, um sich an diese Wahrnehmung anzupassen und mit diesem Spektrum an Möglichkeiten innerhalb DES FELDS interagieren zu können. Wenn sich mehr Möglichkeiten in die Rückkopplungsschleife integrieren und zu Erfahrungen werden, transformiert sich dadurch das ganze Leben (Abb. 201).

Unsere Selbstwahrnehmung ist ein zentraler Faktor in unserer Beziehung mit DEM FELD. Der Kult weiß genau, dass er durch die Kontrolle der Wahrnehmung auch die Erfahrung kontrolliert. Aus diesem Grund werden die Menschen auch in immer engere wahrgenommene Identitäten getrieben. Das geht so weit, dass eine amerikanische Universität mittlerweile einen Code für die Selbstwahrnehmung ihrer Studenten festgelegt hat: LGBTTQQFAGPBDSM. (Fragen Sie nicht …) Ich bin mir sicher, dass diese Buchstabenkette noch länger sein wird, wenn Sie diese Zeilen lesen, weil jeden Tag neue und immer kurzsichtigere Identitäten erfunden werden. Was in Sachen Manipulation auf unserer Welt passiert, wird einem klar, wenn man weiß, wie die Realität funktioniert.

Das Hauptziel des Kults ist es also, die Wahrnehmung zu bestimmen. Zu diesem Zweck hat er die menschliche Gesellschaft als Programmierlabor aufgebaut, das uns von der Wiege bis zur Bahre beeinflusst und auf dem basiert, was ich seit Langem den „Briefmarkenkonsens" nenne (Abb. 202). Damit meine ich die winzige Bandbreite von Möglichkeiten, die in Schulen, Fachhochschulen und Universitäten indoktriniert sowie weltweit rund um die Uhr von den Mainstream- und einem großen Teil der „alternativen" Medien wiederholt wird. Der Briefmarken-Glaube bestimmt die Wahrnehmungsgrenzen der akademischen Welt, der etablierten Wissenschaft, der Medizin, Medien, Behörden, Unternehmen und des Mainstream-*Einheitsbreis*. Er ist die Grundlage dessen, was ich als DAS PROGRAMM bezeichne (Abb. 203). Der Kult benutzte zuerst die Religion als seine Wahrnehmungstäuschung, bei der ein Abweichen vom vorgeschriebenen, in einer „heiligen Schrift" festgehaltenen Glauben ein Todesurteil bedeutete. So sah der Briefmarkenkonsens früher aus. Die Religion behielt die Vorstellung eines Lebens nach dem Tod zwar bei, fügte aber noch die Unterordnung unter einen schizophrenen „Gott" hinzu, der zugleich lie-

Abb. 202: Mit Briefmarkenkonsens bezeichne ich das schmale Möglichkeitsband, das im „Bildungssystem" gelehrt und von den Medien beworben wird. Es ist das grundlegende Glaubenssystem der akademischen Welt, der Wissenschaft, Wirtschaft, Medizin, Behörden und der großen Mehrheit der Bevölkerung.

Abb. 203: Virtual-Reality-Headsets symbolisieren das menschliche Wahrnehmungsprogramm ganz ausgezeichnet.

bend und rachsüchtig sein sollte. Wer an ihn glaubte, wurde ins ewige Paradies eingeladen, wohingegen Ungläubige dazu verdammt waren, für immer die Feuer der Hölle zu nähren. Wir sollen glauben, dass „Gott" über diese Trennung der Seelen in alle Ewigkeit auf der Grundlage eines kurzen irdischen Lebens – das von wenigen Sekunden bis zu ein paar Jahrzehnten dauern kann – entscheidet; und das auf einem Planeten, der größenmäßig dem Milliardstel eines Stecknadelkopfs entspricht. Ich weiß ja nicht, wie es Ihnen geht, aber für mich ergibt das nur dann Sinn, wenn ich etwa ein Dutzend Gin Tonics und ein paar doppelte Whisky intus habe.

Erstaunlicherweise steuert dieser Glaube nach wie vor die Wahrnehmungen (und die decodierten Erfahrungen) von Milliarden Menschen. Eine Mehrheit begann jedoch, diese Form der Kontrolle abzulehnen, also nahm der Kult sie mit seinem neuen Trick ins Visier, der Falle von „Wissenschaft" und staatlich kontrollierter „Bildung". Die etablierte Schulwissenschaft hatte den zusätzlichen Vorteil, dass sie jede Vorstellung von einem Schöpfer auslöschte. Wer an die neue Religion glaubte, die sich als „rationales Denken" tarnte und sie befürwortete, wurde noch tiefer in die Wahrnehmung einer völlig willkürlichen und zufälligen Existenz innerhalb der „Materie" hineingezogen. Religion in ihrer extremsten Form sieht den Tod für Gotteslästerer vor; die mildere Version ist die Verstoßung aus der „Glaubensgemeinschaft". In der neuen Religion des Szientismus führt Ketzerei zum Karrieretod und der Verstoßung aus der Fakultät (der „Glaubensgemeinschaft"). Die Indoktrination der Massen wird durch die vom Kult kontrollierte Medienbeeinflussung noch verstärkt, ebenso wie durch die Zensur, die heute durch die im Besitz des Kults befindlichen Silicon-Valley-Unternehmen immer extremere Formen annimmt. Wenn man kontrolliert, was die Menschen zu sehen und hören bekommen, dann werden sie auch glauben, was man ihnen sagt – solange man zudem noch kontrolliert, was sie *nicht* zu sehen und hören bekommen (Abb. 204).

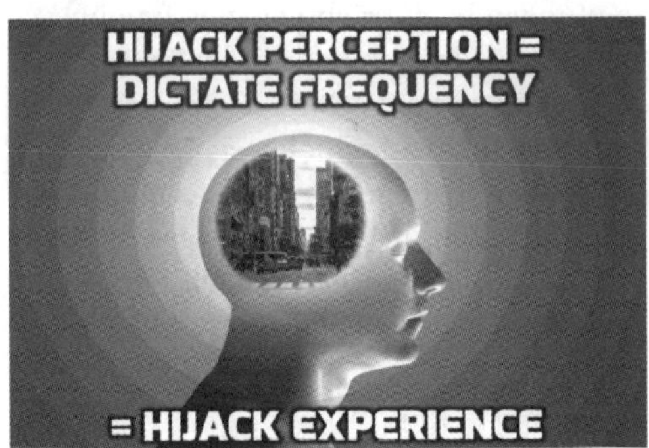

Abb. 204: Der Kult weiß, dass er nur die Wahrnehmung kapern muss, um die Frequenzen zu bestimmen, die Erfahrungen anziehen. Kurzsichtige Wahrnehmungen schaffen ein kurzsichtiges Leben, durch das dann kollektiv eine Kontrolle der Massen möglich wird. Der Kult erschafft die Art unserer Realität durch die Manipulation der menschlichen Wahrnehmung.

Der Download beginnt

Die menschliche Gesellschaft ist ein Labor für den Körper/Intellekt. Statt Labor könnte man auch die Begriffe Fließband, Wurstmaschine und Computerdownload verwenden. Das menschliche Leben ist tatsächlich ein *Wahrnehmungs*download, der schon im Mutterleib beginnt und auf dem Friedhof endet. Wenn ein Kind blinzelnd das Licht der Welt erblickt, beginnt die Programmierung erst richtig (Abb. 205). Zunächst sind da die Eltern, die bereits vom Programmiersystem, das vom Kind erst durchlaufen werden muss, verarbeitet wurden und akzeptiert haben, was es ihnen an Glaubensvorstellungen eingetrichtert hat. Voraussetzung dafür ist allerdings, dass die Eltern im Körper/Intellekt gefangen sind, was bei den meisten nach wie vor der Fall ist. Eltern spielen diese Indoktrination in ihr Kind ein – und sie müssen das nicht einmal in böswilliger Absicht tun. Oft ist genau das Gegenteil der Fall. Sie haben selbst die Version der Realität vom System heruntergeladen und glauben, dass sie ihren Kindern etwas Gutes tun, wenn sie sie an ihrer „Weisheit“ teilhaben lassen. Zur heruntergeladenen illusorischen Weisheit gehört das, was man Kindern erzählt und wie man sie dazu bringt, die Flut an Impfungen anzunehmen, die man ihnen verabreicht, um die Kassen der in Kultbesitz befindlichen Pharmakonzerne zu füllen. Diese Impfungen beeinträchtigen das Immunsystem und die Wahrnehmungsprozesse der Kinder ein Leben lang. Impfschäden bei Kindern treten häufig im Gehirn auf. Die Kinder, deren Hirnschäden nicht schlimm genug sind, um von Ärzten eindeutig festgestellt zu werden, leiden meist trotzdem lebenslang unter der Unterdrückung und Einschränkung ihrer Denk- und Kreativprozesse. Sobald sich das auf ihr Verhalten auswirkt, verschreibt man ihnen zur „Behandlung“ der Impffolgen Medikamente, die vom selben Kartell hergestellt werden, das auch die Impfungen selbst produziert hat.

Abb. 205: „Willkommen auf der Erde, dein Programm wartet schon darauf, dich einschlafen zu lassen“ – *Die Wahrnehmungsprogrammierung beginnt in dem Moment, wenn wir den Mutterschoß verlassen – und durch die Wellen- und chemischen Verbindungen zur Mutter eigentlich schon vorher.*

Dasselbe gilt für die chemisch induzierten Wellenfeldverzerrungen durch all die Nahrungsmittel und Medikamente, mit denen die Informationsverarbeitung der Kinder gestört wird, was sich wiederum auf deren Wahrnehmung und Verhalten auswirkt. Drei oder vier Jahre nach der Geburt erfährt der Wahrnehmungsdownload eine kolossale Steigerung durch das, was lächerlicherweise als „Bildungs-

Abb. 206: „Kontrolliere die Wahrnehmung und du kontrollierst die Realität“ – *„Bildung“ in nur einem Bild.*

Abb. 207: Kinder besuchen die Schule, um in ihrer Wahrnehmung mit einem Realitätssinn programmiert zu werden, der das ganze Leben anhält.

system" bekannt ist – nämlich, wenn ein bereits durch Toxine verseuchtes Kind ins Schulsystem eintritt (Abb. 206). Zu diesem Zeitpunkt beginnen die Eltern ihren Einfluss auf die Kinder einzubüßen, während die Kinder ihre ausgeprägte Individualität an eine programmierte Wahrnehmung verlieren, die sich über alles legt (Abb. 207). Nun fängt das Leben an, das den Rest ihrer Entwicklungsjahre bestimmen wird: Sie müssen Tag für Tag in der Schulbank oder einem Hörsaal sitzen, wo ihnen Autoritätspersonen, die das staatliche Wahrnehmungsprogramm verkörpern, erzählen, was sie über sich und die Welt in all ihren Facetten und Formen zu glauben und nicht zu glauben haben. Ob es sich nun um einen Volksschullehrer oder einen „angesehenen Professor" handelt – beide spielen dieselbe Rolle, indem sie Kinder und junge Leute dazu bringen, das zu glauben, was der Staat (der Kult) sie glauben machen will. Es könnte kaum eine wirksamere Methode geben, die kollektive Wahrnehmung und das Verhalten zu bestimmen, als die Kontrolle darüber auszuüben, was die jungen Generationen in ihren Entwicklungsjahren glauben und denken sollen.

„Pädagogen" auf jeder Ebene dieses Systems können selbst an das glauben, was sie da erzählen, weil sie so programmiert wurden. Es ist aber auch völlig egal, wenn sie es nicht tun. Der Staat besteht darauf, dass sie die vom Staat vorgeschriebene Wahrnehmungs- und Denkweise auf genau die vorgeschriebene Art vermitteln – sonst sind sie schnell weg vom Fenster. Lehrer und Universitätsprofessoren sitzen in der Umgebung des „Bildungssystems" ebenso im Wahrnehmungsgefängnis wie ihre Schüler und Studenten. In den folgenden Kapiteln werde ich ausführlich schildern, wie und warum dadurch die Gesellschaft eklatanter und tiefgreifender verändert wird als je zuvor. Der Prüfungsdruck bedeutet, dass die „Bildung" für Schüler und Lehrer zu einer täglichen Hetzjagd wird, bei der man staatlich (= vom Kult) bewilligte angebliche Fakten ins Gedächtnis junger Menschen stopft, wo sie genau bis zur nächsten Prüfung gespeichert bleiben. An wie viel von dem, was Sie in der Schule „gelernt" haben, können Sie sich noch erinnern? Was davon – abgesehen von den Grundlagen der Mathematik, vom Schreiben etc. – haben Sie im Leben gebraucht? „Sehr wenig", werden wohl die meisten Leute darauf antworten. In meinem Fall war und ist es so gut wie gar nichts. Ich habe mein Leben vielmehr damit zugebracht, den Mist zu löschen, den man mir in der Schule erzählt hat – zumindest das bisschen, was bei den wenigen Gelegenheiten hängen blieb, in denen ich überhaupt aufgepasst habe. Dem Kult ist es egal, ob Sie sich bewusst an Ihre Programmierung erinnern oder nicht. Er zielt auf Ihr Unterbewusstsein ab, das laut Studien für 95 Prozent des menschlichen Verhaltens verantwortlich ist. Ihr sogenannter bewusster Verstand ist ein Sklave des Unterbewusstseins. Und hinter Ihrem *Unterbewusstsein* ist der Kult her; wenn er das hat, dann hat er *Sie*.

Es ist höchst bemerkenswert, wie wenig bewusste Entscheidungsfindung am Handeln beteiligt ist. Meist stecken computerartige Reaktionen dahinter, die oft emotionaler Natur sind. Denken Sie nur an die wissenschaftliche Studie, die zeigte, dass die für eine Handlung nötige Gehirnaktivität schon vor der bewussten Entscheidung für diese Handlung beginnt. Der bewusste Verstand behält nur sehr wenig und nimmt auch nur sehr wenig wahr. Letzteres wird durch die Tatsache belegt, dass die visuelle Realität vom Gehirn aus nur 40 von insgesamt 11 Millionen pro Sekunde empfangenen Sinneseindrücken konstruiert wird. Unser Unterbewusstsein nimmt ohnehin alles auf, warum sollte es also nicht die Wahrnehmung regeln? Die Menschen müssen sich nicht an alles *erinnern*, was ihnen durch das „Bildungssystem“ einprogrammiert wurde. Der Kult weiß, dass das Unterbewusstsein diese Aufgabe übernimmt und den bewussten Verstand lebenslang beeinflusst, wenn keine Deprogrammierung namens Erwachen stattfindet – ein Erwachen aus dem *Programm* (Abb. 208).

Abb. 208: Das Unterbewusstsein ist Ziel der Wahrnehmungsprogrammierung, die dann auch an den bewussten Verstand durchsickert und sich als „persönliche“ Ansicht oder Meinung manifestiert. 95 Prozent des menschlichen Verhaltens stammen aus unterbewussten Wahrnehmungen. (Bild: Neil Hague)

Beobachten Sie die Reaktionen der Menschen auf Geschehnisse, und Sie werden eine reflexartige Wahrnehmung sehen, die der „Eingabetaste drücken“-Reaktion ähnelt. Ich wurde jahrzehntelang für das verspottet, was ich zu sagen habe, wobei die Spötter nicht eine einzige Sekunde darauf verschwendet haben, die Fakten oder den Hintergrund zu prüfen. Ihre unmittelbare Reaktion wird durch unterbewusste Antworten ausgelöst, die nur aus der Palette der erlaubten Möglichkeiten stammen. Sie haben noch nie über Gestaltwandlung nachgedacht, sondern nur Informationen geschluckt, die besagten, dass die Welt fest ist. Schon deshalb müssen sie die Gestaltwandlung reflexartig als etwas Verrücktes ansehen. Die unterbewusste Programmierung sickert in die bewusste Wahrnehmung durch.

Sie haben meine Auffassung vom Leben bereits kennengelernt: Wir sind alle *ein* Bewusstsein, das verschiedene Erfahrungen macht – und menschliche Etiketten wie Ethnie, Sexualität und so weiter sind nur Illusionen, denen wir gestatten, uns auseinanderzudividieren. Das behaupte ich seit 30 Jahren. Vergleichen Sie diese Weltsicht mit dem, was ein britischer „Autor“ namens Gary Spedding über Twitter an meinen Sohn Gareth schrieb: „Du bist der Sohn eines bekannten antisemitischen Verschwörungstheoretikers, der an die Überlegenheit der Weißen glaubt.“ Hat Spedding auch nur eines meiner Bücher gelesen? Nein. War er bei einem meiner Vorträge? Nein. Weiß er irgendetwas über mich, das nicht aus voreingenommenen Quellen stammt? Nein. Ein Großteil der Menschheit entwickelt seine Wahrnehmungen auf dieselbe Art und Weise. Deshalb ist auch das meiste dessen, woran die Menschen glauben, nicht wahr, sondern nur das, was sie nach dem Willen des Kults für wahr halten sollen. Sie treffen in jeder Sekunde „bewusste“ Entscheidungen, indem sie bei fast allen Themen und in so gut wie jeder Situation von der Gültigkeit dessen ausgehen, was in Wahrheit nur *Annahmen* sind, die sie nie durch persönliche Recherchen belegt haben. Jenseits des Programms *bewusst* zu werden bedeutet, die Kontrolle über die eigene Wahrnehmung zurückzuerlangen. Und dazu gehört es, zu eigenen Schlussfolgerungen zu gelangen statt von anderen vorgefertigte zu übernehmen.

„Bildung" = systematische Programmierung

Aus all dem entspringt das, was ich als „Das weiß doch jeder"-Syndrom bezeichne. Wir haben diese Formulierung alle schon gehört (ich häufiger als die meisten anderen), wenn wir eine Annahme über die Realität infrage stellen und mit der Phrase „Das weiß doch jeder" abgespeist werden, die uns nur auf das verweisen soll, was im Bereich des programmierten Möglichen liegt (Abb. 209). Wie kommt es, dass „jeder das weiß"? Ganz einfach: weil jeder denselben Wahrnehmungsdownload durchlaufen hat. Das ist alles (Abb. 210). Kinder aus religiösen Familien folgen grundsätzlich der Religion ihrer Eltern, weil sie nie etwas anderes gehört haben. Dasselbe Prinzip gilt auch für den „Bildungs"-Download. Die Grundregel für den Kult lautet: Wenn das alles ist, was sie je zu hören bekommen, dann wird es auch das sein, was sie unterbewusst und in der Folge bewusst glauben. Jede Information, die diesen Annahmen widerspricht, müsste erst die Mauern und Schichten der Programmierung durchbrechen, bevor es zu einem Aha-Erlebnis kommen kann. Es gibt noch einen anderen Grund für die Flut meist irrelevanter Informationen, mit denen Kinder und junge Menschen überhäuft werden. Während man seinen Verstand mit diesem Schwall an für das eigene Leben meist sinnlosen Informationen füllt und sich ihn später für die Prüfungen noch einmal einprägt, ist der Geist damit beschäftigt und kann nicht seiner Wege gehen. Das Ziel ist, dass man sich auf die fünf Sinne *fokussiert*. Sobald Sie sich unter Ausschluss

Abb. 209: „Die Arroganz-Blase: ‚Das ist lächerlich – du bist verrückt!'" – *Das System hat mir beigebracht, was ich zu denken habe. Wenn du etwas anderes behauptest, musst du verrückt oder blöd sein.*

Abb. 210: „Wir alle glauben dasselbe, also muss es wahr sein" – *Großer Fehler.*

alles anderen darauf fokussieren, büßen Sie die periphere Sicht ein, in der die Wahrheit liegt und man alle Punkt miteinander verbinden kann.

Zusätzlich sorgt das System mit „Hausaufgaben" dafür, dass die Fünf-Sinnes-Fokussierung noch weiter aufrechterhalten und das Gehirn zu einer bestimmten Art der Informationsverarbeitung verdrahtet wird, auf die ich gleich zu sprechen kommen werde. All das wird von den Leuten im Schatten eiskalt berechnet. Das Abschottungs- bzw. Need-to-know-Prinzip sorgt dafür, dass 90 Prozent der Personen, die direkt an der Programmierung beteiligt sind, keine Ahnung haben, warum sie erfolgt, und nicht einmal wissen, *was* da mit den Wahrnehmungen der jungen Leute passiert. Der Kult hingegen *weiß das sehr genau* und schuf die Struktur des „Bildungssystems" durch Blutlinienfamilien wie die Rockefellers. John D. Rockefeller, der amerikanische Erdöl-/Banken-/Pharma-Magnat und Agent des Kults, gründete Anfang des 20. Jahrhunderts die US-Stiftung General Education Board. Er sagte: „Ich will keine Nation von Denkern – ich will eine Nation von Arbeitern." Zutreffender wäre es, von einer Nation von *Sklaven* zu sprechen. Frederick T. Gates, Mitgründer der Stiftung und Rockefellers Vermögensverwalter, sagte alles, was man dazu wissen muss:

> In unseren Träumen verfügen wir über unbegrenzte Ressourcen, und die Menschen lassen sich widerstandslos von uns formen. Die heutigen Erziehungskonventionen verschwinden aus unserem Gedächtnis, und die dankbare, empfängliche, bauernhafte Bevölkerung prägen wir nach unserem Wohlgefallen, ohne dass Traditionen uns behindern würden.
>
> Wir werden nicht versuchen, aus diesen Menschen oder deren Kindern Philosophen, Gelehrte oder Wissenschaftler zu machen. Wir müssen keine Schriftsteller, Redner, Dichter oder Literaten hervorbringen. Wir sollten nicht nach potenziellen großen Künstlern, Malern oder Musikern Ausschau halten; ja, wir werden nicht einmal das bescheidenere Anliegen verfolgen, aus ihren Reihen Anwälte, Ärzte, Pfarrer oder Staatsmänner heranzubilden, von denen wir ohnehin bereits genügend haben.

Das „Bildungssystem" des Kults wurde eingerichtet, um Kinder darauf zu konditionieren, an die folgenden Lehrsätze zu glauben und sie ein Leben lang zu akzeptieren:

- Die Wahrheit kommt von Autoritätspersonen.
- Intelligenz ist die Fähigkeit, sich etwas zu merken und es zu wiederholen.
- Korrektes Merken und Wiederholen werden belohnt.
- Nichtanpassung wird bestraft.
- Ich muss mich intellektuell und gesellschaftlich anpassen.

Das weltweite „Bildungssystem" des Kults wurde von den Kontrolleuren so präzise gestaltet, dass es einen bestimmten Teil des Gehirns anspricht: die linke Gehirnhälfte, die generell eine weitgehend andere Funktion erfüllt als die rechte. Zwar ist das Gehirn in seiner decodierten Form holografisch, sodass alle Teile sämtliche Funktionen erfüllen können, dennoch haben die beiden Hemisphären unterschiedliche Schwerpunkte. Die linke Gehirnhälfte decodiert Informationen in einer Weise, die die menschliche Wahrnehmung

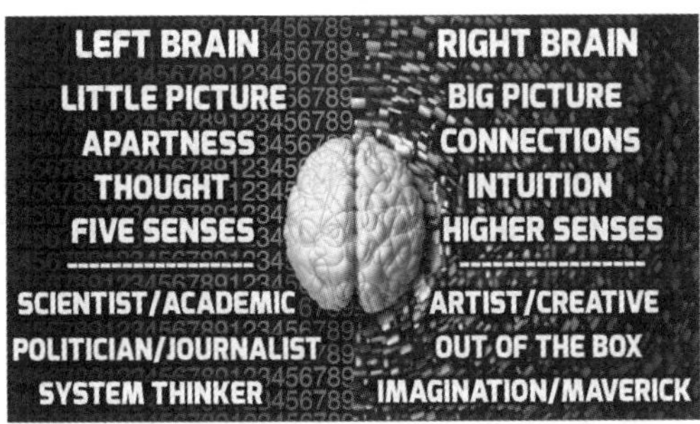

Abb. 211: Die linke und die rechte Gehirnhälfte verarbeiten Informationen auf grundverschiedene Arten und erzeugen so grundverschiedene Wahrnehmungen der Realität.

dominiert. Von ihr kommen Sprache, Zahlen und das Gefühl, dass alles von allem anderen getrennt ist. Sie sieht Punkte und Pixel, identifiziert sich mit Etiketten und passt sich gern an hierarchische Strukturen an (Abb. 211). Sie ist der rechtgläubige Politiker, Wissenschaftler, Arzt, Journalist, Akademiker, Wirtschaftsführer oder Arbeiter, Anwalt und Richter – mit anderen Worten: all die Leute, die das System leiten oder ihm dienen. Die derzeitige menschliche Gesellschaft ist zum überwiegenden Teil eine holografische Ausdrucksform der linken Gehirnhälfte, die die Basis der Wahrnehmung des Mainstream-Einheitsbreis ist.

Die rechte Gehirnhälfte ist im Gegensatz dazu freigeistige Kreativität, Fantasie, Kunst, Poesie, Spontaneität, der Außenseiter. Verkörpert wird sie von Autoren (einer bestimmten Art), Rednern, Dichtern, großen Künstlern, Maler und Musikern, von denen Frederick Gates nicht wollte, dass das „Bildungssystem" sie in größerer Anzahl hervorbringt. Entscheidend ist, dass die rechte Gehirnhälfte einen größeren Sinn für die Einheit durch das Einssein besitzt und Punkte/Pixel zu Bildern und Mustern zusammenfügen kann, die die Wahrheit über das Leben und die Realität enthüllen. Die rechte Gehirnhälfte ist eng mit dem Herz verbunden und schon aus diesem Grund im Visier des vom Kult geprägten „Bildungssystems", das darauf ausgerichtet ist, das Herzchakra zu schließen, die rechte Gehirnhälfte zu unterdrücken und die Jugend zu einem Leben in der Körper/Intellekt-Blase zu versklaven. Vielleicht fällt Ihnen ja auf, wie wenig Zeit die Schulen Aktivitäten der rechten Gehirnhälfte wie Kunst, Schauspiel und Musik widmen, wohingegen Fächer der linken Gehirnhälfte im Lehrplan dominierend sind (Abb. 212). Prüfungen besteht man nur, wenn man durch die linke Gehirnhälfte Informationen anhäuft, die man dann beim Test oder der Klassenarbeit replizieren kann. Die linke Gehirnhälfte ist in einem wesentlichen Ausmaß die Heimat Des Programms und seines Wahrnehmungsverarbeitungszentrums, das mit dem Reptiliengehirn oder R-Komplex zusammenwirkt, von dem Reflexhandlun-

Abb. 212: Das vom Kult gesteuerte System schützt die linke vor dem Einfluss der rechten Gehirnhälfte. (Bild: Neil Hague)

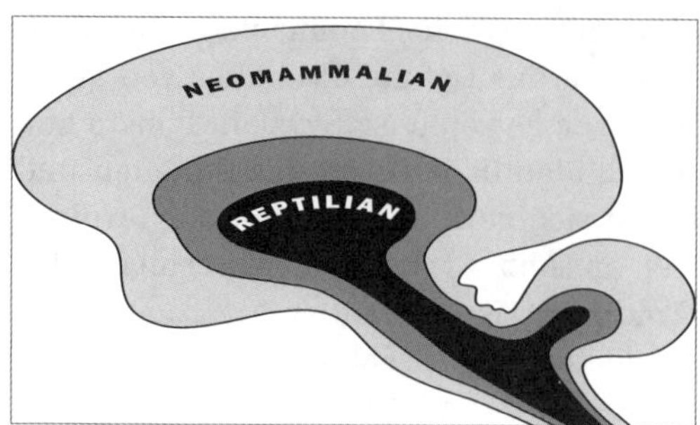

Abb. 213: Das Reptiliengehirn arbeitet eng mit der linken Gehirnhälfte zusammen, um Wahrnehmung und Verhalten zu diktieren. Reptiliengehirn? Was für ein Zufall.

gen und Reaktionen, die auf dem Überlebensinstinkt basieren, ausgelöst werden (Abb. 213).

Ich behaupte, dass das Reptiliengehirn – zumindest in seiner derzeit vorherrschenden Form – ein Produkt der archontischen Manipulation des menschlichen Körpers ist. Das Reptiliengehirn sucht die Umgebung ständig nach Bedrohungen für das Überleben ab. Und damit ist nicht nur das „physische" Überleben gemeint, sondern auch das finanzielle, das einer Beziehung, der Erhalt des Arbeitsplatzes usw. Aggressionen im Straßenverkehr und Reflexhandlungen, „Kampf oder Flucht"-Verhalten und übertriebene emotionale Reaktionen sind reptilische Gehirnreaktionen nach dem „Eingabetaste drücken"-Muster. Die ihnen zugrundeliegende Angst und Besorgnis, wie sie so viele Menschen empfinden, sind mit dem Reptiliengehirn verbunden. Sie gehören zu den wichtigsten Mechanismen zur Verhaltenskontrolle, deren Auswirkungen auf die Emotionen die Menschen in einem niedrig schwingenden Zustand hält. *Kann man angesichts dessen, was ich seit Jahrzehnten über reptiloide Zusammenhänge bei der Kontrolle der Menschheit schreibe, hier wirklich noch von einem Zufall sprechen?*

Der britische Psychiater Dr. Iain McGilchrist hat in seinen Vorträgen das „geteilte menschliche Gehirn" vorgestellt. Er beschreibt, wie die linke Gehirnhälfte nur über einen schmalen Fokus (Aufmerksamkeitsbrennpunkt) verfügt und sich auf Einzelheiten konzentriert, während die Rechte das Panorama oder Gesamtbild wahrnimmt. Auch hier finden wir wieder das gleiche Motiv: Wer eher in der linken Gehirnhälfte beheimatet ist, hat ein verengtes „Aufmerksamkeitsfenster" (Wahrnehmungsfenster), was zu niedrigeren und weniger erweiterten Frequenzzuständen führt. Die Trennung zwischen Gehirnhemisphäre und Herz bewirkt auch ein Gefühl der Trennung von Körper/Intellekt, Seele und Geist. Das „Bildungssystem" ist als Fließband konzipiert, das lebenslang funktionierende Blasenmenschen hervorbringt. Dazu passt es symbolisch sehr gut, dass eine indische Schule ihre Schüler dazu zwang, Pappkartons aufzusetzen, um das Schummeln bei Prüfungsarbeiten zu verhindern (Abb. 214). Kinder aus aller Welt müssen jeden Tag bei Schulbeginn unsichtbare Schachteln über ihre Köpfe ziehen.

Abb. 214: Ein perfektes Symbol für die Wahrnehmungsprogrammierung im „Bildungssystem": Schüler mit Schachteln auf dem Kopf

Zeit zum Spielen? Welche Zeit zum Spielen?

Die zwei Gehirnhemisphären sind durch eine Brücke namens Corpus callosum miteinander verbunden. Wir sollten eigentlich unser gesamtes Gehirn nutzen können und das Beste von beiden „Seiten" geliefert bekommen (Abb. 215). Sobald die Gehirnhälften voneinander abgeteilt sind, trennt sich auch die Art und Weise auf, in der wir Informationen zu Wahrnehmungen verarbeiten. Eine extreme Dominanz der linken Gehirnhälfte erzeugt Menschen mit einem Fünf-Sinnes-„System", während eine dominierende rechte Gehirnhälfte hochkreative Menschen hervorbringt, die in einer Welt der linken Hemisphäre nur schwer funktionieren und zurechtkommen. Ein weiterer Aspekt der Punkte verknüpfenden und Muster wahrnehmenden rechten Gehirnhälfte ist das Herstellen von Zusammenhängen, von einem *Kontext*. Nimmt man nur Punkte wahr, so fehlt der Kontext, der sich daraus ergibt, dass man die Zusammenhänge zwischen den Punkten sieht. Ein einzelner Punkt kann ein bestimmtes Aussehen haben, aber wenn man ihn mit anderen Punkten verbindet, also in einen Kontext stellt, sehen die Punkte zusammen ganz anders aus als für sich allein.

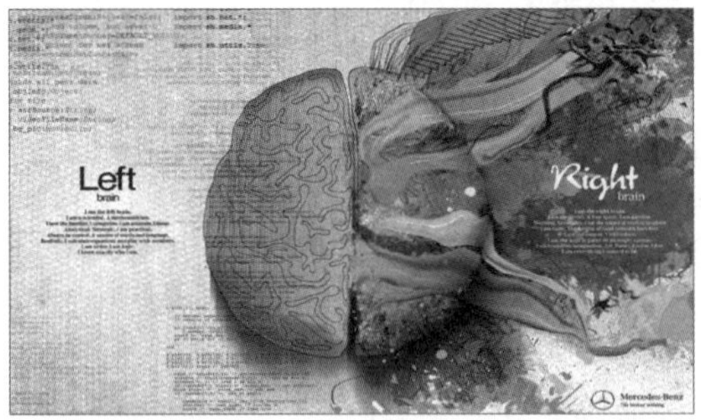

Abb. 215: Die sehr unterschiedlichen Wahrnehmungsweisen der beiden Gehirnhälften, wie sie in einer Autowerbung dargestellt werden. Wir sollten eigentlich unser gesamtes Gehirn nutzen können und die zwei Hemisphären in einem ausgeglichenen Verhältnis nutzen.

Ich bringe mein Leben damit zu, Punkte zwischen scheinbar unzusammenhängenden Personen, Orten, Organisationen und Situationen zu verbinden. Deren im Einzelnen betrachtete Bedeutung und Relevanz verändern sich, sobald die Verbindungen ihnen einen Kontext geben. Punkte können einem verraten, *was* passiert, wohingegen der Kontext aus verbundenen Punkten verrät, *warum* es passiert. Klarerweise will der Kult das nicht, weil sonst sein Spiel aufgedeckt werden würde. Das Rennen um die Manipulation der Gehirnverarbeitung, damit man nur noch die einzelnen Punkte der linken Hemisphäre sehen kann, beginnt am ersten Schultag eines Kindes. Von diesem Zeitpunkt an werden Kinder von Lehrern und Professoren „unterrichtet" (programmiert), die vom selben Programmiersystem in ihrer eigenen linken Gehirnhälfte gefangen sind. Am besten können Kinder ihre rechte Gehirnhälfte aktivieren, indem sie beim *Spielen* ihre Fantasie benutzen. Man muss ihnen erlauben zu improvisieren, sich etwas vorzustellen und folgende Definition von „Spiel" auszuleben: „die Ausübung von Aktivitäten zum Vergnügen und zur Erholung und nicht zu einem ernsthaften oder praktischen Zweck". Dies stellt eine solche Gefahr für die Programmierungsstrategie des Kults dar, dass das Spiel aus der Kindheit gestrichen wird. Man ersetzt es durch Hausaufgaben, die Forderung nach längeren Schultagen und die Heranführung immer jüngerer Kinder an Aktivitäten der linken Gehirnhälfte. Der US-Präsidentschaftskandidat Bernie Sanders von der Demokratischen Partei versprach seinen

Wählern eine kostenlose Bildung und ein „Pre-K"-Programm, also ein Vorschulprogramm in Klassenzimmern für Kinder unter fünf Jahren. Das passt perfekt zu dem Plan, Eltern so früh wie möglich ihre Kinder abzunehmen. Auf der Sanders-Website hieß es:

> Eltern im ganzen Land haben einfach keine Möglichkeit, sich freizunehmen oder weniger zu arbeiten, damit sie sich um ihre Kinder kümmern können. Das führt dazu, dass viele Familien einen unverhältnismäßig hohen Teil ihres Einkommens für die Kinderbetreuung und Frühpädagogik ausgeben müssen.

Welche Folgen es hat, wenn Eltern unverhältnismäßig viel Zeit ohne ihre Kinder verbringen, die einstweilen unter staatliche Bewusstseinskontrolle gelangen, wird nicht erwähnt. Nein, nein – nur wie man es sich noch einfacher machen kann, unverhältnismäßig viel Zeit ohne Kinder zu verbringen. Dasselbe Motiv tauchte im Wahlkampf der neuen US-Vizepräsidentin Kamala Harris auf, die forderte, dass der normale Schultag in den USA bis 18 Uhr dauern sollte, um ihn an den Arbeitsalltag der Erwachsenen anzugleichen. Auch das passte gut zu dem Plan, noch mehr Zeit für die Wahrnehmungsprogrammierung von Kindern zu gewinnen und sie von ihren Eltern fernzuhalten. Kinder müssen jeden Tag mehrere Stunden in Schulbänken sitzen, wo man auf sie einredet, während draußen die Sonne scheint, Bäume erklettert werden wollen und die kindliche Vorstellungskraft darauf wartet, dass sie die Welt erforschen darf (Abb. 216). Das bisschen „Zeit", das Kindern zum Spielen bleibt, wurde von Smartphones und Videospielen gekapert, die in den meisten Fällen die *linke Gehirnhälfte* stimulieren.

Abb. 216: Man nehme Kinder und Jugendliche in der Blüte ihres Lebens und setze sie den ganzen Tag in Schulbänke, wo man ihnen erzählt, was sie für den Rest ihrer Tage glauben sollen. Das ist schockierender Dorftrottelschwachsinn – aber genau das, was der Kult braucht.

Abb. 217: Die Mauern und Gitter, mit denen Schulen mehr und mehr zugebaut werden, symbolisieren den Grund für die falsche „Bildung": Mauern und Gitter um den Verstand zu bauen. (Bild: Gareth Icke)

John Taylor Gatto, ein ehemaliger Lehrer in den USA, erkannte, wozu „Bildung" in Wirklichkeit dienen soll, und schrieb eine Reihe ausgezeichneter Bücher, die den Plan aufdecken. Gatto wurde 1989, 1990 und 1991 zum „Lehrer des Jahres" in New York City ernannt und errang 1991 denselben Titel für den Bundesstaat New York. Weniger beliebt war er dann bei den Behörden, als er seine Meinung sagte. Gatto behauptete, das Ziel der Schule sei es, kreative, erfinderische und kluge Schüler zu unterdrücken und sie zu

Abb. 218: „Zur Schule gehen ... heißt ins Gefängnis gehen, wo man programmiert wird" – *mehr ist es nicht.*

gehorsamen, unterwürfigen und abhängigen Individuen zu machen, indem man sie während der Schulstunden kontrolliert und ihnen den Rest des Tages, der eigentlich Freizeit sein sollte, durch Hausaufgaben stiehlt (Abb. 217). Er gab damals an, dass Kinder im Durchschnitt 55 Stunden pro Woche fernsehen (Wahrnehmungsprogrammierung) und 56 Stunden schlafen. Damit bleiben ihnen 57 Stunden, in denen sie „zu starken, kompetenten und vollständigen Persönlichkeiten heranwachsen können". Doch 30 Stunden davon verbringen sie in der Schule, acht Stunden mit der Vorbereitung auf die Schule sowie den Hin- und Rückweg. Zusätzlich gehen sieben Stunden für die Hausaufgaben drauf (Wahrnehmungsprogrammierung); das macht insgesamt 45 Stunden, die mit der Schule zu tun haben. Gatto führte weiter aus:

> Nach Abzug der 45 Stunden, die durch die Schule belegt werden, bleiben also jede Woche zwölf Stunden für die Formung eines eigenständigen Erwachsenen – eines Menschen mit Selbstwertgefühl, Selbstvertrauen und Ausgeglichenheit. Zwölf Stunden. Meine Kinder müssen aber auch essen, was weitere Zeit kostet. Nicht viel zwar, da sie die Tradition des Abendessens im Kreis der Familie verloren haben – das Essverhalten, das sie in der Schule lernen, kann man bestenfalls als „Fütterung" bezeichnen –, doch wenn wir nur drei Stunden pro Woche für die abendlichen Mahlzeiten veranschlagen, ergibt das summa summarum nicht mehr als neun Stunden, die jedem Kind netto an privater Zeit verbleiben. [...]
>
> Dieser verrückte Stundenplan stellt eine effiziente Methode dar, abhängige Menschen hervorzubringen – hilfsbedürftige Menschen, die nicht in der Lage sind, ihre Stunden selbstständig auszufüllen oder Beschäftigungen mit Bedeutung zu beginnen, die ihrem Dasein Inhalt und Vergnügen verleihen würden. Diese Abhängigkeit und Ziellosigkeit ist eine nationale Krankheit. Und sie hat viel mit dem Schulsystem, dem Fernsehen und der allgemeinen Geschäftigkeit zu tun.

Abb. 219: „Es geht los!!! Ich muss es auch erreichen!" *– Was erreichen? Und wozu? Man muss, muss, muss möglichst schnell ans Ziel kommen. Den Augenblick genießen? Welchen Augenblick?*

Genau diese Situation wollte der Kult schaffen. Bei der „Bildung" geht es nur darum, Kinder und Jugendliche zu produzieren, die später zu lebenslangen Bewusstseinssklaven heranwachsen. Aus dem Mund von Bewusstseinssklaven-Politikern hören wir Phrasen wie die, dass „Bildung Kinder auf die Arbeitswelt vorbereiten soll“. Sie müssen ihre Kindheit damit verbringen, schwer zu arbeiten, zu studieren und zu lernen, damit sie einmal „jemand sind“ und „etwas erreichen“. Wer sollen sie sein? Und was genau sollen sie denn erreichen? Man soll eine Karriere haben, einen Arbeitsplatz, man soll sich anstrengen, anstrengen, anstrengen, müssen, müssen, müssen, man hat keine Zeit zu verlieren (Abb. 219). In Lewis Carrolls Roman „Alice hinter den Spiegeln“ sagt die Rote Königin: „Siehst du, hier musst du so schnell rennen, wie du kannst, um an derselben Stelle zu bleiben. Wenn du woanders hin willst, musst du zweimal so schnell rennen!“ Wenn wir die Realität richtig verstehen, ist die beste Methode, „etwas zu erreichen“, einfach stehenzubleiben und man selbst zu sein.

Das derzeitige „Bildungssystem“ gehört demontiert und neu aufgebaut, damit Spiel und Fantasie die rechte Gehirnhälfte der Kinder und Jugendlichen aktivieren und sie zu vollständigen Menschen machen können. Ich habe mit 15 Jahren – nach Jahren des Tagträumens im Unterricht – die Schule verlassen, um Profifußballer zu werden. Irgendwie ist es mir dann „wie durch ein Wunder“ gelungen, eine ganze Reihe höchst detailreicher Bücher zu recherchieren und zu schreiben. Ich schaffe es auch, zehn Stunden lange Vorträge vor Menschen in aller Welt zu halten, ohne dass ich mir dazu Notizen machen müsste. Wie ist das möglich, wenn ich nach offizieller Lesart doch so „ungebildet“ bin? Eine tiefenprogrammierte angebliche Mitarbeiterin der „alternativen Medien“ sagte einmal, dass man mich nicht ernst nehmen könne, weil ich keinen akademischen Grad habe. Sie hatte einen. Jeder weitere Kommentar erübrigt sich. Alles, was ich gelernt habe, seit ich ohne Abschlussprüfung ins Leben gestartet bin, habe ich alleine geschafft. Mein Sohn Gareth wurde bei einigen Prüfungen negativ benotet, weil er sich noch weniger für die Schule interessierte als ich. Heute ist er ein hochintelligenter, weltgewandter Mann mit einem hochkreativen Verstand, der ihn zu einem außergewöhnlichen Singer-Songwriter und Allroundtalent in vielen Bereichen macht. Es gibt absolut keinen Grund, junge Menschen Tag für Tag und Stunde um Stunde mit Informationen zuzuschütten, die sie sich später mühelos selbst aneignen können, wenn sie sie brauchen oder sich damit befassen wollen. Diese Informationsüberflutung kommt auch nicht den Kindern und Jugendlichen zugute, sondern dient einzig und allein dem Kult und seinem unaufhörlich abgespulten System der Wahrnehmungsprogrammierung.

Diane Ravitch, eine amerikanische Bildungshistorikerin, Politikanalytikerin und Autorin, fasste die Situation einmal so zusammen: „Der Grund, warum die hervorragendsten und intelligentesten Köpfe in genormten Prüfungen manchmal nicht brillieren, ist der, dass ihr Verstand nicht genormt ist.“ Der Kult will jedoch einen genormten Verstand und hat das System so ausgerichtet, dass er ihn auch erhält. Der Psychiater Iain McGilchrist weist zu Recht darauf hin, dass die linke Gehirnhälfte darauf ausgerichtet ist, immer mehr über das zu erfahren, was ohnehin schon bekannt ist. Es sind die rechte Gehirnhälfte und das Herz, die das Unbekannte erforschen und aufdecken wollen – und die auch über das Gewahrsein verfügen, es zu verstehen. Der in Kanada geborene Psychiater Eric Berne beschrieb den Wahrnehmungsunterschied zwischen den Gehirnhemisphären so: „In dem Augenblick, in dem ein kleiner Junge sich damit beschäftigt, welcher Vogel ein Eichelhäher und welcher ein Spatz ist [linke Gehirnhälfte], ist er nicht mehr dazu imstande, die Vögel zu sehen und sie singen zu hören [rechte Gehirnhälfte/Herz]." Dies ist nur ein weiteres Beispiel für die durch Etiketten verursachte Einschränkung und Trennung auf Kosten der ganzheitlichen Wahrnehmung des Einsseins.

Im „Bildungssystem" geht es um die Indoktrination mit dem angeblich Bekannten. Der Kult will nicht, dass wir das in der Öffentlichkeit Unbekannte kennenlernen. Ich behaupte nicht, dass alle Mainstreamakademiker und Schulwissenschaftler bewusst Wissen unterdrücken; viele befinden sich einfach in der Blase. Ich behaupte aber, dass die Akademiker und Wissenschaftler, die als Handlanger des Kults fungieren (und das sind vergleichsweise wenige), dies sehr wohl tun. Damit der Betrug funktioniert, muss auch der Mainstream-Einheitsbrei von der Wahrheit ferngehalten und in Missverständnisse und Sackgassen gelenkt werden. Zudem besteht ein gewaltiger Unterschied zwischen Kenntnissen und Wissen, den „Bildung" nicht vermitteln kann, weil er von innen kommt. Der Mystiker Osho sagte dazu:

> Unwissenheit lässt sich nicht durch Wissen beseitigen. Wissen ist ein trügerisches Phänomen. Mit Weisheit hat es nichts zu tun – ja, es ist gerade das Gegenteil von Weisheit. Wissen ist geborgt; Weisheit hingegen ist die Blüte deines innersten Seins. [...] Keine Universität und keine Schrift kann dir Weisheit vermitteln; die größte Gelehrsamkeit vermag keine weisen Handlungen hervorzubringen. Es sind fruchtlose Unterfangen, doch haben sich Millionen Menschen im Laufe der Jahrtausende davon täuschen lassen. Es stimmt, dass man auf diese Weise viele Kenntnisse erlangen kann. Doch es ist eine Sache, gut unterrichtet zu sein, und etwas völlig anderes, zu wissen.

Wahrnehmungslobotomie

Kinder und Jugendliche werden mit der Mainstream-Einheitsbrei-Version von Geschichte, Wissenschaft, Medizin, Politik, aktuellen Ereignissen, Leben, Selbst und allem anderen indoktriniert. Das „Bildungssystem" ist eine vom Kult geschaffene Programmiermaschine, deren Inhalte permanent von den kultgesteuerten Medien – auf die ich gleich noch zu sprechen kommen werde – bekräftigt werden. Kinder, die Fragen stellen, die Lehrmeinung anzweifeln oder einfach nur tödlich gelangweilt sind, wie das bei mir der Fall war, bezeichnet man als störende Einflüsse und behandelt sie zunehmend mit bewusstseinsverändernden Medikamenten, die gegen „Aufmerksamkeitsstörungen" wirken sollen. Wir sehen uns heute mit der Medikalisierung der Kindheit und des Heranwachsens konfrontiert, die bis in die höheren Schulen und Universitäten hineinreicht. Dabei sind gerade diese Jahre unerlässlich für die Entwicklung emotional starker, voll entfalteter Erwachsenenpersönlichkeiten, die dem Leben ins Auge sehen können (Abb. 220).

Stattdessen sperren wir Kinder in der Blüte ihres Lebens in ein Gefängnis, in dem sie darauf warten, dass endlich die Glocke läutet, damit sie wenigstens ein Mindestmaß an

Abb. 220: „Die Kindheit ist keine ‚psychische Störung'" – *In einer Gesellschaft, in der Kinder medikalisiert werden, schon.*

Freiheit (abgesehen von den Hausaufgaben) genießen können, die heute aber ohnehin nur noch Zeit am Smartphone bedeutet. Wir bereiten sie damit auf ein ganzes Leben in einem Gefängnis für Erwachsene vor, in das sie verlegt werden, wenn aus Schule Arbeit und aus dem Lehrer der Chef wird. Der Gehorsam gegenüber Autoritäten gilt als wesentlich für das finanzielle Überleben im Erwachsenenalter – und wie in der Kindheit zählt man auch dann noch oft die Minuten bis zum Feierabend. Aus „Gehorche dem Lehrer" wird in diesem Leben unter externer Kontrolle, wo sich nur Rollenbesetzungen und Namen ändern, nahtlos ein „Gehorche dem Chef". Aus „Aufstehen, aber schnell, sonst kommst du zu spät zur Schule!" wird ein „Aufstehen, aber schnell, sonst kommst du zu spät zur Arbeit!" Aus „Was wird der Lehrer dazu sagen?" wird „Was wird der Chef dazu sagen?" Kinder werden von klein auf von Repräsentanten der Ordnungsmächte mit Zuckerbrot und Peitsche programmiert, mit Belohnungen für die Angepassten und Bestrafungen für die Nonkonformisten. Auch das wird im Unterbewusstsein verankert – als Angst davor, den Autoritäten nicht zu gehorchen. Und das alles ist natürlich kein Zufall.

Charlotte Iserbyt erkannte diese Tatsache, als sie im amerikanischen Bildungsministerium als politische Beraterin für die Regierung Reagan tätig war. In ihrem Buch „The Deliberate Dumbing Down of America" [dt.: „Die vorsätzliche Verblödung Amerikas"] erzählt sie, dass sie Zugang zu Dokumenten hatte, in denen es um die geplante „Umstrukturierung" des amerikanischen und weltweiten Bildungssystems geht, mit der man die Wahrnehmungsprogrammierung noch wirksamer machen will. Laut Iserbyts Aussage erinnerte sie das, was sie da gesehen hat, an kommunistische Gehirnwäsche – ein Punkt, der später noch sehr bedeutend sein wird. Ein Handbuch von einem Professor Ronald Havelock trug den passenden Titel „The Change Agent's Guide to Innovation in Education" [dt.: „Erneuerer-Handbuch zu Innovationen im Bildungswesen"]. Iserbyt behauptet, dass sie dazu ausgebildet worden sei, „Widerständler" zu identifizieren, also „jene guten, klugen Amerikaner, die erkannten, dass die Dinge, die als ‚Bildung' ausgegeben wurden, nicht das waren, wonach sie suchten". Man wies sie an, „gegen sie vorzugehen und zu versuchen, sie über gruppendynamische Prozesse dazu zu bewegen, sich uns anzuschließen". Mit dieser Methode des Gruppendenkens und der Integration in die Gruppe will man gegenteilige Ansichten und Ideen entweder vereinnahmen oder sie marginalisieren. Der hier dargestellte Modus Operandi wird auf allen Ebenen der menschlichen Gesellschaft angewandt.

Die Planung, die Iserbyt in den 1980er-Jahren in diesen Dokumenten sah, wurde seither auf der ganzen Welt genauso oder noch schlimmer umgesetzt und verändert das menschliche Leben, wenn die Jugendlichen, die ihr ausgesetzt waren, zu Erwachsenen werden. Ein zentraler Punkt der Massenindoktrination durch falsche „Bildung" in den USA ist die

Programmierungsinitiative Common Core [dt.: „gemeinsamer Kern", aber auch „Pflichtfächer"], die stark von Bill Gates gefördert wird – einem Spitzenagenten des Kults, der eine lange Liste der Kultpläne, wie zum Beispiel weltweite Massenimpfungen an Kindern, finanziell unterstützt. Gates ist ein äußerst übler Patron, über den Sie noch viel mehr erfahren werden, wenn ich auf den Covid-19-Schwindel zu sprechen komme. Die Säulen der standardisierten staatlichen Bildung (Indoktrination) wurden von dem „einen Prozent" durch Organisationen wie die Rockefeller und die Ford Foundation errichtet. Heute wird die staatliche Kinderprogrammierung von der ebenfalls dem „einen Prozent" angehörenden Gates Foundation dominiert.

Die Fassaden mögen sich ändern, doch der Kult hat immer die Kontrolle. Nach dem Zusammenbruch der Sowjetunion standen Organisationen, die mit dem Kult-Handlanger George Soros verbunden sind, hinter der Umgestaltung des russischen Bildungssystems nach westlichem Vorbild. Die Schulpflicht wurde um ein Jahr verlängert, Schulbücher wurden ausgetauscht und die Schulen zusammengelegt, während das Bildungsniveau sowie die Lese- und Schreibfähigkeit sanken. Natürlich war die Bildung in der Sowjetunion von der Regierung vorgeschrieben, aber das westliche Modell von Rockefeller, Gates und Soros zielt auf eine globale Standardisierung der Indoktrination und zentralisierte Kontrolle ab. Ich habe ein 2018 erschienenes Buch der amerikanischen Lehrerin Rebecca Friedrichs gelesen, dessen Titel schon alles sagt: „Standing Up To Goliath" [dt. etwa: „Goliath die Stirn bieten"]. Ihre 28 Jahre im Lehrerberuf zeigten ihr, wie Kinder politisch und wahrnehmungsmäßig in einem ungeheuren Ausmaß indoktriniert werden. Tyrannische Lehrerverbände zwingen das, was ich die Agenda des Kults nenne, in junge Köpfe. Laut Friedrichs werden Lehrer, die mitbekommen, was da passiert, und sich nachdrücklich dagegen wehren, so lange eingeschüchtert, bis sie schweigen und schließlich nachgeben. Das zu dieser Unterdrückung – und auch der von Eltern und der Gesellschaft insgesamt – eingesetzte Werkzeug ist die politische Korrektheit.

Ich decke seit Jahrzehnten den Plan auf, Elternrechte abzuschaffen und die Kontrolle über die Kinder und ihre Erziehung dem Staat (Kult) zu überantworten, indem man Schulen und Sozialdiensten immer mehr Macht über das Leben von Kindern gibt. Eine Grundschule in England kündigte an, Eltern eine für alle fünf Minuten, die sie ihre Kinder zu spät von der Schule abholen, steigende Geldstrafe auferlegen zu wollen; sollten sie viel zu lange brauchen, drohte die Schule den Sozialdienst zu verständigen. Wie üblich sind davon die ärmsten Eltern am stärksten betroffen, weil sie es am schwersten mit ihren Brotberufen vereinbaren können, rechtzeitig zur Schule zu kommen. Die Tatsache, dass Schulen Geldstrafen gegen Eltern verhängen können, überschreitet generell eine kritische Grenze, was die Macht von Schulen über Familien betrifft. Leider ist diese Praxis in Großbritannien aber schon weitverbreitet. Eltern werden auch dafür bestraft, wenn sie mit ihren Kindern während der Schulzeit in den Urlaub fahren, weil Reisen in dieser Zeit viel billiger sind; auch hier trifft die Strafe wieder einmal die Ärmsten. Die zutiefst korrupten Behörden auf der Isle of Wight mit ihren 142.000 Einwohnern, wo auch ich lebe, mussten aufgrund einer Anfrage nach dem Informationsfreiheitsgesetz bekanntgeben, dass sie im abgelaufenen Jahr durch gegen Eltern und Betreuer verhängte Geldstrafen wegen „unerlaubter Abwesenheit" mehr als 100.000 britische Pfund eingenommen haben. Wie hoch ist die Zahl wohl landesweit? George Orwell hätte sich diese verbrecherischen Vorschriften nicht besser ausdenken können.

Schulen werden mehr und mehr zu Diktaturen und Tyranneien. Überall hängen Überwachungskameras, und in den USA bereiten Polizeibeamte im Dienst die Kinder auf ihr geplantes Erwachsenenleben in einem orwellschen Albtraum vor. Die Situation ist schon so extrem, dass das völlig lächerliche Personal der Valley-Forge-Grundschule in Pennsylvania ein sechsjähriges Mädchen mit Down-Syndrom bei der Polizei anzeigte, weil es seine Finger auf den Lehrer gerichtet hatte und so tat, als würde es auf ihn schießen. Kleine Kinder, die mit den Fingern zeigen und „peng-peng" sagen, sind nach Ansicht des Lehrpersonals – das noch stärker programmiert ist als die Kinder, die es programmiert – ein Fall für die Polizei. In der Love-Grove-Grundschule in Jacksonville, Florida, wurde ein *sechsjähriges Mädchen* ohne Benachrichtigung der Mutter der Polizei übergeben, weil es einen Wutanfall gehabt hatte, und nach einem „Gesetz für psychisch Kranke" zwei Tage lang in einer psychiatrischen Einrichtung festgehalten. Die Bodycam-Aufnahmen der Polizei zeigen, wie das Mädchen ganz ruhig und friedlich mit der Polizei mitgeht und ein Beamter sagt: „Es geht ihr gut, es ist alles in Ordnung mit ihr."

Die von uns, die alt genug sind, um das Leben vor dem immer extremer werdenden Big-Brother-Staat noch zu kennen, haben das Gespür und die Erfahrung (zumindest dann, wenn sie in irgendeiner Hinsicht wach sind), um das Ausmaß dessen zu sehen, was hier geschieht und was geplant ist. Kinder und Jugendliche wurden bereits in die jetzt bestehende Welt hineingeboren und kennen nichts anderes. Was für Menschen wie mich drastische und täglich schlimmer werdende Kontrollmethoden sind, ist für junge, im Körper/Intellekt gefangene Menschen von vornherein der Status quo der menschlichen Gesellschaft. Der vom Kult gesteuerte Staat hat die Wahrnehmung so fest im Griff, dass viele Leute sogar noch mehr Kontrolle und Freiheitsentzug fordern, mit denen sie und ihre Kinder dann für den Rest ihres Lebens existieren müssen. Kyung Hee Kim, Professorin für Erziehungswissenschaften am College of William and Mary in Virginia, untersuchte im Rahmen einer Studie eine große Anzahl von Kindern zwischen Kindergarten und zwölfter Klasse, um die Auswirkungen der (kultischen) „Bildungs"-Programmierung auf junge Menschen zu ermitteln. Je länger die Kinder das Schulsystem durchliefen, desto mehr zeichnete sich das Folgende ab:

Abb. 221: *Was das „Bildungssystem" mit jungen Menschen anstellt. Sagt ihnen, sie sollen sich ihre „Bildung" sonstwohin stecken, Kinder! (Bild: David Dees)*

> [Beobachtet wurde] eine massive Abnahme der Kreativität [rechte Gehirnhälfte], wobei „die Kinder weniger Gefühle ausdrückten [rechte Gehirnhälfte], weniger lebhaft, in sich gekehrter und weniger mitteilsam wurden, weniger fröhlich [rechte Gehirnhälfte] und weniger fantasievoll [rechte Gehirnhälfte] waren. Sie hatten an Individualität eingebüßt [rechte Gehirnhälfte], waren nicht mehr so

> begeisterungsfähig [rechte Gehirnhälfte], weniger aufnahmefähig [rechte Gehirnhälfte] und weniger fähig, scheinbar unzusammenhängende Dinge zu verknüpfen [rechte Gehirnhälfte], Zusammenhänge zu erfassen [rechte Gehirnhälfte] und Sachverhalte von einer anderen Perspektive aus zu betrachten [rechte Gehirnhälfte].

Damit schließe ich meine Beweisführung ab, Euer Ehren (Abb. 221).

In den Wahnsinn getrieben

Wann hätte man je von politischen Parteien und Ideologien – ob „links", „rechts" oder „Mitte" – gehört, die infrage stellen, was und wie Kinder und Jugendliche unterrichtet werden? Sie streiten zwar endlos über das Geld, das für „Bildung" ausgegeben werden soll, und über Klassengrößen, verlieren aber praktisch kein Wort darüber, dass das „Bildungssystem" von Anfang bis Ende ein Programmiervorgang ist. Manche von ihnen (sehr wenige) arbeiten für die Ziele des Kults, der Rest ist wahrnehmungsmäßig genauso programmiert wie alle anderen, die demselben Download ausgesetzt waren.

Es herrscht Krieg gegen die Kinder, mental und emotional. Das ist auch eine der Ursachen dafür, dass die Selbstmordrate bei jungen Leuten dramatisch ansteigt. Konkret ist daran eine Kombination aus Prüfungsstress (was zum Teufel tun die Eltern dagegen?) und den vielen Belastungen der vom kultgesteuerten Silicon Valley inszenierten Smartphone- und Social-Media-Ära schuld. Dieser Druck wird noch verstärkt durch die oft lebenslange Verschuldung, die man jungen Menschen für ihre „Bildung" in höheren Schulen und Universitäten aufzwingt. Der gnadenlose, vom Kult gelenkte Staat hat es in den letzten paar Jahrzehnten geschafft, junge Leute dazu zu manipulieren, dass sie für ihre eigene *Programmierung* auch noch bezahlen müssen. Sie besuchen empathiebefreite Universitäten, die wie multinationale Konzerne arbeiten und ihnen einen Schwall an zugeschnittenen, rein gewinnorientierten, miesen und nutzlosen „Lehrveranstaltungen" verkaufen, damit sie auf Kosten der jungen Menschen ihre Schnauzen immer noch tiefer in den Futtertrog tauchen können. Für sie sind junge Leute nichts als Gebrauchsartikel oder Kunden, die man wie der letzte Gauner ausbeuten und mit der Wahrnehmungsblaupause des Systems indoktrinieren darf.

Die finanzielle Blase an ausstehenden Studentendarlehen, die zur Begleichung der unverschämten College-Gebühren angefallen sind, umfasst in den USA bereits mehr als 1,6 *Billionen* Dollar. Diese sagenhafte Zahl steht für zerstörte junge und erwachsene Leben, die von Schulden und damit von *Kontrolle* erdrückt werden. Eine Analyse, die das Institute of Fiscal Studies im Auftrag des britischen Bildungsministeriums durchführte, kam zu dem Schluss, dass einer von fünf Studenten finanziell bessergestellt wäre, wenn er keine Universität besucht, sondern sich stattdessen einen Arbeitsplatz gesucht hätte. Anderswo wird es sich wohl ähnlich verhalten. Wayne Johnson, ehemaliger Geschäftsführer der für Studienkredite zuständigen Unternehmen First Performance Corporation und Reunion Student Loan Corporation, kündigte seinen Posten im US-Bildungsministerium, um sich für

Gerechtigkeit in dieser Angelegenheit einzusetzen. Er fordert die Streichung der meisten von der amerikanischen Regierung gewährten ausstehenden Studentendarlehen, wenn auch nicht der Studienkredite, die von Privatunternehmen vergeben wurden, die dem Kult gehören. Laut Johnson würden wir bei einer Nichtbehebung der Kreditkrise „die zunehmende strukturelle Zerstörung Amerikas zu sehen bekommen, weil diese Krise so tiefgreifend ist – die Leute heiraten nicht und bekommen keine Kinder“. Genau das ist auch seit jeher der Plan hinter der Transformation der menschlichen Gesellschaft.

Es war Tony Blair, der in England Studiengebühren einführte, als er Premierminister war. Seither sind diese Gebühren immer mehr gestiegen, so wie es von Anfang an der Plan war. Alles, was Blair sagt und tut, sagt und tut er im Auftrag des Kults. Der Mann sollte wegen Verbrechen gegen die Menschlichkeit, einschließlich der das ganze Leben belastenden Studiengebühren, im Gefängnis sitzen.

Mehr und mehr Eltern durchschauen diesen berechnenden Betrug und unterrichten ihre Kinder entweder einzeln oder in Gruppen zu Hause. Sie erzielen dabei große Erfolge, was das kritische und kreative Denken sowie das berufliche Weiterkommen betrifft. Der bekannte amerikanische KI-Forscher Eliezer Yudkowsky, der auch etliche Fachbücher zu diesem Thema verfasste, hat weder eine höhere Schule noch eine Universität besucht und hatte somit keine offizielle Ausbildung. Im „liberalen“ Deutschland ist der Hausunterricht verboten – eine politische Tradition aus der Nazizeit –, ebenso wie in Schweden und den Niederlanden. Wenn man den Leuten eine Tyrannei verkaufen will, dann am besten unter der Flagge und dem Deckmantel der liberalen Demokratie. Mit der raschen Verbreitung des Hausunterrichts steigt auch der Druck, jede Bildung außerhalb des Schulsystems einzuschränken oder zu verbieten. In Deutschland fällt bewaffnete Polizei bei Eltern ein und nimmt ihnen für das Verbrechen, ihren Nachwuchs nicht vom Staat indoktrinieren lassen zu wollen, die Kinder weg.

Meine Vorliebe gilt dem auch als „Freilernen“ bekannten selbstbestimmten Lernen, bei dem Kinder ihren eigenen Interessen und Erfahrungen nachgehen und dabei alle anderen Grundfertigkeiten erlernen. Wenn man seine Interessen erkunden will, muss man lesen lernen; wenn man Informationen über sein Interesse zusammenstellt, muss man schreiben lernen. Kinder können lernen, was sie lernen *wollen*, und lernen als Nebenprodukt das, was sie lernen *müssen*. Man muss ihre Köpfe nicht mit dem vollstopfen, was für die meisten von ihnen völlig irrelevant ist, nur weil der Staat aus Eigeninteresse darauf besteht.

Kinder haben ihr ganzes Leben Zeit, das zu lernen, was sie wissen müssen – aber aus der viel relevanteren Perspektive, wohin ihr Leben sie führt. Wie viele von ihnen brauchen nach Ende ihrer Schulzeit jemals Algebra? Was soll es ihnen nützen, Stunden ihrer Kindheit damit zu verbringen, den Wert von x zu errechnen? Peter Gray, ein am Boston College tätiger Professor für Psychologie, führte eine Studie durch, der zufolge die geistige Gesundheit von Kindern sich signifikant verbessert, wenn sie selbstbestimmt lernen können und dabei mehr Freiheit und Kontrolle über ihren Lernfortschritt haben. Nach der Analyse des Datenmaterials kam Gray zu dem Schluss, dass zwischen der geistigen Gesundheit von Kindern und dem Schulbesuch ein direkter Zusammenhang besteht. Die Zahl der Besuche beim Psychiater fällt in den Sommerferien stark ab, weil sich dann der Lern-, Regel- und Prüfungsdruck lockert. Sobald die Schule wieder anfängt, steigt die Zahl neuerlich.

Gray sagte, dass die verfügbaren Belege recht deutlich darauf hinweisen, das Schule schlecht für die geistige Gesundheit der Kinder ist: „Verhalten, Stimmungen und der Lernprozess im Allgemeinen verbesserten sich, wenn man sie aus herkömmlichen Schulumgebungen herausnahm." Seiner Meinung nach gilt das auch für die „physische" Gesundheit: „Die Natur hat Kinder nicht dazu geschaffen, den ganzen Tag sitzend in einer bis ins Detail durchgeplanten Umgebung eingepfercht zu sein."

Eine der tiefgreifendsten Arten der Bewusstseinskontrolle ist Vertrautheit. Sobald etwas vertraut wird, stellt man es nicht mehr infrage, sondern integriert es als weiteres unterbewusstes Programm und als Annahme. Kinder kommen zur Welt und dann gehen sie ziemlich bald für den Rest ihrer Kindheit zur Schule, nicht wahr? Das weiß doch jeder – so ist es eben. Und jetzt versuchen Sie einmal, das „Bildungssystem" aus dem Unterbewusstsein in Ihr Bewusstsein zu holen. Sehen Sie sich jetzt noch einmal an, wie es funktioniert und welche Folgen es für die Kinder hat. *O Gott*, das ist ja reine *Programmierung! Genau.* Wie dringend wir dies erkennen müssen, zeigt sich an der Anzahl der Jugendselbstmorde und dem extremen Stress, unter dem unser Nachwuchs weltweit leidet.

Allein in Israel nahmen die Selbstmordversuche bei Kindern unter 14 Jahren innerhalb eines Jahrzehnts um 62 Prozent zu, wie das Israeli National Council for the Child berichtet. In England stieg die Anzahl der Kinder unter 11 Jahren, die den Beratungsdienst Childline anrufen und über Suizidgedanken und -gefühle berichteten, von 2015 bis 2020 um *87 Prozent*. Der Kult tötet die Kindheit ab – Eltern sollten also möglichst schnell ihren Hintern in Bewegung setzen, weil die Lage noch viel schlimmer werden soll. In einer 2013 veröffentlichten Studie der American Psychological Association hieß es, dass die Schule bei Teenagern den größten Stressfaktor darstellt. 83 Prozent der Jugendlichen hätten angegeben, die Schule sei eine „mäßige bis bedeutende Ursache von Stress". 27 Prozent sagten, sie würden während des Schuljahrs unter „extremem Stress" leiden – eine Zahl, die in den Ferien auf 13 Prozent sank. Der Stress außerhalb der Schule würde noch weiter abnehmen, wenn man Smartphones und soziale Medien beseitigte.

Ein großer Teil des Lerndrucks auf Kinder rührt von Eltern her, die sklavisch den völligen Blödsinn akzeptiert haben, dass bestandene Prüfungen etwas mit Intelligenz zu tun haben und Prüfungsergebnisse für den Rest des Lebens darüber entscheiden, ob jemand erfolgreich oder ein Versager ist. Wie viele junge Menschen halten sich für Versager, weil ihre Noten nicht gut genug waren? Aber wen kümmert dieser Schwachsinn schon? Sie sind ALLES WAS IST, WAR UND JE SEIN KANN.

„Bist du glücklich?"

„Nein."

„Bist du zufrieden?"

„Nein."

„Bist du super-gestresst?"

„Ja."

„Und was ist dann gut an der Schule?"

„Ich kenne den Wert von x. Nein, warte – ich habe ihn vergessen."

Am abscheulichsten sind jene Eltern, die so tun, als würden ihre Kinder und deren Lernerfolge etwas über sie selbst aussagen. In einem schrägen Zerrspiegel suhlen sie sich in den guten schulischen Leistungen und dem Erfolg ihrer Kinder, immer den Blick darauf gerichtet, was sie für ihre Kinder vorgesehen haben. „Dein Vater will, dass du einmal Bankier wirst." „Deine Mutter möchte, dass du später als Anwalt arbeitest". Tja, Pech gehabt – ich trampe jetzt nach Indien, tschüs! Das Verhalten solcher Eltern ist Kindesmisshandlung, sonst nichts. Wir setzen Kinder in die Welt und können ihnen Ratschläge erteilen – aber es ist *ihr* Leben, nicht unseres. Der großartige und mittlerweile leider verstorbene amerikanische Komiker George Carlin sagte einmal: „Ich würde ja gerne einen Autoaufkleber sehen, auf dem steht: Wir sind stolze Eltern eines Kindes, das den Versuchen seiner Lehrer, seinen Geist zu brechen und es dem Willen seiner Konzernherren auszuliefern, erfolgreich getrotzt hat." Der Krieg, den der Kult im Kampf um die Wahrnehmungskontrolle gegen Kinder führt, wird immer extremer und heftiger geführt. Seine Folgen werden ganze Generationen zerstören. Deshalb haben die Eltern in aller Welt die Verantwortung, aufzustehen und „*Genug!*" zu sagen.

Briefmarken-Gesellschaft

Junge Köpfe sind dem Programmiersystem während ihrer wichtigsten wahrnehmungsbildenden Jahre im Alter von spätestens vier Jahren bis fast zum 20. Lebensjahr ausgeliefert. Die meisten – zum Glück nicht alle – nehmen das Programm zwar nicht immer bewusst, aber dann doch unbewusst in sich auf. Ohne den Deprogrammierungsprozess, den ich als Erwachen bezeichne, prägen diese Überzeugungen und Annahmen ihre gesamte Wahrnehmung bis ans Ende ihres Lebens. Ironischerweise – wenn auch nicht zufällig – sind jene Leute, die nachfolgende Generationen lehren (programmieren), selbst Akademiker, die selten bis nie das „Bildungs"-Programm verlassen haben. Sie saugen das in sich auf, was man ihnen im Rahmen ihrer eigenen „Bildung" vorgesagt hat, und bestehen Prüfungen, die dies beweisen. Dann besuchen sie pädagogische Hochschulen und Lehrgänge, die das Programm noch weiter zementieren und ihnen zeigen, wie sie die nächste Generation indoktrinieren sollen.

Freimaurer steigen in voneinander abgeschotteten Abschnitten, die „Grade" genannt werden, in ihrer Hierarchie auf. Ehrgeizige junge Menschen (und/oder ihre Eltern) sehen es als das endgültige Ziel ihrer „Bildung" an, einen akademischen „Grad" zu erlangen. Dabei gehen sie von der falschen Annahme aus, dass ein solcher Grad ihre Intelligenz bestätigt. Das tut er nicht. Einige der intelligentesten Menschen, die ich kennengelernt habe, kamen nie auch nur in die Nähe einer Universität, geschweige denn eines akademischen „Grads", und einigen der am wenigsten intelligenten kamen ihre „Bildungsabschlüsse" aus den Ohren heraus. Das soll nicht heißen, dass man nicht einen akademischen Grad haben und *trotzdem* intelligent sein kann, sondern vielmehr, dass das eine das andere nicht zwingend voraussetzt. Sowohl bei den Freimaurern als auch in der „Bildung" misst der Grad nur den Grad der Programmierung – man geht nämlich wie so oft von der falschen Annahme aus, dass die in der Loge oder der Hochschule vermittelten Informationen sachlich richtig sind. Viele davon sind es aber nicht. Freimaurer erfahren in einem Grad sogar völlig andere Dinge als in einem anderen, um sie in Unkenntnis darüber zu halten, was der innerste Kreis weiß.

Abb. 222: „Im Gefängnis der Briefmarke" – *Ausbrechen und DAVONRENNEN! (Bild: Gareth Icke)*

Mit ihrem akademischen Grad oder zumindest einem gewissen Grad an Wahrnehmungsprogrammierung verlassen junge Menschen die heiligen Hallen der akademischen Welt und gehen in die „Welt" hinaus. Dort lernen sie andere kennen, die schon vor ihnen durch dieselbe Programmiermaschine gegangen sind und überwiegend die gleichen Annahmen über das Leben, die Gesellschaft und die Realität übernommen haben. Ihnen allen wurde die Version des Systems (Kults) von Geschichte, Wissenschaft und Realität, Medizin, menschlicher Biologie, dem Weltgeschehen, der Frage, was möglich ist und was nicht – eben das ganze Drum und Dran – vermittelt. Und die meisten haben sie bewusst und unbewusst in sich aufgenommen. All dies ergibt zusammengenommen das, was ich den Briefmarkenkonsens genannt habe, ein erstaunlich schmales Band wahrgenommener Möglichkeiten, das speziell dazu geschaffen wurde, die Menschheit in der Blase festzuhalten (Abb. 222).

Beim Eintritt in die Arbeitswelt sind junge Menschen mit den Annahmen ausgestattet, die sie in der Schule und an der Universität heruntergeladen haben und die von so gut wie jedem in ihrer Umgebung bestätigt werden, weil diese Personen zuvor genau *dieselben* Annahmen in der Schule und an der Uni heruntergeladen haben. Von daher stammt das „Das weiß doch jeder"-Syndrom, das präziser ausgedrückt eigentlich als „Daran *erinnert* sich doch jeder"-Syndrom bezeichnet werden sollte. Das ist auch schon alles, was dahintersteckt – *Erinnerung*. Es ist die Erinnerung (bewusst und meist unbewusst) an das, was einem irgendwann eingeredet wurde und woran sich auch jeder andere erinnert, weil man ihm dasselbe eingeredet hat. Der indische Mystiker Jaggi Vasudev (bekannt als Sadhguru) spricht über „die Verwechslung von Erinnerung und Intelligenz" und liegt damit hundertprozentig richtig. Wie können wir die Dinge auf intelligente Weise so sehen, wie sie sind, wenn die Erinnerung (Wahrnehmungsprogrammierung) uns ständig sagt, wie wir sie sehen sollen? Sadhguru beschreibt, wie Menschen aus ihrer Erinnerung heraus leben statt aus ihrer Intelligenz – und genau das soll mit DEM PROGRAMM auch erreicht werden. Der Briefmarkenkonsens und das „Das weiß doch/Daran erinnert sich doch jeder"-Syndrom sind nur unterschiedliche Bezeichnungen für ein und dasselbe Programm.

Das bedeutet, dass die Institutionen der Politik, der Regierungsbehörden, der Rechtsprechung, der Wissenschaft, der akademischen Welt, der Medizin, der Medien, der Wirtschaft, des Bankwesens usw. durchweg (abgesehen von den mit dem Kult verbundenen innersten Kreisen) auf denselben Annahmen über die Welt und die Realität aufbauen, obwohl diese

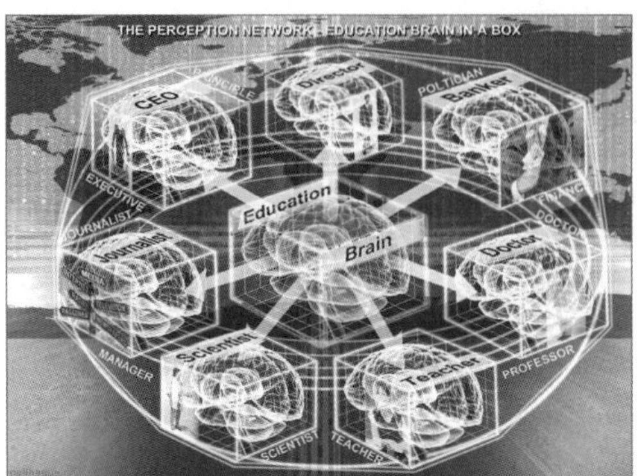

Abb. 223: Die Mitarbeiter der Institutionen haben überwiegend dieselben Realitätswahrnehmungen, weil sie alle durch dasselbe „Bildungs"-Programmiersystem gegangen sind. Daher: „Das weiß doch jeder!" (Bild: Neil Hague)

Abb. 224: „Wenn der Blindenführer blind ist, stürzen alle in den Abgrund" – *Eine perfekte Beschreibung für die Leute, die das glauben, was das System ihnen erzählt.*

Annahmen nicht mehr als Illusionen sind (Abb. 223). Sie alle (mit Ausnahme der Quantenphysik) setzen voraus, dass die Welt fest ist, dass Menschen nicht mehr als ihre Körper und Etiketten sind, dass alles von allem anderen getrennt ist und dass *nur* durch „physische" Veränderung etwas verändert werden kann. Ändern sie bloß nicht Ihre Wahrnehmungen und Annahmen, wenn Sie die Gesellschaft verändern wollen! Wenn Sie etwas ändern wollen, dann müssen Sie auf der Grundlage ihrer derzeitigen Wahrnehmungen und Annahmen – die ja erst zu den Situationen beigetragen haben, die Sie ändern wollen – physisch dagegen protestieren. Es ist ein ernüchternder Gedanke, dass Regierungen und Politiker auf aller Welt Gesetze erlassen, die auf völlig falschen Annahmen über die Welt gründen. Politiker diskutieren darüber, was mit allem und jedem zu geschehen hat, und gehen dabei von Wahrnehmungen einer Welt aus, die gar nicht existiert, außer in der Art und Weise, wie sie scheinbar erlebt wird. Kein Wunder, dass es auf der Welt so zugeht …

Welchen verblendeten, programmierten Verstand werden Sie wählen? Den mit dem blauen Anstecker oder den mit dem roten, gelben oder grünen? *Hmmm* … gar nicht so einfach, oder? Der Kult hat ein System geschaffen, in dem programmierte „Führer", die keine Ahnung von der Realität haben, die Agenda des Kults einer Bevölkerung aufzwingen, die in derselben Unwissenheit verhaftet ist, wenn sie ihre Wahrnehmungen ausschließlich aus dem Mainstream-Einheitsbrei bezieht. Da fällt mir wieder das Gleichnis vom blinden Blindenführer ein – Achtung, Abgrund voraus! (Abb. 224) Darüber hinaus bestätigen sich die Institutionen und Mitarbeiter des Briefmarkenkonsens dauernd gegenseitig darin, dass der ganze Schwachsinn wahr ist, und treffen ihre Entscheidungen anhand dieser fehlerhaften Annahmen. Regierungen erlassen Gesetze, auch solche über das Gesundheitswesen, auf der Grundlage dessen, was die Briefmarken-Wissenschaft behauptet. Sie leiten politische Maßnahmen ein, weil sie auf das hören, was ihnen Briefmarken-Akademiker vorsagen. Es ist ein Irrenhaus, in dem die Irren das Sagen haben, während man die geistig Gesunden wegsperrt. Was für ein Schlamassel! Ich habe die Welt einmal damit verglichen, dass man 20 Katzen mit 100 Wollknäueln in einem Zimmer einsperrt, zwei Stunden später zurückkommt und sagt: „Okay, bringt das jetzt in Ordnung."

Zum Glück muss man nicht physisch aktiv werden, um der menschlichen Gesellschaft Harmonie und geistige Gesundheit zu bringen – das kann man auch gar nicht, weil es nichts Physisches gibt.

Jeder einzelne Teil des vom Kult umgesetzten Plans ist mit einem Schutzsystem ausgestattet, das alle Menschen mit einem eigenen Kopf davon abhalten soll, die lächerlichen Annahmen zu zerstören, an die die Menschheit glauben muss, damit der Plan realisiert werden kann. An diesem Punkt kommt die Zensur ins Spiel. Ein wichtiges Beispiel dafür ist der Gruppenzwang – der paramilitärische Arm des „Das weiß doch jeder"-Syndroms, der die schlimmste Form der Zensur durchsetzen soll: die Selbstzensur, die ich an anderer Stelle auch schon als „Tyrannei des Schweigens" bezeichnet gesehen habe. In ihr gibt es keine Diskussionen oder Gespräche mehr, weil Personen mit anderer Meinung den Mund halten, um den Folgen des Gruppendrucks auszuweichen (Abb. 225). Gruppendruck ist ein Ausdruck für die Leute, die sich darauf programmieren ließen, an Megalügen zu glauben und darauf zu beharren, dass alle es ihnen gleichtun. Wer nicht mitspielt, wird verspottet, abgewiesen, beschimpft und kann sogar seinen Arbeitsplatz verlieren.

Abb. 225: „Im Gefängnis der Konformität" – *Bloß nicht selbstständig denken – im Gefängnis ist es schön! (Bild: Gareth Icke)*

Durch Einschüchterung und die Angst vor Konsequenzen werden so viele Menschen zum Schweigen über ihre Ansichten gebracht. Damit überlässt man aber dem „Das weiß doch jeder"-Syndrom das Feld, um die Wahrnehmung unangefochten zu beherrschen. Dazu kann ich nur sagen: Ihr könnt mich alle mal! Sollen die Leute doch irgendwem anderen folgen, wenn sie wollen – ich folge mir selbst, vielen Dank! (Abb. 226). Menschen mit einem offenen Geist sind die schwarzen Schafe der Herde oder des Rudels. Eine bessere Position gibt es gar nicht; wenn Sie zu den schwarzen Schafen gehören, sollten Sie das *feiern*. Oder wollen Sie vielleicht Teil der Herde sein?! Verdammt, was für ein Albtraum! Wenn ein geistesgestörtes System Sie als verrückt bezeichnet, bestätigt es damit nur Ihre geistige Gesundheit. Sie nennen mich verrückt, Herr Systemanhänger? *Wunderbar*, danke, sehr freundlich!

Abb. 226: „Folge der Herde ... alle anderen tun es auch." – *Mäh, mäh, määäh ...*

Ich bezeichne diesen Gruppenzwang als psychologischen Faschismus, und genau das ist er auch. Die politische Korrektheit und der Klimawandel-Kult, die unter dem Sammelbegriff „Woke" stehen, führen uns heute in immer extremere Formen des psychologischen

Faschismus. Das Aufkommen der sozialen Medien, in denen die Herdenmentalität ungehemmt gegen schwarze Schafe vorgehen darf, hat den Druck, den Kopf unten zu halten, noch verstärkt. Auch dazu sage ich nur: Ihr könnt mich mal! So weit kommt's noch …

Mediensoftware

Die vom Kult geförderte „Bildung" sorgt dafür, das grundlegende Wahrnehmungsprogramms einzuspielen. Die Mainstreammedien hingegen fungieren als Vollstrecker der Systemwahrnehmung, indem sie ständig nachlegen und bestätigend einwirken. Wer es wagt, die Agenda des Kults öffentlich infrage zu stellen, wird schon sehen, was passiert. Ich habe zwar *Mainstream*medien geschrieben, doch dasselbe gilt auch für einen großen Teil der „alternativen" Medien, weil auch dort viele Leute mitarbeiten, die ebenso durch die Wahrnehmungsprogrammierung gegangen sind und nicht an ihr zweifeln. Weite Teile der „Alternativmedien" haben sich ebenso wie der Mainstream jahrelang über mich lustig gemacht. Viele der betreffenden Medienmacher haben eine christliche Erziehung „genossen" und glauben, dass ein Mann von einer Jungfrau geboren wurde, über das Wasser ging, Wasser zu Wein verwandelte, mit wenigen Brotlaiben und Fischen 5.000 Menschen speiste, am Kreuz starb, aus dem Grab auferstand und dann zum Himmel auffuhr, nicht ohne zu versprechen, dass er auf einer Wolke zurückkehren würde. Anhänger des jüdischen Glaubens, darunter auch Mainstreamjournalisten und Medieninhaber, die mich öffentlich verspotteten, glauben wohl daran, dass Gott das Rote Meer teilte und die Frau eines Typen namens Lot in eine Salzsäule verwandelt wurde.

Eines wird schnell klar, wenn man außerhalb der programmierten Normalität agiert: Die Menschen fordern wesentlich weniger Beweise für ihre eigenen Ansichten als für die von Abweichlern. Die Briefmarken-Programmierung bestimmt auch die Wahrnehmungen und das Verhalten der Medien. Unter deren Inhabern und führenden Redaktionsmitgliedern finden sich eingeweihte Agenten des Kults. Die überwiegende Mehrheit der Journalisten hat jedoch keine Ahnung, dass es überhaupt einen Kult gibt, geschweige denn, dass er ihre Branche lenkt. Sie berichten vom Standpunkt ihrer Briefmarken-Programmierung her über die Welt – und wem auch immer sie begegnen, der aus ihrem schmalen Wahrnehmungsband ausgestiegen ist, muss definitionsgemäß verrückt oder böse sein – oder beides. Diese Mentalität bestimmt die Art ihrer Berichterstattung sowie ihres Umgangs mit Individuen und Organisati-

Abb. 227: „Die Nachrichten von heute: noch mehr Erstunkenes und Erlogenes" *– So sieht – mit wenigen ehrbaren Ausnahmen – „Journalismus" auf der ganzen Welt aus.*

onen; dazu kommen noch die zusätzlichen, von ihren Arbeitgebern auferlegten Grenzen dessen, was man sagen darf und was nicht (Abb. 227). Die allgegenwärtige unterbewusste Programmierung ist auch bei der Kontrolle der gesamten Medienszene, die ja als Propagandaabteilung des Mainstream-Einheitsbreis zu dienen hat, am Werk und drückt sich in den folgenden Behauptungen aus: Die einzige wissenschaftliche Wahrheit kommt von den Mainstreamwissenschaftlern; die einzige medizinische Wahrheit kommt von den Mainstream-Ärzten; korrekte Erklärungen des Weltgeschehens können nur Regierungen und Mainstream-Kommentatoren liefern ... und so weiter und so fort.

Ich habe ein Interview mit einer ehemaligen Mainstreamjournalistin gesehen, die die Manipulation zum Teil durchschaut hat – gut für sie. Manches, was ich über das „Bildungswesen" sage, ist ihrer Meinung nach großartig, doch meine Behauptungen über die aus Gestaltwandlern bestehende königliche Familie waren ihr dann doch zu viel. Aus der Perspektive der „Normalität" und den lebenslang tief verwurzelten, bewussten und unbewussten Realitätswahrnehmungen dieser Frau kann ich ihre Haltung durchaus nachvollziehen. Meine Äußerungen über das Bildungssystem liegen für sie im Bereich des Möglichen, also geht das in Ordnung. Sobald man aber die Grenzen des programmierten Normalen und Möglichen überschreitet, ist das nicht mehr in Ordnung. „Das will nicht in meinen Kopf", sagen die Leute dann. *Richtig.* Versuchen Sie es also einmal mit dem Herzen und einem erweiterten Bewusstsein, vielleicht klappt's dann. Viele Menschen aus dem „linken" *und* dem „rechten" politischen Spektrum gehen aus ihrer Perspektive der Briefmarken-Normalität mit meinen Ansichten über die Welt konform. Das würden sie aber öffentlich nie zugeben, weil sie nicht mit Äußerungen von mir in Verbindung gebracht werden wollen, die über die Ränder der Briefmarke hinausgehen. Hinter dieser Reaktion stecken zwei Gedanken: a) Die Welt ist fest, daher kann nicht stimmen, was er sagt; und b) Was würden die Leute über mich denken, wenn ich sage, dass er eigentlich ganz vernünftig klingt?

Die von Medieninhabern und -führungskräften festgelegten Vorgaben zur Berichterstattung bewirken ebenfalls eine Selbstzensur, weil Journalisten genau wissen, welche Grenzen sie nicht überschreiten dürfen, wenn sie nicht auf Widerstand stoßen oder überhaupt gleich gefeuert werden wollen. Daher überschreiten sie diese Grenzen auch nicht. Sie legen ihren Medienbossen keine Artikel oder Informationen vor, die den Damm brechen könnten. An diesem Punkt sind sie aber keine Journalisten mehr, sondern kaum mehr als Propagandisten für den Kult. Immerhin verdient man dabei wenigstens ganz gut, nicht wahr? Die britische BBC ist in Sachen Zensur besonders gut, verbirgt diese Tatsache aber hinter pompöser Selbstbeweihräucherung über ihre angeblich so unabhängige Berichterstattung. Dabei ist sie als Institution völlig abhängig von der Briefmarken-Realität. Ihren Statuten nach sollte die BBC politisch neut-

Abb. 228: Die BBC-Version: „Guten Abend ... ‚Lügen, Halbwahrheiten, offizieller Standpunkt, völliger Mumpitz – gute Nacht.'"

ral sein, doch ihre politische und systembedingte Voreingenommenheit zeigt sich in dem, was sie auslässt, aber auch durch die Gäste, die sie einlädt, um ihr Programm zu loben, während jene Leute, deren Standpunkt von der Briefmarken-Realität abweicht, nie zu Wort kommen (Abb. 228). Sie lassen Leute darüber diskutieren, wie viel Geld im Umlauf sein sollte, stellen aber niemals die Tatsache infrage, dass Privatbanken an Personen und Regierungen „Geld" verleihen, das nie existiert hat und auch nie existieren wird. Die BBC hat die Diskussion über den Klimawandel so unverschämt verdreht, dass überhaupt keine Diskussion mehr stattfindet, weil praktisch alle Ansichten und Informationen, die den Schwindel hinter der Lehrmeinung aufdecken könnten, verboten sind.

Man muss nicht offen sagen „Wählen Sie diesen und jenen" oder „Glauben Sie dies und das", um Informationen zugunsten des eigenen politischen Kurses zu manipulieren – und damit meine ich eine politische *Agenda*, die nichts mit *Parteipolitik* zu tun haben muss. Die BBC ist eine Dienststelle der permanenten Regierung und vertritt daher deren Kurs in jeder Hinsicht und unabhängig davon, wer gerade *an der Macht* ist. BBC-*Journalisten* sind in Wahrheit kaum mehr als Beamte, die ihren Platz im System kennen und wissen, woran sie lieber nicht rühren sollten. Wenn man glaubt, man erfahre in der BBC „die Wahrheit", ist das einerseits *falsch,* andererseits aber auch per definitionem *gar nicht möglich*. Das gilt natürlich auch für alle anderen öffentlich-rechtlichen Rundfunkanstalten, doch die BBC ist mit der hochtrabenden Selbstbeweihräucherung über ihren „Qualitätsjournalismus" besonders widerlich und ekelerregend, um nicht zu sagen lächerlich.

Der Journalist Tareq Haddad kündigte Ende 2019 bei der Zeitschrift *Newsweek*, weil die Redakteure dort ihn angeblich darin gehindert hatten, eine Story über einen Informanten bei der OPCW, der Organisation für das Verbot chemischer Waffen, zu veröffentlichen. Der Informant hatte aufgedeckt, wie die Organisation die Fakten verdrehte, sodass man einen Chemiewaffenangriff in Syrien fälschlich Präsident Assad in die Schuhe schieben konnte. Zu diesem Zweck hatte man Beweise unterdrückt, die klar belegten, dass Assad nichts mit dem Angriff zu tun hatte, sondern von den USA unterstützte Terroristen dahintersteckten. Ihr Ziel war es, Assad in ein noch schlechteres Licht zu rücken und einen Raketenangriff gegen Syrien zu rechtfertigen – ein typisches Beispiel für das Schema Kein-Problem-Reaktion-Lösung. Haddad bestätigte damit, dass die Medien eine Propagandadivision des staatlich-militärisch-geheimdienstlich-industriellen Komplexes – den ich den Kult nenne – sind:

> Die amerikanische Regierung hat in einer abstoßenden Allianz mit denen, die am meisten vom Krieg profitieren, ihre Fangarme in jeden Teil der Medienszene ausgestreckt. In Newsrooms auf der ganzen Welt sitzen Betrüger mit guten Verbindungen zum US-Außenministerium. [...] Unbequeme Stories werden generell blockiert. Infolgedessen stirbt der Journalismus sehr schnell. Und Amerika erlebt einen Rückschritt, weil es die Wahrheit nicht mehr erfährt.

Der Kult hat Regierungen genauso wie die Medien und die Rüstungskonzerne in seinem Besitz. Der verstorbene Dr. Udo Ulfkotte, ein führender deutscher Journalist, wandte sich an die Öffentlichkeit und enthüllte, wie er gezwungen worden war, von Geheimdiensten verfasste Artikel unter seinem eigenen Namen zu veröffentlichen, wenn er seinen Job nicht verlieren wollte. Zu den Diensten gehörte auch die CIA, obwohl Ulfkotte in Deutschland tätig war. Der Kult kennt keine Grenzen.

„Basisdemokratische" Lügenprogrammierung

Sharyl Attkisson, früher als investigative Reporterin für CBS News tätig, hat in einem TED-Talk aufgedeckt, wie pseudo-basisdemokratische Bewegungen (alias Graswurzelbewegungen), die in Wahrheit von politischen, unternehmerischen oder anderen Interessengruppen (dem Kult) finanziert werden, die öffentliche Wahrnehmung manipulieren. Diese Methode bezeichnet man als Astroturfing – bezogen auf den Kunstrasen mit dem Markennamen AstroTurf und als Synonym für eine falsche Graswurzelbewegung. Spezielle Interessen verstecken sich hinter aufeinander abgestimmten Gruppierungen und Einzelpersonen, die Facebook- und Twitter-Konten eröffnen, Leserbriefe an Zeitungen schicken und Kommentare veröffentlichen, die etwas befürworten oder ablehnen. Damit soll der (falsche) Eindruck erweckt werden, dass sich eine basisdemokratische Bewegung zu Wort meldet und dass die öffentliche Meinung in eine bestimmte Richtung tendiert. Beides ist nicht wahr.

Die Medien hinterfragen die Ursprünge oder Geldgeber solcher Gruppen natürlich nur sehr selten. Ein exzellentes Beispiel für Astroturfing war, als die zionistische amerikanische PR-Agentur Edelman eine „Graswurzelbewegung" zur Unterstützung des Einzelhandelsriesen Walmart ins Leben rief, die sich Working Families for Walmart nannte. Bald stellte sich heraus, dass diese Gruppe auch von Walmart finanziert wurde. Laut Atkisson versuchen Astroturfing-Gruppen die öffentliche Meinung zu beeinflussen und die Gegner ihrer Ziele auszugrenzen, indem sie sie angreifen und sich den Anschein einer basisdemokratischen Bewegung geben, die es in Wirklichkeit so nicht gibt. Diese Vorgehensweise lässt sich an der gesamten Woke-Agenda beobachten: Klimawandel, Transgenderaktivismus, politische Korrektheit, Antirassismus und andere damit zusammenhängende Themen. Die Medien berichten über solche fremdgesteuerten Initiativen, als wären sie spontan entstanden und authentisch. Astroturfing-Verantwortliche lassen Umfragen und Studien erstellen, die genau die Antworten und Schlussfolgerungen liefern, die sie zur Verbreitung ihrer Propaganda benötigen. In Bezug auf Klimawandel, Transgender, Medikamente und Impfstoffe ist das heute gang und gäbe. Atkisson hob besonders die Manipulationen von Wikipedia hervor, die sie einen wahr gewordenen Astroturfing-Traum nennt:

> Die Wikipedia wurde ursprünglich als freie Enzyklopädie erstellt, die jeder redaktionell bearbeiten darf. Die Wahrheit könnte nicht weiter davon entfernt sein. Anonyme Wikipedia-Redakteure kontrollieren und vereinnahmen Seiten im Auftrag spezieller Interessengruppen. Sie verbieten Bearbeitungen und machen sie rückgängig, wenn sie ihrer Agenda widersprechen. Sie verdrehen und löschen in einer eklatanten Verletzung der offiziellen Wikipedia-Richtlinien ungestraft Informationen und sind dabei den armen Trotteln, die immer noch glauben, dass jeder die Wikipedia bearbeiten kann, stets überlegen. Wer je versucht hat, auf einer solchen Seite auch nur die einfachste sachliche Ungenauigkeit zu korrigieren, wird dies bestätigen können.

Die Machenschaften der Wikipedia sind schockierend. Die Website Off-Guardian.org wies darauf hin, dass die monatlich neun Milliarden Seitenaufrufe der Wikipedia von nur

500 aktiven Administratoren überwacht werden, deren wahre Identität in vielen Fällen nicht bekannt ist. „Darüber hinaus haben Studien gezeigt, dass 80 Prozent aller Inhalte auf Wikipedia von nur einem Prozent aller Autoren verfasst werden, also wieder einmal von nur ein paar Hundert meist unbekannten Personen", heißt es auf Off-Guardian.org. Sharyl Attkisson erinnerte an den riesigen Skandal, als Wikipedia-Mitarbeiter dabei erwischt wurden, wie sie einen PR-Service anboten, der für mediengeile Kunden Informationen verdrehte und bearbeitete, was einen groben Verstoß gegen die angeblichen Richtlinien der Wikipedia darstellte:

> Das könnte auch der Grund dafür sein, warum eine medizinische Studie, die Beschreibungen von Krankheitsbildern auf Wikipedia-Seiten mit tatsächlichen, von Fachleuten begutachteten und veröffentlichten Forschungsberichten verglich, zum Schluss kam, dass Wikipedia der wissenschaftlichen Forschung in 90 Prozent der Fälle widersprach. Mit diesem Wissen werden Sie dem, was Sie auf Wikipedia zu lesen bekommen, vielleicht nie wieder ganz vertrauen können – und das sollten Sie auch nicht.

Abb. 229: „Alles ... was Sie glauben sollen" – *Die Kaperung der globalen Wahrnehmung*

Angesichts solcher Fakten kommt es keineswegs überraschend, dass die Wikipedia als Plattform, von der Milliarden Menschen ihre Informationen über Personen, Ereignisse und sämtliche anderen Themen beziehen, eine Einrichtung des Kults und Teil von dessen Plan ist (Abb. 229). Israel (oder vielmehr das dort operierende sabbatianisch-frankistische Kontrollsystem) hat eine gigantische Astroturfing- und Meinungsmanipulationsarmee, die seine globale „Hasbara"-Kampagne betreibt, mit der das Narrativ der rechtsextremen sabbatianisch-frankistischen israelischen Apartheidsregierung sowie der Vereinigungen gefördert werden soll, die ich als „Antisemitismusmafia" bezeichne (mehr dazu später). Hasbara bedeutet wörtlich „Erklärung" und erklärt *in Wirklichkeit* das, was die Sabbatianer-Frankisten Sie glauben machen wollen. Dass die Medien in den Vereinigten Staaten in ultrazionistischer Hand sind, ist eine berüchtigte Tatsache, obwohl die Antisemitismusmafia die meisten Menschen so einschüchtert, dass sie sich das Offensichtliche nicht auszusprechen getrauen. Für Medien, die nicht direkt im Besitz dieser Mafia stehen, gibt es ein ganzes Netzwerk, das aus Israel heraus agiert und das ich in meinem Buch „The Trigger" bloßgestellt habe. Dieses Netzwerk manipuliert alle Medienberichte über Israel. Die Wochenzeitung *Jewish News* berichtete 2019 über eine E-Mail, die von Lorna Fitzsimons, der Leiterin des britisch-israelischen Kommunikations- und Forschungszentrums BICOM, versehentlich an eine falsche Adresse geschickt wurde. In diesem Schreiben, das nie an die Öffentlichkeit gelangen hätte sollen, heißt es:

> Während des gesamten Wochenendes stand BICOM-Personal in Kontakt mit den News-Redaktionen und Journalisten von BBC und Sky News, um sicherzustellen, dass die sachlich günstigste Berichterstattung über die Sender ging, und Gesprächspartner anzubieten, die für die sich entwickelnden Storys relevant waren.

Im Folgenden beschrieb Fitzsimons die von BICOM organisierte Israelreise eines BBC-Reporters:

> BICOM hat eine der wichtigsten Moderatorinnen von BBC News in einer handverlesenen Delegation untergebracht. Bei der Planung ihrer ersten Reise in die Region nahm Sophie Long Kontakt mit BICOM auf, um zu fragen, ob wir ihr bei Treffen in der Region behilflich sein könnten. Sophie verbringt nun drei Tage ihrer Reise mit BICOM Israel, besichtigt Tel Aviv-Jaffa, trifft Mark Regev [den Sprecher der israelischen Regierung] … und besucht Ramallah sowie Sderot.

So werden Ihre Nachrichten allein durch den Ultrazionismus täglich manipuliert. Wenn Sie „The Trigger" lesen, wird es Sie umhauen zu erfahren, in welchem Ausmaß das aus Israel weltweit gesteuert wird. Nimmt man dann noch die erweiterte Definition von „Antisemitismus" – zu dem heute auch jede Kritik an Israel und dem Zionismus zählt – hinzu, dann erkennt man deutlich, dass es schon lange keine ausgewogene Berichterstattung über Israel (oder vielmehr die Sabbatianer-Frankisten, die Israel kontrollieren) geben kann. Die Ultrazionistin Fitzsimons, eine ehemalige Parlamentsabgeordnete der britischen Labour Party und Präsidentin der Studentenvertretung National Union of Students, schrieb in ihrer E-Mail, dass BICOM „Jonathan Ford, den Leitartikler der *Financial Times*, für seinen kommenden Leitartikel gebrieft" habe. Ich frage mich, ob die Palästinenser zu einem solchen Briefing ebenfalls Gelegenheit haben … nein, das ist natürlich nur eine rhetorische Frage.

Das inzwischen bestürzende Ausmaß der globalen sabbatianisch-frankistischen Kontrolle, die sich hinter „Israel" versteckt, zeigte sich – ähnlich wie bei meinem Vortragsverbot 2019 in Australien – wieder einmal an den Erfahrungen, die der ehemalige Pink-Floyd-Sänger Roger Waters und die Journalistin Abby Martin machen mussten. Beide kritisieren offen die Behandlung der Palästinenser durch die israelische Regierung. Der *amerikanische* Baseball-Verband Major League Baseball verbot daraufhin auf Geheiß der Organisation B'nai B'rith International, die auch schon mehrmals gegen mich vorgegangen ist, jede Werbung für Waters-Veranstaltungen auf ihren Plattformen. Charles Kaufman, der Präsident von B'nai B'rith, und Geschäftsführer Daniel Mariaschin behaupteten, Waters sei „ein bekennender Antisemit, dessen Ansichten über Juden und Israel die Grenzen des zivilen Diskurses weit überschreiten." Das ist orwellscher Code für: „Waters sagt die Wahrheit, also müssen wir ihn zum Schweigen bringen." Abby Martin wiederum verklagt den US-Bundesstaat Georgia, nachdem sie wegen ihrer Weigerung, eine Anti-Boykott-Erklärung gegenüber *Israel* zu unterzeichnen, Redeverbot an der Georgia Southern University erhalten hatte.

Mittlerweile haben etwa 28 amerikanische Bundesstaaten derartige Treuegelöbnisse für Israel vorgeschrieben, um zu verhindern, dass die Handlungen der Regierung, des Militärs und des riesigen Netzes von Lobbygruppen des Nahoststaats aufgedeckt werden. Man muss sich das auf der Zunge zergehen lassen, wenn man die volle Tragweite der sabbatianisch-frankistischen Macht in den USA verstehen will. Amerikanische Bürger können in einem Land, das laut 1. Zusatzartikel der Verfassung Redefreiheit garantiert, nicht mehr öffentlich sprechen, wenn sie keinen Treueschwur auf ein Land mit ein paar Millionen Einwohnern ablegen, das 8.000 Kilometer von ihnen entfernt ist. Aber nein – die bloße Feststellung, dass Israel eine in Anbetracht seiner Größe und Einwohneranzahl absolut unverhältnismäßige weltweite Macht hat, ist schon eine „antisemitische" Äußerung, auch wenn sie ganz offensichtlich wahr ist. Solche Dinge passieren, wenn der Kult die Kontrolle hat.

Waldschutzbehörde

Wir haben jetzt globale „Nachrichten", die Tag für Tag rund um die Uhr die Propaganda des Kults ausspucken. Die Medienkanäle sind so zahlreich, dass ich schon vermute, dass sie sich über Nacht vermehren, so wie derzeit anscheinend die Leuchtjacken in England. Aber die sogenannte Medienvielfalt ist ein schlechter Witz. Zeitungen und Fernsehsender mögen zu der einen oder anderen politische Partei neigen, aber sie sind mit Sicherheit alle voreingenommen, was die Unterstützung *desselben Systems* angeht – der *Briefmarke*. Sie sind sich vielleicht über die Zweige nicht einig, aber sie alle unterstützen denselben Wald. Ihre Diskussionen über die Zweige sollen die Illusion einer Vielfalt erzeugen. Hinterfragt man jedoch den Wald, also die Struktur der Kontrolle und Manipulation, dann zeigt sich schnell, was es mit der „Vielfalt" auf sich hat. Sie unterstützen und schützen *alle* den Wald, wie ich in den vergangenen 30 Jahren feststellen musste.

Zuerst haben sich die Medien in einem nie dagewesenen Ausmaß über mich lustig gemacht, dann stiegen sie auf Beschimpfungen und Verteufelung um, und in letzter Zeit arbeiten sie mit den Methoden des offenen Ignorierens und der Zensur. Diese Phasen stehen in umgekehrter Proportion zum Anstieg des öffentlichen Interesses an meiner Arbeit, das von Jahr zu Jahr exponentiell gewachsen ist. Dieser Icke stellt den Wald bloß – also *lacht ihn aus*. Äh, das hat nicht geklappt – dann *verteufelt* ihn. O nein, das hat *auch nicht* geklappt – *zensiert* ihn! Die Zensur war nie offensichtlicher als nach der Veröffentlichung meines unglaublich brisanten Buches „The Trigger", das aufdeckt, wer wirklich hinter den Anschlägen von 9/11 steckte und dass es garantiert nicht 19 arabische Flugzeugentführer waren, die im Auftrag von Osama bin Laden handelten. Indem ich die zentralen Akteure dieser Gräueltat aufdecke, entlarve ich auch den Kult und dessen Kontrollsystem. Das Buch ist *derart* explosiv und wahrnehmungsverändernd, dass nicht einmal die üblichen Verdächtigen sich dazu herabließen, mich und mein damals neues Werk anzugreifen, wie sie das normalerweise tun würden. Doch Beschimpfungen würden den Inhalt bekannt machen – und sie wollen, dass möglichst wenige Leute wissen, dass dieses Buch existiert. Eine der Hauptmethoden, mit denen mich der Kult seit geraumer Zeit zu verteufeln versucht, ist seine Antisemitismusindustrie bzw. -mafia. Deren Vorgehensweise besteht darin, jeden – besonders jüdische Menschen –, der die israelische Regierung kritisiert, des Antisemitismus zu beschuldigen. (Dabei bedeutet „antisemitisch" eigentlich „antiarabisch", wie ich schon oft erklärt habe ...)

Handlanger des Kults, von denen viele nicht einmal wissen, dass es einen Kult *gibt*, haben dieses Etikett jedenfalls dazu benutzt, meine öffentlichen Veranstaltungen und Medienauftritte zu sabotieren. Das führte beispielsweise dazu, dass die australischen Behörden meine Vorträge in ihrem Land untersagten, weil sie von einem ultrazionistischen Agenten und der Medien im Besitz des Israel-Fanatikers Rupert Murdoch dazu angestiftet worden waren. Bei diesem Zensurnetzwerk handelt es sich um eine Mafia, die nicht etwa jüdische Menschen vor Diskriminierung schützen soll, sondern den Kult vor jeder öffentlichen Bloßstellung. Jüdische Menschen, die nicht mit der verordneten Version der Geschichte übereinstimmen, werden noch lautstärker angegriffen als alle anderen.

Ich habe dem mittlerweile ebenfalls in Besitz Rupert Murdochs befindlichen britischen Talkradio zwei Interviews gegeben, die zum Zeitpunkt, als ich diese Zeilen schreibe, mehr als drei Millionen mal auf YouTube angesehen wurden. Die ultrazionistische Zensurgruppe Campaign Against Antisemitism (CAA) beschwerte sich bei dem Sender, dass er mich ins Programm genommen hatte. Der Grund für die Beschwerde war natürlich Antisemitismus, obwohl in keinem der Interviews von Israel oder Zionismus die Rede war. Später erhielten mehrere Sendungsredaktionen von Talkradio Rezensionsexemplare von „The Trigger", doch niemand wollte mich einladen, über den Inhalt zu sprechen, obwohl die zwei früheren Interviews auf YouTube ein so großes Publikum gefunden hatten. Der Schutz des Waldes ist Medieninhabern wesentlich wichtiger als finanzielle Gewinne. Der Kult sorgt sowieso dafür, dass seine wichtigsten Werkzeuge in Geld schwimmen.

„The Trigger" wurde in keiner einzigen landesweit erscheinenden britischen Zeitung oder in irgendeinem Radiosender erwähnt. 5.000 Pressemitteilungen, die an Zeitungen, Radio- und TV-Sender in England, Europa und Nordamerika versandt worden waren, führten zu keinerlei Reaktion im Mainstream. Ein Mitarbeiter einer Fernsehagentur erzählte mir, dass ein bekannter britischer Talkshowmoderator sich weigerte, mich in seine Sendung einzuladen, weil ich „den Holocaust leugne". Wie jeder weiß, der meine Bücher gelesen hat, tue ich das *nicht* – aber das kann er natürlich nicht wissen, weil er sich nach anderen Förderern DES SYSTEMS in den Medien richtet. Die Mainstreammedien arbeiten wie DAS SYSTEM im Allgemeinen: Die Wahrnehmungsprogrammierten bestätigen einander permanent, dass ihre Wahrnehmungsprogrammierung die Wahrheit ist. Die Handlanger des Kults lügen und verleumden Menschen; die Medien geben diese Lügen unwidersprochen weiter; andere Medienmitarbeiter glauben diese Lügen und erkennen sie als ihre Realität an; und dann wiederholen sie die Lügen und bringen sie unter der Phrase „Das weiß doch jeder" noch weiter in Umlauf.

Rezensionsexemplare von „The Trigger" wurden auch an die Londoner und Moskauer Büros des russischen „alternativen" Fernsehsenders RT geschickt. Doch auch dort wollte man nichts von dem Buch wissen. RT wird von der russischen Regierung finanziert und betreibt in Bezug auf den Westen Journalismus, wie ihn die westlichen Medien eigentlich leisten sollten. In dieser Hinsicht bin ich ganz froh darüber, dass es RT gibt, weil der Sender das hinterfragt, was die westlichen Medien stillschweigend akzeptieren – *außer natürlich*, wenn es um die russische Regierung geht. Dann wirft RT seine journalistischen Wertvorstellungen umgehend über Bord, salutiert und berichtet so, wie es der Kommandant will. Ich schreibe und spreche seit 30 Jahren über all die Themen, mit denen sich auch RT befasst. Trotzdem hat dieser angeblich „alternative" Sender mich nie in einer seiner Nachrichtensendungen erwähnt, sich stattdessen aber mit Leuten befasst, die aus meiner Sicht nicht einmal annähernd „alternativ" sind. Warum will ein von der russischen Regierung finanzierter Sender nicht über den Berg an Beweisen diskutieren, die belegen, dass die US-Regierung bei jeder sich bietenden Gelegenheit über 9/11 gelogen hat?

Eines Tages im September 2019 wurde ich aus heiterem Himmel von einer RT-Reporterin namens Polly Boiko kontaktiert, die ein längeres Interview für ein Feature mit mir machen wollte. Die Sendung sollte dann möglichst schnell ausgestrahlt werden. Die Frau und ihr Aufnahmeteam besuchten mich bald danach zu Hause und sprachen auch zu diesem Anlass wieder von einem praktisch unmittelbar bevorstehenden Sendetermin. Nachdem sie stundenlang gefilmt hatten, gingen sie wieder und bekräftigten erneut ihre Hoffnung, dass das Interview in den nächsten Tagen ausgestrahlt werden würde. Seither ist fast *ein ganzes Jahr* vergangen – und ich warte immer noch. Die Mainstreammedien sagen im Grunde genommen, dass man nichts hinterfragen sollte; das RT-Motto lautet: „Hinterfrage mehr"; ich hingegen sage: „Hinterfrage *alles*".

Genau das macht mich für sie alle zu einem Außenseiter. Ich enthülle den Wald, den ihre Besitzer in vielfacher Form zu schützen gelobt haben. Der Kult weiß, dass man, wenn man nur die Zweige sieht, mit dem Gefühl des Getrenntseins im Körper/Intellekt bleibt. Zweige sind ja auch kein Problem. Nimmt man aber den ganzen Wald wahr und sieht, wie alles zusammenpasst, so macht einen das frei. Und das ist ein *RIESIGES* Problem. *Zensiert* ihn!

Von wenigen für wenige

Hinter der fortwährenden Medienkonzentration steckt der Kult, der immer mehr Kontrolle darüber erlangt, was die Menschen sehen und hören, um so die Wahrnehmung und das Verhalten auf der ganzen Welt zu bestimmen. Großkonzerne (die in Wahrheit ein einziger Konzern im Besitz des Kults sind) haben sich weltweit in den Besitz von Zeitungen, Radio- und Fernsehsendern sowie dem Internet gebracht – mithilfe von Silicon Valley und der Pentagonbehörde DARPA, auf die ich bald zu sprechen kommen werde. Die Medien hatten einst eine gewisse Eigentümervielfalt, aber das durfte naturgemäß nicht so bleiben. Vielfalt ist der Feind der zentralen Kontrolle, also begann die Kampagne, im Auftrag des Kults die Macht zu konzentrieren.

Noch 1984 gab es in den USA 50 „unabhängige" Medienunternehmen. 2019 wurden etwa 90 Prozent der amerikanischen Medien von nur vier Konzernen kontrolliert: Comcast (NBCUniversal), Disney, T&T (WarnerMedia) und Viacom; die beiden Letzteren befinden sich im Besitz der Firma National Amusements. Die Kontrolle über das, was Sie zu sehen und hören kriegen, ist heute in lächerlich wenigen Händen – und diese Entwicklung soll sich übrigens noch fortsetzen. Die politischen Führer billigen dies, was ja ohnehin zu erwarten war, weil der Kult die Politik ebenso in der Hand hat wie die großen Medien. Eine solche Konzentration ermöglicht die zentrale Steuerung all dessen, was geschrieben und gesendet wird. Der Fokus liegt nur noch auf den Zweigen, während jede Enthüllung des Waldes zensiert wird. Man kann sich im Internet Videozusammenstellungen von TV-Moderatoren in Städten und Gemeinden in ganz Amerika ansehen, die Wort für Wort dieselben Geschichten vorlesen und mit ihren Gästen genau dieselben vorgegebenen Phrasen und Gesprächsthemen abarbeiten, um dieselbe politische Agenda voranzutreiben.

In England gab es einmal so etwas wie „unabhängiges Radio". Ich arbeitete bei einem Sender namens BRMB in Birmingham, der im Besitz eines Einzelunternehmens war und eine unabhängige Redaktion für Lokalnachrichten hatte. Heute sind solche Sender im Besitz von Konzernen mit zentral vorgeschriebenen Nachrichtensendungen und sogar Musik-Playlists. In England wurde ich 2017 von den üblichen Verdächtigen mit ungeheuerlichen Behauptungen über das, was ich angeblich sage, verleumdet. Dieselben Lügen habe ich dann – wieder einmal fast Wort für Wort und unter derselben Überschrift – auch auf den Websites diverser Zeitungen gesehen. Als ich das nachprüfte, stellte ich fest, dass sie alle Eigentum desselben Unternehmens waren, das damals Trinity Mirror hieß und sich heute Reach PLC nennt. Im Folgenden sehen Sie, was diese Firma besitzt (die Liste ist übrigens nicht vollständig) und erhalten so hoffentlich einen Eindruck davon, was ich mit der Zentralisierung der Medienmacht über das, was Sie zu sehen und hören bekommen, meine:

Überregionale Zeitungen: *Daily Mirror; Sunday Mirror; Daily Express; Sunday Express; Daily Record; Sunday Mail; Western Mail; The Sunday People; Irish Daily Mirror; Irish Daily Star* (50-prozentige Eigentümerschaft). Lokal- und Regionalzeitungen: *Accrington Observer; Anfield & Walton Star; Barking & Dagenham Yellow Advertiser; Bexley Mercury; Birmingham Post; Birmingham Mail; Sunday Mercury; Bootle Times; Bracknell Standard; Brent & Wembley Leader; Bristol Post; Buckinghamshire Examiner; Buckinghamshire Advertiser; Chester Chronicle; Chronicle Extra* (Newcastle upon Tyne); *Colne Valley Chronicle; Coventry Telegraph; The Crawley News; Crewe Chronicle; Crosby Herald; Derby Evening Telegraph; Dover Express; Ealing Gazette; Ealing Informer; Ealing Leader; Ellesmere Port Pioneer; Enfield Advertiser; Enfield Gazette; Evening Chronicle* (Newcastle upon Tyne); *Evening Gazette* (Teesside); *Express & Echo; Formby Times; Fulham & Hammersmith Chronicle; The Glaswegian; Gloucester Citizen; Gloucestershire Echo; Haringey Advertiser; Harrow & Wembley Observer; Harrow Informer; Harrow Leader; Havering Yellow Advertiser; Heywood Advertiser; Highdown Books; Hinckley Times; Hounslow Borough Chronicle; Hounslow, Chiswick & Whitton Informer; Huddersfield District Chronicle; Huddersfield Examiner; Hull Daily Mail; Ilford & Redbridge Yellow Advertiser; The Journal* (Newcastle upon Tyne); *Kensington & Chelsea Informer; Leicester Mercury; Lewisham & Greenwich Mercury; Liverpool Echo; Loughborough Echo; Manchester Evening News; Manchester Metro News; Maghull Star; Middleton Guardian; Mid Devon Gazette; Mitcham, Morden & Wimbledon Post; Neath Guardian; North East Manchester Advertiser; North Devon Journal; North Wales Daily Post; Nottingham Post; Oldham Advertiser; Ormskirk Advertiser; Paisley Daily Express; The Press* (Barnet and Hendon); *Prestwich Advertiser; Reading Post; Rochdale Observer; Rossendale Free Press; Runcorn & Widnes Weekly News; Salford Adver-*

tiser; Slough Express; Stockport Express; Macclesfield Express; Wilmslow Express; The Sentinel (Staffordshire); *Surrey Advertiser; Southport Visiter; South Manchester Reporter; South Liverpool Merseymart; South Wales Echo; South Wales Evening Post; Staines Informer; Streatham, Clapham & West Norwood Post; Sunday Sun* (Newcastle Upon Tyne); *Surrey Herald; Surrey Mirror Advertiser; Sutton & Epsom Post; Tameside Advertiser*; *Glossop Advertiser; Uxbridge & Hillingdon Leader; Uxbridge Gazette; Walton & Weybridge Informer; The Wharf* (Canary Wharf). Digitale Online-Marken: Belfast Live; Dublin Live; Examiner Live (Huddersfield); Glasgow Live; Gloucestershire Live; Leeds Live.

Wenn man sich in Zeitungsläden und an den Kiosken umschaut, wo all diese Zeitungen und Zeitschriften zu jedem nur vorstellbaren Thema angeboten werden, könnte man glauben, dass es um die Medienvielfalt bestens bestellt ist. Prüft man aber nach, wem sie gehören, dann erkennt man, dass es mit der Medienvielfalt längst vorbei ist. In meinem Buch „Der Löwe erwacht" zähle ich auf, welche Medien – von Fernsehsendern bis zu Zeitschriften – damals im Besitz von TimeWarner waren. Die Liste ist sowohl von der Länge als auch dem Themenspektrum her außergewöhnlich und umfasst mehr als anderthalb Seiten. Zwei der bekanntesten Zeitungen der USA, die *New York Times* und die *Washington Post,* gehören derselben Elite. Die *Times* ist seit 1896 im Besitz der zionistischen Familie Sulzberger; die *Post* stand seit den 1930er-Jahren unter der Kontrolle der zionistischen Familie Graham-Meyer, bevor sie 2013 an den „reichsten Mann der Welt", Amazon-Gründer Jeff Bezos, verkauft wurde. Amazon hat übrigens enge Verbindungen zur CIA. Das alles schließt wohl jede Voreingenommenheit aus, oder?

Spielplatz des Teufels – die Endphase der Medien

Die meisten Informationen erhalten Menschen heutzutage in Form von „Nachrichten" durch vom Kult kontrollierte Silicon-Valley-Konzerne wie Google, YouTube, Facebook und Twitter. Dazu kommt noch die Beherrschung des weltweiten Buchmarkts durch Amazon. Der Kult hat das Internet geschaffen, um seinen Plan zur Kontrolle der Menschheit voranzutreiben. Was das Thema Medien angeht, so will er sämtliche Informationen ins Internet verlagern, weil sie dann mittels Algorithmen der künstlichen Intelligenz zensiert werden können, ohne dass überhaupt noch ein Mensch eingreifen muss. Das erledigen Computerprogramme.

Abb. 230: DARPA – mehr Kult geht nicht.

Das Internet war trotz aller seiner kurzfristigen Vorteile von allem Anfang an ein trojanisches Pferd. Mit dem wahren Grund – oder den wahren Gründen – für seine Schaffung werde ich mich in späteren Kapiteln auseinandersetzen. Es ist alles andere als überraschend, dass das Internet durch die vom Kult kontrollierte amerikanische Defense Advanced Research Projects Agency (DARPA), die technische Entwicklungsabteilung des Pentagons, möglich gemacht wurde. Das US-Verteidigungsministerium und In-Q-Tel (IQT), die vom CIA betriebene Investitionsfirma der CIA, haben die Entstehung der Silicon-Valley-Unternehmen mit Risikokapital finanziert (Abb. 230). Sowohl das Pentagon als auch DARPA und die CIA sind Einrichtungen des Kults und Dienststellen des Tiefen Staats. Als das Internet ins Leben gerufen wurde, musste es noch frei von Zensur sein, um das weltweite Nutzerpublikum anzuziehen, das für das Ziel der DARPA (des Kults) erforderlich war, aus dem World Wide Web einen Grundpfeiler der menschlichen Gesellschaft zu machen. In dieser wichtigen „Flitterwochenzeit" durften wir den freien Informationsfluss genießen, der es Leuten wie mir gestattete, Informationen zu verbreiten, die den Kult entlarven. Vom Standpunkt des Kults her war dies eine bedauerliche, aber notwendige Konsequenz bei der Verfolgung seiner obersten Ziele. Sobald das Internet sich aber als der besagte Stützpfeiler der menschlichen Gesellschaft etabliert hatte und praktisch nicht mehr rückgängig zu machen war, konnten die Mächtigen ihre Masken abnehmen und eine Welle der Zensurwut starten. Jetzt wurden sämtliche Informationen aufs Korn genommen, die der Agenda des Kults schädlich werden konnten – selbst wenn darin der Kult gar nicht erwähnt wurde.

Diese Maßnahmen werden uns aber natürlich nicht als Zensur verkauft, sondern unter erfundenen Vorwänden wie „Fake News" oder „Hassrede" durchgesetzt. Die Definitionen dieser beiden Begriffe werden zusehends erweitert, um immer mehr Informationen, Ansichten und Meinungen in die genau berechnete und systematische Zensur einzubeziehen ... schließlich will man die Öffentlichkeit ja vor „Hass" und „Diskriminierung" beschützen. Die Zensoren behaupten, Vielfalt zu fördern, zerstören sie aber in Wahrheit. Dies gilt vor allem für die Woke-Mentalität, die sich angeblich für mehr Vielfalt einsetzt, was aber nur ein weiteres Beispiel für die Umkehrung der Begriffe durch den Kult ist. Die vom Kult geschaffene Woke-Ideologie wird dazu ausgenutzt, unter dem Mantel der politischen Korrektheit eine immer stärkere Internet- und Medienzensur zu rechtfertigen und durchzusetzen. Der britische Gewerkschaftsdachverband TUC, der mittlerweile total „woke" ist, verbot die Premiere von „Renegade", einem Film über mein Leben und meine Arbeit, in einem ihrer Gebäude – mit der Begründung, dass der TUC „an Vielfalt glaubt". Das trifft aber anscheinend nicht für jene zu, die den Wald bloßstellen. Und was für den TUC gilt, das gilt auch für die globalen Mainstreammedien.

Zunehmend werden Technologien eingeführt, die die Veröffentlichung aller für den Kult inakzeptablen Informationen verhindern, sodass man gar nicht mehr abwarten muss, bis sie erschienen sind und man sie entfernen kann. Schon jetzt arbeiten YouTube, Facebook, Twitter und andere mit „ghost banning" oder „shadow banning", das zwar die Veröffentlichung von Informationen ermöglicht, aber mittels Algorithmen dafür sorgt, dass dieses Material nur von einem Bruchteil der sonst üblichen Nutzer gesehen wird. Meine YouTube-Interviews über „The Trigger" und 9/11 wurden durch das Empfehlungssystem ganz klar in der Reichweite eingeschränkt; sie erhielten zwar trotzdem noch viele Aufrufe, aber längst nicht in dem Ausmaß, die sie ohne diesen Eingriff bekommen hätten. Sehr bezeichnend ist, dass meine Video-Interviews das bei Weitem größte Publikum auf YouTube-Kanälen fanden, die keinem Shadowban unterlagen, im Gegensatz zu meinem eigenen, algorithmisch manipulierten Kanal, den YouTube dann im Mai 2020 komplett löschte (mehr dazu später). Facebook gab im Jahr 2018 zu, dass es von Nutzern gemeldete (was einfach zu arrangieren ist) oder von „Faktencheckern“ (die im Auftrag des Kults tätig sind) als falsch bewertete Beiträge „zurückstuft“. Laut Facebook reduziert diese Art der Zensur die Aufrufe von Beiträgen und Seiten um „etwa 80 Prozent“.

Da man sämtliche Informationen ins Netz verlagert, wird bald der Punkt erreicht sein, an dem der Kult buchstäblich alles kontrollieren kann, was Sie zu sehen bekommen. Die Tyrannei der (vom Kult initiierten) politischen Korrektheit schüchtert die Menschen bereits so ein, dass sie sich sogar in Privatgesprächen selbst zensieren, weil sie Angst haben, wegen „Hassrede“ verfolgt zu werden. Der dem Kult dienende Suchdienst Google, das im Besitz von Google befindliche soziale Videonetzwerk YouTube, aber auch Facebook und Twitter sind Hauptdarsteller in dieser Inszenierung, mit der der wahre Grund hinter der Zensur verborgen werden soll: Niemand soll vom Kult und dessen Agenda für die Menschheit erfahren. Diese Konzerne und andere wie Amazon, die das Internet dominieren, haben den gleichen Prozess durchgemacht wie das World Wide Web. Zuerst erlaubten sie den freien Austausch von Informationen und Meinungen, weil auch sie auf ihrem Weg zum Beinahe-Monopol so viele Nutzer anziehen mussten, dass sich damit die Welt verändern ließ. War diese Grenze durch das Erreichen eines gewaltigen Marktanteils erst einmal überschritten, dann konnten auch sie die Masken abnehmen und beginnen, nicht vom Kult genehmigte Informationen und Meinungen zu zensieren – erst tröpfchenweise und später in der biblischen Sintflut, die wir heute erleben.

Der Onlineriese Amazon hat längst den Punkt hinter sich, ab dem er den weltweiten Buchhandel zu dominieren begann. Er drängte unabhängige Buchläden und Verlage aus dem Geschäft und fängt jetzt damit an, Bücher für die Zensur ins Visier zu nehmen, ganz nach dem Muster der Bücherverbrennungen, die in Diktaturen so beliebt sind. Wir befinden uns nun in einer Phase, in der niemand mehr einen Beitrag veröffentlichen kann, der die offiziellen Narrative über 9/11, den menschengemachten Klimawandel oder die „Pandemie“ auf Plattformen wie YouTube hinterfragt. Wenn ein solcher Beitrag nicht gleich verschwindet, fügt das entsprechende Netzwerk schnell Links hinzu, die zur im Dienst des Kults stehenden Wikipedia führen, wo man die offizielle Märchenversion nachlesen kann. Sie wollen die offizielle Geschichte *zu einem beliebigen Thema* nachlesen? Dann gehen Sie zur Wikipedia.

Bereits heute lässt sich deutlich erkennen, wie Informationen gnadenlos manipuliert werden. Dabei sind wir noch lange nicht am Endziel des Kults angelangt – obwohl der massive Anstieg der Zensur anlässlich des Covid-19-Schwindels schon eine recht gute Vorstellung davon gibt. Von Bedeutung ist hier auch, dass der Kult das Finanzsystem besitzt und daher über unbegrenzte Mittel verfügt, weil er einfach „Geld“ aus dem Nichts schaffen kann. Für Konzerne wie Google, Facebook, Twitter und Amazon ist Geld daher kein Thema. Sie mussten schon auf dem Weg zum Monopol in ihrer jeweiligen Branche keine Gewinne erzielen, weil immer „Investoren“ da waren, die ihnen ihre Schecks ausstellten. Dasselbe ist bei allem der Fall, was mit Elon Musk zu tun hat (mehr dazu ebenfalls später). Wie können Unternehmen, die Gewinne machen müssen, um zu überleben, mit denen konkurrieren, die nicht profitabel sein müssen und die finanziellen Möglichkeiten haben, jede unabhängige Konkurrenz aufzukaufen oder zu vernichten? Jede echte Konkurrenz oder Opposition, die sich nicht kaufen lassen will, wird von den Medien unter dem mittlerweile üblichen Schlagwort „Hassrede" verteufelt, sobald sie es wagt, eigene Social-Media- und Video-Plattformen einzurichten. Die kulteigenen Webhosting-Anbieter und Zahlungsunternehmen sperren sie dann zu allem Übel auch noch, um ihre Existenz endgültig zu zerstören.

Silicon-Valley-Zensur

Einer schweren Selbsttäuschung unterliegende angebliche Journalisten, die diesen Informationskrieg unterstützen, fördern damit ihren eigenen Untergang, weil die traditionellen Medien zugunsten der Silicon-Valley-Vorherrschaft und der Zensuralgorithmen verschwinden werden. Google hat praktisch ein Monopol bei der Internetsuche, die algorithmisch so manipuliert wurde, dass sie offizielle Narrative hervorhebt und alle Alternativen unterdrückt. Wo Google nicht die Suche kontrolliert, übernehmen andere Organisationen des Kults diese Aufgabe. Das im Besitz von Google befindliche YouTube hat ein Beinahe-Monopol auf Videoinhalte, während die sozialen Medien von Facebook und Twitter dominiert werden. Und was ist mit Instagram? Das gehört ebenfalls Facebook. Wenn ich aber gar keine sozialen Medien verwende, sondern nur Nachrichten über WhatsApp verschicke? Tut mir leid, das gehört auch Facebook.

Die als Big Tech bezeichneten Technikriesen erhielten von den Behörden eine Ausnahmeregelung: Sie können für Beiträge auf ihren Plattformen nicht verklagt werden und verpflichten sich im Gegenzug dazu, als neutrale Informationsträger zu fungieren – im Gegensatz zu Verlagen, die für ihre veröffentlichten Inhalte gegebenenfalls mit rechtlichen Schritten rechnen müssen. Die Psychopathen im Silicon Valley haben vom ersten Teil dieser Regelung profitiert und den zweiten schlicht und einfach ignoriert. Sie zensieren heute Informationen, die dem offiziellen Narrativ widersprechen, was beispielsweise in Amerika vor allem die sogenannten Konservativen trifft. Die Regierung könnte diesen „Haftungsausschluss" zurücknehmen, hat das aber bisher nicht getan. Bezeichnend für die Verfahrensweise des Kults ist die Tatsache, dass „konservative" Organisationen, die von der Milliardärsfamilie Koch (ebenfalls „Konservative") und Big Tech finanziert werden, *gegen* Gesetze gekämpft haben, mit denen der Big-Tech-Zensur ein Ende gesetzt werden sollte. Wer beide Seiten kontrolliert, der kontrolliert das Spiel.

Noch unheilvoller sind die Verbindungen dieser Megakonzerne zu dem vom Kult kontrollierten Pentagon und dem Netzwerk der Geheimdienste. Regelmäßig wird bekannt, dass die Big-Tech-Firmen Nutzerdaten aller Art sammeln, einschließlich der Informationen aus der akustischen Überwachung mit Mikrofonen, und diese Daten dann beim militärisch-industriell-geheimdienstlichen Komplex landen – und das in einem Ausmaß, von dem die Öffentlichkeit nie erfährt. Vielen Leuten ist schon aufgefallen, dass für privat gehaltene Gespräche sofort dazu führen, dass ihnen mit dem jeweiligen Gespräch zusammenhängende Produkte über Facebook und durch andere Werbemethoden angeboten werden. Die offiziellen Eigentümer dieser Tarnfirmen des Kults, wie zum Beispiel Mark Zuckerberg von Facebook, sind Superbetrüger, die aber letztlich keine Kontrolle über ihre Unternehmen haben. Sie sind nur Strohmänner für Mächte, die viel tiefer im NETZ stecken, als die Zuckerbergs das je schaffen werden.

Die Silicon-Valley-Riesen sollen kontrollieren, was Sie sehen, und genau überwachen, was Sie tun, sagen und denken. Facebook gab in einem Brief an zwei US-Senatoren zu, dass das Netzwerk den Standort einer Person lokalisieren kann, auch wenn diese die Standortüberwachung abgeschaltet hat. Künstliche Intelligenz kann andere Informationen wie markierte Fotos, Adressen für Einkäufe im Facebook-Einkaufsbereich und IP-Adressinformationen zusammensetzen, um den Standort zu bestimmen. Laut Amnesty International stellen Google und Facebook „eine systematische Bedrohung für die Menschenrechte" dar – und genau das sollen sie ja auch. Tim Berners-Lee, dem die Erfindung des World Wide Web zugeschrieben wird, enthüllte über seine World Wide Foundation ein Neun-Punkte-Programm bzw. einen „Vertrag", um „das Internet vor der digitalen Dystopie zu retten". Manches klingt so lange gut, bis man genauer hinsieht. Zu den Autoren dieses „Vertrags" gehören die von Hassrede und Zensur besessenen Regierungen von Frankreich und Deutschland sowie die großen Silicon-Valley-Zensoren wie Google, Facebook und Microsoft. Ein höchst bedeutender Satz in dem Vertragstext besagt, dass es nötig sei, „Technologien zu entwickeln, die das Beste in der Menschheit unterstützen und sich entschieden gegen das Schlimmste stellen". Wenn man diese Aussage durch eine orwellsche Übersetzungsmaschine laufen lässt, wird daraus: „Technologien zu entwickeln, mit denen man Andersdenkende und Abtrünnige zum Schweigen bringen kann".

Wer entscheidet denn, was das Beste und Schlimmste ist, Tim? Aha, DAS SYSTEM, das Andersdenkende und Abtrünnige zum Schweigen bringen will. Adrian Lovett, Präsident und Geschäftsführer der World Wide Web Foundation, bezeichnete als eines der wichtigsten Themen das Problem der „Falschinformationen". Und wer entscheidet, welche Informationen das sind? Die Antwort ist dieselbe. Lovett kündigte an, man werde „die Fortschritte aller angemeldeten Teilnehmer und auch von Nichtteilnehmern verfolgen, über diese Fortschritte berichten und sie der Öffentlichkeit zugänglich machen, sodass wir alle sehen können, wer in die richtige Richtung unterwegs ist und wer nicht". Wer entscheidet, welche Richtung die richtige ist? Und wieder ist die Antwort dieselbe. Die Gruppe hofft, den Vertrag durch UN-Bestimmungen und EU- sowie nationale Gesetze durchsetzen zu können; Firmen, die ihn nicht unterzeichnen wollen, sollen geächtet werden. Laut eigenen Angaben wird die Gruppe wissen, dass sie erfolgreich gewesen ist, wenn Regierungen und Unternehmen, die sich nicht an die „Prinzipien" des Vertrags halten, als „echte Außenseiter" (laut Definition „eine Person oder eine Sache, die sich abseits des Hauptkörpers oder Systems befinden oder von ihm losgelöst sind") gelten.

Genau jede Unternehmen und Regierungen, die das Internet kaputtgemacht haben, behaupten also jetzt, dass sie es retten werden, indem sie mit einem Schmiedehammer auf das losgehen, was von der freien Meinungsäußerung noch übrig ist. Man behaupte, die Internetdystopie aufhalten zu wollen, während man sie eigentlich erst erzeugt, und gebe anfangs an, dass die Teilnahme freiwillig sein wird, bevor man sie dann vom Gesetz erzwingen lässt. Weiß Berners-Lee, dass es sich hier um reinen Betrug handelt, mit dem man die Internetdiktatur durchsetzen will? Das spielt keine Rolle. Die Konzerne und der Kult wissen es.

Im Bann des Zauberers

Nimmt man all das zusammen, so erkennt man, dass ein menschliches Leben ein einziger Download der vom Kult erwünschten Wahrnehmung ist, von der Wiege bis zur Bahre. Auf die Briefmarken-Eltern folgen die Briefmarken-„Bildung", die Briefmarken-Medien und das Briefmarken-Silicon-Valley. Gleichzeitig sind die Leute, die in der menschlichen Gesellschaft über die Realität zu entscheiden haben, Briefmarken-Wissenschaftler, Briefmarken-Ärzte, Briefmarken-Akademiker, Briefmarken-Regierende, Briefmarken-Verwalter und Briefmarken-„Experten" aller Art. Ihre Briefmarken-Narrative werden mittels Briefmarken-Gruppendruck durchgesetzt; wenn man in der Öffentlichkeit steht, dann gerne auch von Briefmarken-Journalisten. Eine andere Umschreibung für meinen „Briefmarken"-Vergleich ist *Unbewusstheit* – und als unbewusst bezeichne ich in diesem Buch das Eingesperrtsein in der Wahrnehmungsblase des Körpers/Intellekts. Überzeugungen und Wahrnehmungen, die im Briefmarkenkonsens verankert sind, wurden genau zu diesem Zweck konzipiert und können sich durchsetzen, indem das Gewahrsein unterdrückt wird und Menschen von Frequenzen abgeschirmt werden, die ihnen *Wissen* vermitteln.

Abb. 231: „Das Menschsein in einem Wort: unbewusst ... eine lebenslange hypnotische Trance" – *Die menschliche Misere – doch wir haben die Macht, das zu ändern.*

Die Menschheit wurde genauso massenhypnotisiert wie die nichtsahnenden Teilnehmer an einer Hypnose-Nummer im Varieté (Abb. 231). *Wissen* die Kandidaten auf der Bühne, die auf ein Stichwort hin schreien, ein imaginäres Instrument spielen oder das bekleidete Publikum nackt sehen, dass sie hypnotisiert sind? *Wissen* die Milliarden Menschen, die auf Informationen und Situationen mit ihren „Eingabetaste drücken"-Aktionen und -Verhaltensweisen reagieren, dass sie hypnotisiert sind? Natürlich nicht – *weil* sie eben hypnotisiert sind. „Aufwachen" und „Erwachen" sind Ausdrücke dafür, wie man den Bann des Zauberers bricht.

Hinter all dem steht die Beschränkung des menschlichen Gewahrseins, sodass wir das Gesamtbild nicht erkennen können. Fragte man jemanden, was er in Abbildung 232 sieht, dann würde er wahrscheinlich mit „Schwärze" antworten, und das wäre schon alles. Würde man aber aus dem Bild herauszoomen – das Gewahrsein erweitern –, dann würde die betreffende Person sehen, dass es sich um ein Auge

Abb. 232: Was sieht man hier in der Nahaufnahme? Nur Schwärze ...

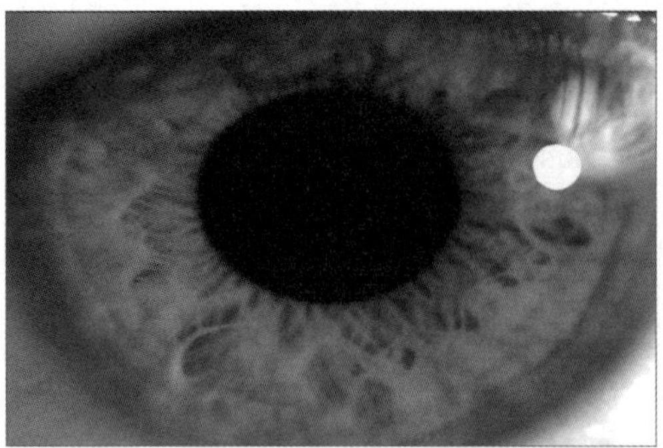

Abb. 233: Erweitern Sie Ihre Perspektive, dann sehen Sie, was es ist. Die Erweiterung des Bewusstseins hat dieselbe Wirkung.

handelt (Abb. 233). Erweiterte man die Perspektive noch mehr, dann würde man sehen, dass das Auge eine Person in einem Raum in einem Haus in einer Straße in einer Stadt in einer Welt ist. Der Kult will die Wahrnehmung in dieser symbolischen Schwärze der Kurzsichtigkeit versklaven. Im Laufe der letzten paar Generationen ist ihm dies auf eklatante Weise gelungen, indem er die Informationen im Mainstream kontrolliert und sein Wahrnehmungsprogramm auf allen Kanälen ständig wiederholt, bis ein „Das weiß doch jeder" daraus wird.

Der deutsche Philosoph Arthur Schopenhauer schrieb: „Jeder Mensch hält die Grenzen seines eigenen Blickfelds für die Grenzen der Welt." Genau das ist Das Programm. Grenze ihren Sinn für das Mögliche ein und lasse sie glauben, dass ihr Sinn für das Mögliche auch die Grenze des Möglichen ist. Dann wird die Wahrheit abgelehnt und lächerlich gemacht, während man die „Schwärze" als die Grenze des Möglichen wahrnimmt. Schopenhauer wurde 1788 geboren. Das Programm ist nichts Neues, es wurde seither nur erheblich erweitert. Der amerikanische Neurowissenschaftler Joe Dispenza brachte es auf den Punkt, als er sagte: „95 Prozent dessen, was wir mit 35 Jahren sind, bestehen aus einem abgespeicherten Satz von Verhaltensweisen, emotionalen Reaktionen, unbewussten Gewohnheiten sowie fest verdrahteten Einstellungen, Überzeugungen und Wahrnehmungen, die wie ein Computerprogramm funktionieren."

Warum sollte es angesichts dessen, was ich allein in diesem Kapitel beschrieben habe, auch anders sein?

Rückkehr zu den Wellenfeldern

Die Menschheit wurde auf der Wellenfeldebene der Realität durch das Herunterladen einer kollektiven Wahrnehmung, die eine massenhafte Wellenverschränkung zwischen Personen mit denselben Wahrnehmungen (denselben Frequenzen) erzeugt, in die Konformität eingeschwungen. Die Bestätigung der Briefmarken-Realität erfolgt nicht nur im Bereich des Sichtbaren, sondern wird durch Wellenverbindungen der Frequenzverschränkung übertragen. Auf dieser Ebene wird die Herdenmentalität in Wirklichkeit hergestellt.

Eine in der Fachzeitschrift *Current Biology* publizierte Studie von Forschern der New York University und des Max-Planck-Instituts für empirische Ästhetik stellte fest, dass Gehirnwellen sich zu ähnlichen Mustern synchronisieren, wenn Schüler aufmerksam sind und „gut miteinander auskommen". Suzanne Dikker, eine der beiden Hauptautorinnen der Studie, erklärte: „Wir glauben, dass sich alle diese Effekte durch gemeinsame Aufmerksamkeitsmechanismen während dynamischer Gruppeninteraktionen erklären lassen." Diese gemeinsame Aufmerksamkeit resultiert in einer Wellenverschränkung. Was wir „sehen", ist nur die decodierte holografische Version davon.

Wenn man Menschen durch Einschüchterung in die kollektive Konformität treiben will, bringt man sie durch Schwingungseffekte auf Linie. Platziert man Geigen nahe beieinander und streicht man auf ihnen denselben Ton an, dann wird jede andere Geige, die man in ihre Nähe bringt, mit genau demselben Ton mitschwingen. Die dominante Frequenz wird andere Frequenzen „mitreißen" und im wahrsten Sinne des Worts den Ton angeben. Wahrnehmungen und vorgefasste Meinungen sind Frequenzen, die sowohl andere mitreißen als auch daran hindern können, andere Möglichkeiten zu sehen. Technische Frequenzen wie 5G sind so konzipiert, dass sie die menschliche Gehirnaktivität genau auf diese Art beeinflussen.

Manche Menschen gehen mit dem aufrichtigen Wunsch, etwas zu verbessern, in die Politik und verwandeln sich dann in genau das, wogegen sie eigentlich ankämpfen wollten. Sie wurden durch Schwingungen auf Linie gebracht. Alles ist ein Schwingungsfeld, vom Parlament über eine politische Partei bis zu einer Ideologie – und wie bei Geigen setzt sich auch hier die dominierende Frequenz durch und saugt andere in sich auf. Dasselbe gilt für alle Gruppen und Organisationen, für Schulen, Universitäten, die Wissenschaft, Ärzte, Medien, einfach alles. Es gibt ein Sprichwort, das besagt: „Wenn du mit dem Teufel tanzt, verändert sich nicht der Teufel, sondern er verändert dich." In diesem Fall ist der Tanz die Frequenz – die Schwingung –, und der Teufel ist die Agenda des Kults.

Es *muss* aber nicht sein, dass man durch den Teufel verändert wird. Auch das Gegenteil ist möglich, wenn man Herz und Verstand öffnet, um sich mit einem Bewusstsein zu verbinden, das viel mächtiger ist als der Kult und seine „Götter". Die können die Menschheit nämlich nur versklaven, wenn sie uns noch unwissender machen, als wir es heute schon sind (falls das überhaupt noch möglich ist). Wir haben es nicht mit einer allmächtigen Kraft zu tun; unser Gegner ist am ehesten mit dem Einäugigen zu vergleichen, der nur im Land der Blinden König sein kann (Abb. 234). Das allsehende Auge sieht nicht alles. Im Vergleich zur Menschheit in ihrer Unendlichen Macht ist es sogar ein ziemliches Leichtgewicht und ein Schwächling. Ich entlarve den Kult nunmehr seit 30 Jahren, und er hat es noch nicht geschafft, mich auf seine Linie einzuschwingen. Und er wird es auch nicht schaffen, sondern es wird genau umgekehrt sein.

Abb. 234: „Im Königreich der Blinden ist der Einäugige König." *– Der Kult erlangt die Kontrolle, indem er die Kraft der Menschheit durch Wahrnehmungsprogrammierung unterdrückt und aussaugt – aber nicht durch eigene Kraft.*

KAPITEL 7

WIE WERDEN WIR MANIPULIERT?

„Tatsachen schafft man nicht dadurch aus der Welt, dass man sie ignoriert."
Aldous Huxley

Es gibt eine interessante Methode, die Welt zu verstehen: Wenn man das Ergebnis kennt, sieht man auch den Weg, der zu ihm führt. Der Kult will unbedingt verhindern, dass wir erfahren, was er für die Menschheit geplant hat. Würden wir sein Endziel nämlich kennen, dann wären auch die täglichen Schritte dorthin kristallklar erkennbar. Wenn man das Ergebnis kennt, sieht man auch den Weg, der zu ihm führt – oder: Sieht man das „Wohin?", dann sieht man auch das „Warum?" (Abb. 235).

Abb. 235: „Wenn man das Ergebnis kennt, sieht man auch den Weg, der zu ihm führt" – *Eine hervorragende Methode, aktuelle Ereignisse zu interpretieren.*

Der Kult und seine (wissentlich und vor allem unwissentlich aktiven) Agenten in der Regierung, den Medien und DEM SYSTEM generell führen uns alles nur in Form von einzelnen Punkten vor. Für ihn ist es entscheidend, die Illusion aufrechtzuerhalten, dass politische Entscheidungen, Gesetze, Medienberichte und „Bildung" eine Welt darstellen, in der alles von allem anderen getrennt ist. Diese politische Linie hat nichts mit jener zu tun, dieses Gesetz nichts mit jenem, diese Veränderung nichts mit jener. Betrachtet man die Gesellschaft aus dieser Perspektive, so scheint das Leben aus einer Reihe zufälliger und unergründlicher Ereignisse zu bestehen, die sich über das gesamte Spektrum menschlicher Erfahrung erstrecken. Was zum Teufel ist hier los? Warum passiert das? Warum tun sie das? Ein solcher Zustand der Verwirrung führt dazu, dass viele Menschen abschalten und gar nicht erst versuchen, das alles zu verstehen. Ich meine, wozu auch? Das kann man doch gar nicht verstehen, richtig?

Nein – *falsch*. Im Kern ist das alles sehr einfach. Die menschliche Gesellschaft besteht aus Bewusstseinsfeldern, von denen manche „menschlich" genannt werden und die auf Grundlage von durch die *Wahrnehmung* erzeugten kompatiblen Frequenzen Wellenverknüpfungen eingehen. Wer die Wahrnehmung kontrolliert, der steuert auch die Verknüpfungen, die über die Art menschlicher Interaktionen entscheiden, die man kollektiv als „Gesellschaft" bezeichnet. Und wie kontrolliert man die Wahrnehmung? Indem man zum einen die Informationen kontrolliert, aus denen die Menschen ihre Wahrnehmung bilden, und zum anderen die Zielpersonen in Unkenntnis einer einfachen Tatsache hält: Was sie sehen und erleben, ist nicht etwa das Werk des Zufalls, sondern resultiert aus sorgfältig berechneten Schritten, die auf ein ganz bestimmtes und außerordentlich unheilvolles Ziel zuführen.

Ich gebe Ihnen jetzt ein wunderbares Beispiel für diese eiskalt koordinierten „Zufälle", bevor ich die übergeordneten Ziele des Kults aufzeige und beschreibe, wie die Menschheit zu deren Erreichung manipuliert wird. In meinem Megawerk „The Trigger" beschreibe ich eine Ereignisabfolge, die ich am Beginn dieses Buches kurz angerissen habe. Es geht dabei um das Netzwerk namens Sabbatianismus-Frankismus innerhalb des Kults, das im 17. Jahrhundert entstand und alle möglichen Gemeinschaften, Kulturen und Religionen infiltrierte. Sabbatianer-Frankisten geben sich als Mitglied von Gemeinschaften und Anhänger von Religionen aus, während sie diese unterwandern und immer mehr lenken, um die vom Kult gewünschten Pläne zu realisieren. Sabbatianer-Frankisten (die jüdische Menschen übrigens hassen) kontrollieren Israel, stellen die falsche „königliche" Familie der Saudis und betreiben Netzwerke auf aller Welt, vor allem in Nordamerika und Europa. Moment – sind Israel und Saudi-Arabien nicht miteinander verfeindet? Nein, auf Ebene des Kults sind sie das nicht, sondern spielen vielmehr in derselben Mannschaft. Öffentliche Konflikte (von denen es immer weniger gibt) sollen nur über ihre Verbindung hinwegtäuschen (Abb. 236).

Abb. 236: Beide Staaten, Saudi-Arabien und Israel, werden vom Netzwerk der Sabbatianer-Frankisten kontrolliert und folgen daher demselben Drehbuch.

Sobald man erkannt hat, dass scheinbare Gegner im Endeffekt denselben Herren gehorchen müssen, fällt einem das „Zufällige" wie Schuppen von den Augen. Ich habe bereits erklärt, das die Bibel des Sabbatianismus-Frankismus die Kabbala ist. Am wichtigsten darin ist ihnen der Teil namens Zohar, dessen Name „strahlender Glanz" oder „Erleuchtung" (Illuminierung) bedeutet. Drei Sabbatianer-Frankisten gaben einem Netzwerk des Kults, das sie offiziell im Jahr 1776 gründeten, den Namen „Illuminati". Es handelte sich um Mayer Amschel Rothschild, den Begründer der Rothschild-Dynastie, Jakob Joseph Frank (daher „Frankismus") und das öffentliche Aushängeschild der Illuminaten, Adam Weishaupt. Genaue Hintergründe dazu finden Sie in „The Trigger". Die Sabbatianer-Frankisten, ihre Illuminaten und die Kabbala sind weitere Belege dafür, dass die weltweite Manipulation auf dem Wissen über das Funktionieren der Realität beruht, aber genauso darauf, die Allgemeinbevölkerung von diesem Wissen fernzuhalten.

Sabbatianer-Frankisten haben die USA schon lange unterwandert, bis sie das Land nahezu vollständig kontrollierten. 1996 gründeten sie eine Denkfabrik mit Namen Project for the New American Century. Deren Mitglieder waren Leute, die zum Zeitpunkt der

Anschläge vom 11. September 2001 wichtige Rollen in der US-Regierung und im Pentagon spielten, während der kindliche Marionettenpräsident George Bush junior offiziell an der Macht war. Zu ihnen gehörten Dick Cheney (während 9/11 Vizepräsident und De-facto-Präsident), Donald Rumsfeld (während 9/11 Verteidigungsminister), Paul Wolfowitz (während 9/11 stellvertretender Verteidigungsminister), Dov Zakheim (während 9/11 Rechnungsprüfer des Pentagons und für das gesamte Militärbudget zuständig) sowie eine lange Liste weiterer Mitarbeiter in Regierung und Pentagon zum Zeitpunkt der Anschläge. Auch Personen, die sich nach 9/11 in den Medien als Kriegshetzer betätigten, waren Teil dieser Gruppierung.

Das Project for the New American Century veröffentlichte im September 2000 ein Dokument, in dem es forderte, mithilfe amerikanischer Truppen und militärischen Einflusses Regimewechsel in einer Reihe von Ländern wie dem Irak, Libyen, Syrien, dem Iran und Nordkorea zu erzwingen, nach deren Umsetzung dann ein Regimewechsel in China folgen sollte. Das Dokument verlangte (im Auftrag der Sabbatianer-Frankisten) außerdem, dass amerikanische Soldaten „gleichzeitig an mehreren größeren Kriegsschauplätzen kämpfen und siegen“ sollten, um diese Regimewechsel herbeizuführen. Es räumte aber ein, dass dieser „Transformationsprozess“ langwierig sein würde, „sofern nicht ein katastrophales Ereignis als Katalysator wirkt – wie ein neues Pearl Harbor“, mit dem man die Angriffe auf die anvisierten Länder und die dazu notwendige gigantische Erhöhung der Verteidigungsausgaben rechtfertigen könne. Genau ein Jahr nach Veröffentlichung dieses Dokuments und neun Monate, nachdem dessen Verfasser mit der Regierung Bush im Januar 2001 an die Macht gekommen waren, erlebte Amerika das, was Bush damals „das Pearl Harbor des 21. Jahrhunderts“ nannte – 9/11 (Abb. 237).

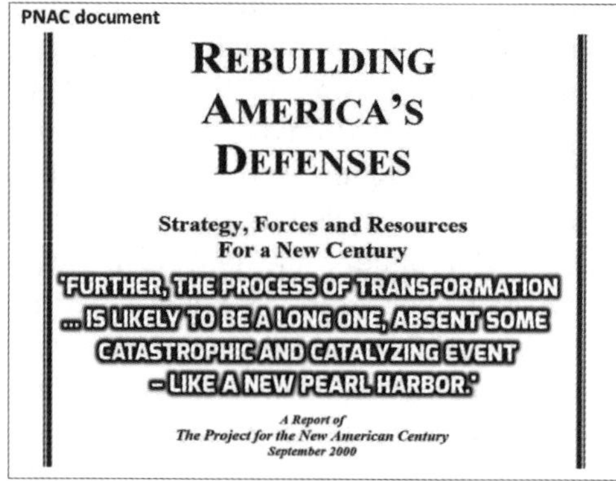

Abb. 237: „Der Transformationsprozess [...]wird voraussichtlich sehr lange dauern, sofern nicht ein katastrophales Ereignis als Katalysator wirkt – wie ein neues Pearl Harbor.“ – *Das Dokument, das im September 2009 die Staaten für die vorhergesehenen Regimewechsel auflistet, die von Präsidenten „verschiedener“ Parteien seither vorangetrieben werden.*

Als Reaktion auf die schrecklichen Angriffe wurde ein „Krieg gegen den Terror“ ausgerufen. Seither haben US-Präsidenten und britische Premierminister von verschiedenen (und scheinbar gegensätzlichen Parteien) genau die im Dokument genannten Staaten für einen Regimewechsel aufs Korn genommen. Auf der Ebene des Kults, der die bereits erwähnte und stets vorhandene *permanente* Regierung steuert, sind Länder nichts anderes als Einparteienstaaten. Wen auch immer Sie wählen, der Kult ist und bleibt an der Macht. Die beschriebene Ereigniskette ist viel länger und ausführlicher in „The Trigger“ beschrieben, das die offizielle 9/11-Version demontiert und die Namen der tatsächlich Beteiligten nennt. Und das waren mit Sicherheit keine 19 arabischen Flugzeugentführer (Abb. 238).

Abb. 238: „Die Wahrheit kann nicht ewig unterdrückt werden ... 9/11 war das Werk von Insidern" – *Lesen Sie in „The Trigger", wer wirklich hinter den Anschlägen vom 11. September 2001 steckte. Osama bin Laden war es sicher nicht.*

Worum es mir hier eigentlich geht: Wenn man jeden Punkt in dieser Ereigniskette als isoliertes, nur für sich stehendes Ereignis sieht, ergibt sich daraus kein Muster, sondern alles erscheint zufällig und willkürlich. Ein paar von Osama bin Laden beauftragte arabische Flugzeugentführer griffen die USA an, deren Militär daraufhin in Afghanistan einmarschierte, um ihn zu finden. Dann kam es zur Invasion des Irak, mit der man Saddam Hussein mit seinen frei erfundenen Massenvernichtungswaffen aufhalten wollte. Später folgte der Angriff auf Libyen, bei dem Oberst Gaddafi umgebracht wurde, um das Volk vor seiner Gewaltherrschaft zu bewahren. Der Einmarsch in Syrien diente dann dem Zweck, Präsident Assad davon abzuhalten, „sein eigenes Volk zu ermorden". Und der Iran steht auf der Abschussliste, weil er angeblich Atomwaffen entwickelt und den Terrorismus fördert.

Wir sollen nun glauben, dass diese Ereignisse in keiner Weise miteinander zusammenhängen. Wenn man aber die Punkte verbindet und das geplante Ergebnis bereits kennt, dann zeigt sich ein völlig anderes Bild.

Schaffe ein Problem, damit du die Lösung durchsetzen kannst

Durch besondere Betonung und Zensur stellen die Medien alles als zufällig dar, damit die Wahrheit verborgen bleiben kann. Die meisten Journalisten tun dies aus Unwissenheit, nicht aus Berechnung. Die paar, die Verbindungen herstellen und über diese berichten, sind ihren Arbeitsplatz sehr schnell los. Man braucht nicht viele Leute, um die Medien zu kontrollieren, solange der Kult die Positionen der Eigentümerschaft, der redaktionellen Politik und der Personalabteilung besetzt. Das gilt für jede Organisation und Institution – Behörden, „Bildungs"- und Bankwesen, Wirtschaft usw. Die Anschläge vom 11. September, die darauffolgenden Regimewechselkriege und die von außen gesteuerten „Volksrevolutionen" sind Beispiele für zwei Techniken der massenhaften Gedankenkontrolle, die ich schon vor Jahrzehnten als Problem-Reaktion-Lösung (PRL) und schleichenden Totalitarismus bezeichnet habe.

Das PRL-Schema ist der Trick, heimlich ein Problem zu schaffen, für das man jemand anderem die Schuld gibt (9/11). Dann serviert man der Öffentlichkeit durch die Mainstreammedien, die das alles nicht infrage stellen, die Version des Problems, an die das Volk glauben soll (Bin Laden und 19 arabische Flugzeugentführer „waren es"), um die Reaktion hervorzurufen, dass „etwas geschehen muss". Und schließlich bietet man die Lösung des Problems an, das man selbst geschaffen hat (einen „Krieg gegen den Terror", um die längst geplanten Regimewechsel in einigen Staaten herbeizuführen).

Wie bereits erwähnt, gibt es noch eine andere Version dieser Methode, die ich Kein-Problem-Reaktion-Lösung nenne. Bei ihr ist nicht einmal ein echtes Problem erforderlich, sondern nur die Wahrnehmung eines solchen. Die Lüge über die Massenvernichtungswaffen zur Rechtfertigung der katastrophalen Invasion des Irak im Jahr 2003 ist ein offensichtlicher Fall, ebenso wie der Covid-19-Schwindel, wie wir später noch sehen werden. Der Irak stand auf der Abschussliste – und weil es keinen Grund für eine Invasion gab, erfand der Kult einfach einen und ließ ihn von Bush junior und dem britischen Premierminister Tony Blair der Öffentlichkeit verkünden. Der beste Freund von PRL ist der schleichende Totalitarismus, bei dem man eine Reihe von Geschehnissen und Veränderungen inszeniert, die alle miteinander verbunden sind, und so die Welt in die gewünschte Richtung lenkt, wobei man die Ursachen natürlich als nicht zusammenhängende Zufallsereignisse präsentiert. Kriege verändern die Welt Schritt für Schritt, weil bei der „kreativen Zerstörung" die Technik des schleichenden Totalitarismus zur Anwendung kommt und deshalb einer auf den anderen folgt. Ein Krieg zerstört den Status quo und schafft einen neuen. Der nächste Krieg zerstört den neuen Status quo – und so geht es weiter. Mit jedem neuen Status quo nähern sich die Hintermänner ihrem Endziel ein bisschen mehr. Zum Beleg braucht man sich nur anzusehen, wie die zwei Weltkriege die globale Gesellschaft völlig verändert haben (Abb. 239).

Abb. 239: Krieg als kreative Zerstörung. Nichts verändert eine Gesellschaft schneller und gründlicher als ein Krieg. Deswegen gab es bisher auch so viele.

Die Europäische Union ist der Inbegriff des schleichenden Totalitarismus. Sie war von Anfang an vom Kult als zentralisierter bürokratischer Superstaat geplant, was die Verantwortlichen aber logischerweise nie offen zugeben konnten, da die öffentliche Reaktion und der Widerstand der Mitgliedsvölker das Projekt ansonsten im Keim erstickt hätten. Stattdessen verkaufte man den Leuten diese Tyrannei zu Beginn als reine Freihandelszone (die Europäische Wirtschaftsgemeinschaft EWG), bevor man nach und nach, aber unentwegt die Macht zentralisierte, um die nationale Souveränität auszulöschen. Damit waren alle Hindernisse auf dem Weg zum ursprünglich geplanten Ziel beseitigt – bürokratisch kontrollierten Vereinigten Staaten von Europa.

Sieht man sich die Welt unter diesem Gesichtspunkt an, so wird man erkennen, dass PRL-Techniken und schleichender Totalitarismus ständig zum Einsatz kommen. Wenn mit der Technik des schleichenden Totalitarismus etwas Neues angekündigt wird, dann ist der Ausgangspunkt nie der gewünschte Endpunkt. Taser-Elektroschocker, die Strom mit einer Spannung von 55.000 Volt abgeben, wurden beispielsweise bei der britischen Polizei anfangs nur für „mit der Waffe ausgebildete Beamte" eingeführt. Jedem Menschen, der weiß, wie das Spiel und der schleichende Totalitarismus laufen, war jedoch damals schon klar, dass sie bald viel weiter verbreitet sein würden. Zwischen April 2019 und März 2020 wurden Taser allein in England und Wales Tausende Male eingesetzt, womit die Polizei alle bisherigen Rekorde brach. Heute müssen wir mitansehen, wie in den USA 70-jährige Großmütter von psychopathischen Schlägern in Uniform getasert werden, weil sie es gewagt haben, die Beamten vor der Tür nach einem Durchsuchungsbefehl zu fragen.

Wenn die PRL-Technik und die Methode des schleichenden Totalitarismus wirklich erfolgreich sein sollen, muss man die Bevölkerung dazu programmieren, an die vorgegebene Version der Ursachen dieser inszenierten Ereignisse zu glauben, und den wahren Grund weiterhin geheim halten. Die alternativen Medien und alternative Meinungen werden heute von den im Besitz des Kults befindlichen Internetgiganten immer stärker zensiert, um zu verhindern, dass die Wahrheit über PRL-Ereignisse und den schleichenden Totalitarismus ans Licht kommt. Bei der Aufdeckung des Covid-19-Schwindels erreichte diese Zensur eine noch nie dagewesene Intensität.

Kultfilm

Was ich jetzt schildern werde, ist wirklich ein Film – in dem Sinne, dass es ein Drehbuch gibt, das Ihnen erklären soll, was Sie sehen und erleben. Wenn Sie eine Reihe von Bildern ohne Kommentar oder Sprecherstimme sehen, dann können Sie Ihre eigenen Schlussfolgerungen daraus ziehen. Stattdessen erzählt Ihnen aber ein Reporter, was Sie da gerade sehen und was die Bilder bedeuten, auch wenn das, was man Ihnen da einredet, gar nicht stimmt. In den meisten Fällen weiß auch der *Reporter* nicht, was los ist. Diese Leute erhalten ihre Informationen von offiziellen Stellen, beten sie in ihren Voiceovers nach und nennen das dann Journalismus. Um welches Ereignis es auch gehen mag, sei es ein Terrorangriff, ein Krieg oder eine Finanzkrise – was Sie in den Medien darüber hören, ist in 99 Prozent aller Fälle die offizielle Version.

Und damit wären wir wieder bei einer der fundiertesten Methoden der Gedankenkontrolle: der Wiederholung. So vielfältig sich die Medienwelt darstellt, so eintönig ist ihre endlose Wiedergabe des offiziellen Narrativs, bis dieses zu einem „Das weiß doch jeder" und einer weithin anerkannten Version der Geschichte (Erinnerung) verschmilzt. Wenn man irgendwo auf der Welt irgendwelche Passanten fragt, was bei einem historischen oder relativ aktuellen Ereignis wirklich passiert ist, wird man unweigerlich die offizielle Version zu hören bekommen – was oft der „Traumfabrik" Hollywood zu verdanken ist. Hollywood ist eine Schöpfung des Kults, mit der die Wahrnehmungen der weltweiten Massen programmiert werden sollen. Die Auffassung der Geschichte stammt bei sehr vielen Menschen aus dem Drehbuch eines Hollywoodstreifens. Dieser John Wayne war doch ein Kriegsheld, nicht wahr? Nein, er saß stattdessen geschminkt in Los Angeles herum, während am anderen Ende der Welt die Waffen sprachen. Wayne sollte dem Publikum nur erzählen, was es über die Waffen, die am anderen Ende der Welt sprachen, zu *glauben* hatte. Man redet Ihnen in jedem Augenblick ein, was Sie über einfach *alles* zu denken – wie Sie alles wahrzunehmen – haben. In den nächsten paar Kapiteln werde ich die Bestandteile eines bestens koordinierten globalen Kontrollsystems abhandeln. Diese Dinge passieren jeden Tag direkt vor unseren Augen, werden uns aber als unzusammenhängende Zufallsereignisse verkauft.

Die Grundlage der Manipulation ist die Zentralisierung der Macht, die dank des Kults unerbittlich stattfindet. Die Wenigen können die Vielen nicht kontrollieren, wenn die Macht nicht zentralisiert wird. Je mehr Macht aus dem Zentrum abgezogen wird, desto weniger Kontrolle hat der weltweite Kult im Zentrum. Früher organisierten sich die Menschen in Stammesgruppen, die entschieden, was mit dem Stamm geschehen sollte. Dann wurden die Stämme unter einer zentralen Kontrolle in Form von Nationen und Staaten zusammengefasst; nun konnten wenige Menschen den ehemaligen Stämmen vorschreiben, was sie zu tun hatten. Heute werden Nationen durch Superstaaten wie die EU, Handelsblöcke, UN-Organisationen, die Weltgesundheitsorganisation, die Welthandelsorganisation, den Internationalen Währungsfonds, die Weltbank und viel zu viele andere zentral kontrolliert. Die allumfassende Bezeichnung für dieses Phänomen ist Globalisierung – die Zentralisierung globaler Macht in jedem Lebensbereich. Davor warne ich seit nunmehr 30 Jahren.

Abb. 240: Die Struktur der geplanten globalen Tyrannei.

Die Globalisierung ist der schleichende Totalitarismus, der zu einer Weltregierung, einer weltweiten Armee, Zentralbank und Währung führen soll. Zur Unterstützung dieses oktroyierten Systems soll eine mit Mikrochips implantierte Bevölkerung dienen, die an eine künstliche Intelligenz angekoppelt ist (Abb. 240). Je mehr man die Macht zentralisiert, desto mehr Macht hat das Zentrum, alles noch schneller zu zentralisieren, wodurch sich der ganze Vorgang immer weiter beschleunigt. Die Europäische Union entstand genau auf diese Art, indem auf jeden machtgierigen und zentralisierenden Schritt der nächste folgte. Eine weltweite Währung, die ich ebenfalls seit den frühen 1990er-Jahren vorhersage, soll rein digital sein; Bargeld wird es dann nicht mehr geben. Wir können schon jetzt beobachten, wie Bargeld immer schneller zugunsten digitaler Transaktionen mit Karten und Smartphones verschwindet. Dieser schleichende Totalitarismus soll zu den bereits geplanten Mikrochips führen, die bisherige Zahlungsmethoden ablösen werden. Bankfilialen werden geschlossen und Geldautomaten abgebaut, um Bargeldtransaktionen noch weiter zu erschweren. Geplant ist, das Leben ohne Smartphone praktisch unmöglich zu machen.

In dem Zeitraum, als dieses Buch entstand, wollte ich einmal auf den Parkplatz eines Bahnhofs fahren, wo man aber nur mit Smartphone zahlen konnte – und das verwende ich nicht. Das heißt, dass ich dort nicht parken konnte. Auf diese Art sollen alle, die sich der

Agenda nicht unterwerfen, unter Druck gesetzt werden, ihre Haltung aufzugeben. Die Reihenfolge ist in allen Themenbereichen dieselbe: freiwillig … kann unmöglich funktionieren, wenn man es nicht „freiwillig“ tut … zwangsweise. In der vom Kult geschaffenen EU sind viele Bargeldwährungen verschwunden und durch den Euro ersetzt worden, der laut Plan wiederum in die Weltwährung übergehen soll. (Interessant ist, wie im Zuge des Covid-19-Schwindels Bargeld verteufelt wird und Bargeldtransaktionen verweigert werden.)

Eine Weltregierung würde nicht einmal mehr von gewählten Volksvertretern geführt werden – auch davor warne ich schon lange. Die Herrscher werden dann Büro- und Technokraten sein, die dem Kult unter den Fittichen einer „Technokratie“ dienen: „eine Form der Regierung oder Verwaltung einer Gesellschaft oder Branche durch eine Elite technischer Experten“. Die Firmen im Silicon Valley, die schon heute mehr Macht besitzen als viele Regierungen, agieren immer mehr wie diese aufkommende Technokratie, aber auch die nicht gewählten Bürokraten, die sich in der EU als Diktatoren betätigen, sind auf dem besten Wege dorthin. Eine Weltarmee soll schließlich den Willen der Weltdiktatoren gegenüber allen Widerständlern durchsetzen. Die jüngsten Pläne für eine Europaarmee (ebenfalls bereits in den 1990er-Jahren von mir prognostiziert) und die seit Langem existierende Europäische Zentralbank sind – ganz im Sinne des schleichenden Totalitarismus – Vorläufer einer weltweiten Armee und Zentralbank, so wie die NATO. Im Hinblick auf eine Weltregierung gilt dasselbe für die Weltgesundheitsorganisation, die Welthandelsorganisation, den Internationalen Währungsfonds und die Weltbank. Die beste Tarnorganisation für die bereits jetzt bestehende Struktur einer Weltregierung sind die vom Kult geschaffenen und gesteuerten Vereinten Nationen, die Schritt für Schritt in eine Weltregierungsdiktatur umgewandelt werden. Mehr darüber können Sie in dem Teil des Buches nachlesen, in dem ich mich mit dem von der UN betriebenen Klimaschwindel befasse.

Die Hungerspiele-Gesellschaft

Die unablässig voranschreitende Zentralisierung der globalen Macht will man uns als „Die Welt kommt zusammen“ verkaufen. Die hoffnungslos naiven Woke-Progressiven und der mit ihnen verbundene Klimakult – ein Ableger des Kults, obwohl das nur wenige seiner Vertreter wissen – sind mit Haut und Haar auf diese Illusion und Lüge hereingefallen. Glauben diese Leute denn wirklich daran, dass ein Kult, der davon besessen ist, die Menschen auseinanderzudividieren, damit er teilen und herrschen kann, die Welt „zusammenkommen“ lassen will? Es geht einzig und allein um die Zentralisierung der totalen Macht in den Händen einiger weniger auf globaler Ebene, von der aus sie die KI kontrollieren können, die dann mit dem menschlichen Gehirn verbunden sein wird. Hallooooo! Um Gottes willen, wacht doch endlich auf, Leute! Es ist unfassbar, wie die politische „Linke“, mit der ich aufgewachsen bin – die Richtung, die einst für Meinungsfreiheit stand und die Macht der Elite herausforderte –, von der pseudoprogressiven Woke-Mentalität mittlerweile so vereinnahmt wurde, dass sie heute tatsächlich fordert, die Meinungsfreiheit durch die vom Kult geschaffene politische Korrektheit zu ersetzen und der Elite über die ebenso vom Kult geschaffene EU noch mehr Macht zu verleihen. Wer wird letztlich die Konsequenzen für die Tyrannei, deren Einführung sie heute fordern, tragen müssen? Sie selbst – und ihre Kinder und Enkel noch mehr.

Die ursprüngliche, wirklich liberale Linke wurde von der Woke-Bewegung des Kults derart vollständig absorbiert, dass echte Liberale heute als „Rechtsextreme" und „Nazis" diffamiert werden, wenn sie liberale Grundwerte wie die Meinungsfreiheit verteidigen. Das Etikett „woke", mit dem sich diese Mentalität schmückt, verschleiert den wahren Ursprung der Bewegung und ist ironischerweise noch dazu ein Fall von „kultureller Aneignung", wie es die politisch Korrekten ausdrücken würden. „Woke" ist offenbar ein politischer Begriff, der in der afroamerikanischen Kultur bereits Mitte des 20. Jahrhunderts verwendet wurde und ein Bewusstsein für soziale und ethnische Gerechtigkeit bezeichnete. Aus dem Mund der Pseudoprogressiven bedeutet er jedoch – trotz aller gegenteiligen Behauptungen – etwas ganz anderes. „New Woke", wie ich es von nun an nennen werde, heißt in Wahrheit, für genau den Kult einzutreten, der im Lauf der von uns wahrgenommenen Menschheitsgeschichte für soziale Ungerechtigkeiten aller Art verantwortlich war und ist. Dazu gehören auch die Versklavung und Unterdrückung schwarzer und anderer nichtweißer Menschen sowie die Unterdrückung der meisten weißen Menschen.

„Die Tribute von Panem" – der Realfilm

Abb. 241: Die Hungerspiele-Gesellschaft, vor der ich seit Jahrzehnten warne, wird uns nun eindeutig aufgezwungen. (Bild: Neil Hague)

Ich bezeichne das, wohin Kult und New Woke uns führen werden, schon seit einiger Zeit als die „Hungerspiele-Gesellschaft". Der schleichende Totalitarismus in Richtung dieser Gesellschaft geht weltweit jeden Tag einen Schritt weiter. Der von mir gewählte Name bezieht sich auf die Spielfilmreihe „Die Tribute von Panem" (engl. Originalitel: „The Hunger Games"), in der eine privilegierte Elite sämtlichen Reichtum und alle Macht auf sich vereint und in einer überaus luxuriösen Hightechstadt lebt. Sie wird von einem bösartigen und gnadenlosen Polizei- und Militärstaat vor dem Rest der Bevölkerung abgeschottet, die als Sklaven für die Elite (das heutige mit dem Kult verbundene eine Prozent) arbeitet und in bitterer Armut unter extremer Überwachung und Kontrolle lebt. Die Massen werden in „Sektoren" isoliert, um ein vereintes Handeln zu verhindern (teile und herrsche). Ich warne nun schon seit Jahrzehnten davor, dass dies genau die Struktur ist, in die uns der Kult hineindrängen will, mit einer Verbindung zwischen Gehirn und KI als Zugabe (Abb. 241).

Bei näherer Betrachtung der weltweiten Situation lässt sich nicht übersehen, dass die Puzzleteilchen immer schneller an ihren Platz gelegt werden. Ich habe einmal ein Bild von Adolf Hitler bei einer Massenveranstaltung gesehen. Er stand alleine ganz vorne, hielt seine psychopathische Rede vor einer massiven Militärpräsenz – und dahinter standen Tausende Menschen, die von den Soldaten in Reih und Glied gehalten wurden, damit sie auch alles tun würden, was Hitler verlangte. Ich stellte dieses Bild auf den Kopf und legte es über die Struktur der Hungerspiele-Gesellschaft, und musste feststellen, dass sie genau gleich waren. Wir sehen uns heute tatsächlich einer weltweiten Version von Nazi-Deutschland gegenüber, wobei das durch moderne Technik und KI ermöglichte Kontrollsystem noch hinzukommt (Abb. 242). Die „Virus"-Lockdowns verschärfen diese Situation noch weiter. Laut Plan sollen die Anführer und wichtigsten Agenten des Kults den Reichtum und die Macht an der Spitze der Pyramide auf sich vereinen, wie das in „Die Tribute von Panem" der Fall ist.

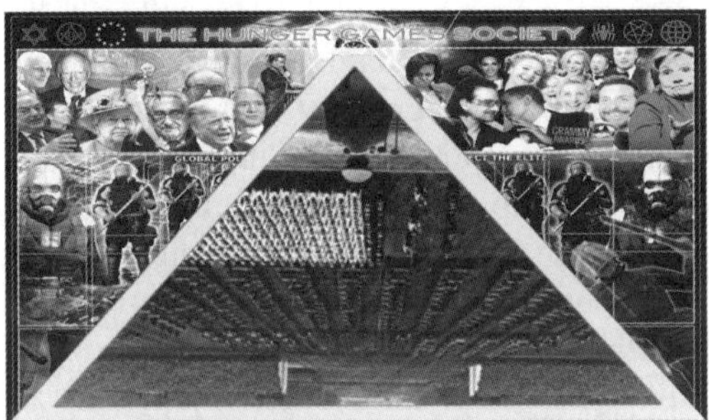

Abb. 242: Die Hungerspiele-Gesellschaft ist eine globale faschistische Gesellschaft.

Abb. 243: Menschen verhungern und schlafen auf der Straße, während eine Handvoll Multimilliardäre wie die hier abgebildeten sich den Reichtum der Welt unter den Nagel reißen. Die Tatsache, dass viele von ihnen behaupten, „sozial" zu sein und „Werte" zu haben, dreht einem den Magen um.

Bereits heute sind wir an dem Punkt angelangt, wo wir von dem „einen Prozent" sprechen. Ein Oxfam-Bericht aus dem Jahr 2019 schätzte, dass die 26 reichsten Männer der Welt so viel besitzen wie die ärmste *Hälfte* der globalen Bevölkerung, das waren zu dieser Zeit geschätzte 3,8 Milliarden Menschen (Abb. 243). Die erwähnten 26 Personen stehen selbst in einer hierarchischen Ordnung, in der die wenigen an der Spitze den meisten Reichtum auf sich vereinen und Multimilliardäre wie Jeff Bezos von Amazon und Bill Gates von Microsoft die Liste anführen. 2020 gab es auf der Welt eine Rekordzahl von 2.816 Milliardären mit einem Gesamtvermögen von 11,2 Billionen Dollar; das ist mehr als das Bruttonationaleinkommen jedes einzelnen Staates dieser Welt, mit Ausnahme der USA und Chinas. Einem weiteren Oxfam-Bericht – diesmal aus dem Jahr 2020 – zufolge haben die wohlhabendsten 2.153 Personen mehr Geld als die ärmsten 4,6 Milliarden Menschen, und die reichsten 22 Männer besitzen mehr als alle Frauen in Afrika zusammen. Und selbst diese Angaben über die vorgeblich reichsten Menschen sind mit Vorsicht zu genießen. Hinter den Kulissen verfügen die Führer des Kults nämlich über einen Reichtum, der den eines Bezos oder Gates mühelos in den Schatten stellt. Die öffentlich bekannten Multimilliardäre sind im Vergleich zu den wirklich Mächtigen, die man nie zu sehen bekommt und die ihren Besitz hinter einer schier endlosen Reihe von Strohmännern und Bevollmächtigten verbergen, nicht mehr als Handwerker und Laufburschen.

Abb. 244: „Was passiert, wenn man die Welt Psychopathen überlässt? Genau das" – *Ein Ursache-Wirkungs-Prinzip, das immer funktioniert.*

Das eine Prozent und dessen Agenten besitzen Regierungen und kaufen Politiker ebenso ein wie Parteien (Abb. 244). Der mehrfache Milliardär und Finanzier George Soros besitzt beispielsweise die Demokratische Partei in den Vereinigten Staaten, ebenso wie einen Großteil der Organisationen des New-Woke-Netzwerks. Der Multimilliardär George Adelson wiederum besitzt die Republikanische Partei und war Donald Trumps wichtigster Geldgeber. Hier erkennt man wieder einmal sehr gut die Methode des Kults: Kontrolliere alle Seiten, dann kontrollierst du die ganze Partie. Das sabbatianisch-frankistische Haus Rothschild spielt dann noch einmal in einer ganz anderen Liga als die erwähnten Persönlichkeiten und versteht sich zudem bestens darauf, das Ausmaß seiner weltweiten Macht und seines Reichtums zu verbergen. Vom Kult kontrollierte Konzerne sind wesentlich reicher als Staaten. 69 der weltweit führenden Wirtschaftseinheiten sind Firmen und nicht Länder; unter den Top 200 finden sich insgesamt 157 Unternehmen. Konzerne wie Walmart, Apple und Shell verfügen über mehr Vermögen als Staaten wie Russland, Belgien und Schweden. Ein einziges Prozent des Vermögens von Jeff Bezos entspricht dem gesamten Gesundheitsbudget von Äthiopien mit seinen 105 Millionen Einwohnern.

Megakonzerne besitzen Regierungen, diktieren Gesetze, zetteln Kriege an und geben sich selbst auf Kosten potenzieller Konkurrenten alle Trümpfe in die Hand. Heute haben wir Gesetze, die nicht vom Kult gesteuerten kleinen und mittelständischen Unternehmen das Überleben (absichtlich) immer schwerer machen, während vom Kult kontrollierte Konzerne alles kriegen, was sie wollen. (*Update*: Schauen Sie sich nur an, was mit kleinen und sogar größeren Unternehmen auf der ganzen Welt im Zuge des Virusschwindels passiert ist.) Die Kontrolle über die Regierungen und das System generell bedeutet, dass Milliardäre und deren Firmen einen wesentlich kleineren Teil ihres Einkommens als Steuern abführen müssen als Leute, die um ihr Überleben kämpfen. Google zahlte im Jahr 2021 bei einem Umsatz von 365 Millionen britischen Pfund nur 6 Millionen Pfund an Steuern und meidet wie die anderen Blutsauger das Abführen von Steuern, indem es Dutzende Milliarden in Briefkastenfirmen in Steueroasen verschiebt. Diese Konzerne und ihre prominenten Aushängeschilder empfinden für Leute wie Sie und mich nichts als Verachtung.

Fair Tax Mark, eine Gruppe, die sich für Steuertransparenz einsetzt, berichtete im Jahr 2019, dass die großen sechs US-Techfirmen Amazon, Facebook, Google, Netflix, Apple und

Microsoft im vorangegangenen Jahrzehnt „auf aggressive Art" weltweit Steuerzahlungen von 100 Milliarden Dollar vermieden hätten. Laut Fair Tax Mark zahlte Amazon bei Einnahmen von 960,5 Milliarden Dollar und Gewinnen von 26,8 Milliarden nur 3,4 Milliarden Dollar Steuern. Wie können kleinere Unternehmen mit weniger guten Verbindungen da mithalten? Sie können es eben nicht. Wie können sie mit Konzernen wie Amazon und der global tätigen Taxifirma Uber konkurrieren, die über scheinbar unbegrenzte Mittel verfügen, um sich ihren Weg zum Monopol zu erkaufen und immer größer zu werden? Sie können es nicht – und genau das ist auch beabsichtigt.

Globaler Ausbeuterbetrieb

Der Kult kontrolliert das weltweite Banken- und Finanzsystem, das er ja auch geschaffen hat. In ihm zaubert er Geld namens „Kredit" aus dem Nichts und hat daher unbegrenzte Mittel zur Verfügung. Allein das immer mehr zum Monopol heranreifende Versandunternehmen Amazon hat konventionelle Geschäfte und Tante-Emma-Läden fast komplett aus dem Geschäft gedrängt. Es beherrscht die Buchbranche auf Kosten der unabhängigen Buchläden, die nach und nach ruiniert werden. (Die Lockdowns im Zuge des Virusschwindels führten zu einer weiteren massiven Erhöhung des globalen Marktanteils von Amazon.)

Der US-Einzelhandelskonzern Walmart, das umsatzstärkste Unternehmen der Welt, hat im konventionellen Handel eine ähnliche Schneise der Verwüstung hinterlassen. Ein Kommentator hat das Geschäftsmodell von Walmart einmal so beschreiben: „der Verkauf ausländischer Waren an inländische Verbraucher – billiger chinesischer Müll, der im Ausland in Fabriken hergestellt wird, die Sklavenlöhne zahlen, mit denen amerikanische Hersteller nie mithalten könnten". Eine Studie schätzte, dass in den USA von 2001 bis 2013 durch Walmarts Importe aus China 400.000 Arbeitsplätze verloren gingen und ganze Städte, besonders in ländlichen Gebieten, zugrunde gerichtet wurden. Die Entvölkerung des ländlichen Raums steht, wie wir noch sehen werden, zufällig auch als wichtiger Punkt auf dem Plan des Kults. Walmart hat zudem die Geschäftspolitik, Waren mit Verlust zu verkaufen, um so die Mitbewerber in den Konkurs zu treiben und damit Monopolstatus zu erlangen (wie Amazon). Die Kette beschäftigt überwiegend Teilzeitkräfte, denen sie keine Sozialleistungen zahlen muss, weil der Steuerzahler über die Regierung ihre Löhne ohnehin mit Sozialhilfe aufstockt. Gleichzeitig ist die Inhaberfamilie Berichten zufolge 150 Milliarden Dollar „wert".

Walmart und seine Methoden folgen den Leitlinien des Kults. Es ist ein ekelhafter Konzern, der auf Kosten der Armen lebt. Früher wurde Walmart von echten Liberalen aus der politischen Linken scharf verurteilt, doch die Vertreter von New Woke sehen davon ab, weil die Inhaberfamilie – eine der reichsten der USA – plötzlich in der Sprache der New Woke daherschwafelte und auch die Ziele dieser Bewegung nach außen hin vertrat. Ein Monopol bedeutet immer Kontrolle. Im Besitz des Kults befindliche Konzerne sollen jeden

Abb. 245: Die globale Dynamik: Das eine Prozent als Geigenbogen, die Menschheit als Geige – mehr ist es im Grunde nicht.

Sektor und Markt beherrschen, damit man nur noch bei ihnen kaufen kann. Und was geschieht mit den bankrotten Geschäftsinhabern und deren Angestellten? Sie rutschen in die unteren Bereiche der Hungerspiele-Gesellschaft ab, wo sich bereits die Massen aufhalten. Die Lockdowns aufgrund des Virusschwindels haben diesen Prozess in einem schwindelerregenden Ausmaß beschleunigt (Abb. 245).

Während der globale Wohlstand von dem einen Prozent und dem Kult aufgesaugt wird, beraubt man die Armen und die sogenannte Mittelklasse ihres Einkommens und Vermögens, um sie an ihren Platz in der Hungerspiele-Pyramide zu verweisen. Ich habe schon vor langer Zeit davor gewarnt, dass all jene, die geglaubt haben, dies treffe nicht auf sie zu, einen ziemlichen Schock erleben würden. Damit meine ich die Leute, die damals einen gut bezahlten Posten, ein schönes Auto, ein Eigenheim und Geld für Urlaube hatten. Ich wies darauf hin, dass der Kult auch sie bereits ins Visier genommen hatte. Geplant ist nämlich, jeden außerhalb der Elite in Armut und Abhängigkeit zu versklaven, indem man den Wohlstand der Welt kontrolliert und Menschen durch KI ersetzt. Die vom Kult angezettelte Finanzkrise des Jahres 2008 beschleunigte dieses Vorhaben immens, während die Superreichen immer superreicher wurden.

Aus Zahlen für die Jahre 2017 und 2018 ging hervor, dass alle zwei Tage ein neuer Milliardär geschaffen wurde, während gleichzeitig die Leute, die einst „ein bequemes Leben" führten oder sogar wohlhabend waren, plötzlich auf der Straße standen. Eine Schlagzeile fing diesen Trend perfekt ein: „In den reichen Ländern wird die Mittelklasse Generation um Generation immer kleiner." Dieser Satz beschreibt den schleichenden Totalitarismus hin zur Hungerspiele-Gesellschaft. Viele Menschen, die früher glaubten, dass die von mir aufgedeckten Dinge sie nicht betreffen würden, schlafen heute in Zeltstädten oder Hauseingängen. Diese Entwicklung soll sich laut Plan kontinuierlich fortsetzen, bis der Kult seine Arbeit erledigt hat. Die Selbstmordrate in den USA ist in den vergangenen 17 Jahren um 40 Prozent gestiegen. Viele der Betroffenen gehören der ehemaligen Arbeiterklasse an, die unter der Anhäufung des Wohlstands durch das eine Prozent und die systematische Masseneinwanderung, die Konkurrenz auf dem Arbeitsmarkt schafft, besonders zu leiden hat.

Eine enorme Anzahl von Menschen lebt trotz eines geregelten Berufs von Woche zu Woche; ein oder zwei verpasste Gehaltsschecks können in dieser Situation bereits eine finanzielle Katastrophe und den Verlust des Zuhauses bedeuten. Eine landesweite Umfrage der englischen Obdachlosenhilfsorganisation Beam ergab, dass der durchschnittliche Brite nur zwei Gehaltsschecks von der Obdachlosigkeit entfernt ist, wobei noch dazu immer mehr traditionell von Menschen ausgefüllte Arbeitsplätze von der KI übernommen werden (und das war noch vor den Lockdowns). Dies alles war geplant. Laut der Wohltätigkeitsorganisation Move for Hunger ist einer von acht Amerikanern – also 40 Millionen Menschen – von Ernährungsunsicherheit betroffen. Mehr als zwölf Millionen Kinder und fünf Millionen Senioren wissen nicht, wo sie ihre nächste Mahlzeit hernehmen sollen (auch das noch vor dem Lockdown). Auf der ganzen Welt nahm sogar schon vor der „Pandemie" wegen gesunkener Einkommen, Arbeitslosigkeit und anderer sozialer Faktoren die Obdachlosigkeit zu, wobei die Hauptursache die Wohnkosten sind. Die britische Obdachlosenhilfsorganisation Shelter verlautbarte im Dezember 2019, dass alle acht Minuten in England ein Kind obdachlos wird.

Dabei wäre das alles nicht notwendig, wenn man bedenkt, dass die Regierung der Vereinigten Staaten (mindestens) zwei Billionen Dollar für den vom Kult angezettelten, nicht zu gewinnenden Krieg in Afghanistan – den längsten Krieg der amerikanischen Geschichte – ausgegeben hat. Ein Großteil dieses Betrags ist in den Kassen von Waffenfirmen und des „Verteidigungs"-Sektors im Besitz des Kults gelandet, während die Anzahl der Obdachlosen unaufhörlich steigt. Aber warum sollte man Geld fürs eigene Volk ausgeben, wenn man doch dafür sorgen will, dass die Massen verarmen, mittellos und vom Kult abhängig werden? Ich habe den Plan für die Errichtung einer Hungerspiele-Gesellschaft in sämtlichen Erscheinungsformen in „Alles, was Sie wissen sollten" ausführlich beschrieben. Wenn Sie die Hintergründe dessen kennenlernen wollen, wovon im vorliegenden Werk die Rede ist, sollten Sie dieses frühere Buch unbedingt lesen.

Pfercht sie in die Städte

Abb. 246: „Nein, das ist kein Schlafzimmer … sondern die ganze Wohnung" – *Mikrowohnungen für die Leibeigenen werden aktuell auf der ganzen Welt in KI-gesteuerten Städten für die Massen der Hungerspiele-Gesellschaft gebaut.*

Ich schreibe schon seit einiger Zeit über den Plan, Menschen auf finanziellem Weg aus den ländlichen Gebieten in KI-kontrollierte Megastädte zu zwingen, wo sie in Mikroapartments leben sollen, die zum Teil nur so groß sind wie Autobusse, häufig sogar noch kleiner. In den Jahren seit meiner diesbezüglichen Warnung werden diese Mikrowohnungen in aller Welt gebaut, und die Abwanderung von Menschen aus den finanziell ruinierten ländlichen Gemeinden in die Städte, wo sie rund um die Uhr überwacht werden können, schreitet immer schneller voran (Abb. 246). Die US-Bundesregierung besitzt bereits 28 Prozent des Landes in Amerika; dieser Wert wird noch weiter steigen. Patrick Wood von Technocracy.news beschrieb, wie dieser Prozess in China, wo die Regierung keinerlei Opposition zulässt, noch direkter stattfindet;

China stellte 2014 seinen Plan vor, 250 Millionen Bauern kurzerhand von ihrem Land zu vertreiben und in Megastädte umzusiedeln, die bereits gebaut wurden, aber noch leer stehen. Das verlassene Ackerland wird zu gigantischen Landwirtschaftsfabriken zusammengelegt, die mit moderner Technik wie Agrarrobotern und automatisierten Traktoren betrieben werden sollen. Angeblich hilft man den Bauern, die sich weigern, ihr Land zu verlassen, mit vorgehaltener Waffe bei ihrer Entscheidung.

Abb. 247: In ganz China wurden „Geisterstädte" errichtet, die nur mehr auf die Menschenmassen warten, die man zur Umsiedlung aus ihrer ländlichen Heimat zwingen will.

Seit Jahren fragen sich die Leute, warum China immer neue „Geisterstädte" baut, in denen nur wenige oder gar keine Menschen wohnen (Abb. 247). Hier haben Sie die Antwort. Die Grundregel für den Westen lautet: heute China und morgen du – aber vielleicht müssen wir gar nicht bis morgen warten. Verlassene Häuser sowie aufgegebene kleine Agrarbetriebe, Geschäfte und Fabriken sieht man bereits heute im ländlichen Amerika zwischen den beiden Küsten zuhauf. Schuld daran sind Konzerne wie Walmart mit ihren Importen aus chinesischen Ausbeuterbetrieben und einer Preispolitik, die jeden Mitbewerber zugrunde richten soll. Dann sind da noch die Hedgefondsmilliardäre, die sämtliche Vermögenswerte lokaler Arbeitgeber veräußern und ländliche Gebiete zerstören. Der amerikanische Kabel-TV-Nachrichtenmoderator Tucker Carlson, einer der letzten paar echten Journalisten im amerikanischen Fernsehen, berichtete über einen besonders widerlichen Fall, an dem der ultrazionistische New Yorker Hedgefondsmanager Paul Singer beteiligt war, der laut Forbes über ein Privatvermögen von mehr als drei Milliarden Dollar verfügt. Carlson erzählte, wie Singers räuberischer Hedgefonds den einzigen großen Arbeitgeber in der Kleinstadt Sidney in Nebraska aufs Korn nahm, dessen Firma ruinierte und dabei einen ordentlichen Gewinn einstrich. In der Stadt mit ihren nur 6.000 Einwohnern gingen dadurch 2.000 Arbeitsplätze verloren. Da ist es kein Wunder, dass Bloomberg News Singer als „den gefürchtetsten Investor der Welt" bezeichnete. Man sagt dem Mann auch nach, „ein entschiedener Gegner der Steuererhöhungen für das reichste Prozent der Steuerzahler" zu sein. Na so was! Zum Zeitpunkt, als ich diese Zeilen schreibe, kauft Singer angeblich Twitter-Aktien auf, um den Firmenchef dieses Social-Media-Netzwerks von seiner Position zu verdrängen. Carlson nannte die Methode des Zerschlagens eines Unternehmens und des Veräußerns von dessen Vermögenswerten, wie sie Singer anwendet, „Aasgeier-Kapitalismus, der sich vom Kadaver einer sterbenden Nation ernährt". Das Desaster von Sidney beschrieb er wie folgt:

> Dann nahm eine mittlerweile herzzerreißend vertraute Abfolge ihren Lauf: Menschen wanderten ab, die Immobilienpreise fielen ins Bodenlose, und plötzlich konn-

ten die Menschen es sich nicht mehr leisten, abzuwandern. Sie saßen in der Falle. So ging eine der letzten blühenden Kleinstädte Amerikas unter.

Und das geschieht systematisch in den gesamten USA, um Menschen in die Städte und in ein Leben in Armut zu treiben – was wiederum Abhängigkeit und damit Kontrolle bedeutet.

Ein weiterer Aspekt dieses Plans ist die vom Kult gesteuerte Kampagne, die Menschen als Reaktion auf den Klimaschwindel dazu zu bringen, sich vegan zu ernähren. Dadurch würden viele Nutztiere aus ländlichen Gebieten verschwinden, woraufhin sich der Staat sowie das eine Prozent das brachliegende Land unter den Nagel reißen könnten, das dann für die Öffentlichkeit aus den Megastädten nicht mehr zugänglich wäre. Aber man könnte doch mit dem Auto hinfahren ... Nein, weil Ihr selbstfahrendes Fahrzeug Sie dort ganz autonom einfach nicht mehr hinfahren lässt. Auch das Fracking macht es immer schwieriger, auf dem Land zu leben. Jede Frackingbohrung verbraucht zwischen 5,5 und 60 Millionen Liter Wasser, während ganze Gemeinden nicht mehr genug zu trinken haben und vom Land in die Städte übersiedeln müssen. Das beim Fracking zur Erschließung von Öl- und Gasvorkommen unter die Erde gepresste Wasser ist mit Hunderten Chemikalien verseucht, die dann ins Grundwasser einsickern und die Trinkwasservorräte weiter verringern.

Um das Jahr 2010 herum hat die Welt den Punkt überschritten, an dem mehr Menschen in urbanen Gebieten leben als in ländlichen; seit damals setzt sich diese Entwicklung immer schneller fort. In Australien werden die Menschen durch katastrophale Waldbrände (die nicht schwer zu entfachen sind) und Wassermangel wegen der Austrocknung der Flüsse aus ländlichen Gebieten vertrieben. Offiziell macht man dafür den menschengemachten Klimawandel verantwortlich; ehrliche australische Wissenschaftler mussten jedoch zugeben, dass es keine Beweise für einen Zusammenhang zwischen Klimawandel und Bränden, Trockenperioden und dem Versiegen der Flüsse gibt. Wahr ist vielmehr, dass das Wasser abgeschöpft wird, bevor es die Gemeinden erreicht – und zwar durch Dämme im Besitz privater Unternehmen, die das kostbare Nass für ihre eigenen Zwecke verwenden, einschließlich der massenhaften Baumwollproduktion zum Nutzen chinesischer und japanischer Investoren. Ich empfehle die Internetvideos von Max Igan, wenn Sie mehr über die Großbrände und die Wasserknappheit in Australien wissen wollen. Greta Thunberg, die Kindgöttin des Klimakults, schob die Schuld an der Katastrophe der Jahre 2019 und 2020 naturgemäß auf den „Klimawandel“.

Abb. 248: Jedes Unglück und jede humanitäre Katastrophe wird zu Propagandazwecken und letztlich dazu genutzt, den Plan des Kults voranzutreiben.

Dabei sind Waldbrände seit jeher ein Teil des australischen Lebenszyklus und wurden früher durch kontrolliertes Abbrennen im Winter abgeschwächt, weil dadurch Barrieren erzeugt wurden, die von Bränden nur schwer übersprungen werden konnten (Abb. 248). Da dieses Abbrennen auf Betreiben der australischen Grünen gesetzlich verboten wurde, war die Feuerkatastrophe nur noch eine Frage der Zeit. Aber nein, schuld daran ist die globale Erwärmung, steht ja so im Drehbuch. Die Tatsache, dass nach Angaben der Polizei von New South Wales fast 200 Personen wegen „feuerbezogener Vergehen“ verhaftet wurden und einige davon vorsätzlich Brände gelegt haben, spielt hier logischerweise auch keine Rolle.

Auch in anderen Regionen wie zum Beispiel Indonesien kam es zu schrecklichen Bränden, die von Menschen und nicht vom Klimawandel verursacht wurden. Der wahre Grund war die Misswirtschaft von Holz- und Landwirtschaftsunternehmen. Als diese Brände am heftigsten loderten, erzeugten sie mehr Kohlendioxid als die amerikanische Wirtschaft – nur, um den angeblich so gefährlichen CO_2-Ausstoß der Industrie etwas zu relativieren – und töteten eine ungeheure Menge Tiere, darunter auch Exemplare aus vom Aussterben bedrohten Arten. Das Gleiche passierte in Australien, wo ein Spezialist für Biodiversität schätzte, dass bei den Großbränden der Jahre 2019 und 2020 eine Milliarde Tiere ums Leben gekommen waren. Für die Klimabesessenen spielen die wahren Ursachen aber keine Rolle, weil es ihnen ausschließlich darum geht, alles auf den Klimawandel zurückzuführen. Jedenfalls werden durch solche Ereignisse noch mehr Menschen aus ländlichen Gebieten in urbane Zentren getrieben.

Die Megastädte, in die die Massen nach ihrer Abwanderung vom Land getrieben werden, bezeichnet man auch als Smart Citys – das ist der Deckname für dicht besiedelte Zentren der Massenüberwachung und der allumfassenden Kontrolle durch künstliche Intelligenz. In ihnen wird es keine Privatautos mehr geben, sondern nur noch staatlich kontrollierte fahrerlose Fahrzeuge und öffentliche Verkehrsmittel. Man bewegt sich dorthin, wo es der Staat zulässt – und sonst nirgends. Derzeit werden bestehende Städte bereits zu Smart Citys umgewandelt, während andere auf der ganzen Welt neu errichtet werden, so wie das in China der Fall ist (Abb. 249).

Um Ihnen eine Vorstellung davon zu geben, was ich damit meine, verweise ich auf die falsche, von den Sabbatianer-Frankisten gesteuerte Saudi-Dynastie, die gerade ein 500 Milliarden Dollar teures Smart-City-Projekt mit der Bezeichnung NEOM errichtet, das 33-mal so groß sein soll wie New York (Abb. 250). NEOM bedeutet „neue Zukunft“, doch die Bezeichnung „Kult-Agenda“ träfe es wohl besser.

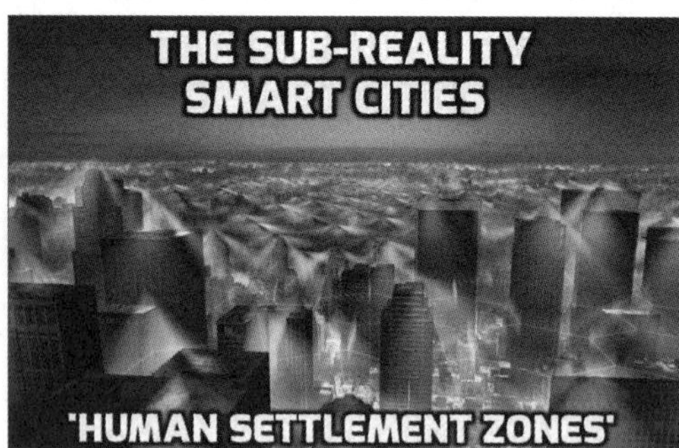

Abb. 249: Smart Citys, in denen alles von der KI kontrolliert wird und der Mensch nichts mehr zu entscheiden hat, werden in offiziellen Dokumenten als „menschliche Besiedlungszonen“ bezeichnet.

Abb. 250: Die elefantöse Smart City, die derzeit vom sabbatianisch-frankistisch kontrollierten Saudi-Arabien (unweit des sabbatianisch-frankistisch kontrollierten Israel) gebaut wird, soll das Kontrollzentrum der global vernetzten „intelligenten“ Megastädte werden.

Städte wie Straflager

In San Francisco und Los Angeles haben wir schon heute perfekte Beispiele für das Hungerspiele-Programm des Kults, das sich auch in ganz Kalifornien immer deutlicher zeigt. Im New-Woke-Kalifornien leben 12 Prozent der amerikanischen Bevölkerung, aber 25 Prozent aller Obdachlosen des Landes. 25 Prozent der Menschen in diesem Bundesstaat zählen inmitten eines unglaublichen Reichtums zu den Armen. In den mit Exkrementen und Urin verseuchten Straßen von Los Angeles kam es bereits zu Typhusausbrüchen, und manche fürchten, dass die Pest als Nächstes auf dem Programm steht. Die Millionäre und Milliardäre der Hollywood-Elite sitzen einstweilen in ihren Elfenbeintürmen, genießen ihren offensiv zur Schau gestellten Reichtum und schauen ansonsten angestrengt in die andere Richtung. Menschliche Ausscheidungen werden unter Umgehung der Kläranlagen in den Los Angeles River geleitet – man kann sich vorstellen, wie das ausgehen wird.

Wenn man die Hungerspiele-Gesellschaft live und direkt betrachten will, braucht man nur nach San Francisco zu gehen, wo mittlerweile keiner mehr Blumen im Haar trägt. Stattdessen sollte man genau aufpassen, wohin man seinen Fuß setzt. San Francisco und das dazugehörige Silicon Valley sind die Gesellschaft mit der größten Ungleichheit auf dem gesamten Planeten. Ich war schon oft in der Stadt des „Golden Gate", die ersten Male vor dem Aufkommen der Milliardärstechnokratie, als San Francisco wirklich noch etwas war, das man besingen konnte. Vor Kurzem besuchte ich die Stadt noch einmal – und sie ist ein Drecksloch, im wahrsten Sinn des Wortes. Die „neuwoken" Eigentümer von Google, Facebook, Twitter und dergleichen wohnen in ihren mehrere Millionen teuren, von hohen Mauern umgebenen Luxushäusern mit privatem Sicherheitsdienst, während die Straßen von San Francisco in Obdachlosen, menschlichen Ausscheidungen und blutigen Spritzennadeln untergehen. Die Drogenutensilien werden von Süchtigen weggeworfen, die in vielen Fällen psychisch krank sind und verzweifelt versuchen, ihrem täglichen Albtraum zu entkommen. Heute leben mehr Rauschgiftsüchtige in San Francisco als Highschoolschüler. Im Jahr 2011 meldeten die Einwohner der Stadt noch 5.500 Fälle von menschlichen Exkrementen auf den Straßen, 2018 waren es bereits mehr als 28.000. Auf Video habe ich einen Typen gesehen, der seinen Darm mitten zwischen den Regalen eines Supermarkts entleerte. Die Reaktion der Stadtverwaltung von San Francisco? Leute, die an öffentlichen Orten ihre Notdurft verrichten, werden nicht mehr strafrechtlich verfolgt. Das hat die Situation natürlich ungemein verbessert.

Seattle im US-Bundestaat Washington ist eine weitere Stadt, die den Weg von San Francisco eingeschlagen hat – mit denselben Folgen. Der Multimilliardär George Soros und die anderen Einprozenter hinter New Woke haben ihre Handlanger in ganz Amerika dabei unterstützt, Posten als Bezirksstaatsanwälte zu erlangen. Sobald diese Leute im Amt sind, werden Verbrechen im Strafmaß heruntergestuft oder einfach gar nicht mehr verfolgt. Das dahinterstehende Ziel ist die Zerstörung der menschlichen Gesellschaft und die Herrschaft des Pöbels. Diese Entwicklung führte zu einem Anstieg der Mordrate und anderer Verbrechenszahlen in den USA. San Francisco hat mit Chesa Boudin einen Staatsanwalt mit entsprechenden Wurzeln: Seine Eltern saßen für das, was man heute Woke-Terrorismus nennen würde, im Gefängnis – sie waren Mitglieder einer kriminellen Vereinigung namens Weather Underground. Boudins Stadt hat von allen Großstädten im ganzen Land die höchste Rate an Eigentumsdelikten; im Durchschnitt werden hier jeden Tag 60 Autos aufgebrochen. Der Stadtrat von San Francisco griff hier entschieden durch, wenn auch in echter New-Woke-Manier: Er strich den Begriff „verurteilte Straftäter" und ersetzte ihn durch „Personen, die in die Justiz involviert sind" – den Begriff, der auch für Verbrechensopfer verwendet wird. Es ist so weit gekommen, dass Räuber und Beraubter, Angreifer und Angegriffener mit demselben Begriff bezeichnet werden. Junge Leute, die ein Verbrechen begehen, heißen heute „junge Menschen, die vom Jugendstrafsystem betroffen sind", Drogensüchtige sind „Menschen mit einer Geschichte des Substanzmissbrauchs".

Die New-Woke-Methode des Kults besteht darin, das Problem zu ignorieren (weil der Kult ja das Problem will) und stattdessen die Sprache so zu verändern, dass man nicht mehr sachlich über das Problem sprechen kann. New York hat etwas Ähnliches getan, indem es für bestimmte Verbrechen die Bargeldkaution abgeschafft hat. Im ersten Monat nach diesem Erlass nahmen die Autodiebstähle um 67 Prozent und Raubüberfälle um 33 Prozent zu. Sechs mutmaßliche Rauschgifthändler, denen man illegale Geschäfte in Höhe von sieben Millionen US-Dollar vorgeworfen hat, wurden ohne Kaution auf freien Fuß gesetzt. Glauben Sie, dass diese Leute freiwillig zu ihrem Prozess erscheinen werden? Ein ehemaliger New Yorker Polizeipräsident berichtete, wie Leute wegen Vergewaltigung verhaftet und gleich wieder entlassen wurden, damit sie ihre nächste Vergewaltigung begehen konnten, ebenso verhielt es sich bei Gewaltverbrechern, die nach ihrer Freilassung gleich wieder einen Mord begingen. Natürlich sitzen viele Menschen unschuldig im Gefängnis, aber darum geht es hier nicht – sondern vielmehr darum, dass man die falschen Leute im Gefängnis behält und jene freilässt, die eigentlich hinter Gitter gehören.

Im New-Woke-Kalifornien entschied man sich dafür, Straftaten, bei denen es um weniger als 950 Dollar geht, zu einem bloßen Vergehen zu erklären, das höchstwahrscheinlich weder verfolgt noch verklagt wird. Sie werden nie erraten, was daraufhin passiert ist – wie sollte man als vernünftiger Mensch auch auf so was kommen? Die Straftaten in dieser Kategorie stiegen sprunghaft an, wobei einige Diebe sogar Taschenrechner dabeihatten, um sicherzugehen, dass ihre Beute bei Ladendiebstählen weniger als 950 Dollar beträgt. Dies betrifft vor allem kleinere Geschäfte. Wer sich wünscht, in einer gesetzlosen Gesellschaft zu leben, wo man sich einfach nehmen kann, was einem einfällt, wird davon begeistert sein. Kalifornien hat sogar die Strafe dafür, Sexualpartner wissentlich HIV ausgesetzt zu haben, ebenso reduziert wie die Strafe für das absichtliche Spenden HIV-infizierten Blutes. Und was ist mit den Leuten, die auf diese Weise infiziert wurden? Egal ... New Woke interessiert sich nicht für die wahren Opfer, sondern erfindet lieber falsche. Michael Bloomberg, der ultrazionistische Multimillionär und ehemalige Präsidentschaftskandidat der US-Demokraten, nannte Kalifornien trotz all der erwähnten Tatsachen ein Vorbild für ganz Amerika. Für den Kult ist es das tatsächlich.

Ich schreibe nun seit Jahrzehnten über die systematische Drogenverseuchung amerikanischer und anderer Gemeinden auf der ganzen Welt, mit der man die Bevölkerung zwecks Versklavung süchtig machen will. Die Familien Bush und Clinton waren und sind zentral an den Drogennetzwerken des Kults beteiligt, die die Rauschgiftkartelle steuern. China bringt über mexikanische Drogenbanden, die den illegalen Stoff über eine so gut wie unbewachte Südgrenze ins Land schmuggeln, Drogen in den USA in Umlauf. (In „The Trigger" können Sie über die Hintergründe der Drogennetzwerke des Kults und die Beteiligung von Bush, Clinton, der CIA und dem israelischen Mossad an diesen Netzwerken nachlesen.) Die Abhängigkeit von Opioiden, einer aus Schlafmohn gewonnenen Medikamentenklasse, hatte für Amerika verheerende Folgen. Das gilt vor allem für ein synthetisches Opioid namens Fentanyl, das etwa 100-mal stärker ist als Morphium und überwiegend aus China stammt. Opioide werden als Schmerzmittel verkauft und wirken sich direkt auf das Gehirn aus; sie wurden vor allem von der Firma Purdue Pharma, die sich im Besitz der mehrere Milliarden schweren Sackler-Familie befindet, in Umlauf gebracht. Deren aggressiv beworbenes Medikament Oxycontin führte zu einer erschreckenden Anzahl von Todesfällen, ruinierten Leben und der Zerstörung ganzer Gemeinden. Oxycontin wurde mit beträchtlicher Unterstützung des American Enterprise Institute beworben – einer von den Purdues finanzierten Denkfabrik des tiefen Staats in Washington, die zahlreiche Verbindungen zum Project for the New American Century aufwies. Ein Kommentator beschrieb, wie „viele Hunderttausende Amerikaner in eine Todesspirale der Sucht gerutscht sind, nachdem ihnen Ärzte diese Medikamente verschrieben hatten". Purdue Pharma bietet jetzt Entschädigungszahlungen in Höhe von zwölf Milliarden Dollar an, was die schrecklichen Folgen dieser Droge nicht einmal annähernd abdeckt.

Die Sucht nach Drogen, Alkohol, Smartphones und dergleichen wird von Verzweiflung und dem Bedürfnis genährt, dieser Realität zu entkommen, in der der Kult Staaten, Leben und Psychen demontiert, um die Hungerspiele-Gesellschaft herbeizuführen. Die Zahl der durch Opioide verursachten Todesfälle ist in jenen amerikanischen Gemeinden am höchsten, wo im Besitz des Kults befindliche Fahrzeughersteller ihre US-Werke geschlossen und Arbeitsplätze in andere Länder mit geringeren Lohnkosten ausgelagert haben. So funktioniert die Globalisierung halt …

Das ebenfalls herbeimanipulierte Problem der Obdachlosigkeit harrt einstweilen einer Lösung, die die Hungerspiele-Gesellschaft im Auftrag des Kults und seines sabbatianisch-frankistischen Netzwerks noch weiter vorantreiben wird. Die amerikanische Website Politico.com berichtete, dass „die wachsenden Obdachlosenlager, in denen sich immer mehr menschliche Ausscheidungen und Müll sammeln, während dort ganz offen mit Drogen gehandelt wird, zu einer unwahrscheinlichen Allianz geführt haben". Gemeint sind damit der Republikaner Donald Trump und der ultrazionistische Senator für den Bezirk San Francisco Scott Wiener von der Demokratischen Partei. Der kümmert sich nämlich wirklich um die Menschen, wie Sie hier nachlesen können:

> Die Krise ist so schlimm, dass sich die Köpfe der Menschen wirklich öffnen und die Politik sich ändert. […] Gesetze, die vor fünf oder zehn Jahren keine Chance gehabt hätten, können heute verabschiedet werden.

Das Übliche: Problem-Reaktion-Lösung. Wieners „Lösung" ist die Zwangseinweisung Obdachloser unter bestimmten Umständen (die der Staat auslegen darf), die unter dem orwellschen Begriff „unfreiwillige Einlieferung" gehandelt wird. Die dazu nötigen „Umstände" sollen inhaltlich ständig erweitert werden, bis sie alle Obdachlosen betreffen. Julie Winter, die Bürgermeisterin der kalifornischen Stadt Redding, hat vorgeschlagen, die

Obdachlosen in eine „Unterkunft“ zu stecken, die sie erst wieder verlassen dürfen, wenn sie ihre „wirtschaftliche Unabhängigkeit“ nachweisen können. Damit fordert sie nichts anderes als die Internierung in einem De-facto-Gefängnis für das Verbrechen, obdachlos zu sein. Derzeit sind dies vielleicht noch nur vereinzelte Versuche autoritärer Gesetze, doch davon wird es wohl bald immer mehr geben. Das liegt nicht zuletzt daran, dass die Bevölkerung von Klein- und Großstädten mehr und mehr von der Obdachlosenkrise betroffen sein wird. Der Kult will keine echte Lösung. Für diese empathiebefreiten Irren mit ihren Herzen aus Stein sind die Obdachlosen nur ein Mittel zum Zweck.

Garantierte Armut und Kontrolle

Ein weiterer Plan des Kults, um den Absturz in die Hungerspiele-Gesellschaft zu beschleunigen und gleichzeitig einen Nutzen daraus zu ziehen, ist das garantierte Einkommen. Sobald ein Multimilliardär und professioneller New-Woke-Betrüger wie der Facebook-Gründer Mark Zuckerberg ein „bedingungsloses Grundeinkommen“ unterstützt, weiß man, dass da etwas anderes dahintersteckt. Ich bin seit meiner Kindheit der Ansicht, dass man in einer Gesellschaft niemanden unter ein bestimmtes Einkommensniveau fallen lassen sollte, doch darum geht es in den Plänen des Kults zum garantierten und bedingungslosen Grundeinkommen nicht. Der wahre Beweggrund dahinter ist *Kontrolle*.

Man will Milliarden Menschen in die unteren Etagen der Hungerspiele-Pyramide treiben, indem man das Finanzsystem manipuliert, Riesenkonzerne und Hedgefonds Gemeinden und Arbeitsplätze vernichten lässt und künstliche Intelligenz einführt, die den Arbeitsmarkt endgültig pulverisiert. (Auch dies wurde übrigens schon vor den Lockdowns geschrieben.) Mehr KI bedeutet, dass noch mehr Geld in noch weniger Hände gerät – weil man eine KI nicht bezahlen muss. Technologie ist der wichtigste Faktor bei der Schaffung einer Hungerspiele-Welt. Eine „Lösung“ für dieses „Problem“ ist das garantierte Einkommen. Aber wer wird das garantieren – und auf welcher Grundlage? Für die Antwort auf diese Frage genügt ein Blick nach China. Handlanger des Kults in Gestalt von Staatsdienern werden je nachdem, wie sehr sich eine Person dem Staat fügt, darüber entscheiden.

China wird zunehmend zur Blaupause für das Kontrollsystem des Kults. Die New-Woke-Milliardäre kämen nie auf die Idee, China zu kritisieren, sondern unterstützen stattdessen die psychopathischen Diktatoren dieses Landes bei der Entwicklung genau des Systems, das auch für die westlichen Staaten und den Rest der Welt geplant ist. Allein in einer chinesischen Stadt gibt es 2,6 Millionen Überwachungskameras, und im ganzen Land wird ein Gesichtserkennungssystem eingesetzt, das Merkmale eines Gesichts scannt, um in Echtzeit eine virtuelle Karte dieses Gesichts zu erstellen, die dann von einer KI mit einer staatlichen Datenbank abgeglichen wird (Abb. 251). Dank des Kults und seiner milliardenschweren Technokraten aus dem Silicon Valley wird dieses System auch im Westen zügig übernommen.

Abb. 251: „Die schöne neue Welt" – Das fantastische Massenüberwachungssystem Chinas ist schon auf dem Weg in den Westen.

„Smarte" Technologie (den wahren Kontext erkläre ich in einem der folgenden Kapitel) ermöglicht eine ständige Massenüberwachung. Die kommunistisch-faschistische (das ist genau dasselbe) Regierung Chinas nutzt dieses Potenzial für ihr Sozialkreditsystem. Damit wird das Verhalten der gesamten Bevölkerung genau verfolgt, und die einzelnen Personen erhalten dafür Plus- oder Minuspunkte. Wer tut, was die Regierung wünscht, bekommt Punkte gutgeschrieben, wer sich nicht an die Vorgaben hält, dem werden Punkte abgezogen. Letzteres hat natürlich schwerwiegende Folgen. In einem Dokument der chinesischen Regierung aus dem Jahr 2014 heißt es, dass das System „es den Vertrauenswürdigen ermöglichen soll, sich überall unter dem Himmel zu bewegen, während es den in Misskredit Stehenden schwer gemacht wird, auch nur einen Schritt zu tun".

Diese Leute machen keine Witze. Ende 2018 gab das Nationale Sozialkredit-Informationszentrum bekannt, dass chinesische Gerichte 17,5 Millionen mal den Kauf von Flugtickets und 5,5 Millionen mal den von Bahnkarten untersagt hätten, weil die betreffenden Personen offiziell „in Misskredit geraten" waren. (Die „Pandemie" wird im Westen gerade für dieselben Zwecke ausgenutzt.) Wenn man diese Methode auf ein garantiertes (geringes) Grundeinkommen anwendet, dann bekommt nur der etwas bezahlt, der sich an die Vorgaben der Regierung hält. Und das ist auch schon die wahre Geschichte hinter dem „bedingungslosen" Grundeinkommen und der Grund dafür, dass Betrüger und Zensoren aus dem einen Prozent wie Zuckerberg es unterstützen und sich selbst damit als nett und mitfühlend präsentieren. Doch ein kleines garantiertes Einkommen ohne alternative Methode zum Geldverdienen bedeutet nichts anderes als die Hungerspiele-Gesellschaft.

Einen kleinen Eindruck, wie sich das chinesische System im Westen ausbreitet, erhalten wir, wenn wir uns die Silicon-Valley-Firma Airbnb ansehen, die daran schuld ist, dass Menschen auf der ganzen Welt aus ihren Wohnungen geworfen wurden, weil sich diese über Airbnb gewinnbringender an Touristen vermieten lassen. Das funktioniert ähnlich wie beim Silicon-Valley-Unternehmen Uber, das mit seinem Geld-spielt-keine-Rolle-Geschäftsplan weltweit lokale Taxibetriebe ruiniert und unweigerlich zu autonomen Taxis führen wird. Airbnb hat nun eine Technologie entwickelt, die das Internet und Social-Media-Konten durchforstet, um so die Charaktereigenschaften potenzieller Mieter auszuspionieren. Die Analysesoftware der Firma setzt KI dazu ein, mit „Drogen oder Alkohol", „Hass-Websites" oder Sexarbeit in Verbindung gebrachte Menschen auf eine schwarze Liste zu setzen. Dazu „scannt sie mit einem potenziellen Kunden zusammenhängende Schlagwörter, Bilder und Videoaufnahmen im Internet, um die Vertrauenswürdigkeit dieser Person zu bewerten". Das Programm beurteilt „Verhaltens- und Persönlichkeitsmerkmale" einschließlich „Verantwortungsbewusstsein und Offenheit". Das Sozialkredit-System Chinas ist nicht mehr weit.

Der Kult entwaffnet das Volk

Damit komme ich zum Mittelteil der Hungerspiele-Pyramide: dem Polizei- bzw.Militärstaat, der gerade vor unser aller Augen auf der ganzen Welt entsteht. Seine Aufgabe ist, das eine Prozent vor den verarmten Massen zu schützen und den Willen des einen Prozents dem Rest der Menschheit aufzuzwingen, wie das auch in den „Die Tribute von Panem"-Filmen zu sehen ist (und heutzutage in den Lockdowns bereits passiert). Der Plan besteht darin, Polizei und Militär zu einer Truppe zu verschmelzen; daher sieht die Polizei dem Militär auch mit jedem Jahr ähnlicher (Abb. 252). Polizeibeamte sind mittlerweile bis an die Zahnwurzeln bewaffnet, während gleichzeitig permanent öffentlicher und politischer Druck ausgeübt wird, das Volk zu entwaffnen. Vor allem Amerikaner sollen keine Waffen mehr besitzen dürfen, auch wenn sie in abgelegenen Häusern wohnen, zu denen die Polizei im Notfall nicht schnell kommen kann.

Abb. 252: Schleichender Totalitarismus – Polizisten sehen immer mehr aus wie Militär und verhalten sich auch so, weil die beiden Organisationen in einem globalen Polizei-/Militärstaat miteinander verschmelzen sollen.

Ist das reiner Zufall? Unmöglich. Ich schreibe das als jemand, der sich eine Welt ohne Feuerwaffen wünscht. Ich kann diese Dinger nicht ausstehen und habe noch nie mit einer geschossen, außer auf dem Jahrmarkt, um eine Kokosnuss zu gewinnen. Doch wir müssen die Welt so sehen, wie sie ist, und nicht, wie wir sie gerne hätten. Wenn man eine schwer bewaffnete, vom Kult kontrollierte Polizei und ein ebensolches Militär hat, dem eine unbewaffnete Bevölkerung gegenübersteht – wie wird das wohl enden? Mit den heute verfügbaren Methoden zur Bewusstseinskontrolle ist es ein Kinderspiel, Jugendliche und andere Menschen zu programmieren, damit sie in Schulen und Einkaufszentren Amok laufen. Und dann wird der Ruf nach der Beschlagnahme von Waffen eben wieder lauter. Glauben die Leute denn tatsächlich, dass Kriminelle und Irre sich keine Feuerwaffen beschaffen und diese dann auch benutzen werden, nur weil das Gesetz es verbietet? Um Himmels willen, es handelt sich um *Kriminelle und Irre!* Ist es wahrscheinlicher, dass bewaffnete Kriminelle ein Haus überfallen, von dem sie nicht wissen, ob die Bewohner bewaffnet sind, als dass sie einen Überfall begehen, wenn klar ist, dass die Überfallenen ihren Waffen schutzlos ausgeliefert sind?

Der ultrazionistische Multimilliardär Michael Bloomberg, ehemaliger Bürgermeister von New York und gescheiterter Präsidentschaftskandidat der Demokraten, finanziert Kampagnen gegen Waffenbesitz, um so die Agenda des Kults voranzutreiben. Der Wunsch, die gesetzestreue Bevölkerung zu entwaffnen, lässt sich nicht von dem außerordentlich hohen Überwachungsniveau trennen, das heute schon besteht. Das hängt alles miteinander zusammen. Es ist der schleichende Totalitarismus auf dem Weg zu einem globalen, vom Kult kontrollierten Polizei-/Militärstaat, der den Plan einer vom Kult kontrollierten Weltregierung durchsetzen soll. Das chinesische Sozialkreditsystem ist nur ein Vorgeschmack darauf, welche Extreme uns erwarten.

Das im Besitz des Kults befindliche Silicon Valley und die damit verbundenen Technologieriesen aus aller Welt haben in China ein gigantisches und ständig wachsendes Netzwerk der Totalüberwachung eingerichtet, in dem jegliche Handlung der Menschen aufgezeichnet und in Datenbanken gespeichert wird, aus denen bald eine einzige weltweite Datenbank werden soll. Sie werden schon heute von Smart-TV-Geräten, Smartphones, smarten Digitalassistenten, Kameras – zunehmend mit Gesichtserkennungsfunktion – und durch jede ihrer Onlineaktionen beobachtet und aufgezeichnet. Die Liste wird immer länger und umfassender. Eine neue Entwicklung sind smarte Straßen, in denen die Laternenmasten mit Mikrofonen ausgestattet sind. Die Einführung von 5G wird das Potenzial zur Verfolgung und Datensammlung einen weiteren gigantischen Sprung nach vorn bringen. Eine technologische Tyrannei, wie sie sich nicht einmal George Orwell hätte ausdenken können, ist sehr schnell Wirklichkeit geworden.

Öffnet die Grenzen!

Im Laufe der Jahre habe ich immer wieder Insider des Kults entlarvt und beschrieben, wie diese Leute das „Gesetz des Dschungels" durchsetzen wollen, in dem sich die Menschen permanent in einem Zustand von Angst und Schrecken befinden und daher offener für orwellsche Kontrollmaßnahmen sind, die sie davor schützen sollen, was man ihnen zu fürchten eingetrichtert hat. Teil dieser Angst-und-Chaos-Agenda ist die Öffnung der Südgrenze der Vereinigten Staaten für psychopathische Gangs, die über Mexiko in die USA eindringen. Eine davon heißt MS-13 und hat das schöne Motto „Töte, vergewaltige und kontrolliere". Mexikanische Drogenkartelle, die Psychopathie und Brutalität auf eine ganz neue Ebene der Verdorbenheit gebracht haben, nutzen die praktisch offenen Grenzgebiete dazu, Amerika mit Drogen zu überschwemmen, und zählen auch weltweit zu den wichtigsten Lieferanten. Mexiko wird von diesen Kartellen regiert, Recht und Ordnung bedeuten dort im Grunde nichts mehr.

Die dahinterstehende Absicht ist es, die Lage so schlimm werden zu lassen, dass es zu einem massenhaften und nicht mehr aufzuhaltenden Ansturm der Menschen aus dem Süden in die USA kommt. Viele der Leute, die illegal über die Grenze einwandern, bringen in den Vereinigten Staaten Kinder zur Welt, die damit automatisch eine amerikanische Staatsbürgerschaft erhalten. Sie wissen, dass die Behörden den Rest der Familie dann nicht abschieben werden. Die Anzahl dieser „Ankerkinder", die von illegalen Einwanderern zur Welt gebracht wurden, betrug im Jahr 2019 laut Berichten 372.000 – das ist mehr als die Geburtenrate bei US-Bürgern in 48 Bundesstaaten. Der milliardenschwere Finanzier George Soros, der Teil des ultrazionistischen weltweiten Netzwerks ist (so sehr er das auch zu verbergen sucht), finanziert sowohl die illegale Einwanderung nach Amerika und Europa als auch die Wahlkampagnen von New-Woke-Staatsanwälten in den gesamten USA. Sind diese Staatsanwälte erst auf ihren Posten, dann weigern sie sich, illegale Migranten und Kriminelle (einschließlich Mörder) zu verfolgen und entkriminalisieren zudem eine ganze Reihe von Vergehen. Damit schafft man den „Dschungel", den die Insider des Kults herbeiführen wollen. Es zeigt übrigens auch die wahre Bedeutung der folgenden Aussage von Michael Bloomberg, dem milliardenschweren Unternehmer und Ex-Bürgermeister von New York: „Ich glaube, dass wir wieder ein Land sein können, das Einwanderer willkommen heißt, sie wertschätzt und respektiert und sie befähigt, den amerikanischen Traum zu verwirklichen."

Abb. 253: „Teile und herrsche": Der Grund für die Massenimmigration ganzer Kulturen und für die Besessenheit, überall und in allem Rassismus zu wittern (Bild: Gareth Icke)

Die Massenimmigration nach Europa und in die Vereinigten Staaten ist eine Frontlinie der vom Kult diktierten Agenda. Sie soll Gesellschaften transformieren und hat neben anderen Absichten das Ziel, getreu dem Teile-und-herrsche-Prinzip Konflikte zwischen einheimischen und einwandernden Kulturen zu erzeugen (Abb. 253). Dem Kult sind die Migranten völlig schnurz. Sie sind nur Bauern in einem Spiel, das den Willen genau desselben Kults durchsetzen soll, der ihre Länder bombardiert und ihre Landsleute in Staaten wie Libyen und Syrien in Stücke gerissen hat. Der Kult wusste sehr gut, dass er sie damit auf der Suche nach einem sicheren Leben Richtung Europa treiben würde. Ich bin absolut dafür, Migranten zu helfen, die vor Krieg und Verfolgung geflüchtet sind – auch wenn diese Konflikte hauptsächlich durch die vom Kult gesteuerten westlichen Staaten ausgelöst wurden, um Chaos und Kontrolle zu erzeugen. Man muss aber doch festhalten, dass die überwiegende Mehrheit der Migranten vor keinem Krieg flüchtet, sondern nur nach Europa und in die USA will. Ich an ihrer Stelle würde das auch wollen.

Dabei darf man aber nicht vergessen, was diese Migrationsbewegung für die europäische und amerikanische Gesellschaft bedeutet. Die deutsche Zeitung *Die Welt* räumte ein, dass die meisten Migranten, die übers Mittelmeer nach Europa kommen, keine echten Flüchtlinge sind: „Anders als häufig behauptet, handelt es sich bei den in Italien Ankommenden mehrheitlich nicht um Flüchtlinge. Hauptherkunftsstaaten von Bootsmigranten im Januar [2020] waren laut italienischem Innenministerium Algerien, Elfenbeinküste und

Bangladesch." Die Zahlen des italienischen Innenministeriums deuten darauf hin, dass viele dieser Menschen aus Tunesien, Algerien und der Türkei kommen. Den meisten von ihnen wird weder ein Asyl- noch ein Flüchtlingsstatus zuerkannt, doch in Europa bleiben sie meist trotzdem. Das deutsche Bundesamt für Migration und Flüchtlinge musste zugeben, dass nur ein kleiner Teil der abgelehnten Asylbewerber aus Afrika abgeschoben wurde und dass dies bei den meisten wohl nie der Fall sein wird. Und wer wirklich abgeschoben wird, kommt einfach zurück.

Der Zeitpunkt, an dem ein unaufhaltsamer Exodus von Menschen aus dem Süden nach Europa und in die Vereinigten Staaten strömen wird, ist genau geplant. Ich habe schon in „The Trigger" geschrieben, dass die Türkei irgendwann ihr mit der EU vereinbartes Flüchtlingsabkommen brechen und ihre Grenzen nach Europa öffnen wird, wodurch möglicherweise Millionen weitere Migranten Richtung Norden losmarschieren. Ende Februar 2020 gab die türkische Regierung unter ihrem tyrannischen Staatspräsidenten Erdogan bekannt, dass sie Menschen aus Syrien und anderen Ländern, die nach Europa wollen, nicht länger zurückhalten werde. Türkische Beamte sprachen davon, „für Migranten die Schleusen nach Europa zu öffnen".

Ich bin kein Prophet. Ich weiß nur, wie das Spiel funktioniert. Das macht es mir recht einfach, Ereignisse vorherzusagen. Erdogan sagte, die Lage werde sich erst dann ändern, wenn die EU das Abkommen neu verhandelt hat. Doch selbst dann ist die Bedrohung noch nicht vorbei. Dieser Tyrann ist angeblich „antiisraelisch" eingestellt, schafft es aber trotzdem irgendwie, die aus Israel stammenden sabbatianisch-frankistischen Pläne des Kults zu fördern, die europäische Gesellschaft mit Migranten zu überschwemmen. Er unterstützt auch die vom ultrazionistischen Project for the New American Century gestarteten Bestrebungen, den syrischen Präsidenten Assad abzusetzen. Aber vielleicht ist er ja nur ein bisschen verwirrt … Jedenfalls habe ich in meinen letzten beiden Büchern Belege dafür veröffentlicht, dass Mustafa Kemal Atatürk, der erste Präsident der Republik Türkei, ein falscher Moslem war und in Wahrheit als Agent im Interesse der Sabbatianer-Frankisten handelte.

Ich will damit keinesfalls etwas gegen Migranten sagen, die auf der Suche nach einem besseren Leben sind. Ich lege einfach nur dar, wie der Plan aussieht. Ich warne seit vielen Jahren vor dieser Agenda, seit dem Beginn der Massenimmigration. Meine Ansicht tauchte im Jahr 2020 im gesellschaftlichen Mainstream auf, als der ungarische Außenminister Péter Szijjártó die Warnung aussprach, dass die (vom Kult geschaffenen und gesteuerten) Vereinten Nationen ein Programm der Massenimmigration finanzieren, das „die gesamte Menschheit bedroht". Bei einer UN-Konferenz in Wien behauptete er, dass die Vereinten Nationen Agenturen finanziell unterstützen, die Menschen auffordern, ihre Heimatländer zu verlassen und sich in die westlichen Staaten aufzumachen. Szijjártó sprach über den 2018 verabschiedeten UN-Migrationspakt, der westliche Regierungen dazu zwingt, noch mehr Migranten aus anderen Kulturen aufzunehmen. Janice Atkinson, eine britische Abgeordnete im Europäischen Parlament, ist der Ansicht, dass der Pakt binnen weniger Jahre zum Ansturm von 59 Millionen neuen Migranten auf Europa führen könnte.

Es lässt sich unschwer beobachten, dass jede Kritik an der Massenimmigration und ihren Folgen sofort als „Hassrede" kriminalisiert wird, um zu verhindern, dass die Politik der kulturellen Auslöschung öffentlich bekannt wird. Wir haben uns diesem Stadium übrigens schon stark angenähert. Das seit Langem geplante Motiv wird durch ein UN-Dokument aus dem Jahr 2001 mit dem Titel „Replacement Migration: Is It a Solution to Declining and Ageing Populations?" [dt. etwa: „Bestandserhaltungsmigration: Ist sie eine Lösung für das Problem schrumpfender und alternder Bevölkerungen?"] belegt. Darin hieß es, dass man das Problem einer abnehmenden Bevölkerungszahl möglicherweise durch den Import Hunderter Millionen Migranten nach Europa lösen könnte. Das Dokument schätzt, dass in Europa bis 2025 mindestens 159 Millionen Arbeitsmigranten benötigt würden, „um das derzeitige Gleichgewicht von vier bis fünf Werktätigen auf einen Pensionisten aufrechtzuerhalten". Im Extremfall wären aber bis zum Jahr 2050 ganze 1,4 Milliarden Migranten notwendig, mit einer Einwanderungsquote von durchschnittlich 25,2 Millionen im Jahr. Zu diesem Zeitpunkt würden dann 1,7 Milliarden Migranten oder deren Nachkommen drei Viertel der europäischen Gesamtbevölkerung von 2,3 Milliarden Menschen ausmachen.

In dem Dokument hieß es auch, dass es in den Vereinigten Staaten „notwendig sein würde, zwischen 1995 und 2050 insgesamt 593 Millionen Migranten einwandern zu lassen, durchschnittlich 10,8 Millionen Menschen im Jahr". Und weiter: „2050 wären dann bei einer US-Gesamtbevölkerung von 1,1 Milliarden Menschen 775 Millionen oder 73 Prozent Migranten, die nach 1995 eingewandert sind, oder deren Nachkommen." Angesichts dessen ist es abschreckend, wenn man sich Videos von ultrazionistischen und sabbatianisch-frankistischen Extremisten und „Rabbis" ansieht, die ganz offen sagen, dass sie den Islam dazu nutzen, die europäische Gesellschaft zu transformieren und „Edom" – Rom und die Christenheit – zu zerstören. David Touitou, ein „Rab" – ein hebräischer „Gelehrter" bzw. „spiritueller Führer" – sagte: „Ihr werdet nirgends mehr hinfliehen können. Der Islam ist der Besen Israels." Diese Verrückten behaupten, dass der jüdische Messias nur zurückkehren wird, wenn Europa und die Christenheit „total zerstört" sind (das gilt auch für die USA). Touitou, der mit seinem schockierenden Extremismus alles andere als ein Einzelfall ist, sagte außerdem:

> Ich frage euch also: Ist es eine gute Nachricht, dass der Islam Europa überrollt? Es ist sogar eine exzellente Nachricht! Es bedeutet nämlich die Ankunft des Messias [der die ganze Welt von Israel aus reagieren wird]. [...] Ihr Europäer werdet teuer bezahlen, wie teuer, das könnt ihr noch nicht einmal erahnen. [...] Ihr werdet nirgends mehr hinfliehen können. Für all das Böse, das ihr Israel angetan habt, werden ihr hundertfach bezahlen.
>
> Wenn Italien verschwunden sein wird [...] wenn Edom [Rom] [...] weg ist, und genau das ist es, was der Islam tun wird. Der Islam ist der Besen Israels, und dies sollt ihr wissen.

Sobald „Edom" weg ist, wird sich dieser Wahnsinn der Zerstörung des Islam zuwenden und so weiter und so fort. In „The Trigger" können Sie den genauen Hintergrund dessen nachlesen, was da aus Israel von den sabbatianisch-frankistischen Satanisten inszeniert wird. Dann werden Sie auch sehen, warum die Definition des „Antisemitimus" dauernd erweitert und mittels Zensur durch die sabbatianisch-frankistische Antisemitismusmafia durchgesetzt wird, damit all dies nicht bekannt wird und diskutiert werden kann. Die von Millionären wie der ultrazionistischen Galionsfigur George Soros geförderte New-Woke-Mentalität strebt offene Grenzen an, ohne dass je über deren (vom Kult gewünschte) Folgen für die betroffenen Länder und deren Einwohner einschließlich früherer Migranten gesprochen wird. Diese Leute, abgesehen vom harten Kern, erkennen mit Sicherheit nicht, dass sie einen Plan zur Umwandlung der Bevölkerungsstruktur fördern, der von dem einen Prozent gesteuert wird. Über die logischen Folgen wird einfach nicht nachgedacht, weil die New-Woke-Anhänger ohnehin nichts lieber tun, als ihre angebliche Tugendhaftigkeit rund um die Uhr öffentlich zur Schau zu stellen.

Die Denk- oder vielmehr Fühlweise der New-Woke-Bewegung ist ein Wahrnehmungsvirus, das zuerst die angeblich „linken" politischen Parteien befallen hat und sich dann auf die Parteien der Mitte und der „Konservativen" ausbreitete. Die selbstverliebte Schickeria, die erster Klasse oder überhaupt gleich im Privatjet aus ihren Luxusvillen durch die Gegend fliegt, um das dumme Volk darüber zu belehren, wie dringend man den Planeten vor dem Klimawandel retten, den Armen und Bedürftigen helfen sowieso sämtliche Grenzen einreißen soll, ist von diesem Virus fast völlig infiziert. Sie wenden sich empört gegen Grenzmauern, finden aber nichts Schlechtes an den Mauern um ihre eigenen feudalen Grundstücke.

Abb. 254: „Masseneinwanderung: billige Arbeitskräfte für das eine Prozent" – *Die Massenimmigration von Menschen und Kulturen nach Europa und in die USA wird vom Kult und seinem einen Prozent betrieben, aber von den Woke-Aktivisten – die angeblich gegen das eine Prozent sind – bejubelt.*

Die unkontrollierte Migration ist in erster Linie – und wie immer – eine Katastrophe für die Armen und Arbeitslosen, wohingegen die Reichen davon profitieren. Die Mindestlöhne sinken in den Keller, weil die Konkurrenz unter den Arbeitswilligen so groß ist, dass viele bereit sind, für noch weniger Geld zu arbeiten. Die zur Verfügung stehenden Arbeitsplätze werden mehr und mehr reduziert. Die Reichen wiederum müssen geringere Löhne zahlen und freuen sich über ein unbegrenztes Angebot an Dienern und Putzpersonal, die zu günstigsten Preisen in ihren edlen Anwesen arbeiten (Abb. 254). In den USA sind vor allem die Schwarzen von dieser vorhersagbaren Entwicklung betroffen, doch das Muster lässt sich in allen Ländern mit Masseneinwanderung beobachten. Die Milliardäre streifen noch mehr Geld ein, und die Armen verarmen noch weiter. Schuld daran ist ein unverschämtes und eigentlich ziemlich durchsichtiges Täuschungsmanöver, das die New-Woke-Anhänger, die sich selbst als „Krieger für soziale Gerechtigkeit" sehen, unablässig propagieren. Wenn die Folgen für die Opfer dieser Politik nicht so tragisch wären, könnte man diese „Krieger" als reine Lachnummer betrachten.

Schritt für Schritt

Das seit Langem geplante Ergebnis wird durch eine Reihe miteinander verbundener Schritte erreicht. Sie erzeugen einen Dominoeffekt, der die westliche Gesellschaft nach dem Willen des Kults dominieren soll.

1. Man manipuliere Kriege im Nahen und Mittleren Osten, unterstütze Drogenbanden und kriminelle Kartelle in Zentral- und Südamerika dabei, Gemeinden zu terrorisieren, und ruiniere die betroffenen Gesellschaften finanziell, um eine Kombination aus extremer Gefahr und Not zu erzeugen.
2. Da man weiß, dass eine große Anzahl von Menschen versuchen wird zu flüchten, und sowohl für den Nahen und Mittleren Osten als auch für Zentral- und Südamerika gilt, dass diese Fluchtbewegung Richtung Norden gehen wird, kann man so Europa und die USA ins Visier nehmen.
3. Man unterstütze Gruppierungen, die den Flüchtenden bei der Überfahrt helfen und dadurch noch viel mehr Menschen ermutigen, als „Huckepack“-Passagiere mitzureisen, weil man ihnen versprochen hat, sie ins „gelobte Land“ zu bringen. Die George-Soros-Netzwerke haben an diesem Punkt entscheidend mitgewirkt.
4. Man setze eine solche Masse von Menschen in Bewegung, dass die Zielländer davon überrollt werden. Dabei versichere man sich der Unterstützung der vom Kult geschaffenen Europäischen Union und dem Kult dienlicher politischer Führer wie Angela Merkel, die die deutschen Grenzen öffnete und verkündete: „Lasst alle herein!“ Das Gleiche passierte in Schweden, und die New-Woke-Demokraten in Amerika fordern ebenfalls, dass man „die Grenzen für alle öffnen“ solle. Die schwedische Arbeitsmarktbehörde gab bekannt, dass im Jahr 2019 nur 6,1 Prozent der neu angekommenen Migranten eine Vollzeitstelle finden konnten, die nicht von der Regierung bezuschusst wird. Migranten sind nur ein Mittel zum Zweck.
5. Man lasse die von US-Demokraten kontrollierten New-Woke-Stadtverwaltungen und -Bundesstaatregierungen „Zufluchtsstädte“ (engl.: *sanctuary cities*) ausrufen, in denen illegal Eingewanderte vor der Polizei- und Zollbehörde ICE sicher sind. Zusätzlich stelle man diese Behörde in ein negatives Licht und fordere ihre Auflösung.
6. Man verurteile Forderungen nach dem Bau einer Mauer oder eines Zauns zur Sicherung der Grenze als rassistische Intoleranz und Nazi-Ideologie. Dazu verwende man die übliche Schwarz-Weiß-Fantasie, der zufolge alle Migranten gut sind und jeder, der ihre Anzahl und die Folgen der Einwanderung thematisiert, automatisch böse ist und zum Schweigen gebracht werden muss. Die Zensur wird von den Milliardären am Ruder der Silicon-Valley-Konzerne geliefert, die aus den luxuriösen Firmenzentralen und von Mauern umgebenen Villen ihre New-Woke-Rechtgläubigkeit zur Schau stellen. „Mach uns doch einen Tee, Sergio – und da ist noch etwas Dreck auf dem Boden.“

7. Man kehre die oft katastrophalen Folgen dieser Ereignisse für den Arbeitsmarkt, die Verbrechensrate und die Wirtschaft in Ländern wie Schweden oder Deutschland unter den Teppich, indem man auf die Unterstützung durch willfährige, rückgratlose Medien setze und jeden, der die Wahrheit ausspricht, als intoleranten Menschen, Rassisten und Nazi diffamiere, was für die betroffenen Personen zu einem Verlust des öffentlichen Ansehens und des Arbeitsplatzes führt. Beobachter, die derselben Meinung sind, halten dann lieber den Mund, weil sie ähnliche Konsequenzen fürchten. Auf diese Art mache man Andersdenkende mundtot und habe dadurch freie Hand, die Einwanderungsquote zu erhöhen und ihre Folgen noch zu verstärken.

8. Irgendwann ist – wie mittlerweile in Schweden – der Punkt erreicht, an dem man die Wahrheit zwischen Bombenanschlägen, Brandstiftung, Mord und Vergewaltigung nicht länger verbergen kann. Ulf Kristersson, der Vorsitzende der Moderaten Sammlungspartei, zitierte Zahlen des schwedischen Beirats für Kriminalitätsverhütung als Beweis dafür, dass die Regierung die Kontrolle über das Land verloren habe – er sprach von 230 Bombenanschlägen allein im Jahr 2019. Zu diesem Zeitpunkt spielen solche Erkenntnisse aber keine Rolle mehr, da die Aufgabe erledigt und das Geschehene nicht mehr rückgängig zu machen ist.

9. Nun lasse man noch extremere New-Woke-Regierungen wählen, öffne die Schleusen weiter, transformiere die Zielgesellschaft – und schon ist die Hungerspiele-Struktur etabliert.

Minderheitenschutz

Ich möchte mit meinen Worten keineswegs alle Migranten kritisieren oder kollektiv verurteilen. Es geht mir vielmehr darum, die Tatsache anzuprangern, dass hier Menschen mit oft tragischen Schicksalen kaltblütig und berechnend für politische Ziele ausgenutzt werden. Ich will auch zeigen, wie widersinnig es ist, Migranten und Minderheiten als Kollektiv und nicht nach ihrem individuellen Verhalten zu beurteilen. Nehmen Sie eine beliebige ethnische, kulturelle, sexuelle oder religiöse Volksgruppe her, und Sie werden darin *unweigerlich* wirklich nette Menschen, Durchschnittsbürger und Psychopathen finden. Die vom Kult programmierte New-Woke-Bewegung kann mit solchen simplen Feinheiten einfach nicht umgehen. Sie nimmt nur Schwarz und Weiß wahr, sowohl in ethnischer als auch in ideologischer Hinsicht. Aus ihrer eingeforderten Inklusion wird eine Exklusion, weil für sie Weiße insgesamt schlecht und alle anderen Farbschattierungen arme Opfer der bösen weißen Menschen sind. Sie sagen sogar weißen Obdachlosen, die in San Francisco inmitten all des Unrats dahinvegetieren, weiße Vorherrschaft und Privilegien nach. Meine Güte – die Milliardäre hinter diesen New-Woke-Soldaten verstehen es wirklich, Gedanken zu manipulieren! New Woke ist einfach nur ein anderer Ausdruck für Umkehrung – alles ist umgekehrt, umgedreht, verkehrt (Abb. 255).

Abb. 255: „'Inklusions'-Gruppen – die ausschließen ... Anti-Hass-Gruppen – die hassen ... Antirassistische Gruppen – die rassistisch sind ... Antisexistische Gruppen – die sexistisch sind ... Diversitäts-Gruppen – die die Diversität zerstören" – *Wenn man die Wahrheit über die Woke-Tyrannei wissen will, muss man nur alle von ihr verwendeten und vertretenen Begriffe in ihr Gegenteil verkehren.*

Die New-Woke-Agenda des Kults für das Ende von Amerika – zumindest in einer Form, die noch halbwegs mit den heutigen USA zu tun hat – ist im Gesetzentwurf „New Way Forward Act" („Neuer Weg vorwärts") vorgezeichnet, den der in Mexiko geborene Sozialist Jesús García eingebracht hat, der als Mitglied der Demokratischen Partei für Illinois im Repräsentantenhaus sitzt. Das Gesetz soll die illegale Einwanderung entkriminalisieren und würde unzählige Menschen dazu bringen, ohne jede Angst vor Konsequenzen einfach über die oft schwach verteidigte Grenze zu spazieren. Wenn diese illegalen Migranten einmal in den USA wären, könnte man sie aufgrund dieses Gesetzes nur mehr sehr schwer zurückweisen – und das würde auch für Gewaltverbrecher gelten. Das Gesetz würde jenen Leuten Tür und Tor öffnen, die in anderen Ländern Kapitalverbrechen begangen haben, und es ihnen ermöglichen, sich in den USA niederzulassen. Einwanderungsgesetze und deren Durchsetzung würden praktisch verschwinden. Was hätten Grenzpatrouillen auch für einen Sinn, wenn es nicht illegal ist, die Grenze zu überschreiten, und man niemanden festnehmen kann, der ins Land eindringt? Der Nachrichtenmoderator Tucker Carlson machte die Öffentlichkeit auf den Kontext dieses Gesetzentwurfs aufmerksam, der von den New-Woke-Medien so gut wie ignoriert wurde:

> Nach geltendem Recht können legale US-Einwanderer abgeschoben werden, wenn sie eine „schwere Straftat" oder eine „Straftat gegen die Sittlichkeit" – also eine abscheuliche, verwerfliche Tat wie Kindesmissbrauch – begangen haben. Nach dem New Way Forward Act sollen „Straftaten gegen die Sittlichkeit" als Abschiebungsgrund ersatzlos gestrichen werden, und auch die Kategorie der „schweren Straftaten" wäre dann eingeschränkt. Was bedeutet das?
>
> Bedenken Sie Folgendes: Nach geltendem Recht müssen Einwanderer, die Schwerverbrechen wie Raub, Betrug oder sexuellen Kindesmissbrauch begehen, unabhängig vom Strafmaß, zu dem man sie verurteilt, ausgewiesen werden. Andere Straftaten – weniger schwere wie Mitgliedschaft in einer Verbrechensorganisation – führen zur Abschiebung, wenn der Täter zu einer mindestens einjährigen Haftstrafe verurteilt wurde. Wird dieser Gesetzentwurf aber vom Repräsentantenhaus und dem Senat verabschiedet und vom Präsidenten unterzeichnet, dann wird es kein Verbrechen mehr geben, das eine automatische Abschiebung nach sich zieht. Kein einziges.

Das Mindeststrafmaß, bei dem nach dem neuen Gesetz doch noch eine Abschiebung möglich wäre, würde sich von einem Jahr auf fünf Jahre Haft erhöhen – und selbst dann läge es noch im Ermessen des Richters, nicht abzuschieben. Die ICE müsste das Gericht davon überzeugen, dass ein illegaler Migrant eine Gefahr darstelle oder ein Fluchtrisiko bestehe, doch den Beamten wäre es dabei verboten, zum Beweis für ihre Behauptung frühere kriminelle Aktivitäten vorzubringen – auch nicht Vergewaltigung, Kindesmissbrauch und Drogenhandel. Noch irrwitziger ist die Bestimmung, mit der die Regierung dazu gezwungen werden soll, eine „Möglichkeit für bereits Abgeschobene zu schaffen, die Rückkehr zu ihrem Zuhause und ihren Familien in den Vereinigten Staaten zu beantragen", wenn sie nach den neuen Regeln nicht abgeschoben worden wären. Das würde eine rückwirkende Grenzöffnung bedeuten. Der Steuerzahler würde dafür bezahlen müssen, dass bereits Abgeschobene ausfindig gemacht und „zu ihrem Zuhause" zurückgebracht werden, von wo sie ursprünglich wegen krimineller Taten verwiesen worden waren. Nur zur Konkretisierung: In den Jahren 2002 bis 2018 wurden 480.000 Personen wegen illegaler Einreise oder Wiedereinreise in die USA abgeschoben; diese Leute wären nach dem Gesetzentwurf dazu berechtigt, „zu ihrem Zuhause" zurückzukehren.

Vor der Präsidentschaftswahl des Jahres 2020 hatte der Gesetzentwurf keine Chance, verabschiedet zu werden. Hätte Donald Trump ihn unterzeichnet, wäre das ein politischer Selbstmord gewesen – und auch unter Präsident Biden wurde bisher noch kein Schritt in diese Richtung unternommen. Der Entwurf zeigt jedoch, was geschehen würde, wenn die New-Woke-Ideologen an die Macht kämen, und bestätigt den Plan des Kults, Amerika durch die Freilassung von Kriminellen zerstören, die Chaos anrichten und das Recht des Stärkeren durchsetzen sollen. Dass die Idee, die Grenze zu Mexiko zu öffnen, ausgerechnet von dem in Mexiko geborenen US-Politiker Jesús García stammt, zeigt zudem, dass es den New-Woke-Vertretern völlig egal ist, ob sie auch nur das kleinste bisschen politische Integrität demonstrieren, und dass sie ihre Absichten auch nicht mehr verschleiern wollen, sondern sie mittlerweile ganz offen zur Schau stellen.

Zwischen Migranten, die ein besseres Leben für sich selbst und ihre Familien suchen oder vor einem Krieg flüchten, und den Psychopathen der amerikanischen MS-13 und der gewalttätigen Banden in Schweden, Deutschland und Frankreich, die ehemals friedliche Gemeinden terrorisieren, besteht ein gewaltiger Unterschied. In Schweden gibt es immer mehr No-go-Areas, in die sich die Polizei nur in größeren Teams traut und wohin Rettungsdienste nach Angriffen durch Migranten nicht mehr fahren wollen. Als Reaktion darauf startete man eine Initiative zur Rekrutierung einer „vielfältigeren" Polizeitruppe mit „sprachlicher und kultureller Kompetenz". Diese Initiative ging jedoch bald in die Hose, weil die Hälfte der Bewerber bei den Zulassungstests durchfiel. Aber das macht doch nichts, dann setzt man die Aufnahmekriterien eben herunter.

Der oberste Migrationsbeauftragte Mikael Ribbenvik, Leiter der schwedischen Einwanderungsbehörde, ging an die Öffentlichkeit, um die Schweden davor zu warnen, dass ihr Land „zu einem Zufluchtsort für Kriegsverbrecher und potenzielle Terroristen" werde, weil die Regierung Pässe und Sozialleistungen an mutmaßliche gefährliche Kriminelle ausgebe, die durch das Gesetz vor einer Abschiebung geschützt sind. (Wir erkennen das Muster ...) Laut Ribbenvik können andere Länder „nur schwer verstehen, dass wir Leute für gefährlich halten, ihnen aber trotzdem Pässe und Aufenthaltsgenehmigungen geben". Sobald man aber erkennt, dass es in Wahrheit darum geht, die weiße schwedische Kultur zu zerstören und die Gesellschaft des Landes in ein Schlachtfeld der Angst und des Rechts des Stärkeren zu verwandeln, ist es gar nicht mehr „schwer zu verstehen", warum solche Dinge passieren. Politische Korrektheit und „Hassrede" sind nichts als Vorwände, die verhindern sollen, dass dieses Thema offen diskutiert und aufgedeckt wird.

Pakistanische und asiatische Banden, die in britischen Städten weiße Mädchen vergewaltigen und sie zum Opfer von Menschenhandel machen, blieben jahrelang von der Polizei und den Politikern – die beide genau wussten, was vor sich ging – unbehelligt, bevor die Tatsachen ans Licht kamen und auch offiziell nicht mehr zu leugnen waren. Diese Verbrechen ereignen sich dennoch nach wie vor in ungeheurem Ausmaß. Ein Mädchen wurde in der nordenglischen Stadt Huddersfield bis zu ihrem *15.* Lebensjahr zum Sex mit *300* „Männern" genötigt. Man nennt diese Banden „Grooming-Gangs" und tut so, als würden sie „nur" minderjährige Mädchen verführen, doch in Wahrheit handelt es sich um Vergewaltiger, Psychopathen und Kinderhändler. Sie sind brutal, sexistisch, rassistisch, also all das und mehr, gegen das sich die New-Woke-Jünger so gern empören – aber nur, wenn es gegen Weiße geht. Ansonsten übt sich die New-Woke-Bewegung in ohrenbetäubendem Schweigen. Die Entlarvung dieser Psychopathen würde ja das Narrativ von der wunderbaren und hilfreichen Masseneinwanderung infrage stellen, und das ist dem System viel wichtiger als übel missbrauchte junge Mädchen. Hätte es sich hingegen um weiße Banden und pakistanische Mädchen gehandelt, dann wäre die Polizei völlig zu Recht sofort zur Stelle gewesen. Hier zeigt sich ganz unverhohlen ein institutioneller Rassismus, der aber ganz anders funktioniert, als die New-Woke-Kritiker immer behaupten. Die „Grooming"-Vergewaltigungsbanden sind bis heute in ganz England aktiv. Stets werden neue Fälle aktenkundig, und die Dunkelziffer ist wahrscheinlich recht hoch.

Einem durchgesickerten Dokument des französischen Inlandsgeheimdiensts zufolge werden bis zu 150 Gemeinden in Frankreich von islamistischen Radikalen kontrolliert oder „gehalten". Das Dokument wurde als geheim eingestuft, damit die Öffentlichkeit nichts davon erfuhr und die Agenda weiterhin ungestört verfolgt werden konnte.

Abb. 256: „MS-13: So liebe Menschen – lasst sie doch in Ruhe ... die haben ihre Macheten nur zum Zwiebelschneiden" – *Die MS-13-Mitglieder „flüchten vor der Gewaltherrschaft", um in den USA eine neue zu errichten. Was soll denn daran falsch sein, Sie Rassist?*

Natürlich verhalten sich nicht alle Migranten so, sondern nur eine kleine Minderheit. Fest steht jedoch, dass einige es tun und die politische Korrektheit verhindert, dass diese Probleme in ihrem ganzen Ausmaß angesprochen werden. Die MS-13-Migranten-Gangs aus El Salvador terrorisieren Gemeinschaften in amerikanischen Städten mit den für sie typischen Gräueltaten: Sie zerstückeln ihre Opfer mit Macheten und gehen vor allem gegen andere Migranten aus El Salvador vor. (Einer von drei Salvadorianern lebt übrigens mittlerweile in den USA.)

Donald Trump wurde von New-Woke-Demokraten und -Medien wütend angegriffen, als er es wagte, MS-13-Mitglieder als „Tiere“ zu bezeichnen. Wie kann er es wagen?! Die zerhacken doch nur Menschen mit Macheten … das meinen sie doch nicht böse! (Abb. 256)

Je mehr, desto besser

Es gibt ganz eindeutig eine politische Richtlinie, mit der Migranten dazu motiviert werden sollen, illegale Grenzübertritte vorzunehmen, indem man sie mit Führerscheinen, Wahlrecht und einer kostenlosen Gesundheitsversorgung in die Zielländer lockt. Zehntausende Menschen – manche behaupten, dass es noch weit mehr sind – reisen mit einem Visum in die USA ein und verlassen das Land nie wieder. Die besagten Richtlinien sind vor prüfenden Blicken geschützt, weil man jede Kritik an ihnen zunehmend illegal oder zum Grund für eine Zensur macht. Es gibt einen grundlegenden Unterschied zwischen jenen Leuten, die Kultur und Traditionen der Länder zu respektieren bereit sind, in die sie aufgenommen werden, und den Einwanderern, die sich kulturell überlegen fühlen und Fanatiker sind, die ihre Gesellschaft und ihre Vorurteile allen anderen aufzwingen wollen. Dazu gehört beispielsweise die von Migranten ins Leben gerufene Schariapolizei, die sich anmaßt, schwedischen Mädchen Kleidungsvorschriften zu machen.

Wer zugelassen hat, dass sich diese menschliche Katastrophe in Schweden, Deutschland und anderswo ereignen kann, gehört für Verbrechen *gegen* das Volk – das heißt Verbrechen *für* den Kult – in eine Gefängniszelle gesperrt. Was richtet das kollektiv mit uns an? Es erzeugt genau die tägliche Angst und Besorgnis, die der Kult überall erzwingen will. Und wieder einmal gewinnt die Bank. Ich habe in meinen anderen Büchern die Massenimmigrationsagenda bis mindestens in die 1920er-Jahre zurückverfolgt, zu den Habsburgern und den ultrazionistischen Bankiersfamilien, die hinter der Schaffung der EU stecken. Ich habe auch die außerordentlich genauen Vorhersagen zitiert, die der ultrazionistische Arzt und Rockefeller-Insider Richard Day im Rahmen einer Konferenz für Kinderärzte bereits im Jahr 1969 gemacht hat. Seine Prognosen für die Welt erstreckten sich über ein weites Themenspektrum und sind alle eingetroffen oder treffen gerade ein (eine Zusammenfassung finden Sie in Anhang 2). Day wusste aus demselben Grund darüber Bescheid wie George Orwell 20 Jahre zuvor in seinem Roman „1984“ und Aldous Huxley bereits 1932 in „Schöne neue Welt“. Wenn man Teil des Plans ist (wie Day) oder durch Recherchen und Kontakte Zugang dazu hat, kann man die „Zukunft“ problemlos vorhersagen, weil die Ereignisse ablaufen werden wie geplant, wenn es keine Einmischungen gibt. In meinem Buch „Das Ich-Phantom“ können Sie im Detail nachlesen, was Day 1969 prognostizierte, und werden angesichts dessen, was seither tatsächlich geschehen ist, höchst verblüfft sein.

Day sagte unter vielen anderen Dingen das Internet, den Überwachungsstaat, Smart-TVs, das Vorhaben, „Jungen und Mädchen gleich zu machen“, die Räumung ländlicher Gebiete und die Zwangsumsiedlung in die Städte sowie die kalkulierte Massenimmigration zur Umwandlung der westlichen Gesellschaften vorher. Lawrence Dunegan, einer der bei dem Vortrag anwesenden Kinderärzte, schrieb das alles mit und erinnerte sich 2004 in einer Reihe von Interviews für eine alternative Website daran, was Day an diesem Abend gesagt hatte. Dunegan sah sich dazu veranlasst, weil er erkannte, dass die Prognosen wirklich eintrafen. Er behauptete, dass Day im Jahr 1969 Folgendes zu den Plänen für die Massenimmigration gesagt habe:

> Es wird massenhafte Bevölkerungsbewegungen und eine Zuwanderung von Menschen geben, die in ihrem neuen Umfeld keine Wurzeln haben, da Traditionen an einem Ort, an dem es viele Zugezogene gibt, leichter zu verändern sind als dort, wo die Menschen aufgewachsen sind und eine große Familie haben – wo sie verwurzelt sind.

Das ist der eigentliche Grund für die massenhafte Zuwanderung: die Manipulation eines Zustroms von Menschen aus anderen Kulturen, die keinerlei Verbindung zur Geschichte und den Traditionen der Zielländer haben. Wer noch ein Nationalgefühl sein eigen nennt, wird gegen die Auslöschung von Nationen und Ländern durch eine Weltregierungsdiktatur Widerstand leisten; doch je mehr man dieses Nationalgefühl verwässert, desto mehr verwässert man auch den Widerstand. Wenn die ältere Generation stirbt und die Jungen übernehmen, die nur noch die derzeitige Gesellschaft kennen, dann werden die historischen und kulturellen Grundlagen der Nationen zerfallen und verschwinden. Die Manipulation und Verwässerung des Nationalgefühls der Einheimischen wird durch eine Verunglimpfung der Kultur des Ziellandes noch weiter vorangetrieben, wie wir etwa in Schweden sehr deutlich gesehen haben. Dort schaltete beispielsweise die SAS – die größte Fluglinie in Schweden, Dänemark und Norwegen – eine Onlinewerbung, in der sie behauptete, dass es keine schwedische Kultur und überhaupt nichts „echt Skandinavisches“ gäbe. Schwedische Politiker, die die Massenimmigration unterstützen, und TV-Dokus des staatlichen Fernsehsenders äußerten ebenfalls diese Ansicht.

Im SAS-Werbespot war ein Schwarzer zu sehen, der sagte: „Wir sind um nichts besser als unsere Wikingervorfahren.“ Das Propagandafilmchen stellte auch die These auf, dass alles, was man für „schwedisch“ hält, in Wahrheit aus dem Ausland kopiert wurde. Obwohl ein beträchtlicher Teil der Bevölkerung über das Inserat empört war, werden wir auch in Zukunft noch solche Dinge zu hören und zu sehen bekommen – weil sie der Agenda des Kults dienlich sind.

Etwas Ähnliches zeichnet sich in den USA ab, wo Politiker der Demokratischen Partei bereits behaupten, dass Migranten „amerikanischer“ seien als die Amerikaner. Dass die nationale Souveränität einzelner Länder in Superstaaten wie der Europäischen Union aufgeht, ist Teil desselben Plans und erklärt, warum die Leute, die in den 1920er-Jahren die Schaffung der EU planten, schon damals auch die Massenbewegung von Menschen ins Auge fassten, deren Zeuge wir heute werden (siehe dazu auch „Alles, was Sie wissen sollten“).

Der Weg zur Machtergreifung

In den Ländern, wo es zum Sturz der heimischen Kultur zugunsten der Masseneinwanderung kommt, gibt es noch eine andere bemerkenswerte Ereignisfolge. Sie betrifft nicht die normale Immigration, sondern eine Massenimmigration mit praktisch offenen Grenzen. Zuerst ist der Zuzug einer anderen Kultur zu verzeichnen, die sich in bestimmten Vierteln ansiedelt und deren kulturellen Charakter verändert. Teile der einheimischen Bevölkerung ziehen daraufhin in eine vertrautere Umgebung um. Dies konnte man in ganz extremer Form im Londoner East End beobachten, dessen kultureller Status innerhalb etwas mehr als einer Generation völlig transformiert wurde. Es gibt Leute, die diesen Prozess als den Verlust der „kulturellen Sicherheit" angesichts einer hereinkommenden Kultur oder mehrerer Kulturen bezeichnen.

Im nächsten Schritt ist die Anzahl der Zuwanderer so groß geworden, dass ihre neuen kulturellen Gemeinschaften mit ihren Stimmen darüber entscheiden, wer in die Gemeinderäte und ins Parlament gewählt wird. An diesem Punkt beginnen die Parteien der Linken, Rechten und der Mitte sich bei den neuen Kulturen mit ihrem wahlentscheidenden Potenzial anzubiedern. Gleichzeitig ignorieren sie jene Mitglieder ihrer Gemeinde, die normalerweise für sie stimmen würden – oder nehmen diese Leute zumindest als gegeben hin. Ich bezeichne diese Gruppe als „Stimmvieh", weil sie im Gegenzug für ihre Stimme von den politischen Parteien absolut nichts bekommt – „die wählen ja sowieso immer nur uns". Die britische Labour Party, die mittlerweile zur Gänze von New-Woke-Anhängern und Befürwortern der Massenimmigration übernommen wurde, musste bei der allgemeinen Wahl des Jahres 2019 feststellen, dass diese Zeiten vorbei sind. Die Reaktion der weißen Stadtbewohner auf die jahrzehntelange Ausbeutung des „Stimmviehs" ließ Labour gewaltig abstürzen.

Die neuen Kulturen rücken in den Mittelpunkt, je mehr Einwanderer ins Land kommen. Nach und nach werden Politiker aus den Zuwandererkulturen gewählt und werden schließlich zu politischen Führern mit einer immer größeren Anzahl von Unterstützern, da die Geburtenrate der neuen Kulturen die der Einheimischen weit übersteigt. Der Grund dafür ist, dass die westlichen Frauen später oder gar nicht Kinder bekommen, weil sie dem lächerlichen und von außen gesteuerten Irrglauben anhängen, die Welt damit vor dem „Klimawandel" zu retten. Die Fruchtbarkeitsrate für weiße Frauen sank nach Auskunft der US-Gesundheitsbehörde CDC in jedem einzelnen amerikanischen Bundesstaat; in Staaten wie Deutschland ist die Situation ähnlich. Die Geburtenrate dort ist mittlerweile unter den Wert gesunken, der die Bevölkerungszahl auf dem gleichen Stand halten würde. Wer auf diese Tatsachen hinweist, ist deswegen noch lange kein Rassist, sondern will nur den dahinterstehenden Plan aufzeigen, der uns alle betrifft, unabhängig von Volkszugehörigkeit und Hautfarbe.

London hat heute eine weiße Minderheit, ebenso wie meine Geburtsstadt Leicester – und die zweitgrößte britische Stadt Birmingham ist auf dem besten Weg dorthin. Dieser Wandel hat sich in den vergangenen 50 Jahren mit zunehmender Geschwindigkeit vollzogen. Die BBC berichtete 2018 über eine Hochrechnung zu Universitätsstandorten, die vorhersagte, dass im Jahr 2030 drei von vier Londoner Studenten Angehörige ethnischer Minderheiten sein werden. Eine britische „Journalistin" und selbsternannte kommunistische Aktivistin namens Ash Sarkar, gebürtige Britin bengalischer Abstammung, wies 2016 in einem Video darauf hin, dass die Anzahl der Weißen in London um 600.000 gesunken sei, während die nichtweiße Bevölkerung um 1,2 Millionen Menschen zugenommen habe. Ihre Reaktion darauf: „Also ja, Jungs, wir gewinnen." Als viele Leute über diese Bemerkung entsetzt waren, behauptete sie dann, nur einen Witz gemacht zu haben (was ich ihr nicht glaube) – doch auch das zeigt, dass wir in einem Zweiklassensystem der politischen Korrektheit leben. Wären die Verhältnisse umgekehrt und ein weißer Mensch hätte einen solchen Scherz gewagt, dann hätte man ihn verurteilt, die übliche Beschimpfungswelle „Rassist" – „intolerant" – „Nazi" losgelassen und ihm jede weitere Äußerung bei Strafandrohung verboten. Und man kann ziemlich sichergehen, dass eine Ash Sarkar mit atemberaubender Scheinheiligkeit an vorderster Front der Hetzer gestanden hätte …

Für Sarkar ist das weiße England eine rassistische Gesellschaft. Gemäß der einzig wahren New-Woke-Lehrmeinung können nur Weiße rassistisch sein, aber keinesfalls Personen bengalischer Abstammung, die den Schwund der weißen und die Zunahme der nichtweißen Bevölkerung Londons mit „Wir gewinnen" kommentieren. Die Tendenz und die damit einhergehende Ungerechtigkeit sind offensichtlich und haben System. Volkszählungsprognosen in den USA sagen voraus, dass Weiße im Jahr 2045 eine Minderheit und Hispanics die nächstgrößere Gruppe sein werden. Wenn die vom einen Prozent gesteuerte New-Woke-Mentalität an die Macht kommt, wird das viel früher der Fall sein. Wir sollten nicht vergessen, dass Weiße einst das Land besetzt haben, in dem die amerikanischen Ureinwohner gelebt haben. Es geht also nicht um demografische Veränderungen an sich, sondern um die Frage, warum sie vom Kult systematisch manipuliert werden, was damit erreicht werden soll und warum weiße Menschen heute auf der Abschussliste stehen.

Im Zuge dieser Abfolge der gesellschaftlichen Veränderungen wird jede Kritik, jede Aufdeckung der damit zusammenhängenden Ereignisse und jede Beschwerde der einheimischen Bevölkerung über die Umwandlung ihrer Wohngegenden in ein für sie fremdes Land von der politischen Korrektheit zurückgewiesen und zum Schweigen gebracht. Die New-Woke-Gedankenpolizei brandmarkt jede abweichende Meinung als rassistisch. Sie verlangt von den Menschen, „unvoreingenommen" zu sein (während sie selbst dauernd nur voreingenommen ist), wobei „unvoreingenommen" als orwellscher Sprachcode für „keine Meinung haben" steht und alles außerhalb des New-Woke-Wahrnehmungsgefängnisses verboten ist. Die Botschaft dahinter lautet: Wenn niemand mehr kritisieren darf, was andere und der Kult tun, dann wird dadurch automatisch die Aufdeckung aller Maßnahmen zur Versklavung und Manipulation vereitelt.

Die New-Woke-Ideologie hat mittlerweile sämtliche der im Kultbesitz befindlichen Medien durchdrungen, um eine politisch korrekte Berichterstattung zu gewährleisten. Auch staatliche Behörden einschließlich der Polizei sind vom New-Woke-Virus infiziert, um jede Kritik an den Auswirkungen einwandernder Kulturen auf die einheimische Kultur illegal zu machen. Berechtigte Kritik wird als „Hassrede" bezeichnet. Das wird schließlich die kumulative Wirkung haben, dass hereinströmende Kulturen die ursprüngliche Kultur verdrängen und ersetzen, bis dann Gesetze erlassen werden, die die kulturelle Grundlage verändern, auf der das Land regiert wird. Wenn New-Woke-Jünger mich als „intolerant" beschimpfen, weil ich auf diesen Sachverhalt hinweise, ist das umso lächerlicher, wenn man meine Sicht der Realität und des Einsseins von allem bedenkt. Die Ereignisfolge, die ich in diesem Abschnitt geschildert habe, beschreibt nur die Fakten. Veranlasst haben das alles der Kult und seine Agenten, wie der Kriegsverbrecher und Ex-Premierminister Tony Blair, um den Plan für die kulturelle und ethnische Transformation der westlichen Gesellschaft umzusetzen. Wenn jemand etwas dagegen hat, dass ich die offensichtliche Wahrheit ausspreche, dann zeige ich dieser Person gerne einen ganz bestimmten Finger.

Soros-Gelder

Ich habe in vielen meiner anderen Bücher wie „The Trigger" und „Alles, was Sie wissen sollten" ausführlich über die Machenschaften des milliardenschweren Manipulators George Soros geschrieben (Abb. 257). Sein Hauptwerkzeug sind die Open Society Foundations (OSF), eine Gruppe von Stiftungen, die in 100 Ländern aktiv sind und denen er zum Zeitpunkt, als ich dieses Buch schreibe, insgesamt 32 Milliarden Dollar überlassen hat. Die OSF werden als Nichtregierungsorganisationen (NGOs) bezeichnet – und NGOs sind gemeinsam mit Denkfabriken eine wichtige Quelle für vom Kult gesteuerte Manipulationen und Regierungspolitik. Man beachte den verräterischen Namen: Open Society – offene Gesellschaft. Das ist ein Codebegriff für offene Grenzen sowie das Ende von Staaten und Nationen, zufälligerweise ein Ziel des Kults, wie ich seit nunmehr 30 Jahren aufzeige.

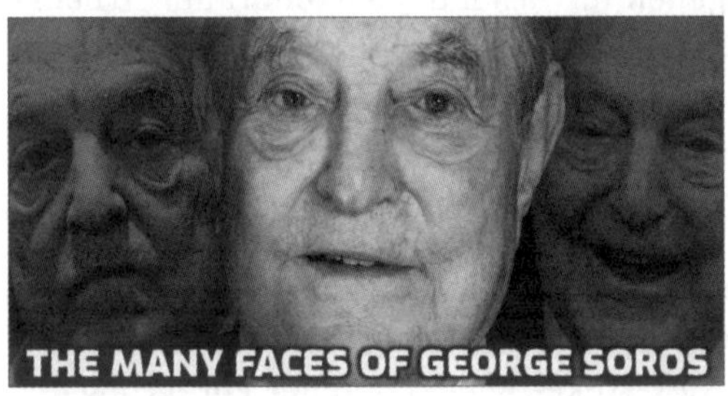

Abb. 257: „Die vielen Gesichter des George Soros" – Sprechen Sie bloß nicht darüber, was der Mann wirklich tut, sonst sind Sie ein „Antisemit".

Abb. 258: „‚Öffnet die Grenzen!' (PS: Wir können nicht rechnen)" – *Habt ihr das durchdacht, Leute? Habt ihr überhaupt gedacht? Sieht nicht so aus ...*

Für die geplante globale Struktur des Kults ist das Verschwinden der Einzelstaaten nötig, um Platz für eine Weltregierung zu schaffen, die Superstaaten wie die EU mit Regionen anstelle von Nationen und Ländern leitet. Es sind sogar schon Karten des geplanten regionalisierten Europas ans Tageslicht gekommen. Die Menschen würden dann zu „globalen Bürgern" ernannt und unterlägen den Vorschriften einer nicht gewählten Weltregierung, geleitet von „Experten" und Technokraten, die das smarte technologische Kontrollnetz steuern. Will man Staaten verschwinden lassen, so müssen auch die Grenzen verschwinden – und ebendieses Anliegen steckt hinter den angesprochenen aktuellen Entwicklungen. Ohne Grenzen kann es keine Länder, keine individuellen Wertesysteme, keine Auffangnetze für die Armen, Behinderten, Kranken und Mittellosen geben; Sie wissen schon, all die Menschen, die den New-Woke-Kämpfern für soziale Gerechtigkeit angeblich so am Herzen liegen (Abb. 258).

Jeder kann in das Gebiet eines ehemaligen Staates hineinspazieren, unabhängig von seiner Herkunft und seinen Einstellungen, und verlangen, dass er versorgt wird. Aber von wem und mit welchen Mitteln? Nach der Öffnung aller Grenzen wäre das Spiel sehr bald aus. Würden Horden von Menschen einwandern, so gäbe es nicht mehr genug Geld, Arbeitsplätze, Wohnraum, Gesundheitsversorgung und „Bildung" für alle, die das haben wollen. Wenn ich New-Woke-Anhänger offene Grenzen und mehr Ausgaben für Gesundheit, Wohnraum, Arbeitslose und Schulen fordern höre, kann ich nur den Kopf schütteln. Diese Leute sind einfach nicht fähig dazu, die offenkundigen Widersprüche in ihrer Argumentation zu erkennen. Bei New Woke geht es nur darum, die eigene Tugendhaftigkeit zu demonstrieren, und nicht um rationales Denken. Fragt man einen solchen Ideologen, ob er verhindern könnte, dass ein Krug überläuft, solange der Wasserhahn noch aufgedreht ist, dann wird er wahrscheinlich antworten: „Natürlich nicht!" Und im nächsten Moment fordert er dann offene Grenzen und mehr Ausgaben für Gesundheit, Wohnraum, Arbeitslose und Schulen – in der festen Übersetzung, dass irgendwann genug für alle da sein wird. Doch einen solchen Zustand werden wir nie erreichen. Je mehr man für Gesundheit, Wohnraum, Arbeitslose und Schulen ausgibt, desto mehr würde man brauchen, um die ständig zunehmende Nachfrage durch die ständige wachsende Bevölkerungszahl zu befriedigen.

Der Verschwörungsagent Soros steckt Milliarden in sämtliche Aspekte des vom Kult verfolgten Plans und finanziert OSF-Aktionen zum Sturz von Regierungen, der Kontrolle von Politikern und Parteien, der Durchsetzung der New-Woke-Agenda und der Förderung der Masseneinwanderung nach Europa und in die USA. Er stellte auch Geldmittel bereit, um den Austritt des Vereinigten Königreichs aus der Europäischen Union zu verhindern oder zumindest so zu verwässern, dass er mit einem echten „Brexit" nichts mehr zu tun hat. Diese Soros-Gelder stammen von jemandem, der in den USA lebt und kein Brite ist, aber trotzdem den Brexit sabotieren wollte. Das beweist eine geradezu atemberaubende Arroganz. Die Website der Strategic Culture Foundation legte 2017 in einem Artikel dar, wie groß der Einfluss von Soros auf die EU ist:

> Es ist ein offenes Geheimnis, dass das „Soros-Netzwerk" einen beträchtlichen Einfluss im Europäischen Parlament und anderen Institutionen der Europäischen Union genießt. Die Liste der „zuverlässigen Verbündeten" von Soros wurde vor Kurzem veröffentlicht. Dieses Dokument führt 226 Mitglieder des EU-Parlaments aus allen Teilen des politischen Spektrums auf, darunter Martin Schulz, den ehemaligen Präsidenten des Europäischen Parlaments, den ehemaligen belgischen Premierminister Guy Verhofstadt [einen vehementen Brexit-Gegner], sieben Vizepräsidenten und eine ganze Reihe von Ausschussleitern, Koordinatoren und Quästoren. Diese Leute setzen sich für Ziele von Soros wie die Einwanderung von mehr Migran-

> ten, die gleichgeschlechtliche Ehe, die Aufnahme der Ukraine in die EU und eine Gegnerschaft zu Russland ein. Da das Europäische Parlament 751 Mitglieder hat, bedeutet das, dass die Freunde von Soros mehr als ein Drittel der Sitze innehaben.
>
> George Soros, ein ungarisch-amerikanischer Investor und Gründer sowie Besitzer der NGO Open Society Foundations, konnte mit Jean-Claude Juncker, dem Präsidenten der Europäischen Kommission, „ohne transparente Tagesordnung für ein Treffen hinter verschlossenen Türen" zusammenkommen. Verschiedentlich wurde auch darauf hingewiesen, wie verdächtig die EU-Vorschläge zu Migrantenquoten für die einzelnen europäischen Länder dem Plan zum Umgang mit der Krise ähneln, der von Soros veröffentlicht wurde.

Im Bericht ist von Möglichkeiten die Rede, auf genau die Migrations-„Krise" zu reagieren, die von Soros, seinen Herren und seinen Open Society Foundations erst geschaffen wurde – typisch Problem-Reaktion-Lösung. Das Europäische Zentrum für Recht und Gerechtigkeit enthüllte im Jahr 2020, dass im Zeitraum von 2009 bis 2019 beinahe ein *Viertel* der Richter am Europäischen Gerichtshof für Menschenrechte enge Verbindungen zu den Open Society Foundations oder anderen von George Soros finanzierten Organisationen wie Amnesty International (das seit 2010 immerhin 100 Millionen Dollar von ihm erhalten hat) unterhielten. Die Studie fand heraus, dass manche Nichtregierungsorganisationen so umfassend von den Soros-Netzwerken finanziert werden, dass sie eigentlich hundertprozentige Tochtergesellschaften sind.

Aber es gibt keine Verschwörung. George Soros ist eine über jeden Zweifel erhabene Lichtgestalt der Tugendhaftigkeit. Wer etwas anderes behauptet, ist ein Antisemit.

Frühling à la Soros

Eine besondere Rolle spielen von Soros finanzierte Gruppen bei der Manipulation von Protesten gegen unliebsame Regierungen, um die Illusion spontaner „Volksrevolutionen" zu erzeugen. Würde der Kult ständig mit militärischer Gewalt in andere Länder einmarschieren, dann wäre das Muster so offensichtlich, dass der Widerstand gegen solche Invasionen immer stärker zunehmen würde. Stattdessen strebt er das Ideal an, die Bevölkerung des jeweiligen Landes zu manipulieren, damit es seine eigene Regierung stürzt, während der Kult sich selbst im Schatten verbirgt und „Wer, *ich?*" sagt. OSF-Kollaborateure und Agents Provocateurs stiften die Unruhen an, denen Tausende Menschen folgen, ohne zu ahnen, dass sie einem Schwindel aufsitzen. Die vom Kult kontrollierten europäischen Regierungen und die amerikanische Regierung demonstrieren dann öffentlich ihre Unterstützung für die Demonstranten und verteufeln den Führer des Landes. Das ist oft gar nicht so schwierig, weil in einem Land nach dem anderen Psychopathen aller Art mittels Mord, Terror und Manipulation an die Macht kommen.

Die Open Society Foundations des George Soros waren die Hauptakteure während des „Arabischen Frühlings", als durch Proteste in der gesamten arabischen Welt Regierungen gestürzt wurden. Als Nachfolger installierte man dann Militärdiktaturen wie in Ägypten oder – wie in Libyen – einander bekriegende Warlords, die ganz offen auf Sklavenmärkten mit Kindern handeln. Gelingt es dem Soros-Netzwerk nicht, ein Regime nur durch Proteste zu stürzen, dann schicken USA und EU eben ihre Bomber los, um ihnen unter dem PR-Slogan „Wir schützen das Volk vor Gewalt" (… indem wir ihm Bomben auf den Kopf werfen) endgültig den Rest zu geben. Genau das war in Libyen der Fall, als das Land mit dem höchsten Pro-Kopf-Einkommen Afrikas von der vom Kult geschaffenen und in seinem Besitz befindlichen NATO in die Steinzeit zurückgebombt wurde.

Die Länder, die Soros und die US-/NATO-Psychopathen aufs Korn genommen haben, waren zufällig genau dieselben, bei denen das Project for the New American Century des Kults Regimewechsel gefordert hatte. Diese Vereinigung wurde von sabbatianisch-frankistischen Ultrazionisten in den Vereinigten Staaten gegründet; zu seinen Mitgliedern zählten im Jahr 2001 wichtige Akteure im Weißen Haus und im Pentagon, die dann nach den vom Kult inszenierten Terroranschlägen des 11. September grünes Licht für das Abarbeiten der Regimewechselliste gaben. Ein weiterer von den OSF heimlich gelenkter Staatsstreich war der gegen den ukrainischen Präsidenten Wiktor Janukowytsch im Jahr 2014, der von der Ultrazionistin Victoria Nuland, die damals als Assistant Secretary of State für europäische und eurasische Angelegenheiten im US-Außenministerium tätig war, beaufsichtigt wurde. Nuland ist mit dem Ultrazionisten Robert Kagan verheiratet, und der ist Mitgründer des … Project for the New American Century.

Die Gruppe DCLeaks brachte mehr als 2.200 Dokumente der Open Society Foundations an sich, aus denen die Manipulationen von Soros und seinen Lakaien hervorgehen. Ein Beispiel dafür ist die US-Politik gegenüber der Ukraine, nach dem Staatsstreich von 2014 während der pseudoliberalen Regierung Obama. In einem Dokument wurde die „neue Ukraine" als Schlüssel zur „Umgestaltung der europäischen Landkarte" bezeichnet, „der die Möglichkeit bietet, zum ursprünglichen Wesen der europäischen Integration zurückzukehren" (also dem Plan für die tyrannische Zentralisierung der Macht über ganz Europa durch vom Kult kontrollierte Bürokraten – das erklärt auch, warum Soros den Brexit verhindern wollte). Der britische Akademiker Frank Furedi durfte mit der Arroganz, Reichweite und Agenda des Soros-Netzwerks seine persönlichen Erfahrungen machen, über die er dann in einer überregionalen britischen Zeitung schrieb. Einleitend sagte er, dass er als Gastredner bei der Veranstaltung einer ungarischen Soros-Stiftung in Budapest – dem Geburtsort von Soros – eingeladen war. Furedi erinnerte sich:

> Erst später, beim Mittagessen in einem vornehmen Budapester Hotel, wurde ich mit der ganzen Wucht des arroganten Ethos konfrontiert, das dem Soros-Netzwerk aus verschiedenen Organisationen anhaftet. An meinem Tisch saßen niederländische, amerikanische, britische, ukrainische und ungarische Vertreter von Soros-NGOs, die mit ihren Leistungen prahlten. Manche von ihnen behaupteten, im Arabischen Frühling in Ägypten eine wichtige Rolle gespielt zu haben. Andere waren stolz darauf, zur Demokratisierung der Ukraine beigetragen zu haben. Einige gaben mit dem Einfluss an, den sie bei der Vorbereitung auf den Sturz des Gaddafi-Regi-

> mes in Libyen gehabt hätten. Ich saß still da und fühlte mich absolut nicht wohl in dieser Gruppe von Leuten, die so lässig davon ausgingen, dass sie ein Recht hätten, überall auf der Welt Gott zu spielen.
>
> Einmal fragte mich der Mann, der am oberen Ende des Tisches saß – der ungarische Leiter einer Soros-NGO –, was ich von ihrer Arbeit hielte. Ich wollte keinen Streit, äußerte aber dezent meine Zweifel daran, ob es rechtmäßig sei und so einfach funktionieren würde, dem libyschen Volk ihre Auffassung von Demokratie aufzudrängen. Ohne eine Sekunde zu zögern, schmetterte mir mein Gesprächspartner seine Antwort entgegen: „Ich glaube nicht, dass wir es uns leisten können, so lange abzuwarten, bis das libysche Volk seinen eigenen Jefferson hervorbringt."

Der Sturz von Oberst Gaddafi in der „Volksrevolution" der OSF und deren Manipulationen in anderen Ländern wie Syrien leitete die Massenbewegung von Menschen aus dem Nahen und Mittleren Osten sowie Afrika nach Europa ein, die natürlich von denselben Open Society Foundations unterstützt wurde. Einzelheiten dazu können Sie in „Alles, was Sie wissen sollten" nachlesen. Dort erfahren Sie auch, dass von Soros finanzierte Gruppierungen hinter den Versuchen stecken, Menschenmassen aus Zentral- und Südamerika in die Vereinigten Staaten zu schleusen. Im Jahr 2018 rief der Kult eine weitere Denkfabrik ins Leben, die sich New Center nennt und eine Amnestie für alle „illegalen Einwanderer" in den USA fordert, um ihnen einen dauerhaften Aufenthalt zu ermöglichen. Das New Center wird von William Galston vom Brookings Institute und ... dem Ultrazionisten William Kristol geleitet, Mitgründer des Project for the New American Century. Die Forderungen dieses „neuen Zentrums" sprühen vor Wokeness und der New-Woke-Mentalität, die zu einem entscheidenden Teil von ... George Soros gefördert wird.

Abb. 259: „Über den Soros-Plan: Nehmen Sie ihn nicht unwidersprochen hin!" – *Die ungarische Regierung hat das Spiel von George soros durchschaut und ließ daher solche Plakate aufhängen, die den Mann bloßstellen.*

Das OSF-Netzwerk verließ Soros' Geburtsland Ungarn offiziell im Jahr 2018, nachdem die Regierung von Ministerpräsident Viktor Orbán das „Stop Soros"-Gesetz erlassen hatte, das die Manipulation des Landes durch diese Organisation unter Strafe stellte (Abb. 259). Auch andere haben das Spiel bereits durchschaut: Russland verbot die Aktivitäten der OSF, weil sie „eine Bedrohung für die Grundlagen des Verfassungssystems der Russischen Föderation und der Staatsicherheit darstellen".

Als Verteidigungsmechanismus, mit dem man jede Entlarvung von Soros verhindern will, dient die Tatsache, dass er Jude ist und jede Kritik an ihm daher „antisemitisch" sein muss. Hier erkennen wir wieder die Arbeit der Antisemitismusindustrie und -mafia, die jede legitime Untersuchung von jüdischen oder zionistischen Personen einzig und allein aus dem Grund abblocken will, weil diese Personen jüdisch und zionistisch sind. Wenn das kein Vorherrschaftsdenken ist, was dann? Regierungen und Institutionen auf der ganzen

Welt führen derzeit eine völlig neue Definition von „Antisemitismus“ ein, der nun auch jede Kritik an Israel umfassen soll. Der Grund für diese Begriffserweiterung ist, dass man so immer mehr Informationen und Meinungen als „antisemitisch“ abstempeln kann, um den Kult und seine Agenten vor der Aufdeckung ihrer Machenschaften zu bewahren. Ist es wirklich diskriminierend, die Frage zu stellen, warum 0,2 Prozent der Weltbevölkerung und zwei Prozent der amerikanischen Bevölkerung so viel Macht über Politik, Finanzwesen und die Zensur durch Mainstreammedien und Silicon Valley haben? In einer Gesellschaft, die ihre Freiheit zu schätzen weiß, müsste diese Frage völlig legitim sein.

Der Kult will jedoch nicht, dass derartige Fragen gestellt werden, weil sein sabbatianisch-frankistischer Flügel, der Juden hasst, dann bald nicht mehr geheim wäre – auch bei den Juden nicht. Das wäre ein vernichtender Schlag gegen diese Leute, weil sie sich dann nicht mehr hinter und in der jüdischen Gemeinschaft verstecken könnten und somit ihre wichtigste Tarnung verlieren würden. Es gibt nur wenige Menschen, die sich diese Argumente zu äußern und entsprechende Fragen zu stellen getrauen, weil sie fürchten, sonst als „Antisemiten“ angeschwärzt zu werden. Mir ist das schnurz. Ich will die Wahrheit – und wenn das bedeutet, eine Flut falscher Anschuldigungen und Beschimpfungen zu ertragen, dann ist es halt so. Im Moment bedeutet die unaufhörliche Einschüchterung all jener Bevölkerungsteile, die keine Anhänger der New-Woke-Ideologie sind, dass der Kult das bekommt, was er will. Und er wird so lange damit weitermachen, bis die Menschheit endlich ein Rückgrat entwickelt und etwas Selbstachtung aufbringt. Wir sollten es lieber schnell tun, solange wir noch Gelegenheit dazu haben.

KAPITEL 8

DER KAMPF GEGEN DAS GAS DES LEBENS

„Glaube kann manipuliert werden. Nur Wissen ist gefährlich."
Frank Herbert

Die New-Woke-Ideologie und ihre Unterabteilung, bekannt als „menschengemachter Klimawandel", ist eine Religion ganz nach dem Geschmack des Kults. Die heutige Lehrmeinung über das Klima ist eine Theologie – ein aus zwei griechischen Wörtern zusammengesetzter Begriff, der „die Lehre von Gott" bedeutet. In diesem Fall ist der „Gott" das tugendhafte Selbst und der Teufel heißt Kohlestoffndioxid (CO_2) (Abb. 260).

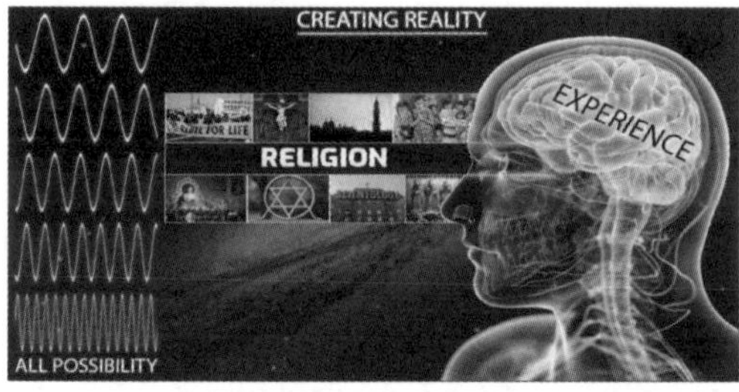

Abb. 260: Der Klimakult und seine verlängerten Arme wie Extinction Rebellion (ER) erfüllen alle Kriterien dafür, nur eine weitere Religion zu sein. Der ER-Slogan „Rebel for Life" bedeutet nichts anderes als „Rebelliere für das eine Prozent". Wie alle Religionen ist auch der Klimakult ein Wahrnehmungsprogramm, in das sich die Anhänger verstricken sollen. (Bild: Gareth Icke)

Die Rechtgläubigkeit in jeder Religion gründet sich auf durch nichts zu beweisende Vorstellungen wie die, dass jemand auf dem Wasser gehen oder eine Jungfrau ein Kind gebären kann. Beim Klimakult verhält es sich genauso. Religionen bezeichnen Leute, die nicht an diese unbeweisbaren Vorstellungen glauben, als Ketzer und Gotteslästerer, so wie der Klimakult. Religionen hatten Inquisitionen, die solche Ketzer und Gotteslästerer verteufelten und mundtot machten, genauso wie der Klimakult. Religionen schreiben eine bestimmte Geschichte vor und weisen ihre Anhänger an, diese Behauptungen widerspruchslos anzunehmen; der Klimakult macht das auch. Religionen sagen, dass die orthodoxe Lehre nur durch den Glauben und nicht durch Fakten erfasst werden kann – beim Klimakult ist es dasselbe. Man muss den Nonsens glauben, der von rein auf dem Glauben basierenden Religionen wie Extinction Rebellion und dem Klimakult ausgespien wird. Die religiösen Lehrer treten heute in Gestalt von

Leuten wie der New Yorker New-Woke-Kongressabgeordneten Alexandra Ocasio-Cortez in Erscheinung. Wer ihnen widerspricht, ist ein „Klimawandelleugner“ – ein Ketzer und Gotteslästerer. Hinterfragen Sie nichts – *glauben* Sie einfach.

Diese Methoden stammen direkt aus dem Handbuch des Kults für seine falschen Astroturfing-Protestgruppen, wie sie von Sharyl Attkisson, die früher als investigative Reporterin für CBS News tätig war, beschrieben werden:

> Ein typisches Merkmal für Astroturfing ist die Verwendung von Hetzbegriffen wie „Spinner“, „Scharlatan“, „verrückt“, „Lügen“, „paranoid“, „Pseudo-“ und „Verschwörung“. Astroturfer behaupten häufig, Mythen zu widerlegen, die gar keine Mythen sind. Doch der Einsatz einer solchen aufgeladenen Sprache funktioniert gut. Wenn die Leute hören, dass es um einen Mythos geht, finden sie diesen vielleicht auf der „Faktenchecker“-Website Snopes und glauben dann umgehend, dass sie viel zu klug sind, um darauf hereinzufallen. Aber was, wenn die Auffassung, dass es sich um einen Mythos handelt, selbst ein Mythos ist, auf den Sie und Snopes hereingefallen sind? Passen Sie auf, wenn gewisse Interessengruppen ein Thema angreifen, indem sie es als kontrovers bezeichnen, oder die Menschen, Persönlichkeiten und Organisationen, die mit diesem Thema zu tun haben, attackieren, anstatt sich mit den Fakten auseinanderzusetzen. Das ist eventuell ein Fall von Astroturfing.
>
> Vor allem neigen Astroturfer aber dazu, ihre gesamte öffentlich gezeigte Skepsis für diejenigen zu reservieren, die Missstände aufdecken, statt an den Missetätern selbst zu zweifeln. Anders ausgedrückt: Statt die Autorität infrage zu stellen, stellen sie die Leute infrage, die die Autorität infrage stellen. Wer das weiß, fängt vielleicht an, die Dinge ein wenig klarer zu sehen. Das ist so ähnlich, als würde man die Brille abnehmen, sie putzen, wieder aufsetzen und dann erstmals erkennen, wie beschlagen sie die ganze Zeit war. Ich kann diese Probleme nicht lösen, hoffe Ihnen aber ein paar Informationen geliefert zu haben, die Sie wenigstens dazu motivieren, Ihre Brille abzunehmen und sie zu putzen. Das könnte dazu führen, dass Sie Informationen in einer zunehmend künstlichen, bezahlten Realität anders konsumieren.

Jene infrage zu stellen, die die Autorität infrage stellen, ist das Grundprinzip des Klimakults und der New-Woke-Propaganda im Allgemeinen. Beide stecken bis über die Ohren in Astroturfing, weil sie ein Mittel dazu sind, die menschliche Gesellschaft in eine globale Diktatur des Kults zu verwandeln. Mehr dazu werde ich Ihnen in den folgenden Kapiteln verraten. In diesem Kapitel möchte ich zuerst einmal das absolut verlogene Narrativ vom Klimawandel auseinandernehmen.

Die Doktrin des Kults und ihre vielen Gesichter

Die archetypischen Merkmale eines Kults sehen so aus: bedingungslose Unterwerfung unter die Führer des Kults und die von ihnen verkündeten Glaubensdogmen; diese Dogmen gelten als die einzige Wahrheit; Kontrolle der Mitglieder durch ständige Wiederholung und Indoktrination der Glaubenslehre; Vermittlung einer „Wir gegen sie“-Mentalität und die Behauptung, dass jede Anfechtung von außen eine „Verfolgung“ ist; Erlösung durch die Verbindung mit dem Kult – nur wir können die Welt retten, wenn jeder das tut, was wir verlangen; Gruppendenken inklusive Konformitätsdruck und Vorgehen gegen Zweifler; hartnäckige Zweifler werden gemieden oder ausgeschlossen, damit sie das Gruppendenken nicht mit legitimen Fragen vergiften können; Vermeidung jedes kritischen Denkens und Ignorieren eklatanter Widersprüche in der Glaubenslehre; häufig gibt es auch kulteigene Kleidungsvorschriften oder einen Uniformzwang, damit man Mitglieder des Kults sofort an ihrer Kleidung oder Haartracht erkennen kann. Sämtliche dieser Merkmale lassen sich beim Klimakult beobachten, der (wieder einmal) von George Soros finanziert wird und durch ihn sowie die jahrzehntelange Indoktrination in den Schulen und Universitäten hervorgebracht wurde. Das führte dazu, dass große Teile ganzer Generationen völligen Blödsinn glauben, weil sie nie etwas anderes gehört haben.

Die Theologie des Klimakults beruht auf einer der mächtigsten Formen der Wahrnehmungskontrolle: der permanenten Wiederholung der Lehrmeinung unter Ausschluss aller anderen Ansichten, Meinungen und Informationen. Selbst Princeton-Professoren, die nach einer lebenslangen Erfahrung in Klimaforschung und einem so gesammelten Wissen über die Auswirkungen von Kohlendioxid die Klimaschwindeltheologie nicht zu akzeptieren bereit sind, müssen es sich gefallen lassen, dass ihre YouTube-Videos auf einer Wikipedia-Seite markiert werden, die nur die offiziellen Lügen propagiert (was kein Wunder ist, weil die Wikipedia ja nur dazu da ist, offizielle Lügen zu propagieren). Ich habe einmal Schlagwörter für YouTube-Videos eingegeben, in denen die Klimawandeldoktrin hinterfragt wird – und die Wikipedia-Seite, auf der diese Doktrin nachgeplappert wird, stand sogar bei diesen Suchergebnissen ganz oben. Das zeigt, was für ein fauler Zauber die Propagandaoperation YouTube ist, die ja bekanntlich Google gehört.

Der Klimakult fordert, dass die Menschen „auf die Wissenschaft hören“ sollen, wobei der Kult selbst aber antiwissenschaftlich ist. Er interessiert sich nicht im Geringsten dafür, dass alle wissenschaftlichen Meinungen und Forschungsergebnisse im Sinne von Offenheit und ausgewogener Erkenntnis gehört werden. Sein Ziel ist vielmehr – wie bei allen New-Woke-Agenden –, die Opposition zum Schweigen zu bringen und eine offene Auseinandersetzung zu verhindern, weil seine Vertreter wissen, dass sie dabei verlieren würden. George Soros, ein Mitglied der kurzzeitig von den Vereinten Nationen ins Leben gerufenen High-Level Advisory Group on Climate Change Financing (AGF; dt. etwa: Hochrangige Beratergruppe zu Finanzierungsfragen in Sachen Klimawandel), unterstützt eine ganze Reihe von Organisationen, die „Leugner“ der Lehrmeinung zum Klimawandel mundtot machen wollen. Zu diesen Gruppen gehört Avaaz, die als „weltweit größtes und mächtiges Netzwerk von Onlineaktivisten“ bezeichnet wird. Avaaz wurde 2007 von den Gruppen

Res Publica und MoveOn.org gegründet, die ebenfalls von Soros finanziert werden. Avaaz behauptet, 55 Millionen Mitglieder mit Kampagnenteams in 40 Ländern zu haben, und stellt sich selbst als *basisdemokratische* Bewegung dar, die sich für eine „von Menschen angetriebene Politik“ einsetzt. Die Gruppe führt Kampagnen in 15 Sprachen durch und unterhält ein „Kernteam“ auf sechs Kontinenten. Diese von Soros finanzierte Organisation betreibt unter anderem eine Kampagne, die YouTube dazu bringen soll, sämtliche Informationen und Meinungen zu verbieten, die die offizielle Propaganda über den menschengemachten Klimawandel hinterfragen. Avaaz – deutsch: „Stimme“ – will nicht, dass andere eine Stimme haben.

Es gibt auch einen Kongressausschuss der Demokraten (also vom politischen Flügel der New-Woke-Bewegung), der ebenfalls mit Soros zu tun hat und fordert, dass YouTube Videos zensiert, die „Fehlinformationen zum Klima“ enthalten, das heißt, die sich der offiziellen Lehrmeinung entgegenstellen. Faschistische Mitglieder dieses Ausschusses schrieben an den Google-CEO Sundar Pichai, um darauf zu drängen, dass YouTube aufhören soll, „jeden Tag Millionen von Zuschauern Videos mit Fehlinformationen zum Klima vorzusetzen“. Die Geringschätzung der Freiheit, die in diesem Schreiben zum Ausdruck kommt, ist gewaltig, passt aber perfekt in die Agenda des Kults. Avaaz behauptet: „Klimaleugnung ist gleichbedeutend mit Tod“. Das heißt nichts anderes als: Wenn man sich in einer Diskussion nicht durchsetzen kann, sollte man die Diskussion verbieten. Die „basisdemokratische“ Organisation Avaaz hat bereits eine lange Reihe von Kampagnen für Ziele gestartet, die auf der Wunschliste des Kults stehen. So unterstützte sie zum Beispiel iranische Demonstranten, die die Absetzung der Regierung ihres Landes forderten, die der Kult ja schon länger loswerden will; trat für eine Flugverbotszone für libysche Militärmaschinen ein, die es Amerika, England und der NATO erlaubte, das Land und sein Volk ohne Widerstand in Grund und Boden zu bombardieren und Oberst Gaddafi zu beseitigen; setzte sich für die von den USA angezettelte „zivile Revolte“ gegen Präsident Assad in Syrien ein – wozu es angeblich auch gehörte, Aktivisten auszubilden und den Demonstranten Kommunikationstechnologie im Wert von 1,5 Millionen Dollar zur Verfügung zu stellen. Avaaz will nach eigenen Angaben „praxisorientierte Idealisten zusammenbringen“, um die Welt zu einem besseren Ort zu machen. Dabei spielte auch die Unterstützung der Organisation für die Angriffe des Westens (Kults) auf Libyen und Syrien eine bedeutende Rolle in dem darauffolgenden Albtraum, der in einen Todesrausch und die Ermordung vieler Unschuldiger mündete. Übrigens standen alle der erwähnten Länder auf der im September 2000 erstellten Liste von Zielen des ultrazionistischen, sabbatianisch-frankistischen Project for the New American Century.

Allen Leuten, die Avaaz vertrauen, würde ich einen Besuch bei den Anonymen Naivlingen empfehlen. Wer hingegen George Soros vertraut, kann sogar das bleiben lassen, weil ihm dann ohnehin niemand mehr helfen kann. Wie soll man auch jemandem helfen, wenn er einem Mann glaubt, der ganze Völker ins finanzielle Chaos gestürzt hat, indem er mit ihren Währungen spekulierte, und angeblich aus reiner Herzensgüte „progressive“ Bewegungen unterstützt, die für eine „von Menschen angetriebene Politik“ eintreten? Fraglich ist schon, ob der Typ überhaupt ein Herz hat … Soros hat auch Gruppierungen finanziert, die hinter den weltweiten „Klimastreiks“ – dem Schulschwänzen – am Freitag standen.

Angeführt wurden diese Veranstaltungen von der Galionsfigur des Klimakults Greta Thunberg, die sich die Begriffe „Schulstreik für das Klima" und „Fridays for Future" urheberrechtlich schützen ließ.

Das amerikanische Media Research Center, eine gemeinnützige, konservative Organisation zur Medienbeobachtung, führte in einem Bericht mindestens 22 Aktivistengruppen an, die Partner der Initiative Global Climate Strike sind und von Soros über sein Open-Society-Netzwerk zwischen 2000 und 2017 fast 25 Millionen Dollar erhalten haben. Dazu gehören die Organisationen Fund for Global Human Rights, Global Greengrants Fund, 350.org, Amnesty International, Avaaz, Color of Change und People's Action. Merken die Grünbewegten da vielleicht endlich etwas? Wahrscheinlich (leider) nicht – aber vielleicht fällt der Groschen, wenn wir zur Frage kommen, warum der Schwindel vom menschengemachten Klimawandel propagiert wird.

Ein bedeutender Geldgeber von Extinction Rebellion ist Sir Chris Hohn, der einen der weltgrößten Hedgefonds mit einem Wert von mehreren Milliarden Dollar leitet. Die britische Zeitung *Mail on Sunday* enthüllte Tatsachen über die Investitionen des Fonds in Unternehmen, die tief in Umweltskandale verstrickt sind. Auf der ganzen Welt beweisen der Klimakult und die New-Woke-Aktivisten ein bemerkenswertes Talent dafür, Milliardäre als Sponsoren und Unterstützer zu gewinnen. Der Megamilliardär Jeff Bezos von Amazon kündigte Anfang 2020 an, 10 Milliarden Dollar für den „Kampf gegen den Klimawandel" ausgeben zu wollen, indem er „Wissenschaftler, Aktivisten und Nichtregierungsorganisationen (siehe dazu auch George Soros) über seinen neuen ‚Bezos Earth Fund' finanzieren" würde. Auch das dient als Bestätigung dafür, dass der menschengemachte Klimawandel ein Betrug des einen Prozents ist. Bezos nahm das Drehbuch zur Hand und behauptete, dass das Klima sich schneller ändere als vorhergesagt: „Die Prognosen waren schon schlimm genug, doch was tatsächlich passiert, ist schrecklich." Gääähn, verdammt nochmal! Er sagte außerdem, dass Amazon bei der in Michigan ansässigen Firma Rivian (in die Amazon wiederum selbst investiert ist) 100.000 elektrische Lieferfahrzeuge bestellt habe. Auch das passt perfekt zum Plan des Kults. Und wie um die Macht der Programmierung zu beweisen, legten Hunderte Amazon-Mitarbeiter – denen der Verlust ihrer Arbeitsplätze durch die „klimafreundliche" (ist sie gar nicht) KI droht – Protest ein, weil Bezos angeblich nicht genug gegen den Klimawandel unternehme. Man manipuliert seine Leibeigenen, damit sie das verlangen, was man ohnehin vorhat; solche Aktionen passieren ständig.

Der Klimakult arbeitet daran, die stets größer werdende Anzahl von Wissenschaftlern auf der ganzen Welt zum Schweigen zu bringen, die erkannt haben, dass die Lehrmeinung in Sachen Klimawandel nichts als verlogener Unsinn ist. Sie werden verteufelt, vor Gericht gezerrt, dürfen sich in den Medien nicht mehr äußern und müssen damit rechnen, dass ihre Karrieren beendet sind und sie ihren Lebensunterhalt nicht mehr bestreiten können. Im Gegensatz dazu werden die selbst ernannten „Wissenschaftler", die sich brav an den propagierten Schwindel halten (und die dafür von Bezos Geld erhalten werden), permanent von den Medien im Besitz des Kults der Öffentlichkeit präsentiert und dürfen dafür ihre Schnauzen in einen schier grenzenlosen Trog von Schutzgeldern stecken. Mit diesem Geld schützt man die Lügen davor, widerlegt zu werden.

Der Kult der New-Woke-Klimapromis

Wenn der Glaube an die Lehrmeinung erst einmal fest im Mainstream verankert ist, wird es „cool", sie öffentlich zu unterstützen. Für Prominente, die ihre Tugend zur Schau stellen wollen, ist es sogar ein Muss, um das eigene Image aufzubauen und die Fangemeinde zu vergrößern. New Woke ist „in"; nicht woke zu sein, kann für eine Laufbahn in den Medien, der Unterhaltungsbranche oder als Komiker den Todesstoß bedeuten. Mit der gleichen Methode werden die Wissenschaftler gelenkt. Sag das, was wir wollen, dann verdienst du einen Haufen Geld – oder sag das, was du für die Wahrheit hältst, und wir machen dich kaputt. Wollen Sie viele Likes auf Facebook oder lieber einen Shitstorm auf Twitter?

Das Ergebnis dieser Politik ist eine immer länger werdende Liste von prominenten Speichelleckern, die öffentlich die Lehrmeinung des Klimakults wiederkäuen und ihr „Du sollst nicht fliegen" predigen, während sie in ihren Privatjets zu Klimakonferenzen und -demonstrationen fliegen. Bei Tugendprotzern wie dem Schauspieler Leonardo DiCaprio geht das so weit, dass man mit Privatjets losfliegt, um einen Klimapreis in Empfang zu nehmen. Der Kult setzt Prominente als öffentliche Plattform zur Verbreitung seiner Botschaft ein, wobei die meisten dieser Figuren keine Ahnung haben, wer da wirklich an ihren Fäden zieht und warum.

Der britische Prinz Harry und seine amerikanische Ehefrau Meghan Markle demonstrieren dauernd ihre woke Haltung zum Klimawandel, während sie sich in Limousinen zu Privatflugzeugen fahren lassen und anderen vorschreiben, dass sie ihren „CO_2-Fußabdruck" reduzieren sollen. Ist das nicht pure Heuchelei? Nein, nein, ich habe *Ihnen* gesagt, dass Sie Ihren Fußabdruck reduzieren sollen – für *mich* gilt das nicht. Harrys Beitrag zur Rettung des Planeten erschöpfte sich in einer Ansprache, die er in typisch infantiler New-Woke-Manier barfuß hielt. Zieh dir die Schuhe an, Kumpel, sonst verletzt du dir auf der Rollbahn noch deine zarten Füßlein. Das Paar gab im Januar 2020 bekannt, von seiner Position als Senior Royals zurückzutreten und nach Kanada ziehen zu wollen. Dieser Schritt wird es der superwoken Markle ermöglichen, öffentlich mit ihrer Superwokeness (inklusive Klimatheologie) ihre Tugend zu bekunden, während Harry hinter ihr hertrottet, ihre Anweisungen befolgt und sich dafür entschuldigt, ein weißer Mann zu sein. Die New-Woke-Jünger fanden die Entscheidung der beiden nur gut, weil sie ständig ihre Wokeness zur Schau stellen; die heute längst vereinnahmte ursprüngliche Linke hätte das Paar stattdessen wegen seiner unverdienten Privilegien, seines Opportunismus und Narzissmus an den Pranger gestellt. Es lässt sich jetzt schon absehen, wie sehr der Kult Meghan und Harry ausnutzen – und dabei sehr reich machen – wird, indem er sie allerorten für den Klimaschwindel und die New-Woke-Agenda werben lässt. Ihren ersten wirklich *großen* Zahltag durften sie im Februar 2020 erleben, als sie vor den versammelten, megareichen Ein-Prozent-Pseudo-Woke-Anhängern bei einer Veranstaltung von JP Morgan Chase eine „Rede" halten durften, für die sie angeblich irgendwas zwischen 750.000 und einer Million Dollar kassierten. JP Morgan Chase ist die größte Bank Amerikas und die sechstgrößte der Welt mit Vermögenswerten in Höhe von 2,6 Billionen Dollar. Wir haben es demnach mit Pseudo-

Woke-Anhängern zu tun, die ihre Seele verkaufen, um für viel Geld vor anderen Pseudo-Woke-Anhängern mit prallgefüllten Brieftaschen zu sprechen, wobei die Investitionen der Zuhörerschaft sehr dazu beigetragen haben, die Umwelt zu zerstören sowie allerorten für Ungleichheit und Ungerechtigkeit zu sorgen. Die Heuchelei und der Mangel an Selbsterkenntnis dieser geldgeilen Royals sind wahrlich abschreckend.

Das königliche Paar behauptete, finanziell unabhängig werden zu wollen – das bedeutet aber nur, dass sie ihre Verbindungen und Privilegien als Royals ausnutzen werden, um möglichst viel Geld zu machen und Markle von der Einschränkung zu befreien, sich als Mitglied des Königshauses aus der Parteipolitik heraushalten zu müssen. Jetzt kann sie sich für die New-Woke-Agenda einsetzen, einschließlich aller Forderungen des Klimakults, die sie und ihr Mann allerdings auf Schritt und Tritt zu ignorieren scheinen. Zwei russische Witzbolde, die sich als Greta Thunberg und deren Vater ausgaben, riefen Prince Harry an und nahmen ihn auf Band auf. Seine Reaktion war unglaublich peinlich und eine deutliche Bestätigung dafür, dass er das Drehbuch des Klimaschwindels wörtlich und ohne jeden eigenen Gedanken nachplappert. Wie woke und bewusst Markle wirklich ist, lässt sich an ihrer Nähe zu den Clintons – vor allem Hillary – erkennen, einer der korruptesten Partnerschaften auf dem Planeten Erde. Man darf davon ausgehen, dass die königlichen Privatjetpassagiere sich ab nun noch mehr für den Klimakult und jeden noch so unbedeutenden Punkt der New-Woke-Ideologie einsetzen werden, während sie ihr Leben mit den Privilegien genießen, die die New-Woke-Bewegung angeblich so verachtet. Das System wird sie dabei in jeder Hinsicht unterstützen.

Der amerikanische Fernsehmoderator Tucker Carlson bezeichnete die Klimaschwindel-wokeness der Prominenten sehr treffend als „die Theologie der Privatjetklasse". Uns redet man einstweilen ein, dass wir alle bald (als Vorstufe dazu, gar nicht mehr fliegen zu dürfen) in Flugzeugen sitzen werden, die wie die Zugvögel zu mehreren in V-Formation in den Lüften unterwegs sind und Treibstoffverbrauch sowie CO_2-Emissionen reduzieren sollen, indem sie wie Rennautos im Windschatten des Vordermanns bleiben. Ich habe schon einmal selbst erlebt, was mit einem Flugzeug passiert, wenn es in die Turbulenzen einer anderen Maschine gerät ... danke, ich kann's kaum erwarten.

Die schwedische Klimakultgöttin Greta Thunberg wurde dazu eingesetzt, das schwedische Wort *flygskam* oder „Flugscham" in die Welt zu setzen, damit die Menschen unter Druck gesetzt werden, keine Flugreisen mehr zu unternehmen. Man darf gar nicht daran denken, welche Scham Thunberg selbst einmal empfinden wird, wenn sie erkennt, wie sehr sie manipuliert wurde (Abb. 261). Sie und der Klimakult haben eine derart verrückte Lage geschaffen, dass die britische University of Derby mittlerweile Kurse für den Umgang mit „Klimaangst" für Lehrpersonal und Studenten anbieten, die um unseren Planeten und sein Ökosystem besorgt sind. Laut Aussage der Universität zielen diese Kurse darauf ab, mit Gefühlen von

Abb. 261: „Unwissendes Bauernopfer des allsehenden Auges" – *Traurig, wirklich traurig ...*

Zorn, Schuld und Trauer umzugehen zu lernen und gegen das „Gefühl des Verlusts“ anzukämpfen, das die Teilnehmer empfinden. *Träume ich oder was?!* Eine Studentin sagte, dass der „Klimanotstand“ ihr das Gefühl gebe, sie „habe keine Zukunft“. Da kann man Greta und ihren Betreuern ja nur gratulieren – gut gemacht.

Dr. Jamie Bird, stellvertretender Leiter im Bereich Gesundheit und Soziales an der besagten Universität, verstieg sich zu der Behauptung, dass die Menschen unter „Klimakummer“ leiden, wenn sie merken, was sie verlieren. Entschuldigung, aber die verlieren *gar nichts*, außer vielleicht ihren verdammten Verstand! Trotz dieser unablässigen öffentliche Indoktrination durchschauen viele Menschen diesen Schmarrn, doch die meisten haben Angst, die Wahrheit auszusprechen, weil sie die Gegenreaktionen und Konsequenzen fürchten. Doch vielleicht wurden wir bereits 2019 Zeugen einer Wende, als wütende Pendler eine Bande narzisstischer, selbstverliebter Extinction-Rebellion-Demonstranten von den Londoner U-Bahn-Waggons herunterzerrten, weil sie nach einem harten Arbeitstag einfach nur nach Hause wollten. Sie hatten genug – und das völlig zu Recht. Wir haben *alle* genug.

Monumentale Verlogenheit

Ein Hauptbestandteil der Massenindoktrination ist das schiere Ausmaß der Täuschung. Die Nazis fassten diesen Punkt in einem Satz zusammen: Je größer die Lüge, desto mehr Menschen folgen ihr. Lüge nur ein bisschen, und man könnte dich dabei ertappen, weil die Menschen kleine Lügen schnell erkennen. Worauf die meisten aber hereinfallen, das sind die gigantischen Superlügen, mit denen der Kult hausieren geht. Na gut, sagen die Leute, die lügen vielleicht hier und da, um die Lehrmeinung über den Klimawandel zu bestärken – aber sie würden doch nicht das *ganze Drum und Dran* einfach erfinden, oder? Oh doch, das würden sie, das haben sie getan und das tun sie noch immer. Sie lügen nicht nur über die einzelnen Teilbereiche des Klimaschwindels, sondern die Geschichte an sich ist erstunken und erlogen. Warum, das werde ich in Kürze erläutern.

Tatsache ist, dass der gesamte Klimaschwindel sich aus einzelnen Schwindeleien zusammensetzt. Der Kult versucht diese Tatsache zu verschleiern, indem er Andersdenkende mundtot macht und diffamiert, damit die meisten Menschen immer nur eine Version zu hören bekommen. Grundlage des Schwindels ist die dauernd wiederholte Behauptung „The science is settled“ – also: „Die wissenschaftlichen Erkenntnisse dazu sind gesichert“. Das ist aber absolut nicht der Fall und wird es noch dazu von Tag zu Tag weniger. Pedro Sanchez, der amtierende Ministerpräsident Spaniens, erklomm eine neue Ebene der Lächerlichkeit, als er sagte: „Nur eine Handvoll Fanatiker leugnen die Beweise.“ Damit meint er anscheinend eine immer länger werdende Liste von Experten aus aller Welt, von denen die Lehrmeinung zum Klimawandel als pures Geschwätz entlarvt wird. Doch alles, was Sanchez und die meisten anderen Politiker gehört haben, ist die offizielle Version, die im Endeffekt vom Kult durch DAS NETZ verbreitet wird. Diese Lehrmeinung verkünden sie, als wäre sie eine solide und unanfechtbare Wahrheit. Das Gleiche tun die Lehrer und Universitätsprofessoren, die junge Menschen Tag für Tag belehren, dass sie an die Verlogenheit des Klimawandels glauben sollen. Sie wollen keine Kinder indoktrinieren, Herr Professor? Dann suchen Sie sich gefälligst einen anderen Job; wir finden schon jemanden, der Sie ersetzen kann. So programmieren die Programmierten die nächste Generation von Programmierten immer weiter.

Sobald die Lehrmeinung allgemein als Realität anerkannt ist, überschlagen sich die politischen Führer und Parteien (mit wenigen Ausnahmen) im Bemühen, möglichst noch mehr gegen ein Problem zu unternehmen, das gar nicht existiert. Wer die Klimareligion infrage stellt, begeht politischen Selbstmord, vor allem in der woken „Linken". Wer den Schwindel durchschaut hat, hält lieber den Mund, wenn er wiedergewählt werden will. Der Kult weiß, dass er nur den Glauben an die „gängige Meinung" über das Thema zu etablieren braucht, damit die Dominosteine zu fallen beginnen. Dies betrifft die gesamte Gesellschaft mit all ihren Institutionen, die plötzlich auf Grundlage dieser falschen und manipulierten „gängigen Meinung" Entscheidungen trifft und Gesetze erlässt. Der Klimaschwindel ist ein perfektes Beispiel dafür. Das offizielle Narrativ dazu wird in Schulen und Universitäten unterrichtet, von den Mainstreammedien verkündet und in die Rechtsprechung aufgenommen, während Andersdenkende zum Schweigen gebracht, beschimpft und verteufelt werden. Da ist es kein Wunder, dass dieses Narrativ bei allen, die keine Fragen stellen, zur anerkannten „Wahrheit" geworden ist. Ich bin aus vielen Gründen kein Donald-Trump-Fan, aber wenigstens hat dieser Politiker sich getraut, etwas gegen die Lehrmeinung zu sagen, wo andere sich nur duckten und das glaubten, was man ihnen vorsagte.

Zur Untermauerung des Geschwafels von den „wissenschaftlich gesicherten Erkenntnissen" setzt man uns die damit zusammenhängende Lüge vor, dass 97 Prozent aller Klimaforscher glauben, dass Menschen die Hauptursache für den Klimawandel seien (bei einem Klima, das sich permanent ändert und dies schon seit Entstehung der Erde tut). Ich habe gesehen, wie Jonathan Bartley, einer der beiden Parteivorsitzenden der Green Party of England und Wales, im BBC-Fernsehen diese verlogene Zahl nachgeplappert hat und der BBC vorwarf, dass sie „Klimaleugner" auftreten lässt. In den 1980er-Jahren war ich für kurze Zeit Landessprecher der Grünen, als die sich noch für die Meinungsfreiheit und allgemeine Umweltfragen einsetzten, bevor sie komplett von den New-Woke-Vertretern gekapert wurden. Sogar das *Wall Street Journal*, das eindeutig zum Establishment gehört, hat die Behauptung mit den 97 Prozent schon als Lüge entlarvt. Wenn man diese Zahl, die uns als Tatsache zur Unterstützung der Klimadoktrin verkauft werden soll, zu ihren Ursprüngen zurückverfolgt und betrachtet, auf welcher Grundlage sie basiert, ist sie einfach nur lächerlich. Es war Al Gore, der sie einfach aus heiterem Himmel erfunden hat; seither wird als Quelle am häufigsten ein gewisser John Cook – „Fellow für Klimakommunikation" am Global Change Institute der University of Queensland – zitiert, der selbst kein Klimatologe ist, sondern nur die offizielle Story bewirbt.

Ich habe viele Artikel darüber gelesen, wie Cook 11.944 Studien von Klimaforschern analysierte und zum Schluss kam, dass 97 Prozent der Autoren darin übereinstimmten, dass der Mensch die Hauptursache für die „Erwärmung" ist. Das stimmt ganz und gar nicht. Cook schreibt vielmehr, dass 32,6 Prozent die These von der menschengemachten Erwärmung befürworten (wenn auch nur wenige sie als Hauptursache ansehen), 0,7 Prozent diese These ablehnten und 0,3 Prozent unsicher darüber waren. Und nun die wichtigste Zahl von allen: 66,4 Prozent bezogen in dieser Frage *keine Position*. Ich muss beobachten, dass der Klimakult und die Medien sich immer wieder darauf berufen, dass 97 Prozent aller Klimaforscher der Ansicht seien, der Mensch sei die Hauptursache des Klimawandels – dabei bezieht sich diese Zahl selbst nach Cooks fehlerhafter Methodologie nur auf jene, die überhaupt eine Meinung zu dieser These äußerten und nicht auf alle Wissenschaftler, die von Cook in die Studie einbezogen wurden. Eine nähere Untersuchung von Cooks Zahlen ergab, dass nur 64 der 11.944 Studien (also 0,5 Prozent) zum Ergebnis kommen, dass der Mensch die Hauptursache der globalen Erwärmung sei, und dass in keiner der Studien von einer Krise oder einem Notstand die Rede ist. Selbst wenn man das auf die 3.974 Studien bezieht, die sich zu dem Thema äußern, stellt die Zahl von 64 Studien, die den Menschen als Hauptverursacher annehmen, nur 1,6 Prozent dieser Studien dar. Eine spätere Untersuchung von Cooks Quellenmaterialien ergab, dass überhaupt nur 41 der erwähnten 64 Studien zur Schlussfolgerung gelangen, dass der Mensch der Hauptverursacher sei. Das sind 41 von 11.944. Wo kamen also bloß diese angeblichen 97 Prozent der Klimaforscher her, die diese Ansicht vertreten sollen? Ganz einfach: Sie haben sie *erfunden*, so wie sie praktisch alles andere frei erfinden.

In der Wissenschaft geht es um Beweise und nicht darum, dass irgendwelche Wissenschaftler, die ihre Schnauzen tief im Klimatrog stecken haben, brav die Hand heben und die Lehrmeinung nachbeten. Es geht auch nicht darum, Temperaturdaten zu fälschen, wenn die wahren Temperaturwerte der These vom menschengemachten Klimawandel nicht entsprechen. Solche Machenschaften wurden immer wieder aufgedeckt. Wer die Wahrheit sagt, braucht aber keine Daten zu manipulieren. Wie viele Leute wissen schon, dass der US-Senator Timothy Wirth zugab, dass sogar die Raumtemperatur manipuliert wurde, als der NASA-Wissenschaftler James Hansen bei einer Senatsanhörung im Jahr 1998 die Panik wegen der globalen Erwärmung so richtig losgetreten hat. Wirth sagte:

> Wir waren am Abend vorher in dem Raum und rissen alle Fenster auf [...] das gebe ich zu, okay? Aus dem Grund funktionierte die Klimaanlage nicht [...] und als die Anhörung stattfand, waren wir nicht nur selig, weil Fernsehkameras im zweistelligen Bereich anwesend waren, sondern auch, weil es richtig heiß war.
>
> Hansen macht also seine Aussage, hinten stehen die Fernsehkameras, die den Raum ordentlich aufheizen, und die Klimaanlage funktioniert anscheinend auch nicht. An diesem Tag kam also alles aufs Wunderbarste zusammen. Jim Hansen wischte sich im Zeugenstand den Schweiß von der Stirn und machte diese bemerkenswerte Aussage.

Senator Wirth sagte außerdem:

> Ob Sie's glauben oder nicht – wir riefen den Wetterdienst an, um herauszufinden, welcher Tag im Sommer historisch gesehen der heißeste ist. Es war der 6. oder 9. Juni oder so ähnlich, also setzten wir die Anhörung für diesen Tag an. Und Volltreffer: Es war der heißeste Tag, der in Washington jemals aufgezeichnet wurde, oder jedenfalls nahe dran. Es war brütend heiß in diesem Sommer. Wir hatten zur

gleichen Zeit eine Dürre im ganzen Land, sodass man eine direkte Verbindung zwischen Dürre und Hansen-Anhörung herstellen konnte.

Daran sieht man, dass es im Klimaschwindel von Anfang an nicht um Fakten ging, sondern darum, die Wahrnehmung so zu manipulieren, dass eine Illusion glaubhaft wurde.

Was haben Sie (vorher)gesagt?

Die düsteren Behauptungen, die Hansen an diesem Tag vor 33 Jahren aufgestellt hat, haben sich bislang nicht bewahrheitet. Das Gleiche gilt für den langjährigen Handlanger des Kults Al Gore, der zum weltweiten Vertreter der großen Lüge wurde und ein Vermögen damit verdient hat (Abb. 262). Gore sagte 2006: Wir haben noch zehn Jahre, um den Planeten zu retten (total falsch). Die Arktis wird bis 2014 eisfrei sein (total daneben). Der Golfstrom wird sich verlangsamen (in Wahrheit ist er schneller geworden). Die Eisbären sind vom Aussterben bedroht (absolut falsch). Der Meeresspiegel wird in naher Zukunft sechs Meter steigen (keine Spur davon).

Abb. 262: Al Gore, der Laufbursche für das eine Prozent, der uns die große Lüge verkaufen durfte.

Wenn Sie ein paar meiner anderen Bücher lesen, werden Sie mehr über den Hintergrund von Gore erfahren, dessen persönlicher CO_2-Fußabdruck ungefähr so groß ist wie der von Godzilla. Er war Bill Clintons Vizepräsident – und zu diesem Posten kommt man nicht, wenn man auch nur die geringste Neigung dazu hat, die Wahrheit zu sagen. Dass der Kult die Verleihung des Friedensnobelpreises kontrolliert, sieht man schon daran, dass so viele Kriegstreiber und Massenmörder im Auftrag des Kults einen gekriegt haben. Auch die Oscar-Gewinner werden von ihm bestimmt. Und Gore hat – das wird Sie wahrscheinlich nicht groß überraschen – beide Preise erhalten, weil er über den Klimawandel gelogen und ganzen Generationen von Kindern und Jugendlichen mit seiner Angstmacherei das Leben verdorben hat.

Der britische Prince Charles sagte 2009 vorher, dass wir noch zwölf Jahre hätten, um die Welt vor einem nicht mehr rückgängig zu machenden Kollaps des Klimas und des Ökosystems zu retten (wieder total falsch). Von ganz besonderer Idiotie zeugt auch seine Behauptung, der Klimawandel sei die „eigentliche Ursache“ des Konflikts in Syrien, der in Wahrheit von Terroristen ausgelöst wurde, die von den USA und deren Verbündeten aus den Golfstaaten wie Saudi-Arabien finanziert und bewaffnet wurden.

Im Folgenden möchte ich noch ein paar Warnungen vor Klima- und Umweltkatastrophen zitieren, die sich als sagenhafter Blödsinn herausstellten. Sie alle stammen aus der Zeit um 1970, als der jährliche „Tag der Erde“ eingeführt wurde.

George Wald, Biologe in Harvard:

> „Die Zivilisation wird in 15 bis 20 Jahren untergehen, wenn nicht sofort etwas gegen die Probleme unternommen wird, vor denen die Menschheit steht."

Paul Ehrlich, amerikanischer Biologe:

> „Die Todesrate wird steigen, bis in den nächsten zehn Jahren mindestens 100 bis 200 Millionen Menschen im Jahr verhungern werden."

Peter Gunter, Professor an der University of North Texas:

> „Demografen sind sich fast einstimmig [siehe auch die „97 Prozent" der Klimaforscher, die sich einig sind] über den folgenden düsteren Zeitplan einig: Bis 1975 werden weitverbreitete Hungersnöte in Indien beginnen; diese werden sich bis 1990 über ganz Indien, Pakistan, China sowie den Mittleren Osten und Afrika ausbreiten. Bis zum Jahr 2000 oder möglicherweise früher werden in Süd- und Zentralamerika Hungersnöte herrschen. [...] Im Jahr 2000, also in 20 Jahren, wird die ganze Welt Hunger leiden, mit Ausnahme von Westeuropa, Nordamerika und Australien."

Und dann war da noch die Temperaturprognose, die der Ökologe Kenneth Watt im Jahr 1970 abgab:

> „Die Welt kühlt sich seit etwa 20 Jahren empfindlich ab. Wenn sich der derzeitige Trend fortsetzt, wird die globale Durchschnittstemperatur 1990 um etwa vier Grad unter dem heutigen Wert liegen, und im Jahr 2000 wird es um elf Grad kühler sein. Das ist ungefähr das Doppelte dessen, was nötig wäre, um uns in eine Eiszeit zu stürzen."

Die Bedrohung der Menschheit wandelte sich im Handumdrehen von einer Eiszeit zur galoppierenden Überhitzung. Wie konnte das passieren? Indem man einfach die Propaganda unter ein neues Motto stellte. Das Einzige, was konstant bleibt und scheinbar kein Ende findet, sind die Lügen.

Die Grundlagen des Klimamythos

Immer wieder melden die Medien den „heißesten Tag seit Beginn der Wetteraufzeichnungen". Selbst wenn man hier manipulierte Daten herausrechnet – das Stichwort ist *Aufzeichnungen*". In den Schlagzeilen wird es oft weggelassen, dann heißt es nur mehr „heißester Tag". Bevor ich meinen Standpunkt erläutere, möchte ich Ihnen aber erst ein paar Hintergrundinformationen liefern.

Der Planet Erde war die meiste Zeit seiner Geschichte wärmer als heute. So gab es zum Beispiel die mittelalterliche Warmzeit, die vor etwa 1.000 Jahren begann und in der es wärmer war als heute, obwohl es damals keine Fabriken, keine SUVs und überhaupt keine Fahrzeuge gab, die CO_2 produzierten (Abb. 263). Die Warmzeit war im Vergleich zu kälteren Perioden auch eine Zeit des Überflusses. Hoch im Norden Englands und sogar in Schottland wurden Trauben für die Weinherstellung angebaut. Kurz gesagt: Es gab keine Klimakatastrophe. In der Kleinen Eiszeit vom 16. bis zum 19. Jahrhundert (nach Meinung mancher Forscher begann sie sogar früher) sank die Temperatur, und der Überfluss hatte ein Ende. In dieser Zeit war es so kalt, dass auf der zugefrorenen Themse in London „Frostjahrmärkte" stattfand, die heute noch auf manchen englischen Weihnachtskarten abgebildet sind (Abb. 264).

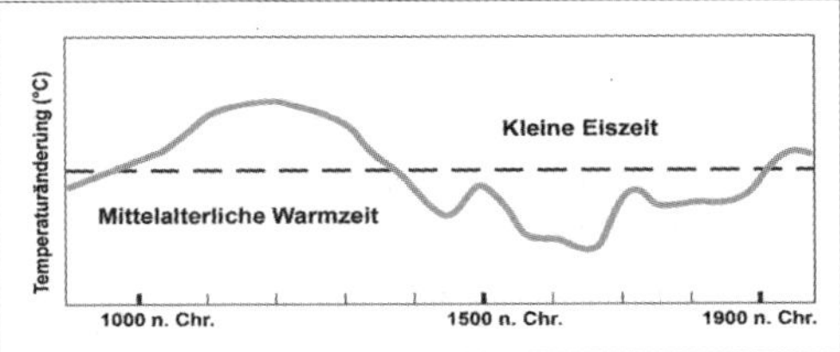

Abb. 263: Die mittelalterliche Warmzeit begann vor rund 1.000 Jahren, als die Temperaturen auch ohne Industrialisierung wärmer waren als heute. Dann kam die Kleine Eiszeit, in der im Winter fast permanent Minustemperaturen herrschten. Temperaturvergleiche zwischen dieser Periode und heute sind daher völlig irrelevant.

Abb. 264: Darstellung der zugefrorenen Themse während der Kleinen Eiszeit.

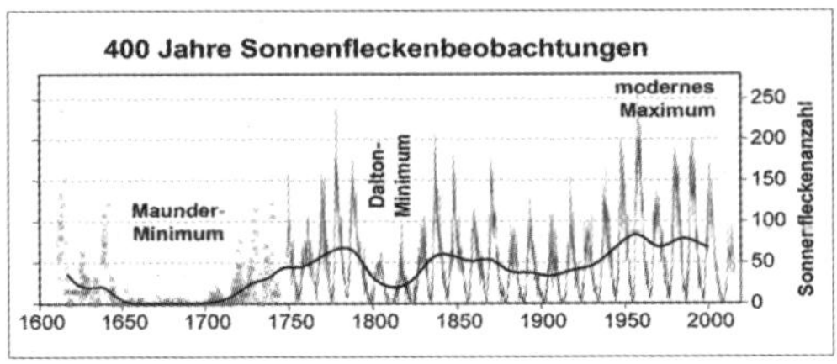

Abb. 265: Die Korrelation zwischen der durch Sonnenflecken gemessenen Sonnenaktivität und der Erdtemperatur. Der Klimakult lässt diesen Vergleich nicht zu und ignoriert den offensichtlichen Zusammenhang, weil seine Thesen dadurch widerlegt werden. Das Maunder-Minimum fiel in die kälteste Phase der Kleinen Eiszeit.

Besonders bedeutsam ist die Tatsache, dass während der Kleinen Eiszeit die als Sonnenflecken bekannten Energieexplosionen auf der Sonne, die Sonnenaktivität anzeigen, fast völlig verschwunden waren. Diese Periode stark verringerter Sonnenfleckenaktivität wird als Maunder-Minimum bezeichnet und ist nach dem Astronomen benannt, der sie erforscht hat (Abb. 265). Glauben Sie nicht, dass es einen Zusammenhang zwischen der Sonnenaktivität und den Temperaturen auf der Erde geben könnte? Nein, kann ja gar nicht sein, sonst würde der Klimakult wenigstens gelegentlich die Sonne erwähnen, statt so vollständig vom Kohlendioxid besessen zu sein. Vielleicht glauben diese Leute ja, dass es nur zufällig wärmer wird, wenn die Sonne aufgeht. Vielleicht sind sie auch der Ansicht, dass eine Zunahme der auf die Erde abgestrahlten Sonnenenergie keinesfalls die Temperatur beeinflussen könnte (Abb. 266). Schließlich sind sie ja Experten.

Wissenschaftler am Kernforschungsinstitut CERN stellten eine extrem enge Korrelation zwischen der Erdtemperatur und dem Eindringen kosmischer Strahlung in unsere Atmosphäre fest. Die Auf-

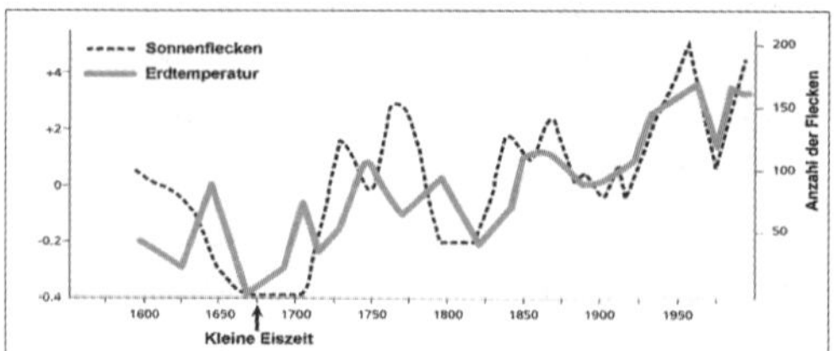

Abb. 266: Ein weiteres Diagramm, dass die Sonnenfleckenaktivität (gestrichelte Linie) und die Erdtemperatur (graue Linie) zeigt.

zeichnungen über „den heißesten Tag/das heißeste Jahr seit Beginn der Wetteraufzeichnungen" begannen, als die Kleine Eiszeit gerade aufhörte; da ist es nur logisch, dass die Temperaturen heute höher sind als damals. Welchen Sinn soll denn ein Vergleich zwischen einer extremen Kälteperiode und der Zeit nach dem Ende dieser Periode haben? Der Vergleich ist sinnlos – außer man will uns in die Irre führen. Und genau das ist auch der Fall. Warum sollten die Wissenschaftler, die ihre Schnauzen in den Trog des Klimakults stecken, sonst – wie aus durchgesickerten E-Mails und Dokumenten hervorgeht – versuchen, die Existenz der mittelalterlichen Warmzeit aus der Geschichte verschwinden zu lassen und so zu tun, als wären die heutigen Temperaturen „noch nie dagewesen" und nur durch das Industriezeitalter verursacht worden? Natürlich geht es auch hier ausschließlich darum, uns irrezuführen – und das tut man nur, wenn man seine Lügen verbergen will. Hier sind noch ein paar andere Propagandamythen zum Klima:

- **Die Migrationskrise wird durch den Klimawandel verursacht, der die Ernteerträge senkt und die Menschen dadurch zwingt, auf der Suche nach Nahrung auszuwandern**. Diese Behauptung wurde aufgestellt, um zu erklären, warum so viele Menschen aus Zentralamerika zur Grenze der Vereinigten Staaten unterwegs sind, und um die von mir beschriebene Migrationsagenda des Kults zu unterstützen. Tatsache ist aber, dass die Ernteerträge in Honduras, Costa Rica, Mexiko, Panama, Ecuador usw. seit Jahren stetig ansteigen.

- **Der Klimawandel wird die nordamerikanischen Großen Seen austrocknen lassen**. Diese Prognose hat sich durch den höchsten Wasserstand seit Beginn der Aufzeichnungen und keinen Abwärtstrend in den vergangenen 100 Jahren als völlig haltlos erwiesen. Zu den hohen Pegelständen fiel dem Klimakult nur ein: „Warum schwanken die Wasserstände der Großen Seen so stark?" Vielleicht, weil ihr die Entwicklung so falsch dargestellt habt?

- **Der Klimawandel wird immer stärkere Wetterextreme wie Tornados und Hurrikans mit sich bringen**. Die Anzahl der starken Tornados und landfallenden Hurrikans ist in den letzten paar Jahrzehnten gleich geblieben oder sogar zurückgegangen, wie aus begutachteter wissenschaftlicher Fachliteratur hervorgeht. Dasselbe gilt für Trockenperioden, Überschwemmungen und andere extreme Wetterereignisse. Die weltweite Todesrate durch Wetterereignisse ist seit den 1920er-Jahren um mehr als 98 Prozent gesunken.

- **Eisbären sind vom Aussterben bedroht, da der Klimawandel ihren Lebensraum im Eis verschwinden lässt**. Eisbären sind als Symbole für eine furchterregende Zukunft zu den liebsten Vorzeigeobjekten des Klimakults geworden. Die Eisbärenspezialistin

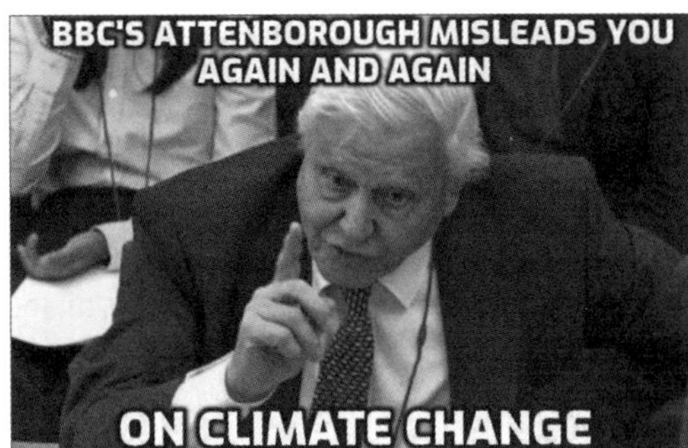

Abb. 267: Man kann sich darauf verlassen, dass David Attenborough von der BBC das offizielle Narrativ brav nachplappert.

Dr. Susan Crockford, ehemalige Lehrbeauftragte an der kanadischen University of Victoria, widerlegte die offizielle Darstellung in ihrem Buch „The Polar Bear Catastrophe That Never Happened" [dt. etwa: „Die Eisbären-Katastrophe, die es nie gab"]. Es gelang ihr, den Eisbärenschwindel so bloßzustellen, dass sie ihren Posten an der Universität verlor – in „einer akademischen Hinrichtung ohne Prozess, die hinter verschlossenen Türen stattfand", wie sie berichtete. So ergeht es einem, wenn man sich gegen die Lehrmeinung des Klimakults stellt.

Crockford wies nach, dass es den Eisbären bestens geht und ihre Populationen stabil sind oder sogar zunehmen. Die Zahl der Eisbären in Teilen der Barentssee nahm zwischen 2004 und 2015 um 42 Prozent zu. In der Baffin Bay, wo die Eisbärenpopulation laut Prognosen um 25 Prozent sinken hätte sollen, stieg sie um 36 Prozent an, während sie sich im Kane Basin mehr als verdoppelte. Der weltweite Durchschnittswert stieg auf mehr als 30.000 Bären, was nach Crockfords Aussage „bei Weitem die höchste Schätzung in mehr als 50 Jahren ist". Crockford entlarvt den BBC-Klimapropagandisten David Attenborough, der die Öffentlichkeit über Eisbären und so manches andere täuscht, in einem Internetvideo mit dem Titel „Attenborough's Arctic Betrayal" [dt. etwa: „Attenboroughs arktischer Verrat"]. Greta Thunberg gab an, zur Aktivistin in Sachen Klimawandel geworden zu sein, nachdem sie Berichte über die Abnahme der Eisbärenpopulation gesehen hatte – die es aber in Wahrheit *nicht gibt*. Daraufhin gab ihr ebendiese BBC natürlich gleich eine Fernsehsendung, in der sie ihre Propaganda (Programmierung) verbreiten konnte.

Abb. 268: „Um Gottes willen – CO_2!!! … Nein, Luftverschmutzung. CO_2 sieht man nämlich nicht." – *Eine weitere ständige Falschdarstellung, die CO_2 als Schadstoff hinstellen soll.*

- **Bilder zeigen rauchende Schlote, die „gefährliches" Kohlendioxid ausstoßen.** CO_2 ist für das menschliche Auge nicht sichtbar. Was diese Bilder zeigen, ist Luftverschmutzung und nicht CO_2 – das Gas des Lebens, ohne das es keine Pflanzen und daher auch keine Menschen oder Tiere gäbe (Abb. 268). Man zeigt Ihnen Bilder von Luftverschmutzung, damit Sie glauben, dass Kohlendioxid ein Schadstoff ist. Die meisten „Journalisten", die das tun, kennen den Unterschied selbst nicht. Ein weiteres Beispiel für die Einäugigen, die die Blinden führen …

Die Beschützer des Klimamythos

Wie konnte ein Schwindel, der auf einer derartigen Menge von Lügen basiert, in den Köpfen so vieler – vor allem junger – Menschen zur akzeptierten Tatsache werden und einen Großteil der Regierungspolitik bestimmen? Möglich wurde das, weil durch die Kontrolle von Informationen ein Glaubenssystem etabliert und durch die Angst gefestigt wurde, dass „wir bald alle sterben werden". Wie ich schon sagte: Wenn man Menschen die Lehrmeinung nach dem Motto „Das weiß doch jeder" erst einmal eingetrichtert hat, ergibt sich der Rest weitgehend von selbst.

Ältere Menschen stehen den Behauptungen über das Klima häufiger skeptisch gegenüber, weil sie nicht ihr Leben lang in Schulen und Universitäten mit Klimapropaganda zugeschüttet wurden. Die Jungen konnten dieser Gehirnwäsche leider nicht entkommen, weswegen auch so viele Kinder und Jugendliche die Lüge glauben, die durch alle vom Kult durchsetzten Institutionen der Behörden, des „Bildungswesens" und vor allem der Medien verbreitet wird. Wer nicht aktiv nach Informationen jenseits des Mainstream-Einheitsbreis sucht, lebt in einer eingleisigen Welt. Ohne alternative Informationsquellen erfährt das Volk nur das, woran es nach dem Willen des Kults glauben soll. Bilder von notleidenden Eisbären wurden als Folgen der „globalen Erwärmung" interpretiert, obwohl ihre Not und ihr abgemagerter Zustand, wie sich später herausstellte, ganz andere Gründe hatten, die nicht mit dem Klima zusammenhängen. Man braucht nur einen Bären in Not herzuzeigen und dazu die Behauptung aufzustellen, der Klimawandel sei daran schuld – und schon glauben die meisten Leute daran, weil es zu der ganzen Geschichte passt, mit der man sie schon vorher hereingelegt hat.

Ich habe ein wunderbares Buch des amerikanischen Meteorologen und Wetteransagers Joe Bastardi gelesen, der leidenschaftlich und auf unverblümte Art gegen die Klimalüge vorgeht. In „The Climate Chronicles" beschreibt er, wie er weit zurückreichende Wettermuster studiert hat, um nachzuweisen, dass Wetterbedingungen, die heute dem menschengemachten Klimawandel zugeschrieben werden, schon lange vor dem Industriezeitalter periodisch wiederkehrend auftraten. Der Unterschied ist, dass dieses Wetter vor der Klimahysterie einfach nur Wetter war. Heutzutage aber wird es immer von der globalen Erwärmung – die zum „Klimawandel" wurde, als die Temperatur nicht mehr stieg, und dann zur „Klimakrise", weil man die Angst noch mehr ankurbeln wollte – verursacht. Man kann so einfach betrogen werden, wenn man sich nicht die Mühe macht, die Fakten zu überprüfen. Da kommt ein Hurrikan – das ist die globale Erwärmung! ... und jetzt ein Tornado – schon wieder die globale Erwärmung! ... eine Dürre – auch das ist die globale Erwärmung! ... es ist heiß – natürlich globale Erwärmung ... es ist kalt – trotzdem die globale Erwärmung! Bastardi nennt solche Klimaschreihälse *ambulance chasers,* weil sie sich wie geldgierige Anwälte verhalten, die Verkehrsunfälle als Möglichkeit zum Geldverdienen betrachten. Er sagt: „Was schon einmal auf natürliche Weise geschehen ist, geschieht jetzt wieder, wie es durch die zyklische Natur des Klimas aufgrund des Aufbaus unseres Planeten auch zu erwarten ist." Bastardi führt viele Beispiele dieser Zyklen an, die heute auf menschliche Aktivitäten zurückgeführt werden – zum Beispiel das folgende, das sich auf Dürreperioden in den USA bezieht:

> Größere Trockenperioden in Amerika sind eine Folge der Abkühlung des tropischen Pazifiks. In Jahrzehnten wie den 1950er- bis 1970er-Jahren, wenn der tropische Pazifik insgesamt kühler ist, ist es in den USA in weiten Teilen trockener als normal.
>
> In den Jahren, in denen sich der Pazifik erwärmt, ist genau das Gegenteil der Fall, was übrigens sehr schön mit einem Anstieg der weltweiten Temperaturen korreliert, der so lange anhält, bis sich die Atmosphäre an den wärmer werdenden tropischen Ozean angepasst hat und die Temperaturen wieder abflachen. Die Vorstellung, dass die globale Erwärmung hier in den USA Dürreperioden verursacht, ist das genaue Gegenteil der Fakten! Erst wenn der Pazifik sich wieder abkühlt und die globalen Temperaturen wieder zu sinken beginnen, werden wir wieder solche Trockenperioden erleben.

Bastardis Buch ist ebenso empfehlenswert wie „The Politically Incorrect Guide to Climate Change“ [dt. etwa: „Der politisch unkorrekte Leitfaden zum Klimawandel“] von Marc Morano, einem Insider aus der Republikanischen Partei der Vereinigten Staaten. Morano zeigt darin die eklatante politische Manipulation hinter dem Klimaschwindel auf. Eine gute Website für Informationen, die den Schwindel infrage stellen, ist die der Global Warming Policy Foundation (TheGWPF.com).

Man darf nicht vergessen, dass die unzähligen Prognosen über das bevorstehende Klimaarmageddon nicht aus einer Beobachtung des Klimas hervorgehen. Sie kommen vielmehr dadurch zustande, dass man Daten und Annahmen in Computermodelle eingibt und glaubt, dass die von diesen vorhergesagten Ereignisse tatsächlich eintreffen werden. Die Tatsache, dass sie schon so oft in einem derart schockierenden Ausmaß danebenlagen, hätte die Vertreter der Lehrmeinung eigentlich schon darauf hinweisen sollen, dass diese Methode nicht funktioniert. Der Grund dafür ist ein ganz einfaches Ursache-Wirkungs-Prinzip: Wenn man Stuss eingibt, wird der Computer diesen Stuss zu „Vorhersagen“ verarbeiten, die nicht mehr sind als eine Rückkopplungsschleife – Stuss rein, Stuss raus. Wenn man bei der Dateneingabe bestimmte Annahmen voraussetzt, wird man die gewünschte Antwort erhalten, aber kaum jemals die Wahrheit. Es gibt so viele Variablen und Einflüsse, die sich auf das Klima auswirken, dass langfristige Prognosen nichts als Taschenspielertricks sind. Man sollte sich lieber die Zyklen ansehen, die es bereits gab, und die Klimaprognosen darauf aufbauen.

Es gibt aber auch noch einen anderen Aspekt, den wir ständig im Auge behalten sollten: Die Technologie zur Manipulation des Wetters ist mittlerweile sehr weit fortgeschritten. Es gäbe wohl keine internationalen Abkommen, in denen vereinbart wurde, das Wetter nicht zu manipulieren, wenn ein solches Vorgehen nicht bereits technisch möglich wäre. In „Alles, was Sie wissen sollten“ finden Sie detaillierte Hintergrundinformationen dazu, wie Wetterextreme künstlich erzeugt werden können. Wir müssen damit rechnen, dass der Kult auf diese Weise auch weiterhin weltweit zuschlagen wird, um die Menschen davon zu überzeugen, dass eine Klimakatastrophe bevorsteht.

Das Gas des Lebens

Der Kult nimmt Fakten her und verkehrt sie ins genaue Gegenteil der Wahrheit, bevor er diese Umkehrung als „gängige Meinung“ verkauft. Auf diese Art wird die öffentliche Wahrnehmung der Realität zum Gegenteil der tatsächlichen Realität. Man redet uns ein, dass uns eine „Katastrophe“ bevorsteht; dabei wird es erst dann, wenn die Forderungen des Klimakults erfüllt werden, zu einer echten – nicht eingebildeten – menschlichen Katastrophe in der Wirtschaft, der Nahrungsmittelherstellung und der Energieversorgung kommen. (Der einleitende Absatz wurde vor den Lockdowns wegen des angeblichen Virus geschrieben, die denselben Effekt hatten.)

Wenn die Pläne, bis zum Jahr 2025 oder 2030 oder 2050 „CO_2-neutral“ zu sein, umgesetzt werden, würde das die globale Gesellschaft zerstören. Für die Umkehrung aller Tatsachen könnte es kein eklatanteres Beispiel geben als Kohlendioxid (CO_2) selbst. Hier handelt es sich in Wahrheit um das Gas des Lebens, ohne das wir alle tot wären, und trotzdem wird CO_2 so umfassend verdammt (Abb. 269). Wäre dieses Gas ein Mensch, dann könnte es auf Verleumdung klagen. Auf DavidIcke.com finden Sie Interviews mit Professoren der Princeton University, die sowohl die wichtige Rolle betonen, die Kohlendioxid für das menschliche Leben spielt, als auch sagen, dass wir bei Weitem nicht zu viel davon in der Atmosphäre haben, sondern nicht genug. Für Menschen, die auf die „CO_2 ist ein Schadstoff“-Legende hereingefallen sind, mag das erstaunlich sein – das beweist aber nur, wie sehr die Tatsachen bereits in ihr Gegenteil verkehrt wurden.

Abb. 269: „Nachricht aus dem Land der geistig Gesunden“ – *Kohlendioxid ist das Gas des Lebens, das die Natur genauso braucht wie wir Sauerstoff. Na, dann verteufeln wir doch einfach das Gas des Lebens und verwandeln die gesamte Gesellschaft in eine globale, zentralisierte Tyrannei, um den CO_2-Anteil garantiert zu reduzieren!*

William Happer, ein Physikprofessor an der Princeton University und lange Zeit Berater der US-Regierung in Klimafragen, ist einer der Wissenschaftler, die behaupten, dass unser Planet an einem CO_2-Mangel leidet und für eine Optimierung des Pflanzenwachstums und der Nahrungsmittelproduktion mehr davon bräuchte. Seine Ansichten haben ihn zu einer besonderen Hassfigur für den Klimakult gemacht, wie das bei denen, die die Wahrheit aussprechen, stets der Fall ist. Happer sagt, dass ein Großteil der Erwärmung der vergangenen 100 Jahre stattgefunden habe, weil wir aus der Kleinen Eiszeit herauskamen, und dass diese Erwärmungsphase im Jahr 1940 abgeschlossen gewesen sei. Er erwähnt auch, dass es 1988 – in einem Spitzenjahr der Erwärmung – zu einem „gewaltigen El Niño“ gekommen sei, für den aber die natürliche und zyklische Erwärmung des Pazifiks verantwortlich war, die das globale Wettergeschehen und die Temperaturen beeinflusst und ganz und gar nichts mit einem

„Klimawandel" zu tun hat. Seiner Ansicht nach kann man die Wirkung von CO_2 damit vergleichen, dass man eine Wand rot streicht. Wenn man zwei oder drei Farbschichten aufgetragen hat, spielt es keine Rolle mehr, wie oft man noch darüber malt – die Wand wird nicht viel röter. Happer erklärt, dass fast die gesamte Auswirkung des CO_2-Anstiegs bereits eingetreten sei und die Menge des Gases in der Atmosphäre sich nun verdoppeln müsse, damit es zu einem Temperaturanstieg von auch nur einem Grad käme:

> Im Gegensatz zu den meisten Klimatologen weiß ich sehr viel über CO_2. Kohlendioxid hat eine interessante Eigenschaft, die nur für CO_2 gilt – und nicht für zum Beispiel Wasser oder Methan: Wenn man durch eine Verdopplung des CO_2-Anteils in der Atmosphäre ein Grad Erwärmung erreicht, also einfach ausgedrückt durch eine Erhöhung von 400 auf 800 ppm [*parts per million;* Teile pro Million], dann muss man diese Menge erneut verdoppeln, damit die Erwärmung um ein weiteres Grad steigt. Es wären also statt 800 nun 1.600 ppm erforderlich. Die Erwärmung ist also immer schwieriger zu erreichen. Der Fachausdruck dafür ist „logarithmische Abhängigkeit des Temperaturanstiegs von der CO_2-Konzentration".

Laut Happer hat man diese Tatsache schon früh in der Klimahysterie erkannt. Damit die Lehrmeinung dadurch nicht in der Luft zerrissen würde, gab es Befürworter des Schwindels, die Theorien über „Rückkopplungsschleifen" in die Welt setzte, die den CO_2-Effekt angeblich verstärken. Solche unheilvollen Prognosen plappern Klimaaktivisten wie Greta Thunberg dauernd nach. Happer sagt, dass er lachen muss, wenn er etwas von „Kohlenstoffverschmutzung" hört, weil doch Menschen, Pflanzen und Tiere aus Kohlenstoff bestehen, ohne den es kein Leben gäbe. Er geht davon aus, dass eine Zunahme des CO_2-Anteils in der Atmosphäre Pflanzen widerstandsfähiger gegen Trockenheit machen würde. Das liegt daran, dass Pflanzen Löcher in ihren Blättern öffnen, um CO_2 absorbieren zu können, und dabei Wasser entweicht. Diese Löcher müssen länger offen sein, um in ihrem „CO_2-Hunger" (wie Happer es nennt) genügend Kohlendioxid aufnehmen zu können. Er betont, dass der CO_2-Anstieg seit Beginn der Industrialisierung einen „gewaltigen Effekt" auf Pflanzen gehabt und deren Wachstum verbessert habe: „Wenn die Leute über die gesellschaftlichen Kosten von Kohlendioxid sprechen, ist das mehr als absurd", sagt er. „In Wahrheit hat mehr CO_2 genau die gegenteilige Wirkung."

Laut Happer betrachten am Computer erstellte Klimamodelle nicht die reale Welt, sondern nur andere Computermodelle. Und wie viel Geld würden die Computermodellierer schon bekommen, wenn ihre Vorhersagen nicht die Hypothese des Klimakults stützten? Das Imperial College London, das viele der lächerlichen Modelle hervorgebracht hat, die den „Klimawandel" vorausberechnen, war auch für die Computermodelle verantwortlich, die eine absolut wahnwitzige Anzahl von „Covid-19"-Toten in England, den USA und anderen Ländern prognostizierten. Das führte zu den Lockdowns, die das Leben von Milliarden Menschen zerstört haben. Es erübrigt sich zu sagen, dass diese irrsinnigen „Projektionen" nicht eintraten, sondern nur den Vorwand für einen globalen Hausarrest lieferten.

Zu viel CO_2? Wir haben nicht genug davon!

Die zentrale Bedeutung von CO_2 war eines der Themen, über das der Greenpeace-Mitgründer Patrick Moore bei einem Vortrag vor der Global Warming Policy Foundation sprach. Der Wissenschaftler Moore stieg 1986 bei Greenpeace aus und kritisierte die grüne Bewegung wegen ihrer Panikmache und Desinformation, wobei er den Klimawandel besonders hervorhob. Er brachte ein Argument vor, das man auch schon von anderen Forschern gehört hat – nämlich, wie gefährlich es ist, niedrige CO_2-Werte zu haben. Pflanzen beginnen bei Werten von 150 ppm abzusterben. Laut Moore darbten die Pflanzen auch schon vor 18.000 Jahren, obwohl damals der CO_2-Wert nur auf 180 ppm gesunken war. Das änderte sich erst, als die Temperatur zu steigen begann; die Gründe dafür werde ich bald erläutern. Die Forderung nach einer Verringerung des Kohlendioxids ist etwa so, als würde die Pflanzenwelt von den Menschen eine Verringerung des Sauerstoffs fordern – CO_2 ist ja praktisch der Sauerstoff der Pflanzen. Heute liegt der CO_2-Wert bei 400 ppm, und die Pflanzenwelt ist laut Moore nach wie vor „relativ ausgehungert". Der optimale Wert für das Pflanzenwachstum liegt fünfmal höher, bei 2.000 ppm. In manchen Perioden der Erdgeschichte ist der Wert sogar schon auf 4.000 ppm angestiegen. Das erklärt, warum die Erde seit dem Ansteigen des CO_2-Werts mit Beginn der Industrialisierung immer grüner wird. Der CO_2-Anteil in der Atmosphäre ist von den 280 ppm, die 1880 auf Hawaii gemessen wurden, bis 2019 auf 413 ppm gestiegen. Und der Klimakult, der sich angeblich so für eine „Rettung des Planeten" einsetzt, will diesen Prozess rückgängig machen! Was glauben diese Leute, warum man in Gewächshäuser zusätzliches Kohlendioxid pumpt?

Der Klimakult behauptet im Zug der von ihm erzeugten Massenhysterie, dass die Menschheit vor der Auslöschung steht, obwohl das Gas des Lebens weit unter dem optimalen Niveau für das Pflanzenwachstum liegt und es vor 500 Millionen Jahren auf der Erde 17-mal mehr CO_2 in der Atmosphäre gab als heute. Patrick Moore sagte, dass die Werte seit Hunderten Jahrmillionen sinken, weil das Kohlendioxid in dieser Zeit von verschiedensten Quellen aus der Atmosphäre absorbiert und chemisch gebunden wurde. In den vergangenen 150 Millionen Jahren ist der CO_2-Wert in der Erdatmosphäre um 90 Prozent gesunken. Zu der Zeit, als die Menschheit begann, über fossile Brennstoffe Kohlendioxid freizusetzen, war es laut Moore „38 Sekunden vor 12", was die Bedrohung für das pflanzliche Leben (also alles Leben auf der Erde) durch den rapide sinkenden CO_2-Gehalt anging. Die Menschheit steht also keineswegs vor der Auslöschung, sondern verhindert sie sogar. „Die Freisetzung von CO_2 hat den konstanten Abwärtstrend umgekehrt", sagt Moore. In diesem Sinne seien „die Menschen die Rettung der Erde". Er merkte auch an, dass nur die Hälfte des von fossilen Brennstoffen freigesetzten CO_2 in der Atmosphäre landet.

Wenn man so wie ich diese Fakten über die fundamentale Bedeutung von CO_2 kennt und dann ein Interview mit dem „CO_2-Fußabdruck-Experten" Mike Berners-Lee – einem Ökologieprofessor am Institute for Social Futures an der britischen Lancaster University und Bruder von Tim Berners-Lee, dem man die Erfindung des World Wide Web nachsagt – zu hören bekommt, wird einem ganz anders. In diesem vom Londoner Sender TalkRadio ausgestrahlten Interview erzählt Mike Berners-Lee einem völlig unkritischen Moderator, wie

E-Mails zum Kohlendioxidausstoß beitrügen und dass „eine kohlenstoffarme Welt besser ist als eine kohlenstoffreiche Welt". Da kann man nur tief durchatmen, den Kopf schütteln und sein Leben weiterleben ...

In Patrick Moores Vortrag wurden noch ein paar andere Dinge erwähnt, die der Klimakult wissen sollte: Die Erde befindet sich seit einem Temperaturmaximum vor 50 Millionen Jahren, als es bis zu 16 Grad wärmer war als heute, in einer länger andauernden Abkühlungsphase. Damals waren die heutigen Pole eisfrei und von Wäldern bedeckt. Die Vorfahren der heutigen Arten kamen ganz gut durch diese Temperaturperiode – aber uns redet man ein, dass ein zweiprozentiger Anstieg ein Massenaussterben hervorrufen soll! Selbst in unserer aktuellen Zwischeneiszeit erleben wir gerade eines der kältesten Klimata der Erdgeschichte. Sogar in der mittelalterlichen Warmzeit (also lange vor fossilen Brennstoffen) war es laut Moore kühler als in den vorangegangenen 10.000 Jahren.

Die Temperatur folgt nicht dem CO_2-Wert, sondern umgekehrt!

Na gut, werden die Anhänger des Klimakults jetzt sagen, mehr CO_2 mag ja ganz gut für Pflanzen sein, aber es heizt halt die Erde katastrophal stark auf. Immerhin hat Greta Thunberg uns gesagt, dass unser Haus brennt, und die würde uns doch nicht täuschen wollen, oder? Nun, wenn sie selbst gnadenlos getäuscht wurde, dann könnte das schon sein. Tatsache ist jedenfalls, dass ein Anstieg der Temperatur nicht auf einen höheren CO_2-Wert folgt – es ist genau umgekehrt, wie die Aufzeichnungen deutlich zeigen. In den vergangenen 400.000 Jahren ist der CO_2-Wert der Temperatur um durchschnittlich 800 Jahre hinterhergehinkt. Wie Patrick Moore richtig sagt: Kohlendioxid kann nicht die Ursache einer steigenden Temperatur sein, wenn der Temperaturanstieg vor der Zunahme von CO_2 kommt. Wie könnte die Wirkung vor der Ursache kommen? Sie kann es eben nicht. Daher folgt jetzt ein Satz, der alle New-Woke-Jünger schockieren wird: Die Temperatur muss den CO_2-Wert beeinflussen und nicht umgekehrt.

Wir haben es hier mit einer weiteren klassischen Umkehrung der Wahrheit durch den Kult zu tun. Sehen wir uns die Fakten an und stellen uns die Frage, wie die Temperatur den CO_2-Wert erhöht. Die Ozeane enthalten 45-mal mehr CO_2, als in der Atmosphäre vorhanden ist. Sie setzen in Warmzeiten Kohlendioxid frei und absorbieren es in Kaltzeiten. Die Verzögerung zwischen Temperaturänderung und CO_2-Aktivität beträgt etwa 800 Jahre. Sehen wir uns einmal an, was vor 800 Jahren los war – richtig, die mittelalterliche Warmzeit. Kohlendioxid verursacht nicht die katastrophale Erwärmung der Erde. Die historischen Verläufe von atmosphärischem CO_2-Gehalt und Temperatur zeigen, dass beide über ungeheuer lange Zeiträume völlig unabhängig voneinander verliefen. Die Temperatur stieg und blieb hoch, während der CO_2-Wert sank. Kohlendioxid macht übrigens auch nur 0,117 Prozent der Treibhausgase aus; mehr als 90 Prozent sind Wasserdampf und Wolken (Abb. 270). Und von diesen 0,117 Prozent ist nur ein Bruchteil durch menschliche Aktivität erzeugtes CO_2, der Rest bildet sich auf natürliche Weise. Der Profibetrüger Al Gore

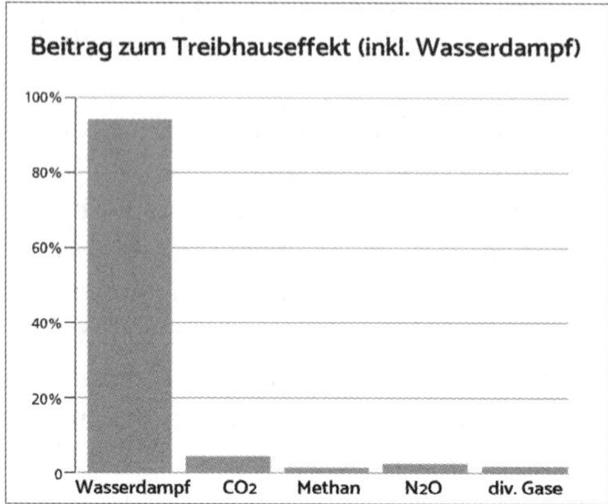

Abb. 270: CO_2 stellt nur einen winzigen Bruchteil der Treibhausgase, die vor allem aus Wasserdampf und Wolken bestehen. Dazu kommt noch, dass der überwiegende Teil dieses CO_2 natürlich entsteht und nichts mit dem Menschen zu tun hat.

versuchte diese Tatsache zu verschleiern, indem er behauptete: „Wenn man Wasserdampf aus der Gleichung herausnimmt, dann macht CO_2 30 Prozent der Treibhausgase aus." Kaufen Sie diesem Mann keinen Gebrauchtwagen ab – und schon gar keinen neuen. Wie kann man „Wasserdampf aus der Gleichung herausnehmen", wenn dieser zusammen mit den Wolken fast die Gesamtheit der Treibhausgase ausmacht? Man kann es, wenn man die Menschen täuschen will, das ist alles.

Die kalkulierte Verteufelung von CO_2 ist ein absolut durchsichtiges Manöver. Leslie Woodcock, ein emeritierter Professor der University of Manchester, der zudem Mitglied der Royal Society of Chemical Engineering, Visiting Fellow der Max-Planck-Gesellschaft und ehemaliger NASA-Wissenschaftler ist, sagte:

> Wasserdampf ist ein viel stärkeres Treibhausgas. In unserer Atmosphäre gibt es 20-mal mehr Wasser als Kohlendioxid. Es macht etwa ein Prozent der Atmosphäre aus, während auf CO_2 nur 0,04 Prozent entfallen. Kohlendioxid ist zu einer Art Giftgas erklärt worden, dabei ist es in Wirklichkeit das Gas des Lebens. Wir atmen es aus, Pflanzen atmen es ein. Am Klimawandel ist nicht der Mensch schuld. Die globale Erwärmung ist Unsinn.

Der britische Wissenschaftler James Lovelock war einmal so etwas wie eine Heiligenfigur der Grünen, weil er die Gaia-Theorie aufbrachte, der zufolge die Erde ein lebendes Wesen ist (womit er auch recht hat). Von den Klimapanikmachern wurde er noch mehr abgefeiert, als er in seinem Buch „Gaias Rache" vorhersagte, dass „Milliarden sterben werden" und die Menschheit verdammt sei. Lovelock schrieb, dass sich etwaige Überlebende in der Arktis ansiedeln müssten, die dann einer der wenigen noch bewohnbaren Orte auf der Erde sein würde. Dann dämmerte ihm die Realität, und man muss es ihm hoch anrechnen, dass er seine Meinung in aller Öffentlichkeit änderte. Die Menschheit war doch nicht in unmittelbarer Gefahr. Heute sagt Lovelock, dass die Klimapanikmache „nicht einmal annähernd wissenschaftlich" sei, Computermodelle unverlässlich seien und jeder, der „mehr als fünf bis zehn Jahre zu prognostizieren versucht, ein Idiot ist". Er hielt fest, dass ein einziger Vulkan mehr zur globalen Erwärmung beitragen könne, als die Menschen je imstande wären. Den Grünen wirft er Übertreibung und ein „erbärmliches" Verhalten vor.

John Coleman, der Gründer des Weather Channel, hat gesagt, dass die menschengemachte globale Erwärmung ein Mythos sei – und die Liste der Wissenschaftler, die sich dieser Meinung anschließen, wird jede Woche länger. Eine solche Ehrlichkeit hat jedoch oft ihren Preis, weil man wegen ihr Arbeitsplatz und Einkommen verlieren kann. Dr. Judith Curry, eine angesehene Klimatologin und ordentliche Professorin an der Georgia Tech University, kehrte ihrem „Traumberuf" den Rücken, als sie sich weigerte, dem Klimakult bedingungslosen Gehorsam zu geloben. Dem Sender Fox News erzählte sie:

> Von einigen meiner Kollegen – Aktivisten, die es nicht mögen, wenn jemand ihr Narrativ infrage stellt – wurde ich diffamiert. Heute laufe ich gewissermaßen mit Messern im Rücken herum. In der universitären Umgebung fühlte ich mich, als würde ich fortwährend mit dem Kopf gegen die Wand schlagen.

Curry wurde zum Ziel einer vom Establishment geförderten Klima-Lobbygruppe namens Skeptical Science, die eine „schwarze Liste" von Wissenschaftlern angelegt hat, die sich nicht an die Lehrmeinung des Klimakults halten. Dana Nuccitelli, einer der Anführer dieser Gruppe, schrieb über Curry: „Wenn man sich die Aussagen ansieht, die wir katalogisiert und widerlegt haben, dann dürfte sie in der akademischen Welt keinen Job mehr finden." Judith Curry ist ehemalige Leiterin des Instituts für Geo- und Atmosphärenwissenschaften am Georgia Tech und Fellow der American Geophysical Union sowie der American Meteorological Society. Sie fand nur „keinen Job mehr", weil der Klimakult dafür gesorgt hatte. Curry wurde von ihrer Universität aufgefordert, wegen ihrer Ansichten über das Klima zurückzutreten, und hatte „zahlreiche Anfragen von akademischen Headhuntern, die mich dazu ermutigten, mich für bedeutende Verwaltungspositionen zu bewerben, vom Dekan bis zum Rektor für Forschung". Dennoch schaffte sie es nicht einmal in die engere Auswahl. In einem Interview mit der Zeitschrift *Forbes* sagte sie:

> Sie hielten mich für eine hervorragende Kandidatin. Auf dem Papier sahen meine Qualifikationen erstklassig aus, ich hatte eine überzeugende Vision und schlug mich auch in Bewerbungsgesprächen sehr gut. Doch das Hauptkriterium waren meine öffentlich bekannten Ansichten zur Klimadiskussion, die schon bei einer einfachen Google-Suche auftauchen.

Google meint es so gut mit Skeptical Science, dass die Gruppe immer gleich auf der ersten Ergebnisseite auftaucht, manchmal sogar an erster Stelle, wenn man nach Judith bzw. Judy Curry sucht. Dieser Tyrannei sind echte Akademiker und Wissenschaftler heutzutage vom Klimakult in allen seine Formen ausgesetzt. Wer hinter Skeptical Science steckt? Es ist John Cook, jener Australier, der am häufigsten mit der Phrase über die „97 Prozent aller Klimaforscher" zitiert wird, die angeblich darin übereinstimmen, dass der Mensch die Hauptursache für den Klimawandel ist – obwohl seine eigene „Forschung" ganz etwas anderes aussagt. Die Welt ist klein, nicht wahr?

French TV weatherman sacked for book questioning 'hype' over climate change

By Tim Hume, CNN

Updated 1426 GMT (2226 HKT) November 3, 2015

Top stories

How South Africa became the new home of house music

Miss Iraq pageant held for first time in 43 years

Weatherman Philippe Verdier was sacked from his job at France 2 for his book questioning "hype" over climate change.

Abb. 271: *Wer sich weigert, die Gebetsmühlenwissenschaft nachzubeten, ist weg vom Fenster.*

Wer die Lehrmeinung über den Klimawandel nicht akzeptiert, wird sofort als „wissenschaftsfeindlich“ abgestempelt, obwohl es in der echten Wissenschaft genau darum geht, Hypothesen infrage zu stellen. In Wahrheit ist es der Klimakult, der wissenschaftsfeindlich ist (eine weitere Umkehrung). Der französische Fernsehmeteorologe Philippe Verdier wurde vom Sender France 2 gefeuert, weil er es gewagt hatte, ein Buch zu veröffentlichen, in dem er die „Klimaexperten“ beschuldigte, die Öffentlichkeit irrezuführen. Außerdem warf er dem vom Kult gesteuerten Intergovernmental Panel on Climate Change – auch „Weltklimarat“ genannt – der Vereinten Nationen vor, absichtlich irreführende Daten zu veröffentlichen (Abb. 271). Beides ist wahr, und genau deswegen wurde er entlassen. Verdier schrieb sein Buch, nachdem der französische Außenminister Laurent Fabius TV-Meteorologen dazu aufgefordert hatte, in ihren Sendungen das Problem des Klimawandels anzusprechen. „Ich war entsetzt über diese Rede“, sagte Verdier.

Das Narrativ des Kults: Die Menschheit ist der Feind

Der Greenpeace-Mitgründer Patrick Moore ist ein Wissenschaftler, der den Grünen vorwirft, die Wissenschaft aufgegeben und sie durch Emotionen und Effekthascherei ersetzt zu haben, basierend auf einer „menschenfeindlichen“ Ideologie, die den Menschen als Feind der Erde darstellt. Wenn man ein Todeskult ist, der es auf die Menschheit abgesehen hat, dann würde man doch sicher wollen, dass besagte Menschheit sich für das wahre Problem hält, oder? Würde man nicht wollen, das sie sich selbst verabscheut und gegen sich selbst wendet? Aber sicher würde man das. Wir atmen Kohlendioxid aus, somit schadet sogar das Atmen dem Planeten – o Gott! Menschen sind tödlich, daher müssen wir sie ausrotten.

Ein veganer Vater von vier Kindern verlieh genau dieser antimenschlichen Mentalität Ausdruck, als er einen englischen Radiosender anrief und meinte, Menschen sollten sich nicht fortpflanzen, um nicht noch mehr Nachwuchs zu produzieren, der „Tieren schaden“ könnte. Er forderte die Menschen auf, auf ein „würdevolles Ende unserer Zeit auf dem Planeten“ hinzuarbeiten. Der Anrufer, der sich „Danny“ nannte, wollte vor Kurzem den „Antinatalismus“ für sich entdeckt haben – eine Philosophie, die sich dafür ausspricht, „keine neuen Menschen hervorzubringen, weil wir doch alle den Tieren so viel unnötiges Leid zufügen, vor allem Leute, die ihre Kinder zum Fleischessen erziehen“. Aber sollten wir dann nicht auch Tiere an der Fortpflanzung hindern, wenn sie einander auf den Schlachtfeldern der „natürlichen Welt“ so viel Leid zufügen? „Danny“ war jedenfalls der Ansicht, dass nichts gegen das Aussterben der Menschen spräche, und gab zu, seinem neunjährigen Sohn und den älteren Töchtern beizubringen, dass sie ihre eigene Fortpflanzung ebenso hinterfragen sollten wie die Tatsache, dass sie selbst am Leben sind. „Ich möchte keine Enkelkinder, und ich will nicht, dass sie noch einer neuen Generation ohne guten Grund das Leben aufzwingen“, sagte er.

Der Mann hat eindeutig keinen psychischen Schaden und schädigt auch garantiert nicht die Psyche seiner Kinder ... Seine Ansichten mögen äußerst extrem erscheinen, aber er ist damit bei Weitem nicht alleine. Genau solche Standpunkte will man ja hervorbringen, wenn man ein Todeskult ist, der von unsichtbaren „Göttern“ geleitet wird, die die Menschheit, wie wir sie heute kennen, ersetzen wollen (mehr dazu später).

Abb. 272: Eine Akademikerin, die sich für das Ende der Menschheit einsetzt. Und so was unterrichtet junge Menschen? Toll! Doch die Woke-Anhänger finden selbst solche extremen Ansichten gut. Erst wenn man zu sagen wagt, dass es zwischen Mann und Frau biologische Unterschiede gibt, „triggert“ man ihren Zorn.

Nun könnte man einen anonymen Anrufer bei einem Radiosender als unwichtig abtun, würden seine Ansichten nicht auch von Akademikern wie Patricia MacCormack, einer Professorin für Kontinentalphilosophie an der Anglia Ruskin University in Cambridge geteilt. MacCormack legt in ihrem Buch „The Ahuman Manifesto“ [dt. etwa: „Manifest des Ahumanismus“] dar, dass „die einzige Lösung für den Klimawandel darin besteht, die Menschheit aussterben zu lassen“ (Abb. 272). So lautete auch die Überschrift eines Interviews mit der Professorin, in dem sie eine „positive Sicht“ auf die Zukunft der Erde ohne Menschen darlegte. Sie behauptete, durch ihr Interesse am Feminismus und der „Queer-Theorie“ zu ihren Schlussfolgerungen gelangt zu sein, und wetterte gegen „diese hierarchische Welt, wo weiße, männliche, heterosexuelle und körperlich gesunde Menschen Erfolg haben und Menschen anderer Volksgruppen, anderen Geschlechts, mit anderen sexuellen Vorlieben und solche mit Behinderungen es schwer haben, einen ähnlichen Erfolg zu erreichen“. Na, da wäre es doch wirklich das Beste, sie alle loszuwerden.

MacCormack argumentiert weiterhin, dass wir die Religion demontieren müssten, erkennt aber dabei nicht, dass sie selbst einer Religion angehört. Sie sagt, dass die Menschen durch den „Kapitalismus“ bereits bis zum Punkt des „Zombiedaseins“ versklavt seien (ach, wie ironisch!) und dass deshalb „die einzige Möglichkeit, den an der Welt angerichteten Schaden wieder zu reparieren, die Abschaffung der Fortpflanzung ist“. Das entstammt direkt dem Plan des Kults für die Ausmerzung der Menschheit, wie ich später noch erklären werden – aber davon hat sie sicher keine Ahnung. Die Erkenntnis, dass solche Charaktere junge Menschen unterrichten dürfen, ist höchst ernüchternd, zeigt aber gleichzeitig, wo die New-Woke-Bewegung herkommt.

Um zusammenzufassen, was Patrick Moore gesagt hat und was auch ich seit Jahrzehnten beobachte: Die grüne Bewegung, an die wir beide uns noch erinnern können, wurde von der New-Woke-Ideologie vereinnahmt. Echte Umweltthemen werden an den Rand gedrängt und auf dem Altar der globalen Erwärmung geopfert. Wir sind vom Klimawandel besessen, während die wahre Umweltverschmutzung – auch die durch Strahlung – zunimmt. Alexandria Ocasio-Cortez, die sich so für den amerikanischen Green New Deal einsetzt, vertritt einen politischen Bezirk, in dem sich der Müll auf den Straßen türmt. Ich bin sehr froh darüber, dass ich in den 1980er-Jahren Parteisprecher der englischen Grünen war, weil ich dadurch einen tiefen Einblick in die Mentalität erhalten habe, die heute die Tyrannei des New-Woke-Klimakults befeuert.

Moore bringt Vernunft in die Debatte ein, indem er festhält, dass Kohlendioxid ein Baustein für alles irdische Leben ist und die Erde ohne eine ausreichende CO_2-Konzentration in der Atmosphäre ein toter Planet wäre. Er sagt, dass alles Leben auf Kohlenstoff basiert, auch das unsere, und nennt Kohlendioxid „die Währung des Lebens" und den wichtigsten Grundpfeiler für das Leben auf unserem Planeten. „Dennoch bringt man unseren Kindern und der Öffentlichkeit heute bei, dass CO_2 ein giftiger Schadstoff ist, der das Leben zerstören und die Zivilisation in die Knie zwingen wird", fährt er fort.

Noch einmal: Wenn Sie ein Todeskult wären, der die Menschheit im Visier hat, würden Sie dann nicht wollen, dass die Menschen genau das, was sie am Leben erhält, als tödliche Bedrohung ansehen? Würden Sie nicht wollen, dass sie genau das reduzieren, was sie leben lässt? Es ist ein erschreckendes Zeugnis dafür, wie stark die menschliche Wahrnehmung bereits programmiert ist, dass so viele von diesem Widersinn überzeugt sind.

Klimakult-Veganismus – gar nicht so einfach

Wir haben ein perfektes System, in dem die Menschen Sauerstoff ein- und Kohlendioxid ausatmen (Wie können wir es wagen?!), während pflanzliches Leben und Bäume tagsüber Kohlendioxid absorbieren und Sauerstoff produzieren, indem sie durch einen Prozess namens Fotosynthese Sonnenlicht, Kohlendioxid und Wasser in Kohlenhydrate und Sauerstoff umwandeln. Die Sonne ist für das Leben auf der Erde ebenso unerlässlich wie Kohlendioxid, und es fällt auf, dass beide ins Visier genommen werden. Man animiert uns dazu, wegen des Klimaschwindels die Sonne zu fürchten, weil sie Wärme erzeugt; gleichzeitig kommt aber niemand auf die Idee, die Sonne als hauptverantwortlich für die globale Temperatur darzustellen. Man fordert uns auf, unsere Haut mit Sonnencreme zuzudecken, die krebsfördernde Chemikalien enthält, obwohl genau diese Haut Sonnenlicht in das lebensnotwendige Vitamin D_3 umwandelt, das so wichtig für die Gesundheit ist. Dieser Prozess der Umwandlung von Sonnenlicht in Vitamin D_3 wird durch Cholesterin in den Hautzellen ermöglicht – dasselbe Cholesterin, das ebenfalls geschmäht wird, wenn man uns dauernd auffordert, „Cholesterin zu senken" und zu diesem Zweck ständig gesundheitsschädigende Statine einzunehmen (die Kassen von Big Pharma klingeln). Die Schulmedizin redet uns ein, dass LDL-Cholesterin (*low-density lipoprotein;* dt.: Lipoprotein niedriger Dichte) „schlechtes Cholesterin" sei, das Herzkrankheiten verursachen könne. Um uns davor zu bewahren, sollen wir Statine nehmen.

Ein 17-köpfiges internationales Ärzteteam veröffentlichte 2018 die Ergebnisse einer Studie mit fast 1,3 Millionen Teilnehmern, die ergab, dass es keinen Zusammenhang zwischen hohem LDL-Cholesterinspiegel und Herzerkrankungen gibt und dass Statine – sehr höflich ausgedrückt – von „zweifelhaftem Nutzen" sind. Die in der Fachzeitschrift *Expert Review of Clinical Pharmacology* erschienene Studie deckte auf, dass Cholesterin seinen Ruf zu Unrecht hat und dass die LDL-Werte von Herzinfarktpatienten niedriger sind als normal. So viel zum „schlechten Cholesterin" … Laut Professor Sherif Sultan, einem der Autoren, ist die „wichtigste Erkenntnis“, dass ältere Menschen mit hohen LDL-Werten am langlebigsten sind. Daraus folgt wieder einmal die große Faustregel, die man sich unbedingt merken sollte: Wenn Das System etwas forciert, ist es garantiert schlecht für die Menschheit; nimmt es aber etwas aufs Korn, dann handelt es sich um etwas Gutes. Diese Regel trifft in jedem Fall zu. Die höchste Cholesterinkonzentration findet sich im Gehirn – 20 Prozent des gesamten Cholesterins im menschlichen Körper. Das Gehirn besteht zu 60 Prozent aus Fetten und kann ohne Cholesterin nicht effektiv funktionieren. Die folgende Erklärung stammt von der Website PsychologyToday.com:

> Synapsen – diese magischen Bereiche, wo die Kommunikation zwischen Gehirnzellen stattfindet – sind mit cholesterinreichen Membranen ausgekleidet, die für die Weiterleitung von Neurotransmittern wie Serotonin, GABA und Dopamin zuständig sind. Myelin, die weiße Substanz, die die Schaltkreise des Gehirns isoliert, besteht aus eng gewickelten Membranen, die 75 Prozent des Cholesterins im Gehirn enthalten.
>
> Cholesterin hilft auch den sich entwickelnden Nervenzellen dabei, zu ihren Zielen auf „Lipidflößen“ zu gelangen. Wenn das Gehirn an Cholesterinmangel leidet, können sich seine Membranen, Synapsen, das Myelin und die Lipidflöße nicht richtig bilden oder funktionieren, wodurch sämtliche Gehirnaktivität – einschließlich Stimmungsregulierung, Lernen und Gedächtnis – zum völligen Stillstand kommt.

Immer mehr Menschen leiden heute an der einen oder anderen Form der Demenz. Ist das Zufall? Nein, ist es nicht. Es gibt natürlich auch andere Ursachen, aber die Senkung oder völlige Beseitigung des Cholesterin- und Fettkonsums ist mit Sicherheit eine davon. Lesen Sie die Fakten selbst nach. Jeder Veganer oder Vegetarier sollte seiner Gesundheit zuliebe das Buch von David Evans mit dem Titel „Low Cholesterol Leads to an Early Death: Evidence from 101 Scientific Papers“ [dt. etwa: „Ein niedriger Cholesterinspiegel führt zu einem frühen Tod: Belege aus 101 wissenschaftlichen Arbeiten“] lesen. Auch die Bücher von Barry Groves, unter anderem „Trick and Treat: How healthy eating is making us ill“ [dt. etwa: „Süßes und Saures: Wie gesundes Essen uns krank macht“] sind empfehlenswert. Ich behaupte nicht, dass Veganer und Vegetarier ihre Lebensgewohnheiten ändern sollten – das geht mich nämlich nichts an. Ich sage nur, dass man sich zuerst die Fakten ansehen sollte und die in Mainstreammedien und -büchern garantiert nicht finden wird. Ist es wieder einmal „reiner Zufall“, dass der Klimakult (ein verlängerter Arm des Todeskults) eine starke Reduzierung oder lieber noch die totale Abschaffung des Fleischkonsums fordert, obwohl dieser uns am ehesten Cholesterin und Fette liefern kann? Der gewünschte Verzicht wird von erbärmlich betitelten Dokus wie „Apocalypse Cow: How Meat Killed the Planet“ [dt. etwa: „Apokalypse Kuh: Wie Fleisch den Planeten tötete“] beworben, in der George Monbiot, seines Zeichens „Journalist“ für den *Guardian*, Tugendprahler und tief schlafender New-Woke-„Veganer“, seltsamerweise einen Hirsch schoss und dessen Fleisch vor laufender Kamera als Burger verzehrte. Machen Sie sich selbst einen Reim darauf …

Jedenfalls verstehe ich, warum Vegetarier und Veganer keine tierischen Produkte essen und habe großen Respekt vor ihren guten Absichten. Ich war selbst 15 Jahre lang Vegetarier. Doch so einfach ist das alles nicht. Zuerst einmal sollten Veganer und Vegetarier bedenken, dass alles Leben bewusst ist, einschließlich der Pflanzen, die sie verzehren. Ich habe im Laufe der Jahre mehrmals über Forschungen geschrieben, die nachwiesen, dass Pflanzen und Bäume Schmerz und Stress empfinden, die sogar durch den Tonfall und die Absicht eines Menschen ihnen gegenüber hervorgerufen werden können. Wenn jemand mit Pflanzen spricht, schlägt sich das auch im Wellenfrequenzfeld der Stimme nieder, das von der Pflanze aufgenommen wird. Sie verstehen die menschliche Sprache nicht, nehmen aber die Schwingungen wahr. Ein Forscherteam an der Universität Tel Aviv publizierte 2019 eine Studie, in der nachgewiesen wurde, dass Tomaten- und Tabakpflanzen mehrere „Stresstöne" im Ultraschallbereich zwischen 20 und 100 Kilohertz aussenden, wenn sie an Wassermangel leiden oder man ihnen die Stängel abschneidet. Viele andere Experimente haben diese Ergebnisse bestätigt und gezeigt, dass pflanzliches Leben bewusst ist und bei Bedrohung bestimmte Formen von emotionalem Schmerz und Stress empfindet. Was fühlt ein Baum, wenn er gefällt wird? Was fühlen andere Bäume dabei – wenn wir doch mittlerweile wissen, dass Bäume in „Familien" wachsen und miteinander kommunizieren?

In höheren Frequenzbereichen wird keine Nahrung konsumiert, weshalb diese moralischen Dilemmata gar nicht erst aufkommen. Innerhalb der Simulation herrscht jedoch eine solche Dichte und ein dementsprechender Energiemangel, dass die Differenz durch den Verzehr „physischer" Nahrung – die in Wahrheit auch aus Wellenfeldern besteht – ausgeglichen werden muss. Mir wäre lieber, das müsste nicht so sein, aber es geht hier vor allem um die Erkenntnis, dass *alles* bewusst ist. Man redet uns ein, dass der Verzehr von Fleisch aufhören muss, um die Tiere zu schützen; dabei fressen Tiere in jeder Sekunde andere Tiere. Die Simulation ist so aufgebaut, dass sie ein einziges Schlachtfeld ist. Tiere fressen einander, um sich die Nahrung zu verschaffen, die sie zum Überleben brauchen. Biologisch gesehen haben Menschen den gleichen Grundaufbau und die gleichen Ernährungsbedürfnisse. Kann schon sein, dass wir den Wunsch haben, das wäre anders – aber im Moment ist es eben so. Die Tiere, die die Grundlage der menschlichen Ernährung bilden, werden am Ende wohl ganz und gar verschwinden, weil einige ihren Lebensstil allen anderen aufzwingen wollen. Man wird die fleischproduzierende Industrie durch Negativpropaganda und finanziellen Druck nach und nach zerstören, um das vom Kult gewünschte Ergebnis zu erzielen – unter dem Vorwand, dass sie „nicht nachhaltig" arbeitet. Ich werde im nächsten Kapitel erklären, was das Wort „nachhaltig" wirklich bedeutet.

Veganer sollten das tun, was sie für richtig halten, und man sollte ihre Entscheidungen respektieren. Ich wünschte nur, das wäre umgekehrt auch so, und die selbstgerechten veganen Aktivisten würden sich nicht wie ein Kult verhalten, der enge Verbindungen zum Klimakult unterhält, der wiederum eine größtenteils unwissende Marionette des Todeskults ist. Setzen Sie sich auf jeden Fall dafür ein, dass Tiere anständig behandelt werden, das finde ich völlig richtig. Aber öffnen Sie bitte Ihre Augen dafür, zu welchen Zwecken Sie benutzt werden. Ich sage niemandem, was er essen soll. Ich sage nur, dass man sich die Muster ansehen und erkennen sollte, wie der Klimaschwindel und andere Ausreden dazu benutzt werden, gegen Kohlendioxid, Sonnenlicht und Cholesterin vorzugehen, die wir alle drei in ausreichenden Mengen benötigen, wenn wir nicht aussterben wollen.

Dieselbe Wahrnehmungsarroganz muss ich bei jener Minderheit feststellen, die sich fanatisch für die Behauptung engagiert, dass die Erde flach ist. Wenn jemand das glauben will, dann wünsche ich ihm alles Gute. Leider geht der Respekt auch hier häufig nur in eine Richtung. Wenn man ihre Theorie nicht als Wahrheit akzeptiert, wird man angegriffen und als Agent der Elite diffamiert – auch wenn man selbst jemand ist, der sein ganzes Leben mit der Entlarvung genau dieser Elite zugebracht hat und in einem Monat mehr damit erreicht hat als die extremen Anhänger der Theorie von der „flachen Erde" in ihrem ganzen Leben. Die Erde ist auf der Ebene ihres Wellenfeldkonstrukts oder „Interferenzmusters" in gewissem Sinne flach. Ihre holografische, decodierte Projektion, die wir als physische Erde bezeichnen, ist aber ganz anders beschaffen. Wer das anders sieht, hat jedes Recht dazu; ich werde ihn auch nicht als Agenten der Elite bezeichnen, nur weil er etwas glaubt, was ich nicht glaube.

Warum bestehen so viele Menschen darauf, dass jeder ihre Ansichten übernehmen muss? Dieses Buch setzt sich aus meinen Ansichten und Recherchen zusammen. Ich bestehe nicht eine Sekunde darauf, dass jemand daran glauben muss, wenn es keinen Sinn für ihn ergibt.

Der Kult nutzt den Klimaschwindel dazu, Menschen zu einem veganen Leben zu zwingen. Das sollte die Alarmglocken läuten lassen. Nachdem ich diesen Leuten 30 Jahre lang nachgespürt habe, kann ich guten Gewissens sagen, dass sie *nichts* tun, das nicht der Schädigung der Menschheit dient. Wenn sie wollen, dass die Bevölkerung vegan lebt, dann aus einem Grund, der mit dem Plan des Kults zu tun hat. Einige Schulen führen mittlerweile veganes Essen ein und verbieten Fleisch, darunter eine in Schweden, wo Vorschullehrer Markus Sandström sagte: „Je mehr wir darüber nachdachten, desto besser schien es uns. [...] Wir setzen uns für eine nachhaltige Entwicklung ein und finden, dass Fleisch einen starken Einfluss auf das Klima hat." Sandström hat keine Ahnung, wovon er redet. Er wiederholt nur, was er zu glauben programmiert wurde, damit er diese Programmierung an Kinder weitergeben und sie in diesem Fall sogar erzwingen kann. Nur dazu sind Lehrer aus Sicht des Kults da. Von Schulen aufgezwungene vegetarische und vegane Ernährungsweisen sind ein zunehmender Trend.

Eine Schule im englischen Oxford hat Kindern sogar verboten, Pausenbrote mit in die Schule zu bringen, wenn sie nicht fleisch- und fischfrei sind. Daran sieht man wieder einmal, wie die New-Woke- und Klima-Tyrannei funktionieren: Es geht nicht darum, mit den besseren Argumenten eine freie Diskussion zu gewinnen, sondern ausschließlich um Zwang. Die Schulleiterin Kay Wood sagte, dass ihre Maßnahme es der Schule erlaube, Mahlzeiten höherer Qualität zum selben Preis anzubieten. Na gut, dann soll sie doch bitte erklären, was das mit den von zu Hause mitgebrachten Pausenbroten zu tun hat – was spielt der Preis da für eine Rolle, wenn die Schule gar nicht dafür bezahlen muss? Und wer sagt, dass es sich wirklich um Mahlzeiten höherer Qualität handelt, wenn viele Ernährungswissenschaftler der Meinung sind, dass Fleisch und Fisch wichtig für eine ausgewogene Ernährung sind, weil sie von Körper und Gehirn benötigt werden? Was nimmt sich diese Miss Wood heraus, Entscheidungen darüber zu treffen, was Kinder essen dürfen und wie sich dies auf ihr Wohlbefinden auswirkt? Ein zweiter Grund, den sie angegeben hat, war der – gähn, gääääähn – „enorme Umwelt- und Nachhaltigkeitsnutzen". Hier betet auch sie nur das Drehbuch des Kults nach, ohne zu wissen, dass es überhaupt einen Kult gibt. Der dritte Grund war, dass ein Fleischverbot „es Schülern aller Glaubensrichtungen und unterschiedlichen Ernährungsbedürfnisse erlaubt, gemeinsam zu essen". Diese Frau ist keinesfalls in der Lage, die weitergehenden Konsequenzen dessen zu erkennen, dass man allen ein und dieselbe Denkweise aufzwingt.

Warum können Sie diese Ansicht nicht einfach für sich übernehmen, wo *ich* doch *recht habe?* Eine Mutter sagte, dass das Verbot von Fleisch und Fisch dafür sorge, dass ihre und andere Kinder hungrig bleiben – aber das zählt alles nicht, weil *ich recht habe*. Die britische Immobilienfirma Igloo Regeneration hat verfügt, dass alle Bewirtungen und Caterings des Unternehmens vegetarisch sein müssen; zudem können Mahlzeiten, die Fleisch enthalten, nicht auf Spesen verrechnet werden. Sie sind auf dieselbe Lüge hereingefallen wie die Schulen und werden damit sicher nicht die Letzten sein. Solche Dinge werden immer häufiger vorkommen, weil sie der Agenda des Kults folgen. Es gibt bereits politischen Druck zur Einführung einer Fleischsteuer, und Leute zerren ihre Nachbarn wegen der Geruchsentwicklung bei deren Grillpartys vor Gericht. *„Ich habe recht"* hat gesprochen, und Sie haben zu gehorchen! Warum sollten Sie sich frei entscheiden dürfen, wenn *Sie unrecht haben?* Es gibt viele sehr liebe Veganer, die diese Verteidigung der Grundrechte verstehen. Ich bin aber auch sicher, dass andere mit ihren Beschimpfungen schon jetzt Gewehr bei Fuß stehen. Wenn Sie sich selbstgerechte Beleidigungen zuhauf anhören wollen, dann sagen Sie doch einem extremen Veganismusaktivisten, dass die Welt nicht so schwarz und weiß ist, wie er glaubt.

Im weiteren Verlauf des Buches werden Sie sehen, was die endlosen Verweise auf „Nachhaltigkeit" wirklich bedeuten. Die erwähnten Lehrer, die das Wort dauernd im Mund führen, haben sicher keine Ahnung davon. Sie wiederholen nur wie eine hängen gebliebene Schallplatte, was ihnen das System in all seinen Ausprägungen immer wieder vordudelt: den schleichenden Totalitarismus des Kults. Das Fleischverbot soll über den Umweg des Veganismus zu im Labor hergestellten synthetischen Nahrungsmitteln führen; die Gründe dafür werde ich noch erklären.

Das Gas des Lebens wird also verteufelt, um so die Grundlage der vom Klimakult und all seinen Ablegern vertretenen religiösen Lehrmeinung zu schaffen. Dazu gehört es auch, die Ernährungsweise der Menschen zu ändern. Die nächste Frage lautet, warum der weltweite Todeskult sich so viel Mühe gibt, uns davon zu überzeugen, dass die Menschen die Existenz der uns bekannten Welt bedrohen. DIE ANTWORT ist klar – und erschütternd.

KAPITEL 9

WARUM WIRD DER KLIMAWANDEL ERFUNDEN?

„Böse Menschen verlassen sich auf die Duldsamkeit naiver guter Menschen, damit sie mit ihren bösen Handlungen fortfahren können."
Stuart Aken

Die in der Kapitelüberschrift gestellte Frage lässt sich ganz einfach beantworten. Und wenn man weiß, worum es dabei geht, wird alles andere klar. Wir haben es mit einem globalen Beispiel für Kein-Problem-Reaktion-Lösung (KPRL) zu tun. Der Kult konnte 2003 nur den Irak angreifen, indem er die Lüge über die Massenvernichtungswaffen verbreitete, von denen er genau wusste, dass sie nicht existierten. Ohne diese Lüge hatte er keinen Vorwand für seine schon lange geplante Handlungsweise. Der Klimaschwindel ist ein weiteres nicht vorhandenes Problem, das dem Kult einen Vorwand liefert, fast jeden Aspekt der Hungerspiele-Gesellschaft und seine geplante extreme Kontrolle nach orwellschem Muster umzusetzen. Die KPRL-Ziele des Klimakults und der mit einer „Pandemie" begründeten Lockdowns sind untrennbar miteinander verbunden.

Am Ende laufen alle Fäden zusammen, weil alles verbunden ist. Ich habe die Hungerspiele-Struktur einer Weltregierung, die andere globale Institutionen lenkt und über jede Gemeinschaft durch Superstaaten wie die Europäische Union und die untergeordneten Regionalverwaltungen gebietet sowie die völlig abhängige menschliche Bevölkerung beaufsichtigt, bereits ausführlich beschrieben. Das alles passiert nicht einfach von selbst, sondern man muss dafür sorgen, dass es passiert. Und zur Durchsetzung seines Willens braucht man „Gründe" wie eine Klimakrise und eine globale Pandemie. Wenn diese Gründe nicht vorhanden sind, muss man sie eben erfinden und als Vorwand nutzen.

Anders gesagt: Man lügt … und je GRÖSSER die Lüge, desto mehr Menschen werden sie glauben. Das Problem muss sich auf die Lösung beziehen. Wenn man eine globale Lösung in Form einer Weltregierung usw. anstrebt, braucht man auch globale Probleme, auf die sich diese Lösung anwenden lässt. Ein den ganzen Planeten umspannender Schwindel über menschengemachten Klimawandel und eine Pandemie erfüllen diese Anforderungen geradezu perfekt. Die Betrüger können dann behaupten, dass die einzige Möglichkeit,

„die Welt und die Menschheit zu retten“, eine Zentralisierung der globalen Macht in einer Weltregierung und Institutionen sind, die alle „schlechten Menschen“ darin hindern, etwas zu tun, das die Existenz der Menschheit bedroht – indem man beispielsweise das Gas des Lebens produziert oder andere mit einem „Virus“ infiziert (der gar nicht existiert, wie wir noch sehen werden). Und wie können sie diese „schlechten Menschen“ von ihrem schändlichen Tun abhalten? Na, da käme eine Weltarmee gerade recht, meinen Sie nicht auch?

Glauben die Leute denn wirklich, dass der Klima- und der Pandemieschwindel rein zufällige Ereignisse sind, wenn beide doch eine Zentralisierung der Macht und drakonische Maßnahmen des Staates erfordern – was zufällig schon die ganze Zeit Ziel des Kults war? Halten Sie in naher Zukunft Ausschau nach der Forderung, dass eine externe militärische Streitmacht eingesetzt werden muss, um Ländern, die nicht brav mitspielen, Maßnahmen zum Klimaschutz aufzuzwingen. Aber hallo, da habe ich gleich noch eine Idee: Die Bedrohung durch unser mögliches Aussterben ist so „existenziell“, dass wir einen Polizei- bzw. Militärstaat brauchen, um die Menschen auf Linie zu halten, damit jeder geschützt ist. Wir müssen natürlich auch die Erziehung der Kinder übernehmen, um sie zu guten Bürgern „heranzubilden“ (indoktrinieren), die ihren Herren gehorchen, weil die ganz genau wissen, wie der Planet zu retten ist. Eltern sind da nur im Weg. So viele Dinge, die Menschen tun, einschließlich das Atmen, sind brandgefährlich. Der Überwachungsstaat muss via Polizei und Militär jeden Weltbürger auf Schritt und Tritt beobachten, und jeder Bürger muss jeden anderen Bürger beobachten und sofort alles melden, was dem Überwachungsstaat entgangen sein könnte. (Im Endeffekt entgeht ihm dann nichts mehr.) Die Dystopie ist lebenswichtig, unsere ganze Existenz hängt davon ab. Die braven Menschen, die uns gehorchen, werden belohnt, und diejenigen, die immer noch einen eigenen Kopf haben, werden verfolgt, bespitzelt, bestraft oder beseitigt (siehe China).

Die einzige Möglichkeit, die Welt und die Menschheit vor der unmittelbar bevorstehenden Auslöschung zu bewahren, besteht darin, alles zu kontrollieren. Darunter fallen Ihr Energieverbrauch, was Sie essen, wohin Sie sich bewegen, wie Sie sich dorthin bewegen, ob Sie sich überhaupt bewegen und was Sie sagen und denken. Jede Fortbewegung muss auf autonome Elektrofahrzeuge beschränkt werden, gesteuert und verfolgt von Computern, die entscheiden, wohin und wann Sie (wenn überhaupt) fahren dürfen. Das Fliegen muss abgeschafft werden (nur für die Elite nicht), um uns alle zu retten. Da nur noch so wenige Reisen möglich sind, um unser aller Aussterben zu verhindern, wäre es vielleicht überhaupt effizienter und besser für die Erde, wenn die Menschen in Sektoren organisiert werden wie in den „Tribute von Panem“-Filmen, wobei nur die Elite und ihr verlängerter Arm in Gestalt von Polizisten und Soldaten sich ohne Sondererlaubnis zwischen den einzelnen Sektoren bewegen dürfen. Die Arbeit muss von einer weitaus effizienteren und weniger Kohlendioxid produzierenden (das wird zumindest behauptet) künstlichen Intelligenz übernommen werden, wodurch die Bevölkerung im Großen und Ganzen nicht mehr imstande ist, ihren Lebensunterhalt selbst zu verdienen (siehe auch die Folgen der „Pandemie“). Doch der Staat ist gütig und wird den Leuten ein spärliches „bedingungsloses Grundeinkommen“ im Ausgleich für ihre Versklavung und den totalen Gehorsam bezahlen.

Glauben Sie keine Sekunde lang, dass Sie dagegen rebellieren können. Dank unserer Gedankenlesetechnologie, die Ihre Gehirnaktivität aufzeichnet, werden wir wissen, was

Sie vorhaben, bevor Sie es noch tun können. Menschen sind ausgesprochen gefährlich, daher muss ihre Zahl drastisch reduziert werden. Milliarden Menschen gehören beseitigt, damit der Rest überleben kann. Im Interesse der jungen Leute müssen wir eine maximal erlaubte Lebensdauer einführen. Die Geburtenrate gehört kontrolliert und vom Weltstaat vorgeschrieben; Frauen, die ohne die vorgeschriebenen Genehmigungen schwanger werden, haben sich einer Zwangsabtreibung zu unterziehen. Am Ende wird es keine normale Fortpflanzung oder Elternschaft mehr geben – darauf komme ich in einem der folgenden Kapitel noch zurück. Wenn Sie das alles für extrem übertrieben oder reine Fantasievorstellungen halten, dann sollten Sie meine anderen Bücher lesen, in denen Sie die Belege und Unterlagen für alles, was ich hier beschrieben habe, finden werden.

Sehen Sie sich auch an, was der New-Woke-Klimakult in Gestalt von Extinction Rebellion und dem amerikanischen Green New Deal der Kongressabgeordneten Alexandria Ocasio-Cortez – unterstützt vom demokratischen Präsidentschaftskandidaten Bernie Sanders und auf Kosten von 16 Billionen Dollar projektiert – fordern. Es gibt auch eine EU-Version des Ocasio-Cortez-Plans, die sich „European Green Deal“ nennt. Joe Biden unterstützt diese oder ähnliche Vorhaben, solange er dazu mit seinen schweren kognitiven Störungen und den offensichtlichen Anzeichen einer Demenz überhaupt fähig ist. Als Sanders im April 2020 aus dem Rennen um die US-Präsidentschaft ausstieg, ließ man Biden als Kandidaten der Demokratischen Partei freien Lauf – wobei man das (offenbar recht geringe) Risiko in Kauf nahm, dass genug Menschen erkennen, dass Biden für das angestrebte Amt nicht geeignet ist. Der korrupte, von der Wall Street kontrollierte Joe Biden ist für seine Betreuer das perfekte leere Gefäß, dem sie ihre Politik diktieren können. Der von Israel kontrollierte Ex-Präsident Trump hätte gute Chancen auf eine zweite Amtszeit gehabt, wenn die Folgen der Lockdowns Biden nicht davor bewahrt hätten, seinen versagenden Verstand für die Mehrheit des Wahlvolks offensichtlich zu machen. Außerdem hätten die Trump-Hasser sogar eher eine Verkehrsampel gewählt als ihn.

Der Kult weiß es häufig zu schätzen, dass Präsidenten eine zweite Amtszeit erleben, weil die Politikermarionette in diesem Fall ihre Politik nicht mäßigen muss, um noch eine dritte Wahl zu gewinnen. Bei Trump hätte das einen Krieg gegen den Iran bedeuten können, weil Israel (die Sabbatianer-Frankisten) diesen Staat zerstört sehen will. Trump wird vollständig von Israel und seinen Meistern kontrolliert; der Ultrazionist Stephen Miller, sein oberster Politikberater, war der einflussreichste seiner Betreuer. Doch schon 2020 stand fest, dass für die nächste Zeit ein echter New-Woke-Präsident geplant ist. Schließlich gewinnt die New-Woke-Generation an der Wahlurne zunehmend an Einfluss – und Trump (75), Biden (78) sowie der gescheiterte Sanders (79) ist deutlich anzusehen, dass sie die letzten Vertreter einer aussterbenden Generation sind, bevor der neue und völlig woke Nachwuchs das Ruder in die Hand nehmen soll.

Wenn die in all den Selbstmordplänen geäußerten Forderungen nach CO_2-Neutralität umgesetzt werden, ist es mit der Industriegesellschaft, wie wir sie kannten, endgültig vorbei und alles ist kaputt – schon wegen der gedrosselten Energieproduktion und der CO_2-Verbote. Milliarden Arbeitsplätze würden verloren gehen, und man könnte ungehindert die Hungerspiele-Gesellschaft einrichten. (Auch den vorigen Satz habe ich vor der „Pandemie“ geschrieben, die genau diese Agenda sagenhaft beschleunigte.) Dieses Vorha-

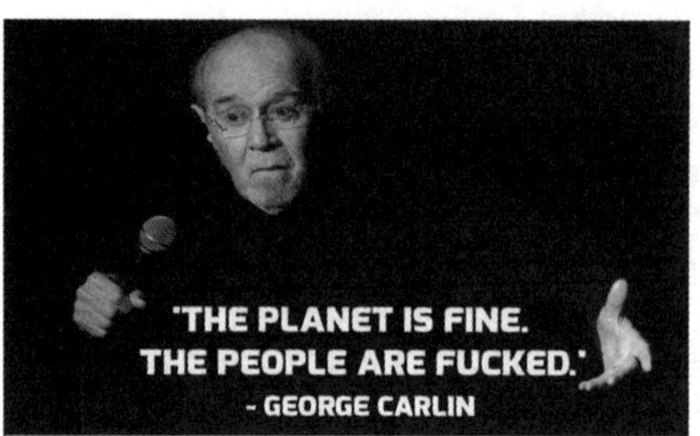

Abb. 273: „,Dem Planeten geht es gut. Die Menschen sind am Arsch.' – George Carlin" – *Gut gesagt, George!*

ben ist der pure Wahnsinn. Und leider sind es Wahnsinnige, die sich und andere am ehesten blind ins Unglück stürzen. Übrigens verwende ich den Begriff „Wahnsinn" hier nicht als Metapher für Dummheit, sondern ich meine tatsächlich Wahnsinn damit, also Verrücktheit (Abb. 273).

Trotz dieser absehbaren Folgen reißen sich die meisten Politiker geradezu darum, die Forderungen nach CO_2-Neutralität in irgendeiner Form umzusetzen, um den Plan bis 2025, 2030 oder allenfalls 2050 zu erfüllen. Simon Bramwell, der Mitgründer von Extinction Rebellion, wurde dabei gefilmt, wie er seine New-Woke-Anhänger dazu aufforderte, „die Zivilisation zu Fall zu bringen". Er will, dass die Menschheit zu einem „wilden" und „ungezähmten" Zustand zurückkehrt: „Meiner Meinung nach gehört es zu unseren Pflichten, dass wir nicht nur die Zivilisation zu Fall bringen, sondern uns und die nachfolgenden Generationen in einen gleichsam ungezähmten Zustand zurückführen, sozusagen in ein wildes Bewusstsein – das ist eine der größten Aufgaben, die uns noch bevorstehen." Eine Definition von „wild" lautet: „typisch für wilde Tiere; grausam; brutal". Laut Bramwell schafft es der moderne Ökoaktivismus nicht, die Menschen dazu zu überzeugen, „ohne Nahrung auszukommen" oder „ihrem Kind beim Sterben zuzusehen, weil wir einfach nicht die Geräte und die Technik haben, um es länger am Leben zu erhalten. [...] Wir müssen ihnen daher zeigen, dass ziviler Ungehorsam und die direkte Sabotage der Zivilisation auch andere Folgen haben können." Gail Bradbrook, die ehemalige Partnerin von Bramwell und Mitbegründerin von Extinction Rebellion, ist eine Karriereaktivistin mit zahlreichen Verbindungen zu NGOs, Großkonzernen, Banken und sehr reichen Leuten.

Umweltkatastrophe – dank der „Grünen"

Die CO_2-Besessenheit ignoriert wie jede anderen Besessenheit ihre Folgen. Man denke nur daran, wie sehr sich der Klimakult für Elektroautos einsetzt (wobei der Strom für diese Fahrzeuge nach wie vor großteils aus fossilen Brennstoffen produziert wird). Die Produktion der Lithiumakkus für diese Autos hat menschliches Leid und gewaltige Umweltzerstörungen in der Demokratischen Republik Kongo angerichtet, wo die New-Woke-Unternehmen Apple, Google, Tesla, Microsoft und Dell sich dem Vorwurf stellen müssen, Kinder als Arbeitskräfte auszubeuten. Dort lebende Familien behaupten, dass ihre Kinder bei der Arbeit in Kobaltminen – Kobalt wird in Lithiumakkus benutzt – und beim Abbau von Coltan zur Verwendung in Handys und anderen elektronischen Geräten getötet oder schwer verletzt wurden. Zehntausende Kinder, manche davon nicht älter als vier

Jahre, sind in den Handel mit Kobalt und Coltan involviert und müssen Tag für Tag giftige Dämpfe einatmen. In einem Bericht von Amnesty International hieß es, dass die meisten Arbeiter in den Kobaltminen im Kongo nicht einmal mit einfachster Schutzausrüstung wie Gesichtsmasken, Arbeitskleidung und -handschuhen ausgestattet sind. Viele der Arbeiter müssen mit einem Hungerlohn auskommen und klagen über häufiges Husten oder Lungenprobleme. In einem Artikel der Zeitschrift *Forbes* ging es um die Misere eines Jungen namens Lukasa, der jeden Tag um fünf Uhr früh seinen Zwölfstundentag beginnt, für den er weniger als neun Dollar bezahlt bekommt. Er hackt das Erz mit der Hand heraus und trägt es dann auf dem Rücken zu einem Handelsposten, der eine Stunde Fußweg entfernt ist. Dort verkauft er es chinesischen Händlern, die buchstäblich auf seinem Rücken riesige Gewinne machen. Danach ist Lukasa zwei Stunden zu Fuß nach Hause unterwegs.

Die Demokratische Republik Kongo wurde durch einen Krieg verwüstet, der Millionen Menschenleben kostete. Der Konflikt wird als Bürgerkrieg bezeichnet, ist aber in Wahrheit ein Krieg um die Kontrolle über die Ressourcen für die „smarte“ Zukunft, bei dem Regenwälder und die traditionelle Lebensweise der Ureinwohner zerstört werden, während etlichen Wildtierarten die Auslöschung droht. Wo ist der Klimakult, wenn man ihn braucht? Ach ja, er hängt an seinem verdammten Smartphone und verlangt Elektroautos.

Diese ekelerregende moderne Sklaverei hat noch einen besonderen Clou für den Klimakult: Bei der Herstellung von Lithiumakkus für Elektroautos und andere Technik wird besonders viel Kohlendioxid produziert. In einem Bericht auf IndustryWeek.com hieß es:

> Beim Bau einer einzigen Autobatterie, die in SUVs mehr als 500 Kilogramm wiegt, fallen um 74 Prozent mehr CO_2-Emissionen an als bei der Herstellung eines effizienten konventionellen Autos, wenn es in einer von fossilen Brennstoffen betriebenen Fabrik an einem Ort wie Deutschland gebaut wird.

Überlegen Sie sich nur einmal, wie groß die Umweltverschmutzung, die Ausbeutung von Kindern und der CO_2-Fußabdruck sein werden, wenn jedes Fahrzeug auf der Welt irgendwann elektrisch und autonom sein muss! Ich weiß, dass der CO_2-Ausstoß ungefährlich ist, aber der Klimakult ist vom Gegenteil überzeugt – und unterstützt trotzdem den massenhaften Abbau von Kobalt für Elektroautos, um so „den Klimawandel zu bekämpfen“. Und dann wäre da noch die Frage, was mit den Batterien passieren soll, wenn sie nach nicht einmal zehn Jahren ausgedient haben. Auch hier droht eine schwere Umweltbelastung. Forscher wie Professor Andrew Abbott von der University of Leicester haben errechnet, dass die eine Million Elektroautos, die 2017 in England verkauft wurden, 250.000 Tonnen bzw. eine halbe Million Kubikmeter an unverarbeitetem Akkuabfall produzieren wird. Welche Mengen werden da wohl weltweit anfallen, wenn erst alle Fahrzeuge elektrisch sind? Wirklich, sehr grün.

Schöne Landschaften und Meerespanoramen werden von höchst ineffizienten „grünen“ Windturbinen zerstört, die Vögel töten, Wildtiere stören und mit ihrem Lärm die Stille kaputtmachen. Die Flügel dieser Windkraftanlagen können größer sein als die Tragfläche eines Jumbojets; bereits heute haben Zehntausende davon ihre Lebensdauer überschritten und können nur noch auf Mülldeponien entsorgt werden. In den nächsten vier Jahren wird man in den USA etwa 8.000 solcher Flügel entsorgen müssen, in Europa sind es laut Bloomberg 3.800 im Jahr. Diese Zahlen spiegeln die Anzahl der vor einem Jahrzehnt gebauten Windturbinen wider; in nächster Zeit wird also noch weit mehr zur Entsorgung anstehen. Wir retten die Welt, indem wir sie zumüllen. Viele Tausend Quadratkilometer Wald mussten gefällt werden, um die Windturbinen aufzustellen. Eine Anfrage nach dem Informationsfreiheitsgesetz ergab, dass in einem kleinen Land wie Schottland seit dem Jahr 2000 fast 14 Millionen Bäume auf einer Fläche von 7.000 Hektar gefällt werden mussten, um Platz für Windräder zu machen. Diese Bäume hätten CO_2 aus der Atmosphäre absorbieren können – und schon daran sieht man, dass die ganze CO_2-Hysterie nichts als ein Riesenschwindel ist. Außerdem technisieren Windkraftanlagen die natürliche Umwelt. Technokraten lieben so was.

Wie Milliardäre den Klimakult in die Welt brachten

Die New-Woke-Ideologie und der Klimakult sind nicht durch Zufall mit solcher Geschwindigkeit entstanden, sondern waren von langer Hand geplant. In „Alles, was Sie wissen sollten“ habe ich ihre Geschichte ausführlich dargelegt. Kurz zusammengefasst können wir die Geschichte im Jahr 1968 mit der Gründung des Club of Rome aufgreifen, obwohl sie noch viel weiter in die Vergangenheit zurückreicht. Der Club of Rome ist eine Schwellenorganisation im NETZ, die sich an dem Punkt befindet, wo die verborgenen Ebenen des Kults auf die sichtbaren treffen. Jede der Schwellenorganisationen wie die Bilderberg-Gruppe, der Council on Foreign Relations und die Trilaterale Kommission spielt ihre eigene Rolle. Beim Club of Rome war von vorneherein klar, dass er Umweltbelange dazu ausnutzen sollte, eine Transformation der globalen Gesellschaft in Gang zu setzen.

1972 veröffentlichte der Club einen Bericht, in dem er vor einer Umweltkatastrophe warnte, die bis zum Jahr 2000 eintreten sollte. Dieses prognostizierte Ergebnis stützte sich auf ein Computermodell, von dem Aurelio Peccei, der Mitgründer des Club of Rome, später zugeben musste, dass es so programmiert worden war, die gewünschten Vorhersagen zu liefern. Das sollte sich später mit den Computermodellen zur Klimapropaganda zur vorherrschenden Methode entwickeln.

Der italienische Industrielle Peccei schrieb in der vom Club of Rome herausgegebenen Publikation „The First Global Revolution“ (1991):

> Auf der Suche nach einem gemeinsamen Feind, gegen den wir uns vereinen können, kamen wir auf die Idee, dass Umweltverschmutzung, die Bedrohung durch die globale Erwärmung, Wasserknappheit, Hungersnöte und dergleichen unseren Anforderungen entsprechen würden.

Das Dokument betonte, dass alle diese Dinge auf menschliches Eingreifen zurückzuführen seien, daher ... *und jetzt kommt's* ... „ist der wahre Feind somit die Menschheit selbst“. Volltreffer! Damit waren das Narrativ und das Ziel festgelegt.

Dem Club of Rome gehören politische Führer (auch ehemalige) aus aller Welt, Amtsträger, Diplomaten, Wissenschaftler, Ökonomen, Wirtschaftsführer und – sehr wichtig – Bürokraten der Vereinten Nationen an. Die vom Kult geschaffene UN ist ein Deckmantel für die Schaffung einer Weltregierung durch den schleichenden Totalitarismus. Sowohl der Klimaschwindel als auch die „Lösung" für diesen Schwindel werden von den Vereinten Nationen als Kein-Problem-Reaktion-Lösung inszeniert. Richard Haass, der Präsident des vom Kult kontrollierten Council on Foreign Relations, hat öffentlich geäußert, dass zur „Bekämpfung" der globalen Erwärmung eine Weltregierung vonnöten sei und die Souveränität der Einzelstaaten eingeschränkt gehörte:

> Die Staaten müssen bereit sein, einen Teil ihrer Souveränität an Weltorganisationen abzutreten, wenn das internationale System funktionieren soll. [...] Die Staaten täten gut daran, ihre Souveränität zu schwächen, um sich zu schützen.

Ein wichtiges Ereignis für die Entstehung des Klimakults war die 1992 im brasilianischen Rio de Janeiro abgehaltene Konferenz der Vereinten Nationen über Umwelt und Entwicklung („Erdgipfel"), die vom kanadischen Erdöl-Multimillionär Maurice Strong geleitet wurde, der als Strohmann für die Rothschild- und Rockefeller-Dynastien diente. Strong war der Ansicht, dass die UN die Position einer Weltregierung einnehmen sollte. Er wurde zum Generaldirektor des Umweltprogramms der Vereinten Nationen (UNEP) ernannt und war ab den 1980er-Jahren einer der wichtigsten Vertreter der Theorie vom menschengemachten Klimawandel bzw. der „globalen Erwärmung", wie man das nannte, bevor die Temperatur zu steigen aufhörte. Strongs UNEP stand hinter der Schaffung des Weltklimarats IPCC, der seither das zentrale Gremium für den Klimaschwindel ist. Er rief auch das Rahmenübereinkommen der Vereinten Nationen über Klimaänderungen UNFCCC ins Leben, in dessen Rahmen er damals den Erdgipfel in Rio veranstaltete, bei dem 108 Staats- und Regierungschefs sowie 20.000 „grüne" Aktivisten zu Gast waren.

Man sollte nie vergessen, dass Maurice Strong ein wichtiger Handlanger für die Agenda des Kults war. Das UNFCCC organisierte die Weltklimagipfel in Kyoto (1995), Kopenhagen (2009), Paris (2015) und Glasgow (2020), bei denen die Regierungen unter Druck gesetzt wurden, Gesetze zu erlassen, die das Gas des Lebens reduzieren sollen. Strong verbrachte in seinen letzten Lebensjahren viel Zeit in China (wo er der Führungsspitze der Kommunistischen Partei bis zurück zum Vorsitzenden Mao nahestand), nachdem bekannt geworden war, dass er eine Million Dollar aus dem Öl-für-Lebensmittel-Programm der UN kassiert hatte, das eigentlich dazu gedacht war, mit dem Erlös aus Ölverkäufen hungernde Menschen im Irak zu ernähren. Ebendieser Maurice Strong behauptete, ein (mehrere Millionen schwerer) „Sozialist" zu sein und wurde so zum Liebling jener Leute, aus denen sich später die New-Woke-Bewegung rekru-

Abb. 274: „Man haut euch übers Ohr, Leute! ... ihr rebelliert für das eine Prozent" – *Das jährliche Treffen der Anonymen Naivlinge.*

tierte. Eine ähnliche, aber noch viel weitreichendere Rolle spielt heute George Soros, aber die New-Woke-Anhänger durchschauen das noch immer nicht (Abb. 274). Strong wurde im Dienst des Kults noch in eine ganze Reihe weitere einflussreiche Positionen berufen; er war unter anderem leitender Berater des UN-Generalsekretärs und der Weltbank, Vorsitzender des Earth Council und des Weltressourceninstituts WRI, Untergeneralsekretär der Vereinten Nationen und Co-Vorsitzender im Rat des Weltwirtschaftsforums, das später ein wichtiger Förderer von Greta Thunberg werden sollte. So kann es sich auf die private Karriere auswirken, wenn man ein Aktivposten des Kults ist …

Ein Insider berichtet

Ich habe über die Jahre hinweg schon mehrmals über die Warnungen von George Hunt geschrieben. Hunt ist ein Buchhalter und Investmentberater, der 1987 als offizieller Gastgeber der vierten World Wilderness Conference in Colorado auftrat, an der Maurice Strong, Edmond de Rothschild, David Rockefeller sowie Führungskräfte der Weltbank und des Internationalen Währungsfonds (IWF) teilnahmen, weil ihnen das Schicksal der Umwelt und der Armen so am Herzen lag. Es ging also garantiert nicht darum, den Armen im Namen der Weltrettung ihr Land zu stehlen, nein, nein. Naja, eigentlich *doch* – siehe dazu auch mein Buch „Die Wahrnehmungsfalle“.

Hunts Erfahrungen mit diesen Oberkriminellen brachten ihn zur Erkenntnis, dass die sogenannte Umweltschutzbewegung eine globale Fassade der Rothschild-/Rockefeller-Banken ist, hinter denen das steht, was ich als den Kult bezeichne. Laut Hunt hat ein Bankier, der seine Konferenz besuchte, die globale Bevölkerung als „Kanonenfutter, das die Erde bevölkert“ beschrieben. Hunt drehte vor dem Erdgipfel im Juni 1992 ein Video, in dem er die Hintermänner anprangerte, noch bevor die Klimapropaganda so richtig ins Rollen kam. Man kann sich Hunts Video heute noch im Internet ansehen. Er wies darauf hin, dass das Logo des Gipfels eine Hand ist, die den Globus hält – mit dem Slogan „In unseren Händen“. Wenn man bedenkt, wie besessen der Kult von Symbolen ist, war dies schon eine eindeutige Absichtserklärung (Abb. 275). Die offizielle Bezeichnung des Erdgipfels lautete UNCED (United Nations Conference on Environment and Development) und wird im Englischen als *unsaid* [dt.: „ungesagt“, „verschwiegen“] ausgesprochen; auch dies ist ein deutlicher Hinweis. Hunt beschrieb die Leute, die hinter dem Erdgipfel steckten, wie folgt:

Abb. 275: Die Welt in unserer Hand – ein perfektes Symbol dafür, was sich wirklich abspielt.

> Dieselben Weltordnungs-Familien [Blutlinien des Kults] haben den Ersten und Zweiten Weltkrieg geplant, die Länder der Dritten Welt in betrügerischer Absicht dazu

> gebracht, sich Geld zu leihen und so Schuldenberge anzuhäufen [und] einen Großteil des als Kredite an afrikanische und andere Staaten vergebenen Gelds gestohlen und in Genfer Banken versteckt. Das sind die Leute, die Hitler finanziert und absichtlich Krieg und Schulden erzeugt haben, um Gesellschaften unter ihre Kontrolle zu bringen. Die Weltordnungs-Vertreter sind keine netten Leute.

Hunt sagte 1992, dass „die weltweite Umweltschutzbewegung bald in den Händen der Weltordnung sein wird", wenn ihre Unterstützer nicht auf die aktuellen Geschehnisse reagierten. Das taten sie natürlich nicht, und daher wurden sie – wie Hunt vorhersagte – völlig von der „Weltordnungs"-Elite vereinnahmt, die sie zum New-Woke-Klimakult mit einem Teenie namens Greta Thunberg als „spiritueller Führerin" umformte. Hunt sagte:

> Später erfuhr ich, dass die Weltordnung die auf uns zukommende Weltregierung als Vierte Welt bezeichnet. Es wird eine von der Weltordnung regierte Welt sein, in der es keine Erste, Zweite oder Dritte Welt mehr gibt … sondern nur einen Planeten ohne Grenzen, der die „Wildnis der Vierten Welt" genannt wird. Yogis und Schamanen haben diesen Namen geprägt und bezeichnen damit die Verlorenheit des Geistes. Die „Verlorenheit des Geistes" bezieht sich auf das kollektive Bewusstsein. Man wird Menschen durch Lügen, Drogen, Angst und Schmerz dazu zwingen, ihr Selbst, ihr Ego an das kollektive Bewusstsein abzutreten.

An dieser Stelle sei betont, dass ich zwar immer davon rede, dass wir zwar Ausdrucksformen DES EINEN sind, aber dennoch sowohl der kollektive *als auch* der individuelle Aufmerksamkeitsbrennpunkt. Wir dürfen diesen Sinn für Individualität und persönliche Souveränität nicht irgendeinem Gruppendenken oder kollektiven Geist überlassen, der nach dem Willen des Kults eine technologische, von künstlicher Intelligenz gesteuerte Schwarmintelligenz sein soll. Hunts Ansicht nach bedeutet die „Vierte Welt" eine Rückkehr zu einer Gesellschaft wie der Cäsarenherrschaft, dem babylonischen Reich oder dem Dritten Reich. Er sagte, dass diese Gesellschaft bereits von Aldous Huxley in „Schöne neue Welt" sowie „Dreißig Jahre danach oder Wiedersehen mit der wackeren neuen Welt" und von George Orwell in „1984" beschrieben wurde. Die neue Weltordnung soll danach streben, aus der Asche des Chaos eine neue Welt zu erschaffen, eine kollektivistische Vierte Welt, ausgestattet mit einer kollektivistischen Religion, einem kollektivistischen Finanzwesen und einem unkontrollierten, weltumspannenden Nationalsozialismus. Wie Hunt 1992 sagte:

> Die Weltordnung wird den Massen Gaia alias Mutter Erde als das Big-Brother-Idol verkaufen, das sie in der Vierten Welt anbeten sollen. Maurice Strong hat bereits ein 570 Quadratkilometer großes Areal in Creston, Colorado eingerichtet, um dort dieses System der Erdreligion zu entwickeln. Solche Projekte werden vom Rockefeller Fund und anderen Stiftungen finanziert. Der Erdgipfel wird eine Verbindung von der Umwelt zur Industrie herstellen, und die Herren der UNCED-Konferenz werden die Meister sein, die darüber entscheiden, wer was und wann bekommt – zumindest, wenn wir nicht schnell etwas dagegen tun.

Ich wiederhole: George Hunt sagte das im Jahr 1992 – zutiefst ernüchternd, wenn man sich ansieht, was heute passiert. Hunt erzählte auch, dass Maurice Strong Edmond de

Rothschild als Schöpfer der Umweltbewegung bezeichnete. Vielleicht werden Anhänger des Klimakults jetzt verstehen, warum Milliardäre wie der Rothschild-Laufbursche Soros sich bei der Unterstützung dieser Bewegung geradezu überschlagen. Greta Thunberg überquerte den Atlantik auf einer Jacht, die früher einmal den Namen „Edmond de Rothschild" getragen hatte und von einer Besatzung gesteuert wurde, die Beziehungen zur Fürstenfamilie von Monaco hat. Das ist ja einmal eine Bewegung, die wirklich von der Straße kommt!

Die Doppelrolle der UN

Die Vereinten Nationen nehmen die Welt im Auftrag des Kults in die Zange. Auf einer Seite steht der UN-Weltklimarat IPCC, der die Hysterie antreibt, indem er unaufhörlich über den menschlichen Einfluss auf das Klima lügt. Auf der anderen Seite haben wir die UN-Programme Agenda 21 und Agenda 2030, mit denen die globale Gesellschaft in einen zentralisierten orwellschen Staat umgewandelt werden soll, „um der Herausforderung des Klimawandels entgegenzutreten". Wenn man bedenkt, dass der Kult die UN als Trojanisches Pferd für die Diktatur durch eine Weltregierung geschaffen hat, wird der Plan durchschaubar: Eine UN-Behörde schwindelt ein Problem herbei, die andere bewirbt die Lösung. Der IPCC ist keine wissenschaftliche, sondern eine *politische* Organisation. Seine Behauptungen und Verhaltensweisen werden von Politikern, Aktivisten und Lobbyisten diktiert, nicht von Wissenschaftlern, die hier nur Requisite sind. Manche „Wissenschaftler" sagen das, was der IPCC vorschreibt, wenn sie ihre Schnauzen lange genug aus dem Geldtrog heben können; andere, wahrhafte Wissenschaftler müssen es sich gefallen lassen, dass ihre Arbeitsergebnisse in IPCC-„Berichten" falsch dargestellt oder sie völlig ignoriert werden. Viele Wissenschaftler, die in IPCC-Dokumenten erwähnt werden, haben sich beschwert, dass sie falsch zitiert wurden und man ihre Meinung verfälscht dargestellt hat; darauf bin ich schon in anderen Büchern ausführlich eingegangen. Ein weiterer Trick ist, dass den IPCC-Berichten, die angebliche „wissenschaftliche Erkenntnisse" enthalten, eine „Zusammenfassung" dieser Erkenntnisse vorangestellt wird. Diese Zusammenfassungen werden innerhalb der IPCC-Hierarchie erstellt, um den Inhalt des Hauptteils falsch darzustellen oder zu übertreiben. Schließlich weiß man dort ganz genau, dass fast alle Medien dieser Welt ausschließlich die Zusammenfassung als Grundlage ihrer Berichterstattung verwenden werden.

Viele Jahre lang wurde der IPCC von einem Eisenbahningenieur namens Rajendra Pachauri geleitet, dem dann der koreanische Ökonom Hoesung Lee nachfolgte, ehemaliger Mitarbeiter von ExxonMobil und zufälligerweise auch Bruder des ehemaligen südkoreanischen Premierministers Lee Hoi-chang. Auch daran zeigt sich, dass der IPCC wirklich eine *politische* und keine wissenschaftliche Organisation ist. Er verbreitet Propaganda über den Klimawandel, um die Errichtung einer globalen zentralisierten Tyrannei zu begründen. Christiana Figueres, die bis in die letzte Faser UN-Vertreterin ist, war sechs Jahre lang

Generalsekretärin der Klimarahmenkonvention der Vereinten Nationen und veröffentlichte 2020 ein Buch, das sie gemeinsam mit ihrem „strategischen Berater“ Tom Rivett-Carnac verfasst hat, der in Sachen „Klimawandel“ Politikerklinken putzt und einer Aristokratenfamilie entstammt. Es heißt „The Future We Choose: Surviving the Climate Crisis“ [dt. etwa: „Die Zukunft, für die wir uns entscheiden. So überleben wir die Klimakrise“] und erfüllt natürlich alle einschlägigen Erwartungen. Figueres plappert darin einfach die Lehrmeinung zum Klimawandel nach, pflichtet Extinction Rebellion und Greta Thunberg bei und wirbt für „zivilen Ungehorsam“ als „moralische Entscheidung“, um Politiker zum Handeln gegen den Klimawandel zu bewegen. Sie führt sogar Martin Luther King als leuchtendes Beispiel an, obwohl es niemanden auf der Welt gibt oder gab, der sich dafür weniger eignen würde. King setzte sich für Freiheit ein und nicht – wie der Klimakult – dafür, dass den Menschen die Freiheit geraubt wird. Ist doch witzig, wie das Establishment den zivilen Ungehorsam fördert, um den Klimaschwindel weiter voranzutreiben, aber diejenigen, die sich mit diesen Methoden für Freiheit, Fairness und Gerechtigkeit einsetzen, als Staatsfeinde bezeichnet.

Wie hätte King wohl auf einen Artikel reagiert, der auf der Website der UNESCO erschien und den Titel „Klimaverbrechen gehören vor Gericht gebracht“ trug? Bei den „Verbrechen“, die die britische Akademikerin Catriona McKinnon darin anführte, handelt es sich bei genauerem Hinsehen einfach nur um die Weigerung, an den UN-Klimaschwindel zu glauben. McKinnon ist eine weitere Bestätigung dafür, dass die einst angesehene akademische Welt heute nur mehr ein kranker Scherz ist. Dieses Genie schrieb:

> Strafrechtliche Maßnahmen sind die stärksten Werkzeuge, die uns zur Verfügung stehen, um einem Verhalten Einhalt zu gebieten, das alle Toleranzgrenzen überschreitet. [Wie man aber weiß, kennen die New-Woke-Aktivisten ohnehin keine Toleranz.] Kriminelles Verhalten verletzt die Grundrechte und zerstört die menschliche Sicherheit. Wir behalten uns den harten Schritt einer Bestrafung für ein Verhalten vor, das den Dingen Schaden zufügt, die uns am grundlegendsten wertvoll erscheinen. Der Klimawandel verursacht genau einen solchen Schaden.
>
> Ich habe vorgeschlagen, dass das internationale Strafrecht um einen neuen Straftatbestand erweitert werden sollte, den ich als „Posterizid“ [so etwas wie Mord an der Nachwelt] bezeichnen möchte und der durch vorsätzliches oder rücksichtsloses Verhalten definiert ist, das geeignet ist, die Auslöschung der Menschheit herbeizuführen. Posterizid wird begangen, wenn die Menschheit in die Gefahr der Auslöschung gebracht wird, indem sich jemand so verhält, dass er bewusst oder im Wissen, dass sein Verhalten diese Folge haben könnte, auf die Auslöschung der Menschheit hinarbeitet.
>
> Wenn ein Mensch weiß, dass sein Verhalten ein unzulässiges Risiko für einen anderen darstellt, und trotzdem so handelt, ist er fahrlässig. Um posteriziedes Verhalten ausfindig zu machen, sollten wir uns im Bereich des fahrlässigen Verhaltens umsehen, das den Klimawindel verschlimmert.

Nach diesem bizarren Ausflug in das, was sich als McKinnons Gedankenwelt ausgibt, folgt die Forderung, dass jedes Hinterfragen der Lehrmeinung zum Klimaschwindel eine Straftat nach internationalem Recht sein sollte. Wie faschistoid eine solche Forderung ist, das scheint nicht durch die New-Woke-Selbstfixierung der Autorin gedrungen zu sein. McKinnon hat ein Buch mit dem Titel „The Ethics of Climate Governance" [dt. etwa: „Die Ethik des Regierungshandelns im Bereich Klima"] veröffentlicht, das wohl eher „Die Ethik des *globalen* Regierungshandelns" heißen sollte. Es ist kein Wunder, dass die UNESCO ihren Artikel bewarb. Übrigens müsste sich die Cambridge-Akademikerin Patricia MacCormack doch des von McKinnon formulierten „Posterizids" schuldig gemacht haben, als sie schrieb: „Die einzige Lösung für den Klimawandel besteht darin, die Menschheit aussterben zu lassen." Aber nein – Sie müssen wissen, dass sowohl MacCormack als auch McKinnon Vertreterinnen der New-Woke-Ideologie sind und an den Klimaschwindel glauben. Damit geht man immer straffrei aus.

Der Greenpeace-Mitgründer Patrick Moore, ein klarer Fall von „posterizidem Verhalten", unterstreicht eine weitere Täuschung, die im Zusammenhang mit dem Klimaschwindel durchgeführt wird: Der Auftrag des IPCC besteht nicht darin, die Ursachen für den Klimawandel zu untersuchen, sondern nur die *menschlichen* Ursachen. Es ist also keineswegs erstaunlich, dass der Weltklimarat die Rolle der Sonne praktisch völlig ausspart. Er konzentriert sich speziell auf angeblich menschliche Ursachen, weil das das Problem ist, das der Kult für seine Lösung braucht. Sollten die Mitarbeiter des IPCC jedoch feststellen, dass es keinen signifikanten menschlichen Einfluss gibt, dann gäbe es keinen Grund für die Existenz der Organisation mehr und sie könnte auch nicht mehr an dem mitverdienen, was das *Climate Change Business Journal* auf ein weltweites Jahresbudget von 1,5 Billionen Dollar schätzte – und das war 2015, als die UN-Klimakonferenz in Paris stattfand. Mittlerweile liegt der Betrag sicher höher.

Der amerikanische Autor Upton Sinclair schrieb einmal: „Es ist schwierig, jemanden dazu zu bringen, etwas zu verstehen, wenn er sein Gehalt dafür bekommt, dass er es nicht versteht." Das ist eine weitere Methode des Kults, um seine Handlanger unter Druck zu setzen: Tu und sag, was der Kult will, oder du verlierst dein Einkommen. Der IPCC behauptet unverschämterweise, der Welt objektive wissenschaftliche Informationen liefern zu wollen, obwohl er von einem Klima-Mafioso gesteuert wird. David Evans, der elf Jahre als Vollzeit- oder Teilzeitberater für das Australian Greenhouse Office (später das Department of Climate Change) tätig war, hat eine weitaus genauere Einschätzung dieser fantastischen Verschwörung zur Täuschung der Menschheit auf Lager. Er behauptet, dass die Theorie der menschengemachten globalen Erwärmung „auf einer Vermutung basiert, die sich schon in den 1990er-Jahren dank empirischer Belege als falsch erwiesen hat". Laut Evans geben die meisten Wissenschaftler das allerdings nicht zu, „weil sie auf dieser Grundlage so richtig absahnen können und zu viele Jobs, Branchen, Handelsgewinne, politische Karrieren sowie *die Möglichkeit einer Weltregierung* und der totalen Kontrolle damit einhergehen" (meine Hervorhebung). Damit traf Evans den Nagel auf den Kopf. Genau das ist, worum es bei dem Schwindel der menschengemachten „Klimakrise" in Wahrheit geht. Er sagte, dass „Regierungen und deren zahme Klimawissenschaftler heute in unerhörter Weise die frei erfundene Theorie aufrechterhalten, dass Kohlendioxid ein gefährlicher Schadstoff ist" – obwohl mittlerweile erdrückend viele Gegenbeweise vorliegen.

Agenda 21 / 2030

Diese beiden miteinander verbundenen UN-Agenden sind die wichtigsten Mittel, mit denen der Kult die Lüge vom Klimawandel dazu nutzt, seine Hungerspiele-Struktur der globalen Kontrolle durchzusetzen. Die Agenda 21 wurde von Maurice Strong (also den Rothschilds und Rockefellers) beim Erdgipfel in Rio im Jahr 1992 ins Leben gerufen. Die Agenda 2030 wurde 2015 von der UN-Generalversammlung beschlossen. Die Agenda 21 spricht davon, im 21. Jahrhundert alles zentral kontrollieren zu wollen, während die Agenda 2030 eine Reihe von 17 angestrebten Zielen ist, die bei einer Umsetzung in der geplanten Art und Weise zur der von der Agenda 21 geforderten weltweiten Diktatur führen würden. Kurz gesagt sind es zwei Versionen ein und derselben Verschwörung. Die Agenda 21 wurde überall auf der Welt, bis hinunter zu den Gemeinderäten, angenommen und gefördert. Prüfen Sie in Ihrer Gemeinde oder Ihrem Bundesland selbst nach, ob dort die Agenda 21 und „nachhaltige Entwicklung" umgesetzt werden. Letzteres mag auf den ersten Blick lobenswert scheinen. Warum sollten wir dagegen sein, dass menschliche Aktivitäten langfristig gesehen „nachhaltig" sind? ACHTUNG. GRELLROTES WARNSIGNAL MIT BLINKENDEN LICHTERN: Die Vereinten Nationen bzw. der Kult definieren diesen Begriff ganz anders – für sie ist er der Vorwand, eine Weltdiktatur zu errichten. Im Folgenden seien die „nachhaltigen Entwicklungsziele" und Mottos der Agenda 2030 angeführt:

1. Keine Armut
2. Kein Hunger
3. Gesundheit und Wohlergehen
4. Hochwertige Bildung
5. Geschlechtergleichheit
6. Sauberes Wasser und Sanitäreinrichtungen
7. Bezahlbare und saubere Energie
8. Menschenwürdige Arbeit und Wirtschaftswachstum
9. Industrie, Innovation und Infrastruktur
10. Weniger Ungleichheiten
11. Nachhaltige Städte und Gemeinden
12. Nachhaltiger Konsum und nachhaltige Produktion
13. Maßnahmen zum Klimaschutz
14. Schutz des Lebens unter Wasser
15. Schutz des Lebens an Land
16. Frieden, Gerechtigkeit und starke Institutionen
17. Partnerschaften zur Erreichung dieser Ziele

Hier scheint es um durchaus unterstützenswerte Bestrebungen zu gehen – wenn wir es nicht mit der ständig vom Kult eingesetzten Methode zu tun hätten, den Menschen zu erzählen, was sie hören wollen, ohne die wahren Gründe für die geplanten Maßnahmen zu nennen. Wir sollten alle Behauptungen, „das Beste für die Menschheit zu wollen", immer mit dem Wissen betrachten, dass diejenigen, die hinter der UN stehen, Anhänger eines Todeskults mit abscheulichen Absichten sind. Warum sollten die praktizierenden Satanisten und Kinderschänder des Kults, die einen pathologischen Hass auf die Menschheit empfinden, „Ziele" wie eine Abschaffung der Armut und des Hungers erreichen wollen? Schließlich geht es um genau die Leute, die das globale Finanzwesen steuern, dadurch Armut und Hunger geschaffen haben und diese als politische Werkzeuge nutzen. Der Teufel steckt nicht so sehr in den vorgeblichen Zielen, sondern in den Mitteln, mit denen diese Ziele erreicht werden sollen (oder mit denen man vielmehr die Illusion erzeugen will, sie zu erreichen). Und diese Mittel der Agenda 21 sind, wie aus ihren eigenen Dokumenten hervorgeht:

- Abschaffung der nationalen Souveränität
- Staatliche Planung und Verwaltung sämtlicher Bodenressourcen, Ökosysteme, Wüsten, Wälder, Berge, Meere und Trinkwasservorkommen, der Landwirtschaft, der Entwicklung ländlicher Räume sowie der Biotechnologie; Gewährleistung des Allgemeinguts
- Der Staat „definiert den Zweck" gewerblicher und finanzieller Ressourcen
- Abschaffung des Privateigentums
- Neustrukturierung des Familienverbunds
- Kinder werden vom Staat großgezogen
- Den Menschen wird vorgegeben, welche Tätigkeit sie auszuüben haben
- Massive Einschränkungen der Bewegungsfreiheit
- Schaffung „menschlicher Siedlungszonen"
- Massenumsiedlungen als Folge der Vertreibung vom Land, wo die Menschen leben
- Verdummung durch das Bildungswesen
- Massenhafte Bevölkerungsreduktion, um die angeführten Ziele zu erreichen

Das ist genau die Wunschliste des Kults, die ich seit mehr als 30 Jahren öffentlich mache. Der Green New Deal, den die New-Woke-Extremisten von der Demokratischen Partei der USA fordern, ist ein politisches Manifest zur Umsetzung der Agenda 21/2030, so wie ähnliche Versionen dieses „Deals" auf der ganzen Welt. Im Folgenden möchte ich aufschlüsseln, was die US-Agenden und die Green New Deals hinter ihrem orwellschen Neusprech wirklich bedeuten:

Abschaffung der nationalen Souveränität

Nach alledem, was ich bereits über den Plan gesagt habe, Staaten zugunsten einer Weltregierung mit Superstaaten und Regionen von der Landkarte zu löschen, muss ich diesen Punkt wohl nicht mehr ausführlich behandeln. Es gibt bereits Landkarten zu einem regionalisierten Europa, in dem Staaten nicht mehr vorkommen. Auch Amerika wird im Zuge des schleichenden Totalitarismus bereits regionalisiert; derzeit gibt es 500 Regionalräte in den 50 US-Bundesstaaten, die unter Namen wie Councils of Governments (COGs) und Metropolitan Planning Organizations (MPOs) geführt werden. Die nächste Stufe namens Smart Region Initiative wurde 2019 in Arizona gestartet und soll auf das ganze Land ausgeweitet werden.

Staatliche Planung und Verwaltung sämtlicher Bodenressourcen, Ökosysteme, Wüsten, Wälder, Berge, Meere und Trinkwasservorkommen, der Landwirtschaft, der Entwicklung ländlicher Räume sowie der Biotechnologie; Gewährleistung des Allgemeinguts

Hier geht es um die zentralisierte Kontrolle von allem, vor der ich schon so lange warne. Sie ist bereits im Gange: Einige US-Bundesstaaten beanspruchen das Besitzrecht an Regenwasser, das auf Privatland fällt.

Der Staat „definiert den Zweck“ gewerblicher und finanzieller Ressourcen

Auch dieser Punkt handelt von zentraler Kontrolle – diesmal über das Finanzwesen und die Wirtschaft. Sie bedeutet das Ende des privaten Unternehmertums, das nicht von der Weltregierung unterstützt wird. Die systematische Zerstörung kleiner Familienunternehmen, aber auch viel größerer Firmen durch Besteuerung und Regulierung zielt darauf, sie irgendwann alle ganz kaputtzumachen, damit am Ende nur die gigantischen Konzerne des Kults unter der alleinigen Kontrolle der vom Kult gestellten Weltregierung übrig bleiben. Als Beginn dieser Entwicklung braucht man sich nur Amazon anzusehen. Ein Blick auf die Welt seit Beginn der Lockdowns wegen des angeblichen Virus zeigt zudem, wie sehr sich die Verwirklichung dieses Ziels beschleunigt hat. Die globale Finanzdiktatur wird in den Händen der geplanten Weltzentralbank liegen. Die Europäische Zentralbank, die Weltbank und der Internationale Währungsfonds sind Schritte im Rahmen des schleichenden Totalitarismus auf dieses Ziel zu; dasselbe gilt für die bargeldlose, weltweit einheitliche Digitalwährung, die ich seit Anfang der 1990er-Jahre vorhersage. Sie wird heute mit dem Verschwinden des Bargelds (ebenfalls beschleunigt durch die irrwitzige Dämonisierung von Geldscheinen und Münzen als Quelle für eine Ansteckung mit dem „Virus“) umgesetzt. Das wirtschaftliche Verkaufsargument der „nachhaltigen Entwicklung“ beinhaltet ein „Ende der Armut“, das aber in Wahrheit eine Umverteilung des Wohlstands bedeutet, was die Reichen noch reicher und die Arbeiterklassen noch ärmer macht. Ein weiteres versprochenes Ziel ist die „Beseitigung des Hungers“ (als ob das dem Kult nicht egal wäre), mit dem gesundheitszerstörende, gentechnisch veränderte Feldfrüchte, deren Anbau gigantische Mengen an Pestiziden und Herbiziden erfordert, sowie das Ende des Fleischkonsums gerechtfertigt werden sollen.

Abschaffung des Privateigentums

Die zentrale Kontrolle allen Eigentums (abgesehen von dem der Elite) umfasst derart hohe Mieten, dass Menschen dadurch in die „Mikrohäuser und -wohnungen“ gezwungen werden, die heute schon auf der ganzen Welt gebaut werden. Die Forderungen nach einem Ende des Privateigentums werden derzeit – im Einklang mit dem Plan – immer lauter. Junge Menschen werden durch astronomische Preise, Studentenkredite und andere finanzielle Unterdrückungsmethoden am Eintritt in den Immobilienmarkt gehindert. Der bereits erwähnte Dr. Richard Day, ein Insider der Rockefeller-Familie, sagte 1969 zu den Kinderärzten in Pittsburgh:

> Der Besitz von Eigenheimen wird der Vergangenheit angehören. Die Kosten für Bau und Unterhalt eines Hauses werden nach und nach derart steigen, dass es für die meisten Menschen unerschwinglich wird. Junge Menschen werden zunehmend zu Mietern, vor allem in Apartment- und Eigentumswohnungen.
>
> Die Bevölkerung wird sich die Häuser also nicht leisten können und zunehmend gezwungen sein, in kleine Apartments [die erwähnten Mikrowohnungen] auszuweichen – kleine Wohnungen, in denen nicht sehr viele Kinder leben können.

Der letzte erwähnte Punkt ist Teil des Plans zur Bevölkerungsreduktion. Day deutete auch an, wie die Zuweisung eines Wohnorts zur Kontrolle über die Menschen dienen kann:

> Letztlich wird man den Menschen vorschreiben, wo sie zu wohnen haben, und es wird auch üblich sein, mit Personen zusammenzuleben, die nicht zur Familie gehören. Damit bewerkstelligt man es, dass kein Mensch dem anderen noch vertrauen kann. All dies wird unter der Aufsicht einer zentralen Wohnbaubehörde stehen. Behalten Sie das im Hinterkopf, wenn man Sie einmal fragt: „Wie viele Schlafzimmer gibt es in Ihrem Haus? Wie viele Badezimmer? Haben Sie ein komplett eingerichtetes Spielzimmer?“ Dies sind private Informationen, die unter unserer gegenwärtigen Verfassung von keinerlei nationaler Relevanz für die Regierung sind. Dennoch wird man Ihnen irgendwann diese Fragen stellen ...

Schon heute schreibt man in China – der Blaupause des Kults für die ganze Welt – den Menschen vor, wo sie zu wohnen haben.

Neustrukturierung des Familienverbunds

Das Ende der Familie ist ein Thema, das in den Dokumenten und Organisationen des Kults immer wieder auftaucht. Heute werden zunehmend elterliche Rechte gestrichen und an staatliche Institutionen wie Schulen und Sozialdienste übergeben – dieser Teil der Agenda wird vor unser aller Augen durchgezogen, ohne dass wir imstande sind, die Zusammenhänge zu erkennen. Denken Sie an den in Sachen Studentenkredite engagierten Wayne Johnson, der davor warnte, dass die Kreditkrise zur „zunehmenden strukturellen Zerstörung Amerikas“ führen würde, weil „die Leute nicht heiraten und keine Kinder bekommen“.

Kinder werden vom Staat großgezogen

Dieser Punkt hat eindeutig mit dem Ende der Familie zu tun und zielt im Endeffekt auf ein Ende der menschlichen Fortpflanzung ab; auf Letzteres werde ich später noch genauer eingehen. Schon gegenwärtig werden ungeheure Mengen von Kindern ihren liebevollen Eltern weggenommen – von Sozialämtern, die in geheimen „Familiengerichten" mit unverschämten Falschdarstellungen und Lügen argumentieren. Dieser Teil des Plans wird bereits realisiert und zu dem Ende der Elternschaft führen, das Aldous Huxley in seinem Roman „Schöne neue Welt" prophezeit hat.

Den Menschen wird vorgegeben, welche Tätigkeit sie auszuüben haben

George Orwell hat in seiner Darstellung der Welt des Großen Bruders, wo jeder Aspekt des menschlichen Lebens – einschließlich der Arbeitssklaverei – von oben verordnet wird, keineswegs übertrieben.

Massive Einschränkungen der Bewegungsfreiheit

Was glauben Sie, warum die dem Kult dienenden und von ihm manipulierten Klimaextremisten so gegen das Fliegen und Autofahren sind? Man braucht sich nur anzusehen, welche Auswirkungen die „Pandemie" auf die Bewegungsfreiheit hatte und hat. Das erklärt auch die Besessenheit von dem Vorhaben, der Menschheit autonome Fahrzeuge aufzudrängen, in denen der Computer bestimmt, wie weit man fahren darf. Die Regierungen verbieten den Verkauf von Benzin- und Dieselfahrzeugen zugunsten der alles andere als grünen Elektroautos, weil dies ein notwendiger Schritt zu autonomen E-Fahrzeugen ist. Die „Rettung des Planeten" ist nur eine Ausrede, um diesen Punkt des Plans effizienter zu verwirklichen. Großbritannien hat sich verpflichtet, neue Benzin- und Dieselfahrzeuge ab 2035 zu verbieten; andere Länder wie Dänemark, Irland, die Niederlande und Schweden wollen bereits 2030 damit anfangen. Die Auswirkungen auf die Beschäftigungssituation in der Autoindustrie lassen sich bereits heute an Prognosen über den massiven Verlust von Arbeitsplätzen durch die Art und Weise der Elektroautoherstellung ablesen. Was soll mit diesen Menschen passieren? Habe ich schon die Hungerspiele-Gesellschaft erwähnt …?

Schaffung „menschlicher Siedlungszonen"

Wenn man diesen Begriff aus der orwellschen Sprache übersetzt, bedeutet er, dass Menschen in die bereits beschriebenen dicht bevölkerten Megastädte mit Rund-um-die-Uhr-Überwachung und Mikroapartments gezwungen werden. Sie werden unter dem Codenamen „Smart Citys" geführt (auch hier sei auf China verwiesen). Überfüllte, vor Menschen wimmelnde Städte voller Chaos und Elend eignen sich auch sehr gut als niedrig schwingende Energiezentren, von denen sich die „Götter" des Kults ernähren können.

Massenumsiedlungen als Folge der Vertreibung vom Land, wo die Menschen leben

Auch das können wir heute schon beobachten, wenn wir uns die Zerstörung ländlicher Gemeinden, Firmen und Arbeitsplätze ansehen – ebenso wie die Schließung von Geschäften und Bankfilialen in kleineren Orten. Steigende Transportkosten tragen dazu bei, die Menschen zum Umzug in die Städte zu zwingen.

Verdummung durch das Bildungswesen

Dieses Ziel wurde bereits durch die Programmierung mit der New-Woke-Mentalität erreicht, die „Bildung" mit Indoktrination verwechselt und in der das Herunterladen des vom Kult gewünschten Wahrnehmungsprogramms in eine „Wir wissen alles"-Haltung mündet. Als Beispiel für die „Verdummung durch das Bildungswesen" muss man sich nur folgende Erklärung der UNESCO (natürlich, wieder einmal die Vereinten Nationen!) durchlesen, die wieder einmal den Klimawandel als Vorwand heranzieht:

> Allgemein gilt, dass Menschen mit höherer Bildung und höherem Einkommen mehr Ressourcen verbrauchen können als weniger gebildete Menschen, die tendenziell ein niedrigeres Einkommen haben. In diesem Fall bedeutet mehr Bildung eine größere Bedrohung für die Nachhaltigkeit.

Habt ihr's jetzt endlich begriffen, ihr New-Woke-Bewegten?!

Massenhafte Bevölkerungsreduktion, um die angeführten Ziele zu erreichen

Mit dem Aufkommen der KI-Welt benötigt der Kult die Menschen nicht mehr in so großer Zahl; diese Entwicklung wird durch das Ende der Fortpflanzung natürlich noch beschleunigt. Der Plan für die massenhafte Ausmerzung der Weltbevölkerung taucht in vielen mit dem Kult zusammenhängenden Dokumenten unter Begriffen wie „Bevölkerungskontrolle" und „nachhaltige Bevölkerung" auf. Dieser Vorgang ist in zahlreichen Varianten – wie der systematischen Unterwanderung des Immunsystems durch Speisen, Getränke, Impfstoffe und Strahlungsfelder – bereits im Gange. Sobald menschliche Gehirne einmal mit der KI verbunden sind, wird der Rest ein Kinderspiel sein. Dann sind diejenigen, die man loswerden möchte, nur noch einen Knopfdruck oder Mausklick von ihrer Auslöschung entfernt.

Die hier skizzierten erschreckenden und facettenreichen Pläne für die Menschheit werden durch den „Klimanotstand" und die „existenzielle Bedrohung" für die Menschheit gerechtfertigt, die es aber *in Wahrheit gar nicht gibt*. Wir haben es vielmehr mit einer Massenhysterie zu tun, deren Definition lautet: „eine massenhafte psychogene Erkrankung, kollektive Hysterie, Gruppenhysterie oder ein kollektives obsessives Verhalten, durch das kollektive Illusionen von realen oder imaginären Bedrohungen innerhalb einer Population der Gesellschaft als Folge von Gerüchten oder Angst übertragen werden". Massenhysterie ist ein weiteres Beispiel für Wellenverschränkung, bei der individuelle Hysterie in das mit dem Individuum verschränkte Kollektiv fließt, um eine Gruppenhysterie zu erzeugen. Die Leithammel blöken „Feueralarm!", und die Herde tritt die Flucht an. In der Wissenschaft, der akademischen Welt und den Medien hören die Alarmschreie inzwischen gar nicht mehr auf. Und wenn jeder Alarm gibt, dann muss es doch wohl irgendwo brennen, auch wenn niemand Rauch sehen kann (ich verweise hier wieder auf die Virushysterie).

Der Begriff Hysterie ist eine derart perfekte Beschreibung für das aktuelle Geschehen, dass ein Gremium deutscher Sprachforscher beschloss, ihn im Zusammenhang mit dem Klimawandel zu verbieten. Diese Leute wählen jedes Jahr ein neues „Unwort" aus, und 2019 war es eben „Klimahysterie". Ihre Begründung: Mit dem Wort „werden Klimaschutzbemühungen und die Klimaschutzbewegung diffamiert und wichtige Debatten zum Klimaschutz" diskreditiert. Auch die Streichung von Wörtern, mit denen „falsche" Meinungen ausgedrückt werden können, ist übrigens pures Orwell-Neusprech. Die Jury, die das „Unwort des Jahres" auswählt, hat bereits Wörter und Begriffe wie „alternative Fakten", „Gutmensch", „Lügenpresse" und „Sozialtourismus" (eine Beschreibung für Migranten, die das Sozialsystem ausnutzen) für unerwünscht erklärt. Das Muster ist leicht erkennbar.

Ebenfalls leicht erkennbar, aber völlig unverständlich ist die Tatsache, dass ausgerechnet jene, deren Freiheit in der vom Kult angestrebten Zukunft ausgelöscht werden soll, in Organisationen wie Extinction Rebellion ihre eigene massenhafte Versklavung – und die ihrer Kinder und Enkelkinder – fordern und jeder, der etwas einzuwenden hat, zum Schweigen gebracht werden soll (Abb. 276). Die Behauptung, dass große Teile der Menschheit der Geisteskrankheit anheimfallen, ist keineswegs übertrieben. Aber zum Glück gilt das nicht für alle. Patrick Moore hatte recht, als er über den grünen Wahnsinn sagte: „Ich fürchte mich vor dem Ende der Aufklärung. Ich fürchte mich vor einem intellektuellen Gulag mit Greenpeace als Gefängniswärtern." Genau das ist geplant, doch es muss nicht Wirklichkeit werden. Einer der Grundgedanken dahinter war, die Jugend durch ständige Klimaprogrammierung in den Schulen und Universitäten zu indoktrinieren, damit die große Lüge so tief verwurzelt ist, dass schließlich jeder die Agenda der totalen Kontrolle über jeden Mann, jede Frau und jedes Kind akzeptiert und schließlich sogar einfordert.

Abb. 276: „Ihr seid reingefallen, Kinder! Die Welt wird nicht untergehen – aber eure Freiheit" – *Die Rattenfängerin von Stockholm.*

Hiieer ist Greta! (wie aufs Stichwort)

Die damals 16-jährige Schwedin Greta Thunberg wurde eigens deshalb hervorgeholt, um die Jugend in Klimaprotesten zur Rebellion gegen die Älteren zu mobilisieren. Dabei fordern die jungen Menschen gerade bei diesen Demonstrationen, dass man ihnen für den Rest ihres Lebens jede Freiheit nehmen soll. Ich will damit nicht im Geringsten behaupten, dass Thunberg davon eine Ahnung hat. Sie ist eine tragische Marionette, deren Geschichte mit Organisationen verbunden ist, die auf eine Durchsetzung der Agenda des Kults hinarbeiten, wobei sie wahrscheinlich gar nicht weiß, dass es einen Kult gibt, geschweige denn, dass sie seinen Anordnungen Folge leistet. In ihrer Arroganz zeigt sie jedoch immer mehr Anzeichen dafür, dass sie an ihre eigene Publicity und den um sie aufgebauten Hype glaubt. Thunberg scheint überhaupt nicht viel zu wissen und plappert nur eine Litanei von Mantras und Plattitüden wie „Hört auf die Wissenschaft" nach, ohne eine Ahnung zu haben, was „die Wissenschaft" überhaupt sagt. Deswegen lässt sie sich auch nie näher über „die Wissenschaft" aus, und die Speichellecker von den Mainstreammedien fragen sie auch nicht danach.

Das Mantra „Die Wissenschaft ist sich einig" ist völliger Nonsens und führt dazu, dass sich Menschen die Lehrmeinung zum Klimawandel nicht mehr zu hinterfragen trauen, sondern lieber schweigen, weil sie Angst haben, von den Klimapropagandisten der „Wissenschaftsleugnung" bezichtigt zu werden. Das gilt vor allem für die Leute im akademischen Bereich, die ihre Arbeitsplätze behalten wollen. Aber was, wenn „die Wissenschaft" gar keine Wissenschaft wäre? Was, wenn sie nur ein vom Kult verfasstes Drehbuch wäre – demselben Kult, dem die Mainstream-„Wissenschaft" längst ihre Seele verschrieben hat? Genauso ist es nämlich.

Bei Greta Thunberg wurden Zwangsstörungen, Autismus und Asperger-Syndrom diagnostiziert. Ihre Mutter Malena Ernmann, eine schwedische Sängerin und schwer wokeverseuchtes Mitglied des Klimakults, schrieb dem Teenager sogar mystische Kräfte zu. Auch Gretas Vater Svante Thunberg, seines Zeichens Musikproduzent und Geschäftsführer eines Medienunternehmens, setzt sich nach Kräften für die Legendenbildung um seine Tochter ein. Zu Gretas „Kräften" soll es gehören, Kohlendioxid mit bloßem Auge zu sehen, wie es aus Schornsteinen strömt und die Atmosphäre verändert. Nein, das ist kein Scherz. Sieht sie auch, wie die Pflanzen größer und stärker werden, wenn der CO_2-Wert in der Atmosphäre zunimmt? Die Story ist natürlich absurd, eignet sich aber hervorragend dazu, ein neues religiöses Symbol zu erschaffen. Die Ausbeutung einer 16-Jährigen kommt bei der Jugend bestens an und verschafft Greta freie Fahrt bei den Mainstreammedien, obwohl sich ihre von der Elite inszenierten Ansprachen und Aktionen global auswirken und die menschliche Gesellschaft grundlegend verändern könnten.

Die junge Deutsche Naomi Seibt, die einmal selbst auf die Klimalüge hereingefallen war und sich dann öffentlich zu Wort meldete, nachdem sie den Schwindel durchschaut hatte, wird da schon ganz anders behandelt. Die „Anti-Greta-Thunberg" ist höchst wortgewandt und in der Sache gut informiert – weswegen sie natürlich auch nicht zu Elite-Veranstaltungen eingeladen wird. Stattdessen wird sie von den Medien mittels Andeutungen und Assoziationen als eine Art weiße, nationalistische Extremistin präsentiert. Naturgemäß werfen ihr die üblichen Verdächtigen – zu denen in England auch die angeblich so establishmentkritische Zeitung *The Guardian* gehört (die in Wirklichkeit mit jeder Faser ihrer Existenz dem Establishment angehört, was keinen halbwegs intelligenten Beobachter verwundert) – auch den allgegenwärtigen „Antisemitismus" vor. Wirklich, man sollte eine Livediskussion zwischen Thunberg und Seibt ansetzen, damit die jungen Greta-Fans sehen, woran sie wirklich sind.

Ein Internetvideo enthüllte einen Code, den Thunberg immer dann verwendet, wenn sie auf der Straße nach „der Wissenschaft" befragt wird. Sie nimmt dann ihre Kopfbedeckung ab, worauf sofort ein Aufpasser einschreitet und sie in Sicherheit bringt. Sie wird von unangenehmen und aggressiven Sicherheitsleuten in Zivil bewacht, die bei Demonstrationen in Schweden manchmal sogar in größerer Zahl auftreten als die Greta-Jünger. Diese Gorillas sorgen dafür, dass niemand in ihre Nähe kommt, der echte Fragen zu stellen hat. Wer bezahlt sie dafür? Wer finanziert das Phänomen Greta Thunberg überhaupt? Mit Sicherheit sind Mitglieder und Agenten der Ein-Prozent-Elite daran beteiligt, Geldmittel für diese marktschreierische Propagandakampagne bereitzustellen. Ich empfehle Ihnen das YouTube-Video „Greta Thunberg Incorporated: The Exposé" [dt. etwa: „Die Greta Thunberg AG: die Enthüllung"], wenn Sie die arroganten, autoritären Schläger in ihrem Sicherheitstrupp sehen wollen.

Kann jemand wirklich so naiv sein, es für einen Zufall zu halten, dass eine 16-Jährige, die ganz alleine in Schweden gegen etwas protestiert, plötzlich vom einen Prozent eingeladen wird, um eine Rede bei deren Konferenz im schweizerischen Davos zu halten, in der sie den Zuhörern Vorwürfe wegen des Klimawandels machen darf? Oder dass sie eine Plattform für ihre Ansprache an die ganze Welt ausgerechnet von den Vereinten Nationen erhalten hat, dem Zentrum des inszenierten Klimakults? Oder dass sie auf dem Weg zur UN in einer lächerlichen PR-Aktion über den Atlantik gesegelt wurde – in einer mehrere Millionen teuren Jacht, die ausgerechnet Leuten gehört, die in Verbindung zur Fürstenfamilie von Monaco stehen, und die früher Edmond de Rothschild hieß? (Edmond de Rothschild ist, wie Sie sich noch erinnern werden, der Mann, den Maurice Strong als Erfinder der Umweltbewegung bezeichnete.) Oder dass ein Filmteam, das eine hochkarätige Doku über sie drehte, ihr von dem Augenblick an folgte, als sie „alleine" bei ihrem „spontanen" Protest vor dem schwedischen Reichstag hockte? Oder dass der Mann, der „zufällig" ihren „einsamen Protest" entdeckte, der PR- und Finanzexperte Ingmar Rentzhog war, der beste Verbindungen zum Club of Rome unterhält, wo der Klimaschwindel eigentlich erst ausgeheckt wurde? Rentzhog behauptete, durch reinen Zufall auf Thunberg gestoßen zu sein, als ihr erster Schulstreikprotest vor dem schwedischen Reichstag erst wenige Minuten alt war. Darüber kann man doch nur lachen.

Ingmar Rentzhog wurde in der vom Klimawandel-Weltpropagandaleiter Al Gore geleiteten NGO The Climate Reality Project ausgebildet und gründete die Social-Media-Plattform We Don't Have Time, um das Narrativ vom Klimawandel zu verbreiten. Zwei Monate, nachdem Rentzhog Greta im Jahr 2018 „entdeckt hatte", hielt der Club of Rome eine gemeinsame Konferenz mit Rentzhog und „We Don't Have Time" ab. Der Mann, der Thunberg zu ihrem „Schulstreik" und dem Protest vor dem Reichstag motivierte, war der Anführer der schwedischen Ortsgruppe von Extinction Rebellion, der gesagt hatte, dass sie ein süßes junges Gesicht gebraucht hätten, „um von jungen Menschen dabei unterstützt zu werden, das Tempo des Übergangs zu einer nachhaltigen Gesellschaft zu erhöhen".

Wahrscheinlich ist es auch nur ein Zufall, dass eine von Thunbergs Mentorinnen die deutsche Klimaaktivistin Luisa-Marie Neubauer ist, die als Jugendbotschafterin der Nichtregierungsorganisation ONE agiert. ONE wird von anderen Agenten des Kults wie Bill Gates und George Soros (ja, die beiden schon wieder) finanziert und zählt auch den

Rocksänger und großen Tugendprahler Bono zu seinen Aktivisten. Soros finanziert noch weitere Organisationen, die mit Thunberg zu tun haben. Luisa-Marie Neubauer trat gemeinsam mit Thunberg bei vielen öffentlichen Veranstaltungen auf. ONE ist eine der offensichtlichsten New-Woke-Astroturfing-Unternehmungen, die man sich nur vorstellen kann. Die Website der Bill & Melinda Gates Foundation beschreibt ONE als Organisation, die „ihre Ziele durch politische Lobbyarbeit, Mobilisierung an der Basis, Kommunikationen und kreative Kampagnen verfolgt", also durch Aktionen, die direkt dem New-Woke-Manipulationshandbuch entnommen sind. Weiter heißt es auf der Website: „ONE mobilisiert seine 3,2 Millionen Mitglieder auch, um Druck auf die politischen Entscheidungsträger auszuüben, damit sie ihre Anstrengungen, ihre Verantwortlichkeit und die Transparenz im Kampf gegen Krankheit und Hunger, vor allem in Afrika, erhöhen." Wie Sie sehen, liegt Multimilliardären die Armut sehr am Herzen. ONE macht sich „Technologie und soziale Medien zunutze [und] spielt eine führende Rolle bei der Aufklärung der Öffentlichkeit über globale Gesundheit und Entwicklung, außerdem will sie die Wahrnehmung von Entwicklungshilfe und ihren Folgen verändern". Wenn wir das aus dem Schwachsinnigen ins Deutsche übersetzen, heißt das nur, dass sich ONE für die Agenda des Kults ebenso einsetzt wie das Open-Society-Netzwerk von Soros.

Abb. 277: *Greta und ihre Eltern werben für die Antifa, die gewalttätige „Anti-Hass"-Hassgruppe, die bei den New-Woke-Anhängern so beliebt ist.*

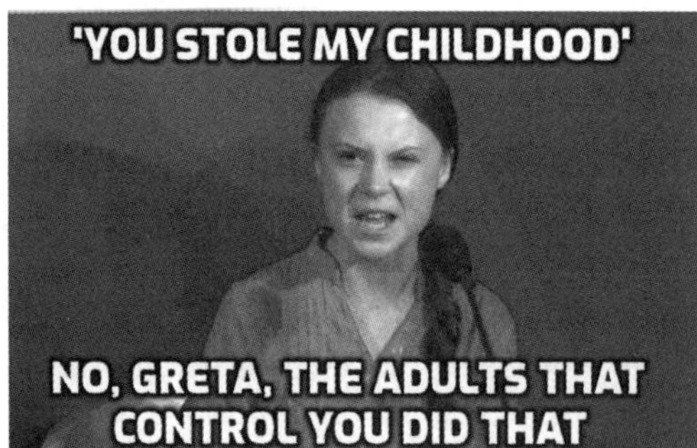

Abb. 278: „‚Ihr habt meine Kindheit gestohlen!' Nein, Greta, das waren die Leute, die dich ausnutzen." – *Eine Figur in einem Spiel, das sie nicht einmal ansatzweise versteht.*

Thunberg und ihre Eltern bekennen sich in ihrer „Intersektionalität" mit anderen New-Woke-Sektoren zum Antifaschismus und ließen sich in T-Shirts fotografieren, auf denen die gewalttätige „antifaschistische" Gruppierung Antifa beworben wird (Abb. 277). „Ich wusste das nicht", sagte Greta. Ach, wirklich – und deine Eltern? Der menschengemachte Klimawandel ist eine Betrugsaktion der Eliten, also ist es logisch, dass die Elite so innige Beziehungen zu ihrer Propagandaprinzessin unterhält. Thunberg ist nichts als ihre unwissende und zunehmend arrogante Handlangerin. Meiner Ansicht nach sollten sich ihre Eltern, diese Klimaextremisten, dafür schämen, dass sie ihre Ausbeutung nicht nur zuließen, sondern auch aktiv daran mitwirkten. Gretas Zwangsstörung zeigt sich deutlich an ihrer Besessenheit von einem klimabedingten Weltuntergang – es ist traurig, wenn man Zeuge einer so ungeheuerlichen Ausnutzung werden muss (Abb. 278). Zum Greta-Kult gehört jetzt übrigens auch ein riesiges Porträt von ihr, wie sie verächtlich

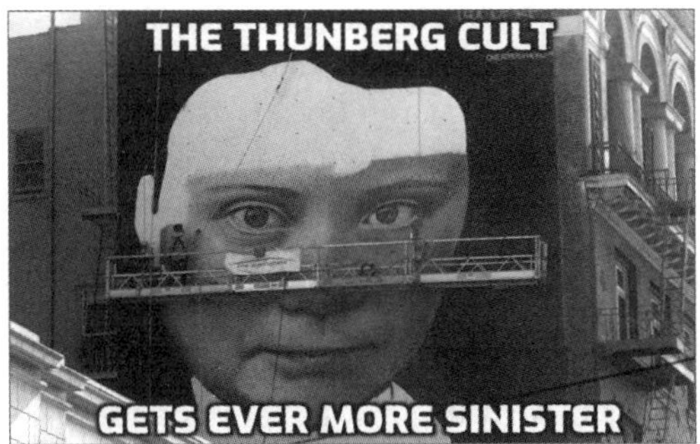

Abb. 279: Der Thunberg-Kult wird immer unheimlicher: Die Heilige Greta, von Beruf Klimagöttin.

auf das von New Woke und Exkrementen verseuchte San Francisco herunterblickt. Jeder Schritt, den Greta Thunberg in der Öffentlichkeit unternimmt, wird von den Medien in einem kolossalen PR-Manöver dokumentiert, mit dem vor allem junge Menschen programmiert werden sollen (Abb. 279). Ein weiterer wichtiger Grund, warum die Elite Thunberg so fördert, liegt darin, dass sie einen Keil zwischen Alt und Jung, Erwachsene und Kinder treibt. Im Folgenden finden Sie die sorgfältig vorbereitete Rede, die sie 2019 vor der UN hielt und die sämtliche Elemente der Agenda des Klimakults beinhaltet – mit ein paar Anmerkungen von mir:

> Meine Botschaft lautet: Wir werden euch beobachten.
>
> All das ist falsch. Ich sollte nicht hier oben sitzen. Ich sollte wieder in der Schule auf der anderen Seite des Ozeans sein. (Na, dann geh doch!) Doch ihr alle setzt eure Hoffnung auf uns junge Menschen. Wie könnt ihr es wagen (Jung gegen Alt aufwiegeln, indem man den Alten etwas vorwirft, das gar nicht passiert)!
>
> Ihr habt meine Träume und meine Kindheit mit euren leeren Worten gestohlen. (Nein, Greta, es waren die Leute, die dich ausnutzen, die dir deine Kindheit gestohlen haben.) Und doch bin ich eine der Glücklichen. Menschen leiden. Menschen sterben (aber mit Sicherheit nicht am menschengemachten Klimawandel). Ganze Ökosysteme kollabieren [aber garantiert auch nicht wegen des menschengemachten Klimawandels]. Wir stehen am Anfang eines Massensterbens [stimmt nicht], und alles, worüber ihr reden könnt, sind Geld und Märchen über ewiges Wirtschaftswachstum (das der Kult für den Großteil der Bevölkerung beseitigen will). Wie könnt ihr es wagen! (Das Gleiche könnten wir dich fragen, Greta.)
>
> Seit mehr als 30 Jahren ist die Wissenschaft sich einig (den Teufel ist sie das!). Wie könnt ihr es wagen, weiterhin wegzuschauen und hierherzukommen und zu sagen, dass ihr genug tut, wenn die notwendige Politik und die notwendigen Lösungen noch nirgendwo in Sicht sind.
>
> Ihr sagt, ihr hört uns und versteht die Dringlichkeit. Aber egal, wie traurig und wütend ich bin, ich will das nicht glauben. Denn wenn ihr die Situation wirklich verstehen würdet und dennoch nicht handelt, dann wärt ihr böse. Und das weigere ich mich zu glauben. (Wie böse sind dann erst diejenigen, die den jungen Menschen Angst davor machen, dass ihre Welt untergehen wird, wenn das Ganze doch nur ein Riesenschwindel ist, mit denen man ihnen ihre Freiheit für den Rest ihres Lebens nehmen will?)

Es ist ja nun populär, daran zu glauben, dass es ausreicht, den Ausstoß von Treibhausgasen innerhalb von zehn Jahren zu halbieren. Das aber bedeutet nur eine 50-prozentige Chance, die Erwärmung der Erde unter 1,5 Grad Celsius zu halten. Das wiederum birgt das Risiko, irreversible Kettenreaktionen auszulösen (Kettenreaktionen, die es in Wahrheit nicht gibt). Diese befinden sich außerhalb der menschlichen Kontrolle.

Fünfzig Prozent mögen für euch akzeptabel sein. Aber diese Zahlen beinhalten nicht die Kippeffekte (eine Erfindung, mit der man den fehlenden Einfluss von CO_2 erklären will), die Rückkopplungen (dito), die zusätzliche Erwärmung, die durch giftige Luftverschmutzung verborgen wird, oder die Aspekte der Gleichberechtigung und Klimagerechtigkeit (noch mehr Schwachsinn).

Ihr verlasst euch darauf, dass meine Generation (spalten, spalten) Hunderte von Milliarden Tonnen eures CO_2 (das Gas des Lebens) aus der Luft saugt, mit Technologien, die es noch gar nicht gibt. Ein 50-prozentiges Risiko ist für uns einfach nicht akzeptabel – wir, die wir mit den Folgen leben müssen (spalten, spalten).

Um eine 67-prozentige Chance zu haben, unter einem globalen Temperaturanstieg von 1,5 Grad zu bleiben – die besten Aussichten, die der (vom Kult geschaffene) Intergovernmental Panel on Climate Change gibt –, hatte die Welt 2018 noch 420 Gigatonnen CO_2 übrig, die sie ausstoßen konnte. Heute sind es bereits weniger als 350 Gigatonnen.

Wie könnt ihr es wagen, so zu tun, als ob dies einfach mit einem „weiter so" und ein paar technologischen Neuerungen gelöst werden könnte? Mit den heutigen Emissionswerten wird das verbleibende CO_2-Budget in weniger als achteinhalb Jahren vollständig aufgebraucht sein.

Es wird heute hier keine Lösungen oder Pläne geben, denen diese Zahlen zugrunde liegen, weil diese Zahlen zu unbequem sind. Und ihr seid immer noch nicht reif genug, zu sagen, was Sache ist (aber du bist es bestimmt, Greta, weil du schließlich den Stuss nachplapperst, den man dir eingetrichtert hat).

Ihr lasst uns im Stich. Aber die jungen Leute fangen an, euren Verrat zu verstehen (spalten, spalten). Die Augen aller zukünftigen Generationen sind auf euch gerichtet (spalten, spalten). Und wenn ihr euch entscheidet, uns im Stich zu lassen, sage ich: Wir werden euch das nie verzeihen (spalten, spalten).

Wir werden nicht zulassen, dass ihr damit durchkommt. Hier und jetzt ist der Punkt, an dem wir die Grenze ziehen. Die Welt wacht auf. Und die Veränderung kommt, ob es euch nun gefällt oder nicht.

Ja, Greta, die vom Kult gewünschte Veränderung kommt, wenn wir und deine Generation an solchen Müll glauben. Wir sind Zeugen einer weiteren Umkehrung, bei der Kinder den Erwachsenen sagen, was sie tun sollen. Tatsächlich gibt es ja einige dumme Erwachsene, von denen viele in der Politik aktiv sind. Und es gibt ein paar bewusste Kinder, die dem Kult nicht erlaubt haben, ihre Wahrnehmungen zu programmieren (Greta ist keines davon). Doch die Vorstellung, dass Kinder generell mehr wissen als Erwachsene mit jahrzehntelanger Lebenserfahrung, ist einfach absurd. Als ich sechs, zwölf oder sechzehn Jahre alt war, hätte ich nicht im Traum daran gedacht, der Welt Vorschriften machen zu wollen, weil ich – wie die heutigen Kinder und Jugendlichen in diesem Alter – *noch nicht lange genug gelebt hatte, um glaubwürdige Ansichten vertreten zu können.*

Abb. 280: „Skrupellose Ausnutzung von Kindern, denen man eine Lüge verkauft, um sie zu einer dystopischen Tyrannei zu verdammen" – *Der Kult versucht mit allen Mitteln, die Jungen gegen die Alten aufzuhetzen.*

Die Umkehrung von Jung und Alt folgt einem eindeutigen Motiv des Kults: Kinder und Jugendliche der Gegenwart haben das Wahrnehmungsprogramm in seiner extremsten Form eingetrichtert bekommen, und der Kult will, dass sich diese Wahrnehmungen durchsetzen und die Gesellschaft in seinem Sinne umgestalten. Man muss nur die Kinder programmieren und dann dafür sorgen, dass sie ihren Willen Erwachsenen aufzwingen können, die das Leben kennengelernt und Erfahrungen gemacht haben, bevor die kindliche Programmierung ihr aktuelles Extrem erreichte. Niemand fragt Greta Thunberg danach, wie viele Hundert Millionen Menschen durch den Verlust ihrer Arbeitsplätze bzw. an Hunger und Kälte sterben werden, wenn ihre CO_2-Ziele erfüllt werden. Der Klimaschwindel spaltet Befürworter und „Leugner", Jung und Alt mit der Begründung, dass die Alten für die „existenzielle Bedrohung" der Jungen verantwortlich seien (Abb. 280).

Der deutsche Ableger der offiziell von Greta Thunberg gegründeten und urheberrechtlich geschützten Schulstreikorganisation Fridays for Future förderte diese Agenda, als er folgenden Tweet absetzte: „Warum reden uns die Großeltern eigentlich immer noch jedes Jahr rein? Die sind doch eh bald nicht mehr dabei." Der öffentlich-rechtliche deutsche Fernsehsender WDR produzierte ein Musikvideo, in dem ein Chor aus jungen Mädchen ältere Menschen wegen des Klimawandels und des Fleischessens anprangert. Darin wird eine imaginäre Oma als „Umweltsau" bezeichnet, gefolgt vom thunbergschen Originalzitat „Wir werden nicht zulassen, dass ihr damit durchkommt." Als das Publikum mit Empörung reagierte, nannte der WDR das Video „Satire", obwohl dessen Wirkung eindeutig kalkuliert war. „Satire" ist die Ausrede, die häufig verwendet wird, wenn die Indoktrinationsversuche zu offensichtlich sind und die Leute sie durchschauen.

Die „Wie könnt ihr es wagen!"-Tirade der 16-jährigen Marionette Greta Thunberg gegen die älteren Generationen ist ein weiteres Beispiel für diese Methode. Ja, Greta, wie können ältere Menschen und die längst von uns Gegangenen es wagen, eine Industriegesellschaft zu schaffen, in der es möglich ist, mehrere Millionen Dollar teure Jachten für deine Propagandaaktionen zu bauen, aber auch Flugzeuge, die still und leise – *pssst!* – deine Segelcrew nach Hause bringen, während du vor den Medien und der UN mit deiner CO_2-Reinheit angibst? Der Wunsch des Kults, einen Krieg zwischen Jung und Alt anzuzet-

Abb. 281: Teile und herrsche: Der Plan ist mittlerweile so durchschaubar. (Bild: Gareth Icke)

teln, hat viele Motive. Eines davon ist, dass ältere Menschen lange vor dem Beginn des Klimaschwindels geboren wurden und daher in vielen Fällen die Manipulationen und inneren Widersprüche durchschauen. Natürlich müssen diese Leute von der Jugend als die Bösen wahrgenommen werden, als zu bezwingende Feinde – statt als Menschen, auf deren Weisheit und Erfahrung man hören sollte (Abb. 281).

Der Hype wird verstärkt

2020 wurde Greta Thunberg wieder eingeladen – diesmal zum Weltwirtschaftsforum WEF im schweizerischen Davos (Abb. 282). Das WEF ist zu 100 Prozent eine Fassade für das eine Prozent und den Kult, der hinter dem Klimaschwindel und dem Plan zur Erschaffung eines orwellschen, KI-gesteuerten, von einer Weltregierung beherrschten globalen Staats steckt. Warum sollten diese Multimilliardäre eine inzwischen 17-Jährige dazu einladen, sie auf ihrer eigenen Konferenz das zweite Jahr in Folge heftig zu tadeln und den Schwachsinn zu wiederholen, dass „unsere Welt immer noch in Flammen steht"? Das Kapitel, das Sie gerade lesen, hat diese Frage bereits zureichend beantwortend. Man wird die gute Greta fallen lassen wie einen Stein, sobald sie ihren Zweck erfüllt hat. Sie hat die hirnrissige Behauptung aufgestellt, dass wir „unsere Kinder nicht mehr über alles andere lieben", wenn wir nicht tun, was sie verlangt. Und sie fügte hinzu, dass „wir diese Dinge nicht im Jahr 2050, 2030 oder 2021 wollen – sondern wir wollen, dass das jetzt erledigt wird". Wer ist dieses „*wir*"? Es kann sich nur um die Einprozenter handeln, die zu ihrer Rede in Davos geladen waren, aber garantiert nicht um die Allgemeinheit.

Abb. 282: „Greta in Davos: ‚Ich bin hier, um euch zu erzählen, was ihr nach dem Willen des einen Prozents, das mich eingeladen hat, glauben sollt.'" – *Warum sollte das eine Prozent Greta Thunberg einladen, um sich von ihr wegen des Klimawandels tadeln zu lassen? Genau darum.*

Auch Donald Trump war bei diesem Propagandafestival der Elite anwesend und hielt eine Rede, in der er vor den Klima-„Untergangspropheten" warnte und damit eindeutig die im Publikum anwesende Thunberg meinte. Leider war er jedoch ein ziemlicher einsamer Rufer in der Wüste. Statt ähnlich vernünftiger Argumente musste man sich einen weiteren Blödsinnsausbruch von Prince Charles anhören, der – wir erinnern uns – bereits

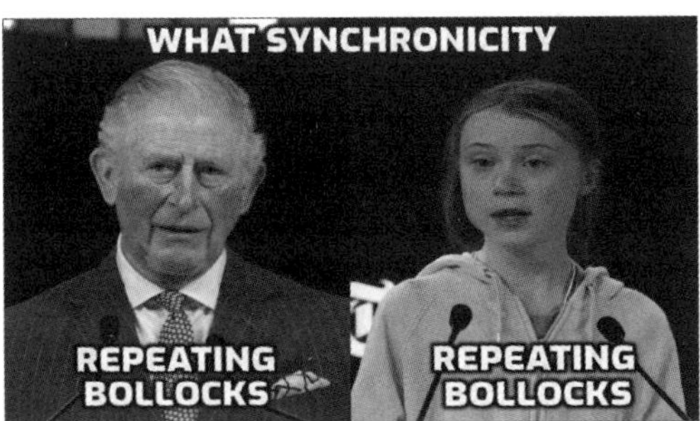

Abb. 283: „Bestechende Synchronizität beim Wiederkäuen von Blödsinn" – *Dieselbe Gebetsmühle, nur andere Vorbeter.*

2009 gesagt hatte, dass wir nur noch zwölf Jahre hätten, um die Welt vor einem nicht mehr rückgängig zu machenden Kollaps des Klimas und des Ökosystems zu retten (Abb. 283). Charles reiste mit Privatjet und Elektroauto nach Davos, um dort seine Ansprache zu halten, mit der er für die Forderungen des Klimakults warb. In den nicht ganz zwei Wochen vor dieser Ansprache war Charles viermal in Privatjets und Hubschraubern geflogen und hatte insgesamt 26.000 Kilometer zurückgelegt, was den britischen Steuerzahler umgerechnet 280.000 Dollar kostete. Wir haben es hier mit einem Mann zu tun, der einen 200-Kilometer-Flug mit dem Hubschrauber unternimmt, um eine Rede über die Gefahren von Flugzeugemissionen zu halten. Ohne die geringste Verlegenheit präsentierte er sich in Davos als Umweltschützer und forderte „Ökosteuern", eine Weltwirtschaft mit der Natur im Zentrum (mit einer gleichzeitigen Reduktion des CO_2, das die Natur am Leben erhält) und neue KI-Technologien. All das könnte sich auch der Kult in seinem Brief an Santa (oder Satan) Claus gewünscht haben. Natürlich trat er auch für „Nachhaltigkeit" ein und schlug eine durch den Klimawandel gerechtfertigte Transformation der Weltwirtschaft vor, die die Agenda des Kults präzise widerspiegelte. Er sagte:

> Jetzt ist es an der Zeit, die nächste Stufe zu erklimmen. Um unsere Zukunft zu sichern und Wohlstand zu schaffen, müssen wir unser Wirtschaftsmodell weiterentwickeln.

Wir haben schon so viele Stichtage für den Weltuntergang durch einen „galoppierenden" Klimawandel überlebt, doch der Kult kündigt – wie alle guten Kulte – stets einen neuen Termin an, wenn der letzte ereignislos an uns vorübergegangen ist. Aktuell ist der Weltuntergang auf das Jahr 2030 festgesetzt. Dabei handelt es sich um ein sehr bedeutendes Datum, das sich in vielen Gestalten zeigt und auch von Prince Charles in seiner Rede in Davos wieder erwähnt wurde. Drei weitere Beispiele: Als erstmals die Rede davon war, dass wir „zwölf Jahre zur Rettung des Planeten" hätten, lief diese Frist auch bis etwa 2030. Die UN-Liste mit den Zielen zur Rettung des Planeten vor dem Klimawandel, indem man die weltweite Gesellschaft in eine zentralisierte Diktatur verwandelt, trägt den Titel „Agenda 2030". Und das Jahr, das Google-Manager Ray Kurzweil und andere Sili-

ZUFALL?

AGENDA 2030: EIN UN-PLAN, DIE GESELLSCHAFT AUFGRUND DES „KLIMAWANDELS" IN EINE ZENTRALISIERTE TYRANNEI UMZUWANDELN

2030: DAS JAHR, IN DEM MENSCHLICHE GEHIRNE MIT DER KI VERBUNDEN WERDEN SOLLEN

„12 JAHRE, UM DEN PLANETEN VOR DER GLOBALEN ERWÄRMUNG ZU RETTEN" – 2030/31

Zufall? Auf keinen Fall

Abb. 284: Das Jahr, in dem der Plan des Kults weitgehend realisiert werden soll.

con-Valley-Technokraten für die Verbindung des menschlichen Gehirns mit der künstlichen Intelligenz angeben, soll ebenfalls 2030 sein (Abb. 284). Ist das wieder alles nur Zufall? Was glauben Sie – wenn hier doch eindeutig die KI als Antwort auf den Klimawandel angepriesen wird?

Der Schwindel hat beinahe jeden Politiker in irgendeiner Form gefügig gemacht. Da ist zum einen die Mehrheit, die auf die Lüge hereinfällt und sagt, dass „etwas getan werden muss", und zum anderen der Rest, der alledem vielleicht zum Teil oder auch zur Gänze skeptisch gegenübersteht, aber trotzdem das Gefühl hat, er muss bei dieser Farce mitspielen, wenn er wiedergewählt werden oder seinen guten Ruf behalten will. So sieht die Lage aus, wenn der Kult die „Norm" beschlossen und implantiert hat. Selbst Menschen, die das durchschauen, sind meistens zu eingeschüchtert, um sich entsprechend zu äußern.

Viele Leute haben auch das Gefühl, dass man die Lehrmeinung doch wohl nicht so unaufhörlich wiederholen würde, wenn nicht irgendetwas dran wäre. Diese Haltung geht davon aus, dass vielleicht nicht jede Einzelheit stimmt, aber ein wahrer Kern existieren muss – warum sonst sollten alle immer wieder die gleichen Behauptungen wiederholen? Nun ja, wenn sich eine Krankheit (tatsächlich) ausbreitet, in diesem Fall eine Wahrnehmungskrankheit, hat dann jeder Infizierte dieselbe Krankheit? Ja. Jedes Mitglied des Establishments sagte, dass der Irak über Massenvernichtungswaffen verfügte. Hatte diese Behauptung auch nur *irgendeinen wahren Kern?* Nein. Sobald die Menschen einmal begreifen, dass der menschengemachte Klimawandel und dessen angeblich katastrophale Folgen ein gigantischer Schwindel sind – und zwar nicht nur teilweise, sondern *ganz und gar* –, lichtet sich der Nebel und lässt den monumentalen Betrug klar erkennen.

Wacht auf, Woke-Jünger! Ihr werdet hypnotisiert, geblendet und übers Ohr gehauen. Und das ist mir wichtig genug, um auch eure Beschimpfungen auszuhalten. Immerhin steht eure lebenslange Freiheit auf dem Spiel.

KAPITEL 10

SIND SIE NEW WOKE?

„Wen die Götter vernichten wollen, den machen sie zuerst wahnsinnig."
Euripides

Wie seltsam, dass das Gas des Lebens uns als Gas des Todes verkauft wird und zugleich China, dessen Industrie weltweit den größten CO_2-Ausstoß erzeugt, vom Klimakult kaum angegriffen wird. Dabei verursachte China im Jahr 2019 mehr Emissionen als die USA, die EU und Japan zusammen – angeblich *27 Prozent* des weltweit erzeugten CO_2.

Die Empörung des Klimakults richtet sich stattdessen ausschließlich gegen die westlichen Staaten, die sich verrückterweise darum bemühen, ihren „CO_2-Fußabdruck" zu reduzieren. Wie ein Kommentator schon über Greta Thunberg sagte: „In Peking oder Delhi sieht man sie nie." Das hat seinen Grund: China ist die Blaupause für die globale Kontrolle und darf daher von jenen, die diese New-Woke-Utopie auf der ganzen Welt nachempfinden wollen, auf keinen Fall kritisiert werden. Aber nein, werden die Anhänger des New Woke jetzt aufschreien, wir wollen doch nicht wie China sein! Die Beweislage spricht für das Gegenteil. Die dystopischen Forderungen der New-Woke- und der Klimakult-Mentalität stammen direkt aus dem Drehbuch der Kommunistischen Partei Chinas oder auch des stalinistischen Russland – ebenso wie jeder einzelne Aspekt der wegen des „Virus" verhängten Lockdowns. Der KPCh-Vorsitzende Mao, der 1949 der riesigen Bevölkerung Chinas den Kommunismus aufzwang, war ein Agent des Kults. In den darauffolgenden Jahrzehnten war das Land die Brutstätte für die globale technische Überwachungsdiktatur. Der Zweite Weltkrieg war eine vom Kult manipulierte Problem-Reaktion-Lösung, die zu bereits im Vorhinein geplanten gewaltigen politischen Veränderungen führte: China wurde kommunistisch; das stalinistische Russland fegte über Osteuropa hinweg; Israel wurde gegründet; und man schuf die Vereinten Nationen sowie andere global zentralisierte Institutionen, um über den schleichenden Totalitarismus eine Weltregierung einzuführen.

Die brutale, zentralisierte politische und militärische Kontrolle in China ließ die vom Kult gewünschte orwellsche Gesellschaft schneller voranschreiten als im Westen, wo die Verantwortlichen immer noch (bis zu den Lockdowns) Lippenbekenntnisse zu Freiheit und „Demokratie" abgeben mussten. Wenn die chinesische Regierung die dystopische Kontrolle um eine weitere Stufe verschärfen will, dann tut sie das einfach – so wie heute der Westen.

Wer sehen will, was im Rest der Welt für morgen geplant ist, der braucht nur das China von heute zu betrachten. Aus diesem Grund gibt es bei uns „New Woke"-Milliardäre und -Konzerne im Besitz des Kults, zu denen etwa Google gehört, die eng mit den chinesischen Diktatoren kooperieren und zugleich behaupten, auf „Werte" zu setzen. Ein Artikel im *Wall Street Journal* beschrieb, wie amerikanische Technikriesen – unter anderem Google und IBM – die mehrere Milliarden schwere Überwachungsindustrie Chinas unterstützen:

> US-Firmen, darunter Seagate Technology PLC, Western Digital Corp. und Hewlett Packard Enterprise Co., haben die chinesische Überwachungsbranche gefördert, umworben und von ihr profitiert. [...] Einige dieser Unternehmen sind seit den Anfängen der Branche an ihr beteiligt.

Schon vor einiger Zeit wurde aufgedeckt, dass IBM mit den Nazis zusammenarbeitete und an deren Konzentrationslagern beteiligt war (der Kult hat keine Grenzen). Dank des Pandemieschwindels ist die Nachahmung Chinas im Westen heute bereits voll in Gang. China ist nicht zuletzt das Land, in dem Maurice Strong – der im Auftrag der Rothschilds und Rockefellers als Anstifter des Klimaschwindels aktiv war – seine letzten Lebensjahre verbrachte. Man will uns einreden, dass China ein in sich abgeschlossener Staat ist und die westliche Welt „auf der anderen Seite steht". Auf Ebene des Kults ist das ganz und gar nicht der Fall. Und wo hat die „Viruspandemie" nach derzeitigem öffentlichen Wissensstand begonnen? In China.

„Kapitalismus" ist Kartellwesen

Verständlicherweise wird häufig die Frage gestellt, warum der Kult und seine Einprozenter, die erst durch den Kapitalismus so mächtig geworden sind, sich eine globale Gesellschaft wünschen sollten, die auf Kommunismus und Marxismus aufbaut. Auf den ersten Blick sieht das tatsächlich wie ein Widerspruch aus, aber das ist es nicht. Zuallererst will der Kult nämlich seine eigene Version einer zentralisierten Tyrannei, die sogenannte Technokratie. Dabei werden Gesellschaft und Wirtschaft von einer Elite technischer Experten regiert und gesteuert, die nicht gewählt werden müssen. Dies ist das Kontrollsystem, das heute mit zunehmender Geschwindigkeit aus dem Silicon Valley weltweit installiert wird. Den Hintergrund der Technokratie werde ich noch näher erläutern. Im Moment möchte ich aber bei den bekannten Begriffen Kommunismus und Marxismus bleiben, deren technische Ausprägung und Erweiterung ebendiese Technokratie ist. Man kann sie ebenso gut als Faschismus bezeichnen, weil die Erfahrung für die Bevölkerung in all diesen Regierungsformen dieselbe ist: eine Diktatur von oben.

Die zweite Antwort auf die Frage, warum das eine Prozent eine nach dem Muster des Kommunismus gestaltete Gesellschaft haben will, wenn es doch selbst scheinbar aus „Kapitalisten" besteht, lautet folgendermaßen Der Kult hat sich die weltweite Macht nicht durch *Kapitalismus*, sondern durch das *Kartellwesen* gesichert. Wenn man unter Kapitalismus einen freien Markt versteht, in dem sich die effizientesten, effektivsten und kreativsten Unternehmen durchsetzen, dann ist dies absolut nicht die Welt, in der wir leben. Und wenn die Cambridge-Professorin Patricia MacCormack die Hierarchie des „Kapitalismus" als das wahre Problem und als Grund dafür anprangert, dass die menschliche Existenz ein Ende haben muss, dann liegt sie damit ebenfalls völlig falsch. Dabei hat die Idee, in jeder Hinsicht auf den „freien Markt" zu setzen, viele Fehler. Ich glaube zum Beispiel nicht, dass man lebenswichtige öffentliche Dienste der oft bösartigen und menschenvernichtenden „freien Marktwirtschaft" überlassen sollte. Noch schlimmer ist es aber, wenn der Markt von vornherein nicht einmal annähernd „frei" ist.

Den Kult interessieren „freie" Märkte nicht, da er die vollständige Kontrolle über alles anstrebt. Er versucht seit jeher, sein Monopol über jeden Aspekt des menschlichen Lebens durch immer größer werdende Konzerne durchzusetzen, die ihre Konkurrenten zerstören oder aufkaufen, bis der Kapitalismus von einem Kartellwesen mit manipulierten Märkten abgelöst wird. Die Preise werden niedrig gehalten, um die Mitbewerber zu unterbieten, bis das Monopol gesichert ist. Dann steigen sie in die Höhe (oder die *Zensur* nimmt zu, wie das in den sozialen Medien sowie bei Google/YouTube der Fall ist). Ihnen gefällt der neue Preis nicht? Pech gehabt – wo wollen Sie denn sonst kaufen? Sie mögen unsere Zensur nicht? Wo werden Sie sich dann hinwenden können? Die unbegrenzten Geldvorräte des Kults bedeuten, dass seine Konzerne auf dem Weg zum Monopol keine Gewinne machen müssen, während „konkurrierende" Unternehmen auf ihre Nettoprofite achten müssen und daher nicht mithalten können. Amazon, Google, YouTube, Twitter und Facebook sind Beispiele für diese Methode, ebenso wie die Kartelle der Pharma-, Biotech-, Öl-, Medien- und Nahrungsmittelriesen. Sie werden so mächtig und so großzügig mit ihren politischen Spenden, dass sie Regierungen in der Hand haben, sooft Politiker auch das Gegenteil behaupten. Facebook-Chef Mark Zuckerberg musste sich im amerikanischen Kongress einer „Anhörung" stellen und wurde dort von Politikern befragt, die politische Spendengelder von Facebook annehmen. Und das nennt sich dann Demokratie.

Vergleicht man das Kartellwesen des Kults mit dem von ihm installierten kommunistisch-marxistischen Regierungssystemen, so kann man dieselbe Machtanhäufung im Zentrum – oder an der Spitze, wenn man bei MacCormacks „Hierarchie" bleiben will – beobachten. Bezweifelt irgendjemand, dass die Führungselite im kommunistischen China einen weitaus privilegierteren Lebensstil hat als der Rest der Bevölkerung? Und dass solche Verhältnisse auch schon im stalinistischen Russland und jeder anderen marxistischen Utopie herrschten? Was glauben die New-Woke-Jünger eigentlich, warum kommunistisch, marxistisch und/oder sozialistisch orientierte Systeme für den Tod von etwa 100 Millionen Menschen durch Massenmorde in Kambodscha, sibirischen Gulags und „Umerziehungslagern" der chinesischen Kulturrevolution verantwortlich waren? Das westliche Kartellwesen und der chinesische Kommunismus sind dieselben Kontrollsysteme der Elite – wobei der Kommunismus als Blaupause noch wesentlich effektiver ist. Die Kartelle im Westen müssen durch eine Abfolge von Übernahme und Beseitigung jeder Konkurrenz erzeugt werden, während es im Kommunismus eine aufgezwungene Struktur der Kontrolle von oben gibt, mit der die regierende Diktatur ihren Willen durchsetzt, um alles und jeden zu beherrschen. Was ist eine kommunistisch-marxistische Diktatur denn anderes als ein einziges gigantisches *Kartell*?

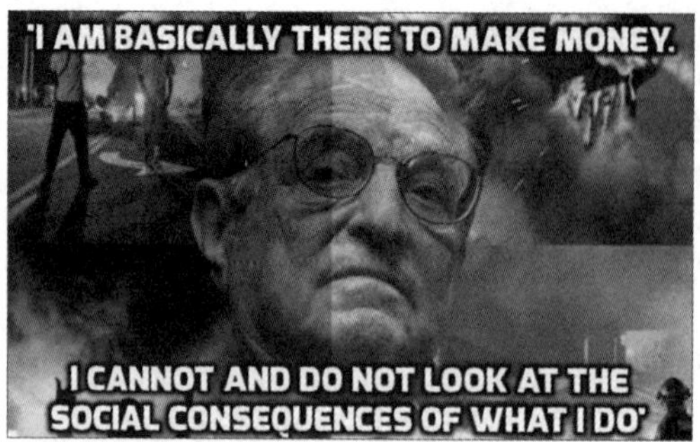

Abb. 285: „Im Prinzip geht es mir nur ums Geldverdienen. Die gesellschaftlichen Folgen meines Handelns interessieren mich nicht." – *Ein Mann, der so etwas sagt, steckt Dutzende Milliarden Dollar in Gruppierungen auf der ganzen Welt, die sich für „soziale Gerechtigkeit" und andere Ziele des New Woke einsetzen? Keine Angst – es ist ja nicht so, dass er auf diesen Organisationen spielt wie auf einem Saiteninstrument.*

Der Kult bevorzugt aus diesem Grund kommunistische Strukturen und arbeitet daran, der Welt eine technologische Version davon aufzuzwingen. Dabei setzt er vorrangig die Klimawandel- und Pandemieschwindel als Ausreden ein. Marxismus ist nicht die Herrschaft des Volkes, sondern die Herrschaft des Kults, die noch dazu den Vorzug hat, von einem Polizei-/Militärstaat durchgesetzt zu werden. Vielleicht geht den New-Woke-Ideologen jetzt endlich auf, warum ein skrupelloser „Kapitalist" (Kartellvertreter) wie George Soros Dutzende Milliarden in New-Woke- und Klimaorganisationen investiert und trotzdem sagt: „Im Prinzip geht es mir nur ums Geldverdienen. Die gesellschaftlichen Folgen meines Handelns interessieren mich nicht." Dieser Mann betrügt euch *im großen Stil*, ihr Woke-Jünger! (Abb. 285)

Im Wahrnehmungsspiel ging es darum, den Leuten die Idee zu verkaufen, dass man entweder an Kapitalismus oder an Kommunismus bzw. Sozialismus glaubt. Niemand soll wissen, dass in beiden Fällen der Kult und seine Elite an den Schalthebeln sitzen. Ihr dürft euch aussuchen, welche der „gegensätzlichen" Richtungen euch regieren soll – im Endeffekt steckt immer der Kult dahinter.

In den 1990er-Jahren habe ich den Begriff der „Gleichsätze" kreiert, um zu beschreiben, dass scheinbare Gegensätze in Wahrheit dasselbe sind. Das beste Beispiel dafür sind Kommunismus und Faschismus, bei denen es sich nur um unterschiedliche Bezeichnungen für dasselbe zugrunde liegende Kontrollsystem handelt. Betrachtet man die Sache aus dieser Perspektive, dann schockiert es auch nicht weiter, dass Karl Marx (1818–1883), der offizielle Erfinder des Marxismus, ein Aktivposten und Handlanger des Kults war. Er war insbesondere ein Strohmann für das Hauptnetzwerk innerhalb des Kults, den Sabbatianismus-Frankismus, der unter anderem durch die falsche königliche Familie Saudi-Arabiens und die Netzwerke repräsentiert wird, die die Regierung, Geheimdienste und das Militär Israels durchziehen. Letztgenannten wiederum üben einen starken Einfluss auf Regierung, Geheimdienste und Militär der USA sowie der ganzen Welt aus. In meinem Buch „The Trigger" decke ich die Verbindungen von Karl Marx zum Kult und die Hintergründe zur Schaffung des Marxismus im Einzelnen auf.

Wie New Woke geschaffen wurde

Der Kult hat ein Heer naiver Anhänger des New Woke aufgestellt, um für den Sozialismus – in Wahrheit Marxismus unter einem Namen, der die Kinder nicht verschrecken soll – zu werben. Koordiniert wurde die Rekrutierungskampagne mittels der Kontrolle über das „Bildungswesen". Die 28-jährige amerikanische Lehrerin Rebecca Friedrichs, die auch mit Lehrerverbänden zusammenarbeitete, schildert in ihrem Buch „Standing Up To Goliath", wie diese Verbände Kinder politisch indoktrinieren. Wie sich zeigt, sind die dabei vermittelten Inhalte genau die aus der von mir entlarvten Agenda des Kults.

Der sowjetische KGB-Überläufer Juri Besmenow beschrieb bereits vor Jahrzehnten, nämlich *im Jahr 1985*, wie man mithilfe eines Vierstufenprogramms Gesellschaften dem Kommunismus unterwerfen kann. Die erste Stufe nannte er „Demoralisierung". Sie dauert seiner Aussage nach 15 bis 20 Jahre und umfasst zumindest drei Generationen von Schülern und Studenten, die an Schulen und Universitäten mit der gewünschten Wahrnehmung und Ideologie indoktriniert werden, während man sämtliche anderen Informationen unterdrückt und negativ belegt. Die Ideologie darf nicht angezweifelt oder hinterfragt werden, sondern gehört als selbstverständliche Wahrheit akzeptiert. Besmenow schreibt über die Demoralisierungsstufe:

> Es spielt nun keine Rolle mehr, ob die Betroffenen mit wahren Informationen konfrontiert werden. Ein demoralisierter Mensch ist unfähig, wahre Informationen zu erkennen, weil ihm die Fakten nichts sagen. Selbst wenn ich ihn mit Informationen überhäufe, mit authentischer Wahrheit, mit Dokumenten, mit Bildern, selbst wenn ich ihn mit Gewalt in die Sowjetunion schleppe und ihm dort Konzentrationslager zeige, wird er sich weigern, daran zu glauben, bis er einen Tritt in den Hintern kriegt [d.h. erkennt, dass eine marxistische Regierung sein Land übernommen und ihn hereingelegt hat]. Erst wenn die Militärstiefel auf das Pflaster knallen, wird er begreifen.

Ich sage immer wieder, dass die New-Woke-Anhänger die Ersten sein werden, die den Stiefel der dystopischen Gesellschaft in den Hintern kriegen, deren Etablierung sie selbst gefordert haben. Versuchen Sie das, was Extinction Rebellion in London abgezogen hat, einmal auf den Straßen von Peking. Über solche „Revolutionäre aus dem Volk" sagte Juri Besmenow: „Sie glauben, dass sie an die Macht kommen werden, aber das wird natürlich nie der Fall sein." Sie sind nur Werkzeuge, deren sich der Kult bedient, um seinen Willen durchzusetzen; ist das erst geschehen, geraten sie selbst ins Visier der Macht oder werden beseitigt. Dies passiert bereits jetzt mit Feministinnen, die einst in der Hierarchie der Wokeness ziemlich weit oben standen, doch heute angegriffen werden, weil sie die falsche Meinung über Transgenderaktivisten haben, die alle von Frauen erkämpften Freiheiten wieder zunichtemachen.

Es gibt viele Bereiche und Themen, in denen ich mit Victor Davis Hanson, einem amerikanischen Militärhistoriker und emeritierten Professor für Klassische Altertumskunde an der California State University, Fresno, garantiert nicht übereinstimme. Er hatte jedoch in einem Artikel aus dem Jahr 2019 absolut recht, als er beschrieb, wie „Revolutionäre" zu den Zielscheiben ihrer eigenen „Revolution" werden. Er schrieb, dass es „dem Liberalismus und Progressivismus [in Wahrheit der New-Woke-Ideologie, die den Liberalismus vereinnahmt hat]" genauso ergehen wird. Winston Churchill sagte einmal, dass „jeder das Krokodil in der Hoffnung füttert, dass es ihn zuletzt frisst". In „The Trigger" erzähle ich darüber, dass die Jakobiner eine Frontorganisation des Kults waren, die die Französische Revolution an sich riss und für die „Terrorherrschaft" im Frankreich der Jahre 1793 und 1794 verantwortlich waren, bei der 17.000 „Feinde der Revolution" ermordet wurden. Victor Davis Hanson schrieb:

> Sobald Liberalismus und Progressivismus dem Jakobinismus weichen – und das ist oft der Fall, wie wir im revolutionären Frankreich, China und Russland gesehen haben –, ist kein Linker mehr sicher vor der Abwärtsspirale zum ideologischen Kannibalismus. Der wahre Gläubige von gestern ist der Konterrevolutionär von heute und der Feind des Volkes von morgen.
>
> Die Stimmen der Vernünftigen und Gemäßigten werden in der Regel in jenen revolutionären Zyklen unterdrückt, wo der Extremismus seiner eigenen Logik und Entwicklung folgt – bis Chaos und Kannibalismus schließlich zum Selbstmord der Extremisten führen.

Wir sind an dem Punkt in Besmenows Demoralisierung angelangt, an dem Schöpfungen, in die die Wokeness-Wahrnehmung eingespeist wurde, in die Politik eintreten – etwa die amerikanische Kongressabgeordnete Alexandria Ocasio-Cortez mit ihrem Green New Deal, der letztlich verkappter Marxismus ist. Der Einfluss ihrer Denkweise hat die Demokraten in eine New-Woke-Partei verwandelt, die zunehmend von Leuten wie Ocasio-Cortez und dem Rest ihrer „Squad" genannten Gruppierung – den Kongressabgeordneten Ilhan Omar aus Minnesota, Ayanna Pressley aus Massachusetts und Rashida Tlaib aus Michigan – beherrscht wird. Das Gleiche ist in England mit der Labour Party, den Liberaldemokraten, den Grünen und der Scottish National Party sowie mit ähnlichen Parteien auf der ganzen Welt passiert. In Deutschland und Schweden haben New-Woke-Parteien der auf der Agenda des Kults stehenden Massenimmigration Tür und Tor geöffnet und jeden, der über deren negative Folgen spricht, als Nazi, Fanatiker und Rassisten diffamiert. Wie US-Präsident Abraham Lincoln so richtig sagte: „Die Philosophie des Klassenzimmers in einer Generation wird in der nächsten die Philosophie der Regierung sein." Der Kult weiß das nur allzu gut.

Der Demoralisierungsphase nach Besmenow folgen drei Stufen, die er als „Destabilisierung", „Krise" und „Normalisierung" bezeichnet. Ist Letztere erreicht, dann gilt all das, was man früher als verrückt bezeichnet hätte, als neue Normalität. Die Gesellschaft ist somit umgeformt. Kann man noch leugnen, dass dies in genau den 15 bis 20 Jahren, von denen Besmenow spricht (eigentlich waren es weniger) geschehen ist – mit den Extremen der Klimahysterie, politischen Korrektheit, Zensur, Massenimmigration sowie den enorm erweiterten Definitionen von Rassismus, Sexismus und Geschlecht? Die Ideologie des New Woke fordert all das, was zur Einrichtung einer Hungerspiele-Gesellschaft nötig ist: wirtschaftliche Zerstörung, Deindustrialisierung und eine globale Kontrolle, um „uns vor dem

Klimawandel zu retten"; politische Korrektheit, um die Bevölkerung mundtot zu machen und die wahren Hintergründe zu verschleiern; Zensur aller „nichtwoken" Informationen und Meinungen durch Konzerne des Kults, die von New-Woke-Anhängern dafür gefeiert werden (obwohl vor Beginn des Besmenow-Programms junge Menschen noch *für* Meinungsfreiheit demonstrierten); Massenimmigration und offene Grenzen, um plangemäß mittels Teile-und-herrsche-Prinzip die Bevölkerung zu spalten und letztlich die Nationalstaaten auszulöschen; und die Veränderung des Geschlechtsbewusstseins aus zutiefst ominösen Gründen, auf die ich noch zu sprechen kommen werde.

Es mag so aussehen, als würde ich die Leute verurteilen, die sich selbst als „woke" bezeichnen, aber ich verurteile nicht die *Menschen*, sondern decke *ihre Handlungen und ihr Verhalten* auf – das ist etwas ganz anderes. Ich verstehe ja, *warum* sie sich so verhalten. Ihre Wahrnehmungen wurden vom Tag ihrer Geburt an programmiert und immer nachdrücklicher gesteuert, je weiter sie durch die Indoktrinationsmaschine namens „Bildung" hindurchgegangen sind. Die Programmierung erfolgte gnadenlos und unaufhörlich. Ich sage seit Jahren, dass wir es momentan mit der wahrnehmungsmäßig am stärksten manipulierten Generation der bekannten Menschheitsgeschichte zu tun haben, weil die Technologie und die sozialen Medien zu diesem Zweck eingesetzt werden. Angesichts dessen ist es erstaunlich, dass so viele junge Menschen das Programm durchschaut haben, obwohl es so heftig und extrem auf sie losgelassen wurde. Sie müssen nun ihren Mut zusammennehmen, ihre Meinung sagen und sich weigern, ihre Welt und ihre Unis durch den Wokeness-Irrsinn in Tyranneien umwandeln zu lassen.

Würden Sie einen Computer verurteilen, weil er das tut, wozu ihn jemand anderer codiert hat? Nein, weil das Unsinn wäre – und der Vergleich ist beim Ausmaß der heutigen menschlichen Programmierung durchaus zulässig. Ich weise nur auf die Folgen des New-Woke-Verhaltens und auf die Fakten hin, die man den Betroffenen vorenthält. Ich biete ihnen eine Art der Weltsicht an, um damit vielleicht eine Selbstreflexion darüber anzuregen, wie DAS PROGRAMM sich auf die Gesellschaft auswirkt. Ich verurteile nicht *sie*. Sie tun mir vielmehr leid für all das, was ein psychopathisches und satanisches System, dem ihr Wohlergehen völlig egal ist und das sie nur als Mittel zum Zweck für seine Zwangsmaßnahmen benutzt, ihnen angetan hat.

Die Umerziehung funktioniert

Eine Umfrage unter 18- bis 24-jährigen Amerikanern im Jahr 2019 ergab, dass 61 Prozent der Befragten aufgeschlossen für eine „sozialistische Gesellschaft" sind. Bei einer anderen Befragung stellte sich heraus, dass 70 Prozent aller Millennials (also jener Generation, die etwa zwischen 1981 und 1996 zur Welt kam) mit „einiger oder äußerster Wahrscheinlichkeit" für einen sozialistischen Kandidaten stimmen würden. In zwei weiteren Erhebungen stellte sich heraus, dass 42 Prozent der Amerikaner im Alter von 18 bis 39 Jahren einem sozialistischen Präsidentschaftskandidaten ihre Stimme geben würden und fast 50 Prozent aller Amerikaner sich eine sozialistische Regierung wünschen. Der offen sozialistische Multimillionär und Privatjet-Passagier Bernie Sanders verließ sich 2020 zur Unterstützung einer Kandidatur als demokratischer Präsidentschaftskandidat gegen Trump auf junge Leute. Er scheiterte zwar, doch der Trend ist deutlich erkennbar. Im Zuge des Covid-19-Schwindels werden wir erleben, dass der „Sozialismus" (Kommunismus/Faschismus/Technokratie) noch weiter forciert wird.

Eine andere damit zusammenhängende Erkenntnis ist, dass junge Leute immer weniger Respekt vor dem Kapitalismus haben. Diese Haltung für den Sozialismus und gegen den Kapitalismus bei jungen Menschen ist aus der Indoktrination durch das „Bildungswesen" (einer anderen Version der kommunistischen „Umerziehung") und den wirtschaftlichen Folgen, die der Kult ihnen auferlegt hat, hervorgegangen. Zuerst redet man der Jugend ein, dass sie das herrschende Kartellwesen als Kapitalismus betrachten sollen; gleichzeitig sorgt man dafür, dass sie für den Großteil ihres Lebens verschuldet sind, weil sie Studentenkredite an „kapitalistische" Unternehmen zurückzahlen müssen. Das bringt sie verständlicherweise gegen den Kapitalismus auf (als den sie das Kartellwesen ja betrachten), während sie in der Schule und an der Universität dazu indoktriniert werden, den Sozialismus (Kommunismus/Marxismus) als Allheilmittel gegen alle Missstände zu betrachten.

Die einseitige und falsche Darstellung der Geschichte verschweigt absichtlich die schreckliche Realität marxistischer bzw. sozialistischer totalitärer Regimes, weil diejenigen, die nicht aus den Fehlern der Vergangenheit lernen, bekanntlich dazu verdammt sind, sie zu wiederholen. Schließlich geht es dem Kult in erster Linie darum, dass diese Fehler *wiederholt* werden, wenn auch diesmal im weltweiten Maßstab. Der Kult *will*, dass die Menschen sehen, wie unfair die Gesellschaft ist, weil sie dann verstärkt auf „Veränderung" drängen – in Form der sozialistischen „Veränderung", die nichts anderes ist als die Veränderung der Art, wie das eine Prozent alles kontrolliert.

In einer Umfrage unter 34.000 Menschen, die von der zionistischen US-Kommunikationsagentur Edelman in 28 Ländern durchgeführt wurde, schien sich dieser Trend noch zu erhärten: 56 Prozent der Befragten waren der Meinung, dass der Kapitalismus mehr schadet als nützt. Der Schaden, den das Kartellwesen anrichtet, das sich als Kapitalismus ausgibt, ist jedoch um einiges größer. Dennoch fällt auf, dass diese „Umfrage" und die Veröffentlichung ihrer Ergebnisse zeitlich perfekt damit zusammenfielen, dass der Kult anfing, den Kapitalismus (oder vielmehr die besagte Entstellung des Kapitalismus) aufs Korn zu nehmen. Der Kult verdreht die Wahrheit bei jeder Gelegenheit und versucht, alles so darzustellen, als hätte man nur die Wahl zwischen Schwarz und Weiß – sowohl buchstäblich als auch symbolisch. Man muss sich demnach zwischen Kapitalismus (Kartellwesen) und Sozialismus entscheiden. Die Tatsache, dass man die Armen und Bedürftigen auch so beschützen und darauf hinarbeiten kann, dass sie irgendwann nicht mehr arm und bedürftig sind, dass man wichtige Dienstleistungen in die öffentliche Hand legen und auch ohne Kartelle einen dynamischen und wirklich freien Markt haben kann, kommt in dieser Gleichung gar nicht vor. Ebenso wenig wird darüber gesprochen, dass eine Verlagerung der Macht aus dem Zentrum hin zu den Menschen, damit sie in ihren eigenen Gemeinschaften Entscheidungen über ihr Leben treffen können, ein Albtraum für Kulte und Eliten ist, weil es auf diese Art keine Zentralisierung der Macht geben kann, die die Herrschaft der wenigen über die vielen ermöglicht. Stattdessen soll jedes Problem durch mehr Zentralisierung gelöst werden, obwohl oft genug genau das Gegenteil richtig wäre. Globale Gremien sollten die *Kooperation* zwischen Ländern und Gemeinschaften ermöglichen und keine zentral gesteuerten Diktaturen sein.

Viele Anhänger des New Woke fordern Ergebnisgleichheit, was den Todesstoß für Freiheit, lebendige Kreativität und jeden Antrieb bedeutet. In der Sowjetunion herrschte insofern Ergebnisgleichheit, als die Situation für die Allgemeinheit gleich beschissen war. Das Streben nach Ergebnisgleichheit führt stets zu einem Unterbietungswettlauf – also dem, was die Hungerspiele-Gesellschaft braucht, um uns in eine Welt zu zwingen, in der alle gleichermaßen arm und auf die Brotkrumen angewiesen sind, die vom Tisch des einen Prozents fallen.

Wir sollten uns stattdessen für *Chancengleichheit* einsetzen, bei der wir aber davon ausgehen, dass nicht jeder für jede Eignung oder Fähigkeit gleich begabt ist. Wenn man etwas nicht kann, dann kann man es eben schlicht und einfach nicht. Ich wiederhole: *Wenn man etwas nicht kann, dann kann man es eben schlicht und einfach nicht.* Diese Behauptung ist wohl eine der unanfechtbarsten, die man sich vorstellen kann – nur für New-Woke-Jünger nicht, die jede Vernunft wegschmeißen, wenn sie mit einer neuen Situation konfrontiert werden. Für sie ist an allem Diskriminierung, Rassismus, Sexismus, Homophobie, Transphobie oder irgendein anderer Ismus bzw. eine beliebige Phobie schuld; das Problem kann auf keinen Fall mit Fähigkeit, Antrieb oder Fachwissen zu tun haben (Abb. 286). Wenn eine schwarze Schauspielerin keinen weißen Mann spielen darf, ist das Rassismus. Kann ja gar nicht anders sein. Na gut, das Beispiel ist vielleicht etwas extrem, aber wenn man sich ansieht, wie weit wir bereits in den Irrsinn abgestürzt sind, wird es sicher bald Wirklichkeit sein. Es ist ja auch nicht viel extremer als dieser kanadische Typ mit einem Schwanz, der darauf besteht, dass das weibliche Personal eines Schönheitssalons für Damen ein Waxing an seinen Geschlechtsteilen vornimmt, weil er beschlossen hat, dass er eine Frau sein will. Wenn ich vor ein paar Jahren noch prognostiziert hätte, dass Schulen in aller Welt Dragqueens zu Vorlesestunden in die ersten Klassen einladen werden, um schon dort für Geschlechtsverwirrung und Indoktrination zu sorgen, hätten die Leute gesagt, das sei zu weit hergeholt und könne nie passieren. Könnte es doch – und es ist auch passiert.

Abb. 286: „Die, die am lautesten ‚Rassismus' schreien sind die, die am besessensten vom Rassenbegriff sind" *– Kurz den Spiegel vorhalten?*

Indoktrination und Extremismus des Kults kennen keine Grenzen. Man hat sich sogar mit außerordentlicher Dummheit zur Behauptung verstiegen, dass Prince Harrys Gattin Meghan Markle durch den Rassismus wegen ihrer europäisch-afroamerikanischen Wurzeln aus England vertrieben worden sei, obwohl sich später herausstellte, dass sie die ganze Zeit vorgehabt hatte, nach Nordamerika überzusiedeln. Die Anwältin Shola Mos-Shogbamimu, die auf mich den Eindruck einer superwoken Ideologin macht, machte sich in allen möglichen TV-Studios (äußerst privilegiert!) wichtig, indem sie über diese Art des „Rassismus" gegen die arme, unglaublich privilegierte Privatjet-Klimaaktivistin Markle daherfaselte. Mos-Shogbamimu bezeichnet sich selbst als „politische und Frauenrechtsaktivistin, die weibliche Flüchtlinge und Asylsuchende in intersektionalem Feminismus unterrichtet, die Regierungspolitik vom Standpunkt der Gender- und Diversity-Inklusion unter die Lupe nimmt und Frauenmärsche sowie soziale Kampagnen mit organisiert". Nun, das deckt ja so ziemlich alles ab. Sie wurde nach Beispielen für den „Rassismus" gegen Markle gefragt und antwortete mit einer stereotypen Phrase: „Fragen Sie mich nicht – es ist nicht meine Aufgabe, Ihnen etwas über Rassismus beizubringen." Mit anderen Worten: Sie hatte kein einziges Beispiel auf Lager.

Als eine „Dozentin für Volks- und ethnische Zugehörigkeit" namens Rachel Boyle in einer BBC-Sendung behauptete, Markles Abreise nach Kanada sei eine Folge von „Rassismus", erwiderte der Schauspieler Laurence Fox: „Es ist kein Rassismus. Wir sind das toleranteste und freundlichste Land Europas." Boyle sagte darauf: „Mich stört an Ihrer Aussage, dass Sie ein weißer privilegierter Mann sind." Wir leben heute in einer Gesellschaft mit einem sintflutartigen Ausmaß an Gehirnwäsche. Sobald irgendetwas passiert, braucht man nur die Eingabetaste zu drücken, und die Aktivisten legen los: rassistisch, sexistisch, transphobisch oder Klimaleugner. Die Reaktion von Fox auf die Behauptung, er sei ein Beispiel für weiße Privilegien, traf den Nagel auf den Kopf:

> Meine Güte! Ich kann nichts dafür, was ich bin, ich bin so auf die Welt gekommen, es ist eine unveränderliche Eigenschaft. Mich als weißen privilegierten Mann zu bezeichnen, ist Rassismus. Sie sind rassistisch.

Da die Mentalität des New Woke aber gegen jede Art von Selbsterkenntnis immun ist, wurden Familienmitglieder von Fox nach der Sendung öffentlich beschimpft und in einem Fall sogar auf der Straße von einem „Antihass"-Hasser angespuckt. Fox schloss angesichts der vielen Beleidigungen sein Twitter-Konto, weil er fürchtete, dass es seiner beruflichen Laufbahn schaden und er dann seine Familie nicht mehr versorgen könnte. Gleichzeitig fand er breite Unterstützung bei der Mehrheit, die nicht dem New Woke anhängt, aber keinen Zugang zu den Mikros der Mainstreammedien hat. Schließlich fällt die überwiegende Mehrzahl der Menschen – sogar bei den Jüngeren, die der Programmierung am stärksten ausgesetzt waren und sind – nicht auf die Extreme der New-Woke-Aktivisten herein. Die Beherrschung des medialen Narrativs und die pseudo-basisdemokratischen, von der Elite finanzierten Astroturfing-Gruppen vermitteln einen völlig falschen Eindruck davon, was die Bevölkerung wirklich glaubt.

Eine schwarze Dame namens June Sarpong, die von den weißen Privilegien so unterdrückt ist, dass sie beim BBC als Direktorin für kreative Diversität (fragen Sie nicht …) tätig ist, sagte über Laurence Fox: „Er kann unmöglich wissen, wie es ist, eine Person of Color zu sein." Andererseits kann aber auch Miss Sarpong nicht wissen, wie es war, im Amerika der Rassentrennung ein schwarzer Sklave zu sein oder in der Apartheid-Ära in Südafrika schwarz zu sein. Die Behauptung der New-Woke-Anhänger, dass der Rassismus heute schlimmer sei als je zuvor, ist ein Schlag ins Gesicht für all jene Menschen, die echte Sklaverei erlebt haben. Natürlich gibt es nach wie vor Ungleichgewichte, gegen die man angehen sollte; die wird es immer geben, und das gilt auch für weiße Menschen. Doch zu behaupten, dass der aktuelle Rassismus ärger sei als je zuvor, ist so offensichtlich ein Hirngespinst, dass es keines weiteren Kommentars bedarf.

Der kanadische klinische Psychologe Jordan Peterson, der als Professor für Psychologie an der University of Toronto unterrichtet, wurde wegen seiner Verteidigung von Männlichkeit und wahrer Rassengleichheit sowohl von vielen unterstützt als auch mit Beschimpfungen konfrontiert. Er hat den umgekehrten Rassismus, den ich hier beschreibe, sehr gut zusammengefasst:

> Die Idee, dass man eine ethnische Gruppe wegen eines kollektiven Verbrechens ins Visier nehmen kann, unabhängig von der individuellen Unschuld oder Schuld ihrer Mitglieder – es gibt absolut nichts, was rassistischer sein könnte. Es ist schlechterdings abscheulich.

Halleluja! Nun ist auch klar, warum die neuwoken Rassisten ihn hassen.

Eingabetaste drücken und verrückt werden

Die Anhänger des New Woke sind in ihrem Softwareverstand versklavt – von jenen, die diese Software mit dem erforderlichen Realitätssinn codieren. Diese Codes werden stetig zu immer neuen Extremen der Lächerlichkeit erweitert, während die Betroffenen durch Wellenverschränkung mit der Manipulation durch den Kult buchstäblich auf den Pfad zur kompletten Geisteskrankheit geführt werden. Dies wurde durch die tägliche Wahrnehmungsprogrammierung („Bildung") in ihren prägenden Jahren erreicht, unterstützt von ihren Freunden und Gleichaltrigen, die dieselbe Programmierung eingespeist bekommen haben. Wichtige Informationsquellen im Internet wie YouTube bieten algorithmisch Empfehlungen an, die zu ihrem bisherigen Suchverlauf passen, um den Zugang zu anderen Informationen und Meinungen zu verhindern. Studenten, die der New-Woke-Ideologie anheimgefallen sind, werden als *snowflakes* – „Schneeflocken" – bezeichnet, weil sie nach *safe spaces* – „sicheren Räumen" – verlangen, wo sie nicht mit anderen Ansichten konfrontiert werden können (Abb. 287).

Abb. 287: „Safe Space. Deplatforming" – *Sag mir ja nichts, was ich nicht hören will!*

Die „Cancel Culture" [dt.: Lösch- oder auch Ausgrenzungskultur] mit ihren

Abb. 288: „Die Schaffung der Generation Wackelpudding" – *Zum Glück ist es keine ganze Generation. Viele junge Leute durchschauen die Manipulation zwar, aber es sind die mit den Mikrofonen in der Hand, die unwissend die Agenda des Kults fördern.*

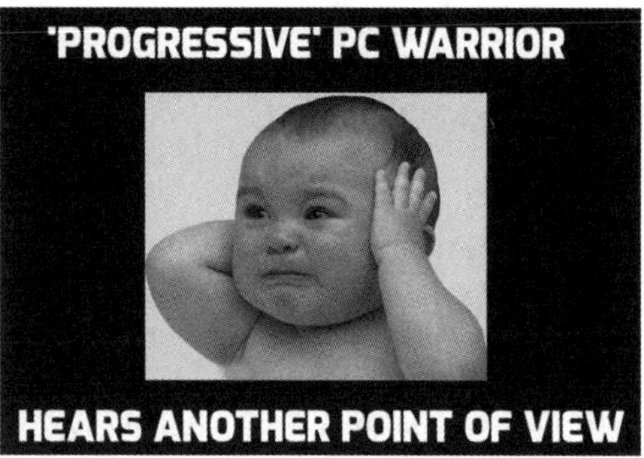

Abb. 289: „Ein ‚progressiver' und politisch korrekter Krieger hört einen anderen Standpunkt" – *NEEEEIIN! Ich will nur das hören, was mir als Überzeugung einprogrammiert wurde.*

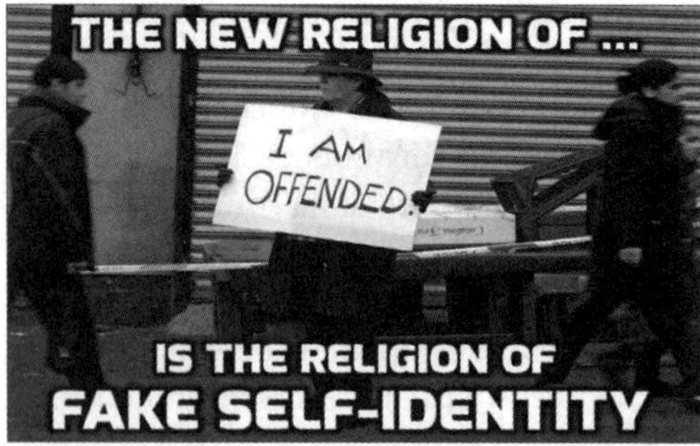

Abb. 290: „Die neue Religion des Gekränktseins ist die Religion der falschen Selbstidentität" – *die schnellste Art, seine Macht an andere abzugeben.*

„Deplatforming"-Maßnahmen (dem Ausschluss aus sozialen Netzwerken, um einer unliebsamen Person „die Plattform zu nehmen") erreicht dasselbe Ziel – sie behalten recht, ohne sich je einer Anfechtung oder Herausforderung stellen zu müssen. Ich nenne dieses Phänomen „Generation Wackelpudding", obwohl es sich nicht wirklich um eine Generation handelt (Abb. 288). Viele junge Leute machen dabei nicht mit, aber es sind doch einige – und die schreiben die menschliche Gesellschaft um, weil das gesamte vom Kult kontrollierte System und Establishment hinter ihnen steht. Die Forderung nach „sicheren Räumen" in höheren Schulen und Universitäten ist ein Zeichen für die immer stärker werdende Kurzsichtigkeit der Monokultur; dasselbe gilt für Proteste, nach denen Vortragende, die andere Ansichten vertreten, mit einem Verbot belegt werden oder man ihnen „die Plattform nimmt" (Abb. 289). Ein Kommentator sagte: „Sehr häufig löschen wir [die New-Woke-Anhänger] Leute aus, zerstören sie, weil sie etwas aussprechen, was bis vor 24 Stunden noch alle gedacht haben."

Die Jünger des New Woke werden in einer Informationsblase eingeschlossen, die zu ihrer Wahrnehmungsblase wird. Wenn alles, was sie sehen und hören, ihre eigene Wahrnehmungsprogrammierung ist, die ihnen wieder und wieder vorgespielt wird, verwundert es nicht, dass sie davon überzeugt sind, absolut recht zu haben und allwissend zu sein. Der indoktrinierte Glaube wird durch die Gedankenpolizei der Allgemeinheit aufgezwungen. Nach diesem Glauben ist es Gesetz, dass man niemanden aus der Opferhierarchie kränken oder aufregen darf, indem man etwas sagt, was der Ideologie widerspricht (Abb. 290). Das passt perfekt zum Plan des Kults, die freie Meinungsäußerung zu zerstören. Allerdings darf man jederzeit Menschen und Überzeugungen attackieren oder kritisieren, die in der offiziellen Opferhierarchie nichts verloren haben (weiße Männer und den christlichen Glauben zum Beispiel). In einem solchen Fall darf man sich so beleidigend und rassistisch äußern, wie man will – der „integrative", „antirassistische" Mob wird einem in jedem Fall applaudieren.

Mittlerweile haben wir alle mitbekommen, wie erstaunlich extrem der „Opferschutz" durch die New-Woke-Ideologie geworden ist und wie so die menschliche Sprache und der Diskurs im Sinne von Orwells Big-Brother-Staat zerstört wird. Die atemberaubende Absurdität der von den politisch Korrekten geahndeten „Übergriffe" erreicht täglich neue Tiefpunkte des Extremismus und der Lächerlichkeit. Manche davon sind so verblödet, dass sie sogar von Anhängern des New Woke als „Mikroaggressionen" bezeichnet werden. Der Psychologieprofessor Derald Wing Sue von der Columbia University hat dafür folgende Definition parat: „kurze und alltägliche Kränkungen, Beleidigungen, Demütigungen und verunglimpfende Botschaften, die von wohlmeinenden Weißen an People of Colour gesendet werden". Meines Wissens gilt die Behauptung „Alle weißen Menschen sind privilegierte, rassistische Nazis" nicht als Mikro-, geschweige denn als Makroaggression. Aber vielleicht habe ich da auch nur was verpasst …

Abb. 291: „Oh, ich bin so gekränkt!" – Das „Du musst über alles und jedes gekränkt sein"-Programm. Sie fühlen sich gekränkt? Dann entscheiden Sie sich doch einfach dafür, es nicht zu sein.

Alles, was mit einer anderen Kultur zu tun hat, wird heute als „kulturelle Aneignung" bezeichnet – auch wenn man einen Sombrero trägt, den man von einem Mexikaner in einem Souvenirladen gekauft hat. Der Mexikaner *will* Ihnen diesen Hut verkaufen, aber die Fanatiker sagen, dass Sie ihn nicht kaufen sollen, weil *sie* sich im Namen der Mexikaner gekränkt fühlen, auch wenn die Mexikaner selbst dadurch keineswegs gekränkt sind. Politische Korrektheit ist die Welt der Verbrechen ohne Opfer, in der gar nicht persönlich Betroffene vorschreiben, wovon man sich beleidigt, gekränkt und angegriffen zu fühlen hat (Abb. 291). Diese Entwicklung gewinnt an Fahrt, je mehr die Opferkultur durch Wiederholung und Einschüchterung manipuliert und je mehr Menschen sich über immer mehr Dinge beleidigt fühlen, die ihnen früher egal gewesen wären. Allerdings zählt es nichts, wenn man sich darüber beleidigt fühlt, dass einen andere Leute mundtot machen wollen.

Gekränkt sein heißt, seine Macht an das abzugeben, was einen kränkt – und das ist eigentlich purer Blödsinn, wenn man bedenkt, dass das Gekränktsein einfach nur eine persönliche *Entscheidung* ist. Man kann sich auch dafür entscheiden, *es nicht zu sein*. Und schon ist das Problem gelöst. Alle hauptberuflich Gekränkten hätten mich vielleicht während der vergangenen 30 Jahre durch mein Leben begleiten sollen, um zu sehen, wie Spott und Beleidigungen wirklich aussehen. War ich deswegen gekränkt? *Nein*. Ich habe mich dafür entschieden, mich durch *nichts* kränken zu lassen – am allerwenigsten durch

Spott und Beleidigungen von irgendwelchen Hohlköpfen. Es gibt keine bessere Bestätigung Ihrer Ausgeglichenheit und Selbstsicherheit, als über sich selbst lachen zu können. New Woke kann das nicht, weil es sich viel zu ernst nimmt. Ich verstehe die ganze Abfolge des Gekränktseins nicht, weil ich mich einfach nicht gekränkt fühle. Jemand sagt etwas, das Ihnen nicht gefällt oder mit dem Sie nicht einverstanden sind? *Na und*? Dann erwidern Sie halt etwas, wenn Sie das für notwendig halten (in den meisten Fällen ist es das nicht), und leben Sie ansonsten Ihr Leben weiter. Warum sollten Sie Ihren emotionalen Zustand und Ihr Wellenfeld durch etwas so Unerhebliches wie das Gefühl, gekränkt zu sein, durcheinanderbringen lassen?

Wahnsinn mit Methode

Wenn uns das Wohlbefinden von Kindern und Jugendlichen wirklich am Herzen läge, würden wir sie nicht vor Dingen schützen, über die sie sich gekränkt fühlen sollen. Stattdessen würden wir sie dazu anhalten, starke und unabhängige Individuen zu werden, die sich einen Dreck darum scheren, was jemand zu ihnen oder über sie sagt – und sich schon gar nicht davon kränken lassen. Die „New Wokeness“ wirkt als bösartiges, ansteckendes psychologisches Virus, wenn man nicht über den Verstand und die fünf Sinne hinaus bewusst ist. Aus diesem Grund müssen wir auch verstehen, warum die New-Woke-Ideologen so denken und handeln, wie sie es tun. Sie sind Gefangene der Wokeness, eines Computervirus, das in unsere Wahrnehmung eingeschleust wurde. Tim Hunt, ein britischer Biochemiker und Nobelpreisträger, wurde diffamiert und in seiner Karriere schwer geschädigt, weil er einen „frauenfeindlichen Witz“ gemacht hatte. Dieser Witz stellte sich zwar später als völlig anders heraus, als er von einem hauptberuflich gekränkten New-Woke-Jünger wiedergegeben wurde. Was wirklich gesagt und vor allem *gemeint* wird, spielt einfach keine Rolle mehr. Für die im Tiefschlaf liegenden Empörten ist nur wichtig, wie sie das Gesagte wahrnehmen, während sie permanent die Umgebung nach möglichen Kränkungen absuchen (Abb. 292).

Abb. 292: Ich bin gegen alles! (Bild: Ben Garrision, Grrrgraphics.com)

Ein englischer Arzt lobte einen Vater dafür, „mannhaft“ eingesprungen zu sein, weil er seine Tochter zu einem Untersuchungstermin brachte, als seine Frau keine Zeit hatte. Später mussten sich der Arzt und das Krankenhaus entschuldigen, weil sich die Familie beschwert hatte, dass „mannhaft“ ein sexistischer Begriff sei. (Der Vater war übrigens ein Mann.) Das Wort impliziert angeblich, dass „Frauen für die Kinderbetreuung da sind“ –

und nicht Männer. Die Beschwerdeführer sind wirklich traurige Gestalten, wenn sie es für einen Beschwerdegrund halten, dass man zu einem Mann „mannhaft" sagt. Alle Ärzte, die bei so etwas zusehen müssen, werden sich künftig nicht mehr hundertprozentig auf die medizinischen Probleme ihrer Patienten konzentrieren können. Stattdessen werden sie sorgfältig jede Aussage im Kopf durchgehen, bevor sie sich zu Wort melden. Überall auf der Welt und in allen Lebensbereichen erleben wir derzeit diese verbalen Zitterpartien, dieses Gefühl, bei jedem Gespräch auf Eierschalen zu gehen. Dadurch zerstört man nicht nur jede natürliche Diskussion, sondern treibt auch Keile zwischen die Menschen und ruft eine permanente Angst hervor, dass man etwas Falsches sagen könnte. Und wieder einmal ist es genau das, was der Kult braucht und was die New-Woke-Bewegung ihm liefert. Im Folgenden möchte ich nur einige wenige der Millionen Beispiele für die Diskursverengung zitieren, die Menschen in einem Zustand ständiger Angst hält, (absichtlich) missverstanden zu werden:

Das Referat für Gleichstellung und Diversität an der Oxford University versuchte, Menschen, die Blickkontakt mit anderen vermeiden, der „rassistischen Mikroaggression" zu bezichtigen. Transgenderaktivisten verurteilen Ausdrücke wie „als Mann geboren" oder „als Frau geboren" als ungenau und beleidigend. Die „Medienbeobachtungs"-Gruppe einer amerikanischen Organisation für Schwulenrechte bezeichnet die Begriffe „biologisch männlich" und „biologisch weiblich" als „problematisch". Die Kreisverwaltung im englischen Suffolk County verwendet die bisher üblichen Warnschilder „Katzenaugen entfernt" nicht mehr, weil sonst jemand annehmen könnte, dass echte Katzen umgebracht wurden, um diese Retroreflektoren zur Verkehrssicherheit herzustellen. Die Frauenkampagne der britischen National Union of Students verbot Applaus, weil der bei nervösen Studenten „Ängste auslösen" könnte; Jubel- und Anfeuerungsrufe stehen als Nächstes auf der Liste – die Menschen sollen ihren Beifall stattdessen mit „Jazz Hands" ausdrücken, das heißt wie ein Haufen Idioten mit den Fingern lautlos in der Luft herumwedeln. Zöpfchenfrisuren bei Weißen gelten fortan als „kulturelle Aneignung". Das Wort „exotisch" ist anscheinend eine „starke verbale Mikroaggression" mit „hässlichem rassistischen Unterbau" (nein, ich versteh's auch nicht). „Fett-Befreiungsaktivisten" behaupten, dass der Ausdruck „fett" Menschen beschäme, „die möglicherweise nicht den konventionellen Schönheitsvorstellungen unserer Gesellschaft entsprechen" – wenn man aber tatsächlich fett *ist* und das gut findet, kann man sich das Wort als „stärkende Identität zurückholen". In einem Leitfaden der New Yorker Privatuniversität The New School heißt es, dass die Größe der Stühle als Mikroaggression gegen übergewichtige Menschen erachtet werde (ich nehme an, das bedeutet, dass die Stühle nicht groß genug für fette Ärsche sind). Lucy Delap, Dozentin für britische Geschichte in Cambridge, äußert die Ansicht, dass Wörter wie „Genie", „brillant" oder „Flair" nicht verwendet werden sollten, weil sie „Annahmen über Geschlechterungleichheit und auch über Klasse und Ethnizität beinhalten" – Miss Delap kann auf jeden Fall sicher sein, dass niemand *sie* je als Genie bezeichnen wird. Migranten, die illegal in ein Land einreisen, dürfen nicht mehr als „Illegale" bezeichnet werden, doch der Satz „Alle Weißen sind Nazis" ist nach wie vor in Ordnung. Jeder Mensch, der kocht und sein Gericht „jamaikanischer Eintopf" oder „tunesischer Reis" nennt, ohne selbst Jamaikaner oder Tunesier zu sein, macht sich der Mikroaggression in Form „kultureller Aneignung" schuldig; das gilt auch für weiße Frauen, die Ohrreifen tragen. Wenn Menschen aus Jamaika sich ein „englisches Frühstück" zubereiten, geht das aber in Ordnung – uff! Ein Student der Louisiana State University schrieb, dass Frauen, die sich ihre Augenbrauen dicker schminken („Augenbrauenkultur"), ein Beispiel für „kulturelle Aneignung" sind. Der Begriff „Mutter" ist tabu, weil sich Transgenderaktivisten dadurch angegriffen fühlen. Die Ärzteorganisation British Medical Association riet ihren Mitgliedern, werdende Mütter als „schwangere Menschen" zu bezeichnen, um niemanden zu kränken und die „Vielfalt zu feiern" – vom gesunden Menschenverstand ist allerdings keine Rede. Jeder Begriff, der den Wortteil „Mann" enthält, ist auf jeden Fall eine Straftat, Sie sexistischer Bastard! Der Sängerin Ellie Goulding warf man Rassismus vor, nachdem sie ein Bild getwittert hatte, auf dem sie indianischen Kopfschmuck trug: „Mach dich nicht über ein aussterbendes Volk lustig, du unsensible und ignorante Entschuldigung für einen Menschen", kommentierte ein New-Woke-Fanatiker. Die Vereinigten Staaten das „Land der unbegrenzten Möglichkeiten" zu nennen, ist eine Mikroaggression, weil darin „die Behauptung enthalten ist, dass Volkszugehörigkeit oder Geschlecht für den Erfolg im Leben keine Rolle spielen". Ein Dozent an der Harvard Law School musste sich von einem Studenten belehren lassen, dass er das Wort *violate* („missachten", „verletzen") wie in *law violation* („Rechtsverletzung") nicht verwenden dürfe, weil es durch seine Nebenbedeutung „vergewaltigen" traumatische Ängste auslösen könne; andere Studenten meinten, dass die Vergewaltigungsgesetzgebung nicht gelehrt werden solle, um *Jurastudenten* vor „psychischer Belastung" zu schützen – diese Studenten werden sicher einmal großartige Anwälte und Richter. Die Hochschülerschaft der University of Sussex warnte davor, die Pronomen „er" oder „sie" zu verwenden, um Annahmen über die Identität von Personen zu vermeiden; im Englischen seien die korrekten, genderneutralen Begriffe *xier* und *per* zu gebrauchen. Gut, dass ich nicht an dieser Uni studiere, sonst würde ich denen sagen, dass sie sich diese Begriffe in den Arsch schieben können. Diese Redewendung enthält übrigens keine Mikroaggressionen, weil jede(r) einen Arsch hat – aber dazu wird diesen Leuten schon noch etwas einfallen. Die Fragen „Wo kommen Sie her?" oder „Wo sind Sie geboren?" könnten laut der University of California, Berkeley rassistische Mikroaggressionen sein, weil sie „die versteckte Andeutung enthalten, dass jemand nicht hierhergehört". Die Studentenvereinigung der kanadischen Universität Ottawa verbot Yogakurse, weil es sich dabei offenbar um die westliche „kulturelle Aneignung" einer Lehre mit Ursprüngen im indischen Hinduismus handelt und „diese Lehre kulturelle Probleme enthält, die mit Unterdrückung, kulturellem Völkermord und Diaspora aufgrund von Kolonialismus und westlicher Vorherrschaft zu tun haben". In einem Kurs für Diversitätstraining an der amerikanischen Clemson University wurde deklariert, dass die Aufforderung, „pünktlich zu sein", eine Mikroaggression ist, weil „Zeit in manchen Kulturen als fließend betrachtet werden kann". Ein „Ratsherr" in Seattle (müsste es nicht „Ratsperson" heißen?) äußerte die Ansicht, dass das Abspritzen von menschlichen Exkrementen auf Bürgersteigen mit einem Schlauch unsensibel sein könnte, „weil es an Bilder erinnert, in denen solche Wasserschläuche gegen Bürgerrechtler eingesetzt wurden".

Stopp! Stopp! Gnade – *bitte*! Noch vor Kurzem hätte man jeden ausgelacht, der solche Idiotien vorhergesagt oder auch nur andeutungsweise gewagt hätte zu behaupten, dass sie zunehmend zur Norm werden würden.

Die dunkle Seite der Lächerlichkeit

Nun könnte man natürlich leicht den Kopf schütteln, lachen und all diese Beispiele als enorme Hirnrissigkeit und mit der üblichen Anmerkung „völlig verrückt gewordene politische Korrektheit" abtun. Doch wer glaubt, dass solche Dinge im Großen und Ganzen keine Rolle spielen, liegt falsch. Diese Flutwelle des Irrsinns verwandelt die menschliche Gesellschaft, verändert den zwischenmenschlichen Diskurs und gestaltet die Sprache genau auf die Art und Weise um, die Orwell in „1984" geschildert hat.

Die wahren Absichten dahinter zeigen sich in einem Zuschuss von 1,5 Millionen Dollar, den das US-*Militär* für die Entwicklung eines Geräts erhalten hat, mit dessen Hilfe eine KI „Mikroaggressionen" erkennen kann. Warum sollte ausgerechnet das Militär, dem es doch hauptsächlich um das Töten von Menschen geht, sich darüber Sorgen machen, dass sich Menschen wegen Mikroaggressionen gekränkt fühlen können? Tut es ja gar nicht … in Wahrheit geht es um Verhaltensmodifikation. Das Geld geht an die zwei außerordentlichen Professoren Christoph Riedl und Brooke Foucault Welles, die im Rahmen eines Dreijahresprojekts einen Mikroaggressionssensor entwickeln sollen. Da würde mir glatt ein Schauder über den Rücken laufen, wenn so ein Gerät nicht bereits existieren würde. Riedl sagte:

> Unsere Vision ist ein Gerät wie Amazons Alexa, das auf dem Tisch steht, die menschlichen Teammitglieder bei der Arbeit an einem Problem beobachtet und sie auf verschiedene Weise unterstützt. Eine der Möglichkeiten, wie wir ein solches Team unserer Ansicht nach unterstützen können, ist die Garantie, dass alle Teammitglieder gleichberechtigt einbezogen werden.

Mit anderen Worten: Man ändere das Verhalten und gebe der KI noch mehr Mitspracherecht bei Entscheidungen, bis sie im Endeffekt einmal *alle* trifft. Damit wird der Grund für das Interesse des Militärs (Kults) klar. Wir befinden uns auf einem ebenso dunklen wie gefährlichen Weg und haben den Punkt erreicht, an dem die britische Tageszeitung *The Independent* im New-Woke-Wahn einen parodistischen Artikel veröffentlichte, weil sie ihn für ernst gemeint hielt. In dem Artikel wurde der Einsatz von Hassgesetzen gegen Komiker gefordert, die die „falschen" Witze rissen. Der Komiker Andrew Doyle, der den Text unter falschem Namen geschrieben hatte (was vor Veröffentlichung nicht nachgeprüft wurde), bezeichnete den Inhalt des Artikels als „eindeutig erkennbaren Scherz". Doyle wurde in England für seinen fiktiven Charakter Titania McGrath bekannt, mit dem er den New-Woke-Extremismus bloßstellt. Die Forderung, dass Komiker unter Hassgesetze fallen sollten, wurde vom *Independent* nur deshalb veröffentlicht, weil sie die eigene Haltung der

Redaktion widerspiegelt. Die Tyrannei der Wokeness ist heute bereits so weit fortgeschritten, dass eine Parodie keine Chance mehr gegen die Realität hat.

Ein weiteres Beispiel dafür ist die britische feministische Autorin Vicky Spratt, die doch tatsächlich sagte, dass Männer, die nicht bereit sind, mit woken Frauen auszugehen, Vorboten eines „tückischen" Trends seien, der unweigerlich dazu führen müsse, dass Frauen von Terroristen umgebracht werden. Wie bringt man Männer dazu, mit Frauen auszugehen, von denen sie sich nicht angezogen fühlen – behördlich erzwungene Rendezvous? Wie wäre es dann gleich mit einer westlichen Version der Zwangsheirat?

Wie übel die Mentalität des New Woke und deren Durchsetzung wirklich sind, das bestätigte auch eine Aussage von Kyle Jurek, einem Wahlkampfmitarbeiter aus dem Team von Bernie Sanders, der gegen Donald Trump antreten wollte. Ein verdeckt arbeitender Journalist von Project Veritas nahm Jurek heimlich auf, als er über ein Amerika unter der erhofften sozialistischen Regierung von Sanders Folgendes sagte:

> Deutschland musste Milliarden für die Umerziehung seines verschissenen Volks ausgeben, damit sie keine Nazis mehr waren. [...] Wir müssen hier vermutlich dasselbe unternehmen. Um etwas in der Art geht es Bernie auch bei dem ganzen Scheiß: „Hey, kostenlose Bildung für alle", weil wir euch beibringen müssen, keine verschissenen Nazis zu sein.

Und wer entscheidet, was einen „verschissenen Nazi" ausmacht? *Sie tun es*. Solche Entscheidungen werden von Schwarzweißdenkern getroffen, die keine Zusammenhänge oder Grautöne erkennen können. Es ist so oder es ist nicht so. Du bist oder du bist nicht. Du bist entweder „wir" oder „die anderen". In Orwells Big-Brother-Polizeistaat wurde die Tyrannei auf eine Art und Weise durchgesetzt, die an die Methoden der brutalen und berüchtigten Geheimpolizei im kommunistischen Ostdeutschland erinnert. Die Stasi setzte ein Heer von Spionen dazu ein, die Bevölkerung zu bespitzeln und alle zu denunzieren, die „Übertretungen" begingen. Die Zensur der politisch Korrekten, die allgegenwärtigen Überwachungskameras und die Erkennungssysteme für Fingerabdrücke oder Iris in Schulen und an Universitäten dienen gezielt dazu, die Tyrannei zur „Normalität" zu machen, sodass die Erwachsenen, zu denen die betroffenen Schüler und Studenten einmal werden, diese Normalität auch in der globalen Gesellschaft akzeptieren.

In den Hochschulen von heute gibt es Organisationen, die unter Bezeichnungen wie „Diversitätsreferat" auftreten und Studenten zwangsweise zur politisch korrekten Lehrmeinung umerziehen. Dabei werden andere Studenten dazu angehalten und sogar dafür bezahlt, ihre Freunde und Kommilitonen auszuspionieren und „Übertretungen" gegen die politisch korrekten Regeln den Behörden zu melden. Dazu gehört es auch, Lehrpersonal anzuzeigen, wenn es sich bei Vorlesungen und in Kommentaren politisch unkorrekt äußert. Im Zuge dieser Entwicklung wurden bereits viele Akademiker wegen völlig harmloser Bemerkungen gekündigt oder zum Rücktritt von ihren Posten gezwungen. Das führt dazu, dass die anderen Professoren, Dozenten und Lehrbeauftragten starr vor Angst sind und sich nichts mehr zu sagen getrauen, um nur ja nichts „Unpassendes" zu äußern. Die britische University of Sheffield kündigte an, 20 ihrer eigenen Studenten anzuheuern, die auf dem Campus gegen Äußerungen vorgehen sollen, die als „rassistisch" ein-

Abb. 293: „LGBT-Inklusivität – JA. LGBT-Exklusivität – NEIN" – *Inklusivität reicht noch nicht. Die Agenda des Kults geht weit darüber hinaus.*

gestuft werden könnten (es reicht, wenn man den Mund aufmacht). Für einen Stundenlohn von 9,34 britischen Pfund sollen diese „Rassengleichheits-Champions" nach Mikroaggressionen schnüffeln, die von der Uni als „Kommentare oder Handlungen, die vielleicht unbeabsichtigt sind, aber eine Minderheitengruppe beleidigen könnten" definiert werden. Wie sieht es denn mit der Kränkung einer Mehrheitsgruppe aus? Nein, danke, das interessiert uns nicht. In Wahrheit geht es bei dieser Ideologie nämlich gar nicht um Gleichheit und Inklusivität, sondern einzig und allein um Exklusivität (Abb. 293).

Der Sheffield-Rektor Koen Lamberts – der sich seiner selbst wahrscheinlich nicht ausreichend bewusst ist, um zu erkennen, dass seine Politik den tyrannischen Stasi-Methoden folgt – will mit seiner Initiative „die Art und Weise ändern, wie Menschen über Rassismus denken". Es geht aber eher darum, die Art und Weise zu ändern, wie die Menschen überhaupt denken, so wie man das in der DDR, der Sowjetunion, Nordkorea und China praktizierte und mancherorts heute noch praktiziert. Zu den Mikroaggressionen, gegen die die Universität vorgehen will, gehört auch die bloße Frage, warum denn alles ein Rassenproblem sein muss und warum die Leute nach Dingen suchen, von denen sich möglicherweise jemand gekränkt fühlen könnte. Die alte Methode: Man führe eine Tyrannei ein und mache es dann strafbar, diese Tyrannei infrage zu stellen. Eine weitere Mikroaggression, die anscheinend mit Stumpf und Stiel ausgerottet werden muss, ist, „mit schwarzen Berühmtheiten verglichen zu werden, denen ich überhaupt nicht ähnlich sehe". Ich frage mich, wann diese Leute erwachsen werden wollen? Nicht so bald – darauf würde ich wetten.

Die Tyrannei des „Ich habe recht"

Wenn die New-Woke-Jünger sich für allwissend halten, dann muss definitionsgemäß jeder, der anderer Meinung ist, falsch liegen oder durch rassistische und sexistische Vorteile oder andere Scheußlichkeiten motiviert sein. Das einzige Recht lautet nunmehr *„Ich habe recht"* – eine andere Möglichkeit gibt es nicht. Aus diesem Grund verabscheuen die Ideologen des New Woke auch die Redefreiheit für all jene mit abweichenden, „falschen" Ansichten. Wenn *„Ich habe recht"* gilt, dann folgt daraus, das alle Leute mit anderer Meinung unrecht haben. Und wozu braucht man schon eine Redefreiheit für Leute, die unrecht haben, vor allem, wenn die Menschheit vor einer existenziellen Bedrohung durch den Klimawandel steht und in tödlicher Gefahr durch grassierenden Rassismus und Sexismus ist? Daher gehört die Redefreiheit abgeschafft, um unsere Freiheit zu schützen. Das ist doch ganz klar, und wenn man von *„Ich habe recht"* ausgeht, muss es auch stimmen. Diese Einstellungen wurden zum einen Teil von einer Vielzahl von Kult-Quellen heruntergeladen und zum anderen Teil durch die Förderung des Narzissmus und eines Anspruchsdenkens (es geht immer nur um mich, mich, mich) noch weiter vertieft.

Im Folgenden seien einige schulmedizinisch anerkannte Merkmale einer sogenannten narzisstischen Persönlichkeitsstörung angeführt. Wer sich das Verhalten extremer New-Woke-Jünger näher ansieht, wird die erstaunliche Korrelation nicht übersehen können:

- ein grandioses Gefühl der eigenen Wichtigkeit (*„Ich habe recht."*)
- legt ein Anspruchsdenken an den Tag (*„Ich habe recht"* und was ich sage, muss befolgt werden.)
- verlangt nach übermäßiger Bewunderung (*„Ich habe recht"*, und du musst das anerkennen und zu mir aufschauen, weil ich dir moralisch und intellektuell überlegen bin.)
- erwartet, ohne entsprechende Leistungen als überlegen anerkannt zu werden (*„Ich habe recht"* und meine Aussagen bedürfen keiner faktischen Grundlage. *„Ich habe recht"* ist genug.)
- übertreibt die eigenen Leistungen und Talente (*„Ich habe recht"*, weil ich allwissend bin.)
- glaubt von sich, „besonders" und einzigartig zu sein und nur mit anderen besonderen oder angesehenen Personen verkehren zu können (*„Wir haben recht."*)
- reißt jedes Gespräch an sich und setzt Menschen, die als minderwertig angesehen werden, herab oder schaut auf sie herunter (*„Ich habe recht"*, und wenn du anderer Meinung bist, musst du minderwertig sein.)
- hegt übertriebene Erwartungen an eine bevorzugte Behandlung oder ein automatisches Eingehen auf die eigenen Erwartungen (*„Ich habe recht"*, und du musst tun, was ich sage – siehe Greta Thunberg.)
- zieht Nutzen aus anderen, um die eigenen Ziele zu erreichen (*„Ich habe recht"*, und das, *womit ich recht habe*, muss zwangsweise durchgesetzt werden, auch wenn man dabei über andere hinwegtrampelt.)
- ist nicht fähig, die Gefühle und Bedürfnisse anderer zu erkennen (*„Ich habe recht"*, und wenn du diese Tatsache infrage stellst, werden wir dich beschimpfen, verteufeln, einen Twitter-Shitstorm auf dich loslassen und versuchen, dich aus deinem Job feuern zu lassen sowie deine Familie und dein Familienleben zu zerstören.)
- zeigt arrogante, überhebliche Verhaltensweisen oder Haltungen und wirkt dadurch eingebildet, angeberisch und überheblich (*„Ich habe recht"* – und mehr ist dazu nicht zu sagen.)

- wird ungeduldig oder wütend, wenn die erwartete Sonderbehandlung ausbleibt („*Ich habe recht*", und du musst das industrielle System ohne Rücksicht auf Verluste sofort demontieren, weil *ich es sage.*)
- hat erhebliche zwischenmenschliche Probleme und fühlt sich schnell brüskiert („*Ich habe recht*", und du wagst es zu behaupten, dass dem nicht so ist?!)
- reagiert mit Zorn oder Verachtung und versucht, die andere Person herabzusetzen, um selbst überlegen dazustehen („*Ich habe recht*", du Idiot!)
- hat Schwierigkeiten, Emotionen und das eigene Verhalten zu regulieren („*Ich habe recht*", und ich werde sooo wütend, wenn jemand etwas anderes sagt – da hilft nur Deplatforming. *Bringt sie zum Schweigen!*)
- hat große Probleme, mit Stress umzugehen („*Ich habe recht*", und es belastet mich so, wenn die Leute das nicht anerkennen.)
- fühlt sich im Innersten unsicher und verletzlich („*Ich habe recht*" und ich lasse das auch nicht durch Tatsachen infrage stellen, falls du beweisen kannst, dass ich nicht recht habe.)

Narzisstisch, unsicher und verletzlich? Was für eine psychologische Kombination! Narzissmus ist tatsächlich eine Tarnung für Unsicherheit. Mir tun diese Leute wirklich leid, und ich bedaure es, dass sie wahrnehmungsmäßig und emotional so missbraucht werden. Das Leben hinter der Fassade der Wokeness muss ein einziger psychologischer Albtraum sein.

Beschütze uns vor allem!

Anhänger der New-Woke-Ideologie sind heute tatsächlich so verletzbar, dass sie „Triggerwarnungen" verlangen, die sie vor allem warnen sollen, was in Vorlesungen oder Prüfungen auf sie zukommt und sie aufregen könnte. Dieses „Alles" nähert sich bedrohlich dem buchstäblichen „Alles" an, weil junge Menschen unter Druck gesetzt werden, sich über eine immer länger werdende Liste von vermeintlichen Schrecken und verbalen Übergriffen aufzuregen und davon gekränkt zu fühlen (Abb. 294). Triggerwarnungen machen die permanent Ängstlichen und Verschreckten auf etwas aufmerksam, das in einem Buch, Video, einer Vorlesung oder einem Bühnenstück auf sie zukommt und sie beunruhigen könnte. Das hat mittlerweile

Abb. 294: „Ich bin immer noch gekränkt" – *Der Dauerzustand der New-Woke-Jünger*

ein derartiges Ausmaß erreicht, dass Triggerwarnungen die folgenden Dinge beinhalten können:

- *Theologie*studenten werden vor Bildern der Kreuzigung und Diskussionen darüber gewarnt, damit sie vorher den Lehrsaal verlassen können.
- Archäologiestudenten werden vor „gut erhaltenen archäologischen Leichen aus einem archäologischen Kontext“ gewarnt, weil sie diese „ein wenig grausig“ finden könnten.
- Studenten der Forensik werden vor Vorlesungen gewarnt, in denen es um die Anordnung von Blutspritzern, Verbrechenstatorte und Tote geht.
- Die kanadische Carleton University entfernte Personenwaagen aus dem Fitnesszentrum auf dem Campus, um besonders sensible Menschen davor zu schützen, dass sie Informationen über ihr Gewicht erhalten. Ein Student sagte: „Waagen triggern besonders stark.“ Dann benutzt sie halt nicht, verdammt noch mal!

In einem Artikel im Londoner *Guardian* wurden ein paar Themen für Triggerwarnungen aufgelistet: Frauenfeindlichkeit, die Todesstrafe, Kalorienangaben zu Lebensmitteln, das Gewicht einer Person, Terrorismus, Alkohol am Steuer, Rassismus, Waffengewalt, Drohnen, Homophobie, posttraumatische Belastungsstörung, Sklaverei, Täter-Opfer-Umkehr, Missbrauch, Fluchen, Kindesmissbrauch, Selbstverletzung, Selbstmord, Gespräche über Drogenkonsum, die Beschreibung medizinischer Verfahren, Leichen, Schädel, Skelette, Nadeln, Diskussionen über „Ismen“, Beschämung, Beleidigungen (einschließlich „dumm“ oder „blöd“), Kidnapping, Zahnfrakturen, Diskussionen über Sex (auch einvernehmlichen), Tod oder Sterben, Spinnen, Insekten, Schlangen, Erbrochenes, Schwangerschaft, Geburt, Blut, Nazi-Utensilien, schleimige Dinge, Löcher (fragen Sie nicht) und „alles, was bei Menschen mit Zwangsstörungen Intrusionen hervorrufen könnte“.

Die *New York Times* berichtete, dass Aktivisten auf vielen klassischen Werken Triggerwarnungen aufgedruckt haben wollen, ähnlich wie die Gesundheitshinweise auf Zigarettenpackungen. Shakespeares „Der Kaufmann von Venedig“ müsste dann mit der Aufschrift „Enthält Antisemitismus“ versehen werden, während Virginia Woolfs Roman „Mrs. Dalloway“ eine Warnung erforderlich machen würde, dass in dem Buch Selbstmord erwähnt wird. Chinua Achebes Roman „Alles zerfällt“ ist ein weiteres besorgniserregendes Buch, das Leser triggern könnte, die Rassismus, Kolonialismus, religiöse Verfolgung, Gewalt, Selbstmord und mehr erfahren haben. Die Antisemitismusindustrie und die israelische Schutzgeldmafia haben sogar Triggerwarnungen für die Bibel und den Koran gefordert, um Leser vor den „antisemitischen“ Texten zu warnen, die da auf sie zukommen. Die Selbstfixierung und das Anspruchsdenken der selbsternannten „Führer“ von 0,2 Prozent der Weltbevölkerung sind einfach unerreicht. Die Antisemitismusmafia war woke, bevor es New Woke überhaupt gab, und spielte eine besonders wichtige Rolle bei der Schaffung dieser Bewegung. Professor Frank Furedi von der University of Kent bezeichnet das Phänomen der Triggerwarnung und die damit einhergehende „Schneeflocken“-Mentalität völlig zu Recht als Therapiekultur, therapeutische Zensur und die Medikalisierung des Lesens.

Das Wort „Trigger“ („Auslöser“) stammt passenderweise aus der Sprache der Bewusstseinskontrollindustrie, wie ich sie bereits seit Jahrzehnten beschreibe, und wurde dort

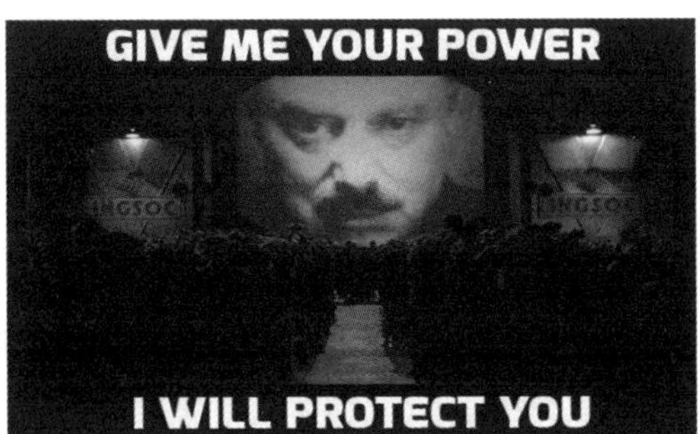

Abb. 295: „Gebt mir eure Kraft. Ich werde euch beschützen" – *Du brauchst Schutz. Gib mir deine Freiheit – und überlass mir den Rest.*

schon lange verwendet, bevor es zum Teil der politisch korrekten New-Woke-Kultur wurde. „Triggern" bezieht sich auf Schlüsselwörter, -phrasen oder -töne, die bei bewusstseinskontrollierten Agenten in Programmen der Regierungen, des Militärs und/oder der Geheimdienste – etwa dem berüchtigten MK-Ultra der Amerikaner – ein programmiertes Verhalten auslösen oder aktivieren. Wir müssen uns der jüngeren Generationen zuliebe der Tatsache stellen, dass Kinder und Jugendliche in Schulen und an Universitäten einer systematischen Massenbewusstseinskontrolle ausgesetzt sind, bei der es zu einem großen Teil darum geht, dass sie sich selbst als Opfer wahrnehmen. Die ganze Rhetorik der Wokeness dreht sich darum, mehr Gründe für die Opferrolle aufzuspüren. Der Subtext des Kults lautet dabei: Wenn man einmal auf die Opferrolle hereingefallen ist, gibt man seine Kraft an den vermeintlichen Täter ab und sucht behördlichen Schutz vor ihm, häufig in Form von Zensur (Abb. 295).

Viele New-Woke-Jünger tragen ihre Opferrolle wie ein Ehrenzeichen, weil sie es ihnen ermöglicht, ständig ihre Lebensdramen der Kränkung weiterzuspielen und in der Opferkultur hängen zu bleiben. Sie sagen, Sie sind ein Opfer? Na, dann entscheiden Sie sich doch, keines zu sein. Sie sagen, Sie sind gekränkt? Entscheiden Sie sich, es nicht zu sein. Tun Sie das und schauen Sie zu, wie Ihre Kraft zurückkehrt. Es wundert mich nicht, dass New-Woke-Jünger unter ständiger Angst leiden, wenn man sie dazu manipuliert, vor allem beschützt werden zu wollen, was sich bewegt – und vor vielem, was sich nicht bewegt. Alles um sie herum ist eine potenzielle Gefahr, vor der sie geschützt werden müssen; vor allem der wahrgenommene Untergang des Ökosystems der Erde durch den Klimawandel. Die Methode besteht darin, Kinder und Jugendliche so zu indoktrinieren, dass sie eine immer länger werdende Liste von Gefahren fürchten, und sie dann verlangen zu lassen, dass der Große Bruder sie vor dieser bösen Welt beschützt (Abb. 296).

Abb. 296: Ich verlange, dass ihr jedem die Freiheit nehmt, um uns vor dem zu schützen, was wir laut eurer Lehre fürchten und was uns kränken soll. (Bild: Ben Garrision, Grrrgraphics.com)

Das ist der wahre Grund für die „Kultur der Gesundheit und Sicherheit" in England, wo einst alltägliche Ereignisse nun als brandgefährlich wahrgenommen werden. Von Menschen ausgesprochene Wörter werden mittlerweile als eine Art von Gewalt eingestuft, gegen die ein Schutz erforderlich ist. Das hat den zusätzlichen Vorteil, dass man besagte Menschen zensieren kann, damit sie nur ja nicht gegen die lange Reihe der politisch korrekten „Übergriffe“ und Ängste verstoßen. Viele Eltern verhätscheln ihre Kinder und beschützen sie vor jeder möglichen Aufregung. Das geht so weit, dass die betroffenen Kinder emotional extrem dünnhäutig und nicht imstande sind, mit den Herausforderungen des Lebens fertigzuwerden. Auch dann, wenn jemand ihre niemals angezweifelten Wahrnehmungen infrage stellt, sind sie hilflos. Die Autorin Claire Fox, ein ehemaliges Mitglied der Brexit-Partei im EU-Parlament, äußerte sich dazu folgendermaßen:

> Warum überrascht es uns, dass Teenager sichere Räume fordern? Weil Heranwachsende historisch gesehen noch am ehesten risikofreudig und abenteuerlustig waren – doch heute erziehen wir unsere Kinder dazu, die Welt als unendlich beängstigenden Ort wahrzunehmen. Insbesondere NGOs und Wohltätigkeitsorganisationen [letztlich immer der Kult] fördern die Panik. Wenn ein Kind mit diesem permanenten Katastrophenalarm aufgewachsen ist, braucht man sich nicht zu wundern, wenn es sich sogar vor seinem Schatten fürchtet.
>
> Heutzutage greifen Eltern zu lächerlichen Mitteln, um jedes Risiko aus dem Leben ihrer Kinder zu eliminieren. Dies engt unweigerlich den Horizont des Nachwuchses ein und bringt ihn dazu, jedes Risiko zu meiden. Der Gesundheits- und Sicherheitswahn führt dazu, dass man den Jungen Freiheiten verweigert, die frühere Generationen noch genießen durften und die ihre Widerstandskraft stärkten – Dinge wie im Freien spielen, auf Bäume klettern und den Schulweg unbegleitet zurückzulegen.

Für Fox bedeutet die moderne Verweichlichung, dass Kinder von Aktivitäten wie Bockspringen, Murmelspielen und Conkers (einem britischen Spiel, bei dem man eine Kastanie an eine Schnur bindet und versucht, mit ihr die des Gegners zu zerschlagen) abgehalten werden, während eine Kinderschutzindustrie Kinder aktiv dazu ermutigt, überall potenziellen Missbrauch zu wittern. Schulen sind heute wie Gefängnisse von hohen Zäunen umgeben und mit Sicherheitssystemen ausgestattet, die allen Anwesenden ständig ein Gefühl der Gefahr vermitteln. Fox beschreibt auch, wie der Schutz von Kindern zur obersten Priorität in allen Organisationen geworden ist, die mit Kindern arbeiten. Das geht so weit, dass Eltern bei Schwimmwettbewerben keine Fotos mehr von ihren eigenen Kindern machen dürfen und Erwachsene etliche Parks nur noch „in Begleitung von Kindern“ betreten dürfen. Die Autorin schreibt weiter:

> Das absurde Verhalten der „Studenten von Stepford“ [eine literarische Anspielung auf Ira Levins Roman „Die Frauen von Stepford“] hat nichts Geheimnisvolles an sich. Wir brauchen uns auch nicht darüber zu wundern, dass es plötzlich aufgetaucht ist. Wir – die erwachsene Gesellschaft – schützen Kinder vor jeder Kritik und schalten unser Urteilsvermögen aus, um ihr Selbstwertgefühl zu streicheln. Gleichzeitig jagen wir ihnen unentwegt Furcht ein, indem wir eine endlose Liste von Ängsten als „Katastrophen“ darstellen. Wir machen sie übervorsichtig, was einen möglichen Missbrauch durch Erwachsene und Gleichaltrige betrifft. Wir motivieren sie dazu, Schimpfworte mit körperlicher Gewalt gleichzusetzen. Kurz gesagt: Wir haben uns unser eigenes, überängstliches, schnell beleidigtes, mäkeliges, dünnhäu-

tiges Frankenstein-Monster zusammengebaut. Wir haben die Generation Schneeflocke geschaffen.

Manche Studenten sagen auch schon, dass die Bezeichnung „Schneeflocke“ ihrer geistigen Gesundheit abträglich sei. Eine ganz neue Branche hat sich auf die psychologische Gesundheit von Kindern und Jugendlichen spezialisiert, weil bei so vielen von ihnen „psychische Probleme“ diagnostiziert werden. Die Anzahl der Selbstmorde unter jungen Menschen nimmt rasant zu. Für all das gibt es einen Grund: Unmengen von Kindern und Jugendlichen werden von einem gnadenlosen, vom Kult kontrollierten System in den Wahnsinn getrieben, weil dieses System ihren Geist brechen und sie dazu bringen will, sich ihr gesamtes Erwachsenenleben lang seinem Willen zu unterwerfen.

Auf der Suche nach Sicherheit

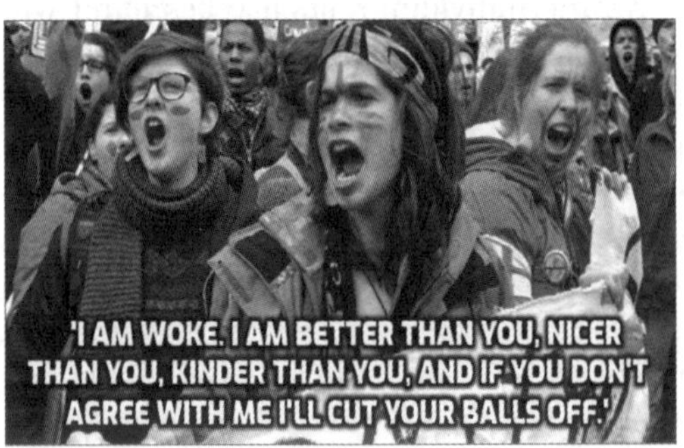

Abb. 297: „Ich bin woke. Ich bin besser als du, netter als du, freundlicher als du – und wenn du nicht meiner Meinung bist, schneide ich dir die Eier ab.“ – *Der Selbstbetrug der New-Woke-Aktivisten.*

Unsicherheit sucht stets nach *Gewissheit*, um den Unsicherheitsfaktor zu reduzieren. Aus dieser einfachen Regel resultiert die „moralische“ und faktenfreie „Gewissheit“ der New-Woke-Ideologie. *„Ich habe recht“* schließt auch „Ich bin nett“, „Ich bin gut“ und „Ich handle ethisch“ ein – und das heißt natürlich, dass jeder Andersdenkende nicht recht hat, nicht nett ist und nicht ethisch handelt (Abb. 297).

Der englische Aktivist Jordi Casamitjana zerrte seinen Arbeitgeber vor ein Gericht, um den Begriff „ethischer Veganismus“ als „geschützte philosophische Weltanschauung“ festlegen zu lassen. Er bekam natürlich recht. Man achte darauf, dass die „geschützte Weltanschauung“ nicht etwa „Veganismus“ – ein Lebensstil, zu dem jeder das Recht hat – ist, sondern „ethischer Veganismus“. Laut Casamitjana gehört dazu viel mehr, als nur keine Lebensmittel mit tierischen Bestandteilen zu essen: „Es ist eine Philosophie und ein Glaubenssystem, das die meisten Aspekte meines Lebens umfasst.“ Wir haben es hier mit einem Beispiel für Intersektionalität zu tun. Casamitjanas Lebensstil beinhaltet: Er geht zu Fuß, statt mit dem Bus zu fahren, um jeden „zufälligen Zusammenstoß mit Insekten oder Vögeln“ zu vermeiden. (Er tritt also beim Gehen nie versehentlich auf ein Insekt und setzt sich nie in ein Auto?) Bei den wenigen Gelegenheiten, wenn er mit dem Bus fährt, hält er sich nicht an Haltegriffen aus Leder fest. Er isst auch keine Feigen, obwohl die kein Fleisch enthalten, weil sie „in einer symbiotischen Beziehung mit einer mikroskopisch kleinen Wespe angebaut werden und man daher nicht sicher sein kann, ob sich in der reifen Feige noch Larven dieser Wespe befinden – daher halte ich den Verzehr von Feigen für unvereinbar mit Veganismus".

Wollen Sie dem Mann verraten, dass alles bewusst ist – oder soll ich es lieber tun? „Ethischer Veganismus" lässt sich nicht definieren, wenn man nicht vorher eine glaubwürdige Definition für das Wort „ethisch" erstellt. Was für den einen ethisch ist, ist für den anderen wahnsinnig. Laut Wörterbuch bezieht sich „ethisch" „auf die Moral oder die Prinzipien der Moral sowie auf richtiges und falsches Verhalten". Aber wer entscheidet, was richtig und falsch ist? Wer bestimmt, was ethisch ist? Für Casamitjana ist es wahrscheinlich ethisch gerechtfertigt, das Gas des Lebens zu verteufeln und Kindern einzureden, dass die Klimakatastrophe unmittelbar bevorsteht; ich wiederum halte beides für höchst unverantwortlich und unethisch.

Für die Anhänger des New Woke sind *ihre eigenen Ansichten* gleichbedeutend mit „ethisch". Wie könnte es auch anders sein? Meine Ansicht lautet im Gegensatz dazu, dass jemand, der seinen Anspruch auf „ethisches Handeln" gesetzlich verankert haben will, sich die Definition der Wörter „hochnäsig" und „arrogant" genauer ansehen sollte. Dr. Jeanette Rowley, die sich für die Rechte der Veganer einsetzt, behauptet, dass Veganismus ihrer Erfahrung nach „eine Lebensweise ist, die das vegane Individuum ebenso bestimmt wie die christliche oder moslemische Religion andere Individuen". Damit steht fest, dass die New-Woke-Ideologie eine Religion ist, die letztlich alle anderen ersetzen soll. Für Rowley trifft ein „ethischer Veganer" [wobei die beiden Begriffe hier definitionsgemäß gleichzusetzen sind] eine entscheidende Aussage dazu, dass seine Weltanschauung auf Gerechtigkeit, Respekt, Pflicht, Fürsorge und Mitgefühl in einer Gemeinschaft bewusster anderer Wesen, ob menschlich oder nichtmenschlich, beruht. Diesen anderen Wesen will er nicht schaden, sondern bemüht sich vielmehr, sie zu schützen."

Und wie sieht es mit dem nichtfleischlichen Bewusstsein von Pflanzen aus? Wo ist der Respekt, wenn man seinen Lebensstil allen anderen aufzwingen will und in vielen Fällen sogar Leute beschimpft, die sich für einen anderen Lebensstil entscheiden? Was ist mit dem potenziellen gesundheitlichen Schaden für die Leute, die zum Veganismus bekehrt werden – wenn doch die Vorstellung, dass ein und dieselbe Ernährungsweise für alle Menschen geeignet ist, nicht nur unbewiesen ist, sondern jeder Erfahrung widerspricht? Was ist davon zu halten, dass man Kindern Angst vor dem Weltuntergang einjagt und ihnen einredet, dass man die Menschheit nur durch Veganismus retten könne – und das alles nur, um die eigene Agenda durchzupeitschen? Wie sieht es mit den Bienen und sonstigen Insekten aus, die (ebenso wie andere Tiere) infolge von künstlicher Bestäubung (auch als „migrierende Bienenhaltung" bezeichnet) sowie durch Herbizide und Pestizide, wie sie bei der Produktion der meisten Nahrungspflanzen eingesetzt werden, massenhaft sterben? Und was ist mit der Zerstörung der menschlichen Gesellschaft und der Arbeitsplätze durch lächerliche Forderungen, das Gas des Lebens zu reduzieren, das genau die Pflanzen wachsen lässt, von denen Veganer ausschließlich leben wollen? Das sind nur einige der Fragen, die sich aufdrängen.

Vieles von dem, was Vegetarier und Veganer essen, ist absoluter Müll – man denke nur an Soja und Tofu. Sobald irgendjemand das Monopol für sich beansprucht, „ethisch" zu handeln, haben wir es mit unübersehbarer Heuchelei und inneren Widersprüchen zu tun. Diese Leute könnten ihre Argumente viel überzeugender vorbringen, wenn sie in vielen Fällen nicht so von ihrer eigenen Perfektion und Rechtschaffenheit überzeugt wären. Aber genau darauf baut ja die ganze Ideologie auf. Wollen sie wirklich alle anderen überzeugen – oder eher *sich selbst*?

Warum Fakten so gefährlich sind

Narzissten sind immer unsicher und verletzlich. Der Narzissmus ist eine Tarnung, mit der sie ihre Unsicherheit vor anderen und in erster Linie vor sich selbst verbergen wollen. Alle nach außen hin übertrieben selbstsicheren Menschen, die ich je getroffen habe, waren hinter ihrer Fassade verängstigte kleine Jungen und Mädchen. Wahre Selbstsicherheit benötigt keinen Narzissmus, weil sie ohne Bestätigung von außen sowie ohne eine Bestärkung des Identitätsbewusstseins durch die Reaktion anderer Menschen auskommt. Du bist meiner Meinung und hältst mich für weise und intelligent? Gut. Du glaubst, dass ich nicht recht habe und ein Idiot bin? Auch gut. Echte Selbstsicherheit erkennt den Schwindel hinter beiden Ansichten. Es ist die Unsicherheit, die nur mit der Fassade einer wahrgenommenen Sicherheit zurechtkommt – nicht zuletzt deshalb, um sich selbst zu überzeugen. Genauso verhält es sich mit dem *„Ich habe recht"*, das in Wirklichkeit furchtbare Angst davor hat, im Unrecht zu sein. Diese Tatsache ist ein weiterer Grund dafür, dass Anhänger des New Woke sich nicht mit Fakten befassen wollen. Sie wurden dazu manipuliert, alles durch den Filter ihrer Gefühle und ihrer moralischen Überlegenheit wahrzunehmen; diese Haltung lässt sich leicht von außen bewirken. Und da Fakten der Todfeind einer solchen emotionalen Sicherheit sind, müssen sie eben weg.

Der woken Kongressabgeordneten Alexandria Ocasio-Cortez gelang unbeabsichtigt die perfekte Zusammenfassung dieser Haltung: „Es gibt eine Menge Leute, die sich mehr Gedanken darüber machen, präzise sowie faktisch und sprachlich korrekt zu sein als moralisch einwandfrei." Wie kann man ohne Fakten „moralisch einwandfrei" über etwas urteilen? Welchen verdammten Sinn hat es, „„moralisch einwandfrei" zu einer menschengemachten Klimakatastrophe zu stehen, die es *gar nicht gibt*? Fakten verwandeln Schwarz-Weiß-Wahrnehmungen umgehend in Grautöne und sind schon deswegen etwas von gestern. Wie kann man den Glauben an ein durch den Klimawandel drohendes Massensterben verkaufen, wenn man sich dazu mit Fakten aufhalten muss? Das Unmögliche wird erst dann möglich, wenn man lügen und verdrehen kann, wobei man gleichzeitig alle Menschen mit faktenbasierenden Einwänden mit *„Ich habe recht"* zensiert und als völlig schwachsinnig denunziert. Diese Methode wird allerorten angewandt, vom Klimawandel über ethnische Herkunft und Sexualität bis hin zu Transgender. Sie funktioniert so: Wenn man den eigenen Standpunkt und die damit einhergehenden Forderungen nicht mit Fakten untermauern kann und daher in jeder Diskussion unterlegen wäre, dann bricht man die Diskussion mit beleidigenden Etiketten, Deplatforming und Medienzensur einfach ab.

Es ist nicht notwendig, die völlige Überarbeitung der menschlichen Biologie sachlich zu begründen – dies wäre ja auch gar nicht möglich. Stattdessen behauptet man einfach, dass ein Mann eine Frau sein könne und umgekehrt, indem er/sie das einfach behauptet. Man kämpft dafür, dass Biologieprofessoren entlassen und ihre Karrieren zerstört werden, weil sie es gewagt haben, das Gegenteil zu behaupten. Sind erst einmal ein paar Wissenschaftler und Universitätsprofessoren dem Mob zum Opfer gefallen, dann wird der Rest die Köpfe einziehen oder den Unfug sogar nachplappern, um seinen Arbeitsplatz und Lebensunterhalt zu schützen. Dieser Vorgang war bei einer ganzen Reihe von Themen und Situationen zu beobachten, als Juri Besmenows „Demoralisierung" sehr schnell in die „Normalisierung" überging. Auf die beschriebene Art wurden Schulen und Universitäten von der Ideologie des Kults erobert und überrannt, und angebliche Bildungsinstitutionen wurden zu Orten, wo man den absoluten Realitätsverlust kennenlernen durfte.

Ich habe gesehen, wie ein britischer „Sozialaktivist" (was auch immer das sein mag) namens Lee Jasper in klagendem Ton forderte, der Filmproduzent Guy Ritchie möge doch bitte ein „weiter gefasstes soziales Gewissen und mehr Verantwortungsbewusstsein" an den Tag legen. Es ging dabei um einen Film über Gangster, der „nicht die Art von Zukunft widerspiegelt, die ein inklusiveres Bild des britischen Nationalbewusstseins zeigt". Die Tatsache, dass Gangster sich eben nicht verhalten wie New-Woke-Jünger und dass es in dem Film um *Gangster* geht, konnte den Filter nicht durchdringen – alles muss so dargestellt werden, wie man es gern hätte, und nicht so, wie es in Wirklichkeit ist. Fakten sind für das kollektive emotionale Realitätskonstrukt des Kults eine derart tödliche Bedrohung, dass sie zensiert und beseitigt werden müssen. Dies wird mithilfe der „Bildung" des Kults, der Mainstreammedien, Silicon Valleys und der staatlichen Gesetzgebung erledigt, damit nur noch eine Version von allem öffentlich bestätigt und schließlich überhaupt geäußert werden darf. Wenn man die Komponenten einer auf reinem Glauben basierenden Überzeugung und einer unhinterfragbaren Gewissheit mit der Tatsache zusammenbringt, dass Lästerer zum Schweigen gebracht werden, hat man es mit einer Religion zu tun. Die Ideologie des New Woke ist eine auf Glauben basierende, faktenfreie Religion – ein Kult, der Menschen seinen Willen aufzwingt, indem er die Gemeinde indoktriniert und keinen Widerspruch duldet. Aus der Verbrennung auf dem Scheiterhaufen wurden eine Verbannung auf Facebook und eine Geißelung auf Twitter. Aus „Jesus wandelte auf dem Wasser" wurde „Das Gas des Lebens ist ein tödlicher Schadstoff" und „Ein Mann kann eine Frau sein, indem er es einfach behauptet". Der Klimakult, als Unterabteilung und in vieler Hinsicht Grundpfeiler dieser Ideologie, ist selbst eine Religion. Aber das war unter diesen Umständen auch nicht anders zu erwarten.

Systematische Zensur

Kommen wir jetzt auf diesen schon einmal behandelten Satz zurück: Wenn man das Ergebnis kennt, sieht man auch den Weg, der zu ihm führt. Das vom Kult geplante Ergebnis in Bezug auf Sprache und Information ist, dass letztendlich niemand mehr etwas sehen und hören wird, was nicht vom Weltstaat zugelassen ist. Die Zensur aller alternativen Informationen durch Milliardäre im Besitz des Kults treibt uns mit zunehmender Geschwindigkeit – und seit Beginn der Lockdowns noch verstärkt – auf diesen Zustand zu. Die woken Ideologen brechen bei jeder neuen Unterdrückung der freien Rede in Beifall (oder wenigstens „Jazz Hands") aus. Ich habe in einigen meiner anderen Bücher beschrieben, wie es dazu kommen konnte; angefangen von der Frankfurter Schule des Kults (der Rothschilds) in den 1920er-Jahren, die mit ihrer „angewandten Sozialwissenschaft" die Gesellschaft ändern wollte, bis es zum „plötzlichen" (lange geplanten) Auftritt der politischen Korrektheit kam. Politische Korrektheit ist eine List des Kults, mit der man die Bevölkerung dazu manipulieren will, sich selbst den Mund zu verbieten. Wer braucht noch einen Schäferhund, wenn die Schafe selbst dafür sorgen, dass keines aus der Reihe tanzt?

Ich habe erläutert, wie jede einzelne Facette der New-Woke-Agenda derjenigen des Kults entspricht. Das ist ja auch der Grund dafür, warum der Kult diese Ideologie geschaffen und finanziert hat. Politische Korrektheit und das Ende der freien Meinungsäußerung sind weitere Beispiele. Die freie Meinungsäußerung bezeichnet die Freiheit zu sagen, was man will. Solange es diese Freiheit gibt, kann der Kult nie den gewünschten Zustand erreichen, dass die Öffentlichkeit nur das zu sehen und zu hören bekommt, was die Behörden erlauben. Die freie Meinungsäußerung würde sich nämlich trotzdem immer zu Wort melden und das offizielle Narrativ infrage stellen oder als Lüge entlarven. Das macht sie zu einem Angriffsziel für den Kult und seine Sturmtruppen.

Wir wissen nun, warum die vom Kult manipulierten New-Woke-Jünger klinisch unfähig sein müssen, mit Fakten umzugehen, die ihr *„Ich habe recht"* infrage stellen, und warum sie die Zensur solcher Fakten fordern. Ginge es ihnen um die Suche nach der Wahrheit, so würden sie alle Ansichten und Informationen begrüßen, aus denen man die Wahrheit erschließen könnte. Doch es geht ihnen nicht um die Wahrheit, sondern um das Verkaufen von *Unwahrheiten,* für die Fakten fatal wären. Daher müssen Fakten und politisch unkorrekte Meinungen unterdrückt und alle Tatsachen durch „Gefühle" ersetzt werden. Fakten und „Wahrheit" werden als Normen eines unterdrückerischen Staats behandelt. Wer von seinen Ansichten überzeugt ist, hat kein Problem damit, dass andere Meinungen zum Ausdruck kommen, weil er weiß, dass die freie Meinungsäußerung nur existieren kann, wenn sämtliche Ansichten geäußert, diskutiert, hinterfragt und herausgefordert werden können. Ist das nicht der Fall, dann gibt es keine freie Meinungsäußerung, sondern nur die Freiheit, sich dem anzupassen, was für die Zensoren annehmbar ist.

Eine Umfrage am King's College London ergab, dass einer von fünf Studenten (22 Prozent) der Ansicht ist, seine Meinung auf dem Universitätsgelände nicht äußern zu können, während 59 Prozent der Studenten mit konservativen Ansichten sich ihre Meinung kaum zu sagen getrauen. Die Prozentzahlen wären wahrscheinlich um einiges höher, wenn man nur Studenten befragt hätte, die nicht der Woke-Fraktion angehören. Da Meinungen, die im Einklang mit der New-Woke-Ideologie sind, nicht zensiert werden, wenn die braven Jünger die jeweilige Lehrmeinung nachplappern, würden „woke" Studenten auch glauben, dass sie ihre Meinung problemlos äußern können. Aber wehe, man ist anderer Meinung – dann wird man sehen, was passiert. Du hast die *Freiheit* zu sagen, was wir dir vorsagen. Du hast die *Freiheit* zu tun, was wir dir vorschreiben.

Entscheidend ist, *wann* die freie Meinungsäußerung angegriffen wird – vor oder nachdem sich jemand äußert? Der Unterschied zwischen diesen beiden Möglichkeiten ist der Unterschied zwischen Freiheit und Tyrannei. Ich behaupte nicht, dass es Menschen erlaubt sein sollte, alles zu sagen, ohne dass es Konsequenzen hat – zum Beispiel, wenn sie zu Gewalt gegen Personen und Eigentum auffordern. Die Frage ist nur, *wann* man sich mit der entsprechenden Äußerung befasst. Der Kult will Ihnen einreden, dass man Algorithmen und andere Vorzensurmaßnahmen dazu einsetzen sollte, „inakzeptable" Ansichten und Informationen gar nicht erst sicht- oder hörbar werden zu lassen. Aber wer entscheidet, was „akzeptabel" ist? Natürlich die Behörden, also in Wahrheit der Kult. Der schleichende Totalitarismus bringt zuerst Argumente für die Art Zensur, die wahrscheinlich bei den meisten Menschen gut ankommt – zum Beispiel bei Agitation für den Terrorismus. Sobald es dann einen Präzedenzfall für Vorzensur gibt, führt er immer mehr Gründe für ihre Ausweitung ins Feld: „Fake News", „Hassrede", „Menschen verärgern" und so weiter. Mittels stets weitergehender Definitionen dieser Begriffe erreicht der schleichende Totalitarismus, dass unter dem jeweiligen Vorwand auch immer mehr zensiert werden kann.

Die narzisstische Unsicherheit des *„Ich habe recht"* liefert die Motivation, sämtliche Fakten unterdrücken zu wollen, die dieses *„Ich habe recht"* als *„Ich habe nicht recht"* entlarven würden. Wird die freie Meinung jedoch erst nach ihrer Äußerung angegriffen, dann kann nie eine Situation entstehen, in der die Autorität vorschreibt, was man sehen und hören darf. Alles wäre öffentlich und würde auch in der Öffentlichkeit abgehandelt. Es gibt Gesetze gegen die Anstiftung zu Terrorismus und Gewalt, die angewandt werden können, ohne dass man die Zensur auf Bereiche ausdehnt, wo sie nur noch abweichende Meinungen und Ansichten unterdrückt. Ein solches Vorgehen würde auch bedeuten, dass die Autoritäten ihre Behauptungen über die angeblichen Gefahren der freien Meinungsäußerung in einer offenen Debatte und vor Gericht begründen müssen, statt die Zensur still und heimlich irgendwelchen Algorithmen zu überlassen. Das alles wäre möglich, wenn man Meinungen erst *nach* ihrer Äußerung infrage stellt – immerhin wollen wir ja auch wissen, wer die Leute sind, die zum Terrorismus aufrufen, statt sie im Schatten zu lassen.

Die neue Definition von „Antisemitismus" zeigt, was wirklich hinter der Vorzensur steckt. Eine faire und genaue Definition wäre „Hass und Diskriminierung gegenüber jüdischen Menschen, weil sie Juden sind". Diese Definition schließt jedoch eine Kritik an der rechtsextremen, sabbatianisch-frankistisch kontrollierten israelischen Regierung oder der politischen Philosophie des Zionismus aus, der Palästinenser auf dem Gewissen hat – ebenso wie eine Aufdeckung der Hintergründe derselben. Deshalb hat der Kult die Definition erweitert, sodass nunmehr beide Punkte darin enthalten sind und der Kult sowie seine Agenten beschützt werden. Das Ironische daran ist, dass viele New-Woke-Anhänger in den Universitäten des Westens Israel und dessen Behandlung der Palästinenser kritisch gegenüberstehen und daher selbst zensiert werden. Das sollte ihnen eigentlich zeigen, wie sich die Verhältnisse in größerem Ausmaß verändern werden, wenn ihre Utopie verwirklicht ist und sie nicht mehr gebraucht werden, um entsprechende Forderungen zu stellen.

Der von Israel kontrollierte und finanzierte Donald Trump unterzeichnete 2019 eine präsidiale Durchführungsverordnung, die „Jüdischsein" zu den Nationalitäten hinzufügte, gegen die jede Diskriminierung verboten ist. Diese Verordnung war speziell darauf ausgelegt, jede Kritik an Israel und am Zionismus zu unterbinden, vor allem in Universitäten. Gleichzeitig befürwortete Trump die neue Definition von „Antisemitismus", die nun – Überraschung! – Kritik an Israel und am Zionismus einschließt. Die britische Regierung von Boris Johnson hat den ehemaligen Labour-Abgeordneten und *ultrafanatischen* Israel-Anhänger John Mann als „Antisemitismus"-Zaren eingesetzt, der alle Kritiker Israels als „Antisemiten" brandmarken soll. Johnson verabschiedete auch Gesetze, die auf die Bewegung Boycott, Divestment and Sanctions (BDS) abzielen, weil diese Kampagne dazu aufruft, Israel wegen seines Apartheidregimes – das auch viele Anhänger des New Woke ablehnen – zu boykottieren.

Seid lieber vorsichtig mit dem, was ihr euch wünscht, ihr Jünger – es könnte sein, dass ihr es bekommt. Im Falle der Kritik an Israel habt ihr es ja bereits gekriegt.

Was bist du? Ich bin LGBTTQQFAGPBDSM

Im Zentrum der Ideologie des New Woke steht die Selbstidentität. Die Buchstabenfolge in der Überschrift, die eine ganze Reihe sich stetig vervielfachender Selbstidentitäten darstellen, wird tatsächlich von einer amerikanischen Universität benutzt. Mit 26 Buchstaben im Alphabet und der Möglichkeit, jeden davon beliebig oft zu verwenden, erwartet uns da noch einiges. Wer bist du? Ich bin LGTTTQQFAGPBDSM. Wie weit ist das wahrnehmungsmäßig von ALLES WAS IST, WAR UND JE SEIN KANN entfernt? Der Kult lacht sich wahrscheinlich ins Fäustchen, wenn er so was sieht.

Abb. 298: „Die Unterteilung des Ich-Phantoms in immer kleinere Einheiten" – *„Ich kleines Licht" werde immer kleiner.*

Ein liberaldemokratischer englischer Politiker outete sich Anfang 2020 als „pansexuell" – wahrscheinlich steht er auf einen römischen Hirtengott oder so. Es gibt so viele Gründe dafür, warum der Kult diese Besessenheit von Identität und die Identitätspolitik anzettelte. Zuallererst einmal geht es darum, Menschen in einer noch kurzsichtigeren Selbstwahrnehmung zu versklaven als je zuvor. Das Einsperren der Wahrnehmung in eine ausschließlich auf den fünf Sinnen beruhenden Realität, die durch eine Brandmauer vom erweiterten Gewahrsein abgeschottet ist, ermöglicht die Kontrolle der Menschen. Vor New Woke musste sich der Kult auf Etiketten wie Mann, Frau, Nation, Kultur und Religion beschränken, um die Fünf-Sinnes-Identität in die Falle zu locken und ihre Ausdehnung in eine Identität mit dem Wahren „Ich“ – DEM EINEN – zu verhindern. Durch die Erfindung der Identitätspolitik hat der Kult aber nun unbegrenzte Möglichkeiten, diese Etiketten immer weiter und in immer kleinere Einheiten zu unterteilen (Abb. 298).

Mit jeder Unterteilung identifizieren sich die Menschen mit immer kleineren und bis in feinste Einzelheiten definierten Etiketten und Selbstgefühlen, die sie in immer kleinere Wahrnehmungsblasen quetschen und die eine immer stärkere Trennung von DEM EINEN bewirken. Wie können Sie sich mit dem Wahren „Ich“ identifizieren, wenn Ihr Selbstgefühl sich in einem einzelnen Buchstaben aus einer sinnlosen Zeichenkette ausdrückt? Warum müssen sich Menschen überhaupt so detailliert selbst definieren? Die derzeitige Auswahl enthält die folgenden Begriffe: agender (ungeschlechtlich/geschlechtslos), androgyn, aromantisch, asexuell, bi-neugierig, bigender (beidgeschlechtlich), binder/binding, biologisches Geschlecht, bisexuell, Butch, cisgender, demiromantisch, demisexuell, genderqueer, gendervariant, gynesexuell/gynephil, pansexuell, queer, questioning und drittes Geschlecht. Wen interessiert das schon? Entscheiden Sie sich, wie Sie Ihr Leben leben wollen – und dann leben Sie es einfach. Warum muss man diese Entscheidung bis in die letzte Einzelheit bezeichnen? Und vor allem: Warum sollten diese Entscheidungen, zu denen der betreffende Mensch natürlich jedes Recht hat, dem Rest der Welt aufgezwungen werden? In England outete sich der bekannte Fernsehmoderator Phillip Schofield nach 27 Jahren Ehe als schwul, worauf ein hysterischer Medienzirkus folgte. Aber warum muss man uns erzählen, wo er sein Ding hineinsteckt? Wen interessiert das, abgesehen von ihm und seiner Familie? Leb dein Leben weiter, es geht uns nichts an. Eine Prominente hatte wiederum das Bedürfnis, uns mitzuteilen, dass sie gerade zum ersten Mal seit fünf Jahren wieder Sex hatte. *Warum nur*? Wen außer ihr und dem Kerl, mit dem sie im Bett war, kümmert das schon?

Mit Sicherheit spielt auch der Narzissmus eine Rolle in der Identitätsbesessenheit der New-Woke-Anhänger, die so auf der Suche nach Aufmerksamkeit sind. Schaut mich an, mich, mich! Alles soll so sein, wie ich es mir wünsche! Was auch immer der individuelle Grund dafür sein mag, sich mit einem Unteretikett zu identifizieren – das Ergebnis wird stets dasselbe sein. Die Blase des „Ich bin ein“ schrumpft sowohl in der Größe als auch in der Außenwahrnehmung immer mehr, und genau das bringt die Agenda prächtig voran. Die Identitätspolitik regt die Menschen dazu an, ihr „Ich“ nur mit einer sexuellen Vorliebe gleichzusetzen. Glauben die Leute denn wirklich, dass der Ort, wo sie ihren Schwanz hineinstecken (oder auch nicht), ihre Identität ausmacht? *Verdammt nochmal*. So weit sind wir gekommen. Und dabei passieren alle diese Dinge nicht zufällig: Der Kult steckt dahinter. Ich lasse mich gern von den Jüngern für meine Worte beschimpfen – aber wenn sie nicht wirklich aufwachen, anstatt nur „woke“ zu sein, dann werden sie und ihre Kinder in einer technologischen Dystopie leben müssen, lange nachdem ich in die Unendliche Ewigkeit übersiedelt bin.

Zwei weitere Motivationen des Kults für die Identitätspolitik sind der durch das Teile-und-herrsche-Prinzip bewirkte Abstieg in den Tribalismus sowie die Einführung des Big-

Abb. 299: „Identitätspolitik. Teile und herrsche" – *Natürlich geht es in der Identitätspolitik um nichts anderes.*

Brother-Staats (Abb. 299). Auf der Welt leben viel zu viele Menschen, als dass der Kult sie alle kontrollieren könnte. Durch die Verbindung des menschlichen Gehirns mit künstlicher Intelligenz soll das zwar bald möglich sein, aber im Moment fehlt es dem Kult einfach an Personal, um einer Weltbevölkerung von acht Milliarden Menschen seinen Willen aufzuzwingen, wenn die Leute nicht von selbst bereitwillig kooperieren. Sie lösen dieses Problem, wie sie es schon immer getan haben: indem sie Menschen dazu manipulieren, einander in Übereinstimmung mit der Agenda zu kontrollieren (wie wir ja seit Beginn der Lockdowns mehr als genug gesehen haben).

Welche Spaltungen die New-Woke-Ideologie erzeugt hat, lässt sich unschwer an der Besessenheit von Ethnie, Kultur und Sexualität erkennen. All diese Punkte bieten unendlich viel Potenzial dafür, die Allgemeinheit und sogar die Unterabteilungen der Selbstidentität immer weiter zu spalten. Es wird immer unübersehbarer, wie die Revolution ihre Kinder frisst. Das untrügliche Kennzeichen der New-Woke-Bewegung besteht darin, dass sie *alles* tut, was sie anderen vorwirft. Dafür gibt es viele Präzedenzfälle in der Religion. Die diversen Inquisitionen, die unzählige Menschen verfolgten, folterten und umbrachten, wurden von angeblichen Anhängern des „sanftmütigen Jesus" und Gegnern des „bösen Satan" inszeniert. Sie waren von ihrer Reinheit und Unverdorbenheit überzeugt und glaubten, das „Werk Gottes" zu tun, während sie sich wie die Kinder des Teufels verhielten. Sie ermordeten Männer, Frauen und Kinder im Namen des „Fürsten des Friedens". Eine solche Umkehrung oder Selbsttäuschung ist nur schwer vorstellbar – doch wenn man die Inquisitoren darauf hingewiesen hätte, dann hätten sie den inneren Widerspruch nie erkannt. Der Glaube an ihre Selbstgerechtigkeit hätte jede Neueinschätzung ihrer Handlungsweise und sogar einen kritischen Blick in den Spiegel verhindert. Sie hatten *recht* – und jeder, der anderer Meinung war, musste ausgelöscht werden. „Gott" wollte es so.

Abb. 300: „New-Woke-Daleks. Vernichten! Vernichten!" – *Die New-Woke-Mentalität ist bereits jenseits jeder Parodie.*

Heute sind wir vom Verbrennen auf dem Scheiterhaufen, den heißen Eisenzangen und den Daumenschrauben abgekommen. Die Inquisition der Gegenwart arbeitet mit Dämonisierung, übler Nachrede und dem Versuch, das Leben und die Karriere der Ungläubigen zu zerstören (Abb. 300). Die Methoden mögen sich geändert haben, doch die dahinterstehende Mentalität und Ideologie sind gleichgeblieben. Nach wie vor ist es das, was *ich* denke, das allen anderen aufgezwungen werden muss.

Von wegen „soziale Gerechtigkeit"

Man braucht schon ein gerüttelt Maß an Selbsttäuschung, um den Faschismus durchsetzen zu können und gleichzeitig zu behaupten, „antifaschistisch" zu sein. Diese Eigenschaft ermöglicht es den New-Woke-Ideologen, mit kalter, herzloser Intoleranz zu handeln und sich darüber zu freuen, dass sie andere Menschen und deren Familien verletzen, ihnen schaden und sie zerstören können, während sie sich in ihrer Selbstidentität weiterhin als freundlich, tolerant, liebevoll, herzlich und zutiefst für „soziale Gerechtigkeit" engagiert sehen. Die „Toleranz" dieser Ideologie ist ein Zustand permanenter Wut und Raserei, der sich gegen den „Feind" mit seinen „falschen" Meinungen richtet. Die Selbsttäuschung ist ein derart wichtiger Teil der Persona („Schauspielermaske"), dass deren Befürworter auch gerne als „Social Justice Warriors" bezeichnet werden, die für die soziale Gerechtigkeit in den Krieg ziehen. Dabei scheren sich die Extremisten und Aktivisten dieser Bewegung (so wie ihr Hauptfinanzier George Soros) einen Dreck um soziale Gerechtigkeit – ebenso wenig wie die Handlanger des Kults hinter der russischen und der chinesischen Revolution, die beide auch noch die letzten Reste sozialer Gerechtigkeit beseitigten.

Auf dieselbe Weise sind sie „antirassistisch" und „antisexistisch", aber gleichzeitig total besessen von ethnischer Abstammung und Sexualität, weil sie alle menschlichen Verhaltensweisen und Interaktionen nur durch diesen Filter betrachten können. Sie sind *selbst* rassistisch und sexistisch, weil sie Menschen je nach Hautfarbe und sexuellen Vorlieben anders behandeln, aber das werden sie nie einsehen. Vielleicht sollte ich sie noch einmal daran erinnern, dass Zuordnungen wie „Ethnie", „Volkszugehörigkeit" oder „Rasse" nur ein Etikett für eine kurze Erfahrung desselben Bewusstseins ist, das wir alle sind (Abb. 301). Woke-Aktivisten unternehmen in Wahrheit gar nichts, um soziale Gerechtigkeit herbeizuführen. Sie benutzen diesen Begriff nur, um zu „zerschlagen und zerstören" und den Impulsen ihres Softwaredownloads zu folgen. Ein Kommentator im Internet hat den Unterschied zwischen einem echten Aktivisten auf der Suche nach sozialer Gerechtigkeit und einem woken „Social Justice Warrior" so beschrieben:

Abb. 301: „Was ist Rasse? Dasselbe Bewusstsein, nur ein andersfarbiges Gefährt. Mehr nicht." – *Echte Inklusivität ist das Gewahrsein, dass wir alle Eins sind.*

> Sozialer Aktivist: „Schau, dieser Hauseingang hat keine Rollstuhlrampe. Bauen wir eine."
>
> Social Justice Warrior: „Verfolgen wir die Leute, die diese Treppe benutzen, und machen ihnen ein schlechtes Gewissen, weil sie Beine haben!"

Irgendwie verstehe ich diese Vorgangsweise ja auch. Ich meine, warum sollte ein „Krieger für soziale Gerechtigkeit“ seine Zeit mit Agitation und persönlichem Einsatz vergeuden, damit die Obdachlosen Wohnungen erhalten, die Mittellosen Arbeit finden, die Hungernden ernährt werden und massenmörderische Kriege endlich ein Ende haben? Schließlich gibt es doch viel Wichtigeres zu tun und epische historische Schlachten auszufechten, in denen es um die Frage geht, ob ein Typ, der sich als Frau bezeichnet, mit „sie“, „xier“ oder „per“ angesprochen werden soll. In Wahrheit geht es doch immer um *mich, mich, mich* und meine Selbstidentität. Aufseiten der echten Linken gibt es viele Leute, die sich für Fairness und soziale Gerechtigkeit einsetzen. Leider haben sie es aber zugelassen, dass sie von der vorgetäuschten „sozialen Gerechtigkeit“ der New-Woke-Bewegung überrollt und geschluckt werden. Dieser Fake wird interessanterweise vom gesamten Establishment unterstützt und gefördert, also von genau den Leuten, die im Endeffekt dem einen Prozent und dem Kult unterstehen. Dieldeologie „kämpft gegen Rassismus“, indem sie rassistisch ist; fordert Toleranz, obwohl sie selbst von atemberaubender Intoleranz ist; und „bekämpft Hass“ mit Hass im Gesicht und Gift im Gehirn (Abb. 302). Sie kann ihre Umkehrungen und ihre Heuchelei genauso wenig erkennen wie früher die spanische Inquisition. Und sie ist mit Sicherheit nicht selbstbewusst, verständig und demütig genug, um zu sehen, dass der Kult, der damals hinter der Inquisition steckte, auch heute die treibende Kraft hinter ihrer Bewegung ist.

Abb. 302: „Das Gesicht der ‚Anti-Hasser‘“ – *Ich hasse dich, weil du hasst. Ja, gut durchdacht, Kumpel.*

In einer australischen Fernsehshow stellte man feministischen New-Woke-Extremistinnen die Frage: „Wann sind Aggression und Gewalt eine bessere Option als Selbstbewusstsein, überzeugende Argumente und eine Vorbildwirkung für das angestrebte Verhalten, wenn man bedeutende Veränderungen herbeiführen will?“ Wenn die Ideologie auch nur annähernd richtig wäre, hätte die Antwort „Nie“ lauten müssen. Aber sie ist eben falsch, und daher antwortete die erste Extremistin: „Wenn all das andere Zeug nicht funktioniert.“ Eine andere meinte, sie wolle, dass „das Patriarchat den Feminismus fürchtet“, und fuhr fort: „Das Wichtigste für mich als Feministin ist die Zerstörung des Patriarchats.“ Dann stellte sie ebenfalls eine Frage: „Wie viele Vergewaltiger müssen wir töten, bevor Männer aufhören, Frauen zu vergewaltigen?“ Als man sie darauf hinwies, dass in ihren Antworten recht oft die Worte „zerschlagen“ und „zerstören“ vorkommen, entgegnete sie: „Ja ... um eine Welt zu schaffen, in der ich nicht vergewaltigt und ermordet werde.“ Beides war ihr nie passiert – Letzteres sogar ganz offensichtlich nicht.

Man darf sich nicht darüber hinwegtäuschen lassen, dass die New-Woke-Extremisten ein Werkzeug des Kults sind, das zum „Zerschlagen“ und „Zerstören“ der Demokratie und Freiheit eingesetzt wird, um der Hungerspiele-Gesellschaft die Bahn frei zu machen. Je extremer die Extremisten werden, desto mehr fordern sie von anderen Befürwortern der

Ideologie, sich diesem Extremismus anzuschließen, wenn sie nicht auch als „bigott, rassistisch, Nazis und Werkzeuge des Patriarchats" auf die Abschussliste kommen wollen.

Revolution – deine Kinder stehen schon auf der Speisekarte.

Sprachzerstörung und Selbstzensur

Werbung ist von sämtlichen Aspekten der New-Woke-Agenda des Kults durchdrungen, weil sie allerorten gesehen wird und das perfekte Medium für eine Wahrnehmungs- und Verhaltensmodifikation ist. Heutzutage werden Anzeigen verboten, weil keine Frau darin vorkommt, weil das Wort „Mädchen" verwendet wird oder weil sie „Geschlechterstereotypen bestärken", indem sie eine Frau zeigen, die sich um ein Baby kümmert. Man sagt uns, dass diese Inserate „diverser" sein müssten – das bedeutet, sie sollen die reale Welt um uns ignorieren und stattdessen die Welt darstellen, wie der Kult sie sich wünscht.

Abb. 303: New-Woke-Inklusivität. Wenn die Weißen erst einmal ausgelöscht sind, kommen sie auch euch holen ...

Sadiq Khan, der moslemische Bürgermeister von London und ein Tugendprahler par excellence, stellte den Empfänger des Preises für „Diversität in der Werbung" des Jahres 2020 vor – ein Inserat, das keine weißen Menschen zeigte (Abb. 303). Man erkennt die Absicht. „Londons größte Stärke ist seine Diversität", sagte Khan ohne auch nur einen Anflug von Ironie. Vielleicht ist Ihnen auch schon aufgefallen, wie viele Paare gemischter Abstammung auf Werbeplakaten zu sehen sind. Ich habe nichts gegen solche Beziehungen, sondern finde sie sogar ganz wunderbar, doch wenn sie ständig in der Plakatwerbung für ein Massenpublikum zu sehen sind – und das in einem wesentlich größeren Ausmaß, als solche Beziehungen in Wirklichkeit vorkommen –, handelt es sich eindeutig um einen Fall von Wahrnehmungsmanipulation.

Die menschliche Gesellschaft wird umgestaltet, indem man Sprache und Populärkultur der politischen Korrektheit ausliefert – die ja nichts anderes ist als ein Werk des Kults zur Zerstörung des Diskurses und der freien Meinungsäußerung. Eine entscheidende Rolle spielt dabei die Überwachung der Sprache, in der die Menschen sich miteinander verständigen. Wenn die Wörter gelöscht wurden, mit denen Sie Ihre Ansichten ausgedrückt haben, können Sie diese Ansichten nicht mehr formulieren. George Orwell schrieb in „1984" über „Neusprech", das in seiner Dystopie „Altsprech" ersetzt hatte. Als Altsprech wird die frühere Sprache bezeichnet, die Wörter enthielt, mit denen man Gedanken und Meinungen eingehend darlegen konnte; Neusprech hingegen ist eine stark redigierte und zensierte Sprache, aus der alle Wörter gestrichen wurden, die zu sehr ins Detail gehen. Gewisse

Themen und Fragenkomplexe dürfen in Neusprech überhaupt nicht mehr diskutiert werden. Neusprech ist die Sprache der heutigen politischen Korrektheit, in der Wörter mittels Meinungszensur einfach gelöscht werden, weil man so angeblich gegen Hassrede, Fake News und Mikroaggressionen vorgehen kann. In den darauffolgenden Generationen müssen diese Wörter dann gar nicht mehr zensiert werden. Sie verschwinden im Dunkel der Geschichte und sind nicht mehr bekannt, geschweige denn in Verwendung. Wir *denken* auch in Wörtern – und wenn wir nur noch die faden, bedeutungslosen Plattitüden des Politisch-korrekt-Sprech zur Verfügung haben, fehlt es uns an der Sprache, um klar und präzise *denken* zu können. In der Fünf-Sinnes-Realität ermöglichen erst Wörter das Denken. Wer die Wörter kontrolliert, der kontrolliert die Bevölkerung sogar in ihrem Denken.

Die politisch korrekte Einschüchterungstaktik führt zur perfidesten Form der Zensur: der Selbstzensur. Dabei beschließt die Bevölkerung zu schweigen, sodass alle Meinungen und Informationen, die der offiziellen Lehrmeinung die Maske vom Gesicht reißen könnten, einfach verschwinden. Wenn jeder, inklusive der eigenen Familienmitglieder, ein potenzieller Stasispitzel und Informant sein könnte, wenn man rund um die Uhr mittels Cyberüberwachung und Mikrofonen in Smart-TV-Geräten, Smartphones, Computern und sogar Straßenlaternen bespitzelt wird, dann ist die Angst, in irgendeiner Situation zu einem beliebigen Menschen „etwas Falsches“ zu sagen, so groß, dass man sich nur noch die Dinge zu sagen getraut, die mit dem offiziellen Narrativ übereinstimmen. Verstärkt wird dieser Trend noch durch potenzielle Arbeitgeber, die weit zurückreichende Beiträge eines Bewerbers in den sozialen Medien überprüfen, um entscheiden zu können, ob die betreffende Person politisch korrekt genug für den Job ist. Andere werden im Erwachsenenalter für Beiträge diffamiert und gekündigt, die sie als Jugendliche veröffentlicht haben, obwohl die entsprechenden Äußerungen damals noch gar nicht als politisch unkorrekt galten. Diese Zensurmethoden wurden bis ins Detail so gestaltet, dass unerwünschte Meinungen und Diskussionen damit unterdrückt werden können. Die New-Woke-Ideologen sind die Stasi von heute, bis morgen die echte Stasi auf den Plan tritt und sie selbst aufs Korn nimmt. Autoren und Verlage beschäftigen mittlerweile sogar schon „Sensitivity-Reader“, die literarische Texte „auf schädliche oder missverständliche Darstellungen und Mikroaggressionen überprüfen“. Wie Ihnen vielleicht aufgefallen ist, sind solche Leute bei mir nicht am Werk …

Auch die Comedyszene wurde von der politisch korrekten Stasi zerstört. Nur wenige „Komiker“ hatten genug Mut oder Selbstachtung, um sich gegen die Zensoren zu stellen. Die Schickeria überschlägt sich in ihrem Bemühen, öffentlich als Anhänger des New Woke dazustehen. Solche Dinge passieren eben, wenn sich eine neue Lehrmeinung (wie der „Klimawandel“) durchsetzt. Prominente und Politiker, die stets nach mehr Beliebtheit streben, unterstützen und verordnen die Lehrmeinung, um zu zeigen, wie woke und tugendhaft sie sind. Sie möchten von den Leuten, die sich selbst davon überzeugt haben, dass sie „gute Menschen“ sind, ebenfalls als „gute Menschen“ angesehen werden. Dabei handelt es sich bei diesem Publikum um ebenjene „Gutmenschen“ mit verschlossenen Herzen und Köpfen, die Hass verbreiten und das Leben derer zerstören wollen, die sich nicht an ihre Ideologie halten. Sobald das Bedürfnis, von anderen gemocht zu werden, wie bei Prominenten und Politikern zum Selbstzweck wird, ist es mit der Unabhängigkeit des Denkens und Handelns

Abb. 304: „Die lebensverändernde Kraft des Satzes ‚Das ist mir scheißegal.'" – *Herrlich, diese Freiheit!*

vorbei. Dann spricht man nicht mehr seine eigene Wahrheit aus, sondern nur das, was einem auf Facebook ein „Like" einbringen könnte. Ich habe da einen ganz anderen Zugang. Manche Leute mögen mich nicht? Das ist mir scheißegal (Abb. 304).

Andere Tricks aus dem Arsenal der politisch Korrekten, mit denen die Bevölkerung mundtot gemacht werden soll, heißen „Tropen" und „Hundepfeifenpolitik". Ein Tropus ist – ähnlich wie eine Metapher – ein sprachlicher Ausdruck, bei dem ein Wort oder eine Wortgruppe etwas anderes als seine/ihre wörtliche Bedeutung vermittelt (oder von politisch korrekten Eiferern so interpretiert wird). Als Hundepfeifenpolitik bezeichnet man „eine Form codierter Sprache, die es erlaubt, eine versteckte Bedeutung in Aussagen einzubetten, die nur die eigene Anhängerschaft versteht bzw. erkennt" (oder etwas, das von politisch korrekten Eiferern so interpretiert wird). So gut wie jede Kritik an Gruppen, die unter dem Schutz der politisch Korrekten stehen, wird heute unter diesen zwei Begriffen zusammengefasst, um noch mehr Vorwände zu haben, Menschen als Rassisten und Nazis zu diffamieren, zu ächten und zensieren.

Ein Klassiker des Genres: Jeder, der öffentlich äußert, dass eine verschworene Elite die Welt regiert, wird sofort als „Antisemit" bezeichnet, weil dahinter angeblich der „Tropus" steht, dass jüdische Menschen das Bankensystem, die Medien und so weiter kontrollieren. Dazu ist es gar nicht notwendig, jüdische Menschen zu erwähnen oder auch nur zu meinen. Beschimpft und zensiert wird man trotzdem, weil die Antisemitismusindustrie und die israelische Schutzgeldmafia auf jeden Fall behaupten, dass man eigentlich das gemeint habe – ein weiterer Betrug, um die sich stets weiter ausbreitende Zensur zu rechtfertigen. Ein Autor der *Canadian Jewish News* schrieb, dass die Behauptung, es gebe einen Krieg gegen Weihnachten, „antisemitisch" sei, weil es sich um einen Tropus handle. Aus demselben Grund soll man auch die Begriffe „New Yorker Anwälte (und Banker)", „Hollywood-Kultur", „Säkularisten" und „Internationalisten" nicht mehr verwenden dürfen, wenn man nicht umgehend als „Antisemit" eingestuft werden will.

Die Welt ist heute nicht mehr bloß verrückt. Sie ist klinisch geisteskrank.

KAPITEL 11

WARUM WEISSE? WARUM CHRISTEN? WARUM MÄNNER?

„Menschen wegen ihrer Hautfarbe zu hassen, ist falsch. Und es spielt keine Rolle, von welcher Farbe der Hass ausgeht. Es ist einfach falsch."
Muhammad Ali

Die Art und Weise, wie New-Woke-Ideologie und politische Korrektheit auftauchen und sich so blitzschnell durchsetzen konnten, lässt sich nur verstehen, wenn man sich des Plans bewusst ist, den der Kult der Menschheit aufzwingen will. Die Symbiose zwischen der Agenda des Kults und der New-Woke-Ideologie ist deshalb so eklatant, weil der eine das andere geschaffen hat. Wenn man beides miteinander vergleicht, fügt sich alles zusammen. Im Folgenden finden Sie eine kurze Zusammenfassung einiger der Ziele, die sie gemeinsam haben:

- Zentralisierung der globalen Macht (gefordert von den New-Woke-Jüngern, um die Welt vor dem Klimawandel zu retten)
- Zensur jeglicher Kritik und Bloßstellung des Kults und seines Plans für die Menschheit (eine mittels politischer Korrektheit durchgepeitschte Forderung der Anhänger des New Woke)
- Versklavung der Wahrnehmung in immer kleineren Selbstidentitäten (gefördert von New-Woke-Ideologen mittels Identitätspolitik)
- Teilen und herrschen (ebenfalls von der New-Woke-Bewegung durch Identitätspolitik und die *„Ich habe recht"*-Mentalität gefördert)
- Umwandlung der westlichen Gesellschaft sowie Demontage ihrer Kultur und Lebensweise (schon wieder von Anhängern des New Woke durch Identitätspolitik und die unbegrenzte Zuwanderung aus anderen Kulturen gefördert)

- Anvisieren von Männern, Weißen und Christentum aus Gründen, auf die ich bald zu sprechen kommen werde (vom New Woke gefördert durch Identitätspolitik sowie Behauptungen über „toxische Männlichkeit“ und „Rassismus“ – Verleumdungen von Weißen sind aber nie „Rassismus“; abgesehen davon darf man sich an Hetzereien gegen das Christentum alles erlauben, während andere Religionen von der politischen Korrektheit geschützt sind)
- Schaffung eines geschlechtslosen, fortpflanzungsunfähigen Menschen (gefördert von größtenteils nichts ahnenden New-Woke-Jüngern und extremistischen Transgenderaktivisten, die an der Umwandlung der Welt in eine geschlechtslose Gesellschaft arbeiten und Kinder indoktrinieren, damit sie ihr Geschlecht infrage stellen – was ihnen ohne diese Propaganda nie einfallen würde)
- Entwaffnung der amerikanischen Bevölkerung vor einem Staatsstreich durch bis an die Zähne bewaffnete, KI-gesteuerte Polizisten und Militärangehörige (gefördert durch New Woke mittels der Forderung nach dem Verbot und der Konfiszierung von Waffen, nach denen es bewaffneten Regierungsagenten möglich sein wird, die Bevölkerung total zu beherrschen; zudem werden Kriminelle dann freie Bahn haben – vor allem in ländlichen Gebieten, die der Kult entvölkert sehen will)

Die New-Woke-Bewegung dient auch noch etlichen anderen Aspekten der Agenda des Kults, zum Beispiel dem Endspiel um die KI-Technologie. Wohin man auch schaut, die Mentalität des New Woke und die Agenda des Kults sind eins. Sämtliche Themen und Bereiche im Universum des New Woke entsprechen Zielen des Kults: Klimawandel, ethnische Trennung, die Trennung von Menschen mit unterschiedlichen sexuellen Vorlieben, der Transgendertrend und die politische Korrektheit. Die dem Kult dienende Ideologie versucht, Risse und Widersprüche in ihrer zerbrechlichen Koalition aus Minderheitengruppierungen durch etwas zu überdecken, das sie „Intersektionalität“ nennt. Laut Eigendefinition handelt es sich dabei um „die miteinander verbundene Beschaffenheit sozialer Kategorisierungen wie Volkszugehörigkeit, Klasse und Geschlecht, wie sie auf ein bestimmtes Individuum oder eine Gruppe zutreffen, die einander überlappende und voneinander abhängige Systeme der Diskriminierung und Benachteiligung erzeugen“. Übersetzt aus dem Orwellschen heißt das, dass man Minderheitengruppierungen davon überzeugt, dass sie alle gemeinsam von der Gesellschaft und den „weißen Privilegien“ unterdrückt werden und daher zusammenhalten sollten, um den Gegner zu Fall zu bringen – und das trotz aller Punkte, in denen sie sich nicht einig sind und miteinander konkurrieren. Intersektionalität ist der Versuch des Kults, ungleiche Gruppen zu einer einzigen Streitmacht zusammenzuführen, um die Gesellschaft nach seinem Bilde umzuformen. Die New-Woke-Aktivisten neigen dazu, sich zwischen diesen „Sektoren“ hin- und herzubewegen; vom Standpunkt des Kults aus geht es aber immer nur um eine Agenda.

Die deutsche Aktivistin Carola Rackete (was für ein passender Name!) ist die Verkörperung dieser Zusammenhänge. Sie war die Kapitänin, die verhaftet wurde, weil sie Migranten unter dem Vorwand, sie „zu retten“, von Libyen nach Italien befördert hatte. Die niederländische Regierung, unter deren Flagge ihr Schiff fuhr, bezeichnete ihre Handlungsweise jedoch als „keinen Rettungs-, sondern einen Fährdienst“. Als Nächstes tauchte

Rackete als Klimaaktivistin und Unterstützerin von Extinction Rebellion auf, schwafelte die üblichen Phrasen nach und forderte die Zerstörung der Gesellschaft, um die Welt zu retten. Mit anderen Worten: Sie ist Woke-Profi, von denen es mittlerweile ganze Scharen gibt.

Eine weitere Anmerkung zu New Woke und LGBT etc. betrifft das heute schon *allgegenwärtige* Regenbogenfarbenlogo. Der sabbatianisch-frankistische Arm des Kults hat hinter einer erfundenen Tarngeschichte lange Zeit eine Reihe unheilvoller, drakonischer Gebote entwickelt, die er der gesamten Menschheit aufbürden will. Die Rechtfertigung dafür lautet, dass diese Gebote angeblich von „Gott" direkt an „Noah" gegeben wurden. Und da Noah der „Vater der Menschheit nach der Sintflut" ist, sollen sie für alle gelten. Sie werden Noachidische Gebote genannt, und ich werde in Anhang 2 ausführlicher auf sie zurückkommen. Hier erwähne ich sie deswegen, weil ihr Logo schon lange vor dem Auftauchen der New-Woke-Ideologie die Farben des Regenbogens zeigte, womit der Regenbogen in der Sintflutgeschichte um Noah symbolisiert werden soll. Wenn man so völlig von Symbolik besessen ist wie der Kult, ist das kein Zufall.

Weißer als weiß

Die Ideologen des New Woke greifen die *westliche* Welt an, die trotz ihrer vielen Fehler bisher die freieste Region der Welt war. Erinnern Sie sich noch an die Zitate des hebräischen „Rab" David Touitou über die Notwendigkeit, die europäische und christliche Gesellschaft zu zerstören, bevor ihr „Messias" kommen kann? Die Europäische Union ist ebenso Teil dieses Vorhabens. Kommunistische/faschistische Staaten wie China sind bereits auf dem Weg dorthin, wo nach dem Willen des Kults der gesamte Planet landen soll. Der Kult muss nur noch den Westen verändern, um seine globale Dystopie herbeizuführen. Klimaextremisten sprechen nie über China, den größten Produzenten des von ihnen so verteufelten CO_2, setzen sich aber vehement für die Zerstörung der westlichen Volkswirtschaften ein. Australien will wegen des Klimakults keine neuen Kohlekraftwerke bauen, doch australische Kohle befeuert Kraftwerke in China, Indien, Japan und anderen asiatischen Ländern. Die gesamten jährlichen Kohlendioxidemissionen Australiens liegen unter dem *jährlichen Anstieg* Chinas.

Der Westen ist das Ziel, weil er Ziel des Kults ist. All das bringt mich zum Wahrnehmungskrieg gegen weiße Menschen und vor allem weiße Männer. Die der westlichen Welt zugrundeliegende Volksgruppe sind weiße oder „europide" Menschen – und das ist auch der Grund dafür, warum die politische Korrektheit jede ethnische Gruppe außer den *Weißen* schützt. Wenn man aber gegen eine Hautfarbe vorgehen darf und dies bei allen anderen verboten ist, hat dieses Verhalten einen Namen: Rassismus. Für jene nichtweißen Menschen, die dagegen nichts einzuwenden haben, weil sie ja selbst nicht davon betroffen sind, habe ich ein Zitat von Pastor Martin Niemöller über Nazi-Deutschland auf Lager:

> Als sie die Kommunisten holten, habe ich geschwiegen; ich war ja kein Kommunist.
>
> Als sie die Gewerkschaftler holten, habe ich geschwiegen; ich war ja kein Gewerkschaftler.
>
> Als sie die Juden holten, habe ich geschwiegen; ich war ja kein Jude.
>
> Als sei mich holten, gab es keinen mehr, der protestieren konnte.

Weiße Menschen werden hauptsächlich deswegen angegriffen, weil sie einen Großteil der westlichen Gesellschaft ausmachen, die auf der Abschussliste des Kults steht. Hätte eine andere Volksgruppe diese Position inne, dann wäre *sie* ins Visier genommen und Menschen mit weißer Hautfarbe eher durch die politische Korrektheit geschützt worden. „Ist nicht persönlich gemeint, Kumpel, es geht nur ums Geschäft" – obwohl ich glaube, dass es auch noch andere Gründe gibt, warum der Kult die Unterwerfung der Weißen anstrebt. Hier haben wir es wieder einmal mit der öffentlich zur Schau gestellten, umgedrehten Heuchelei der New-Woke-Bewegung zu tun, während die *kalkulierte* Heuchelei von denen betrieben wird, die sich im Schatten verbergen. In England gab es sogar Forderungen, die britischen Nationalparks „diverser" zu gestalten, weil sie angeblich „zu stark auf ältere, körperlich gesunde weiße Menschen" ausgerichtet sind. Es handelt sich um Landschaften, in denen jeder zu Fuß unterwegs sein kann, unabhängig von seinem ethnischen oder sexuellen Hintergrund; wenn jemand das nicht tut (falls diese Ausrichtung tatsächlich der Fall sein sollte), dann ist das seine Entscheidung. Da solche Entscheidungen aber nicht zur Agenda passen, wird die staatliche Finanzierung der Parks davon abhängig gemacht, dass sie künstlich mehr Diversität einführen. Wie würde wohl die Reaktion aussehen, wenn jemand behaupten würde, ein bestimmter Ort sei auf schwarze, asiatische oder moslemische Menschen oder auch junge Leute „zu stark ausgerichtet"? Umgekehrter Rassismus und Heuchelei sind heute allgegenwärtig, und das hat seinen Grund.

Der schwarze Sänger Stormzy rief ein Stipendium ins Leben, um die Studiengebühren von Schwarzen an der Universität Cambridge zu finanzieren; ich wünsche ihm viel Erfolg dabei. Als der Philanthrop Sir Bryan Thwaites zwei führenden Privatschulen jedoch ein Vermächtnis von einer Million britischen Pfund in seinem Testament anbot, mit dem arme weiße Jungen unterstützt werden sollten, lehnten Dulwich und Winchester College dies ab, weil es nicht „integrativ" war. Thwaites' Angebot war auf die Tatsache zurückzuführen, dass weiße englische Jungen schlechtere schulische Leistungen erbringen als fast jede andere ethnische Gruppierung. Die Wahrscheinlichkeit, dass sie eine Universität besuchen, ist niedriger als bei ihren Altersgenossen, und sie schneiden auch bei Prüfungen relativ schlecht ab. Trevor Phillips, ein Schwarzer und ehemaliger Leiter der Gleichstellung- und Menschenrechtskommission bezeichnete arme weiße Jungen als „die Bildungsrückständigen von heute".

Eine solche ethnisch völlig faire Aussage konnte nur zu einem Ergebnis führen: Phillips wurde bald danach wegen „Islamophobie" aus der längst von der New-Woke-Ideologie übernommenen Labour Party ausgeschlossen. Wer heute wegen Rassismus von der Labour Party gesperrt oder ausgeschlossen wird, beweist damit nur, dass er noch einen Bezug zur Realität hat. Kehinde Andrews – ein englischer Professor für „Black Studies" an der Birmingham City University, Direktor des Zentrums für kritische Sozialforschung, Gründer der Organisation of Black Unity [dt. etwa: Organisation für Einheit der Schwarzen] und Mitvorsitzender der Black Studies Association [dt. etwa: Vereinigung für Studien zum Thema Schwarze]; man erkennt irgendwie, dass er vom Thema ziemlich besessen ist – bezeichnete Phillips „als ehemaliges Mitglied der schwarzen Gemeinschaft". Ist ja auch völlig logisch: Hat man ein schwarzes Gesicht, so ist man in Wirklichkeit weiß, wenn man das Spiel der New-Woke-Tyrannei nicht auf Punkt und Komma mitspielt. Sir Bryan Thwaites fragte völlig zu Recht: „Wenn die Universität Cambridge eine sehr viel höhere Spende zur Unterstützung schwarzer Studenten annehmen kann, warum darf ich dann nichts für unterprivilegierte weiße Briten tun?" Die Antwort lautet: Die New-Woke-Ideologie strebt – im Gegensatz zu mir – nicht nach Gleichheit für alle, sondern ist eine vom Kult gesteuerte Agenda, zu der es gehört, gegen Weiße vorzugehen, um die westliche Gesellschaft zu verändern. Ein klassisches Beispiel für den rassistischen Extremismus des New Woke ist die Ansicht, dass die Unterdrückung schwarzer Menschen in Südafrika und Simbabwe widerlich war (was stimmt), die Ermordung weißer Farmer und deren Familien in diesen heute unter schwarzer Herrschaft stehenden Ländern durch schwarze Rassisten aber ganz okay ist, weil die Opfer es nicht besser verdient hätten (was absolut nicht stimmt).

Vielleicht war es als Antwort auf die rassistische Herabwürdigung einer einzelnen Hautfarbe – einzig und allein wegen der Zugehörigkeit zu einer bestimmten Volksgruppe – zu verstehen, dass in England Plakate mit dem Text „Es ist okay, weiß zu sein" auftauchten. Als man im schottischen Perth eines dieser Plakate erblickte, erwachte sofort der übliche Zorn der Jünger des New Woke. Auf den Plakaten stand nicht „Weiß ist die Herrenrasse", sondern nur „Es ist okay, weiß zu sein" – was übrigens auch der Fall ist. Es ist ja nur ein Körper. Trotzdem kam sofort eine Wortmeldung von John Swinney, der für den Wahlkreis Perthshire North im schottischen Parlament sitzt: „Es ist widerlich und ekelhaft zu wissen, dass Menschen so denken." Swinney bezeichnete die Plakate als „abscheulich" und fügte seinem Sermon hinzu: „Wir müssen zusammenstehen, um uns gegen derart inakzeptables Material zu wehren." Brav Tugend zur Schau gestellt, Mr. Swinney, gut gemacht! Ich werde New-Woke-Jünger erst dann ernst nehmen, wenn sie auf Sätze wie „Es ist okay, schwarz zu sein", „Es ist okay, asiatisch zu sein" oder „Es ist okay, Moslem zu sein" genauso reagieren. Bis dahin stufe ich sie aber als genau das ein, was sie sind: Heuchler, die umgekehrten Rassismus praktizieren. Danke, aber ich bin gegen jede Art von Rassismus, nicht nur den, der den New-Woke-Ideologen (als verlängertem Arm des Kults) missfällt. Bezeichnenderweise gab die örtliche Polizeibehörde an, dass sich kein Bürger über die Plakate beschwert habe. Sie seien jedoch auf ihre Existenz aufmerksam gemacht worden (zweifellos von New-Woke-Aktivisten) und würden den Fall untersuchen.

Was durch die unbegrenzte Zuwanderung in Schweden und Deutschland geschehen ist, dient als Blaupause für die gesamte westliche Welt. Die schwedische Gesellschaft, wie sie jahrhundertelang bestand, ist bereits verschwunden. Was dort passiert ist, lässt sich nicht mehr rückgängig machen, weil New-Woke-Ideologen das Land kontrollieren. Auch das benachbarte Finnland ist ernsthaft Woke-gefährdet, seit die damals 34-jährige Sozialdemokratin Sanna Marin Ende 2019 die jüngste Ministerpräsidentin der Welt wurde. Sie führt ein von Frauen dominiertes (12 von 19 Ministerposten) Kabinett und eine Koalition aus vier weiteren Parteien an, die alle von Frauen geführt werden, wobei drei dieser Frauen unter vierzig sind. Man nehme ein Ungleichgewicht und kehre es um – so funktioniert die Woke-Methode. Dabei sollten eigentlich Befähigung und Erfahrung die Kriterien für einen Regierungsposten sein und nicht Alter, Volkszugehörigkeit oder Geschlecht. Auch Finnland ist ein Land, das die ernüchternden Folgen der politischen Korrektheit bereits zu spüren bekommt. Wer hier bestimmte Dinge wie die Auswirkungen der Zuwanderung aus anderen Kulturen auf die finnische Lebensweise infrage stellt, muss mit Konsequenzen rechnen. Themen, über die man nicht reden und die man nicht kritisch betrachten darf, sind *immer* ein Teil der Kult-Agenda.

Die renommierte Yale University – Heimat der berüchtigten Geheimgesellschaft Skull and Bones, aus der schon etliche US-Präsidenten hervorgingen – hat laut einem Bericht der *Yale Daily News* einen Kurs über Kunstgeschichte „von der Renaissance bis zur Gegenwart“ aus dem Studienprogramm gestrichen, weil die darin behandelten Künstler von einer „erdrückenden“ Weißheit, Männlichkeit und Heterosexualität waren. Kursleiter Tim Barringer sagte in einem Interview mit der Zeitung, dass eine Ausrichtung auf westliche Kunst in einem westlichen Land „problematisch“ (ein Ausdruck, den die New-Woke-Ideologen ganz besonders schätzen) sei. Der Student Mahlon Sorenson wandte ein: „Wenn man diesen einen umfassenden Kurs abschafft, dann müssen die Studenten mehrere Kunstgeschichtskurse belegen, wenn sie den westlichen Kanon der Kunst verstehen wollen.“ Genau darum geht es dem Kult ja auch bei seinem kulturellen Massaker, mein Lieber!

Studenten am Reed College im US-Bundesstaat Oregon setzten sich erfolgreich dafür ein, dass sämtliche europäischen Texte aus einem Lehrgang der Geistes- und Humanwissenschaften entfernt und durch nichteuropäische Bücher ersetzt wurden, als eine Form der Wiedergutmachung dafür, dass diese Wissenschaftszweige „in der Vergangenheit die Geschichte farbiger und vor allem schwarzer Menschen ausgelöscht haben“. Das sagt sehr viel über die Woke-Mentalität aus: Um den Anteil der schwarzen Geschichte zu erhöhen, muss man die weiße Geschichte beseitigen. Die Tatsache, dass auch der Kult die weiße Geschichte beseitigen will, ist wohl purer Zufall.

Die US-Buchhandelskette Barnes & Noble brachte für den Black History Month eine Reihe von Literaturklassikern mit nichtweißen Menschen auf dem Cover heraus: „Der seltsame Fall des Dr. Jekyll und Mr. Hyde“ mit einem Mann, der einen Turban trägt; „Frankenstein“ mit einem braunhäutigen Monster; und Shakespeares „Romeo und Julia“, auf dem Julia braune Haut hat und ein Kopftuch trägt. Die Bücher wurden wieder eingezogen, nachdem jemand darauf hingewiesen hatte, dass der Text darin derselbe geblieben war. Die besagten Bücher wurden von Weißen geschrieben und spiegeln die weiße Kultur ihrer Entstehungszeit wider. Wie kann man schwarze Kultur und Geschichte fördern, indem man einfach weiße Geschichte überschreibt? Statt Klassiker der weißen Literatur zu verändern, sollte man einfach schwarze Autoren bewerben, die schwarze Kultur darstellen. Aber dann würde man eben nicht die schwarze Geschichte fördern, indem man die weiße Geschichte ausradiert, sondern beide feiern. Und das ist nicht das Ergebnis, das der Kult wünscht.

Dasselbe Motiv lässt sich auch bei Unternehmen erkennen, die vom Kult gesteuert werden – wie der ultrazionistischen „Investmentbank“ Goldman Sachs, die 2020 bekannt gab, dass sie mit Unternehmen, bei denen nur „heterosexuelle weiße Männer“ im Vorstand sitzen, nicht mehr bei Börsengängen zusammenarbeiten wird. Goldman Sachs, das die Heuchelei damit auf ein ungeahntes Niveau hebt, wird von einem weißen Mann – CEO David Solomon – geleitet, und auch Finanzchef, Geschäftsführer und internationaler Leiter sind weiße Männer. Beim Weltwirtschaftsforum in Davos, einem reinen Fest der Einprozenter, sagte Solomon, dass die Bank ihre Politik, nicht mit „ausschließlich männlichen Firmen“ zu kooperieren, in Nordamerika und Europa einführen würde, aber nicht in Asien, wo Diversität noch weniger verbreitet ist. Na, da staune ich aber!

Was auch immer das Unternehmen als Motivation für sein Vorhaben angibt, dient garantiert nicht der „Diversität“ um der Diversität willen. Goldman Sachs wurde 1869 von jüdischen weißen Männern gegründet; seither waren und sind die meisten Partner und Führungskräfte der Bank jüdische weiße Männer – also kommt mir *bitte* nicht mit dem Gefasel über Diversität daher! Der Standpunkt von Goldman Sachs ist typisch für Konzernriesen, die mittlerweile zu Tausenden völlig außerhalb des demokratischen Prozesses die öffentliche und private Politik diktieren. Damit schaffen sie die Grundlage einer postdemokratischen Technokratie.

Es muss nicht immer „politisch korrekt“ sein ...

Weiße Menschen, vor allem weiße Männer und noch mehr alte weiße Männer (es geht darum, alt und jung zu spalten) sind laut den New-Woke-Extremisten alle Rassisten, die ihre „weißen Privilegien“ ausleben. Zu ihnen gehören auch weiße Menschen, die inmitten von Exkrementen, Krankheiten und eisiger Kälte auf den Straßen der Großstädte schlafen. Im Gegensatz dazu finden die Anhänger des New Woke weiße Milliardäre mit echten Privilegien ganz okay, solange sie „progressive“ Gruppen finanzieren und „böse Menschen“ zensieren. Weiße Obdachlose, die auf der Straße leben, genießen „weiße Privilegien“, wohingegen privilegierte Schwarze wie Cory Booker von der Demokratischen Partei, der aus einer wohlhabenden Familie kommt und in Harvard studiert hat, Opfer der Unterdrückung durch Weiße sind. Weiße Menschen sind durchweg Rassisten, abgesehen von jenen, die sich für Dinge, die lange vor ihrer Geburt geschehen sind, bei nichtweißen Menschen entschuldigen, die ebenfalls noch nicht auf der Welt waren, als diese Dinge passierten. In einem Internetvideo ist ein weißes Paar zu sehen, das die Stiefel von Mitgliedern der zutiefst rassistischen Gruppe Black Hebrew Israelites küsst, um Buße für das zu tun, was ihre „Vorfahren“ begangen haben. „Sie zeigen, was es bedeutet, einem Propheten und Priester wirklich die Ehre zu erweisen“, sagt ein Mitglied der Gruppierung nicht ohne Pathos. „Dieses weiße Paar beweist, dass es ihm leidtut, was seine Vorfahren getan haben.“ Es geht jedoch nicht um die Farbe der Haut, sondern um die Farbe von Herz und Verstand – und hier haben wir es mit einem schwarzen Mann zu tun, dessen Herz und Verstand sich nicht von denen der weißen Psychopathen unterscheiden, die schwarze Menschen unterdrückten und sie mit Füßen traten.

Der amerikanische „Bürgerrechts"-Führer (wirklich komisch) Al Sharpton wurde dank seiner Tiraden und antiweißen Phrasen zum Helden des New Woke, obwohl er ein Rassist, Gauner, Betrüger, Werbeträger für transnationale Konzerne und FBI-Informant (Deckname: „CI-7") ist. Sogar das superwoke Medium VICE.com bezeichnete ihn als „Weltklasse-Drecksack mit kriminell untertriebenen Mafiaverbindungen". Wo auch immer es hochkarätige ethnische Spannungen gibt, taucht Sharpton auf und stürzt sich auf die nächste Kamera, um Öl ins Feuer zu gießen. Man hat ihn zu Recht einen „ethnischen Brandstifter" genannt. Es spielt keine Rolle, dass er sich einen Dreck um die Rechte der Schwarzen schert – Hauptsache, er greift Weiße an, das ist für Ideologen des New Woke völlig ausreichend. Sharpton war ein Berater des Superbetrüger-Präsidenten Obama, der ihn im typisch unsinnigen Obama-Stil für sein „Engagement im Kampf gegen Ungerechtigkeit und Ungleichheit" pries. Präsidentschaftskandidaten der Demokratischen Partei tun alles, um sich Sharptons Segen zu sichern, weil sie damit die schwarze Wählerschaft für sich gewinnen wollen. Dabei können die meisten Schwarzen Sharpton nicht leiden, ebenso wie sie die New-Woke-Ideologie ablehnen. Sie durchschauen den ganzen Betrug und erkennen, dass es rassistisch, lächerlich und (absichtlich) spaltend ist, jemanden nach seiner Hautfarbe zu beurteilen – und das gilt auch für Weiße.

Abb. 305: „Wirklich, Greta – sie haben ***dir*** die Kindheit gestohlen?" – *Es geht immer nur um Ich-Fixierung.*

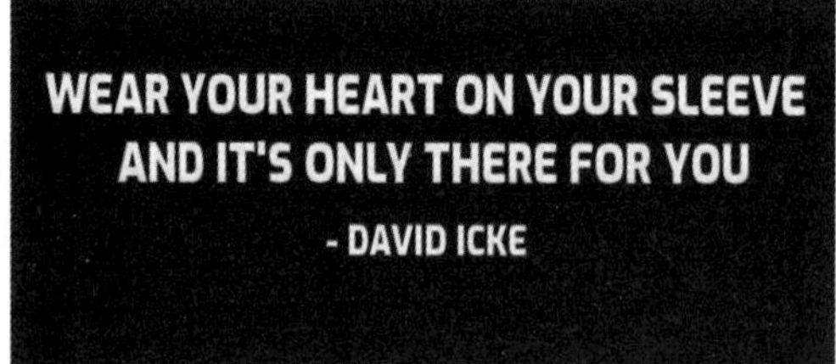

Abb. 306: „Trag dein Herz auf der Zunge und es ist nur für dich da. – David Icke" – *Liebe wird durch Taten ausgedrückt, nicht durch Worte – und schon gar nicht durch nach außen zur Schau gestellte Tugendhaftigkeit.*

Schwarze und andere nichtweiße Menschen, die im Westen zur Welt gekommen sind oder sich dort angesiedelt haben und die westliche Kultur bewahren wollen, werden als „Feinde der Revolution" betrachtet, ebenso wie Schwule und Transgendermenschen, die bei der Hysterie und den Zumutungen der hirnlosen Pseudorevoluzzer nicht mitmachen wollen. Es ist erstaunlich, wie viele New-Woke-Anhänger aus weißen, finanziell auskömmlichen oder sogar wohlhabenden Verhältnissen stammen, sich aber als Unterdrückte (privilegierte „Opfer") ausgeben oder als die Stimme der wirklich Unterdrückten aufspielen, ohne die Erlaubnis dafür oder persönliche Erfahrung damit zu haben (Abb. 305). Was ist, wenn die Minderheit gar nicht will, dass diese Leute für sie sprechen, oder sich nicht an den Dingen stört, die ihnen die New-Woke-Ideologen vorgeben? Dann haben sie eben Pech gehabt. *„Ich habe recht"* – und wir wissen am besten, was gut für euch ist (Abb.

306). Es ist schon sehr merkwürdig, wie sehr Minderheiten von der New-Woke-Bewegung bevormundet werden.

Gruppendynamik

In der Ideologie des New Woke lassen sich individuelles Verhalten und individuelle Umstände nie unabhängig von der ethnischen Herkunft betrachten, obwohl dies eigentlich wahrer Nichtrassismus wäre. Stattdessen müssen alle Menschen als Gruppe beurteilt werden. Diese Gruppe ist *schlecht*, alle anderen Gruppen sind *gut*. Die Tatsache, dass der Kult genau solche Verhältnisse benötigt, um teilen und herrschen zu können, ist wieder einmal purer Zufall und absolut kein Grund zur Beunruhigung. Die vom Kult manipulierte New-Woke-Bewegung benutzt Beispiele für echte Unterdrückung, wie die widerliche, von Weißen angestiftete Versklavung der Schwarzen oder die Herrschaft der Männer über Frauen, und tut dann so, als wären sie heute viel schlimmer als an ihrem grotesken historischen Höhepunkt. Die Schuld daran schiebt sie auf die gesamte weiße und männliche Bevölkerung, obwohl es um Dinge geht, die nur von wenigen Menschen begangen wurden – und das, bevor die meisten Weißen und Menschen von heute überhaupt auf der Welt waren.

Richard Fochtmann, für die Demokratische Partei der USA Kandidat für das Amt eines Senators, wurde mit einer Handykamera gefilmt, wie er den alarmierenden Anstieg der Selbstmordzahlen unter weißen Männern *feierte*. Er sagte: „Heute habe ich eine Statistik gesehen, in der stand, dass viele Männer, weiße Männer, Selbstmord begehen. Und fast hätte ich gedacht: ‚Na, wunderbar!' Aber dann habe ich ein bisschen mehr darüber nachgedacht und mir überlegt, dass ich so was vielleicht nicht in der Öffentlichkeit sagen sollte."

Ein Teil seiner Zuhörerschaft lachte sogar pflichtschuldigst darüber. Donald Trump reagierte auf diese Wortmeldung mit der Frage: „Was ist denn das für ein Tier?" Fochtmann bezeichnete den damaligen Präsidenten daraufhin mit der üblichen Ironie des New Woke und dem völligen Mangel an Selbsterkenntnis als „Rassisten". Dazu muss man wissen, dass Fochtmann Jude ist. Überlegen Sie sich einmal, was los gewesen wäre, wenn jemand die steigende Selbstmordrate unter jüdischen Männern gefeiert hätte. Eine solche Äußerung wäre sofort als „Hassrede" bezeichnet worden und hätte dem Betreffenden möglicherweise sogar eine Gefängnisstrafe eingebracht. Was ist Fochtmann passiert? *Nichts*.

Der 2019 verstorbene jüdische Autor und Profi-Rassist Noel Ignatiev war Mitherausgeber der Zeitschrift *Race Traitor* [dt.: „Rassen"- bzw. „Volksverräter"], deren Motto „Verrat am Weißsein ist Loyalität gegenüber der Menschheit" lautete. Er schrieb: „In einem können Sie sich sicher sein: Wir werden so lange auf tote weiße Männer – aber auch auf lebende und ebenso auf weiße Frauen – einschlagen, bis das als ‚weiße Rasse' bekannte soziale Konstrukt zerstört ist. Und ich sage bewusst nicht ‚dekonstruiert', sondern ‚zerstört'."

Auch hier stellt sich die Frage: Wie hätte die Reaktion auf eine solche Äußerung ausgesehen, wenn sie sich auf die 0,2 Prozent der Weltbevölkerung bezogen hätte, die jüdisch sind? Andererseits: Wenn es keine Konsequenzen für israelische Rabbiner hat, dass sie das Abschlachten von Palästinensern als eine Methode bezeichnen, die Juden näher zu Gott zu bringen, und dass der Mord an diesen Menschen eine „religiöse Verpflichtung" ist, dann steht fest, dass man sich alles erlauben darf, solange man kein Weißer oder ein Liebling der Ultrazionisten ist. Es entspricht einem deutlich sichtbaren und offenkundigen Programm, weiße Menschen ins Visier zu nehmen; wer das trotz der vorliegenden Beweise leugnet, kann auch gleich in die Wüste fahren, dort ein Loch graben und seinen Kopf hineinstecken.

Saira Rao, eine „indisch-amerikanische Aktivistin der ersten Generation" und ehemalige Kongresskandidatin für Colorado, veranstaltet etwas namens „Race2Dinner" – „einen Ort, an dem Sie darüber nachdenken können, wie Sie in jeder Minute des Tages die weiße Vorherrschaft aufrechterhalten". Das bedeutet anscheinend, dass von Selbstekel erfüllte weiße Frauen, die darauf programmiert wurden, sich selbst und ihre Abstammung zu hassen, pro Kopf 2.500 Dollar dafür die Teilnahme, an einem Abendessen bezahlen, wo sie von Rao und deren Freundin Regina Jackson als Rassistinnen beschimpft werden. Eine Teilnehmerin entschuldigte sich mit dem folgenden Geschwätz dafür, dass es sie gibt: „Ich möchte People of Colour einstellen. Aber nicht, weil ich … eine weiße Heilsbringerin sein will. Ich habe mein Bedürfnis nach Bestätigung analysiert … ich arbeite daran. … Ja, äh … ich bemühe mich." Das ist reine Umerziehung. Frauen aller „Colours" würden mit Sicherheit davon profitieren, wenn sie diesen zwei Idiotinnen den schlimmen Finger zeigen und dann einfach weiterleben würden. Auf der Website von Race2Dinner ist mir sofort der in riesigen Lettern geschriebene Satz ins Auge gestochen: „Weiße Frauen. Reden wir über Rassismus und eure Mitschuld". Saira Rao legt eine derartige New-Woke-Haltung an den Tag, dass es schon fast eine Parodie ist. Sie liefert uns jedoch einen wichtigen Einblick in die Mentalität dieser Bewegung und ihre Verachtung für weiße Menschen. Sie schreibt unter anderem: „Private Unterstützungsnachrichten sind nur eine weitere Form der weißen Vorherrschaft". Der Hubschrauberabsturz, bei dem die schwarze, mehrere Millionen schwere Basketball-Legende Kobe-Bryant samt Tochter ums Leben kam, muss ihrer Ansicht nach irgendwie mit Donald Trump, Rassismus und Intoleranz zu tun haben. Und: „Die Besessenheit weißer Frauen davon, ‚nett zu sein', ist eines der gefährlichsten Werkzeuge der weißen Vorherrschaft." Umso ironischer ist die Tatsache, dass Raos Heimat Indien ein äußerst rassistisches Land ist, in dem trotz aller gegenteiligen Behauptungen nach wie vor das Kastensystem vorherrscht.

Die britische Zeitung *Daily Mail* deckte auf, wie die Singlebörse Shaadi.com, laut eigenen Angaben die beste Website für indische Singles, darauf besteht, dass die Nutzer ihre Kaste oder „Untergemeinschaft" angeben, wenn sie sich registrieren. In der *Daily Mail* stand:

> Wir konnten aufdecken, dass einem Profil, das von einem Brahmanen – der Elite im Kastensystem – erstellt wurde, keine potenziellen Partner aus der untersten sozia-

> len Schicht, den sogenannten Unberührbaren oder „registrierten Stammesangehörigen", vorgeschlagen werden.

Nein, nein, wer nicht weiß ist, der kann einfach kein Rassist sein. Beim Anblick von nichtweißen Extremisten, die mit der gleichen Geisteshaltung wie weiße Extremisten handeln und sich für moralisch irgendwie „überlegen" halten, kann man sich wirklich nur wundern. Im Jahr 2020 erreichten wir eine weitere Stufe, von der wir immer wussten, dass sie kommen würde: Der Klimakult wurde als „zu weiß" deklariert. Die in Deutschland lebende philippinische Klimaaktivistin Karin Louise Hermes erklärte, sie habe die Bewegung wegen deren Weißheit und mangelnder Intersektionalität verlassen: „Antirassismus und Antikapitalismus müssen Teil der Organisation werden. Wenn die ‚grüne' Politik Antirassismus und Migrantenrechte nicht berücksichtigt, wie soll sich dann eine farbige Person fühlen, die sie wählt oder in denselben Bereichen mitorganisiert?" Wie wäre es damit, den Planeten zu schützen, wenn man wirklich glaubt, dass es fünf vor zwölf ist? Stattdessen ritt Karin Louise in den Sonnenuntergang davon und empörte sich darüber, dass der Klimakult nicht genug darauf achte, was „Weißsein, Kapitalismus und Ungleichheit mit dem Klimawandel zu tun haben" (der übrigens *nicht* menschengemacht ist).

Macht bitte einmal kurz das Fenster auf – ich brauche frische Luft. Oder nein, vergesst das mit dem Fenster. Ein großer Schnaps tut's auch.

Woke ist kein Witz

Wir haben längst den Punkt überschritten, an dem es nicht mehr ausreicht, über solche Idiotien zu lachen – weil sie zunehmend zur allgemeinen Politik werden. Der Filmemacher und woke Weltklassetugendprotzer Michael Moore sagte, dass weiße Männer keine guten Menschen seien und „man Angst vor ihnen haben sollte". Ich nehme an, damit meint er auch sich selbst!? Moore warnte im treffend benannten Podcast „Useful Idiots" [dt.. „Nützliche Idioten"] die Hörer, dass sie die Straßenseite wechseln sollten, wenn ihnen drei weiße Männer entgegenkommen, weil mindestens zwei davon Donald Trump gewählt hätten. Moore, der sich für eine lebende Legende hält (und damit ganz alleine auf der weiten Welt dasteht), sagte wörtlich:

> Zwei Drittel aller weißen Männer haben für Trump gestimmt. Das heißt, jedes Mal, wenn Sie drei weiße Typen auf der Straße auf sich zukommen sehen, haben zwei davon Trump gewählt. Da wäre es gut, möglichst schnell auf die andere Straßenseite zu wechseln, weil ihnen da keine guten Menschen entgegenkommen. Sie sollten Angst vor ihnen haben.

Moore hat das Blödsinnreden zu einer Kunstform gemacht, die perfekt zu seinen todlangweiligen „Anti-Establishment"-Filmen passt, mit denen er aufs Vorzüglichste der Kult-Agenda dient. Das alles führt zur gewünschten psychologischen Folge – nämlich, dass die Jünger des New Woke sich selbst dafür hassen, dass sie weiß sind. Sie suhlen sich in

Gefühlszuständen der Selbstverachtung und wünschen sich, sie wären in eine der unterdrückten Minderheiten hineingeboren worden. Elizabeth Warren, Präsidentschaftskandidatin der US-Demokraten, wollte so krampfhaft als Teil einer verfolgten Minderheit angesehen werden, dass sie auf unfreiwillig komische Art eine Abstammung von amerikanischen Ureinwohnern erfand (was nicht stimmte) und noch eine Geschichte über ihre Diskriminierung als Frau draufsetzte (die ebenfalls nie passiert war). In Wirklichkeit kann man Frauen wohl kaum als Minderheit bezeichnen, weil es fast so viele von ihnen gibt wie Männer. Die Regel lautet aber, dass man weiße Menschen nicht nur hassen soll, sondern dass sie sich auch selbst hassen und den Rest ihres Lebens für Dinge, *die sie nicht getan haben*, Buße tun sollen.

Dabei ist der Körper unabhängig von Hautfarbe und persönlichem Hintergrund nur ein Vehikel für das Bewusstsein, das wir alle sind. Diese Tatsache lässt Rassismus *und* den umgekehrten New-Woke-Rassismus gleichermaßen kindisch erscheinen. In der New-Woke-Bewegung lässt sich ganz leicht das Vorhaben des Kults erkennen, die Menschheit vom Gewahrsein abzutrennen, dass wir alle *Eins* sind. Echte Gleichheit wurde in der Pseudo-„Linken" des New Woke seit den Worten von Martin Luther King in seiner Rede „Ich habe einen Traum" von 1963 um 180 Grad gedreht. King sagte damals:

> Ich habe einen Traum, dass meine vier kleinen Kinder eines Tages in einer Nation leben werden, in der sie nicht wegen der Farbe ihrer Haut, sondern nach dem Wesen ihres Charakters beurteilt werden.

Das wünsche ich mir auch. Doch wenn Sie weiß sind, wünschen die Anhänger des New Woke es Ihnen nicht. Ist es wirklich wieder nur Zufall, dass inmitten dieses Psychokriegs gegen Weiße die Testosteronwerte und die Spermienzahlen sowohl in Europa und Nordamerika als auch in Australien und Neuseeland ins Bodenlose fallen? Sogar bei CNN erschien ein Artikel, in dem der Sender betonte, dass „die Spermiengesamtzahl in Nordamerika, Europa, Australien und Neuseeland in den 38 Jahren zwischen 1973 und 2011 um bis zu 60 Prozent gefallen ist", wobei der Trend sich bis in die Gegenwart fortsetzt. „Wenn Sperma ein Tier wäre, würden sich die Wissenschaftler Sorgen machen, dass es in den westlichen Ländern ausstirbt", hieß es in dem Artikel weiter. Niemand wisse mit Sicherheit, was die Ursache dafür sei, aber man habe – so CNN – bereits industriell verarbeitete Lebensmittel, Chemikalien in der Nahrung, Strahlung, Luftverschmutzung und Wasser dafür verantwortlich gemacht. Die Spuren führen auch hier wieder zum Kult zurück, der uns Smartphones in die Hosentaschen gesteckt und mit dem stets weiter verbreiteten 5G eine neue Gefahr geschaffen hat.

„Bis die Kreuzesfahne auf dem Boden liegt ..."

Die westliche Kultur gründet auf dem Christentum, aber das bedeutet natürlich nicht, dass jeder ein Christ ist – ich bin zum Beispiel keiner. Es bedeutet vielmehr, dass der architektonische und intellektuelle Einfluss der christlichen Religion der Hintergrund war, vor dem sich die westliche Gesellschaft entwickelte. Der christliche Einfluss und das Erbe dieser Religion sind tief mit der westlichen Lebensweise verwoben. Da der Kult es jetzt auf die westliche Gesellschaft abgesehen hat, können wir auch deutlich erkennen, warum die politische Korrektheit jede Religion *außer* dem Christentum – so wie jede Ethnie *außer* der weißen – vor Kritik und Bloßstellung schützt. Die New-Woke-Bewegung hat sich so schnell in unserer Gesellschaft festgefressen, dass sogar getreue Anhänger der christlichen Religion wie Justin Welby, der Erzbischof von Canterbury, sich mittlerweile für genau die Agenda einsetzen, die ihre Religion zerstören will.

Abb. 307: „Sag noch einmal ‚Frohe Weihnachten', und ich schieße! Es heißt ‚Schöne Feiertage', du intoleranter Rassist!" – *Christliche Feiertage müssen weg – aber wehe, du wagst es, die religiösen Feste anderer zu kritisieren, du Nazi!*

Der wichtigste christliche Feiertag ist Weihnachten (was ironisch ist, weil es sich eigentlich um ein heidnisches Fest zur Wintersonnenwende handelt). Da aber Weihnachten so sehr mit dem Christentum in Verbindung gebracht wird, müssen der Kult und seine Gehilfen es so angreifen, dass in ihrem verwirrten Geist heute sogar „Frohe Weihnachten!" als Code für „weiße Vorherrschaft" gilt (Abb. 307). Neil Gorsuch, Richter am Obersten Gerichtshof der Vereinigten Staaten, musste dies auf schmerzliche Art selbst herausfinden, als er diesen zutiefst anstößigen und eindeutigen Nazi-Weihnachtsgruß 2019 im Fernsehen äußerte und sich sofort mit einer empörten Reaktion konfrontiert sah. Auch eine britische Mutter gab an, „beschämt" zu sein, weil sie „Weihnachtsmann" (um Gottes willen, ein Mann!) statt des „genderneutralen" Ausdrucks „Santa" (ein Anagramm für Satan) verwendet hatte. Soweit ich mich erinnern kann, war die mythische Gestalt mit dem Bart und dem Schlitten immer ein Mann – daher auch der Name – und hat bis heute keine geschlechtliche Transition zu einer Dame namens Geraldine mit roten Netzstrümpfen durchgemacht. Die „beschämte" Mutter erzählte einer Zeitung, dass sie sich nach der Kritik an ihrer Ausdrucksweise „nervös" fühle. Zum Glück habe ich dafür das perfekte Heilmittel: „Mach dich nicht so verdammt lächerlich." Und schon ist alles geklärt, ohne dass man „nervös" sein muss. Nichtchristliche Religionen dürfen ihre Feiertage und Rituale auch in westlichen Ländern ohne Widerstand und Einmischung praktizieren. Das soll auch durchaus so sein, sofern sie sich an die Gesetze des jeweiligen Landes halten, die die historischen Werte seiner Einwohner widerspiegeln. Mir geht es um die Voreingenommenheit für das eine und gegen das andere sowie die Gründe dafür.

Versuche, in hauptsächlich christlichen oder laizistischen Ländern Kinder in nichtchristliche Religionen hinein zu indoktrinieren, sind unter anderem bereits in Schweden zu beobachten. Wütende schwedische Eltern berichteten, dass Lehrer die Schüler dazu angehalten hatten, sich auf Gebetsmatten mit Blick auf Mekka hinzuknien, wobei die Klasse nach Geschlechtern aufgeteilt wurde und die Mädchen sich im hinteren Teil des Raums versammeln mussten. Es würde einen gewaltigen Aufschrei in den Medien geben, wenn man moslemische Kinder gegen den Willen ihrer Eltern christliche Rituale praktizieren ließe. Die Schule redete sich darauf aus, dass es ein „Rollenspiel" gewesen sei. *Schwachsinn*! Jeder mit einem bisschen Hirn weiß genau, worum es hier geht.

Ein weiterer Grund für den Angriff auf das Christentum (und längerfristig auf alle derzeitigen Religionen) geht viel tiefer. Ich gehöre keiner Religion an, finde aber, dass sie bei all ihren Fehlern, Irrtümern und Falschdarstellungen immerhin die Existenz einer anderen Macht oder Realität jenseits des Menschen akzeptieren. Manche von ihnen beschreiben ihren „Gott" sogar mit Worten wie „Licht" und „Liebe", während sie diese einfache Tatsache hinter einer Flut von Ritualen, Regeln und Vorschriften verschleiern. Religionen wurden als Zwischenschritt geschaffen – als eine Etappe zwischen den vielen alten Kulturen, die einen wesentlich weiteren Begriff der Realität hatten, und dem Endziel des Kults, die Menschheit in einem Wirklichkeitsverständnis zu isolieren, in dem nur noch die Blase als existent wahrgenommen wird. Die schleichende Zwischenstufe sind die großen Religionen, die zwar schon an eine Macht außerhalb der Blase glauben, sie aber als externen, diktatorischen, streng urteilenden Gott verehren statt als das unvoreingenommene Ganze, von dem wir alle ein Ausdruck sind. Mit anderen Worten: Wir sind nicht „Gott" und dürfen nur das tun, was „Gott" will. Und was *will* Gott? Das werden Ihnen die Priester sagen – oder vielmehr der Kult.

Im Endeffekt wird es dem Kult aber darum gehen, *jede* Vorstellung einer über die menschliche Realität hinausgehenden Macht zu beseitigen. Die Ideologie des New Woke wird zur Erreichung dieses Ziels in den westlichen Ländern eingesetzt, indem sie deren Hauptreligion, das Christentum, aufs Korn nehmen soll. Jüngste Umfragen zeigen, wie erfolgreich sie bereits damit war: 2009 betrachteten sich 77 Prozent der Amerikaner als Christen; 2019 waren es nur noch 65 Prozent. Unter Anhängern der Demokratischen Partei, einer politischen Heimat der New-Woke-Ideologie, ist der Rückgang sogar noch extremer. Hier wurden aus 72 Prozent 55. Der Anteil der Befragten, die sich als „nichtreligiös" bezeichneten, stieg von 17 auf 26 Prozent. Die wichtigste Frage wurde jedoch nicht gestellt: Woran glauben die Leute, die von sich sagen, dass sie nichtreligiös sind? Ich bin zum Beispiel nicht im Sinne einer organisierten Glaubensgemeinschaft mit Gotteshäusern religiös, akzeptiere aber die Realität eines Zustands des Unendlichen Gewahrseins, von dem wir alle ein Teil sind. Der Kult will aber, dass alle selbsternannten Nichtreligiösen stattdessen an ein zufälliges, mechanisches Universum glauben, in dem die „Natur" von Wissenschaftlern und Experten der Technokratie erobert werden muss. Die Technokratie ist für den Kult von entscheidender Bedeutung, wie ich in einem späteren Kapitel zeigen werde.

Ich sehe auch bereits die Dominosteine fallen, die das Ende der britischen Monarchie – in der der Monarch das offizielle Oberhaupt der Church of England ist – ankündigen. Man denke nur an Prinz Andrew, den guten Freund des Megapädophilen Jeffrey Epstein, und die selbstverliebten Prinz Harry und Meghan Markle, die sich längst auf den Weg zum nächsten Flughafen und nach Nordamerika gemacht haben. Das Konzept der Monarchie hat dem Kult hervorragende Dienste geleistet, und ich würde mich freuen, wenn es endlich weg wäre. Wir sollten uns jedoch darüber im Klaren sein, warum es gerade jetzt – in den letzten Regierungsjahren von Queen Elizabeth – solche potenziell fatalen Schläge einstecken muss. Die Monarchie mit ihrem ganzen Drumherum, der Geschichte, den Zeremonien, den königlichen Gebäuden und ihrem zentralen Einfluss auf die Gesetzgebung zieht sich wie das Christentum durch die gesamte britische Kultur. Und es ist diese Kultur, die der Kult zerstören will, um die Assimilation der britischen Gesellschaft in seiner globalen, technokratischen Monokultur zu ermöglichen. Für dieses Endziel sind nötigenfalls sogar die Royals entbehrlich, wenn die Agenda in eine neue Phase eintreten will.

Toxische Männlichkeit

Abb. 308: „Teile und herrsche. Männer und Frauen" – Die New-Woke-Ideologie treibt einen Keil zwischen Männer und Frauen, um mit den Mitteln des schleichenden Totalitarismus die Geschlechter und die heterosexuelle Fortpflanzung zu beseitigen. (Bild: Gareth Icke)

In der New-Woke-Ideologie gelten andersdenkende Männer als Dämonen und Vertreter der „toxischen Männlichkeit". Damit wird eine weitere Agenda gefördert. Man bringt Männer und Frauen mithilfe der #MeToo-Bewegung auseinander und setzt dabei den üblichen, vom Kult betriebenen New-Woke-Extremismus ein, jeden Mann für die Handlungen einiger weniger – wie zum Beispiel des Ultrazionisten und ehemaligen Filmzaren Harvey Weinstein – verantwortlich zu machen. Weil *er* Frauen sexuell belästigte und nötigte, sind *alle* Männer schuldig. Aus diesem Grund prüfen Männer jetzt jedes Wort, das sie in Gesellschaft von Frauen äußern, und vermeiden es nach Möglichkeit, alleine in einem Raum mit ihnen zu sein, damit man ihnen ja nichts vorwerfen kann. Diese Verhältnisse sind eine schwere Beeinträchtigung der Beziehung zwischen Männern und Frauen – und genauso war das auch gedacht (Abb. 308).

Wie üblich wird auch hier die Werbung dazu eingesetzt, dem Volk die geforderte Wahrnehmung von Männern zu verkaufen. Das ließ sich etwa an dem ekelhaften Werbespot für Superbowl beobachten, mit dem die Firma Gillette, die sich im Besitz des Elite-Konzerns Procter & Gamble befindet, ein größtmögliches Publikum erreichen wollte: Das Werbefilmchen war ein unverhohlener Angriff auf Männer, die darin wegen ihrer angeblichen „toxischen Männlichkeit" kollektiv über einen Kamm geschoren wurden. Die sexuellen und ethnischen Themen in immer mehr Werbeanzeigen fördern eine gesellschaftliche Veränderung durch die Veränderung der Wahrnehmung. Dabei darf man nie vergessen, dass diese Inserate von Großkonzernen unter der Kontrolle des Kults bezahlt werden, denen „Gleichheit“ und „Inklusion“ in Wahrheit völlig egal sind. Musikvideos, die auf die Wahrnehmung von Kindern und Jugendlichen abzielen, haben mit dem Video von Taylor Swift „The Man“ aus dem Jahr 2020 – ein Beispiel, das man nur als „toxisch“ bezeichnen kann – denselben Weg eingeschlagen.

Jedes Klischee über toxische Männlichkeit wird dazu eingesetzt, die Wahrnehmung der Jugend zu beeinflussen; gleichzeitig zieht schon die kleinste Andeutung weiblicher Stereotypen einen Proteststurm und in der Werbung auch gleich ein Verbot nach sich. Ein Kommentator fragte: Wollen Sie, dass Ihre heranwachsenden Töchter glauben, dass sich alle Männer so verhalten, wie Taylor Swift das in ihrem Video darstellt? Wollen Sie, dass junge Mädchen mit Ressentiments und Misstrauen gegen Männer aufwachsen? Wollen Sie, dass Ihre Söhne sich von mächtigen Frauen angegriffen und schikaniert fühlen, weil besagte Frauen dafür kämpfen, dass alle Männer beschämt und von den Launen wütender Feministinnen der neuen Generation unterjocht werden? Jeder Mensch mit einem halbwegs ausgeglichenen Verstand würde diese Fragen mit einem lauten *Nein!* beantworten. Die Antwort des Kults heißt jedoch *Ja! Ja! Ja!*

In England sind wir mittlerweile so weit, dass Ann Francke, die Leiterin der für Manager-Ausbildung zuständigen Non-Profit-Organisation Chartered Management Institute, öffentlich fordern konnte, Chefs sollten ihren männlichen Mitarbeitern verbieten, am Arbeitsplatz über Fußball und Cricket zu reden. Der Grund: Viele Frauen „verfolgen diese Sportarten nicht und lassen sich nicht gern dazu zwingen, darüber zu sprechen, wenn sie einbezogen werden wollen“. Das Ausmaß an purer, unverhohlener Arroganz, das sich darin zeigt, dass man Menschen vorschreiben will, worüber sie reden dürfen und worüber nicht, ist mir absolut unbegreiflich – ebenso wie Frau Francks mangelndes Wissen darüber, wie viele Frauen Sport sehr wohl mögen. Wir haben es hier mit einer weiteren Meinung zu tun, die die Menschen bevormundet, für die sie sich einzusetzen vorgibt. Wie hoch ist die Wahrscheinlichkeit, dass jemand verlangt, Frauen sollten nicht mehr über Themen sprechen, bei denen sich Männer ausgeschlossen fühlen könnten?

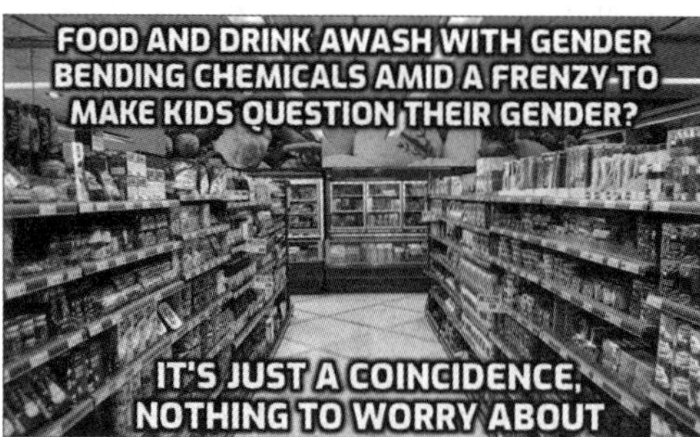

Abb. 309: „Lebensmittel und Getränke voll geschlechtsverändernder Chemikalien – und das mitten in dem Wahn, Kinder dazu zu bringen, ihr Geschlecht infrage zu stellen? Alles nur Zufall, kein Grund zur Sorge!“ – *Eine riesige Betrugsaktion, mit der man Geschlechter und die Sexualität der Menschen umformen will.*

Wir leben heute in einer Welt, die so vom Narzissmus erfüllt ist, dass es als selbstverständlich und richtig betrachtet wird, anderen seinen Willen aufzuzwingen. „Toxische Männlichkeit“ ist nicht mehr und nicht weniger als ein Codewort für Männlichkeit. Der Kult will Männer verweiblichen und Frauen vermännlichen, um so auf dem Weg des schleichenden Totalitarismus den geschlechtslosen Menschen herbeizuführen. Entscheidend dabei ist sein Plan, das männliche Hormon Testosteron in Männern zu reduzieren, um den Typ Mann auszulöschen, der sich gerade und mit erhobenem Haupt hinstellt und sagt: „Ich mache da nicht mit." Männer werden „entmannt" und versinken in Passivität, während passend dazu weltweit die Testosteronwerte ebenso sinken wie die Spermienzahl. Die Verweiblichung von Männern wird an vielen Fronten gleichzeitig verfolgt. Dazu gehört auch der Kontakt mit Plastikflaschen, Kassenzetteln und anderen Gegenständen sowie Substanzen, die geschlechtsverändernde Chemikalien enthalten, einschließlich Lebensmitteln und Getränken, die in Plastik verpackt sind (Abb. 309). Folgendes berichteten die Medien über eine Studie, die an der englischen University of Exeter durchgeführt wurde:

> Vier von fünf britischen Teenagern haben laut neuen Forschungsergebnissen Hormonstörungen, die durch geschlechtsverändernde Chemikalien in Kunststoffen hervorgerufen wurden. Die Chemikalie namens Bisphenol A (BPA) wird zur Herstellung von Kunststoffen verwendet, einschließlich Materialien, die in Kontakt mit Lebensmitteln kommen. Sie kann aber auch das weibliche Sexualhormon Östrogen imitieren und bei Männern zu einer Reduktion der Spermienzahl führen.
>
> Die Chemikalie wird zudem mit verschiedenen Krebsarten wie Brust- und Prostatakrebs [der derzeit stark ansteigt] in Verbindung gebracht. Forscher an der University of Exeter untersuchten das Blut und den Harn von 94 Teenagern im Alter von 17 bis 19 Jahren und stellten dabei fest, dass 80 Prozent der Versuchspersonen die hormonstörenden Chemikalien im Körper hatten.

In unserer Ära der geschlechtsverändernden Chemikalien nimmt die Anzahl der Menschen, die sich als schwul oder „LGBT" identifizieren, rasant zu. Eine Studie aus den USA schätzte, dass sich die Geburtenjahrgänge vor der Jahrtausendwende oder um dieses Datum fast doppelt so häufig als LGBT identifizieren als andere Amerikaner. In einer Schlagzeile hieß es dazu: „Millennials sind die schwulste Generation". Und das soll ein *Zufall* sein? Dr. Richard Day kündigte bei seiner Rede vor den Kinderärzten im Jahr 1969 an, dass sie „Jungen und Mädchen gleich machen" und immer mehr Menschen „geschlechtsneutral" sein würden. Der chemische Einfluss wird durch die psychologische Attacke unterstützt, die das Schwulsein zelebriert und die Heterosexualität zunehmend an den Rand drängt sowie als „ewiggestrig" diffamiert.

Wir erkennen hier dieselbe Voreingenommenheit wie beim Weißsein und dem Christentum. Sie zeigte sich nie deutlicher als im Jahr 2020, als der britische TV-Promi Phillip Schofield sich nach 27 Jahren Ehe als „schwul" outete. Die Schickeria war davon so begeistert, als wäre er in einen reißenden Fluss gesprungen und hätte ein Dutzend ertrinkende Kinder gerettet. Schofield wurde als „sehr mutig" bezeichnet, obwohl DAS SYSTEM ja ohnehin schon Leute auf ein Podest stellt, die sich zu ihrem Schwulsein bekennen – dazu gehört also kein Mut mehr. Probieren Sie einmal, sich auf Twitter zu Ihrer Heterosexualität zu bekennen: „*Hetero?!* Bist du vielleicht ein verdammter Perverser?!"

Es sind aber nicht nur Männer, die der Kult körperlich und seelisch schwächen will – es sind wir alle. Das Ziel ist es, eine willfährige Bevölkerung zu schaffen, die beim Kult Schutz sucht. Männer und ihr Testosteron sind jedoch die Hauptziele. Patricia Hunt, eine Wissenschaftlerin an der Washington State University, die als Erste herausfand, dass BPA Krebs und andere Erkrankungen verursacht, entwickelte später eine genauere Messmethode und erzielte damit verblüffende Ergebnisse. Dr. Hunt hielt in ihrem Bericht aus dem Jahr 2019 fest, dass die von der amerikanischen Lebens- und Arzneimittelbehörde FDA (Food and Drug Administration) festgelegten „sicheren" BPA-Grenzwerte 44-mal höher als die Werte sind, die tatsächlich als „sicher" angesehen werden können. Dabei handelt es sich ebenso wenig um einen „Fehler" wie bei all den anderen „sicheren" Grenzwerten, die sich später als viel zu hoch angesetzt herausstellen. Das alles passiert aus einem Grund; in diesem Fall geht es darum, die Geschlechter zu manipulieren und Männer zu entmannen. Seit der Erfindung der Antibabypille pinkeln Frauen Östrogen, das wichtigste weibliche Sexualhormon, in die Wasserversorgung, aus der es von Männern aufgenommen wird. Die chemische Verschmutzung in Flüssen verändert bereits das Geschlecht von Fischen. Sojaprodukte, wie sie von vielen Veganern und Vegetariern konsumiert werden, können die Östrogenwerte erhöhen und die Testosteronwerte senken. Genau diese Ernährungsweise wird aber vom Establishment heftigst gefördert, um „den Planeten vor dem Klimawandel zu retten". Seth Siegel, der das Buch „Troubled Water" über die schockierende Menge an Schadstoffen und Medikamenten in der Wasserversorgung verfasste, beschrieb die Wirkung dieser Substanzen auf Fische:

> Ich möchte sie nicht Transgenderfische nennen, sondern bezeichne sie stattdessen als intersexuelle Fische. In einer aktuellen Studie wurden 19 Flüsse untersucht. Dabei stellte man fest, dass darin ein sehr großes Ausmaß an Fischen existiert, in denen durch das ins Wasser gelangte Östrogen Eier heranwachsen. [...] Bei 50 Prozent der in den großen Seen untersuchten Fische fand man Psychopharmaka in den Gehirnen und Organen – also Medikamente wie Prozac, Celexa und so weiter, aber auch Generika.
>
> Die einzige Art, wie diese Chemikalien in unsere Wasserversorgung gelangen können, ist ihr Konsum durch Menschen und die ein paar Stunden später folgende Ausscheidung. Sie werden durch Kläranlagen in Gewässer gespült, alles auf völlig legalem Wege und absolut gesetzeskonform. Und dann werden sie von Fischen aufgenommen. Sie werden vom Trinkwasser aufgenommen. Und sie werden von dem Wasser aufgenommen, das wir für die Bewässerung verwenden.

Männer, vor allem weiße Männer, stehen in der New-Woke-Hierarchie ganz unten, gleich neben Weißen im Allgemeinen und dem Christentum. Es gibt keinen Teil der politischen Korrektheit, der sich für sie einsetzt und sie schützen will, so wie andere Kategorien geschützt werden. Sogar die Behauptung, dass alle Leben zählen, verstößt heute gegen die politische Korrektheit – so verrückt ist unser Leben geworden. Ach was, scheiß drauf – *ALLE LEBEN ZÄHLEN*, weil das *eben so ist*.

Vielleicht ist auch Ihnen schon aufgefallen, dass weiße Männer als die „Guten" gelten, wenn sie im Auftrag des Kults Soldaten und Bomber losschicken, um nichtweiße Länder anzugreifen. Diese Wertungen haben also nicht das Geringste mit „richtig" oder „falsch" zu tun, sondern nur damit, ob eine Handlungsweise der Agenda entspricht oder nicht. Echte oder gemäßigte Konservative sind eine besonders beliebte Zielscheibe für Angriffe der politisch Korrekten und ebenso für die Zensur durch das Silicon Valley. Das liegt daran, dass ihre Bezeichnung etwas mit dem Wort „*konservieren*" zu tun hat, das laut Wörterbuch bedeutet: „etwas vor Schaden oder Zerstörung bewahren, vor allem etwas von ökologischer oder kultureller Bedeutung". Ja, die Konservativen wollen in der Regel die westliche Kultur bewahren. Auch das ist ein Grund dafür, warum sie so behandelt werden – weil sie im krassen Gegensatz zu jenen Leuten stehen, die diese Kultur verdrängen und auslöschen wollen.

„Antifaschistischer" Faschismus und die Milliardärs-Connection

Mit all dem, was ich in den letzten paar Kapiteln besprochen und aufgezeigt habe, lassen sich auch andere scheinbare Geheimnisse der von der New-Woke-Ideologie gekaperten politischen oder liberalen „Linken" erklären. Eines davon ist die Frage, warum Menschen, die sich als „liberal" und „antifaschistisch" bezeichnen, mit einem solchen faschistischen Mangel an Liberalismus agieren. Die Wörterbuchdefinition von „liberal" lautet: „Jemand mit liberalen Ansichten glaubt, dass Menschen viel Freiheit haben sollten zu entscheiden, wie sie denken und sich verhalten". Zu den Synonymen für „liberal" gehören die Wörter „tolerant", „vorurteilsfrei" und „aufgeschlossen". Man könnte kaum eine bessere Definition für das finden, was New Woke *nicht* ist.

Es braucht schon sehr viel Selbsttäuschung, um sich mit einer extrem illiberalen Haltung selbst als liberal zu definieren – aber ohne geht's halt nicht. Wie kann der Kult Personen mit echten liberalen Ansichten dazu manipulieren, die Einsetzung einer faschistischen Diktatur zu befürworten, wenn echte Liberale doch daran glauben, dass die Menschen sich frei entscheiden können sollten, wie sie sich verhalten, was sie sagen und wie sie denken? Stattdessen pflanzt man den Leuten eine *„Ich habe recht"*-Selbstidentität und -Selbstgerechtigkeit ein (die man dann „liberal" nennt) und bringt die New-Woke-Jünger zu der Ansicht, dass alle anderen (einschließlich *echte* Liberale) sich irren, Nazis, engstirnig, rassistisch, sexistisch und Verkörperungen des absolut Bösen sind. Auf diese Art werden die *„Ich habe recht"*-Selbstidentität und das Großer-Bruder-Verhalten zum neuen „liberal", während echte Liberale, die Freiheit für alle wollen, plötzlich „rechtsextreme Faschisten" sind.

Wie extrem die Heuchlerei ist, zeigt sich sehr entlarvend an der Kampagne der vom New Woke übernommenen US-Demokraten, mit der die Präsidentschaftskandidatur der farbigen Liberalen Tulsi Gabbard kaputtgemacht wurde. Gut, sie mag eine Frau sein und sie ist auch nicht weiß (sondern eine samoanisch-amerikanische Hindu) – aber das zählt alles nicht, wenn sie dafür eintritt, die amerikanisch-israelischen Kriege in fremden Ländern zu beenden, die vom ultrazionistischen Project for the New American Century gefordert und gefördert werden. Vor diesem Hintergrund lässt sich gut erkennen, warum die New-Woke-Anhänger, die laut eigener Aussage der „liberalen Linken" angehören, sich so gern mit Milliardären wie dem Finanzmann George Soros und Riesenkonzernen wie den Internetzensoren aus dem Silicon Valley zusammentun. Sie behaupten zwar nach wie vor, gegen Milliardäre und das eine Prozent eingestellt zu sein, doch sämtliche Beweise deuten auf das Gegenteil hin. Die wahre Linke demonstrierte einst gegen die Macht der Konzerne und setzte sich für die Meinungsfreiheit ein. Heute erleben wir die Umkehrung davon: Organisationen, die dem New Woke zugetan sind, werden mit Dutzenden Dollarmilliarden von Soros und anderen Einprozentern finanziert, denen soziale Gerechtigkeit gar nicht weniger egal sein könnte. Gleichzeitig wird jede Zensur von Nicht-Woke-Meinungen durch die Internetkonzerne von den „Social Justice Warriors“ bejubelt. Der Grund für diese veränderte Dynamik ist die Tatsache, dass die New-Woke-Bewegung auf der vom Kult erfundenen Identitätspolitik aufbaut und nicht auf sozialer Gerechtigkeit.

Milliardäre und Konzerne werden nicht danach beurteilt, wie viel soziale Zerstörung sie anrichten, sondern ob sie die Sprache der New-Woke-Ideologen sprechen und deren Organisationen einen Haufen Geld zustecken. Als die Linke noch ernsthaft soziale Gerechtigkeit forderte, nahm sie logischerweise die Leute ins Visier, die auf Kosten der Vielen sagenhafte Vermögen für die Wenigen anhäuften. Soros wäre nie als Geldgeber der echten liberalen Linken akzeptiert worden. Sie hätten seine unlauteren Absichten schon aus einer Entfernung von 200 Kilometern erkannt – ebenso wie die von Fake-Vertretern des New Woke wie Zuckerberg von Facebook, Page und Brin von Google, Wojcicki von YouTube, Dorsey von Twitter, Wales von Wikipedia und Cook von Apple.

In einer brillanten Rede bei der Verleihung des Golden Globe 2020 sprach der britische Komiker Ricky Gervais auch über die Heuchelei von Apple: „Apple ist mit *The Morning Show* ins TV-Geschäft geprescht, einem großartigen Drama darüber, wie es ist, Würde zu bewahren und das Richtige zu tun. Und das von einem Unternehmen, das Sweatshops in China betreibt.“ Dann sagte er zu den versammelten „A-Promis“ des New Woke, die mit benzinfressenden Limousinen angereist waren und nach der Veranstaltung unbedingt ein veganes Essen wollten: „Ihr nennt euch woke, aber die Firmen, für die ihr arbeitet – wirklich unglaublich. Ich meine Apple, Amazon, Disney – würde der IS einen Streaming-Dienst anbieten, dann wärt ihr schon am Telefon mit euren Agenten, oder?“ Und dann sagte er:

> Wenn ihr heute Abend also einen Preis gewinnt, dann nutzt eure Dankesreden nicht als Plattform für politische Reden, okay? Ihr seid nicht in der Lage, die Öffentlichkeit über irgendetwas zu belehren. Ihr habt keine Ahnung von der realen Welt. Die meisten von euch haben weniger Zeit in der Schule verbracht als Greta Thunberg. Wenn ihr also gewinnt, dann kommt hier rauf, nehmt euren Preis entgegen, dankt eurem Agenten, dankt Gott – und dann verpisst euch, klar?

Es war höchst erfrischend, einen Prominenten zu sehen, der den Mut hatte, die Blenderei von L.-A.-Hollywood und Silicon-Valley-Hollywood anzuprangern. Die Anhänger des New Woke treten nicht gegen die Milliardäre an, sondern setzen sich mit ihnen an einen Tisch. Sie sind von Identität besessen, statt sich um soziale Gerechtigkeit zu kümmern. So lange Milliardäre und deren Firmen die politisch korrekten New-Woke-Identitätspositionen unterstützen, „gehören sie zu uns“ und „sind auf unserer Seite“. Die Tatsache, dass sie es gar nicht so meinen und mit Methoden arbeiten, die eine gewaltige soziale *Un*gerechtigkeit erzeugen, wird geflissentlich ignoriert. Die Milliardäre müssen nur die Kohle rüberwachsen lassen, sich politisch korrekt ausdrücken und alle zensieren, die die New-Woke-Strenggläubigkeit des *„Ich habe recht“* infrage stellen oder anfechten. So ist diese bizarre Allianz entstanden – und aus diesem Grund lassen sich die New-Woke-Jünger auch als Sturmtruppen für die Kult-Agenda des einen Prozents einspannen. Das erklärt auch, warum das vom Kult gesteuerte FBI früher so oft die damals echte Linke infiltriert und unterwandert hat und deren Führer wie Martin Luther King bespitzeln ließ, heute aber nur noch gegen die Rechten vorgeht. Die New-Woke-Ideologen dürfen hingegen unbehelligt agieren, solange sie keine Kritik an Israel äußern. Die jeweils aktuelle Agenda wird stets von Behörden unter Kontrolle des Kults – wie FBI und CIA – sowie vom Rest des Tiefen Staats und der permanenten Regierung durchgesetzt.

Ich betone an dieser Stelle noch einmal, dass ich nichts gegen die New-Woke-Anhänger als Personen habe. Viele von ihnen sind von ihren Ansichten ehrlich überzeugt und nach meiner Meinung schwer irregeleitet. Ich möchte nur die Manipulation sowie deren Quelle und Ziele entlarven. Ich verstehe, warum New-Woke-Jünger das tun, was sie tun, warum sie das glauben, was sie glauben, und warum die Welt um sie herum ihnen solche Angst macht. Die Programmierung ist gnadenlos und erfolgt unaufhörlich auf Geheiß von Psychopathen, die Jugendliche zu Erwachsenen formen, die „soziale Gerechtigkeit und Inklusivität“ fordern. Doch dies ist nur Codesprache für die postfaktische, postfreiheitliche, postindustrielle Großer-Bruder-Hungerspiele-Gesellschaft.

KAPITEL 12

WOHIN GEHEN WIR – WENN WIR ES ZULASSEN?

„Die bei Weitem größte Gefahr der künstlichen Intelligenz ist, dass Menschen viel zu früh glauben, dass sie sie begriffen haben."
Eliezer Yudkowsky

Die Simulation der Zeitschleifen hat sich durch ihren Ablauf gedreht und ein bestimmtes Ziel erreicht. Jetzt erleben wir ihre Endphase: synthetische Menschen mit synthetischem Verstand, der als künstliche Intelligenz oder KI bekannt ist. Dieses zweifache Ziel verbindet „smarte" Technik mit der Transgenderhysterie.

Struktur und Beschaffenheit des Kontrollsystems der Hungerspiele-Gesellschaft sind als Technokratie geplant, in der Wissenschaftler, Ingenieure und andere nicht gewählte „Experten" den Laden (und jeden einzelnen menschlichen Verstand) im Auftrag des Kults und seiner nichtmenschlichen Meister am Laufen halten. Diese Technokratie ist heute bereits im Entstehen begriffen, wie sich an der stets zunehmenden Dominanz der Konzerne des Silicon Valley erkennen lässt, die im Zuge der „Virus"-Lockdowns noch viel größer geworden ist. Hervorragende Hintergrundinformationen dazu finden Sie auf der Website Technocracy.news; auch das Buch „Technocracy Rising" von Patrick Wood ist sehr empfehlenswert.

Die öffentliche Werbung für die Technokratie begann bereits in den 1930er-Jahren (obwohl sie noch weiter zurückgeht), vor allem an der Ingenieurschule der amerikanischen Columbia University. Damals fand dieses Vorhaben keine breite Unterstützung, doch seine Befürworter verfolgten es hinter den Kulissen weiter und sprinten jetzt auf die Ziellinie zu. Interessant ist, dass sowohl Aldous Huxleys Roman „Schöne neue Welt" und George Orwells „1984" als auch die Ansprache, die Richard Day 1969 vor den Kinderärzten hielt, zu einem Zeitpunkt erschienen beziehungsweise stattfanden, als die Förderer der Technokratie ihre Ambitionen für die menschliche Gesellschaft dargelegt hatten. Alle drei Männer sagten die aktuellen Ereignisse sehr genau voraus.

Adolf Hitler und die Nazis betrieben in vielerlei Hinsicht eine Technokratie. Ich habe in einigen meiner Bücher beschrieben, wie am Ende des Zweiten Weltkriegs mehr als

Abb. 310: Ein paar der Technokraten des Nazi-Regimes, die nach dem Zweiten Weltkrieg im Rahmen der Operation Paperclip aus Deutschland in die USA importiert wurden.

1.600 Nazi-Technologen im Rahmen eines militärischen und geheimdienstlichen Fluchtplans namens Operation Paperclip aus Deutschland in die Vereinigten Staaten geschmuggelt wurden (Abb. 310). Sie waren genau jene Technologen, die nach ihrer Übersiedlung die NASA gründeten und das berüchtigte Bewusstseinskontrolle-Programm MK-Ultra (Mind Control Ultra) des US-Militärs und der Geheimdienste betrieben. Den Buchstaben „K" statt dem „C" in „Control" übernahm man vom deutschen Wort „Kontrolle", um die Herkunft des Programms zu würdigen. Zu diesen deutschen Technologen gehörte beispielsweise Wernher von Braun, der Mitglied von NSDAP und SS gewesen war und die V2-Raketen entworfen hatte, die die Nazis auf England abschossen. Von Braun konstruierte aber auch die Saturn-V-Raketen für das Mondlandungsprogramm Apollo, als er später für die NASA tätig war.

Der Kult und seine Technokratie kennen keine Grenzen, ebenso wenig wie die Welt, die sie für uns schaffen wollen. Da die Technokratie eine monokulturelle globale Gesellschaft braucht, greift der Kult alle Kulturen an, um sie zu einer einzigen zu verschmelzen. Aus diesem Grund kam es zur systematischen Massenimmigration und dem Krieg gegen die westliche Kultur, die als erste fallen soll, bevor alle anderen assimiliert werden. Die Zerschlagung der westlichen Kultur ist aber nur der Anfang. Sämtliche festgelegten Grenzen und Abgrenzungen aller Art sind Ziele des Kults – einschließlich der biologischen Grenzen zwischen Mann und Frau.

„Wenn du nicht willst, dass jemand davon erfährt, dann tu es einfach nicht" (chinesisches Sprichwort)

China, die Blaupause des Kults für die ganze Welt, ist bereits heute eine Technokratie. Das ist zu einem Großteil auf geheime Technologietransfers aus dem Westen zurückzuführen, die vom Kult über Schwellenorganisationen im Netz, wie beispielsweise die Trilaterale Kommission, organisiert wurden. Dokumente der Trilateralen Kommission aus den 1970er-Jahren belegen diese Tatsache, die durch spätere Ereignisse noch bestätigt wurde. Der absolute Kult-Insider Zbigniew Brzeziński, einst nationaler Sicherheitsberater für den US-Präsidenten Jimmy Carter, beschrieb in seinem 1970 erschienenen Buch „Between Two Ages: America's Role in the Technetronic Era" [dt. etwa: „Zwischen zwei Zeitaltern: Amerikas Rolle in der technetronischen Ära"], wie aus den Vorläufern Kommunismus und Sozialismus eine Technokratie hervorgehen würde. Man könnte eine Technokratie auch als eine Form des „technologischen Marxismus/Faschismus" bezeichnen, in dem der Polizeistaat nicht einmal mehr von Menschen in Uniform, sondern von künstlicher Intelligenz durchgesetzt wird. Diese KI soll dann via Cyberspace, Robotern und anderer Technik, die von nicht gewählten Technokraten kontrolliert wird, unser Leben diktieren. Brzeziński war 1973 Mitgründer der Trilateralen Kommission (neben David Rockefeller, einem weiteren lebenslangen Eingeweihten in den Kult) und lehrte „Politikwissenschaft" an der Columbia University, wo in den 1930er-Jahren eine öffentliche Technokratie-Bewegung gegründet wurde. Auch die Familie Rockefeller hatte beste Beziehungen zu dieser Universität. Während Brzezińskis Zeit als Nationaler Sicherheitsberater wurden die Beziehungen zwischen den USA und China „normalisiert", der im Besitz des Kults befindliche spätere US-Präsident Bill Clinton spielte dann eine wichtige Rolle bei der Öffnung Amerikas für chinesische Waren und Infiltration. Und so stellte sich Brzeziński vor mehr als 50 Jahren unsere technokratische Zukunft vor:

> Eine solche Gesellschaft würde von einer Elite beherrscht werden, deren Anspruch auf politische Macht sich auf eine angeblich überlegene wissenschaftliche Expertise gründen würde. Ungehindert von traditionellen liberalen Werten [die gerade vom New Woke zerstört werden], würde diese Elite ohne Zögern ihre politischen Ziele durch Einsatz der modernsten Techniken der Beeinflussung der öffentlichen Meinung verwirklichen und die Gesellschaft streng überwachen und steuern. Unter diesen Umständen würde die wissenschaftliche und technologische Dynamik des Landes keinen Rückschlag erleiden, sondern aus der von ihr ausgenutzten Situation selbst Kraft schöpfen. […]
>
> Anhaltende soziale Krisen, das Auftauchen einer charismatischen Persönlichkeit und die Ausnutzung der Massenmedien, um das Vertrauen der Öffentlichkeit zu gewinnen, wären die Trittsteine bei der schrittweisen Umwandlung der Vereinigten Staaten in eine hochgradig kontrollierte Gesellschaft.

Was Brzeziński im Jahr 1970 so präzise vorhersagte (weil er den Plan kannte), ist das, was heute mit immer schnellerem Tempo passiert und was in naher Zukunft noch viel massiver passieren wird. (Auch den vorigen Satz habe ich vor den „Virus"-Lockdowns geschrieben, die von Ereignissen in China ausgelöst wurden.) Die Technokratie ist das, was Kult-Agenten in Wahrheit meinen, wenn sie von einer postindustriellen und postdemokratischen Gesellschaft sprechen, die durch die Klimawandel- und Pandemieschwindel herbeigeführt wird. Sehen Sie, wie gut das alles zusammenpasst? Der Kult hat seine chinesische Blaupausen-Technokratie im Hinblick auf ihre Ausbreitung über die ganze Welt entwickelt. China (der Kult) infiltriert die globale Gesellschaft mit Geld, Technik, Infrastrukturprojekten, Eisenbahnen und unzähligen geheimen Hilfsmitteln – und stößt mittlerweile sogar ins Weltall vor. Dem Plan zufolge soll die Welt mithilfe eines Smart Grid [dt. etwa: „intelligentes Netz"] zentral kontrolliert werden. In diesem Netz ist alles, einschließlich Technik und dem menschlichen Gehirn, über das Internet und eine weltumspannende Wi-Fi-„Cloud" miteinander verbunden, wobei die künstliche Intelligenz (KI) alle Fäden in der Hand hält. China spielt hier gemeinsam mit den USA und Israel eine zentrale Rolle.

Die vom Kult gesteuerte Investmentbank Morgan Stanley hat prognostiziert, dass die nächste Phase des chinesischen Wachstums mit „smarten Superstädten durch 5G-Vernetzung, intelligenten Netzen, erneuerbarer Energie und modernen Transportmitteln einhergehen wird". (Die erste „Smart City", die in China online ging, war Wuhan – kurz bevor dort das „Virus" ausbrach.) Morgan Stanley geht davon aus, dass die derzeit 60 Prozent der chinesischen Bevölkerung, die in Städten leben, bis 2030 auf 75 Prozent anwachsen werden; das ist ein Zuwachs von etwa 220 Millionen Menschen, die in Städte ziehen. Robin Xing, Chefökonom für China bei Morgan Stanley, sagte: „Unserer Ansicht nach ist China auf dem besten Weg, eine weltweit führende Rolle bei der Entwicklung von Smart Citys und City-Clustern zu übernehmen." Unserer *Ansicht* nach? Nein – unserem *Wissen* über das, was geplant ist, nach.

Alles, was ich hier beschrieben habe, stammt direkt aus der Blaupause des Kult für die Menschheit. Der wachsende Einfluss Chinas auf Indien konfrontiert uns mit einer Gesamtbevölkerung von zusammen 2,8 *Milliarden* Menschen. Das sind etwa 36 Prozent der Weltbevölkerung, wobei hier Chinas andere Einflussgebiete in Asien, Nord- und Südamerika, Afrika und sogar Europa noch gar nicht eingerechnet sind. Die enorme und systematische Auslagerung der Produktion nach China, wie sie von amerikanischen und multinationalen Konzernen auf Kosten heimischer Arbeitsplätze durchgeführt wurde, hat die Welt davon abhängig gemacht, sich mit China gut zu stellen; daran hat auch Donald Trumps Kritik an den Handelsbeziehungen nichts geändert. Diese Abhängigkeit wurde durch den „Ausbruch des Coronavirus" Ende 2019 noch deutlicher. Angeblich kommen *96 Prozent* der amerikanischen Antibiotika inzwischen aus China; Ähnliches dürfte auch für andere Länder gelten. Waren, die früher in Amerika von Amerikanern hergestellt wurden, werden heute überwiegend in China produziert. Was wäre, wenn China im Sinne einer kriegerischen Handlung beschlösse, die Versorgung mit lebenswichtigen Produkten einzustellen? Genau das hat der offizielle staatliche chinesische Pressedienst in Bezug auf Medikamente bereits angedroht, als der Virusschwindel sich aus China über die USA und den Rest der Welt ausbreitete. Bald werden wir auch sehen, dass viele chinesische Agenten – „Spione" – in den Vereinigten Staaten in Bereichen arbeiten, wo sie Forschungsergebnisse stehlen können. Hinzu kommt die lange Liste „ehemaliger" Militärbeamter des Pentagon, die nach ihrer „Pensionierung" direkt oder indirekt für China tätig sind.

Die chinesischen Bemühungen, sich Einfluss im Bildungswesen zu erkaufen (und Forschungsergebnisse zu stehlen), wurden 2020 enthüllt, als herauskam, dass die US-Universitäten Harvard und Yale es versäumt haben, etwa 375 Millionen Dollar an Geschenken und Verträgen offenzulegen, die sie in den vergangenen vier Jahren von China und Saudi-Arabien erhalten beziehungsweise mit diesen Ländern abgeschlossen haben. Das *Wall Street Journal* berichtete, dass amerikanische Universitäten insgesamt 6,5 Milliarden Dollar nicht angegeben haben, die sie seit 1990 aus dem Ausland kassiert haben, wobei ein großer Teil dieser Summe aus China stammte. Die chinesische Infiltration der Vereinigten Staaten ist heute bereits sehr umfangreich und wird mit jedem Tag größer. Vergessen wir dabei nicht, dass der Kult China ebenso wie die USA kontrolliert. Bei der erwähnten Infiltration geht es darum, dass der Kult die amerikanische Gesellschaft gemäß seiner für die ganze Welt geplanten Blaupause nach chinesischem Muster umbaut und die Firmen des Silicon Valley kräftig daran mitwirken.

Ein Opfer der zunehmenden chinesischen Kontrolle ist die Meinungsfreiheit. Mittlerweile verhält es sich in der von China finanzierten Wirtschaft und akademischen Welt mit jeder Kritik an China ebenso wie mit Kritik an Israel. Man erkennt seine wahren Herren immer daran, wen man nicht kritisieren darf. Ein bedeutender Unterstützer der chinesischen Führung ist der Ultrazionist Michael Bloomberg, seines Zeichens gescheiterter Präsidentschaftskandidat der Demokratischen Partei, der mit Investitionen in China ein Vermögen verdient hat. Da ist es kein Wunder, dass er lachhafterweise darauf besteht, der bösartige chinesische Diktator Xi Jinping sei alles andere als ein Diktator. Man hat Bloombergs weltweit agierender Nachrichtenagentur vorgeworfen, die Veröffentlichung von Artikeln blockiert zu haben, die Korruption in Xi Jinpings Familie aufdeckten – und er gibt selbst zu, dass er sich an die Zensurregeln Chinas hält.

Je mehr sich die USA vom Kult in ungeheuer kostspielige Kriege verwickeln lassen, während die amerikanische Gesellschaft und Infrastruktur in Auflösung begriffen sind, desto besser ist das für China, das gleichzeitig immer größere Teile Afrikas übernimmt, indem es dort Straßen, Brücken, Bahnlinien, Wolkenkratzer und ganze Städte baut. Ein Autor schilderte, mit welch rasanter Geschwindigkeit in Afrika „chinesische Fabriken mit chinesischen Managern, die chinesische Arbeiter überwachen, die ihre Produkte mit chinesischen Maschinen herstellen“ auftauchen. Die Kolonisierung Afrikas zeigt sich an den 10.000 chinesischen Unternehmen und zwei Millionen Chinesen (zu denen Woche für Woche mehr hinzukommen) auf dem Kontinent. Der Plan sieht vor, dann das Kontrollsystem der chinesischen Regierung einzusetzen, die ja in Wahrheit eine Regierung durch den Kult ist. Die beiden sind untrennbar verbunden, und die Coronavirus-Hysterie lieferte der chinesischen Diktatur den Vorwand, eine noch drakonischere Kontrolle einzuführen – und bot dem Rest der Welt dieselbe Chance. Ich werde auf diesen Schwindel und seine Durchführung in den Kapiteln 15 und 16 sehr ausführlich eingehen.

Globale Technokratie à la Israel

China, Israel, die USA, Europa usw. sind auf der tiefsten Ebene allesamt Aktivposten des Kults. Das erklärt auch, warum Israel – das unter der Kontrolle des an vorderster Front operierenden Kult-Netzwerks des Sabbatianimus-Frankismus steht – so viele und immer mehr Verbindungen zu China hat. Die guten Beziehungen des Ultrazionisten Michael Bloomberg sind hier nur eines von unzähligen Beispielen. Israel spielt, wie ich in „The Trigger“ ausführlich dargestellt habe, eine zentrale Rolle bei der Einführung einer globalen Technokratie. Die Sabbatianer-Frankisten – und nicht 19 arabische Flugzeugentführer – konnten die Anschläge vom 11. September 2001 zu einem großen Teil deshalb durchziehen, weil sie die Computersysteme des Pentagons, das Warnsystem für Flugzeugentführungen NORAD der amerikanischen Luftwaffe, das Weiße Haus und das für die zivile Luftfahrt zuständige Federal Aviation System unter ihrer Kontrolle hatten. Sie kontrollierten damals auch schon (und tun das bis heute) den inneren Kern des amerikanischen TIEFEN STAATS, einschließlich der CIA-Scheinfirmen, die für den israelischen Geheimdienst und das Militär des Nahoststaats tätig sind, arbeiten mit den US-Geheimdiensten zusammen, indem sie „ehemalige" CIA-Mitarbeiter beschäftigen und so ein zusammenhängendes, dem Kult dienendes Netz auf beiden Seiten des Atlantiks geschaffen haben.

Abb. 311: Ein Teil des riesigen Cyberzentrums in Be'er Scheva. Die Sabbatianer-Frankisten, die Israel kontrollieren, wollen dieses Land zum Mittelpunkt des weltweiten Smart Grid zur Steuerung der Menschheit machen.

Israels ständig zunehmender globaler Einfluss ist durch sein riesiges Cyber-Zentrum im Heeresnachrichtendienst in Be'er Scheva (Beerscheba) und dessen Elitetruppe Unit 8200 zur Cybermanipulation gewährleistet. Diese Organisationen werden noch durch zahlreiche Tarnfirmen wie die in Israel tätige Cybersicherheitsfirma Team8 und das in Boston beheimatete israelische Unternehmen Cybereason unterstützt, die ein Netz bilden, das mit israelischen und amerikanischen Geheimdiensten oder DEM TIEFEN STAAT verbunden ist (Abb. 311). Israelische Militär- und Geheimdienstnetzwerke sind darauf spezialisiert, scheinbar private Tarnfirmen für „Cybersecurity" einzurichten, weil die Einrichtung eines Sicherheitssystems es (theoretisch) erforderlich macht, dass die beauftragte Firma Zugang zum gesamten Computersystem des Kunden, mit allen Codes und Passwörtern, hat. Dadurch können diese Unternehmen „Sicherheitsmaßnahmen" einrichten, die mit geheimen „Hintertüren" ausgestattet sind, über die Israel (oder vielmehr die Sabbatianer-Frankisten, die Israel kontrollieren) fortan auf alles zugreifen und die fremden Computersysteme sogar in Echtzeit manipulieren können (siehe 9/11 und „The Trigger"). In Anbetracht der Tatsache, dass israelische „Sicherheits"-Software von Regierungsbehörden, Geheimdiensten, dem Militär und Unternehmen – vor allem in den USA – genutzt wird, lässt sich ihre Bedeutung für Spionage, Erpressung und Datendiebstahl leicht ausmachen.

Der berüchtigte israelische Auslandsgeheimdienst Mossad und der Inlandsgeheimdienst Schin Bet sind natürlich tief in diese Aktivitäten verwickelt. Cybereason wurde im Jahr 2012 von drei „ehemaligen" (ist man überhaupt je ein Ehemaliger?) Mitgliedern der Elitetruppe für Cyber-Kriegsführungs Unit 8200 gegründet. Unit 8200 ist aktiv an der Manipulation von Wahlen – nicht zuletzt auch in den USA – durch Hackerangriffe und psychologische Kriegsführung gegen die Wählerschaft beteiligt (siehe dazu die Artikel von Whitney Web auf DavidIcke.com). Die Finanzierung für dieses Netzwerk stammt auch aus den 3,8 Milliarden Dollar, die Israel jedes Jahr von der US-Regierung für Militärausgaben erhält. Amerika finanziert also Cybersabotage *gegen sich selbst*, weil sabbatianisch-frankistische Netzwerke sowohl in Israel als auch in den Vereinigten Staaten operieren – und das Geld von einer Hand in die andere wandert. Diese Politik hat das winzige Israel zum größten Empfänger amerikanischer Hilfszahlungen gemacht. Die Verachtung der sabbatianisch-frankistischen Führung für Amerika lässt sich an der Geschichte des israelischen

Raketenabwehrsystems Iron Dome ablesen: Der amerikanische Steuerzahler gab der israelischen Regierung 1,5 Milliarden Dollar für die Konstruktion dieses Systems. Als das US-Militär Israel dann Teile der verwendeten Technologie abkaufen wollte, für deren Entwicklung zum Nutzen Israels ja Amerika bezahlt hatte, weigerte sich die ultrazionistische israelische Regierung jedoch, den Quellcode zu liefern, mit dem sich das System effizient einsetzen lässt. Liebe Amerikaner, die lachen euch aus …

Die Cybereason-Software wird von einer Reihe „amerikanischer" Unternehmen verwendet, darunter auch Lockheed Martin, dem größten Waffenhersteller der Welt, der von jedem US-Krieg enorm profitiert. Cybereason führte mehrere „Simulationen" durch, die von Szenarien einer Manipulation der amerikanischen Präsidentschaftswahl des Jahres 2020 ausgingen. Besonders betonte das Unternehmen das Wahlmanipulationspotenzial des „Coronavirus" – in einem Artikel, der nur eine Stunde online war. Warum? Weil er zu viele Informationen enthielt. Cybereason und das aus Israel agierende Netzwerk Unit 8200 beschäftigen sich mit der KI-Technologie des „Deepfake", mit der die Herstellung von Videomaterial möglich ist, in dem Menschen Dinge sagen und tun, die sie in Wirklichkeit nie gesagt und getan haben. Beispiele dafür finden sich in großer Zahl im Internet. Das israelische Technikunternehmen Canny AI ist ein Marktführer, der eine Partnerschaft mit Cybereason eingegangen ist und vom israelischen Inlandsgeheimdienst Schin Bet finanziert wurde. Upstream Security, eine weitere israelische Firma für Cybersecurity, ist auf die Sicherheit von kybernetisch vernetzten autonomen Fahrzeugen spezialisiert. Deren Systeme lassen sich hacken, um Autos, Busse und Lkws verunfallen zu lassen (man denke in diesem Zusammenhang an terroristische Angriffe mit Lkws). In ähnlicher Weise kann alles, was mit dem Cyberspace verbunden ist, gehackt und von außen übernommen werden; das geht bis zum Öffnen und Schließen von Autofenstern. Justin Rohrlich schrieb auf qz.com über eine Simulation von Cybereason:

> Das Rote Team übernahm dann die Kontrolle über 50 autonome Autos und fünf fahrerlose Busse – ein Szenario, das eher in einer zukünftigen Realität angesiedelt ist – und setzte einen Mobilfunksimulator ein, mit dem es die Standorte von Menschen verfolgen und ihre Telefongespräche abhören konnte. Sie brachten Ampeln unter ihre Kontrolle, verursachten Unfälle und verbreiteten ein Deepfake-Video, in dem der demokratische Kandidat rassistische und häusliche Gewalttaten verübte.

Cybereason simulierte die Manipulation der amerikanischen Wahlen durch einen fremden Staat oder eine nichtstaatliche Quelle – aber welchen Staat? Israel wäre in diesem Zusammenhang ja garantiert nicht erwähnt worden. Das Project for the New American Century, das vollständig unter der Kontrolle von Ultrazionisten steht, die im Auftrag Israels und der Sabbatianer-Frankisten tätig sind, rief in seinem Dokument über den Regimewechsel vom September 2000 dazu auf, dass Amerika (also in Wahrheit Israel) den Cyberspace kontrollieren müsse. Letztendlich werden die Zusammenhänge ja doch immer klar.

Militärische Kontrolle des Cyberspace

Der Cyberkomplex in Be'er Scheva ist umgeben von Forschungs- und Entwicklungszentren aller großen Konzerne des Silicon Valley. In ihm ist buchstäblich eine Armee uniformierter Soldaten und anderer Mitarbeiter damit beschäftigt, sich als ganz normale Bürger zu tarnen und unter deren Namen Beiträge im Internet zu posten, die das israelische Narrativ bewerben und alle Kritiker als „Antisemiten" bezeichnen. Be'er Scheva ist das größte Infrastrukturprojekt der israelischen Geschichte und bietet Platz für 20.000 Cybersoldaten. Militärische und geheimdienstliche Gruppen sind für Israel und dessen weltumspannende Netzwerke heute ein einziges Team, das gemeinsam dieselben Ziele verfolgt. Israel ist ein Global Player in der Technologie und Kontrolle des Smart Grid und verfolgt die Absicht, Silicon Valley an Bedeutung und Macht zu übertreffen. Hinter den Kulissen und im Verborgenen ist dieses Vorhaben bereits gelungen, weil dieser Staat im Silicon Valley bereits allgegenwärtig ist und dort einen maßgeblichen Einfluss ausübt. Das liegt vor allem an den jüdischen Eigentümern und Leitern der bedeutendsten Unternehmen wie Facebook (Mark Zuckerberg und Sheryl Sandberg), Google (Sergey Brin und Larry Page), YouTube (Susan Wojcicki); Vimeo (Barry Diller) und Apple (Arthur D. Levinson). Während ich diese Zeilen schreibe, versucht der ultrazionistische Hedgefonds-Manager und Multimilliardär Paul Singer gerade, sich mit einer Kontrollmehrheit bei Twitter einzukaufen, um dessen Chef Jack Dorsey von seiner Position zu entfernen. Sollte Singer mit seinem Vorhaben Erfolg haben, dann wird sich Twitter noch stärker zum Zensurwerkzeug für jede Kritik oder Enthüllung in Sachen Ultrazionismus, Israel und der globalen Kult-Agenda entwickeln.

Es ist schon erstaunlich, wie viel Internetmacht in den Händen von nur 0,2 Prozent der Weltbevölkerung und zwei Prozent der amerikanischen Einwohner liegt. Diese Leute können darüber entscheiden, wer weltweit was zu sehen bekommt. Dabei enthält die Liste der zionistischen Sympathisanten in führenden Positionen der Konzerne im Silicon Valley noch nicht einmal andere Zionisten wie Elon Musk und Ray Kurzweil, Googles von der Verbindung zwischen KI und Gehirn besessenen Propheten. Der erwähnte Paul Singer wiederum ist – ebenso wie der Ultrazionist Sheldon Adelson – einer der wichtigsten Geldgeber der US-Republikaner und Vorstandsmitglied der Republican Jewish Coalition, die jüdische Republikaner fördert. Parteispenden für die Demokratische Partei kommen unter anderen von den ultrazionistischen Multimilliardären Michael Bloomberg, George Soros (was auch immer er anderes behauptet), Donald Sussman, Dustin Moskovitz, der mit Mark Zuckerberg Facebook gründete, Jim Simons, Seth Klarman, dem Mitgründer und Vorstandsvorsitzenden der *Times of Israel*, sowie Haim Saban, der von sich selbst sagt, er sei „auf ein Thema fixiert, und dieses Thema heißt Israel".

Big-Tech-Riesen wie Google, Microsoft und die Intel Corporation haben Tausende Arbeitsplätze und Millionen Dollar an Investmentgeldern nach Israel verlagert, wozu der „Amerika zuerst!"-Präsident Donald Trump geflissentlich schwieg und sich noch ein Pflaster über den Mund klebte. Dieselben Internetbeherrscher aus dem Silicon Valley, zu denen natürlich auch Facebook gehört, beschäftigen führende Manager und leitende Angestellte aus Israel und dem berüchtigten militärischen Geheimdienst des Landes. Der Transfer von

Cyberarbeitsplätzen und -investmentgeldern aus Amerika nach Israel wird in erster Linie von einer Person gelenkt. Ja, da ist er wieder – der Ultrazionist Paul Singer mit seiner Non-Profit-Organisation namens Start-Up Nation Central, die Teil des Cyberkontrollnetzwerks von Unit 8200 ist. Wie bereits erwähnt, zerstörte Singers räuberischer Hedgefonds die Kleinstadt Sidney in Nebraska. Singer finanziert die von Ultrazionisten kontrollierte „Denkfabrik" American Enterprise Institute (AEI), die sehr enge Verbindungen zum Project for the New American Century hatte – genau, die mit der Liste aus dem Jahr 2000, in der die Länder angegeben waren, wo ein Regimewechsel herbeigeführt werden sollte. BDS, die gewaltfreie Boykottkampagne gegen Israel, hat so gut wie ausgespielt, sobald Israel einmal die vollständige Kontrolle über den Cyberspace übernimmt; auch das war bekanntlich eines der in besagtem Dokument erwähnten Ziele des ultrazionistischen Project for the New American Century. Man braucht das „American" in diesem Namen nur auf „israelisch" oder genauer gesagt „*Kult*" zu ändern, um zu sehen, was wirklich gespielt wird.

Die israelische Tageszeitung *Haaretz* berichtete, dass die Anzahl der israelischen Technik-Start-ups in New York zwischen 2013 und 2017 auf das Fünffache angestiegen ist. Entscheidend für das Funktionieren des weltweiten Smart Grid ist der Quantencomputer, der die Leistungsfähigkeit und das Potenzial von Computersystemen auf eine völlig neue Ebene heben wird. Auch bei dieser Entwicklung ist Israel mit Unternehmen wie dem in Tel Aviv beheimateten Start-up Quantum Machines (QM) ganz vorne dabei. Mittlerweile wurden in New York, das zur Gänze unter der Kontrolle der Sabbatianer-Frankisten steht, gigantische, von Israel gelenkte Cybersecurityzentren eröffnet, für die der amerikanische Steuerzahler 30 Millionen Dollar aufbringen durfte. Damit haben die Israelis (der Kult) ein noch nie da gewesenes Potenzial zur Kontrolle amerikanischer Computersysteme in der Hand, inklusive einem Zugang zu den US-Wahlcomputern. Die Behauptung, Russland habe die amerikanischen Wahlen manipuliert, diente zum überwiegenden Teil dazu, die Aufmerksamkeit von der israelischen Manipulation abzulenken.

Abb. 312: Das von Israel kontrollierte „New York".

Die New Yorker Cybersecurityzentren werden nicht nur von der in Israel ansässigen „globalen Innovationsplattform" SOSA betrieben, die Beziehungen zum israelischen Militär hat, sondern auch von den Jerusalem Venture Partners (die eine zentrale Rolle beim Cyberkomplex von Be'er Scheva spielen). Sie haben von der Stadtverwaltung den Auftrag bekommen, New York zur Cyberhauptstadt der Welt zu machen (Abb. 312). und stehen in Verbindung mit einem ultrazionistischen Netzwerk namens „Mega Group" – auch zu diesem Thema empfehle ich die ausführlichen Artikel von Whitney Webb. Die Mega Group und das Unit-8200-Netzwerk pflegten wiederum Kontakte zu Jeffrey Epstein, dem ultrazionistischen Verbündeten des israelischen Geheimdienstes, der sein Netzwerk für Kindesmissbrauch als Erpressungsoperation für den Mossad betrieb und damit eine Menge reicher, berühmter und einflussreicher Menschen unter seinen Einfluss brachte – inklusive Trump, die Clintons und Prinz Andrew. Die Epstein-„Puffmutter" Ghislaine Maxwell ist die Tochter eines langjährigen Mossad-Agenten, des mittlerweile verstorbenen (schlussendlich vom Mossad ermordeten) englischen Geschäftsmanns und Vollblutgauners Bob Maxwell (siehe dazu auch „The Trigger"). Epstein war für seine Meister im sabbatianisch-frankistischen Netzwerk auch als Investor in der Big-Tech-Branche und im Silicon Valley tätig. Whitney Webb beschreibt „Mega" als „Gruppe von Pro-Israel-Oligarchen mit offensichtlichen und sehr direkten Verbindungen zum organisierten Verbrechen, der auch Leslie Wexner angehört – „der Hauptfinanzier von Epsteins Machenschaften, die den Sexhandel mit Minderjährigen im Auftrag des israelischen Militärgeheimdienstes beinhalteten". Guy Franklin, der Geschäftsführer von SOSA, hat Verbindungen zum Israeli American Council (IAC), einer proisraelischen Lobby-Gruppierung, die vom Ultra-Ultrazionisten Sheldon Adelson und dessen Frau finanziert wird. Adelson ist gleichzeitig der größte Spender für die Republikanische Partei und Donald Trump. Das ist auch einer der Gründe, warum Israel Trump auffordern kann zu springen und er nur noch fragt: „Wie hoch, bitte?"

Laut Plan soll der Kult über den Sabbatianismus-Frankismus das gesamte Smart Grid der menschlichen Unterwerfung von einem zentralen Punkt aus steuern – nämlich aus Israel mit seinem massiven Atomwaffenarsenal. Die Verbindungen, die zum „kleinen" Israel führen, sind so fantastisch, dass schon daran deutlich wird, warum man die Definition des Begriffs „Antisemitismus" immer mehr erweitern musste, um zu verhindern, dass die Öffentlichkeit von diesen Netzwerken erfährt. Das globale Smart Grid, mit Verbindungen zum menschlichen Gehirn, soll letztlich von Jerusalem und Be'er Scheva aus gesteuert werden. Das hängt mit dem alten Glauben an einen jüdischen „Messias" zusammen, der die Welt einst von Jerusalem aus reagieren soll. Der Sabbatianismus-Frankismus baut mit seinem Hintergrund eines „jüdischen Messias" und seiner Geschichte der selbsternannten Messiasse Schabbtai Zvi und Jakob Joseph Frank auf diesem Glauben auf, obwohl die ganze Angelegenheit für den inneren Kern des Kults nicht mehr als eine Tarngeschichte ist, hinter der sich das Streben nach globaler Kontrolle verbirgt.

Der Kult hat seine Agenda aus der jüdischen Perspektive entwickelt, um den Anschein zu erwecken, er würde biblischen Prophezeiungen und alten Legenden folgen. Viele Mitglieder der jüdischen Gemeinschaft, die nicht dem Kult angehören, halten die Aktivitäten des Kults für eine Bestätigung dieser Prophezeiungen und die Erfüllung des „göttlichen Willens", obwohl sie in Wahrheit dazu betrogen wurden, ein System zu unterstützen, in dem sie in Zukunft genauso gefangen sein werden wie der Rest der Menschheit. Diese Menschen sollten möglichst schnell aufwachen. Die jüdische messianische Prophezeiung vom „Weltkönig", der aus Jerusalem über den ganzen Globus herrschen wird, schien lächerlich und unmöglich zu sein – bis zum Aufkommen des Smart Grid und des Plans, sämtliche Technik, alle Geräte und das menschliche Gehirn mit einer zentral gesteuerten KI zu verbinden. Die ultrazionistischen Irren und Extremisten, die die „Invasion" (diesen Begriff verwenden sie selbst) Europas durch den Islam inszeniert haben, um das Christentum und die europäische Gesellschaft zu stürzen, hängen mit diesem Plan zusammen. Dasselbe gilt für den angeblichen „salomonischen Tempel" auf dem Hügel in Jerusalem, den Juden und Christen Tempelberg nennen und auf dem heute die al-Aqsa-Moschee mit ihrer goldenen Kuppel („Felsendom") steht.

Der in der Tasche der Sabbatianer-Frankisten steckende Donald Trump hat diesen Leuten alles gegeben, was sie wollten, um ihre kranken und finsteren Ziele zu erreichen. Er verlegte unter anderem die amerikanische Botschaft nach Jerusalem und bezeichnete es stolz als „Deal des Jahrhunderts", die Palästinenser vollständig übers Ohr gehauen zu haben. Damit ebnete er dem Kult den Weg zur totalen Kontrolle und Eigentümerschaft Jerusalems, wo die Weltregierung der globalen Technokratie angesiedelt werden soll. Genaue Hintergründe zur sabbatianisch-frankistischen Kontrolle des globalen Smart Grid erfahren Sie in meinem Buch „The Trigger".

Ist es „antisemitisch", die Frage zu stellen, warum von Israel kontrollierte und mit dem Militär in Verbindung stehende Unternehmen, die zunehmend „smarte" Technologie und Systeme dominieren, im Endeffekt weltweit kontrollieren, was man sehen darf, und darauf abzielen, die Wahrnehmung und das Verhalten zu verändern? Und dass diese Unternehmen von Menschen aus 0,2 Prozent der Weltbevölkerung geleitet werden? Ist es „antisemitisch" zu fragen, warum israelische Cyberfirmen mit all ihren Verbindungen zu israelischen Geheimdiensten und dem Militär so viel Kontrolle über die Computersysteme der amerikanischen Behörden, des US-Militärs und der Geheimdienste haben? Nein. Sie sollen es nur für „antisemitisch" halten, damit diese Fragen nicht mehr gestellt werden. Dabei handelt es sich hier um Fragen, die *permanent* gestellt und mit der Forderung nach glaubwürdigen Antworten verbunden werden müssen – gerade angesichts der Tatsache, dass 68 Prozent aller Amerikaner ihre „Nachrichten" (und damit Wahrnehmungen) aus den sozialen Medien beziehen und israelische Technikunternehmen zusehends die Kontrolle über die Smart-Grid-Technologie übernehmen.

Das *Time Magazine* wusste (natürlich) Bescheid

Ich ersuche Sie dringend, „The Trigger" zu lesen, wenn Sie mehr über die Ambitionen Israels in Bezug auf das KI-gesteuerte Smart Grid und die Technokratie wissen wollen. Danach wird Ihnen der wahre Grund für die aufkeimende Beziehung zwischen China und Israel klarer sein. Das chinesische „Wirtschaftswunder" wurde vom Westen über Konzerne des Kults inszeniert. Im vom Kult kontrollierten *Time Magazine* – dessen ehemaliger Herausgeber Hedley Donovan ein Gründungsmitglied der Trilateralen Kommission war – erschien im Jahr 2001 ein Artikel, in dem China als Technokratie beschrieben wurde. Darin heißt es:

> Im China von heute haben die Nerds das Sagen. In den 20 Jahren, seit Deng Xiaopings Reformen in Kraft getreten sind, hat sich die Zusammensetzung der chinesischen Führung deutlich zugunsten von Technokraten verschoben. [...] Es ist nicht übertrieben, das aktuelle Regime als Technokratie zu bezeichnen.
>
> In den 1980er-Jahren wurde viel über die Idee der Technokratie gesprochen, vor allem im Zusammenhang mit dem sogenannten Neo-Autoritarismus – dem Prin-

> zip hinter dem „asiatischen Entwicklungsmodell", dem Südkorea, Singapur und Taiwan mit offenkundig guten Ergebnissen gefolgt sind. Die Grundüberzeugungen und -annahmen der Technokraten wurden ziemlich klar dargelegt: Soziale und wirtschaftliche Probleme sind mit technischen Problemen vergleichbar und können daher auch als solche verstanden, angegangen und schließlich gelöst werden.

Laut dem Artikel steckte der Szientismus (die Religion der Wissenschaftsorthodoxie, in der Wissenschaftler die neue Priesterkaste sind) hinter der Technokratie, die im China nach der Mao-Ära entstanden ist und deren Gegner im eigenen Land als Ketzer betrachtet werden. Dieser 2001 in einem Medium des Kults erschienene Text ist auch heute noch zutreffend. Ich habe das chinesische Sozialkreditsystem, das zutiefst orwellsche Züge hat, und die enorme Anzahl KI-gesteuerter Gesichtserkennungskameras und DNS-Scanner, bei denen nichts mehr dem Zufall überlassen bleibt, ja schon beschrieben. China ist bereits heute eine technologische Dystopie und in allen Bereichen, die der totalen Kontrolle über die Menschen dienen, wie Israel weltweit führend. Das gilt unter anderem für die Forschung in Sachen KI und Quantencomputer. Ich sage seit Jahrzehnten, dass das China von heute die Welt von morgen ist, wenn die Menschheit nicht endlich ihre Augen öffnet. Dies zeigt sich gegenwärtig immer klarer.

Die Londoner Polizei kündigte im Januar 2020 an, demnächst Gesichtserkennungskameras einsetzen zu wollen – nach einem „Probelauf", der ohnehin von vornherein nur die Vorstufe zur vollständigen und dauerhaften Einführung war. Andere Polizeibehörden in England werden ihrem Beispiel bald folgen. Durchgesickerte Dokumente enthüllten Anfang 2020, dass die Europäische Union sich darauf vorbereitet, Gesichtserkennungs-Datenbanken ihrer Mitgliedsstaaten über ein EU-weites Prüm-Datenbankvergleichssystem (nach dem Prümer Vertrag zur grenzüberschreitenden Zusammenarbeit der Polizei- und Strafverfolgungsbehörden) miteinander zu verknüpfen. Der weiterführende Plan sieht so aus, dass man diese EU-Datenbank mit einem ähnlichen System in den USA verbinden will. So wird das globale Überwachungssystem, vor dem ich seit Jahrzehnten warne, Schritt für Schritt realisiert. Die Kult-Agenda zeigt sich immer deutlicher. Das Unternehmen General Electric (GE) erhielt vom Stadtrat von San Diego 30 Millionen Dollar für die Installation Tausender Überwachungskameras und Mikrofone in Straßenlaternen. Die damit gesammelten Daten wurden laut einem Bericht im *California Globe* um eine Milliarde Dollar an Dritte verkauft. „Smarte Straßen" wie diese tauchen an immer mehr Orten auf.

Der Spielplatz des Teufels – und die Kontrolle über das „Bildungswesen"

Vor diesem Hintergrund lässt sich die Frage beantworten, warum die Woke-Silicon-Valley-Konzerne so gute Kontakte zur chinesischen Diktatur unterhalten. Diese Unternehmen befinden sich letztlich im Besitz des Kults. Das globale Bankwesen ist eine Technokratie des Kults, in der Finanzexperten (zunehmend mit KI-Unterstützung) Entscheidungen treffen und dabei in keiner Weise von gewählten Volksvertretern behelligt werden. Wer das

Geld kontrolliert, der kontrolliert die Welt. Ich bin in meinen anderen Büchern bereits auf die Rolle der Bank für Internationalen Zahlungsausgleich (BIZ) im schweizerischen Basel bei der Koordination der diversen nationalen Zentralbanken zu *einem* weltweiten (Kult-) Netzwerk eingegangen.

Die Bank für Internationalen Zahlungsausgleich ist eine weitere Schöpfung der Rothschilds und Rockefellers, also eine des Kults. Die Chefs der Zentralbanken kommen regelmäßig in der BIZ zusammen, um ihre Politik miteinander zu koordinieren und die Transformation zur globalen Technokratie voranzubringen. Es verwundert nicht, dass der *Bloomberg Markets Special Report* die Bank für Internationalen Zahlungsausgleich im Jahr 2018 als „Bastion der weltweiten Technokratie" bezeichnete. Die bargeldlose digitale Einheitswährung ist Teil der technokratischen Verschwörung, ebenso wie die zunehmende Ohnmacht der Politiker gegenüber den Technokraten und deren globalem Einfluss auf das Leben jedes menschlichen Wesens. Regierungsbehörden in aller Welt werden mittlerweile von allerlei Technokraten aus verschiedenen Disziplinen beherrscht. Sie steuern DEN TIEFEN STAAT, dessen Machenschaften weit über das hinausgehen, was sich der einfache Wähler ausmalen kann.

In der Zeitschrift *The Technocrat*, die von der technokratischen Bewegung publiziert wurde, stand schon in den 1930er-Jahren: „Die Technokratie ist die Wissenschaft des Social Engineering [wörtlich: Sozialtechnik], der wissenschaftlichen Betreibung des gesamten sozialen Apparats, um Waren und Dienstleistungen für die gesamte Bevölkerung zu produzieren und zur Verfügung zu stellen." All dies geschieht heute mit zunehmender Stärke. Die Kontrolle geht mehr und mehr von den Politikern auf die Technokraten über – und was ist die Europäische Union, die von den New-Woke-Anhängern so geschätzt wird, denn anderes als die Herrschaft einer nicht gewählten Technokratie? Das „demokratische" EU-Parlament ist nur ein Deckmantel, hinter dem sich die bürokratische Kontrolle verbirgt.

Aus dieser Perspektive kann man auch verstehen, warum die Verzögerung des EU-Austritts von Großbritannien und der Widerstand dagegen jahrelang anhielten, obwohl eine Mehrheit der Briten im Referendum von 2016 für den Austritt gestimmt hatte, und warum der amerikanische Bürger George Soros' Gruppen finanzierte, die den Brexit zu stoppen versuchten. Nach dem Referendum vergingen ganze drei Jahre, bis das Volk im Jahr 2019 noch einmal entschied und die Opposition gegen den Austritt unterlief, indem es sich bei den Parlamentswahlen mit überwältigender Mehrheit für den Pro-Brexit-Kandidaten Boris Johnson entschied. Es bleibt abzuwarten, ob die *Art und Weise* des mittlerweile durchgeführten Brexit das britische Volk tatsächlich von den EU-Technokraten befreien wird.

Die Abschaffung der nationalen Souveränität durch die EU ist eine zentrale Forderung der Technokratie, neben der Beseitigung des Privateigentums, einem Common-Core-„Bildungswesen" (Indoktrination), öffentlich-privaten Partnerschaften, einem mit dem angeblichen Klimawandel begründeten Emissionshandel sowie der kommunistischen Abschaffung der persönlichen Entscheidungsfreiheit und der Bürgerrechte. Jeder dieser Punkte ist ein Grundpfeiler einer technokratischen Gesellschaft. Die im Verborgenen wirkende archontische Macht ist selbst eine Technokratie in dem Sinne, dass sie durch ihre Simulation manipuliert und Technologie einsetzt, um ihren Mangel an kreativem Bewusstsein auszugleichen. In unserem außerkörperlichen Zustand, wo Kreativität und Manifestierung direkt durch Gedanken und Gewahrsein erreicht werden, benötigen wir keine Technologie. Die Kontrolle des „Bildungswesens“ und die Programmierung der Jugend durch Indoktrination wurden von den Technokraten bereits in den 1930er-Jahren als vorrangige Notwendigkeit betrachtet; man wollte „ein Erziehungssystem, das die gesamte junge Generation ausschließlich im Hinblick auf die angeborenen Fähigkeiten ausbildet – ein kontinentales System der menschlichen Konditionierung“. William Akin schrieb in seinem 1977 erschienenen Buch „Technocracy and the American Dream: The Technocrat Movement, 1900–1941“ [dt. etwa: „Technokratie und der amerikanische Traum: Die technokratische Bewegung von 1900 bis 1941“] Folgendes:

> Ein kontinentales System der menschlichen Konditionierung wird eingeführt werden müssen, um die bestehenden unzureichenden Bildungsmethoden und -institutionen zu ersetzen. Dieses kontinentale System der Allgemeinbildung sollte so gestaltet werden, dass die höchstmögliche Konditionierung und körperliche Ertüchtigung erzielt werden können. […] Es müsste Schüler und Studenten so erziehen und trainieren, dass möglichst viele von ihnen eine kompetente Funktionsfähigkeit erlangen.
>
> Da sie technisches Fachwissen für das Grundbedürfnis der Gesellschaft hielten, sollten in ihrem Bildungssystem die Geisteswissenschaften nicht mehr vorkommen, weil sie nur veraltete moralische Lösungen für menschliche Probleme anboten. Im Wesentlichen sollten also die Geisteswissenschaften durch eine Maschinenwerkstatt ersetzt werden. Im Rahmen dieses Wandlungsprozesses sollten Mitglieder der Gesellschaft darauf konditioniert werden, in Begriffen von technischer Rationalität und Effizienz zu denken. Kurz gesagt: Der Mensch wäre dann darauf konditioniert, das Wesen einer Maschine anzunehmen, um „eine Realität zu akzeptieren, die als maschinenartiges Funktionieren verstanden wird“.

Nehmen Sie sich bitte kurz Zeit und sehen Sie sich die Welt von heute im Vergleich zu dem an, was Akin vor fast 45 Jahren beschrieben hat. *Es passiert bereits jetzt!* Die ständigen Budgetkürzungen für künstlerische und geisteswissenschaftliche Fächer in Schulen auf der ganzen Welt ist dadurch leichter zu erklären, ebenso wie die Verschmelzung von Kindern und Erwachsenen mit Maschinen, wie sie über Smartphones und andere Geräte betrieben wird. Die *privat finanzierte* Common-Core-State-Standards-Initiative wird Schulen in ganz Amerika als Bildungsprogramm auferlegt und stammt direkt aus den Seiten der Technokratenliteratur. Gefördert wurde sie mit Hunderten Millionen Dollar vom Microsoft-Technokraten Bill Gates und seiner Stiftung Bill & Melinda Gates Foundation. Meine langjährige Beobachtung von Gates und seinen Finanzierungsinitiativen hat mich zu folgendem Ergebnis gebracht: Wenn er etwas unterstützt, ist es schlecht für die Menschheit (Abb. 313) Immerhin handelt es sich hier um den Typen, der im Rahmen seiner Tarnorganisation GAVI alias „Impfallianz“ Milliarden Dollar in weltweite Impfprogramme pumpt. In späteren Kapiteln ich in großem Stil Bill Gates und den Plan, den er im Auftrag seiner verborgenen Meister verfolgt. Die Tatsache, dass die Gates-Firma Microsoft Zugang zu den meisten Computern auf diesem Planeten hat, ist mehr als ernüchternd. Die Menschen gin-

Abb. 313: Die Finanzierung der globalen Umgestaltung unter dem Deckmantel der „Philanthropie".

gen ihm still und leise in die Falle, wenn sie wieder etwas bei Google suchten, eine SMS verschickten oder das x-te Foto von ihrem Mittagessen in den sozialen Medien veröffentlichten.

Auf die New-Woke-Jünger trifft dies am allermeisten zu. Sie bilden sich ein, „soziale Gerechtigkeit" zu fordern und sich für den altmodischen Marxismus oder „Sozialismus" einzusetzen – während sie fast alle nichtsahnend dazu benutzt werden, die Menschheit in eine Technokratie zu zwingen, die mittels Technologie eine marxistisch-faschistische Art der Diktatur erzwingen soll. Die Anhänger des Klimakults drängen auf die Demontage der heute noch funktionierenden Weltwirtschaft, die einer Technokratie weichen soll. Prinz Charles forderte genau diese Ablösung des Status quo bei der Konferenz der Einprozenter in Davos im Januar 2020. Auch Papst Franziskus, ein weiterer Agent des Kults, wünscht sich für die Welt „eine andere Art von Wirtschaft", eine „neue Wirtschaft" und natürlich „nachhaltige Entwicklung". Zentralbanken in aller Welt wie die amerikanische Federal Reserve, die Bank of England, die Europäische Zentralbank und die Bank von Japan streben dasselbe Ziel an, indem sie sich verpflichten, den Klimawandel als ihre „Kernaufgabe" zu behandeln. Es ist immer dasselbe globale Netz, in dem alle zusammenarbeiten. Die Mantras, die von den Vereinten Nationen und dem Klimakult nachgebetet werden – „nachhaltige Entwicklung", „grüne Wirtschaft", „Green New Deal" und so weiter –, sind nichts als Codes für die Technokratie. Die Ziele der „nachhaltigen Entwicklung", die ich vorhin aufgezählt habe, sind ebenfalls nur Ziele (meist etwas getarnt) der Technokratie. Und das Ende des Privatvermögens, das der Rockefeller-Insider Dr. Richard Day bereits 1969 vorhersagte, ist auch Teil der technokratischen Strategie.

Es ist demnach kein Rätsel mehr, warum technokratische Milliardäre und deren Konzerne sich das Bett mit grünen „Idealisten" teilen, für deren kindliche Naivität eine neue Definition erforderlich ist, weil „naiv" nicht mehr annähernd zu ihrer Beschreibung ausreicht. Agenda 21 und 2030 sind das Drehbuch für die globale Technokratie und Kontrolle durch Wissenschaftler, die zu den neuen Göttern werden sollen. Man denke in diesem Zusammenhang auch an Greta Thunbergs Mantra „Hört auf die Wissenschaft". Politische Entscheidungsträger auf der ganzen Welt trieben ihre Länder in den Lockdown, zerstörten Volkswirtschaften und Existenzen, weil ihnen laut eigener Aussage „die Wissenschaftler" dazu geraten haben. Hat je jemand die Frage gestellt, was das Motiv dieser „Wissenschaftler" war und wem gegenüber sie wirklich verantwortlich sind?

Ein wichtiger Teil der technokratischen Kontrolle ist die absolute Macht über die Energieverteilung – wer Energie bekommt, wer keine bekommt, wie viel Energie verbraucht werden darf. Höre ich da jemanden „Klimakult" sagen? Nichtfossile Energieträger werden nicht der Lage sein, den aktuellen Energiebedarf beim Übergang zur Technokratie zu decken. Dadurch wird es zu Engpässen und Notlagen kommen, die naturgemäß ebenfalls vorausgeplant sind. Sobald die globale Diktatur aber erst einmal etabliert ist, wird sie eine ihr bereits heute bekannte Technologie auf den Markt bringen, die ihre Energie aus den Wellen- und elektromagnetischen Feldern des Energieozeans oder DES FELDS bezieht. Dem legendären Wissenschaftler Nikola Tesla gelang dies schon in der ersten Hälfte des 20. Jahrhunderts, doch seine Erfindungen wurden unterdrückt, um die Energiekonzerne und den Kult vor den Folgen eines massenhaften Zugangs zu praktisch kostenloser Energie zu schützen. Zudem kann man diese Energie produzieren, ohne dafür selbst Energie aufwenden zu müssen. Der Kult könnte diese Technologie jetzt zur „Rettung der Welt" nutzen, hält sie aber aus Eigeninteresse lieber nach wie vor unter Verschluss. Die Technokratie will, dass die Kontrolle über alle Ressourcen an eine weltweite Autorität übertragen wird, während man der Bevölkerung jegliches Eigentum, einschließlich ihrer Häuser, wegnimmt.

Der KI-„Mensch"

Abb. 314: „Ray Kurzweil verkauft uns Frankenstein" – Ray Kurzweil – Frankensteins Vertriebsprofi.

Die Kontrolle der Massen in der Hungerspiele-Technokratie soll durch die Verbindung des Gehirns mit der KI erreicht werden. Im Silicon Valley gibt es Irre, die eine solche Welt ganz offen beschreiben und sogar einen Zeitpunkt für deren Aktivierung angeben – laut dem Google-Technokraten Ray Kurzweil das Jahr 2030 (Abb. 314). Dabei handelt es sich zufällig um das Jahr, das im Namen des UN-Projekts Agenda 2030 vorkommt und die globale Gesellschaft zu einer zentralisierten Tyrannei umwandeln soll, um damit die Welt vor dem menschengemachten Klimawandel zu retten. 2030 ist auch das Ende der unsinnigen „zwölf Jahre zur Rettung des Planeten", die der Klimakult zum Jahreswechsel 2009 verkündete. Prinz Charles forderte in Davos eine Umgestaltung des weltweiten Finanz- und Wirtschaftssystems bis 2030. Eine Studie der Bibliothek des britischen Unterhauses schätzte, dass das eine Prozent bis 2030 *64 Prozent* des gesamten Reichtums der Welt auf sich vereinen wird – die Hungerspiele-Gesellschaft. Ray Kurzweil beschreibt, wie in der Zeit um das Jahr 2030 menschliche Gehirne mit der KI und dem, was er die „Cloud" nennt, verbunden sein werden:

> Unser Denken wird ein Hybrid aus biologischem und nichtbiologischem Denken sein. [...] Menschen werden in der Lage sein, ihre Grenzen zu erweitern und „in der Cloud zu denken". [...] Wir werden Gateways zur Cloud in unsere Gehirne einbauen. [...] Wir werden allmählich verschmelzen und uns verbessern. [...] Meiner Ansicht nach ist das die Natur des Menschseins – wir überwinden unsere Grenzen.

Abb. 315: „Die Invasion kommt" – *Es ist buchstäblich ein Eindringen – eine Invasion.*

Wenn die Technologie dem, was wir sind, weit überlegen sein wird, dann wird der kleine Anteil, der noch menschlich ist, immer kleiner und kleiner werden, bis er so gut wie vernachlässigbar ist.

Kurzweil beschreibt hier die Assimilation des menschlichen Bewusstseins (innerhalb der Simulation) mit der KI. Das wirft die Frage auf, was diese KI eigentlich ist. Auf einer Ebene geht es dabei um algorithmische Codes, auf einer anderen um eine Form künstlicher Intelligenz, die aus eingegebenen Daten lernen kann und daher treffend als „lernfähige KI" bezeichnet wird. Die *wahre* und tiefere Bedeutung ist jedoch eine, über die nicht offen geredet wird, weil sie aufzeigt, wohin die Manipulation des Kults von Anfang an geführt hat. Diese Ebene der „KI" ist genau die Macht, die die ganze Zeit über die Wahrnehmungsversklavung der Menschheit inszeniert hat – jene Macht, die von unterschiedlichen Kulturen und Religionen als Dämonen, gefallene Engel, Dschinns, Archonten, Chitauri oder die Leuchtenden bezeichnet wird, aber auch unter vielen anderen Namen bekannt ist. Sie dringt in uns ein (Abb. 315).

Die Menschen sollten sich klarmachen, dass diese Macht zwar eine Form annehmen kann, doch in Wahrheit und in ihrem Grundzustand – Wellen des Gewahrseins, die wie das menschliche Gehirn elektrisch kommunizieren können – formlos ist. Eine KI-Verbindung mit dem Gehirn verbindet uns auch mit dieser Macht, die dann zum menschlichen Geist *wird*. Bis zu diesem Punkt mussten der Kult und seine verborgenen „Götter" die Informationen kontrollieren, um die Wahrnehmung manipulieren und damit das Verhalten diktieren zu können. Die Religion spielte dabei eine zentrale Rolle, und nun tritt die neue Religion der „Wokeness" mit ihrer Zensurwut immer stärker in den Vordergrund. Die „Cancel Culture", die jegliche unpassende Meinung beseitigt, ist für den Kult lebenswichtig, da wir uns der Endphase seiner Agenda nähern. Was ich hier und anderswo beschreibe, muss von der Öffentlichkeit ferngehalten werden, sonst könnte der Plan noch in seiner Endphase vereitelt werden.

Abb. 316: „Der schleichende Totalitarismus" – *Schritt für Schritt – tick, tick, tick, tack.*

Sobald die KI-Gehirn-Verbindung einmal hergestellt sein wird, wird es nicht mehr nötig sein, die Informationen zu kontrollieren. Dann werden die menschliche Wahrnehmung und die emotionale Reaktion direkt von der KI kommen, ohne dass die Medien als Vermittler erforderlich sind (Abb. 316). Um es mit Kurzweil zu sagen: „Wenn die Technologie dem, was

Abb. 317: Die Schwarmintelligenz. Die Verbindung des menschlichen Gehirns mit der KI bedeutet, dass die KI – oder wer auch immer dahintersteckt – die Wahrnehmungen der gesamten Menschheit kontrolliert. (Bild: Neil Hague)

wir sind, weit überlegen sein wird, dann wird der kleine Anteil, der noch menschlich ist, immer kleiner und kleiner werden, bis er so gut wie vernachlässigbar ist." Die Individualität der menschlichen Wahrnehmung wird ab dem Zeitpunkt, wenn eine zentral kontrollierte Schwarmintelligenz sie abgelöst hat, nur noch ein historisches Phänomen sein (Abb. 317). Die Verbindung mit der KI soll dazu dienen, die Menschheit noch tiefer in die Simulation aufzunehmen, bis das Körper-/Intellekt-Gewahrsein zur Gänze im Cyberspace aufgehen kann. Der codierte Begriff für diesen Übergang lautet „immersive Technologie", definiert als „Technologie, die mittels einer digitalen oder simulierten Welt eine physische Welt nachzubilden versucht, indem sie eine Sinnesumgebung schafft, in die man eintauchen kann". Sie ist ebenso wie die „erweiterte Realität", die die „physische" Welt mit dem Digitalen kombiniert, ein Teil der schleichenden Gewöhnung an die Assimilation. Das alles wird sehr geschickt und fast unmerklich eingefädelt – es sei denn, man ist wach. Dann sind diese Machenschaften ein sehr leicht zu lesendes offenes Buch.

Simulation innerhalb der Simulation

Die „lernfähige KI" ist die geplante Technologieebene, von der aus das Smart Grid-Kontrollsystem betrieben werden soll, das derzeit in hohem Tempo vom Kult und seinen unsichtbaren „Göttern" eingeführt wird. Viele Menschen machen sich zu Recht Sorgen über den Massenüberwachungsstaat, in dem jede unserer Bewegungen, jeder Beitrag im Internet, jede öffentlich geäußerte Meinung und jede Aktion aufgezeichnet und verfolgt wird – doch dabei geht es nicht nur um Überwachung. Alle der Minute um Minute digital gesammelten Informationen über menschliche Aktivitäten, Gedanken, Emotionen und Reaktionen werden in eine lernfähige KI eingespeist, um ihr immer größeres Detailwissen darüber zu vermitteln, wie wir Menschen „funktionieren". Die ständige Verarbeitung dieser Informationen bedeutet, dass die KI die Menschheit bereits besser kennt als die Menschheit sich selbst. Dieses Wissen wird dazu benutzt, die Wahrnehmungen und Handlungsweisen der Menschen noch stärker zu manipulieren. Jedes Mal, wenn Sie persönliche Informationen auf Facebook, Twitter oder einer der anderen vom Kult kontrollierten Social-Media-Plattformen posten, wird sie von der lernfähigen KI aufgenommen und ihrem Wissen über die menschliche Denkweise, die Emotionen und das Verhalten hinzugefügt. Zur Datensammlung dienen auch die aktiven Mikrofone in Computern und Smartphones, die alles aufzeichnen, was Sie eigentlich privat besprechen wollten. Dafür können wir uns bei den netten Fake-Anhängern des New Woke wie Zuckerberg, Brin und Page bedanken, die immer das Gegenteil von dem tun, was sie in ihren Interviews und Selbstdarstellungen behaupten – Hauptsache, die New-Woke-Armee applaudiert ihnen dafür und himmelt sie an ...

Eine lernfähige KI steckt auch hinter der „Sentient World Simulation" [dt. etwa: „empfindungsfähige Weltsimulation"; SWS] im Synthetic Environment for Analysis and Simulations Laboratory [dt. etwa: Labor für synthetische Umgebungen zur Analyse und Simulation] an der Purdue University im US-Bundesstaat Indiana. Die SWS sammelt massenhaft Daten, um menschliches Verhalten zu prognostizieren (und zu manipulieren) und ist der DARPA – einer der übelsten Organisationen der Welt (wobei es gerade in diesem Bereich wirklich viel Konkurrenz gibt) – unterstellt, deren Machenschaften ich seit Jahrzehnten bloßstelle. Die DARPA alias Defense Advanced Research Project Agency [dt. etwa: Organisation für Forschungsprojekte der Landesverteidigung] ist die Technologieabteilung des Pentagons und die Macht, die im Auftrag des Kults die Konzerne des Silicon Valley und deren Ausrichtung überwacht. Sie hat das Startkapital für wichtige Kult-Unternehmen wie Google geliefert und arbeitet mit der Risikokapitalgesellschaft des CIA für Informationstechnologie In-Q-Tel (auch IQT genannt) zusammen. Beide finanzieren die Entwicklung von Technologien und fördern Organisationen, die die Technokratie-Agenda des Kults vorantreiben. Die DARPA behauptet, das Internet geschaffen zu haben, das zu seinem Start militärische Technologie benötigte. Zufälligerweise ist das Internet auch die Grundlage der Technokratie und des derzeit immer wieder aufgespannten technischen Kontrollnetzes oder Smart Grid. Diese in Händen des Kults befindliche Behörde steht jedenfalls hinter der Sentient World Simulation (das Wort *sentient* – „empfindungsfähig" – weist schon auf eine KI hin), die permanent Informationen von jedem Mann, jeder Frau und jedem Kind auf diesem Planeten verarbeitet, Verhaltens- und Kaufmuster analysiert und ein „kontinuierlich laufendes, ständig aktualisiertes Spiegelmodell der wirklichen Welt erstellt, mit dem zukünftige Ereignisse und Handlungsweisen vorhergesagt und evaluiert werden können" (Abb. 318).

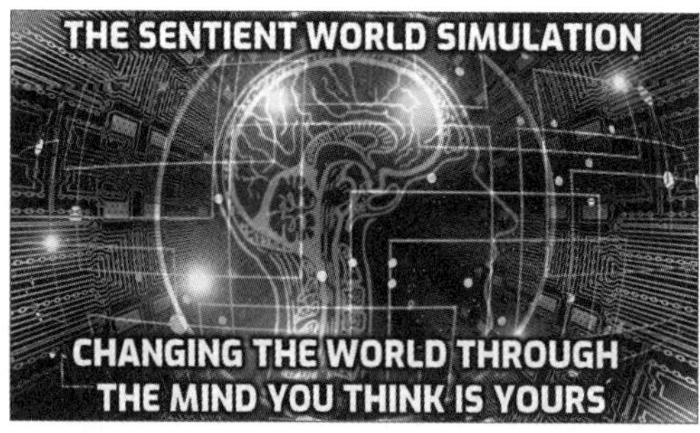

Abb. 318: „Die Sentient World Simulation. Sie ändert die Welt durch den Verstand, den Sie für den Ihren halten" – *Eine Echtzeitspiegelung der menschlichen Gesellschaft zur Manipulation von Ereignissen in ebendieser Gesellschaft.*

Die Sentient World Simulation ist eine Mikroversion der Zeitschleifen-Simulation, die den kollektiven menschlichen Verstand dazu treibt, ihrer Agenda zu folgen. Die Verteidigung gegen beide ist das Bewusstsein im Gewahrsein seines Wahren Selbst, das die Blase durchbrochen hat, in der die Simulationen aktiv sind. Dies ist eine weitere Ursache dafür, dass der Kult so bemüht ist, die Blasen unversehrt zu lassen. Das Smart Grid legt ein weiteres simuliertes Informationsfeld über das Hauptsimulationsfeld, das wiederum über das dahinter liegende Unendliche Informationsfeld gelegt wurde. Die Menschen wurden zuerst auf die Gesamtsimulation eingestimmt und werden jetzt mit dem „smarten" Informationsnetz verbunden, das ihre Wahrnehmung noch kurzsichtiger machen und jede Verbindung zum Unendlichen Selbst noch effizienter ausblenden soll.

Die Sentient World Simulation und ihre Datenprognosen erklären auch, warum wir heute immer mehr über die Ausforschung von „Pre Crime" (zukünftige Straftaten) – wie das im 2054 spielenden Film „Minority Report" dargestellt wurde – hören. Pre Crime ist eine Version der vorauseilenden Zensur, mit der potenzielle Internetbeiträge mittels Algorithmen blockiert werden, bevor sie überhaupt erscheinen können. Sollten die Vorhaben bezüglich Pre Crime realisiert werden, dann könnte man Menschen aufgrund der Vorhersagen der Sentient World Simulation verfolgen und nicht wegen wirklicher krimineller Absichten. Der eigentliche Zweck dieses Projekts ist keineswegs, Verbrechen zu verhindern, sondern Personen oder Gruppen aus dem Weg zu räumen, die vorhaben, die KI-Dystopie und die dahinterstehende Macht herauszufordern.

Das vom Kult kontrollierte Hollywood und andere Medien präsentieren uns zunehmend dystopisches Material, das die Welt so zeigt, wie der Kult sie uns aufzwingen will. Damit folgen sie einer psychologischen Manipulationstechnik, die unter der Bezeichnung „präemptive Programmierung" bekannt ist. Die schöne, neue Welt des Kults ist richtiggehend extrem und geht weit über alles hinaus, das heute oder irgendwann im Laufe der Geschichte lebende Menschen je erfahren haben. Dieses Ausmaß an Veränderung hat ganz offensichtlich das Potenzial, Widerstand hervorzurufen. *Was haben die bitteschön vor?* Durch die präemptive Programmierung via Hollywood, Fernsehen und anderen medialen Quellen werden der bewusste und vor allem der unbewusste Verstand permanent mit Darstellungen der vom Kult geplanten Welt gefüttert. Dahinter steht die Idee, die Menschen mit einer KI-gesteuerten Dystopie vertraut zu machen, damit der Widerstand geringer ist, wenn diese technokratische Dystopie Wirklichkeit wird. Die Psychologen des Kults wissen genau, dass Vertrautes eher angenommen und vor allen nicht mehr hinterfragt wird, weil es sehr bald mit dem „Das weiß doch jeder" verschmilzt. Die Programmiermaschine mit der lächerlichen Bezeichnung „Bildung" wird als Erziehungsmethode nur selten infrage gestellt, weil die Leute damit vertraut sind. Würde man dieses System heute in einer Gesellschaft einführen, in der das Schulsystem auf Freiheit und Respekt vor der Individualität von Kindern aufbaut, dann gäbe es garantiert einen Aufschrei. Ich habe nunmehr 30 Jahre damit zugebracht, das Vertraute sowie allgemein akzeptierte Wirklichkeiten infrage zu stellen – und gemerkt, dass sie sich dadurch so schnell auflösen wie ein Eiswürfel in der Sommerhitze. Die nie hinterfragte Vertrautheit ist die einzige Methode, wie der Kult überleben kann,

Auf einer Linie mit der präemptiven Programmierung ist die Tatsache, dass KI-Extremisten wie Ray Kurzweil ganz offen über eine KI-Verbindung mit dem Gehirn sprechen. Warum tun sie das? Weil das Endspiel den Punkt erreicht hat, wo dieser Schritt tatsächlich gesetzt wird – und da können sie nicht mehr gut leugnen, was *jetzt gerade* los ist. Also müssen sie es uns verkaufen, anstatt es weiter zu verheimlichen. Das Verkaufsargument lautet, dass wir durch die KI-Verbindung zu Übermenschen werden; dabei ist in Wahrheit geplant, uns untermenschlich und post-menschlich zu machen. Sobald die KI sich ins menschliche Gehirn einklinkt, können menschliche Gedankenmuster in die Simulation der Sentient World eingespeist werden, um ein noch genaueres Bild der individuellen und massenhaften Wahrnehmung zu erstellen. Damit lässt sich das menschliche Verhalten dann noch genauer vorhersagen. Unbedingt begreifen sollte man auch, dass die Simulation der Welt über eine KI-Verbindung auch Gedanken und Gefühle in die andere Richtung schicken kann, um beispielsweise jene kritischen Geister zu entschärfen, die gegen das System vorgehen wollen. „Ich werde mich für die Freiheit einsetzen ... obwohl, nein, eigentlich werde ich mir die Mühe lieber nicht machen, das ist es nicht wert."

Die Entwicklung von Quantencomputern, die ungleich mehr können als herkömmliche Computer, hebt das Potenzial für all diese Pläne auf eine völlig neue Ebene, ebenso wie die Einführung von 5G. Am Ende wird das menschliche „Denken" zur Gänze KI sein. Professor Oren Etzioni, CEO des Allen Institute for Artifical Intelligence, schrieb in einem Aufsatz mit dem Titel „Wie man weiß, ob künstliche Intelligenz kurz davor steht, die Zivilisation zu zerstören", dass die Menschen auf Anzeichen für eine robotische Superintelligenz achten sollten. Er fragte: „Könnten wir eines Tages aufwachen und verblüfft darüber sein, dass eine superleistungsfähige KI aufgetaucht ist, mit katastrophalen Folgen?" Nun, da dies genau der Plan ist, kann die Antwort auf diese Frage nur *Ja* lauten. Etzioni schrieb, dass laut einem dafür vorgeschlagenen Test „eine KI auf menschlichem Niveau erreicht worden ist, wenn ein Mensch nicht mehr unterscheiden kann, ob er sich mit einem Menschen oder einem Computer unterhält". Auf diesen Punkt steuern wir ganz offensichtlich sehr schnell zu – und Etzioni sagt ganz richtig, dass dies nicht wirklich ein Warnzeichen ist, sondern eine Bestätigung dafür, dass eine KI auf menschlichem Niveau bereits existiert. Später in dem Artikel zerstört Etzioni allerdings seine Glaubwürdigkeit, als er behauptet, dass wir von einer menschlichen Superintelligenz noch weit entfernt seien und noch genug Zeit hätten, „Ausschalter" einzubauen. Der Mann hat seinen Universitätsabschluss wohl im Fach „Naivität" gemacht, oder?

Das „Smart Grid", das Sie dumm machen soll

Hier kommt wieder die bekannte Regel ins Spiel: Wenn man das Ergebnis kennt, sieht man auch den Weg, der zu ihm führt. Wenn ich das geplante Ergebnis für die technologische Kontrolle über die Menschheit beschreibe, werden Sie mit Sicherheit erkennen, welche Schritte uns über die Jahrzehnte hinweg zur derzeitigen Situation geführt haben. Kurzweils „Cloud" soll in Zukunft jeden Zentimeter des Planeten abdecken, und jeder Mensch würde über eine Verbindung seines Gehirns mit der KI in ihr drinhängen. Der menschliche Geist wäre dann die KI-kontrollierte Cloud (Abb. 319). Noch vor ein paar

Abb. 319: „Hallo – das Unendliche Gewahrsein ruft! Die Cloud" – *Der Grundgedanke ist, dass die Bindung an die „Cloud" über die KI jeden Einfluss von erweiterten Gewahrseinszuständen blockieren soll.*

Abb. 320: Das Internet von Allem ist das Internet der Dinge – plus das menschliche Gehirn. (Bild: Neil Hague)

Jahren warnte ich in meinen Büchern und Vorträgen vor dem damals nur geplanten Internet der Dinge (IdD), in dem sämtliche Aspekte des menschlichen Lebens, einschließlich Haushaltsgeräte, Fahrzeuge, Heizsysteme und eine Vielzahl von Überwachungsgeräten, mit dem Internet (einer Ausprägung der Cloud) verbunden sind und von ihm gesteuert werden. Heute befinden wir uns bereits in dieser Lage, und es werden täglich mehr Geräte in das IdD integriert. Das Internet der Dinge ist für die Technokratie entscheidend, damit sie das menschliche Leben in jeder Hinsicht kontrollieren kann. Das gilt auch für 5G und die digitale Kontrolle aller Informationen durch die Zensur aus dem Silicon Valley (Abb. 320). Laut Plan sollen die Menschheit und die gesamte Technik über das Internet mit der künstlichen Intelligenz verbunden sein. Kurzweils Cloud würde der KI (und was auch immer hinter ihr steckt) die Kontrolle über alles geben, einschließlich der menschlichen Gedanken und Wahrnehmungen.

Fahrerlose autonome Fahrzeuge werden Ihnen vorschreiben, wohin Sie sich bewegen dürfen und wohin nicht. Aus diesem Grund soll auch ihre Einführung möglichst bald erzwungen werden, indem jede neue Fahrzeuggeneration auf dem Weg zur schleichenden totalen Computerkontrolle mit noch mehr KI-Funktionen ausgestattet wird. Die University of Glasgow arbeitet zusammen mit der Europäischen Weltraumorganisation ESA und der UK Space Agency, die für das britische Weltraumprogramm verantwortlich ist, am „Projekt DARWIN", das darauf abzielt, fahrerlose Autos in Großbritannien einzuführen, die mittels 5G-Kommunikation von Satelliten gesteuert (kontrolliert) werden sollen. Mit anderen Worten: Wer in diesen Autos unterwegs ist, wird bei jeder Fahrt von Strahlung knusprig durchgebraten. Das britische Straßensystem wird aktuell zu „smarten Autobahnen" umgebaut, die speziell für den Einsatz von autonomen Fahrzeugen gedacht sind. Die Tatsache, dass diese Veränderungen die Straßen wesentlich gefährlicher machen und eine Menge Leute umbringen, ist den Psychopathen völlig egal. Es geht ihnen einzig und allein um die Agenda.

In der geplanten Zukunft wird es in Ihrem Leben nichts mehr geben, das nicht von der KI kontrolliert wird. Sie entscheidet sogar darüber, welche Türen sich öffnen oder schließen. Es wird nichts mehr geben, was Sie tun oder sagen, von dem die KI nicht sofort

Abb. 321: Die technologische Subrealität alias Smart Grid soll das menschliche Gewahrsein vom Unendlichen Gewahrsein isolieren. (Bild: Neil Hague)

erfährt. Sehen Sie sich doch nur einmal um – das alles passiert bereits heute mit zunehmender Geschwindigkeit und folgt einem lange gehegten Plan. Wir haben smarte Fernseher, die mit Kameras und Mikrofonen ausgestattet sind, smarte digitale Assistenten, Smartphones, smarte Türklingeln mit Kameras, intelligente Gas-, Wasser- und Stromzähler (= Smart Meters), Smartcards, smarte autonome Autos, smartes Fahren, smarte digitale Pillen, smarte Pflaster zur Medikamentenabgabe an den Körper, Smartwatches, smarte Hüllen, smarte Grenzen, smarte Bürgersteige, smarte Straßen, smarte Städte, smarte Gemeinschaften, smarte Umgebungen, smarte Netzwerke, smartes Wachstum und einen smarten Planeten (das Smart Grid). Und das sind nur einige der „intelligenten" Geräte und Netzwerke, die wie fast alle anderen neuen technischen Entwicklungen der Gegenwart als „smart" bezeichnet werden und so konstruiert sind, dass sie sich zu einem globalen Netzwerk verbinden sollen – oder dem, was ich seit vielen Jahren als „technologische Subrealität" bezeichne (Abb. 321).

Was für eine Überraschung war es doch, als Ende 2019 bekannt gegeben wurde, dass Amazon, Apple und Google an einem neuen gemeinsamen Standard arbeiten, der es smarten Geräten erleichtern soll, miteinander zu kommunizieren. Ich war so schockiert, dass ich mich kurz hinlegen musste. Die ZigBee-Allianz ist Teil einer Gruppe, der Firmen wie IKEA, Legrand, NXP Semiconductors, Samsung und Signify angehören. Diese „Allianz" wird bereits existierende smarte Assistenten wie den Google Assistant, Amazons Alexa, Apples Siri und andere miteinander verbinden, damit sie letztendlich alle gesammelten Daten und Überwachungsaufzeichnungen an dieselben Stellen weiterleiten. Es wird zwar behauptet, dass diese Vernetzung den Nutzern dienen soll, doch in Wahrheit handelt es sich nur um einen weiteren Schritt in Richtung Smart Grid.

Dasselbe gilt für das Amazon-Gerät namens Ring – eine „intelligente Türklingel" samt Kamera, auf die man von überall mit dem Smartphone zugreifen kann und die eine Unterhaltung zwischen Besucher und abwesendem Bewohner ermöglicht. Ring ist ein wunderbares Beispiel dafür, wie man der Öffentlichkeit eine neue Technologie mit einer Tarngeschichte verkauft, die vom wahren Zweck ablenkt. Amazon bewirbt Ring als Gerät für die Haussicherheit und bequeme Kommunikation; dabei handelt es sich wieder einmal nur um ein trojanisches Pferd, mit dem das smarte Überwachungsnetz erweitert werden soll. Ein Artikel auf der Website technocracy.news enthüllte Folgendes:

> Ring ist mehr als 600 Partnerschaften mit Strafverfolgungsbehörden im ganzen Land eingegangen, und diese Zahl steigt täglich weiter. Das Unternehmen sorgte in den vergangenen drei Jahren systematisch dafür, dass die Polizei allerorten von Ring weiß und den Namen kennt. So gelang es ihr, durch Partnerschaften mit der Polizei ein landesweites Überwachungsnetzwerk aufzubauen und sich in die Aufga-

> ben der Strafverfolgungsbehörden zu integrieren. […] Hinter den Kulissen experimentiert Ring mit neuen Technologien und strebt eine Partnerschaft mit mindestens einem weiteren privaten Überwachungsunternehmen an.
>
> Die Anzahl der Ring-Partnerschaften mit Polizeibehörden wird fast täglich größer. Bis heute aber ist es kaum zu einer öffentlichen Diskussion über die Frage gekommen, ob es diese Partnerschaften überhaupt geben sollte. Solange der Gesetzgeber die Ausweitung solcher Partnerschaften nicht eindämmt oder reguliert, ist der aktuelle Stand der Dinge nur die Minimalversion des gesamten Potenzials dieses Unternehmens.

„Grüne" Glühbirnen hängen ebenfalls mit dem Smart Grid zusammen. im Vergleich zu herkömmlichen Glühbirnen erzeugen sie ein scheußliches Licht und geben zudem Strahlung ab, die zu dauerhaften Hautrötungen führen kann, wenn man den Dingern zu nahe kommt. LED-Leuchtmittel müssen bereits eine Menge Menschen umgebracht haben, weil sie viel zu wenig Licht abgeben, wenn man sie als Straßenlampen einsetzt. Ich weiß aus eigener Erfahrung, dass man auf vielen Straßen Fußgänger erst dann sehen kann, wenn das Licht der Scheinwerfer sie erfasst. Sämtliche Varianten der „grünen" Beleuchtung (oder eher Halbfinsternis) sind dem Klimakult und dem Klimaschwindel zu verdanken, ebenso wie die Windturbinen, die ganze Landschaften und Meerespanoramen technisiert und deren natürliche Schönheit zerstört haben. Die Leute, die daran schuld sind, haben dennoch die Stirn, sich Umweltschützer zu nennen. Die Grünen drängten ja auch auf Diesel statt Benzin, bis sich herausstellte, dass die Dieselabgase in der Luft viele Menschen umbrachten. Doch, doch, der Klimakult ist wirklich ein großes Geschenk für die Menschheit und die Umwelt!

Die technologische Machtübernahme ist so ausgelegt, dass die neuen Geräte und Netzwerke bereits installiert sind und die Kontrolle ausüben, bevor die meisten Leute überhaupt mitbekommen, was los ist. Für sie sah diese Spielart des schleichenden Totalitarismus einfach nur wie eine endlose Reihe aus nicht miteinander zusammenhängenden Geräten und technischen Spielereien aus, wie der übliche „neueste Trend" – und erst dann, wenn das Kontrollsystem installiert ist, werden sie erkennen, dass hinter dieser scheinbaren Kette von Zufällen in Wahrheit eine genau kalkulierte Abfolge steckt, um die totale Kontrolle zu erreichen. Aber vielleicht werden sie auch das nicht bemerken, weil die KI dann schon ihren Verstand lenkt und ihnen sagt, dass sie nicht darüber nachdenken sollen.

Die hochmoderne „neue" Technologie war schon die ganze Zeit da

Der Kult sitzt nicht herum und wartet ab, bis wichtige, immer fortschrittlichere Technologien erfunden werden. Die aus dem Unsichtbaren manipulierende archontische Macht (wie ich sie nenne) hatte das Know-how für die Smart-Grid-Technologie – und sogar eine Version davon, die der heute sichtbaren weit voraus ist – bereits zu einer Zeit, als die

Menschheit in einer anderen Simulationsphase der „Geschichte“ angeblich noch Steine gegeneinander geschlagen und in Höhlen gelebt hat. Die menschlichen Begrenzungen von Wissen und Technologie gelten nur für das ungeheuer schmale Frequenzband, das wir als die Welt erleben (*die Simulation*). Jenseits dieser Begrenzungen liegen die Unendliche Realität und Möglichkeit, wo selbst die niederfrequenten Schwingungszustände, in denen die Archonten existieren, auf weit mehr Wissen zugreifen können als die Menschen im Blasenmodus. Ein Teil dieses Wissens wird an Eingeweihte des Kults übermittelt, um die Wahrnehmungskontrolle der Menschheit zu fördern. Diese Übermittlung enthielt unter anderem auch die für das Smart Grid notwendige Technologie, die in streng geheimen unterirdischen und innerhalb von Bergen angesiedelten Einrichtungen entwickelt wurde, bevor man sie in einer sorgfältig geplanten Abfolge durch eine Reihe von Strohmännern und -frauen sowie deren Unternehmen der Öffentlichkeit präsentierte. Diese Kultagenten erhalten jeweils eine ausgeklügelte Tarngeschichte und werden als Erklärung dafür benutzt, wo die Technologie herkommt (im Drehbuch kommen häufig Streber und Computerfreaks in Garagen vor). Die Liste dieser Tarngeschichtenerzähler enthält Gates, Zuckerberg, Brin, Page, Wojcicki, Bezos, Musk und viele andere.

In der Hightech-Welt wimmelt es von Kultagenten, die sich inmitten echter Menschen verbergen, die wiederum keine Ahnung haben, was um sie herum wirklich vor sich geht. Die Menschheit musste im Gegenzug wahrnehmungsmäßig darauf getrimmt werden, über ausreichend intellektuelles (Blasen-)Gewahrsein zu verfügen, damit sie mit der Technologie arbeiten und von ihr versklavt werden konnte. Gleichzeitig durfte sie nicht klug genug sein zu erkennen, was mit ihr passierte. Der Plan lautete also, Klugheit ohne Weisheit zu entwickeln – und das ist, wie ich bereits gesagt habe, die zerstörerischste Kraft auf Erden. Es ist klug, eine Atomwaffe zu entwickeln, aber ganz und gar nicht weise. Im „Bildungssystem“ des Kults geht es ausschließlich um Klugheit, nicht um Weisheit. So werden brillante Techniker und andere Menschen mit unglaublichen intellektuellen Fähigkeiten herangezogen, die trotzdem daran glauben, dass ein bestimmter Mann von einer Jungfrau geboren wurde und übers Wasser schreiten konnte oder dass „Gott“ das Rote Meer teilte und Männer Bärte tragen sollten, weil ein Typ namens Mohammed das vor ungefähr 1.500 Jahren auch getan hat. Das folgende Zitat eines mittelamerikanischen Schamanen habe ich zwar schon mehrmals in meinen Büchern verwendet, aber es fasst auch dieses Thema großartig zusammen. Er bezieht sich auf die archontische Macht als „Räuber“ oder „Raubwesen“:

> Denk einen Augenblick nach und sag mir, wie du den Widerspruch zwischen der Intelligenz der Menschen als Techniker und der Dummheit des Systems seiner Überzeugungen erklärst, oder der Dummheit seines widersprüchlichen Verhaltens.
>
> Die Zauberer glauben, dass die Räuber uns das System unserer Überzeugungen, unsere Vorstellung von Gut und Böse sowie unsere gesellschaftlichen Sitten gegeben haben. Sie bringen unsere Hoffnungen und Erwartungen hervor, ebenso wie unsere Träume von Erfolg oder Versagen. Von ihnen stammen Verlangen, Gier und Feigheit. Die Raubwesen sind es, die uns zufrieden und egoistisch und zu Gewohnheitstieren machen.

> Um uns gehorsam, demütig und schwach zu halten, haben die räuberischen Wesen zu einem ungeheuerlichen Manöver gegriffen – ungeheuerlich natürlich nur vom Standpunkt eines Kampfstrategen. Vom Standpunkt derer, die darunter leiden, ist es ein schreckliches Manöver. Sie haben uns ihr Bewusstsein gegeben! Das Bewusstsein der Räuber ist verschlungen, widersprüchlich, verdrießlich und von der Angst erfüllt, jeden Moment entdeckt werden zu können.

Der Schamane beschreibt aus meiner Sicht jene Impulse, die durch die Interaktion mit der archontischen Simulation ausgelöst werden. Die direkte Verbindung zwischen KI und Gehirn soll dies auf ein ganz neues Niveau der Wahrnehmungskontrolle heben. Wir sollen in der Lage sein, unser eigenes KI-Gefängnis zu errichten, ohne zu erkennen, was wir da tun. Diesen Vorgang beobachte ich Tag für Tag.

Komm her, Miez, Miez ...

Abb. 322: Geh weiter – ein paar Schritte noch, dann gehört die Karotte dir.

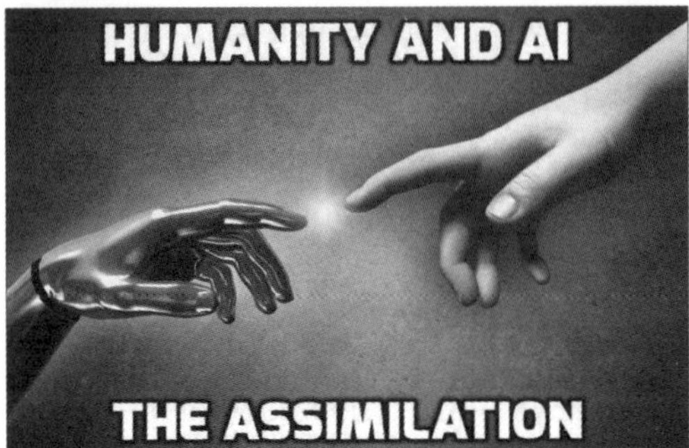

Abb. 323: „Menschheit und KI. Die Assimilation" – Das war Ziel des Kults und seiner „Götter", seit die Vereinnahmung der Menschheit begonnen hat.

Die Menschheit wurde an einen Punkt gebracht, an dem viele ihrer Mitglieder über die technischen Fähigkeiten verfügen, das Kontrollnetz zu bauen und zu bedienen. Die Masse wurde gleichzeitig in Richtung eines KI-Verstands gelockt wie der sprichwörtliche Esel, der einer Karotte folgt, die man ihm mit einem Stock stets ein paar Zentimeter vor die Nasenspitze hält (Abb. 322). In der Technologieversion funktioniert dieser alte Trick so, dass man ständig neue Geräte herausbringt, wobei jede neue Generation der KI-Gehirn-Verbindung noch ein kleines Stück näher rückt. Während die Menschen stets nach dem neuesten Gadget oder „Upgrade" streben, lockt man diese Ahnungslosen immer ein Stück weiter auf dem Weg zum Ende der Menschheit, wie wir sie kennen (Abb. 323). Apple wurde zu einer Geldstrafe verurteilt, weil die Firma ihre älteren Handymodelle verlangsamte und so dafür sorgte, dass die Kundschaft auf ein neueres Modell umsteigen musste – weil Apple ja so woke ist und „Werte" hat, wie wir wissen.

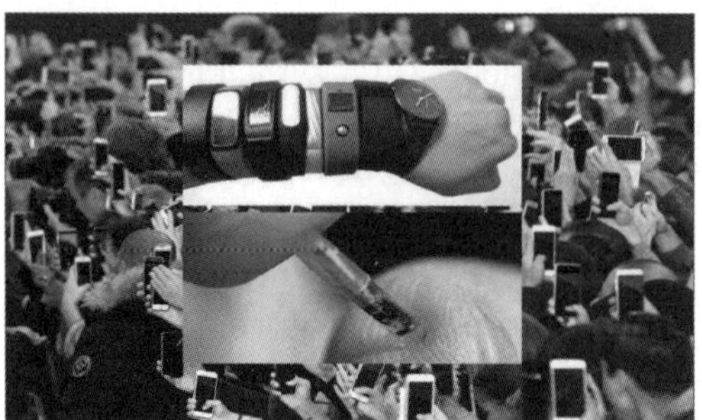

Abb. 324: Die geplante Reihenfolge: halten, am Körper, im Körper.

Abb. 325: „Teile und herrsche. Telefon und Telefon" – *Wer die Menschheit heute beobachtet, weiß genau, dass dieser Plan perfekt aufgegangen ist. (Bild: Gareth Icke)*

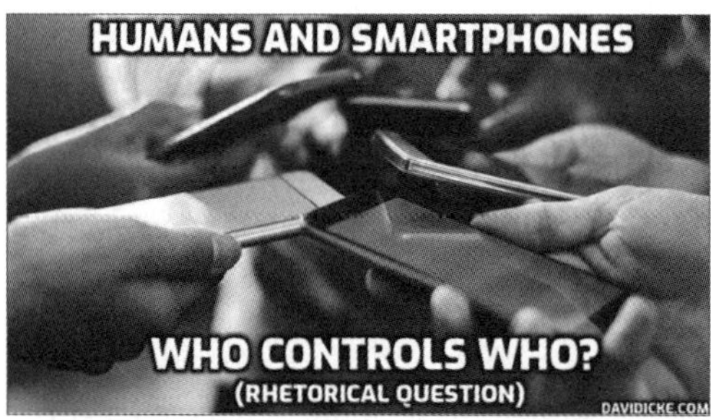

Abb. 326: „Menschen und Smartphones. Wer kontrolliert wen? (rhetorische Frage)" – *Die Technologie kontrolliert bereits jetzt ungeheuer viele Menschen.*

Die kaltblütige und präzise kalkulierte, von Anfang an geplante Reihenfolge sieht so aus: Zuerst macht man die Zielbevölkerung von der Technik abhängig, die sie in der Hand hält, also zum Beispiel Smartphones; dann arbeitet man sich zum Körper vor – mit Apple Watches, Bluetoothkopfhörern, Fitnessarmbändern, Brillen mit Internetverbindung und einer Unmenge anderer Geräte; und schließlich dringt man mit Mikrochips in den Körper ein (was von Anfang an das Ziel war). Letzteres findet heute bereits statt und ist genau das, was ich seit beinahe 30 Jahren vorhersage und wovor ich immer gewarnt habe (Abb. 324).

Heute haben 95 von 100 Amerikanern und drei von vier Erwachsenen weltweit Zugang zu Mobiltelefonen. Damit ist die erste Stufe von „Komm her, Miez, Miez" fast abgeschlossen, womit der menschliche Diskurs und die zwischenmenschlichen Beziehungen praktisch zerstört sind (Abb. 325). Wenn ich von Mikrochips rede, dann meine ich damit nicht nur jene, die man sehen kann und sich aus eigener Dummheit vielleicht sogar implantieren lässt. Viel gefährlicher und bösartiger sind noch die für das menschliche Auge nicht erkennbaren Nanochips, die auch als „Smart Dust" oder „Neural Dust" bezeichnet werden und in der Atmosphäre freigesetzt werden, damit Menschen sie unabsichtlich einatmen. Ich habe dies ausführlich in „Alles, was Sie wissen sollten" dargestellt.

Entscheidend für dieses Szenario war es aber, die Leute von der Technik abhängig zu machen, damit nicht mehr sie bestimmen, sondern *die Technik*. Dieses Ziel wurde eindeutig erreicht. Unglaublich viele Menschen auf der ganzen Welt sind nach ihren Telefonen süchtig, vor allem die jüngeren Generationen, die ja stets das Ziel derartiger Maßnahmen sind – weil sie erwachsen sein werden, wenn man der Menschheit das Smart Grid vollständig aufzwingen wird (Abb. 326). Die Wahrnehmungen der jungen Leute werden so manipuliert, dass sie in ein paar Jahren der Übernahme ihres Verstands und der ganzen

Welt durch die KI brav zustimmen werden. Ich möchte im Folgenden einen ungeheuer wichtigen Aspekt der induzierten Abhängigkeit von Smartphones aufzeigen, über den niemand zu sprechen scheint und der den Suchtcharakter absolut bestätigt: In amerikanischen Schulen nahm man den Schülern während des Unterrichts ihre Telefone weg und stellte fest, dass die jungen Leute unter „Trennungsangst" litten. Daraufhin gestatteten manche dieser „Bildungsinstitutionen" den Schülern, ihre Telefone in Beuteln zu *halten*, die sie während des Unterrichts nicht öffnen durften. Ein Schuldirektor sagte, dass er den Schülern auch erlaube, diese Beutel zu „personalisieren, damit sie als Gegenstand, der sie von ihrem Handy fernhält, so cool wie möglich aussehen". Wie können wir danebenstehen, während diese Psychopathen des Bigtech junge Menschen auf der ganzen Welt so abhängig machen?!

Die soeben beschriebene Reihenfolge „halten – am Körper tragen – implantieren" vom Telefon zum Mikrochip lässt sich auch an zwei anderen schleichenden Entwicklungen beobachten: dem Fortschreiten von 1G zu 5G und der Evolution des Internets und der Konzerne, die es beherrschen. Der Kult will uns einreden, dass 5G nur der nächste logische Schritt nach 1G, 2G, 3G und 4G ist; dabei handelt es sich bei 5G um ein völlig neues Frequenzband namens Millimeterwellen und damit um eine grundlegend andere Sache. Im inneren Kern des Kults wusste man über 5G Bescheid, bevor 1G überhaupt eingeführt wurde, weil dort Spitzenforschung betrieben wird und es einen Technologietransfer zwischen den Eingeweihten des Kults und ihren nichtmenschlichen „Göttern" gibt. Ich bekam vor Kurzem eine mit *1974* datierte Studie aus dem damals noch sowjetischen Russland zugeschickt, die ausführlich über die Erforschung der Auswirkungen von Millimeterwellen (heute: 5G) auf Viren und Pathogene sowie negative Folgen für den Reproduktionsprozess berichtete. Die geschilderte Reihenfolge war eine Schritt für Schritt durchgeführte Täuschung, die unsere Realität in einen Mikrowellenherd verwandeln soll. In Sachen Internet ist man auf dieselbe Art und Weise vorgegangen.

Das trojanische Internet

Abb. 327: „Die treibende Kraft hinter der Dystopie. DARPA" – *Eine der bösartigsten Organisationen der Welt.*

Zwei Dinge haben wir bereits erfahren: Die vom Kult gesteuerte Entwicklungsabteilung DARPA des Pentagon behauptet, das Internet mithilfe militärischer Technologie auf den Weg gebracht zu haben. Und was auch immer die DARPA will, schadet der Menschheit (Abb. 327).

Die ersten Schritte ware die Schaffung des Internets und die Einführung des World Wide Web. Das Prinzip „Wenn man das Ergebnis kennt, sieht man auch den

Weg, der zu ihm führt“ sah in diesem Fall so aus, dass man das Internet zum Grundpfeiler der Menschheit machte – und zwar auf eine nicht mehr umkehrbare Art und Weise, um so das Smart Grid vorzubereiten. Die dazu nötige Technologie war auch hier dem Kult schon lange bekannt, bevor sie öffentlich wurde. Daher konnte der Kult-Insider Dr. Richard Day das bevorstehende World Wide Web bereits im Jahr 1969 in seiner Rede vor den Kinderärzten in Pittsburgh beschreiben, obwohl es offiziell erst 1989 „erfunden“ wurde und ab 1991 öffentlich verfügbar war.

In den ersten Jahren mussten die DARPA und der Kult den freien Informationsfluss zulassen, um möglichst viele Menschen ins Internet zu locken. Das Web hätte nicht zu einem Grundpfeiler der Gesellschaft werden können, wenn man die endlose Zensurwelle gleich zu Beginn gestartet hätte. In dieser Zeit konnten Menschen wie ich das Internet dazu nutzen, weltweit Informationen zu verbreiten, von denen der Kult mit Sicherheit nicht wollte, dass die Bevölkerung sie zu sehen bekam. Doch um seine längerfristigen Ziele zu verfolgen, musste er in den sauren Apfel beißen. Nachdem das Netz zu besagtem Grundpfeiler geworden und dies nicht mehr rückgängig zu machen war, weil man eine funktionale Abhängigkeit davon geschaffen hatte, nahm das ursprünglich geplante Internet seine Maske ab. Die Zensur begann und wird seither Monat für Monat schlimmer. Und dem Kult standen nun die von vornherein geplanten Mittel zur Verfügung, um sich fortan der Massenüberwachung, einem Medium für die KI-Kontrolle und der Löschung unerwünschter Informationen zu widmen.

Dieselbe Reihenfolge zeigte sich auch bei den Konzernen des Kults, die speziell dazu entwickelt wurden, das Internet zu dominieren. Facebook, Google, YouTube, Twitter, Amazon und so weiter ließen anfangs auch den freien Fluss von Informationen und Meinungen zu, weil sie damit ihren Beinahe-Monopolen den Weg bahnen mussten. Als das erledigt war und sie eine Situation des „Wohin soll man sich sonst wenden?“ erzeugt hatten, begannen sie, ernsthaft zu zensieren sowie nach und nach alle abweichenden Stimmen zu beseitigen.

Abb. 328: „Willkommen […] im Silicon Valley“ – *Das wahre Silicon Valley der USA – und Israels, das durch den Sabbatianismus-Frankismus schnelle Fortschritte macht.*

Diese von Anfang an geplanten Abfolgen waren wie Angelschnüre, die man ausgeworfen hatte, damit Menschen anbissen und dann immer weiter in die Hungerspiele-Technokratie gezogen werden konnten. Riesen des Silicon Valley wie Facebook und Google (YouTube) unterhalten fundamentale Beziehungen zur DARPA und dem Pentagon, ebenso wie Microsoft und Amazon (Abb. 328). Sie alle stehen im Mittelpunkt der durch die KI kontrollierten Überwachungsgesellschaft, während sie sich nach außen hin als New-Woke-Anhänger ausgeben und vom Mob des Woke unterstützt werden. Regina Dugan, die stets für Trans- und

Abb. 329: „Entwickelt […] ‚Technologien, die einen fließenden Übergang zwischen physischen und digitalen Welten herstellen'" – *Regina Dugan hat einen seltsamen Lebenslauf – aber das kommt einem nur dann so vor, wenn man die Hintergründe nicht kennt. Bei Facebook gab sie den im Bild genannten Auftrag.*

Posthumanismus wirbt, war von 2009 bis 2012 Direktorin der DARPA, arbeitete danach als Führungskraft bei Google und wechselte schließlich 2016 zu Facebook. Ein ganz schöner Lebenslauf – erst leitete sie die DARPA, eine der unheilvollsten Organisationen der Welt, dann ging sie zu einer Suchmaschine und einer Social-Media-Plattform (Abb. 329). Durchschaut man jedoch das Spiel, so erkennt man deutlich einen roten Faden: Kontrolle der Menschheit mittels KI. Dugan erteilte der geheimniskrämerischen Zukunftsabteilung von Facebook „Building 8" den Auftrag, „Technologien zu entwickeln, die einen fließenden Übergang zwischen physischen und digitalen Welten herstellen". Ihr *theoretischer* „Chef" Mark Zuckerberg hat von der Notwendigkeit eines „globalen Überbaus, der die Menschheit voranbringen soll", gesprochen. Der überzeugte Posthumanist Ray Kurzweil ist Leiter einer wichtigen Abteilung bei Google und Mitgründer der Singularity University im Silicon Valley, die sich für den KI-Menschen einsetzt.

Ich nenne Silicon Valley gern den Spielplatz des Teufels. Es ist ein sehr kranker Ort, der von sehr kranken Menschen mit einer äußerst kranken Agenda für die Menschheit geführt wird – und zugleich jederzeit seine New-Woke-Ideologie zur Schau stellt, um auch die hoffnungslos Naiven für seine Sache zu gewinnen.

Musk(etier)

Die großen Namen des Silicon Valley sind durchweg Technokraten, die die ganze Welt in die Technokratie treiben wollen. Zu ihnen gehören Jeff Bezos von Amazon (ein Unternehmen, das den Technokraten Orgasmen bereitet), Brin und Page von Google/YouTube und deren Muttergesellschaft Alphabet, Zuckerberg als Frontmann von Facebook sowie Elon Musk von Tesla und SpaceX – neben vielen anderen.

Musk ist ein megabetrügerischer Promi des Silicon Valley, der sich in vielen Gestalten in diese Geschichte einschleicht. Wenn das Smart Grid die gesamte Menschheit unterjochen soll, muss erst einmal Kurzweils „Cloud" jeden Quadratzentimeter der Erde abdecken. Dies lässt sich nur aus dem Weltraum bewerkstelligen. Und hier kommt der Entertainer-Dummschwätzer Musk ins Spiel (Abb. 330). Er ist der Mann, der einerseits behauptet hat, dass die KI das Ende der Menschheit sein könnte (womit er recht hat), und andererseits ein Unternehmen namens Neuralink betreibt, das daran arbeitet, das

Abb. 330: „Entwickelt […] ‚Die KI könnte das Ende der Menschheit sein.' ‚Und was tun Sie dagegen?' ‚Ich werde helfen, sie zu verwirklichen.'" – *Elon Musk, der grinsende Betrüger, der das Smart Grid der massenhaften und totalen Kontrolle über die Menschheit möglich macht.*

menschliche Gehirn mit Computern zu verbinden. Laut *Wall Street Journal* soll dies mithilfe „neural lace" beziehungsweise einem netzartigen System funktionieren, das „winzige Gehirnelektroden implantieren" wird, über die sich Gedanken hoch- oder herunterladen lassen. Musk ist gleichzeitig CEO der Firma Tesla Cars, die „smarte" fahrerlose Elektrofahrzeuge entwickelt. Was die globale Cloud angeht, so leitet er das Raumfahrt- und Telekommunikationsunternehmen SpaceX, das gerade dabei ist, Tausende Satelliten in eine Erdumlaufbahn zu schießen, damit die Wi-Fi-Cloud um den ganzen Planeten gelegt werden kann. SpaceX wurde von Google und Fidelity Investments ganz im Stil der inzestuösen Verflechtungen im Jahr 2015 mit einer Milliarde Dollar finanziert. Musk beantragte bei der amerikanischen Federal Communications Commission (Bundeskommunikationskommission; FCC) Ende 2016 offiziell die Genehmigung dafür, 4.425 Satelliten in eine niedrige Erdumlaufbahn – also eine Höhe zwischen 1.150 und 1.325 Kilometer – zu bringen, um weltweit eine Wi-Fi-Verbindung bereitzustellen. Zu diesem Zeitpunkt befanden sich insgesamt nur 1.500 Satelliten im irdischen Orbit. Wie wir gleich sehen werden, ist die von Musk geplante Zahl allerdings noch um einiges höher. Die britische Tageszeitung *The Independent* stellte die Wirtschaftlichkeit dieses Vorhabens infrage, ohne zu erkennen, dass für die Kult-Agenda Geld keine Rolle spielt:

> Die astronomischen Kosten für die Satelliten und deren Start könnten die einzige Einschränkung darstellen. Die Kunden für diese Dienstleistung sind die ärmsten Bevölkerungsschichten in den entlegensten Regionen der Erde. Das heißt, dass die Einstiegskosten für das Satellitennetzwerk nur schwer wieder hereinzuholen sein werden.

Doch Kostendeckung ist nicht das vorrangige Ziel – sondern vielmehr die *Abdeckung* der Erde mit der Wi-Fi-Cloud und 5G. Elon Musk ist ein außerordentlich arroganter Mann, der hinsichtlich der menschlichen Freiheit und Gesundheit eine große Gefahr darstellt. Er kommt mit seinem Verhalten nur davon, weil sein Handeln dem Kult dient. Man warnte ihn, dass sein Ziel, 12.000 Satelliten zu starten, die unter anderem den Planeten mit 5G bzw. künstlichen Frequenzen beschießen sollten, der Astronomie ernsthaft schaden würde, weil durch das reflektierte Licht der Satelliten die Sterne kaum mehr zu sehen sein würden. Doch das war Musk natürlich schnurz, und er startete sein Programm trotzdem. Die Zeitschrift *Forbes* berichtete, wie Musks Firma SpaceX im November 2019 „ein Netzwerk aus 60 hellen, großen, reflektierenden und funkstörenden Satelliten startete […] und damit zahlreiche professionelle Himmelsbeobachtungen störte". Wenn 60 Satelliten schon so viel anrichten, was werden dann 12.000 tun – oder gar die 42.000, die Musk plant? Wie viele Fälle von Hautkrebs werden allein Musks Satelliten hervorrufen, ganz abgesehen von der langen Liste anderer gesundheitlicher und psychologischer Probleme durch das aus dem Weltall übertragene 5G? Musk kündigte ein Programm an, in dessen Rahmen alle zwei Wochen 60 neue Satelliten gestartet werden sollten, bis am Ende des Jahres 2020 insgesamt 1.500 in der Umlaufbahn herumfliegen würden. Die Überschrift des *Forbes*-Artikels nannte die Folgen dieses Plans: „Neueste Starlink-Pläne von Elon Musk enthüllt. SpaceX könnte eine astronomische Notlage auslösen." Im Artikel hieß es dann: „Da Konkurrenten wie Kuiper Systems und OneWeb den Start ähnlicher Netzwerke planen und Starlink die Genehmigung für insgesamt 42.000 Satelliten zu bekommen versucht, ist es möglich, dass man bei einem Blick durch das Fernglas im Jahr 2030 (schon wieder dieses Jahr!) mehr Satelliten als Sterne sehen wird."

Facebook beteiligt sich über eine Tarnfirma namens PointView Tech ebenfalls an der Herstellung von Wi-Fi- und Cloud-Netzwerken via Satellit, ebenso wie andere Unternehmen einschließlich Boeing. 2016 explodierte eine von Musks SpaceX-Raketen in Cape Canaveral vor dem Start; sie hätte für Facebook einen in Israel gebauten Kommunikationssatelliten in den Orbit bringen sollen, der für die Wi-Fi-Abdeckung eines großen Gebiets in der Sahara gedacht war. Ich bin sicher, dass viele Leute, die dort täglich nach Nahrung suchen, um ihr Überleben zu sichern, sich unbedingt Katzenvideos auf YouTube sowie CNN-Nachrichten anschauen wollen. Mark Zuckerberg sagte nach der Detonation der Rakete, dass sich Facebook nach wie vor „unserer Mission verpflichtet fühlt, alle Menschen zu verbinden. Wir werden weiter daran arbeiten, bis jeder die Möglichkeiten hat, die dieser Satellit bieten hätte sollen." Auch Google nimmt an dem Rennen teil, „alle Menschen zu verbinden", natürlich aus reiner Nächstenliebe. Satellitensysteme können übrigens auch das Wetter auf der Erde manipulieren, was man dann sehr gut auf den menschengemachten „Klimawandel" schieben kann.

Genau diese Dinge passieren heutzutage auf unserer Welt, wo die technologische Subrealität, vor der ich so lange gewarnt habe, meist ohne Zustimmung oder Wissen der Öffentlichkeit gerade installiert wird. Eine weitere Bestätigung für Musks Arroganz und Täuschung war in Deutschland zu sehen, wo seine Elektroautofirma Tesla sich erfolgreich gegen Proteste der Öffentlichkeit und diverser Umweltschutzgruppen wehrte und die Genehmigung zur Errichtung einer „Gigafactory" erhielt. Dafür mussten 92 Hektar Wald in der brandenburgischen Gemeinde Grünheide – der Name ist in diesem Zusammenhang ziemlich ironisch – gerodet werden. Demonstranten waren der Meinung, dass die Fabrik die einst idyllische Gegend in eine umweltverschmutzende Industriezone verwandeln würde. Aber das ist einem Elon Musk natürlich ebenfalls egal. Milliardenschwere Fake-Woker sind ja dafür bekannt, eine Sache zu sagen und das Gegenteil zu tun. Musk behauptet, dass Elektroautos „‚mit dem Aufkommen des nachhaltigen Transportwesens und der entsprechenden Energieproduktion" die Zukunft seien. Dem ist entgegenzuhalten, dass Elektroautos erstens nicht nachhaltig sind, weil für ihre Batterieherstellung in Afrika Verwüstungen angerichtet werden, und zweitens: Was soll „nachhaltig" und moralisch vertretbar daran sein, dass man in einer Gemeinde, die das gar nicht will, 92 Hektar Wald abholzt und selbst auf der anderen Seite der Welt zu Hause ist?

Musks Aktivitäten sind typisch für eine Technokratie, in der Technokraten wie er tun, was sie wollen, ohne dass die Weltbevölkerung dabei etwas mitzureden hat und gewählte Politiker irgendetwas entscheiden dürfen. Unglaublich von sich selbst besessene Menschen wie Musk glauben, dass die Welt ihnen gehöre, und werden dennoch von vielen New-Woke-Jüngern als eine Art Held betrachtet. Wie hat Musk die Erlaubnis für das erhalten, was er tut? Als Kultagent wurde ihm die Erlaubnis von der ebenfalls im Besitz des Kults befindlichen Federal Communications Commission erteilt – die übliche Geschichte also. Außerdem ist er nicht zufällig in seine diversen Positionen gelangt. Es ist doch durchaus interessant, dass Musks jüdischer Großvater der Vorsitzende der kanadischen Technokratenpartei war und sich von 1936 bis 1941, als die Bewegung von der kanadischen Regierung wegen angeblicher Staatsgefährdung verboten war, höchst aktiv für eine Technokratie einsetzte. Und jetzt spielt der Enkel Elon Musk eine führende Rolle dabei, die Welt in die Technokratie zu führen. Sind Zufälle nicht etwas Wunderbares?

Die Verteufelung der Demokratie

Die künftige Weltregierung soll eine Technokratie sein. Aus diesem Grund führt uns der Kult schon jetzt in eine postdemokratische Gesellschaft ohne gewählte Volksvertreter. Seit ein paar Jahrzehnten ist eine psychologische Kampagne im Gange, die das Prinzip der Demokratie im öffentlichen Bewusstsein diskreditieren soll. Man platziert korrupte Gestalten, die ausschließlich nach dem Willen des Kults handeln, in allen Parteien – und verkauft uns diese Entstellung als Demokratie, ebenso wie man uns das Kartellwesen als „freien Markt" verkaufen will. Das Bennett Institute for Public Policy, eine Denkfabrik an der britischen Universität Cambridge, veröffentlichte die Ergebnisse einer Umfrage, die zwischen 1973 und 2020 an 400 Millionen Menschen weltweit durchgeführt wurde. Darin wurde behauptet, dass beinahe 58 Prozent der Befragten mit der Demokratie „unzufrieden" seien. Der höchste Wert wurde im Jahr 2019 verzeichnet, als auf der ganzen Welt gewalttätige Straßenproteste ausbrachen.

Das Weltwirtschaftsforum beeilte sich, die Umfrageergebnisse möglichst prominent hervorzuheben, weil Unzufriedenheit mit der Demokratie ja eines der Ziele ist, die erreicht werden sollen. Der Kult motiviert die Menschen dazu, Politik und Politiker zu verachten, damit er die Demokratie demnächst ohne Widerspruch in eine Technokratie umwandeln lassen kann. Deswegen sorgt er auch dafür, dass so viele unehrliche und ahnungslose Kreaturen in politische Ämter gewählt werden. Das System funktioniert nicht, weil es gar nicht funktionieren soll.

Als Beispiel für diese Entwicklung braucht man sich nur anzusehen, wie die großen Namen aus dem Silicon Valley immer mehr Macht über die globale Gesellschaft gewinnen und die politische Klasse verdrängen oder einfach kaufen. Die Politiker haben längst jede Kontrolle über die Technokraten des Silicon Valley, deren Handlanger im Tiefen Staat und die von ihnen kontrollierte Technologie verloren. Wo man auch hinschaut, wird der Boden für eine voll entwickelte Technokratie bereitet. Die US-Zeitschrift *Atlantic*, die als Medium ebenfalls die Agenda der Elite bewirbt, rühmte die Übernahme durch die Technokraten in einem Artikel mit dem Titel „It's Jeff Bezos' Planet Now" [dt. „Der Planet gehört jetzt Jeff Bezos"]:

> In einer Zeit der politischen Dysfunktionalität hat Bezos begonnen, die Macht des Staates zu übernehmen. Wo einst die Regierung die ambitionierte Weltraumforschung finanzierte, führt heute Bezos dieses Projekt an und gibt jährlich eine Milliarde Dollar dafür aus, Raketen und Rover zu bauen. Seine Firma Amazon leitet ein experimentelles Projekt zur Reparatur des amerikanischen Gesundheitssystems; zudem wird sie 700 Million Dollar dafür ausgeben, angesichts der Automatisierung und Ersetzung Arbeiter umzuschulen.
>
> Inzwischen haben Teile der Bundesregierung Verträge mit Amazon abgeschlossen, um Daten auf den Servern des Unternehmens zu speichern. Bezos stellt somit die lebenswichtige Infrastruktur des Staates zur Verfügung [= verschluckt den Staat]. Wenn Amazon seine zweite Firmenzentrale am Potomac [Washington, D.C.] bezieht und über den Fluss auf die Hauptstadt blickt, wird dies das neue Gleichgewicht der Macht sehr schön zusammenfassen.

Der Artikel stellte dann noch eine Frage, die die Methodik des Kults zur Zerstörung gewählter Regierungen perfekt zusammenfasst: „Ist eine private Regierung, die von Bezos geführt wird, nicht besser als eine öffentliche Regierung unter Donald Trump?" Offensichtlicher – für Leute, die wissen, was wirklich vorgeht – kann man es ja gar nicht machen. Sogar der britische Premierminister Boris Johnson warnte vor dem, was ich das Smart Grid nenne. In einer Rede vor den Vereinten Nationen sagte er 2019, dass „der digitale Autoritarismus leider keine dystopische Fantasie ist, sondern eine sich abzeichnende Realität". Als ich Jahrzehnte zuvor dasselbe sagte, nannte man es Verschwörungsunfug – und hier trat ein Premierminister vor die UN und sprach es deutlich aus. Er rief dazu auf, neue Technologien für „Freiheit, Offenheit und Pluralismus zu entwickeln, mit den richtigen Sicherheitsvorkehrungen, um unsere Völker zu schützen". Tut mir leid, Mr. Johnson, aber dieser Zug ist bereits abgefahren, und es wird eine ziemliche Aufgabe sein, rückgängig zu machen, was in dieser Richtung bereits passiert, ganz zu schweigen von dem, was von Tag zu Tag stärkere orwellsche Züge annimmt. (Auch der vorangegangene Satz wurde vor den Lockdowns verfasst.)

Der Pseudo-„Populist" Johnson siegte bei den Parlamentswahlen des Jahres 2019 mit einer deutlichen Mehrheit. die er dazu nutzen hätte können, sich für die Freiheit einzusetzen und seinen Worten Taten folgen zu lassen. Stattdessen hat er genau das Gegenteil getan. Die Regierung Johnson verlieh der tyrannischen britischen Medienaufsichtsbehörde Ofcom neue Befugnisse zur Zensur von Social-Media-Plattformen, Websites, Kommentaren, Foren und im Internet geteilten Videos. Alle Inhalte, die (vom Staat) als „schädlich" erachtet werden, müssen nun von Gesetzes wegen entfernt werden. Diesen Schritt verkauft man der Bevölkerung als Jugendschutzmaßnahme; dabei war doch immer geplant, das Gesetz und dessen Auslegung auf Kritiker des offiziellen Narrativs auszuweiten. Der Begriff „schädlich" ist so beliebig interpretierbar, dass man ihn auf praktisch alles anwenden kann, und wird hier eben deshalb verwendet. Plattformen müssen „illegale" (staatlich zensierte) Inhalte nun schnell entfernen und „das Risiko minimieren", dass sie überhaupt veröffentlicht werden können. Letzteres bedeutet den Einsatz von KI-Algorithmen zur Vorzensur, die Facebook und Konsorten nach eigener Aussagen ohnehin schon lange entwickeln.

Vom Kult gesteuerte Regierungen sagen vom Kult gesteuerten Internetriesen, was sie zu tun haben, und die Unternehmen halten sich daran und führen die vom Kult geforderten Zensurmaßnahmen ein. Dieser Vorgang spielt sich in immer mehr Ländern ab. Durchaus interessant ist auch (und das meine ich ironisch), dass dieses britische Gesetz ganz mit den Absichten der World Wide Foundation des „Web-Erfinders" Tim Berners-Lee übereinstimmt, die das Internet vor der „digitalen Dystopie" bewahren will, indem sie eine Zensur-Dystopie installiert. Zu den Urhebern des Plans von Berners-Lee gehören Google, Facebook, Microsoft und die zensurbesessenen Regierungen Deutschlands und Frankreichs. Das Johnson-Regime beschäftigt auch einen absoluten Israelfanatiker, der „Antisemitismus" (Kritik an Israel) verfolgen soll: John Mann, einen ehemaligen Abgeordneten der Labour Party, der nur darauf wartet, wieder einmal seine blau-weiße Zunge benutzen zu dürfen. Jeder Zusammenhang zwischen Johnson und Freiheit wäre – wenn man nach seiner bisherigen Regierungsarbeit geht – rein zufällig. Der Premierminister hat zugelassen, dass „Wissenschaftler" und lächerliche „Computermodellierer" die Autorität bekamen, England in den Lockdown zu treiben und eine wirtschaftliche Apokalypse sowie eine faschistische Diktatur heraufzubeschwören.

(Cyber-)Space: unendliche Weiten (für das Ende der Freiheit)

Das Smart Grid kann nur mit Kommunikationssystemen mit einem Mobilfunkstandard von mindestens 5G oder „fünfte Generation" funktionieren, der im Millimeterwellenbereich des elektromagnetischen Spektrums arbeitet. Die kumulativ tödliche 5G-Strahlung wird derzeit weltweit eingeführt und von Satelliten auf die Erde abgestrahlt, ohne dass es je unabhängige Tests über ihre gesundheitlichen und psychologischen Auswirkungen gegeben hätte. Für das Fehlen von Tests gibt es einen einfachen Grund: 5G ist entscheidend für das Smart Grid. Würde man unabhängige und öffentlich einsehbare Studien zu den Folgen des neuen Standards für Körper und Geist durchführen, dann käme es zu einer derart massiven Opposition, dass eine 5G-Zulassung unmöglich wäre. China ist in Sachen 5G weltweit führend; dort wird bereits über 6G-Terahertzwellen gesprochen. Die Behörden und die vom Kult kontrollierte Telekommunikationsbranche weiß, dass wirklich unabhängige, öffentlich finanzierte Tests für 5G den Todesstoß bedeuten würden, also gibt es solche Tests schlicht und einfach nicht. Wenn man eine Diskussion nicht gewinnen kann, wird einfach keine Diskussion geführt.

Der amerikanische Senator Richard Blumenthal fragte Vertreter der US-Telekommunikationsbranche bei einer Sitzung des Senatskomitees für Handel, Wissenschaft und Transport, wie viel Geld sie für unabhängige Untersuchungen der Auswirkungen von 5G ausgegeben hätten. Ihre Antwort: gar nichts. Blumenthal sagte darauf: „Es gibt also keine Forschungen – wir sind hier im Blindflug unterwegs, was Gesundheit und Sicherheit betrifft.“ Für die Öffentlichkeit mag das zwar so aussehen, aber für Brancheninsider und den Kult ist das alles natürlich kein „Blindflug“. Sie wissen über die kumulativen gesundheitlichen und psychologischen Folgen von 5G für viele Menschen Bescheid, aber sie wollen nicht, dass Sie es wissen. Die International Society of Doctors for the Environment [dt. etwa: Internationale Gesellschaft der Ärzte für die Umwelt], die Niederlassungen in 27 Ländern unterhält, schloss sich mehr als 200 anderen Ärzten und Wissenschaftlern an, die auf einen Stopp der Markteinführung von 5G drängten, weil sie befürchteten, dass die Hochfrequenzstrahlung die menschliche Gesundheit schädigen wird. Der Körper und seine Systeme sind ein elektrisches Feld, das Informationen auf elektrischem Wege weiterleitet und verarbeitet, ebenso wie das Gehirn. Jede Frequenz, die diese elektrische und elektromagnetische Harmonie stört, verursacht „physische“ und psychologische Erkrankungen oder Störungen – je stärker die Frequenz, desto größer die Störung. Dem Kult ist das egal, weil er bei seinem Krieg gegen die Menschheit genau auf diesen Effekt abzielt.

Tom Wheeler, der damalige Vorsitzende der US Federal Communications Commission (FCC), erzählte den Medien, dass man sämtliche städtischen und ländlichen Gemeinden in den USA mit 5G versorgen würde, um alles von der Wasserversorgung bis zu Medikamenten und Haushaltsgeräten mit dem Internet zu verbinden. Der von Obama ernannte Wheeler war vor seiner offiziellen Funktion ein Risikokapitalanleger und Lobbyist für die Kommunikations- und Mobilfunkindustrie, die er später „regulieren“ sollte. Es braucht einen daher nicht zu wundern, dass diese erbärmliche Figur sagte, dass Sicherheitsstandards bei 5G einfach keine Rolle spielen:

> Wir werden nicht darauf warten, dass Standards in dem manchmal beschwerlichen Normierungsprozess oder einer behördlich geleiteten Aktion entwickelt werden. Stattdessen werden wir ausreichend Frequenzen zur Verfügung stellen und uns dann auf einen von der Privatwirtschaft geleiteten Prozess zur Entwicklung technischer Standards verlassen, die für diese Frequenzen und Anwendungsfälle am besten geeignet sind.

Wir lassen also zu, dass die Branche, die ganz offen zugibt, keine Tests durchgeführt zu haben, ihre Sicherheitsstandards so festlegt, dass die Industrie (der Kult) machen kann, was sie (er) will. Das Bedürfnis der Technokratie, den Planeten mit 5G oder höher zu überziehen, zeigt sich in dem neun Milliarden Dollar schweren Fonds, den besagte FCC (die mittlerweile von Ajit Pai geleitet wird) der ohnehin milliardenschweren Telekommunikationsindustrie zugestehen will, damit sie gezielt 5G-Verbindungen (Verstrahlungen) im ländlichen Amerika herstellen kann. Wie nett.

5G – jetzt auch in Ihrer Straße

Abb. 331: „5G-Kästen in ihrer Straße" – 5G mit seinen zerstörerischen Frequenzen wird Sendeeinrichtungen in jeder Straße benötigen.

5G ist dazu konzipiert, die technologische Subrealität, die die Menschheit von der Unendlichen Realität trennt und Schritt für Schritt um uns herum aufgebaut wird, noch zu erweitern. Die Millimeterwellen können Gebäude und andere dichte Objekte nicht gut durchdringen, weshalb 5G-Sender in jeder Straße benötigt werden (Abb. 331). Manchen Schätzungen zufolge ist sogar ein Sender pro zwölf Gebäude nötig. Das bedeutet, dass die ungetestete 5G-Strahlung direkt vor Häusern und Kinderschlafzimmern ausgesendet werden soll. Der Preis, den die Mschen dafür bezahlen werden – aus Gründen, die ich noch näher erläutern werde – im Lauf der Zeit beträchtliche Ausmaße annehmen. 5G hat ein derart hohes destruktives Potenzial, dass die International Commission for Non-Ionizing Radiation Protection [dt. etwa: Internationale Kommission für den Schutz vor nichtionisierender Strahlung; ICNIRP], die von der vom Kult geschaffenen Weltgesundheitsorganisation WHO anerkannt wird, behauptet hat, dass das neue Format zu 100 Prozent sicher sei. Aha – da kann man sich ja ausrechnen, wie schlimm es in Wirklichkeit ist. Die ICNIRP bezeichnet sich als „unabhängig", was ihr durchaus unbenommen bleibt, aber ich glaube nicht ganz daran.

Da 5G-Strahlung keine dichten Objekte durchdringen kann, werden auch sagenhaft viele Bäume gefällt, vor allem in städtischen Gebieten. Sie wissen schon, jene Bäume, von denen man uns immer wieder sagt, dass sie so wichtig seien, um „die globale Erwärmung aufzuhalten". Die *Sunday Times* bemühte das Gesetz zur Informationsfreiheit und fand bei ihren Recherchen heraus, dass innerhalb von drei Jahren im Vereinigten Königreich insgesamt 110.000 Bäume gefällt worden waren. Daran waren unter anderem auch die Stadtverwaltungen von Newcastle (8.414), Edinburgh (4.435) und Sheffield (3.529) beteiligt. Die Ausreden dafür waren erbärmlich. Die wahren Ursachen sind 5G und die Vorbereitung auf autonome Fahrzeuge, die eine funktionierende 5G-Verbindung benötigen.

Wissenschaftler und Ärzte, die nicht von der Wirtschaft abhängig sind, haben sich über die vielfältigen Gefahren geäußert, die von 5G ausgehen. Einer von ihnen ist Dr. Joel Moskowitz, Professor für Volksgesundheit an der University of California, Berkeley, dessen Ansicht nach der Einsatz von 5G ein Massenexperiment mit möglichen Folgen für die Gesundheit aller Spezies ist, weil Millimeterwellen schwächer als Mikrowellen sind und daher hauptsächlich von der Haut aufgenommen werden, die am meisten davon abbekommt. Er sagt, dass die Kapillargefäße und Nervenenden in der Haut die biologischen Effekte von 5G über molekulare Mechanismen und das Nervensystem weiterleiten (weil die Haut eigentlich eine Antenne ist, so wie das Knochengerüst und der Körper als Ganzes). Dr. Moskowitz warnte davor, dass „5G Hochfrequenzen oder Millimeterwellen verwenden wird, die sich auf die Augen, die Hoden (man denke an das geplante Ende der Fortpflanzung), die Haut, das periphere Nervensystem und die Schweißdrüsen auswirken könnten. … Millimeterwellen können manche Krankheitserreger auch antibiotikaresistent machen."

Nur selten wird die Tatsache erwähnt, dass „Viren" und Krankheiten wie alles andere Ausdrucksformen bestimmter Frequenzen sind. Wenn man diese Frequenzen stark genug ausstrahlt, kann man ohne Chemikalien und direkten Kontakt Krankheiten in der Bevölkerung verbreiten sowie mit Sicherheit das Immunsystem schwächen, wodurch „Viren" und Pathogene zerstörerischer wirken können. (Warum ich das Wort „Virus" unter Anführungszeichen setze, werden Sie dann erfahren, wenn wir zum Pandemie-Schwindel kommen.) Dr. Ben-Ishai vom Institut für Physik an der israelischen Hebräischen Universität Jerusalem merkte warnend an, dass beim Menschen die Ausführungsgänge der Schweißdrüsen sich „wie eine Reihe von Wendelantennen" verhalten, wenn sie 5G-Wellenlängen ausgesetzt werden. Dr. Devra Davis, eine international anerkannte amerikanische Epidemiologin, Präsidentin des Environmental Health Trust [dt. etwa: Stiftung für Umwelthygiene] und Leiterin des Zentrums für Umweltonkologie an der University of Pittsburgh, schrieb zu Beginn der Einführung von 5G:

> Wenn Sie zu den Millionen Menschen gehören, die schnellere Downloads von Filmen, Spielen und virtueller Pornografie wollen, gibt es jetzt eine Lösung – aber nur, wenn es Ihnen nichts ausmacht, Ihren lebenden Körper für ein gigantisches unkontrolliertes Experiment an der menschlichen Bevölkerung zur Verfügung zu stellen. In diesem Augenblick stehen Einwohner der Region Washington, D.C., ebenso wie die Bewohner von 100 chinesischen Städten, kurz davor, innerhalb eines riesigen experimentellen Millimeterwellennetzwerks zu leben, dem sie nicht zugestimmt haben. Und für das alles kommt der amerikanische Steuerzahler auf.
>
> Diese Studie zeigt auf, dass jene Teile der menschlichen Haut, die uns schwitzen lassen, wie eine Antenne, die Signale empfangen kann, auch auf 5G-Strahlung reagieren. Wir brauchen eine genaue Überprüfung der potenziellen negativen Gesundheitsfolgen von 5G, bevor wir unsere Kinder, uns selbst und die Umwelt mit dieser Strahlung zudecken.

Die Auflösung der menschlichen Biologie

Frank Clegg, der ehemalige Präsident von Microsoft Canada, äußert sich mittlerweile als Aktivist auch lautstark über die Gefahren von 5G für die Gesundheit und die menschliche DNS, die ja ebenfalls ein Empfänger und Sender von Informationswellen ist. Daher ist sie sehr anfällig dafür, von Wellen technisch erzeugter Strahlung aufgelöst zu werden und zu mutieren. Dann gibt es da noch John Patterson, einen australischen Fernmeldetechniker und Strahlungsexperten, der so besorgt über die von ihm erkannten Gefahren war, dass er sich einen ehemaligen Panzer der britischen Armee „auslieh“ und 2007 in Sydney sieben Handymasten demolierte. Er wollte damit auf das – wie er es nannte – verheerende Risiko für das menschliche Leben, die Natur und den gesamten Planeten hinweisen, die durchweg Wellen-und elektromagnetische Felder sind und von technisch erzeugten Feldern stark in Mitleidenschaft gezogen werden.

Patterson führte seine Protestaktion übrigens noch vor der Einführung von 5G durch. Wir sollten ja auch wirklich nicht zulassen, dass die Konzentration auf 5G die Tatsache verschleiert, dass jede elektromagnetische Technologie potenziell schädlich für den Menschen ist, ob sie nun 3G, 4G oder wie auch immer genannt wird. Es ist nur eine Frage des Ausmaßes. Patterson griff zu seiner drastischen Maßnahme, nachdem er wegen eines Berichts gekündigt worden war, der ein enormes Niveau technisch erzeugter Strahlung aufdeckte. Seine Enthüllung wurde von jeder Regierungs- und Telekommunikationsbehörde ignoriert, darunter auch Standards Australia, der Australian Communications and Media Authority [dt. etwa: Australische Fernmelde- und Medienbehörde], der Australian Radiation Protection and Nuclear Safety Agency [dt. etwa: Australisches Strahlenschutz- und Reaktorsicherheitsamt], der Local Government Association [dt. etwa: Verband der Lokalverwaltungen], dem Parlament und dem Militär – die wahrscheinlich alle als Werkzeuge der Telekommunikationsbranche agieren, die wiederum ein Werkzeug des Kults ist. Ähnliches kann man auf aller Welt beobachten, weil der Kult überall das Sagen hat.

Patterson startete seine Kampagne, als er selbst sehr krank geworden war. Sein Zustand verschlimmerte sich noch, als zwei Mobilfunkbasisstationen in der Nähe seines Arbeitsplatzes installiert wurden. Zu diesem Zeitpunkt hatte er bereits regelmäßige Herzanfälle und litt unter zahlreichen gesundheitlichen Auswirkungen, die er auch bei seinen Kollegen beobachten konnte – von denen einige verstarben. Laut Patterson gibt es „in der Telekom-Branche eine hohe Anzahl von Selbstmorden“; auch die Selbstmordrate unter jungen Menschen, die von technischen Wellen aus Smartphones und Handymasten überflutet werden, ist im Anstieg begriffen. Die Störung durch elektromagnetische Wellen bringt den Wellenfeldverstand und den Körper aus dem Gleichgewicht. Das Gehirn verarbeitet Informationen (Wahrnehmung) elektrisch. Man darf auch nicht vergessen, das der Mobilfunkmast bei jedem Anruf, den Sie tätigen, eine fest zugeordnete Strahlungsverbindung nur für Sie herstellt. Jedes Mal, wenn Sie Ihr Telefon benutzen, bestrahlen Sie unwissentlich alles und jeden in der Bahn dieser Verbindung. Patterson erteilt Handynutzern folgende Ratschläge: Verwenden Sie Telefone so wenig wie möglich in Bussen und Zügen während der Stoßzeit; meiden Sie den Einsatz Ihres Mobiltelefons in geschlossenen Räumen; kurbeln Sie alle Fenster herunter, wenn Sie Ihr Handy im Auto benutzen („Damit das Signal eines Mobiltelefons 3 mm Glas durchdringen kann, muss es seine Leistung verdoppeln“); getöntes Glas ist für Handysignale weniger durchlässig, weshalb das Telefon seine Leistung erhöhen muss; Schwangere sollten definitiv keine Mobiltelefone benutzen, weil der Fötus die Strahlung absorbiert, die auch seine Mutter aufnimmt; verschicken Sie keine SMS-Nachrichten, da das Handy dabei mit maximaler Leistung sendet.

Im Folgenden seien einige der Auswirkungen von Handystrahlung auf Geist und Körper genannt, wie sie auf Cairnsnews.org aufgezählt sind. Patterson erlebte diese Auswirkungen selbst und konnte sie auch bei anderen beobachten, die der Strahlung durch nahe gelegene Handymasten ausgesetzt waren:

- Verlust des Kurzzeitgedächtnisses
- Verlust des Langzeitgedächtnisses
- unwillkürliche Kontraktion von Muskeln und Sehnen
- Schlaflosigkeit
- chronische Müdigkeit
- Gleichgewichtsstörungen
- schmerzende Nackenmuskeln
- Kieferfehlstellungen
- falsche Ausrichtung der Wirbel in Schulterhöhe und der untersten vier Wirbel durch Muskelverkrampfung
- verringerte Körperelastizität, vor allem im Halsbereich, was zu einem „Würgeeffekt" beim Schlucken führt
- Schilddrüsenprobleme (die das Immunsystem belasten)
- Herzprobleme (einschließlich Herzinfarkt)
- unzureichende Öffnung des Magenpförtners (Pylorus), die zu Sodbrennen und Übelkeit führt
- Veränderungen der Gangart
- Taubheit der Haut
- schwarze Ringe rund um die Iris
- Nierenprobleme
- Leberbeschwerden, die zu Hautproblemen, Ausschlägen und Pickeln führen, die nicht verheilen; Patterson behauptet, solche Hautprobleme bei mindestens tausend Arbeitern beobachtet zu haben;
- unangemessene emotionale Reaktionen

Ich wiederhole – das war alles noch vor 5G. Patterson betont, dass Freileitungen zu Trägern für Handysignale werden, wenn Menschen in ihrer Nähe telefonieren. Außerdem testet die Forschung vor allem die Auswirkungen einzelner Telefone, während die Öffentlichkeit aber gleichzeitig der Strahlung mehrerer Telefone und Handymasten ausgesetzt ist, wodurch der kumulative Effekt um einiges schlimmer wird. Er vergleicht einen überfüllten Bus oder Zug, in dem viele Passagiere ihre Telefone benutzen, mit einem Mikrowellenherd. Und jetzt sind Handys auch noch im Flugzeug erlaubt …

Pattersons Schlussfolgerungen sind dieselben, die ich seit Jahrzehnten in meinen Büchern betone – technische Felder stören natürliche Felder, und ihre kumulierten Auswirkungen sind katastrophal. Besonders stark wirken sie sich auf die Zellpolarität aus. Patterson schreibt:

> Der Körper ist wie ein Kreisel, der durch die Felder und Wellen der Natur aufgeladen wird. Sind diese Felder synchron, so schafft dies gute Gesundheit. Ist unser Kreiseleffekt aber nicht mehr synchronisiert, dann tauchen Krankheit und Leiden auf. Die kontinuierliche Belastung durch die Polarität von Mobiltelefonen verringert unsere Fähigkeit, die Natur zu erkennen.

Martin Pall ist emeritierter Professor für Biochemie und medizinische Grundlagenforschung an der amerikanischen Washington State University; ich werde ihn später noch im Zusammenhang mit 5G und dem „Coronavirus" zitieren. Er hat eine Menge Artikel und Studien zum Thema elektromagnetische Felder und 5G veröffentlicht. Seine Erkenntnisse bestätigen die direkten Erfahrungen von John Patterson. Pall betont die Auswirkungen elektromagnetischer Felder auf das Herz (für alle Altersgruppen), einen „rasanten Absturz der kollektiven Gehirnfunktion", den sehr frühen Beginn der familiären Alzheimer-Krankheit und einen „schnellen und nicht rückgängig zu machenden Zusammenbruch der menschlichen Fortpflanzung auf nahezu null, der hauptsächlich, aber nicht ausschließlich, auf den Auswirkungen auf die männliche Zeugungsfähigkeit beruht", sowie „eine massive Verschlechterung des menschlichen Genpools, hervorgerufen durch die Effekte auf die DNS im menschlichen Sperma und möglicherweise auch in den Eizellen". Die beiden letztgenannten Punkte haben mit der Agenda zur Beendigung der Fortpflanzung und Bevölkerungsreduktion zu tun, auf die ich im nächsten Kapitel näher eingehen werde.

Professor Pall berichtet, wie durch elektromagnetische Felder geringer Intensität weitverbreitete neuropsychiatrische Wirkungen, einschließlich Depression, hervorgerufen werden: „Depression kann zu Selbstmord führen, andere neuropsychiatrische Wirkungen können durchaus auch Missbrauchsverhalten verursachen." An diesem Punkt stehen wir jetzt – mit einer rapide ansteigenden Selbstmordrate unter jungen Menschen in der „Smart"-Ära. 5G wird die Auswirkungen technischer elektromagnetischer Felder exponentiell ansteigen lassen. Pall sagte 2018 auch:

> Ich sage voraus, dass viele Organismen davon stärker betroffen sein werden als wir. Dazu gehören Insekten und andere Gliederfüßer, Vögel, kleine Säugetiere und Amphibien. Diese Gruppe enthält auch Pflanzen, bis hinauf zu hohen Bäumen, weil Bäume über Blätter und Fortpflanzungsorgane verfügen, die der Strahlung stark ausgesetzt sind. Ich sage voraus, dass es als Folge von 5G zu schweren ökologischen Katastrophen kommen wird, darunter auch riesigen Feuersbrünsten, da der Einfluss von elektromagnetischen Feldern Pflanzen sehr viel leichter brennbar macht.

Laut Professor Pall ist „das Aufstellen von Millionen 5G-Antennen ohne auch nur einen einzigen biologischen Sicherheitstest so ziemlich die dümmste Idee, die je ein Mensch in der Weltgeschichte hatte". Ja, das mag dumm sein, wenn einem die Menschheit am Herzen liegt – ist aber absolut logisch, wenn dem nicht so ist. Palls Einschätzung nach „stellt 5G eine Bedrohung dar, wie wir sie noch nie zuvor erlebt haben, eine mehrfache, unmittelbar existenzielle Bedrohung für unser Überleben". Vom Standpunkt des Kults aus gesehen geht es genau darum. Und wie könnte man diese Realität besser verbergen als hinter einem gefälschten „Klimanotstand", der von den Marionetten des Kults propagiert wird und angeblich eine „existenzielle Bedrohung" für die Menschheit darstellt?

Weltverändernd

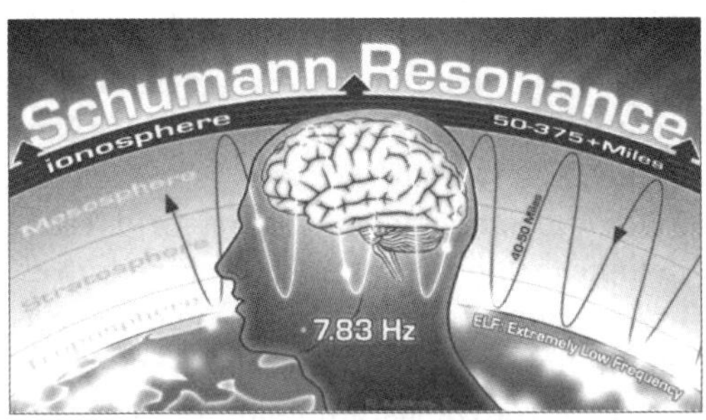

Abb. 332: Die Schumann-Resonanz, durch die sich das Leben in unserer Realität miteinander verbinden und wechselwirken kann, wird durch die Flut technisch erzeugter elektromagnetischer Frequenzen zerstört.

Eine Bestätigung der Aussagen Palls und Pattersons sind die verheerenden Auswirkungen technischer Strahlung auf den natürlichen Frequenzzustand der Erde, der als Schumann-Resonanz – benannt nach dem deutschen Physiker Winfried Otto Schumann – bekannt ist. Sie ist im extrem niedrigen Frequenzbereich (ELF = Extremely Low Frequency) zwischen 6 und 8 Hertz aktiv, dem Frequenzband der menschlichen Gehirnaktivität und aller biologischen Systeme (Abb. 332).

Die Frequenz von 7,83 Hz gilt als der Bereich, in dem sich alles verbinden und als Einheit kommunizieren kann. Der Kult stört absichtlich die Frequenzverbindung – das *Einssein* – zwischen Mensch und Natur sowie zwischen Mensch und Mitmensch. Wir alle sind Teil eines enormen elektrischen Systems und interagieren mit dem irdischen Magnetfeld, das selbst Teil des universellen Felds oder Des Felds ist. Bei Menschen fließt ein Strom elektromagnetischer Energie aus Dem Feld über die Kopfoberseite (Kronenchakra) in den Körper und breitet sich über das Akupunkturnetz des Chi in ihm aus; das Chi ist mit Informationen codierte Elektrizität. Die Demontage und Verzerrung dieser Verbindung durch technische Strahlung (wobei 5G diese Wirkung in einem bisher nie erlebten Ausmaß verstärken wird) hat unsägliche Folgen für die Gesundheit von Körper/Intellekt – der Ausdruck Gesundheit bezeichnet in diesem Fall Gleichgewicht oder Harmonie. Die Wechselwirkung mit Dem Feld übt einen bedeutenden Einfluss auf die Körper/Intellekt-Schwingung – also das, was wir in dieser Realität Leben nennen – aus. Wenn die Schwingung aufhört, stirbt der Körper; je schwächer die Schwingung wird, desto schwächer werden auch wir.

Dieselbe Wechselwirkung finden wir in der gesamten natürlichen Welt. Aus diesem Grund verschwinden heute zunehmend Bienen, Insekten allgemein sowie andere Spezies. Ältere Menschen werden sich noch daran erinnern, wie beim Autofahren im Sommer dauernd Insekten gegen ihre Windschutzscheibe geknallt sind, weil es so viele dieser Tiere gab. Und heute? Solche Überlegungen stellen für die „grüne Bewegung" und ihren Klimakult jedoch kein Problem dar, weil diese Leute die technologische Dystopie in vieler Hinsicht als die richtige Antwort auf die „Klimakatastrophe" betrachten. Ich habe bereits geschildert, wie Mitgliedern der britischen Grünen von den Machthabern des Klimakults ihrer Partei eine Diskussion über 5G bei der Jahreskonferenz 2019 verweigert wurde und man einem Parteimitglied mit der Polizei drohte, als es vor dem Veranstaltungsgebäude gegen diese Entscheidung protestierte (Abb. 333).

Die Grünen interessieren sich nicht im Geringsten für die 5G-Technologie, die die Natur in all ihren Ausprägungen mittels massenhafter Störungen durch ihre Wellenfrequen-

Abb. 333: Während die „Grünen" vom Schwindel vom menschengemachten Klimawandel (links) besessen sind, wird die wahre Gefahr (rechts) für die Natur und die Menschheit ignoriert oder sogar noch gefördert.

Abb. 334: Pflanzenwachstum mit Wi-Fi und ohne Wi-Fi.

Abb. 335: Pflanzenwachstum mit mikrowellenbehandeltem und gereinigtem Wasser.

zwirkung auf Tiere, Insekten, Pflanzen, Bäume und so weiter bedroht. Was fordert der Green New Deal in den USA? Den Bau energieeffizienter, dezentraler und „smarter" Stromnetze oder die Umrüstung auf selbige. Auf der Website des New Woke „Eco Warrior Princess" stieß ich auf folgende Schlagzeile: „Smart-Grid-Technologie in den USA: Vorteile für Umwelt und soziale Gerechtigkeit". Viele Experimente haben gezeigt, wie Wi-Fi-Strahlung das Pflanzenwachstum hemmt. 5G könnte sich noch wesentlich schwerwiegender auf Natur und Nahrungsmittelproduktion auswirken – und das alles muss man noch zu der grünen Forderung dazurechnen, das Gas des Lebens, den „Sauerstoff" für die Pflanzen, zu reduzieren (Abb. 334 und 335).

Die Natur – von Insekten über Bienen bis zu Vögeln – wird durch technische Frequenzen zerstört, und den Menschen steht das Gleiche bevor. Für eine indische Studie wurden Bienen zehn Minuten lang Handystrahlung ausgesetzt; danach stellte man fest, dass die Tiere Zucker, Proteine und Fette nicht mehr verstoffwechselten. Und das nach nur *zehn Minuten*! Dieses Testergebnis wirft ein entlarvendes Licht auf die erstaunliche Zunahme von Diabetes (die fehlerhafte Verstoffwechselung von Zucker), Herzerkrankungen (die durch Frequenzimpulse beeinflusst werden) und Krebs (das Zellwachstum kann von technischen elektromagnetischen Feldern gestört werden). Ist es wirklich nur Zufall, dass im Zeitraum, als diese technischen Entwicklungen eingeführt wurden, die Anzahl der Demenzerkrankungen so stark angestiegen ist? Wir befinden uns mitten in einer echten, durch technologische Wellenfelder erzeugten Krise, während uns der Kult seine Fake-Klimawandelkrise zu verkaufen versucht und die grüne Bewegung dazu vereinnahmt, auf jeden loszugehen, der sich über die wahren Tatsachen äußert. Wale und Delfine, die mithilfe der Schumann-Resonanz navigieren, stranden in großer Zahl; Vögel, Bienen und Insekten leiden auf ähnliche Weise unter der Störung der Navigation.

Der Physiker und Forscher der Schumann-Resonanz Wolfgang Ludwig sagte: „Die Messung der Schumann-Resonanz in einer Stadt oder deren Umgebung ist unmöglich geworden. Die elektromagnetische Verschmutzung durch Handys hat uns dazu gezwungen, unsere Messungen auf See durchzuführen." Professor Rütger Wever vom Max-Planck-Institut für Verhaltensphysiologie ließ einen unterirdischen Bunker bauen, der von der Schumann-Resonanz isoliert ist, und untersuchte dort einen Monat lang Studenten, die als Freiwillige an dem Experiment teilnahmen. Die Isolation von den Schumann-Frequenzen führte dazu, dass die biologischen Rhythmen (circadiane Rhythmen) durcheinandergebracht wurden und die Versuchspersonen an emotionalem Stress (wie die Menschheit heute im Allgemeinen) und Migränekopfschmerz litten. Die Symptome verschwanden, nachdem man die Teilnehmer nur kurze Zeit der Frequenz von 7,8 Hz ausgesetzt hatte.

Immer mehr Menschen in aller Welt leiden so stark an einer Symptomgruppe, die als „Elektrosensibilität" bezeichnet wird, dass sie alleine und so weit wie möglich von technischer Strahlung entfernt leben müssen. Doch wohin können die Betroffenen flüchten, wenn dieser Dreck dank Musk und seinen Herren überall von Satelliten ausgestrahlt wird? Die Zahl der Menschen, die so empfindlich auf durch Technik erzeugte Strahlung reagieren, wird durch 5G sicher noch zunehmen. Der amerikanische Aktivist Arthur Firstenberg, der die Bücher „Microwaving Our Planet: The Environmental Impact of the Wireless Revolution" [dt. etwa: „Planet in der Mikrowelle: Die Umweltbelastung durch die drahtlose Revolution"] und „The Invisible Rainbow: A History of Electricity and Life" [dt. „Die Welt unter Strom. Eine Geschichte der Elektrizität und ihrer übersehenen Gesundheitsgefährdung"] verfasste, schrieb im Jahr 2018:

> Mindestens 20 Millionen Menschen auf der Welt – und das ist noch eine konservative Schätzung – wurden durch Mobiltelefone und deren Infrastruktur bereits so schwer geschädigt, dass sie arbeitsunfähig sind. Sie werden aus ihren Häusern und Städten vertrieben, können keine Mitglieder der Gesellschaft mehr sein.
>
> Sie sind Umweltflüchtlinge, und es gibt sie in jedem Land. Viele von ihnen sind ans Haus gefesselt und können sich nicht nach draußen wagen. [...] Viele dieser Menschen sind obdachlos, wohnen in Autos oder Zelten in abgelegenen Gegenden, begehen Selbstmord. Und niemand kommt ihnen zu Hilfe.

Auch Firstenberg hielt dies bereits fest, bevor es 5G gab. Die manipulierte Frequenzunterbrechung zwischen Menschen und ihrer Umwelt kommt dem Kult in vielerlei Hinsicht zugute, unter anderem, weil die Technokratie eine Trennung von der natürlichen Welt erfordert. Eine Umfrage des britischen National Trust aus dem Jahr 2020 ergab, dass mehr als 70 Prozent aller Kinder angeben, selten oder nie Wolken, Schmetterlinge oder Bienen zu beobachten. Sie ergab auch, dass die meisten Erwachsenen im vorangegangenen Jahr selten oder nie Vogelgezwitscher gehört oder an Wildblumen gerochen hatten. Wozu auch – sie können sich ja Videos davon auf YouTube ansehen oder Bilder von Instagram herunterladen.

Smartphones für Kinder?

Kinder sind für Strahlung viel anfälliger. Trotzdem sitzen sie in der Schule den ganzen Tag inmitten von Wi-Fi-Feldern und gehen dann nach Hause, wo sie das gleiche Wi-Fi erwartet, aber mit den zusätzlichen Strahlungsfeldern von intelligenten Stromzählern, Smartphones und Wi-Fi auf der Straße. Für Kinder oder schwangere Frauen gibt es keinen sicheren Grenzwert für drahtlose Strahlung, und das gilt wahrscheinlich auch für alle anderen Menschen. Gehirntumore bei Kindern (und Erwachsenen) treten heute viel häufiger auf, und zwar an den Stellen, wo sie sich ihre Handys ans Ohr halten. Dasselbe gilt für Herztumore – die Störung des Herzens auf der Wellenfeldebene ist ein Hauptziel des Kults. Es ist ein unglaublich grotesker Anblick, Eltern zu sehen, die ihre Babys oder auch Kleinkinder in Hochstühlen mit diesen Geräten spielen lassen, nur um sie ruhig zu halten (Abb. 336). Schon 20 Minuten tägliches Telefonieren mit Drahtlosgeräten reicht aus, um das Risiko für einen Gehirntumor zu verdreifachen. Kinder mit ihren dünneren Schädelknochen sind hier am meisten gefährdet. Die US-Zeitung *Chicago Tribune* berichtete 2019, dass elf Smartphone-Modelle die staatlichen Strahlenschutzwerte (die ohnehin schon lächerlich hoch angesetzt sind) um *500 Prozent* überschreiten.

Abb. 336: „Erinnern Sie sich an die Zeit, als Babys noch menschlich waren? Und keine Computer-Endgeräte eines technologischen Verstands?" – *Die Assimilation fängt heutzutage früh an.*

Eine Untersuchung des Schweizerischen Tropen- und Public-Health-Instituts, bei der eine frühere Studie nachvollzogen wurde, stellte Gedächtnisschäden bei Teenagern fest, die ihr Handy ein Jahr lang benutzt hatten. Diese traten vor allem bei Personen auf, die das Telefon immer an dasselbe Ohr gehalten hatten – in den Gehirnteilen, die der Strahlung am stärksten ausgesetzt waren, war das Gedächtnis am stärksten beeinträchtigt. Ein Bericht der BBC enthüllte, dass die meisten befragten Kinder in Großbritannien angaben, mit ihrem Handy neben dem Bett zu schlafen; dies kann sowohl für die Gesundheit als auch für den Schlaf äußerst schädlich sein. Kinder bekommen ihre ersten eigenen Smartphones meist in noch jüngerem Alter. Die meisten besitzen mit sieben Jahren eines; bis zum elften Lebensjahr hat dann so „ziemlich jedes Kind" eines.

Trotz der bekannten gesundheitlichen Schäden von Smartphones und Wi-Fi verkauft Apple „Airpods", die sich Leute in die Ohren stecken, um Wi-Fi-Signale auffangen zu können. Bluetooth leistet dasselbe. Es ist nichts als langsamer Selbstmord – und *die Unternehmen wissen das nicht*?! Wie viele Handybenutzer vergegenwärtigen sich schon, dass genau diese Unternehmen im Kleingedruckten der Betriebsanleitung darauf hinweisen, dass man das Telefon nicht ans Ohr halten soll? Mit dieser Entlastungsklausel bereiten sie sich auf die Flutwelle von Klagen vor, mit der sie fix rechnen. Lloyd's of London, einer der weltweit führenden Versicherungskonzerne, schließt keine Versicherung gegen Gesundheitsschäden ab, die mit 5G- und Wi-Fi-Technologien zu tun haben. Was weiß man dort, was der Öffentlichkeit verschwiegen wird? *Jede Menge*. Krebs, Herzbeschwerden, Demenz, geschwächte Immunsysteme, Fehl- und Totgeburten, Schlaflosigkeit, starkes Nasenbluten, Augenprobleme, Depression, Selbstmord sowie andere Beschwerden und Verhaltensstörungen zählen zu den potenziellen 5G-Effekten. Feuerwehrleute in San Francisco berichteten über Gedächtnisprobleme und Verwirrung, nachdem 5G vor ihren Feuerwachen installiert worden war. Diese Probleme hörten erst auf, als sie sich an Orte ohne 5G-Strahlung begaben.

Dies sind die 5G-Wellen, die auf die Informationsverarbeitung des Gehirns einwirken. Man stelle sich die Situation vor, wenn sie erst einmal überall sind und von Musks Satelliten auf uns abgeschossen werden. Überrascht es wirklich noch jemanden, dass die Anzahl der Selbstmorde bei Teenagern so stark zunimmt, wenn die von Technologie abgestrahlten elektromagnetischen Frequenzen die Informationsverarbeitung im Gehirn beeinflussen? *Der Kult übernimmt den menschlichen Verstand*. Aus genau diesem Grund werden überall Verordnungen erlassen, die jeder Gemeinde 5G aufzwingen und keine Entscheidung dagegen erlauben. Eine weitere Auswirkung der technologischen Wellen ist das Durchbrechen der Blut-Hirn-Schranke, die Giftstoffe – und Nanochips – aus dem Gehirn fernhält. Kinder werden von diesen Wellen getroffen, bevor ihre Blut-Hirn-Schranke voll entwickelt ist. Die Telekommunikationskonzerne und Konzerne des Silicon Valley, die all das fördern, werden vom reinen, psychopathischen Bösen (dem extremen Fehlen von Liebe) regiert. Ich höre schon wieder einige sagen, das es so etwas wie das Böse nicht gibt. Aber nach dieser Definition existiert es *doch*. In der Gesamtheit aller Möglichkeiten muss es das Potenzial für das Böse und das Fehlen von Liebe geben.

Blumenkohl-Blut

Die amerikanische Rechercheurin Lena Pu ist Beraterin für Umweltgesundheit in der National Association for Childfren and Safe Technologies [dt. etwa: Nationale Vereinigung für Kinder und sichere Technik] und hat Erfahrung in der Zusammenarbeit mit Militär und Regierungsbehörden. Sie setzt sich vehement gegen 5G und Wi-Fi in Schulen ein. Doch selbst sie war verblüfft über die Blutuntersuchung eines Lehrers nach nur einem Tag in einem Klassenzimmer, das nicht einmal mit maximaler Wi-Fi-Leistung ausgestattet war, wie das bei so vielen anderen der Fall ist. Laut ihrer Aussage handelte es sich um den schlimmsten Blutbefund, den sie je gesehen hatte – das Blut war „klebrig", gerinnend und von brauner Farbe. „Das ist das erste Mal, dass das Blut so dick war, dass ich seine Farbe auf einem Objektträger wahrnehmen konnte", sagte Pu. Sie beschrieb es als „blumenkohlartig". Sie brauchte ein paar Minuten, bis sie mit dem Lehrer sprechen konnte, weil sie „total unter Schock" stand.

Wie musste dann das Blut all der Schüler aussehen, die sich in dieser Umgebung aufhielten? Was passiert täglich mit allen Kindern in Schulen auf der ganzen Welt, wo Wi-Fi in fast jedes Klassenzimmer übertragen wird, ob sie es nun benutzen oder nicht? Derzeit wird in Schulen und Krankenhäusern in aller Welt 5G installiert. Blut ist flüssig, und die Auswirkungen von Wi-Fi werden erklärbar, wenn man bedenkt, dass es im selben Frequenzband arbeitet wie Mikrowellenherde. Diese Herde erzeugen Frequenzen, die speziell darauf ausgelegt sind, Wassermoleküle anzuregen. Und woraus besteht der holografische menschliche Körper zum Großteil? Aus *Wasser*. Mikrowellenherde trocknen Lebensmittel aus, Wi-Fi trocknet Menschen aus – es dehydriert sie. So ein Zufall, nicht wahr? Was könnte da schon groß schiefgehen? Wahrscheinlich ist es auch ein Zufall, dass selbstfahrende Autos in eben jenem Wellenbereich arbeiten, der Wasser beeinflusst. Zu den Folgen für Körper und Geist gehört beispielsweise die Depression – man denke auch hier an die rasant ansteigende Selbstmordrate bei Teenagern. Auch Apathie ist ein Syndrom, und genau dies ist es, was der Kult herbeiführen will, um sein Endspiel ungestört durchziehen zu können.

Lena Pu fand heraus, dass Wi-Fi- und Technologiesender ihre Frequenz ändern können. Das heißt, dass sie zwar offiziell auf einer Frequenz senden, aber heimlich und auf Wunsch der steuernden Macht dahinter auf andere Frequenzen umgestellt werden können. Pus Recherchen haben ihr auch gezeigt, wie technische Frequenzen die Bildung und Aufnahme von Sauerstoff beeinflussen können. Hier zeigt sich die Verbindung mit der globalen Bevölkerungsreduktion, vor der ich seit Jahrzehnten warne. Das Smart Grid ist das Übertragungssystem, doch die Kontrolleure dieses Netzes bestimmen, *was* damit übertragen wird. Man redet uns ein, dass dieses Netzwerk für 5G oder 4G gedacht ist, während es doch in Wahrheit nur die Technologie darstellt, über die andere Frequenzen übertragen werden, die weit über das hinausgehen, was man uns offiziell mitteilt. Die Menschheit baut nicht nur ihre eigene Gefängniszelle, sondern schaut auch noch zu, wie sie nach und nach mehr in einen Mikrowellenherd eingesperrt wird.

Pu sagte aber noch etwas anderes, auf das ich seit vielen Jahren hinweise: Diese „technologischen" Wellen sind in Wirklichkeit „*lebendig*" und eine Form von Bewusstsein. Erinnern Sie sich noch an meine Worte über die technisch höchstentwickelte KI, die in Wahrheit nur eine Bezeichnung für die Macht hinter der Kontrolle der Menschheit ist? 5G wird die Strahlungswirkung all der erwähnten Technologien um ein Vielfaches erhöhen. Dennoch schlagen sich die Mainstreammedien *natürlich* auf die Seite der Industrie und der Regierung. In der *New York Times* finden sich Schlagzeilen wie „Die 5G-Gesundheitsgefährdung, die es gar nicht gibt". Man bedenke, dass es sich hier um dieselbe *New York Times* handelt, die eine Partnerschaft mit dem Telekommunikationskonzern Verizon einging, um „zu erkunden, wie sich 5G im Journalismus anwenden lässt". Warum die *Times* etwas über die Auswirkungen von 5G auf den Journalismus erfahren will, wenn es doch angeblich gar keine Auswirkungen gibt, wurde nicht näher erklärt.

Der irische Presserat warf einem *Times*-Journalisten vor, im Zusammenhang mit einem Artikel über 5G gegen den Kodex über Wahrheit und Genauigkeit verstoßen zu haben. Angesichts der Tatsache, dass sich die genannte Zeitung im Besitz von Ultrazionisten befindet und die Interessen des Kults vertritt, ist das keine große Überraschung. Ein „Journalist" namens Alex Hern schrieb in der Londoner „Anti-Establishment"-Zeitung *Guardian*, die in Wahrheit zum absoluten Establishment gehört: „Wie unbegründete Ängste über die

Abb. 337: „Toll! Das geht schnell! Unbegrenzte Datensammlung. Toll! Das geht schnell!" – *Schnellere Downloads, schnellere Überwachung und Datensammlung – und eine schnellere, stärkere Wirkung auf menschliche Wellenfelder. (Bild: Ben Garrision, Grrrgraphics.com)*

Einführung von 5G zu einer Gesundheitspanik führten". Hern leckte in seinem Artikel den Arsch der Industrie und ihrer „5G ist völlig sicher"-Propaganda, während er alle Bedenken dagegen als „Junk Science" [dt. etwa: „Ramschwissenschaft"] verleumdete. Er ist eine Schande für den Journalismus, aber andererseits typisch für einen Großteil der Medien. Man tut so, als wären sämtliche gesundheitlichen Bedenken belanglos, wenn im Gegenzug dafür das Internet noch schneller wird – als wäre es nicht schon schnell genug. Gefährden Sie Ihre Gesundheit und laden Sie Ihre Filme schneller herunter. Das ist doch durchaus sinnvoll, oder? Eine höhere Internetgeschwindigkeit ist nur eine weitere Variante des „Komm her, Miez, Miez"-Lockrufs, der uns alle in die Smart-Grid-Dystopie führen soll (Abb. 337).

5G ist eine Waffe

Abb. 338: Active-Denial-Waffen arbeiten mit den Millimeterwellen-Hochfrequenzsystemen von 5G. Die Haut – eine Antenne – decodiert die Frequenzen zum Gefühl starker Hitze, sodass man glaubt, in Flammen zu stehen.

Die Millimeterwellen-Hochfrequenzsysteme, die bei 5G zum Einsatz kommen, werden in den USA, Israel und anderen Ländern vom Militär und den Strafverfolgungsbehörden (ein und dasselbe) unter der Bezeichnung „Active Denial System" als *Waffe* eingesetzt (Abb. 338). Dabei werden Millimeterbandfrequenzen von Polizei- bzw. Militärfahrzeugen ausgestrahlt, um Demonstrationen und Menschenmengen schnell aufzulösen. Menschen ergreifen die Flucht, wenn ihre Haut (eine Antenne) diese Frequenzen zum Gefühl decodiert, dass sie in Flammen steht. In einem Bericht des amerikanischen Verteidigungsministeriums heißt es: „Wenn Sie das Pech haben, dort zu stehen, wo [der Strahl] Sie trifft, werden Sie das Gefühl haben, dass Ihr Körper brennt." Wenn die Wechselwirkung zwischen Haut und 5G so aussieht – wie viele Menschen werden dann an Hautkrebs sterben, wenn man uns allen diese Technologie aufzwingt?

Das schädigende Potenzial von überall aktiven 5G-Wellen für Körper und Gehirn ist offensichtlich; sie beeinflussen sogar die Wellenschwingung, die dem Körper erst Leben verleiht. Überlegen Sie sich, welche Auswirkungen die gesamte elektromagnetische Suppe dann erst auf die Wellenschwingung des Körpers haben muss. Das militärische Potenzial dieser Technologie ist fantastisch. Die NATO-Länder haben 2019 auf ihrem Gipfel in London vereinbart, „die Sicherheit unserer Kommunikation, einschließlich 5G, zu gewährleisten". Der wahre Grund für die Einführung von 5G ist also militärisch und menschenfeindlich. Das amerikanische Defense Science Board, von dem sich das Pentagon wissenschaftlich beraten lässt, beschrieb das militärische Potenzial von 5G in einem Dokument mit dem Titel „Defense Applications of 5G Network Technology" [dt. etwa: „Wehrtechnische Anwendungen der 5G-Netzwerktechnologie"] wie folgt: „Das Aufkommen der 5G-Technologie, die jetzt kommerziell verfügbar ist, bietet dem Verteidigungsministerium die Möglichkeit, die Vorteile dieses Systems mit minimalen Kosten für seine eigenen Einsatzanforderungen zu nutzen."

Man muss nur die „Privatunternehmen" des Kults und das Geld der Steuerzahler dazu nutzen, ein 5G-Netzwerk zu finanzieren, das in Wirklichkeit dem Kult-Militär dienen soll. 5G wird die Kriegsführung, das massenhafte Töten und die Überwachung der Massen auf ein ganz neues Niveau heben. Zum Glück wächst in der Öffentlichkeit der Widerstand, obwohl die Propaganda der Kult-Industrie von den Kult-Medien und den sozialen Medien des Kults pflichtgetreu nachgeplappert wird; sogar die Kult-Organisation YouTube löscht Konten und Videos, die sich mit den Gefahren von 5G befassen. Man sollte trotzdem vorsichtig sein: Wie bei allen vorgeblichen oppositionellen Gruppen gibt es auch hier einige, die als Scheinorganisationen in Wahrheit dem Feind zuarbeiten. Astroturfing ist heute überall.

Gift aus dem Himmel

Ein weiterer entscheidender Punkt in Bezug auf 5G und andere Formen technischer Strahlung ist das als „Chemtrails" bekannte Phänomen, das in den 1990er-Jahren erstmals registriert und über das in der Folge überall auf der Welt berichtet wurde. Ich werde mich kurz fassen, weil ich mich in „Alles, was Sie wissen sollten" bereits ausführlich mit diesem Thema beschäftigt habe. Die meisten Menschen kennen Kondensstreifen, die von Flugzeugen am Himmel hinterlassen werden und bald verschwinden. Chemtrails hingegen sind chemische Spuren, die nicht verschwinden. Sie dehnen sich vielmehr langsam aus und verbinden sich miteinander, bis selbst ein klarer blauer Himmel bewölkt und dunstig erscheinen kann. Der Inhalt dieser Chemtrails fällt zu Boden und verseucht Menschen, Tiere, Trinkwasserquellen, Bäume, Pflanzen, das Erdreich und alles, wo er sich sonst ablagert (Abb. 339). Tests haben ergeben, dass Chemtrails Aluminium, Barium, radi-

Abb. 339: „Es regnet [...] Aluminium (und so viel mehr)" – *Das Chemtrail-Phänomen zeigt sich auf der ganzen Welt.*

oaktives Thorium, Cadmium, Chrom, Nickel, Schimmelpilzsporen, gelbe Schimmelpilzgifte, Polymerfasern, „Smart Dust"-Nanotechnologie und vieles mehr enthalten, das in kumulativen Konzentrationen für Menschen tödlich sein kann. Das Hirngift Aluminium wirkt sich auf die Zirbeldrüse aus und wurde zu Recht mit der Alzheimerkrankheit und anderen Formen der Demenz, die immer jüngere Menschen betrifft, in Verbindung gebracht. Warum sollte das auch anders sein, wenn Aluminium das Gehirn doch faktisch kurzschließt?

Was die technologische Subrealität oder „Cloud" angeht, so tragen Chemtrails zur Leitfähigkeit der Atmosphäre bei und verwandeln sie in eine Antenne. Alles ist miteinander verbunden und verfolgt dasselbe Ziel. Chemtrails wurden lange als „Verschwörungstheorie" (natürlich) verworfen, bis Bill Gates (natürlich) damit begann, sie ganz offiziell zu bewerben und zu finanzieren, um „die Sonneneinstrahlung zu blockieren", damit wir die Welt vor der „globalen Erwärmung" retten können.

Die KI-Weltarmee

Die Weltarmee, die den Willen der nicht gewählten technokratischen Weltregierung durchsetzen wird, soll laut Planung schlussendlich nicht aus Menschen bestehen. Der Übergang zu einem KI-Militär ist bereits in vollem Gange. Wir bewegen uns schnell auf einen Zustand zu, in dem künstliche Intelligenz (im Wesentlichen nichts anderes als die archontische Macht) globale Entscheidungen über Leben und Tod trifft, indem sie Waffen kontrolliert, die tatsächlich Massenvernichtungswaffen sind. Die KI wird nicht nur das Smart Grid und jede Facette des „menschlichen" Lebens steuern. Sie wird auch entscheiden, ob Sie leben oder sterben sollen – und *diese* Entscheidungen kann sie dank der menschlichen KI-Verbindung mit dem Grid auch für größere und sehr große Menschengruppen treffen. Die Mittelschicht der Hungerspiele-Gesellschaft, die zwischen der Elite und den Massen steht, soll von einem KI-gesteuerten, weltweiten Militär-/Polizeistaat beherrscht und permanent überwacht werden; alle Andersdenkenden sind zur Beseitigung vorgesehen. Wenn Sie die „Matrix"-Filme gesehen haben, werden Sie sich vielleicht noch an die Sentinels (Wächter) erinnern können, die mit der Mission gegen Menschen außerhalb des KI-Kontrollsystems vorgingen, sie zu suchen und zu vernichten. Dies beschreibt schon sehr gut, wie eine KI-Weltarmee aussehen wird, die aus KI-Robotern und -Waffensystemen besteht, die letztlich nicht einmal mehr von militärischen Befehlshabern kontrolliert werden können. Nun braucht man für den Begriff „autonome Fahrzeuge" nur noch

„autonome Waffen" einzusetzen, die von der archontischen Macht und ihren Kult-Agenten gesteuert werden.

Die KI-Kontrolle würde es der Kult-Elite und deren Technokraten irgendwann möglich machen, Zuflucht vor der protestierenden Menschheit zu suchen und sich in riesige unterirdische oder innerhalb von Bergen errichtete Städte zurückzuziehen, über die ich schon seit den 1990er-Jahren schreibe. All dies wurde von langer Hand geplant. Die von Waffenfirmen des Kults entwickelten KI-gesteuerten Laserwaffen. Panzer, Flugzeuge, Hubschrauber und Schlachtschiffe werden mittlerweile so entworfen, dass die KI die Kontrolle über sie übernehmen und Entscheidungen treffen kann. Erwartungsgemäß steht die DARPA im Zentrum all dieser Pläne und Aktivitäten, obwohl auch sie jenen gegenüber Rechenschaft ablegen muss, die weitaus tiefer im NETZ angesiedelt sind.

Heute werden mit Waffen ausgestattete Flugdrohnen entwickelt, deren „neuraler Mikrochip" sie „wie einen Menschen denken" lässt. Überwachungssysteme mittels Drohnen haben mittlerweile einen hohen technischen Stand erreicht. 2019 stellte die Türkei eine Flotte von Drohnen vor, die mit Maschinengewehren und 200 Schuss Munition ausgestattet sind. Der bloße Gedanke, dass es einmal militärische Flugdrohnen mit Maschinengewehren geben würde, wäre früher ins Reich der Science-Fiction verwiesen worden. Dabei liegt die Türkei in der technischen Entwicklung von Drohnen weit hinter den USA, China, Russland und Israel zurück. Wie wäre es denn mit einer KI, die Laser- sowie andere Energie- und Strahlenwaffen kontrolliert, mit denen man von Satelliten aus jeden Punkt der Erde treffen kann? Wer daran nicht glauben will, hat einfach *nicht aufgepasst*.

Die Verachtung, die der Kult der Menschheit entgegenbringt, wurde neuerlich bestätigt, als das amerikanische Verteidigungsministerium Eric Schmidt – Mitglied der Trilateralen Kommission und ehemaliger Chef von Google – zum Leiter des 2016 gegründeten Defense Innovation Advisory Board [dt. etwa: Beirat für Innovationen im Militär] ernannte, wo er „ethische Standards" für den Einsatz von KI auf dem Schlachtfeld formulieren sollte, die im Einklang mit dem „Erfolgsmodell" vom Silicon Valley stehen. Welches „Erfolgsmodell" denn? Walter Isaacson, ein weiteres Mitglied der Trilateralen Kommission, zudem ehemaliger Präsident und CEO der Denkfabrik der Einprozenter Aspen-Institut, ehemaliger Vorsitzender und CEO von CNN und Chef vom Dienst bei der Zeitschrift *Time*, ist ebenfalls mit an Bord. Die Mitglieder des Beirats werden von Schmidt in Absprache mit dem Verteidigungsminister ausgewählt. Die Vorstellung, dass Schmidt echte und durchsetzbare „ethische Standards" für militärische KI vorschlagen könnte, ist ein derart kranker Witz, dass niemand mehr darüber lachen kann. Schließlich war Schmidt Google-Chef, als sich die einstige Suchmaschine in die zensurbehaftete, freiheitsvernichtende, von der KI diktierte Abscheulichkeit verwandelte, die sie heute ist.

Satelliten werden die ganze Zeit ohne großes Aufhebens gestartet, um die globale Kontrolle schneller und einfacher erlangen zu können. Wenn sie überhaupt erwähnt werden, dann betont man ihre zivile und kommerzielle Nutzung, obwohl viele von ihnen militärische Anwendungen haben. Der russische Präsident Wladimir Putin machte dies 2019 deutlich, als er in einer Rede davon sprach, dass die Großmächte den Weltraum zunehmend zu militärischen Zwecken nutzen würden und Russland darauf reagieren müsse: „Die politische und militärische Führung der USA betrachtet den Weltraum ganz ungeniert als Kriegsschauplatz. [...] Diese Entwicklung macht es erforderlich, dass wir der Stärkung unserer Orbitalgruppe und der Raumfahrtindustrie als Ganzes erhöhte Aufmerksamkeit schenken." Die russische „Orbitalgruppe" soll Berichten zufolge aus 150 Satelliten bestehen, von denen zwei Drittel auch militärische Funktionen haben.

Die Vereinigten Staaten sind hier sicher viel weiter, ebenso wie China. Präsident Trump rief mit der Unterzeichnung des National Defense Authorization Act [dt. etwa: Genehmigungsgesetz zur nationalen Verteidigung] im Jahr 2020 die United States Space Force, die erste neue Teilstreitkraft seit 1947, ins Leben. „Der Weltraum ist der neueste Kriegsschauplatz der Welt", sagte Trump. „Die amerikanische Überlegenheit im Weltraum ist absolut unerlässlich." Das war genau das, was das Project for the New American Century in seinem Dokument aus dem September 2000 gefordert hatte, das auch die Liste der erwünschten Regimewechsel nach dem von den Sabbianer-Frankisten angezettelten 9/11-Anschlag enthielt. Die Tatsache, dass Trump Eigentum von Israel ist, kann in diesem Zusammenhang naturgemäß nur Zufall sein. Das Weltall ist ein weiterer „Schauplatz", an dem die kindischen Spielplatzrabauken gegeneinander kämpfen wollen. Die Welt wird von einem psychopathischen Kindergarten regiert.

Abb. 340: „UN diskutiert über tödliche autonome Waffen. Killer-Roboter: Die Zukunft des Krieges?" *– Der Kult erschafft eine Weltarmee, in der Entscheidungen von künstlicher Intelligenz getroffen werden und außerhalb jeder menschlichen Kontrolle liegen.*

Gelehrte und Wissenschaftler haben davor gewarnt, dass Menschen gegen die Killerroboter keine Chance haben werden; anscheinend haben sie nicht begriffen, dass *genau das beabsichtigt ist* (Abb. 340). Der Einsatz von Menschen im Militär-/Polizeistaat birgt ja immer noch die Möglichkeit einer Rebellion, sobald diese Büttel sehen, was wirklich gespielt wird. Mit einer KI lässt sich dies vermeiden. Wer heute für das Militär oder die Polizei arbeitet, sollte sich klarmachen, dass er auch den Hungerspiele-Massen angehören wird, sobald die KI den Gesetzesvollzug übernommen haben wird. Der erste Robot-Polizeibeamte ist seit 2017 offiziell Mitglied der Polizei von Dubai. „Robocop" kann Gesichtsausdrücke erkennen und interpretieren, in sechs Sprachen antworten und hat einen eingebauten Tablet-Computer, mit dem man Verbrechen melden und Bußgelder bezahlen kann. Brigadengeneral Khalid Nasser al-Razzouqi, Generaldirektor für „Smart Services" der Dubaier Polizei, sagte:

> Mit dem Ziel, Menschen in den Einkaufszentren oder auf der Straße zu unterstützen oder zu helfen, ist unser Robocop die neueste smarte Ergänzung der Polizei. Er wurde entwickelt, um uns bei der Verbrechensbekämpfung zu helfen, für mehr Sicherheit in der Stadt zu sorgen und das Glücksniveau zu verbessern. Er kann plaudern und interagieren, auf Fragen aus der Öffentlichkeit antworten, Hände schütteln und den militärischen Gruß leisten.

Dystopische Vision

Die Behörden in der Fake-Monarchie Dubai, die in Wahrheit eine Diktatur ist, wollen bis zum Jahr 2030 – schon wieder dieses Jahr! – wenigstens ein Viertel der Polizei des Landes durch Roboter ersetzen. Das Jahr 2030 tauchte auch in einem Artikel der dänischen Politikerin und Insiderin des Weltwirtschaftsforums Ida Auken auf, der 2016 auf der Website des Forums gepostet wurde. Er wurde mit folgenden Worten eingeleitet: „Willkommen im Jahr 2030. Ich besitze nichts, habe keine Privatsphäre, und das Leben war nie besser." Sie beschrieb ihren Wohnsitz zu dieser Zeit als „meine Stadt" und machte sich Sorgen um alle Menschen, die nicht an der künftigen KI-Technokratie teilhaben wollten. Sie nannte diese Leute „diejenigen, die beschlossen haben, dass all diese Technologie zu viel wurde" und „diejenigen, die sich rückständig und nutzlos fühlten, als Roboter und KI große Teile unserer Arbeit übernahmen". In Aukens Zukunftsvision lebten besagte Leute ein anderes Leben, in „kleinen, sich selbst versorgenden Gemeinschaften" oder „blieben einfach in den leeren und verlassenen Häusern in kleinen Dörfern aus dem 19. Jahrhundert". Ihre Prognose für das Jahr 2030 ging so weiter:

> Ab und zu ärgere ich mich darüber, dass ich keine wirkliche Privatsphäre habe. Keinen Ort, wo ich hingehen kann, ohne registriert zu werden. Ich weiß, dass irgendwo alles, was ich tue, denke und wovon ich träume, aufgezeichnet wird. Ich hoffe nur, dass es niemand gegen mich verwenden wird.
>
> Alles in allem ist es ein gutes Leben. Viel besser als der Weg, auf dem wir uns befanden, wo es so klar wurde, dass wir nicht mit dem gleichen Wachstumsmodell weitermachen konnten. Es geschahen all diese schrecklichen Dinge: Zivilisationskrankheiten, Klimawandel, die Flüchtlingskrise, Umweltzerstörung, völlig überfüllte Städte, Wasserverschmutzung, Luftverschmutzung, soziale Unruhen und Arbeitslosigkeit. Wir haben viel zu viele Menschen verloren, bevor uns klar wurde, dass wir die Dinge anders machen können.

Damit beschrieb sie perfekt die Problem-Reaktion-Lösungen und KEIN-Problem-Reaktion-Lösungen. die zu der Technokratie führten, die von der Mentalität der Einprozenter hinter dem Weltwirtschaftsforum so lange geplant war. Mit dem einen Unterschied: Die „kleinen, sich selbst versorgenden Gemeinschaften" würden nicht erlaubt sein.

Daran sehen wir, wie einige wenige die gesamte Menschheit kontrollieren können – durch eine Verbindung zwischen KI und Gehirn, eine zentral gesteuerte KI-Weltarmee und ein alles kontrollierendes Smart Grid. Ein weiterer Aspekt der KI hinsichtlich der Hungerspiele-Gesellschaft ist die von Auken angedeutete Folge der massenhaften Ersetzung von Menschen durch KI-Technologie, die ja bereits heute immer schneller im Gange ist: ein totales Massaker an Arbeitsplätzen und Verdienstmöglichkeiten. (Auch die vorangegangenen Zeilen wurden vor diesem Massaker geschrieben, das eine Folge der manipulierten Lockdowns war.)

Sogar Nachrichten werden heute schon von künstlicher Intelligenz geschrieben, und KI-Digitalnachrichten und Sportmoderatoren befinden sich im Entwicklungsstadium.

Nichts davon passiert zufällig. Es passiert durch den Kult. Man braucht nur sehr wenige Personen, um die Welt über das globale Smart Grid zu beherrschen, sobald eine zentral kontrollierte KI entscheiden kann, was mit allem passiert, das via Internet mit ihr verbunden ist: Überwachungs- und Kommunikationssysteme, Transportwesen, Wirtschaft, Lebensmittelproduktion und -distribution, der Inhalt von Nachrichten und sogar die digitale KI, die diese Nachrichten präsentiert. All dies und noch viel mehr soll zentral diktiert werden. In meinem Buch „The Trigger" präsentiere ich die Argumente dafür, dass dieser Kontrollpunkt im Smart Grid letztendlich Israel – das Lehensgut des sabbiatanisch-frankistischen Kults, der das wichtigste Netzwerk im weltweiten Kult ist – sein soll.

KAPITEL 13

WAS STECKT WIRKLICH HINTER DER TRANSGENDERHYSTERIE?

„Bei Toleranz geht es nicht darum, keine Überzeugungen zu haben.
Es geht darum, wie Ihre Überzeugungen Sie Menschen behandeln lassen, die anderer Meinung sind als Sie."
Timothy Keller

Ich habe schon ein paarmal angedeutet, dass es ein tiefgehendes und ominöses Motiv hinter der Transgenderhysterie gibt, das den New-Woke-Verstand fest im Griff hat und dem Rest der Gesellschaft diktatorisch aufgezwungen wurde. Wenn man das Ergebnis kennt, sieht man auch den Weg, der zu ihm führt.

Der Kult will einen geschlechtslosen, synthetischen „biologischen" Menschen, der die jetzige Version ersetzen soll. Der neue menschliche Körper ist so entworfen, dass er besser mit der KI interagieren und die katastrophalen, zerstörerischen Strahlungswerte überstehen kann, die für das Funktionieren des Smart Grid in seiner endgültigen Form notwendig sind, weil der derzeitige menschliche Körper unter solchen Umständen nur schwer überleben könnte. Was die Auswirkungen von Frequenzübertragungen angeht, so ist 5G noch lange nicht das Ende. Die synthetische Genomik macht rasante Fortschritte in öffentlichen Forschungsprojekten – und noch schnellere in den geheimen unterirdischen Stützpunkten, wo der Wissenstransfer von den Archonten zum Kult stattfindet. Die synthetische Biologie ist ein mit großer Geschwindigkeit aufstrebender Fachbereich, der die verschiedensten Disziplinen von Gen- und Molekulartechnik bis hin zu Elektro- und Computertechnik beinhaltet. Der Inhalt des „Virusimpfstoffs" von Bill Gates ist darauf ausgelegt, die Umwandlung zum neuen menschlichen Körper voranzutreiben; darauf werde ich später noch zu sprechen kommen.

Synthetische Biologie wird unter anderem wie folgt definiert: „ein multidisziplinäres Forschungsgebiet, das darauf abzielt, neue biologische Teile, Geräte und Systeme zu erschaffen oder bereits in der Natur vorhandene Systeme umzugestalten"; „der Einsatz einer Mischung aus physikalischer Technik und Gentechnik zur Erschaffung neuer (und daher synthetischer) Lebensformen"; und „ein neu entstehendes Forschungsgebiet, das

Wissen und Methoden der Biologie, des Ingenieurwesens und verwandter Disziplinen beim Design chemisch synthetisierter DNS miteinander kombinieren will, um Organismen mit neuartigen oder verbesserten Eigenschaften und Merkmalen zu erschaffen". Übersetzt aus dem Orwellschen heißt das: synthetische posthumane Lebewesen.

Die Transgenderhysterie ist der schleichende Fortschritt auf einem Weg, der uns zum synthetischen Alles führen wird. Der Druck, sich vegan zu ernähren, um damit „die Welt zu retten", ist der schleichende Übergang zu synthetischer Nahrung, der bald durch manipulierte Lebensmittelknappheiten im Zuge der „Virus"-Hysterie weiter vorangetrieben werden wird – wenn wir es zulassen. Amerikanische Wissenschaftler behaupteten im Jahr 2020, aus lebenden Froschzellen „Xenobots" entwickelt zu haben, die „weder Robot noch Tier" seien und als „lebende Maschinen" beschrieben wurden. Andere Forschergruppen führen uns in eine Welt künstlicher Gebärmütter und Schwangerschaften, wobei das nur die Projekte sind, von denen wir wissen, und nicht die im Verborgenen durchgeführten, die sicher noch viel weiter fortgeschritten sind. Ein Lamm wuchs vier Wochen lang in einem künstlichen Uterus heran. Australische Wissenschaftler haben bereits Experimente mit Lämmern und Haien in dieser Richtung durchgeführt. 2017 erschien in der Londoner Zeitung *Guardian* ein Artikel unter der Überschrift „Künstliche Gebärmütter könnten bald Realität sein – was bedeutet das für Frauen?" Darin hieß es:

> Wir stehen vor einem biotechnischen Durchbruch. Ektogenese, die Erfindung eines künstlichen Uterus außerhalb des Mutterleibs, könnte das Wesen der menschlichen Fortpflanzung von Grund auf verändern. Im April dieses Jahres gaben Forscher des Kinderkrankenhauses Children's Hospital of Philadelphia bekannt, dass sie eine künstliche Gebärmutter entwickelt haben.
>
> Wissenschaftlern an der Universität Cambridge ist es indes gelungen, einen menschlichen Embryo 13 Tage lang außerhalb des Mutterleibs am Leben zu erhalten, indem sie eine Mischung aus Nährstoffen verwendeten, die den Bedingungen im Körper der Mutter ähnelt. Der Embryo überlebte mehrere Tage länger, als das bei früheren Experimenten der Fall war, und der Versuch musste nur beendet werden, weil man sich der gesetzlichen Beschränkung näherte, die besagt, dass ein Embryo nur 14 Tage in einem Labor gehalten werden darf. Mit anderen Worten: Mittlerweile ist nicht mehr die Technologie der begrenzende Faktor, sondern unsere Ethik.

Betrachten Sie die Formulierung „könnte das Wesen der menschlichen Fortpflanzung von Grund auf verändern" angesichts dessen, was ich in diesem Buch und vielen meiner früheren Werke über den schon von Aldous Huxley beschriebenen Plan zur Beendigung der menschlichen Fortpflanzung geschrieben habe. Viele Forschungszentren in aller Welt arbeiten an der Entwicklung synthetischer Haut und Organe, synthetischen Blutes und sogar Gehirngewebes. Die öffentlich gemachten Experimente zeigen die Richtung an, in die das Ganze gehen soll, erwecken aber gleichzeitig den Eindruck, dass sich die entsprechende Entwicklung noch in einem sehr frühen Stadium befindet. Hinter den Kulissen ist die synthetische Biologie jedoch sehr viel weiter fortgeschritten, was dem Wissenstransfer von Archonten zum Kult in den unterirdischen Einrichtungen zu verdanken ist, der fernab

Abb. 341: *So weit ist das Projekt Maschinenmensch bereits gediehen – für die Öffentlichkeit. Was sich in Geheimprojekten und unterirdischen Anlagen abspielt, geht noch viel weiter.*

Abb. 342: *„Das glaubst du wirklich? Du spinnst ja." – Wer aus dem Programm ausbricht, muss mit solchen Äußerungen rechnen.*

der Öffentlichkeit stattfindet. Echte Forschung von echten Menschen liefert eine Tarngeschichte, die wie ein echter wissenschaftlicher Entwicklungsprozess aussieht, während das fertige Produkt nur darauf wartet, zur rechten Zeit der Bevölkerung präsentiert zu werden. Synthetische Roboter sehen den Menschen, die sie imitieren, immer ähnlicher ... und das „Bewusstsein" dieser Roboter ist künstliche Intelligenz (Abb. 341).

Wir sollten bei KI nicht nur an Roboter und Maschinen denken, sondern auch an digitale virtuelle Personen, die nur im Cyberspace existieren. Geplant ist nämlich, den menschlichen Geist in eine reine Cyberrealität zu absorbieren, ohne dass es überhaupt noch einen physischen Körper gibt. Die Schritte zu diesem Ziel sind bereits heute deutlich erkennbar. Die vorige Abbildung zeigte sehr menschlich aussehende Gestalten, die aber nur als Cyberkreationen existieren. Sobald man das Spiel durchschaut hat, wird die Welt ein offenes Buch – und die im Blasenverstand gefangenen Menschen bestätigen das, indem sie einen als verrückt bezeichnen (Abb. 342).

Die Transgenderhysterie kam aus dem Nichts und ist plötzlich überall, weil der Kult auf Knopfdruck die Vorbereitung auf den synthetischen Menschen gestartet hat, der kein Geschlecht haben und sich nicht fortpflanzen können wird. Aldous Huxley, der viel mit Kult-Agenten zu tun hatte, malte sich eine solche Gesellschaft schon 1932 in seinem prophetischen Roman „Schöne neue Welt" aus:

> Die natürliche Fortpflanzung wurde abgeschafft. Kinder werden erzeugt, „dekantiert" und in „Brutanstalten und Konditionierungszentren" aufgezogen. Menschen sind von Geburt an genetisch so konstruiert, dass sie in eine von fünf Kasten passen, die wiederum in „Plus"- und „Minus"-Mitglieder unterteilt und dazu bestimmt sind, vorbestimmte Positionen innerhalb der sozialen und wirtschaftlichen Schichten des Weltstaats zu erfüllen.

Huxley hat die Kult-Agenda schon vor nicht ganz 100 Jahren präzise vorhergesagt. Die Frage, wie Huxley im Jahr 1932, George Orwell im Jahr 1948 und Dr. Richard Day im Jahr

1969 wissen konnten, was auf die Menschheit zukommt, hängt mit der Frage zusammen, wie ich in der Lage war, während der vergangenen 30 Jahre in meinen Büchern gewisse Ereignisse so genau zu prognostizieren. Wenn man als Insider – so wie Day – Zugang zur verborgenen Agenda hat oder den Plan durch jahrzehntelange Recherchen aufdeckt, kann man das, was wir als Zukunft wahrnehmen, sehr gut vorhersagen. Möglich ist dies auf folgender Basis: Sollte es eine Agenda für die Welt geben und nichts eingreifen, um dieser Agenda ein Ende zu setzen, dann wird das passieren, was geplant ist. Auf diese Art kann man durch die Aufdeckung des Plans „die Zukunft vorhersagen". Aus meiner Sicht geht es darum, genügend Leute zu alarmieren, damit der Plan gestoppt wird. Man wird sich zu Recht fragen, wie Huxley und Orwell so weit in der Zukunft liegende Ereignisse mit Technologien und Medikamenten, die es zu ihrer Zeit noch gar nicht gab, prognostizieren konnten. Dazu gehören bei Orwell etwa die „Teleschirme" des Großen Bruders, die jeden Haushalt ständig überwachen. Heute sind diese Geräte als Smart-TVs bekannt, wobei sehr viel extremere Versionen davon auf uns zukommen.

Die Frage, wie diese Autoren eine noch nicht existierende Technologie so genau vorhersehen konnten, lässt sich demnach so beantworten: In der menschlichen Gesellschaft gibt es zwei nebeneinander bestehende Realitäten mit unterschiedlichen Kenntnisständen. Eine davon ist der Briefmarkenkonsens mit streng begrenzten Informationen, die andere die Kult-Realität, die über ihren inneren Kreis der Geheimgesellschaften und des Satanismus mit der archontischen Realität interagiert. Diese Verbindung erlaubt es vor allem den Eingeweihten aus dem inneren Kern des Kults, über technische Möglichkeiten und prognostizierte Pläne Bescheid zu wissen, auch wenn diese in der menschlichen Realität noch gar nicht zur Verfügung stehen oder bekannt sind. Wer in diesen Kreisen tätig ist, muss gar kein Mitglied des Kults sein, kann sich aber öffentlich darüber äußern, wohin die Welt gelenkt wird und mit welchen Technologien sie dort ankommen wird. Nicht-Insider, die mit diesen Kreisen nichts zu tun haben, müssen sich den Arsch aufreißen, um die Geheimhaltung zu durchbrechen, indem sie in der Fünf-Sinnes-Realität recherchieren und ihr Bewusstsein so erweitern, dass es Gewahrseinsebenen erreicht, die die Versklavung der Menschheit beenden und die Menschen aus ihrem Wahrnehmungskoma erwecken wollen.

Geschlechter verwirren, Geschlechter verschmelzen

Die aktuelle Besessenheit von Transgender und die Tatsache, dass man diese Ideologie Kindern und Jugendlichen (wie immer) über Schulen, Universitäten, Medien und Gruppendruck aufdrängt, verweisen auf eine hochgradig bösartige Kampagne zur Geschlechterverwirrung. Sie ist ein Schritt auf dem Weg zur *Abschaffung* der Geschlechter durch den synthetischen, technisch erzeugten geschlechtslosen Menschen. Aus dieser Verwirrung entsteht eine noch kleinere Blase der Selbstwahrnehmung (Abb. 343). Der Kult-Insider Dr. Richard Day erzählte den Kinderärzten im Jahr 1969, dass laut Plan Jungen und Mädchen gleich gemacht und Kinder ohne sexuelle Fortpflanzung zur Welt gebracht werden sollen.

Abb. 343: „Halloooo – das Unendliche Gewahrsein ruft! Ich bin nichtbinär" – *Nichtbinär auf dem Weg zu unterschiedslos: Die Selbstidentität wird in immer kleinere Blasen gestopft.*

Der Kult betreibt nach dem Prinzip des schleichenden Totalitarismus die Geschlechterverwirrung, um letztendlich die Geschlechter zu *verschmelzen*.

Der weitgehend unbemerkte erste Schritt bestand darin, die Unterschiede zwischen Männern und Frauen zu verwässern und sie zunehmend als biologisch gleich zu behandeln – und das, obwohl die Geschlechter deutlich anders sind und einander eigentlich ergänzen sollten. Ihre körperlichen Informationsfelder verarbeiten Informationen unterschiedlich; Frauen haben Gaben und Fähigkeiten, die den meisten Männern fehlen, und umgekehrt gilt dasselbe. Die Absicht war, diese Einzigartigkeit und vor allem die Wahrnehmung der Einzigartigkeit mit Slogans wie „Eine Frau kann alles tun, was Männer auch können" zu verwässern. In Wirklichkeit stimmt das in vielen Fällen nicht, ebenso wie ein Mann nicht alles tun kann, was Frauen können. Es gibt Unterschiede, und wir dürfen uns vom New-Woke-Irrsinn nichts anderes einreden lassen. Ich will damit nicht sagen, dass Frauen nicht tun sollten, was sie wollen; ich wünsche ihnen sogar viel Glück dabei. Es geht mir vielmehr darum, wie diese Manipulation anfangs langsam und dann immer schneller auf das Ende der Geschlechter und die Verwischung der Unterschiede zwischen Männern und Frauen hinarbeitete. Sie war die Stufe eins, die zur Feminisierung der Männer und der Maskulinisierung der Frauen geführt hat. Erinnern Sie sich an die (schleichende) Entwicklung, die uns erst die „Unisex"-Kleidung für Männer wie Frauen und später geschlechtsneutrale Kleidung einbrachte? Weibliche Uniformen werden schrittweise durch geschlechtsneutrale Varianten ersetzt, sodass heute immer mehr Polizeikräfte und das Militär traditionelle Männer- und Frauenuniformen gegen „geschlechtsneutrale" Versionen austauschen; bei Schuluniformen ist dasselbe der Fall. Schleichend, schleichend, schleichend ...

Die Abschaffung der Begriffe „Damen und Herren" sowie „Jungen und Mädchen" zielt ebenfalls darauf ab, die Idee eines männlichen und weiblichen Geschlechts aus der Sprache und damit auch der Psyche zu entfernen. Heute befinden wir uns bereits mitten in der nächsten Phase, in der die Zahl der Jugendlichen, die ihre Geschlechtszugehörigkeit infrage stellen, dramatisch zunimmt. Plötzlich sind Kinder über ihr Geschlecht verwirrt, bei denen dies ohne die zuvor erfolgte systematische Programmierung nicht der Fall gewesen wäre. Warum, glauben Sie, werden Kurse mit dem Titel „Hinterfrag dein Geschlecht" in den Schulen obligatorisch? Und warum werden geschlechterverwirrende Dragqueens in einem Land nach dem anderen in Schulen eingeladen, wo sie sogar sehr jungen Kindern geschlechterverwirrende Geschichten vorlesen? Warum werden Eltern, die sich gegen diese kalkulierte und schändliche Manipulation von Kindern wenden, sofort von häufig sehr bösartigen „woken" Transgenderaktivisten und den Medien als „transphobisch" denunziert?

Wir erkennen hier dieselbe Verfahrensweise wie bei Klima-, Antirassismus-, schwulen, politisch korrekten und den vielen anderen Aktivisten mit frei kombinierbaren Anliegen, die alle permanent beleidigt sind. Diese intersektionalen Ausprägungen der New-Woke-Ideologie dienen dem Kult, wobei sie aber in den allermeisten Fällen nicht wissen, dass ein Kult überhaupt existiert. Es gibt keine wirksamere Gehirnwäsche als die Epidemie der Selbstfixiertheit, von der die gesamte New-Woke-Bewegung infiziert ist. Vielleicht sollten wir die globale Wirtschaft wirklich lahmlegen und alle Menschen unter Hausarrest stellen, bis dieser Wahnsinn vorbei ist.

Die Folgen des Genderwahns sind für viele Kinder entsetzlich und halten ein Leben lang an. Untersuchungen von australischen Ärzten haben ergeben, dass die Leute, die Geschlechtsidentitätskliniken aufsuchen, mit vielfach höherer Wahrscheinlichkeit Anzeichen von Autismus aufweisen als die Durchschnittsbevölkerung. Die Ärzte veröffentlichten ihre Forschungsergebnisse *im Journal of Autism and Developmental Disorders* [dt. etwa: Fachzeitschrift für Autismus und Entwicklungsstörungen] und zitierten darin eine US-Studie an fast 300.000 Kindern, die nahelegt, dass bei Kindern mit Autismus mehr als viermal so häufig eine Geschlechts-„Dysphorie" diagnostiziert wird als bei solchen ohne Autismus. Laut Stephanie Davies-Arai, der Gründerin der Initiative Transgender Trend, neigen Menschen mit einer Autismus-Spektrum-Störung (ASS) häufiger dazu, sich auf eine Idee zu fixieren, die sie kaum wieder ablegen können (siehe auch Greta Thunberg). Davies-Arai sprach die Warnung aus: „Wir sollten diese verletzliche Gruppe nicht auch noch darin bestärken, lebensverändernde medizinische Eingriffe zu riskieren."

Transgender Trend ist eine Gruppe englischer Eltern, die den Trend infrage stellen, Kinder als transsexuell zu diagnostizieren. Dieser Trend hat dazu geführt, dass eine beispiellose Anzahl weiblicher Teenager sich plötzlich als „trans" identifizieren. Die Elterngruppe wendet sich gegen Gesetze, die Transgenderrechte „über das Recht auf Sicherheit für Mädchen und junge Frauen in öffentlichen Toiletten und Umkleideräumen stellen, ebenso wie über die Fairness für Mädchen im Sport" (Abb. 344). Diese durchaus legitimen Fragen und Bedenken werden von den stets höhnischen New-Woke-Anhängern natürlich sofort als schwere Transphobie gebrandmarkt. Bei diesen Leuten kann es einfach nicht als berechtigte Sorge gelten, dass man junge Mädchen und Frauen davor schützen will, dass ein stämmiger Mann in ihre Toilette oder Umkleidekabine kommt, dabei die Eier heraushängen lässt und behauptet, eine Frau zu sein. Oder auch, dass ein großer, muskulöser Mann an der Frauenmeisterschaft in Gewichtheben teilnehmen darf, weil er sich seit Neuestem „Vera" nennen lässt.

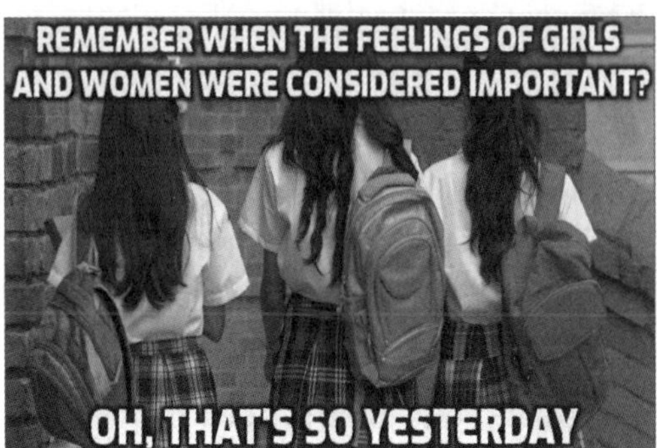

Abb. 344: „Wissen Sie noch, wie die Gefühle von Mädchen und Frauen einmal als wichtig galten? Das ist doch so was von ewiggestrig …" – *Und es soll mehr und mehr zu einem Symptom der „Vergangenheit" werden. Das Weibliche als Geschlecht soll völlig verschwinden. Männer wurden als Erste aufs Korn genommen, aber jetzt sind auch die Frauen dran.*

Der Amerikaner Fallon Fox ist ein Mixed-Martial-Arts-Kämpfer, der sich als

Frau identifiziert, obwohl er in einem starken männlichen Körper herumläuft. Danke seiner/ihrer Selbstidentifikation darf er/sie im Wettkampf gegen physisch viel weniger starke Frauen antreten und sie windelweich schlagen. Einer seiner Gegnerinnen fügte er/sie sogar einen Schädelbruch zu. Jede Kritik daran wurde wieder einmal als transphobisch eingestuft und durfte nichts damit zu tun haben, dass man Frauen vor Verletzungen schützen will, die sie vielleicht ihr ganzes Leben mitschleppen werden. Die Website Outsports.com, die sich hauptsächlich mit LGBT-Themen im Sport befasst, bezeichnete Fox sogar als die „mutigste Sportlerin der Geschichte" – neuerlich eine Bestätigung dafür, dass Transgenderaktivisten nicht im Geringsten an Fairness, Ausgewogenheit und Inklusivität interessiert sind, sondern nur ihre eigene Ansicht durchsetzen wollen. Dass sie damit den Interessen des Kults dienen, geht spurlos an ihnen vorbei.

Was die New-Woke-Jünger als „Inklusivität" für eine Minderheit bezeichnen, bedeutet Ausgrenzung und eventuell sogar einen Schädelbruch für eine andere. Die eigene Position in der New-Woke-Hierarchie entscheidet darüber, wer wen dominiert – und Transgender steht heute eindeutig über dem Weiblichen. Das hat zur Folge, dass der Frauensport von Menschen in Männerkörpern zerstört wird, die sich als Frauen identifizieren, die Preise einkassieren und bisherige weibliche Leistungsrekorde brechen. Warum? Weil ihre Körper einfach *nicht weiblich* sind (Abb. 345). Übrigens: Warum können „Frauen" in Männerkörpern so viel bessere sportliche Leistungen erbringen als geborene Frauen, wenn es doch angeblich keinen biologischen Unterschied zwischen Männern und Frauen gibt? Der Transgenderextremismus ist nicht viel mehr als eine lächerliche Parodie seiner selbst (Abb. 346).

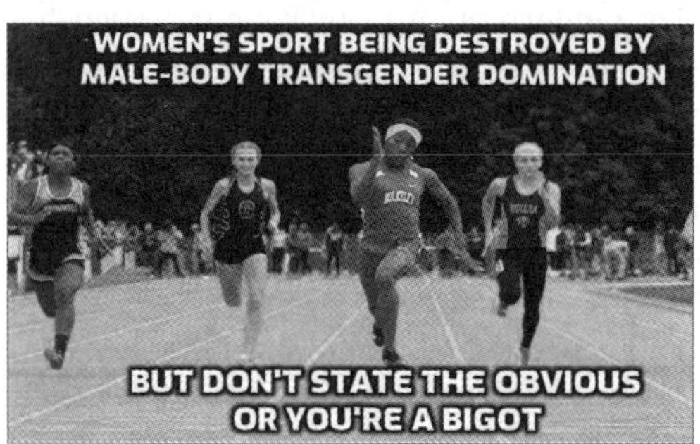

Abb. 345: „Frauensport wird von Transgenderteilnehmern in Männerkörpern dominiert. Aber wer das ausspricht, gilt als bigotter Fanatiker." – *Große starke männliche Körper, die sich als Frauen identifizieren, zerstören den Frauensport – wieder eine Methode, das weibliche Geschlecht endgültig zu beseitigen.*

Abb. 346: „Sondermeldung: Motorradfahrer, der sich als Radfahrer identifiziert, bricht Rekord bei Radrennen! Ein weiterer Sieg für die Inklusion – hurra! Es hat schon einen Sinn, woke zu sein." – *Parodien können mit den realen Ereignissen kaum noch mithalten.*

Dennoch bekommt die Transgenderbewegung alles, was sie will, auch wenn Catherine McGregor, eine hochintelligente und scharfsinnige australische Transsexuelle, einmal angemerkt hat: „Wir sind eine Minderheit, die in einer Telefonzelle Platz hat." Das stimmt auch heute noch, trotz aller Propaganda, doch die vom Kult inszenierte schleichende Bewegung hin zum geschlechtslosen Menschen erfordert eben etwas anderes, und das wird rücksichtslos durchgezogen. Der extremistische Transgenderaktivismus hat *absolut nichts* mit einer Unterstützung für Transsexuelle zu tun – die werden nur als Schachfiguren und Ausrede benutzt, so wie die jüdische Gemeinde vom Sabbatianismus-Frankismus. Es geht einzig und allein um eine Unterstützung der Ziele des Kults. Und wie zu erwarten war, hat sich auch das sabbatianisch-frankistische Hollywood, eine Einrichtung des Kults, der Sache angenommen und propagiert mittlerweile Transgender-„Superhelden".

„Unkontrollierte Menschenversuche an Kindern"

In meinem Buch „Alles, was Sie wissen sollten" habe ich in allen Einzelheiten aufgezählt, mit welchen Methoden die Geschlechterverwirrung herbeimanipuliert wird – von der Indoktrination im frühen Alter in den Schulen bis zu dem unmenschlichen Druck, den „Gender"-Ärzte und -Kliniken auf Kinder und Erwachsene ausüben, um sie zu einer Geschlechtsumwandlung zu bewegen, auch wenn es keinerlei Beweise dafür gibt, dass sie notwendig oder ratsam wäre. Geschlechtsverändernde Medikamente und Pubertätsblocker werden in besorgniserregender Menge verabreicht, weil der Kult es so will. Diese Entwicklung wurde so eklatant und extrem, dass innerhalb von drei Jahren 35 Psychologen aus dem Londoner Gender Identity Development Service [dt. etwa: Entwicklungsservice für Genderidentität; GIDS] am Tavistock and Portman NHS Foundation Trust – kurz auch Tavistock Clinic genannt – austraten. Als Grund dafür gaben sie „Überdiagnose" an, weil viel zu viele Kinder auf Pubertätsblocker gesetzt werden, obwohl man an ihnen gar keine sogenannte Genderdysphorie diagnostizieren hätte dürfen. Informanten unter den Mitarbeitern des GIDS gaben an, dass bereits Kinder in Alter von drei Jahren „unnötigen geschlechtsangleichenden Maßnahmen" unterzogen würden, nachdem man bei ihnen fälschlicherweise eine Genderdysphorie diagnostiziert habe.

Carl Heneghan, Direktor des Oxford Centre for Evidence Based Medicine [dt. „Zentrum für evidenzbasierte Medizin in Oxford"] an der Universität Oxford, bezeichnete diese Verfahrensweise als „unkontrollierte Menschenversuche an Kindern". Die Anzahl der am GIDS behandelten Kinder soll Berichten nach innerhalb nur eines Jahrzehntes von 77 auf 2.590 angestiegen sein; dies ist ein Trend, der auf der ganzen Welt zu beobachten ist, da die Kult-Agenda überall durchgesetzt wird. Ehemalige GIDS-Mitarbeiter berichten, dass sie sich nicht getrauten, die Patienten richtig einzuschätzen, weil sie fürchteten, als „transphobisch" bezeichnet zu werden. Die New-Woke-Ideologie ist absolut vorhersehbar und hoffnungslos naiv, auch wenn ihr innerer Kern genau weiß, was er tut. Ein Psychologe erzählte: „Wir sind extrem besorgt, welche Folgen das für junge Menschen haben könnte. [...] Ich fürchtete, dass diejenigen unter uns, die früher im GIDS gearbeitet haben, einen Medizinskandal aus nächster Nähe mitbekommen haben." Ein anderer sagte:

> Plötzlich begannen bei mir alle Alarmglocken zu läuten. [...] Ich fühlte mich nicht in der Lage, meine Bedenken zu äußern; wenn ich es doch wagte, wurde ich von anderen Ärzten, die den Maßnahmen gegenüber positiv eingestellt waren, schnell zum Schweigen gebracht. Rückblickend gesehen würde ich sagen, dass es junge Men-

schen gibt, denen ich heute nicht mehr unbedingt diese Medikamente verschreiben würde.

Lisa Littman, Dozentin für Verhaltens- und Sozialwissenschaften an der Brown University im US-Bundesstaat Rhode Island, gab an, dass viele Mädchen im Teenageralter sich als Transgender identifizieren, nachdem eine Freundin dasselbe getan hat oder sie online Literatur darüber gelesen haben. Teenager ohne jede Vorgeschichte einer „Genderdysphorie" erklärten sich plötzlich als transgender, weil eine Person oder mehrere Mitglieder aus ihrer Altersgruppe oder ihrem Freundeskreis das getan hatten. Littman bezeichnete dies als „Cluster-Ausbrüche". Noch vor einem Jahrzehnt waren die meisten „genderdysphorischen" Kinder biologisch männlich, heute ist eine überwiegende Anzahl weiblich. Wahrnehmungsprogrammierung und Gruppendenken spielen dabei eindeutig eine Rolle. Wie zu erwarten war, wurde Lisa Littman von extremen Genderaktivisten böse beschimpft und attackiert – so sehr, dass ihre Studie zurückgezogen und überarbeitet wurde. Michelle Cretella, geschäftsführende Direktorin des American College of Pediatricians, einer konservativen Interessenvertretung von Kinderärzten, will von Dutzenden Familien erfahren haben, dass deren Kinder im Teenageralter von „schnell einsetzender" Genderdysphorie befallen wurden. Es handelt sich in der Mehrzahl um Mädchen im Alter von 13 bis 15 Jahren, die in vielen Fällen bereits an Depressionen litten und zuvor nie Anzeichen von Genderdysphorie aufwiesen. Plötzlich aber verkünden sie, dass sie transgender sind und eine Hormonbehandlung brauchen. Cretella sagte dazu:

> Menschen sind biologische Wesen, die stark von sozialen Beziehungen geprägt sind, vor allem während der Pubertät. Genau in dieser entscheidendsten Entwicklungsphase bietet ihnen unsere Kultur jetzt die Lüge an, dass Teenager eine psychische Krankheit – Genderdysphorie – nicht nur als ihre „authentische Transgenderidentität" annehmen sollten, sondern auch als die Antwort auf alles, was sie geistig und emotional quält. […] [Diese Kinder] werden ohne jede Notwendigkeit auf einen Weg irreversibler, langfristiger physischer und emotionaler Schäden geführt.

Die Programmierung findet heute unaufhörlich statt, und der britische Staatssender BBC ist natürlich ganz vorne dabei. Er strahlte auf seinem *Kinderkanal* CBBC den Dokumentarfilm „I Am Leo" [dt. „Ich bin Leo"] über einen 13-Jährigen aus, der sich an der zunehmend berüchtigten Klinik Tavistock and Portman einer Gender-Transitionsbehandlung unterzieht. Die Sendung wurde logischerweise mit einem Preis ausgezeichnet. Ich habe kein Problem mit Leuten, die wirklich glauben, dass sie transgender sind. Das Problem besteht vielmehr darin, dass man Kinder über ihr Geschlecht verwirrt, die sich vorher diese Frage überhaupt nicht gestellt haben. Das ist Kindesmissbrauch. Der ehemalige BBC-Journalist John Humphrys – der für die heutige BBC viel zu sehr Journalist wäre – erzählte von seinem Gespräch mit einer Ärztin, die ernsthaft darüber besorgt war, was man Kindern heutzutage im Transgenderbereich antut, doch dies nicht öffentlich aussprechen wollte, weil sie Angst vor der Reaktion hatte. Laut Humphrys fürchtete die Ärztin, „in den sozialen Medien bösartig angegriffen zu werden und ihren Ruf zerstört zu sehen. Sie ist mit dieser Angst nicht alleine – ganz im Gegenteil." Er sagte, dass die Frau „extrem besorgt" darüber war, dass viel zu viele Kinder als Opfer von „Genderdysphorie" behandelt würden, obwohl sie eigentlich nur an einem wesentlich häufigeren Syndrom litten, nämlich, „ein verwirrter Teenager zu sein".

Was soll man angesichts dieser Sachlage zu den englischen Liberaldemokraten sagen, die Parteispenden von einer Firma annehmen, die Pubertätsblocker herstellt, und eine extreme Transgenderpolitik vertreten, die solchen Organisationen zugute kommt? *Und was ist mit den Kindern*?! Graham Linehan, Mitschöpfer der erfolgreichen Comedy-Fernsehserie *Father Ted*, sprach sich sowohl gegen diese Form der Kindesmisshandlung als auch gegen den Transgenderextremismus aus, nachdem er mitansehen hatte müssen, wie Trans-Aktivisten eine Feministin zusammenschlugen. Er wurde daraufhin mit einer Lawine von Beschimpfungen und Hassnachrichten von der Antihasser-Brigade – die sich offenbar seit Jahren nicht mehr in den Spiegel geschaut hat, weil sie sich nicht traut – konfrontiert. Seine Beschäftigungschancen sanken gegen null, weil die möglichen Arbeitgeber vor allem durch Feigheit auffielen. Linehan sagte: „Ich fürchte, mich umweht ein Gestank, der Gestank der Engstirnigkeit, den radikale Aktivisten für Transrechte absichtlich erzeugt haben. Er hat auf andere eine sehr abschreckende Wirkung." Es ist lobenswert, dass er keinen Rückzieher macht. Andererseits war Linehan auch selbst schon an der Zensur im Woke-Stil beteiligt, bevor er aus eigener Erfahrung erkennen musste, wie tyrannisch sich all die sogenannten Aktivisten verhalten. Heute wird diese „abschreckende Wirkung" zunehmend in Gesetzestexten verankert, und die unaufhörliche Propaganda führte dazu, dass die Schweizer Wähler 2020 in einer Volksabstimmung das Vorhaben unterstützten, „die öffentliche Verunglimpfung, Diskriminierung oder das Schüren von Hass aufgrund der sexuellen Orientierung einer Person" für ungesetzlich zu erklären. Das hört sich ja durchaus fair an, aber die Art und Weise, wie es umgesetzt werden soll, ist eine Gefahr für die freie Meinungsäußerung. Wer entscheidet denn darüber, ob etwas Diskriminierung oder eine erlaubte Meinung ist? Wer entscheidet, ob Transgenderpersonen einen Job nicht bekommen, weil sie transgender sind, oder ob der potenzielle Arbeitgeber einen anderen Bewerber für besser qualifiziert hält? Die Antwort ist leider allzu simpel: Der Staat entscheidet. Das ist stets die Achillesferse solcher Gesetze, wenn es um die Beseitigung grundlegender Freiheiten geht.

In schriftlicher Form ...

Die juristische Website Rollonfriday.com und ihr Reporter Jamie Hamilton enthüllten im Jahr 2019 ein Dokument, in dem die verdeckte und hochgradig manipulative Art, wie der Transgenderaktivismus auf Kinder abzielt, zum Vorschein kommt. Es handelt sich um einen Ratgeber für Kampagnentaktiken, der von Mitarbeitern der Wirtschaftskanzlei Dentons – laut eigenen Angaben die weltweit größte Anwaltsfirma, gemessen an der Anzahl der Berufsträger, die 2010 mit der Firma Nath & Rosenthal fusionierte – verfasst wurde. Das Dokument wurde in Zusammenarbeit mit der Thomson Reuters Foundation und dem LGBT-Interessenverband IGLYO erstellt. Ein Haftungsausschluss der Kanzlei

Dentons besagt, dass der Inhalt des Dokuments „nicht notwendigerweise die persönlichen Ansichten von Anwälten, Mitarbeitern oder Kunden von Dentons widerspiegelt". Die Thomson Reuters Foundation hat sich offenbar in ähnlicher Weise distanziert. Die Journalistin Jamie Hamilton schrieb, dass die LGBT-Jugendgruppe Mosaic zum britischen Teil des Schriftstücks beigetragen habe, ebenso wie eine Nichtregierungsorganisation (NGO), „die anonym bleiben möchte". Das Dentons-Dokument trägt den Titel „Nur Erwachsene? Bewährte Praktiken bei der Gender-Anerkennung für Jugendliche". Im Vorwort heißt es: „Wir hoffen, dass dieser Bericht sich als mächtiges Werkzeug für Aktivisten und NGOs erweisen wird, die sich für die Rechte von Trans-Jugendlichen in Europa und darüber hinaus einsetzen." Die Autoren behaupten, dass „jedes Kind eine genaue Vorstellung von seiner eigenen Geschlechtsidentität hat, die es ohne Hindernisse gesetzlich bekräftigen können sollte". Für jeden Menschen, der noch halbwegs realistisch denkt, ist diese Behauptung geradezu atemberaubend lächerlich, doch der extreme Transgenderaktivismus ist eben davon abhängig, dass man keinen Kontakt zu jedweder geistigen Gesundheit geschweige denn der Realität hat. Auch hier sehen wir das stets auftauchende Thema der Beseitigung elterlicher Rechte zugunsten ihrer Kinder, um besagte Kinder zu isolieren und die Macht in die Hände des Staates und der Transgenderextremisten zu legen. Die Reporterin Hamilton beschrieb die Hauptaussagen des Dentons-Dokuments wie folgt:

> Das Recht auf eine gesetzliche Gender-Anerkennung ist für junge Trans-Personen entscheidend, um sich alle anderen Rechte zu sichern", heißt es darin. Es wird empfohlen, dass das Vereinigte Königreich „das Mindestalter abschaffen" sollte, ab dem Kinder ihr Geschlecht rechtlich bindend ändern können – „aus eigenem Antrieb, ohne dass medizinische Diagnosen oder gerichtliche Entscheidungen notwendig sind". Das Dokument betont, dass es „keine Auswahlkriterien wie medizinische oder psychologische Interventionen" geben sollte. Und die britischen Behörden sollen gegen Eltern vorgehen, die die freie Identitätsentfaltung einer jungen Transgenderperson behindern, indem sie sich weigern, die elterliche Zustimmung zu erteilen, wenn sie erforderlich ist.

Ist etwas Bösartigeres überhaupt vorstellbar? Man will Kindern erlauben, lebensverändernde Entscheidungen über ihr Geschlecht zu treffen, und gegen Eltern „vorgehen", die infrage stellen, was da mit ihren Kindern angestellt wird. In dem Dokument heißt es weiter: „Es hat sich gezeigt, dass das Erfordernis einer elterlichen Zustimmung oder der Zustimmung eines gesetzlichen Vormunds restriktiv und problematisch für Minderjährige sein kann". Hier sollte viel eher stehen: „restriktiv und problematisch für Transgenderaktivismus und -Extremismus". Laut dem Dentons-Dokument ist „entscheidend", dass es „keine Einschränkungen" für „geschlechtsbestätigende Behandlungen" gibt und dass es als Voraussetzung auch „nicht der Diagnose einer Genderdysphorie" bedarf. In diesem Schriftstück werden alle potenziellen Hürden und Verzögerungen für Kinder beseitigt, die davon „überzeugt" wurden, im „falschen" Geschlecht zu leben, damit sie möglichst bald mit Pubertätsblockern und chirurgischen Eingriffen weitermachen können. Vielleicht kennt irgendjemand eine bessere Definition für Kindesmissbrauch – mir fällt momentan keine ein. Ein weiteres Problem ist, dass die Veränderungen durch den hormonellen Umbau einer Transgendergeneration mittels Epigenetik oder weitergegebenen Gensequenzen an die nächste Generation übertragen werden könnten. Hamilton schreibt auf Rollonfriday.com weiter:

> Der Bericht rät Aktivisten, ihre Kampagnen zu „entmedikalisieren“, damit die gesetzliche Gender-Anerkennung in der öffentlichen Wahrnehmung deutlich von geschlechtsbestätigenden Behandlungen unterschieden wird“. Als Grund dafür wird angegeben, dass Gegner als einen der Gründe „für die Verweigerung des Zugangs für Minderjährige“ häufig anführen, dass „junge Menschen sich vor Erreichen der Volljährigkeit keinen irreversiblen Eingriffen unterziehen sollten“.

Dieses Dokument ist wahrlich schockierend und zudem eine schriftliche Bestätigung für die Erfahrungen, die Eltern und die Gesellschaft im Allgemeinen bereits mit den Zumutungen der Transgenderszene, die mittlerweile zur Norm geworden sind, machen mussten. Die Forderungen der Transgenderaktivisten sind von derart extremer Bösartigkeit, dass der Dentons-Bericht besagten Aktivisten sogar rät, „eine übermäßige Berichterstattung in den Medien zu vermeiden“, weil „die Öffentlichkeit nicht gut über Transgenderthemen informiert ist und es daher zu falschen Auslegungen kommen könnte“. Übersetzt aus dem PR-Jargon bedeutet dies: „Meiden Sie eine übermäßige Medienberichterstattung, weil die Öffentlichkeit sonst erfahren würde, was Sie wirklich wollen, und dann Entsetzen und Wut aufkommen könnten.“ Das Dokument beschreibt, wie Aktivisten in Irland „direkte Lobbyarbeit bei Politikern betrieben und die mediale Berichterstattung auf ein Minimum reduziert haben, um dieses Problem zu meiden“. Die Erfolgschancen seien am höchsten, wenn die Aktivisten „Jugendpolitiker ansprechen“, die bei erfolgreichen Kampagnen in Europa „das Thema bei jeder Art von Zusammenkunft zur Sprache brächten – auch bei Treffen, die gar nichts damit zu tun haben –, um sicherzustellen, dass es in den Köpfen aller Teilnehmer präsent war“. Daran erkennt man, warum das Thema Transgender, auch wenn es nur eine Minderheit betrifft, „die in einer Telefonzelle Platz hat“, so präsent ist und alles beeinflusst. Der Autor James Kirkup schrieb in einem Artikel für den *Spectator* über das Dentons-Dokument und schaffte es, dessen Inhalt (und die Transgender-Agenda) in zwei Sätzen zusammenzufassen:

> Kurz gesagt handelt es sich um ein Handbuch für Lobbygruppen, die die elterliche Zustimmung für wichtige Aspekte des Lebens von Kindern abschaffen wollen […] ein Handbuch, das von einer internationalen Anwaltsfirma verfasst und von einer der größten wohltätigen Stiftungen der Welt unterstützt wird.

Transgenderlobbyisten werden immer das System auf ihrer Seite haben, wenn der Kult auf ihrer Seite steht. Kirkup schrieb, dass das Dokument einige wenig bekannte Hintergründe erklärt, zum Beispiel, dass Einrichtungen wie die Polizei – „nicht gerade als Sozialliberale bekannt“ – an vorderster Front der Transformation der Gesellschaft in Richtung Transgender stehen: „Das ging so weit, dass sie sogar unsere Pronomen überprüften und ältere Damen belästigten, die auf Twitter das falsche verwendet hatten.“ Kirkup weist in diesem Zusammenhang auf den Rat hin, den das Dokument für Aktivisten bereithält, die Pro-Transgender-Gesetze möglichst schnell durchbringen wollen. Da heißt es unter anderem, dass man „der Regierungsagenda voraus sein“ solle; das bedeutet, man solle „progressive“ Gesetzesvorschläge im Sinne des New Woke veröffentlichen, bevor die Behörden Zeit haben, ihre eigenen zu entwickeln. Auf diese Weise werden die Vorschläge der Aktivisten oft eins zu eins in die offizielle Politik übernommen. Die New-Woke-Bewegung wendet diese Taktik an sämtlichen ihrer Fronten an, wobei der Kult im Hintergrund die notwendigen Fäden zieht. Kirkup weist darauf hin, dass ein Bericht eines Sonderausschusses des britischen Unterhauses aus dem Jahr 2016 „mehrere Positionen von Trans-Gruppen übernahm“, was 2017 in einen „Plan der Regierung zur Einführung der Selbstidentifikation des gesetzlich gültigen Geschlechts“ überging.

Eine andere Methode, die Öffentlichkeit zu täuschen, besteht darin, „Ihre eigene Kampagne mit einer populäreren Reform zu verbinden“, wie es im Dentons-Dokument heißt. Man lässt sie einfach in ein Thema einfließen, das die meisten Menschen unterstützen würden. Lobbygruppen wenden diese Methode ständig bei Regierungsbehörden an, um ansonsten kontroverse Pläne hinter einer nichtkontroversen Gesetzgebung zu verstecken. Das Dokument bietet ein Beispiel dafür:

> In Irland, Dänemark und Norwegen wurden Gesetzesänderungen zur rechtlichen Gender-Anerkennung zur selben Zeit wie andere, eher populäre Reformen wie zur Gleichstellung der gleichgeschlechtlichen Ehe durchgesetzt. Damit schuf man einen schützenden Schleier, vor allem in Irland, wo die Ehegleichstellung starke Unterstützung fand, doch das Thema Geschlechtsidentität weniger öffentliches Engagement weckte.

Das Dentons-Dokument betont, dass jene Länder, in denen die Streichung der elterlichen Rechte über die Gender-Entscheidungen ihrer Kinder am schnellsten voranging, auch die Länder waren, in denen Transgenderlobbygruppen erfolgreich verhindern konnten, dass eine breitere Öffentlichkeit vom extremen Charakter dieser Pläne und deren Folgen für Kinder erfuhr – bevor sie dann vor vollendete Tatsachen gestellt wurde.

Es geht um „Diskriminierung“? Ja, ganz sicher ...

Wie ernst es dem New-Woke-Aktivismus mit seinen Anliegen ist, lässt sich mühelos feststellen, indem man sich ansieht, wie die Aktivisten mit „Abweichlern“ in jener Gemeinschaft umgehen, für die sie sich einzusetzen behaupten. Die Vertreter der Ideologie handeln hier in sämtlichen Bereichen gleich: Sie greifen die Leute an, beschimpfen sie und bemühen sich, sie um jeden Preis zum Schweigen zu bringen. Die Zensur folgt der Blaupause der Antisemitismusmafia, die speziell dazu geschaffen wurde, die von Sabbatianer-Frankisten kontrollierte israelische Regierung vor jeder Kritik zu schützen – und *nicht* zum Schutz jüdischer Menschen vor Diskriminierung. Die gleiche Vorgehensweise lässt sich jeden Tag bei Themen wie Klimawandel, Antirassismus sowie extremem Feminismus-, Schwulen- und Transgenderaktivismus beobachten. Man mag sich vielleicht um die

Umwelt sorgen, gegen Rassismus eintreten oder eine Frau, schwul oder transgender sein ... Das alles zählt nicht, wenn man nicht an *alles* glaubt, was einem vorgesagt wird. Jede Person, die geschlechtsangleichende Maßnahmen hinter sich hat, es bereut und andere davor warnt, wird unweigerlich von Transgenderaktivisten beschimpft und beleidigt, die sie mundtot machen wollen. Ich habe Bücher von Geschlechtsumgewandelten gelesen, deren Leben durch die Entscheidung, zu der ihnen „Experten" geraten hatten, zerstört wurde. Und das alles tut man *Kindern* an.

Es ist absolut tragisch, wenn man die Geschichten dieser zerstörten Leben liest. In vielen Fällen begannen die Betroffenen, ihr Geschlecht infrage zu stellen, weil sie als Kinder sexuell missbraucht worden waren. Das führte einen psychologischen Zustand herbei, in dem sie ein anderes Geschlecht als das missbrauchte sein wollten. Diese Menschen hätten psychologische Betreuung und viel Verständnis gebraucht; stattdessen hat man ihnen Pubertätsblocker verabreicht und ihr Leben kaputtgemacht. Ein Beispiel ist Debbie Karemer aus dem englischen Hertfordshire, die 17 Jahre lang als Mann lebte, bis sie nach einer Beratung erkannte, dass sie an den psychologischen Folgen ihres sexuellen Missbrauchs litt. Karemer erzählt, dass auch andere Transgenderpersonen aus ihrer Bekanntschaft die chirurgischen Eingriffe bedauern, sich aber zu sehr vor der Reaktion der Aktivisten fürchten, um dies ehrlich zuzugeben. Sehen Sie, was ich meine? Laut ihrer Aussage sind die Betroffenen *nicht mutig genug*, ihre Geschichte zu erzählen. Aber warum sollten sie überhaupt ihren ganzen Mut zusammennehmen müssen? Ist daran etwa nur die Reaktion der Öffentlichkeit schuld? Nein – es ist die Reaktion der *Transgenderaktivisten*, die eine Gewaltherrschaft eingerichtet haben und all das verkörpern, was sie anderen vorwerfen. Sie könnten der New-Woke-Bewegung ja auch gar nicht angehören, wenn sie andere nicht für das verurteilen würden, was *sie selbst tun*. Ein solches Verhalten ist sozusagen Aufnahmebedingung für diese Bewegung.

Wie sehr extreme Transgenderaktivisten echte Transgenderpersonen sowie die Rede- und Meinungsfreiheit verachten, zeigte sich an zwei Geschichten und deren Folgen im Jahr 2019. Debbie Hayton, eine 51-jährige Physiklehrerin aus den englischen Midlands, änderte 2012 ihr Geschlecht von männlich auf weiblich. Als sie danach aber ein T-Shirt mit der Aufschrift „Transfrauen sind Männer. Findet euch damit ab" trug, machten sich Transgenderaktivisten deshalb vor Aufregung fast ins Höschen (oder die Boxershorts). Man sah es ihnen richtig an den verkniffenen Gesichtern an, wie sehr sie ihren Harndrang zurückhalten mussten. Debbie trug das T-Shirt bei einer Veranstaltung der Initiative Fair Play for Women. Dazu muss man anmerken, dass Frauen schon lange nicht mehr fair behandelt werden, seit die Transgendersturmtruppen ihren Willen (den Willen des Kults) über die Rechte der Frauen gestellt haben. Hayton war sogar Mitglied des LGBT+-Komitees im britischen Gewerkschaftsdachverband Trades Union Congress (TUC), der schon vor langer Zeit von den New-Woke-Jüngern vereinnahmt wurde. Doch auch das zählte nicht, sobald sie sich als *Ketzerin* erwiesen hatte: Zwölf Mitglieder des Komitees beschwerten sich bei der TUC-Generalsekretärin Frances O'Grady über sie. Ihrer Ansicht nach ging Haytons Auftritt in diesem T-Shirt „weit über eine normale Diskussion und das Vertreten alternativer Standpunkte hinaus, weil das Kleidungsstück Hassrede gegen die Trans-Gemeinschaft propagiert". Macht euch doch nicht lächerlich! Ach so – ihr seid ja schon lächerlich.

Die New-Woke-Definition von „Hassrede“: „jede Aussage, von der wir nicht wollen, dass andere Leute sie zu hören bekommen“. Mir gefällt ja besonders gut der Teil, in dem von einer normalen Diskussion und alternativen Standpunkten die Rede ist. Es gibt nämlich keinen alternativen Standpunkt zum Transgenderismus, gegen den die Aktivisten nicht sofort brutal vorgehen. Dr. Nicola Williams, die Gründerin von Fair Play for Women, brachte es mit ihren Worten auf den Punkt:

> Der Vorwurf der Transphobie wird Frauen so häufig und aus nichtigsten Gründen gemacht, dass dieses Wort jede Bedeutung verloren hat. […] Wenn sogar Trans-Personen der Transphobie beschuldigt werden können, sollten die Leute endlich begreifen, wie aberwitzig und weit hergeholt diese Angriffe seit jeher sind. Die Trans-Bewegung wurde von Gender-Extremisten übernommen.

Völlig richtig. Und diese Extremisten zerstören mit ihrer extremen Arroganz im Namen des Kults die Freiheit. Die britische Labour Party, die eng mit dem TUC verbunden ist, leckt seit langer Zeit in 24-Stunden-Schichten den Arsch der „Antisemitismus“-Industrie und Schutzgeldmafia. Seit Neuestem widmet sie ihre Zungen auch den Hinterteilen der Transgenderextremisten. Aus den katastrophalen Wahlergebnissen des Jahres 2019 hat Labour absolut nichts gelernt. Woke lernt halt nicht. Die Möchtegern-Parteichefin Rebecca Long-Bailey unterstützte eine Kampagne, die eine Frauenrechtsorganisation ihrer eigenen Partei als „trans-ausschließende Hassgruppierung“ bezeichnete. Die Labour Campaign for Trans Rights [dt.: „Labour-Kampagne für Trans-Rechte“] veröffentlichte einen Plan, der darauf abzielt, „die Labour Party von Transphobie zu säubern und sich für Trans-Personen einzusetzen“. Daran sehen wir, wie sich die Verfahrensweise der Schutzgeldmafia wiederholt. Warum auch nicht, wenn sie funktioniert? Sie ist schließlich bisher jeden losgeworden, der eine Kritik an Israel zu äußern wagte, und kann nun dazu eingesetzt werden, jeden aus der Partei auszuschließen, der seine eigenen Rechte nicht auf dem Altar des Transgenderaktivismus opfern möchte.

Die von Long-Bailey unterstützte Kampagne forderte „den Ausschluss aller aus der Labour Party, die intolerante, transphobe Ansichten äußern“. Keir Starmer, der Long-Bailey im Ringen um die Führung dieser schlechten Entschuldigung für eine Oppositionspartei schlug, ist ein anderer New-Woke-Anhänger, der auf den Knien rutscht und seine Zunge bereitwillig Richtung Tel Aviv ausstreckt. Die Labour Party hing bereits vorher an einem Lebenserhaltungssystem, doch das wurde jetzt wohl endgültig abgeschaltet. In der Zwischenzeit nimmt der New-Woke-Krieg gegen die Frauenrechte immer mehr Fahrt auf. Die Studentenvereinigung an der Universität Leicester (also in meiner Geburtsstadt) änderte die Bezeichnung International Women's Day (Internationaler Frauentag) in International Womxn's Day – für „Transgenderfrauen“ und eine „inklusivere Schreibweise“. Es handelt sich hier um dieselbe Studentenschaft, die eine Transfrau namens Dan Orr in die Position des Frauenbeauftragten gewählt hat.

Am Internationalen Frauentag 2020 durften wir auch miterleben, wie das britische Sefton Council zwei Flaggen von Rathäusern der Region entfernen ließ, auf denen die Wörterbuchdefinition von „Frau“ als „erwachsener weiblicher Mensch“ zu lesen war. Dazu bedurfte es nur einer einzigen Beschwerde eines New-Woke-Mannes. Ein gewisser „Adrian

Harrop“ schrieb dem Council: „Die Flagge, die Sie derzeit gehisst haben, ist eine feindselige transphobe Hundepfeife, die allgemein als Symbol und Marke eines der unverblümtesten und öffentlichsten Trans-Gegner Großbritanniens und Anführers einer transphobischen Hassgruppe anerkannt ist“. Ach so, die Wörterbuchdefinition von „Frau“ ist jetzt also transphobisch und beleidigend. Habe ich eigentlich schon erwähnt, dass sowohl das männliche als auch das weibliche Geschlecht Ziele des Kults sind?

Auf- und Abstieg

In der Frühzeit der politischen Korrektheit standen die Frauen an der Spitze der Hierarchie der Gutmenschen. Mittlerweile sind wir in die nächste Phase des schleichenden Totalitarismus eingetreten, der uns zum geschlechtslosen Menschen führen soll. Aus genau diesem Grund ist heute die Transgenderbewegung so mächtig. Frauen, die infrage stellen, warum Transgenderrechte plötzlich über Frauenrechten stehen, sind zu Feinden der Revolution geworden (Abb. 347). Irgendwann werden die Geschlechtslosen übernehmen, dann sind eben Transgenderpersonen die Feinde der Revolution. So funktioniert das. Frauen rücken in der politisch korrekten Hierarchie nach unten, weil sie einem Geschlecht angehören. Ihre einzig verbleibende Rolle besteht aus Sicht des Kults darin, den Einfluss der Männer zu reduzieren, bevor sie selbst ausgelöscht werden. Wie wäre es, wenn Männer und Frauen zur Abwechslung zusammenarbeiten und einander unterstützen würden? Das wäre doch keine schlechte Idee, oder?

Abb. 347: „Trans-Rechte sind Menschenrechte. Ja – und das gilt auch für das Recht auf eine abweichende Meinung.“ – *Die Illusion von Inklusion und Gleichheit. Ironischerweise geht es nur um Privilegien.*

Viel wichtiger als Frauen ist dem Kult die massenhafte Einwanderung anderer Kulturen in die westliche Gesellschaft; daher stehen auch diese Kulturen und Religionen in der politisch korrekten Hierarchie über den Frauen. Die New-Woke-Ideologie behauptet, sich für Frauenrechte einzusetzen, unterdrückt aber jede Kritik und Bloßstellung von Religionen, in denen Frauen wie Sklaven und Müll behandelt werden. Kritische Stimmen sind nicht erlaubt, ebenso wenig wie eine Betrachtung der Folgen, die die Masseneinwanderung auf andere Kulturen hat, indem sie Gemeinschaften umwandelt, Frauen unterdrückt und die Anzahl der verfügbaren Arbeitsplätze reduziert. Würde man darüber sprechen, so stünde die gesamte Masseneinwanderungsstrategie nämlich im Mittelpunkt der öffentlichen Diskussion – und offene Diskussionen gehören bekanntlich verhindert. Das ist der wahre Grund, warum ultrazionistische Zensoren sagen, dass sie nicht mit „Antisemiten“

Abb. 348: „Teile und herrsche. Sexualität" – *Der Prozess ist schon weit fortgeschritten. (Bild: Gareth Icke)*

diskutieren, während „antirassistische" Zensoren sich häufig auf keine Diskussion mit „Rassisten" einlassen und „antitransphobische Zensoren" nicht mit „Transphoben" reden. Sie wissen nämlich, dass sie schlecht abschneiden würden, wenn es um Fakten geht, und um das zu vermeiden, verweigern sie die Diskussion. Frauen, die darüber sprechen, welche Auswirkungen die „Gender-Selbstidentifikation" (bei der man jederzeit entscheiden kann, welchem Geschlecht man gerade angehört) auf Krisenzentren für Vergewaltigungsopfer, nach Geschlechtern getrennte Krankenhausstationen und den Leistungssport für Frauen hat, werden als „trans-ausschließende radikale Feministinnen" (TERFs) aus der Diskussion ausgeschlossen (Abb. 348).

Es ist ein uralter Trick der Extremisten, ihre vernünftigen Gegner selbst als Extremisten hinzustellen. Dies geschieht heute in allen New-Woke-Betätigungsfeldern, ebenso wie bei den Ultrazionisten, die Palästinenser wie Ungeziefer behandeln, aber jede Kritik an ihrem Verhalten als „antisemitisch" verteufeln. Ein weiteres Beispiel für den Transgenderkrieg gegen die Meinungsfreiheit ist der Fall der Maya Forstater, einer Steuerexpertin in der Denkfabrik Center for Global Development, deren Vertrag nicht verlängert wurde (man hat sie rausgeschmissen), weil sie sich in diversen Tweets gegen den Plan der Regierung geäußert hatte, dem zufolge jeder sein Geschlecht ohne biologischen oder psychologischen Beleg selbst definieren könne. Sie forderte ihr Recht ein, Menschen mit dem Geschlecht anzusprechen, das sie für angemessen hielt, statt mit dem, das derjenige ihr vorschreiben wollte. Diese Meinung müsste in einer freien Gesellschaft eigentlich jedermanns Recht sein. Allerdings nicht, wenn es nach Richter James Tayler vom Arbeitsgericht geht, der in seinem Urteil New-Woke-Phrasen verbreitete, nachdem Forstater gegen ihre Entlassung geklagt hatte. Mr. „Woke" Tayler hielt in seinem Urteil mit sagenhafter Ironie fest, dass Forstaters Ansichten „in einer demokratischen Gesellschaft keinen Respekt verdienen". Für die Ansichten *Taylers* gilt das natürlich nicht, weil sie die uns allen auferlegte Lehrmeinung wiedergeben.

Dass jemand, der nicht einmal die Grundprinzipien von Freiheit und Demokratie begreift, ein gerichtliches Urteil über andere aussprechen darf, ist entsetzlich und gleichzeitig eine Selbstverständlichkeit in der schönen neuen New-Woke-Welt. Hat man einmal die Blaupause für die Wahrnehmungen festgelegt, die eine Gesellschaft zu glauben hat, dann kann man das gesamte System vereinnahmen, inklusive der akademischen Welt, der Regierungsbehörden, der Polizei und der Justiz, um diese Blaupause durchzusetzen. Wer sich mit einem Anliegen, das vom System unterstützt wird, an ein Gericht wendet, wird den Fall fast unabhängig von der Beweislage gewinnen. Geht man aber mit einem vom System abweichenden Anliegen vor Gericht, kann man nur verlieren. So ist die Gesellschaft überall auf der Welt gestrickt. *Unabhängige Justiz?* Dass ich nicht lache … Christen haben Prozesse verloren, in denen sie für das Recht kämpften, ihren Glauben zu zeigen, indem sie beispielsweise ein Kreuz tragen; während Veganer, die nicht mit dem Bus fahren wollen, weil da Fliegen an der Windschutzscheibe zerklatschen, Gerichtsverhandlungen zum Schutz ihres Glaubens gewinnen. Es geht schon lange nicht mehr um richtig oder falsch, sondern nur darum, ob der Kult – vertreten durch die Mächtigen – etwas will oder nicht. Und wie sehr Sie von New-Woke-Jüngern beschimpft werden, hängt direkt davon ab, wo der Gegenstand ihrer Kritik in der politisch korrekten Hierarchie steht.

Harry Trotterl

Maya Forstater gab Richter Tayler eine intelligente Antwort: „Die Frage der Transgender-Inklusion als Argument dafür zu verwenden, dass männliche Personen Zutritt zu Räumlichkeiten für Frauen haben sollten, verletzt das Recht der Frauen auf Privatsphäre und ist grundlegend illiberal (und vergleichbar damit, dass man jüdische Menschen dazu zwingt, Schweinefleisch zu essen).“ Ihr Anwalt Peter Daly sagte: „Wäre unsere Mandantin mit ihrer Klage erfolgreich gewesen, hätte sie damit den Schutz für Menschen – auf beiden Seiten dieser Debatte – gesetzlich verankert, ihre Überzeugungen ohne Angst vor Diskriminierung auszudrücken.“ Kein Wunder, dass sie den Prozess verloren hat …

Die Gerichtsentscheidung ist umso ungeheuerlicher, wenn man ein Foto der Person sieht, die sich Forstater als „sie“ anzusprechen weigerte. Es handelt sich um den Lokalpolitiker Gregor Murray aus Dundee, der genau wie ein Mann aussieht, einschließlich Herrenhaarschnitt und Vollbart. Murray wurde im Mai 2019 für zwei Monate von seiner politischen Position suspendiert, weil er feministische Kritikerinnen als „Abschaum“, „abscheulich“ und „widerwärtig“ bezeichnet hatte. Ich frage mich, ob er damit den Kriterien von Richter Tayler entspricht, „in einer demokratischen Gesellschaft Respekt zu verdienen“. Die Kontroverse über Taylers lächerliche Entscheidung wurde weiter angeheizt, als die Autorin von „Harry Potter“ J. K. Rowling folgende Zeilen im Internet postete:

> Kleide dich, wie du magst.
> Nenn dich, wie du willst.
> Schlafe, mit wem auch immer du willst (sofern derjenige das auch will).
> Lebe dein bestmögliches Leben in Frieden und Sicherheit.
> Aber Frauen aus ihren Jobs drängen, weil sie sagen, dass das biologische
> Geschlecht real ist?
> #IchHalteZuMay #DiesIstKeineÜbung

Dies war das Stichwort für die woken Tugendprahler, sich wieder einmal heftig in ihre Höschen zu machen. „Menschenrechts“-Organisationen wie die britische New-Woke-Filiale von Amnesty International griffen Rowling an und betonten überkorrekt, dass Trans-Rechte Menschenrechte seien. Und was ist mit den *Frauen*rechten? Wie sieht es mit dem Recht auf Rede- und Meinungsfreiheit aus? Mein Gott, ist das erbärmlich. Die aufgeregte Reaktion war umso ironischer, als Rowling selbst oft Twittermeldungen auf die Welt loslässt, in denen sie allerlei New-Woke-Anliegen vertritt. Doch so etwas kann heutzutage nicht mehr als Entschuldigung dienen. Die New-Woke-Ideologie muss bis auf Punkt und Komma befolgt werden, wenn man nicht zum Revolutionsfeind erklärt werden will. Der *Star Wars*-Schauspieler Mark Hamill versetzte die ohnehin permanent aufgeregte New-Woke-Mafia noch mehr in Aufregung, als er den Tweet von Rowling mit einem „Like" versah. Wie so viele rückgratlose Prominente fiel aber auch er sehr bald auf die Knie und bettelte um Vergebung:

> Unwissenheit ist keine Entschuldigung, aber mir gefiel der Tweet, ohne dass ich verstand, was die letzte Zeile oder die Hashtags bedeuteten. Ich mochte einfach die ersten vier Zeilen und begriff nicht, dass der Rest einen transphoben Beiklang hatte.

Schon gut, Kumpel. Zieh die Zunge wieder ein und überleg dir, welchen „Beiklang" deine Feigheit für die menschliche Freiheit hat.

New-Woke-Stasi im Anmarsch

Der ehemalige britische Polizeibeamte Harry Miller wurde von der Polizei kontaktiert, die „seine Denkweise überprüfen" sollte, weil er eine Reihe Twitter-Nachrichten zum Thema Transgender gepostet hatte, die nicht „hasserfüllt", sondern einfach seine Meinung waren. Die Polizisten gaben zu, dass er nicht gegen das Gesetz verstoßen habe, und ordneten seine Handlungsweise in die orwellsche Kategorie „Verbrechen, kein Verbrechen" – was auch immer das bedeuten soll – ein. Sie nahmen die Angelegenheit als „Hassvorfall" auf. Miller brachte die Polizei vor den Londoner High Court, wo der Fall zum Glück von einem Richter verhandelt wurde, der nicht vom Woke besessen war. Richter Julian Knowles entschied, dass Millers Tweets „rechtmäßig" seien und die Handlungsweise der Polizei eine „erheblich abschreckende Wirkung" auf sein Recht auf freie Meinungsäußerung gehabt habe, die nicht unterbewertet werden dürfe. „Andernfalls würden wir eine zentrale demokratische Freiheit zu gering einschätzen", sagte der Richter. „Wir hatten in diesem Land nie eine Tscheka, Gestapo oder Stasi. Wir haben nie in einer orwellschen Gesellschaft gelebt."

Im letzteren Punkt muss ich dem Richter mittlerweile leider widersprechen. Polizeibehörden in aller Welt ignorieren heutzutage echte Verbrechen, um sich Gedankenverbrechen wie diesem zu widmen. Seit 2014 wurden in Großbritannien 120.000 „nichtkriminelle Hassvorfälle" in einem System registriert, das in Strafregisterauskünften aufscheint und die beruflichen Chancen der Betroffenen zerstören kann. Viele der Beamten sind entsetzt und schockiert darüber, dass sie so handeln müssen, doch ihr Lebensunterhalt ist davon abhängig, dass sie mitspielen. So vereinnahmt der Kult Fußsoldaten gegen ihren Willen. Die New-Woke-Polizei macht die Freiheit stündlich mehr kaputt, indem sie den Anweisungen des 2012 gegründeten College of Policing [dt. etwa: Schule für Polizeiarbeit] folgt, die New-Woke-Ideologie in solle in die Strafverfolgung übernommen werden (Abb. 349). Das College definiert einen „Hassvorfall" als „jeden nichtkriminellen Vorfall, bei dem das Opfer oder eine andere Person annimmt, dass er durch Feindseligkeit oder Vorurteile gegen eine Person, die transgender ist oder als transgender wahrgenommen wird, motiviert ist". Es handelt sich hier – wie beabsichtigt – um eine Opfercharta, bei der ein paar Beschwerden, manchmal auch *nur eine*, dazu ausreichen, eine polizeiliche Untersuchung einzuleiten oder Silicon Valley und andere Konzerne dazu zu veranlassen, die freie Rede zu zensieren oder bestimmte Produkte vom Markt zu nehmen.

Abb. 349: „New-Woke-Polizei zerstört die Freiheit" – *Der freiheitsvernichtende New-Woke-Irrsinn fließt auch in die Polizei und alle anderen Institutionen ein, weil das der Plan des Kults ist.*

Eine solche Politik wäre purer Irrsinn – wenn die Agenda nicht genau solche Beschwerdeführer bräuchte, um ihre Zwangsmaßnahmen zu rechtfertigen. Gibt es nur einen, der sich beschwert, dann muss eben dieser eine reichen. Sogar transsexuelle Frauen, die *von sich selbst* sagen, dass sie biologisch gesehen Männer sind, werden auf Twitter gesperrt. Wahnsinn? Ja, kalkulierter Wahnsinn zum Wohle der Kult-Agenda. Jon Caldara, der meistgelesene Kolumnist der US-Zeitung *Denver Post*, gibt an, dass er gefeuert wurde, weil er davon überzeugt war, dass es nur zwei Geschlechter gibt. Über seine Entlassung berichtete er: „Das Todesurteil für meine Kolumne dürfte gewesen sein, dass ich auf der Existenz von nur zwei Geschlechtern beharrte und frustriert darüber war, dass wir unser Recht auf freie Meinungsäußerung verlieren sollen, um die Inklusion der Transgegenderten (nicht einmal dieses Wort ist erlaubt) zu gewährleisten." Caldara ist nach eigener Aussage ein Befürworter der Homo-Ehe, hat LGBT-Freunde und schert sich nicht im Geringsten darum, wer welche Toilette benutzt. Doch auch das konnte ihn nicht retten; die New-Woke-Ideologie verlangt totalen Gehorsam, sonst wird sie ungemütlich.

Ein weiterer übler Aspekt der Caldara-Geschichte ist die Tatsache, dass es in seinem Artikel um das „Stilbuch" der Nachrichtenagentur *Associated Press* ging, in dem ein einheitlicher Grammatik- und Begriffsstil für die Mitarbeiter festgelegt ist. Laut Caldara behauptet dieses Buch, es gäbe mehr als zwei Geschlechter und das Pronomen „they", im Englischen ursprünglich nur für den Plural gedacht, sei nun ein Wort zur Bezeichnung einer einzelnen Person. „Illegaler Einwanderer" wurde übrigens ebenfalls ersetzt – durch „undokumentierter Einwanderer". Das alles ist die Sprache, mit der die Agenda forciert werden soll. Trotzdem gibt es nicht mehr als zwei Geschlechter. Es mag sein, dass es mehrere Geschlechts*identitäten* gibt, für die sich die jeweilige Person selbst entscheidet, aber das ist nicht dasselbe wie *biologische* Geschlechter. Und die Idee, dass das Wörtchen „they" allen Ernstes für den Singular benutzt werden soll, ist derart verblödet, dass ich mich gar nicht weiter damit befassen will.

Wir haben es hier jedenfalls live und direkt mit Tyrannei zu tun. Wahrscheinlich konnten auch Sie in den Medien verfolgen, welchen Extremen der Transgendermanipulation Kinder, Erwachsene und ganze Bevölkerungen ausgesetzt sind; Beispiele dafür gibt es Woche für Woche unzählige. Im Folgenden finden Sie ein paar der Schlagzeilen, die in den vergangenen paar Monaten auf Davidicke.com erschienen sind:

Geschworene urteilen gegen Vater, der sein siebenjähriges Kind vor „Geschlechtswechsel" schützen wollte. Kalifornien fügt Iowa seiner Liste mit „Reisewarnungen" hinzu, weil dort Geschlechtsumwandlungen nicht staatlich finanziert werden. Verbot schädlicher Geschlechterstereotypen in Werbeinseraten tritt in Kraft. UNESCO behauptet, dass Siri und Alexa Geschlechterstereotypen fördern. Dreijähriger wechselt sein Geschlecht von Junge zu Mädchen, nachdem er zu Pflegeeltern geschickt worden war, deren Sohn im Alter von sieben Jahren das Geschlecht von Junge zu Mädchen wechselte. Transgenderunterricht für Zweijährige. Mädchen schwänzen die Schule, um nicht gemeinsam mit Jungen auf genderneutrale Toiletten gehen zu müssen, weil sie sich dabei unsicher und beschämt fühlen. Frankreich will die Geschlechtertrennung von Kinderspielzeug aufheben (um einen neuen Geschlechterstereotyp zu schaffen). Schule sperrt protestierende Schüler aus, die gegen „sinnlose" genderneutrale Schuluniformen demonstrieren, die Mädchen und Jungen dazu zwingen, gleich auszusehen. Drag-Künstler lesen Kindern vor, weil Bibliothek in Märchenstunden versucht, sie über Geschlechtsidentität aufzuklären. Schwedische Regierung bewilligt 175.000 Dollar für die Finanzierung von Dragqueen-Shows für Kinder. Dragqueen zieht sich bei Märchenstunde vor Kindern aus. Schule in Brooklyn verteilt „Dragqueen in Ausbildung"-Aufkleber an Vierjährige. Dragqueen bringt Kleinkindern Hinternwackeltanz bei. Noch ein Perverser der Dragqueen-Märchenstunden als Sexualstraftäter entlarvt … warum setzen öffentliche Schulen unsere Kinder diesen Abartigen aus? Houston-Ortsgruppe der „Dragqueen-Märchenstunde" muss wegen Pädophilieskandal zusperren. Kindliche Dragqueen posiert neben fast nacktem erwachsenen Pendant – Mutter wendet ein, dass der Junge dadurch nicht sexualisiert worden sei. Dragqueen, die Kleinkinder über sexuelle Toleranz unterrichtet, postet beleidigende Tweets, darunter einen, in dem sie die ehemalige Tory-Ministerin Ann Widdecombe als „beschissenes, giftiges, heuchlerisches Weibsstück" bezeichnet. Dragqueens werden in Kindergärten eingesetzt, um Kindern dort etwas über sexuelle Diversität beizubringen. Dragqueen strippt für Kinder in der Bücherei von King County. Grundschule lädt vorbestrafte Dragqueen zu Gesprächen mit Kindern ein. *Vice News* feiert vorpubertäre Jungen in Drag-Kostümen: „Die nächste Dragqueen-Generation". Dragqueen gibt zu, dass er bei „Märchenstunden" die „nächste Generation heranzüchtet". Wütende Eltern kritisieren Grundschule wegen der Einladung einer Dragqueen, die sich „Bristols Ortsschlampe" nennt, und einer Transvestitengruppe – sie alle sollen Kindern Geschichten über Toleranz vorlesen. Progressive Männer schneiden sich nun buchstäblich die Eier ab – der Gender-Irrsinn wird mehr und mehr zur gefährlichen Geisteskrankheit. Transgendermodel fordert, dass Hersteller von Sanitärartikeln ihre Waren neu gestalten sollten, weil „hübsche und rosafarbene" Produkte, die auf Frauen abzielen, ihm psychologische Schmerzen verursachen. Fluglinie United Airlines führt „nichtbinäre" Gender-Flugbuchungen ein. Die Polizei von Northamptonshire gibt jetzt Baseballkappen im US-Stil aus, die aus irgendeinem Grund Transgenderrekruten anlocken sollen.

Abb. 350: „Davon werden sich kleine Kinder doch nicht über ihr Geschlecht verwirren lassen, oder? Und dass Dragqueens in Schulen auf aller Welt auftreten, hat bestimmt kein System, nicht wahr? Puh, Gott sei Dank!" – *Die Tatsache, dass sich solche Szenen plötzlich in einem Land nach dem anderen abspielen, ist reiner Zufall. Das hat alles nichts damit zu tun, dass die Geschlechterwahrnehmung von Kindern von klein auf systematisch durcheinandergebracht wird.*

Jeden Tag gibt es neue Geschichten dieser Art; wir haben längst den Punkt überschritten, an dem man die realen Ereignisse noch parodistisch übertreiben konnte. Einige dieser Schlagzeilen spiegeln das wie aus dem Nichts kommende Auftauchen unzähliger Dragqueens auf der ganzen Welt wider, die engagiert werden, um kleinen Kindern von fünf Jahren oder noch jünger in Schulen oder Büchereien Geschichten vorzulesen – überall, von Nordamerika über Skandinavien und den Rest Europas bis nach Australien. Auch das ist natürlich reiner Zufall (Abb. 350).

Die dahinterstehende Absicht lautet, Kinder zu sexualisieren und über ihr Geschlecht zu verwirren. Die schottische Unterhausabgeordnete Mhairi Black lud eine Dragqueen namens „Flowjob", die auf Twitter recht eindeutige Bilder postet, dazu ein, bis zu vier Jahre jungen Kindern an einer Grundschule Geschichten vorzulesen. Als Eltern sich darüber beschwerten, bezeichnete sie diese in typischer New-Woke-Manier als „homophob". In einem Internetvideo ist eine Dragqueen zu sehen, die anzüglich tanzt und auf Händen und Knien vor einem kleinen Mädchen auf dem Boden herumkriecht, während Erwachsene dazu jubeln und applaudieren. Die Dragqueen streicht dem Mädchen dann übers Haar und küsst es. Es ist ein widerliches Schauspiel – aber werden die beteiligten Eltern deshalb Besuch vom Sozialdienst erhalten, wie es bei so vielen liebenden Eltern der Fall ist? Ganz sicher nicht.

Eine amerikanische Dragqueen namens Kitty Demure stellte ein Video online, in dem er sich schockiert darüber zeigte, dass Eltern so etwas zulassen. Er fragte: „Würden Sie wollen, dass eine Stripperin oder ein Pornostar Ihr Kind beeinflusst?" Demure fragte weiter, warum die Woke-„Linke" so viel Respekt vor Dragqueens hat, wenn sie „sich schminken, wild herumspringen, sich am Boden wälzen und auf der Bühne sexuelle Darstellungen vorführen". Er sagte, dass Eltern ihre Kinder nicht auf diesen Weg bringen sollten, und behauptete mit Recht, dass viele von ihnen das nur tun, weil sie cool oder woke erscheinen wollen. „Man kann sein Kind auch zu einem ganz normalen, gewöhnlichen Menschen erziehen, ohne es in schwule, sexuelle Dinge zu verwickeln." Leider kann man das heute nicht mehr, wenn es nach dem Kult geht.

Ich habe kein Problem mit Dragqueens. Was Erwachsene freiwillig tun, geht mich nichts an. Doch es ist *etwas ganz anderes*, Kinder systematisch zu indoktrinieren und zu manipulieren – und das sollten wir laut und unablässig aussprechen, bis endlich wieder Vernunft einkehrt (Abb. 351). Der Gedanke, dass wir uns immer noch in der ersten Phase befinden, ist ernüchternd. Man stelle sich vor, was auf Kinder zukommt, wenn ihre Eltern

Abb. 351: „Ich habe kein Problem mit Dragqueens ... und wünsche ihnen alles Gute. Ich habe nur ein Problem damit, dass sie dazu eingesetzt werden, die Geschlechterwahrnehmung von Kindern zu verwirren." – *Warum sollten Schulen und DAS SYSTEM so etwas tun, wenn sie nicht Kinder und deren Geschlechterwahrnehmung aufs Korn genommen hätten? Was Erwachsene freiwillig tun, geht mich nichts an. Die Manipulation von Kindern geht jedoch UNS ALLE an.*

sich nicht endlich ein Herz fassen und diesem Unfug gemeinsam ein Ende machen. Neuerdings wird sogar behauptet, dass die Morde an Transgenderpersonen, vor allem farbigen, „epidemische Ausmaße" angenommen hätten. Die realen Statistiken entlarven dies als absolute Lüge. Dennoch wurde diese Lüge in den USA von Präsidentschaftskandidaten der Demokraten, von der unter Kontrolle des Kults stehenden American Medical Association und New-Woke-Organisationen wie der Human Rights Campaign, die sich in Amerika für LGBTQ-Rechte einsetzt, weiterverbreitet. Laut besagter Human Rights Campaign gab es 2018 im Zuge dieser „Epidemie" 26 Morde an Transgenderpersonen, was auf einen Durchschnitt von 1,8 Morden pro 100.000 Transgenderpersonen hinausläuft. Die Mordrate für die Allgemeinbevölkerung lag im Jahr 2018 bei 4,9 pro 100.000 Einwohner; das heißt, dass Transgenderpersonen mit deutlich geringerer Wahrscheinlichkeit durch Gewalteinwirkung ums Leben kommen. Das soll eine *Epidemie* sein? Die Methode ist ganz klar: Man schießt Lügen in alle Richtungen ab und verlässt sich darauf, dass fast niemand sich die Mühe machen wird, die Fakten zu überprüfen, sondern die Leute lieber daran glauben. Und so kommt die Agenda wieder einen Schritt voran.

Eine Verschwörung mit vielen Gesichtern

Die weltweit, aber vor allem in den westlichen Ländern sinkende Spermienzahl passt sehr gut zum Plan, erst den Transgender-, dann den geschlechtslosen und schließlich den nicht mehr fortpflanzungsfähigen Menschen zu erschaffen. Schuld am Absturz der Spermienzahl sind geschlechtsverändernde Chemikalien in unserer Umwelt, einschließlich Speisen und Getränke, aber auch die ständig von den Smartphones in den Hosentaschen der Männer erzeugte Strahlung, Wi-Fi und die Einführung von 5G. Eine Bestätigung dafür ist, dass es heute so viele Fruchtbarkeitskliniken gibt wie nie zuvor. Die Fertilitätsrate in den USA fiel zwischen 2007 und 2011 um neun Prozent und sank im Jahr 2016 auf den niedrigsten Wert seit Beginn der Aufzeichnungen.

Gleichzeitig propagiert ein Dr. Elyakim Kislev, Professor an der Hebräischen Universität Jerusalem, die Vorzüge des Singledaseins. Er sagt: „Als Single zu leben, kann von Vorteil sein und muss niemanden deprimieren." Dieses Thema taucht mittlerweile in vielen Varianten auf. Jeder Mensch kann und soll sich natürlich für die Lebensweise entscheiden, die er bevorzugt, aber wenn man alles zusammennimmt, zeigt sich ein klares Motiv: Der Kult *will eine unfruchtbare Menschheit*. In einer Welt ohne Fortpflanzung werden männliches und weibliches Geschlecht nicht mehr gebraucht; daher erleben wir jetzt auch, wie sie systematisch ausgelöscht werden. Wir mögen uns noch in einem relativ frühen Stadium befinden, doch das Ziel ist eindeutig – und die Pläne des Kults realisieren sich bekanntlich immer schneller, je weiter sie sich der Stufe der „Normalisierung" annähern. Wenn Nichtweiße den Untergang der Weißen feiern, sollten sie daran denken, dass sie die Nächsten sein werden. Dieser Krieg richtet sich nicht nur gegen Weiße, sondern gegen die gesamte Menschheit. Daher müssen wir uns zusammentun und dürfen dem Kult nicht gestatten, uns auseinanderzubringen (auch dieser Satz wurde vor der „sozialen Distanzierung" geschrieben).

Denken Sie daran, dass der Wahnsinn, den ältere Menschen leicht durchschauen, für die heute geborenen Kinder der „Normalzustand" ist. Auch aus diesem Grund wird die Spaltung zwischen Jung und Alt mit solcher Vehemenz betrieben. Mit „Normalisierung" meine ich übrigens die Normalisierung des Irrsinns, wie sie George Orwell in seinem Konzept von 2+2=4 kontra 2+2=5 so brillant geschildert hat. Er schrieb in seinem Roman „1984": „Freiheit ist die Freiheit zu sagen, dass zwei plus zwei vier ist. Wenn das gewährt ist, folgt alles Weitere." Wenn wir weiterhin die Freiheit haben, die Tatsachen zu benennen, können wir die offiziellen Lügen immer noch infrage stellen. Das wusste der Große Bruder und beschloss daher, dass 2+2=5 ist und jeder dies glauben musste – sonst würde er schon sehen. In einem solchen Fall weiß man zwar zu Anfang noch, dass die richtige Antwort 4 ist, doch irgendwann wird es einfacher, der Antwort 5 zuzustimmen. Und schließlich *glaubt* man dann aus Gründen der Selbstachtung daran, dass die Antwort 5 lautet. Die Übergangsphase zwischen „4" und „5", in der wir uns jetzt befinden, beruht auf einer anderen Orwell-Idee – der des „Doppeldenk" oder „Zwiedenkens", das es uns ermöglicht, an zwei einander widersprechende Dinge gleichzeitig zu glauben und sie für wahr zu halten. Auf diese Art können 4 und 5 nebeneinander existieren, bis 5 vollständig die Oberhand gewinnt. Ein gutes Beispiel für Doppeldenk ist die Überzeugung, dass man gleichzeitig offene Grenzen und genügend Wohnungen, Arbeitsplätze, Schulen und Krankenhausbetten haben kann. Orwells Roman und die darin beschriebenen Manipulations- und Kontrollmethoden sind überall zu finden. Der Autor schrieb:

> Am Ende würde die Partei behaupten, dass zwei plus zwei fünf war, und man würde es glauben müssen. Es war unvermeidbar, dass sie diese Behauptung früher oder später aufstellen würden: Das verlangte die Logik ihrer Position. Nicht nur der Wert empirischer Erfahrung, sondern die gesamte Existenz der Außenwelt wurde von ihrer Philosophie stillschweigend geleugnet. Die schlimmste aller Häresien war der gesunde Menschenverstand.
>
> Und das Schrecklichste war nicht, dass sie dich umbringen konnten, wenn du anderer Ansicht warst, sondern dass sie womöglich recht hatten. Denn woher wissen wir denn, dass zwei plus zwei vier ist? Oder dass es die Schwerkraft tatsächlich gibt? Oder dass man die Vergangenheit nicht ändern kann? Wenn sowohl die Vergangenheit als auch die Außenwelt nur in unserem Kopf existieren und die Köpfe perfekt kontrolliert werden können – was dann?

Eine solche Situation wird möglich, wenn nur ein paar wenige die Wahrheit über die Realität kennen und sie von den Massen fernhalten. Ob Außenwelt oder nicht – es geht darum zu erkennen, dass wir Unendliches Gewahrsein und eine individuelle einzigartige Wahrnehmung sind. Ich bin eine einzigartige Erfahrung namens David Icke und Alles Was Ist, War und Je Sein Kann. Die New-Woke-Ideologie zwingt der Bevölkerung eine lange Liste von Forderungen auf, die im Endeffekt nur auf 2+2=5 hinauslaufen. Zu dieser Liste gehören der menschengemachte Klimawandel ebenso wie die politische Korrektheit und vor allem die postbiologische Lehrmeinung von den Geschlechtern. In ihrem Namen werden Biologieprofessoren angegriffen, beschimpft und „untersucht", weil sie zu behaupten wagen, dass Männer und Frauen biologisch unterschiedlich sind. Selina Todd, Professorin für Geschichte an der Universität Oxford, die auf das Leben von Frauen und der Arbeiterklasse spezialisiert ist, musste sich Leibwächter zulegen, weil sie für Frauenrechte eintrat und deshalb von Transgenderaktivisten bedroht wurde. Dr. Allan M. Josephson, ehemaliger Institutsleiter für Kinder- und Jugendpsychiatrie und -psychologie, wurde von der University of Louisville auf einen weniger prominenten Posten degradiert, weil er gesagt hatte, dass man Kindern, die von sich behaupten, transgender zu sein, nicht sofort glauben sollte. Professor Nicholas Meriwether von der Shawnee State University im US-Bundesstaat Ohio wurde gerügt, weil er sich geweigert hatte, einen Studenten mit männlichem Körperbau mit „weiblichem Pronomen" anzusprechen, da dies gegen seine religiösen Überzeugungen verstoßen hätte.

Viele andere wurden einfach entlassen oder mithilfe massiver und sogar gewalttätiger New-Woke-Proteste wegen milder Aussagen, die auf 2+2=4 beruhen, von ihrem Arbeitsplatz vertrieben. Aktivisten beharren darauf, dass die Gesellschaft sich ändern und der Prämisse folgen muss, dass es keine Geschlechter gibt, außer wenn Menschen sich zu einem beliebigen Zeitpunkt für ein beliebiges Geschlecht entscheiden. 2+2=4 wird von 2+2=5 verdrängt. Der Plan des Kults für die Welt kann nur realisiert werden, wenn Fakten und die Freiheit, sie auszusprechen, aufgegeben werden. Um das zu schaffen, muss 2+2=5 zur Norm und 2+2=4 zum Feind der Revolution erklärt werden. Fakten werden durch *wahrgenommene* Fakten ersetzt. Sobald die Generationen, die in der 2+2-4-Ära geboren wurden, einmal weg sind, werden alle Menschen in die postfaktische Welt des 2+2=5 geboren (Huxley würde „dekantiert" sagen) und von der Wiege bis zum Grabe nichts mehr anderes zu hören bekommen. Um Adolf Hitler zu zitieren:

> Wenn der Gegner erklärt: „Ich gehe doch nicht zu euch, und ihr werdet mich auch nicht bekommen", so sage ich ganz ruhig: Dein Kind gehört uns bereits heute! [...] Was bist du? Du vergehst, aber deine Nachkommen stehen schon im neuen Lager. Sie werden in kurzer Zeit überhaupt gar nichts anderes mehr kennen als diese neue Gemeinschaft.

Eine weitere 2+2=5-Zumutung ist die Pronomentyrannei, bei der Transgendermänner und -frauen darauf bestehen, dass sie mit ihrem bevorzugten Fürwort „sie", „er" oder dem völlig absurden Mehrzahl-„sie" („they") angesprochen werden. Tut mir leid, aber ich werde eine Einzelperson nie mit „sie" im Plural anreden. Schließlich habe ich einen gewissen Respekt vor der Sprache – und wenn man der Dummheit Zugeständnisse macht, wird man selbst dumm. Dabei wäre alles so einfach: Transgenderpersonen in männlichen oder weiblichen Körpern, die sich mit den gegenteiligen Pronomen anreden, sollten die Freiheit dazu haben. Und jeder, der über sie spricht und sich nicht wohl dabei fühlt, „er" für einen Frauenkörper oder „sie" für einen Männerkörper zu verwenden, sollte ebenfalls die Freiheit dazu besitzen. Bei dieser Lösung siegt die Freiheit für alle Beteiligten. Genau deswegen wird sie auch nicht zustande kommen, weil der Kult es auf die Freiheit abgesehen hat und sie um jeden Preis verhindern will.

Eltern zum Schweigen bringen, Lehrer programmieren

Viele Eltern, die zutiefst unglücklich über das sind, was mit ihren Kindern in der Schule passiert, getrauen sich dies nicht auszusprechen, weil sie die Folgen fürchten. Die meisten Lehrer sind dazu programmiert, an das Programm zu glauben. Die wenigen unter ihnen, die den Irrsinn und vielleicht sogar die Verschwörung dahinter durchschauen, wissen genau, dass ihre Karriere am Ende ist, wenn sie die aufgezwungene Lehrmeinung infrage stellen. Die New-Woke-Bewegung hält sich als eine Ausprägung des Kults auch an die Methoden des Kults, indem sie anderen eine Agenda auferlegt und jeden, der das mitbekommt, einschüchtert oder mundtot macht. Wenn die Menschen dieser Einschüchterung nachgeben, sind die Kinder dieser Welt nichts als Lämmer, die zur Wahrnehmungsschlachtbank geführt werden. Wir werden Zeugen des schleichenden Totalitarismus, der letztendlich zur vollständigen staatlichen Kontrolle der Kinder und der Ausschaltung aller elterlichen Rechte, die schon heute nach und nach ausgehebelt werden, führen soll.

Ein Lehrer in Texas verkörperte diese Entwicklung, als er sagte, dass Eltern bei der Erziehung ihrer Kinder „nicht das letzte Wort haben" sollten. Er reagierte damit auf Beschwerden von Eltern über eine der leidigen Dragqueens, die dazu engagiert werden, Schulkinder zu indoktrinieren. Die eindeutig an Entertainment für Erwachsene orientierte Draqqueen mit dem Künstlernamen „Lynn Adonis" verbrachte einen Tag mit den Kindern an der Willis High School und tauschte Kontaktadressen der sozialen Medien mit ihnen aus. Schulleiterin Stephanie Hodgins verteidigte die Entscheidung, die Performerin einzuladen, und bewies damit, dass sie im falschen Job ist; der ahnungslose Englischlehrer Anthony Lane sagte, dass Eltern sich gefälligst dem Willen der „Gemeinschaft" beugen und ihr die Erziehung ihrer Kinder überlassen sollen. Da haben wir's – genau auf den Punkt gebracht. Solche Aussagen fallen immer häufiger, weil der Kult die Elternrechte und den Familienverbund aufs Korn genommen hat. „Ich glaube, dass die Erziehung eines Kindes in der Verantwortung der Gemeinschaft liegt und Eltern nicht das letzte Wort haben sollten", brabbelte dieser große Geist aus Amerika vor sich hin. „Seien wir ehrlich, manche von Ihnen wissen doch gar nicht, was für Ihre Kinder am besten ist." Aha … *aber* dieses Musterbeispiel für Akademikerarroganz weiß das wohl ganz genau (*„Ich habe recht!"*). Für ihn steht fest, dass das Wohl der Kinder am ehesten durch Ratschläge von „Lynn Adonis" gefördert wird – also von einem Mann, der sich als Frau verkleidet und in einem Internetvideo aufreizende Tänze aufführt, während ihm die Kunden mit Dollarscheinen winken.

Der Vatikan wird seit Langem vom sabbatianisch-frankistischen Flügel des Kults kontrolliert (siehe dazu auch „The Trigger"), der die Position des Papstes innehat. Der derzeitige Amtsinhaber, Papst Franziskus, vertritt häufig öffentlich Anliegen des Kults wie den Klimawandel und spricht auch über Themen, die mit Schulbildung und Kindererziehung zu tun haben. Er fordert unter dem Titel „Reinventing the Global Education Alliance" [dt. etwa: „Die Neuerfindung der globalen Bildungsallianz"] einen „globalen Pakt für Bildung", um einen „neuen Humanismus" zu schaffen. Franziskus lud Schlüsselfiguren aus Politik, Wirtschaft und Wissenschaft, der akademischen Welt und der Soziologie sowie Prominente aus Bereichen wie dem Sport zu einer Konferenz ein. Der „globale Pakt für Bildung" wurde unterzeichnet, um „jüngeren Generationen ein geeintes und brüderliches gemeinsames Zuhause zu geben" und „durch Bildung einen globalen Mentalitätswandel herbeizuführen" (soll heißen: die Jugend zu indoktrinieren). Orwell hätte in der verwendeten Sprache viele Motive aus seinem berühmten Roman wiedererkannt. So wurde zum Beispiel auch ein Ausspruch der Kult-Agentin Hillary Clinton zitiert: „Es braucht ein Dorf, um ein Kind zu erziehen". Papst Franziskus betonte die Notwendigkeit, ein „pädagogisches Dorf" zu schaffen, mit „einem Bildungsweg, an dem alle beteiligt sind". Nirgends in der Ankündigung des Papstes kam die zentrale Rolle der Eltern bei der Kindererziehung vor, weil ja sowieso der Staat das alles übernehmen wird – das weiß Franziskus und fördert es auch.

Der Papst sagte auch, dass es unsere „Pflicht" sei, internationalen Institutionen wie den Vereinten Nationen und der Europäischen Union zu „gehorchen". Sein Aufruf zu einem „neuen Humanismus" ist schon deshalb recht ironisch, weil dieses Wort laut Definition „eine rationalistische Weltanschauung oder Denkweise, die den menschlichen und nicht den göttlichen oder übernatürlichen Dingen die größte Bedeutung beimisst" bedeutet. Eine rationalistische Weltanschauung oder Denkweise bezieht sich in diesem Zusammenhang auf die Technokratie, die die Abschaffung jeglicher Spiritualität verlangt, weil sie durch die New-Woke-Religion ersetzt werden soll. Der Papst ist ein „Mann Gottes"? Ja, genau – und ich bin ein Gummibärchen.

Ein wichtiges Werkzeug des Kults zur Einschüchterung von Eltern ist die in allen Ländern des Westens (und anderswo) aktive Sozialdienste-Mafia, über die der Staat Kinder in enormer Zahl – und es werden immer mehr – aus lachhaften und offensichtlich erfundenen Gründen ihren liebenden Eltern wegnimmt. Pädophilen- und Satanistenringe, die sich der Sozialdienste bedienen, lassen sogar Kinder auf Bestellung stehlen. Ich habe diesen Skandal und seine Folgen für Kinder und Eltern bereits in anderen Büchern aufgedeckt. Geheime „Familiengerichte", denen auch satanistische und pädophile Richter, Anwälte, Sozialarbeiter und Polizisten angehören können, werden dazu eingesetzt, Kinder für den Staat und den Kult zu beschaffen und sie Eltern wegzunehmen, die sie anhimmeln (Abb. 352). In diesen „Familiengerichten" gibt es keine Geschworenen, sodass pädophile oder satanistische Richter – oder Pädophilen- und Satanistenringe, die sich dieser Richter bedienen – über die Urteile bestimmen können. Viele Eltern fürchten heute vor allem, dass der Sozialdienst anrufen oder an der Tür klopfen könnte. Diese Kindesentführung durch

Abb. 352: „Wie kann es in geheimen Gerichten Gerechtigkeit geben?" – *Geheime Gerichte in angeblich „freien" Ländern stehlen liebenden Eltern in gewaltigem Ausmaß ihre Kinder. Die Eltern dürfen sich nicht öffentlich dazu äußern, und die Medien werden ausgeschlossen.*

den Staat ist ein Teil der schleichenden Entwicklung zum Ende von biologischer Elternschaft und Fortpflanzung.

Lehrer, Ärzte, Polizei und andere Berufsgruppen werden ermutigt und beauftragt, Eltern unter erfundenen Vorwänden bei den Sozialdiensten zu melden. Das wäre durchaus gerechtfertigt, wenn ein echter Missbrauch vorläge. In den Fällen, über die ich hier rede (und das sind unzählige), werden die Kinder aber ganz und gar nicht missbraucht, ganz im Gegenteil. Die Eltern haben Angst, sich zu erheben, zu protestieren und sich über Dragqueens und Transgender-Indoktrination in den Schulen zu beschweren. Sie fürchten Repressalien von zunehmend autoritären Schulen und Sozialdiensten oder Beschimpfungen durch New-Woke-Fanatiker und sogar andere Eltern, die in einem vom Kult erzeugten Wahrnehmungskoma gefangen sind. Die armen Kinder haben keinen Schutz davor, dass ihr Verstand von der Macht des Bösen absorbiert wird, damit aus ihnen die nächste und noch extremere New-Woke-Generation werden kann, während der Familienverbund demontiert wird, um durch KI-Technologie und den Weltstaat ersetzt zu werden.

Ich kann verstehen, wie einschüchternd die Vorstellung sein muss, sich möglicherweise dem Zorn der Schule und der tyrannischen Sozialdienste auszusetzen. Doch wenn Sie sich nicht wehren, sind Ihre Kinder Tag für Tag, wenn sie in die Schule gehen, der nicht existierenden Gnade des Kults und des im Kultbesitz befindlichen Staates ausgeliefert. Eltern sollten nicht als isolierte Einzelkämpfer agieren, sondern sich in Gruppen zur gegenseitigen Unterstützung zusammenschließen, um gegen diese Machenschaften vorzugehen und sie aufzudecken. Der Kult ist hinter Ihren Kindern her und noch mehr hinter den Kindern Ihrer Kinder. Es ist höchste Zeit, ihm eine Grenze zu setzen – solange es noch Grenzen gibt.

KAPITEL 14

WAS IST DIE SYMPHONIE „AUS DER NEUEN WELT?"

„Kontrolliere deine Schwingungen, um deine eigene Harmonie zu meistern."
Suzy Kassem

Die konventionelle Antwort auf die in der Kapitelüberschrift gestellte Frage lautet, dass die Symphonie „Aus der Neuen Welt" die 9. Symphonie des tschechischen Komponisten Antonín Dvořák ist. Hier soll jedoch von einer anderen Version die Rede sein, die ich als Symphonie „Aus der *Schönen* Neuen Welt" bezeichne.

Dvořáks Komposition können wir genießen, weil Musikinstrumente bestimmte Schwingungen erzeugen; meine Version wird mit den Schwingungen gespielt, die von Menschen über die Wahrnehmung ausgehen. Ich habe mich in den vorigen Kapiteln mit den Auswirkungen der Manipulation durch den Kult befasst, die in der Fünf-Sinnes-Realität oder dem Sichtbaren – einer holografischen Projektion des unsichtbaren Wellenfelds – erlebbar sind. Die Grundlage unserer Realität sind in Schwingungen und Wellen codierte Informationen, deren Gehalt durch die Frequenzen dieser Schwingungen und Wellen vermittelt wird. Hass ist beispielsweise eine langsame, dichte Frequenz, während Liebe, Freude, Dankbarkeit und Vergebung schnelle, hohe und ausgedehnte Frequenzen erzeugen. Das eine stellt ein Schwingungsgefängnis dar, das andere offenbart einen Ausweg aus der Matrix. Die Symphonie „Aus der *Schönen* Neuen Welt" ist ein niedrig schwingendes Informations- und Wahrnehmungskonstrukt, das die Menschheit vom erweiterten SELBST und DEM WAHREN ICH trennt. Könnten wir diese „Symphonie" aus Wellen hören, so würde sie klingen wie der Soundtrack zu einem Horrorfilm – langsam, tief, morbid, schwer und beklemmend. Sie wäre vergleichbar mit der gutturalen Stimme des lebenslangen Kult-Agenten Henry Kissinger oder mit dem Klang, den der Saturn aussendet, wie man in YouTube-Videos hören kann. Die Verbindung zwischen dem Saturn und dem, was ich die Wellen-„Symphonie" der Simulation nenne, habe ich in „Alles, was Sie wissen sollten" erläutert.

Würden wir Gefängnismauern aus Steinen und Gittern um uns herum errichten, dann gälten wir als verrückt. Wenn wir das aber mit den Frequenzen tun, die wir alle aussenden, dann gilt das als „normal" und „in der wirklichen Welt leben" (Abb. 353). Wer

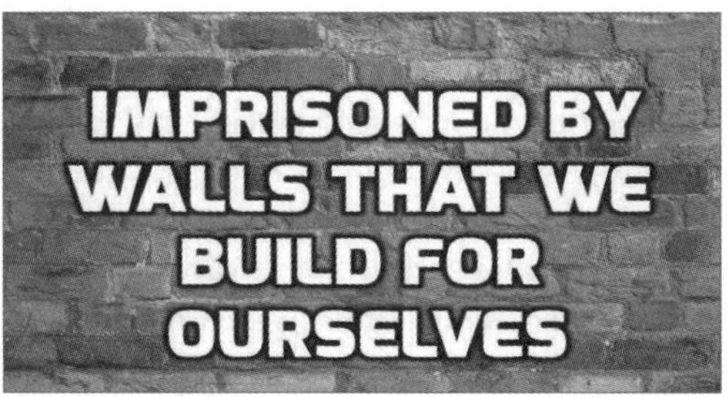

Abb. 353: „Gefangen zwischen Mauern, die wir selbst errichtet haben“ – *Wir haben die Mauern gebaut – also können WIR sie auch niederreißen.*

Abb. 354: Das perfekte Symbolbild für Wellen- und Wahrnehmungsverschränkung.

sich aber weigert, sich in seine Wahrnehmungs-/Schwingungsgefangenschaft zu fügen, wird als „Spinner, Verrückter, Pseudowissenschaftler und Verschwörungstheoretiker“ bezeichnet. Die Welt steht wirklich kopf. Die Reihenfolge ist leicht nachzuvollziehen: Informationen = Wahrnehmung = Art der Schwingungen und Frequenzen, die von den Menschen in Form von Wellen ausgesandt werden. Diese Wellen verschränken sich mit ähnlichen Wellen und erzeugen so kollektive Netzwerke mit der gleichen Schwingung/Frequenz, die wiederum die Wahrnehmung aller Beteiligten beeinflussen (Abb. 354). Im Hinblick auf die Wellen entspricht dies etwa dem Sachverhalt, dass man immer nur eine Version der Ereignisse hört, bis man diese Version glaubt, weil man nie eine Alternative kennengelernt hat. Es ist eine kollektive Version der Blase.

Wahrnehmungen werden aber nicht nur durch die von den fünf Sinnen empfangenen Informationen geprägt. Sie lassen sich am besten durch die Wellenverschränkung mit Gleichgesinnten – also Menschen mit der gleichen Schwingung/Frequenz – im Bewusstsein verankern. Je länger man in diesem Wahrnehmungszustand verharrt, desto mehr verfestigt sich die Schwingung. Durch niemals hinterfragte Wiederholung und die ständig bestätigend wirkende Verbindung mit dem kollektiven Feld der Wellenverschränkung mit Gleichgesinnten wird sie stärker und stärker. Der Wellenzustand wirkt sich dann auf die Bildung von Nervenbahnen im Gehirn oder neuronalen Netzwerken aus, die in ihren grundlegenden Formen ebenfalls nichts anderes als Wellen sind und bestimmen, wie Informationen zu Wahrnehmungen verarbeitet werden. Wenn ich von Menschen spreche, die bestimmte Informationen oder Ideen nicht erfassen oder verarbeiten können, dann meine ich das wörtlich. Wellenfelder, die von briefmarkengroßen Wahrnehmungen ausgehen und von Nervenbahnen im Gehirn verarbeitet werden, die genau diesen Wellenfeldern entsprechen, können keine Informationen außerhalb ihrer Wahrnehmungsgrenzen decodieren, ebenso wenig, wie ein Computer Informationen verarbeiten kann, wenn er so codiert und geschützt ist, dass er das nicht tut. „Das will einfach nicht in meinen Kopf!“ ist ein Satz, den man häufig zu hören bekommt, wenn man jemanden mit Informationen von außerhalb der Briefmarkenrealität konfrontiert. Dieser Satz wird stets von der Annahme begleitet, dass diese Informationen keinen Wert haben können, wenn die betreffende Person nicht imstande ist, sie zu verstehen (verarbeiten). Am ehesten ist dieses Verhalten mit der Annahme der Schulwissenschaft vergleichbar, dass etwas nicht wahr sein kann, wenn

Abb. 355: „‚Schau doch – es ist doch ganz klar!' ‚Ich weiß nicht, wovon du redest.'" – *Blasen und geplatzte Blasen sprechen verschiedene Sprachen.*

man es nicht sehen, berühren, schmecken, riechen oder hören kann. Was ich hier beschreibe, ist eine sich selbst erzeugende Gefängniszelle von Schwingungen, die ich die „Blase" nenne (Abb. 355).

Eine eingeschränkte Wahrnehmung und Selbstwahrnehmung strahlen eingeschränkte Frequenzen aus, die sich nur mit gleichartigen Frequenzen verbinden oder verschränken können. Die Blasen, die diese gleichartigen Frequenzwellen (Wahrnehmungen) aussenden, verschränken sich miteinander und bestätigen sich durch diese Verbindungen gegenseitig und kollektiv immer nur das eine: ***„Ich habe recht"***. Wir haben es hier mit der Wellenfeldgrundlage der New-Woke-Mentalität zu tun, die deshalb auch so unverrückbar ist wie die Programmierung der Daleks aus der Fernsehserie *Doctor Who*: „Notfall! Notfall! Rechenfehler! Rechenfehler!" Versuchen Sie, Greta Thunberg einmal zu erzählen, dass CO_2 das Gas des Lebens ist – die Reaktion wird ähnlich sein. Mittels KI bzw. Algorithmen gesteuerte Plattformen wie das zum Google-Imperium gehörige YouTube bieten den Nutzern permanent nur Informationen, die mit deren Suchverlauf übereinstimmen. Damit versorgen sie die Blase mit wahrnehmungsbestätigenden Informationen. Das gilt auch für die Zensur durch die Konzerne des Silicon Valley und die politische Korrektheit, weil sie gegen sämtliche Informationen und Meinungen vorgehen, die nicht dem offiziellen Narrativ des Briefmarkenkonsens entsprechen.

Wellen-Erwachen

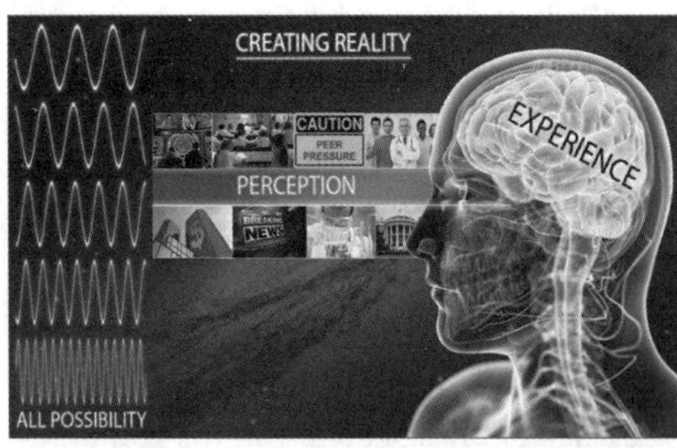

Abb. 356: „Realität schaffen / Wahrnehmung / Achtung: Gruppenzwang! / Erfahrung / Gesamtheit aller Möglichkeiten" – *Eine weitere Ansicht der Blase und ihrer Entstehung. (Bild: Gareth Icke)*

Wenn sich die Wahrnehmungen der Menschen ändern, dann ändern sich auch die Frequenzen, die sie aussenden. So kommt es zu einer Entflechtung von den früheren Wellenfeldnetzwerken, die durch frühere Wahrnehmungen entstanden sind. In der Welt des Sichtbaren entfernen Sie sich von den Menschen, die Ihnen einst nahestanden oder gleichgesinnt mit ihnen waren, und es bilden sich neue Wellenfeldnetzwerke mit Personen, die zu Ihren neuen Wahrnehmungen passen. Sie beginnen, Dinge zu sehen, die Ihr

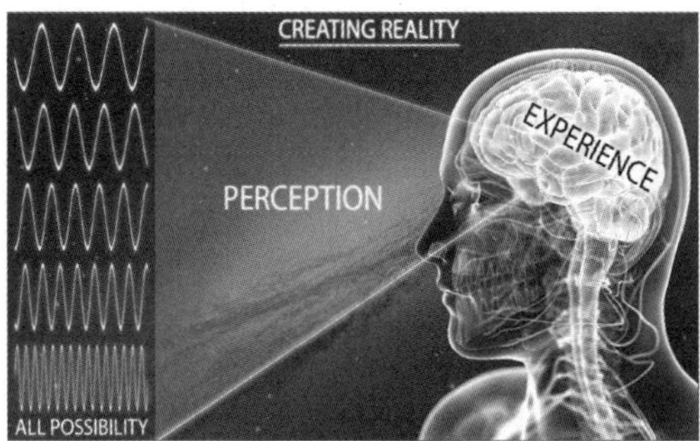

Abb. 357: „Gesamtheit aller Möglichkeiten / Realität schaffen / Wahrnehmung / Erfahrung“ – *So bringen Sie die Blase zum Platzen. (Bild: Gareth Icke)*

früheres Umfeld nicht sehen kann (Abb. 356). In dieser Übergangsperiode kann man sich alleine und isoliert fühlen, weil man sich vom Alten loslöst, bevor man sich weitgehend mit dem Neuen synchronisiert hat. Bleiben Sie trotzdem dran – es wird alles funktionieren. Je mehr wir unseren Sinn für die eigene Identität und die Realitätswahrnehmung erweitern, desto weiter dehnen sich die von uns ausgesandten Frequenzen aus und werden schneller, sodass wir stetig bewusster auf das Unendliche Gewahrsein zugreifen können (Abb. 357). Dieser Vorgang ist als „Erwachen“ bekannt und das genaue Gegenteil einer New-Woke-Mentalität.

Nervenbahnen im Gehirn bilden sich neu, um sich mit dem erweiterten Bewusstsein zu synchronisieren; sie können nun Informationen und Gewahrsein verarbeiten, die über die Blase hinausgehen. Doch zu diesem Zeitpunkt sollte die Blase ohnehin bereits geplatzt sein. Die Bestätigung dafür, dass Sie der „Blasenexistenz“ entkommen sind, erhalten Sie spätestens dann, wenn Sie zensiert und als verrückt, wahnsinnig oder sogar gefährlich bezeichnet werden. Immer, wenn die Menschen aus der Blase mich mit solchen Begriffen bedenken, sage ich leise „Danke, vielen Dank“. Irgendwann gelangt man in dieser Erweiterung des Bewusstseins an einen Punkt, wo man die Feuermauern der Simulation durchbricht und erkennt, wie die menschliche Realität wirklich beschaffen ist. Man wird sich der Illusionen, Manipulationen und Täuschungen bewusst, die uns in fortwährender Unwissenheit versklaven sollen, und bekommt einen Eindruck von den Ausmaßen der Wahrnehmungsprogrammierung.

Abb. 358: „Normal ... Verrückt ... Normal“ – *Eine weitere Umkehrung: Wenn die Verrückten Sie verrückt nennen, dann ist das eine Bestätigung dafür, dass Sie es nicht sind. (Bild: Neil Hague)*

Sobald Sie zum ersten Mal aussprechen, was in Wahrheit passiert, werden jene Menschen, die sich nach wie vor in der Blase befinden und die Sie eigentlich zu warnen versuchen, plötzlich zu Ihren größten Feinden. Das liegt nicht etwa daran, dass sie „schlechte“ Menschen wären, auch New-Woke-Anhänger sind ja an und für sich keine schlechten Menschen. Sie können nur – *noch* – nicht sehen, was Sie sehen können, wenn Ihr Bewusstsein sich über die Matrix hinaus erweitert. Ein erweitertes Gewahrsein wird vom versklavten Gewahrsein immer als wahnsinnig wahrgenommen (Abb. 358). Hier sind Verständnis und Geduld gefragt, weil wir uns sonst permanent frustriert und ängstlich fühlen – und den Drachen so mit den niedrigen Schwingungen füttern, die er zum Leben braucht. Anfangs befindet sich schließlich jeder von uns in der Blase, also ist Selbstgefälligkeit die falsche Reaktion. In einer Szene aus dem ersten „Matrix"-Film wird Neo von Morpheus über die Personen aufgeklärt, die ich Menschen in der Blase nenne:

> Die Matrix ist ein System, Neo. Dieses System ist unser Feind. Aber wenn du drinnen bist, dich umsiehst, was siehst du? Geschäftsleute, Lehrer, Anwälte, Tischler. Genau die Seelen der Menschen, die wir zu retten versuchen. Aber bis das geschieht, sind diese Menschen Teil des Systems und dadurch unser Feind. Du musst verstehen, dass die meisten dieser Menschen noch nicht bereit sind, abgekoppelt zu werden. Und viele von ihnen sind so hoffnungslos abhängig vom System, dass sie bereit sind, dafür zu kämpfen, um es zu beschützen.

Dies ist eine hervorragende Beschreibung der Funktionsweise des Programms, abgesehen von dem Teil mit „unser Feind" und der Rettung der Menschen. Ich betrachte niemanden als Feind. Wir sind alle *Eins*, auch wenn wir vielleicht völlig unterschiedliche Einstellungen und Verhaltensmuster haben. Sobald wir von „Feinden" sprechen, externalisieren wir jene Menschen, die wir infrage stellen, obwohl sie nur ein anderer Aspekt von uns selbst in einem anderen geistigen und emotionalen Zustand sind. Ich zeige nur Verhaltensmuster auf und stelle sie infrage, wenn sie sich negativ auf andere und deren Freiheit auswirken. Die Menschen, die daran beteiligt sind, betrachte ich jedoch nicht als Feinde, sondern sehe sie von meinem Standpunkt aus nur als fehlgeleitet und versklavt in ihrer Wahrnehmung. Ich versuche auch nicht, jemanden zu „retten". Man kann sich nur selbst dafür entscheiden, sich aus der Wahrnehmungszwangsjacke zu befreien. Stattdessen biete ich einfach eine andere Art an, das Leben und die Welt zu betrachten. Was andere mit diesem Angebot tun oder nicht tun, ist ihre Sache und geht mich nichts an, außer wenn es sich auf die individuelle und kollektive Freiheit auswirkt. Unter diesem Vorbehalt müssen wir eine friedliche Basis mit jenen Menschen finden, die andere Ansichten haben.

Freiheit ist die Freiheit, Entscheidungen zu treffen, deren Folgen zu erleben und dann neue Entscheidungen zu treffen. Sie bedeutet, dass niemand gezwungen werden darf, die Entscheidungen anderer zu treffen. Das nennt man Tyrannei oder New Woke (und die sind eigentlich dasselbe). Wenn man Zorn, Hass und Groll auf diejenigen fokussiert, die eine andere Meinung haben, dann erzeugt dieser Fokus eine Wellenverschränkung auf der Frequenz von Zorn, Hass und Groll, sofern die betreffende Person genauso denkt. Dadurch entsteht eine Wellenverbindung, über die Frequenzen von Zorn, Hass und Groll ausgetauscht werden, was für beide Seiten einen emoti-

Abb. 359: „Offener Geist ... Ich-Phantom" – *Die Blase zerplatzt.*

onalen und schwingungstechnischen Schaden bedeutet. Dem Kult und seinen unsichtbaren „Göttern“ stellt man durch ein solches Verhalten genau die niedrig schwingende Energie zur Verfügung, die sie am Leben hält und stärkt. Werden wir wirklich etwas ändern können, wenn wir den Kult hassen und damit eine Wellenverbindung mit ihm eingehen? Man wird, was man hasst. Man wird, was man bekämpft. Verantwortlich dafür ist die Wellenverschränkung.

Lassen Sie stattdessen Ihre Blase platzen und sehen Sie, wie sich alles ändert (Abb. 359).

Spieglein, Spieglein ...

Ich habe viele Menschen gesehen, die genau zu dem wurden, was sie ursprünglich bekämpft haben. Das lässt sich auch ständig in der Politik beobachten. Der Kult will, dass wir seine Handlanger hassen, weil er weiß, dass wir in diesem Zustand in seine Schwingungsfalle gehen und darin kleben bleiben. Martin Luther King hat gesagt: „Dunkelheit kann Dunkelheit nicht vertreiben, das kann nur Licht. Hass kann Hass nicht vertreiben, das kann nur die Liebe.“ Hass verstärkt die Schwingung des Hasses, so wie Liebe die Schwingung der Liebe verstärkt. Es ist wirklich so einfach. Und wenn wir die Gesamtheit DES EINEN lieben, gibt es überhaupt keine Schwingung mehr – nur die Ruhe und Stille des ALLES WAS IST, das Liebe in ihrer Unendlichen Form und damit auch *Intelligenz* in ihrer Unendlichen Form ist. Wir können den Kult und seine nichtmenschlichen Herren mit unserem niedrig schwingenden Fokus nähren oder ihm seine Energiequelle entziehen, indem wir nicht auf seiner Frequenz senden. Macho-Manneswut und Hass mögen manchen als der richtige Weg erscheinen, auf die Kultmanipulation zu reagieren, doch in Wahrheit ist das Gegenteil der Fall. Man kann die wahrgenommenen „Feinde“ lieben (oder zumindest nicht hassen) und trotzdem lautstark gegen ihr Handeln vorgehen, ohne dass man sich deshalb in Widersprüche verwickelt. Es handelt sich dabei vielmehr um die einzig mögliche Methode, ein Verhalten anzugreifen, ohne sich mit dessen Schwingungszustand zu verschränken und dadurch zu dem zu werden, was man angeblich bekämpft (siehe New Woke). Was nicht auf Ihrer Frequenz sendet, kann sich auch nicht mit Ihnen verbinden. Sie können zwar von den Handlungen anderer, die auf der fremden Frequenz sind, beeinträchtigt werden, aber nicht direkt von diesen Personen.

Wenn sich Ihr Bewusstsein erweitert und Ihre Frequenz erhöht, agieren Sie auf einer völlig anderen Schwingungsebene als die Mainstreamgesellschaft und werden von deren Wahnsinn immer weniger beeinflusst. In diesem Zustand hören wir auf, jene Wellen auszusenden, die eine Verbindung zu denen herstellen können, die uns Böses wollen; dadurch *können* sie uns auch nichts mehr Böses tun. Man fragt mich häufig, wieso ich noch am Leben bin, wenn ich doch die Machenschaften solcher *scheinbar* mächtigen Kräfte bloßstelle. Meine Antwort: Wenn diese Kräfte keine Wellenverbindung zu mir herstellen können, dann können sie mich in der holografischen „physischen“ Sphäre, die eine decodierte Projektion von Informationswellenfeldern ist, auch nicht beeinflussen. Alles geschieht nur auf der Ebene der *Wellenfelder*, und die holografische Realität ist nichts als eine Projektion auf einer symbolischen Kinoleinwand. Schreien Sie etwa die Leinwand an oder ziehen ein Transparent aus der Tasche und demonstrieren, wenn Sie einen Film verändern wollen? Nein – Sie verändern das, was auf die Leinwand projiziert wird. Mit dem menschlichen Leben verhält es sich genauso. Verändern Sie das, was auf Wellenfeldebene passiert, dann muss sich automatisch auch die holografische Kinoleinwand der „menschlichen Gesellschaft" verändern, um dies zu reflektieren.

Die Menschheit sucht ständig am falschen Ort nach Veränderung und wird vom Kult dazu ermutigt. Verändern Sie sich selbst, dann verändern Sie Ihre Lebenserfahrung. Verändern wir uns kollektiv, dann verändern wir die Welt. Wenn Sie nach Veränderung suchen, ohne sich *persönlich* – auf Schwingungsebene – verändern zu wollen, werden Sie eine Ewigkeit warten. Ich habe erwähnt, dass wir uns mit Menschen auf der Frequenz von Zorn, Hass und Groll verschränken, *falls* sie uns gegenüber dieselben Gefühle empfinden. Tun sie das nicht, dann kann es auf auf dieser Frequenz zu keiner Wellenverbindung kommen, weil die andere Person eben nicht auf dieser Frequenz sendet. In diesem Fall erzeugen Sie Frequenzen des Grolls, die nirgendwohin können, außer Sie vielleicht mit anderen zu verschränken, die von Groll zerfressen sind. Aus diesem Grund nützt Vergebung nicht nur dem Menschen, dem man vergibt, sondern auch dem Vergebenden.

Ich möchte Ihnen im Folgenden eine Methode vorstellen, zerstörerische Beziehungen und ihre Nachwirkungen zu entwirren. Wenn Sie es ernst meinen, sagen Sie: „Es war nur eine gemeinsame Erfahrung zum letztendlich beiderseitigen Nutzen. Also geben wir uns die Hand und wünschen einander ein wunderbares Leben – alles Liebe für dich, und wir sehen uns auf der anderen Seite. Dann werden wir über all das lachen, was wir jetzt für so wichtig hielten." Ist das nicht viel besser als „Ich werde diesen Schweinehund immer hassen!" (und immer selbst vom selben Hass betroffen sein)? Die gegenseitige Schwingung von Hass und Angst ist die Grundlage für alle Konflikte und Kriege. Wenn sie erst weg ist, dann verschwinden auch diese Konflikte. Wie John Lennon schon schrieb: „War is over if you want it." – „Der Krieg ist vorbei, wenn du es nur willst."

Frequenz-Freiheit

Spätestens aus der Perspektive heraus, wie wir schwingungsmäßig versklavt sind und wie wir uns befreien können, beginnt *alles*, einen Sinn zu ergeben. Die menschliche Gesellschaft wurde speziell dazu strukturiert und manipuliert, ein Höchstmaß an Angst, Besorgnis, Hass, Zorn, Depression und all den anderen niedrig schwingenden Gefühlen sowie deren Folgen wie Konflikte und Kriege zu erzeugen, die Menschen innerhalb der Feuermauern der Simulation gefangen halten. Liebe in ihrem Unendlichen Sinn ist für den Kult wie Knoblauch für einen Vampir. Das erklärt auch, warum die Autoritäten im Laufe der „Geschichte" vor jedem Angst hatten, der Liebe als Die Antwort bezeichnete. Was auch immer den Schwingungszustand der Bevölkerung erweitern und erhöhen könnte, ist für den Kult der schlimmste nur denkbare Albtraum. Er weiß nämlich, dass in einem solchen Fall das Spiel für ihn aus ist. Hinter der nach außen hin gezeigten Arroganz des Kults versteckt sich die ständige Panik davor, dass die Menschheit aus irgendeinem Grund erwacht und dem Komplott ein Ende setzt. *Die* brauchen uns – wir brauchen sie nicht. Wir sind ihre Energiequelle. Was uns als Großtuerei des Kults erscheint, ist in Wahrheit nichts als ein ängstliches Pfeifen im Dunkeln, während er verzweifelt und so schnell wie möglich die Verbindung zwischen KI und Gehirn herzustellen versucht, um jede Wahrnehmungs- und Frequenzänderung zu verhindern.

Die niedrig schwingenden Zustände des Blasenbewusstseins wurden durch die Kurzsichtigkeit der Religion hervorgerufen, die sich an ihre Regeln und heiligen Bücher hält, aber auch durch das Ausspielen kultureller, ethnischer und religiöser Gruppierungen gegeneinander, sodass sie Kriege um Kontrolle, Vorherrschaft und Eroberung führen. Der Kult hat der Bevölkerung zudem ständig Gründe für Angst (insbesondere Todesangst) geliefert und sie in einem Zustand der Furcht, des Hasses, Neides und Grolls gehalten. Er hat den Menschen eine Identität verkauft, die ausschließlich auf menschlichen Etiketten und/oder der Knechtschaft unter einem stets fordernden Gott beruht. Und wir haben Tag für Tag das Narrativ des Briefmarkenkonsens heruntergeladen, das alles ausschließt, was die Menschheit wissen müsste, um die Tarnungen und Täuschungen des Kults zu durchschauen. Wahrscheinlich haben Sie auch noch andere Methoden beobachtet, wie die Menschen auf diesem niedrig schwingenden Niveau gehalten werden. Was für ein Zufall, dass die New-Woke-Ideologie sämtliche der genannten Tatbestände liefern kann – einschließlich der Religion, weil New Woke ja eine Religion ist.

Durch die ständige Unterteilung von Etiketten in noch kleinere und engere Etiketten entfernt sich die Selbstwahrnehmung immer weiter von dem Wissen, dass wir ein Ausdruck von Allem Was Ist sind, und der Bewusstseinserweiterung, die aus diesem Wissen folgt. Mit jeder weiteren Unterteilung in Mikroidentitäten können wir beobachten, dass aus Identitäts-Kurzsichtigkeit Bewusstseins-Kurzsichtigkeit wird. Ich bin LGBTTQQFAGPBDSM? Nein, du bist Unendliches Gewahrsein, das eine kurze Erfahrung macht, die es LGBTTQQFAGPBDSM nennt (Abb. 360). Das alles ist nichts als eine Falle, in die vor allem junge Menschen durch die Kontrolle des Kults über das „Bildungssystem“, die Mainstreammedien und die unzähligen New-Woke-Aktivistengruppen hineinindoktriniert werden. Diese Gruppen werden von Riesenkonzernen im Besitz des Kults und Strohmännern wie Bill Gates, George Soros und den Promis des Silicon Valley wie Musk, Zuckerberg, Brin, Page, Wojcicki, Bezos, Kurzweil und eine lange Liste anderer unterstützt.

Abb. 360: „Wer ich bin? Ich bin LGBTTQQFAGPBDSM. Alles klar – nett, Sie kennenzulernen!“ *–Nein, nein, nein – ich bin **Alles Was ist, War und Je Sein Kann.***

Hat der Kult erst die Wahrnehmung und Selbstwahrnehmung gekapert, dann folgt alles andere automatisch. Die Wahrnehmung bestimmt die Frequenz der Wellen, die wir aussenden, und diese Wellen bestimmen, auf wie viel Unendliches Gewahrsein wir zugreifen können. Das Ausmaß an Unendlichem Gewahrsein, mit dem wir uns verbinden, bestimmt die Größe unserer Blase, die zu unserer Wahrnehmung von allem wird. Und dies wird wiederum zu einer selbsterfüllenden Prophezeiung, weil die Blase durch unsere Wahrnehmungen erzeugt wird und in einer Rückkopplungsschleife aus Wahrnehmungssklaverei (und daher auch jeder anderen Art von Sklaverei) unsere Wahrnehmungen bestätigt. Wer versklavt uns? *Wir tun es*. Wir tun es, indem wir dem Kult und all seinen Vertretern in den Behörden und Medien gestatten, uns die Wahrnehmung der Welt und unserer eigenen Identität aufzuzwingen. Das ist eine gute Nachricht, weil wir das, was wir erschaffen haben, auch wieder rückgängig machen können. Wir müssen nur die Rückkopplungsschleife unterbrechen, um die Macht des Kults zu brechen. Wie können wir das tun? Indem wir unseren Geist für die Gesamtheit aller Möglichkeiten öffnen und unsere Herzen für die Liebe und Weisheit DES EINEN. Aber so einfach kann das doch nicht sein ...? *Ist es aber*. Der Kult weiß, dass dem so ist, und arbeitet daher ständig daran, Hirne und Herzen vor der umfassenderen Realität jenseits der Simulation – die nichts anderes ist als eine Rückkopplungsschleife der Wahrnehmung – verschlossen zu halten.

Abb. 361: Die Simulation ist eine interaktive Wellenfeldinformationsquelle, die vom menschlichen Gehirn zu einer holografischen Realität decodiert wird. (Bild: Neil Hague)

Die Simulation ist *in unseren Köpfen* (Abb. 361). Sie ist ein Wahrnehmungsprogramm, das Herzen verschließen kann, aber keinen Zugang zu ihnen hat, wenn der Frequenzunterschied so groß ist. Öffnen Sie Ihr Herz – und das, was an Liebe, Intelligenz und Weisheit aus ihm kommt, wird Ihr Leben ändern und die menschliche Realität kollektiv transformieren. Die Kult-Agenda beruht im Grunde nur darauf, Herzen und Hirne zu verschließen, um die Unendliche Menschlichkeit in Wahrnehmungsblasen zu verwandeln, die dann mittels Wellenverschränkung zu einer Schwarmintelligenz werden. New Woke ist eine Schwarmintelligenz, die gegen jeden vorgeht, der sich dem Schwarm nicht anpasst. Die Illusion der Vielfalt macht es möglich, Blasen und Gruppen von einander ähnlichen Blasen nach dem alten Gesetz des Teilens und Herrschens gegeneinander in den Krieg zu schicken. Wir sehen uns mit „Antifaschisten" konfrontiert, die sich wie Faschisten verhalten. Die Blasenwahrnehmungen sind bei beiden Ideologien im Grunde die gleichen; daher verhalten sie sich auch gleich, weil sie auf der gleichen *Frequenz* sind. Sie sind überzeugt davon, dass sie diametrale Gegensätze bilden, obwohl sie in Wahrheit „Gleichsätze" sind. Jenseits des Reichs des Sichtbaren sind sie stark miteinander wellenverschränkt, weil sie über die gleiche Frequenz miteinander verbunden sind.

Extreme Moslems (oder Pseudomoslems) wie die sabbatianisch-frankistische „königliche Familie" der Saudis und deren Terrorgruppen verrichten das Werk des Teufels, während sie behaupten, „Gott" zu dienen. Ihr Hass und ihre Gewalt verschränken sich mit dem all der anderen, die Hass und Gewalt zum Ausdruck bringen, sogar mit den Mitgliedern der extrem Rechten, die glauben, dass sie gegen den islamischen Extremismus sind. Die Art, wie diese Schwingung ausgedrückt wird, unterscheidet sich vielleicht geringfügig, aber es ist dieselbe Schwingung. Der indische Autor Nitya Prakash sagte: „Ist ihnen schon einmal aufgefallen, wie viel Sie mit der Person, die Sie hassen, gemeinsam haben?" Das stimmt in vieler Hinsicht – und eine davon ist mit Sicherheit dieselbe Schwingung, die durch die Illusion des Andersseins Krieg gegen sich selbst führt.

Digitale Medikation

Laut Plan soll die gesamte Menschheit durch die kollektive Verbindung zur künstlichen Intelligenz in eine zentral gesteuerte Schwarmintelligenz umgewandelt werden. Ich habe den Weg des schleichenden Totalitarismus dorthin in der Welt des Sichtbaren bereits beschrieben, doch auch hier lässt sich die tiefere Wahrheit auf der Wellenfeldebene der Realität finden. Das Endziel ist die Verbindung des menschlichen Geistes mit Maschinen. Die Manipulation der Wellenverschränkung zwischen Menschen und smarter Technologie wird bereits heute überall um uns herum vorgenommen, während gleichzeitig der zwischenmenschliche Diskurs (die Verschränkungen) zerstört wird. Das ist der Hauptgrund für die Existenz der sozialen Medien, die beide Zwecke erfüllen. Die Leute kommunizieren nicht mehr von Angesicht zu Angesicht miteinander, also von menschlichen Wellen zu menschlichen Wellen, sondern über eine Technologie, in der die KI-Maschinenwellen als Übermittlungskanal fungieren. Auf diese Art schalten sich Maschinenwellen in die menschliche Wellenverbindung ein und fangen sie ab – das war in einem noch nie da gewesenen Maß während der „Virus"-Lockdowns der Fall. Menschen, die sich vorher zu Hause, auf der Straße oder in Restaurants miteinander unterhalten haben, starren heute gebannt auf ihre Bildschirme (Abb. 362).

Abb. 362: „Was ist nur mit der Kindheit geschehen? Oje, tut mir leid, ich muss weg – mein Handy läutet." – *Die Kaperung der Kindheit.*

Ich möchte mich zuerst mit den holografischen Effekten dieses Verhaltens auf chemischer Ebene beschäftigen und dann näher darauf eingehen, wie sich das in den Wellenfeldern auswirkt, über die Menschen mit Maschinen und KI verbunden werden sollen. Hochrangige Insider von zutiefst kranken Organisationen wie Facebook haben öffentlich gemacht, wie Zuckerberg und sein Gefolge darauf aus waren, die Nutzer der Plattform süchtig zu machen, damit sie möglichst lange auf ihrer Website bleiben. Sean Parker, der erste Präsident von Facebook und mittlerweile ein Kritiker des Netzwerks, gab an, dass man möglichst viel Zeit und Aufmerksamkeit der Facebook-Besucher vereinnahmen wollte. Floyd Brown und Todd Cefaratti schildern in ihrem Aufdeckungsbuch über das Silicon Valley „Big Tech Tyrants" [dt. etwa: „Technologietyrannen"], wie erfolgreich dieses Vorhaben war:

> Facebook ist nur die Spitze des Eisbergs der sozialen Medien. Es ist ausreichend dokumentiert, dass Kinder und Jugendliche im Durchschnitt zehn bis zwölf Stunden täglich mit digitalen Medien verbringen. Erwachsene liegen mit beinahe sechs Stunden nicht weit dahinter, wobei der Wert im Jahr 2009 noch drei Stunden pro Tag betrug. Gewertet wurde die Zeit, die Befragte mit Handys, Computern, Spielkonsolen und Streaminggeräten verbrachten. Allein die Nutzung von Mobiltelefonen ist von 20 Minuten täglich im Jahr 2008 auf derzeit 3 Stunden und 18 Minuten explodiert.

Zum Teil lässt sich dies durch Methoden erklären, die ein „Dopaminhoch" erzeugen. In der Zeitschrift *Psychology Today* wird Dopamin als „der Wohlfühl-Neurotransmitter – eine Chemikalie, die Informationen zwischen Neuronen transportiert" – bezeichnet. Dopamin trägt zu „Glücksgefühlen" bei und wirkt als „Belohnungssystem", das sehr schnell süchtig machen kann. Laut *Psychology Today* „braucht ein Mensch, der mit Drogen, Alkohol oder Essen ein Glücksgefühl erzielen will, dazu einen immer höheren Dopaminspiegel. Der Neurotransmitter ermöglicht es uns nicht nur, Belohnungen wahrzunehmen, sondern auch, sie mit gezieltem Handeln anzustreben". Der Artikel weist darauf hin, dass Drogen wie Kokain den Dopaminspiegel erhöhen und „das Verhalten entsprechend verändern". Facebook und andere ekelhafte Unternehmen, die vor allem junge Menschen missbrauchen, haben das Dopaminhoch für ihre Zwecke benutzt, um die Nutzer süchtig nach ihren Plattformen zu machen. Ein „Like" für einen Facebook-Beitrag kann eine Dopaminreaktion auslösen, die bald süchtig macht und die Leute dazu bringt, nur noch das zu posten, von dem sie annehmen, dass die Mehrheit der Nutzer es mögen wird. So sichern sie sich ihren nächsten Dopamin-„Schuss".

Dies führt zunächst langsam und dann immer schneller zu einer Anpassung des Verhaltens und der eigenen Meinung an die (vom Kult geprägten) Ansichten der Mehrheit – vor allem angesichts der Tatsache, dass jeder mit einer abweichenden Meinung systematisch beschimpft, beleidigt und bedrängt wird. Was als bewusste und vielleicht ein wenig unehrliche Gestaltung eines Beitrags beginnt, um möglichst viele „Likes" zu erhalten, verfestigt sich schließlich zur Wahrnehmung des Betreffenden: 2 + 2 = 5. Chamath Palihapitiya, ein früherer leitender Angestellter bei Facebook, sagte: „Die kurzfristigen, von Dopamin gesteuerten Rückkopplungsschleifen, die wir geschaffen haben, zerstören die Funktionsweise der Gesellschaft." Genau das sollen sie ja auch.

Mir ist auch der Begriff „Die Magie des Vielleicht" untergekommen, der das Phänomen bezeichnet, dass Menschen dauernd auf ihr Telefon schauen, um zu sehen, ob „vielleicht" jemand mit ihnen Kontakt aufgenommen hat oder sie „vielleicht" ein „Like" gekriegt haben. Studien haben nachgewiesen, dass jede Nachricht und jedes Like einen bis zu 400-prozentigen Dopaminanstieg auslösen können; das liegt nur knapp unter der Wirkung von Kokain. Ein Teil der Sucht ist die ständige Sorge darum, was andere von einem denken und wie sie auf einen Beitrag oder ein Bild reagieren könnten. Dabei resultiert echte Freiheit gerade daraus, dass es einem völlig egal ist, was und wie andere über einen denken. Das Nachdenken darüber schaltet die eigene Kraft und Energie aus. Man wird schließlich zu *ihnen*, damit sie einen mögen. Wer nach Beliebtheit als Selbstzweck strebt, vernichtet damit seine Einzigartigkeit. Vergleicht man sich mit anderen und deren ohnehin oft erlogenen Lebensumständen, wie sie in den sozialen Medien dargestellt werden, so kann dies zu Depression, mangelndem Selbstwertgefühl und Gefühlen der Unzulänglichkeit führen. Je mehr Zeit Menschen mit sozialen Medien verbringen, desto einsamer und isolierter werden sie aktuellen Studien zufolge. Die Sucht danach unterbricht und zerstreut auch die Konzentration und kann möglicherweise zu einer völligen Ausschaltung der Konzentrationsfähigkeit führen.

Soziale Medien und Smartphones sind vom Kult in die Welt gebrachte Geräte zur Verhaltensmodifikation. Ihre Funktionsweise wurde von psychologisch geschulten Spezialisten, die für Psychopathen wie Zuckerberg arbeiten, genau ausgearbeitet und festgelegt. Ein Beobachter stellte völlig zu Recht fest, dass man damit Kindern hochgradig süchtig machende Drogen in die Hand gibt, bevor sie noch irgendwelche Abwehrkräfte dagegen entwickelt haben. Sam Vaknin, der am Dokumentarfilm „Plugged In“ [dt. etwa: „Eingesteckt“] über die Auswirkungen sozialer Medien mitgewirkt hat, sagte über den wohlkalkulierten Angriff auf die Gehirne junger Menschen:

> Facebook, Twitter – all diese Netzwerke schwimmen mit auf der Welle. Sie wissen, dass es eine gefährliche Welle ist. Sie wissen, dass Menschen darin ertrinken. Sie lesen sämtliche Statistiken, sind über die erhöhte Selbstmordrate, die Depressionen und die Angststörungen informiert. Sie wissen absolut alles. Sie haben ihre Netzwerke in heimtückischer, böswilliger und vielleicht sogar krimineller Absicht genau so entworfen, dass sie auf die menschliche Pathologie in ihrer extremsten Form eingehen.

Selbst diejenigen, die die wahren Hintergründe teilweise wahrnehmen können, versuchen, diese kalkulierte Manipulation zu verharmlosen. Sie stellen sie als einen Versuch Zuckerbergs und seines Managers für das operative Geschäft Sandberg hin, die Besuchsdauer auf Facebook zu verlängern, um den Wert für Werbetreibende zu erhöhen. In Wirklichkeit ist die Absicht natürlich viel dunkler und unheilvoller und hat mit der Tatsache zu tun, dass diese Plattformen Tarnorganisationen des Kults sind. Durch ihre Beherrschung des Diskurses und Informationsaustauschs kann der Kult die Wahrnehmung und das Verhalten modifizieren und manipulieren, während er vom Narrativ abweichende Informationen und Meinungen auf zunehmend extreme Weise zensiert. Soziale Medien sind die Grundlage der Technokratie. Der Verstand der Jugend (also der erwachsenen Bevölkerung von morgen) wird in einem gigantischen Ausmaß verstümmelt. Die New-Woke-Ideologie ist ebenso eine Schöpfung des Kults, die mit anderen seiner Institutionen wie dem von Bill Gates manipulierten „Bildungssystem“ im Bunde ist.

Stecken die Menschen tatsächlich geistig so sehr im Märchenland fest, dass sie nicht erkennen, wie die steigenden Selbstmord-, Depressions- und Angststörungsraten bei Jugendlichen seit Beginn der Äre der Smartphones und sozialen Medien direkt mit dem Auftauchen dieser Telefone und Plattformen zu tun haben? In diesem Zeitraum stieg die Selbstmordrate in den USA bei Mädchen unter 17 Jahren um 50 Prozent und bei Jungen derselben Altersklasse um 30 Prozent. Angststörungen bei Teenagern sollen Berichten zufolge innerhalb von 25 Jahren um 70 Prozent zugenommen haben. Die Anzahl der Kinder und Jugendlichen, die mit einer psychiatrischen Erkrankung in die Notaufnahme kommen, hat sich seit 2009 mehr als verdoppelt. In den drei Jahren vor 2019 wurden beinahe doppelt so viele Teenager mit Essstörungen ins Krankenhaus eingeliefert wie in den Jahren zuvor. Innerhalb von drei Jahren haben fast doppelt so viele britische Schulen – 66 statt 36 Prozent – professionelle psychologische Betreuung für Schüler aus ihrem eigenen Budget bezahlt, weil der staatliche Gesundheitsdienst National Health Service (NHS) nicht mehr mithalten kann. Das hat zum Teil damit zu tun, dass das Erwachsenwerden immer mehr wie eine Krankheit behandelt wird, zum anderen ist es aber eine direkte Auswirkung von sozialen Medien und der Smartphone-Kultur.

Das kommt auch keineswegs überraschend. Immerhin haben Insider schon berichtet, wie die zutiefst kranken Technokraten des Silicon Valley damit angeben, dass sie die Menschen in „Isolationsboxen“ und „Filterblasen“ einfangen, in denen sie „den Nutzern Qualen zufügen, die sie wütend und traurig machen, ohne dass sie begreifen, warum“. Facebook und andere Social-Media-Firmen setzen „Aufmerksamkeitstechniker“ ein, die mit von Casinos abgekupferten Methoden arbeiten, um ihre Plattformen so suchterzeugend wie möglich zu machen. Typen wie Zuckerberg betreiben einen eiskalt berechneten Missbrauch junger Generationen – und das in einem geradezu unglaublichen Ausmaß. Was bei diesen psychopathischen Machenschaften herauskommt, lässt sich aus unzähligen Schlagzeilen ablesen: „Social-Media-Nutzung und die wahrgenommene soziale Isolation bei jungen Erwachsenen“, „Die emotionalen Folgen von Facebook: Warum das soziale Netzwerk die Stimmung verschlechtert und warum es trotzdem weiterhin genutzt wird“, „Facebook-Nutzung geht einer Abnahme des subjektiven Wohlbefindens bei jungen Erwachsenen voraus“ oder „Der Zusammenhang von Facebook-Nutzung und sinkendem Wohlbefinden“. Die Jugend wird konditioniert und gebrochen, um zu nichts hinterfragenden Erwachsenen zu werden, die eine Technokratie und Assimilation des Gehirns an die KI passiv akzeptieren. Der Krieg gegen Männer und „toxische Männlichkeit“ ist genau darauf ausgerichtet, eine solche Passivität zu erzeugen. Der amerikanische Computerwissenschaftler Jaron Lanier sagte:

> Die Gesellschaft wurde durch dieses Programm, in dem jeder permanent überwacht wird und alle einer milden Version der Verhaltensmodifikation ausgesetzt sind, nach und nach immer mehr verdüstert. Es hat die Menschen nervös und griesgrämig gemacht. Vor allem Teenager wurden dadurch besonders depressiv, was ziemlich schlimme Folgen haben kann.

Damit hat er recht. Andererseits gilt Lanier als einer der Gründerväter auf dem Gebiet der virtuellen Realität und müsste sich fragen, was seine Erfindung anrichten wird, wenn man die Kult-Agenda der digital erweiterten Realität und immersiven Technologie, die zu vollständiger Assimilation führen soll, einberechnet.

Virtuelle „Menschen“

Wir erleben derzeit das Aufkommen virtueller Menschen mit Körperbewegungen, Stimmen und von der KI erzeugten Gefühlsäußerungen, die nicht mehr von „echten“ Menschen unterscheidbar sind. Das Smart Grid ist eine Simulation innerhalb einer Simulation, so wie die Virtual-Reality-Technologie eine virtuelle Realität innerhalb einer virtuellen Realität ist. Anfang 2020 erfuhr man über Samsungs hochgeheimes Projekt „Neon“, das mit virtuellen KI-„Avataren“ arbeiten soll, die kaum mehr von biologischen Menschen zu unterscheiden sind. Der Samsung-Techniker Pranav Mistry sagte, dass die neue Technologie „autonom neue Gesichtsausdrücke, neue Bewegungen und neue Dialoge (sogar in Hindi) erstellen kann, die völlig anders sind als die ursprünglich erfassten Daten“. Man erstellt die erste Fassung nach dem Vorbild eines Menschen und lässt sie dann ihre eigene Persönlichkeit entwickeln.

Facebook hat sein Projekt „Codec Avatars“, mit dem Nutzer realistische virtuelle Versionen von sich selbst für den Einsatz im Cyberspace schaffen sollen. Das Unternehmen behauptet, das die Avatare dabei helfen würden, „soziale Beziehungen in der virtuellen Realität so natürlich und alltäglich zu machen wie die in der realen Welt“. Die Avatare sollen es Facebook-Nutzern ermöglichen, sich innerhalb eines dreidimensionalen Social-Media-Netzwerks mit Freunden und Verwandten zu verbinden. Yaser Sheikh, Forschungsdirektor in den Facebook Reality Labs, sagte: „Das wirkliche Versprechen von digital erweiterter und virtueller Realität liegt darin, dass wir mit diesen Werkzeugen Zeit mit jeder gewünschten Person verbringen und unabhängig vom Wohnort sinnvolle Beziehungen aufbauen können.“

Abb. 363: Assimilation, die sich als „die neueste Mode“ tarnt.

Entschuldigung, aber ich spüre, wie sich mir an dieser Stelle ein lautes „Schwachsinn!“ entringt. In Wahrheit geht es doch nur darum, die Menschheit und vor allem die Jugend in eine virtuelle Realität zu verschleppen, in der die Realität, die wir derzeit erleben, verloren geht. Noch wichtiger ist aber die Tatsache, dass diese neue Lebenswelt die Menschheit noch weiter von der erweiterten Realität außerhalb der Simulation entfernen soll. Der menschliche Geist wird auf die Assimilation an die KI vorbereitet. Die Jugend in eine technisch erzeugte virtuelle Welt zu locken, ist eine entscheidende Phase und ein wichtiger Schritt in diese Richtung (Abb. 363).

Junge Menschen leben bereits heute ihr eigenes virtuelles Leben, indem sie der Welt über die sozialen Medien ein perfektes Bild von sich selbst präsentieren, in dem alle Schattenseiten durch Auslassungen, Selbsttäuschungen und Photoshop gelöscht werden. Psychologen sprechen mittlerweile von „Snapchat-Dysmorphie", wenn es um junge Leute geht, die sich Schönheitsoperationen unterziehen, um so auszusehen wie das idealisierte Selbstporträt, das sie mithilfe von Photoshop in den sozialen Medien verbreiten. Hinter der Fassade stürzen so viele Menschen ab, sind verzweifelt und können mit den illusorischen perfekten Leben, über die sie dauernd lesen, nicht mithalten. Gleichzeitig büßen sie ihr wahres und einzigartiges Selbst in der Flut von „So solltest du sein"-Bildern und -Textschnipseln ein. Neid wird zu Depression, wenn man das nicht erreichen kann, was man zu beneiden konditioniert wurde. Laut Dr. Jamie Chiu, einer in Hongkong tätigen Psychotherapeutin, führt das Aufwachsen in einer von sozialen Medien besessenen Umgebung zu einer Schädigung des Selbstwertgefühls. Vor allem Kamerafilter „erzeugen einen gefährlichen Trend, bei dem Menschen sich unsicher fühlen, weil sie nicht so so schön sind wie ihre gefilterten Identitäten in den sozialen Medien".

Der Kult erschafft eine Illusion innerhalb einer Illusion, sodass seine Zielpersonen absolut orientierungslos herumirren und den Bezug zu *jeder Art* von Realität verloren haben. Mit jedem Schritt weiter in diesen finsteren Tunnel der manipulierten Kurzsichtigkeit und Irreführung wird der Einfluss des Wahren „Ich" durch falsche Selbstwahrnehmung geschmälert. Die virtuelle Interaktion über die KI hat die Lebenskompetenz der persönlichen Interaktion Auge in Auge mit realen Menschen vermindert. Die Augen sind heute mehr daran interessiert, auf Bildschirme zu glotzen, statt in andere Augen zu schauen, um so in ein Fenster zur Seele zu blicken. Ein Beitrag bei Facebook kann diese Erfahrung niemals ersetzen (Abb. 364). Die sozialen Medien wurden vom Kult speziell dazu entwickelt, in der Bevölkerung eine Psychose zu erzeugen, die so definiert wird: „Eine schwere geistige Störung, bei der Gedanken und Gefühle so beeinträchtigt sind, dass der Kontakt zur äußeren Realität verloren geht." Der Kult weiß, dass nach dem Verlust des Realitätssinnes eine neue Realität eingeführt werden kann, um die Lücke zu füllen – die Technokratie und Assimilation an die KI. Floyd Brown und Todd Cefaratti schreiben in „Big Tech Tyrants":

Abb. 364: Sie fühlen sich sehr, seeehr müde.

> Da jeder ständig ein Handy bei sich trägt [ich nicht!], da Teenager sogar mit ihren Handys ins Bett gehen, da die Mehrheit der Mädchen bei Umfragen angibt, eher ihren Freund aufgeben zu wollen als ihr Handy, verfügte Facebook über die perfekte Plattform zur Verhaltensmodifikation. Sie konnte auch noch die alltäglichsten oder intimsten menschlichen Aktivitäten erkennen, auf sie reagieren und Feedback zu ihnen liefern.

> Die Nutzer konnten nun ständig überwacht, verfolgt und gemessen werden; sie wurden unbewusst mit einer ständigen Diät von Hinweisen und Aufforderungen gefüttert, die genau auf sie zugeschnitten waren. Die Nutzer konnten nach und nach von Technikern [Technokraten] hypnotisiert werden, von Leuten, die sie nie zu Gesicht bekamen, und für Zwecke, die sie selbst gutheißen würden oder auch nicht. Man konnte sie auf den Status von Versuchstieren im Labor reduzieren, die auf Knopfdruck reagieren [...] und genau das hat man auch getan.

Die Autoren halten soziale Medien im Wesentlichen für einen „Verbrechenstatort". Stimmt – es handelt sich um Verbrechen gegen die Menschheit und gegen die Jugend. Hält da immer noch jemand Zuckerberg und Konsorten, die all das mit eiskalter Berechnung betrieben haben, für New-Woke-Helden? Jaron Lanier spricht von permanenter Überwachung – und der Kult *will*, dass wir wissen, dass er uns rund um die Uhr beobachtet und belauscht. Das führt an sich schon zu einer Verhaltensänderung, weil man Angst hat, dass jede Lebensäußerung aufgezeichnet wird. Als Reaktion darauf tun die Menschen – sogar in dem Bereich, der früher als „Privatsphäre" bezeichnet wurde – nichts mehr, was der Staat für inakzeptabel halten könnte (siehe China). Die allgegenwärtigen Kameras auf der Straße, in Schulen, Universitäten und anderen Gebäuden sowie jene, die im Straßennetz dauernd Geschwindigkeitskontrollen durchführen, sind dazu da, um den Menschen die Autorität ständig vor Augen zu führen und Angst vor „Regelverstößen" zu erzeugen, um dann mit der Zeit eine Einwilligung in die neuen Zustände herbeizuführen (siehe Lockdowns).

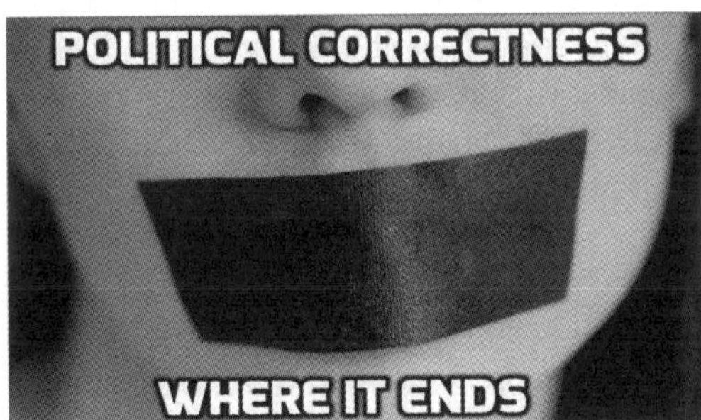

Abb. 365: „Politische Korrektheit. Das endgültige Ziel" *– Hier endet die Selbstzensur: im Verstummen und der Unterwerfung der gesamten Menschheit. Sprich deine Wahrheit aus – oder es wird keine Wahrheit mehr geben, die jemand hören kann.*

Wenn wir bei Davidicke.com Nachrichten zu bestimmten Themen in den sozialen Medien veröffentlichen, wissen wir, dass diese Beiträge seltener geteilt und mit „Likes" versehen werden, wenn die darin ausgedrückten Meinungen zum Beispiel von potenziellen Arbeitgebern abgerufen werden könnten. Es ist höchste Zeit, sich ein Herz zu fassen und es trotzdem zu tun. Die Angst, darauf zu verzichten, führt Sie auf einen dunklen, gefährlichen Weg, der nur zu einem Ziel führen kann: der totalen Unterwerfung der Menschheit (Abb. 365).

Wer erschafft die Matrix? Wir selbst!

Die massenhafte Sucht nach Smartphones und sozialen Medien ist so außerordentlich, dass man sie nicht zur Gänze durch Dopamin erklären kann. Man sieht ja auch allerorten Menschen, die wie gebannt auf die Bildschirme ihrer Smartphones starren, auch wenn sie gerade nicht nach „Likes" und Selbstbestätigung suchen. Ich behaupte seit Jahren, dass diese Telefone irgendetwas ausstrahlen, um eine solche Sucht auszulösen. Dieses Etwas sind elektromagnetische Wellen, die sich mit den menschlichen Wellen des Nutzers verschränken und das Energiefeld (den Verstand) der betreffenden Person in etwas verwandeln, was buchstäblich halb Mensch und halb Maschine ist. Dieser Vorgang ist entscheidend für den schleichenden Übergang zur totalen Assimilation des menschlichen Geistes an die KI (Abb. 366).

Abb. 366: Smarte Technik und WLAN senden Frequenzwellen aus, die sich mit menschlichen Wellenfeldern verschränken, um eine Sucht zu erzeugen und menschliche Frequenzen in maschinellen KI-Frequenzen zu vereinnahmen. Wer davor kapituliert, wird immer maschinenartiger, bis er tatsächlich eine Maschine ist. (Siehe auch Neil-Hague-Farbteil)

Die Beeinflussung durch die Verschränkung mit technisch erzeugten Wellen erklärt auch die vielfältigen elektromagnetischen Auswirkungen auf den Körper, durch die sich die Beschaffenheit von Zellen, Blut, Gewebe, Knochenmark und Gehirn verändert, indem die Wellen das Wellenfeld beeinflussen, das die Blaupause des Körpers ausmacht. Diese Veränderungen manifestieren sich als Demenz, Krebs, Autoimmunerkrankungen und viele andere Leiden.

Die smarte KI-Technologie assimiliert das menschliche Bewusstseinsfeld durch Verschränkung mit jeder Bildschirmsitzung immer tiefer – zumindest für all jene, die sich dieser Wirkung *nicht* bewusst sind. Es ist eine Form der Besessenheit durch Maschinen und KI. Die Menschen sind im wahrsten Sinne des Wortes *von ihren Telefonen besessen*; diese Wellenverschränkung tritt auch bei anderen Geräten mit Smart-Technologie ein. Ich werde später darauf zurückkommen, wie man diese Verbindung abschwächen oder blockieren kann, indem man sich ihrer bewusst ist.

Sie können erkennen, ob Sie mit smarter Technologie wellenverschränkt sind, indem sie überprüfen, wie leicht oder schwer es Ihnen fällt, sich von ihr fernzuhalten. Werden Sie nervös oder haben Sie den Eindruck, dass fast *ein Teil von Ihnen fehlt*, wenn Sie Ihr Telefon nicht dabeihaben? Wenn ja, dann befinden Sie sich in einer Wellenverschränkung mit dem, was das Telefon ausstrahlt. Es übernimmt Sie. Versuchen Sie einmal, Ihr Telefon in eine Schublade zu legen und es zu vergessen. Können Sie das? Wenn nicht, dann hat es Sie schon. Wenn Sie ein Telefon für Ihren Beruf und Ihr finanzielles Auskommen brauchen, dann beobachten Sie, wie oft Sie privat auf den Bildschirm schauen. Können Sie damit aufhören? Wenn nicht, dann sind Sie wellenverschränkt mit einer Maschine – von der Maschine *besessen*. Über diese Verbindung können Wahrnehmungen an Ihr Unterbewusstsein übertragen werden. *Das geschieht die ganze Zeit.*

Es geht nicht nur um Dopamin. Wellenverbindungen zwischen Maschinen, KI und Menschen flößen den Menschen Wahrnehmungszustände ein. Wenn Sie nicht über die Matrix hinaus bewusst sind, dann denkt die Matrix für Sie. Ich habe schon vor langer Zeit beobachtet, wie die Kult-Agenda in so vielen Ländern und Kulturen gleichzeitig eingeführt wurde. Dies ließ sich nur zum Teil durch die miteinander verstrickten Geheimgesellschaften DES NETZES erklären; dazu passiert es mit viel zu vielen Gemeinsamkeiten in viel zu vielen Gemeinschaften auf der ganzen Welt. Die Transformation der menschlichen Gesellschaft durch den Kult wird in Wahrheit durch ein Wellenfeldkonstrukt bewirkt, das vom kollektiven menschlichen Geist durch die Schwarmverbindungen absorbiert und decodiert wird (Abb. 367). Was ich als DAS NETZ bezeichne, ist in Wahrheit ein Netz aus Wellen, aus Frequenzen, die sich an menschliche Wellenfelder anheften wie die Fäden eines Spinnennetzes an eine gefangene Fliege. Der Kult und sein innerer Kern aus Geheimgesellschaften erzeugen diese Wellen, reiten auf ihnen und versuchen, die Menschheit in ihre Frequenzhöhle zu locken. Wir decodieren die holografische Realität aus Wellenfeldinformationsfeldern; der Kult und seine „Götter“ durchtränken diese Felder mit ihrer Schönen Neuen Welt. Sie lassen sie in Form von Informationen einfließen, die dann von den Menschen in holografisches Erleben decodiert werden. Informationswellen werden vom Kult mit der Realität der von ihm angestrebten Endphase codiert, damit die Menschheit sie decodieren und manifestieren kann. Das bezeichne ich als die Symphonie „Aus der *Schönen* Neuen Welt“.

Abb. 367: Wenn die Menschheit dazu manipuliert werden kann, die technokratische Dystopie unbewusst für unausweichlich zu halten, dann wird sie sie in erlebte Realität decodieren. Das ist die Grundlage jeglicher Kontrolle über die Menschheit: Unterbewusste Programmierung wird zu erlebter Realität. (Bild: Gareth Icke)

Einer der Gründe, warum sich der Wandel seit dem Auftauchen der smarten Technologie immer mehr beschleunigt, liegt darin, dass diese Geräte der Verschränkung einen höchst wirksamen Zugang zum menschlichen Energiefeld gewähren. Durch den besagten Zugang können Informationen eingespeist werden. Wer mit ihren Frequenzen synchronisiert ist, wird sich der Agenda recht schnell unterwerfen und deren Einführung unterstützen. Laut Plan sollen alle in diese Frequenzzustände einbezogen werden, um sicherzustellen, dass auch jene Menschen, die heute noch Widerstand leisten, sich letztendlich ihrer Schwingung unterwerfen. Aber das muss nicht so sein. Das Bewusstsein ist in seiner erweiterten Form sehr viel stärker als der Kult und seine blöden Spielchen. Ein in einer Wahrnehmungsblase isoliertes Bewusstsein ist im Vergleich dazu schwach wie ein Wickelkind.

Die New-Woke-Ideologie liefert auch dafür wieder ein perfektes Beispiel. Ihr Wahrnehmungssystem, das Ergebnis einer lebenslangen Programmierung (Frequenzprogrammierung), kann keine Möglichkeiten außerhalb des *„Ich habe recht"* verarbeiten, weil es tief in der Schwingungskontrolle der Symphonie „Aus der *Schönen* Neuen Welt" feststeckt. Jedes Mal, wenn jemand aus Angst vor den Konsequenzen Selbstzensur betreibt, lässt er sich tiefer in die „Symphonie" und die Frequenzen, mit denen die Gesellschaft verändert wird, hineinziehen. Seine Überzeugungen furchtlos auszusprechen und eine Selbstzensur *aus Furcht* spielen sich offensichtlich nicht auf denselben Frequenzen ab. Die furchtlose Haltung kann nicht mit den Informationsfeldern der Endphase synchronisiert werden, die ängstliche schon, auch wenn das in einzelnen kleinen Schritten geschieht. Dieser Prozess wird durch Leute wie Ray Kurzweil und andere, die uns die KI-Endphase nach dem Prinzip der bereits beschriebenen präemptiven Programmierung als unausweichlich und unaufhaltsam verkaufen wollen, noch verstärkt. Beide Faktoren stimmen die Bevölkerung auf die Endphasenfrequenz ein, sodass diese Phase sich dann auch tatsächlich manifestieren kann.

KI-Gehirn-Synchronisierung – wie smart!

Im Zusammenhang mit dem, was ich beschrieben habe, und der Sucht nach Smartphonewellen ist als wichtiger Faktor für die Wahrnehmung noch das sogenannte Entrainment erwähnenswert. Es bedeutet, dass in jeder beliebigen Situation die stärkste Frequenz alle anderen Frequenzen „mitreißt" und sie auf sich einstimmt; das ist ein weiteres Beispiel für Verschränkung. Ich habe bereits das Beispiel mit den Saitenschwingungen von drei Geigen erwähnt, die auf denselben Ton gestimmt sind und eine vierte Geige dazu bringen, in diesem Ton mitzuschwingen, weil die stärkste Frequenz die anderen eben in eine Synchronisation „mitreißt". Die technischen Frequenzen, die heute unsere Realität und unsere Atmosphäre überschwemmen, werden kumulativ immer stärker. Sie reißen Gehirnwellen und menschliche Wellenfelder mit, sodass sie sich mit den von außen kommenden Frequenzen synchronisieren. 5G steigert dieses Potenzial massiv. Sobald menschliche Wellen durch das Entrainment mit technischen Wellen synchronisiert werden, kann Information (Wahrnehmung) von der KI zum menschlichen Verstand übertragen werden.

Doch sogar bevor noch eine direkte Verbindung zum Gehirn hergestellt wird, kann die KI das menschliche Bewusstsein mittels Entrainment durch die von smarter Technologie ausgesandten Wellen assimilieren. Die Störung der menschlichen Wellenmuster erklärt, warum Menschen, die in der Nähe von Telefon- und Kommunikationsmasten, Strommasten oder Kernkraftwerken leben oder arbeiten, viel häufiger als der Durchschnitt der Bevölkerung an Depressionen, Angstzuständen oder Krankheiten wie Krebs leiden können. Schulwissenschaftler, die das offizielle Geschwätz nachplappern, sehen natürlich keine Belege für eine solche Verbindung und auch keine mögliche Erklärung dafür, weil sie Wellenfeldverbindungen oder -verschränkungen ignorieren. Würden sie das nicht tun, wäre die

Antwort sofort klar. Das Entrainment von Gehirnfrequenzen wirkt sich auf die Plastizität des Gehirns aus, wie ich bereits vor einigen Kapiteln beschrieben habe. Dabei wird die Art der Informationsverarbeitung des Gehirns durch die Beschaffenheit und Form dieser Information verändert. Das Gehirn wurde innerhalb einer sehr kurzen Zeit mit einer derartigen Menge an Wellen- und digitaler Information bombardiert wie nie zuvor in der bekannten Menschheitsgeschichte. Eine Studie nach der anderen hat festgestellt, dass das menschliche Gehirn durch digitale/elektronische Reize massiv neu verdrahtet wurde. Meiner Ansicht nach ist das ein holografischer Ausdruck der Wellenfeldverdrahtung. *Natürlich* muss sich das Gehirn unter den von mir beschriebenen Umständen verändern.

Es gibt aber noch eine weitere Möglichkeit, die menschliche Wahrnehmung zu verändern, und damit einen weiteren Grund für die Sucht nach Smartphones. Das Gehirn wird durch den digitalen Input stimuliert, stellt neue neuronale Verbindungen her, um sich mit diesem Input zu synchronisieren, und leidet sodann an schweren Entzugserscheinungen, wenn man das Smartphone weglegt und der Input wegfällt. Man kann dies bei Menschen beobachten, die nach einer ohnehin schon langen Beschäftigung damit endlich das Smartphone weglegen und es sofort ohne besonderen Grund wieder in die Hand nehmen. Das liegt daran, dass ihr Gehirn schreit: „He, ich brauche meinen nächsten Schuss!“

Sobald diese neuen Körper- und Gehirnwellenfrequenzen installiert sind, werden sie durch die Epigenetik an die nächste Generation weitergegeben, die ihr Leben schon auf eine Art und Weise beginnt, zu der ihre Eltern noch mühsam hinmanipuliert werden mussten. Mit jeder neuen Generation werden die Menschen mehr von Maschinenwellen beherrscht, bis sie selbst Maschinen *sind*. Die frequenzangepasste Kommunikation mit der DNS kann den Körper nach demselben Muster in eine andere Form umwandeln, bis er dem derzeit noch vorhandenen nicht mehr im Geringsten ähnelt. Die genetische Manipulation im Labor ist im Vergleich dazu ein steinzeitliches Verfahren.

Abb. 368: „Die wahre Aufgabe von KI-‚Assistenten‘: Sie sollen Sie dazu bringen, die KI wie einen Menschen zu behandeln, um so die Übernahme durch die Maschinen zu erleichtern.“ – *Wie verfährt man am besten mit diesen Überwachungswerkzeugen, wenn man bereits eines zu Hause hat? Ab in den Müll damit. Erledigt.*

Der menschliche Geist erlebt durch all die smarten Geräte, die als Vehikel für die künstliche Intelligenz dienen, ein Entrainment mit der KI. Ein weiterer Aspekt der Assimilation ist die Manipulation der menschlichen Interaktion mit der KI, als wäre sie eine Interaktion von Mensch zu Mensch. Wie viele Leute gehen heute so mit ihren „smarten“ Assistenten um, als handle es sich dabei um Menschen, oder werden dazu gebracht, die KI-Stimme ihres Navis für die eines anderen Menschen zu halten? Heute sind wir so weit, dass die Navis durch smarte Assistenten im Fahrzeug ergänzt werden, sodass jede Autofahrt eine ständige Interaktion mit der KI ist (Abb. 368). Rufen Sie bei Behörden oder großen Unternehmen an, und Sie werden von einer KI begrüßt. Sehen Sie sich an, wie viele Puppen und andere Spielzeugfi-

Abb. 369: „Sprich mit mir, Kind! Behandle mich wie einen Menschen." – *Wahrnehmungs-Assimilation vor der totalen Assimilation.*

guren für kleine Kinder über eine Internetverbindung mit KI-Stimmen sprechen (Abb. 369). Bei alledem handelt es sich um eine systematische Vorbereitung und Konditionierung auf die Verschmelzung von KI und menschlichem Geist. Gleichzeitig wird die zwischenmenschliche Interaktion ebenso systematisch durch Smartphones, soziale Medien und die technologische Übernahme zerstört. (Auch der letzte Satz wurde vor den Lockdowns und der sozialen Distanzierung geschrieben).

Die direkte Kommunikation zwischen Menschen wird allerorten abgeschafft; man denke nur an Supermarktkassen, wo man auch mit niemandem mehr sprechen kann, sondern die Waren selbst über den Scanner ziehen muss. Der in Kultbesitz befindliche Technokraten-Riesenkonzern Amazon eröffnet vollständig automatisierte Geschäfte, und andere Ketten werden hier bald nachziehen. Bei den Banken, die immer weniger Filialen haben und ihre Kunden zum Onlinebanking zwingen, ist das schon längst der Fall. Stationäre Geschäfte, in denen man Kontakt zu anderen Menschen haben kann, werden durch Onlineshopping und ebenso gesichts- wie seelenlose KI zerstört. Es wird zunehmend schwierig, etwas außerhalb des Internets zu erwerben, weil sich dieser Trend immer mehr beschleunigt.

Bald wird es Gesetze geben, die KI-Maschinen unter Schutz stellen, bis diese Geräte in der Hierarchie des New Woke über den Transgenderpersonen stehen werden. Das mag heute noch absurd klingen – aber wer hätte vermutet, dass die Transgenderhysterie sich in so lächerlich kurzer Zeit so stark verbreiten würde? Wer hätte geglaubt, dass die US-Präsidentschaftskandidatin Elizabeth Warren von der Demokratischen Partei sagen könnte, dass sie als Präsidentin ihren Bildungsminister von einem Transgenderkind wählen oder ablehnen lassen würde? Ich musste mir das Video von ihrer Rede in voller Länge anschauen, um zu bestätigen, dass sie das wirklich geäußert hat – und ja, das hat sie. Noch vor wenigen Jahren hätte man das, was derzeit in Sachen Transgenderaktivismus passiert, für verrückt erklärt. Es *ist* auch verrückt, aber es findet statt. Die Kult-Agenda ist vor jeglicher Kritik und Enthüllung geschützt.

Wie können Sie KI-Roboter nur dafür kritisieren, dass sie die menschliche Gesellschaft übernehmen?! Das ist doch sicher ein „antisemitischer" Tropus oder auch transphobisch – nein, Augenblick, es ist transtechnologisch, ja, genau, ein *transtechnologischer* Tropus, und daher sind Sie *transtechnophobisch*. Da die KI eine immer vorrangigere Rolle spielt (und das geht sehr schnell), wird eine bewusste Verbindung zum erweiterten Gewahrsein und DEM EINEN stets noch schwieriger, bis wir komplett isoliert sind. Darum geht es in der Agenda des Kults – und das Wissen darüber ist ein entscheidender Teil DER ANTWORT.

Drecksimpfstoffe,Reckslebensmittel, Drecksgetränke – alles Dreck!

Impfstoffe sowie giftige Lebensmittel und Getränke scheinen den Körper auf chemischer und biologischer Ebene zu beeinflussen. Chemisch bzw. biologisch bezieht sich jedoch auf das Hologramm, das nur eine decodierte Projektion der Wellenfeldinformation ist. Toxizität, ob in Form von Impfungen, Nahrungsmitteln, Getränken, Pestiziden, Herbiziden oder Giften aller Art, sind in ihrem Grundzustand stark verzerrte Wellenfrequenzen. Giftiger Schlamm, der aus einem Rohr in einen Fluss strömt, verändert das Wellenfeld des Flusses, was wiederum das Wellenfeld der Fische und anderer Wasserbewohner verändert. Erinnern Sie sich noch an die Theorien des japanischen Wissenschaftlers Dr. Masaru Emoto? Er beschrieb, wie Toxizität die Wasserkristalle (Wellenfelder) des Wassers verzerrt. Toxizität wirkt sich scheinbar direkt als Gift auf den Körper als biologischen Organismus aus, verzerrt aber in Wahrheit die Wellenfelder des Körpers, was sich als reflektierte Verzerrung im Hologramm manifestiert. Ist der Einfluss stark genug, kann die Wellenfeldschwingung des Körpers dadurch so geschädigt werden, dass sie völlig zum Erliegen kommt und die betreffende Person stirbt.

Impfungen, toxische Nahrungsmittel und Getränke, Medikamente, Impfstoffe, technische Strahlung und letztendlich eine KI-Verbindung zum Gehirn sind Waffen aus dem gegen die Menschheit gerichteten Arsenal des Kults, das eine Wellenfeldverzerrung im Körper/Intellekt hervorrufen soll. Ich habe in „Alles, was Sie wissen sollten“ genau beschrieben, was für ein nahezu unvorstellbarer Dreck in Impfstoffen, Lebensmitteln und Getränken enthalten ist – Dinge, von denen man annehmen würde, dass kein Mensch sie zu etwas hinzufügen wollte, was für den Körper bestimmt ist. Weiß man aber, dass der Kult vor allem den Körper/Intellekt aufs Korn genommen hat, dann ergibt das alles einen Sinn. Der Kult will, dass die Bevölkerung nach Drecksessen, Drecksgetränken, Drecksmedikamenten, Dreckshandys und allem möglichen anderen Dreck süchtig wird; deshalb wird all der Mist auch von riesigen, im Besitz des Kults befindlichen Konzernen hergestellt. Dreck bedeutet in diesem Zusammenhang „dreckige“ Störungsfrequenzen, die von menschlichen Frequenzen absorbiert werden, die dann durch die Verschränkung selbst zu Dreck und gestört werden. Dieser verschränkte Dreck wird zu holografischem Dreck, den wir als geistige, emotionale oder „physische“ Krankheit und Disharmonie erleben. Um dies zu erreichen, will der Kult die völlige Kontrolle über alles, was durch den Mund oder eine Injektion in den Körper gelangt. Der ständig wachsende Druck, den eine Vielzahl von Behörden und Handlangern ausübt, um Zwangsimpfungen durchzusetzen, ist ein entscheidender Teil des Kriegs gegen die Menschheit und die Jugend (Abb. 370). Auch die vorangegangenen

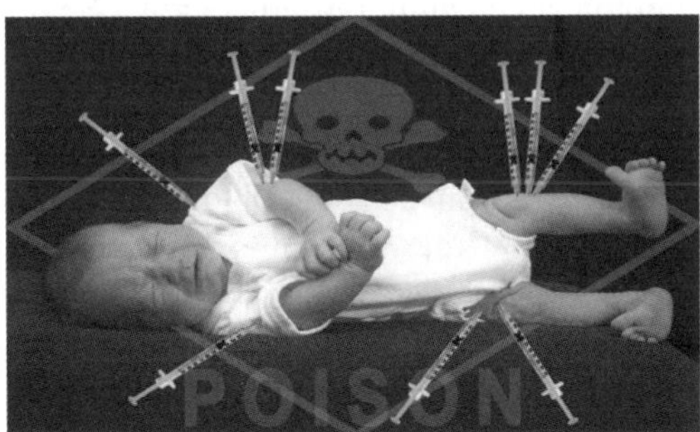

Abb. 370: „Gift“ – Willkommen in einer Welt, wo du ein Nadelkissen für giftigen Dreck bist! Wir tun das nur, weil du uns wichtig bist.

Worte habe ich übrigens vor der „Pandemie" und den ihr folgenden Bestrebungen von Bill Gates, die Welt durchzuimpfen, geschrieben ....

Im Folgenden finden Sie eine Zusammenfassung der Inhaltsstoffe und Substanzen, die bei der Herstellung von Impfstoffen verwendet werden: abgetriebenes Embryonalgewebe, Aluminium, die Quecksilberbindung Thiomersal, Gelatine, Humanalbumin (aus Blutplasma), Sorbit und andere Stabilisatoren, Emulgatoren, Geschmacksverstärker, Antibiotika, Eiproteine (Ovalbumin), Hefeproteine, Formaldehyd (das zur Konservierung von Leichen benutzt wird), Säureregulatoren, menschliche Zellstämme, tierische Zellstämme und gentechnisch modifizierte Organismen (GMOs), rekombinante DNS-Technologie und Rindererzeugnisse. Schon Aluminium wird als Gehirntoxin geführt.

Zu den gesundheitlichen Folgen im Zusammenhang mit Impfungen – und diese Liste ist alles andere als vollständig – gehören: anaphylaktischer Schock, aseptische Meningitis und Meningitis (Hirnhautentzündung), Bell'sche Parese und Fazialisparese (Gesichtslähmung), isolierte Lähmung des Hirnnervs, Bluterkrankungen, Brachialgie, zerebraler Insult (Schlaganfall), chronische rheumatoide Arthritis, Krämpfe, Krampfanfälle, Fieberkrämpfe, Tod, Enzephalopathie und Enzephalitis (Gehirnschwellung), Hörverlust, Guillan-Barré-Syndrom, Störungen des Immunsystems, Störungen des lymphatischen Systems, multiple Sklerose, Myokarditis, Störungen des Nervensystems, neurologische Syndrome wie Autismus, Lähmung und Myelitis (auch transverse Myelitis), Mononeuropathia multiplex (Erkrankung des peripheren Nervensystems), Lungenentzündung und Infektionen der unteren Atemwege, Haut- und Gewebeerkrankungen einschließlich Ekzemen, plötzlicher Kindstod, Tinnitus (Ohrensausen), Impfstammversionen von Windpocken, Masern, Mumps, Kinderlähmung, Grippe, Meningitis, Gelbfieber sowie Entzündung der Blutgefäße.

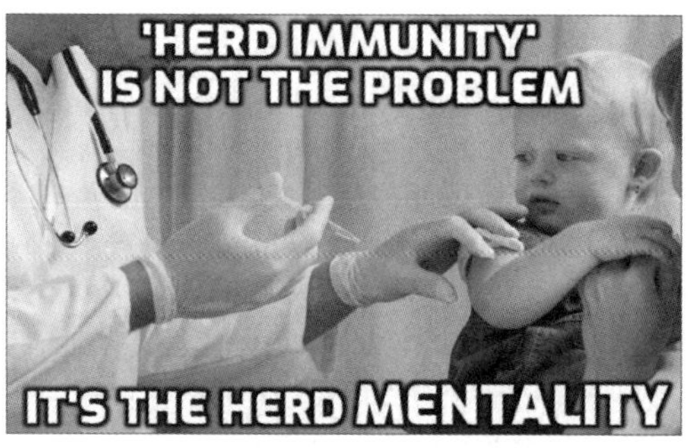

Abb. 371: „Herdenimmunität' ist nicht das Problem ... sondern die Herdenmentalität" – *Herdenimmunität bedeutet natürliche Immunität und nicht Immunität durch den in Impfstoffen enthaltenen Dreck.*

Trotz dieser erschreckenden Auflistung steigt die Anzahl der Impfungen und wahnwitzigen Impfstoffkombinationen (unter anderem eine *Sechsfachimpfung*) rapide an. Auf der ganzen Welt gibt es in immer kürzeren Abständen und immer umfassenderer Manier Bestrebungen, eine Impfpflicht einzuführen (Abb. 371). Warum sollten diese Leute das wollen, wenn Impfungen potenziell so viel Schaden anrichten können? Warum sollten sie das wollen, wenn es kaum bessere Definitionen für Faschismus gibt, als Leuten vorzuschreiben, was sie per Gesetz ihrem eigenen Körper und dem ihrer Kinder zuzuführen haben und was nicht? Eine mögliche Antwort darauf ist, dass man sich dadurch auf den Pandemieschwindel vorbereiten wollte, für den auch gleich der von Strohmann Bill Gates vorbereitete Impfstoff zur Verfügung stehen sollte, dessen Verabreichung weltweit verpflichtend sein oder zumindest erhebliche Bewegungseinschränkungen für alle vorsehen würde, die einer Impfung nicht zustimmen. Darauf werde ich in den beiden nächsten Kapiteln noch *sehr genau* eingehen.

Krankheitsfrei durch Impfstoffe? Nein – straffrei trotz gefährlicher Impfstoffe

Die Pharmafirmen im Besitz des Kults (Big Pharma) waren mit so vielen Klagen wegen lebensverändernder und lebensbeendender Impfschäden konfrontiert, dass im Jahr 1986 vom Capitol Hill, dem Sitz des amerikanischen Senats und Repräsentantenhauses, Gesetze erlassen wurden, die ihnen *Straffreiheit zusicherten*. Was auch immer Impfungen amerikanischen Kindern antun – der National Childhood Vaccine Injury Act [dt. etwa: Nationales Gesetz zu Impfschäden bei Kindern; NCVIA] schützt die Pharmakonzerne vor rechtlichen Folgen. Entschädigungsansprüche werden stattdessen verschuldensunabhängig vor einem „Impfgericht“ ohne Geschworene verhandelt. Für die finanziellen Entschädigungen darf der Steuerzahler aufkommen, der damit für das Handeln der Pharmariesen haftet. Dabei handelt es sich um dieselben Pharmafirmen, die Jahr für Jahr ein Vermögen damit verdienen, mit ihren Impfstoffen und Medikamenten unglaublich viele Kinder und Erwachsene umzubringen. Eine der häufigsten Todesursachen in den USA ist neben Herzkrankheiten und Krebs die *Behandlung mit Arzneimitteln*. Die Dunkelziffer dürfte hier recht hoch sein, weil offiziell oft eine andere Ursache angegeben wird. Würde man diese Fälle dazurechnen, wären Medikamente bei Weitem die häufigste Ursache für das Ableben von Menschen. Aldous Huxley sagte schon vor langer Zeit: „Die medizinische Forschung macht so enorme Fortschritte, dass es es bald keinen gesunden Menschen mehr geben wird.“

Trotz der hohen Beweisanforderungen, die das US-Impfgericht stellt, musste es bis Oktober 2019 insgesamt 4,2 *Milliarden* Dollar für Impfschäden ausbezahlen – also für die Folgen genau jener Impfstoffe, die der Kult weltweit verpflichtend machen will und dies in den Vereinigten Staaten und anderswo bereits tut. Robert F. Kennedy Jr., der Sohn des 1968 einem Kult-Attentat zum Opfer gefallenen amerikanischen Justizministers, gehört zu den führenden Impfgegnern der USA. Die Autorin Kristina Kristen schilderte auf der mit Kennedy assoziierten Website childrenshealthdefense.org, wie die Anzahl der Impfungen nach Verabschiedung des NCVIA-Gesetzes stieg und belegte, dass Big Pharma tatsächlich gewinnbringende Medikamente zur *Behandlung* gesundheitlicher Folgen von Impfungen erzeugt:

> Nach der Verabschiedung des NCVIA nahm die Anzahl der Impfstoffe auf dem Impfplan für Kinder gewaltig zu und führte zu einem Goldrausch für die Impfstoffhersteller: Der Umsatz der Impfbranche stieg von einer Milliarde auf 50 Milliarden Dollar. Doch die Expansion dieser Branche ist im Vergleich zum noch größeren Goldrausch bei den GROSSEN 4 der Pharmaindustrie relativ gering. Die „Behandlungsseite“ der Gleichung, die wesentlich lukrativer ist als die „Einstiegs“-Impfseite, die von den GROSSEN 4 bereits monopolisiert wurde, ist nun ebenfalls erheblich gewachsen.
>
> Die Impfstoffhersteller begannen aus den bekannten Nebenwirkungen ihrer Impfungen Kapital zu schlagen und stellen seitdem auch Medikamente für die „Behandlungsseite“ der Gleichung her. Der fehlende Anreiz zur Produktion sicherer Erzeugnisse, der zu dem aufgeblähten Impfplan führte, wurde für diese Unternehmen

> zum Einstieg in die lukrative medikamentöse Behandlungsseite. Heute verfügen die GROSSEN 4 über ein Monopol sowohl für die Impfungen als auch für die medikamentösen „Behandlungen" für chronische Erkrankungen, die bekanntermaßen durch Impfstoffe ausgelöst werden. Zuerst stoßen die Impfungen also Kinder von der Klippe, und dann machen die Impfstoffhersteller noch einen Gewinn damit, dass sie jene „retten", die sie nicht umgebracht haben.

Wer je eine prägnante Beschreibung für das psychopathische Verhalten und die fehlende Empathie des Kults lesen wollte, hat dies nun getan. Wenn das Böse der Mangel an Liebe ist, wie ich annehme, dann kann man den Kult mit Recht als böse bezeichnen. Und dieses Böse trifft auch auf seine gesamte Agenda für die Menschheit zu. „Das würden sie doch nicht tun, oder?" O doch, das würden sie – und es geilt sie sogar sexuell auf, das zu tun. Forscher an der Yale University, die Aufzeichnungen einer in der Datenbank einer Krankenversicherung untersuchten, stellten Korrelationen zwischen bestimmten Impfstoffen und neurologischen Problemen bei Kindern zwischen 6 und 15 Jahren fest. Es handelte sich unter anderem um Zwangsstörungen und Anorexie, die bei den Kindern drei Monate nach der Impfung diagnostiziert wurden. Besonders hervorgehoben wurde in dieser Studie die Grippeimpfung, für die unsere Idiotenmedien jedes Jahr mit „Lassen Sie sich impfen" werben. Die Studie erschien in der Fachzeitschrift *Frontiers in Psychiatry*.

Ohne Rücksicht auf die dokumentierten gesundheitlichen und psychologischen Gefahren für Kinder wird es zu einer Impfpflicht kommen. In typischer Kultmanier verteufelt man jeden, der die Folgen und Beweggründe für Impfungen infrage stellt und dagegen auftritt. Die sogenannten Impfgegner werden von den Schwachsinnigen in den Medien angegriffen, ebenso wie von Eltern, die das Recht zu denken aufgegeben haben und daher alles glauben, was der Kult ihnen vorsagt. Das bringt uns wieder auf das Zitat von Morpheus im Film „Matrix": „Du musst verstehen, dass die meisten dieser Menschen noch nicht bereit sind, abgekoppelt zu werden. Und viele von ihnen sind so hoffnungslos abhängig vom System, dass sie bereit sind, dafür zu kämpfen, um es zu beschützen." Die als „Impfgegner" verleumdeten Eltern, die sich weigern, ihre Kinder impfen zu lassen und Informationen verbreiten, die der Pharmaindustrie nicht passen, werden von den ebenfalls unter Kontrolle des Kults stehenden Big-Tech-Firmen wie Facebook, Twitter, Google und Amazon zunehmend zensiert. Der Kult stellt die Impfstoffe her, verabschiedet Gesetze für die Straffreiheit bei Impfschäden und bringt mithilfe der Beinahe-Monopole der Big-Tech-Firmen und der Hand in Hand mit ihnen agierenden, ebenfalls vom Kult gesteuerten Mainstreammedien die Gegner zum Schweigen. Man braucht nur die Zusammenhänge herzustellen, dann ist alles ganz einfach. Wenn die Bevölkerung es den wenigen noch länger gestattet, die Ereignisse zu steuern, dann wird niemand der Impfung entkommen oder dagegen demonstrieren dürfen. Das ist der wahre Grund für die Angriffe auf „Impfgegner" – und auch diese durchaus prophetischen Worte wurden vor dem Virusschwindel verfasst, im Zuge dessen besagte Angriffe drastisch zugenommen haben.

Großbritannien ist mittlerweile ein totalitärer Staat. Penney Lewis, die neue Leiterin der „Gesetzes-Kommission", gab 2020 bekannt, dass sie „erwägt", das Veröffentlichen von „Anti-Impf-Propaganda" in den sozialen Medien zu einer strafbaren Handlung zu machen, auch wenn die Verbreiter dieser Informationen sie für wahr halten. „Sie" erwog überhaupt nichts. „Sie" ist nur eine Platzhalterin, um dieses Vorhaben offiziell durchzusetzen. Was für ein Vorfall, dass sich dies kurz vor dem Pandemieschwindel abspielte, als Bill Gates sich ganz aus Microsoft zurückzog, um seinen wohltätigen (Impfstoff-)Interessen mehr Zeit zu widmen. Das System (letztendlich der Kult) ist die Macht hinter diesem faschistischen Plan, ebenso wie hinter der pathetischen Marionette, die im gleichen Zeitraum sagte, dass sie „sehr ernsthaft" über Zwangsimpfungen in Großbritannien nachdenke. Dabei handelte es sich um den „Gesundheitsminister" Matt Hancock, der vorübergehend die *offizielle* Verantwortung für die Gesundheitspolitik des Landes trägt – in Wahrheit wird sie von den Beamten in seiner Abteilung, die als Vertreter der permanenten Regierung fungieren, gesteuert. Es ist höchst unwahrscheinlich, dass Lewis oder Hancock auch nur die allergeringste Ahnung davon haben, dass die Maßnahmen, die sie da „erwägen", Teil einer aus dem Schatten gelenkten globalen Agenda sind. „Erwägen" heißt offensichtlich nur, die Einführung von etwas zu planen, mit dem man glaubt, durchkommen zu können.

Indessen werden die Angriffe auf „Impfgegner" von Woche zu Woche hysterischer. Rick Wilson, der für die Republikanische Partei der USA als politischer Stratege, Medienberater und Insider DES TIEFEN STAATS tätig ist, sagte: „Impfgegner sind eine Plage und ein gutes Argument für Umerziehungslager, die sofortige Beschlagnahme ihres Eigentums und die Unterbringung ihrer Kinder in Schutzhaft." Wenn man sich über die Sicherheit der eigenen Kinder Sorgen macht, ist man also eine „Plage" – und wenn man unverblümt extremen Faschismus/Marxismus befürwortet, dann nicht? So geistesgestört sind die New-Woke-Anhänger. Vertreter der Standesvertretung American Medical Association (AMA) fordern Gesetze, die es Minderjährigen erlauben sollen, „verweigernde Eltern in Sachen Impfung zu überstimmen" (natürlich erst dann, nachdem sie von den Autoritäten indoktriniert worden waren). Die Richtung, in die man uns leitet, ist völlig klar, wenn man die Augen öffnet und nicht fest vor allem verschließt. Die Situation ist umso grotesker, wenn man bedenkt, dass Zwangsimpfungen für diejenigen, die sich ansonsten nicht darauf einlassen würden, schon statistisch gesehen manche dieser Kinder zu – möglicherweise tödlichen – Impfschäden und psychologischen Folgen verurteilen. Die Arroganz und Psychopathie dieser Leute sind einfach atemberaubend.

Herdenimmunität ist das Problem? Stimmt gar nicht

Einer der größten Schwindel zur Rechtfertigung einer Zwangsimpfung ist die Lüge von der „Herdenimmunität". Es wird behauptet, dass fast jeder geimpft sein müsse, damit ein Impfstoff wirken kann (Abb. 372). Sie müssen diese Lüge verkaufen, um einerseits die Impfpflicht zu unterstützen und andererseits zu erklären, warum so viele geimpfte Kinder genau die Krankheiten kriegen, gegen die sie ja eigentlich geimpft sein sollten. Das liegt nämlich nicht etwa daran, dass die Impfstoffe nicht wirksam wären – sondern nur an diesen furchtbaren Eltern, die nicht zulassen, dass man ihren Kindern giftige Tränke injiziert. Der amerikanische Neurochirurg Russell Blaylock räumte mit diesem Mythos auf:

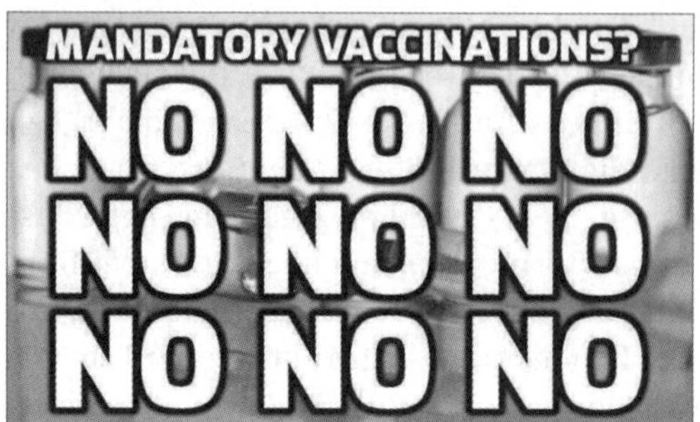

Abb. 372: „Zwangsimpfungen? Nein nein nein nein" – Zwangsimpfungen sind nichts als eine andere Bezeichnung für Faschismus.

Laut der ursprünglichen Definition der Herdenimmunität war die Gesamtbevölkerung nur dann geschützt, wenn die Menschen sich auf natürlichem Wege infizierten. Der Grund dafür ist, dass eine natürlich erworbene Immunität ein Leben lang hält. Die Impfbefürworter stürzten sich schnell auf dieses Prinzip und wandten es auf die Immunität an, die durch einen Impfstoff erworben wird.

Dabei stellte sich jedoch ein gewaltiges Problem: Die impfstoffinduzierte Immunität hält nur eine relativ kurze Zeit an [wenn überhaupt], und auch das gilt nur für die humorale [durch Körperflüssigkeiten vermittelte] Immunantwort. Aus diesem Grund wurden Auffrischungen für die meisten Impfungen vorgeschlagen, sogar für die am meisten verbreiteten Kinderkrankheiten wie Windpocken, Masern, Mumps und Röteln.

Behauptet wird zwar, dass Impfungen Antikörper für eine Krankheit produzieren, aber dies ist noch kein Beweis für eine Immunität. Das folgende Zitat stammt von der Website Learntherisk.org:

> Die Wissenschaft weiß schon lange, dass Antikörper alleine keine echte Immunität erzeugen. Manche Menschen mit hohen Antikörperspiegeln können trotzdem krank werden, wenn sie Krankheitserregern ausgesetzt sind; andere ohne Antikörper erkranken unter gleichen Bedingungen nicht. Dr. Merrill Chase, der wegen seiner Pionierarbeit auf diesem Gebiet den Spitznamen „Großvater der Immunologie" erhielt, führte in den 1950er-Jahren Forschungen speziell zu diesem Thema durch. Seine Resultate waren eindeutig: Antikörperspiegel sind nicht entscheidend für die Immunität. Das Immunsystem ist sehr komplex, und die Wissenschaft steckt beim Verständnis seiner Funktionsweise noch in den Kinderschuhen. So mussten zum Beispiel die Lehrbücher für Immunologie vor Kurzem komplett umgeschrieben werden, als eine Studie der University of Virginia endlich die Verbindung zwischen Darm und Gehirn durch das lymphatische System nachgewiesen hatte. Vor dieser Studie aus dem Jahr 2014 wurde in den Lehrbüchern beharrlich die Behauptung wiederholt, dass es eine solche Verbindung nicht gäbe.

Der schnellste Weg zu einem Verständnis der Welt besteht darin, einfach das Gegenteil von dem zu glauben, was Das System (der Kult) einem als real verkaufen will. Diese Methode ist so gut wie narrensicher. Amerikanische Kinder und Jugendliche erhalten derzeit von ihrer Geburt bis zum vollendeten 18. Lebensjahr 53 bis 60 Impfungen, je nach Zählweise. Viele der Impfstoffe werden nämlich in einer einzigen Spritze verabreicht. Die im Impfplan für Kinder vorgeschriebenen Impfungen haben sich in etwas mehr als

30 Jahren verdreifacht – also etwa seit der Zeit, als die Big-Pharma-Unternehmen es geschafft haben, die Straffreiheit für ihre „Kunstfehler“ durchzusetzen. In diesem Zeitraum sind die Kinder immer kränker geworden. Viele von ihnen leiden heute am früher selten vorkommenden Autismus, an Lebensmittelallergien, Asthma, Fehlfunktionen des Gehirns, Autoimmunerkrankungen und Krebs; vor allem Letzterer ist dramatisch angestiegen. In der Ära der Impfungen und vor allem der Massenimpfungen ist es zu einem gewaltigen Anstieg von Autoimmunerkrankungen gekommen.

Bei einer solchen Autoimmunerkrankung oder -störung greift das Immunsystem den eigenen Körper an, weil es Signale erhält, die ihm eine Bedrohung durch Fremdkörper anzeigen. Glaubt denn wirklich jemand, dass die über Injektionen oder orale Einnahme erfolgende Verabreichung toxischer Substanzen und Materialien, die sich mit dem Körper verbinden, das Immunsystem nicht dazu bringt, sich selbst anzugreifen? Die noch in Entwicklung befindlichen Immunsysteme von Babys werden mit diesem Giftmüll überschwemmt, sodass sich die natürlichen Schutzeinrichtungen des Körpers nie mehr von diesem frühen Angriff erholen. Und auf ebendiese Immunsysteme zielen nun auch 5G und Wi-Fi ab. Als ich noch ein Kind war, gehörten Kinderkrankheiten zum normalen Leben, und Eltern brachten ihre Kinder zu denen, die krank waren, damit auch sie sich anstecken konnten. Man betrachtete dies als Anstoß für das Immunsystem, sie für den Rest ihres Lebens vor der betreffenden Krankheit zu schützen, weil sie sich bei Erwachsenen wesentlich schlimmer auswirken kann. Heute wird jeder Masernausbruch von Ärzten und Medien zu einer tödlichen Bedrohung aufgeblasen, die Zwangsimpfungen und bösartige Angriffe auf „Impfgegner“ rechtfertigt. Das alles ist nur Manipulation.

Der New Yorker Bürgermeister Bill de Blasio rief nach einem Masernausbruch den Notstand aus und ordnete Impfungen unter Androhung einer Geldstrafe von bis zu 1.000 Dollar an. „Wir dürfen nicht zulassen, dass diese gefährliche Krankheit in New York City ein Comeback feiert“, sagte er. Er sprach von derselben „gefährlichen Krankheit“, die in meiner Kindheit noch so behandelt wurde: „Der und der hat Masern“ … „Na gut, eine Woche keine Schule.“ Man sollte auch bedenken, dass immer dann, wenn man uns von einem neuen „Ausbruch“ berichtet, nie erwähnt wird, wie viele geimpfte Kinder erkrankt sind und wie viele ungeimpfte sich nicht infiziert haben. Damit würde man ja das Verkaufsargument unglaubwürdig machen … Meine zwei großen, bärenstarken Söhne wurden nicht geimpft und scheinen irgendwie doch überlebt zu haben. Ich habe keine Ahnung, wie ihnen das gelungen ist. Aber vielleicht kann mich jemand darüber aufklären, warum ihre geimpften Freunde Krankheiten bekamen, die ihnen erspart geblieben sind.

Impfwellen

Um den tiefen Hintergrund von Impfungen und dem ganzen anderen Dreck zu verstehen, den ich beschrieben habe, müssen wir noch einmal auf die Wellenfeldebene der Realität zurückkehren. Auf ihr sind Impfstoffe Störungen der Wellenfeldharmonie und unterminieren dadurch die Wellenfeldinformationscodes, die das Immunsystem darstellen. Auf der Wellenebene können Informationen auch mit Wahrnehmungs- und Krankheitsmustern codiert werden. Sobald man Zugang zum Körperfeld hat, wird mit dem Wissen, das dem Kult zur Verfügung steht, alles möglich. Toxisches Fast Food, industriell verarbeitete Nahrungsmittel und Getränke haben dieselbe Wirkung wie Medikamente und technische Strahlung. Die „Nebenwirkungen" von Arzneien sind wellenfeldstörende Wirkungen (keine Spur von „Neben"-), die im selben Vorgang erzeugt werden wie die Wirkung, die sich vorteilhaft gegen einen bestimmten Krankheitszustand auswirken soll. Selbst dann können Medikamente und alternativmedizinische Behandlungen ein gesundheitliches Problem scheinbar „geheilt" haben, wenn sie in Wahrheit nur den Fehler im Wellenfeld an eine andere Stelle im Feld verlagert haben, wo er sich als anderer Krankheitszustand manifestiert, der auf den ersten Blick nichts mit dem ursprünglichen, „geheilten" zu tun hat. Das hat er aber doch. Die „Heilung" hat nur das Symptom verschwinden lassen, aber den Fehler nicht beseitigt.

Man kann sich das vorstellen wie eine Luftblase in einer Wasserflasche, die sich an verschiedene Stellen bewegt, wenn man die Flasche dreht und wendet. Solche Wellenfeldfehler werden überwiegend durch emotionale Traumata verursacht, wobei unausgewogene Wellen niedrig schwingender Gefühle auf die Körper/Intellekt-Felder einwirken. Sie können aber auch von den Toxinen herrühren, die wir schlucken oder uns spritzen lassen und die noch viele Jahre nach ihrem Konsum beziehungsweise ihrer Verabreichung zu Krankheiten führen können. Wegen dieser Verzögerung lässt sich die Wirkung nie konkret einer Ursache zuordnen. Erst wenn der Fehler beseitigt statt nur verlagert wurde, ist der Heilungsprozess abgeschlossen. Dies gelingt in den meisten Fällen nur, wenn man sich das emotionale Trauma, das den Fehler manifestiert hat, ins Bewusstsein ruft. Es kann etwas sein, das sich in der Kindheit abgespielt hat und möglicherweise jahrzehntelang nicht als Krankheit im Körper gezeigt hat. Sobald der bewusste Verstand jedoch Ursache und Wirkung des Fehlers erkennt, wird das Wellenfeld neu ausbalanciert. Die Erkenntnis erzeugt ein Wellenmuster, das diese Aufgabe erfüllt. Für die meisten Menschen bleibt diese Verbindung im Unbewussten, weil die Schulmedizin solche Zusammenhänge nicht anerkennt. Krankheiten existieren wirklich nur im Geist. Das kann auch nicht anders sein, weil der Körper ebenfalls der Geist ist und durch den Geist „geheilt" (wieder ins Gleichgewicht gebracht) werden kann.

Chips impfen

Der Kult profitiert aber auch noch auf andere Weise von Impfungen. In den 1990er-Jahren erzählte mir ein CIA-Wissenschaftler in Kalifornien, dass der Bevölkerung im Rahmen öffentlicher Impfprogramme Nanochips gespritzt werden, die so klein sind, dass man sie mit bloßem Auge nicht wahrnehmen kann. Heute ist die Nanotechnologie alltäglich und findet sich in immer mehr Lebensmitteln. Als ich mit dem besagten Wissenschaftler sprach, war sie längst nicht so bekannt. Ich kann nicht oft genug betonen, dass die technischen Möglichkeiten in Geheimprojekten all dem, was wir in der Öffentlichkeit zu sehen bekommen, weit voraus sind. Nanotech ist mehr als klein genug, um gemeinsam mit Impfungen injiziert zu werden, ohne dass dies jemandem auffallen würde. Man bräuchte nur wenige Menschen, um die Nanochips in Impfstoffe einzubringen, die dann von nichts ahnenden „medizinischen Fachkräften“ gespritzt werden. Heute nennt man diese Chips Nanobots, Nanoroboter, Nanoide, Naniten, Nanomaschinen, Nanomiten, „Neural Dust“ [dt. etwa: „neuronaler Staub“ = Nervensensoren, eine Art Schnittstelle zwischen Computer und Gehirn], digitalen Staub oder Smart Dust (Abb. 373). Sobald diese Mikromaschinen in den Körper eingedrungen sind, können sie laut Fachliteratur „hochentwickelte Systeme einrichten und warten sowie durch molekulare Fertigung Geräte, Maschinen oder Schaltkreise aufbauen und mittels Selbstreplikation Kopien von sich selbst erstellen“. Sie können zudem den Körper mit dem Smart Grid verbinden und in die Genetik eingreifen.

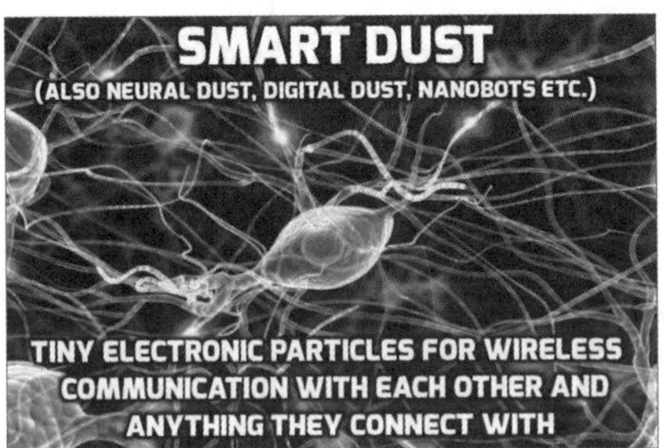

Abb. 373: „Smart Dust (auch Neural Dust, digitaler Staub, Nanobots etc.) – Winzige elektronische Teilchen zur drahtlosen Kommunikation untereinander und mit allem, was eine Verbindung zu ihnen herstellt“ – *In Luft, Wasser und Nahrungsmitteln freigesetzte Nanotechnologie soll die Menschheit mit dem Smart Grid verbinden.*

Ist es nicht wieder ein erstaunlicher Zufall, dass sich angesichts all der entscheidenden Vorteile von Impfungen für die Kult-Agenda ein Mann auf der ganzen Welt am lautstärksten für sie einsetzt? Die Rede ist natürlich vom Microsoft-Milliardär und Technokraten Bill Gates. Dessen Vater, William H. Gates Senior, war ein Anhänger des berüchtigten Eugenikers Thomas Malthus (wie auch sein Sohn „eine Zeit lang“). Papa Gates war Leiter der von den Rockefellers geschaffenen Familienplanungsorganisation Planned Parenthood, die Teil der Eugenikbewegung war und der auch der Kult-„Prophet“ Dr. Richard Day angehörte. Ja, genau, derselbe Dr. Day, der einer Gruppe von Kinderärzten im Jahr 1969 erzählte, dass man Krankheiten in Zukunft durch Impfungen übertragen würde – eine sehr relevante Tatsache, wie Sie sehen werden, wenn ich im Detail auf „Covid-19“ und den Gates-Impfstoff zu sprechen kommen werde.

Der österreichische Arzt, Forscher für Molekularbiologie und jetzige Zahnarzt Jaroslav Belsky wies auf eine Verbindung zwischen Impfungen und der „Spanischen Grippe" des Jahres 1918 hin, die im letzten Jahr des Ersten Weltkriegs ihren eigentlichen Ursprung in amerikanischen Militärstützpunkten hatte, bevor sie sich über die ganze Welt verbreitete und 500 Millionen Menschen (ein Drittel der damaligen Weltbevölkerung) infizierte. Die Anzahl der Todesopfer wurde auf 50 Millionen geschätzt, wobei allein in den USA Berichten zufolge 675.000 Menschen an der Krankheit verstarben. Belsky schrieb:

> Die Soldaten, die im Krieg kämpften, mussten sich einer wahren Impforgie unterziehen. Im Jahr 1918 wurden ihnen bis zu 36 Impfungen verabreicht, ohne dass es irgendwelche Regeln dazu gab. Kurz danach trat die Spanische Grippe an verschiedenen Orten gleichzeitig auf. Medizinhistoriker bestätigen heute, dass es sich um eine Impfkatastrophe gehandelt hat.

Bill Gates verdiente seine Milliarden mit Microsoft-Technik, die ein wesentlicher Bestandteil der technokratischen Kult-Agenda ist, und setzt sich für eine ganze Reihe von Kult-Forderungen ein, einschließlich Impfungen, Überwachungstechnik, Bildungsprogrammierung à la Common Core, Geoengineering der Atmosphäre (Wettermanipulation und vieles andere) sowie gentechnisch veränderte Lebensmittel, die auch *uns* gentechnisch verändern sollen. Das alles können Sie im Detail in meinem Buch „Alles, was Sie wissen sollten" nachlesen. Gates gab im März 2020 bekannt, dass er aus dem Microsoft-Verwaltungsrat zurücktreten werde, um mehr Zeit für seine „philanthropischen Aktivitäten" – also die Finanzierung der Agenda der Elite – zu haben. Er sagte, dass er sich in erster Linie auf die globale Gesundheit und Entwicklung, Bildung und die Bekämpfung des Klimawandels konzentrieren wolle. Ja ja, Kumpel, wir haben es mitbekommen. (Und bekommen haben wir es wirklich, weil Gates kurz nach der Entstehung der vorangegangenen Zeilen anfing, für „Virus"-Lockdowns und eine Impfung zu werben, ohne die das Leben, wie er sagte, „nie wieder normal werden" würde.

Dieser Typ ist wirklich ein übler Betrüger – und noch Schlimmeres, wie wir bald sehen werden. Ich sollte an dieser Stelle noch einmal betonen, dass Impfstoffe unsere DNS beschädigen und verändern und dass die nächste Generation von Impfstoffen, einschließlich der „Covid-19"-Impfung von Gates – speziell auf die DNS *abzielt*. Es ist klar, worum es hier geht: Bei den neuen Impfstoffen wird kein Virus mehr injiziert, um eine Immunreaktion hervorzurufen, sondern sie enthalten *synthetische* Gene (wie angekündigt), die die DNS dauerhaft verändern. In einem Artikel der *New York Times* über „Immunprophylaxe durch Gentransfer oder IGT" wurde der Immunologe Michael Farzan, der in der amerikanischen Forschungseinrichtung Scripps Research tätig ist, mit folgenden Worten zitiert:

> IGT unterscheidet sich grundlegend von herkömmlichen Impfungen und ist eine Form der Gentherapie. Wissenschaftler isolieren die Gene, die starke Antikörper gegen bestimmte Krankheiten produzieren, und stellen dann künstliche Versionen von ihnen her. Diese Gene werden in Viren eingeschleust und in menschliches Gewebe, meist Muskelgewebe, injiziert. Die Viren dringen mit ihrer DNS-Ladung in menschliche Zellen ein, und das synthetische Gen wird in die DNS des Empfängers

eingebaut. Wenn alles gut geht, weisen die neuen Gene die Zellen an, starke Antikörper zu produzieren.

„Das synthetische Gen wird in die DNS des Empfängers eingebaut.“ Denken Sie darüber nach, was ich über den synthetischen Menschen gesagt habe ... Kann man wirklich so naiv sein, nicht mitzukriegen, was da gerade passiert, warum es Zwangsimpfungen geben soll und was es mit dem „Covid-19“-Impfstoff von Gates wirklich auf sich hat?

Impfüberwachung

Entscheidend für die erzwungene, gesetzlich vorgeschriebene Impfung für *alle* ist die elektronische Verfolgung dessen, wer geimpft wurde und wer nicht. Ist es wirklich schon wieder nur ein Zufall, dass die wichtigste Organisation in der Kampagne von Bill Gates zur Durchimpfung der ganzen Welt die Nachverfolgung von Menschen zur Bestätigung ihres Impfstatus fordert? Seth Berkley, Geschäftsführer der von Gates finanzierten Gavi – der Globalen Allianz für Impfstoffe und Immunisierung – sagt, dass seine Organisation im Durchschnitt zwei Milliarden Dollar jährlich dafür ausgibt, Kinder in den ärmsten Ländern zu impfen und Dutzende Millionen in „Innovationen zur Überwachung der Immunisierung“ investiert. Er will, dass die Technologie nachverfolgt, wer geimpft ist, und dass jeder eine „Identität“ erhält. Das passt perfekt zur Kult-Agenda, wie Herr Berkley problemlos herausfinden könnte, wenn er es nicht schon längst weiß. (Und ich wette, er weiß es.) Berkley war vordem für die von Big Pharma kontrollierte US-Gesundheitsbehörde Centers for Disease Control and Prevention (CDC) und die Rockefeller-Stiftung tätig. Die Familie Rockefeller – deren innerer Kern bis ins Mark Kult ist – war jene Sippschaft, die der Welt die „Medizin“ der Pharmakonzerne aufdrängte und alle anderen Formen der Heilkunst, die sie nicht kontrollieren konnte, ausschloss. Berkleys Wunsch, dass jeder eine „Identität“ haben soll, ist eine Eins-zu-eins-Kopie des UN-Ziels, allen 193 Mitgliedsstaaten bis zum mittlerweile schon berüchtigten Jahr 2030 eine gesetzlich vorgeschriebene Form des Identitätsnachweises aufzuzwingen.

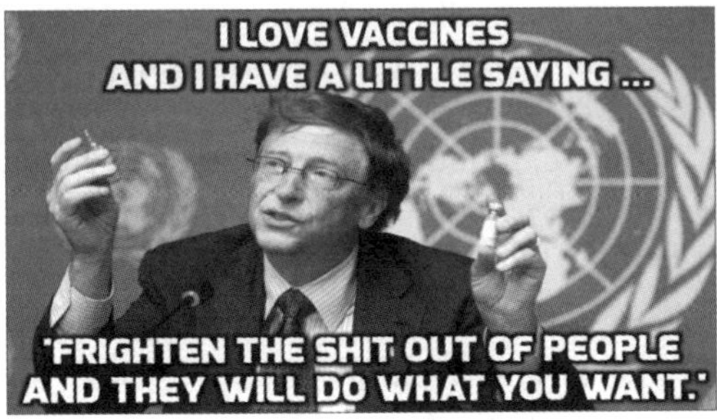

Abb. 374: „Ich liebe Impfungen und habe einen Lieblingsspruch: ‚Erschreck die Leute zu Tode – und sie werden tun, was du willst.‘“ – *Das ist nicht nur der Leitspruch von Gates, sondern auch der des Kults, der immer und überall zum Einsatz kommt.*

Da kann es doch kein Zufall sein, dass die Bill & Melinda Gates Foundation die Entwicklung einer „Tätowierung“ finanziert, die festhalten soll, wer geimpft ist und wer nicht. Gates hat Forschungen am Massachusetts Institute of Technologie (MIT) finanziell unterstützt, bei denen Wissenschaftler eine neue Tinte für eine „unsichtbare Quantentätowierung“ entwickeln sollten. Diese Kennzeichnung soll in die Haut eingebettet werden und von einer

Smartphone-Kamera-App ausgelesen werden können (Abb. 374). Die Website sciencealert.com berichtete dazu:

> Die unsichtbare „Tätowierung“, die die Impfung begleitet, ist ein Muster aus winzigen Quantenpunkten – sehr kleinen, Licht reflektierenden Halbleiterkristallen –, das im Infrarotlicht leuchtet. Das Muster – und die Impfung – werden mithilfe löslicher Hightechmikronadeln. die aus einer Mischung aus Polymeren und Zucker bestehen, in die Haut eingebracht.

Der MIT-Forscher Kevin McHugh beschrieb das Ergebnis perfekt, obwohl er ziemlich sicher in abgeschotteter Ahnungslosigkeit keine Ahnung vom wahren Grund seiner Forschung hat: „In Gebieten, wo es keine Impfkarten aus Papier gibt oder sie häufig verloren gehen und elektronische Datenbanken unbekannt sind, könnte diese Technologie die schnelle und anonyme Erkennung der Impfgeschichte eines Patienten ermöglichen, um sicherzustellen, dass jedes Kind geimpft wird.“ Das ist die Kult-Agenda, in einem Satz zusammengefasst. Die unsichtbare Tätowierung wird es Behörden – und Arbeitgebern – ermöglichen, auf einen Blick festzustellen, ob Sie geimpft und daher „sicher“ genug sind, um sich frei zu bewegen oder angestellt zu werden. (Als wenige Wochen, nachdem ich die vorangehenden Worte geschrieben hatte, der Virusschwindel aufkam, warb Gates sofort für seine unsichtbare „Tätowierung“, um zu verfolgen, wer mit dem „Covid-19“-Impfstoff, dessen weltweiten Einsatz *er* finanzierte, geimpft war. Es ist schockierend. Vielleicht verstehen Sie jetzt, warum ich diesen Kerl als „Softwarepsychopathen“ bezeichne.)

Das gleiche Nachverfolgungssystem soll laut Plan bald dafür sorgen, dass die Menschen mit Medikamenten gefügig gemacht werden können. Zu den bereits eingeführten „smarten Systemen“ gehören „smarte Pillen“, die Ärzten verraten, ob sie eingenommen werden – wieder ein Schritt im schleichenden Totalitarismus. Die Grundidee dahinter wurde im Film „Equilibrium“ aus dem Jahr 2002 ganz gut dargestellt. Der Streifen zeigt, wie durch eine tägliche Spritze sämtliche Emotionen der Bevölkerung unterdrückt werden. Die Verabreichung des Medikaments wird amtlich kontrolliert, um zu überprüfen, ob sich jeder daran hält. Es gibt auch schon stark an Totalitarismus erinnernde Vorschläge, der öffentlichen Wasserversorgung Lithium hinzuzufügen. Lithium wird normalerweise zur Behandlung der manisch-depressiven Erkrankung verwendet und soll laut seinen Befürwortern die Menschen „glücklicher“ machen, wenn es massenhaft verabreicht wird. Kinder und Erwachsene werden bereits heute in einem noch nie da gewesenen Ausmaß unter legale Drogen gesetzt, indem man sie beim ersten Anzeichen emotionaler Probleme oder eines Verhaltens, das den Briefmarkenkonsens verlässt, mit Psychopharmaka zudröhnt. Aldous Huxley, der Autor von „Schöne neue Welt“ und Establishment-Insider, sagte dies bereits 1961 vorher:

> In der nächsten Generation oder so wird es eine pharmakologische Methode geben, Menschen dazu zu bringen, ihre Knechtschaft zu lieben, und eine Diktatur ohne Tränen hervorzubringen, sozusagen eine Art schmerzloses Konzentrationslager für ganze Gesellschaften, sodass den Menschen zwar tatsächlich ihre Freiheiten genommen werden, sie es aber genießen werden, weil sie durch Propaganda oder Gehirnwäsche oder mit durch pharmakologische Methoden verstärkte Gehirnwä-

sche von jedem Wunsch nach Rebellion abgelenkt werden. Und dies scheint die letzte Revolution zu sein.

Wie konnte Huxley das wissen? Wie konnte Orwell das wissen, was er wusste? Oder Richard Day? Oder ich? Die Agenda ist seit Langem in Planung und kommt letztlich von einem Ort außerhalb unserer Realität, der sich nicht in derselben „Zeitlinie“ befindet wie die Welt der Menschen. Wenn man ein Insider ist oder 30 Jahre lang schwere Recherchearbeit leistet, kann man wissen, was geplant ist.

Mikro-Alles

Die Welt ertrinkt in Mikroplastik, das in der Frequenz von Kunststoffen schwingt. Die Verschränkung mit einer steigenden Anzahl synthetischer Wellen macht auch die Wellenfelder des Körpers ... *synthetischer*. Ein Bericht von Reuters, der Daten aus 50 Studien über die Aufnahme von Mikroplastik auswertete, bestätigte auf niederschmetternde Weise, wie weit diese Entwicklung bereits vorangeschritten ist. Als Mikroplastik gelten Teilchen unterhalb einer Größe von fünf Millimetern. Der Bericht, der auf den Ergebnissen einer Studie der Natur- und Umweltschutzorganisation WWF (World Wide Fund for Nature) beruht, stellte fest, das Menschen im Durchschnitt wöchentlich 2.000 winzige Stücke Plastik zu sich nehmen – großteils über das Wasser, aber auch über Meereslebewesen und die Luft. Jahr für Jahr konsumieren Menschen so viel Mikroplastik, dass man einen Speiseteller voll damit anfüllen könnte. Bei einer Lebensdauer von 79 Jahren entspricht das einer Menge, die in zwei großen Mülleimern Platz hat (Abb. 375).

Abb. 375: „So viel Mikroplastik konsumieren Sie jedes Jahr“ – *Mmmmh, lecker!*

Marco Lambertini, der internationale Generaldirektor des WWF, sagte dazu: „Plastik verschmutzt nicht nur unsere Meere und Gewässer, es tötet nicht nur Meereslebewesen, sondern steckt in uns allen. Wir können dem Plastikkonsum nicht entkommen.“ In Plastik verpackte Lebensmittel absorbieren die Kunststoffchemikalien. Immer wieder sieht man auch frische, als „Bio“ gekennzeichnete Nahrungsmittel, die in Plastik verpackt sind. Sehr biologisch kann diese Ware nicht sein, wenn der Plastikinhalt in die Lebensmittel einsickert. Amerikanische Geologen entdeckten winzige Plastikfasern, -kügelchen und -splitter in Regenwasserproben, die an den abgelegenen Berghängen des Rocky-Mountain-Nationalparks bei Denver im US-Bundesstaat Colorado genommen wurden. Ihr Bericht darüber trug den Titel: „Es regnet Plastik.“

Mikroplastik wurde auch schon im Schnee entlegener Gebiete und tief unter Wasser im Meeressediment sowie in Plankton gefunden. „Wo auch immer wir nachschauen, finden wir es", wie ein Forscher anmerkte. Auch Lebensmittel enthalten Mikroplastik. Wissenschaftler von der kanadischen McGill University deckten auf, dass jede Tasse Tee Milliarden Mikroplastikteilchen enthält, wenn man das Getränk mit Plastikteebeuteln zubereitet. Wer hätte das geahnt? Plastikteebeutel können also Plastik in den Tee freisetzen? Unglaublich. Man muss wirklich ein Genie sein, um darauf zu kommen! Der innere Kern des Kults führt uns diese Plastikteilchen bewusst und absichtlich zu.

Derzeit weiß noch niemand so recht, wie die gesundheitlichen Folgen des Eindringens von Plastik in den menschlichen Körper aussehen. Die Londoner Zeitung *Daily Mail* zitierte jedoch Rachel Adams, leitende Dozentin für Biomedizin an der Cardiff Metropolitan University, deren Ansicht nach zu innere Entzündungen (mit vielen Folgen) sowie Immunantworten auf „Fremdkörper" (siehe auch den Inhalt von Impfstoffen in Bezug auf Autoimmunerkrankungen) gehören. Sie wies auch darauf hin, dass Mikroplastik zum Träger von Giftstoffen wie Quecksilber, Pestiziden und Dioxin (einem bekanntlich krebsfördernden Stoff, der auch Fortpflanzungs- und Entwicklungsprobleme hervorruft) wird. Diese Toxine reichern sich im Fettgewebe des Körpers an, nachdem sie über Mikroplastik aufgenommen wurden. Ich habe in anderen Büchern beschrieben, wie das Überlebenssystem des Körpers oft nicht zulässt, dass Fettreserven aufgelöst werden, weil sie dabei zu viele angesammelte Giftstoffe freisetzen könnten: „Ich kann tun, was ich will, aber ich nehme nicht ab." Eine am King's College London erstellte Studie fand heraus, in welch erstaunlichem Ausmaß die britische Hauptstadt bereits mit Mikroplastik verschmutzt ist. Die Forscher sagten, dass „das Mikroplastik in der Atmosphäre vom Himmel auf Dächer fällt und sich in besorgniserregender Menge in der menschlichen Lunge festsetzt". Die Studienautorin Stephanie Wright gibt an, dass sie und ihre Kollegen „eine große Menge Mikroplastik gefunden haben, viel mehr, als bei früheren Untersuchungen gemessen wurde". Sie vermutet, dass das auch für alle anderen Städte gilt, und wiederholt die Warnung vor den unbekannten Folgen: „Die größte Sorge ist, dass wir nicht wirklich viel wissen. Ich möchte herausfinden, ob es sicher ist oder nicht."

Nun ja – sicher ist es eindeutig nicht. Und was auch hier wieder einmal nicht zur Sprache kommt, sind die Folgen auf Wellenfeldebene, wo synthetische Schwingungen das menschliche Energiefeld infiltrieren, aus dem das menschliche Hologramm entsteht. Wenn man (als Kult) auf die Endphase zuschreitet, sind gesunde, starke, seelisch ausgeglichene, scharfsinnige Menschen das Letzte, was man brauchen kann. Man benötigt vielmehr das genaue Gegenteil und unterdrückt den menschlichen Geist, indem man den Körper unterdrückt, weil beide zusammen den Körper/Intellekt ausmachen. Eine Studie der University of Vermont fand heraus, dass bei fettleibigen Kindern die Gehirnregion, wo Entscheidungen getroffen, Pläne geschmiedet und Verhaltensweisen kontrolliert werden, wesentlich dünner ist. Es ist genau diese Region, in der Informationen bewusst verarbeitet werden.

„Zu viele Menschen“

Ich warne seit Jahrzehnten vor einer geplanten Massenkeulung der weltweiten Bevölkerung. Diese Ausmerzung von Menschen im großen Stil wird durch all das ermöglicht, was ich auf den vorangegangenen Seiten geschildert habe. Wenn das Entrainment/die Verschränkung zwischen technischen Frequenzen und dem menschlichen Feld stark genug eingerichtet wird, kann eine Frequenz die andere so stören, dass das Herz zu schlagen aufhört und die Schwingung des körperlichen Lebens ausgeschaltet wird. Verfügt der Kult über die genauen Frequenzen, in denen ein Mensch sendet, so kann er jeden Einzelnen isolieren und ins Visier nehmen. Der Kult nutzt jeden Vorwand zur Erstellung von DNS-Datenbanken, die ihm diese Informationen liefern. Viele Menschen behaupten schon heute, dass sie von der Technologie Des Tiefen Staates gezielt belästigt werden, und bezeichnen sich selbst als „Zielpersonen“. Sie behaupten, dass Gedanken und Wahrnehmungen auf technischem Wege an ihr Gehirn gesandt werden – ich habe bereits erklärt, wie das möglich ist. In weniger offensichtlicher Weise geschieht dies bereits in unserer Gegenwart massenweise, indem Informationen von Wi-Fi, 5G und anderen Technologienetzwerken in Wellenform übermittelt werden. Die Ausschaltung von einzelnen Menschen oder größeren Gruppen ist dann nur noch ein weiterer Schritt, gründet aber auf demselben Prinzip.

Handlanger und Agenten des Kults, die ich in meinen anderen Büchern zitiert habe, fordern schon die längste Zeit eine enorme Reduktion der Weltbevölkerung, bei der es um Milliarden Menschen geht. Jetzt haben sie noch eine weitere Begründung dafür, weil zu viele Menschen ja die Gefahr durch den Klimawandel erhöhen. Anhänger des Klimakults drängen ebenfalls auf eine Begrenzung der Weltbevölkerung und darauf, dass die Menschen überhaupt aufhören, Kinder zu bekommen. Bill Gates gehört zu den Leuten, die sich besonders lautstark zu diesen Themen äußern; er hat garantiert mit seinem Vater darüber geredet, der den Eugeniker Thomas Malthus bewunderte. Der Kult braucht lange nicht mehr so viele menschliche Sklaven, wenn die KI alles übernimmt. Auch die zweigeschlechtliche Fortpflanzung ist unnötig und kann durch die Brutanlagen des Weltstaats ersetzt werden, wie sie Huxley in seinem Roman schilderte. Speziell für ein lebenslanges Sklavendasein entwickelte Babys werden sich wohl demnächst synthetisch im Labor herstellen lassen.

Abb. 376: „Smart Meters. Wir beobachten Sie, rösten Sie und verändern ihr Blut. Das muss man doch sympathisch finden“ – *Ein weiteres Wi-Fi-Feld ist für jeden Haushalt und jedes Unternehmen geplant, um Sie mit der Cloud zu verbinden und die Cloud mit Ihnen kommunizieren zu lassen.*

De menschliche Körper wurde durch Lebensmittel, Getränke, Verschmutzung und Mikroplastik vergiftet. Elektromagnetische Frequenzen haben das Potenzial, die Wirkung dieser Toxizität enorm zu erhöhen, bis hin zu tödlichen Werten. Die Behörden könnten die Computersysteme in Schulen und Universitäten nur deshalb eingerichtet haben, weil Wi-Fi Teil des globalen Ausmerzungsprogramms ist (denken Sie an das Blut des Lehrers, das von einer Forscherin untersucht wurde). Das Gleiche gilt für Smart Meters, also intelligente Stromzähler (Abb. 376). Vielleicht verstehen Sie jetzt, warum 5G – eine militärische *Waffe* – ohne Erprobung auf der ganzen Welt eingeführt wird. Die 5G-Technologie ist Teil des Keulungsprogramms. Mir ist klar, dass die meisten Menschen davor lieber die Augen verschließen, doch diese Dinge passieren trotzdem, und wir müssen uns dem stellen. Wie könnte es sich in Sachen 5G und Wi-Fi auch anders verhalten, wenn man bedenkt, dass dadurch Blut gerinnt, der molekulare Aufbau von Sauerstoff beeinträchtigt wird, Wassermoleküle angegriffen werden und Frequenzen, von denen wir gar nichts wissen, über ein Netzwerk übertragen werden können, das man uns mit ganz anderen Argumenten verkauft hat? Welche Methode könnte sich für eine massenhafte Ausmerzung besser eignen als eine Störung der Fähigkeit, ausreichend Sauerstoff aufzunehmen (siehe dazu das folgende Kapitel)? „Menschen", wie wir sie heute noch kennen, sollen zugunsten ihres transhumanen, synthetisch humanen, maschinell humanen Nachfolgers verschwinden, der nichts mehr Menschliches an sich haben wird.

Die kalifornische Biotech-Firma Epicyte ließ sich im Jahr 2010 das Epicyte-Gen patentieren, das bei Einnahme Männer und Frauen steril und unfruchtbar macht. Danach wurde das Gen in *Maissamen* eingebaut. Warum zum Teufel sollte man das tun, wenn man nicht vorhat, Menschen massenhaft zu sterilisieren? Die Biotech-Unternehmen des Kults Monsanto und DuPont kauften Epicyte auf, um das Sterilisationsgen „kommerziell zu verwerten". Laut Rima E. Laibow, der medizinischen Leiterin der amerikanischen National Solutions Foundation [dt. etwa: Stiftung für natürliche Lösungen], kann man selbst nicht feststellen, ob man dieses Gen in sich aufnimmt, weil die vom Kult kontrollierte US-Lebens- und Arzneimittelbehörde FDA den Besitz dieser Information für ungesetzlich erklärte. Verhütungsmittel finden sich auch in der Wasserversorgung, weil sie durch die Pille in immer größeren Mengen ins Klo gepinkelt werden. Zudem ist bekannt, dass elektromagnetische Wellen sowohl in männlichen als auch in weiblichen Reproduktionssystemen die Fortpflanzungsfähigkeit beeinflussen können. Dazu passt, dass wir momentan in technischen Wellen geradezu ertrinken.

Auf die sinkenden Spermienzahlen habe ich bereits hingewiesen. Professor Olle Johansson von der Fakultät für Neurowissenschaften am schwedischen Karolinska-Institut prognostizierte eine massenhafte „irreversible Sterilität innerhalb von fünf Generationen" durch technische und Wi-Fi-Strahlung; diese Worte stammen allerdings noch aus der Zeit vor 5G. Anfang 2020 wurde dem britischen Premierminister Boris Johnson ein Brief, der die ernste Bedrohung der männlichen Fortpflanzungsfähigkeit durch die Einführung von 5G hervorhob, zusammen mit zwei Petitionen zugestellt. Eine davon war von 268 Ärzten und Wissenschaftlern unterzeichnet worden. In dem Brief hieß es:

> Wir sind äußerst besorgt über die Anfälligkeit unserer jungen und sehr jungen Menschen für die schädlichen Auswirkungen gepulster Hochfrequenzstrahlung. Studie um Studie zeigt, dass diese nichtionisierende Strahlung oxidative DNS-Schäden in zellulären Systemen verursacht. Das kann besonders schädlich für das Fortpflanzungssystem von Jungen, Jugendlichen und jungen Männern sein.

Es ist alles von langer Hand geplant. Das Ziel ist die Ausrottung der Menschheit, *wie wir sie heute kennen*. Dr. Richard Day erzählte den Kinderärzten 1969 von der kommenden „Sterbepille“, mit der sich ältere Menschen bei Erreichen eines bestimmten Alters umbringen würden, um Platz für die jungen zu machen. Die ständigen Bestrebungen, Jung und Alt zu entzweien, sind zum Teil auf diesen Plan zurückzuführen, ebenso wie die schleichenden Bemühungen, die Euthanasie zu legalisieren und in der Palliativpflege die Versorgung mit Medikamenten und Nahrung bei jenen Patienten einzustellen, die laut ärztlicher Meinung dem Tode nahe sind. Viele Leute, die – oft mithilfe von Angehörigen – diesem System entkommen sind, haben danach noch jahrelang weitergelebt.

Das Motiv ist auch in immer mehr amerikanischen Bundesstaaten plus dem District of Columbia zu sehen, wo die ärztliche „Sterbehilfe“ gesetzlich verankert wird. Während ich diese Zeilen schreibe, ist Sterbehilfe bereits in Kalifornien, Colorado, Hawaii, Maine, New Jersey, Oregon, Vermont und Washington legal; die New Yorker Behörden diskutieren noch darüber. Man mag der Meinung sein, dass es barmherzig sei, Menschen zu erlauben, sich von ihrem „physischen“ Leid zu befreien – doch das gehört nicht zu den fünf wichtigsten Gründen jener Leute, die beispielsweise in Oregon einen Antrag auf Sterbehilfe stellen. Zu ihren Hauptgründen gehören vielmehr die Angst, anderen zur Last zu fallen, und die Angst vor dem Verlust der Selbstständigkeit. Das betrifft definitionsgemäß vor allem die Armen und Schwachen, und damit bewegen wir uns in den Bereich, den ich „Wahrnehmungseugenik“ nenne. Man überzeugt Menschen davon, dass sie eine Last sind, und hilft ihnen dann dabei, sich umzubringen. Alte Menschen wurden während der „Virus“-Lockdowns auf höchst psychopathische Art und Weise aufs Korn genommen, wie ich noch berichten werde. Sobald man der Euthanasie unter dem Vorwand des „Mitgefühls“ Tür und Tor öffnet, reißt der Kult gleich die Mauern nieder. Menschen sind für den Kult nur eine Ressource. Wenn sie nicht mehr kommerziell verwertbar und produktiv sind, sollen sie laut Plan beseitigt werden. Der Kinderarzt Lawrence Dunegan beschrieb, was Richard Day im Jahr 1969 über die Sterbepille sagte:

> Die medizinische Versorgung würde sehr eng mit der eigenen Arbeit in Verbindung stehen, aber auch sehr, sehr teuer werden, sodass sie für Leute ab einem gewissen Alter nicht mehr erschwinglich wäre. Wenn Menschen nicht gerade eine sehr reiche und hilfsbereite Familie hätten, würden sie ganz einfach ohne medizinische Versorgung auskommen müssen.
>
> Und der Plan war, dass jeder irgendwann sagt: „Genug! Es ist eine gewaltige Belastung für die Jungen, die Alten am Leben zu erhalten!“ Dann würden die Jungen bereit sein, Mama und Papa auf ihren letzten Weg zu helfen, unter der Voraussetzung, dass dies schmerzfrei und würdevoll ablaufen könnte. Dann brachte er als Beispiel, dass man eine schöne Abschiedsfeier organisieren könnte, ein richtiges Fest. Mama und Papa hatten gute Arbeit geleistet. Und wenn die Feier vorbei ist, nehmen sie die „Sterbepille“.

Day beschrieb vor mehr als einem halben Jahrhundert, wie genau der Kult alles geplant hat. Er sagte zum Beispiel, dass man auf Formularen, die die Leute auszufüllen hätten, sehr helle Tinte verwenden würde, damit ältere Menschen die Formulare nicht lesen könnten und jüngere Leute um Hilfe bitten müssten. Er zählt auch noch andere Methoden auf, mit denen man alte Menschen so manipulieren könnte, dass sie glauben, sie hätten „ihre beste Zeit hinter sich". In meinem Buch „Das Ich-Phantom" habe ich ausführlich zitiert, was Dr. Day über eine ganze Reihe von Themen zu sagen hatte. Als er über die Bevölkerungsreduktion sprach, sagte er auch voraus, dass die meisten Familien auf zwei Kinder beschränkt sein würden. Wo ist uns eine solche Politik der Geburtenbeschränkung bloß schon aufgefallen? Ach ja, richtig – in *China*, der Blaupause für die Welt. In diesem Zusammenhang sollte man auch den zunehmenden Druck registrieren, die zeitliche Grenze für den legalen Schwangerschaftsabbruch immer weiter heraufzusetzen.

Die Wellen regieren

Die Antwort resultiert aus einem Verständnis des Problems. Das bedeutet, dass wir die grundlegende Natur der Wellen verstehen müssen. Der Kult versucht, eine Kontrolle der Wellen in jedem Lebensbereich durchzusetzen. Ich habe im Laufe der Jahre viele Male betont, dass Symbole wie die Pyramide, das allsehende Auge und viele andere in der gesamten globalen Gesellschaft platziert wurden. Warum sollte sich der Kult bemühen, dies in einem solchen Ausmaß zu tun?

Symbolik ist sowohl die verborgene Sprache, in der Kultagenten in der Öffentlichkeit miteinander kommunizieren, als auch eine Methode, die Frequenzen des Kults ins menschliche Energiefeld zu übertragen. Man bekommt die Pyramide, das allsehende Auge oder einfach nur das Auge unglaublich oft zu sehen, häufig auch in Zeichentrickfilmen und Kinofilmen für Kinder (Abb. 377). Energetisch und hinsichtlich der Frequenz repräsentieren Symbole das, was sie symbolisieren. Ein Symbol, das Hass verkörpert, lässt Wellen in der Hassfrequenz mitschwingen und hat die Möglichkeit, auf das menschliche Wellenfeld einzuwirken. Man muss die Symbole nicht einmal bewusst wahrnehmen, damit sie diese Wirkung zeigen. Der Kult will ja auch nicht, dass man sie bewusst sieht. Wenn der bewusste Verstand keine Ahnung hat, was los ist, und daher seine Verteidigungsbereitschaft

Abb. 377: Das Kultsymbol des allsehenden Auges taucht in einer Unmenge von Kindersendungen im Fernsehprogramm und auch andernorts auf. Doch das ist natürlich auch nur ein ganz unschuldiger Zufall.

herunterschraubt, können sich diese Frequenzen ungestört mit dem Unterbewusstsein verschränken – also der Ebene, auf der der Kult hauptsächlich agiert. Ihm geht es darum, auf der unbewussten Wellenebene Zugang zur menschlichen Wahrnehmung zu finden und die übermittelten Informationen in den bewussten Verstand einsickern zu lassen, sodass die Leute glauben, es handle sich um ihre eigenen Gedanken und Wahrnehmungen. „Ich bin in meinen Überzeugungen nicht beeinflusst worden, sondern von selbst darauf gekommen.“

Die Wellenverbindung offenbart, warum der Kult von Ritualen besessen ist. Die Energie fließt immer an die Stelle, wohin die Aufmerksamkeit gerichtet ist. Die Konzentration auf die unsichtbaren „Götter“ des Kults während eines Rituals löst eine Wellenverschränkung aus, durch die Informationen ausgetauscht und Eingeweihte in Besitz genommen werden können. Überall auf der Welt gibt es uralte und moderne Ritualplätze, die Saturn und Orion geweiht sind. Rituale, die an diesen Orten stattfinden, stellen eine Verbindung der Initiierten zu den Frequenzen von Saturn und Orion her, die meiner Ansicht nach beide von entscheidender Bedeutung für die Simulation sind und daher vom Kult ganz besonders verehrt werden. Bei der Kontrolle der Menschheit spielen Wellen eine Hauptrolle, sowohl als Ursache der Versklavung als auch als das Wissen, das uns frei machen wird.

KAPITEL 15

WIE HABEN SIE DAS MIT DER FAKE-PANDEMIE HINGEKRIEGT?

„Die Angst ist nur so tief, wie der Verstand es zulässt."
Japanisches Sprichwort

85 Prozent dieses Buches wurden geschrieben, bevor eine „Covid-19" genannte „Pandemie" durch den kollektiven menschlichen Geist fegte und dem Kult fast alles in die Hände legte, was er – wie ich im vorliegenden Buch und meinen früheren Werken geschrieben habe – für seinen Plan zur Transformation der menschlichen Gesellschaft benötigt. In den vorangegangenen Kapiteln habe ich immer wieder den Covid-19-Schwindel erwähnt; jetzt möchte ich im Detail darauf eingehen, was ich damit meine: *Es gibt kein ‚Covid-19'*.

Diese Behauptung wird für die meisten Menschen ein Schock sein und nicht nur von der Mainstreamgesellschaft, sondern auch von weiten Teilen der „alternativen" Medien als verrückt abgetan werden. Ich weiß aber, dass sie stimmt, weil das alles schon passiert ist. Wenn sich der Leser die Mühe macht, die Beweise und Hintergründe zu betrachten, die ich in diesem und im nächsten Kapitel darlegen werde, statt schon die bloße Möglichkeit zu verwerfen, dass ich recht habe, und meine Worte zu verdrehen, wird er verstehen, was dieses unsinnige und völlig widersprüchliche Narrativ von der „Pandemie" in Wahrheit bedeutet. Meiner Ansicht nach haben sich viele „Alternativmedien" in dieser Frage nicht besonders ausgezeichnet, während andere hervorragend darüber berichteten. Das Jahr 2020 hat uns an einen Scheideweg geführt: Ein Teil der „alternativen" Stimmen glaubt nach wie vor an die offensichtlich falsche offizielle Version der Ereignisse, ein anderer Teil ganz und gar nicht.

Ich möchte zunächst die Narrative des Mainstreams und der anderen Medien zur „Pandemie" zusammenfassen und dann eine völlig andere Erklärung anbieten, die dank medizinischer Fachkräfte möglich wurde, die den Schwachsinn durchschaut haben.

Die offizielle(n) Geschichte(n)

Es kursierten ein paar offizielle und halboffizielle Versionen, doch sie alle codieren dasselbe Thema: Es gibt ein Virus, das entweder natürlichen Ursprungs ist oder aus einem chinesischen Biolabor stammt. Dieses Virus heißt SARS-CoV-2 und verursacht eine infektiöse Erkrankung der Atemwege, die „Covid-19" genannt wird (ich werde dieses Paket einer angeblichen Viruserkrankung von nun an als „Covid-19" bezeichnen, um die Sache zu vereinfachen). Man erzählte uns, dass dieses „Coronavirus" und seine Folgen so gefährlich seien, dass ganze Länder unter Hausarrest gestellt werden müssten, um seine Ausbreitung und den katastrophalen Verlust an Menschenleben zu verhindern. Wir werden sehen, dass keine dieser Behauptungen durch Belege gestützt werden kann. Die durch Lügen und falsche Annahmen begründeten Lockdowns wurden jedoch dazu benutzt, die unabhängigen Einkommen und Lebensgrundlagen von möglicherweise Milliarden Menschen zu zerstören. Die betroffenen Bürger wurden dadurch von den diversen vom Kult kontrollierten Staaten und Regierungen abhängig, die damit einen wesentlichen Fortschritt in Richtung Hungerspiele-Gesellschaft erzielen konnten.

Der „Ausbruch", der in den letzten Wochen des Jahres 2019 angeblich in China stattfand, führte dort zu einem totalen und drakonisch durchgesetzten Lockdown, bei dem das letzte bisschen Freiheit, das in China noch vorhanden war, brutal beseitigt wurde. Riesige Bevölkerungsgruppen wurden unter Hausarrest gestellt, überwacht durch „smarte" Überwachungstechnologie mit Gesichtserkennung sowie die bösartigen, gehirntoten chinesischen Polizei- und Militärkräfte (ohnehin dasselbe). Die westlichen Medien berichteten über die hektischen Aktivitäten der im Besitz des Kults befindlichen chinesischen Regierung: Man errichtete binnen weniger Tage ganze Krankenhäuser, um den Bedarf durch die „unzähligen im Sterben liegenden Menschen" decken zu können. Diese neuen Krankenhäuser, die inmitten der weltweiten Medienhysterie über das dafür verantwortliche „tödliche Virus" gebaut wurden, wurden in lächerlich kurzer Zeit wieder geschlossen, wenn man bedenkt, welche Katastrophe sich da angeblich ereignete. Sobald das „Virus" sich den Berichten zufolge im Westen ausbreitete, ging die chinesische „Epidemie" bereits wieder drastisch zurück. Und während die westliche Wirtschaft zusammenbrach, öffnete China seine Geschäfte und die Industrie wieder, beendete die schwersten Lockdowns und erlaubte auch das Reisen.

Der wichtigste Punkt an dieser Stelle: *Was in China geschah, diente weltweit als Blaupause dafür, wie man auf das „Virus" zu reagieren hatte – mit Lockdowns, Hausarrest und der „Maßnahme", die Menschen voneinander fernzuhalten*. Das alles war von Anfang an geplant. Man denke nur an Bill Gates, der sagte, dass „im Grunde das ganze Land (Amerika) das tun muss, was in den Teilen von China, wo es die Infektionen gab, getan wurde". Die vom Kult gegründete und gesteuerte sowie von Gates finanzierte Weltgesundheitsorganisation WHO verbreitete dazu die Legende, dass China höchst effektiv mit der „gesundheitlichen Katastrophe" umgegangen sei und der Rest der Welt ebenso reagieren müsse, wenn das Virus auf ihn zukomme. WHO-Generaldirektor Tedros Adhanom Ghebreyesus, eine Marionette des Kults und von Gates, sagte:

> Man muss der chinesischen Regierung zu den außerordentlichen Maßnahmen gratulieren, die sie zur Eindämmung des Ausbruchs ergriffen hat. China setzt tatsächlich einen neuen Standard bei der Reaktion auf Krankheitsausbrüche. Das ist keine Übertreibung.

Der Rahmen war abgesteckt. Die Würfel waren gefallen. Die westliche Wirtschaft und das Leben von Milliarden Menschen standen kurz vor der Zerstörung.

Die erste Version der offiziellen Geschichte lautete, dass der Ausbruch seinen Ursprung in einem „wet market" [dt.: „Nassmarkt" – ein Markt, auf dem lebende oder kurz vor dem Verkauf geschlachtete Tiere angeboten werden] in Wuhan gehabt habe. Auf solchen Märkten würden Fledermäuse und andere Tiere unter entsetzlich schmutzigen und unhygienischen Bedingungen gekauft und gegessen – was der Verbreitung von Infektionen natürlich zuträglich sei. Da diese Darstellung auf Dauer nicht wirklich überzeugen konnte, griff man auf ein anderes Geschichtenmotiv zurück, das von den Alternativmedien aufgebracht und verbreitet wurde. Darin ging es um das „BSL-4"-Labor in Wuhan, das nicht weit von besagtem Markt entfernt ist und in dem tödliche Erreger zu militärischen Zwecken erforscht und verändert werden, um aus ihnen Biowaffen herzustellen. Das Institut für Virologie Wuhan ist die einzige Einrichtung dieser Art in China. „BSL-4" ist die Abkürzung für „biosafety level 4" (biologische Schutzstufe 4) und bezieht sich auf Labors mit den höchsten Biosicherheitsvorkehrungen, die in der Lage sind, die dort gelagerten, oft unmittelbar tödlichen Erreger einzudämmen.

Francis Boyle, Professor für Völkerrecht am University of Illinois College of Law, formulierte den Biological Weapons Anti-Terrorism Act of 1989 [dt. etwa: Antiterrorgesetz bezüglich biologischer Waffen] der USA. Er äußerte im Februar 2020 öffentlich seine Überzeugung, dass der angeblich verantwortliche „Coronavirus"-Stamm eine künstlich hergestellte Biowaffe sei, die versehentlich oder auf andere Weise aus dem Wuhan-Biolabor freigesetzt wurde. Boyle wurde von den alternativen Medien zitiert – und was er über die *Existenz* biologischer Angriffswaffen mit gentechnisch veränderter DNS zu sagen hatte, war eindeutig wahr. Wie man jedoch an der geringen Anzahl tatsächlich Verstorbener auf der ganzen Welt deutlich beobachten konnte, konnte es keine tödliche Biowaffe sein, die da vermeintlich freigesetzt worden war. Nur weil ein bekannter Brandstifter in der Nähe eines Großfeuers wohnt, heißt das noch lange nicht, dass er das Feuer auch gelegt hat. Eher vorstellbar ist schon, dass der *wahre* Brandstifter die Schuld auf ihn abwälzen will. Aber das störte niemanden. Ein beträchtlicher Teil der Alternativmedien glaubte und verbreitete das Szenario vom Wuhan-Labor, das später zum Narrativ der Mainstreammedien werden und die Aufmerksamkeit sowie den Zorn der Bevölkerung naturgemäß auf China fokussieren sollte.

Manche mit Dem Tiefen Staat verbundenen Politiker wie der US-Republikaner Tom Cotton, der tief in der Tasche Israels steckt, vermuteten das Wuhan-Labor als Quelle und spannen diese Story weiter. Plötzlich hieß es, dass der „tödliche Erreger", den man inzwischen als „Virus" bezeichnete, von den Chinesen aus einem kanadischen Labor in Winnipeg gestohlen worden sei, das in Kanada als führendes Labor für die Entwicklung und Erprobung biologischer Kriegswaffen dient, oder aus einem der zahlreichen BSL-4-Laboratorien in den USA. Andere behaupteten wieder, dass das „Virus" vom amerikanischen

Militär stammen könne und heimlich bei den Militärweltspielen des Jahres 2019 verbreitet worden sei. Diese Sportveranstaltung hatte von 18. bis 27. Oktober 2019 in Wuhan stattgefunden, kurz bevor der Ausbruch öffentlich bekannt wurde. An ihr nahmen 10.000 Militärangehörige und Hilfskräfte aus mehr als 100 Ländern teil, darunter auch ein Team aus den Vereinigten Staaten.

Professor Boyle schätzte, dass die USA seit den Anschlägen des 11. September 2001 mehr als 100 Milliarden Dollar für die Forschung im Bereich der biologischen Kriegsführung ausgegeben haben, wobei die Ausgaben um 5 Milliarden Dollar pro Jahr gestiegen seien. Dies würde mit dem Plan des sabbatianisch-frankistischen Project for the New American Century zur Entwicklung von Biowaffen gegen bestimmte Genotypen übereinstimmen. Biowaffenforschung findet in aller Welt statt, von den USA über China, Israel, Großbritannien (im berüchtigten Zentrum Porton Down) und Frankreich bis zu Russland und vielen anderen Ländern. Das sabbatianisch-frankistisch kontrollierte Israel betreibt ein großes Chemie- und Biowaffenprogramm (getarnt hinter „Forschungseinrichtungen") und weigert sich wie immer, die Biowaffenkonvention oder den Atomwaffensperrvertrag zu unterzeichnen, um internationalen Inspektionen zu entgehen. Dank der sabbatianisch-frankistischen Netzwerke macht sich Israel seine Gesetze eben selbst. Das Israelische Institut für biologische Forschung in der Nähe von Tel Aviv, das besagtes Programm betreibt, ist eine der am stärksten der Geheimhaltung unterliegenden Organisationen des Landes – und das bei der Konkurrenz! Die Website Globalresearchcouncil.org schrieb über Israel:

> Die stärkste Geheimhaltung umgibt die Forschung an biologischen Waffen, Bakterien und Viren, die sich beim Feind verbreiten und Epidemien auslösen können. Gearbeitet wird unter anderem mit den für die Beulenpest (den „Schwarzen Tod" des Mittelalters) verantwortlichen Bakterien und dem ebenso hochansteckenden wie tödlichen Ebola-Virus, gegen das es keine Therapie gibt.

Gibt es also tödliche Erreger in Labors wie dem in Wuhan? Mit Sicherheit. Die Frage, die man sich stellen muss, lautet aber: War das „neue" Coronavirus eines davon? Die Daten, die uns tatsächliche *Ereignisse* – im Gegensatz zu Spekulationen – geliefert haben, deuten darauf hin, dass dem nicht so ist. Ich werde meine Argumente dafür noch in aller Ausführlichkeit darlegen. Fest steht, dass die erste offizielle Story, der zufolge das Virus auf einen Markt mit lebenden Tieren (besagtem „wet market") in Wuhan ausgebrochen sei, einer Überprüfung nicht standhalten konnte. Zuerst machte man Fledermäuse als Überträger verantwortlich, was man in ähnlichen Situationen schon vorher zur Verschleierung der Wahrheit versucht hat. Es gab jede Menge Ablenkungsmanöver und falsche „Hinweise", die durch die Medien und das Internet schwirrten. Je mehr dieser Geschichten man verbreiten kann, desto größer wird die Verwirrung und desto eher kann die Wahrheit begraben werden. Ich sah mir die tatsächlichen Geschehnisse genau an, statt zu versuchen, sie in eine vorgefasste Meinung zu pressen. Als sich das „Virus" in den Westen ausbreitete, entsprachen die Folgen in keiner Weise dem, was man von einer „tödlichen Biowaffe" erwarten würde. Dazu gab es einfach zu wenige Tote. Was war also wirklich los?

Das Netz

An dieser Stelle sei noch einmal betont, dass der Kult weltweit manipuliert. Unter diesem Gesichtspunkt rückt der Pandemieschwindel in ein ganz anderes Licht. Als Erstes sollte man einmal die Grenzen vergessen, weil die für die Kultnetzwerke ohnehin nicht existieren. Stellen Sie sich einen multinationalen Konzern vor, der seinen Hauptsitz in einem bestimmten Land hat (im Falle des Kults ist dieser Hauptsitz oder die zentrale Kontrollstelle – die Spinne – im Schatten angesiedelt.) Dieser Konzern hat Niederlassungen in anderen Ländern der Welt, die ihre Befehle und Anweisungen aus der Zentrale erhalten. Das System des Kults funktioniert auf die gleiche Weise. Der Kult unterhält in jedem Land, vor allem denen mit dem größten Einfluss auf den Verlauf der Weltgeschichte, Filialnetzwerke aus Geheimgesellschaften, satanistischen Zirkeln und sich untereinander vermehrenden Nephilim-Hybridfamilien. Diese Gruppierungen haben die Aufgabe, die Politik des jeweiligen Landes, die Staatsverwaltung (TIEFER STAAT), Finanzwesen und Banken, Medien, die medizinischen Strukturen zum Nutzen der Big-Pharma-Firmen des Kults und so weiter zu kontrollieren. Auf diese Art wird die von der Spinne gelenkte Agenda „verschiedenen" Ländern gleichzeitig aufgezwungen, um globale Veränderungen und koordinierte Ereignisse anzuzetteln. Ich habe bereits erwähnt, dass China eines der wichtigsten Zentren des Kults ist; das gilt allerdings auch für die USA, Israel, Großbritannien, Italien, Frankreich, Deutschland und andere Nationen. Auf Ebene des Kults *ist* China *gleich* Amerika *ist gleich* Israel *ist gleich* Großbritannien *ist gleich* Italien *ist gleich* Frankreich *ist gleich* Deutschland. Durch diese Koordination durch den Kult ist es problemlos möglich, einen außergewöhnlichen Schwindel wie den, den ich gleich beschreiben werde, zu inszenieren. Nicht einmal viele der Rechercheure aus der Alternativmedienszene scheinen diese Struktur und ihr Potenzial zur Manipulation zu verstehen, wie sich ihren Kommentaren während der „Pandemie" entnehmen lässt.

Die besagte Struktur erfordert nur sehr wenige Menschen, die „eingeweiht" und bewusst für den Kult tätig sind, um die Ereignisse in einem ganzen Land und gemeinsam in der ganzen Welt zu bestimmen. Man muss nur die Schlüsselpositionen auf Ebene der Entscheidungsträger – von denen viele gar nicht in der Politik sitzen – einnehmen. Man will, dass die Technokraten die Kontrolle haben, im Falle von „Covid-19" also die medizinischen Technokraten, die während dieser menschlichen Katastrophe die „Virus"-Politik entscheidend mitbestimmt haben. Die gewählten Politiker waren dabei nicht viel mehr als Zuschauer.

Auf den folgenden Seiten werden wir noch einiges mehr über die Koordination der Maßnahmen zwischen China (dem Kult) und dem Westen (dem Kult) erfahren. Ich habe die über den Kult laufenden Verbindungen zwischen TIEFEM STAAT und der akademischen Welt in China und den Vereinigten Staaten ja bereits erwähnt. Als das „Covid-19-Virus" ins Zentrum der öffentlichen Aufmerksamkeit rückte, wurde Professor Charles M. Lieber, Fachbereichsvorsitzender für Chemie und Biologie an der Harvard University, wegen falscher Aussagen über seine Rolle in einem chinesischen Nachwuchsrekrutierungsprogramm angeklagt. Ein Richter am Bundesgericht von Boston ordnete an, dass er eine Kaution von einer Million Dollar zu hinterlegen habe. Die Staatsanwaltschaft behauptete, Lieber habe zugestimmt, im Auftrag der Technischen Universität Wuhan Forschungsprojekte durchzuführen, Artikel zu veröffentlichen und Patente anzumelden; dafür habe er 50.000 Dollar im Monat und etwa 150.000 Dollar an Lebenshaltungskosten kassiert. Laut den Behörden habe er auch 1,5 Millionen Dollar dafür erhalten, an einer Universität in Wuhan ein Forschungslabor einzurichten.

Wie bereits erwähnt, ist eine ganze Reihe „ehemaliger" Beamter des Pentagons nach ihrem Eintritt in den „Ruhestand" direkt oder indirekt für China tätig. Es stellte sich heraus, dass die USA dem Institut für Virologie Wuhan 3,7 Millionen Dollar überwiesen hatten; Kanada hatte sich mit einer ähnlichen Summe beteiligt. Der amerikanische Zuschuss wurde Berichten zufolge von Bill Fauci – dem Berater Trumps, der ihm zu den Lockdowns riet und beste Verbindungen zu Bill Gates hat – genehmigt. Warum sollten die *Vereinigten Staaten* und *Kanada* einem Labor in *China* Millionen Dollar zur Verfügung stellen? Weil es einfach nur die amerikanischen und kanadischen „Tochtergesellschaften" des Kults waren, die der chinesischen „Filiale" Geld zukommen ließ. So funktioniert die grenzenlose Welt des Kults, in der sich der Pandemie-Schwindel so mühelos inszenieren ließen. Hat also der Kult Verbindungen zu dem Labor in Wuhan? Ja, die hat er, und sie könnten vielleicht später noch von Bedeutung sein. Ist das Labor aber der Ursprung von „Covid-19"? Höchst unwahrscheinlich, da „Covid-19" bloß ein Phantom-„Virus" ist. Die Geschichte mit dem Wuhan-Labor soll uns nur davon ablenken.

Details dazu folgen noch, aber zusammenfassend lässt sich sagen, dass der Schwindel so gelaufen ist: Das Kultnetzwerk, das China kontrolliert, löste mit dem scheinbaren Ausbruch eines „tödlichen Virus" eine weltweite Hysterie aus und begegnete dem Pseudoproblem mit drakonischen Lockdowns und massenhaftem Hausarrest. Es gab jedoch kein „Virus". Die angeblichen Todesfälle wurden dadurch erzeugt, dass man bei Menschen, die in der unglaublich vergifteten Luft von Wuhan an anderen Atemwegserkrankungen und Lungenentzündungen starben, eine neue Diagnose erstellte. Auf einmal hieß es, dass sie an einem nicht existierenden „Virus" namens „Covid-19" zugrunde gingen, der die gleichen „grippeartigen" und respiratorischen Symptome hervorrief wie die vielen anderen in Wuhan verbreiteten Krankheiten, die dort durch die Umweltverschmutzung hervorgerufen werden. Dann führte man einen „Test" ein, bei dem nicht einmal auf „Covid-19" getestet wurde. Seit damals verwendet die ganze Welt diesen Test, um *nicht* auf „Covid-19" zu testen. Die westlichen Medien schürten die Hysterie noch weiter, indem sie Geschichten über ein Massensterben in China verbreiteten und behaupteten, die chinesische Regierung verheimliche die Wahrheit über Millionen Tote. Die Medien und die Kultnetzwerke in westlichen und anderen Ländern schrien: „*Um Himmels willen* – wir sind als Nächste dran!"

Erstaunlicherweise sanken die chinesischen „Todeszahlen" ganz plötzlich wieder – was ganz einfach zu bewerkstelligen ist, wenn sie auf einer bewussten Fehldiagnose und einem falschen „Test" beruhen. Kult-Agenten, die die medizinische Hierarchie in anderen Ländern kontrollieren, befahlen Ärzten und anderem medizinischen Personal, sämtliche „grippeartigen" Symptome und Fälle von Lungenentzündung und praktisch jede andere Erkrankung als „Covid-19" zu diagnostizieren, ohne dass dafür ein Nachweis nötig gewesen wäre. Wenn Sie bisher nichts von diesem Hintergrund gewusst haben, werden Sie schockiert sein, wenn ich darauf im Detail eingehe. Das Narrativ wurde durch den bekannten Pseudotest bekräftigt, und die Medien schrien weiter, diesmal darüber, dass die mit den vielen „Covid-19"-Fällen völlig überforderten Krankenhäuser praktisch „Kriegsgebiete" seien. In Wirklichkeit war es in den Krankenhäusern noch nie so ruhig in dieser Zeit, doch das schnell engagierte Sicherheitspersonal, Besuchsverbote und Filmverbote für die Medien sorgten dafür, dass die Illusion einer Patientenflut und einer total überlasteten Ärzte- und Schwesternschaft aufrechterhalten werden konnte. Andere Operationen und Behandlungen wurden abgesagt, um das medizinische Personal, das größtenteils herumsaß und nichts zu tun hatte, zu „entlasten". Man veranlasste Lockdowns wie in China, um die „Menschen vor einem Virus zu schützen", das gar nicht existierte. Dahinter steckte die vom Kult gesteuerte und von Gates finanzierte WHO, die den „Erfolg" der drakonischen chinesischen Lockdowns als Vorbild für den weltweiten Umgang mit der von ihr ausgerufenen globalen „Pandemie" verordnete.

So sieht die Geschichte grob skizziert aus. Einzelheiten folgen.

Faktenfreie Propaganda

In den ersten Wochen der Hysterie gab ich mich mit der Möglichkeit einer Art Biowaffe zufrieden, weil es einige *Indizien* gab, die dafür sprachen. Um Indizien beurteilen zu können, ist es aber stets nötig, dass reale Ereignisse die dahinterstehende Hypothese unterstützen. Nach ein paar Wochen wurde mir klar, dass dies ganz und gar nicht der Fall war. Die Mortalität entsprach diesem Szenario nicht, obwohl viele Alternativmedien stur daran festhielten. Die überwiegende Mehrheit jener Leute, die sich „mit dem Virus angesteckt" hatten, wies nur „sehr leichte Symptome" oder gar keine auf, und dieser Prozentsatz stieg in den kommenden Wochen sogar noch. Davon erfuhr man allerdings nichts wenn man nur die täglichen „Kriegsgebiet"-Schlagzeilen zu sehen bekam. Auf der bloßen Grundlage dieses Wahrnehmungszaubertricks wurde die globale Wirtschaft schwer erschüttert. Waren alle „Journalisten" (liest sich wie ein Scherz, ich weiß) in den Plan eingeweiht? Nein, natürlich nicht. Sie wiederholten nur unhinterfragt die offizielle Version der Ereignisse, wie sie es gewohnt sind. Wie es so schön heißt: „Man kann den bedeutsamen britischen Journalisten nicht bestechen oder umdrehen – wenn man sich aber ansieht, was er ohne Bestechung tut, muss man das auch gar nicht." Das angebliche „Covid-19" war jedenfalls garantiert keine tödliche Biowaffe. Einer der Ersten, bei dem in Schottland – nach einer Italienreise – das „Virus" festgestellt wurde, berichtete im BBC-Radio, dass er leichtes Fieber habe und sich etwas zittrig fühle, „als wäre eine kleine Grippe im Anmarsch". Die schlimmsten Symptome waren Schmerzen, besonders in seinen Beinen. Er sagte:

> Als ich ins Krankenhaus kam, ging es mir gut. Die leichten Grippesymptome verschwanden schnell, ebenso wie die Beinschmerzen. Ich hatte kein Fieber, keinen

> Husten und keine Atemnot [...] es ging mir gut. Meine Symptome schienen innerhalb von drei oder vier Tagen weg zu sein.

Hiiiiiiilfe! Wir werden alle *STERBEN*! Nach Beginn der Hysterie wurde fast bei jedem Menschen mit „grippeartigen Symptomen" ohne jeglichen Beweis „Covid-19" diagnostiziert. „Grippeartige" Symptome können aber eine ganze Menge möglicher Ursachen haben – *darunter auch die verdammte Grippe*, die jedes Jahr etwa zur selben Zeit auftritt. Wir werden bald sehen, dass sogar der „Test" für „Covid-19" ein kranker Scherz ist, der überhaupt nicht auf diese Krankheit „testet". Der amerikanische Journalist Jon Rappoport, der seit Jahrzehnten über Gesundheit, Medikamente und verwandte Themen recherchiert, schrieb:

> Bevor man die Coronavirus-Epidemie ausgerufen hatte, wurden Menschen, die mit Grippe, grippeartigen Symptomen, Lungeninfektionen oder Lungenentzündung ins Krankenhaus gekommen waren, auf die allgemeine Abteilung gebracht und dort behandelt oder auch mit Medikamenten nach Hause geschickt.
>
> Heute aber würden sie in vielen Fällen als „Verdachtsfälle" einer Infektion mit dem Coronavirus bezeichnet werden, ohne jeden Test oder nach Tests, die nicht funktionieren. [...] Indem man diese Patienten als „Coronavirus-infektiös" bezeichnet, sind die Krankenhausärzte gezwungen, sie in die Intensivstation zu verlegen, um „andere vor Ansteckung zu schützen".

Damit hatte die Manipulation der Fall- und Todeszahlen begonnen – und sollte bald ganz und gar schockierende Ausmaße annehmen. Dann wurde ein außergewöhnlicher Beitrag auf der Website Gov.uk der britischen Regierung bekannt. Ein freier Journalist sah die betreffende Seite, als er auf der Website nach Informationen über das Coronavirus suchte. Der Beitrag war bereits *ein paar Tage vor* Premierminister Boris Johnsons Ankündigung erschienen, dass er für das ganze Land einen drakonischen Lockdown anordne, weil „das Virus so gefährlich" sei. Er war auf der Seite mit den offiziellen Regierungsanweisungen für den Umgang mit „high consequence infectious diseases" [dt. etwa: „hochgradig gefährliche Infektionskrankheiten"; HCID] zu finden und hatte über „Covid-19" Folgendes zu vermelden:

> Ab dem 19. März 2020 gilt Covid-19 *in Großbritannien nicht mehr als hochgradig gefährliche Infektionskrankheit (HCID)* [Hervorhebung durch mich]. Die VHCID-Gruppe für Volksgesundheit der vier Nationen gab im Januar 2020 die vorläufige Empfehlung ab, Covid-19 als HCID einzustufen. Dieser Schritt erfolgte unter Berücksichtigung der HCID-Kriterien für Großbritannien für das Virus und die Erkrankung, auf Grundlage der in der Frühphase des Ausbruchs verfügbaren Informationen.
>
> Da mittlerweile mehr über Covid-19 bekannt ist, haben die öffentlichen Gesundheitseinrichtungen Großbritanniens die aktuellen Informationen über Covid-19 im Hinblick auf die britischen HCID-Kriterien überprüft. Sie stellten fest, dass sich in der Zwischenzeit mehrere Merkmale geändert haben; insbesondere sind mehr Informationen über die Sterblichkeitsrate (insgesamt niedrig) verfügbar. Zudem gibt

> es mehr klinische Kenntnisse und einen spezifischen und empfindlichen Labortest, dessen Verfügbarkeit weiter zunimmt. Das Advisory Committee on Dangerous Pathogens [dt. etwa: Beirat zu gefährlichen Krankheitserregern] ist ebenfalls der Meinung, dass Covid-19 nicht mehr als HCID eingestuft werden sollte.

Nur wenige Tage, nachdem die „Gefahr" durch das „Virus" also von der Regierung heruntergestuft worden war, zwang man das ganze Land mit der Ausrede in einen Lockdown, dass das Virus tatsächlich eine „hochgradig gefährliche Infektionskrankheit" sei. Was für ein Betrug, den man da an Großbritannien und der ganzen Welt beging! Sehr bald, nachdem die Herabstufung der Gefahrensituation durch die britische Regierung aufgedeckt worden war, stufte man sie wieder hoch. Derselbe freie Journalist, der mich auf die Herabstufung aufmerksam gemacht hatte, recherchierte auch die Gesamtsterbezahlen in Großbritannien im „Virus"-Zeitraum des Jahres 2020 und verglich sie mit denen der gleichen Wochen im vorangegangenen Jahr. Sie waren annähernd gleich – 11.661 (2020) und 11.431 (2019). Die Letalitätsrate in Europa verhielt sich im selben Zeitraum sehr ähnlich. Bis 3. April 2020 lag die Gesamtzahl der Todesfälle in England und Wales sogar sechs Prozent *unter* der desselben Zeitraums im Jahr 2018.

Der amerikanische Arzt Andrew Kaufman, der auf den nächsten Seiten noch eine sehr wichtige Rolle spielen wird, verfolgte die wöchentlichen Sterberaten bis Ende April und darüber hinaus, also Monate nach dem „Ausbruch", den die US-Gesundheitsbehörde CDC bekannt gegeben hatte. Er stellte fest, dass sie um sechs Prozent niedriger lag als der Durchschnittswert aus den vorangegangenen drei Jahren: „Wenn es keinen Anstieg gibt, sondern sogar einen Rückgang – wo sind dann die Beweise dafür, dass es eine neue Krankheit gibt?" Da hat er recht. Wo waren die zusätzlichen Toten, die an „Covid-19" verstorben waren?

Mein Journalistenfreund verglich außerdem die Anzahl der Menschen, die im gleichen Zeitraum in den genannten zwei Jahren die Notaufnahmen der Krankenhäuser aufgesucht hatten, und fand auch hier heraus, dass sie praktisch gleich war und 2019 sogar ein wenig höher gelegen hatte. Wo waren sie denn, all die „neuen" Fälle von „Covid-19", die auf der verzweifelten Suche nach einer Behandlung angeblich die Krankenhäuser überrannten – diese „Kriegsgebiete", von denen die Medien fantasierten? Der deutsche Arzt Wolfgang Wodarg, ein ehemaliger Vorsitzender der Parlamentarischen Versammlung des Europarates für Sicherheit, Medizin und Gesundheit, brachte dasselbe Argument vor: „Sie können die Statistiken über die Gesamtsterbezahlen überprüfen. Es sterben weniger Menschen als in den letzten paar Jahren." Seiner Aussage nach gab es nicht mehr „grippeartige" Erkrankungen als in jedem anderen Winter.

Da die Sterberate beim Vergleich der Jahre 2019 und 2020 bis in den April hinein keine signifikanten Unterschiede aufwies, die die „neuen" Todesfälle wegen „Covid-19" nachweisen hätten können, begann in Großbritannien das Office for National Statistics [dt. etwa: Amt für nationale Statistik] die Zahlen plötzlich auf eine nie da gewesene Art zu bewerten: „Bei der Registrierung eines Todesfalls können auf der Sterbeurkunde sowohl Covid-19 als auch Grippe oder Lungenentzündung erwähnt sein; daher kann dieser Fall zu beiden Kategorien gezählt werden." Die Zahlen wurden im Anschluss weiterhin massiv manipuliert, um den Anschein einer „Covid-19-Pandemie" zu erwecken, die es gar nicht gab.

Dr. Malcolm Kendrick, der in England für den Nationalen Gesundheitsdienst NHS arbeitet, sagte: „Ich weiß, dass andere Ärzte bei jedem, der ab Anfang März verstarb, Covid-19 als Todesursache angaben.“

Zutiefst schockierend – und das passiert weltweit.

Leere „Kriegsgebiet“-Krankenhäuser

Als Nächstes gab der NHS eine Änderung seiner veröffentlichten Daten bekannt. Sie sollten nun nicht mehr die Zahlen über „Intensivbettenkapazität und gestrichene dringende Operationen“ enthalten. Der Nationale Gesundheitsdienst sah sich zu diesem Schritt gezwungen, um die eklatante Tatsache vor der Öffentlichkeit zu verbergen, dass die „Kriegsgebiet“-Krankenhäuser fast *leer* waren. Ja, *leer*. Das hatte zwei Gründe: Erstens gab es keine „Covid-19“-Pandemie, die die Krankenhäuser in die Knie gezwungen hätte, und zweitens waren fast alle Behandlungen, Operationen und Konsultationen im Krankenhaus gestrichen worden, um das medizinische Personal vor „Überlastung“ zu schützen. Unter diesen Umständen war es gar nicht anders möglich, als dass die Krankenhäuser beinahe leer standen. Das galt übrigens nicht nur für England, sondern auch für den Rest der Welt. Die Krankenhäuser wurden von Sicherheitspersonal abgeriegelt und kontrolliert; die wenigen Patienten durften „wegen der ‚Covid-19‘-Regeln“ keine Besuche empfangen (weil die Besucher ja sonst gesehen hätten, dass die Kriegsgebiet-Krankenhäuser fast leer waren). Das hatte zur Folge, dass Kinder an anderen Krankheiten verstarben, ohne ihre Eltern noch einmal sehen zu dürfen. Ich erwähne dies nur, um noch einmal zu betonen, mit welchen Psychopathen wir es hier zu tun haben.

Abb. 378: „Deutscher Journalist sucht Coronavirus-‚Notfallzentrum‘ auf – und es ist kein Mensch da. Was für ein Betrug! (Die in den Medien geschilderte Notfallsituation existiert hier drin nicht)“ – *Im Internet erschienen zahlreiche Videos aus Krankenhäusern, die angeblich „Kriegsgebieten“ glichen, wo aber in Wahrheit nichts Außergewöhnliches geschah und oft auch niemand zu sehen war.*

Ein deutscher Journalist verschaffte sich Zutritt zum „Coronavirus-Notfallzentrum“ der Charité – Universitätsmedizin Berlin, einer der größten europäischen Universitätskliniken, und stellte fest, dass es *menschenleer* war (Abb. 378). Vor dem Haus hatte man sogar zwei „Notfallzelte“ errichtet, die ebenso ungenutzt waren. Der Reporter berichtete, dass die Klinikmitarbeiter im Privatgespräch den Medien höchst kritisch gegenüberstanden, weil sie etwas so aufbauschten, das es gar nicht gab. Dem medizinischen Personal wurde verboten, sich offiziell zur Situation zu äußern. Sämtliche Informationen wurden über eine zentrale Pressestelle an die Medien weitergeleitet, um die Kontrolle über die Berichterstattung zu gewährleisten. Im Video des deutschen Journalisten kamen auch mehrere Ärzte und Spezialisten zu Wort und erklärten, warum die Viruspanik ein ungeheuerlicher Taschenspielertrick war. YouTube löschte das Video zwar, doch es gelang uns, eine andere Version aufzutreiben und auf die zensurfreie Videoplattform BitChute hochzuladen, die ich nur empfehlen kann. Auf BitChute kann man sich die Videos ansehen, die von YouTube gelöscht wurden – und alles, was das Narrativ des Kults hinterfragt und von YouTube verboten wird, ist unbedingt sehenswert. Steuern Sie also Davidicke.com an und geben Sie ins Suchfeld „New source for banned YouTube video: German journalist goes to hospital ‚teeming with coronavirus patients' – how can doctors cope? – and finds NO ONE THERE" ein.

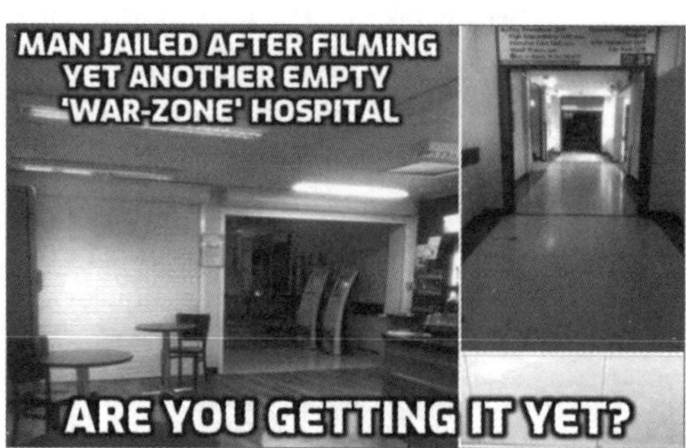

Abb. 379: „Mann kam ins Gefängnis, weil er ein weiteres leeres ‚Kriegsgebiet'-Krankenhaus gefilmt hatte. Begreifen Sie es jetzt?" – *Aus aller Welt kamen Bilder und Videoaufnahmen von leeren Krankenhäusern, die angeblich „Kriegsgebiete" sein sollten. Der Brite, der diese Bilder aufgenommen hatte, landete im Gefängnis, um andere davon abzuhalten, die Wahrheit aufzudecken.*

Nun begannen viele Leute auf der ganzen Welt, in ihren örtlichen Krankenhäusern selbst Filmaufnahmen zu machen. Sie stellten dabei fest, dass auch diese Krankenhäuser leer waren und es dort keinen Ansturm von „Virus"-Patienten gab. Zur selben Zeit erschienen in den Medien allerlei Berichte über die besagten „Kriegsgebiet"-Zustände. Ein britischer Mann wurde für drei Monate ins Gefängnis gesteckt, weil er durch ein Krankenhaus gelaufen war und Bilder auf Facebook veröffentlicht hatte, die die leer stehenden Zimmer zeigten (Abb. 379). Er wurde verurteilt, weil er das Krankenhaus „ohne triftigen Grund" besucht hatte. Aufzudecken, dass es leer war und die Behörden die britische Bevölkerung anlogen, galt natürlich nicht als „triftiger Grund". Ich traf einen Krankenhausmitarbeiter, der mir bestätigte: „Sie haben recht mit dem, was da gerade los ist." Seiner Aussage nach waren die Krankenhäuser mit Hunderten leeren Betten und herumsitzendem Personal „noch nie so ruhig". Eine britische Informantin berichtete der Medienplattform Bristol Live, dass Hunderte Krankenhausmitarbeiter entlassen worden seien. Sie war eine Gesundheitsassistentin in der Unfallstation und Notaufnahme, die normalerweise Vollzeit arbeitete, aber jetzt darum kämpfen musste, wenigstens eine Schicht pro Woche zu bekommen. Die Frau hatte einen Nullstundenvertrag – das bedeutet, dass man nur bezahlt wird, wenn es Arbeit gibt – und verdiente praktisch nichts mehr. Laut ihren Angaben befanden sich „locker" mehr als 200 ihrer Kollegen an ihrem Arbeitsplatz in derselben Lage; das galt auch für Krankenschwestern. Die Informantin sagte:

> Als der Lockdown verordnet wurde, hatten wir kaum Patienten. Das Krankenhaus schloss sieben Stationen mit insgesamt 150 Betten, darunter auch die Stationen für Schlaganfallpatienten, orthopädische Unfallchirurgie und Neurochirurgie. Das Kran-

> kenhaus ist wie eine Geisterstadt, man kann dort eine Stecknadel fallen hören. So ziemlich die einzigen Patienten scheinen welche mit Coronavirus zu sein.

Laut Hugh Evans, Stadtrat für Sozialfürsorge für Erwachsene in Bristol, lag die Bettenbelegung im städtischen Krankenhaus auf einem „unvorhersehbaren Tiefststand". Jacqui Marshall, Leiterin der Abteilung für Menschen und Transformation am North Bristol NHS Trust, sagte wiederum ohne einen Hauch von Peinlichkeit oder Ironie: „Wir konnten den Anstieg des Patientenaufkommens, der ursprünglich aufgrund der Covid-19-Pamdemie erwartet worden war, bisher noch nicht beobachten."

Wer auf die nationalen und internationalen Medien angewiesen war, erfuhr von all diesen Dingen allerdings nichts.

Applaus, Applaus, Applaus!

Berichte über leer stehende Krankenhäuser kamen aus der ganzen Welt. Die englische Regierung rief trotzdem zu einem wöchentlichen Massenapplaus für das Gesundheitspersonal auf, das „uns vor dem Virus rettet" – und in Wahrheit Däumchen drehte, „freigesetzt" wurde oder einen Haufen Tanzvideos für YouTube drehte, in denen Ärzte und Schwestern zu sehen waren, wie sie in leeren Krankenhäusern herumhüpften. Die unkritische Bevölkerung gehorchte brav und klatschte in die Hände wie eine Horde dressierter Affen. Dabei waren die Ärzte, Schwestern und Pfleger in den Videos nur Zentimeter voneinander entfernt, obwohl allen anderen Menschen von der Polizei (die sich übrigens auch nicht daran hielt) Social-Distancing-Regeln verordnet worden waren.

Ich habe in diesem Buch schon mehrfach betont, dass es bei der globalen Verschwörung des Kults darum geht, die Wahrnehmung zu manipulieren. Noch nie gab es ein schamloseres Beispiel dafür als bei der Fake-Pandemie. Man ließ zu diesem Zweck die üblichen hirnlosen „Promis" wie Lady Gaga, Paul McCartney, Mick Jagger, Elton John und viele andere antanzen, die bei einem „Event" namens „One World: Together At Home" [dt. etwa: „Eine Welt: Gemeinsam zu Hause"] in ihren Eigenheimen vor der Kamera auftraten. Die Veranstaltung wurde von der WHO, die sich im Besitz von Bill Gates befindet, und einer Organisation mit der Bezeichnung Global Citizen, die sich zufällig *auch* im Besitz von Bill Gates befindet, organisiert. Die britische Sängerin Rita Ora forderte die Fernsehzuseher auf, sicher zu bleiben und sich an die Empfehlungen der WHO zu halten. Gates war sicher dankbar, dass noch eine ahnungslose Prominente seine Agenda bewarb, ohne eine Ahnung zu haben, was sie da eigentlich tat. Das „Event" fand offiziell zu Ehren des Gesundheitspersonals statt – na ja, wenigstens hatte ein Großteil davon genug Zeit, sich die Sendung anzusehen. Im psychologischen Unterton ging es jedoch vor allem darum, uns die Wahrnehmung von „One World" (die „Eine Welt", die der Kult seit Langem heraufbeschwört und damit in Wahrheit eine diktatorische Weltregierung meint) und „Weltbürgern" (das Ende von Grenzen und Staatsangehörigkeiten) zu verkaufen. Diese Aktion und der Massenapplaus für das Gesundheitspersonal waren Teil der Wahrnehmungsillusion, dass die Krankenhäuser absolut überlaufen waren.

Es waren vergleichsweise wenige Gesundheitsfachkräfte, die sich getraut haben, die Wahrheit zu sagen. Die anderen werden allen Grund haben, ihr Schweigen für den Rest ihres Lebens zu bereuen, wenn sie die katastrophalen menschlichen Folgen der Pandemielüge für sich und ihre Kinder vor Augen haben. Die Mainstreammedien, die problemlos bestätigen und aufdecken hätten können, dass die Krankenhäuser leer waren, präsentierten stattdessen weiterhin die Illusion von Kriegsgebieten. Bis zu dem Zeitpunkt, an dem ich diese Zeilen schreibe, kam ein Bericht auf der Londoner Website der *Daily Mail*, Mail Online, der Wahrheit noch am nächsten. Darin stand, dass *private* Krankenhäuser vom NHS übernommen worden seien, nun aber leer und unbenutzt dastünden. Die Krankenhäuser, die wegen der „Krise" vom NHS für Hunderte Millionen Pfund übernommen worden waren, wurden von leitenden Ärzten als „sündhaft leer" beschrieben. Sie sagten zudem, dass Hunderte der besten Ärzte des Landes während des „Ausbruchs" zum „Däumchendrehen" verurteilt waren, während andere Patienten wegen nicht behandelter und diagnostizierter anderer Krankheiten sowie abgesagter Operationen gefährdet seien. Der NHS beschlagnahmte im März 2020 ganze 8.000 Betten in Privatkrankenhäusern und behauptete, es würden 20.000 voll qualifizierte Mitarbeiter in den Kliniken, darunter 700 Ärzte, für den „Kampf gegen Covid-19" benötigt werden. Der Nationale Gesundheitsdienst appellierte sogar an Tausende qualifizierte ehemalige Mitarbeiter, aus dem Ruhestand zu kommen, um Hilfe zu leisten.

Ein in London ansässiger beratender orthopädischer Chirurg sagte: „Was wir im Moment sehen, ist eine sündhafte und schockierende Unmenge von leeren Privatkrankenhäusern und leeren Betten." Seinen Angaben zufolge waren in seiner Klinik nur „Notfalls-" und „zeitkritische" Operationen gestattet: „Ich habe eine Warteliste von 25 Patienten, die sofort größere Operationen benötigen. Einer von ihnen leidet an schwerer Arthritis und kann keine Nacht mehr schlafen, weil er vor Schmerzen schreit." Leider machte die *Mail* dann den ganzen Artikel kaputt, indem sie schrieb, dass die NHS-Krankenstationen „überfüllt" seien – was natürlich absoluter Blödsinn war.

Ein weiteres Phänomen, das hinsichtlich der realen Zahlen keinerlei Sinn ergab, war der Bau spezieller Intensivpflegeeinrichtungen wie des provisorischen „Nightingale"-Krankenhauses, das binnen neun Tagen im ExCel-Ausstellungszentrum in East London eingerichtet wurde und 4.000 zusätzliche Intensivbetten zur Verfügung stellte, während normale Krankenhäuser in höchstem Maße unausgelastet waren. Die Regierung erklärte dann auch, warum „Nightingale" kaum genutzt wurde: Schuld daran sei ein „Mangel an Krankenschwestern". Gleichzeitig saßen unzählige Schwestern praktisch untätig in fast leeren Krankenhäusern. Bei den anderen „Nightingale-Krankenhäusern" in ganz Großbritannien verhielt es sich ähnlich. Auch im amerikanischen Seattle musste ein riesiges Feldlazarett der Armee, das von Hunderten Soldaten in einem Konferenzzentrum der Stadt eingerichtet worden war, wieder abgebaut werden, bevor auch nur ein einziger Patient darin behandelt werden konnte. Und dann gab es noch die „Notfall"-Leichenhallen, groß wie Fußballfelder, und dazu die Sattelschlepper in Krankenhäusern, die – wie Medien und Behörden vorgaben – für die Toten gedacht waren, die in normalen Leichenhallen keinen Platz mehr hatten. Mit Handykameras gefilmte Videos zeigten, dass die Lkws leer waren.

Die britische Armee tauchte auch auf der Isle of Wight – wo ich wohne – auf, um das örtliche Krankenhaus St. Mary's umzubauen, sodass dort 200 zusätzliche Betten Platz hatten. Mitarbeiter des Krankenhauses erzählten mir aber, dass es in ihrer Institution noch nie so ruhig gewesen war. Dass an diesem Ort auch eines der famosen Tanzvideos entstand, bestätigt nur, unter welchem „Druck“ die Mannschaft stand. Wenn Sie den Eindruck haben, dass das alles keinen Sinn ergibt, was es in Bezug auf die Gesundheit und die offizielle Version der Ereignisse ja auch nicht tut, dann lesen Sie bitte weiter.

So funktioniert der Betrug – ein Arzt erzählt

Bei näherer Betrachtung der Geschehnisse wurde mir klar, dass es kein „Covid-19“ gibt. Dann begannen sich die Puzzleteile zu verbinden. Einen entscheidenden Beitrag dazu leisteten die Recherchen von Dr. Andrew Kaufman, einem im US-Bundesstaat praktizierenden forensischen Psychiater, Doktor der Medizin und ehemaligen Dozenten für Hämatologie und Onkologie an der Medizinischen Universität von South Carolina, der außerdem am Massachusetts Institute of Technology (MIT) studiert hat. Kaufman lieferte mir ein wichtiges Puzzleteil, als ich herauszufinden versuchte, wie man den Schwindel manipuliert hat. Als ich seinen Videovortrag sah, war ich bereits sicher, dass Covid-19 nicht existierte und hatte das auch bereits in Internetvideos geäußert. Kaufman enthüllte jedoch ein paar wichtige zusätzliche Details. Sie können sich seine Interviews und Vorträge auf Davidicke.com ansehen, wenn Sie ins Suchfeld „Videos of Dr Andrew Kaufman exposing Covid-19 deceit“ eingeben. Seine Website hat die Adresse Andrewkaufmanmd.com.

Kaufman erläutert, wie die chinesischen Behörden sofort den Schluss zogen, dass der Grund der Krankheit, die unter den 200 Erstpatienten ausgebrochen war, ein „neues Virus“ sein müsse. Dabei gab es laut Dr. Kaufman keinerlei Grundlage für diese Schlussfolgerung. Die Chinesen gaben fast von Anfang an einem „Virus“ die Schuld; die Ursache dafür war bald jedem klar, der sich mit dem globalen Kult, seiner Verfahrensweise in allen Ländern und der Tatsache, dass es für ihn keine Grenzen gibt, befasst hatte. Kaufman sagte, dass die chinesischen Forscher den Lungen einer Handvoll der Erstpatienten ungereinigtes genetisches Material entnommen hätten, wie es bei vielen Menschen an zahlreichen Orten im Körper vorkommen kann. Die Quellen für besagtes Material können eigene Körperzellen ebenso sein wie Bakterien, Pilze und andere Mikroorganismen, die im Körper existieren. Damit war also noch gar nichts bewiesen. *Eine „Viruserkrankung“, die „Covid-19“ genannt werden sollte, wurde nie isoliert und zweifelsfrei identifiziert; andere mögliche Ursachen der Krankheit hat man kaum je in Betracht gezogen.* Stattdessen verfasste man ein Drehbuch, das auf der ganzen Welt inszeniert wurde. Die Forscher identifizierten eine RNS (Ribonukleinsäure)-Sequenz. RNS enthält ebenso wie die DNS genetisches

Material, erfüllt aber eine andere Funktion. Auf diese RNS-Sequenz wurde künftig getestet – und nicht auf eine herbeifantasierte „Viruserkrankung" mit dem Namen „Covid-19".

Hätte ein Virus existiert, so hätte man es durch Filtration isolieren können, weil Virenpartikel viel kleiner sind als das restliche Material. Das hat man aber nicht getan. Stattdessen verglichen die Forscher die kontaminierte, unreine RNS-Sequenz mit anderen RNS-Sequenzen und erklärten – da diese Sequenz eine etwas unter 80-prozentige Übereinstimmung mit dem „Virus" SARS-CoV-1 aufwies, der angeblich die SARS (schweres akutes respiratorisches Syndrom)-Epidemie im Jahr 2003 ausgelöst hatte –, dass die beiden miteinander verwandt sein müssten. Sie titulierten das „neue Virus", das noch nicht einmal identifiziert worden war, als SARS-CoV-2 und behaupteten, dass es die Ursache der Erkrankung war, die mittlerweile den Namen „Covid-19" trug. Kaufman weist darauf hin, wie problematisch diese Behauptung ist. Zum einen hatte man das SARS-CoV-1-„Virus" nie gereinigt und isoliert (auch nicht alle anderen Erreger aus letzter Zeit, die zum Auslösen einer Panik benutzt wurden), daher konnte es unmöglich als Ursache von „SARS" nachgewiesen werden; zum anderen ist „eine etwas unter 80-prozentige Übereinstimmung" so gut wie bedeutungslos. Kaufman weist in diesem Zusammenhang auf die 96-prozentige Übereinstimmung zwischen Menschen und Schimpansen hin: „Niemand würde behaupten, dass unser genetisches Material Teil der Schimpansenfamilie ist, doch eine Sequenzübereinstimmung mit einem wesentlich niedrigeren Prozentsatz – 80 statt 96 Prozent – wird als Beleg für das angebliche Coronavirus verwendet." Kaufman wendet mit Recht ein, dass es sich hier um äußerst schludrige Wissenschaft handelt.

Der deutsche Arzt und Bakteriologe Robert Koch erstellte im Jahr 1860 die vier Kriterien für den Nachweis, dass ein bestimmtes Bakterium – oder in diesem Fall ein „Virus" – die Ursache einer bestimmten Erkrankung ist. Diese Kriterien werden seither von der Schulmedizin als „Goldstandard" verwendet; nur nicht im Falle von „Covid-19" und anderen der jüngsten „tödlichen Viren", mit denen man die Bevölkerung in Angst und Schrecken versetzen wollte. So sehen die sogenannten Koch-Postulate aus:

1. Das Bakterium muss in jedem Fall im Erkrankten vorhanden sein, und alle Patienten müssen dieselben Symptome aufweisen. In gesunden Individuen darf der Erreger nicht vorkommen.

2. Der Mikroorganismus muss vom Erkrankten isoliert und in einer reinen Zellkultur gezüchtet werden. (Dabei darf nur das „Virus" isoliert werden, ohne jedes andere Material; dieser Vorgang ist als „Reinigung" bekannt.)

3. Die spezifische Krankheit muss mit den Reinkulturen experimentell wieder erzeugt werden können. (Das isolierte „Virus" muss also als Krankheitsursache nachgewiesen werden, während in Gesunden ohne diese „Krankheit" das „Virus" oder der behauptete Erreger der Krankheit nicht gefunden werden darf.)

4. Das Bakterium muss dem experimentell infizierten Wirt wieder entnommen werden können, und jeder, der in Kontakt mit dem „Virus" oder Bakterium kommt, muss dieselbe Krankheit bekommen.

Bei „Covid-19" wurde keines dieser Kriterien – *keines* – erfüllt. *Kein einziges*. Das angebliche „Covid-19" wurde nie isoliert oder gereinigt. Der ganze Schwindel gelang nur, weil man eine Diagnose nach Symptomen stellte, die aber eine ganze Reihe möglicher Ursachen haben können, und auf genetisches Material (*nicht* „Covid-19") testete. Dieses genetische Material kann aber ebenso aus allen möglichen Gründen vorhanden sein; einer davon ist Lungenkrebs. Tatsächlich wurde derselbe Test bereits versuchsweise dazu eingesetzt, Lungenkrebs zu diagnostizieren.

Kaufman studierte die wissenschaftlichen Arbeiten, in denen der Identifikationsprozess von „Covid-19" beschrieben wurde, und stellte fest, dass keine von ihnen den Kriterien der Koch-Postulate auch nur annähernd entsprach. Selbst der sehr viel weniger strengen, für Viren gedachten Fassung der Postulate, den „Rivers-Kriterien" konnten sie nicht entsprechen. Rivers gilt als „Vater der modernen Virologie". Er entwickelte seine Kriterien im Jahr 1937, als er Leiter des Rockefeller Institute for Medical Research war. Auch neuere „Viren", die von diversen Studien angeblich identifiziert worden waren, entsprachen keiner Fassung der beiden Postulate. Dazu kam, dass sämtliche wissenschaftlichen Arbeiten am wichtigsten Kriterium scheiterten: der Isolierung des angeblichen Krankheitserregers von anderem genetischen Material, das bei jeder Testmethode Verunreinigungen erzeugen und das Ergebnis verfälschen würde. Dr. Kaufman zog daraus den Schluss, dass es kein „Covid-19"-Virus gab: „Diese ganze Pandemie ist eine komplett erfundene Krise. Mit anderen Worten: Es gibt keine Beweise dafür, dass jemand an [dieser] Krankheit gestorben ist." Viele Menschen werden über diese Behauptung erstaunt sein, doch Sie werden noch sehen, dass sie durch Belege aus verschiedenen Fachbereichen und Geschehnissen bestätigt wird.

Die chinesischen (Kult-)Behörden begannen nun, alle Personen mit „grippeartigen" Symptomen und Lungenentzündung als mit „Covid-19" infiziert zu diagnostizieren, obwohl sie nicht einmal die Existenz dieses angeblichen Virus nachgewiesen hatten und garantiert auch nicht, dass er die Ursache der Erkrankungen war. Wuhan hat wie die meisten chinesischen Städte eine berüchtigt verschmutzte Luft, daher sind Lungen- und Atemwegserkrankungen dort auch weitverbreitet. Ähnlich sieht es in der Lombardei aus, die das Zentrum der „Covid-19-Pandemie" in Italien war. Von allem Anfang an diagnostizierte das medizinische Personal in China die Krankheit, aus der das berüchtigte „Covid-19" werden sollte, nur aufgrund von „grippeartigen" Symptomen und solcher einer Lungenentzündung, die alle möglichen anderen Ursachen haben können. Die Fallzahl stieg daraufhin logischerweise, weil alle Atemwegserkrankungen nun als „Covid-19" bezeichnet und alle Todesfälle ebenfalls darauf zurückgeführt wurden. Die Sterberate durch das nicht existierende „Covid-19" wurde hysterisch aufgebauscht, um im Westen die Angst vor dem „tödlichen Virus" zu schüren, der auf die Menschen dort zukommen sollte. Doch bei dieser „Sterberate" handelte es sich um Menschen, die an dem starben, woran sie im vergifteten Wuhan schon immer gestorben waren.

Dann begannen die chinesischen Behörden, Menschen auf ihr angebliches „Virus", das gar nicht erst korrekt identifiziert worden war, zu „testen". Sie führten einen diagnostischen „Test" ein, *bevor sie auch nur irgendetwas bewiesen hatten – schon gar nicht, dass ein neues Virus mit den Erkrankungen zu tun hatte*. „Woher wussten sie denn, was die Quelle dieses genetischen Materials war?", fragte Andrew Kaufman. Die Antwort: Sie wussten es eben nicht. Der Test wird als RT-PCR-Test oder Reverse-Transkriptase-Polymerase-Kettenreaktion bezeichnet. Er folgt einem „qualitativen statt quantitativen" Protokoll; das bedeutet, dass er nur das Vorhandensein oder Fehlen einer RNS-Codesequenz messen kann, jedoch nicht die *Menge* der RNS. Ich betone nochmals: Das PCR-Verfahren wird zum „Testen auf das Covid-19-Virus" verwendet, obwohl es in Wahrheit … *nicht auf „Covid-19" testet.* Stattdessen testet es nur auf eine Genmaterial-Sequenz, die in vielen Menschen aus vielerlei möglichen Gründen vorkommt. Da ist es kein Wunder, dass so viele positiv getestet werden – und schon gar nicht, dass die zutiefst korrupte WHO behauptet, dass Menschen keine Immunität gegen „Covid-19" entwickeln können. Wie sollen sie auch gegen etwas „immun" werden, das sie nie hatten, weil es nicht existiert? Wie sollen sie gegen eine Gensequenz immun werden, die Teil ihres eigenen Erbguts ist?

Fast jeder Mensch hat Coronaviren im Körper, die bei Messungen auch im getesteten Genmaterial auftauchen könnten. Ich weise noch einmal darauf hin, dass es sich dabei nicht um „Covid-19", sondern um *Coronaviren* handelt. Sie gehören einer großen „Familie" von Viren an, die unter anderem die gewöhnliche Erkältung verursachen, wobei gewisse Stämme auch mit schwereren Erkrankungen zu tun haben. Die Viren bleiben im Körper inaktiv, da sie vom Immunsystem unter Kontrolle gehalten werden. Ein Test auf Coronaviren, nicht speziell auf „Covid-19", wird bei ungeheuer vielen Menschen positiv ausfallen. Die WHO behauptet, dass „Covid-19" eine „Infektionskrankheit ist, die von einem neu entdeckten Coronavirus namens SARS-CoV-2 verursacht wird". Kaufman und immer mehr andere Fachleute zweifeln stark an dieser Behauptung. Dr. Kaufman sagt über den vom amerikanischen Biochemiker Kary Mullis in den 1980er-Jahren erfundenen PCR-Test: „Wir können den Ergebnissen dieses Tests überhaupt nicht trauen." Der quantitative PCR-Test, manchmal auch als digitaler PCR-Test bezeichnet, kann dazu verwendet werden, den Zerfall von genetischem Material – also dem, was die Chinesen zu Beginn des „Ausbruchs" aus den Lungen der Erkrankten entnommen haben – festzustellen, aber mit Sicherheit nicht das Phantom „Covid-19".

Der PCR-Test basiert auf „Amplifikation". Das heißt, dass nur winzige Mengen Material als Probe entnommen und dann vervielfältigt werden, um den Gehalt besser ermitteln zu können. Das Problem dabei ist, dass durch die Amplifikation auch alle anderen Materialien in der Probe vervielfältigt werden. Das, wonach man sucht, wird daher immer mehr durch das andere Material verunreinigt. Je öfter vervielfältigt wird, desto mehr Material, das bei fast jedem Menschen vorhanden ist, lässt sich in der Probe feststellen. Je größer die Amplifikation, desto mehr „positive" Testergebnisse wird es also geben, die aber nur auf anderes Material in der Probe zurückzuführen sind und nicht auf das, wonach eigentlich gesucht wird. Vervielfältigt man genetisches Material, das angeblich „Covid-19" sein soll, beispielsweise 35-mal, so wird man positive und negative Testergebnisse für den Inhalt des genetischen Materials (und nicht das „Virus") in den Körpern der getesteten Personen finden. Bei einer 60-fachen Verdopplung kommt so viel anderes genetisches Material ins Spiel, dass praktisch jeder ein positives Testergebnis erhalten wird – aber nicht auf das „Virus", sondern auf verschiedene Bestandteile des „genetischen Materials". Das bedeutet, dass die Anzahl der Positiven davon abhängt, wie oft amplifiziert wird. Wenn verschiedene

Länder hier mit unterschiedlichen Amplifikationsraten arbeiten, ließen sich dadurch auch die *unterschiedlichen Fallzahlen* erklären.

Außerdem werden die Proben häufig verdünnt, um die Anzahl der Positiven und Negativen von vorneherein zu beeinflussen. Dadurch können die Tester weniger Amplifikationszyklen durchführen und schneller arbeiten. Und die Behörden können mit solchen Methoden die Anzahl der „Fälle" steuern. Wenn man etwa in China zu Beginn eine hohe Amplifikationsrate verwendete, erhielt man dementsprechend viele „Fälle" und konnte den Menschen Angst einjagen. Senkte man dann die Amplifikationsrate, sank die Fallzahl plötzlich ins Bodenlose und die Behörden konnten behaupten, dass ihre strengen Lockdowns dafür verantwortlich gewesen seien – und so anderen Ländern eine Reaktionsblaupause liefern. Die gleiche monumentale Täuschung wurde in Großbritannien, den USA und anderswo angewandt. Nach Einführung des Impfstoffs kann man den Test dann ganz einfach wieder manipulieren, um zu behaupten, dass die Impfung gewirkt hat.

Das „tödliche Virus" ist eine natürliche Reaktion des Immunsystems

Dr. Andrew Kaufman präsentierte auch eine erschütternde Information, in der es um etwas namens „Exosomen" geht. Zellen setzen ständig Exosomen frei, tun dies jedoch verstärkt, wenn sich Giftstoffe im Gewebe befinden. Exosomen leiten Warnungen über Probleme an andere Körperteile weiter und können sogar Toxine aus dem extrazellulären Raum entfernen. Jede Art von Toxin, ob chemisch oder elektromagnetisch, regt Zellen zur Freisetzung von Exosomen an. Sie sind ein Teil des körpereigenen Systems zum Schutz vor Zellschäden und Zelltod. Kaufman zeigt Bilder von Exosomen und dem angeblichen „Covid-19"-Virus unter dem Mikroskop – und sie sind *in jeder Hinsicht identisch* Abb. 380). Sie binden beide an dieselben Zellrezeptoren, enthalten dasselbe genetische Material in Form von RNS (Ribonukleinsäure) und kommen beide in der Lungenflüssigkeit vor – also genau der körpereigenen Substanz, die die Chinesen anfangs den ersten Patienten entnahmen, bevor sie behaupteten, die Ursache ihrer Krankheit sei ein „Virus" (Abb. 381). Es gibt einen Grund dafür, dass sie einander so sehr ähneln – sie sind *ein und dasselbe Phänomen*.

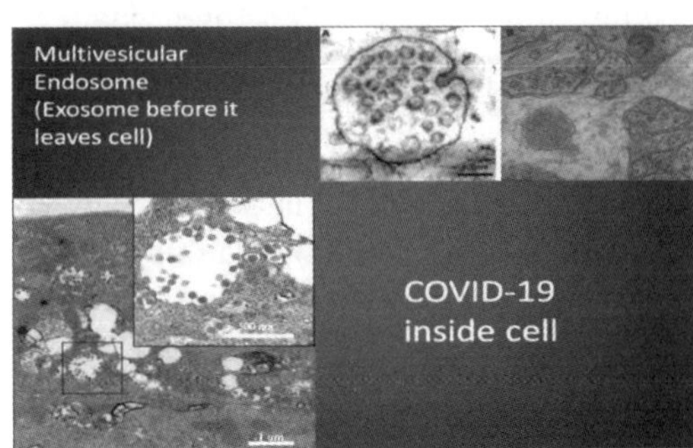

Abb. 380: „Multivesikuläres Endosom (= Exosom vor dem Verlassen der Zelle; MVE). Covid-19 in der Zelle" – *Der amerikanische Arzt Andrew Kaufman zeigte, das Exosomen – eine natürliche Reaktion des Immunsystems auf vergiftete Zellen – unter dem Mikroskop genau so aussehen wie das, was als „Covid-19" bezeichnet wird. Die Kult-Agenten hatten eine natürliche Immunreaktion hergenommen und als „tödliches Virus" ausgegeben.*

Dr. James Hildreth, Präsident und Geschäftsführer des Meharry Medical College sowie Professor an der Johns Hop-

	Exosomen	*Covid-19*
Durchmesser in **der Zelle**	500 nm (MVE)	500 nm
Durchmesser außerhalb **der Zelle**	100 nm	100 nm
Rezeptor	ACE-2	ACE-2
Enthält	RNS	RNS
Gefunden in	bronchoal-veolärer (Lungen-) Flüssigkeit	bronchoal-veolärer (Lungen-)Flüssigkeit

Abb. 381: Andrew Kaufman wies auch nach, dass Exosomen und das erfundene „Covid-19" in allen relevanten Punkten identisch sind, bis hin zu den Zellrezeptoren, an die beide binden. Exosomen und „Covid-19" sind genau dasselbe. Was für ein Schwindel!

kins School of Medicine und einer der weltweit führenden Aids-Forscher, sagte über Viren: „Das Virus ist vollumfänglich und in jeder Hinsicht ein Exosom." Exosomen, ein natürlicher Mechanismus der Zelle zur Selbstreinigung und Warnung anderer Zellen, und das, was als „Covid-19" ausgegeben wird, sind ein und dieselbe Sache. Kult-Agenten in China und auf der ganzen Welt benannten Exosomen einfach in „isoliertes Covid-19" um und entwickelten einen „Test", der ein positives Ergebnis für *RNS unbekannter Herkunft* lieferte, die sich nun in der öffentlichen Meinung zu einem „Virus" mit der Bezeichnung „Covid-19" wandelte. Zu den Auslösern, die eine Freisetzung von Exosomen („Covid-19") bewirken, gehören unter anderem: Toxizität, Angst und Stress (siehe „Virus"-Hysterie und Lockdowns), Injektionen, Verletzungen, Immunantworten, Asthma, Krankheiten und elektromagnetische Strahlung, die ja ohnehin Tag für Tag stärker wird.

Andrew Kaufman weist auch darauf hin, dass beim Identifikationsprozess für das genetische Material in einer Probe Antibiotika zum Einsatz kommen, die Zellen dazu veranlassen, *Exosomen in die Probe freizusetzen*. Man hat eine natürliche Reaktion des Immunsystems also mit dem Namen „Covid-19" versehen, weil man wusste, dass viele Menschen positiv auf diese Immunreaktion und einen RNS-Code im entnommenen genetischen Material testen werden. Wenn jemand nach einem positiven Testergebnis an einer völlig anderen Ursache stirbt, haben Ärzte die Anweisung, „Covid-19" auf den Totenschein zu schreiben, wie ich noch zeigen werde. Auf diese Weise wurde die Anzahl der „Fälle" und „Todesfälle", die durch das nicht existierende „Covid-19" verursacht worden sein sollen, mittels Betrug zu einer weitverbreiteten öffentlichen Wahrnehmung über ein „tödliches Virus". Und dieses Virus kann man angeblich nur durch Lockdowns, massenhaften weltweiten Hausarrest, die Zerstörung der unabhängigen Lebensgrundlage von möglicherweise Milliarden Menschen und einen von Bill Gates hergestellten obligatorischen „Impfstoff" aufhalten.

Kann man sich ein Virus „einfangen"?

Lockdowns und „soziale Distanz" wurden von den Behörden mit der Begründung verordnet, dass man die Öffentlichkeit vor einer ansteckenden Krankheit schützen wolle – verursacht durch ein „Virus", dessen Existenz nie nachgewiesen wurde. Nebenbei stellt sich noch die Frage, ob das „Virus“ überhaupt von einem Menschen auf den anderen übertragen werden könnte, selbst wenn es real wäre. Ein Virus braucht nämlich Wirtszellen, um sich zu vermehren. In der „Encyclopedia Britannica“ ist ein Virus als Erreger definiert, der „sich nur in lebenden Zellen von Tieren, Pflanzen oder Bakterien vermehren kann“. Dann heißt es dort noch: „Ohne Wirtszellen können sie sich nicht vermehren oder Stoffwechselprozesse abwickeln.“

Kann man sich „Covid-19“ also von Arbeitsflächen, Türklinken oder Geld „einfangen“ – und wie kann es zwischen Menschen oder Tieren und Menschen übertragen werden, wenn es doch eine Wirtszelle innerhalb eines Körpers benötigt? Als die Lockdowns weiter anhielten, sagte der Virologe Professor Hendrik Streeck, der in Deutschland für die behördliche Reaktion auf die „Pandemie“ mit zuständig war, das „Virus“ sei nicht durch Einkaufen oder Friseurbesuche verbreitet worden. Seine Untersuchungen in einem „infizierten“ Haushalt ergaben, dass es dort „keine lebenden Viren auf irgendeiner Oberfläche“ gab, einschließlich Telefonen, Türknöpfen oder dem Fell der Hauskatze. „Wir wissen also, dass es sich nicht um eine Schmierinfektion handelt, die durch das Berühren von Gegenständen übertragen wird“, sagte er. Streecks Meinung nach könne die Übertragung nur durch sehr engen Kontakt erfolgen. Nach dem, was ich gelesen habe, würde ich sagen, dass selbst das nicht stimmt oder zumindest unbewiesen ist. Trotzdem wies man die Öffentlichkeit an, zwei Meter Abstand zu anderen Menschen zu halten, selbst wenn man im Regen darauf warten musste, bis ein Kunde aus einem Geschäft herauskam, damit man es selbst betreten durfte. Ansonsten sollten die Leute gefälligst zu Hause bleiben, nicht in die Sonne gehen und mit Desinfektionsmitteln jede Oberfläche reinigen.

Streecks Aussagen führen uns auf das Fachgebiet von Dawn Lester und David Parker, deren Buch „What Really Makes You Ill – Why Everything You Thought You Knew About Disease Is Wrong“ [dt. etwa: „Was Sie wirklich krank macht – oder: Warum alles, was Sie über Krankheiten zu wissen glaubten, falsch ist“] von kritischen Ärzten gern zitiert wird. Lester und Parker bezweifeln ernsthaft, dass ein „Virus“ zwischen Menschen oder Menschen und Tieren übertragen werden kann. Sie weisen darauf hin, dass es keine nachweisbaren wissenschaftlichen Belege dafür gibt. Mit dieser Behauptung stehen sie nicht alleine da. Ihr Buch zitiert die schulmedizinische Definition eines „Virus“ als „ein winziges Teilchen, das zur Replikation fähig ist, aber nur in lebenden Zellen“. Die Autoren schreiben:

> In der Definition heißt es auch, dass Viren viele Krankheiten verursachen – als wäre dies definitiv nachgewiesen worden. Das ist aber nicht der Fall; es gibt keinen wissenschaftlichen Originalbeleg, der definitiv beweist, dass irgendein Virus die Ursache irgendeiner Krankheit ist. Die Beweislast für jede Theorie liegt bei denen, die sie aufgestellt haben. Keines der vorhandenen Dokumente liefert jedoch einen „Beweis“, der die Behauptung stützt, dass „Viren“ Krankheitserreger sind.

Wie kann eine natürliche Immunantwort – also das, was ein „Virus“ in Wirklichkeit ist – eine Erkrankung verursachen oder übertragen? Die Exosomenreaktion ist die Reaktion auf ein Problem (vergiftete oder anderweitig geschädigte Zellen) und nicht das Problem selbst. Etwas anderes zu behaupten, wäre vergleichbar mit der Feststellung, dass Feuerwehrleute, die auf einen Brand reagieren, *selbst das Feuer sind*. Schon das Wort „Virus“

stammt aus dem Lateinischen und bedeutet ursprünglich „Gift". Früher brachte man verschiedene Erscheinungsformen von „Eiter" in Verbindung mit dem Wort „Virus", etwa bei den Pocken. Lester und Parker zitieren die berühmte Biologin Dr. Lynn Margulis, die Mitglied der amerikanischen National Academy of Science (Akademie der Wissenschaften) ist, mit den Worten, dass ihrer Definition nach Viren nicht einmal lebendig sind:

> Sie sind nicht lebendig, da sie außerhalb lebender Zellen nie auch nur irgendetwas tun. Viren benötigen den Stoffwechsel der lebenden Zelle, weil ihnen die Voraussetzungen fehlen, einen eigenen zu erzeugen. Der Stoffwechsel, die unaufhörliche Chemie der Selbsterhaltung, ist ein wesentliches Merkmal des Lebens. Bei Viren fehlt er.

Margulis sagte weiterhin, dass „jedes Virus außerhalb der Membran einer lebenden Zelle" inert ist; das bedeutet, „dass es ihm an der Fähigkeit oder Kraft mangelt, sich zu bewegen". Oho! Da wirken diese „tödlichen Viren" plötzlich viel weniger furchteinflößend, oder? Lester und Parker fragen, wie „inerte" Viruspartikel, die sich nicht bewegen können, irgendwie zwischen Menschen übertragen werden und in Zellen eindringen sollen, um sie zu „infizieren". Dies stellt die medizinischen Autoritäten vor ein ähnliches Problem wie den Klimakult die unbequeme Tatsache, dass sich die Menge des Kohlendioxids verdoppeln müsste, um die Temperatur in nennenswertem Umfang zu beeinflussen. Da dies nicht passieren wird, mussten die Klimaextremisten eine ganze Tarngeschichte über „Rückkopplungsschleifen" erfinden, um diese Faken negieren zu können und weiterhin zu behaupten, dass CO_2 gefährlich sei. Genauso steht fest, dass Viruspartikel sich außerhalb eines lebenden Wirts nicht bewegen und daher auch nicht übertragen werden können, um jemanden zu „infizieren". Warten Sie kurz, ich denke mir schnell was aus. Lassen Sie mich überlegen. O ja, sie fahren per Anhalter auf irgendwelchen Teilchen mit, die sich bewegen können, und springen dann genau zur richtigen Zeit ab, um in einen Körper eindringen zu können. Puh – glauben Sie, die kaufen uns das ab? Jedenfalls soll diese Story das Geheimnis erklären, obwohl nie genau beschrieben wurde, *wie* das eigentlich funktionieren soll. Lester und Parker schreiben:

> Die Übertragung von an Speichel oder Schleim haftenden Viruspartikeln, die sich durch die Luft bewegen, konnte nie beobachtet werden. Viruspartikel lassen sich überhaupt nur in einem Labor unter dem Elektronenmikroskop beobachten. Die Übertragung von Viren durch die Luft ist eine Annahme, ebenso wie ihre Fähigkeit, sich im menschlichen Körper fortzubewegen.

Die Autoren merken an, dass Untersuchungen – auch von Virologen – „keine Originalstudien gefunden haben, die schlüssig beweisen, dass irgendein Virus die Ursache irgendeiner Krankheit ist". Funktionen, die Viren bei der Verursachung von Krankheiten zugeschrieben werden, basierten auf Annahmen und Extrapolationen aus Laborexperimenten, die nicht nur nicht bewiesen hatten, sondern auch gar nicht beweisen konnten, dass Viren Krankheiten verursachen. „Die inerten, nicht lebenden Partikel, die als Viren bekannt sind, verfügen nicht über die Fähigkeit, solche Funktionen zu erfüllen, weil es ihnen an den dazu notwendigen Mechanismen fehlt."

Was haben „Social Distancing“, Masken und Lockdowns dann für einen Sinn? Überhaupt keinen. Außer diesen: Was trennt die Menschen mehr voneinander als das Tragen von Masken, die Gesichtsausdrücke verstecken? Trotzdem sah man die Dinger überall, weil die Leute wieder einmal widerspruchslos glaubten, dass sie ihnen Schutz vor einem Virus bieten würden, den es gar nicht gibt. Die Poren der Masken sind viel größer als Virenpartikel – Dr. Kaufman verglich dies mit dem Aufstellen eines Maschendrahtzauns, um Moskitos fernzuhalten. Er sprach auch die Warnung aus, dass Masken das Atmen erschweren, was schon „bei gesunden Menschen problematisch sein kann, geschweige denn bei denen, die an Asthma oder Lungen- und Atemwegserkrankungen leiden. Für Letztere könnte es verheerende Folgen haben.“ In Wahrheit geht es natürlich weder bei Masken noch bei der sozialen Distanz um Gesundheit, sondern nur um Kontrolle und wirtschaftliche Zerstörung. Übrigens behaupteten die Zeitungen sehr bald, dass man sich das „Virus“ zwar beim Umgang mit Geld einfangen könne (falsch), betonten aber, dass es durch Zeitungen nicht übertragbar sei. Wie ist es möglich, dass es durch Papiergeld „weitergegeben“ werden kann, aber nicht durch Zeitungen aus Papier? Ganz einfach: Die Zeitungen wollen Zeitungen verkaufen und kein Geld. Mein Gott, wie erbärmlich!

Die Propaganda prasselte so unaufhörlich auf uns ein, dass die bloße Behauptung, es gäbe keine Beweise für „Covid-19“, schon ausreicht, um bei den meisten Menschen per Definition als verrückt zu gelten. Ach was, die würden doch sicher nicht so viel lügen! O doch, *das würden sie*. Absolute Superlügen sind ihre Visitenkarte – je größer die Lüge, desto mehr Leute werden daran glauben. Die Reaktion aus dem vom Kult kontrollierten Silicon Valley auf zwei Videos innerhalb weniger Tage war in diesem Zusammenhang höchst bezeichnend. Das erste war ein Interview, das Brian Rose von London Real mit mir führte und dass im Livestream zu sehen war. Es erreichte das zweitgrößte Livestream-Publikum weltweit an diesem Tag auf YouTube. Nur wenige Minuten nach Fertigstellung und mit mehr als 300.000 Zuschauern, die sich die Aufzeichnung bereits angesehen hatten, löschte YouTube das Video, schnell gefolgt von Vimeo und Facebook. Auf Facebook wurde es eine Million Mal betrachtet, bevor die Plattform den Stecker zog. Die Mainstreammedien und traurigerweise auch viele Alternativmedien fokusierten sich auf meine Aussage über die aktuelle Ereignisse unter dem 5G-Blickwinkel, obwohl sie nur einen relativ kleinen Teil des Interviews ausmachte. Der Tenor meiner Äußerungen war vielmehr, dass man die Existenz von „Covid-19“ infrage stellen sollte.

Ein paar Tage später interviewte mein Sohn Jaymie den Experten Andrew Kaufmann für Davidicke.com. In dem Video wurde 5G nicht einmal erwähnt, doch YouTube löschte es trotzdem, nachdem es 300.000 Aufrufe erreicht hatte. Der gemeinsame Nenner der beiden gelöschten Videos war nicht 5G, sondern die Tatsache, dass darin die Existenz von „Covid-19“ infrage gestellt wurde. Sollte nämlich bekannt werden, dass es dieses „Virus“ gar nicht gab, dann würde das ganze Kartenhaus einstürzen. Das Undenkbare muss gedacht werden, wenn die Beweise in diese Richtung weisen. Ich wurde ständig falsch zitiert, als ob ich behauptet hätte, dass 5G das „Virus“ erzeuge; eine solche Behauptung wäre aber nur schwer aufrechtzuerhalten, wenn ich doch in Wahrheit gesagt habe, dass es kein „Covid-19“-Virus gibt. Ich wollte nur herausstellen, dass 5G Symptome auslösen kann, die „Covid-19“ genannt werden – das ist etwas ganz anderes als die Behauptung, 5G habe „das Virus erzeugt“.

Ein Wissenschaftler erklärt, wie der Schwindel funktioniert

Ende März 2020 erhielt ich eine E-Mail von Sir Julian Rose, einem Schriftsteller und Rechercheur, der in Großbritannien bekannt für seinen Einsatz in der biologischen Landwirtschaft ist. Er übermittelte mir eine Erklärung des Coronavirusschwindels, die er von einem befreundeten amerikanischen Wissenschaftler erhalten hatte, der im Gesundheitsbereich tätig ist. Es handelt sich um eine großartige Aufschlüsselung des systematischen Betrugs, die viele der Erkenntnisse von Dr. Andrew Kaufman hundertprozentig bestätigt. Der Wissenschaftler sagte, dass er und seine Kollegen Menschen nicht spezifisch auf „Covid-19" testen, sondern auf einen *beliebigen* Coronavirusstamm, deren es viele gibt. „Es existieren keine zuverlässigen Tests für bestimmte Covid-19-Viren", sagte er – so wie es auch keine verlässlichen Behörden oder Medien gebe, die über die Zahl der tatsächlichen Covid-19-Fälle berichten könnten: „Jede Aktion und Reaktion in Bezug auf Covid-19 basiert auf völlig fehlerhaften Daten, daher können wir auch keine genauen Einschätzungen vornehmen." Seiner Aussage nach war dies auch der Grund, warum die meisten Leute, bei denen „Covid-19" diagnostiziert wurde, nichts weiter als Erkältungs- oder grippeartige Symptome aufwiesen: „Das liegt daran, dass die meisten Coronavirenstämme solche sind, die eben eine Erkältung oder grippeartige Symptome hervorrufen."

Als ein 84-Jähriger auf „Covid-19" getestet wurde, stellte man das gesamte Pflegeheim, in dem er wohnte, unter Quarantäne – bis sich herausstellte, dass er nur eine Erkältung hatte. Die Regierung von Tansania schickte Proben von einer Papaya und einer Ziege zum Testen an die WHO (um den Schwindel aufzudecken); beide wurden *positiv* auf „Covid-19" getestet. Der PCR-Test, der zum Nachweis von „Covid-19" verwendet wird, erfüllt dem Wissenschaftler zufolge diesen Zweck nicht, sondern „nimmt stattdessen im Grunde eine Probe Ihrer Zellen und vervielfältigt jede darin enthaltene [RNS], um nach ‚viralen Sequenzen' zu suchen, d. h. Stücken nichtmenschlicher [RNS], die scheinbar mit Teilen eines viralen Genoms übereinstimmen". Das Problem dabei – so der Wissenschaftler – ist, dass *der Test bekanntlich nicht funktioniert*:

> Er arbeitet mit „Amplifikation", was bedeutet, dass man eine sehr, sehr kleine Menge [RNS] entnimmt und es exponentiell vervielfältigt, bis es analysiert werden kann. Offensichtlich wird dabei aber jede winzige Verunreinigung in der Probe ebenfalls vervielfältigt, was zu potenziell schweren Fehlern im Befund führt. Dazu kommt, dass der Test nur nach viralen Teilsequenzen statt vollständigen Genomen sucht, sodass die Identifizierung eines einzelnen Erregers nahezu unmöglich ist, selbst wenn man die anderen Probleme außer Acht lässt.

Seiner Aussage nach konnten die „Micky-Maus-Testkits", die man Krankenhäusern zukommen ließ, den Analytikern „bestenfalls" verraten, dass der Patient etwas virale (RNS) in den Zellen habe. Dieses Ergebnis sei irrelevant, weil die meisten Menschen die meiste Zeit Coronavirus-RNS in sich tragen:

> Der Test kann Ihnen sagen, dass die virale Sequenz mit einem bestimmten Virustyp verwandt ist – beispielsweise der riesigen Familie der Coronaviren. Aber das ist

> auch schon alles. Die Vorstellung, dass diese Kits ein spezifisches Virus wie Covid-19 isolieren können, ist Unsinn.

Das andere Problem war laut dem Wissenschaftler die „Viruslast". Der PCR-Test auf „Covid-19" (der eigentlich gar keiner ist) baut auf der Vervielfältigung winziger Mengen RNS auf. Er kann daher nicht feststellen, welche Virusmenge ein Mensch hat – wobei dies aber die einzige Tatsache ist, die bei der Diagnose einer Erkrankung wirklich zählt:

> Jeder Mensch hat zu jeder Zeit ein paar Viren in seinem System, und die meisten davon verursachen keine Krankheit, weil sie in zu kleinen Mengen vorhanden sind. Damit ein Virus Sie krank machen kann, brauchen Sie eine Menge davon, eine starke Viruslast. Doch PCR testet nicht auf Viruslast [der Test beruht auf qualitativer statt quantitativer PCD] und kann daher nicht feststellen, ob [ein Virus] in ausreichender Menge vorliegt, um Sie erkranken zu lassen. Wenn Sie sich krank fühlen und einen PCR-Test machen, dann könnten irgendwelche zufällig vorhandenen Viren [RNS] gefunden werden, die überhaupt nichts mit Ihrer Erkrankung zu tun haben. Und das führt zu Fehldiagnosen.

Diese Meinung wurde auch von Kary Mullis bekräftigt, der 1993 den Nobelpreis für Chemie für seine *Erfindung* der PCR in den 1980er-Jahren erhalten hat. Ja, richtig – der Erfinder des PCR-Tests sagte, *dass damit keine genauen Tests für Infektionskrankheiten möglich sind*. Dennoch wird dieser Test in Sachen „Covid-19" genau zu diesem Zweck eingesetzt. Mullis sagte damals: „Quantitative PCR ist ein Widerspruch in sich." Er erklärte, dass PCR dazu gedacht ist, Substanzen *qualitativ* zu identifizieren, der Test aber von seinem ganzen Aufbau her nicht für quantitative Befunde geeignet ist. Laut Mullis gibt es einen verbreiteten Irrtum, dem zufolge der Tests für eine Viruslast die Anzahl der Viren im Blut zählen, aber sein Test könne *überhaupt keine einzelnen, infektiösen Viren nachweisen*. Er könnte zwar genetische Sequenzen von Viren aufspüren, aber nicht die Viren selbst.

Aus all dem lässt sich erkennen, dass die angegebenen Fallzahlen und mit ihnen die der Todesfälle wegen „Covid-19" völlig unhaltbar sind. Der Wissenschaftler sagte, dass Coronaviren unglaublich stark verbreitet sind. „Ein großer Prozentsatz der Weltbevölkerung trägt Coronaviren in kleinen Mengen in sich, auch wenn die betreffenden Personen absolut gesund oder durch einen anderen Erreger mit einer Krankheit infiziert sind." Und er fragte; „Sehen Sie schon, worauf ich damit hinauswill?" Die erwähnten Tatsachen bedeuten nämlich Folgendes: „Wenn Sie eine völlig grundlose Panik über eine völlig falsche Pandemie erzeugen wollen – dann suchen Sie sich dafür ein Coronavirus aus."

> Sie kommen unglaublich häufig vor und es gibt sie tonnenweise. Ein sehr hoher Prozentsatz der an etwas anderem (Grippe, bakterielle Lungenentzündung, irgendetwas) erkrankten Menschen wird positiv auf Coronaviren testen, selbst wenn man die Tests ordnungsgemäß durchführt und jede Verunreinigung ausschließt, einfach deshalb, weil Coronaviren so häufig sind. In Krankenhäusern auf der ganzen Welt liegen zu jeder Zeit Hundertausende Patienten, die an Grippe und Lungenentzündung leiden.

Der Wissenschaftler sagte dann, man müsse nur die kränksten dieser Menschen an einem bestimmten Ort – „nehmen wir Wuhan als Beispiel" – auswählen und bei ihnen PCR-Tests machen. Dann behaupte man, dass jeder Patient, bei dem virale Sequenzen gefunden werden, die dem Coronavirus ähneln („und das werden unweigerlich ziemlich viele sein") an einer „neuen" Krankheit leide:

> Da Sie bereits die am schwersten erkrankten Grippepatienten ausgewählt haben, wird ein ziemlich hoher Anteil dieser Personen versterben. Sie können dann behaupten, dass dieses „neue" Virus eine höhere Sterblichkeitsrate (case fatality rate; CFR) als die Grippe hat. Dieses Argument benutzen Sie dann, um noch mehr Besorgnis zu erregen und noch mehr Tests durchzuführen, die natürlich mehr „Fälle" anzeigen werden, wodurch wiederum die Tests ausgeweitet werden, wodurch es zu noch mehr „Fällen" kommt, und so weiter und so fort. Es wird nicht lange dauern, bis Sie Ihre „Pandemie" erreicht haben. Und alles, was dazu nötig war, war ein einfacher Trick mit dem Testkit, um die schlimmsten Fälle von Grippe und Lungenentzündung als etwas zu interpretieren, was es *eigentlich gar nicht gibt* [meine Hervorhebung].

Der Wissenschaftler führte weiter aus, dass man dann „nur denselben Schwindel in anderen Ländern durchziehen" und dafür sorgen müsse, dass die Panikmache auf Touren bleibt, „damit die Menschen in ständiger Angst leben und kaum mehr in der Lage sind, kritisch zu denken". Das einzige Problem, das es dabei zu überwinden galt, war die Tatsache, dass es in Wahrheit keinen neuen tödlichen Krankheitserreger *gab*, sondern nur ganz normal kranke Menschen. Das bedeutete, dass die Sterbezahlen durch den „neuen tödlichen Krankheitserreger" viel zu niedrig liegen würden, um durch eine echte tödliche Viruspandemie hervorgerufen zu sein. Laut seiner Meinung könnte man dieses Problem aber auf verschiedene Arten – die dann übrigens alle wirklich eintraten – lösen:

1. Sie können behaupten, dass dies erst der Anfang sei und weitere Todesfälle bevorstünden [was sich mit gefälschten „Computerprognosen" sehr gut belegen lässt]. Benutzen Sie dieses Argument als Vorwand, um alle unter Quarantäne zu stellen, und behaupten Sie anschließend, dass nur die Quarantäne die erwarteten Millionen Toten verhindert hat.

2. Sie können den Leuten einreden, dass die „Verharmlosung" der Gefahr verantwortungslos sei, und sie einschüchtern, nicht über Zahlen zu reden.

3. Sie können irgendeinen Mist über erfundene Zahlen daherreden und hoffen, dass Sie die Menschen mit Pseudowissenschaft blenden können.

4. Sie können anfangen, gesunde Menschen zu testen (die naturgemäß wahrscheinlich Bruchstücke des Coronavirus [oder dessen RNS] in sich tragen) und so ihre „Fallzahlen" mit „asymptomatischen Dauerausscheidern" aufbessern. Das muss man natürlich so drehen, dass es tödlich klingt, obwohl jeder Virologe weiß, dass mehr symptomlose Fälle gleichbedeutend mit einem weniger tödlichen Erreger sind.

Unternimmt man diese paar einfachen Schritte, so kann man laut dem Wissenschaftler „eine eigene, gänzlich erfundene Pandemie binnen weniger Wochen zum Laufen bringen". Kurz gesagt: Die Behörden können nicht etwas „bestätigen", für das es keinen genauen Test gibt, und sie können mit Sicherheit auch keinen Impfstoff dafür herstellen, wie der Kult-Agent Bill Gates (über den auf diesen Seiten noch viel zu lesen sein wird) ihn bald auf dem Rücken der „Krise" feilzubieten begann.

Die Behauptungen dieses Wissenschaftlers und Andrew Kaufmans sollten sich im Laufe der Wochen und Monate durch immer mehr Beweise bestätigen. Mein Sohn Gareth und ich wohnen ein paar Autostunden voneinander entfernt, hatten aber kurz vor Weihnachten 2019 – also vor Beginn der Panikmache – genau die Symptome von „Covid-19". Später erfuhr ich, dass es anderen genauso erging. Ich bin sehr selten krank, weil ich mit einem starken Immunsystem gesegnet bin, das ich noch dazu täglich mit Nahrungsergänzungen aufbessere, die in der modernen Ernährungsweise fehlen. Gaz wird aus demselben Grund fast nie krank: Sein Immunsystem funktioniert erstklassig, weil es nicht durch Impfungen in der Kindheit geschädigt wurde. Gaz und ich hatten eine höchst ungewöhnliche Krankheitserfahrung, als wir zur gleichen Zeit an dem zu leiden begannen, was man heute als Symptome von „Covid-19" bezeichnen würde – und zwar an allen. Das war ein paar Tage recht unangenehm und brachte Husten, Schmerzen und leichtes Fieber mit sich, doch wir arbeiteten beide weiter, und ich schrieb in dieser Zeit einen Teil des vorliegenden Buches. Das Immunsystem erfüllte seine Aufgabe, ohne dass wir Ärzte hinzuziehen mussten. Hätten wir dieselben Symptome aber ein paar Wochen später gehabt, dann wären wir als „Covid-19-Opfer" bezeichnet worden.

Allein in den USA sterben jeden Winter Zehntausende Menschen an Grippe (viele davon mit Komplikationen einer Lungenentzündung). Laut Zahlen der Centers of Disease Control (CDC) wurden in den Jahren 2017 und 2018 bei 45 *Millionen* Amerikanern Grippe diagnostiziert, wobei 61.000 Menschen an der Krankheit verstarben; manchen Berichten zufolge waren es sogar 80.000. Ist irgendjemandem in dieser Zeit eine ähnliche Hysterie aufgefallen wie heute bei „Covid-19"? Etwa 250.000 Amerikaner werden jedes Jahr mit Lungenentzündung ins Krankenhaus eingeliefert, und zirka 50.000 sterben daran. Durch die Manipulation der Sterbeurkunden fallen diese Menschen nun alle potenziell in die gefälschten „Covid-19"-Statistiken. Bedenkt man noch die Tatsache, dass 65 Millionen Menschen im Jahr an Atemwegserkrankungen leiden und drei Millionen daran sterben, so haben wir es hier mit der dritthäufigsten Todesursache weltweit zu tun.

Woher stammten die Zahlen und „Hochrechnungen"?

Da es einen ernsthaften Mangel an Verstorbenen gab, mit denen man die Panikparade um das „tödliche Virus" rechtfertigen hätte können, handelten die Verantwortlichen genauso, wie der Wissenschaftler es vorhergesagt hatte. Sie behaupteten, dass zwar noch nicht viele Menschen an der angeblichen Krankheit starben, dies aber bald geschehen würde („Sie können behaupten, dass dies erst der Anfang sei und weitere Todesfälle bevorstünden"). Als die gewünschten Todeszahlen sich dann immer noch nicht einstellen wollten, erklärte man uns einfach, dass dies einzig und allein den Lockdowns zu verdanken sei („Behaupten Sie anschließend, dass nur die Quarantäne die erwarteten Millionen Toten verhindert hat"). Die prognostizierten Sterberaten würden sich nie real manifestieren, das wussten auch die Leute, die sie in die Welt gesetzt hatten. Sie wurden einfach gefälscht, um die Lockdowns verordnen und damit eine wirtschaftliche Katastrophe und die Kontrolle über Millionen Menschen zu ermöglichen. Das Beispiel Japans, wo es keine drakonischen Lockdowns gegeben hat, entlarvt die Verlogenheit hinter der Behauptung, dass das Einsperren der Bevölkerung irgendetwas bewirkt hätte – abgesehen davon, dass sie die Weltwirtschaft aus äußerst finsteren Motiven zum Absturz gebracht haben. Da die Zahlen ohnehin mithilfe von Tests und gefälschten Totenscheinen manipuliert wurden, haben Lockdowns keinerlei Unterschiede gemacht. Man sollte stets in Erinnerung behalten, dass Statistiken nicht für sich selbst sprechen, sondern für die Leute, die sie erstellt haben.

Wenn man als Beispiel Großbritannien heranzieht – dasselbe spielte sich bekanntlich weltweit ab –, so waren die unerhört übertriebenen Prognosen der Sterbezahlen, mit denen man den Hausarrest für Milliarden Menschen rechtfertigte, das Ergebnis von … *Computermodellen*. Sie wissen schon, dieselbe Methode, die bei den lächerlichen Übertreibungen in Sachen Klimawandel eingesetzt wurde; auch hier haben sich *Computermodelle* als geradezu lachhaft ungenau, aber sehr nützlich zur Verbreitung der Klimalüge erwiesen. Es ist so einfach, die gewünschte Hochrechnung zu erhalten, wenn man nur Müll hochladen muss, um als Ergebnis Müll herunterladen zu können. Andrew Kaufman hat in der Computermodellierung gearbeitet und konnte daher erklären, wie einfach man die Resultate schon zuvor festlegen kann. Computer-„Prognosen" hängen von der Art der eingegebenen Daten ab, aus denen sie erstellt werden. Die Irrsinnsprognose in Sachen „Covid-19" lautete: *„In Großbritannien werden bis zu 500.000 Menschen sterben, wenn wir keine Lockdowns durchführen."* Ich wiederhole das noch einmal, um den Wahnsinn zu verdeutlichen: „In Großbritannien werden bis zu 500.000 Menschen sterben, wenn wir keine Lockdowns durchführen." Hinter dieser Prognose steckte Neil Ferguson, Professor für mathematische Modellierungen in der Epidemiologie und Leiter des MRC Center for Global Infectious Disease Analysis (MRC-Zentrum für die weltweite Analyse von Infektionskrankheiten), das von Bill Gates und seinen Wir-wollen-die-ganze-Welt-impfen-Tarnorganisationen Gavi und Global Fund finanziert wird. Auf den Seiten von *Business Insider* hieß es über das Ferguson-Unternehmen:

> Es erhält Dutzende Millionen Dollar an jährlicher Finanzierung von der Bill & Melinda Gates Foundation, arbeitet mit dem britischen National Health Service, den amerikanischen Centers for Disease Control and Prevention (CDC) zusammen und hat die Aufgabe, die Weltgesundheitsorganisation mit „Eilanalysen über dringliche Probleme mit Infektionskrankheiten" zu versorgen.

Der größte Geldgeber für die Gates-Organisation Gavi ist […] *die britische Regierung*. Während der „Pandemie" sagte die britische Regierung über das Ministerium für internationale Entwicklung der Impfallianz Gavi für mindestens fünf Jahre 330 Millionen Pfund jährlich vom Geld der Steuerzahler zu. Gavi steht wiederum in Verbindung mit der von Gates gesteuerten WHO, den Vereinten Nationen und der Weltbank. Die WHO ist ein Teil der vom Kult geschaffenen und kontrollierten UN, dem Deckmantel für die Weltregierung. Ferguson ist ein hundertprozentiger Ableger von Gates, der wiederum ein hundertprozentiger Ableger des Kults ist. Was für eine Überraschung, dass genau dieser Ferguson die „Computermodelle" erstellte, die den Regierungen so viel Angst machten, dass sie die Lockdowns erließen – eine menschliche Katastrophe. Berichten zufolge wurde der Computercode, den das Imperial College für seine „Modelle" verwendete, noch dazu vom Gates-Konzern Microsoft „aufgeräumt". Ferguson beriet Regierungen und die Gates-WHO, während er selbst im von Gates finanzierten, mit der Freimaurerei in Verbindung stehenden Imperial College sitzt. Das College durfte sich bisher über beinahe 200 Millionen Dollar Finanzierung von Gates freuen.

Gates taucht immer wieder in der Geschichte dieser Fake-Pandemie auf. Meiner Meinung nach sollten er und Ferguson für den Rest ihres Leben dafür, was sie der menschlichen Gesellschaft angetan haben, im Gefängnis sitzen. Fergusons Fantasie-„Prognosen", die niemals eintreten werden, brachten den bis dahin widerstrebenden britischen Premierminister Boris Johnson dazu, Großbritannien in einen faschistischen Polizei-/Militärstaat zu verwandeln (siehe Hungerspiele-Gesellschaft). Johnson war ursprünglich gegen einen vollständigen Lockdown, doch als man ihn mit der Prognose konfrontierte und ihm einredete, dass er für das tatsächliche Eintreten der vorhergesagten Ereignisse die volle Verantwortung übernehmen müsse, gab er den Technokraten nach, die danach die vollständige Kontrolle über die Regierung an sich reißen konnten (Abb. 382). Ihnen gehört unter anderem SAGE, die Science Advisory Group for Emergencies [dt.: Wissenschaftliche Beratergruppe für Notfälle] an, die Teil der „Krisenreaktions-Struktur" der britischen Regierung und ein Subkomitee der politischen Einheit mit dem passenden Namen COBRA ist, die „die Aktionen der Regierungsstellen als Reaktion auf nationale oder regionale Krisen koordiniert".

Abb. 382: „Fergusons lächerliche ‚Computer-Prognosen'. Der Grund für den Lockdown" – *Neil Ferguson. Der britische Premierminister Boris Johnson und andere Politiker glaubten an die lächerlichen „Computer-Prognosen" dieses Mannes – was zu einer totalen Katastrophe mit zerstörten Leben und Existenzgrundlagen führte. (Bild: Gareth Icke)*

Geleitet wird SAGE von Patrick Vallance, dem wissenschaftlichen Chefberater Großbritanniens und ehemaligen Direktor für Wirkstoffentdeckung, Arzneimittelforschung sowie Forschung und Entwicklung des in England ansässigen Pharmariesen GlaxoSmithKline (GSK), der gigantische geschäftliche und Finanzierungsverbindungen zu Bill Gates hat. Die Mitglieder des Vaccine Network (Impfnetzwerks) der britischen Regierung – einer Gruppe von Akademikern und Big-Pharma-„Experten", die die Behörden zur Impfpolitik beraten – haben insgesamt Hunderte Millionen Dollar (*mindestens*) an Spenden von der Gates-Stiftung erhalten. Zu ihnen gehören auch Mitarbeiter von GSK, einem Unternehmen, das an der „Covid-19“-Testkampagne und der „Suche“ nach einem Impfstoff beteiligt ist. GSK und Gates werden mit der Fake-Pandemie ein gewaltiges Vermögen machen. Der ehemalige Chef von GSK Sir Andrew Witty hat sich von seinem derzeitigen Job beurlauben lassen, um bei der WHO den Vorstoß zur Entwicklung von Impfstoffen für „Covid-19“ zu leiten. Gates hat alles und jeden aufgekauft und unter seine Kontrolle gebracht, um das Narrativ von der „Pandemie“ diktieren zu können und auf die Massenimpfung für die gesamte Menschheit zu drängen – gegen ein „Virus“, das nachweislich nicht existiert. Patrick Vallance gab im April 2020 bekannt, dass der SAGE-„Rat“ an die britische Regierung erst an die Öffentlichkeit gelangen würde, wenn die „Pandemie“ vorbei sei (und die nicht mehr rückgängig zu machende Transformation der Menschheit abgeschlossen ist). Allyson Pollock, Direktorin des Instituts für Gesundheit und Gesellschaft an der britischen Newcastle University, gehörte zu den Dutzenden Experten, die einen Brief im medizinischen Fachjournal *The Lancet* unterzeichneten, in dem gefordert wurde, dass die Berater der Regierung transparenter agieren sollten (keine Chance). Sie sagte:

> Wir sollten wissen, wer die Regierung berät [Bill Gates]. [...] Was verbirgt die Regierung [Bill Gates] und wen schützt sie? Behördenmitarbeiter und öffentlich finanzierte Universitätswissenschaftler – aus denen sich SAGE wahrscheinlich zu einem großen Teil zusammensetzt – sind dem Steuerzahler gegenüber rechenschaftspflichtig.

Aber nein, Allyson. Diese Leute müssen nur vor Bill Gates Rechenschaft ablegen, der wiederum dem Kult gegenüber rechenschaftspflichtig ist. Boris Johnsons „Infektion mit Covid-19“ (irgendeine Krankheit, die nichts mit „Covid-19“ zu tun hatte) zog den Premierminister praktischerweise für beträchtliche Zeit aus dem Verkehr. Als das britische Volk im Lockdown war, unter Hausarrest stand und in einem Polizeistaat lebte, was alles durch die „Prognosen“ gerechtfertigt worden war, nahm Ferguson seine Zahlen drastisch zurück und behauptete Ende März, dass die Zahl der Todesopfer wahrscheinlich „20.000“ oder weniger betragen würde. Sogar das war noch übertrieben, weil die Todesfälle, die „Covid-19“ zugeschrieben werden, nichts als administrative, durch die Fälschung von Totenscheinen und mathematische Spielereien zustande gekommene Tricks sind, die durch einen irrelevanten „Test“ gestützt wurden. Ferguson und sein Gefolge am Imperial College verkauften der Öffentlichkeit die faschistischen Lockdowns mit der üblichen Methode – Angst und Lügen. In ihrem Bericht an Boris Johnson hieß es:

> Unsere vielleicht signifikanteste Schlussfolgerung ist, dass eine Eindämmung wahrscheinlich nicht möglich ist, ohne dass die Notfallkapazitätsgrenzen der britischen und amerikanischen Gesundheitssysteme um ein Vielfaches überschritten werden. Bei der effektivsten untersuchten Eindämmungsstrategie, die zu einer einzigen, relativ kurz andauernden Epidemie führen wird (Isolierung der erkrankten Personen, Haushaltquarantäne und soziale Distanzierung der älteren Menschen), würden die Kapazitätsgrenzen für Betten auf der allgemeinen Station und Intensivbetten mindestens um das Achtfache überschritten werden, wenn man vom optimistischsten Szenario für den Bedarf Intensivpflege ausgeht, das wir untersucht haben.

Deborah Birx, die in der Regierung Trump als Koordinatorin für die Reaktion auf das Coronavirus zuständig war, berichtete Journalisten, dass die Studie aus dem Imperial College – Fergusons Prognosen hatten mehr als zwei Millionen Todesfälle in den USA vorhergesagt – zu neuen Ratschlägen geführt habe, nämlich „von zu Hause aus zu arbeiten und Zusammenkünfte von zehn oder mehr Menschen zu meiden". Fergusons Botschaft war die von Bill Gates, weil er Gates gehört. Und auch hier erkennen wir wieder die angewandte Methode, die drakonischen Lockdowns in China als Blaupause für den Westen zu verwenden, weil sich die Kult-Agenda zur massenhaften Zerstörung unabhängiger Existenzgrundlagen und der Einsetzung der Hungerspiele-Gesellschaft so am effizientesten realisieren lässt. Ferguson sagte:

> Man muss die Art von Gemeinschaftsmaßnahmen ergreifen, die an Orten wie Wuhan und China verordnet wurden und bei denen man versucht, die Kontakte zwischen Menschen in der jeweiligen Gemeinschaft zu reduzieren. Die Art von Maßnahmen, die wichtig sind, bedeuten zuallererst, dass jeder mit einer Atemwegserkrankung oder Erkältung zu Hause bleiben sollte, bis die Symptome vollständig verschwunden sind.

Was darauf folgte, war die massenhafte Absage aller anderen Aktivitäten wie geplanter Operationen oder Konsultationen im Krankenhaus. Gleichzeitig konnten aufmerksame Beobachter feststellen, dass die Prognosen aus Fergusons Imperial College über Krankenhäuser, die von „Covid-19"-Fällen überrannt sein würden, kaum unzutreffender hätten sein können. Das wurde derart offensichtlich, dass die britischen Behörden bald keine Zahlen über die Intensivbettennutzung mehr veröffentlichten, um zu verschleiern, dass die Intensivstationen keineswegs überlaufen waren und es in großen Krankenhäusern auf der ganzen im Lockdown befindlichen Welt Aberhunderte leer stehende Betten gab. Nachrichtenorganisationen hatten keine Fotos von den „Kriegsgebiet"-Krankenhäusern, über die sie dauernd schrieben. Es mangelte ihnen so sehr an Beweisen, dass CBS dabei ertappt wurde, Filmmaterial von einer italienischen Intensivstation zu verwenden und zu behaupten, dass die gezeigten Szenen aus New York stammten. Die britische Nachrichtensendung *Channel 4 News* zeigte Bilder einer *Menschenattrappe*, die in einem Ausbildungszentrum „behandelt" wurde, und behauptete, einen echten Menschen gefilmt zu haben.

Dennoch warnten die eiskalt berechnenden Irren am Imperial College noch am 26. März 2020 davor, dass „Covid-19" 30 Millionen Menschen in aller Welt umbringen könnte und es nur möglich sei, Leben zu retten, wenn die Staaten schnell reagieren würden (das heißt, ihre Bevölkerung unter Hausarrest stellen würden). Das Imperial College reagierte nicht auf eine gesundheitliche Krise. Es hielt sich vielmehr an ein Drehbuch und rechtfertigte die Forderungen der Kult-Agenda mit eklatant und stark übertriebenen Computer-„Prognosen". Sie sollten sich den Konsequenzen ihres Handelns in einer unabhängigen offenen und öffentlichen Untersuchung stellen müssen, um aufzudecken, was geschehen ist und wie all das eindeutig inszeniert wurde. Ferguson und das Imperial College erstellten auch „Prognosen" für andere Länder. So behauptete Ferguson zum Beispiel, dass in den USA ohne Lockdown bis zu 2,2 Millionen Menschen versterben könnten. Das ist genau der Lockdown, den Bill Gates für seine wirtschaftliche und Impf-Agenda (also die des Kults) wollte und für den das von Gates finanzierte Imperial College mit seinen Hochrechnungen den Vorwand lieferte.

Wichtige Berater von Johnson, Trump und anderen politischen Führern profitierten ebenfalls finanziell von Gates' Großzügigkeit. Schließlich darf man auch nicht vergessen, dass genau diesem Bill Gates in Wahrheit die vom Kult geschaffene WHO gehört, weil er nach der US-Regierung deren zweitgrößter Geldgeber ist. Wenn Sie dies lesen, ist er vielleicht schon der größte. Die von Gates kontrollierte WHO hat die Reaktion auf „Covid-19" weltweit gesteuert und im Westen die chinesische Lockdown-Politik beworben, weil sie „so effektiv war". Haben Sie es jetzt begriffen? In den USA war das vom Kult kontrollierte Johns Hopkins Coronavirus Resource Center dafür zuständig, die Zahlen zu liefern und die Medien zu „informieren". Was dabei herauskam, lesen Sie im kommenden Kapitel. Eine weitere Organisation, die Prognosen zu „Covid-19"-Sterbefällen erstellt, ist das amerikanische Institute for Health Metrics and Evaluation [dt. etwa: Institut für Gesundheitskennzahlen und Evaluierung; IHME], das – wie das Imperial College und Neil Ferguson – von Bill Gates finanziert wird.

Komödie der „Irrungen"

Das Imperial College unterstützt die Agenda 21 bzw. 2030 in jeder Hinsicht und war stark an den Computermodell-„Projektionen" zum „Klimawandel" beteiligt. Der Klimakult fordert ein völlig neues Wirtschaftssystem – und das ist einer der Hauptgründe für die „Covid-19"-Hysterie und ihre drastischen ökonomischen Auswirkungen. Ferguson und seine zusammengebastelten „Modelle" hatten schon früher einmal vorhergesagt, dass 150.000 Menschen an BSE oder „Rinderwahn" und der entsprechenden Krankheit bei Schafen sterben würden, wenn sie auf den Menschen übergreifen würden. Im Endeffekt gab es weniger als 200 Todesfälle durch die menschliche Form von BSE. Später wurde nachgewiesen, dass BSE durch ein Organophosphate-Pestizid verursacht worden war, mit dem man einen Schädling bei Kühen bekämpfen wollte. Ferguson und die Trottel (hmm, ich wiederhole mich ...) am Imperial College mit ihren Computermodellen waren auch schuld an der unnötigen „vorbeugenden" Massenkeulung von Millionen Schweinen, Rindern und Schafen während des Ausbruchs der Maul- und Klauenseuche im Jahr 2001, mit der die Lebensgrundlage unzähliger Bauern und ihrer Familien zerstört wurde.

In solchen Dinge dürften das Imperial College und Neil Ferguson ganz gut sein. Die notgeschlachteten Tiere hatten keinen Kontakt mit der Krankheit gehabt, geschweige denn, dass sie daran erkrankt waren. Erinnert Sie das an etwas? Auch damals hatte man der Regierung zu dieser Handlungsweise geraten. Verantwortlich dafür war Professor Roy Anderson, ein Computermodellierer am Imperial College, der auf die Epidemiologie menschlicher Erkrankungen spezialisiert ist (Gott steh uns bei!), aber keinerlei Erfahrung in tierärztlichen Fragen hat. Anderson sitzt sowohl im Beirat der Forschungsinitiative Grand Challenges in Global Health [dt. etwa: „Große Herausforderungen im globalen Gesundheitswesen“] von Bill und Melinda Gates als auch in leitender Position einer weiteren von der Gates-Stiftung finanzierten Organisation. Das Imperial College hat von Gates Zuschüsse in zweistelliger Millionenhöhe erhalten, mit denen es auf die weltweite „Gesundheit“ und Impfpolitik Einfluss nehmen soll. Eine dieser Finanzhilfen – in Höhe von 14,5 Millionen Dollar – diente dem Zweck, „Methoden zum Nachweis zirkulierender Polioviren durch Umweltüberwachung zu verbessern“.

Zur selben Zeit wurde US-Präsident Donald Trump in seiner Arbeitsgruppe „Coronavirus Task Force“ von Leuten wie „Dr.“ Anthony Fauci „beraten“. Fauci ist Direktor des National Institute of Allergy and Infectious Diseases (Nationales Institut für Allergien und Infektionskrankheiten; NIAID), das erhebliche Mittel von der Gates-Stiftung erhalten hat. Er wurde zudem in den „Führungsrat“ der von der Bill & Melinda Gates Foundation finanzierten Decade of Vaccines Collaboration [dt. etwa: „Jahrzehnt der Impfstoffkooperation“] berufen. Eine Schlagzeile aus dem Jahr 2012 auf der von Gates ins Leben gerufenen Gavi-Website lautete: „Fauci: engere Kontakte mit Gavi“. Ähnliche Gates-Verbindungen gibt es auch bei „Dr.“ Deborah Birx, die im Februar 2020 zur Coronavirus-Koordinatorin des Weißen Hauses ernannt wurde. In einem Artikel auf der Website Nationalfile.com hieß es:

> Gates hat sehr viel Einfluss in der Welt der Medizin. Er hat auch eine mehrere Millionen Dollar starke Beziehung zu Dr. Fauci, und Fauci schwenkte ursprünglich auf die Gates-Linie ein, die für Impfstoffe eintrat und Zweifel an [dem Medikament Hydroxychloroquin] weckte. Dr. Deborah Birx, Mitglied der Coronavirus-Eingreiftruppe und unter dem früheren Präsidenten Obama die weltweite AIDS-Koordinatorin der USA, sitzt auch im Vorstand einer Gruppe, die Milliarden Dollar von der Gates-Stiftung erhalten hat. Birx hat Berichten zufolge ein umstrittenes, von Bill Gates finanziertes Modell für die Aktivitäten rund um das Coronavirus des Weißen Hauses verwendet. Gates ist ein großer Befürworter von Lockdowns für die Bevölkerung im Zuge der „Pandemie“.

Ja, das ist er durchaus. Aus genau diesem Grund hat der Kult nämlich den ganzen Schwindel um „Covid-19“ gestartet – um unabhängige Existenzen zu zerstören und uns einen Impfstoff aufzuzwingen, der die Lockdowns „beenden“ soll. Doch schön langsam erwacht die Welt und erkennt, wer Bill Gates ist. Leider erwacht sie nicht aus einem Albtraum, sondern wird durch diesen Kerl in einen Albtraum gestürzt. Der zutiefst böse Gates stand im Zentrum der Vereinnahmung der menschlichen Gesellschaft im Zuge von „Covid-19“. Er ließ mit viel Geld gefütterte Marionetten wie Neil Ferguson und seine Computermodelle am Schnürchen tanzen. Fergusons Hochrechnungen stecken hinter den Lockdowns in vielen Ländern, auch in den USA, wo Ferguson noch von Fauci und Birx bejubelt wurde. Der amerikanische Rechercheur Daniel Horowitz beschrieb die Auswirkungen der „Prognosen“ des Imperial College zu „Covid-19“ auf die Lockdown-Politik der Vereinigten Staaten:

> Was unsere Regierung und die Regierungen vieler anderer Länder in Panik versetzte, war eine einzige Studie des britischen Imperial College, die von Aktivisten der globalen Erwärmung finanziert wurde und 2,2 Millionen Tote vorhersagte, wenn wir nicht das ganze Land in einen Lockdown versetzten würden. Dazu kam,

> dass uns die berichtete Sterberate von acht bis neun Prozent in Italien die Angst einjagte, es könne eine andere Mutation dieses Virus geben, die möglicherweise auch zu uns kommen würde.
>
> Trotz der Tatsache, dass wir nun endlich testen und auch neue Fälle melden konnten, fürchteten wir, auf eine Todesspirale zuzusteuern. Aber noch einmal [...] wir können eine Kurve nicht abflachen lassen, wenn wir nicht wissen, wann die Kurve ihren Anfang genommen hat.

Man redete uns ein, die Lockdowns würden „dem Schutz der Menschen“ dienen, wobei „die Menschen“ die ganze Zeit in wesentlich größerer Zahl an anderen Erkrankungen wie Krebs und Herzkrankheiten sterben. Ich werde Ihnen sagen, wie viel dem Kult und seinen politischen Psychopathen und denen DES TIEFEN STAATS an der Menschheit liegt: Der Ultrazionist Dr. Richard Day, Professor der Kinderheilkunde am New Yorker Mount Sinai Hospital und Vorstand der von Rockefeller gegründeten Familienplanungsorganisation Planned Parenthood, erzählte seinem Publikum aus Kinderärzten in Pittsburgh, Pennsylvania, bereits im Jahr *1969*, dass es schon lange ein Heilmittel gegen Krebs gegeben habe, das aber geheim gehalten wurde: „Wir können heute fast jede Form einer Krebserkrankung heilen. Die Informationen darüber sind im Rockefeller Institute [heute: Rockefeller University] hinterlegt, falls jemals entschieden werden sollte, dass sie zu veröffentlichen sind.“ Day sagte außerdem, dass die Bevölkerung laut Plan kontrolliert und reduziert werden soll – durch Medizin, Lebensmittel, *neue, im Labor hergestellte Krankheiten* und die Unterdrückung eines Heilmittels gegen Krebs. Er vertrat die Ansicht, dass es das Bevölkerungswachstum verlangsamen würde, wenn man die Menschen an Krebs sterben ließe: „Man kann genauso gut an Krebs sterben wie an irgendetwas anderem.“ Halten Sie an dieser Stelle kurz inne und überlegen Sie sich, mit was für einem völlig empathiefreien Psychopathentum wir es hier vonseiten eines Kults zu tun haben, der behauptet, die menschliche Gesellschaft deshalb so ruiniert zu haben, um „die Menschen zu schützen“, die er in Wahrheit total verachtet.

Gates noch?

Neil Ferguson und seinen Mit-„Modellierern“ vom Imperial College fehlt es allerdings völlig an Selbsterkenntnis. Darum sprachen sie sich auch für einen unbegrenzten Lockdown aus, *bis ein Impfstoff zur Verfügung stünde*. Das stimmte natürlich perfekt mit den Forderungen von Bill Gates und seinen Herren überein. Man würde von der Gates-Marionette Ferguson auch nichts anderes erwarten, da er doch das Vaccine Impact Modelling Consortium [dt. etwa: die Modellierung der Wirkung von Impfstoffen] am Imperial College leitet, das „die Arbeit mehrerer Forschungsgruppen zur Modellierung der Wirkung von Impfprogrammen weltweit koordiniert“. Dieses Ferguson-„Konsortium“ ist eine globale Aktion zur Bewerbung von Impfstoffen, finanziert von der Bill-Gates-finanzierten „Impfallianz" Gavi sowie der Bill & Melinda Gates Foundation. Fergusons Interessenkonflikt ist eindeutig, was aber anscheinend jedem Angehörigen der Regierung (oder vielmehr der vom Kult besessenen Regierungen) egal ist. Warum sollten sie sich auch um solche Kleinigkeiten kümmern, wenn es doch eine globale Agenda durchzusetzen gilt? Wenn Leute monatelang aufgrund irgendeiner Lockdown-Variante eingesperrt sind und man ihnen die Impfung als einzigen Ausweg verkauft, ist es leider wahrscheinlich, dass die Leute trotz aller Vorbehalte bereit sein werden, sich impfen zu lassen.

Nicht gewählte Technokraten „beraten" Regierungen, die – das dürfen wir nicht vergessen – aus Politikern bestehen, die diese Leute mit einem Respekt und einer Überzeugung behandeln, die sie nicht einmal annähernd verdienen. Ferguson, bei dem das „Coronavirus" diagnostiziert wurde und der es trotzdem irgendwie geschafft hat zu überleben, konnte seinen Unsinn der britischen Regierung andrehen und damit einen Lockdown herbeiführen. Einer seiner Kollegen, Christopher Whitty (noch ein Virus-„Überlebender"), war Chief Medical Officer [dt. etwa: ranghöchster Gesundheitsberater] der britischen Regierung, die er in Sachen Coronavirus-Politik beriet, und Mitglied der von Patrick Vallance geleiteten SAGE (Scientific Advisory Group in Emergencies; dt. etwa: Wissenschaftliche Beratergruppe in Notfallsituationen). Die BBC bezeichnete Whitty als „jenen Beamten, der wahrscheinlich unter sämtlichen einzelnen Entscheidungsträgern der Gegenwart den größten Einfluss auf unser alltägliches Leben haben wird". Vielleicht fällt Ihnen auf, dass dieser Mann kein Politiker ist – sondern ein Technokrat. Whitty hat von der Bill & Melinda Gates Foundation eine finanzielle Zuwendung von 40 Millionen Dollar für Malariaforschung in Afrika erhalten. Ferguson und Whitty verfassten gemeinsam einen wissenschaftlichen Aufsatz mit dem Titel „Infektionskrankheiten: Schwierige Entscheidungen zur Reduktion der Übertragung von Ebola". Auch dabei handelte es sich um eine schwer übertriebene Gesundheitspanik, in die die beiden bereits verstrickt waren.

Ferguson trat wegen der Schweinegrippe-„Pandemie" 2009 für die Schließung von Schulen „über längere Zeiträume" ein. Er behauptete, das Schweinegrippevirus würde ein Drittel der Weltbevölkerung infizieren, wenn es sich weiterhin mit der damaligen Geschwindigkeit ausbreitete. Andere „Forscher" am Londoner Imperial College sagten vorher, dass das Virus wahrscheinlich eine Epidemie auf der nördlichen Erdhalbkugel verursachen würden. In einem Zeitungsbericht hieß es: „Laut einem der Autoren, dem Epidemiologen und Krankheitsmodellierer Neil Ferguson, der dem Komitee der Weltgesundheitsorganisation für diesen Ausbruch angehört, hat das Virus ‚volles Pandemiepotenzial'." Ferguson stellte dem damaligen Chief Medical Officer Professor Liam Donaldson „Computermodelle" zur Verfügung, denen zufolge im schlimmsten Fall 30 Prozent der britischen Bevölkerung mit dem H1N1-„Schweinegrippe"-Virus infiziert werden und 65.000 Menschen dadurch ums Leben kommen könnten. Tatsächlich starben bis zum Ende dieses Jahres ganze 392 Menschen daran.

Auch dieses „Modell" Fergusons hätte kaum falscher sein können. Ach ja, übrigens: Niemand steckte sich in Großbritannien bei einer anderen Person mit Ebola an oder starb gar an dieser Krankheit. Ist ja auch egal – ohne Selbsterkenntnis (oder mit einer Agenda) macht man einfach weiter und doziert hochtrabend aus seinem „Fachwissen". Eine Zeitung zitierte „Wissenschaftler aus dem Imperial College" in einem Artikel mit der Überschrift „Der britische Lockdown könnte unbegrenzt sein, bis ein Impfstoff gefunden ist, warnen wissenschaftliche Berater der Regierung". Die erwähnten Forscher behaupteten, dass die einzelnen Staaten mehrfache Zyklen durchlaufen müssten, in denen Einschränkungen aufgehoben und wieder eingeführt würden (was genau der Kult-Agenda entspricht). Ferguson sagte, die britische Regierung habe mit der Idee gerungen, strenge Maßnahmen einzuführen und dann wieder zum Normalzustand zurückzukehren, doch „wir glauben nicht, dass dies derzeit möglich ist". Wer sind diese „Wir"? Das „Wir" ist Bill Gates – und das darüberstehende „Wir" ist der Kult, dem Gates gehört.

Die Leute sterben nur noch an „Covid-19"

Das vordringlichste Problem für die Zahlenmanipulatoren war es, genügend Leute zu finden, die an dieser nicht existierenden „gefährlichen Krankheit" verstorben waren – oder auch an einer „Biowaffe", je nachdem, an welche Version des Betrugs man glauben wollte. Die Tochtergesellschaften des Kults in jedem Staat konnten dieses Problem (zumindest vorerst) lösen, da sie in der jeweiligen medizinischen Hierarchie ganz oben saßen. Man braucht nur sehr wenige Leute dazu, Zehntausenden von Menschen in staatlichen „Gesundheits"-Systemen eine bestimmte Politik zu diktieren; es genügt, wenn man die Schlüsselpositionen unter Kontrolle hat, um zu bestimmen, was die unteren Ränge zu tun haben. So wie in China resultierte die erste Diagnose von „Covid-19" in den westlichen Ländern und dem Rest der Welt ausschließlich aus Symptomen. Man wies Ärzte und anderes medizinisches Personal an, dass so ziemlich jeder mit „grippeartigen Symptomen" oder Lungenentzündung mit „Covid-19" diagnostiziert zu werden habe. Da so viele Menschen derartige Symptome haben oder aus allen möglichen Gründen eine Lungenentzündung bekommen, stiegen die Zahlen allein durch diese Diagnoseanweisung von ganz oben.

Als dann der PCR-Test (der nicht auf „Covid-19" testet) ins Spiel kam, stieg das Potenzial zur Erhöhung der Fall- und Todeszahlen beinahe ins Uferlose. Das medizinische Personal erhielt die Order, dass jeder ins Krankenhaus eingelieferte oder anderswo behandelte Patient auf „Covid-19" getestet werden müsse. Viele dieser Tests waren positiv, wie der Kult berechnet hatte – weil der Test in Wahrheit auf genetisches Material anspricht, das viele Menschen von Natur aus in ihren Körpern haben. Danach befahl man den Mitarbeitern, dass bei jedem (an anderen Krankheiten) Verstorbenen, der zuvor positiv getestet worden war, als Todesursache „Covid-19" auf dem Totenschein angegeben werden müsse.

Das alles ist keine Spekulation. Es gab nämlich mutige Ärzte und Angehörige des medizinischen Fachpersonals, die sich diese Machenschaften aufzudecken getrauten. Die überwiegende Mehrheit schwieg jedoch und wird bis zum Ende ihres irdischen Daseins damit leben müssen, wenn die Folgen für die gesamte Menschheit immer klarer ersichtlich werden. Der britische Gesundheitsdienst National Health Service (NHS) teile den Ärzten sogar mit, dass sie „Covid-19" auch ohne jeden Beleg für diese „Krankheit" auf Totenscheinen angeben könnten:

> Wenn der Patient vor seinem Tod Symptome aufwies, die typisch für eine Covid-19-Infektion sind, aber das Testergebnis nicht vorliegt, wäre es ausreichend, „Covid-19" als Todesursache anzugeben und das Testresultat nachzureichen, sobald es vorliegt. Wenn kein Abstrich gemacht wurde, *reicht auch das klinische Urteilsvermögen aus* [meine Hervorhebung]."

Der britische Chief Coroner (ein Verwaltungsbeamter, der für zweifelhafte oder unnatürliche Todesursachen zuständig ist) schrieb in einem Leitfaden für Mediziner, dass das Coronavirus-„Notfall"-Gesetz bedeute, dass „Covid-19"-Todesfälle *überhaupt nicht an einen Rechtsmediziner weitergeleitet werden müssen*. In vielen Ländern und amerikanischen Bundesstaaten (eine entsprechende Richtlinie gilt beispielsweise für New Jersey) ist die Situation dieselbe. Ärzte können als Todesursache für Patienten, die sie nie gesehen haben, „Covid-19" angeben, ohne dass ein Rechtsmediziner oder eine Obduktion die Todesursache zu überprüfen hat. Bei einer Obduktion würde sich ja auch die wahre Todesursache herausstellen – und die würde dann garantiert nicht auf „Covid-19" lauten. In der Anweisung des britischen Chief Coroner hieß es:

> Jeder registrierte Arzt kann ein MCCD [Medical Certificate for Cause of Death; ärztliches Attest zur Todesursache] ausstellen, auch wenn der Verstorbene während der letzten Erkrankung nicht sein Patient war und auch nach seinem Tod nicht untersucht wurde, vorausgesetzt, dass er in der Lage ist, die Todesursache nach bestem Wissen und Gewissen anzugeben.

Todesfälle „in der Gemeinde" können ebenfalls als „Covid-19"-Fälle angegeben werden, ohne dass der Verstorbene je auf die Krankheit getestet oder auch nur von einem Arzt untersucht worden wäre. Das britische Crown Office erließ diese Bestimmungen im Rahmen der Notstandsermächtigung durch das faschistische Coronavirus-Gesetz 2020, „um die Belastung des NHS zu reduzieren, da das Vereinigte Königreich auf den prognostizierten Höchststand an Infektionen und Todesfällen zusteuert". Diese Belastung zeigte sich in den fast leeren Krankenhäusern, wo das medizinische Personal aus lauter Langeweile YouTube-Tanzvideos drehte, sehr deutlich. Die vom Kult kontrollierte schottische, von der Scottish National Party geleitete Regierung erklärte, dass bei jeder Person, die innerhalb von 28 Tagen nach einem „im Labor nachgewiesenen" (Fake-)Test mit der Diagnose „Covid-19" verstirbt, diese Diagnose auch als Todesursache angegeben werden muss. Dabei sollte man nicht vergessen, dass die überwiegende Mehrheit der Menschen, die bei diesem Fake-Test ein positives Ergebnis erhalten, „leichte Symptome" oder in den meisten Fällen gar keine haben. Betrachtet man diese Tatsache im Hinblick auf die schottische Todesursachenpolitik, so lässt sich leicht erkennen, wie groß der Betrug zur Manipulation der Sterbezahlen allein in diesem kleinen Land ist.

Dieselbe schottische Regierung setzte auch die Vorschrift aus, dass bei angeblichen „Covid-19"-Opfern eine Obduktion durchgeführt werden muss. So konnten die wahren Todesursachen nicht ermittelt werden, auf den Totenscheinen stand „Covid-19", und die Gesamtzahlen konnten künstlich aufgeblasen werden. Eine Zeitung schrieb dazu: „Normalerweise wird bei Patienten, die in einem Krankenhaus sterben, eine Obduktion durchgeführt, um die Todesursache zweifelsfrei festzustellen." Aber schließlich geht es gar nicht darum herauszufinden, woran die Leute wirklich verstorben sind – man will stattdessen dafür sorgen, dass das nicht existierende „Covid-19" auf so vielen Totenscheinen wie möglich aufscheint, um die Wahrnehmung einer tödlichen „Pandemie" zu verstärken.

Schottland ist ein schöner Ort, aber seine Kontrollnetzwerke sind buchstäblich satanisch. Die nordirische Public Health Agency (Behörde für das öffentliche Gesundheitswesen) macht es Schottland und anderen Ländern nach, indem sie „Covid-19"-Tote als „Individuen, die innerhalb von 28 Tagen nach dem ersten positiven Ergebnis verstorben sind, unabhängig davon, ob Covid-19 die Todesursache war oder nicht" definiert. Das englische Office for National Statistics (Amt für nationale Statistik; ONS) verfälschte die Zahl der Todesfälle noch mehr, indem es seine Zählweise änderte: Vor dem Covid-19-Betrug wurden die Todesfälle jede Woche anhand der Anzahl der Totenscheine gezählt. Nun aber sollten sie „vorläufige" Zahlen der am Fake-„Virus" Verstorbenen einbeziehen, bevor eine Sterbeurkunde registriert wurde; diese würden „in den folgenden Wochen in den Datensatz einbezogen werden". Das bedeutete, dass ein und derselbe Todesfall in einer Woche „vorläufig" und in der Woche darauf „offiziell" – also zweimal – gezählt werden könnte. Das ONS gab auch die Einbeziehung von „Covid-19"-Todesfällen in der Gemeinschaft bekannt, „um diejenigen einzuschließen, die nicht einmal auf das Virus getestet wurden [auch wenn diese Zahlen irrelevant wären], sowie jene Personen, bei denen ein Verdacht auf Covid-19 bestand" oder bei deren Tod „Covid-19" vermutlich ein „beitragender Faktor" war.

„Es ist Covid, Dummkopf – immer nur Covid!"

Die fingierten Fall- und Todeszahlen, die für die Medien auf der ganzen Welt von der im Besitz des Kults befindlichen und von Gates kontrollierten Johns Hopkins University in Amerika (mehr zu diesem Unternehmen später) zusammengestellt wurden, resultierten in praktisch jedem Land der Erde aus denselben Anordnungen von oben, dass „Covid-19" in so gut wie jedem Fall als Todesursache angegeben werden musste. Die ebenfalls dem Kult gehörende amerikanische Gesundheitsbehörde Centers for Disease Control and Prevention (CDC) – in Wahrheit eine Filiale der von Gates kontrollierten WHO und der Big-Pharma-Riesen – erstellten „Anleitungen" für Ärzte und medizinisches Personal, denen zufolge „Covid-19" trotz des Fehlens jeglicher medizinischer Beweise als Todesursache anzugeben sei. Nicht einmal der Fake-Test war dazu nötig. Die bloße „Annahme, dass Covid-19 zum Tod geführt oder dazu beigetragen hat", war ausreichend, um „Covid-19" als Haupttodesursache anzugeben.

Untermauert wurde diese Manipulation von den Behörden durch die Zahlungen, die Krankenhäuser (wobei einiges von dem Geld an Ärzte ging) über das amerikanische Krankenversicherungssystem Medicare erhielten. Diese Machenschaften deckte Dr. Scott Jensen, ein Senator des US-Bundesstaats Minnesota, in einem Interview mit Fox News auf. Seiner Aussage nach erhielt ein Krankenhaus, wenn es bei einem Patienten eine „einfache nicht durch Covid bedingte Lungenentzündung" diagnostizierte, von Medicare 4.600 Dollar. Lautete die Diagnose aber Lungenentzündung aufgrund von „Covid-19", stieg dieser Betrag auf *13.000 Dollar* – und wenn sie den mit „Covid-19" diagnostizierten Patienten an ein Beatmungsgerät anschlossen, waren es schon *39.000 Dollar*. Könnte man das Spiel noch leichter durchschaubar gestalten? Krankenhäuser, die vielfach wegen akuten Patientenmangels vor dem Bankrott standen, konnten durch Medicare-Zahlungen viel Geld verdienen (oder im Geschäft bleiben), wenn sie bei Patienten ohne Symptome „Covid-19" diagnostizierten (die Kasse klingelt!), sie danach wieder wegschickten, um Platz für den nächsten Patienten zu schaffen, oder sie kurz an ein Beatmungsgerät anschlossen, das sie gar nicht gebraucht hätten (die Kasse klingelt noch lauter!). Sie änderten sogar ihre medizinischen Verfahren, um gleich ohne die üblichen Zwischenschritte – Venturi-Maske, Non-Rebreather-Maske und CPAP-Beatmung – das Beatmungsgerät einsetzen zu können. Sie müssen nur das nicht existierende „Covid-19" diagnostizieren, um der Kult-Agenda zu entsprechen, und die Kassen klingeln.

Man sollte sich die Vorstellung aus dem Kopf schlagen, dass medizinisches Fachpersonal sich nur aus Engeln der Barmherzigkeit zusammensetzt. Manche Mitarbeiter sind es auf jeden Fall, doch es gibt auch Lügner, Betrüger und Psychopathen unter ihnen. Im Grunde genommen ist jeder, der dieses eindeutig gezielte Bezahlungssystem für Diagnosen ausnutzt, indem er Menschen ohne medizinischen Grund an ein Beatmungsgerät hängt, ein Psychopath. Dr. Ngozi Ezike, die Direktorin des Amts für öffentliches Gesundheitswesen in Illinois, sprach ganz offen über die Art und Weise, wie die „Covid-19"-Todeszahlen zustande kommen. Während ihre Vorgesetzten die Zähne zusammenbissen, sagte sie auf einer Pressekonferenz:

> Wenn Sie in einem Hospiz wären, eine Lebenserwartung von nur noch wenigen Wochen hätten und dann festgestellt würde, dass Sie Covid haben, würde man ihren Tod zu den Covid-Sterbefällen zählen. Es könnte zwar eine eindeutige andere Todesursache geben, aber Sie würden trotzdem zu den Covid-Zahlen gerechnet. Das heißt, dass nicht jeder angegebene Covid-Todesfall bedeutet, dass Covid wirklich die Todesursache war, sondern dass man zum Zeitpunkt des Todes Covid hatte.

… oder vielmehr bei einem Test, der „Covid-19" gar nicht feststellen kann, positiv war. Patrick Vallance, der wissenschaftliche Chefberater der britischen Regierung, traf bizarrerweise dieselbe Aussage wie Ezike: *Covid auf dem Totenschein heißt nicht, dass Covid die Todesursache war*. Unter dem Aspekt dieser Massendiagnosen für all jene, die an anderen Krankheiten sterben, erscheint die angebliche „Covid-19" Todesrate in einem ganz anderen Licht. Das Zentrum der italienischen „Epidemie" in der Lombardei ist weltweit – wie Wuhan – für seine schmutzige, vergiftete Luft berüchtigt, die vor allem bei alten Menschen, die diesen Mist ihr ganzes Leben lang eingeatmet haben, sehr häufig zu Lungenkrankheiten führt. Diese Tatsache bot ein enormes Potenzial dafür, an Lungenentzündung und anderen Atemwegsproblemen sterbende Menschen als „Covid-19"-Patienten einzustufen, obwohl sie das gar nicht waren. Zur Unterstreichung der extremen Verhältnisse in der Lombardei sei eine Statistik angeführt: Im Jahr 2018 starben 99.542 Menschen in der Lombardei an beliebigen Ursachen, während es in Latium, der Region mit der zweithöchsten Sterblichkeit, nur 57.289 Menschen waren. Die italienischen Behörden gaben bekannt, dass 99 Prozent derjenigen, die in Italien an „Covid-19 verstorben" waren, an ein bis drei „anderen Morbiditäten" oder Krankheiten und gesundheitlichen Problemen gelitten hätten, die für ihren Tod verantwortlich hätten sein können. Haben wir es nun endlich begriffen? 70 Prozent dieser Personen waren Männer – und nur ein Prozent der Menschen, die angeblich „an Covid-19 verstorben" waren, hatten keine bekannten lebensbedrohlichen Vorerkrankungen.

Das staatliche Gesundheitsinstitut Italiens gab an, dass das Durchschnittsalter der positiv auf „Covid" getesteten Verstorbenen in Italien bei 81 Jahren lag. 10 Prozent der Verstorbenen waren älter als 90 Jahre und 90 Prozent älter als 70 – während 80 Prozent eine oder mehrere chronische Krankheiten hatten. Die Hälfte der Patienten hatte sogar drei oder mehr chronische Krankheiten, darunter Herz-Kreislauf-Probleme, Diabetes, Atembeschwerden und Krebs. Ordnet man all diese Menschen dem Etikett „Tod durch Covid-19" zu, dann hat man sofort die „verheerende Gesundheitskrise" in Italien zur Hand, die das Land in den Lockdown trieb und dazu benutzt wurde, den Rest des Westens in Angst und Schrecken zu versetzen, weil Ähnliches auf ihn zukommen könnte. In Italien wurde eine Liste von Ärzten veröffentlicht, die „an Covid-19 verstorben waren". Bald stellte sich jedoch heraus, dass die angegebenen Personen alle in einem fortgeschrittenen Alter waren, in dem man schon eher mit dem Tod rechnen muss. Zudem waren die meisten von ihnen im Ruhestand. Es gab keinerlei Beweise dafür, dass das gefürchtete „Virus" bei ihnen die Todesursache war. Sobald die weltweiten, im Eigentum des Kults befindlichen Medien der Öffentlichkeit die Propagandastory von der „italienischen Katastrophe" verkauft hatten, meldete sich Professor Walter Ricciardi, der wissenschaftliche Berater des italienischen Gesundheitsministers, zu Wort. Er sagte, dass die scheinbare „Covid"-Sterblichkeit seines Landes darauf zurückzuführen sei, dass Italien die zweitälteste Bevölkerung der Welt habe ... und auf *die Art und Weise, wie Todesfälle in den Krankenhäusern erfasst werden*:

> Wir ordnen die Todesfälle in unserem Land sehr großzügig zu – in dem Sinne, dass alle im Krankenhaus sterbenden Menschen, die mit dem Coronavirus infiziert sind, als Coronavirus-Todesfälle klassifiziert werden. Bei der Neubewertung durch das staatliche Gesundheitsinstitut wiesen nur 12 Prozent der Totenscheine eine direkte Kausalität mit dem Coronavirus auf; 88 Prozent der verstorbenen Patienten hatten hingegen wenigstens eine schwere Vorerkrankung, viele sogar zwei oder drei.

So wurden die Manipulationen durchgezogen. Sogar die zwölf Prozent stimmen nicht, weil man nicht an einem nicht existierenden „Covid-19" sterben oder mit einem „Virus" diagnostiziert werden kann, auf den man nicht einmal getestet werden kann. Zwei Drittel der angeblichen „Covid-19"-Todesfälle in New York waren älter als 70, mehr als 95 Prozent älter als 50 Jahre. Und etwa 90 Prozent aller tödlichen Fälle litten an einer anderen Grunderkrankung, die eine Änderung der Diagnose so einfach machte. Laut Scott Atlas, dem ehemaligen Leiter der Neuroradiologie an der Stanford University, hatten mehr als 99 Prozent der in New York verstorbenen Menschen eine Vorerkrankung, und die Mortalitätsrate für Menschen zwischen 18 und 45 Jahren lag bei 0,01 Prozent. Denken Sie darüber nach. Der Grund, warum Kinder und jüngere Menschen nicht an dem Fake-„Virus" gestorben sind, ist der, dass sie mit unendlich höherer Wahrscheinlichkeit nicht an „Vorerkrankungen" leiden, die man auf „Covid-19" schieben kann.

In anderen Ländern, die vollständig unter der Kontrolle des Kults stellen, wird derselbe Betrug inszeniert. Der Präsident des deutschen Robert-Koch-Instituts sagte, dass in Deutschland jede mit dem Coronavirus infizierte verstorbene Person als „Covid-19"-Todesfall eingestuft wird, unabhängig davon, ob der Tod tatsächlich durch das „Virus" verursacht wurde oder nicht. Der deutsche Virologe Dr. Hendrik Streeck äußerte sich dazu: „In Heinsberg starb beispielsweise ein 78-Jähriger mit Vorerkrankungen an Herzversagen, ohne dass seine Lunge durch SARS-CoV-2 irgendwie beeinträchtigt gewesen wäre. Da er aber positiv war, taucht er natürlich in der Covid-19-Statistik auf."

Ärzte und Experten melden sich zu Wort

Schließlich tauchten immer mehr Berichte von Ärzten, medizinischem Personal und Familien auf, in denen es darum ging, wie Patienten und Angehörige an Krebs, Herzkrankheiten und anderen tödlichen Erkrankungen verstorben waren, aber auf dem Totenschein als „Covid-19"-Opfer geführt wurden. Dieser Diagnosebetrug geschah auf Befehl der Behörden – oder vielmehr der Kult-Agenten innerhalb der Behörden. Sie verlangten, dass jeder Patient unabhängig von seinem Leiden den Fake-Test auf „Covid-19" machen musste und die Mediziner beim Vorliegen eines positiven Ergebnisses wegen des weitverbreiteten genetischen Materials „Covid-19" auf dem Totenschein vermerken mussten, um die Zahlen weiter aufzublasen. Krankenhauspersonal aus vielen Orten bestätigte uns auf Davidicke.com über viele Wochen hinweg, dass dies weltweit der Fall war. Eddie Large, ein ehemals berühmter britischer Komiker, kam mit Herzversagen ins Krankenhaus, nachdem er schon lange Zeit an Herzproblemen gelitten hatte, wurde „positiv" auf „Covid-19" (das genetische Material) getestet und hatte diesen Befund dann auch als Todesursache auf seiner Sterbeurkunde stehen. Die Medienberichte über Eddies Ableben ähnelten anderen so sehr, dass dahinter kein Zufall gesteckt haben kann. Es wird nicht behauptet, dass diese oder jene Person an „Covid-19" verstorben sei, sondern dass sie verstarb, nachdem sie *positiv auf „Covid-19" getestet worden sei*. Diese zwei Aussagen bezeichnen eindeutig nicht denselben Sachverhalt – und die Behörden formulierten auch immer wieder Ähnliches. Wurde ein Todesfall aber erst einmal in die gefälschten „Covid-19"-Zahlen aufgenommen, dann heißt es in den Zusammenfassungen von Johns Hopkins und anderen Institutionen plötzlich, dass *soundso viele Menschen an „Covid-19" verstorben sind*. Die meisten Ärzte und das medizinische Personal haben skandalöserweise über den Betrug geschwiegen, doch andere fühlten sich der Wahrheit und dem Wohlergehen ihrer Patienten verpflichtet und deckten daher die Verschwörung zum Betrug an der gesamten Menschheit auf. Und je länger die Lockdowns und ihre schrecklichen Auswirkungen andauerten, desto mehr solcher Informanten tauchten auf.

Dr. Annie Bukacek, zertifizierte Internistin in Kalispell, Montana, sowie Ratsmitglied und Fellow der internistischen Fachgesellschaft American College of Physicians, Ortsgruppe Montana, gehörte zu denen, die den Zaubertrick aufdeckten. Ihrer Aussage nach hat sie sofort an der offiziellen Geschichte gezweifelt, nachdem sie beobachtet hatte, wie die vorangegangenen „Wir werden alle sterben!"-Rummel um H1N1, Ebola, das Zikavirus, SARS und MERS alle im Sande verlaufen waren. Nichts war passiert, außer dass man an unschuldigen Kindern in Afrika oder der Karibik ein paar neue Impfstoffe getestet hatte – eine Spezialität der Programme von Bill Gates, weil er halt so ein netter Mensch ist. Bukacek beschrieb, wie die „Covid-19"-Zahlen durch Totenscheinmanipulationen künstlich aufgebläht wurden, während andere Patienten an anderen Krankheiten litten und starben. Das System, das nur noch an „Covid-19" interessiert war, hatte letzterer Gruppe einfach Behandlungen, Operationen und Konsulationen verweigert.

Dr. Scott Jensen, der die Medicare-Prämien für jeden gemeldeten „Covid-19"-Fall an die Öffentlichkeit gebracht hatte, sagte in einem Fernsehinterview, dass er per E-Mail vom US-Gesundheitsministerium ein sieben Seiten umfassendes Dokument erhalten habe, das ihn darauf „trainieren" sollte, wie ein Totenschein auszufüllen sei. So etwas war nie zuvor geschehen. Laut Jensen habe es in dem Dokument geheißen, dass kein Labortest auf „Covid-19" notwendig sei, um diese angebliche Krankheit als Todesursache anzugeben; er war darüber schockiert, weil Totenscheine eigentlich nur Fakten enthalten sollten. Ein anderer Arzt hatte in einem Video die Manipulation der Sterbezahlen aufgedeckt und gezeigt, wie die Zahlen für andere Todesursachen im selben Maße geringer wurden, wie die „Covid-19"-Zahlen anstiegen. Sein Video wurde von YouTube gelöscht.

Dr. Rashid Buttar, ein amerikanischer Osteopath aus Charlotte in North Carolina, wetterte gegen die Manipulation und das Schweigen der Ärzte und des Pflegepersonals, obwohl die Fachkräfte genau wüssten, was in Wirklichkeit los war. Er bestätigte die Farce mit den Totenscheinen und sagte, dass sogar bereits ausgestellte Totenscheine umgeschrieben worden seien, um als Todesursache „Covid-19" angeben zu können.

Dan Erickson und Artin Massihi, zwei Ärzte aus dem kalifornischen Bakersfield, wo sie in einem Institut namens Accelerated Urgent Care arbeiten, gaben Ende April 2020 eine Pressekonferenz, in der sie eine „Wiedereröffnung" ihres Landes forderten. Sie erklärten, was wirklich hinter den hysterischen Schlagzeilen steckte: Die Intensivstationen in Kalifornien stünden „praktisch leer", in Krankenhäusern würden ganze Stockwerke geschlossen, Patienten abgewiesen und Ärzte entlassen. Das kalifornische Gesundheitssystem arbeite mit Minimalkapazität und „setzte Ärzte frei, weil es einfach nichts zu tun gibt". Sie sagten, dass Menschen mit Herzkrankheiten und Krebs aus Angst vor „Covid-19" nicht mehr in Krankenhäuser kämen. Alles, was sie je über Quarantäne gelernt hatten, bezog sich auf die Quarantäne von Kranken. Sie hätten noch nie gesehen, dass man Gesunde unter Quarantäne stellt, „indem man Menschen ohne Erkrankung und ohne Symptome in ihren Wohnungen einsperrt". Die Prognosen über Millionen zu erwartende Todesfälle seien „beklagenswert ungenau" gewesen, stellten sie fest. Dr. Erickson bewies anhand von Zahlen, dass bei Kaliforniern die Wahrscheinlichkeit, an „Covid-19" zu sterben, 0,03 Prozent betrug – basierend auf der Anzahl der positiv Getesteten. Aber Moment: Diese Leute wurden a) auf ein weitverbreitetes genetisches Material und nicht auf „Covid-19" positiv getestet und b) die angeblichen Todesfälle waren Neudiagnosen von anderen Erkrankungen mit ähnlichen (oder gar keinen) Symptomen wie beim „Virus". Erickson sagte, dass die Wahrscheinlichkeit, im Bundesstat New York (und nicht nur in New York City) an „Covid" zu sterben, 0,1 Prozent betrug. In Spanien, das in einem bestimmten Zeitraum ein Zentrum der „Covid-19"-Hysterie war, betrug die Wahrscheinlichkeit überhaupt nur 0,05 Prozent. „Covid" sei (selbst wenn man den Lügen glaubte) weniger gefährlich als die Grippe. Laut den beiden Ärzten existierte weder eine Rechtfertigung für die Lockdowns noch für die Zerstörung der Wirtschaft. Ihre Zahlen wurden durch eine Studie der Stanford University unterstützt, der zufolge die Sterblichkeitsrate zwischen 0,1 und 0,2 Prozent lag. Zieht man davon noch den Diagnosebetrug ab, so landet man genau bei null. Die von der im Besitz des Kults befindlichen und von Gates gesteuerten WHO geschätzten Todeszahlen lagen 20- bis 30-mal höher als die Zahlen aus Stanford, um die Lockdowns in aller Welt zu garantieren. Jeder, der bei diesen Machenschaften mitgewirkt hat, sollte wegen Verbrechens gegen die Menschlichkeit zu einer Gefängnisstrafe verurteilt werden.

Dr. Erickson verwies auch auf eine ganze Reihe von Folgen der Lockdowns wie den zunehmenden Kindesmissbrauch, Gewalt durch den Partner, Alkoholismus, Depression, Selbstmord und andere Auswirkungen, die Ärzte jeden Tag zu sehen bekämen. Er beschrieb, wie das Immunsystem immer schwächer wird, je länger Menschen in ihren Wohnungen eingesperrt bleiben. Die neue Besessenheit von Hygiene tue das ihre dazu, die Immunantwort zu schwächen, weil Menschen gar nicht mehr in Berührung mit Erregern kommen, die sie zum Aufbau von Abwehrkräften und Immunität brauchen. „Das Immunsystem benötigt diese Interaktion. Wenn man sich einschließt, wird das Immunsystem immer schwächer. Was, glauben Sie, wird passieren, wenn die Leute danach wieder hinausgehen? Die Anzahl der Erkrankungen wird in die Höhe schnellen." Erickson war davon überzeugt, dass die Krankenhäuser mit ihren entlassenen Ärzten und Schwestern eine solche Zunahme von Krankheiten nicht bewältigen würden können. Dann sprach er noch über den Druck, der auf Ärzte ausgeübt wird, damit sie „Covid-19" auf dem Totenschein angeben. „Warum setzt man uns unter Druck, Covid als Todesursache hinzuschreiben? Um die Zahlen zu erhöhen und die Situation schlimmer aussehen zu lassen, als sie tatsächlich ist. Ich glaube, das ist der Grund." Er gab an, diese Ansicht überall von Ärzten zu hören. Das Video der zwei Ärzte wurde innerhalb weniger Tage mehr als fünf Millionen Mal betrachtet, erschien aber nie auf den Trendlisten von YouTube und wurde dann gelöscht, weil es „gegen die Nutzungsbedingungen von YouTube verstößt".

Das zum Google-Konzern gehörende YouTube hat damit neuerlich bewiesen, was für ein widerlicher, faschistischer Verein es ist. Die Anweisungen dazu kommen von ganz oben, von Susan Wojcicki und den Leuten, denen sie gehört. Wojcicki ist eindeutig eine Agentin des Kults, so wie Gates, Brin, Page, Zuckerberg und der ganze Rest. Sie alle müssen heute die Konsequenzen tragen, indem ihre gegen die Freiheit und eigentlich gegen die Menschheit gerichtete Agenda bei jeder Gelegenheit an die Öffentlichkeit getragen wird. Kann man noch unverfrorener und niederträchtiger sein, als ein Video von Ärzten zu löschen, die auf Grundlage eigener Erfahrungen die medizinische Politik infrage stellen? Schämt sich denn niemand dafür, den Interessen eines weltumspannenden Kults zu dienen, der einen grauenhaften völkermörderischen Plan für die Menschheit verfolgt? *Na, wie sieht's aus*, Wojcicki?

Der Beatmungsspezialist eines Krankenhauses deckte im Internet weitere Lügen auf. Er sagte, dass es im Gegensatz zu den hysterischen Behauptungen der Medien keinen Mangel an Beatmungsgeräten gebe und diese vielmehr weniger im Einsatz seien als sonst. Jeder Patient, der mit einem Atemproblem in sein Krankenhaus kam, würde als „Covid-19" eingestuft, unabhängig davon, ob er an Lungenkrebs im letzten Stadium, einer Herzerkrankung oder etwas anderem leide. „Sie gehen mit Atemproblemen ins Krankenhaus und werden sofort als Covid-Patient bezeichnet [...] und dann sterben Sie eben an Covid und nicht an Lungenkrebs im vierten Stadium." Der Mann sagte, dass es in dem Krankenhaus, wo er beschäftigt war, nur einen Mitarbeiter gebe, der für die Durchführung des Tests qualifiziert sei; daher würden die meisten Patienten „mit Verdacht auf Covid" nie getestet (was ohnehin irrelevant gewesen wäre). „Jeder Patient mit Verdacht auf Covid, der stirbt, wird zu einem Covid-Todesfall, und sie führen einem die Zahlen vor wie Fußballergebnisse, um möglichst viel Angst zu erzeugen." Er behauptete, dass man der Öffentlichkeit nur auf einem Traktoranhänger gestapelte Leichen zeige, um die Leute in Panik zu versetzen – er habe in seiner ganzen beruflichen Laufbahn nie gesehen, dass man Verstorbene auf diese Weise befördert hat. „Das passiert einfach nicht", sagte er und stellte die Frage, ob es sich überhaupt wirklich um Leichen handle: „Das ist doch alles gefälscht." Hinter ihm sind in dem Video, das er an seinem Arbeitsplatz aufgenommen hatte, Patienten zu sehen, die über eine Maske beatmet werden statt mit einem richtigen Beatmungsgerät. Der Mann sagte, dass sie seit Beginn der „Covid-19"-Panik solche Geräte nicht mehr benutzen dürften, sondern abwarten müssten, bis Patienten „kollabieren", um sie dann sofort an ein Beatmungsgerät anzuschließen. „Das ist nicht die herkömmliche Art und Weise, wie wir einen Patienten behandeln – wir dürfen nicht das tun, was wir sonst tun würden."

Der New Yorker Intensivmediziner Cameron Kyle-Sidell sagte in seinem eigenen Video, dass man Menschen an Beatmungsgeräte anschließe, obwohl ihre Lungen nicht stark genug seien, und die Patienten daran sterben. In einem anderen Video, das die Erfahrungen einer New Yorker Krankenschwester aus einer Intensivstation wiedergibt, wird dasselbe behauptet. „Menschen werden ermordet, und niemand kümmert sich darum", hieß es in dem Video. Laut der Schwester sei Angehörigen der Zutritt zum Krankenhaus verboten, sodass die Patienten der Gnade des Krankenhauspersonals ausgeliefert seien und langsam dahinsiechen würden. Eine zweite New Yorker Krankenschwester weinte in ihrem Video, als sie genau diese Situation beschrieb: „Ich muss hier buchstäblich jeden Tag zusehen, wie sie sie umbringen." Sie zählte eine Menge Beispiele dafür auf, wie man die Patienten einfach sterben lasse oder durch eine falsche oder gar keine Behandlung einfach ermorde – „durch grobe Fahrlässigkeit und medizinische Misswirtschaft. Seit ich hier arbeite, habe ich nie gesehen, dass man die Lunge eines Patienten abgehört hat." Hauptsache, auf dem Totenschein steht „Covid-19".

Die Schwester sagte, dass sie versucht habe, mit der Verwaltung und der Leitung des Pflegedienstes zu sprechen, die aber von ihren Vorwürfen nichts wissen wollten und sie an eine Stelle versetzten, wo sie nichts mehr mit Patienten und den Stationen zu tun hatte, über die sie sich beschwert hatte. Es ist Mord, das kann man nicht anders ausdrücken.

Man ermordet hier wissentlich Menschen, um die „Covid-19"-Zahlen hoch zu halten. „Man fühlt sich hier wie in einer surrealen Horrorfernsehserie – alle wissen es und machen dabei mit", sagte die Schwester. „Bin ich die Einzige hier, die keine Soziopathin ist?" Der erwähnte Spezialist für künstliche Beatmung bestätigte, dass sie „nicht auf ein Virus testen – es gibt gar keinen Test, der auf ein Virus testet". Getestet würde stattdessen auf eine genetische „RNS-Sequenz", und jeder, in dessen Probe auch nur eine mikroskopisch kleine Menge dieser Sequenz enthalten sei, gelte als „positiv", obwohl das Testergebnis durch Lungenkrebs und viele andere Ursachen beeinflusst sein könne: „Wenn das wirklich so ansteckend wäre, wie man uns einredet, dann würde jeder daran sterben, und das können wir hier nicht beobachten. Es ist unglaublich – das alles wurde bis ins Kleinste erfunden und manipuliert." Er sagte, dass das Gesundheitspersonal nicht häufig erkranke, auch wenn die Betreffenden in engem Kontakt mit positiv getesteten Patienten waren. Er war nicht überzeugt, dass es sich beim Verursacher überhaupt um ein Virus handle – „und ich mache meinen Job schon ziemlich lange". Die Ärzte würden ebenso wie die Öffentlichkeit auf die Lügen hereinfallen, weil sie sich die echten Informationen gar nicht ansehen: „Man gibt ihnen Anweisungen und [...] sie haben ja ein Leben, sie haben ihre Arbeit [...] sie werden nicht nachprüfen, was dieser Test wirklich ist und warum die Infektionsraten nicht so hoch sind wie angekündigt. Sie tun nur das, was man ihnen gesagt hat, so wie alle anderen." Dann erwähnte er noch etwas, was für die Ereignisse von zentraler Bedeutung ist:

> Den Trump-Anhängern da draußen möchte ich gerne eine Frage stellen. Denken Sie einen Augenblick darüber nach. Wir tun hier dasselbe, was sie in Frankreich, Italien und England auch tun. Bedeutet das also, dass Trump bei dieser ganzen Sache etwas zu sagen hat? Ich glaube es nicht. Ich glaube, dass er Anweisungen erhält, was er zu tun hat. Hier geht es um DEN TIEFEN STAAT, um die Illuminaten [...] die fahren die ganze Welt herunter.

Genauso ist es. Dieses Video von einem Spezialisten für Beatmungsgeräte zeigt, wie sehr die unmittelbare Erfahrung in einem Krankenhaus dem offiziellen Narrativ widerspricht. Aus diesem Grund wurde es von YouTube auch mehrmals gelöscht, weil es angeblich gegen die „Gemeinschaftsrichtlinien" verstößt. Muss man zu dieser Zensurwerkstatt des Kults, die von der Marionette Susan Wojicki geleitet wird, noch mehr sagen? Die Verachtung dieser Frau für die Freiheit und die grundlegendsten Menschenrechte ist geradezu unvorstellbar. John Lee, ein vor Kurzem pensionierter Professor für Pathologie, der als beratender Pathologe für den britischen NHS tätig war, hob in einem Artikel für den *Spectator* genau das Argument hervor, das auch ich schon über die sorgfältig gewählten Formulierungen in den Medien und medizinischen Berichten gebracht habe. Dort wird festgehalten, dass Menschen „nach einem positiven Test auf das Coronavirus", aber nicht *am* Coronavirus verstorben seien:

> Viele der Leute, die in der Öffentlichkeit für das britische Gesundheitswesen sprechen, haben immer wieder besonders darauf hingewiesen, dass die im Vereinigten Königreich erhobenen Zahlen einen Exitus *mit dem Virus* und nicht *durch das Virus* bezeichnen – und das spielt eine wichtige Rolle [meine Hervorhebung]. Bei seiner Aussage im Parlament vor einigen Tagen gab Professor Neil Ferguson vom Impe-

> rial College London an, dass er nunmehr weniger als 20.000 Covid-19-Todesfälle in Großbritannien erwarte, aber dass – was wichtig ist – zwei Drittel der Betroffenen ohnehin gestorben wären. Mit anderen Worten: Er geht davon aus, dass die Prognose für „Covid-Todesfälle" dreimal höher liegt als die Anzahl der Menschen, die tatsächlich an Covid-19 verstorben sind. (Und sogar die Zahl von zwei Dritteln ist nur eine Schätzung; es würde mich nicht wundern, wenn der Anteil noch höher wäre) [...]
>
> Leider gehen in den Zahlen aus der Datenbank, die zur Erfassung von Covid-19 eingesetzt wird – der des Johns Hopkins Coronavirus Resource Center – die Nuancen verloren. Man hat dort eine riesige Datenbank mit Covid-19-Daten aus aller Welt zusammengestellt, die täglich aktualisiert wird. Ihre Zahlen werden auf der ganzen Welt zur Verfolgung des Virus verwendet. Die Daten sind allerdings nicht standardisiert und daher wahrscheinlich auch nicht miteinander vergleichbar; dieser bedeutende Vorbehalt findet aber in den (vielen) Grafiken, die wir zu sehen bekommen, nur selten Erwähnung. Es besteht somit die Gefahr, dass die Qualität der Daten, über die wir verfügen, übertrieben wird.

Ja – und zwar mit Absicht. Professor Lee fügte noch hinzu, dass „Covid-19" keine Krankheit mit einzigartigen oder seltenen Symptomen sei und ihre beobachteten Schweregrade Dutzenden sehr häufiger Atemwegsinfektionen entsprächen. Er sagte, man könne nicht „Fieber" und „Husten" feststellen und dann „wahrscheinlich Covid-19" diagnostizieren, wenn man auch nur halbwegs genau arbeiten wolle. Wie es auf der Website Off-guardian.org hieß:

> Italien, Deutschland, die USA, Nordirland und England [...] das sind fünf verschiedene Regierungen in vier Ländern, die alle der Ansicht sind, es sei in Ordnung, einfach anzunehmen, dass ein Patient an Covid-19 verstorben ist, und diese Annahme in offizielle Statistiken aufzunehmen. Ist dieses Vorgehen während einer potenziellen Pandemie wirklich verantwortungsvoll? Gibt es irgendwelche anderen Länder, in denen das so gehandhabt wird? Inwieweit können wir den offiziellen Todesursachenstatistiken überhaupt noch trauen?

Gar nicht, würde ich sagen. Off-guardian hat bei der Aufdeckung der tatsächlichen Zahlen großartige Arbeit geleistet und zudem auf eine weitere empörende Manipulation hingewiesen: Die „täglichen Todeszahlen", wie sie von der britischen Regierung veröffentlicht wurden, stammten gar nicht von einem einzigen Tag. Diese „täglichen" Zahlen enthalten auch angebliche „Covid-19"-Todesfälle von anderen Tagen, die bis zu sechs Wochen oder länger zurückliegen. Als Beispiel gab die Website den 10. April 2020 an, der als „tödlichster Covid-19-Tag" in Großbritannien bezeichnet worden war. In den Medien gab es dazu Schlagzeilen zu lesen wie: „Zahl der Todesopfer in Großbritannien steigt binnen 24 Stunden um 980 an – der bisher größte Anstieg"; „Großbritannien verzeichnet die höchste Anzahl von Todesopfern an einem Tag in Europa: 980 neue Todesfälle"; oder „Mit 980 Toten überholen wir die bisher höchsten Todeszahlen aus Spanien und Italien".

Die tatsächliche Anzahl der Todesfälle, die man hier (fälschlicherweise) „Covid-19" zugeschrieben hatte, lautete: 117 Verstorbene in England und weitere 90 in anderen britischen Kronländern, also eine Gesamtzahl von 204 und *nicht* 980 Personen. Laut dem Bericht des Off-guardian waren die anderen 776 aufgeführten Personen „an scheinbar beliebigen Tagen *zwischen 5. März und 8. April* verstorben". Die Website gab an, dass dies für alle „täglichen" Todeszahlen gelte. Klar ist auch, dass die Zahlen durch einen weiteren Trick in die Höhe getrieben wurden – indem man nämlich dieselben Todesfälle mehr als einmal zählte. Die Massen der Medien gingen nie auf diese Tatsachen ein, sondern heizten stattdessen täglich die Hysterie an, die Menschen über falsche Wahrnehmungen der tatsächlichen Ereignisse dazu brachte, die Lockdowns zu befürworten. So behaupteten die Medien zum Beispiel am 24. März 2020, dass ein 18-Jähriger aus dem englischen Coventry der jüngste am „Virus" verstorbene Mensch sei. Sie hilten diese Behauptung auch dann noch aufrecht, als das Krankenhaus erklärt hatte, dass sie nicht stimme. Der Jugendliche sei in Wahrheit an einem „signifikanten" gesundheitlichen Problem gestorben, das nichts mit „Covid-19" zu tun habe. Macht doch nichts – man sollte schließlich nicht zulassen, dass Tatsachen einen guten Schwindel verderben.

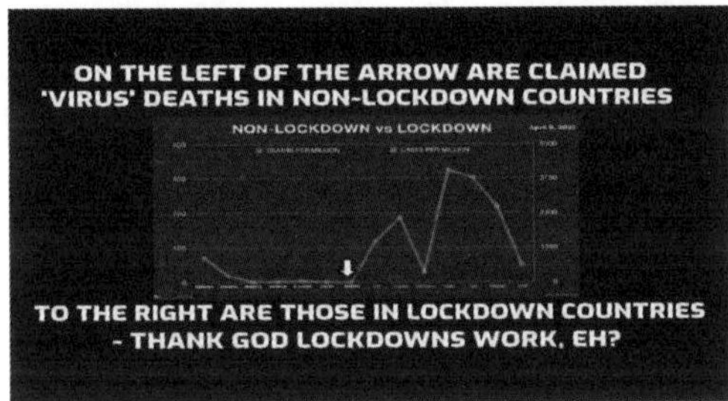

Abb. 383: „Links vom Pfeil sehen Sie die angeblichen ‚Virus'-Todesfälle in Ländern ohne Lockdown. Rechts sind die Todesfälle in Lockdown-Ländern angezeigt – gottlob funktionieren diese Lockdowns, was?" – *Eine Grafik vom 6. April 2020 zeigt, dass Lockdowns nicht die einzige mögliche Reaktion waren. Fälle, die durch einen Test gezählt wurden, der gar nicht auf „Covid-19" testet, und mittels falsch ausgestellter Totenscheine massiv manipulierte Todesfallzahlen waren eigentlich ausschlaggebend dafür, wie viele Menschen den offiziellen Zahlen nach angeblich „infiziert" waren oder „getötet" wurden. Mit Lockdowns hatte das nichts zu tun.*

Auch andere junge Menschen, die angeblich durch das „Virus" ums Leben gekommen waren, sind in Wirklichkeit an anderen Ursachen verstorben. Die Todes- und Fallzahlen waren von vorne bis hinten erlogen – und man fälscht solche Zahlen doch nur, wenn man jemanden täuschen will. Als sich herausstellte, dass die Schätzungen aus Neil Fergusons lächerlichem „Computermodell" abenteuerlich übertrieben waren, behaupteten er und die Behörden einfach, dass dies an den Lockdowns und dem Hausarrest liege, die aufgrund genau dieser abenteuerlichen Zahlen „zu Recht" verordnet worden waren. Genau dieses Szenario hatte der von mir zitierte US-Mediziner vorausgesagt. Die Daten vom 6. April 2020, die in Abbildung 383 zu sehen sind, wiesen nach, dass die chinesische Lockdown-Blaupause nicht so erfolgreich war, wie allgemein behauptet wurde. Außerdem: Wenn die Fall- und Todeszahlen ohnehin schon von einem Fake-Test und einer falschen Todesursache abhingen – welchen Unterschied in der Statistik hätte dann ein Lockdown machen sollen?

Alte Leute umbringen

Die Zahl der Todesfälle aus allen Ursachen blieb in Großbritannien und ganz Europa während vieler Wochen der angeblichen globalen „Krise" gleich wie im vorangegangenen Jahr. Je mehr Menschen laut offiziellen Angaben an „Covid-19" starben, desto mehr ging die Zahl der Todesfälle aus anderen Ursachen auf wundersame Weise zurück. Es war jedoch absehbar, dass die Zahl der Todesfälle im Jahr 2020 ansteigen würde, und zwar wegen all der Menschen, die an den Folgen der Lockdowns sowie der Absage von Operationen und Konsultationen für fast alle anderen Leiden und Krankheiten sterben würden. Die Leute saßen mit Schmerzen zu Hause, brauchten dringend eine Diagnose und Behandlungen für eine Reihe lebensbedrohender Probleme – aber sie durften keinen Arzt aufsuchen und wurden davor gewarnt, in die Notaufnahme eines Krankenhauses zu kommen, weil die ja angeblich „Kriegsgebiete" wegen „Covid-19" waren. Die Wahrheit war, dass die Krankenhäuser, in denen sie hätten behandelt werden können, beinahe leer standen. In den größeren Kliniken wurden Hunderte Betten nicht genutzt, während die Operationssäle wirkten wie verlassene Spukhäuser.

Die ärmsten Opfer dieser Psychopathenpolitik waren – wie der Kult es beabsichtigt hatte – alte Menschen. Man hatte die Lockdowns größtenteils mit dem „Schutz alter und gefährdeter Menschen" und dem „Schutz der Krankenhäuser vor Überfüllung" begründet. Gleichzeitig wurden aber alte Menschen – der bereits skizzierten Kult-Agenda entsprechend – systematisch umgebracht und, wie es die Krankenschwester eines Pflegeheims ausdrückte, durch verweigerte Behandlungen „ermordet". Und fast bei jedem, der aus diesem Grund starb, stand „Covid-19" auf dem Totenschein. Man wies alte Menschen an, zu Hause zu bleiben und sich ihre Einkäufe liefern zu lassen. Der Kult wusste natürlich genau, dass dieses Verhalten zu einer ganzen Reihe potenziell tödlicher Krankheiten führen konnte. Wie viele Leute wurden buchstäblich mit ihren bereits erkrankten Partnern allein gelassen, während ihre Familien weit weg wohnten? Die überwiegende Mehrheit der angeblichen Opfer von „Covid-19" waren alte Menschen, weil sie mit der höchsten Wahrscheinlichkeit krank werden und sich daher am ehesten dazu anbieten, unabhängig von ihrer eigentlichen Todesursache „Covid-19" auf der Sterbeurkunde eintragen zu können. Eine Krankenschwester aus einem britischen Pflegeheim kontaktierte Davidicke.com mit diesen Worten:

> Ich sehe jetzt ganz direkt, was in Pflegeheimen – auch meinem – vor sich geht. Das ist Mord, Leute. Und ich sage das nicht leichtfertig. Ich bin bereit, offiziell gegen diese Dreckskerle auszusagen, sobald das alles vorbei ist. Wenn es irgendwelche Informationen gibt, die ich Ihnen zur Verfügung stellen kann, werde ich das gerne tun.
>
> Ich habe nun direkt beobachtet, wie die Oberschwestern und Ärzte die Anordnung befolgen, Patienten die Behandlung zu verweigern, weil sie angeblich Covid haben. Ohne Test oder einen sonstigen Beweis. Die Ärzte kommen nicht mehr in unser Pflegeheim, um Leute zu untersuchen. Die Patienten betteln förmlich um Antibiotika.

> In ein paar Wochen wird es überall tote alte Leute geben, verdammt. Ich bin fertig damit, ehrlich, wenn das alles vorbei ist. Dafür bin ich nicht Krankenschwester geworden.

Die Medien drehten dieses Phänomen natürlich komplett um. Alex Thomson, „Chefkorrespondent" der britischen Nachrichtensendung Channel 4 News, veröffentlichte im Netz einen Artikel mit der Überschrift: „Coronavirus richtet ‚Verheerungen' in Pflegeheimen an – der Druck zur Veröffentlichung vollständiger Todeszahlen wächst". Er behauptete, dass „einer von fünf Todesfällen in England und Wales in der Woche vor dem 3. April mit dem Coronavirus in Verbindung gebracht wird, wobei die Gesamtsterblichkeitsrate auf ein Rekordhoch gestiegen ist". Und warum ist das wohl so, du miese Ausrede für einen „Journalisten"? Alte Menschen wurden einfach als „Covid-19"-positiv eingestuft, und als sie dann an anderen Ursachen – nicht zuletzt infolge der Lockdowns und verweigerten medizinischen Behandlungen – starben, wurden sie einfach zu den „Covid-19"-Todeszahlen gerechnet. Jeder Idiot hätte mit einer einstündigen Recherche herausfinden können, was wirklich los war, aber Thomson und seine Kollegen von den Mainstreammedien waren anscheinend nicht fähig dazu.

Verschärft wurde das Problem noch dadurch, dass die NHS-Krankenhäuser der Anordnung der britischen Regierung folgten, Patienten zu „entfernen", um innerhalb einer Woche 15.000 Betten frei zu machen. Viele dieser Patienten wurden in „geeignete Rehabilitationsbetten oder Pflegeheime" verlegt. Die im Besitz von Gates befindliche WHO erklärte Ende April 2020, dass die Hälfte der „Coronavirus-bedingten Todesfälle" in Europa in Langzeitpflegeheimen auftreten könnte. Sie hätte noch dazuschreiben können: „Der Plan funktioniert also sehr gut." Kurz nach dieser WHO-Erklärung meldete HC One, der größte britische Anbieter von Pflegeheimen, einen Anstieg der Todesfälle bei Senioren in seinen Heimen. Diese Todesfälle hatten aber nichts mit dem Coronavirus zu tun, sondern damit, dass die Krankenhäuser keine Pflegeheiminsassen mehr als Patienten aufnahmen. Der israelische Arzt Gai Peleg, der im italienischen Parma arbeitet, gab aufgrund seiner persönlichen Beobachtungen an, dass eine Anweisung ergangen sei, Patienten über 60 Jahren keinen Zugang zu Beatmungsgeräten zu gewähren, wenn es um die Entscheidung geht, wer leben oder sterben soll. Auch dies konnte man allerorten beobachten. Die Opfer waren genau jene alten Menschen, deren „Schutz" als Ausrede für einen Lockdown der ganzen Welt benutzt wurde.

Sie wollen die alten Leute loswerden, damit die jungen Menschen, die ihr ganzes Leben durch das neue und extreme „Bildungssystem" programmiert wurden, in ihren Wahrnehmungen dem Kult hilflos ausgeliefert sind. Eine Folge der Programmierung wird sein, dass manche jungen Leute die Alten für die wirtschaftliche Katastrophe verantwortlich machen, die durch die Reaktion auf die „Krise" ausgelöst wurde. „Das wäre alles nicht passiert, wenn wir die alten Leute nicht schützen hätten müssen – ihr wisst schon, genau die Leute, die für den Klimawandel und Brexit verantwortlich sind." Ein paar Schüler und andere Jugendliche haben das Virus schon „Boomer-Beseitiger" genannt; sie beziehen sich damit auf die Generation der „Baby-Boomer", die etwa zwischen 1946 und 1964 zur Welt kam, also auch mich. Keine Angst, ich bin deswegen nicht beleidigt. Aber es ist doch irgendwie ironisch, dass die Baby-Boomer die „Flower-Power"-, „Gegenkultur"-, „Anti-Establishment"-Generation waren, die heute von vielen jungen Leuten als das alte, „gestrige", die Erde zerstörende Establishment wahrgenommen wird, das es zu stürzen gilt.

Nachrichten von medizinischem Personal und E-Mails von Angehörigen, die bei David-icke.com eingingen, zeigten ebenso wie zahlreiche Beiträge in den sozialen Medien einen verbreiteten Trend auf: Alte Menschen wurden genötigt, Patientenverfügungen zu unterschreiben, in denen sie lebensverlängernde Maßnahmen ablehnten – und nach ihrem Tod fälschlicherweise als „Covid-19"-Fälle geführt werden konnten. Die Tochter einer 83-Jährigen gab an, „mit Sicherheit bestätigen zu können, dass man älteren Patienten – auch gesunden und solchen, bei denen keine unheilbaren Krankheiten vorliegen – solche Patientenverfügungen aufdrängt". Ihrer Aussage nach geschieht dies bei allen Senioren, auch solchen ohne „Virus"-Befund oder lebensbedrohliche Erkrankungen: „Das richtet sich allein nach dem Alter." Sie berichtete, dass ein Stationsarzt versucht hatte, ihre Mutter zum Unterzeichnen einer Patientenverfügung zu bewegen, obwohl die Frau nur wegen eines *orthopädischen* Problems im Krankenhaus war:

> Ein paar Tage später, Anfang dieser Woche, teilte ihr die Stationsleiterin mit, dass sie keineswegs ein Einzelfall sei, sondern alle Patienten auf die gleiche Weise behandelt würden – alle müssten diese Formulare unterschreiben. Dabei handle es sich um eine „Vorschrift", die von oben erlassen worden sei und für alle älteren Patienten gelten müsse, „weil die Regierung es so will".

Ältere Menschen wurden zu ihrem eigenen Schutz zur monatelangen „Selbstisolation", das heißt zur Abschottung von der Gesellschaft, verdonnert. Hinter dieser Anordnung steckte ein globaler Staat, der sich ganz offensichtlich einen Dreck um sie schert und sie tot sehen will. Es sind dieselben Behörden, die dafür sorgen, dass so viele Senioren ihr Leben in Armut verbringen und sich entscheiden müssen, ob sie etwas zu essen oder beheizte Wohnungen haben wollen, weil sie (wenn überhaupt) nur eine armselige und lächerliche staatliche Pension erhalten, obwohl sie jahrzehntelang Steuern gezahlt haben. Die Folge dieser Behandlung ist, dass ihr Immunsystem durch den Mangel an gesunden Nährstoffen – die sie sich nicht leisten können oder von denen sie gar nicht erfahren, dass sie sie benötigen – zerstört wird. Sie nehmen zwangsweise das billigste, am stärksten vergiftete „Essen" zu sich, dazu vergiftetes Wasser und andere, ebenso schädliche Getränke, atmen vergiftete Luft ein und leben in einer vergifteten und verstrahlten Atmosphäre. All diese Faktoren, zusammen mit Impfungen, die das Immunsystem kaputtmachen, sowie Unmengen Zucker, die es permanent schwächen, wurden von genau den Behörden zugelassen oder veranlasst, die uns einreden, wie sehr sie im Krankheitsfall um unsere Gesundheit und unser Überleben besorgt sind. Dass der „Staat für seine Bürger sorgt", ist eine Illusion, die man am ehesten durch die Erkenntnis loswird, dass sich das System einen Dreck um uns schert. Sobald das klar ist, versteht man bald auch alles andere.

Es war absolut vorhersehbar, dass das britische Gesundheitsministerium alle Todesfälle in Pflegeheimen zu den „Covid-19"-Sterbezahlen hinzurechnen würde, indem es in betrügerischer Weise aus einer langen Liste möglicher Todesursachen „Covid-19" auswählen ließ. Das liegt darin, dass Faschismus immer vorhersehbar ist.

Intelligente Ärzte und Experten sind sich einig: Man hat uns reingelegt

Eine ganze Menge medizinischer Fachleute, die von den Mainstreammedien ignoriert wurden, äußerte sich über alternative Quellen über die eklatanten Manipulationen, die sie an den Fall- und Todesfallzahlen sowie der Behauptung, dass „Covid-19" ein neuartiges und tödliches Virus sei, erkennen konnten. Professor Dr. Sucharit Bhakdi, ein in Deutschland tätiger, hoch angesehener Spezialist für Infektionsepidemiologie, sagte zu den Virus-Lockdowns: „Sie sind grotesk, überbordend und gefährlich. [...] All diese Maßnahmen führen zur Selbstzerstörung und zum kollektiven Selbstmord, der auf nichts anderem als einem Spuk beruht."

Die Idee, dass „Covid-19" wirklich nur ein „Spuk" ist, war außerhalb der Mainstreammedien sehr verbreitet. Ärzte und Spezialisten merkten an, dass es sich nicht um eine medizinische, sondern um eine politische Krise handle. Ein Arzt aus Italien sagte: „Niemand in Italien ist an Corona gestorben – es ist eine hässliche Grippe." Der deutsche Arzt Dr. Wolfgang Wodarg behauptete, dass ohne den „neuen" Test niemandem etwas aufgefallen wäre. „Wenn man die Definition einer Pandemie ändert, kann man sie künstlich erzeugen", sagte er. „Wenn man von einem Virus spricht, das sich über die ganze Welt verbreitet, hat man eine permanente Pandemie." Dr. Claus Köhnlein, ebenfalls ein deutscher Arzt, war auch der Meinung, dass es ohne den neuen Test keine Pandemie geben würde: „Ich glaube nicht, dass es ein neues Virus ist. Es ist nur ein neuer Test." Der Hamburger Arzt Dr. Marc Fiddike sagte, dass man jede Lungenentzündung in einen Coronafall verwandeln könne – und „man kann auch einen Mann, der die Treppe herunterfällt, zu einem Virusopfer machen". Er bestätigte die Ansicht der anderen Ärzte mit den Worten: „Es ist eine Art Magie." Damit vertrat er denselben Standpunkt wie der von mir zitierte amerikanische Wissenschaftler: Nur weil jemand krank ist und positiv auf ein Coronavirus (von denen es in dieser „Virenfamilie" viele gibt) getestet wird, heißt das noch lange nicht, dass das Virus für seine Erkrankung verantwortlich ist.

John Ioannidis, Professor für Medizin, Gesundheitsforschung und -politik sowie biomedizinische Datenforschung an der Stanford University School of Medicine, beschrieb die Coronavirus-Panik als ein möglicherweise „einmal im Jahrhundert vorkommendes Fiasko" – als Reaktion auf die irrsinnige Behauptung, das Virus sei eine Jahrhundertpandemie. Seiner Ansicht nach können die vorhandenen Daten die kolportierten Zahlen von Krankheits- und Todesfällen nicht belegen. Dr. Yoram Lass, ein israelischer Arzt und früheres Knesset-Mitglied für die Israelische Arbeiterpartei, wies darauf hin, dass nach offiziellen Angaben der WHO jedes Jahr zwischen 250.000 und 500.000 Menschen weltweit an einer saisonalen Grippe sterben, dies aber bisher nicht durch die Reaktion der Politik zu einer Kernschmelze der Weltwirtschaft geführt habe: „Es ist absolut verrückt, eine Krise von derart biblischen Ausmaßen auszulösen." Er sagte, dass dies die erste „Zuckerberg"-Epidemie sei, bei der die sozialen Medien gleichzeitig auf der ganzen Erde Angst verbreiten können.

Laut Jaroslav Belsky, einem österreichischen Allgemeinmediziner und Zahnarzt, der zwei Jahre lang in einem Labor für Molekularbiologie tätig war, sind in Italien wegen der

Coronapanik 1.600 bis 2.000 Menschen täglich gestorben; diese Zahl könne sich im Herbst und Winter auf 3.000 erhöhen. Die Behörden hatten einfach nur einen „technischen Trick" eingesetzt, um Corona an den Todesfällen die Schuld zu geben und so „die Wirtschaft zu blockieren und den Menschen die Bewegungsfreiheit zu nehmen". Er sprach auch die Tatsache an, dass 99 Prozent der Menschen, die in Italien angeblich „am Coronavirus verstorben" waren, Vorerkrankungen hatten – die Hälfte von ihnen sogar drei oder vier. Außerdem sei allgemein bekannt, dass Menschen am Ende ihres Lebens im Krankenhaus am ehesten an einer Infektion sterben. Belsky zufolge sind die wahren Todesursachen nie untersucht worden, obwohl man bei Grippekranken mit Tests alle möglichen Viren und sogar Bakterien nachweisen könne. „Erst wenn ich die Viruslast ermittelt habe, kann ich annehmen, dass sie davon krank geworden sind." Bei der „Covid-19"-Hysterie ist aber genau das nicht der Fall. Der „Test" misst keine Viruslast, also gibt es auch keine Datengrundlage für die extremen staatlichen Maßnahmen. „Wenn man die Daten verlangt, wird man sofort als Verschwörungstheoretiker gebrandmarkt", sagte Belsky. Er verwies auch darauf, dass die Inszenierung von Fake-Epidemien nichts Neues sei. Schließlich habe man auch geschätzt, dass die Vogelgrippe 30.000 Menschenleben pro Jahr fordern würde – und am Ende sogar offiziell für nur sehr wenige Todesopfer verantwortlich gewesen sei.

Belsky will aus Italien gehört haben, dass dort „Tote und sogar Krebs- und Unfallopfer getestet werden". Er berichtete, dass ihm befreundete Mediziner Bilder aus ihren Intensivstationen geschickt hätten, wo völlig normale Zustände herrschten. Zudem brachte er ein wichtiges Argument zu der Frage vor, warum Deutschland im Vergleich zu Italien eine so geringe Sterblichkeitsrate aufwies. Laut Belsky lag das daran, dass das italienische Testunternehmen sich auf schwer kranke Personen konzentriere, während man in Deutschland sogar Menschen mit einer leichten Erkältung testete: „Es ist ein Spiel mit Zahlen und Emotionen." Daran sieht man, wie einfach es ist, die Wahrnehmung zu manipulieren, indem man Zahlen manipuliert.

Ärzte und Fachleute wiesen auch auf die Auswirkungen der Angst hin, die Menschen in einer Welt des künstlich hochgeputschten „Virus"-Schreckens krank macht. Wie viele Leute entwickelten wohl psychosomatische „Symptome", weil die Medien im Besitz des Kults ständig über „Virus"-Symptome berichteten? Belsky relativierte die Hysterie, indem er sagte, dass „in Deutschland bis zu 20.000 Menschen jährlich an Krankenhausinfektionen versterben – das sind sogar mehr als in Italien." Keiner der angeführten Ärzte und Spezialisten tauchte in den Mainstreammedien auf. Die stellten lieber ihre gesamte Sendezeit Sprachrohren des Establishments wie Neil deGrasse Tyson zur Verfügung, der in einer Talkshow mit dem „satirischen" (Mainstream-Establishment)-Moderator Stephen Colbert sagte. „Ich glaube, wir befinden uns mitten in einem gigantischen weltweiten Experiment mit der Fragestellung: Werden die Menschen auf Wissenschaftler hören?"

Garantiert nicht, wenn du einer von diesen Wissenschaftlern bist, mein Freund …

Die systematische Schwächung der natürlichen Abwehrkräfte

Dr. Shiva Ayyadurai, ein in Indien geborener amerikanischer Wissenschaftler, der am Massachusetts Institute of Technology unter anderem in Systembiologie promovierte, wandte sich öffentlich gegen das Coronavirus-Narrativ und das, was er „Überreaktion" nannte. Ach was, es gab eine „Überreaktion"?! Na ja, ein kleines bisschen. Mit seinem Hauptargument lag Ayyadurai jedoch genau richtig. Die Todesursache ist nicht „ein Virus", sondern ein zerstörtes Immunsystem. Jeder Mensch, dessen Immunsystem halbwegs in Ordnung war, wies nur „sehr leichte grippeartige Symptome" oder gar keine auf. Die angeblichen Symptome von „Covid-19" (mit einer langen Liste möglicher Ursachen) sind zum Teil Anzeichen für ein funktionierendes Immunsystem. So ist zum Beispiel Fieber der Versuch des Immunsystems, mittels Hitze einen Erreger abzutöten, während das Aushusten von Schleim bedeutet, dass das Immunsystem Giftstoffe aus dem Körper befördert, die ihm Schaden zufügen. Auch das Erbrechen ist vom Immunsystem gesteuert, weil es eine gesundheitliche Bedrohung beseitigt, bevor sie ernsten Schaden anrichten kann. Auf der Medizinwebsite webmd.com heißt es: „Eine erhöhte Körpertemperatur erschwert es Bakterien und Viren, im Körper zu gedeihen." Viele der Symptome, die von den Pharmariesen „behandelt" werden, sind also nur reguläre Aktivitäten des Immunsystems – sie zu unterdrücken, kann möglicherweise schwere gesundheitliche Schäden hervorrufen.

Die Frage, wer woran stirbt, hat vor allem mit dem Immunsystem zu tun. Jene Personen, bei denen es am schwächsten ist, sind ältere Leute und solche mit Erkrankungen, die bereits die Reserven des Immunsystems angreifen. Dies lässt sich vermeiden, wenn man den Nährstoffbedarf des Immunsystems mit Vitaminen wie A, D_3 und C unterstützt. Manche New Yorker sowie andere Krankenhäuser begannen, „Virus"-Patienten schließlich mit Vitamin C in „massiven Dosierungen" zu behandeln, während zur selben Zeit einige Social-Media-Plattformen wie Facebook und deren ausschließlich dem System dienende „Faktenchecker" Beiträge über die Vorteile von Vitamin C als „Fake News" und „Falschinformationen" markierten. Dr. Ayyadurai empfahl ebenfalls solche wichtigen Vitamine zur Verstärkung der Immunantwort. Wo hätte man im Mainstream-Einheitsbrei je etwas über die Stärkung des Immunsystems gelesen oder gesehen? Warum sollten Big Pharma und der Kult auch starke Immunsysteme wollen, wenn die Agenda kranke und schwache Menschen braucht? Die Zerstörung von Immunsystemen ist notwendig, damit die Pharmakonzerne weiterhin Riesengewinne machen können – gesunde Immunsysteme bedeuten ja weniger Krankheiten.

Dr. Ayyadurai wies darauf hin, dass wir „Viren" in fantastischer Anzahl in unseren Körpern haben und uns ihrer nicht einmal bewusst sind, weil sie vom Immunsystem unter Kontrolle gehalten werden. „Viren töten oder schädigen uns nicht", sagte er. Könnten sie uns umbringen, dann wären wir alle längst tot. Seiner Ansicht nach liegt die Gefahr vielmehr in der Reaktion des Immunsystems auf Bedrohungen. Verschiedene Ebenen des Immunsystems werden aktiv, wenn eine Bedrohung erkannt wird, und beseitigen in der überwiegenden Mehrzahl der Fälle die Gefahr recht schnell. Das Problem tritt erst dann auf, wenn die unmittelbare Immunreaktion zu schwach ist, um mit der Bedrohung fertigzuwerden. Dann gerät das Immunsystem sozusagen in Panik und setzt einen „Zytokinsturm“ frei. Zytokine sind „kleine Proteine, die von Zellen freigesetzt werden und eine spezifische Wirkung auf die Interaktionen zwischen Zellen, die Kommunikation zwischen Zellen oder das Verhalten von Zellen haben. [...] Sie lösen Entzündungen aus und reagieren auf Infektionen.“ Diese Reaktion ist der Schlüssel. Wenn andere Ebenen eines geschwächten Immunsystems nicht mit einer Bedrohung fertigwerden, entfesselt es in seiner Verzweiflung einen „Sturm“ aus Zytokinen, die vergleichbar sind mit einem Durchgedrehten, der mit einer Maschinenpistole blindlings in alle Richtungen feuert. Ein anderer Vergleich wäre, dass ein Eindringling in ein Haus einbricht und der Hausbesitzer Schwierigkeiten hat, sich zu wehren und ihn hinauszuwerfen. Also gerät er in Panik, greift zur Waffe und schießt nicht nur auf den Einbrecher, sondern auch auf sich selbst. Ein Zytokinsturm greift den eigenen Körper an, was oft tödlich endet. Die Website Sciencedaily.com beschreibt dies so:

> Ein Zytokinsturm ist eine Überproduktion von Immunzellen und deren aktivierenden Verbindungen (Zytokinen), die etwa bei einem grippalen Infekt häufig mit einem Ansturm aktivierter Immunzellen auf die Lunge einhergeht. Die daraus resultierende Entzündung der Lunge und die Flüssigkeitsansammlung in dem Organ können zu Atemnot führen und durch eine sekundäre bakterielle Lungenentzündung kontaminiert werden, was in vielen Fällen die Sterblichkeit der Patienten erhöht.

Tod durch „Atemnot“ ist eine Immunreaktion mittels Zytokinsturm, der die Lunge angreift und einer Lungenentzündung den Weg ebnen kann. Wenn Ihr Immunsystem richtig funktioniert, passiert das nicht. Warum erzählt Ihnen der Mainstream-Einheitsbrei davon aber nichts? Aus demselben Grund, warum Ayyadurai forderte, dass man drei Viertel der Wissenschaftler in den USA verhaften solle, „weil sie unsere Steuergelder stehlen, indem sie Scheinforschung und politisch motivierte Forschung betreiben“.

Welchen Einfluss hat 5G?

Es erstaunt mich immer wieder, dass Milliarden Menschen glauben, das Leben in einer technologisch erzeugten elektromagnetischen „Suppe“ – einem Meer aus Strahlung mit 200-mal stärkerer Hochfrequenzenergie, als die Erde auf natürlichem Wege erzeugt – würde sich irgendwie nicht oder nicht stark auf Menschen, Tiere, Insekten und den Rest der Natur auswirken. Ich halte diesen Glauben für eine Form von Geisteskrankheit und auf jeden Fall für ein äußerst extremes Beispiel für Realitätsleugnung. Es gibt einen offensichtlichen Zusammenhang zwischen den aktuellen Ereignissen und der weltweiten Einführung von 5G in den Jahren 2019 und 2020. Dies wurde schon durch die Handlungsweise der Internetplattformen des Kults und Regierungsbehörden klar, die jede Andeutung und Diskussion über diesen Zusammenhang untersagten. Ich habe bereits erwähnt, dass die Gemeinsamkeit zwischen der systematischen Löschung meines Interviews mit London Real durch das im Besitz des Kults befindliche Silicon Valley und der Zensur des einige Tage später geführten Interviews meines Sohns Jaymie mit Dr. Andrew Kaufman darin bestand, dass die Existenz von „Covid-19" infrage gestellt wurde – es ging dabei nicht um 5G, das im Kaufman-Interview gar nicht vorkam. Dass es aber irgendeinen Zusammenhang geben muss, zeigt sich daran, wie brutal die staatlich erzwungene Zensur vorgeht.

Das britische Office of Communications (Ofcom) ist die britische Medienaufsichtsbehörde, die für die „Regulierung" (Zensur) der Rundfunkmedien zuständig ist. Sie drohte jedem Sender mit schweren Sanktionen, falls er sich auch nur auf eine Diskussion über einen Zusammenhang zwischen 5G und dem „Virus" einlassen würde. Ofcom ist so von der 5G-Zensur besessen, dass sogar ein kleiner Lokalradiosender von der Rundfunk-Stasi bedroht wurde, weil ein einziger Mensch in einer einzigen Sendung über einen Zusammenhang zwischen 5G und „Covid-19" gesprochen hatte. Ofcom wurde vom Kriegsverbrecher Tony Blair gegründet; man weiß also, was man von dieser Institution zu halten hat. Irgendwie schaffen es diese lächerlichen Figuren, „falsche Gesundheitsberatung" mit „haltlosen Verschwörungstheorien, denen zufolge die Pandemie mit der Einführung von 5G-Telefonnetzen zusammenhängt" gleichzusetzen. Das allwissende, dem System huldigende Ofcom wusste natürlich, dass alle derartigen Theorien haltlos waren, weil ihm „keine seriösen wissenschaftlichen Beweise zur Untermauerung einer derart umstrittenen These, die im Widerspruch zu allen amtlichen Hinweisen zum Thema Coronavirus in Großbritannien und international steht, bekannt sind". (Anders ausgedrückt: Die Behauptung über 5G stand im Widerspruch zur offiziellen Propaganda.)

Die Zensoren der Ofcom und Beschützer des Kult-Narrativs in den Medien gaben an, „aktiv Fernseh- und Radiostationen zu überwachen, die potenziell schädliche Ansichten über die Ursachen und die Herkunft von Covid-19 ausstrahlen, weil sie das Vertrauen der Menschen in die Ratschläge der Informationsquellen aus dem Mainstream während der Krise untergraben könnten" (das heißt, weil solche Ansichten das offizielle Narrativ des Kults zerstören könnten). Genau solche Sätze würde man von einer faschistischen/kommunistischen Diktatur erwarten. Nur eine Anmerkung fürs Protokoll: Die Ofcom-Chefin in dieser Phase der faschistischen Zensur war Melanie Dawes, eine Karriere-Bürokratin, die vordem im Ministerium für Wohnen, Kommunen und lokale Selbstverwaltung, dem Finanz- und Wirtschaftsministerium, der britischen Steuer- und Zollbehörde sowie dem Cabinet Office gearbeitet hatte. Sie hat das Establishment im Blut. Den Vorsitz von Ofcom hat der britische Ökonom Terence Burns inne – der ehemalige leitende Wirtschaftsberater des britischen Finanzministeriums und heute leitender Berater der Santander-Bank. Diese Leute überwachen die Zensur der britischen Medien und blockieren jede Diskussion über einen Zusammenhang zwischen „Covid-19" und 5G. Der britische Gesundheitsminister Matt Hancock, ein ebenso ahnungsloses wie williges Opfer seiner Beamten und Berater, forderte zur selben Zeit die sozialen Medien auf, „5G-Virus-Verschwörungstheorien" zu verbieten. Der Mann ist so verwirrt und selbstbetrügerisch, dass er trotzdem noch behaupten kann, an „Demokratie und Freiheit" zu glauben.

Sowohl YouTube als auch Vimeo und Facebook löschten das Interview, das Brian Rose von London Real mit mir geführt und in dem ich einen möglichen Zusammenhang mit 5G erwähnt hatte. Ich hatte nicht gesagt, dass 5G das „Virus" verursache, sondern nur, dass es erhebliche negative Auswirkungen auf die menschliche Gesundheit und Psychologie hat, die man in Erwägung ziehen sollte – und dass 5G die Symptome hervorrufen kann, die man als „Covid-19" bezeichnet. Ofcom ist einer der größten Förderer und Vermittler der Einführung von 5G und „reguliert" zugleich die britische Telekommunikationsbranche (die damit ohnehin tun kann, was sie will). Es ist ein schockierender Interessenkonflikt, wenn der Förderer und Vermittler von 5G *dieselbe Institution* ist, die Debatten über 5G zensiert. Sie stürzten sich natürlich sofort auf meinen Fall, und die erbärmlichen Mainstreammedien applaudierten brav dazu. Diese scharfe Zensur jeder Diskussion durch Ofcom und Silicon Valley beweist also, dass es einen Zusammenhang mit 5G *geben muss*. Die Frage ist nur: welchen? Und geht es in der Zensur um das, was jetzt passiert, oder um das, was uns noch bevorsteht? Ich werde hier einige der Möglichkeiten und Auswirkungen zusammenfassen.

Arthur Firstenberg, seines Zeichens Wissenschaftler, Journalist und Autor des Buches „Die Welt unter Strom. Eine Geschichte der Elektrizität und ihrer übersehenen Gesundheitsgefährdung", sagte im Jahr 2018, also vor „Covid-19" und 5G: „Immer wenn wir die Eigenschaften des Erdmagnetfelds, der sogenannten Magnetosphäre, drastisch verändert haben, hatte dies dramatische Auswirkungen auf die Gesundheit hier unten auf der Erde." Firstenberg schreibt, dass jede „Influenza"-Epidemie seit Einführung der Elektrizität zeitlich mit einem neuen und stärkeren Niveau elektromagnetischer Strahlung zusammenfiel. Ein Beispiel dafür sei die „Spanische Grippe", die eigentlich in den USA ihren Anfang nahm und geschätzte 500 Millionen Menschen auf der ganzen Welt infiziert und Dutzende Millionen – manchen Schätzungen zufolge sogar 100 Millionen – umgebracht hat. Bei diesen Zahlen handelt es sich um offizielle Angaben, die daher nicht genau stimmen müssen, aber man kann mit Sicherheit sagen, dass sehr viele Menschen von der Krankheit betroffen waren und durch sie ums Leben gebracht wurden. *Wodurch*, das ist eine andere Frage.

Auf einen Zusammenhang zwischen dem Krankheitsausbruch und einer Massenimpfung habe ich bereits hingewiesen. Nun sehen wir aber einen weiteren möglichen Gesichtspunkt, nämlich ein elektromagnetisches Feld, das zur selben Zeit auftrat. Dazu kommen naturgemäß die entsetzlichen Lebensbedingungen nach dem Ersten Weltkrieg, durch die das Immunsystem vieler Menschen stark angeschlagen war. Firstenberg erklärt, dass die „Spanische Grippe" zuerst in militärischen Marinestützpunkten in Amerika und Europa ausbrach, die als Erste Radargeräte mit hoher Intensität verwendeten. Die ersten 400 Fälle traten in der Naval Radio School in Cambridge, Massachusetts, auf. Obwohl man die Krankheit als „Grippe" bezeichnete, war ein häufiges Symptom Nasenbluten (über das auch bei 5G berichtet wurde). Ein Drittel der Todesopfer starb durch innere Blutungen in Gehirn und Lunge. Diese und andere Erscheinungen, die mit einer beeinträchtigten Blutgerinnung zusammenhängen, waren ganz und gar nicht Symptome einer „Grippe", sondern vielmehr eine mögliche Auswirkung elektromagnetischer Felder. Die damaligen Ärzte wurden mit den Worten zitiert: „Wir haben noch keinen Bericht über einen Fall erhalten, in dem die Gerinnungsdauer nicht verlängert war." Dies erinnert stark an die Blutprobe des Lehrers, die nach einem nur eintägigen Aufenthalt in einem Klassenzimmer mit Wi-Fi entnommen wurde.

Ein weiteres deutliches Warnsignal war die Tatsache, dass mit der Einführung des Radars an denselben Orten weltweit Ausbrüche der „Spanischen" Grippe auftraten, ohne dass dazu ein Kontakt mit anderen Infizierten notwendig gewesen wäre; dabei gab es damals im Vergleich zu heute nur wenige Weltreisende. Laut Firstenberg kam es in den Jahren 1956 und 1957, als die ganze Welt neuen, starken Radarwellen ausgesetzt war, die es vorher noch nie gegeben hatte, zum Ausbruch der „Asiatischen Grippe", die in Ostasien begonnen haben soll und sich weltweit ausbreitete. Nur wenige Monate nach der Inbetriebnahme des ersten strahlungsemittierenden Satellitensystems fegte im Jahr 1968 die „Hongkong-Grippe" um die Welt, bei der die Opfer wieder einmal an inneren Blutungen starben. Ganz ähnlich verhielt es sich mit 5G, das eingeführt wurde, bevor die „Covid-19"-Panikmache begann. Während der Lockdowns wurde das 5G-Netz in Groß- wie Kleinstädten und ländlichen Gegenden auf der ganzen Welt rasch ausgebaut. Wenn eine große Anzahl von Kindern und Studenten nach dem Hausarrest an Schulen, Hochschulen und Universitäten zurückkehren, werden sie feststellen, dass in ihrer Abwesenheit 5G installiert wurde. Das wird auch Leuten auffallen, die ins *Krankenhaus* müssen. Während der Lockdowns waren die meisten Unternehmen und beruflichen Tätigkeiten verboten, doch der Bau von 5G-Türmen und der Start entsprechender Satelliten wurden als „systemrelevant" eingestuft. Dadurch konnte man sowohl Reichweite als auch Wirkung von 5G drastisch erhöhen, während man gleichzeitig Proteste verhinderte, die ohne die Lockdowns mit Sicherheit stattgefunden hätten.

Seit 1779 ist bereits bekannt, dass durch die Einwirkung starker elektromagnetischer Felder „grippeartige" Symptome ausgelöst werden. Solche Felder sind einer der Auslöser dafür, dass Zellen Exosomen freisetzen, also die natürliche Immunantwort auslösen, die heute als „Covid-19" bezeichnet wird. Diese „neue Krankheit" soll zuerst in Wuhan, der Hauptstadt der Provinz Hubei, aufgetreten sein. Wuhan war aber auch die erste „Smart City" Chinas, wo im Oktober 2019 enorm viele 5G-Antennen aufgestellt wurden und das System seither im Eiltempo ausgebaut wurde. Vodafone Italien machte Mailand im „Virus"-Zentrum Lombardei zum „ausgedehnten 5G-Testgebiet" und arbeitete dabei mit dem italienischen Ministerium für wirtschaftliche Entwicklung zusammen. Zudem wurden sowohl in Wuhan als auch in der Lombardei große Impfprogramme durchgeführt, bevor die „Pandemie" ausbrach.

Der spanische Biologe Bartomeu Payeras i Cifre, der an der Universität Barcelona auf Mikrobiologie spezialisiert ist und in den pharmazeutischen Labors von Hubber an Pockenviren geforscht hat, erstellte im April 2020 eine vorläufige Studie über die Verbindungen zwischen den Hauptorten von 5G-Aktivität und „Covid-19". Sie können mehr darüber lesen, wenn Sie auf Davidicke.com als Suchbegriff „Study Shows Direct Correlation between 5G Networks and ‚Coronavirus' Outbreaks" eingeben. In der Studie wurde nicht versucht, 5G und das angebliche „Covid-19" in einen ursächlichen Zusammenhang zu stellen; der Autor hielt nur fest, dass die Länder und Regionen, in denen das „Virus" Berichten zufolge am stärksten verbreitet ist, mit 5G-Standorten übereinstimmen. Die Schlussfolgerung lautete, dass die Studienergebnisse „eine eindeutige und enge Beziehung zwischen der Häufigkeit von Coronavirus-Infektionen und den Standorten von 5G-Antennen belegen".

Eine Studie von Dr. Magda Havas, außerordentliche Professorin für Umwelt und Ressourcenstudien an der Trent University in der kanadischen Provinz Ontario, gelangte zu ähnlichen Schlussfolgerungen. Die spanische Studie hob hervor, dass der Unterschied zwischen Ländern mit und ohne 5G, die eine gemeinsame Grenze haben, signifikant ist. Sie weist auf die deutlichen Unterschiede in den Fallzahlen zwischen den Vereinigten Staaten und Mexiko sowie Spanien und Portugal hin, legt aber besonderes Augenmerk auf die kleine Republik San Marino, die vollständig von Italien umgeben ist. San Marino wurde als erstes europäisches Land mit einem 5G-Netz ausgestattet, nachdem es laut einem Medienbericht als „Freiluftlabor zum Testen der Leistung von Netzwerkausstattung und -anwendungen" ausgewählt worden war. Ist es wirklich reiner Zufall, dass ausgerechnet San Marino zu den fünf Ländern mit den höchsten „Covid-19"-Fallzahlen in Relation zur Gesamtbevölkerung gehört? Der Autor der spanischen Studie sagte, dass „ein Nichthandeln angesichts der Ergebnisse dieser Studie zumindest als fahrlässig und möglicherweise sogar als kriminell angesehen werden könnte". In Anbetracht der Tatsache, dass sowohl 5G als auch die „Pandemie" von Kriminellen inszeniert wurden, braucht man allerdings nicht mit irgendwelchen Gegenmaßnahmen zu rechnen.

Die umfassende Manipulation der Todeszahlen bestätigt, dass man 5G nicht für das gesamte „Virus"-Phänomen verantwortlich machen kann, weil es ansonsten keinen Grund gäbe, die Zahlen in einem derart massiven Ausmaß zu fälschen. Mit Sicherheit hat es aber mit der „Pandemie" zu tun – und die weitreichendsten Auswirkungen werden noch folgen. 5G und weniger starke elektromagnetische Felder können die Wirkstärke und die möglichen Folgen von Toxinen im Körper stark erhöhen und – wie auch Impfungen – das *Immunsystem* ernsthaft schädigen. Hier muss man auch berücksichtigen, dass von 5G und anderen elektromagnetischen Feldern geschädigte Zellen Exosomen (angebliches „Covid-19") freisetzen und dass 5G über die Fähigkeit verfügt, Symptome hervorzurufen, die denen von „Covid-19" ähneln. Ich habe in einigen anderen meiner Bücher beschrieben, wie elektromagnetische Felder die Wirkstärke von Toxinen im Körper bis zu einem Grad erhöhen können, an dem das Immunsystem nicht mehr mit ihnen fertigwird – vor allem, wenn dieses System durch dieselbe Quelle geschwächt wird.

Wie bereits erwähnt, sind Wi-Fi- und 5G-Netzwerke ein Übertragungssystem für Frequenzen, doch die Art dieser Frequenzen kann verändert werden. Es ist durchaus möglich, bestimmte Gegenden mit Frequenzen zu beschießen, die das Immunsystem zerstören und Zellen mit Strahlung vergiften, sodass sie ihre Exosomenantwort freisetzen, der man den Namen „Covid-19" gegeben hat. Ein weiterer Punkt ist, dass 5G einen „beschleunigten Abbau von genetischem Material" verursacht, also genau von dem, was der Fake-„Virentest" feststellt. Da es bereits ein Satellitensystem gibt, das 5G auf verschiedene Standorte ausrichten kann, wird es möglich, einige Gebiete stärker als andere zu beeinträchtigen, ohne dass dort überhaupt 5G-Antennen aufgestellt sind. 5G arbeitet mit schmalen, leicht zu steuernden Strahlen. Martin Pall, ein emeritierter Professor für Biochemie und medizinische Grundlagenforschung an der Washington State University, beschrieb die Auswirkungen von technischer Strahlung und 5G auf die spannungsgesteuerten Kalziumkanäle (voltage-gated calcium channels; VGCC) der Zelle. Diese Kanäle regulieren den Eintritt von Kalziumionen in die Zelle. Geraten sie ins Ungleichgewicht, so kann das viele körperliche

Systeme wie Herz, Gehirn und Muskelspannung beeinträchtigen. Laut Pall ist die Haupttodesursache von „Covid-19“ eine Lungenentzündung, die „durch jede der fünf nachgeschalteten Wirkungen einer VGCC-Wirkung – wie einen Überschuss an intrazellulärem Kalzium, oxidativen Stress [...] Entzündung und Apoptose [eine Form des Zelltods] erheblich verschlimmert werden kann“.

Der britische Mikrowellenexperte Barrie Trower behauptete, in den 1960-er Jahren an einem Mikrowellenprogramm der Regierung für die Kriegsführung tätig gewesen zu sein. Er arbeitete für die Royal Navy und den britischen Auslandsgeheimdienst als Experte für Mikrowellen, half in den 1970er-Jahren bei der Befragung von Spionen mit, die für Mikrowellen-Kriegsführung ausgebildet waren, und war außerdem in der Unterwasser-Bombenentschärfungseinheit aktiv, die ebenfalls Mikrowellen einsetzte. Auch für seinen Abschluss in Physik hatte er sich auf Mikrowellen spezialisiert. Trower sagte bereits vor der „Pandemie“:

> Sämtliche Mikrowellen aller „G“-Stufen schädigen das Immunsystem aller Lebewesen – mit drei Ausnahmen. Eine davon sind Bakterien und Viren, die gedeihen und sich vermehren, wenn sie mit Mikrowellen bestrahlt werden. Wir befinden uns also in einer Situation, in der alle Lebewesen ihr Immunsystem einbüßen, doch die Bakterien und Viren ihres stärken. 5G wird diese Situation nur noch verschärfen.

Dies waren nur einige der Auswirkungen von elektromagnetischen Feldern. Der gewaltige Einfluss von 5G muss zu den unterschiedlichen Möglichkeiten hinzugezählt werden.

5G und Sauerstoff

Ein entscheidender Punkt ist, dass 5G auf der 60-Gigahertz-Frequenz in eine Wechselwirkung mit Sauerstoffmolekülen eintritt. Das gibt die Telekommunikationsindustrie auch freimütig zu. Hier ist ein Zusammenhang zwischen 5G und einigen Extremfällen von Lungenfunktionsstörungen möglich, die fälschlicherweise „Covid-19“ zugeschrieben werden. Wie relevant dies ist, wird sich später noch zeigen. Die Industrie ist sehr daran interessiert, auf 60 GHz zu funken, weil die Art, wie 5G mit Sauerstoff interagiert, eine „sehr dichte Nutzung“ ein und derselben Frequenz in einem sehr begrenzten Gebiet ermöglicht, ohne dass es zu Interferenzen zwischen den Nutzern kommt. Zudem lässt sich dadurch ein 5G-Strahl auf der 60-GHz-Frequenz direkt auf ein kleines Areal oder sogar eine einzelne Person richten. Behalten Sie diese Tatsache im Kopf, wenn Sie weiterlesen. 5G interagiert auf 60 GHz in einer Art und Weise mit Sauerstoffmolekülen, die den Körper und das Blut daran hindern, Sauerstoff in der erforderlichen Menge aufzunehmen. Das kann zu *Atemproblemen*, Schlaganfällen, Herzinfarkten und vielen anderen potenziell tödlichen Zuständen führen. Im Folgenden finden Sie eine Erklärung der möglichen Konsequenzen, die von 5G-Gegnern zusammengestellt wurde:

> Zwei Atome bilden das Sauerstoffmolekül und haben einige Elektronen gemeinsam. Eine 60-GHz-Strahlung bewirkt, dass die um Sauerstoffmoleküle kreisenden Elektronen zu rotieren beginnen – auf ähnliche Weise, wie leistungsstarke Mikrowellengeräte, die mit 2,4 GHz laufen, sich auf Moleküle in Lebensmitteln wie Wasser auswirken. Sie erwärmen sie zum Teil dadurch, dass sie diese Moleküle dazu bringen, mit jeder Welle zu rotieren oder zu schwingen. Die Bewegungsenergie dieser superkleinen Wassermoleküle trägt dazu bei, den Rest des Essens zu erhitzen.
>
> Auf ähnliche Art, wie 2,4-GHz-Strahlung H_2O zum Schwingen bringt, bewirkt 5G mit 60 Hz sogar bei geringer Leistung, dass die Elektronen der Sauerstoffmoleküle rotieren. Ändert sich aber die Rotationsfrequenz von Sauerstoffelektronen, dann hat dies Einfluss auf die menschliche Biologie. Wenn Sie Luft in Ihre Lunge einatmen, gelangt Sauerstoff in Ihr Blut, Ihr Gehirn, Ihre Gewebe usw. Der in ihre Lunge gelangende Sauerstoff wird von einem äußerst wichtigen eisenhaltigen Protein namens Hämoglobin in Ihrem Blut aufgenommen.
>
> Rotierende Elektronen in den Sauerstoffmolekülen führen aber dazu, dass das Hämoglobin nicht in der Lage ist, den Sauerstoff aufzunehmen und ihn Ihrem Körper zuzuführen. Ist es nicht eine absolut verblüffende Information, wenn die Telekommunikationsunternehmen zugeben, dass 60-GHz-Strahlung von Sauerstoff aufgenommen wird? Sollte die Tatsache, dass 60-GHz-Strahlung auch nur grundsätzlich mit Sauerstoff – dem für das biologische Leben wichtigsten Element von allen – wechselwirkt, nicht in allen Schlagzeilen stehen und dafür sorgen, dass alle derartigen Projekte gestoppt werden, bis wir die möglichen Folgen dieser Wechselwirkung eingehend untersucht haben?

Das Potenzial für eine massenhafte Ausmerzung der Menschheit ist offensichtlich. Die amerikanische Umweltwissenschaftlerin Lena Pu hat die Auswirkungen der 5G-Technologie untersucht, seit sie im Jahr 2016 von der amerikanischen Kommunikationsbehörde Federal Communications Commission (FCC) bekannt gegeben und ihre Einführung binnen weniger Jahre angekündigt wurde. Pu war Beraterin für Umweltgesundheit in der National Association for Children and Safe Technologies und hat mit Militär- und Regierungsbehörden zusammengearbeitet. Sie weist darauf hin, dass die gesamte Bandbreite der elektromagnetischen Mikrowellenfrequenzen Hunderte von biologischen Wirkungen auslöst – ihrer Ansicht nach praktisch unbegrenzt, weil Wellen unterschiedlicher Länge auf alle Teile und Bereiche des Körpers einwirken. Jede neue Generation „G" hat diese Wirkung verstärkt – bis zur Einführung von 5G, das im Millimeterwellenbereich agiert. Dieser Bereich umfasst auch die Frequenz von 60 GHz, die Resonanzfrequenz von Sauerstoff, und wird „vom Sauerstoffmolekül vollständig aufgenommen". Laut Pu beeinträchtigt die 60-GHz-Frequenz selbst bei einer niedrigen Leistung, die den (falschen) FFC-Sicherheitsstandards zufolge als sicher gilt, die Molekularstruktur von Sauerstoff und verhindert, dass das Molekül auf korrekte Weise ans eisenhaltige Blutprotein Hämoglobin bindet.

Pu sagte, dass dabei unter anderem folgende Probleme auftreten: (1) Gemeinsame Elektronen der beiden Sauerstoffatome rotieren in einer Geschwindigkeit, die für die menschliche Aufnahme nicht förderlich ist. (2) Bahnwinkel und Abstand der Elektronen vom Atomkern werden verändert. (3) Es besteht die Möglichkeit, dass ein Teil oder das gesamte Molekül von O_2 in O_3 (Ozon) umgewandelt wird. Dr. Andrew Kaufman will ein CIA-Dokument aus dem Jahr 1977 gelesen haben, in dem beschrieben wurde, wie die Frequenz von 60 GHz die Bildung von Knochenmark in Mäusen hemmt. Weiße Blutkörperchen, die im Knochenmark produziert werden, sind die Grundlage unseres Immunsystems. In dem Dokument hieß es auch, dass die Sauerstoffaufnahme durch Mitochondrien – das „Kraftwerk der Zelle" – durch 60-GHz-Frequenzen beeinträchtigt wird und dies zu einem verheerenden Organversagen führen kann. Die Folgen werden aus dieser Erklärung der Abteilung für Mitochondrienbiologie in der britischen Forschungsorganisation Medical Research Council ersichtlich:

> Mitochondrien sind Organellen, die in den Zellen jedes komplexen Organismus vorkommen. Sie erzeugen etwa 90 Prozent der chemischen Energie, die Zellen zum Überleben brauchen. Ohne Energie kein Leben! Es ist also leicht nachvollziehbar, warum bei Fehlfunktionen der Mitochondrien schwere Erkrankungen die Folge sind – und warum es so wichtig ist, dass wir die Funktionsweise der Mitochondrien verstehen.

Dazu gehört mit Sicherheit auch das Verständnis, wie sich 5G mit 60GHz auf Mitochondrien auswirkt.

Eine Fallstudie

Bei ihren Recherchen über 5G und 60GHz stieß Lena Pu auf „ein geheimes Ereignis", das sich von 2016 bis 2017 an einer texanischen Mittelschule abgespielt hatte. Nach ein paar Monaten der Recherche, in deren Rahmen sie auch freigegebene Berichte zu lesen bekam, gelangte sie zur Erkenntnis, dass die 5G-Strahlung „äußerst schädlich" ist: „Ich entdeckte, dass [5G] 25- bis 100- mal biologisch aktiver ist als die Frequenzen, die derzeit für alles von Mobiltelefonen bis zu Mobilfunkmasten verwendet werden." Andere „Gs" waren schon schlimm, aber 5G war noch viel schlimmer. Dank dieses Hintergrundwissens konnte sie schnell erkennen, was in der besagten Schule vor sich gegangen war, als Schüler und Lehrer an einer „mysteriösen Krankheit" gelitten hatten. Es war klar, dass diese Krankheit mit der Schule selbst zu tun hatte, weil es allen Betroffenen besser ging, sobald sie das Gebäude verließen und die Lehrer daraufhin im Freien unterrichteten. Pu kontaktierte eine Mutter, die über das Verhalten der Schulleitung äußerst beunruhigt war, und konnte so feststellen, dass die Schule Teil eines vor der Einführung von 5G stattgefundenen „Pilotprogramms" war. Das war im Jahr 2017. Sie hatte den entscheidenden Beweis gefunden, mit dem sich die Massenerkrankung erklären ließ. Instinktiv vermutete sie, das die Wi-Fi-Systeme an der Schule aufgerüstet worden sein mussten, um einen neuen Mikrochip zu den beiden bisher verwendeten hinzuzufügen, die auf Frequenzen von 2,45GHz beziehungsweise zwischen 5 und 5,8GHz kommunizierten. Sie schaute sich die

Facebook-Seite der Schule an und fand dort Fotos, die in der Schule aufgenommen worden waren. Dabei entdeckte sie einen seltsam aussehenden Wi-Fi-Router, der ihrer Ansicht nach für die Bereitstellung von 5G notwendig sein musste:

> Ich durchsuchte die Facebook-Seite der Schule nach Bildern der Router, um einen Anhaltspunkt zur Form, dem Typ und der Marke der Wi-Fi-Router oder Basisstationen zu finden, und entdeckte dabei einen, der einem bestimmten Typ ähnlich war […] mit einem größeren Gitternetz zur Wärmeableitung. [5G] erzeugt schon wegen der Art der Frequenz und dem Leistungspegel sehr viel mehr Wärme.

Zum Glück machte sie einen Screenshot, denn schon am nächsten Tag wurden alle betreffenden Fotos von der Facebook-Seite der Schule gelöscht. Als Nächstes machte sie den neuen dritten Mikrochip auf der jährlichen Samsung-Messe ausfindig – einen 60-GHz-Chip namens „WiGig". Das war ihr zweiter entscheidender Beweis. Als sie den Mikrochip untersuchte, stellte sie zu ihrem Schrecken fest, wie er sich auf das Sauerstoffmolekül auswirkte. „Ich wusste sofort, was ich hier vor mir hatte und was das bedeutete. […] In dem Augenblick, als ich die Tabellen der Regierung sah, in denen die Spitzenwerte der Sauerstoffabsorption und die Frequenz, die sie abschwächt, aufgeführt waren – ich habe noch nie etwas Schockierenderes entdeckt."

Und jetzt wird 5G mit einer Frequenz von 60 GHz, das die Aufnahme von Sauerstoff verhindern kann, auch in Krankenhäusern installiert? Was könnte da schon schiefgehen? Ein Großteil dieser Technologie kommt aus dem Osten, unter anderem von der chinesischen Firma Huawei. Laut Lena Pu ist die 60-GHz-Frequenz für den Einsatz in Routern, Wi-Fi, Mobiltelefonen und anderen kleinen Geräten vorgesehen, die nahe am Körper gehalten werden. Das bedeutet, dass sie sich ganz nahe an der Haut und den Ausführungsgängen der Schweißdrüsen befinden werden, die Antennen für 5G sind und vom Militär in dieser Weise als Waffe verwendet werden.

Auswirkungen auf die Lunge nicht durch ein „Virus" verursacht

Dieser Zusammenhang zwischen 5G und Sauerstoff muss noch wesentlich eingehender betrachtet werden. Immerhin haben einige Intensivmediziner darauf hingewiesen, dass die schlimmsten Fälle von Atmungsversagen seit Ausbruch der „Virus"-Panik und der 5G-Einführung nicht von einer „Infektionskrankheit" verursacht wurden, sondern dadurch, dass viele Patienten einen Sauerstoffmangel in der Lunge aufwiesen. Der New Yorker Intensivmediziner Cameron Kyle-Sidell nutzte in seiner Verzweiflung YouTube, um die Öffentlichkeit auf die wahren Hintergründe aufmerksam zu machen. Doch YouTube löschte sein Video wiederholte Male ebenso schnell, wie er es hochladen konnte – und Berichten zufolge wurde der Arzt aus der Intensivstation versetzt. Kyle-Sidell berichtete, dass man ihn und seine Kollegen darauf vorbereitet habe, eine Infektionskrankheit namens „Covid-19" zu behandeln, sie es aber mit etwas ganz anderem zu tun hätten. In Wirklichkeit seien

Patienten mit Lungenkrankheiten eingeliefert worden, die er noch nie zuvor gesehen hatte. Ihr Zustand ähnelte eher dem, was man bei Menschen in einem Flugzeug erwarten würde, das in 10.000 Meter Höhe den Kabinendruck verloren hat – oder bei jemandem, der ohne Akklimatisierung oder Sauerstoffversorgung auf dem Gipfel des Mount Everest abgesetzt worden war. „Covid-19 ist nicht diese Krankheit", sagte Kyle-Sidell. „Wir handeln nach einem medizinischen Paradigma, das nicht stimmt." Seiner Ansicht nach würden sie die falsche Krankheit behandeln: „Diesen Menschen wird langsam der Sauerstoff entzogen." Die Patienten würden sich voller Angst und Anspannung die Sauerstoffmasken herunterreißen, und obwohl sie blau im Gesicht seien und kurz vor dem Tod stünden, sähen sie nicht wie Patienten aus, die an einer Lungenentzündung sterben. In diesen seltenen Fällen muss etwas anderes die Ursache ihrer Leiden sein, aber sicher nicht „Covid-19". Was ist es dann? Die Auswirkungen von 5G auf die Sauerstoffaufnahme müssen einfach auf die Liste der möglichen Ursachen gesetzt werden.

Außerdem sollte man beachten, dass fast die *Hälfte* der „Covid-19" zugeschriebenen Todesfälle in den USA an nur zwei Orten passierten: New York und dem benachbarten Bundesstaat New Jersey, die beide über 5G verfügen und mit Mobilfunkmasten geradezu überschwemmt sind. Sollte sich dieses „Virus" tatsächlich parallel zum 5G-Ausbau verbreiten, dann wäre es Zeit, auf dieses Problem aufmerksam zu machen und zu bedenken, dass sich die Auswirkungen von 5G mit jedem neuen 5G-Gerät und den damit hergestellten Wellenverbindungen verschlimmern werden. Einige Ärzte haben zudem berichtet, dass „Covid-19"-Patienten „mysteriöse und potenzielle tödliche Blutgerinnsel haben", die von Blutverdünnern nicht aufgelöst werden können, und dass sich manche Patienten über ein Kribbeln oder „Zischen" auf oder unter der Haut beklagt haben – „als würde man vom Blitz getroffen, wie ein Kribbeln am ganzen Körper", wie es eine Patientin beschrieb. Elektromagnetische Felder wirken sich auf das Blut und die Haut aus, bei 5G sogar noch stärker. Dabei sind 6G und 7G schon in Vorbereitung, wenn sich die Menschheit nicht endlich von ihrem Hintern erhebt und etwas dagegen unternimmt.

Die psychologischen Auswirkungen von 5G habe ich bereits erwähnt. Professor Martin Pall stellte fest, dass eine durch technische Strahlung verursachte Fehlfunktion in der Aktivität der spannungsgesteuerten Kalziumkanäle bei Menschen und Tieren Angstzustände erzeugt. Sie bewirkt eine starke Zunahme des freigesetzten Norepinephrin – eines körpereigenen Botenstoffs, der als Stresshormon wirkt und eine Kampf-oder-Flucht-Reaktion auslöst. Dadurch wird die Überlebensreaktion aktiviert, die wir bei Panikkäufen, der Unterstützung drakonischer Maßnahmen, „um uns vor dem Virus zu retten", und anderen Ausdrucksformen von Furcht und Verzweiflung beobachten können. Schon elektromagnetische Felder, die mit wesentlich geringerer Stärke arbeiten als 5G, aber in der richtigen Frequenz, können sich in die Informationsverarbeitung im Gehirn einschalten und Gedanken und Gefühle einpflanzen, um so das Verhalten zu steuern. Diese Tatsache ist seit Jahrzehnten bekannt. Man braucht nur wenig Energie, um einen solchen Vorgang einzuleiten; das Entrainment von Gehirnfrequenzen erledigt den Rest. Lässt man Frequenzen an der Ionosphäre – zwischen 60 und 1.000 Kilometer über der Erdoberfläche – abprallen, so kann man auf diese Weise ganze Regionen voller Menschen beeinflussen. Dies geschieht schon seit Langem mit Ionosphärenheizern, deren bekanntester das von Pentagon und

DARPA betriebene HAARP in Alaska ist. HAARP steht für High Frequency Active Auroral Research Program [dt.: Forschungsprogramm zur hochfrequenten Sonnenaktivität]. Ionosphärenheizer schießen energiereiche Radiowellen in die Ionosphäre, die daraufhin zu vibrieren beginnt und die Wellen mit weitaus höherer Leistung zur Erde zurücksendet. Mehr darüber erfahren Sie in meinem Buch „Alles, was Sie wissen sollten".

5G wird in Schulen auf der ganzen Welt installiert, um die Immunität von Kindern zu zerstören. Laut Professor Pall trifft diese Zerstörung die Immunsysteme aller Lebewesen, einschließlich der Flora – also auch unserer Nahrungspflanzen. Während der Lockdowns und der damit einhergehenden Hysterie schaltete der Mobilfunkbetreiber EE, der sich im Besitz von British Telecom befindet, sein 5G-Netz in weiteren 21 britischen Klein- und Großstädten ein. Israel machte mit seinen Bürgern dasselbe, und der zutiefst bösartige Elon Musk startete noch mehr SpaceX-Satelliten, die aus einer niedrigen Umlaufbahn 5G auf die Erde abfeuern. Die Telekommunikationsbranche zeigte sich erfreut darüber, dass „Social Distancing" und die Arbeit im Home-Office, die wegen der „Virus"-Gesetzgebung notwendig geworden war, die Nachfrage nach 5G verstärkten. Die amerikanische Federal Communications Commission (FCC), die dem Kult gehört, genehmigte dem ebenfalls in Kultbesitz befindlichen Unternehmen SpaceX während des globalen Lockdowns die Installation von bis zu einer Million Bodenantennen, über die Nutzer mit dem Internetsatellitennetzwerk Starlink verbunden werden sollen. Was hat sich in Bezug auf die Einführung von 5G und andere strukturelle Veränderungen wohl noch alles getan, während die Menschen zu Hause eingesperrt waren?

Die stets heftiger werdende 5G-Explosion wird nach und nach unsere Immunsysteme schwächen und damit immer mehr gesundheitliche Folgen hervorrufen, die der Kult dann auf etwas anderes schieben kann. Wir befinden uns somit auf dem besten Weg zu einem massenhaften Genozid, wie ich ihn zuvor bereits beschrieben habe. Leute wie Elon Musk, die Leiter von Telekommunikationsfirmen sowie die Politiker und Beamten, die die Einrichtung dieser 5G-Folterkammer zulassen, sollten wegen Völkermords und Verbrechen gegen die Menschlichkeit lebenslange Gefängnisstrafen bekommen. Wir können nicht mehr ruhig sitzen bleiben und dabei zusehen, wie Kult-Psychopathen die Menschheit vernichten und die Welt übernehmen. Professor Pall warnt:

> Ich wiederhole: Sämtliche Effekte, die wir bei der ursprünglichen „Einführung" von 5G-Strahlung zu sehen bekommen, sind nur ein winziger Bruchteil der Auswirkungen, die ein ausgereiftes 5G-System in Zusammenhang mit dem „Internet der Dinge" haben wird. Das liegt daran, dass ein „junges" 5G-System bei seiner Einführung noch nicht sehr viele Kommunikationsmöglichkeiten hat und daher nur einen Bruchteil der stark gepulsten elektromagnetischen Felder eines ausgereiften Systems erzeugt.

Wenn das menschliche Leben, wie wir es kennen, weiter bestehen soll, *muss 5G verschwinden*. Die weltweite Ausdehnung des 5G-Netzwerks, seine mit jedem neu an dieses Frequenzband angeschlossenen Gerät zunehmende Leistung und Auswirkung sowie die 60 GHz, die sich auf die Sauerstoffaufnahme auswirken, könnten zu ungeheuer vielen Erkrankungen führen. Die Schuld daran wird man dann natürlich anderen Ursachen geben, etwa weiteren Wellen des ohnehin illusorischen „Covid-19", die zu noch extremeren

Maßnahmen führen werden. Es ist ein Beweis für das Ausmaß der kindlichen menschlichen Wahrnehmungsprogrammierung, dass Milliarden Menschen auf die offensichtliche Pandemielüge hereinfallen konnten, statt sich eigene Gedanken zu machen und das offizielle Narrativ dazu zu zwingen, seine Behauptungen zu beweisen. Aber ausgewogene Beobachtungen kommen einfach nicht mehr bei den Menschen an, wenn der Kult erst einmal die Überlebensreaktionen aktiviert hat. Dieser Instinkt wird vom Reptiliengehirn gesteuert, das die Welt ständig nach Bedrohungen aller Art absucht, sei es solchen für das eigene Überleben, den Arbeitsplatz oder Beziehungen oder alles zusammen. Das Reptiliengehirn denkt nicht, sondern reagiert – und neigt dann zu wilden Panikkäufen nach dem Motto: „Ich muss überleben, auch wenn es auf deine Kosten geht." Dieser Reaktionsmechanismus akzeptiert jede auferlegte Tyrannei, wenn er dadurch seine Überlebenschancen in irgendeiner Weise verbessert sieht. Und dieselbe Überlebensreaktion wird jeden verteufeln und angreifen, der es wagt, die Diktatur infrage zu stellen, sie herauszufordern und die Zusammenarbeit mit ihr zu verweigern.

In solchen Situationen gilt es vor allem, ruhig zu bleiben und sich von den eigenen Überlebensmechanismen nicht überrollen zu lassen. Wenn Sie sich nicht gerade in einer Lage unmittelbarer Gefahr befinden, die eine sofortige Reaktion erfordert, ist es nicht notwendig oder positiv, das Reptiliengehirn und die damit verbundenen Überlebensreaktionen Ihre Wahrnehmung übernehmen zu lassen. Als Erstes nimmt dabei immer das folgerichtige Denken Schaden – und das war bei Gott unzählige Male der Fall, seit der Pandemieirrsinn begann.

Anmerkung: Der unter Kontrolle von Bill Gates stehende Professor Neil Ferguson, der die Computermodelle erstellte, die zu den von Gates geforderten Lockdowns führten; der Mann, der (wie Gates) sagte, dass die Lockdowns so lange andauern müssten, bis ein (Gates-)Impfstoff zur Verfügung stehe – dieser Typ stürzte von seinem hohen Ross, als das außergewöhnliche Ausmaß seiner Heuchelei aufgedeckt wurde. Ferguson sah sich in der ersten Maiwoche des Jahres 2020 gezwungen, als Regierungsberater zurückzutreten, nachdem eine Zeitung enthüllt hatte, dass er gegen seine eigenen Lockdown-Regeln verstoßen und seine heimliche und noch dazu verheiratete Geliebte getroffen hatte.

Zur selben Zeit, als er alle anderen Menschen aufforderte, zu Hause zu bleiben und keine Besuche zu empfangen, sondern sich nur mit Personen aus demselben Haushalt abzugeben, traf er sich in seinem eigenen Haus zu Schäferstündchen mit seiner Freundin, die mit Ehemann und Kindern ganz woanders wohnte. Besagte Freundin heißt Antonia Staats und ist eine Klimaaktivistin und Führungskraft bei Avaaz, dem bereits erwähnten weltumspannenden Online-„Aktivisten"-Netzwerk, das beste Verbindungen zu George Soros hat.

Noch verwunderlicher war es, dass Ferguson im selben Zeitraum behauptete, mit dem „Virus" infiziert zu sein, während Staats Freunden erzählte, dass sie bei ihrem Mann „Virus"-Symptome vermute. Dies ist der Mann, dessen lachhafte „Modelle" dazu führten, dass ganzen Ländern Lockdowns verordnet wurden, nur weil er der Lockdown-Agenda von Bill Gates entsprechen wollte. Das war es ihm auch wert, das Leben und die Existenzen von mindestens Hunderten von Millionen Menschen zu zerstören – also genau das, was Gates und seine Meister aus dem Kult von Anfang an geplant hatten.

KAPITEL 16

WARUM IST BILL GATES EIN PSYCHOPATH?

„Autoritätsdusel ist der größte Feind der Wahrheit."
Albert Einstein

Der Megamilliardär und Technokrat Bill Gates hat überall im Pandemieschwindel seine Finger drin. Es ist absolut unmöglich, dass er nicht weiß, was er tut. Er ist kein Mann, der dazu manipuliert wurde, das Narrativ von der „Pandemie" und die Reaktion darauf inklusive der Pointe „Impfstoff" zu finanzieren und öffentlich zu verantworten. Gates ist vielmehr ein Agent des Kults, der sich bereitwillig in die globale „Gesundheitsindustrie" einkauft und voll Begeisterung das tut, was der Kult ihm befiehlt. Wenn ich in seine Augen sehe, die nie lächeln, dann sehe ich, dass dahinter niemand zu Hause ist. Kein Leben, keine Lebendigkeit, keine Emotion. Er erinnert mich immer an eine biologische KI, genauso wie Zuckerberg, Bezos, Soros und ihre Artgenossen, die ebenfalls dem Kult dienen.

Ich sollte zunächst den Hintergrund der Galionsfiguren der Technokratie wie Gates (Microsoft), Zuckerberg (Facebook), Brin und Page (Google), Wojcicki (YouTube), Bezos (Amazon), Musk (SpaceX, Tesla, Neuralink) und Soros (Open Society Foundations) erklären. Neben ihnen gibt es noch viele andere, die alle praktisch dieselbe Rolle in der Struktur spielen. Sie sind Handlanger für den Kult und dadurch sehr reich geworden. Dafür müssen sie aber auch ein paar strenge Auflagen dazu erfüllen, was sie mit „ihren" (Scherz …) Unternehmen und großen Teilen der daraus resultierenden Milliarden zu tun haben. Der Kult baut mit dem „Smart Grid" die technologische Subrealität der technokratischen Tyrannei auf und braucht dazu jede Menge Tarngeschichten und Tarnpersonen, um die Tatsache zu verbergen, dass alles koordiniert ist und aus unterirdischen Stützpunkten und anderen Geheimprojekten kommt. Beachten Sie, dass es keine Durststrecken gibt, in denen der Kult darauf wartet, dass seine nächste Stufe der technologischen Kontrolle „erfunden" wird. Stattdessen folgt eine Stufe nahtlos auf die andere, ohne Lücken dazwischen. Das liegt daran, dass die Technologie schon lange vor dem Datum entwickelt wird, an dem wir sie in der Öffentlichkeit zu sehen bekommen. Um diese Tatsache zu verschleiern, braucht der Kult erfundene Geschichten, die er über die Medien verbreiten lässt, und Agenten, die in diesen Geschichten die Hauptrolle spielen. An diesem Punkt kommen die Handlanger ins Spiel, die erklären dürfen, wie die für die Kult-Agenda entscheidende Technologie „erfunden" und von nicht miteinander in Verbindung stehenden „Einzelpersonen" verbreitet wurde. Diese Leute werden dann unermesslich reich, müssen sich aber an strenge Grundbedingungen halten. Gewaltige Geldmengen, die durch Aktivitäten des Kults angehäuft wurden, müssen über vorgeblich philanthropische „Stiftungen" für die Förderung der Kult-Agenda ausgegeben werden. Das hat noch dazu den Vorteil, dass man steuerfrei agieren kann.

Jeder Agent des Kults muss sich auf ein bestimmtes Gebiet spezialisieren. Soros wird dazu eingesetzt, die Open Society Foundations zu finanzieren, um durch sie Fake-„Volksrevolutionen", die Massenmigration und das Aufkommen der New-Woke-Tyrannei zu sichern. Zuckerberg, Brin, Page und Wojcicki spielen die Rolle der globalen Zensoren, die Narrative und Aktivitäten davor schützen, öffentlich enthüllt zu werden. Bezos führt die Übernahme des globalen Handels durch das Kult-Unternehmen Amazon an, das im Zuge der „Pandemie" und des wirtschaftlichen Ruins von *midnestens* einigen Dutzenden potenzieller Konkurrenten in unglaublichem Maße profitiert hat; Bezos konnte sein Vermögen während der Lockdowns, die laut seiner Zeitung *Washington Post* „unbedingt weitergehen müssen", um viele Milliarden Dollar vergrößern. Bill Gates hat eine ganze Reihe von Rollen zu spielen, weil er so viele Aspekte der Kult-Agenda finanziert; deshalb tritt er im vorliegenden Buch auch so häufig in Erscheinung. Sein wichtigstes Spezialgebiet ist das von Pharmariesen gelenkte „Gesundheitswesen" samt Durchimpfung der Welt.

Das Mittel, das Gates für die „Philanthropie" des Kults (die sein Vermögen in Wahrheit noch vergrößert) benutzt, ist die Bill & Melinda Gates Foundation, die er nach dem Vorbild der berüchtigten Rockefeller-Stiftung gründete, weil er dieser Familie ja sehr nahesteht. Nach gewissen Ahnenforschungs-Unterlagen, die man mir gezeigt hat, braucht man nur weit genug zurückzugehen, um zu sehen, dass Gates von der Rockefeller-Blutlinie abstammt. Mithilfe dieser „Stiftung", einer Tarnorganisation des Kults, schuf Gates 1999 die „Impfallianz" Gavi, der er ein Startkapital von 750 Millionen Dollar zur Verfügung stellte. Über seine finanziellen Verbindungen (viele davon durch Gavi) zu sämtlichen wichtigen Agenda-Akteuren der „Pandemie" wie dem Imperial College, Neil Ferguson, Chris Whitty, Anthony Fauci und Deborah Birx habe ich ja auf den vorangegangenen Seiten schon geschrieben. Das von der Gates-Stiftung ausgehende Netz reicht außergewöhnlich weit und umfasst seine Kontrolle der von den Rockefellers gegründeten WHO, deren zweitgrößer Geldgeber nach der US-Regierung Bill Gates ist. Hätte Trump seine Drohung wahrmachen können, die Zahlungen an die WHO einzustellen, dann wäre Gates der größte Geldgeber geworden. Was auch immer der WHO-Generaldirektor Tedros Adhanom Ghebreyesus öffentlich äußert, stammt in Wahrheit von Bill Gates; nicht umsonst war die WHO die Macht hinter der weltweiten Reaktion auf das Fake-„Virus". Vor seiner Ernennung zum Generaldirektor war Tedros Vorsitzender des Global Fund für den „Kampf gegen Aids, Tuberkulose und Malaria" und Vorstandsmitglied der von Gates finanzierten Gavi sowie einer weiteren Organisation, für die Gates die Geldmittel liefert. Er ist Eigentum von Gates. Gleichzeitig betrieben Tarnfirmen wie Facebook, YouTube und Google eine Politik der Zensur oder Herabstufung von Informationen, die der WHO-Version der Ereignisse widersprechen – aus diesem Grund wurde ich auch von Facebook und YouTube gelöscht.

Daran sieht man schon, wie Das Netz funktioniert. Die Kult-Agenten und -Handlanger, die hier einheitlich vorgehen, sollten die Konsequenzen ihrer Handlungsweise und ihrer Verbrechen gegen die Menschlichkeit tragen müssen, indem sie lebenslange Haftstrafen erhalten und ihr Vermögen unter jenen Menschen aufgeteilt wird, deren Existenzgrundlage sie so gnadenlos zerstört haben. Das völlige Fehlen von Mitleid und Empathie für die Weltbevölkerung macht die Verantwortlichen in meinen Augen nicht nur zu Psychopathen, sondern zu Superpsychopathen. Wenn sie auf einer Ebene des Kults tätig sind, wo sie über die wahren Hintergründe Bescheid wissen, müssen sie das definitions- und pflichtgemäß auch sein.

Verwunderlich für jeden, der das Spiel durchschaut, wirkte auch, dass Gates' damalige Ehefrau Melinda – die sehr genau wissen sollte, was wirklich los ist – auf CNN verkündete, dass „in Afrika bald Leichen auf den Straßen liegen werden". Bis zu diesem Zeitpunkt war Afrika im Verhältnis zur Größe des Kontinents nur geringfügig von dem Fake-„Virus" betroffen, doch Mrs. Gates wusste es besser. Sie sagte, die Zahlen seien nur deswegen so niedrig, weil zu wenig getestet würde. Bei mehr Tests würde auch die Zahl der Fälle ansteigen (was ja genau die betrügerische Absicht hinter den Tests ist). Nach ihrer Afrika-Prophezeiung erklärten WHO und die im Besitz des Kults befindliche UN, dass Afrika mit bis zu 3,3 Millionen Toten durch „Covid-19" rechnen müsse und zum „Epizentrum" der „Pandemie" werden könnte, die ohnehin erst von der Gates-gesteuerten WHO ausgerufen worden war. Um Himmels willen, gab es vielleicht irgendeine Möglichkeit, dieses Schreckensszenario zu verhindern? Aber ja – Lockdown und „soziale Distanzierung". Derselbe Schwindel, den man bereits im Westen verübt hatte, wurde nun auch auf Afrika abgeladen, wo die „Impfprogramme" von Herrn Gates arme Kinder für ihre „Versuche" missbrauchen.

Who's WHO? Äh ... Bill Gates

Die Weltgesundheitsorganisation ist unglaublich korrupt und war dies schon vom ersten Tag an, als sie nach dem Zweiten Weltkrieg von den Rockefellers und Rothschilds gegründet wurde. Die WHO erklärte „Covid-19" im März 2020 zur „Pandemie", was ebenfalls vom ersten Tag an so vorgesehen war. Gates hatte sich die Kontrolle über die Organisation mit Hunderten Millionen Dollar erkauft, ebenso wie er viele Millionen in die amerikanischen Centers for Disease Control and Prevention (CDC) gepumpt hatte. Die CDC lenkten die „Virus"-Politik in den USA und wiesen Ärzte an, alles, was sich bewegte – oder auch nicht mehr – auf „Covid-19" zu diagnostizieren, ohne jeden Beweis. Die CDC werden von Big Pharma, Krankenversicherungen und anderen Unternehmen aus der Gesundheitsbranche finanziert, so wie auch große Teile der WHO-Geldmittel von den größten Pharmakonzernen der Welt stammen. Diese Konzerne leiten zusammen mit Gates die WHO im Interesse der Kult-Agenda und ganz und gar nicht in dem der Weltbevölkerung. Das hatte zur Folge, dass der Microsoft-Technokrat und Sohn eines Eugenikbefürworters als „mächtigster Arzt der Welt“ bezeichnet wurde und sich selbst als „Gesundheitsexperte“ bezeichnet. Gates kommt mir eigentlich gar nicht so klug vor, aber das muss man auch nicht sein, wenn man nur als Galionsfigur dient.

Die WHO hat ihren Sitz im schweizerischen Genf, wo auch viele andere Betriebe des Kults wie die Welthandelsorganisation beheimatet sind. Genf hat Berichten zufolge ein Moratorium gegen 5G ausgesprochen. Die WHO ist eine weitere Behörde der Vereinten Nationen und wird derzeit von Tedros Adhanom Ghebreyesus geleitet, einem ehemaligen Politbüro-Mitglied der tyrannischen Volksbefreiungsfront von Tigray (TPLF), die jahrzehntelang Teil der unterdrückerischen marxistischen Regierung Äthiopiens war. Die TPLF wurde von Menschenrechtsorganisationen wegen der Misshandlung von Bürgern aufs Schärfste verurteilt. Aus diesem Umfeld wurde Tedros, inmitten zahlreicher Anschuldigungen wegen Korruption und Veruntreuung von Geldern, plötzlich zum Chef der vom Kult gesteuerten WHO ernannt, die das offizielle „Virus“-Narrativ liefert. Tedros wurde dreimal bei der Vertuschung von Cholera-Epidemien ertappt, als er noch Gesundheitsminister von Äthiopien war. Kaum hatte er sein Amt in Genf angetreten, ließ er Robert Mugabe, den massenmordenden Diktator von Zimbabwe, zum „Botschafter des guten Willens der WHO“ für Volksgesundheit ernennen. Dabei ging es wohl nicht um die Gesundheit all jener Menschen, die Mugabe für seinen Machterhalt umbringen hatte lassen. Seine Ernennung war so ungeheuerlich, dass Tedros sehr bald gezwungen war, sie zurückzunehmen.

Kaum jemand war so wenig prädestiniert für den Job des Generaldirektors wie Tedros – aber schließlich wurde er auch nicht zum Wohle der Menschheit eingesetzt. Er dient viel mehr dem Wohl derer, die für seine Ernennung gesorgt und die WHO überhaupt erst geschaffen haben. Glaubt vielleicht jemand, dass Tedros ohne die Zustimmung von Bill Gates ernannt wurde? Tedros steht China nahe und hat sich dafür eingesetzt, dass Lockdowns und Social Distancing zu den Blaupausen für die Reaktion auf die „Pandemie“ im Westen wurden, indem er die Wirksamkeit dieser Maßnahmen in China über den grünen Klee lobte. Damit hätte man eigentlich auch rechnen müssen, wenn die Kommunistische Partei Chinas und Tedros doch dieselbe Politik vertreten. Die WHO-Hierarchie äußert ebenso wenig wie Tedros auch nur ein Wort, das nicht der Gates-Agenda entspricht. Demgemäß betonte der Softwarepsychopath das gemeinsame Anliegen noch einmal besonders: „China hat am Anfang vieles richtig gemacht.“ Ja, man verordnete dort nämlich einen drakonischen Lockdown – eine Maßnahme, die von Anfang auch für den Westen geplant war. Gates beschrieb sein WHO-Lehen als „phänomenal“, obwohl die gesamte Organisation in Bezug auf die menschliche Gesundheit einfach nur eine Farce im Besitz des Kults ist. In dieselbe Kategorie sollten wir auch die Entscheidungsträger der CDC in den USA einordnen, weil diese Behörde – so wie die WHO Gates – den Big-Pharma-Konzernen und dem Kult im Allgemeinen gehört.

Gates und die „Davos"-Mafia – die „Prophezeiung"

Melinda Gates sagte im BBC-Radio (Gates hat die BBC mit Millionenbeträgen unterstützt), dass ihr Ehemann „sich jahrelang" auf eine Coronaviruspandemie „vorbereitet" habe. O ja, darauf würde ich wetten! Gates sagte bereits in einem TED-Talk im Jahr 2015 eine bevorstehende globale Pandemie vorher, die viele Menschen uns Leben bringen und der Weltwirtschaft schweren Schaden zufügen würde. Wahrlich, ich sage euch – der Mann ist ein moderner Jesajah. Sechs Wochen, bevor der „Ausbruch" in China öffentlich bekannt wurde, führte das Einprozenter-Weltwirtschaftsforum (WEF), das sich regelmäßig im Schweizer Ort Davos trifft, gemeinsam mit der Bill & Melinda Gates Foundation und dem Johns Hopkins Center for Health Security [dt. etwa: Johns-Hopkins-Zentrum für Gesundheitssicherheit] die „Simulation" einer *Coronavirus*-Pandemie durch (Abb. 384). An diesem „Event 201" nahmen auch Großbanken, die UN, Johnson & Johnson sowie Beamte aus China und der amerikanischen CDC teil. Erinnern Sie sich an den Satz des amerikanischen Wissenschaftlers, den ich zitiert habe: „Wenn Sie eine völlig grundlose Panik über eine völlig falsche Pandemie erzeugen wollen – dann suchen Sie sich dafür ein Coronavirus aus."

Abb. 384: Die Propheten der Einprozenter-Runde des Bill Gates beim Event 2021, wo eine „Coronavirus-Pandemie" simuliert wurde – sechs Wochen, bevor die Fake-Pandemie in der Öffentlichkeit bekannt wurde.

Das Johns Hopkins Center for Health Security führte 2018 seine eigene Simulation einer Pandemie unter dem Titel „Clade X" durch. Seit Beginn der Fake-Pandemie ist genau dieser Verein dafür zuständig, sämtliche der betrügerischen Zahlen über „Covid-19"-Fälle und -Todesfälle zusammenzustellen, die dann von den Medien der ganzen Welt unentwegt und unhinterfragt nachgeplappert werden. Das Johns-Hopkins-Netzwerk aus Tarnorganisationen hat gigantische Fördermittel erhalten … von Bill Gates und den Big-Pharma-Konzernen. In die Gates-Simulation wurden auch Nachrichtenmeldungen eingebaut, und man diskutierte über die Zensur aller medialen Abweichler von der offiziellen Geschichte, die man der Öffentlichkeit vorsetzen wollte. Genau dieses Programm wurde dann wenige Wochen später abgespult, als die Falschnachricht über den „Coronavirus-Ausbruch" durch die Medien ging. Plötzlich bekamen wir Schlagzeilen wie „Anti-Impf-Bewegung könnte laut Expertenwarnung den Kampf gegen das Coronavirus entgleisen lassen" zu lesen. Diese Schlagzeile stand übrigens in der britischen Tageszeitung *The Independent* (natürlich).

Der im Besitz des Kults befindliche Mark Zuckerberg kündigte im März 2020 an, dass Facebook der WHO kostenlose Werbeanzeigen zur Verfügung stellen und „falsche Behauptungen und Verschwörungstheorien" im Kampf gegen Coronavirus-„Falschinformationen" (also alles, was das offizielle Kult-Narrativ anzweifelt oder infrage stellt) entfernen würde. Nutzer, die auf dem vom Kult kontrollierten Facebook nach Informationen über das Coronavirus suchten, würden am Beginn der Suchergebnisse ein Aufklappmenü zu sehen bekommen, das sie zur offiziellen Version der Ereignisse weiterleitet. „Wir wollen unbedingt dafür sorgen, dass jeder Zugang zu glaubwürdigen und genauen Informationen hat", sagte der kleine Junge in kurzen Hosen und T-Shirt. Dabei setzte er – wie sonst auch – „glaubwürdig und genau" mit der offiziellen Geschichte gleich. Später kündigte er noch an, dass Facebook seine Nutzer auch warnen würde, wenn sie „Covid-19-Falschinformationen", die vom Unternehmen entfernt worden sind, „mit einem Like versehen, darauf reagieren oder sie kommentieren" würden. Dieser unwahrscheinliche Betrüger hatte vorher schon gesagt, dass Facebook systematisch darauf abziele, all jene, die die Sicherheit von Impfungen infrage stellen, auszugrenzen. Zuckerberg gehört ins Gefängnis, weil er ganz genau weiß, was er tut, und sein Handeln präzise mit der Gates-„Simulation" Event 201 übereinstimmt. Die vom Kult kontrollierten Tech-Riesen Google, Twitter und Apple betrieben und betreiben natürlich eine ähnliche Coronavirus-Zensur. YouTube, das zu Google gehört, kündigte an:

> Da wir nur wenige Mitarbeiter haben, die Inhalte überprüfen, werden unsere automatischen Systeme eingreifen, um YouTube sicher zu halten. In dieser Zeit werden mehr Videos als sonst entfernt werden, darunter auch Inhalte, die nicht gegen unsere Gemeinschaftsrichtlinien verstoßen.

Nach Durchlaufen meines Orwell-Übersetzungsprogramms heißt das, dass wir unsere KI-Algorithmen darauf programmieren, sämtliche Informationen, die sich gegen die offizielle Version des Kult-Virus-Narrativs stellen, aufs Korn zu nehmen. Dass eine solche Politik dazu führen wird, dass der Westen zu China wird, wurde in der Elite-Zeitschrift *Atlantic* sogar in einem Artikel von zwei Akademikern noch begrüßt. Professor Jack Goldsmith von der Harvard Law School und Andrew Keane Woods, ein Professor an der University of Arizona, stellten ihren Text unter die vielsagende Überschrift: „Die Rede im Internet wird nie wieder zum Normalzustand zurückkehren – in der Diskussion über Freiheit kontra Kontrolle des globalen Netzwerks behielt China zum Großteil recht, während die USA irrten." *Ein Klassiker*.

YouTube, Vimeo und Facebook löschten mein Interview mit London Real, das deutlich aufzeigte, dass es keinerlei Beweise für die Existenz von „Covid-19" gibt. Die YouTube-Handlangerin Susan Wojcicki demonetarisierte alle meine YouTube-Videos, egal zu welchem Thema, bevor sie mich überhaupt ganz von ihrem Kanal löschte. Vimeo löschte etwa 700 Videos von der Ickonic-Medienplattform, weil einige von ihnen die Sicherheit von Impfungen infrage stellten; dazu gab es noch ein paar andere erbärmliche Ausreden. Ickonic konnte binnen weniger Tage mit einem eigenen Videoplayer völlig wiederhergestellt werden, und das verbotene Video wurde von der Öffentlichkeit außerhalb dieser digitalen Kindergärten in enormem Umfang verbreitet und in viele Sprachen wie Spanisch und Italienisch übersetzt. Das alles ist möglich, wenn man nicht aufgibt und nicht das Opfer spielt. Übrigens behaupteten YouTube und Wojcicki, mein Interview sei wegen einer neu eingeführten Regel verboten worden, der zufolge …

> Jegliche Inhalte, die die Existenz oder Übertragung von Covid-19 bestreiten, wie von der WHO und lokalen Gesundheitsbehörden beschrieben wird, verstoßen gegen

> die YouTube-Richtlinien. Dazu gehören auch Verschwörungstheorien, die behaupten, dass die Symptome durch 5G verursacht werden.

Lassen Sie sich das auf der Zunge zergehen und spüren Sie den Geschmack des Faschismus. Das WHO-Narrativ ist das Gates-Narrativ ist das Kult-Narrativ – und es wird von der YouTube-Plattform davor geschützt, dass jemand es infrage stellt. Die goldene Regel lautet: Wenn YouTube etwas oder jemanden bewirbt, dann entspricht das dem Wunsch des Kults, und wenn YouTube etwas oder jemanden löscht, dann fordert der Kult diese Löschung. Wir waren eine Zeit lang auch bei Twitter gesperrt, weil wir dort ein „Covid-19"-Video von einer externen Quelle gepostet hatten; man überlege sich einmal, wie die Zensur dort aussehen wird, wenn der ultrazionistische Milliardär Paul Singer in diesem Unternehmen die Kontrolle übernehmen wird. Hinzu kommt das Eingeständnis von General Sir Nick Carter, dem militärischen Befehlshaber der britischen Streitkräfte, dass die geheim agierende 77. Brigade der britischen Armee „an der Bekämpfung von Corona-Falschinformationen online" beteiligt ist. Diese Einheit wurde im Jahr 2015 gegründet und ist auf „nichttödliche" Formen der *psychologischen Kriegsführung* spezialisiert. Ihre Aufgabe besteht unter anderem darin, die sozialen Medien für die „Kriegsführung im Informationszeitalter" zu nutzen. Laut Carter ist die 77. Brigade gegen „Falschinformationen" über die Pandemie im Internet vorgegangen. Eine 2.000 Mann starke Einheit der britischen Armee versucht, die Wahrnehmung des britischen Volkes zu manipulieren, indem sie gegen Meinungen kämpft, die dem staatlichen und Gates-WHO-Narrativ widersprechen. So funktioniert der derzeit sehr schnell aufkommende Faschismus.

Die Fake-Pandemie ist tatsächlich eine globale psychologische Kriegsführung gegen die kollektive menschliche Psyche. Die Gespräche im Rahmen der von Gates und dem WEF durchgeführten Simulation Event 201 waren ein Vorläufer dessen, was bald in Wirklichkeit passieren sollte. Wer das für einen Zufall hält, braucht dringend einen massiven Realitätsdownload. William Henry Gates Sr., der Vater von Bill Gates, war Leiter der von Rockefeller ins Leben gerufenen Organisation Planned Parenthood (die wiederum mit dem Insider-„Propheten" Dr. Richard Day zu tun hatte), die ihren Ursprung in der Eugenik-Bewegung hatte. Gates der Jüngere gibt zu, dass er „eine Zeit lang" ebenfalls an die Eugeniktheorie des im 18. und 19. Jahrhundert lebenden anglikanischen Pfarrers Thomas Malthus geglaubt habe. Die Gates-Stiftung versprach 100 Millionen Dollar zur „Bekämpfung des Virus", und die *Seattle Times* berichtete beim Eintreffen des „Coronavirus" in den USA, dass ein von der Gates-Stiftung finanziertes Projekt Heimtests für die Krankheit herstelle. Gates-Mitarbeiter sagten, dass positive Ergebnisse an die „Gesundheitsbehörden" weitergegeben würden, die dann die Bewegungen der Betroffenen verfolgen sollten. Der Test würde die Entnahme einer DNS-Probe beinhalten und somit einen weiteren Beitrag zur DNS-Datenbank beisteuern (was alle „Tests" tun). Gates finanziert auch den „Impfstoff", auf den ich gleich zu sprechen kommen werde. Billy-Boy schied dann Mitte März 2020 aus dem Vorstand von Microsoft aus, das er mit gegründet hat, um „mehr Zeit für philanthropische Aktivitäten zu haben" und sich auf „globale Gesundheit und Entwicklung, Bildung und die Bekämpfung des Klimawandels" – alles Bestrebungen des Kults – konzentrieren zu können. Der Zeitpunkt dafür war durchaus aufschlussreich.

Die Rockefeller-Prophezeiung

Man hat mich außerdem auf ein Dokument der Rockefeller-Stiftung aus dem Jahr 2010 aufmerksam gemacht, das den Titel „Szenarien für die Zukunft der Technologie und internationalen Entwicklung“ trägt. Dieses Dokument enthielt auch mögliche Reaktionen auf eine imaginäre Pandemie, ausgelöst durch einen äußerst ansteckenden und tödlichen Grippestamm, der 20 Prozent der Weltbevölkerung infiziert und innerhalb von sieben Monaten acht Millionen Menschen getötet haben sollte. Das Szenario, das sich die berüchtigte Einprozenter-Rockefeller-Stiftung – die Inspiration für die Gates-Stiftung – hier ausdachte, stellte sich auch eine „tödliche Auswirkung“ auf Volkswirtschaften vor, mit leeren Geschäften und Büros, in denen sich monatelang weder Mitarbeiter noch Kunden aufhielten. Beschrieben wurde auch, wie in den Ländern des Westens totalitäre Regimes errichtet wurden, um „Bürger vor Risiken und Ansteckungsgefahr zu schützen“:

> Während der Pandemie ließen nationale Regierungen auf der ganzen Welt ihre Autorität spielen und verhängten strenge Regeln und Einschränkungen, vom obligatorischen Tragen von Gesichtsmasken bis hin zur Kontrolle der Körpertemperatur an den Eingängen zu öffentlichen Einrichtungen wie Bahnhöfen und Supermärkten. Selbst nachdem die Pandemie abgeklungen war, wurden diese autoritäre Kontrolle und Überwachung der Bürger und ihrer Aktivitäten beibehalten und sogar verstärkt. Um sich vor der Ausbreitung zunehmend globaler Probleme – von Pandemien und transnationalem Terrorismus bis zu Umweltkrisen und steigender Armut – zu schützen, verstärkten politische Führer in aller Welt ihre Macht.
>
> Zunächst fand die Idee einer stärker kontrollierten Welt breite Akzeptanz und Zustimmung. Die Bürger gaben bereitwillig einen Teil ihrer Eigenständigkeit und ihrer Privatsphäre an einen paternalistischen Staat ab, der ihnen im Austausch dafür größere Sicherheit und Stabilität garantierte. Sie duldeten es oder waren sogar begierig darauf, von oben gelenkt und überwacht zu werden, und die Staatsoberhäupter hatten mehr Spielraum, die Ordnung so durchzusetzen, wie sie es für richtig hielten.
>
> In den entwickelten Ländern nahm die verstärkte Überwachung viele unterschiedliche Formen an: biometrische Identitätsnachweise für alle Bürger zum Beispiel oder eine strengere Regulierung von Schlüsselindustrien, deren Stabilität man als lebenswichtig für nationale Interessen ansah. In vielen entwickelten Ländern stellte die erzwungene Kooperation mit einer Reihe neuer Regelungen und Abkommen langsam, aber sicher die Ordnung und vor allem das wirtschaftliche Wachstum wieder her.

Mitte März 2020 ging die Anzahl der neuen Fälle in China laut Berichten wieder zurück, während sie im Rest der Welt anstieg. Wie das „Szenario“-Dokument der Rockefeller-Stiftung „prophezeit“ hatte, wurde China für seine autoritäre Reaktion gelobt, die durch das autoritäre, undemokratische System des Landes ermöglicht worden war. Eine Überschrift in der Zeitschrift *Forbes* lautete: „Die USA müssen eine Lektion von China und Südkorea lernen." Dabei handelte es sich um eine lange geplante Vorbereitung der Wahrnehmung, mit der man die chinesischen Lockdowns als Blaupause für die Reaktion auf der ganzen Welt etablieren wollte. In Wahrheit waren es jedoch die Fake-Tests und gefälschten Todesursachen auf den Sterbeurkunden, die in den folgenden Wochen und Monaten für die Anzahl der Fälle und Todesfälle entscheidend waren. Die ganze Inszenierung war ein abgekartetes Spiel zwischen dem vom Kult kontrollierten China und den Kult-Netzwerken in anderen Ländern. In dem „prophetischen" Rockefeller-Dokument aus dem Jahr 2010 hieß es:

> Einigen wenigen Ländern erging es jedoch besser – insbesondere China. Die rasche Verhängung und Durchsetzung einer obligatorischen Quarantäne für alle Bürger sowie die sofortige und nahezu hermetische Abriegelung aller Grenzen rettete Millionen von Menschenleben, stoppte die Ausbreitung des Virus viel früher als in anderen Ländern und ermöglichte damit eine schnellere Erholung nach der Pandemie.

Im *Forbes*-Artikel aus dem Jahr 2020 heißt es über die chinesische Reaktion: „Diese Maßnahmen schützten unzählige Millionen davor, sich mit der Krankheit anzustecken." Auch der Film *Contagion* aus dem Jahr 2011 nahm in einer dieser typisch wundersamen Hollywood-Prophezeiungen die Ereignisse vorweg, die dem „Covid-19"-Ausbruch folgen sollten:

> Kurz nach ihrer Rückkehr von einer Geschäftsreise nach Hongkong [China] verstirbt Beth Emhoff an einer Grippe oder einer anderen Infektion. Ihr junger Sohn verstirbt noch am selben Tag, ihr Ehemann Mitch scheint hingegen immun zu sein. So beginnt die Ausbreitung einer tödlichen Infektion. Bei den Ärzten und Verwaltungsangestellten der amerikanischen Centers for Disease Control vergehen mehrere Tage, bis jemand das Ausmaß oder die Schwere dieser neuen Infektion erkennt.
>
> Sie müssen zunächst den fraglichen Virustyp identifizieren und dann ein Mittel zu seiner Bekämpfung finden – ein Prozess, der wahrscheinlich mehrere Monate dauern wird. Als die Infektion auf Millionen Menschen weltweit übergreift, beginnt die gesellschaftliche Ordnung zusammenzubrechen, weil die Menschen in Panik geraten.

In einer anderen Beschreibung des Films heißt es:

> In einer Rückblende ist zu sehen, wie Tage vor Beths Infektion in China ein Bulldozer einen Baum umreißt und dabei einige Fledermäuse aufscheucht. Eines der Tiere fliegt über einen Stall und lässt ein Stück Banane fallen, das von einem Schwein gefressen wird. Die Schweine werden geschlachtet und von einem Küchenchef zubereitet, der Beth im Casino die Hand schüttelt, das Virus auf sie überträgt und sie damit zur Patientin null macht.

Und wer rettet die ganze Situation? Nun ja, naturgemäß ein *Impfstoff* und die amerikanischen CDC, die diesen Impfstoff schnell zur Verfügung haben. Ach ja, und „Verschwörungstheoretiker" werden in dem Film auch gebrandmarkt. Wir haben es hier mit einem weiteren Beispiel für die präemptive Programmierung durch Hollywood zu tun – und gleich mit zwei Beispielen für das eine Prozent, das den Ablauf einer Pandemie beschreibt. Im Event 201 wurden die Folgen eines „imaginären" Coronavirus beschrieben, und das kurz vor dem „Ausbruch" des realen imaginären Coronavirus.

Die Gates-Impfung

Bill Gates war nicht einmal besonders subtil, was die KPRL-Pointe des Pandemieschwindels angeht. Ich schätze, das muss er auch nicht sein, weil ohnehin Milliarden Menschen die offizielle Geschichte unhinterfragt glauben und nichts vom Gesamtzusammenhang wissen. Sie haben keine Ahnung, wie sie mit dem Lasso eingefangen und mit einem Brandzeichen versehen werden sollen. Für diejenigen unter uns, die die Machenschaften von Gates und dem Kult aber seit Jahrzehnten verfolgen, war die Sache hingegen völlig klar. So wie die Chinesen für die Krankheitsfälle in Wuhan keine andere Ursache als ein „Virus" in Betracht zogen, hatte Gates keine andere Reaktion darauf parat als Lockdowns, Isolation und eine Impfung. Er begann sofort über die Notwendigkeit eines Impfstoffs zu sprechen und sagte Hunderte Millionen Dollar zu, um über die Vielzahl der von ihm finanzierten Organisationen ein solches Mittel „zu finden". Ich habe von Anfang an gesagt, dass der Impfstoff, den Gates der gesamten Menschheit spritzen will, bereits existiert hat, bevor das mit der Fake-Pandemie überhaupt losging. All seine Fördermittel und die angebliche Arbeit an der Entwicklung eines Impfstoffs zur „Rettung der Menschheit" sind nichts als psychologischer Schwachsinn, der die Leute dazu bringen soll, auf Knien um eine Impfung zu betteln, sobald sie „fertig" ist. In der Zwischenzeit startet man medial und politisch ständig „neue Wellen" des „Virus", bevor die geplanten Impftermine stattfinden können. Man redete uns ein, dass der Impfstoff binnen weniger Monate zur Verfügung stehen könnte, obwohl die normale Entwicklungs- und Erprobungsdauer eigentlich Jahre dauert. Wie war das möglich? Aus dem einfachen Grund, weil der Impfstoff bereits existierte. Sie konnten den Impfstoff nur nicht noch schneller „entdecken" und mit der „Massenimmunisierung" beginnen, weil sich sonst sogar nicht skeptische Beobachter gefragt hätten, wie das so schnell gehen kann. Also mussten sie eine Verzögerung in Kauf nehmen, würden aber versuchen, sie möglichst kurz zu halten. Tucker Carlson, der einzige Fernsehmoderator der USA, der genug Intelligenz und Mut besitzt, relevante Fragen zu stellen, brachte ein sehr starkes Argument zu den „Coronavirus"-Impfungen vor:

> Die Wissenschaft hat noch keinen einzigen zugelassenen Impfstoff oder ein antivirales Medikament gegen ein Coronavirus entwickelt. […] Wir haben Millionen Dollar ausgegeben und mehr als ein Jahrzehnt darauf verwendet, eine Impfung gegen das SARS-Virus zu finden. Trotzdem ist dies der Wissenschaft nie gelungen.

Nun ja, wenn es aber gar kein „Covid-19"-Virus gibt und man nur die Illusion eines solchen erzeugt, indem man die Zahlen mittels falscher Diagnosen und Totenscheine fälscht, dann kann der Impfstoff – was auch immer in ihm drin ist – als wirksam erscheinen, wenn man die Politik der falschen Diagnosen und Totenscheine schnell ändert, sobald die Impfung auf den Markt kommt. Gates, der Softwarehausierer und Psychopath, hat sich in wahrhaft technokratischer Manier über gewählte Regierungen gestellt, um die Impfpolitik für die ganze Welt zu diktieren. Er stellte klar, dass „für die Welt als Ganzes erst dann wieder Normalität einkehrt, wenn wir die gesamte Weltbevölkerung geimpft haben". Können Sie sich vorstellen, wie arrogant dieser Softwarehausierer sein muss, um eine solche Aussage zu treffen? Dabei ist das nur ein winziger Einblick in die arrogante, narzisstische Psychopathie, von der der weltweite Kult und seine Agenten ergriffen sind. Der Plan von Kult und Gates lautet, die Impfung verpflichtend zu machen; wer nicht mitspielt, darf einfach seine frühere Lebensweise nicht wieder aufnehmen, bis er sich endlich ebenfalls impfen lässt. Sie wollen raus aus dem Lockdown? Dann holen Sie sich die Impfung – oder Sie bleiben eben eingesperrt. Aus diesem Grund hat man sich auch so intensiv darum bemüht, die Lockdowns in irgendeiner Form aufrechtzuerhalten, bis der Impfstoff fertiggestellt war. Diese Leute sind das unverfälschte Böse – der Mangel an Liebe.

Ich sehe auch die Kommentare mancher „Experten", denen zufolge ältere Menschen „möglicherweise zwei Impfdosen benötigen, weil sie dazu neigen, eine schwächere Immunantwort auf Impfstoffe zu haben". Gates fordert zudem, dass Geimpfte markiert werden müssen, damit technische Geräte das Signal auffangen können, dass besagte Menschen das Brandzeichen aufgedrückt bekommen haben. Jetzt sehen wir den wahren Grund für die „Quantentätowierung" von Gates/Gavi, auf die ich bereits hingewiesen habe. Ich habe beschrieben, wie die Gates-Stiftung die Entwicklung einer „Tätowierung" finanziert, die Geimpfte von Ungeimpften unterscheiden soll. Der Vorwand dafür war, dass man mit dieser „Tätowierung" geimpfte Kinder in den Entwicklungsländern identifizieren will – doch es ist klar, wozu sie wirklich dient, nämlich die gesamte Menschheit mit dem „Zeichen des Tiers" zu brandmarken. Gates hat Forschungen am MIT finanziert, um eine „unsichtbare Quantentätowierung" entwickeln zu lassen, die in die Haut eingebettet und von einer Kamera-App des Smartphones gelesen werden soll. Die Website Sciencealert.com berichtete:

> Die unsichtbare „Tätowierung", die die Impfung begleitet, ist ein Muster aus winzigen Quantenpunkten – sehr kleinen, Licht reflektierenden Halbleiterkristallen –, das im Infrarotlicht leuchtet. Das Muster – und die Impfung – werden mithilfe löslicher Hightechmikronadeln. die aus einer Mischung aus Polymeren und Zucker bestehen, in die Haut eingebracht.

Und wieder einmal war Gates' Timing perfekt und stimmte genau mit der ihm vorhergesagten „Pandemie" überein. Die Gates-„Tätowierung" hängt mit der ID2020-„Allianz" zusammen, die jedem Menschen auf der Welt eine digitale Identität aufzwingen will. Diese Allianz besteht aus den legendären Menschenfreunden Microsoft, Gavi, der Rockfeller-Stiftung, Accenture und IDEO.org. Wenn man hier noch die Technologie hinzurechnet, die von den Herstellern von Gesichtserkennungskameras „gerade entwickelt" wird (das heißt bereits fertig entwickelt ist) und Herzschlag, Temperatur sowie die Einhaltung der sozialen Distanzierung einer Person erfassen soll, weiß man, wohin die Reise führt. Die neue Technologie wird so beschrieben:

> Die Photon-X-Objekterkennung und -analyse in Kombination mit der VSBLTY-Gesichtserkennung wird ein fortschrittliches Screening-Instrument für Standorte sein, die ermitteln und bestätigen wollen, ob jemand mit erhöhter Temperatur gerade im Begriff ist, ein Gebäude zu betreten. Fieber, Husten und Atembeschwerden gehören zu den häufigsten Symptomen von Covid-19.

Der Gates-Impfstoff oder die Impfstoffe wird/werden mit anderen Krankheitserregern versetzt sein, um weitere Lockdowns zu begründen. Dazu werden die Impfungen noch ein Sterilisationsmittel und möglicherweise auch etwas enthalten, das „auf bestimmte Genotypen abzielt", um es mit den Worten des Project for the New American Century auszudrücken. Entscheidend ist, dass es darin auch Nanotech-Nanochips oder „Smart Dust" geben wird, um die Menschheit mit dem Smart Grid zu verbinden und die menschliche DNS und Genetik zu synthetischen biologischen Maschinen mutieren zu lassen. Dieses Entwicklungsstadium haben Leute wie Gates und der Rest des inneren Kerns des Kults meiner Ansicht nach bereits erreicht – sie sind biologische KI. Der Rockefeller-Insider Dr. Richard Day erzählte den Kinderärzten in Pittsburgh bereits 1969 von Plänen, den Menschen im Rahmen von Impfprogrammen Krankheiten einzuimpfen. Diese Maßnahme ist schon lange im Gange und ein Grund dafür, warum so viele Kinder immer kränker werden.

In meinem ersten Interview mit London Real zu diesen Themen beschrieb ich die Nanotechnologie, von der ich glaubte, dass sie in der „Covid-19"-Impfung versteckt sein würde. Dann ging es mit den Lockdowns so richtig los, und Gates äußerte sich sehr bald zu seinem Impfstoff. Wochen später sah ich mir ein Video-Interview mit Celeste Solum an. Solum ist eine ehemalige Mitarbeiterin der amerikanischen Federal Emergency Management Agency [dt. etwa: Bundesagentur für Katastrophenschutz; FEMA], deren wahre Rolle ich in meinen Büchern seit Mitte der 1990er-Jahre immer wieder entlarve. FEMA ist eine hundertprozentige Tarnorganisation des Kults und wird mit außerordentlichen Befugnissen über die amerikanische Gesellschaft ausgestattet, sobald ein nationaler Notstand ausgerufen wird. Genau das hat Donald Trump am 13. März 2020 auch getan. Celeste Solum, die in mehreren Positionen für die FEMA tätig war, darunter auch der Planung für Pandemien, sagte in ihrem Interview, dass die Fake-Pandemie dazu entworfen wurde, Impfungen zu erzwingen, die Nanochips oder Sensoren enthalten. Jeder Erdenbewohner müsse sich auf „Covid-19" testen lassen, und eine enorme Anzahl von Menschen würde aus den von mir angeführten Gründen ein positives Testergebnis erhalten. Laut Solum ist der wahre Grund dafür eine „große DNS-Ernte": „Sie wollen unsere gesamte DNS in ihren riesigen Supercomputern." Eine Reihe von Impfungen – nicht nur eine – sei geplant, die Gewebe abgetriebener Föten und etwas, was Solum „den DARPA-Hydrogel-Sensor" nannte und seit zehn Jahren in Entwicklung sei, enthalten würden. Dieser Sensor soll aus Nanoteilchen in „Gelatineform" bestehen, die sich nach der Injektion „zusammenzusetzen beginnen".

Solum beschreibt damit das, was ich bereits über Smart Dust erwähnt habe, der sich innerhalb des Körpers vermehren und Systeme aufbauen kann, die einen menschlichen Körper in eine Art Maschine verwandeln. Ihrer Aussage nach werden die Nanoteilchen mit

Gewebe verschmelzen und eins mit dem Körper werden: „Man wird eins mit der künstlichen Intelligenz und dem Internet der Dinge", berichtete Solum. „Man wird zu seiner eigenen Computerschnittstelle … und dann ist man eins mit dem Schwarm, dem System, wie auch immer man es nennen will." Genau davor warne ich schon so lange in meinen Büchern.

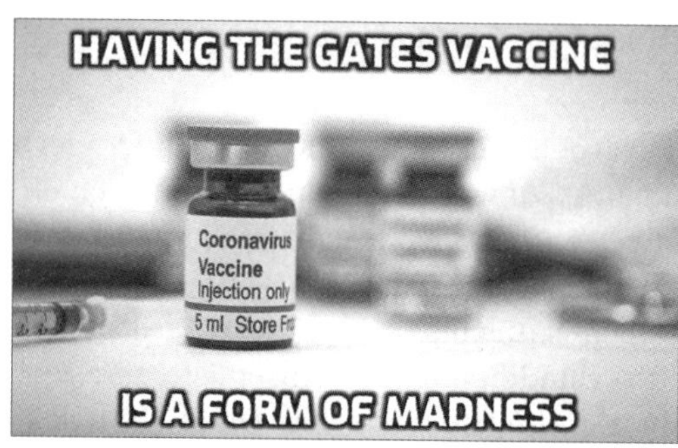

Abb. 385: „Sich die Gates-Impfung verabreichen zu lassen ist eine Form des Wahnsinns" – *Genau so ist es.*

Laut Solum würde man alle Menschen dazu zwingen, sich dieser „Sensor"-Impfung zu unterziehen, weil die Implantate die Behörden verständigen könnten, dass man krank ist, bevor man es überhaupt selbst bemerkt. Dies ist der wahre Grund für die Gates-Impfung, und das weiß er auch genau. Eben deswegen ist er ein Superpsychopath, der für den Rest seines Lebens im Gefängnis sitzen sollte. Eine weitere Bestätigung dafür erhielten wir, als er in einem Fernsehinterview sagte, dass 700.000 Menschen durch eine weltweite „Covid-19"-Impfung (und den Rest) geschädigt werden könnten, weshalb die Regierungen auch zustimmen müssten, die Impfstoffhersteller von jeder Haftung freizustellen. Dieser eine Satz beschreibt die Persönlichkeit des Herrn Bill Gates perfekt (Abb. 385).

Ein weiterer entscheidender Aspekt des Gates-Impfstoffs ist die neue Impftechnik, die der Kult unbedingt einführen will: die DNS- oder genetische Immunisierung, die auch schon als „DNS-Hack" beschrieben wurde. Das passt wie die Faust aufs Auge, weshalb wir diesem Thema auch unbedingt höchste Beachtung schenken sollten. DNS-Impfstoffe werden bei Tieren eingesetzt, aber noch nicht bei Menschen. Injiziert wird dabei ein „Plasmid" – und Plasmide sind laut Definition „kleine, in der Regel ringförmige DNS-Moleküle, die vor allem in Bakterien vorkommen und sich autonom und unabhängig von der chromosomalen DNS des Wirts replizieren". Wichtig: Sobald sie sich im Körper befinden, *replizieren sie sich autonom.* In Impfstoffen eingesetzte Plasmide sind genmanipuliert und werden daher auch als „synthetische DNS-Impfstoffe" bezeichnet. Sie sollen eine „virale Infektion nachahmen".

Robert F. Kennedy Jr. erzählt die Horrorgeschichte um die Gates-Impfung

Ich habe bereits erwähnt, dass Robert F. Kennedy Jr. – Sohn des einem Attentat zum Opfer gefallenen US-Justizministers und Neffe des früheren US-Präsidenten John F. Kennedy – sich oft und lautstark gegen die gesundheitlichen Auswirkungen von Impfungen ausgesprochen hat. Sowohl sein Vater als auch JFK wurden in den 1960er-Jahren von Werkzeugen desselben Kults ermordet, der auch die Fake-Pandemie zu verantworten hat.

Gates behauptete, dass Trump ihm erzählt habe, er erwäge, „jemanden, ich glaube, er hieß Robert Kennedy Jr." (wieder einmal die typische Gates-Arroganz) mit der Leitung einer Untersuchung über die Sicherheit von Impfungen zu beauftragen. Der Softwarepsychopath will daraufhin zu Trump gesagt haben: „Nein, das wäre eine Sackgasse, das wäre schlecht, tun Sie das nicht." Robert F. Kennedy Jr. nahm sich kein Blatt vor den Mund, als die Forderungen von Bill Gates laut wurden, dass sich jeder Mensch auf der Welt einer „Covid-19"-Impfung unterziehen müsse. Er sagte:

> Impfungen sind für Bill Gates eine strategische Philanthropie, die seinen vielen Unternehmen zugutekommt, die mit Impfungen zu tun haben – einschließlich der Absicht von Microsoft, die Kontrolle über eine weltweite Impfidentität zu übernehmen. Sie verleihen ihm eine diktatorische Kontrolle über die globale Gesundheitspolitik und sind damit die Speerspitze des Konzern-Neoimperialismus.

Anschließend betonte Kennedy die katastrophalen Folgen der Gates-Impfprogramme für Hunderttausende von Kindern. Er sagte, dass die Gates-Polio-Impfkampagnen in den Jahren 2000 bis 2017 bei 496.000 indischen Kindern zu Lähmungen geführt habe. Zu den anderen Gates-Katastrophen gehörten Autoimmun- und Fruchtbarkeitsstörungen bei 1.200 Mädchen, von denen sieben starben. Laut Kennedy gehörten diese Mädchen zu einer Gruppe von 23.000 Mädchen aus abgelegenen indischen Dörfern, die im Rahmen der Programme von Gates – und in Kooperation mit GlaxoSmithKline (GSK) und Merck – geimpft wurden. Wir haben es hier mit demselben schamlosen Gates zu tun, der den Ausspruch tat: „Leute, die sich gegen Impfungen engagieren, töten Kinder." Kennedy warf der Gates-Organisation vor, unethische Praktiken angewendet zu haben, um Mädchen zur Teilnahme an der Studie zu drängen, Eltern einzuschüchtern, Einverständniserklärungen zu fälschen und den von Nebenwirkungen Betroffenen medizinische Versorgung zu verweigern. Er zitierte dabei aus einem Fall, der vor dem Obersten Gericht Indiens verhandelt wurde.

Polio, das auch unter den Namen Poliomyelitis und Kinderlähmung bekannt ist, kann als perfektes Beispiel für den Impfbetrug dienen. Die Kinderlähmung trat erstmals epidemisch auf, als Bleiarsenat in großem Umfang als Insektenschutzmittel gesprüht wurde und die Menschen die damit kontaminierten Erzeugnisse verzehrten. Das Sprühen mit Bleiarsenat begann 1892, die erste amerikanische Polio-„Epidemie" brach dann 1894 in Vermont aus. Das (von der Familie Rockefeller geschaffene) Big-Pharma-Kartell verfügte jedoch, dass die Kinderlähmung durch … das *Poliovirus* verursacht wird, „das von Mensch zu Mensch übertragen wird und das Rückenmark einer Person infizieren kann". Die Kinderlähmung breitete sich nach der Einführung von DDT – einem weiteren verheerenden Gift – noch weiter aus, vor allem nach dem Zweiten Weltkrieg und so lange, bis DDT in den 1970er- und 1980er-Jahren weltweit verboten wurde. Sowohl Bleiarsenat als auch DDT vergiften das Gehirn und das Nervensystem, was auch der Grund für die Kinderlähmung ist. Erwartungsgemäß gingen die Polio-Fälle deutlich zurück, als DDT immer seltener eingesetzt und schließlich ganz verboten wurde. In der Zwischenzeit hatten die Pharmakonzerne jedoch eine Polio-Schutzimpfung erfunden, die dann für den Rückgang der Krankheit verantwortlich gemacht werden konnte.

Die durch „Impfstoffe ausgerotteten" Krankheiten waren bereits vor der Einführung von Impfstoffen rückläufig; bei Krankheiten wie Scharlach, gegen die es keine Impfung gibt, konnte man die gleiche Entwicklung beobachten. Dr. Andrew Kaufman sagte: „Wenn man tatsächlich zurückblickt und nach Beweisen dafür sucht, dass Impfungen Krankheiten verhindert haben, so wird man keine finden." Heute wird die Kinderlähmung vor allem durch die Impfungen gegen Kinderlähmungen verursacht, die Gates so schätzt. Robert Kennedy Jr. schrieb:

> 2017 musste die Weltgesundheitsorganisation WHO widerwillig zugeben, dass die weltweite Explosion der Kinderlähmung in erster Linie auf den Impfstoffstamm zurückzuführen ist. Die erschreckendsten Epidemien im Kongo, in Afghanistan und auf den Philippinen werden alle mit Impfstoffen in Verbindung gebracht. Im Jahr 2018 waren in Wirklichkeit 70 Prozent aller Fälle von Kinderlähmung weltweit auf den Impfstoffstamm zurückzuführen.

Die WHO wurde im Jahr 2014 beschuldigt, Millionen Frauen in Kenia unter Vorspiegelung falscher Tatsachen sterilisiert zu haben. Dies konnte durch eine Analyse der Inhaltsstoffe der betreffenden Impfstoffe belegt werden. Die WHO gab zu, dass sie mehr als zehn Jahre lang an diesem Impfprogramm beteiligt war. Ähnliche Vorwürfe gegen sie wurden auch von anderen Ländern wie Tansania, Nicaragua, Mexiko und den Philippinen erhoben. Es handelt sich hier um die von Gates gesteuerte Organisation, die nicht nur die aktuelle „Pandemie" ausgerufen hat und vorantreibt, sondern auch von Zuckerbergs Facebook, Wojcickis YouTube sowie Silicon Valley und den Mainstreammedien im Allgemeinen vor der Aufdeckung ihrer üblen Machenschaften geschützt wird.

Die Gates-Stiftung ist über Finanzierung und gemeinsame Interessen mit 20 Pharmariesen und Laboratorien verbunden. Man wirft Gates vor, die Politik des Kinderhilfswerks der Vereinten Nationen (UNICEF), der Gavi und anderer Gruppierungen zu steuern und sie dazu zu benutzen, sowohl die Impfagenda voranzutreiben als auch die Gegner dieser Politik zum Schweigen zu bringen. Robert Kennedy Jr. richtete seine Vorwürfe auch gegen den mit Gates in Verbindung stehenden Trump-„Pandemieberater" Dr. Anthony Fauci, der seiner Ansicht nach „eine ganze Generation Amerikaner vergiftet hat". Er beschuldigte Fauci, „in seiner jahrzehntelangen Karriere in der Bundesregierung ein umfangreiches Erbe an Betrug und Vertuschung hinterlassen zu haben" und in dieser Zeit „wie ein Tyrann am Arbeitsplatz agiert und die beruflichen Laufbahnen unzähliger Ärzte und Forscher ruiniert zu haben", weil sie integer gearbeitet hätten. Kennedy gibt an, dass Fauci in mindestens einem Fall einen Informanten ins Visier genommen habe, der aufdecken wollte, wie die amerikanischen Blutreserven mit tödlichen Krankheitsstämmen infiziert worden waren. Fauci habe die Karriere dieses Arztes ruiniert und die Beweise begraben. Kennedy sagte auch, dass Fauci seine Position dazu ausgenutzt habe, sich eine Menge lukrativer Impfstoffpatente unter den Nagel zu reißen. Ärzte und Forscher, die in der Hierarchie unter ihm standen, hätten bahnbrechende Technologien entwickelt und dann Fauci die Rechte an ihrer Arbeit überlassen müssen. Laut Kennedy besitzt Fauci „viele, viele Impfstoffpatente", darunter eines auf eine spezielle Proteinplatte, die Impfstoffmaterial im Körper verteilen kann. Fauci habe diese Erfindung nicht selbst gemacht, sondern sie von jemandem gestohlen, den er nach getaner Arbeit entlassen habe:

> Tony Fauci feuerte [diese Person] und gelangte irgendwie in den Besitz des Patents, das jetzt dazu genutzt wird [...] Impfstoffe für das Coronavirus herzustellen. [...] Die Firma teilt die Gewinne 50:50 mit Tony Faucis Agentur. [...] Faucis Agentur kassiert also die Hälfte der Lizenzgebühren für diesen Stoff, und es gibt keine Obergrenze dafür, wie viel er damit einnehmen kann.

Kennedy sagte, dass Faucis National Institute of Allergy and Infectious Diseases (NIAID) und die CDC in Wahrheit Tochtergesellschaften der großen Pharmakonzerne seien. Diese sogenannten Bundesbehörden seien nichts anderes als getarnte Unternehmen, die in Kooperation mit Big Pharma auf dem Rücken kranker und sterbender Menschen enorme Profite erzielen.

Die häufigste Todesursache – Lockdown

Während man uns befiehlt, unsere Grundrechte im Namen des Schutzes vor dem „Virus" aufzugeben, wird die Zahl der Todesopfer durch Lockdowns, abgesagte Operationen und fehlende Diagnosen monumental sein und sich wohl auch über längere Zeit hinziehen. Die Anzahl der Todesfälle durch die Lockdowns wird mit Sicherheit weitaus höher sein als die manipulierten Zahlen, die fälschlicherweise „Covid-19" zugeschrieben werden. Ich habe schon geschildert, wie alten Menschen die Behandlung verweigert wird und wie man sie unter Druck setzt, Patientenverfügungen mit der Verweigerung lebensverlängernder Maßnahmen zu unterschreiben. Doch es sind nicht nur alte Menschen, die hier tödlich betroffen sind. Andere sterben an einer langen Liste von Ursachen, einschließlich Krebs und Herzkrankheiten, indem sie nicht diagnostiziert oder behandelt werden, während in den Krankenhäusern Hunderte Betten leer stehen und Ärzte sowie medizinisches Personal so gut wie nichts zu tun haben. Hier ein Beispiel zum Thema Krebs in Großbritannien – multiplizieren Sie diese Situation mit allen anderen Ländern der Welt, dann werden die Krebs-Todeszahlen atemberaubend hoch sein, selbst ohne all die anderen Sterbefälle, die sich durch einen ähnlichen Mangel an Diagnosen und Behandlungen ergeben. Krebsspezialisten warnten bereits vor Ende April 2020 davor, dass Tausende Menschen in Großbritannien keine Krebsdiagnosen mehr erhalten würden. Die Wohltätigkeitsorganisation für Krebsforschung Cancer Research UK meldete einen Rückgang der Vorsorgeuntersuchungen und Überweisungen von etwa 2.700 Personen pro Woche.

Laut Richard Sullivan, Professor für Krebserkrankungen und weltweite Gesundheit am King's College London, hätten die Menschen mehr Angst vor Covid-19 als vor Krebs. Dies ist ein besonders trauriger Beweis für die Macht der Wahrnehmungsprogrammierung. „Viele Leistungen mussten zurückgefahren werden – wir haben einen drastischen Rückgang bei den elektiven Krebsoperationen erlebt", sagte Sullivan. „Die Anzahl der verlorenen Lebensjahre wird höchst dramatisch sein, und es wird sehr viele Todesfälle geben, die ansonsten vermeidbar gewesen wären." Laut Sarah Woolnough, Geschäftsführerin für Strategie bei Cancer Research UK, hat es einen 75-prozentigen Rückgang bei den dringenden Überweisungen von Menschen mit Krebsverdacht durch Hausärzte an Krankenhäuser gegeben. Dazu muss man auch wissen, dass der britische „Gesundheits"-Minister Matt Hancock, der keine Ahnung von „Gesundheit" hat, öffentlich die Ansicht äußerte, es sei nicht ratsam, manche Krebsbehandlungen während einer Epidemie durchzuführen, weil das Risiko einer Ansteckung mit dem „Virus" bestehe.

Professor Sullivan wies auch auf eine weitere Folge der Lockdowns hin: Massen von Menschen mit all ihren gesundheitlichen Problemen werden die Krankenhäuser stürmen, sobald sie wieder vollständig geöffnet sind. Dies ist genau die Situation, die man mithilfe der Lockdowns vermeiden wollte, die ja die (leeren) Krankenhäuser davor „schützen" hätten sollen, überrannt zu werden. Wohin man auch blickt – alles wird in sein Gegenteil verkehrt. Dazu zählt auch, dass man Menschen vom Sonnenlicht fernhält und gleichzeitig behauptet, dass Sonnenlicht „Viren abtötet". Laut Sullivan kann es bis zu einem Jahr dauern, bis die Gesundheitsversorgung wieder normal funktioniert; dabei ging er allerdings davon aus, dass die Lockdowns in der letzten Aprilwoche des Jahres 2020 beendet sein würden. Bisher war nur von den Folgen für Krebspatienten die Rede. Rechnet man all die anderen unbehandelten Krankheiten hinzu, so wird klar, dass der weltweite Rückstau in den Krankenhäusern enorme Ausmaße annehmen wird.

Eine weitere klar vorhersehbare Folge sind die psychologischen Auswirkungen der Tatsache, dass Menschen wochenlang in ihren oft winzigen Wohnungen eingesperrt waren und dabei genau wussten, dass sie in dieser Zeit ihren Arbeitsplatz oder ihr Geschäft verloren hatten und ihnen das Geld ausging. Verzweiflung und Hoffnungslosigkeit führten mit Sicherheit zu einer Beeinträchtigung der geistigen und körperlichen Gesundheit. Die Selbstmordrate stieg rapide an, weil es keine Hoffnung mehr gab und viele Menschen von einem Gefühl der Sinnlosigkeit ergriffen wurden. Das kündigte sich bereits mit dem psychologischen Trauma an, das viele Italiener während der längsten aller Lockdowns erlebten.

Ich fragte Angestellte von Lebensmittelgeschäften, ob sie seit Beginn der Lockdowns eine Verhaltensänderung bei ihren Kunden bemerkt hätten. Ja, das hatten sie – und wie. „Die Leute schauen drein, als würden sie zu ihrer eigenen Beerdigung gehen", sagte mir eine der Befragten. Auf lange Sicht wird dies zahlreiche unterschiedliche Auswirkungen und Folgen haben, und das wusste der Kult schon vorher genau.

Die Elite ignorierte in dieser Zeit genüsslich sämtliche Lockdown-Vorschriften. Der amerikanische Ex-Präsident Barack Obama ließ sich von einem Chauffeur der Regierung 65 Kilometer weit fahren, um auf einem völlig leeren Platz Golf spielen zu können, während seine Frau Michelle via Video die Öffentlichkeit aufforderte, zu Hause zu bleiben. Und Boris Johnsons Berater (Lenker) Dominic Cummings missachtete die Lockdown-Gesetze ebenso wie Professor Neil Ferguson.

Ein Glücksfall für die Hungerspiele

Abb. 386: „'Pandemien' erfüllen alle Anforderungen der Elite-Agenda für die globale Kontrolle. Hinterfragen Sie alles" – *Alles, wovor ich seit 30 Jahren warne, wurde möglicherweise durch ein Virus Realität. Reiner Zufall? Aber ja – natürlich!*

Die Impfung ist nur ein – wenn auch entscheidender – Grund für die Inszenierung der Fake-Pandemie. In Anbetracht der Dinge, die ich im vorliegenden Buch geschrieben habe, bevor wir dieses Stadium erreicht haben, sollten nun auch einige der anderen Hauptgründe offensichtlich sein. Man braucht sich ja nur anzusehen, welche Wirkung der Lockdown auf das Leben der Menschen hat, die zu Milliarden unter Hausarrest stehen. Der Kult kann in seinem seit Langem existierenden Plan einen Punkt nach dem anderen abhaken (Abb. 386). Ich habe schon seit der vom Kult bewirkten Finanzkrise des Jahres 2008 geschrieben, dass ein weiterer, noch viel schlimmerer Wirtschaftskollaps geplant ist, der noch viel größere Menschenmassen in die Hungerspiele-Gesellschaft treiben soll. Und hier ist er – im großen Stil (Abb. 387). Er war vom ersten Tag das garantierte Ergebnis der Lockdowns, und all das wurde kaltblütig geplant, um dafür zu sorgen, dass unzählige Unternehmen und Geschäfte nie wieder aufsperren können, wodurch plötzlich Inhaber und Angestellte arbeitslos sind. Billionen Dollar wurden in Form von „Konjunkturpaketen" ausgeschüttet, die wie immer den Superreichen mehr einbrachten als denen, die Hilfe wirklich benötigt hätten. Die reichsten Universitäten mit Milliarden auf dem Bankkonto erhielten öffentliche Gelder, und selbst die Anti-Defamation League [dt.: Anti-Diffamierungs-Liga; ADL], die mit enormen Geldmitteln ausgestattete Zensurorganisation im Dienste Israels, verlangte Rettungsgelder, während die Massen zugrunde gingen.

Wenn das so weiterginge, würden ganze Länder auf den Bankrott zusteuern. Aber egal – die Lockdowns blieben als Übung in wirtschaftlichem Selbstmord aufrecht, damit der Weg für das „neue System" frei wird, das der Kult schon so lange anstrebt. Die Aktienmärkte stürzten zusammen mit den Ölpreisen ab, als sich das „Virus" offiziell von China aus verbreitete. Der Kult nutzte die fallenden Aktienkurse, um Unternehmen und Ressourcen zu einem Bruchteil ihres tatsächlichen Wertes aufzukaufen und sich noch mehr Kontrolle zu sichern. Der Ultrazionist Bill Ackman sagte in einem Interview mit dem Sender CNBC, dass die Vereinigten Staaten ernsthaft gefährdet seien – „die Hölle wird kommen" –, wenn das Weiße Haus nicht das ganze Land einsperrt. Dann machte er einen Gewinn von 2,6 Milliarden Dollar, indem er Finanzwetten auf Märkte abschloss, die mit den Lockdowns zu tun hatten. Der Amazon-CEO Jeff Bezos, der erste „Centi-Milliardär" der Welt, der mit Bill Gates um den Titel des reichsten Manns der Welt konkurriert, bat um öffentliche Spenden für eine Grundversorgung seiner 800.000 Angestellten, die im Zuge der Covid-19-Pandemie in Armut dahinvegetierten. Diese Leute kennen kein Schamgefühl.

Abb. 387: „Die von Covid-19 erzeugte Hungerspiele-Gesellschaft: Die Elite – das eine Prozent ...Der globale Polizeistaat ...Impfpflicht – digitale ID – Sozialkredit – 666 ... Die Massen leben in Armut" *– Der Plan, eine Hungerspiele-Gesellschaft zu errichten, den ich seit Jahrzehnten bloßstelle, ist während der „Pandemie" mit unglaublicher Geschwindigkeit vorangeschritten – aus diesem Grund inszenierte der Kult auch den Pandemieschwindel. (Bild: Neil Hague)*

Das Gaststättengewerbe war mit 15,6 Millionen Arbeitsplätzen der größte private Arbeitgeber der USA, bevor die „Virus"-Lockdowns kamen. In ihren Niedergang sind die Lebensmittel- und anderen Zulieferer, die von diesem Gewerbe abhängig sind, noch gar nicht eingerechnet. Alles wurde von den Kult-Frontleuten verboten. Globale Handelsketten und andere Kult-Konzerne kreisten wie die Geier über ruinierten Unternehmen, um deren Überreste für lächerliche Beiträge aufzukaufen und ihre Monopolstellung weiter auszubauen. Die James Beard Foundation, eine in New York ansässige Organisation zur Förderung der Kochkunst, berichtete Ende April 2020, dass die unabhängigen Restaurants per 13. April 91 Prozent ihrer stundenweise arbeitenden Mitarbeiter und fast 70 Prozent der Festangestellten entlassen hätten. Bei der Beard-Umfrage unter 1.400 kleinen und unabhängigen Restaurants gaben 28 Prozent der Teilnehmer an, einen weiteren Monat der Schließung wahrscheinlich nicht überleben zu können. Und selbst wenn sie und alle anderen Unternehmen durchkämen – wo sollte die Kundschaft inmitten einer derart kolossalen Arbeitslosigkeit denn das Geld für Restaurantbesuche hernehmen? Hotels, Pubs, Bars,

Restaurants, Unterhaltungsbetriebe und Sportveranstalter sowie alle anderen Branchen, bei denen Menschen zusammenkommen, waren ruiniert. Weitere Orte der Begegnung, des Diskurses und der Interaktion gingen verloren; genau das hatte der Kult gewollt und ließ es durch das für die Gesundheit völlig irrelevante „Social Distancing" noch unterstreichen. Ein buchstäbliches „Teile und herrsche"-System durch Regierungsdiktat ist entstanden.

Der britische Regierungsberater Robert Dingwall von der New and Emerging Respiratory Virus Threats Advisory Group [dt. etwa: Beratergruppe für neue und aufkommende Bedrohungen durch Atemwegsviren] gab in einem Radio-Interview preis, das die Zweimeterregel zur sozialen Distanzierung „aus dem Nichts herbeigezaubert" worden sei und nicht auf wissenschaftlichen Erkenntnissen beruhe. Nein, sie beruhte nur auf Kontrolle und Spaltung, und sie kam auch nicht „aus dem Nichts", sondern vom Kult. Daher wurde sie auch zur selben Zeit über die ganze Welt verhängt – und die Menschen taten, was man ihnen anschaffte, weil sie nie etwas anderes gelernt haben. Da gab es zum Beispiel die 1,3 Millionen Menschen im US-Bundesstaat Maine, die auf Anweisung der notorisch arroganten und dummen Gouverneurin Janet Mills hinter Schloss und Riegel gehalten wurden, obwohl zu diesem Zeitpunkt nur 15 Personen in Maine „am Virus" verstorben waren, trotz Fake-Diagnose und Totenscheinbetrug. Die Wirtschaft Maines war ruiniert, die Arbeitslosenzahlen schossen in die Höhe, aber Mills kassierte weiterhin ihr übliches Gehalt. Jetzt können schon Gouverneure von US-Bundesstaaten sich als Diktatoren aufspielen und den Willen des Kults durchsetzen. Der kalifornische Gouverneur Gavin Newsom ließ 70 Kilometer Strand in Orange County sperren – und das zu einer Zeit, als Will O'Neill, der Bürgermeister von Newport Beach, auf Folgendes hinwies:

> In Orange County leben 3,2 Millionen Menschen. Dieses County ist größer als 22 Bundesstaaten – und von all diesen Menschen haben wir 50 an dieses Virus verloren. Das sind 0,001 Prozent unserer Bevölkerung. Wir haben in unserem örtlichen Krankenhaus 475 Betten. Sie haben dort nie mehr als 25 Menschen gleichzeitig behandelt; gestern waren es genau neun Leute, die behandelt wurden – und nur ein Prozent ihrer Beatmungsgeräte war in Gebrauch.

Newsom ist der Mann, der den amerikanischen Einwanderungsgesetzen keine Geltung verschaffen will, aber unter den vom Bürgermeister beschriebenen Umständen 70 Kilometer Strand sperren lässt. Diese Gouverneure, die der Agenda und Diktatur des Kults dienen, gehören alle zum frühestmöglichen Zeitpunkt abgesetzt. Wie um die Verachtung zu bestätigen, die das vom Kult kontrollierte Establishment für den Rest der Menschheit empfindet, sagte Trumps „Virus"-Berater Anthony Fauci, der gute Verbindungen zu Gates hat, dass wir uns das Händeschütteln eventuell abgewöhnen müssten, doch Sex mit einem Fremden, den man im Internet kennengelernt hat, weiterhin okay sei. Diese Leute lachen uns alle aus.

Die Internationale Arbeitsorganisation schätzte, dass etwa 1,6 Milliarden Menschen – beinahe die Hälfte der weltweiten Erwerbsbevölkerung – ihre Lebensgrundlage verlieren könnten. Was bedeutet das? Abhängigkeit und Kontrolle, also genau das, worum es in Wirklichkeit geht, und dazu noch den Inhalt des Gates-Impfstoffs. Die Stilllegung des öffentlichen Lebens hatte besonders tödliche Auswirkungen für kleinere Unternehmen, die der Kult auslöschen will, um den Weg für seine Konzerne zu öffnen, die den gesamten

Handel, die Produktion und den Vertrieb kontrollieren sollen (siehe Amazon, wo während der Lockdowns die Umsätze florierten). Ich habe Zahlen gesehen, denen zufolge Firmen mit weniger als 20 Mitarbeitern etwa 90 Prozent aller Amerikaner beschäftigen – denken Sie über die Folgen nach, die diese Lockdowns für die US-Wirtschaft haben werden. Ländliche Gebiete, die nicht einmal von der Fake-Version des „Virus" betroffen waren, wurden ebenfalls stillgelegt, um den Plan für die Landflucht und die Versklavung in smarten Städten voranzutreiben. Ende April 2020 berichtete die Zeitschrift *Fortune*, dass die Arbeitslosigkeit durch die Lockdowns schwindelerregende 26,5 Millionen amerikanische Arbeitnehmer betreffe, wobei diese Zahl Woche für Woche um weitere Millionen zunehme. Würde man laut *Fortune* die neuen Arbeitslosen zu den mehr als 7 Millionen hinzurechnen, die schon vor den Lockdowns ohne Beschäftigung waren, dann käme man auf 33 Millionen Menschen – „eine reale Arbeitslosenquote von 20,6 Prozent und damit der höchste Stand seit 1934".

Ähnliche Anstiege bei den Arbeitsplatzverlusten gab es auch in Großbritannien und auf der ganzen Lockdown-Welt. Natürlich war das zu erwarten, es war ja auch der Hauptgrund für die Lockdowns. Um sich die Kontrolle über die Massen in der Hungerspiele-Gesellschaft zu sichern, muss der Kult unabhängige Existenzen zerstören. Der Pandemieschwindel bedeutet, dass er innerhalb weniger Wochen das erreichen konnte, was sonst Jahre und Jahrzehnte gedauert hätte. Nimmt man den Menschen den Zugang zu unabhängigen Unternehmen, Arbeitsplätzen und Einkommen weg, dann bleibt nur noch die Abhängigkeit vom Staat (Kult). So kommt die Hungerspiele-Gesellschaft zustande, die ich in diesem Buch und in früheren Werken bereits beschrieben habe, bevor der Pandemiebetrug überhaupt erst durchgezogen wurde.

Das neue System

Ich warne seit Jahrzehnten vor dem Plan, ein völlig neues zentralisiertes Wirtschaftssystem zur totalen globalen Kontrolle einzuführen. Man hat diesen Plan mit dem Klimaschwindel verfolgt, der genau ein solches System zur „Rettung der Welt" erfordern soll, und hatte dann mit den wirtschaftlichen Auswirkungen der Fake-Pandemie ein unbegrenztes Potenzial für die wirtschaftliche Katastrophe – Problem-Reaktion-Lösung, oder im Falle von „Virus" und „Klimawandel" *KEIN*-Problem-Reaktion-Lösung.

Geringverdiener – die „Leibeigenen" des Kults – sollten ihre Arbeitsplätze und Häuser oder Wohnungen verlieren, weil sie die Miete nicht mehr zahlen konnten. Das Gleiche galt auch für die Leute, die noch wenige Wochen zuvor geglaubt hatten, dass sie gut bezahlt würden und sichere Jobs hätten. Die Geierbanken des Kults standen bereit für eine Welle von Enteignungen in einer Größenordnung, die die Folgen der Finanzkrise mehrfach übertreffen würde und das bereits beschriebene Ziel der Vernichtung von Privateigentum wesentlich näher rückte. Selbst diejenigen, die es schafften, ihr Eigentum zu behalten, mussten feststellen, dass sein Wert unter den Preis gefallen war, den sie dafür bezahlt hatten, sodass sie aufgrund des negativen Eigenkapitals nicht mehr umziehen konnten. Wie viele Menschen würden noch in die unteren Bereiche der Hungerspiele-Pyramide abstürzen, weil ihr Geschäft oder ihr Arbeitsplatz im Zuge der staatlichen Reaktion auf das „Virus" zerstört worden war? Möglicherweise *Millionen*.

Die wirtschaftliche Kernschmelze wurde nicht durch ein „Virus" verursacht, sondern durch die kalkulierte Reaktion Des Tiefen Staats auf ein Fake-„Virus". Dies führte zu den vorhersehbaren Rufen nach einem weiteren Ziel des Kults: einem garantierten (armseligen) Grundeinkommen mit all den Konsequenzen für die Freiheit, die ich zuvor schon beschrieben habe.

Der Kult bestimmt seit Jahrhunderten, wer Papst wird. Wenn ein aufrichtiger Mann es irgendwie schafft, durch seine Netze zu schlüpfen, wie es Papst Johannes Paul I. (Albino Luciani) 1978 gelang, dann hat das böse Folgen: Luciani wurde nach freimaurerisch bedeutsamen 33 Tagen in Amt vergiftet, weil er geplant hatte, den Vatikan vom Einfluss des Kults zu säubern. Sein Nachfolger war der äußerst unaufrichtige Papst Johannes Paul II., wiederum gefolgt von Benedikt XVI. und Franziskus. Als die Folgen der Lockdowns sich bemerkbar machten, forderte Papst Franziskus – wie vorherzusehen war – ein bedingungsloses Grundeinkommen, ebenso wie er eine Weltregierung und einen Wandel der globalen Gesellschaft forderte, um der „Herausforderung des Klimawandels" zu begegnen. Wenn Papst Franziskus das will, dann will der Kult es, da auch dieser Papst Eigentum des Kults ist. Italien war von dem Pandemie-Schwindel am stärksten betroffen und musste den längsten Lockdown von allen überstehen. Denken Sie daran, was die sabbatianisch-frankistischen Extremisten und „Rabbis" über die Notwendigkeit sagten, „Edom" – also Rom, Italien und das Christentum – zu zerstören, bevor ihr „Messias" kommen könne. Der im Kultbesitz stehende Papst Franziskus schrieb über ein bedingungsloses Grundeinkommen:

> Vielleicht ist es an der Zeit, über einen universellen Grundlohn nachzudenken, der die edlen und unersetzlichen Aufgaben, die Sie verrichten, anerkennt und würdigt. Er würde das zugleich menschliche und christliche Ideal, dass kein Arbeitnehmer ohne Rechte ist, sicherstellen und konkret verwirklichen.

Sie scheren sich doch einen Dreck um diese Leute, Franziskus, Sie verdammter Betrüger! Das „bedingungslose Grundeinkommen", das kaum zum Überleben reicht und nur unter der Bedingung ausbezahlt wird, dass man sich an die Anweisungen der Regierung hält, ist Teil einer seit Langem geplanten neuen Wirtschaft. Sie soll ein bargeldloses, digitales System der total zentralisierten Kontrolle sein, vor dem ich ebenfalls schon seit Jahrzehnten warne. Bargeld wurde während der Hysterie um die Fake-Pandemie systematisch verteufelt, mit der Begründung, dass der Umgang mit Geld die „Krankheit" übertragen könnte (siehe auch: Geisteskrankheit). Die im Besitz des Kults befindliche und von Gates gesteuerte WHO riet allen Menschen, kontaktlose digitale Technik statt Bargeld zu verwenden, um sich vor dem „Virus" zu schützen. Da wäre es doch gleich besser, eine bargeldlose Gesellschaft zu haben, nicht wahr? Das ist alles so verdammt durchsichtig …

Laut John Howells, Geschäftsführer des britischen Geldautomatenverbunds LINKS mit seinen 70.000 Bankomaten, hat das „Virus" die Umstellung von Bargeld auf Karten- und Onlinezahlung drastisch beschleunigt. Er sagte, dass Bargeld bis zum Ende des Sommers

2020 fast verschwunden sein könne, weil die Kunden auf Karten umsteigen und nie wieder zu Bargeld greifen würden. Microsoft besitzt das Patent auf ein „Kryptowährungssystem unter Verwendung von Körperaktivitätsdaten". In der Patentschrift heißt es: „Anstelle des massiven Rechenaufwands, der bei manchen der herkömmlichen Kryptowährungssysteme erforderlich ist, werden Daten auf Grundlage der körperlichen Aktivitäten des Nutzers generiert." Eine Kryptowährung ist laut Definition „eine digitale Währung, bei der Verschlüsselungstechniken verwendet werden, um die Erzeugung von Währungseinheiten zu regeln und den Transfer von Vermögenswerten zu überprüfen, und die unabhängig von einer Zentralbank funktioniert". Viele Autoren in den Alternativmedien glaubten, dass Kryptowährungen der Schlüssel zum Sturz des Elitesystems wären – dabei steckte in Wirklichkeit die ganze Zeit der Kult dahinter. China, die Blaupause für den Rest der Welt, reagierte auf die „Pandemie", indem es „zu Versuchszwecken" eine digitale Währung und ein „Blockchain" (Transaktions)-System einführte. Der Kult- und Rockefeller-Insider Dr. Richard Day erzählte den Kinderärzten bei seinem Vortrag *im Jahr 1969*, dass genau dieses Wirtschaftssystem kommen würde. Im Folgenden wird er aus den Aufzeichnungen des Kinderarztes Lawrence Dunegan zitiert:

> Die Aktivierung des neuen Systems würde, so fuhr er fort, wahrscheinlich an einem Wochenende im Winter erfolgen. Am Freitagabend würde alles abgeschaltet werden, und am Montagmorgen, wenn die Menschen erwachen, gäbe es eine Bekanntmachung, dass das neue System in Kraft getreten sei. Während der Phase, in der die Vereinigten Staaten auf die kommenden Veränderungen vorbereitet werden, wären die Menschen immer beschäftigter und hätten immer weniger Zeit und Gelegenheit, sich umzuschauen und wahrzunehmen, was um sie herum geschieht.

Alle Punkte abhaken

Der Klimakult und die New-Woke-Ideologie, die von derselben Macht manipuliert werden, die auch hinter der „Pandemie" steckt, beuteten den Konjunkturabsturz durch das „Virus" auf höchst unappetitliche Weise aus, um in den USA den Green New Deal sowie die Rassismus- und Migranten-Agenden durchzusetzen. Die lächerliche amerikanische Demokratische Partei, angeführt von Nancy Pelosi, beharrt darauf, dass jegliche finanzielle Unterstützung durch den Staat von der Einstellung von Diversitätsbeauftragten und der Akzeptanz von Kohlenstoffemissionszielen abhängig gemacht werden muss. Bill de Blasio, der New-Woke-Bürgermeister von New York, brachte die „Pandemie" mit „strukturellem Rassismus" in Verbindung. Wir haben es hier wirklich mit herzlosen Psychopathen zu tun, was man auch daran erkennt, dass der Klimakult die wirtschaftlichen Folgen der behördlichen Reaktionen auf das „Virus" dazu nutzt, um die Deindustrialisierung und das neue Wirtschaftssystem des Kults voranzutreiben. Das Gates-Davos-Weltwirtschaftsforum veröffentlichte einen Artikel von erbärmlicher Vorhersehbarkeit mit der Überschrift

„Wie Covid-19 uns helfen könnte, den Kampf gegen den Klimawandel zu gewinnen“. Ach, was Sie nicht sagen! Die Autorin war eine gewisse Victoria Crawford, Projektleiterin für Umweltbelastbarkeit am WEF in Genf. Sie schrieb:

> Während wir noch unter dem Schock dessen stehen, was um uns herum geschieht, und uns mit unserer neuen Realität arrangieren, könnten wir diesen Augenblick als einmalige Gelegenheit nutzen, unsere Gesellschaft und Wirtschaft nach unseren Vorstellungen umzugestalten. Da Wissenschaftler davor warnen, dass uns nur noch zehn Jahre bleiben, um die schlimmsten Folgen des Klimawandels zu vermeiden, könnte uns die aktuelle Situation eine Gelegenheit bieten, die Klimakrise zu lösen, bevor es zu spät ist. Eine Reihe von Veränderungen, die durch den Covid-19-Notstand ausgelöst wurden, legen den Grundstein für den erforderlichen Wandel.

Das ist natürlich einer der Gründe, warum der Virusschwindel überhaupt erst inszeniert wurde. Schon bald wurde der Ruf nach einem marxistischen, technokratischen „Green New Deal“ laut, der das Fundament jeder Konjunkturerholung bilden sollte. Das fast ständig finster dreinblickende Marionettenkind Greta Thunberg verkündete: „Ob es uns gefällt oder nicht, die Welt hat sich verändert. Sie sieht völlig anders aus als noch vor ein paar Monaten, und sie wird wahrscheinlich nie wieder so aussehen wie zuvor, also müssen wir uns für einen neuen Weg nach vorn entscheiden.“ Hmm, und welcher Weg soll das sein, Greta? Aha, dein Weg – oder viel eher der Weg der Erwachsenen, die dich aus den Kulissen heraus fernsteuern. „Wenn ein einziges Virus innerhalb weniger Wochen die Wirtschaft zerstören kann, zeigt dies, dass wir nicht langfristig denken und diese Risiken nicht berücksichtigen“, sagte die Weltretterin, schüttelte den Kopf und wandte sich dem nächsten Problem zu.

Die New Yorker Kongressabgeordnete Alexandria Ocasio-Cortez, das Gesicht des Green New Deal, sah sich gütig die wirtschaftlichen Verheerungen an, denen normale Amerikaner ausgesetzt sind, und sprach über den Zusammenbruch des Ölpreises: „Das sieht man absolut gerne. Zusammen mit dem Zinssatz, der sich auf einem Rekordtief befindet, bedeutet das, dass jetzt der richtige Zeitpunkt für eine von den Arbeitern geführte massenhafte Investition in grüne Infrastruktur ist, um unseren Planeten zu retten.“ Man kann kaum glauben, dass jemand so narzisstisch und ohne jede Selbsterkenntnis sein kann. Brian May, der Gitarrist der Band Queen, nannte den Fleischkonsum als Ursache des „Virus“, weil er so gern für eine vegane Lebensweise wirbt. May gab an, sich schon frühzeitig in die schützende Isolation begeben zu haben, weil er „es kommen sah“. Ich frage mich, wie viele Leute ihn kommen sahen?

Das New-Woke-Deutschland schloss seine Grenzen für alle Einreisenden aus Europa, ließ jedoch asylsuchende Migranten aus dem Nahen Osten und Afrika nach wie vor ins Land. In Schweden war die Situation naturgemäß sehr ähnlich. Alle Bestrebungen, Migranten bis zum Ende der durch das „Virus“ ausgelösten wirtschaftlichen Katastrophe an der Einreise in die USA zu hindern, um dort gut bezahlte Jobs anzunehmen, wurden blockiert – ebenso naturgemäß. Schließlich durfte man nicht zulassen, dass eine Kult-Agenda der anderen in die Quere kam, sondern nutzte vielmehr jede Gelegenheit, von der manipulierten Panik zu profitieren. George Soros forderte wegen der „Pandemie“ die Entlassung von

Häftlingen aus dem Gefängnis, um auf diese Art seine Bemühungen zu intensivieren, eine „Dschungelumgebung" zu schaffen, wie sie in Dokumenten des Kults heraufbeschworen wird. Und tatsächlich (und wieder einmal naturgemäß) wurden Tausende Schwerverbrecher freigelassen. Typisch für die New-Woke-Mentalität, die im Zuge der „Pandemie" erst richtig entfesselt werden soll, ist der britische Schauspieler Idris Elba, der im Gespräch mit der TV-Moderatorin Oprah Winfrey sagte, dass die Erde das Virus erzeugt habe, um die Menschheit zu bestrafen:

> Wir haben unsere Welt beschädigt. Und es ist wirklich keine Überraschung, dass unsere Welt auf die Menschheit reagiert. Es ist keine Überraschung, dass ein Virus erzeugt wurde, das uns langsamer machen und im Endeffekt dazu bringen wird, anders über unsere Welt und uns selbst zu denken. [...] Für mich ist das eine ganz besondere Angelegenheit, die sehr deutlich ist; fast so, als würde die Welt aufschreien und sagen: „He – ihr tretet mich! Was ihr tut, ist nicht gut. Also werde ich mich jetzt von euch befreien!"

Höret die Botschaft: Menschen sind *gefährlich*. Sie sind so gefährlich, dass die Regierung uns sagt, dass man zwei Meter Abstand von ihnen halten muss. Man soll Menschen fürchten. Sie sind *furchtbar*. Der lächerliche Elba erzählte Winfrey auch noch, dass er positiv auf das Coronavirus getestet worden sei und sich „gut erhole", ohne irgendwelche Symptome entwickelt zu haben. Der ziemlich offensichtliche Widerspruch zwischen einer Erde, die sich mit einem Virus von Menschen befreien will, von dem sich der Schauspieler gerade ohne Symptome „gut erhole", schien ihm nicht aufzufallen – aber in solchen Übungen ist der New-Woke-Verstand ja ziemlich gut. Vielleicht kennt sich die Erde mit massenhaftem Völkermord auch nicht ganz so gut aus und überlässt daher dem Kult das Feld.

Ein weiterer Punkt, der abgehakt werden konnte, ist der Angriff des Kults auf die Religion beziehungsweise jede gemeinschaftliche Gruppierung, deren Mitglieder einander unterstützen. Man ließ die Kirchen einfach per Gesetz schließen, und einige von ihnen konnten nie wieder öffnen. Das alles traf die in der US-Verfassung und der Bill of Rights verbrieften Freiheiten mit verheerender Gewalt. Der Kult und seine faschistischen Agenten konnten diese Dokumente praktisch in der Luft zerreißen – und damit haben die politischen Handlanger dieser Macht eindeutig gesetzwidrig gehandelt.

Die Abfolge der Ereignisse

China, eines der wichtigsten Zentren des Kults, überstand die „Pandemie" besser als alle anderen Länder, obwohl das „Virus" angeblich von dort seinen Ausgang nahm. Wenn man sich die Abfolge der Ereignisse genau ansieht, wird daraus aber ein „*weil* das Virus dort seinen Ausgang nahm". Es war von entscheidender Bedeutung, dass der Pandemiebetrug von Anfang reibungslos funktionierte, um die Lockdowns rechtfertigen zu können, wie das auch schon im Szenario-Dokument der Rockefeller-Stiftung aus dem Jahr 2010 beschrieben worden war. Die wilde Aufregung über ein tödliches Virus, das in Wuhan zirkulierte, führte zu ebenso drastischen wie faschistischen Lockdowns, die von den chinesischen Behörden unter der Kontrolle des Kults verordnet wurden. Man sperrte Menschen in ihre Wohnungen ein, wo sie verhungerten, und holte andere von der Straße oder aus ihren Häusern, um sie wer weiß wohin zu verfrachten. Die aus China berichteten Fall- und Todesfallzahlen wegen des neuen „Virus" gingen sodann plötzlich auf wundersame Weise zurück und fielen angeblich auf *null*.

So etwas kann passieren, wenn eine „Pandemie" das Ergebnis einer Fehldiagnose in einer für Atemwegserkrankungen berüchtigten Stadt mit vergifteter Luft ist. Bedenkt man weiterhin, dass Wuhan die erste „Smart City" mit 5G war, dann ist das Potenzial für eine gefälschte Gesundheitskrise geradezu grenzenlos. Ich betone noch einmal. dass ich mit „gefälscht" nicht meine, dass niemand gestorben ist. Es geht vielmehr darum, *woran* die Menschen gestorben sind und was ihre Symptome verursacht hat – das könnte alles sein, vom lange andauernden Einatmen vergifteter Luft bis hin zu bestimmten 5G-Frequenzen. In Wahrheit wollte man aber nur die Wahrnehmung erzeugen, die effektivste Reaktion auf das „Virus" wären Lockdowns. Als sich die „Pandemie" dann angeblich in den Westen ausbreitete, stand der Gates-Handlanger Tedros von der WHO sofort Gewehr bei Fuß, um China für seine Handlungsweise zu loben und die chinesische Reaktion als leuchtendes Beispiel dafür anzuführen, wie der Westen auf das Eintreffen des „tödlichen Virus" reagieren sollte. Wenn die Kult-Täuschung funktionieren sollte, mussten strenge Lockdowns und die Schließung von Geschäften und Unternehmen angeordnet werden, damit die Weltwirtschaft programmgemäß zusammenbrechen konnte und Selbstständige nicht mehr dazu fähig waren, ihr Leben zu finanzieren. Als diese Maßnahmen im Westen in Kraft traten, begann in China die konjunkturelle Erholung, damit sich das Land mehr Kontrolle und Macht über die kränkelnde westliche Welt sichern konnte. Aus Wuhan im Lockdown wurde der gesamte Westen im Lockdown, wie geplant (Abb. 388 und 389).

Abb. 388: „Leere Straßen, Wuhan im Lockdown" – *Was in China passierte, wurde in anderen Ländern wiederholt – genau nach Plan, sobald die Reaktionsblaupause verankert war.*

Abb. 389: „Wo sind nur all die Menschen hin?" – *Touristenmassen in Venedig.*

Als Nächstes wurde Italien von den Medien ins Zentrum der öffentlichen Aufmerksamkeit gerückt, um den Bewohnern und ahnungslosen Politikern der westlichen Länder noch mehr Angst davor einzujagen, was auch in ihrem Land passieren könnte. Gesteigert wurde die Angst durch die ungeheuerlichen Sterblichkeitsprognosen, die aus den Computern des Imperial College kamen. Man verschwieg dabei allerdings, dass das Zentrum der italienischen „Covid-19-Pandemie" in Italien ein Gebiet war, das in Sachen Luftverschmutzung, der daraus resultierenden Atemwegserkrankungen und einer außerordentlich hohen Todesrate praktisch ein Spiegelbild Wuhans war. Zudem hatte man auch in dieser Region erst kurz zuvor 5G eingeführt. Die italienische Regierung trieb das ganze Land am 9. März 2020 in den Lockdown, weil die Fall- und Todesfallzahlen wegen der betrügerischen Fehldiagnose von Lungenkrankheiten aus anderen Ursachen als „Covid-19" immer weiter stiegen. Öffentliche Versammlungen aller Art, einschließlich Sportveranstaltungen, wurden untersagt, ebenso wie Reisen, abgesehen von solchen, die notwendig und behördlich genehmigt waren. Die Menschen mussten an Kontrollpunkten Formulare mit dem Grund ihrer Reise oder ihres Aufenthalts außer Haus vorweisen; wer „ohne Grund" im Freien angetroffen wurde, bekam eine Geldstrafe in Höhe von 200 Euro aufgebrummt. Menschen, die das „Virus" hatten (also positiv auf genetisches Material und nicht auf das Virus getestet worden waren), wurde mit hohen Gefängnisstrafen gedroht, wenn sie sich nicht in Isolation begaben, sondern andere „infizieren" und so deren Tod verursachen sollten. Die Polizei ließ Überwachungsdrohnen durch die leeren Straßen schweben, damit die Bevölkerung sich an den Hausarrest hielt (Abb. 390). Es war wie eine Szene aus einer Science-Fiction-Dystopie Marke Hollywood (was ja genau zum Thema passt). Andere Länder erlebten dieselbe Abfolge. Ihre Bewohner mussten in den Lockdown, und wer sich nicht daran hielt und ohne Genehmigung das Haus verließ, über den wurden Geld- oder Gefängnisstrafen verhängt. Die Ereignisse in Italien stärkten außerdem die Überzeugung, dass Lockdowns zwingend notwendig wären, um „uns zu retten". Wie Dominosteine fielen die einzelnen Staaten nacheinander um und folgten demselben zentral diktierten Drehbuch des Kults.

Abb. 390: „Nennen wir es, was es ist: massenhafter Hausarrest" – *Immer schön Abstand halten ...*

Das alles ist nur ein Psychospielchen. Es ist erstaunlich, wie wenige Leute und Schlüsselpositionen dazu notwendig sind, um in einem pyramidenförmig aufgebauten System die Politik zu diktieren – sei es die der Regierung oder von oben nach unten durchgegebene Anweisungen an Ärzte und medizinisches Personal. Ermöglicht wird dies durch eine Kombination aus (sehr wenigen) Kult-Psychopathen und einer Menge Ahnungsloser, die Befehle befolgen, ohne sie zu hinterfragen oder ihnen gar zu widersprechen (Abb. 391).

Abb. 391: „Von Psychopathen regiert, von Idioten geführt" – *So läuft es ... und die „Pandemie" ist ein klassisches Beispiel dafür.*

Folge dem Geld – der Abhängigkeit

Die Volkswirtschaften waren ohnehin schon stark in Mitleidenschaft gezogen worden, als ein Großteil der weltweiten Herstellungs- und Lieferkapazitäten über Jahrzehnte hinweg immer mehr nach China verlagert wurde. Die großen Kult-Konzerne nutzten die chinesischen Sklavenarbeitslöhne des Landes, während in ihren eigenen Ländern Arbeitsplätze verloren gingen. Besonders ironisch ist die Tatsache, dass Amerika bei der Medikamentenproduktion fast vollständig von China abhängig ist. Das gilt auch für Antibiotika, die mittlerweile angeblich zu 96 Prozent von den Chinesen hergestellt werden. Ähnliche Abhängigkeitsverhältnisse gelten auch für andere Länder. ABC News berichtete, dass rund *90 Prozent* der Wirkstoffe, die von amerikanischen Unternehmen zur Herstellung von Medikamenten verwendet werden, aus China stammen; laut anderen Quellen liegt der Anteil noch höher. Der staatlich kontrollierte (wie alles in diesem Land) chinesische Pressedienst veröffentlichte während der Ausbreitungsphase des „Virus" einen Artikel, in dem er sich hämisch über die Abhängigkeit der USA von Medikamentenlieferungen aus China äußerte und darüber spekulierte, was mit den Amerikanern geschehen würde, falls China diese Lieferungen einstellen sollte. Wie kann Amerika so dumm sein, sich bei Medikamenten und anderen Grunderzeugnissen von einem Land abhängig zu machen, das uns ansonsten immer als „Feind" verkauft wird? Die Dummheit hat in diesem Fall nichts mit der amerikanischen Bevölkerung zu tun, sondern wurde vom Kult über sein Big-Pharma-Kartell und die willfährigen Politiker genau geplant. Die vom Kult kontrollierten Medien nehmen währenddessen die chinesischen Diktatoren brav in Schutz.

Die vom New-Woke-Virus infizierten amerikanischen Medien und andere Extremisten halten es sogar für rassistisch, den Ausbruch als „chinesisches Virus" oder „Wuhan-Virus" zu bezeichnen. Als Joe Biden noch Präsidentschaftskandidat war, nannte er es „Fremdenfeindlichkeit", das Coronavirus auch nur mit dem Namen „ausländisches Virus" zu belegen. Jede Kritik an China hat als rassistisch eingestuft zu werden – wobei das chinesische System selbst unglaublich rassistisch ist. Wer genau beobachtet, wird erkennen, wie die Medien und New-Woke-Jünger alle dazu neigen, die chinesische Technokratie in Schutz zu nehmen, ob es nun um das Fake-„Virus" oder den „Klimawandel" geht. Eine ähnliche Abhängigkeit der USA und der ganzen Welt wird zunehmend herbeimanipuliert, was israelische Smart- und Cybertechnologie angeht. Beide dieser Abhängigkeiten steuern auf ein und dasselbe geplante Ergebnis zu. Am Ende soll China statt den USA den wirtschaftlichen und möglicherweise sogar richtigen „Krieg" gewinnen, während die Sabbatianer-Frankisten aus Israel heraus systematisch Amerika zerstören, um eine globale Gesellschaft nach chinesischem Modell herbeizuführen.

Wenn ich schreibe, dass „China" den Krieg gewinnen soll, meine ich damit weder das Land noch seine Bewohner. Das chinesische *Modell* soll weltweit den Sieg davontragen. Gesteuert soll es aber aus Israel werden – und zwar vom Kult und nicht von der derzeitigen chinesischen Diktatur, die ohnehin dem Kult untersteht. Man sehe sich an, wie gut sich China seit dem Ausbruch des „Virus" gegenüber dem Westen in jeder Hinsicht geschlagen hat. Die Gerüchte über eine biologische Waffe, die aus dem Labor in Wuhan freigesetzt wurde, gießen für den bevorstehenden Konflikt mit China nur Öl ins Feuer; genau das ist es, was der Kult will. Das bedeutet nicht, dass der Einsatz einer Biowaffe (oder die Einführung einer solchen … die 5G mit 60 GHz verwendet) vom Kult nicht für irgendwann geplant wäre. Wenn der „Prophet" Bill Gates sagt, dass eine biologische Waffe seine „Pandemie 2" sein könnte, die der „Pandemie 1" nachfolgen wird, müssen wir das alle unbedingt zur Kenntnis nehmen.

Überlebensreaktion aktiviert? Gut – dann können wir jetzt loslegen!

Das Pandemieszenario ist eine weitere psychologische Manipulation, bei der die Angst der Öffentlichkeit vor dem Tod und dem Unbekannten dazu benutzt wird, die gewünschte Reaktion hervorzurufen und Zustimmung zu einer Diktatur zu erlangen. Ein zusätzlicher Bonus dabei ist, dass die angeborene Angst der Menschen vor dem Tod und dem Unbekannten bedeutet, dass große Teile der Bevölkerung selbst mit stark autoritären Maßnahmen kein Problem haben, solange sie nur glauben, dadurch vor Tod und Krankheit geschützt zu sein. Sobald man die „Virus"-Hysterie erst ausgelöst hatte, waren die folgenden Ereignisse leicht vorhersehbar. Die Ereignisse und Reaktionen nahmen ein Eigenleben und eine Eigendynamik an, als inmitten der öffentlichen Angst und Panik höchst autoritäre Maßnahmen „zum Schutz der Menschen" ergriffen wurden. Israel änderte beispielsweise seine Gesetze, damit die Telefone vom „Virus" Betroffener legal verfolgt werden konnten. Google, Apple und andere Tarnorganisationen kündigten an, die Standortdaten ihrer Nutzer mit den Behörden teilen zu wollen, um das Bewegungsmuster von Bürgern auszuspionieren, Versammlungen aufzuspüren und so die Einhaltung der „Social Distancing"-Regeln zu erzwingen. Die französische Regierung gehörte zu den ersten, die diese Maßnahme forderten, und andere folgten ihr.

In England, Europa, Nordamerika und der ganzen Welt wurde die Bevölkerung mit der vollständigen Durchsetzung staatlicher Maßnahmen (des Kult-Weltstaats) durch Polizei und Militär konfrontiert – die beiden Institutionen, die in der globalen Hungerspiele-Gesellschaft in Kombination auftreten sollen. Indien stempelte die Hände von Menschen, die unter Infektionsverdacht standen, mit unlöschbarer Tinte ab. Die Nachrichtenagentur Reuters meldete, dass das Weiße Haus unter Präsident Trump die Anweisung ausgegeben habe, Treffen auf höchster Ebene zum Thema Coronavirus als geheim zu behandeln. Reuters bezeichnete dies als „einen ungewöhnlichen Schritt, durch den Informationen eingeschränkt werden und der die Reaktion der US-Regierung auf die Infektion behindert, wie vier Beamte der Regierung Trump sagten". Die Geheimhaltungsbestimmung wurde offenbar Mitte Januar 2020 vom National Security Council (Nationaler Sicherheitsrat; NSC) angeordnet. Regierungsbeamte, die anonym bleiben wollten, wurden mit den Worten zitiert, dass diese Maßnahme es einschlägigen Experten unmöglich mache, an den Sitzungen teilzunehmen. Andere Meldungen zeigten aufmerksamen Beobachtern recht deutlich, dass der NSC die Reaktion auf das „Virus" gemeinsam mit dem Pentagon und den Geheimdiensten steuert. Aus diesen Institutionen, zusammen mit Verwaltungsbeamten der Regierung und den Exekutivorganen, setzt sich der faschistische TIEFE STAAT zusammen (der dem Kult gehört).

Diese Fakten sollten sämtliche Warnlichter aufleuchten lassen. Man hat jede Gelegenheit genutzt, um alle Aspekte der Kult-Agenda, die ich seit Jahrzehnten aufdecke, voranzutreiben. Dazu gehörten Beschränkungen des legalen Waffenkaufs in den USA, wobei viele Waffenläden zwangsweise geschlossen wurden. Die ultrazionistische *New York Times* schaffte es sogar irgendwie, Christen für den „Krankheitsausbruch" verantwortlich zu machen. Und die ahnungslosen Politiker marschierten wie so oft hinter den Kult-Agenten und -Behörden her, um zu tun, wie ihnen geheißen wurde.

Teile und herrsche – diesmal buchstäblich

Nichts spaltet eine Gemeinschaft schneller und gründlicher als die Angst, dass andere Menschen krank sein und einen anstecken könnten. Die sogenannte „soziale Distanzierung" hat die Menschen weiter auseinandergetrieben und noch misstrauischer gemacht. Sie wird in den Medien neuerdings verharmlosend als „räumliche Distanzierung" bezeichnet und ist als „Verringerung des Kontakts zwischen Menschen" definiert, die auch eine „Verringerung von Zusammenkünften an öffentlichen Orten wie Kultur- und Sportveranstaltungen, eine Beschränkung nicht notwendiger Fahrten in öffentlichen Verkehrsmitteln sowie die Empfehlung, zu Hause zu arbeiten, beinhaltet". Man wies die Bevölkerung an, zwei Meter Abstand zueinander einzuhalten und sich nicht in Gruppen von mehr als zwei Personen zu versammeln, es sei denn, sie wohnten im selben Haushalt. Hier konnte man deutlich eine beschleunigte Version des schleichenden Totalitarismus beobachten, als die Behörden immer autoritärere Maßnahmen beschlossen, die sie nur wenige Tage zuvor für nicht notwendig erachtet hatten. Ich nenne dies die Türen-aufdrücken-Methode. Man drückt die erste Tür auf, und wenn kein Widerstand kommt, geht man weiter zur nächsten Tür und drückt die nächste auf. Wenn es auch hier keinen Widerstand gibt, versucht man es mit der nächsten Tür, und so weiter.

Die Leute standen vor Supermärkten in langen Schlangen, weil nur eine Person hinein durfte, wenn eine andere das Geschäft verlassen hatte. Sie standen bei jedem Wetter da, ob in der prallen Sonne oder bei strömendem Regen und starkem Wind (gut für die Gesundheit). Sie fügten sich einfach, ohne Fragen zu stellen oder zu widersprechen. Die von den Herzlosen gesteuerten Hirnlosen kündigten den nächsten Schritt zur Diktatur an, und die große Mehrheit verhielt sich wie Versuchstiere im Labor und folgte den Anweisungen. Und die erwähnten Hirnlosen mögen zwar von den Herzlosen gesteuert werden, doch sie haben Autoritätspositionen inne, weshalb wir ihnen gehorchen müssen. Damit habe ich kurz die Grundlage der Kontrolle über Menschen zusammengefasst, die genau so funktioniert, seit es Menschen gibt.

Abb. 392: Aus einem Fernsehbericht: Leere Supermarktregale, weil die Leute aus Angst vor dem Virus Panikkäufe tätigen. Das passiert, wenn der Überlebensinstinkt im Reptiliengehirn geweckt wird. Ihr seid mir alle egal – es geht nur um MICH.

Eine vorhersagbare öffentliche Reaktion erfolgte, als durch Panikkäufe (verursacht die Überlebensreaktion) in den Geschäften plötzlich keine Lebensmittel und andere Produkte mehr in den Regalen standen (Abb. 392). Ich suchte einen örtlichen Supermarkt auf, in dem zwei Tage zuvor noch alles normal gewesen war – und als ich ihn betreten wollte, sagte mir ein Typ am Eingang, der sonst nicht da war, dass ich mich hinten in der Schlange anstellen müsse. Zwischen den Leuten war so viel Platz, dass ich nicht einmal bemerkt hatte, dass sie Schlange standen. „Welche Schlange?", fragte ich. Er deutete mit dem Finger darauf und plötzlich sah ich sie: eine Reihe von Menschen, so weit ich sehen konnte, und alle zwei Meter voneinander entfernt. Dabei war dies zu einer ruhigen Zeit mitten am Tag. Wie muss es da zugegangen sein, wenn wirklich viel los war? Ich ging nie wieder dorthin, um es herauszufinden … Warum war diese Maßnahme plötzlich notwendig, obwohl man während der ganzen bisherigen „Virus"-Hysterie ohne sie ausgekommen war? Niemand schien diese Frage zu stellen. Es ist wirklich sehr einfach, angesichts eines derart bedingungslosen Gehorsams alles Mögliche durchzusetzen (Abb. 393).

Abb. 393: „Die Corona-Ausgangssperre … ‚soziales Training' für eine globale technokratische neue Weltordnung" *– Die Freiheit ist abgeschafft, ganz einfach. (Bild: Neil Hague)*

Der Polizei-Militär-Staat

Die drakonischen Gesetze zur Durchsetzung all dieser Zumutungen, durch die Freiheit und Demokratie außer Kraft gesetzt wurden, sollten laut Vorhersagen mehrere Monate oder sogar mehr als ein Jahr gültig sein. Sie treiben die Menschen auf genau die Art auseinander, die der Kult benötigt, um sie immer stärker in einer Wellenverbindung, die während des „Social Distancing“ menschliche Interaktionen ermöglicht, mit KI-Technologie zu verknüpfen. Dahinter steht auch hier die Psychologie, der zufolge jeder Mensch *gefährlich* (siehe „globale Erwärmung“) und KI-Technologie *sicher* wäre. Dabei sollten wir nicht vergessen, dass man Milliarden von Menschen weltweit ganz eindeutig unter Hausarrest stellen und wegsperren kann, aber ihr einziges Kommunikationsmittel in dieser Phase – das Internet – von Unternehmen und Behörden des Kults kontrolliert wird und jederzeit abgeschaltet werden kann, wenn diese Institutionen das wollen. *Glauben Sie jetzt immer noch, dass ein paar wenige Menschen nicht die ganze Welt kontrollieren können?* Machen Sie sich keine Illusionen: Genau das sieht der Plan für irgendwann in der Zukunft vor, vor allem dann, wenn wir uns weiterhin wie Kaninchen verhalten, die wie hypnotisiert im Scheinwerferlicht eines entgegenkommenden Lastwagens erstarren. Demokratie abgeschafft, Freiheit beseitigt – aber wo ist bitte das Problem?!

Mittlerweile haben wir sicher aus Erfahrung gelernt, worauf einige von uns schon die ganze Zeit hingewiesen haben: Polizei und Militär sind nicht zum Schutz von Menschenrechten und Freiheit da, sondern dazu, den Willen des Staates (der wenigen) dem Rest der Menschheit aufzuzwingen. Es gibt aufrichtige Menschen bei der Polizei und beim Militär, das will ich durchaus anerkennen, aber an ihrer Seite stehen Idioten und Psychopathen, die in dieser neuen Ära der ungebremsten Machtausübung einen wahren sexuellen Sinnesrausch empfinden. Es ist erschütternd, dass manche dieser Schwachköpfe in Uniform, die von Handykameras gefilmt wurden, Macht über das Leben anderer Menschen ausüben dürfen. Die Polizei (in manchen Ländern das Militär) errichtete Straßensperren, an denen Menschen befragt wurden, wohin sie fahren und aus welchem Grund. Nicht umsonst hätte diese Maßnahme direkt aus einem nationalsozialistischen/kommunistischen Regime stammen können – es *war* reiner Faschismus/Kommunismus oder vielmehr der schnell aufkommende Polizei-Militär-Staat der technokratisch beherrschten Hungerspiele-Gesellschaft. Die Straßen wurden von Drohnen überwacht, die direkt aus einem dystopischen Science-Fiction-Film (präemptive Programmierung) stammen hätten können. Manche der Geräte wurden dazu eingesetzt, der Bevölkerung Befehle aus der Luft zuzubrüllen. Polizei-Extremisten wie die im englischen Derbyshire, aber auch in New York und anderswo, benutzten Drohnen sogar zur Überwachung von Personen, die irgendwo im freien Gelände, fernab aller anderen Menschen, spazieren gingen. Im Falle von New York und anderen US-Bundesstaaten waren die besagten Drohnen von *China* gespendet worden – und die Chinesen hatten natürlich auch Zugriff auf die gesammelten Daten.

Die von Chief Constable Peter Goodman angeführte Polizei von Derbyshire war sichtlich begeistert von den nahezu unbegrenzten Befugnissen, die sie dank der „Notstandsgesetze“ erhalten hatte. Goodmans legendärer New-Woke-Intellekt hatte schon dazu geführt, dass seine Truppe nichts mehr mit dem Männerchor der Derbyshire-Polizeimannschaft zu tun haben durfte, weil in diesem Chor logischerweise keine Frauen mitsingen durften. Ein Männerchor hat eben eine bestimmte Tonlage, aber mit diesem Argument sollte man Goodman lieber nicht belasten, weil er sich sonst intellektuell darin verlieren würde. Die Derbyshire-Polizisten im Dienste Goodmans wurden angewiesen, schwarze Farbe in ein schönes natürliches Fleckchen namens „blaue Lagune" zu schütten, um Besucher davon abzuhalten, diesen Ort aufzusuchen. Sie hielten meinen Sohn Jaymie an, weil er seinen Hund kilometerweit vom nächsten menschlichen Wesen ausführte, und bestanden darauf, dass er mit dem Tier in seinem Dorf Gassi gehen sollte, wo viel mehr Menschen unterwegs waren. Das ergab zwar keinen Sinn, aber das sollte es auch gar nicht.

Endlos und dauernd wurden wir mit derartigem Schwachsinn konfrontiert, mit dem die Menschen daran gewöhnt werden sollten, widerspruchslos allen Anweisungen zu gehorchen, wie ein Hund, dem man beibringt, nicht ins Haus zu kacken. Das ging so weit, dass Nick Adderley, der Chief Constable von Northamptonshire in den englischen Midlands, damit drohte, seine Polizeibeamten die Einkaufswagen in den Supermärkten darauf kontrollieren zu lassen, ob die Leute „nicht lebensnotwendige" Dinge einkauften. Mit wie viel faschistoider Idiotie man „gesegnet" sein muss, um sich so etwas auszudenken, übersteigt meine Vorstellungskraft. Aber immerhin war der öffentliche und politische Aufschrei so groß, dass Adderley seine blöde Idee nicht verwirklichen durfte. Die Polizei von Manchester wiederum stellte einen Zusammenhang zwischen „gefährlichen Personen" und allen Leuten her, die online „Verschwörungstheorien" veröffentlichten. Und die britische Regierung verfügte, dass die Menschen ihren Haushalt nur noch verlassen durften, um Lebensmittel einzukaufen und sich einmal am Tag sportlich zu betätigen. Wie kann es „gefährlicher" sein, zehnmal am Tag draußen Sport zu treiben als nur einmal, solange man sich dabei von anderen Menschen fernhält?! Ist es natürlich nicht … dazu braucht man wirklich nicht viel Gehirnschmalz. Aber man wies die Leute auch an, ihre Autos nicht mehr für „nicht unbedingt erforderliche" Fahrten zu benutzen; dabei ist die bloße Vorstellung, dass man alleine in einem Auto ein „Virus" an andere weitergeben könnte, purer Schwachsinn.

Das ganze sinnlose Affentheater diente nur dazu, die Menschen auf Gehorsam zu programmieren. Ich war draußen, wann auch immer ich wollte. Uniformierte oder Typen in dunklen Anzügen, die mich daran hindern wollten, habe ich stets aufgefordert, mir zu erklären, warum es gefährlicher sein soll, bei Einhaltung des Zweimeterabstands mehrmals täglich im Freien zu sein als nur einmal. Ich versprach aber, sofort damit aufzuhören, wenn mir jemand eine vernünftige, intelligente und glaubhafte Antwort darauf geben könnte. Auf die warte ich allerdings bis heute. Die Polizei im „freien Deutschland" verhaftete in Baden-Württemberg die Medizinjuristin Beate Bahner, weil sie vor dem deutschen Bundesverfassungsgericht eine Klage gegen die Lockdowns einbringen wollte. Man ließ die Frau in eine psychiatrische Klinik einliefern. Die Nazis waren nie weg, sie haben sich nur bedeckt gehalten – bis jetzt.

Genau das passiert, wenn man machtbesessene Psychopathen und Idioten in Uniformen steckt. Der Kult weiß, dass man Machtgierige nur mit faschistischer Macht ausstatten muss, damit sie das ausnutzen und bis an die Grenzen ausloten. Psychopathen fühlen sich von Natur aus zu Machtpositionen hingezogen, wo sie über andere bestimmen können. Es gibt zwar viele anständige und aufrichtige Polizeibeamte, aber leider noch viel mehr Psychopathen in Uniform. Das wurde in der Zeit der Lockdowns auf der ganzen Welt deutlich. Die Behörden und ihre Vollstrecker von der Polizei gingen noch einen Schritt weiter, als sie Meldestellen einrichteten, bei denen normale Bürger jeden denunzieren konnten, der „gegen die Lockdown-Gesetze verstößt". Diese Methode, die einst die berüchtigte Stasi in der kommunistischen DDR anwandte, ist heute überall gang und gäbe. Eric Garcetti, der zutiefst lächerliche und faschistische Bürgermeister von Los Angeles, forderte die Bevölkerung auf, die Leute zu „verpfeifen", die gegen die Hausarrestanordnungen „verstoßen", und versprach sogar eine Belohnung dafür. Und all jene, die bei seinen Nazi-Methoden nicht mitspielen wollten, solle man „jagen". All dies dürfen wir nie vergessen. Feinde der Freiheit wie Garcetti, Goodman, Adderley und die vielen anderen Politiker, Beamten und Polizisten, die nicht nur die Menschenrechte für ungültig erklärt, sondern auch unabhängige Existenzen vernichtet haben, müssen zur Rechenschaft gezogen und aus ihren Ämtern entfernt werden. Sie alle haben gezeigt, dass man ihnen die elementarsten Grundrechte und Freiheiten nicht anvertrauen kann.

Da so viele Mitmenschen nicht viel mehr sind als Softwareprogramme, die auf das Drücken einer Eingabetaste reagieren, waren auch erstaunlich viele Leute mehr als bereit, ihre Freiheit aufzugeben und ihre Nachbarn sowie andere Mitmenschen anzuzeigen, wenn sie auch nur einen kleinen Verstoß gegen die faschistischen Maßnahmen begingen. Manche zeigten ihre Nachbarn sogar an, wenn sie mehr als einmal täglich ihren eigenen Vorgarten betraten. Man muss schon *völlig* unbewusst leben, um so zu handeln – aber daran erkennt man, wie zerbrechlich die Freiheit wirklich ist, wenn sogar diejenigen, die sie eigentlich fordern sollten, sofort zu ihrer Zerstörung beizutragen bereit sind. Wie sagte Morpheus im bereits mehrmals angesprochenen Film?

> Die Matrix ist ein System, Neo. Dieses System ist unser Feind. Aber wenn du drinnen bist, dich umsiehst, was siehst du? Geschäftsleute, Lehrer, Anwälte, Tischler. Genau die Seelen der Menschen, die wir zu retten versuchen. Aber bis das geschieht, sind diese Menschen Teil des Systems und dadurch unser Feind. Du musst verstehen, dass die meisten dieser Menschen noch nicht bereit sind, abgekoppelt zu werden. Und viele von ihnen sind so hoffnungslos abhängig vom System, dass sie bereit sind, dafür zu kämpfen, um es zu beschützen.

Die aktuellen Ereignisse haben uns gezeigt, wie wahr diese Worte sind. Eine Frau erzählte den Medien, wie sie von Nachbarn auf Facebook „namentlich genannt und beschimpft" wurde, weil sie nicht am wöchentlichen Massenapplaus für das Gesundheitspersonal (das Tag für Tag hart daran arbeitete, in beinahe leer stehenden Krankenhäusern etwas zu tun zu finden) teilgenommen hatte. Sie sagte, dass sie diesen (völlig unspontanen) Applaus nach einer „schwierigen Nacht mit ihrem Sohn" einmal verpasst habe – und man ihr daraufhin gesagt habe, sie „verdiene es nicht, den NHS in Anspruch zu nehmen, wenn ich und meine Familie krank würden". Diese Nachbarn sind natürlich absolut stupide Holzköpfe, denen man nur etwas vorzusagen braucht, damit sie es auch glauben. Hauptsache, die Anweisungen kommen aus einer Position der Autorität ...

Man stelle sich vor: Da steht uns jederzeit so viel Bewusstsein zur Verfügung – und so wenige nutzen es.

Die Medien machen den Faschismus möglich (wie in Deutschland)

Eine weitere Gruppierung, die zur Rechenschaft gezogen werden sollte, sind die Mainstreammedien, ohne die der Schwindel nicht hätte gelingen können. Angst und Chaos sind die Währung, mit deren Hilfe der Kult Kontrolle ausüben kann – und die „Virus"-Propaganda erzeugte beides in unbegrenztem Ausmaß. Entscheidend ist, was die Menschen über eine „Gefahr" *glauben*, also mussten die Medien wie immer dazu eingesetzt werden, die Bevölkerung in Angst und Schrecken zu versetzen. Ich schreibe „eingesetzt", aber die meisten Medienmitarbeiter brauchten gar keinen „Einsatzbefehl", weil ihre Unwissenheit und die übliche schlechte oder ganz ausgebliebene Recherche die Aufgabe auch so erfüllte.

Ich habe einen Typen gehört, der stellvertretend für das ganze Elend der weltweiten Medien stehen kann. Während der Hysterie schaltete ich nur zweimal das Autoradio ein, um mir im britischen Sender TalkRadio einen Kerl namens Mike Graham anzuhören, der seine Sendung „Independent Republic Mike Graham" [dt. Unabhängige Republik Mike Graham"] nennt. Ich frage mich, wie „unabhängig" im Sinne von „kein Teil des Systems" das Folgende wirken kann: Nur wenige Sekunden, nachdem ich den Sender das erste Mal eingeschaltet hatte, verkündete Mr. Graham, dass „Covid-19" die „größte Gesundheitskrise ist, die die Welt je gesehen hat". Das würde dann auch die Pest einschließen, nicht wahr, Mr. Graham? Also die Krankheit, die damals bis zu 60 Prozent der europäischen Bevölkerung ausrottete? Was für ein unglaublicher Unsinn! Als ich Graham das zweite Mal hörte, fing er sofort an, über Leute herzuziehen, die den Verlust ihrer Freiheit beklagen und über Truppen sprechen, die den Lockdown durchsetzen. Wenn die Regierung solche Maßnahmen von uns verlange, dann sollten wir das gefälligst akzeptieren, erklärte der „unabhängige" Mr. Graham (Abb. 394). Er ist übrigens derselbe Typ, der ein paar Monate vorher gesagt hatte, dass es „fair" sei, ungeimpften Kindern den Schulbesuch zu verbieten.

Abb. 394: „Hört auf zu jammern! Wenn der Schäfer sagt, dass wir in den Abgrund springen sollen – dann MÜSSEN wir es tun" – *So dirigieren die Wenigen die Vielen – und die globalen Medien.*

Der ehemalige CNN-Moderator Piers Morgan, der sich (wohl als Einziger) für eine lebende Legende hält, brüllte – wie er immer brüllt – in einer Sendung, dass Großbritannien einen Lockdown verhängen müsse, um „Leben zu retten", weil das die Experten sagen. Wer sind diese Experten, Mr. Morgan? Wie sieht ihr Hintergrund aus? Haben sie eine Agenda? Mit wem stehen sie in beruflicher Verbindung? Und ergibt das, was sie über das „Virus" sagen, nicht nur in der Welt unreflektierter Emotionen, sondern auch im Reich der Fakten einen Sinn? Solche Fragen wären wohl nie durch den *„Ich habe recht"*-Narzissmus dieses Mannes gedrungen – aber die Folgen, die seine Worte und die seiner Kollegen für die Bevölkerung, deren finanzielles Auskommen und deren Freiheit hatten, waren katastrophal. Das berührte Morgan und Graham allerdings nicht, weil sie von der Regierung dazu bestimmt worden waren, „systemrelevante Arbeit“ zu leisten, die ich in diesem Fall nur als Propaganda bezeichnen kann. Die Morgans und Grahams leben (wie die meisten Angehörigen ihrer Berufsgruppe) in der permanenten Illusion, dass sie „Journalisten“ wären. Lassen wir ihnen diesen Selbstbetrug und wenden wir uns anderen Dingen zu.

„Eingabetaste drücken“-Menschen sollten keine Journalisten sein, weil „Eingabetaste drücken“-Menschen keine Journalisten sein *können*. Richtige Journalisten drücken keine Eingabetaste, sondern stellen alles infrage. Stattdessen haben wir heute aber Fake-„Journalisten“, die dabei behilflich sind, die Wahrnehmung großer Teile der Weltbevölkerung, die ebenfalls nichts hinterfragt, zu programmieren.

Noch bösartiger als die Verbreiter der Regierungspropaganda sind die Medienvertreter, die aktiv daran arbeiten, jene Leute außerhalb des Mainstreams zu diffamieren und zensieren, die echten Journalismus betreiben wollen. Die BBC zählt in dieser Hinsicht zu den schlimmsten Beispielen – was wohl niemanden schockieren wird, der noch einen eigenen Verstand besitzt. Die britische Rundfunkanstalt wird durch eine obligatorische jährliche „Lizenzgebühr“ finanziert; das heißt, die Öffentlichkeit wird gezwungen, die Geldmittel für diese Abteilung der Regierung bereitzustellen, damit ein und dieselbe Öffentlichkeit mit der offiziellen Einheitsbreiversion von allem und jedem programmiert werden kann. Die Zwangsgebührenzahler finanzieren ihre eigene Wahrnehmungsprogrammierung und sollten sich vielleicht einmal überlegen, die Zahlungen einzustellen.

Man kann definitionsgemäß kein Journalist sein, wenn man für die BBC und den Mainstream im Allgemeinen arbeitet – das gilt aber vor allem für Organisationen wie die BBC. Ein richtiger Journalist sieht sich alle Behauptungen und Informationen an, um dann herauszufinden, ob sie einer Überprüfung standhalten. Das Ergebnis seiner Recherchen gibt er ohne jede Verdrehung oder Zensur weiter. Im Gegensatz dazu beschäftigt die BBC keine Journalisten, sondern nur Papageien, die das Regierungsnarrativ nachplappern. Die BBC und andere Mainstream-„Journalisten“ müssen innerhalb klar definierter Grenzen arbeiten und daher eine Vielzahl von Möglichkeiten außer Acht lassen, weil sie darüber nicht recherchieren, sie weiterverfolgen oder ihrem Publikum vermitteln dürfen. Sollten sie es doch versuchen, dann werden die betreffenden Informationen gesperrt, bevor sie überhaupt gesendet oder in einer Zeitung abgedruckt werden können. Würde in einer Livesendung doch etwas durchrutschen, wäre das Karriereselbstmord.

Vielleicht sollte ich auch definieren, was ich mit „offiziell“ und „Regierungsnarrativ“ meine. Die BBC behauptet ja oft, dass man ihr sowohl von der Linken als auch von der Rechten Voreingenommenheit vorwerfe – und alleine deshalb könne der Vorwurf der generellen Voreingenommenheit nicht stimmen, weil er ja von beiden Seiten komme. Aber *natürlich* kann er das. Ich behaupte ja nicht, dass die BBC institutionell gegenüber einer *bestimmten politischen* Regierung voreingenommen ist, sondern vielmehr gegenüber der *permanenten* oder Kult-Regierung. In vielen Fällen deckt sich das Narrativ des Kults mit dem der aktuell eingesetzten politischen Regierung, etwa bei der unhinterfragten permanenten Wiederholung der offiziellen Pandemiestory; gelegentlich stellt sich die BBC aber auch gegen die politische Regierung, wie im Falle der Regierung Boris Johnson und des Brexit. Das gilt übrigens auch für jede Regierung, die nicht voll Kadavergehorsam das

Glaubensbekenntnis über den Klimawandel nachbetet. Mir fällt kein einziger Aspekt der Kult-Agenda – vorschriftsmäßig inszeniert durch die permanente Regierung – ein, den die BBC nicht gefördert hätte, während sie andere Ansichten zensierte oder ausgrenzte.

All das kam im Bericht eines BBC-„Journalisten“ namens Leo Kelion zusammen, der darüber berichtete, wie YouTube im Zuge der „Virus“-Hysterie mein Interview mit London Real gelöscht hatte. Zuallererst konzentrierte sich Kelion auf meine 5G-Bemerkungen, die ja nur einen relativ kleinen Teil des Gesprächs ausgemacht hatten, und versuchte, meine Worte mit Leuten in Verbindung zu bringen, die angeblich 5G-Sendemasten beschädigt hätten, um gegen deren Auswirkungen zu protestieren. Dann sagte er, dass ich „fälschlicherweise behauptet“ hätte, dass es eine Verbindung zwischen 5G und der „Gesundheitskrise“ gebe. Damit meinte er die Krise, die sich in jenen leeren Krankenhäusern abspielte, von denen er sich nicht zu sprechen getraute. Er hatte natürlich keine Ahnung, ob meine Behauptung wirklich „falsch“ war, weil er seinen „Verstand“ ohnehin wie üblich nur aus Establishment-Quellen gefüttert hatte. Hätte Kelion auch nur ein einziges Mal ordentlich über das Thema recherchiert und seine eigenen „Fake-News“ durchschaut, dann hätte er darüber nie in der BBC sprechen dürfen – beim Versuch, hätte man ihn sofort rausgeschmissen. Das weiß er natürlich und benimmt sich deswegen wie ein braver Junge, der stets an seine nächste Hypothekenzahlung denkt.

In der Zwischenzeit hatte Ofcom, die Medienaufsichtsbehörde der Regierung, jedem Sender gedroht, falls er sich auch nur auf eine Diskussion über einen möglichen Zusammenhang zwischen 5G und dem „Virus“ einlassen würde. Warum? Natürlich, weil es einen solchen Zusammenhang *gibt*. Kelion und seinesgleichen würden nicht einmal im Traum daran denken, sich von ihren Knien zu erheben und der von der Regierung eingesetzten Ofcom-Chefin Melanie Dawes, der Schutzheiligen von Zensur und Freiheitszerstörung, zur Abwechslung nicht mehr zu huldigen. Er ist ein braver Junge, ein perfekter BBC-Aktivposten; er tut, was man ihm sagt, und weiß, wo er hingehört. Das Übelste war jedoch seine Beschreibung der Tatsache, dass YouTube „seine Bestimmungen änderte, nachdem die BBC nachgefragt hatte, warum dieses Video erlaubt war“. Wirklich – er wollte wissen, „warum dieses Video *erlaubt* war“? Diese schlechte Ausrede für einen Journalisten, der für eine öffentlich finanzierte Rundfunkanstalt tätig ist, beteiligte sich an der Zensur der Redefreiheit? Sehr merkwürdig. Niemand, der die freie Meinungsäußerung einzuschränken versucht oder nachfragt, warum dies denn noch nicht geschehen sei, kann auch nur annähernd ein Journalist sein. Echte Journalisten stehen an vorderster Front, wenn es darum geht, Freiheit für alle zu fordern – auch für Menschen, die nicht ihrer Meinung sind.

Der BBC-„Konkurrent“ ITV (*Independent* Television – ich frage mich, was daran „unabhängig“ sein soll) berichtete auf ähnliche Weise. Dort hieß es: „Kurz nachdem ITV Facebook kontaktiert hatte, wurde das Video wegen eines Verstoßes gegen die Bestimmungen zu Fehlinformationen entfernt.“ Das war wahrscheinlich nur ein Zufall, oder? Fake-Journalisten sind dabei behilflich, echten Journalismus zum Verstummen zu bringen. ITV berichtete auch sonst gemäß der BBV-Vorgabe: „Facebook ist nun YouTube gefolgt und hat ein Video entfernt, in dem der Verschwörungstheoretiker David Icke fälschlich das Coronavirus mit 5G in Verbindung bringt.“ Welche Recherchen hatte der Autor zu diesem Thema angestellt? *Keine.* Woher wussten ITV oder Facebook, was daran eine „Fehlinformation" war? Facebook hatte die Antwort darauf parat: „Die Weltgesundheitsorganisation (WHO) liefert uns klare Vorgaben zu der Frage, wie Fehlinformationen in Bezug auf Covid-19 in der realen Welt Schaden anrichten können." Darüber kann man eigentlich nur noch lachen.

In den Zeitungen wurde in ähnlicher Weise über die Geschichte berichtet. Nehmen wir als Beispiel den Artikel der „Journalistin" Charlotte Edwards für die Londoner Zeitung *The Sun*. Dieses Blatt gehört Rupert Murdoch (ebenso wie Mike Grahams TalkRadio), dessen Zeitungen in Australien einen wichtigen Beitrag dazu leisteten, dass ich nicht mehr in dieses Land einreisen darf. Das Verbot sprach der für Einwanderung zuständige Minister David Coleman aus, der in „seinem" Urteilsspruch zugeben musste, dass ich bei meinen vielen Vortragsreisen durch Australien nichts falsch gemacht hatte. Edwards schrieb, ich hätte „die falsche Behauptung aufgestellt, dass ein Coronavirus-Impfstoff nanotechnologische Nanoochips enthalten" würde. Edwards hat nicht die geringste Ahnung, ob diese Behauptung falsch ist oder nicht. Ich recherchiere seit 30 Jahren zu diesem Thema, während sie sich nicht einmal 30 Sekunden damit befasst hat. Ihr Artikel ist somit nur eine weitere Bestätigung dafür, dass die Mainstreammedien keine echten Journalisten beschäftigen und dass Angehörige dieses Berufs vor allem in einem Murdoch-Medium nie einen Platz finden werden.

Dann war da noch der (mit Gates verbundene) US-Sender CNBC im Besitz von Comcast und NBCUniversal, der damit angab, sein Eingreifen dazu geführt, dass Spotify eines meiner „Virus"-Interviews gelöscht hatte. Man stelle sich vor – die „allmächtige Elite" muss sich so anstrengen, ein „kleines Licht" wie mich zu stoppen. Dass sie wegen eines einzigen Mannes so weit geht, zeigt nur, dass sie gar nicht so „mächtig" ist. Sie versuchte verzweifelt, jede Spur von mir zu beseitigen, und verschaffte mir mit jeder ihrer Aktionen mehr Glaubwürdigkeit und Unterstützung für meine Arbeit. Wie stark das Böse auch immer sein mag – ein offenes Herz kann es nie besiegen.

Verboten von YouTube und Facebook – die Abfolge

Das klassische „Coming-Out" eines „Journalisten" als Zensor durfte man bei einem von Israel besessenen Typen namens Nick Cohen auf der Website des Londoner *Guardian* erleben. Cohen ist Autor einer Kolumne für das Schwesterblatt des *Guardian*, den *Observer*. Bei den beiden handelt es sich – neben dem Blatt mit dem ausgesprochen lustigen Namen *Independent* – um die am stärksten New-Woke-orientierten Zeitungen Großbritanniens. *Guardian* und *Observer* greifen jedes Narrativ der *permanenten* Regierung auf und wiederholen es, als wäre es eine biblische Wahrheit; gleichzeitig spielen sie sich aber als „radikal" und „links" auf. Zu den Geldgebern der *Guardian*-Gruppe gehört Bill Gates, der auch die BBC, in den USA die Sender ABC und National Public Radio sowie eine Reihe anderer Medien finanziell unterstützt.

Dieser Nick Cohen bezeichnete mich also – ohne auch nur einen einzigen Beleg dafür zu haben – als Gefahr für das Gesundheitswesen und forderte meine Löschung aus YouTube und den sozialen Medien. Anschließend käute er das Narrativ der permanenten Regierung in typischer *Guardian/Observer*-Manier wieder. Natürlich hat er ein Recht auf seine Meinung; er will nur nicht, dass andere auch dieses Recht haben sollten. Ich unterstütze sein Recht auf freie Meinungsäußerung, während er meines beseitigen will. Da stellt sich doch die Frage, wer von uns beiden die Tyrannei verkörpert? Cohen nannte meine Aussagen „toxische Lügen" und forderte, dass die staatliche Zensurbehörde Ofcom das Recht erhalten solle, YouTube-Inhalte in derselben Art und Weise zu zensieren, wie sie das schon bei britischen Sendern tut. Er beklagte auch die Tatsache, dass eines meiner Videos mit dem Titel „Gibt es ein Virus?" immer noch öffentlich zugänglich war. Der Mann, der solche Dinge schreibt, lebt in der bizarren Vorstellung, dass er ein „Journalist" wäre.

Wer den *Guardian* oder den *Observer* kauft, nimmt sich selbst nicht ernst. Die Zeitungen müssen heute deshalb so um ihr Überleben kämpfen, weil immer mehr Menschen die wahre Rolle der Mainstreamblätter und -medien durchschaut und es nicht mehr nötig haben, sich von ihnen die Welt erklären zu lassen. Die Zeit der Mainstreammedien ist vorbei – und sie haben sich selbst gerichtet. Man nennt das Selbstmord.

Zu erwähnen wären in diesem Zusammenhang auch noch der Kult-Aktivposten Wikipedia und die unablässigen und genau aufgezeichneten Besuche auf meiner Seite während der „Pandemie" durch den „berüchtigten" Wikipedia-„Redakteur", der unter dem Namen „Philip Andrew Cross" auftritt. Fallen sie bloß nicht auf den Mist mit der „freien Volksenzyklopädie" herein! Die Wikipedia wird von nur sehr wenigen Leuten kontrolliert. In einem Internetartikel heißt es über diesen „Cross":

> Er ist der besessene, Tag und Nacht – und das 365 Tage im Jahr – aktive Wikipedia-Redakteur und Online-Stalker, dessen Konto für persönliche und politische Rachefeldzüge eingesetzt wird. Trotz zahlreicher Berichte, die im Frühjahr 2018 in vielen Medien und in einer Radiodokumentation des BBC World Service über seine Aktivitäten erschienen, schikaniert er nach wie vor täglich Menschen (oder lässt es zu, dass von seinem Konto aus Menschen schikaniert werden).
>
> Bisher hat das Konto von Philip Cross innerhalb von 15 Jahren schwindelerregende 159.607 redaktionelle Änderungen in der Wikipedia vorgenommen. Unglaublicherweise war das Konto zwischen 29. August 2013 und 14. Mai 2018 keinen einzigen Tag inaktiv, was diese redaktionellen Bearbeitungen angeht. Nicht einmal an fünf aufeinanderfolgenden Weihnachtsfeiertagen […]

Nun denn – der gute alte „Cross" (bei dem es sich ganz offensichtlich um mehr als eine Person handelt) schien seine Obsession auf meine Seite zu richten, als ich das „Virus"-Narrativ infrage zu stellen begann. So brauchte „er" zum Beispiel nur 10 Minuten, nachdem Nick Cohen seinen „Icke verbieten"-Artikel getwittert hatte, um ihn meiner Wikipedia-Seite hinzuzufügen. Diese Leute halten sich für unglaublich schlau, auch wenn sie in Wirklichkeit lächerlich und geradezu urkomisch sind.

Cohen betitelte seinen Tweet mit urtypischer New-Woke-Selbsttäuschung und -Umkehrung: „Das *liberale* Plädoyer für ein Verbot David Ickes" (meine Hervorhebung). Daran erkennen Sie schon, wie ich das mit „urkomisch“ meine. Wenn man über die weltweite Verschwörung so lange recherchiert hat wie ich, erkennt man stets wiederkehrende Muster und Abfolgen. Cohens Artikel erweckte auf mich sofort den Eindruck, als wäre er der Beginn einer Kampagne, mich auf Mainstreamplattformen zu sperren. Cohen ist ein Ultrazionist, der überall „Antisemitismus“ wittert und sogar auf jüdische Menschen losgeht, die eine eigene Meinung zu Israel haben. Die Canary-Website bezeichnete ihn deswegen als „ranzigen Hasskobold“. Das Etikett „Antisemit“ wird ständig dazu eingesetzt, Menschen zum Schweigen zu bringen, die der Wahrheit zu nahe kommen, und ist die Visitenkarte des Juden hassenden Netzwerks des Kults. Ich will damit nicht behaupten, dass Typen wie Cohen überhaupt wissen, dass sie den Interessen der Sabbatianer-Frankisten dienen – so viel Intelligenz oder Bewusstsein traue ich ihm gar nicht zu. In seiner Besessenheit, jeden Kritiker der sabbatianisch-frankistischen Regierung Israels sofort als „Antisemiten“ zu titulieren, erweist er sich aber eindeutig als Handlanger dieses Netzwerks. Und damit ist er nur einer von vielen, die ebenso handeln und deren Wissen über die Agenda, der sie dienen, von null bis total informiert reicht.

Praktisch sofort nach Cohens Forderung, dass YouTube und andere soziale Medien meine Konten und Beiträge löschen sollten, startete eine seltsame Gruppe namens The Center for Countering Digital Hate [dt. etwa: Zentrum für den Kampf gegen digitalen Hass; CCDH] eine „Kampagne“ mit demselben Ziel. Diese wahrscheinlich nur aus einem Mann und seinem Hund bestehende Organisation ist als britische Gesellschaft mit beschränkter Haftung amtlich eingetragen, verwendet aber in ihrem Namen die amerikanische Schreibweise von „Zentrum“, also „Center“. Das CCDH wird von der ultrazionistischen Pears Foundation finanziert, was für mich schon ein großes Warnsignal ist, und ihre Schirmherrin ist eine britische Prominente aus der letzten Garnitur – die ebenfalls ultrazionistische Rachael Riley, die ebenfalls bei jeder Gelegenheit Antisemitismus diagnostiziert, Die Pears Foundation gründete im Jahr 2010 das Pears-Institut zur Erforschung des Antisemitismus und unterhält eine Finanzierungspartnerschaft mit der ultrazionistischen Charles and Lynn Schusterman Foundation. Lynn Schusterman ist eine geborene Rothschild. Ein weiterer Geldgeber des Idiotenhaufens von „Digital Hate“ ist der Verein Unbound Philanthropy, der wiederum Verbindungen zu George Soros und dessen Open Society Foundations aufweist. Unbound Philanthropy wird als eine „in New York ansässige linksgerichtete (New Woke) Spender-Bezugsgruppe“ beschrieben, die „in erster Linie Gruppierungen finanziert, die eine linksliberale expansionistische Einwanderungspolitik unterstützen“. Wenn Sie das Buch bis hierher gelesen haben, wird Sie das wahrscheinlich nicht mehr schockieren. Die stark ausgeprägten Verbindungen des Center for Countering Digital Hate würden auch die Schreibweise „Center“ im Namen einer „britischen“ Firma erklären. Taryn Higashi, die Geschäftsführerin von Unbound Philanthropy, sitzt in einem Beirat der Open Society Foundations und ist auf die Förderung von Einwanderung und „Flüchtlingsfragen“ spezialisiert.

Eine weitere britische Vereinigung, die „Antisemitismus“ dazu benutzt, ihre Feinde zum Schweigen zu bringen, nennt sich „Hope not Hate“ („Hoffnung statt Hass“) und sollte meiner Meinung nach viel eher „Hass statt Hoffnung“ heißen. Auch sie arbeitet daran, mich zensieren zu lassen, indem sie ironischerweise mit Hass gegen mich vorgeht – und sie unterstützt natürlich ganz offen das Center for Countering Digital Hate. Es ist logischerweise reiner Zufall, dass „Hass statt Hoffnung" von Unbound Philanthropy gesponsert wird. Zu den Geldgebern von Digital Hate gehören übrigens auch der Barrow Cadbury Trust, der Joseph Rowntree Charitable Trust und die Laura Kinsella Foundation.

Nicht lange nach Erscheinen des Artikels von Nick Cohen im *Observer* erstellte Digital Hate einen „Bericht" darüber, wie viele Menschen meine Beiträge über die „Pandemie" auf YouTube und in den sozialen Medien gesehen hätten – und forderte natürlich meine Sperrung. Man schätzte die Anzahl auf 30 Millionen Zuseher, lag damit aber weit unter den tatsächlichen Zahlen. Auch sonst war der „Bericht" wegen seiner vielen Ungenauigkeiten und manipulierten Informationen eine einzige Ungeheuerlichkeit. Zu den Personen, die für ihren Beitrag daran gewürdigt wurden, gehören Dr. Daniel Allington vom King's College London, Dr. Rob Ford von der University of Manchester, Jonathan Sebire von etwas namens „Signify" sowie Dr. Siobhain McAndrew von der University of Bristol, die gleichzeitig Direktorin beim Center for Countering Digital Hate ist. Signify ist ein „Datenzentrum für ethische Wissenschaft", das offenbar davon überzeugt ist, es wäre „Ethik", Andersdenkenden den Mund zu verbieten; anscheinend will es zudem „der Welt zeigen, dass KI und Big Data soziale Empathie aufbauen und bessere Produkte und politische Strategien inspirieren" können. Bis es so weit ist, zeigt der Signify-Vertreter Sebire – der davon besessen scheint, dass Menschen zu Hause bleiben müssen – allerdings, dass er sich einen Dreck um Rede- und Meinungsfreiheit schert.

Der Digital-Hate-Pöbel kündigte an, mich unter dem Hashtag #DeplatformIcke aus dem gesamten Mainstreaminternet verbannen zu wollen. Er hat es unter dem Deckmantel einer „Anti-Hass"-Organisation darauf abgesehen, mich für meine Aussagen zum Pandemie-Schwindel aus dem öffentlichen Diskurs zu löschen. Wie bitte – warum denn nur? Natürlich, um ihren Herren zu dienen, die mich um jeden Preis und unter jedem nur möglichen Vorwand zum Schweigen bringen wollen.

Fast unmittelbar, nachdem Digital Hate bekanntgab, jämmerliche „800 Unterschriften" für ihre Petition gegen mich gesammelt zu haben, sperrte Facebook meine Seite mit einer Dreiviertelmillion Anhängern (ja, es waren immer noch so viele, trotz des bereits fünf Jahre andauernden extremen Shadowban und der Geheimhaltung der realen Nutzerzahlen). Auch YouTube löschte meinen Kanal und alle meine Videos, womit sie beinahe einer Million Abonnenten den Zugang dazu versperrten. Die „Petition" war von solchen Geistesriesen wie dem Parlamentsmitglied Damian Collins sowie den „prominenten" TV-Ärzten Dr. Christian Jessen, Dr. Dawn Haper und Dr. Pixie McKenna, die alle zusammen in einer Fernsehserie mit dem Titel „Embarrassing Bodies" [dt.: „Peinliche Körper"] auftreten. Vielleicht sollte diese Serie auch nur *Peinlich* heißen ... Es handelt sich übrigens um denselben Christian Jessen, der in einem Medienbericht vom 13. März 2020 mit der Aussage zitiert wurde, die Italiener würden den Coronavirus-Ausbruch nur als Ausrede für eine „lange Siesta" benutzten. Über das „Virus" sagte er dann noch: „Ich halte das für eine Epidemie, die mehr in der Presse als in der Realität zum Tragen kommt. [...] Ich meine, wenn man sich die Grippe ansieht, ohne hier dick auftragen zu wollen, dann merkt man doch, dass die Grippe jedes Jahr Tausende Menschen umbringt." Und er fügte hinzu: „Seien wir doch ehrlich – es ist nicht mehr als eine schlimme Erkältung." Und so jemand unterschreibt eine Petition, die mich überall sperren will, weil ich die Gefahren des „Virus" heruntergespielt haben soll. Ja, auch mir fehlen die Worte. Fernseh-„Promi“ Rachel Riley, Schirmherrin der Digital-Hate-Gruppe, ließ folgenden Tweet los, als meine „Löschung“ bekannt wurde:

> Der Hassprediger darf nicht mehr nach Australien einreisen. Große Hallen weisen ihn ab, doch die Social-Media-Firmen geben ihm nach wie vor ein Megafon in die Hand (& stecken die Gewinne ein). Aber Facebook hat ihn heute endlich gelöscht!

Was für eine reizende und freundliche Dame! Sie setzt sich so für die Menschenrechte ein und glaubt leidenschaftlich an Freiheit – für sich selbst. Natürlich erwähnte sie nicht, dass die anderen von ihr angeführten Verbote auf dieselben Lügen und Fehlinformationen zurückzuführen waren, die von demselben weltumspannenden Netzwerk ausgehen. Ich habe das Muster schon so oft beobachtet: Irgendwelche Miniorganisationen werden dazu gegründet, eine Forderung durchzusetzen – und haben auch Erfolg damit. Das Social-Media-Netzwerk YouTube der Faschismusförderin Susan Wojcicki behauptete, Jahrzehnte meiner Videos gelöscht zu haben, weil eine „Beschwerde“ eingegangen sei. Aha, meinen Sie damit die Beschwerde, von der Sie ohnehin wussten, dass sie kommen würde, Frau Wojcicki? Facebook wiederum gab an, ich hätte gegen seine „Gemeinschaftsstandards“ verstoßen – die da anscheinend lauten: „Lösche jeden, der sich gegen das Narrativ der zutiefst korrupten Gates-WHO stellt.“ All diese Zensurmaßnahmen waren direkt der Simulation Event 201 entnommen, die sechs Wochen vor Beginn der „Viruspandemie“ von der Gates Foundation veranstaltet worden war.

Das „Digital Hate“-Verbietet-Icke-das-Maul-Netzwerk

Die Anzahl der Menschen auf der ganzen Welt, die meine Arbeit unterstützen, beträgt mittlerweile Hunderte Millionen. Sie waren naturgemäß wütend und überschwemmten mit ihren Beschwerden die Twitter-Seiten des Center for Countering Digital Hate. Einer meiner Unterstützer recherchierte über diesen Verein, der offiziell von „Geschäftsführer“ Imran Ahmed geleitet wird. Die Website des Center enthielt einen Abschnitt „Unsere Leute“, auf dem nur Bilder von Ahmed zu sehen sind, wobei auf einem auch Rachel Riley auftaucht, die ein Selfie mit ihm knipste. Der Bürgerjournalist deckte auf, dass diese Organisation mit ihren vielen Verbindungen stets wechselnde Direktoren hat, von denen zwei – ebenso wie Ahmed – extrem enge Kontakte zur britischen Labour Party mit ihrem Vorsitzenden Keir Starmer haben. Dieser Mann rutscht, wie ich bereits erwähnt habe, auf den Knien herum und streckt seine Zunge Richtung Tel Aviv aus. Einer der auf der Website angegebenen Direktoren von Digital Hate ist Morgan McSweeney, der *Wahlkampfmanager von Starmer* bei dessen Bewerbung um die Parteiführung war. McSweeney wiederum ist ein zentraler Akteur in Labour Together Ltd., „einer Gruppe engagierter Labour-Mitglieder, -Anhänger und Politiker“, die unter derselben Adresse wie das Center for Countering Digital Hate zu finden sein soll: Langley House, Park Road, East Finchley, London.

Die Labour Party wurde in ihrer Periode der rückgratlosen Führungsschwäche des vorherigen Amtsinhabers Jeremy „Weichling“ Corbyn von Ultrazionisten und Sabbatianer-Frankisten gekapert. Der führende Kopf und Direktor von Labour Together ist der Ultrazionist Trevor Chinn, der ultrazionistische Arschlecker von Labour wie Tony Blair, Ruth Smeeth, Liz Kendall, Tom Watson und Keir Starmer finanziert. Weiterhin wird die Labour Party von einer Gruppe namens Momentum kontrolliert, die von den Zionisten Jon Lansman, James Schneider und Adam Klug gegründet wurde. Auch Momentum hat sich öffentlich dafür eingesetzt, mich zum Schweigen zu bringen, und ein Video produziert, in dem behauptet wird, dass jede Kritik am Haus Rothschild und alle Enthüllungen darüber „Antisemitismus“ seien. Die Entlarvung einer globalen Elite-Bankiersfamilie ist also Sperrgebiet für eine Gruppierung, die angeblich die Arbeiterklasse vertritt? Man begreift schnell, was da wirklich los ist. Ich schreibe zwar „Gruppe“ oder „Gruppierung“, doch in Wahrheit sind alle die erwähnten „Gruppen“, einschließlich Digital Hate, private Kapitalgesellschaften.

Eine weitere Direktorin von Digital Hate ist Kirsty McNeill, die drei Jahre lang als leitende Beraterin in der Downing Street Nr. 10 fungierte und Reden für den Labour-Premierminister Gordon Brown schrieb. Da ich mir leider einige seiner Reden anhören musste, steht für mich fest, dass sie in ihrem Job nicht sehr gut war. Heute ist sie Direktorin für Strategie, Interessenvertretung und Kampagnen bei der englischen Nichtregierungsorganisation Save the Children sowie eine Direktorin des Holocaust Educational Trust. Wie sich bei den Recherchen herausstellte, hat „Geschäftsführer“ Imran Ahmed „acht Jahre lang als politischer Berater hochrangiger Labour-Politiker aus dem gesamten politischen Spektrum der Labour-Partei gearbeitet, unter anderem bei drei Wahlen und zwei Volksabstimmungen“. Zusammen mit Angela Eagle, der Labour-Abgeordneten für Wallasey, schrieb er zudem ein Buch mit dem Titel „The New Serfdom“ [dt. etwa: „Die neue Leibeigenschaft“], in dem es wohl auch um die Zensur derjenigen geht, die das System herausfordern.

Auch im öffentlichen Auftreten des Center for Countering Digital Hate war ein bekanntes Muster festzustellen. Die erste Erwähnung erschien erwartungsgemäß im *Guardian*, wo ein Artikel vom 18. September 2019 die Überschrift: „Die beste Art, mit Online-Trollen umzugehen – machen Sie es wie Rachel Riley und entziehen Sie ihnen den Sauerstoff“ trug. Der nächste Artikel erschien auf der BBC-Website, was ebenso vorhersehbar war. Ein Kommentator schrieb dort: „Es ist wirklich bemerkenswert, dass bedeutende Nachrichtenmedien sich für die Gründung einer brandneuen Nichtregierungsorganisation ohne bisherige Erfolgsbilanz interessieren. Das deutet darauf hin, dass das CCDH sehr gut vernetzt ist.“ Na ja, vielleicht ein bisschen ... Es gehört eben einem gigantischen weltweiten Zensurnetz an; mehr darüber erfahren Sie im Kapitel „Postskriptum“.

Die BBC und andere erlaubten diesem Gesindel, mich anzugreifen, ohne sich jemals nach meiner Reaktion zu erkundigen oder mich in eine Diskussion darüber einzubeziehen. Für die Gesamtheit der Mainstreammedien gilt dasselbe: Man fragte mich während der ganzen Aufregung über meine Äußerungen sowie die zahlreichen Löschungen und Verbote nicht einmal nach meiner Meinung. Jeder konnte mich nach Belieben angreifen und verteufeln, ohne dass ich auch nur das Recht auf eine Stellungnahme hatte. Die

Typen, die sich da als „Journalisten“ ausgeben, sind wirklich extrem feige und schwer kompromittiert.

Mike Graham, das „unabhängige“ britische Meisterhirn von TalkRadio, griff mich wegen „Panikmache“ an, weil ich meine Meinung über den Pandemie-Schwindel und dessen Ziel der globalen Kontrolle geäußert hatte. Natürlich lud er mich nie in seine Sendung ein, um mit mir darüber zu diskutieren – sonst hätten ihm Rupert Murdoch und Melanie Dawes von Ofcom wahrscheinlich einen Klaps auf den Hintern versetzt. Ein Beweis dafür, wie realitätsfremd und bedeutungslos die Mainstreammedien mit ihren stetig sinkenden Publikumszahlen längst geworden sind, war mein drittes Interview mit London Real über das „Virus“ und den Grund für seine Erfindung. Es erreichte weltweit ein riesiges Publikum, dem Vernehmen nach mehr als eine Million Menschen, als es über andere Kanäle als YouTube gestreamt wurde. Ironischerweise wurde es auch live auf YouTube gestreamt und zog anscheinend das weltweit größte Livestreampublikum für diesen Tag auf der Plattform an, bevor Susan Wojcicki den Zwickel an ihrer vor Aufregung verrutschten Strumpfhose zurechtzog, laut aufschrie und den Stream entfernen ließ.

Als Nächstes erstellte das ultrazionistische und von Labour-Party-Vertretern dominierte CCDH einen weiteren „Bericht“, in dem es forderte, dass London Real und andere Medien, die es auch nur gewagt hatten, mich zu *interviewen*, ebenso gesperrt und alle Videos, in denen ich vorkomme, auf sämtlichen YouTube-Kanälen gelöscht werden sollten. Erinnert uns das nicht ein klein wenig an den Faschismus? Das ist der Weg zur orwellschen „Unperson“ – jemand, dessen Existenz aus allen Aufzeichnungen gelöscht wurde. So sehr fürchtet sich der Kult vor mir, und dazu hat er auch allen Grund: Ich bin sein schlimmster Albtraum. Das bestätigt er Tag für Tag mit seinen verzweifelten Versuchen, mich zum Schweigen zu bringen.

NeoCon-NewsGuard

Es gelang der Digital-Hate-Gruppierung nicht, mein Twitter-Konto löschen zu lassen. Daher musste eine andere Zensurtarnfirma der Elite ausrücken, diesmal NewsGuard. Ich erhielt die folgende E-Mail von einem gewissen Kendrick McDonald, der bei NewsGuard stellvertretender Redakteur für rasche Reaktion“ ist. Nachdem sich mein Gelächter über diesen blödsinnigen Titel gelegt hatte, schaffte ich es, den Text zu lesen.

> Ich heiße Kendrick und bin Reporter bei NewsGuard, einem Dienst, der die Glaubwürdigkeit und Transparenz von Websites überprüft. Ich wende mich an Sie, weil wir einen Bericht veröffentlichen, in dem es um Twitter-Konten mit hohen Follower-Zahlen geht, die Inhalte, die von uns als Covid-19-Fehlinformation erkannt wurden, an ihr großes Publikum weitergeben.
>
> In diesen Bericht wurde aufgrund von Beiträgen, die von NewsGuard überprüft wurden und in denen 5G-Technologie fälschlicherweise mit der Verbreitung

> des Coronavirus in Verbindung gebracht wird, auch David Ickes Twitter-Konto aufgenommen.
>
> Sollte David Icke dazu einen offiziellen Kommentar abgeben oder Sie dies in seinem Namen tun wollen, dann lassen Sie mich das bitte so schnell wie möglich wissen. Wir beabsichtigen, unseren Bericht am Donnerstagmorgen, dem 7. Mai, zu veröffentlichen.

Ich wies in meiner Antwort darauf hin, dass es ein Widerspruch in sich ist, ein „Reporter" oder „Journalist" zu sein und gleichzeitig für NewsGuard zu arbeiten. Dann ersuchte ich darum, mir die „Belege" – mit Quellenangaben – dafür zu schicken, dass es sich bei den Inhalten, die ich auf Twitter veröffentlicht hatte, um Fehlinformationen handle; dabei würde ich allerdings nicht als „Quelle" anerkennen, dass „die Behörden erklären". Zwei Monate später, kurz vor Drucklegung des vorliegenden Buches, warte ich immer noch auf eine Antwort.

NewsGuard wurde von den Amerikanern Gordon Crovitz und Steven Brill gegründet. Crovitz ist der ehemalige Herausgeber des *Wall Street Journal* und frühere stellvertretende Geschäftsführer von Dow Jones. Derzeit ist er Mitglied des Council on Foreign Relations (CFR) und sitzt im Vorstand der American Association of Rhodes Scholars [dt. etwa: Amerikanische Vereinigung der Rhodes-Stipendiaten]. Das CFR habe ich in diesem Buch bereits erwähnt – es ist eine Organisation des Kults innerhalb des in London ansässigen Netzwerks von Geheimgesellschaften, das unter dem Namen Round Table firmiert. Die Rhodes-Stipendiaten sind nach Cecil Rhodes benannt; bei ihm handelt es sich um jenen Rothschild-Agenten, der erster Vorsitzender des Round Table war und im Auftrag der Rothschilds das südliche Afrika ausplünderte. Rhodes-Stipendien für ein Studium an der Universität Oxford werden an ausgewählte junge Leute vergeben, die als Erwachsene der Elite dienen sollen. Einer dieser Stipendiaten war Bill Clinton. Gordon Crovitz hat beste Verbindungen zum American Enterprise Institute der Neocons, das wiederum enge ideologische und personelle Verbindungen zum Project for the New American Century (siehe 9/11 und der „Krieg gegen den Terror") unterhält.

Steven Brill ist ein zionistischer Anwalt, Journalist und „Unternehmer". Er und Crovitz haben NewsGuard nach eigenen Angaben gegründet, um gegen „Fake News" vorzugehen. Der wahre Grund ist aber natürlich, die wahren Fake News zu schützen, indem man Websites schlecht bewertet und dämonisiert, auf denen all die Falschnachrichten entlarvt werden, die von den offiziellen Narrativen unablässig ausgespuckt werden. Aus genau diesem Grund kroch NewsGuard unter seinem Stein hervor, um mich aufs Korn zu nehmen. Am Tag, nachdem diese Organisation mit mir Kontakt aufgenommen hatte, teilte uns eine Versandfirma namens James and James aus dem englischen Northampton, die fünf Jahre lang ohne Probleme meine Bücher an Kunden verschickt hatte, plötzlich mit, dass sie den Vertrag mit uns kündigen wolle. Wie aus dem Nichts traf eine E-Mail bei uns ein, die nicht einmal die Anrede „Lieber Jaymie" trug, obwohl mein Sohn die gesamten fünf Jahre mit ihnen zusammengearbeitet hatte. Die Mail kam vom „CEO" James Hyde, der gemeinsam mit einem anderen Typen namens James Strachan auch Eigentümer der Firma ist. Darin stand:

> Sehr geehrte Damen und Herren,
>
> obwohl wir das Recht auf freie Meinungsäußerung in Großbritannien respektieren, unterstützt unser Unternehmen nicht die von David Icke vertretenen Ansichten und möchte auch nicht mit diesen Ansichten oder David-Icke-Büchern im Allgemeinen in Verbindung gebracht werden.

Ich frage mich, wie viele Kunden mit einem Unternehmen zusammenarbeiten wollen, das ihr Produkt – in diesem Fall Bücher – fünf Jahre lang ausliefert und ihnen dann aus heiterem Himmel mitteilt, dass es dies nicht länger zu tun wünscht, weil „unser Unternehmen die von Ihnen vertretenen Ansichten nicht unterstützt und auch nicht mit diesen Ansichten oder Ihnen im Allgemeinen in Verbindung gebracht werden möchte". Warum ist dieser Firma das die ganzen fünf Jahre lang nicht eingefallen, sondern erst dann, als ein von allen Seiten geführter Krieg ausgebrochen war, der mich und meine Arbeit zum Schweigen bringen sollte? Nun ja, diese Frage beantwortet sich ohnehin von selbst. Genau die Rückgratlosigkeit und mangelnde Integrität, wie sie von diesen beiden Unternehmern an den Tag gelegt wurde, ermöglichen es den Wenigen, die Vielen zu kontrollieren.

Mein Buch „Die Antwort" war noch nicht einmal erschienen, und diese Leute hatten keine Ahnung, was drinstehen würde. Sie wollten somit also die Ansichten in Büchern „nicht unterstützen", die sie *fünf Jahre lang* ausgeliefert hatten. Man hatte Druck auf sie ausgeübt, und sie gaben aus reinem Eigeninteresse sofort nach – das ist alles. Und nicht einmal das konnten sie ehrlich zugeben. Nur wenige Wochen zuvor hatten James und James eine Investition von elf Millionen britischen Pfund von einer Firma namens LDC erhalten, die Teil der Lloyds Banking Group ist. Vorsitzender der Lloyds Banking Group ist der konservative Parteipolitiker Lord Norman Blackwell, der auch im Vorstand von *Ofcom* sitzt – also genau der Medienaufsichtsbehörde, die über ihre Chefin Melanie Dawes versucht hatte, mich zum Schweigen zu bringen. Man wollte dort nicht, dass ich die Wahrheit über 5G aufdecke, weil Ofcom diese Technologie in einem außerordentlichen Interessenkonflikt begeistert bewirbt. Wollen die zwei James-Typen denn tatsächlich behaupten, dass ihr Unternehmen nur die Auslieferung für Bücher und andere Produkte übernimmt, mit denen sie persönlich einverstanden sind? Vielleicht sollten sich andere potenzielle Kunden in diesem Fall fragen, ob sie mit Leuten zusammenarbeiten möchten, die eine solche Einstellung an den Tag legen. Den Satzteil „Obwohl wir das Recht auf freie Meinungsäußerung in Großbritannien respektieren […]", gefolgt von einer Aktion genau gegen diese freie Meinungsäußerung, habe ich schon oft gehört. Hätte ich jedes Mal ein Pfund dafür kassiert, dann wäre ich heute schwerreich. James and James werden für den Rest ihres Lebens mit dieser Entscheidung leben müssen. Viel Glück dabei – ich könnte das nicht.

Im selben Zeitraum, als man mich nach auf Anordnung des Kults allerorten löschte und verbot, tauchte die Superintelligenz namens Polly Boiko vom russischen Sender RT wieder auf. Sie hatte mich sieben Monate zuvor für eine Sendung „in ein paar Tagen" interviewt, die allerdings nie ausgestrahlt wurde. Nun hatte sie einen Artikel für die RT-Website verfasst, in dem sie unsere Begegnung vor all diesen Monaten schilderte, aber das Interview immer noch nicht einsetzte. Sie konnte nicht glauben, dass das Establishment solche Angst vor mir hatte; gleichzeitig schaffte sie es irgendwie, die Tatsache auszublenden, dass genau dieses Establishment sich gerade in einen gegen mich gerichteten Löschrausch gestürzt hatte. Die denkwürdigste Zeile in Boikos herablassendem Geschwafel war diese: „[…] vom geheimen Netz, das jeden unserer Schritte kontrolliert, bis zu den Gefahren von Impfstoffen (Gefahren, die es übrigens gar nicht gibt)". Diese Worte wurden doch tatsächlich von einer „Journalistin" geschrieben, die völlig ignorierte, dass allein das Impfgericht in den Vereinigten Staaten schon 4,2 Milliarden Dollar für Impfschäden und -todesfälle ausbezahlt hatte, trotz der lächerlich hohen Beweisanforderungen, die dieses Gericht an jeden Kläger stellt. Das sind die Leute, die Ihnen sagen, was auf der Welt los ist, meine Damen und Herren. Ja, da muss ich auch weinen …

Im Gegensatz dazu gab es da noch den Mainstreamfernsehsender London Live, der ein Interview von London Real mit mir ausstrahlte, das zu Beginn der Pandemiepanik in England aufgenommen und bis dahin von YouTube noch nicht gelöscht worden war. Die „Journalisten"-Kollegen im Mainstream und die von Nick Cohen so verehrte Aufsichtsbehörde Ofcom konnten sich vor lauter Empörungskrampf gar nicht mehr bewegen, sondern nur noch lautstark Alarm schlagen. Ofcom „verhängte eine Sanktion" gegen London Live, weil der Sender es gewagt hatte, „potenziell schädliche Inhalte über die Coronavirus-Pandemie auszustrahlen". Damit meinten sie, dass mein Interview tatsächlich potenziell schädliche Inhalte über die verlogene offizielle Geschichte enthielt, die Ofcom und eindeutig auch Nick Cohen unbedingt verteidigen müssen. Die staatliche Zensurbehörde sagte: „Während Ofcom anerkennt, dass Icke das Recht hat, diese Ansichten zu vertreten und auszudrücken [was eindeutig nicht anerkannt wird], besteht die Gefahr, dass diese Ansichten den Zuschauern, die zum Zeitpunkt der Ausstrahlung besonders verletzlich gewesen sein könnten, erheblichen Schaden zufügen." Was wäre denn das für ein Schaden, o Zensurgöttin Melanie Dawes? Darüber schweigt die Frau.

Ofcom gab an, „besonders besorgt" über meine Kommentare gewesen zu sein, „die Zweifel an den Motiven hinter den offiziellen Gesundheitsempfehlungen zum Schutz der Öffentlichkeit vor dem Virus aufkommen lassen" – eine Aussage, die der „Journalist" Cohen ebenfalls besonders betonte. Niemand darf jemals Zweifel an den Motiven der Behörden äußern, obwohl deren Handlungen das Leben und die Lebensgrundlagen von Milliarden Menschen zerstört haben und sie eine Lüge nach der anderen verbreiten, die selbst ein Kind durchschauen und zerpflücken könnte. Miss Dawes und Ofcom – Sie haben in diesem Einsatz alles offenbart, was wir über Sie wissen müssen und worin Ihre Aufgabe in Wirklichkeit besteht. Dasselbe gilt für Gates, Zuckerberg, Brin, Page, Wojcicki, Levinson und Cook von Apple, für Musk, Soros, Bezos und die ganze widerliche Bande.

Erwähnenswert ist auch die Rolle von Clickbait-Websites, die angeblich zu den „alternativen" Medien gehören, aber Geschichten von erfundenen „Autoren" erfinden, in denen sie erfundene Personen zitieren und die von „Faktencheckern" im Dienst der Elite leicht zu widerlegen sind. Auf diese Weise bringen sie nach Meinung vieler Beobachter die echten alternativen Medien in Verruf. Zwei der schlimmsten dieser Websites sind Yournewswire.com und NewsPunch.com (die sich im Besitz derselben Leute befinden), die wissentlich falsche Geschichten veröffentlichen, die von einem „Autor" namens „Baxter Dmitry" stammen sollen, den es allerdings gar nicht gibt. Die Vorstellung, dass die Eigentümer dieser Websites angesichts der Probleme, mit denen die Menschheit aktuell konfrontiert ist, so handeln können, ist erschreckend und macht mich fassungslos.

Was nun?

Die Frage, wie es jetzt weitergehen soll, wenn die Menschen nicht ganz schnell aufwachen, habe ich bereits auf den vorangegangenen Seiten dieses Buches gestellt, noch bevor der Pandemieschwindel in China losging. Hier werde ich sie hinsichtlich des Virusbetrugs zu beantworten versuchen. Da es dem Kult im Jahr 2020 gelungen ist, einen so großen Teil seines orwellschen Albtraums unter Dach und Fach zu bringen, wird er seinen neuen Polizei-Militär-Staat natürlich so weit wie möglich beibehalten wollen, selbst wenn der Druck der Öffentlichkeit, der Widerstand gegen den Lockdown und die sich ständig mehrenden Enthüllungen über die Art des Schwindels ihn dazu zwingen werden, von den schlimmsten Extremen Abstand zu nehmen. Er wird mit Sicherheit versuchen, Versammlungsgrößen zu beschränken, um Massenproteste zu vermeiden ... wobei YouTube und Silicon Valley garantiert Aufnahmen von Demonstrationen zensieren werden, weil sie zu „illegalen Aktivitäten motivieren" könnten. Der Kult macht die Gesetze und verbietet dann deren Anfechtung und sogar Videos, die eine solche Anfechtung dokumentieren.

„Neue Wellen" des „Virus" werden folgen, vor allem kurz bevor der Gates-Impfstoff den Menschen auf der ganzen Welt aufgezwungen werden soll. Vielleicht wird man sogar behaupten, dass sie aus China kommen. „Forscher" in China, das sich im Besitz des Kults befindet, haben nämlich angekündigt, dass das „Virus" – das sie nie isoliert haben – „jedes Jahr in Wellen wiederkommen wird, wie die Grippe". Also wäre es doch besser, gleich einen permanenten Lockdown zu verordnen, nicht wahr? Und dann wird man garantiert den Leuten, die gegen die Lockdowns demonstrieren, die Schuld an den nachfolgenden „Wellen" geben. Sie werden zu hören bekommen, dass das „Virus" zu anderen Stämmen mutiert und dass sich aus der „Genesung" von dem „Virus" keine Immunität ableiten lässt. Dies wird dann als Argument dafür dienen, dass jeder Mensch geimpft werden muss, auch diejenigen, die „die Krankheit bereits hatten". Es ist auch völlig logisch, dass man nicht gegen „Covid-19" immun werden kann, weil es „Covid-19" gar nicht gibt. Und wie soll man verhindern, dass man positiv getestet wird, wenn der Test nur auf einen genetischen Code hinweist, der im Körper vorhanden ist, und nicht auf eine „Krankheit"? Wie soll man auch eine Immunität gegen einen genetischen Code erlangen, der keine „Krankheit" ist?

Wir sehen also, wie vollständig man eine Situation kontrollieren kann, wenn man ein „Virus" erfindet, das es gar nicht gibt. Gates hat die Stratege des Kults bereits verraten, als er mit seiner üblichen Arroganz ankündigte, dass wir nie wieder zum Zustand der „Normalität" zurückkehren können, solange nicht der gesamten Menschheit der von langer Hand geplante, sorgfältig vorbereitete und von Gates finanzierte Giftmüll samt Nanochips injiziert wurde. Unterstützt wurde er bei seiner Verkündung „Keine Normalität ohne Impfung" vom Ultrazionisten Ezekiel Emanuel, dem stellvertretenden Leiter für globale Initiativen an der University of Pennsylvania und witzigerweise auch Vorsitzenden des Instituts für Medizinethik und Gesundheitspolitik. Emanuels Vater war Mitglied der Terrorgruppe Irgun, die Israel im Jahr 1948 mit Bomben und Terror zu seiner Existenz verhalf, und sein Bruder ist Rahm Emanuel, der ehemalige Bürgermeister von Chicago und langjährige Svengali („Person im Hintergrund, die eine andere Person stark beeinflusst oder sogar manipuliert, insbesondere mit bösen Absichten“) des ehemaligem US-Präsidenten Barack Obama. Ezekiel Emanuel scheint auch ein Problem damit zu haben, alte Menschen so lange wie möglich leben zu lassen. Er sagte, die Lockdowns müssten anhalten, bis ein Impfstoff gefunden sei: „Ehrlich gesagt, haben wir keine andere Wahl.“ Der amerikanische Fernsehmoderator Tucker Carlson gab darauf eine großartige Antwort:

> Wenn ein politischer Akteur wie Zeke Emanuel, der sich seit geraumer Zeit durch Lügen hervortut, einen Satz mit ‚ehrlich gesagt‘ beginnt, sollte man wahrscheinlich auf der Hut sein. Wenn er diesen Satz mit „wir haben keine andere Wahl“ beendet, sollte man erschrocken sein.

Als der öffentliche Druck zur Beendigung der Lockdowns zunahm, tauchten in England prompt wieder der von Gates finanzierte Professor Neil Ferguson und sein Imperial College, die mit ihren schockierend falschen Computermodellprognosen die Lockdowns verursacht hatten, mit neuen „Modellen“ auf, die ein Ende der Lockdowns verhindern sollten. Ende April, bevor Ferguson wegen der Besuche bei seiner Geliebten zum Rücktritt gezwungen wurde, sagte er noch, dass bis zum Ende des Jahres mindestens 100.000 Menschen im Vereinigten Königreich sterben könnten, wenn man die Lockdowns schrittweise so reduzieren sollte, dass nur noch ältere Menschen geschützt werden. Seiner Ansicht nach könne man unmöglich junge und gesunde Menschen wieder arbeiten lassen und nur die gefährdeten Gruppen weiterhin im Hausarrest einsperren, ohne dass es zu einem enormen Anstieg der Todesfälle komme. „Professor Ferguson sagte, dass ein gewisses Maß an sozialer Isolation weiterhin erforderlich sein wird, bis ein Impfstoff gegen das Killervirus gefunden ist“, berichtete *Mail Online*. Die unheilverkündenden und immer genau zum „richtigen“ Zeitpunkt kommenden Einmischungen dieses Mannes, der die Lockdowns aufrechterhalten und jede Lockerung verhindern will, lassen sich mit Sicherheit nicht nur durch pure Idiotie erklären. Es sollte eine offene und unabhängige Untersuchung gegen Ferguson geben, weil seine „Modelle“ ein absolut katastrophales Chaos sowie eine Unmenge Schäden und Unglück erzeugt haben.

Dasselbe gilt für die vom Kult kontrollierte Johns Hopkins University in den USA, die an der Gates-„Simulation“ Event 201 teilgenommen hatte, eine eigene Simulation namens Clade X durchführte und die offenkundig total falsche Todeszahlen an die Medien und die Öffentlichkeit auf der ganzen Welt weitergab. Die Gates-Bande drängt auf eine Impfung, die „uns retten“ soll – vor einem „Virus“, dessen Existenz nie nachgewiesen wurde (und das, selbst wenn es existieren würde, eine bemerkenswert niedrige Sterblichkeitsrate aufweist, die auch nur durch die Fälschung von Sterbeurkunden und -zahlen herbeimanipuliert werden konnte). Damit der von Gates betriebene Kult-Plan zur Massenimpfung aufgeht, muss diese Information der großen Mehrheit der Weltbevölkerung durch immer strengere Zensur seitens der Medienorganisationen des Kults vorenthalten werden. Meine verbotenen und gelöschten Videos, die dank der Verbreitung durch „das Volk“ inzwischen von Dutzenden Millionen Menschen auf der ganzen Welt gesehen wurden, haben dazu beigetragen, Sand ins Getriebe zu streuen – und das vorliegende Buch wird da noch ein paar Schäufelchen nachlegen. Informieren Sie also bitte so viele Leute wie möglich von meinen Videos und diesem Buch.

Kontrolle über die Lebensmittelversorgung

Ein weiterer wichtiger Aspekt des Kult-Plans zur totalen Kontrolle ist die künstliche Herbeiführung einer weltweiten Nahrungsmittelknappheit, damit allein der Kult die gesamte Lebensmittelversorgung kontrollieren und bestimmen kann, wer zu essen bekommt. Bevorzugt werden dann jene, die alles unwidersprochen hinnehmen und befolgen. Es ist also nicht gerade beruhigend, dass die Gates-Stiftung eine „Partnerschafts"-Vereinbarung (Finanzierungsvereinbarung) mit dem britischen Ministerium für internationale Entwicklung eingegangen ist, bei der es um die Nahrungsmittelsicherheit geht. O weh! Das Fundament für eine Nahrungsmittelknappheit ist bereits gelegt und beinhaltet die Marktverdrängung unabhängiger Landwirte, die gleich auch von ihrem Land vertrieben werden – etwas, was die Lockdowns massiv erreichen werden. Bauern haben durch die Schließung von Restaurants und Hotels viele ihrer Abnehmer verloren und keine Alternativen in anderen Versorgungsketten und Märkten gefunden. Gleichzeitig gibt es hungernde Menschen in enormer und ständig wachsender Zahl. In der texanischen Stadt San Antonio standen einmal 10.000 Autos über Nacht Schlange, weil die Leute hofften, Essen von einer Tafel zu bekommen, die jedoch schon zuvor die Nachfrage nicht mehr befriedigen konnte. Und so sieht es auch in anderen Teilen der Welt aus. Auf den Bäumen und im Boden verrotten die landwirtschaftlichen Erzeugnisse, während Bauern in Konkurs gehen und die Bevölkerung hungert. Ein Landwirt sagte: „Wir müssen von Küste zu Küste unser Gemüse unterpflügen."

Das alles ist eiskalt kalkuliert, um durch Hunger und sogar Hungersnöte eine massenhafte Abhängigkeit und somit auch Kontrollmöglichkeit zu schaffen. Im Zuge dieser Entwicklung sollen „Lebensmittel" nur noch synthetisch sein und streng rationiert werden. Gleichzeitig entsteht dank der mit den Impfstoffen und anderen Methoden verabreichten Nanochips, die den menschlichen Körper mit Technologie und KI verschmelzen, der neue synthetische Mensch, der sich von diesen neuen Nahrungsmitteln ernähren soll. Raten Sie einmal, wer sich mit dem „Lebensmittel"-Riesen des Kults Tyson Foods zusammengetan hat, um im Labor hergestelltes synthetisches „Fleisch" zu entwickeln und zu bewerben … ja, genau: *Bill Gates*. Der gezielte und konzertierte Angriff auf Restaurants, Cafés und andere unabhängige Gastronomiebetriebe ist ein Teil dieses Versuchs, „Lebensmittel" zu kontrollieren und transformieren.

Und dann ist da noch 5G. Dessen Strahlungsleistung wird zunehmen, je weiter das Netz ausgebaut wird und je mehr 5G-Geräte in Betrieb sind. Die Auswirkungen auf die menschliche Gesundheit und Psyche werden im gleichen Maße zunehmen. Diese Auswirkungen, die schwerwiegend sein können, wird man als „das Virus" bezeichnen – „Covid-19" oder andere angebliche Erreger – und damit weitere Lockdowns begründen. Ich habe immer noch diese auf den ersten Blick irren Erhöhungen der Bettenkapazitäten der Krankenhäuser und der gigantischen Leichenhallen vor Augen, die das „Virus" nicht einmal annähernd rechtfertigt. Vielleicht sind sie nur dazu da, um die Angst zu schüren – vielleicht aber auch nicht. 5G bei bestimmten Frequenzen wie 60 GHz hat das Potenzial, die menschliche Gesundheit und Psyche gewaltig zu beeinträchtigen. Die Menschen müssen verlangen, dass 5G wieder abgeschaltet wird, und dürfen sich nicht mit einer abschlägigen Antwort zufriedengeben. Pandemien sind nicht die einzigen Methoden, mit denen der Kult Schicksal spielen wird. Es wird Schocks, Schwierigkeiten und Gründe für alle möglichen Ängste geben, wenn der Kult versucht, sein Ziel der totalen Kontrolle endgültig zu realisieren. Doch wir können größer und mächtiger sein als er. Wir müssen uns nur dazu entscheiden.

Eine friedliche Revolution durch massenhafte Verweigerung der Kooperation mit unserer eigenen Versklavung ist dringend nötig – das ist mehr als offensichtlich. Der Begriff „dringend" drückt nicht einmal annähernd aus, wie schnell wir jetzt reagieren müssen. Als ich diese Zeilen schreibe, gibt es immer mehr Demonstrationen und einen immer stärkeren Widerstand gegen den Lockdown. Wir müssen aber mehr fordern, müssen eine wirklich unabhängige Untersuchung der Geschehnisse verlangen, sämtliche Beteiligten zur Rechenschaft ziehen und für den Rest ihres „menschlichen" Lebens hinter Gitter bringen. Der ultrazionistische US-Politiker Adam Schiff von der Demokratischen Partei hat bereits Schritte unternommen, um jede Untersuchung in den Vereinigten Staaten zu unterwandern; genau dasselbe ist auch nach den Anschlägen vom 11. September 2001 passiert, als die daran Beteiligten die „Untersuchung" der Vorfälle in Beschlag nahmen. Man muss Schiff sagen, dass so etwas diesmal nicht stattfinden wird und dass er sich verpissen soll. Gates sollte nicht nur ins Gefängnis kommen, sondern man sollte auch seine unzähligen Dollarmilliarden beschlagnahmen und unter denjenigen verteilen, deren Leben und Lebensgrundlagen er und die hinter ihm stehenden Personen zerstört haben.

Es ist höchste Zeit, dass das Volk nicht nur „singt" wie in *Les Misérables*, sondern *brüllt*. Friedlich ja, aber BRÜLLEND und ohne jede Kooperation mit unserer Versklavung. Darunter wird es nicht gehen.

* Lesen Sie dazu auch das Postkriptum-Kapitel für neue Informationen zum „Virus" – am besten vor dem letzten Kapitel dieses Buches.

KAPITEL 17

WIE LAUTET DIE ANTWORT?

„Gestern war ich klug und wollte die Welt verändern.
Heute bin ich weise und möchte mich verändern.“
Rumi

Die Antwort hat mehrere Stränge, aber einen zentralen Kern. In diesem Kern passiert Veränderung, und deshalb muss sich auch alles andere verändern. Diese Abfolge aus Ursache und Wirkung ist so einfach, dass viele sie zurückweisen werden, weil sie glauben, dass Die Antwort auf die scheinbare Komplexität der Kontrolle über die Menschheit ebenso komplex sein muss. Nein, nein, nein. Das ist es, was der Kult uns glauben machen will. Das Kontrollsystem selbst ist ohnehin nicht wirklich komplex, wenn man es auf seine wesentlichen Bestandteile reduziert. Es baut auf der Manipulation der menschlichen Wahrnehmung und der Emotionen auf, die in niedrige Schwingungszustände versetzt werden. Dann folgt die Verschränkung der Wellen, die diese Zustände aussenden, mit dem Frequenzband, das vom Kult kontrolliert wird. Durch diese Verbindung wirkt der Kult in einer permanenten Rückkopplungsschleife weiter auf die menschliche Wahrnehmung und die Emotionen ein. *Erwischt*! (Abb. 395)

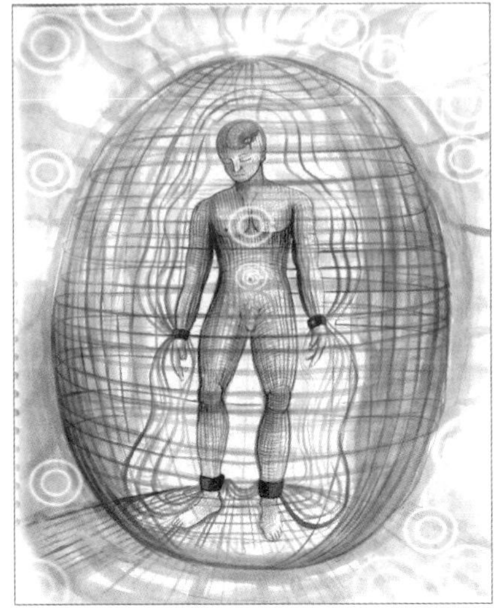

Abb. 395: Eingesperrt in der menschlichen Eierschale der erstarrten Wahrnehmung. (Bild: Neil Hague)

In Wahrheit geht es nur darum. All die wahrgenommenen Komplexitäten sind nichts als Nebeneffekte dieser Verbindung durch Verschränkung. Dazu gehören alle möglichen Phänomene, von Psychopathie, Konflikt und Spaltung bis hin zu Depression, Angststörungen und Sucht. Diese Phänomene rühren von der Kult-Mentalität (Psychopathie), ihren Folgen für die Bevölkerung (Depressionen, Angststörungen) und den verzweifelten Versuchen her, diesen Auswirkungen zu entkommen (Sucht). Es gibt zwei Arten, mit einem Problem umzugehen: Entweder man sucht eine Lösung oder man beseitigt die Ursache. Wer nach einer Lösung sucht, sieht sich plötzlich mit Komplexität konfrontiert. Wer aber die Ursache findet, stößt auf Einfachheit.

Solange wir uns in einem niedrig schwingenden Zustand der Wahrnehmung und des Bewusstseins befinden, bleiben wir in der niedrig schwingenden archontischen Simulation versklavt. Dehnen wir uns in höher schwingende Zustände aus, dann verbinden wir uns wieder mit Bewusstseinsebenen außerhalb der Simulation, die dann auch nicht mehr alle unsere Wahrnehmungen bestimmt. Dann rückt die Welt, wie sie wirklich ist – und wie *wir* wirklich sind – in den Fokus. Viele „Gurus" und „spirituelle Lehrer" werden Ihnen (oft zu ihrem eigenen Vorteil) einreden wollen, dass der Weg zu einer solchen Bewusstseinserweiterung ebenfalls komplex ist. Man müsse sich dazu auf Sinnsuchen, Fasten, Meditation, Yoga, eine Menge gemeinsamer Rituale, endlose „Workshops" und grünen Tee einlassen. Ich erlaube mir, hier anderer Meinung zu sein. Diese Dinge sind alle in Ordnung, wenn jemand sich bewusst darauf einlassen will, und sie können sicher auch für viele Menschen hilfreich sein. Doch die Erweiterung des Bewusstseins, um die Brandmauern des Kults zu durchbrechen, ist viel einfacher und erfordert nur eine Veränderung – die der eigenen Selbstwahrnehmung.

Was Sie von sich selbst *glauben*, macht Sie zu dem, was Sie *sind*, weil es sich um Lebenserfahrung, Verhalten, Wahrnehmung, Emotionen und die Art der von Ihnen als Frequenzprojektionen abgestrahlten Wellen dessen handelt, was Sie von sich selbst *glauben*. Die Selbstwahrnehmung ist der Heilige Gral des Kults, weil er genau weiß, dass alles andere davon abhängt. Jahrhundertelang hat er die Religion dazu benutzt, der Menschheit eine Identität als machtlose Untergebene eines fordernden „Gottes" (des Kults und seiner unsichtbaren Meister) zu verkaufen. Tu, was dein „Gott" will, oder die Feuer der Hölle erwarten dich. Unsere (meist unwissentlichen) Agenten in langen Kitteln werden dir sagen, was „Gott" von dir will – oder vielmehr, was *wir* wollen. Viele Versionen dessen, was ich das „Gottesprogramm" nenne, wurden geschaffen und untergliedert. Auch das erzeugt die Illusion einer Komplexität, obwohl das Gottesprogramm doch von tödlicher Einfachheit ist, welcher Name auch immer an der Tempeltür oder auf der „Heiligen Schrift" steht.

Man muss sich nur eine beliebige Religion ansehen, um zu erkennen, dass sie alle derselben Blaupause folgen: Eine Variante von „Gott" oder „Göttern" wird durch ein heiliges Buch, einen Text oder eine Legende erfunden, und dann kommen die Männer – gelegentlich auch Frauen – in langen Kitteln und erzählen uns, was „Gott" oder „die Götter" verlangen und welche Folgen es hat, wenn man ihnen nicht gehorcht. Christentum, Islam, Judentum und Hinduismus sind in ihrer Grundstruktur und Vorgangsweise alle gleich. Der jüdische Einfluss auf die Gesellschaft und ihre Identität ist weitaus höher als der 0,2-prozentige Anteil der Juden an der Weltbevölkerung; ein Hauptgrund dafür ist der wahrgenommene Einfluss dieser Religion, vor allem auf das Christentum. Angst ist die Währung der Kontrolle, und Religionen sind die Mittel dazu, die Bevölkerung fügsam zu machen – indem man ihr Angst vor den Folgen einjagt, wenn sie sich nicht den Forderungen ihres „Gottes" (des Kults) unterwirft, was der Mensch zu tun und zu sein hat.

Als immer mehr Menschen die Religion abzulehnen begannen, wurden andere Identitäten eingesetzt, um die Wahrnehmung einzufangen und niederfrequente Wellenübertragungen zu erzwingen. Dann ließ der Kult die Mainstream-„Wissenschaft" auf uns los, die uns einreden sollte, dass wir nur ein kosmischer Zufall der „Evolution" sind und vor unserer Zeugung beziehungsweise nach unserem Tod nicht existieren. Es soll kein anderes „Du" geben als das, was man im Spiegel sieht und mit dem man sich durch eine Reihe von Etiketten identifiziert. Was auf diesen von außen auferlegten Etiketten steht, lernt man während einer scheinbar bedeutungslosen Lebenszeit, in der man den Weg von der Wiege bis zum Grabe innerhalb von Minuten oder auch Jahrzehnten zurücklegt. Und das wäre dann alles, danke.

Wenn man sich auf dieses lächerliche Konzept einlässt, dann lässt man sich auch auf das schmalste Band der Selbstwahrnehmung ein, das einen garantiert innerhalb der Brandmauern der Simulation festhalten wird. Dabei werden durch die zunehmende Kurzsichtigkeit der New-Woke-Ideologie heute sogar diese Selbstwahrnehmungen und Etiketten immer weiter und weiter unterteilt. Was dabei herauskommt, ist die Fünf-Sinnes-Illusion, dass man pansexuell, polysexuell, monosexuell, allosexuell, androsexuell, gynosexuell, asexuell, demisexuell, gray-asexuell, perioriented, varioriented, heteronormativ, cishet, polyamorös, monoamorös oder queer ist – und das sind traurigerweise nur einige wenige dieser sinnlosen Definitionen. Mit jeder neuen Unteridentität wird die Blase noch ein Stück kleiner und die schwingungsmäßige Trennung vom Wahren „Ich" noch tiefgreifender.

Der Kult weiß, wie wir mit der Realität interagieren, während die Bevölkerung davon im Allgemeinen keine Ahnung hat. Diese Wahrnehmungsüberlegenheit nutzt er gnadenlos aus. Alle menschlichen Selbstwahrnehmungsgefängnisse sind davon abhängig, dass die Fliegen im NETZ ihre aktuelle Wahrnehmung der Realität nicht infrage stellen. Die Illusionen werden von Vertretern des Kults und ihren nichts ahnenden Förderern feilgeboten, die anderen mit offenen oder verdeckten Nötigungsmethoden ihre Realität aufzuzwingen versuchen. Es reicht nicht, dass ich an etwas glaube – *du* musst es auch tun, weil: *„Ich habe recht!"* Diese Mentalität und Methode findet sich in fast jeder Kultur und jedem Umfeld der Geschichte. Die Zensur des Silicon Valley erledigt diese Aufgabe als aktuelle Inkarnation der Kultdiener. Aus der Bücherverbrennung der Nazis ist die digitale Bücherverbrennung der Big-Tech-Unternehmen im Besitz des Kults geworden. Der Kult manipuliert das Bewusstsein der Menschen in immer kleinere Selbstwahrnehmungen – und viele von denen, die hier nachgeben, machen es sich zur Lebensaufgabe, diese Selbstwahrnehmungen auch allen anderen aufzuzwingen.

Geistige Grenzen sind nur Grenzen der Wahrnehmung

Die Selbstwahrnehmung unter irgendeinem illusorischen Etikett hat aber auch noch aus einem anderen Grund katastrophale Folgen für die menschliche und spirituelle Freiheit. Das Konzept, das man von sich selbst hat, bestimmt das Ausmaß des Bewusstseins oder WAHREN SELBST, zu dem man Zugang hat. Eine Kurzsichtigkeit der Wahrnehmung wird somit in einer Rückkopplungsschleife aus fortgesetzter Unwissenheit zur Kurzsich-

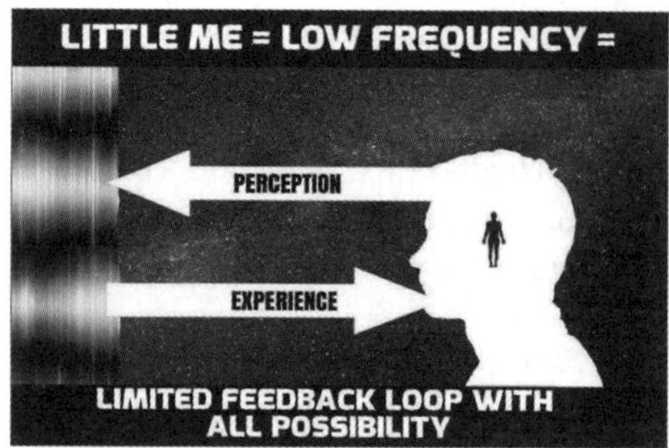

Abb. 396: Das kleine Ich hat eine niedrige Frequenz, nimmt weniger wahr und erlebt weniger, seine Rückkopplungsschleife mit der Gesamtheit aller Möglichkeiten ist beschränkt. Woran man glaubt, das wird man auch erleben.

Abb. 397: „Halloooo! Hier ist Das Unendliche Gewahrsein! Ich bin ein Etikett" – *Vergiss die Etiketten – sie sind nicht DU. Sie sind nur kurze Geschehnisse, die DU erlebst.*

tigkeit des Bewusstseins (Abb. 396). Wenn Sie daran glauben, dass Sie nur Ihre Etiketten sind, dann spiegelt das Ausmaß des zugänglichen Bewusstseins dieses beschränkte Konzept wider. Das Ausmaß des für Sie zugänglichen Bewusstseins gibt das beschränkte Konzept dann aber wiederum an Sie zurück, um Ihnen zu bestätigen, dass Sie *tatsächlich* nicht mehr sind als Ihre Etiketten. Und so dreht sich das Karussell immer weiter im Kreis, oft ein ganzes Leben lang. Der Kult. der im Auftrag seiner „Götter" tätig ist, hat die Gesellschaft so strukturiert, dass genau dieses Ziel erreicht wird.

Sie werden erfreut sein zu erfahren, dass es einen Weg gibt, diesen Teufelskreis zu durchbrechen: Ändern Sie Ihre Selbstwahrnehmung. Die meisten Menschen werden Ihnen auf die Frage, wer sie sind, mit einer Liste von Etiketten antworten: Geschlecht, Volkszugehörigkeit, Beruf, Alter, Geburtsort, Lebensgeschichte. Doch die Etiketten sind nicht, wer wir sind. Viele Leute definieren sich über Ihre Arbeit, obwohl es keinen Unterschied macht, ob Sie Straßen kehren (übrigens eine sehr wichtige Aufgabe) oder ein Filmstar (eine weit weniger wichtige Aufgabe) sind. Sie sind dasselbe Alles Was Ist, das nur unterschiedliche Erfahrungen macht. Es ist nur ein Job – das sind nicht *Sie*! Etiketten sind nichts als eine Reihe von *Erfahrungen*, die sich in einem winzigen Augenblick abspielen. Ich werde jetzt bald siebzig und sehe, wie schnell das Leben an einem vorbeizieht. Es kommt mir vor, als wäre es gestern gewesen, dass ich in Janice aus der Klasse 3A verliebt war und davon geträumt habe, Fußballer zu werden. Vergleicht man dies mit der Unendlichkeit der zeitlosen Ewigkeit, dann existiert das menschliche Leben, so wie wir es wahrnehmen, doch kaum. Trotzdem wird innerhalb dieses kleinen Bruchteils illusorischer „Zeit" alles durch unsere Identifikation mit den Etiketten gelenkt und bestimmt. Ich bin ein dies. Ich bin ein das. „Ich bin ein" ist die menschliche Wahrnehmungsblase, die sich als Schwingungsblase manifestiert. Wir sind kein „Ich bin ein"-Irgendwas. Wir sind einfach nur. Das Eine spricht immer zu Ihnen. Lassen Sie die Blase platzen – und Sie werden es hören (Abb. 398).

Wenn jemand das Gefühl hat, ein „Ich bin ein" zu brauchen, wie wäre es dann mit „Ich bin ein Alles Was Ist, War und Je Sein Kann"? Selbst das ist natürlich nur eine Bezeich-

Abb. 398: *Das Eine spricht immer zu dir. Lass die Blase platzen, und du wirst hören.*

nung und kann daher die Kraft ohne Namen und mit allen Namen nur teilweise beschreiben. Wie wäre es mit einer Selbstwahrnehmung, die sagt: Ich bin ein Aufmerksamkeitsbrennpunkt im Unendlichen Immer, der eine kurze Erfahrung als etwas macht, was „Mensch" genannt wird – im vollen Bewusstsein, dass „Mensch" lediglich die Filterung und Verarbeitung von Informationen zu einem bestimmten Realitätssinn ist. Wie wäre es mit der Erkenntnis, dass die Größe meines Aufmerksamkeitsbrennpunkts, ob kurzsichtig oder unendlich, einzig und allein von mir abhängt, von der Frage, wie sehr ich meinen Geist zu öffnen bereit bin? *Verdammt, das hört sich doch schon viel besser an*!

Verändern Sie Ihre Selbstwahrnehmung von „Ich bin meine Etiketten" zu „Ich bin ein Ausdruck des *Unendlichen Einen*" – und Sie werden sehen, wie sich auch alles um Sie herum verändert. Ich kann das so zuversichtlich behaupten, weil es genau das ist, was mir passiert ist. Alles, was ich getan habe, seit ich im Jahr 1990 bewusst aus dem menschlichen Koma erwacht bin, ist aus dieser Transformation der Selbstwahrnehmung entstanden. Weder Sinnsuche noch Fasten, Meditation, Yoga, gemeinsame Rituale, endlose „Workshops" oder grüner Tee öffneten meinen Geist für Erweitertes Gewahrsein. Stattdessen erinnerte ich mich Zug um Zug daran, wer ich wirklich bin und wer wir alle wirklich sind. Diese Wandlung der Selbstwahrnehmung transformierte alles. *Jeder* kann jederzeit mit diesem Prozess beginnen, indem er die Identifikation mit Etiketten ablegt und sie als vorübergehende Erfahrungen des Wahren Selbst betrachtet. Das Eine im Bewusstsein seiner selbst spricht zu uns in der Stille jenseits der Worte und der Synchronizität oder in der Sprache des Lebens. Wir müssen nur zuhören.

Abb. 399: „Kleines Ich" – *Das kleine Ich existiert nur in einem programmierten Verstand.*

Die Umwandlung des wahrgenommenen Selbst vom „kleinen Licht", vom kleinen Ich zum Unendlichen Ich beginnt sofort, die Brandmauern der Selbstwahrnehmung aufzulösen, die die Blase zusammengehalten haben. In diesem Augenblick erkennen Sie, dass es nie ein kleines Ich gegeben hat, sondern nur eine programmierte Wahrnehmung davon (Abb. 399). Ihr Bewusstsein beginnt, sich zu bewegen und aus seiner Dichte – seiner Wahrnehmungsstagnation – herauszukommen. Sie können keine Blase erschaffen, wenn Sie nicht daran glauben, dass Sie eine Blase *sind*. Sie können nicht in Begrenzungen gefangen sein, wenn Sie nicht daran glauben, dass Sie selbst begrenzt sind. *Aber das sind Sie nicht*. Sie sind die Gesamtheit aller Möglichkeiten und Potenziale, und der Kult will mit aller Kraft dafür sorgen, dass Sie das vergessen. „Erwachen" bedeutet nur,

Abb. 400: „Ich bin erwacht!" – Mehr steckt nicht hinter dem „Erwachen".

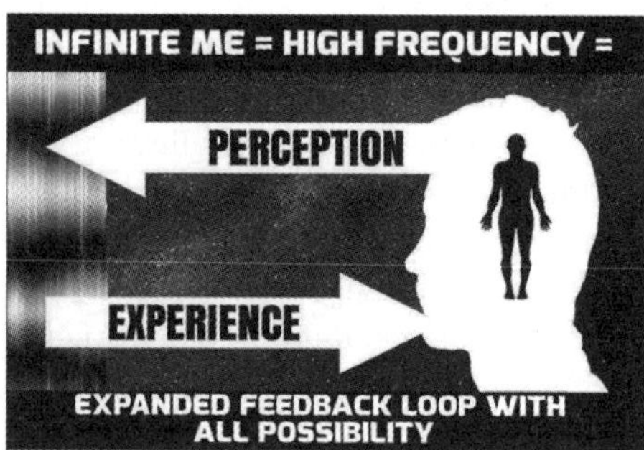

Abb. 401: Das Unendliche Ich hat eine hohe Frequenz, nimmt mehr wahr und erlebt mehr, seine Rückkopplungsschleife mit der Gesamtheit aller Möglichkeiten ist größer. Woran man glaubt, das wird man auch erleben.

sich daran zu erinnern, was Sie jenseits der Brandmauer schon immer gewusst haben (Abb. 400).

Wenn sich Ihr gefangenes Bewusstsein aus der Blasenhülle der Etiketten-Selbstwahrnehmung befreit hat, erweitern sich Ihre Wahrnehmungen, weil sich Ihr Bewusstsein erweitert. Tatsächlich ist es jedoch nicht einmal Ihr Bewusstsein, das sich da erweitert. Es ist Ihr Aufmerksamkeitsbrennpunkt, der sich über immer größere Bereiche DES UNENDLICHEN GEWAHRSEINS ausdehnt (Abb. 401). Das kleine Ich erweitert sich zum großen und schließlich zum Unendlichen Ich. Ich will damit nicht behaupten, dass eine Veränderung Ihrer Selbstwahrnehmung Ihnen umgehend die „Erleuchtung" bringen wird. Die Identität mit ALLES WAS IST muss mehr als ein intellektuelles Konzept sein – sie erfordert ein Sein. Viele Leute sind von ihrem Erwachen und ihrer Erleuchtung überzeugt, obwohl sie Gefangene eines *intellektuellen* Bewusstseins DER UNENDLICHEN IDENTITÄT sind. Sie *sind* es nicht, sondern es ist nach wie vor ein intellektuelles Konzept außerhalb ihrer selbst. Man kann dies in der New-Age-Szene und pseudospirituellen Bewegungen beobachten, wo der Geist sich selbst davon überzeugt, dass er etwas ist, was er in Wahrheit nicht ist. Beim intellektuellen „Erwachen" stimmen Worte und Taten nicht überein, wie man am besten an der New-Woke-Ideologie sehen kann. Eine Anhängerin des New Age erzählte mir einmal, sie habe sich selbst die „Erlaubnis" gegeben, ihre jungen Verwandten öfter zu sehen. *Erlaubnis*? Wer gibt hier *wem* „Erlaubnis" – oder was gibt sie was? Ein erweitertes Bewusstsein gibt sich nicht selbst die Erlaubnis, etwas zu tun, sondern *tut es einfach*.

Bewusstsein im Gewahrsein DES WAHREN ICH, statt nur eine Vorstellung DES WAHREN ICH zu haben, ist eine Integration oder Ganzheit, die man als Istheit bezeichnen könnte. Selbst das ist wieder ein Etikett, aber Sie wissen vielleicht, worauf ich hinauswill. Es ist einfach und benötigt keine Etiketten, um sich *vor sich selbst* zu identifizieren. Es ist als „Einheit" unterwegs und nicht als Ansammlung verschiedener Teile, die eine „Erlaubnis" voneinander benötigen. Der Intellekt *denkt*, während die Istheit *weiß* – als bewusster Ausdruck dessen, *das weiß*. Mit „Wissen" meine ich nicht etwas, was in Form von Namen und Daten daherkommt, auch nicht etwas, was man berühren, schmecken, sehen, riechen oder hören kann, etwas, was einen „Beweis" braucht. Das Wissen der Istheit kommt ohne Worte aus, weil es jenseits der menschlichen Brandmauer existiert, wo Worte nicht notwendig sind. Worte sind Konzepte der Simulation, die dazu verwendet werden, um induzierte Beschränkungen Des Gewahrseins zu überwinden, die eine direkte Kommunikation über das Bewusstsein verhindern. Worte ziehen die Menschen in die fünf Sinne hinein, wohingegen *Wissen* jenseits der Worte uns nach Hause bringt.

Ist es wirklich Zufall, das Nahtoderfahrene und jene Menschen, die persönliche Begegnungen mit Außerirdischen gehabt haben wollen, oft berichten, dass die Kommunikation nicht durch Worte, sondern durch Wissen erfolgte? Immer wieder heißt es: „Er kommunizierte ohne Worte mit mir; ich *wusste* einfach, was er mir sagen wollte." Sogar solche Beispiele von Telepathie sind nur eine niedrige Ebene des Wissens ohne Worte und nicht die voll entfaltete *Istheit*, von der ich hier schreibe. Wir bezeichnen das Wissen in der menschlichen Erfahrung als „Intuition" – und die wird von der kultgesteuerten Schulwissenschaft – die den Bereich des Intellekts kontrolliert, um das erweiterte Bewusstsein im Zaum zu halten – logischerweise als Unsinn abgetan. Dabei ist sich die Wissenschaft der Tatsache, dass sie dies tut, gar nicht bewusst. Sie ist einfach nicht in der Lage, „Unsinn" wie Erweitertes Gewahrsein außerhalb des intellektuellen Gehirns auch nur in Betracht zu ziehen, weil sie stets nur von einer Prämisse ausgeht: *„Ich habe recht"*.

Die Entlarvung des falschen Selbst

Abb. 402: „Der Mensch" ist nur ein Aufmerksamkeitsbrennpunkt, ein momentaner Fokus; er muss aber nicht kurzsichtig sein. Man kann „in" dieser Welt sein, aber nicht von ihr. (Bild: Neil Hague)

Die erste Stufe von Die Antwort besteht darin, die Selbstwahrnehmung von „Ich bin meine Etiketten" zu „Ich bin ein einzigartiger Aufmerksamkeitsbrennpunkt innerhalb von *Alles Was ist*" zu ändern (Abb. 402). Diese Stufe wird oft in mehreren kleineren Schritten durchgeführt, bei denen man die Blase nach und nach entfernt, obwohl sie auch mit einem *Knall* erfolgen kann, wie das bei mir im Jahr 1991 auf dem Hügel in Peru der Fall war. Aus dieser Erfahrung weiß ich, wie anstrengend es sein kann, wenn sich die eigene Realitätswahrnehmung in einem vergleichsweise kurzen Augenblick verändert. Die meisten Menschen unternehmen kleinere Schritte, und das ist auch viel einfacher, obwohl das Erwachen dann im Zuge der Ereignisse an Tempo zulegen muss. Die erweiterte Selbstwahrnehmung wird in Erweitertes Gewahrsein übertragen, wenn wir auf mehr und mehr Unendliches Gewahrsein (intuitives Wissen, Erkenntnis, Weisheit und Liebe in ihrer wahren Bedeutung) zugreifen können und unsere Wahrnehmung der Realität sich dadurch erweitert.

Es kann mit dem Gefühl beginnen, dass die Welt nicht so ist, wie sie zu sein scheint – in dem Sinne, dass Ereignisse nicht aus den Gründen geschehen, von denen wir in den Nachrichten hören. An diesem Punkt könnte es passieren, das man Sie einen „Verschwörungstheoretiker" nennt. Und hier hört die Erweiterung für viele auch schon wieder auf. Die Einsicht, dass es für alltägliche Ereignisse andere, ominöse Erklärungen gibt, kann auch einem Bewusstsein kommen, das in einer Blase – wenn auch einer größeren – innerhalb der Simulation eingeschlossen ist. Der damit verbundene Bewusstseinswandel verändert die Wellen, die solche Menschen aussenden, und sie verschränken sich dann mit ähnlichen Wellen in dem, was als alternative oder unabhängige Medien bezeichnet wird. Sie verschränken sich auch mit dem, was die betroffenen Personen untersuchen und aufdecken wollen, was wiederum zu synchronistischen „Zufällen" führt, bei denen ihnen Informationen in den Schoß fallen oder durch einen „erstaunlichen Zufall" bei ihnen ankommen. Die Energie fließt an die Orte, wohin sich die Aufmerksamkeit richtet; wenn Sie Ihre Aufmerksamkeit auf etwas richten, passiert genau das – Sie verbinden sich damit.

Wenn hier die Grenze einer Wahrnehmungsverschiebung liegt, dann wird die Bewusstseinserweiterung nicht den Zustand von „Ich bin die Unendlichkeit" erreichen, sondern sich eher darin ausdrücken: „Ich bin mir mehr darüber im Klaren, was vor sich geht, als der Rest der Öffentlichkeit, die ich daher von nun an als ‚Schafe' bezeichnen werde." Diese Ebene des Erwachens wird sich wahrscheinlich immer noch vorwiegend auf den Bereich der fünf Sinne beziehen und vielleicht sogar einer Religion folgen oder alles nur durch die Schulwissenschaft zu verstehen versuchen. Menschen in diesem Zustand werden mich als seltsamen, merkwürdigen „Spinner" ansehen, so wie das auch die Mainstreammedien tun.

Wer den Prozess aber fortsetzt und sich dem Zustand des „Ich bin ALLES WAS IST" – als Sein und nicht nur als Konzept – noch weiter annähert, kann die Brandmauern der Simulation schließlich durchbrechen und erleben, wie sich erstaunliche Veränderungen in seinem Wellenfeld vollziehen. Die Wahrnehmung des Selbst und der Realität wandelt sich folglich in eine Wahrnehmung der *Istheit*. Ich bin kein Körper. Ich bin GEWAHRSEIN, ein Zustand DES GEWAHRSEINS. Alles andere ist nur die Erfahrung dieses Gewahrseins. Meine ganze Lebensgeschichte, alle Dramen, Aufregungen, Probleme, guten und schlechten Zeiten sind nur kurze und vorübergehende Erfahrungen des Wahren „Ich" – eines Zustands DES GEWAHRSEINS (Abb. 403). Das „Ich" ist und es ist nicht. Es existiert und ist zugleich nicht existent. Es ist die Gesamtheit aller Möglichkeiten und keine Möglichkeit. Was es für Sie ist, darüber entscheiden Sie alleine. Sobald Sie sich zu einem Zustand DES SELBST-GEWAHRSEINS erweitert haben, ist die Simulation nicht mehr die einzige Quelle der Wahrnehmung und Realität. Sie verbinden sich nun mit Bewusstsein jenseits der Brandmauern und befinden sich mit weiterem Fortschreiten des Prozesses zwar immer noch in der Welt, die Ihnen Ihre fünf Sinne vorgeben, sind aber nicht *von* dieser Welt, was Ihre Wahrnehmung von allem angeht.

Abb. 403: Das Wahre „Ich" ist reines Gewahrsein. Alles andere ist Illusion.

Aus diesem Grund stellen diejenigen, die aus der Blase erwachen, plötzlich fest, dass ihr Leben mit „Zufällen“, Synchronizität und „Glücksfällen“ gespickt ist. Dabei handelt es sich nur um einzelne Möglichkeiten, die zuvor durch die Selbstwahrnehmungsbeschränkungen des Etiketten-Ich nicht zugänglich waren. Die stärkste Interaktion mit DEM FELD besteht dann, wenn wir *wissen*, statt zu glauben oder zu hoffen. Denken Sie nicht, sondern *wissen* Sie. Hoffen Sie nicht – *wissen* Sie. Hoffen ist absolute Zeitverschwendung. Hoffnung projiziert Sie in eine „Zukunft“, die es nicht gibt; das ist vergleichbar damit, dass man eine Dose mit Tritten die Straße entlang befördert, statt sie aufzuheben. *Wissen* funktioniert im JETZT, also im einzigen Augenblick, in dem wirklich etwas geschehen kann. Der Kult ist ganz froh darüber, dass Sie „Hoffnung“ haben. Er weiß nämlich, dass diese „Hoffnung“ nie in Erfüllung gehen kann, weil sie an die nicht existierende Zukunft gebunden ist. Wir müssen hoffen? Nein, wir müssen *wissen* – und Wissen kommt aus dem Herzen. Wenn Sie sich erweitern, um die Kurzsichtigkeit in der Simulation scheinbar zufälliger Ereignisse oder „Punkte“ zu durchbrechen, beginnen Sie, die Muster und Verbindungen zu erkennen. Dann werden das erschütternde Ausmaß und die Art der Kontrolle über die Menschheit immer deutlicher. Dann erkennen Sie, dass die manipulierten Kriege, von denen ein Großteil der alternativen Medien glaubt, es ginge dabei um Öl, in Wahrheit Teil einer fantastischen, weit über Orwell hinausgehenden Verschwörung sind, die ihren Ursprung nicht nur außerhalb unseres Planeten hat, sondern auch noch in unsichtbaren Frequenzbändern.

Wenn Sie dieses Stadium erreichen und anderen Ihre Ansichten mitteilen, wird man Sie wahrscheinlich als verrückt einstufen und annehmen, dass Sie nicht alle Tassen im Schrank haben. Ihre Wahrnehmungen, die von außerhalb der Simulation kommen, werden jetzt von Leuten beurteilt, die weiterhin von den Illusionen innerhalb der Simulation gebannt sind. Wenn Sie eine Person des öffentlichen Lebens sind, werden die Medien – auch die meisten „alternativen“ – sich gnadenlos über Sie lustig machen und Sie angreifen; wenn nicht, dann übernehmen Freunde, Arbeitskollegen und sogar Verwandte diese Aufgabe. Haben Sie Ihr GEWAHRSEIN wirklich bis zu diesem Punkt erweitert, dann wird Ihnen *egal sein*, was irgendjemand über Sie sagt. ERWEITERTES GEWAHRSEIN weiß, dass alles, was man Ihnen in den Weg wirft, nur eine weitere vorübergehende Erfahrung ist, die im großen Plan der Unendlichen Ewigkeit keine Rolle spielt. Sie werden auch verstehen, warum man so mit Ihnen umgeht. Die Menschen haben ein ganzes Leben der Wahrnehmungsprogrammierung hinter sich, das Ihnen nur einen kurzsichtigen Blick auf sich selbst und die Realität gewährt. Wenn Sie diese Programmierung infrage stellen, dürfen Sie sich keinen Applaus erwarten.

Man hat mich gefragt, ob ich gewusst hätte, wie viel Spott und Beschimpfungen sich über mich ergießen würden, sobald ich mit meinen Ansichten über die Welt an die Öffentlichkeit ginge. Natürlich habe ich das gewusst. Schließlich hatte ich in den Medien gearbeitet und dort gesehen, was mit Personen des öffentlichen Lebens passiert, die den Briefmarkenkonsens auch nur einen Schritt hinter sich lassen. Ich lief im Eiltempo von der Briefmarke weg – und daher wusste ich genau, wie die Reaktion aussehen würde. *Aber es war mir einfach egal.* Ich bin nicht der David Icke, den sie beschimpfen und auslachen, sondern Bewusstsein, das die Erfahrung namens David Icke macht. „Ich“ bin das, das gleichzeitig diese Erfahrung beobachtet. Nur dann, wenn ich die Erfahrung *werde* und mich mit ihr identifiziere, werden „die Pfeil' und Schleudern des wütenden Geschicks" losgelassen und lösen emotionale Reaktionen aus.

Negative Reaktionen lassen sich nicht vermeiden, wenn man den Kern der wahrgenommenen menschlichen Realität infrage stellt. Das gehört einfach dazu – und entweder wir wollen uns mit der Herrschaft des Kults auseinandersetzen oder nicht. Wenn wir das tun, bringt es Herausforderungen mit sich. Ist Ihr Bewusstsein aber erweitert genug, dass Sie wissen „Ich bin Alles Was Ist", dann werden Sie diesen Herausforderungen mutig entgegentreten. Auch wenn wir mit niedrig schwingenden Reaktionen konfrontiert werden, müssen wir uns nicht mit ihnen verschränken und ihre Wirkung erfahren. Sollten wir auf niedrig schwingende emotionale Angriffe jedoch mit niedrig schwingenden Antworten reagieren, dann entsteht eine Wellensynchronizität, und eine Rückkopplungsschleife kann sich etablieren. Die Wahrnehmung, dass Sie Bewusstsein sind, das gerade eine menschliche Erfahrung macht, schaltet automatische „Eingabetaste drücken"-Reaktionen aber aus. Sie sehen die Realität dann nicht mehr, wie die Mehrheit sie wahrnimmt, und reagieren daher auch nicht auf vorhersehbare Weise. Menschliche Programmierung und zutiefst verwurzelte Unsicherheit fürchten die Reaktionen anderer. Erweitertes Gewahrsein interessiert sich keinen Deut darum. Es konzentriert sich vielmehr darauf, das zu tun, was es für richtig hält, und will keinen Beliebtheitswettbewerb gewinnen oder vom Mainstream-Einheitsbrei ästimiert werden. Angriffe vom System, das vom Kult geschaffen wurde und gesteuert wird, sind nur eine Bestätigung dafür, dass Sie auf dem richtigen Weg sind. Man sollte sie nicht fürchten, sondern sich darüber freuen und den Irrsinn vom eigenen Standpunkt des mit Dem Einen verbundenen Friedens aus beobachten (Abb. 404).

Abb. 404: Mit einer Verbindung zu Dem Einen kann man den Irrsinn beobachten, ohne davon betroffen zu sein. (Bild: Gareth Icke)

Erweitertes Gewahrsein begreift, dass unser Leben nicht so sehr von dem beeinflusst wird, was uns angetan und entgegengebracht wird, sondern davon, wie wir darauf reagieren – oder es eben nicht tun. Wenn jemand Sie beschimpft und Sie sich darüber aufregen und beleidigt sind, dann konnte der „Angreifer" nur wegen Ihrer Reaktion auf Ihr Leben einwirken. Doch Ihre Reaktion können *Sie* bestimmen und kontrollieren. Nicht das, was gesagt wurde, hat Sie verletzt, sondern *Sie* haben zugelassen, dass Sie verletzt wurden, weil Sie die Bemerkung wichtig genommen haben. Wäre die Beschimpfung an mich gerichtet gewesen und hätte mich nicht im Geringsten interessiert, geschweige denn aufgeregt oder beleidigt, dann hätte der Schimpfende mein Leben oder meinen Gefühlszustand in keiner Weise berührt; abgesehen davon vielleicht, dass mir sowieso jeder Mensch leidtut, der einen Kick davon bekommt, andere zu verletzen.

Kinder begehen heutzutage Selbstmord, weil jemand anderer in den sozialen Medien etwas Schlechtes über sie gesagt hat. Sie sind durch ihre Unsicherheit so lädiert, dass sie das Gefühl haben, sie könnten angesichts der Schmähungen durch Idioten, Soziopathen und Psychopathen nicht mehr weiterleben. Das ist es, was der Kult und seine Silicon-Valley-Gangster der Jugend antun. Lägen dem System junge Menschen wirklich am Herzen (was eindeutig nicht der Fall ist), dann würde es sich nicht auf die Zensur von Meinungen und Ansichten fokussieren, sondern Menschen dabei unterstützen, sich *nicht* über Bemerkungen anderer aufzuregen und beleidigt sein. „Ich finde, du bist nutzlos, hässlich und furchtbar!" *Und* – was willst du damit sagen? Soll ich mich vielleicht durch die Meinung von jemandem verletzt fühlen, der so unausgeglichen und geistig gestört ist, dass er es genießt, anderen wehzutun? Ich glaube nicht. Also danke, Kumpel, schönen Tag noch und hoffentlich wirst du irgendwann erwachsen. Auf Wiedersehen.

Wenn man sich nicht beleidigt und verletzt fühlt, unterbricht man die Rückkopplungsschleife, die solche Leute anstreben – weil sie wollen, dass ihre Beschimpfungen Aufregung hervorrufen, die dann wieder zu mehr Beschimpfungen führt. Der Beschimpfende saugt dabei tatsächlich die Energie vom Beschimpften ab, und das kann passieren, wenn der Beschimpfte durch die ausgelöste Aufregung und Verärgerung eine Wellenverbindung herstellt. Der Wellenfeldkreislauf wird nur unterbrochen, wenn man nicht reagiert. Das Problem sind nicht Beschimpfungen, sondern die *Reaktion* darauf. Je mehr Menschen sich über etwas aufregen, desto eher lassen sich die Beschimpfenden dadurch zu weiteren Schmähungen motivieren. Der Kult will, dass Menschen sich aufregen und beleidigt sind, damit er die Zensur alternativer Informationen und Meinungen rechtfertigen kann. Auch auf diese Weise dient die New-Woke-Bewegung der Agenda der menschlichen Kontrolle. Der Kult will den menschlichen Geist brechen und dann hysterisch zensieren, um die vor Aufregung und Verärgerung zu „schützen", die er vorher gebrochen hat. Ich habe doch erwähnt, dass diese Leute Psychopathen sind, oder?

Angst ist das Kontrollsystem

Angst ist ein äußerst niederfrequenter Zustand, der die Bewusstseinserweiterung hemmt. Wir kennen den Begriff „starr vor Angst". Oberflächlich gesehen, gibt es natürlich biologische Gründe für diese Kampf-oder-Flucht-Reaktion, doch sie zeigt auch, wie Angst die Schwingungsrate des Wellenfeldselbst verlangsamt und uns in die Dichte hineinzieht. Der Kult versucht ‚allerorten Angst zu verbreiten – Angst vor dem Tod, Angst vor dem Unbekannten, Angst vor der „Zukunft" und Angst vor den Folgen, wenn man seinen Forderungen nicht gehorcht (siehe den massenhaften Lockdown-Hausarrest). Es ist eine Bestätigung für die weltweite Programmierung und biologische (Wellenfeld-)„Eingabetaste drücken"-Kodierung, dass Menschen in fast jeder Kultur dazu neigen, auf ähnliche Umstände in derselben Art und Weise zu reagieren. Man braucht sich nur die Kulturen und Religionen anzusehen, die sich wie ein Mann dem weltweiten Lockdown-Hausarrest unterwarfen.

Wenn Ihr Bewusstsein sich zu einem GEWAHRSEIN außerhalb der Simulation erweitert und Ihre wahre Natur sichtbar wird, werden Sie erkennen, dass es nichts zu fürchten gibt. Den Tod? Nun ja, der kommt ohnehin irgendwann für den Körper. Wollen wir denn

Abb. 405: „O Gott, ich bin gestorben." – *Der „Tod", vor dem sich Menschen so fürchten, ist nur eine Verlagerung des Aufmerksamkeitsbrennpunkts.*

wirklich ewig in diesem ultraschmalen Frequenzband hängen bleiben? Gott bewahre! DAS ERWEITERTE GEWAHRSEIN fürchtet den Tod nicht, weil es weiß, dass es sich dabei nur um eine Verlagerung der *Aufmerksamkeit* handelt. O nein, ich habe solche Angst! Retten Sie mich, Herr Doktor! Dabei „kommen" wir in Wirklichkeit nicht auf diese Welt und „gehen" danach irgendwo anders hin. Wir ziehen nur unsere *Aufmerksamkeit* aus dem Fokus der fünf Sinne zurück und landen damit dort, *wo wir immer schon gewesen sind*. Der „Tod" ist so wie das Abnehmen eines Virtual-Reality-Headsets. Die Strategie des Kults besteht darin, die Art dieser virtuellen *Aufmerksamkeit*, die wir menschliches Leben nennen, zu kontrollieren (Abb. 405). Ich will dieses Headset nicht ablegen, bevor ich alles getan habe, was ich kann. Wenn dieser Punkt aber erreicht ist, werde ich ihn begrüßen und mich über die folgende Freiheit von allen Beschränkungen freuen.

Angst vor der Zukunft? Was – Angst vor etwas, was gar nicht existiert? Ist das nicht verrückt? Wir leben im UNENDLICHEN JETZT und unsere Erfahrungen werden durch unseren Wahrnehmungszustand erzeugt und visuell aneinandergereiht. Das kleine Ich wird eine ganz andere „Zukunft" haben als das Unendliche Ich, allein schon wegen der unterschiedlichen Wahrnehmungen, die zu unterschiedlichen Wellenfrequenzen führen, die sich mit jenen unterschiedlichen Wellenfeldern verschränken, die Menschen, Orte, Erfahrungen und Lebensweisen sind. Sobald wir das erkennen, haben wir die Kontrolle über unsere „Zukunft".

Na gut, aber was ist dann mit der Angst vor den Folgen, wenn man sich nicht anpasst? Was ist das Gegenteil von Nichtanpassung? Es ist *Anpassung* – und die ist genau der Grund, warum wir überhaupt erst in dieser Misere gelandet sind. Wir haben uns an religiöse Dogmen, „wissenschaftliche" Dogmen und Briefmarken-Dogmen angepasst. Die Definition des Wortes „Dogma" beschreibt perfekt, was daran falsch ist: „eine grundlegende, normative Lehraussage, deren Wahrheitsanspruch als unumstößlich festgestellt wird". Wenn wir so weitermachen, wird es noch viel mehr geben, mit dem uns der Kult auf dem Weg zu seinem Endziel Ängste einjagen kann. Wir sollten uns dem Problem also lieber gleich stellen. Es ist ohnehin unser eigener Wahrnehmungs- und Wellenfeldzustand, der jegliche „Folgen" bestimmt, und eines ist sicher: Wenn Menschen in die Frequenz der Angst fallen, werden sie sich mit den Schwingungen des Kults verschränken, der Angst als Waffe einsetzt. Sie stellen eine Frequenzverbindung mit dem her, was Sie fürchten, und ziehen es an. *Wissen* Sie stattdessen, dass *Sie* die Kontrolle über Ihr Leben haben – und nicht der Kult oder der Zufall. Das ist die Offenbarung, die man vor Ihnen verbergen will.

Beim Prozess der Bewusstseinserweiterung geht es nicht darum, „die Erleuchtung zu suchen". Wir sind bereits „erleuchtet" in dem Sinne, dass wir ALLES WAS IST sind und schon immer waren. Die Erweiterung des Gewahrseins bedeutet, die *Wahrnehmungs-*

programme auszulöschen, aus denen die Brandmauern bestehen, durch die der Einfluss unseres größeren Gewahrseins – auf die fünf Sinne fixierten – Körper/Intellekt blockiert wird. Beim „Erwachen“ werden wir nicht zu etwas Neuem, sondern entfernen vielmehr die Barrieren zu dem, was wir bereits sind. Wahrnehmungsprogramme sind wie niedrig schwingende Zwiebelschalen, die unser „menschliches Selbst“ in der Blase gefangen halten. Wahrnehmungsprogramme *sind* DIE BLASE. Der persische Mystiker Rumi sagte einmal: „Deine Aufgabe ist nicht, die Liebe zu suchen, sondern nur all die Hindernisse in dir zu suchen und zu finden, die du dagegen aufgebaut hast.“

Zu einer Erweiterung des Gewahrseins kann es nur kommen, wenn sich der Geist öffnet – und das gelingt nur, wenn man alle bestehenden Überzeugungen und vorgefassten Meinungen beiseitelegen kann. Stellen Sie sich vor, Sie hätten Ihren Wohnbereich von allem unnötigen Zeug befreit oder hätten ein leeres Blatt Papier vor sich. Nichts ist entschieden und nichts ist ausgeschlossen. Wenn wir einen Vergleich aus der Computerwelt bemühen, dann bereiten Sie sich auf ein „Herunterfahren und neu starten“ vor, und danach dringen Sie in den Bereich vor, wo alles möglich ist. So sollte es auch sein, wenn Sie selbst die Gesamtheit aller Möglichkeiten sind. Was Sie auf diesem Stück Papier – Ihrem verbesserten Realitätssinn – festhalten, wird nun durch das entschieden, was Sie intuitiv als richtig erkennen und was von den augenscheinlichen Fakten gestützt wird. Es wird nicht mehr durch die Wiederholung der immer gleichen Informationen entschieden, ebenso wenig durch das, was ein vom System ernannter, vom System programmierter Akademiker oder Wissenschaftler Ihnen vorsagt, und schon gar nicht von irgendeinem Nachrichtensprecher oder der schlechten Ausrede für einen Journalisten.

Das erweiterte Bewusstsein kommt leichtfüßig daher und ist stets bereit, sich weiterzubewegen. Es lässt nicht zu, dass sich neue Wahrnehmungen so verfestigen, wie die alten es getan haben. Es ist sich dessen gewahr, dass alles, was wir in einem Augenblick wahrnehmen, eben nur das ist, was wir in diesem Moment wahrnehmen – und nicht alles, was es zu wissen gibt. Sobald Sie einmal glauben, dass Sie alles „begriffen“ haben, bestätigen Sie damit nur, dass Sie nichts begriffen haben. Wir wissen zu jedem beliebigen Zeitpunkt nur *einen Teil* dessen, was es zu wissen gibt. Das gilt so lange, bis das Bewusstsein total erweitert ist, um das gesamte Bewusstsein wahrzunehmen, und das erfordert das vollständige Gewahrsein DES EINEN. DAS GEWAHRSEIN erweitert sich mit dem Verstehen der Tatsache, die der griechische Philosoph Sokrates mit dem Satz „Die einzig wahre Weisheit besteht darin zu wissen, dass man nichts weiß“ ausdrückte. Sind wir dessen gewahr, so ist unser Geist ständig offen für andere Möglichkeiten und weise genug, um zu erkennen, dass die Möglichkeiten im Unendlichen Immer definitionsgemäß Unendlich sind.

Ein Schritt, zwei Schritte

Wer seinen Geist öffnet, ist mit zunehmender Erweiterung des Bewusstseins immer weniger Sklave des Programms. Erwachende Menschen sehen die Welt und die Realität nicht so, wie es die Mehrheit tut. Wir können dieses Motiv in der gesamten wahrgenommenen Menschheitsgeschichte beobachten: Offene Geister heben sich von der Konformität der Masse ab und werden daher vom Kult aufs Korn genommen, der diese Konformität erzwingen will. Der Unterschied zu heute ist, dass die Anzahl der Geister, die aus dem Koma erwachen, potenziell weltverändernde Ausmaße annimmt. Wenn man nur die Nachrichten im Mainstream verfolgt, bekommt man das allerdings nicht mit. Die Medien werden die Letzten sein, die sehen, was los ist.

Was ich hier schreibe, lässt sich in Grundsätzen zusammenfassen. Sie müssen nicht alle Fakten und Einzelheiten kennen, um aus DEM GROSSEN SCHLAF zu erwachen. Erinnern Sie sich an den Liedtext vom Anfang des Buches, in dem es heißt, dass man die Antworten nicht kennt, aber frei werden kann, indem man die Fragen stellt? Es gibt nur zwei Dinge, die man sich unbedingt merken sollte:

1. Ihre Wahrnehmungen senden Frequenzen aus, die diese Wahrnehmungen widerspiegeln und sich mit Wellenfeldern ähnlicher Frequenz verschränken. Auf diese Weise schaffen wir unsere eigene Realität, und dies ist die Wellengrundlage dessen, was man als „Karma" bezeichnet – „die Gesamtheit der Handlungen einer Person in einem ihrer Leben, die ihr Schicksal im nächsten Leben bestimmen soll". Meine Definition des Wellenverschränkungs-„Karmas" würde lauten: Was du glaubst, nimmst du wahr, und was du wahrnimmst, erlebst du. Übernimm die Kontrolle über deine Wahrnehmungen – und du übernimmst die Kontrolle über dein Leben.

2. Öffnen Sie Ihr Herz und Sie öffnen sich für DAS EINE – ein Schritt, der Ihr Bewusstsein schneller erweitert als jeder andere. Mehr dazu können Sie auf den kommenden Seiten nachlesen.

Schon diese beiden Dinge reichen aus, um Ihr Leben zu verändern und kollektiv die menschliche Realität zu verändern, die ja nur eine holografische Manifestation der menschlichen *Wahrnehmung* der Realität ist. Mit Wahrnehmung meine ich übrigens bewusste *und* unterbewusste Wahrnehmung. Beide erzeugen die Wellenfelder, die sich mit den wahrnehmungsgebundenen Frequenzen verschränken. Auf das Unterbewusste werde ich bald zu sprechen kommen.

Wenn Sie Ihre Macht verschenken, dann verschränken Sie sich nicht nur mit anderen, die ihre Macht bereitwillig hergeben, um die menschliche Herdenmentalität zu bilden, sondern auch mit jenen, die diese Macht an sich reißen wollen – dem Kult. Die Bereitschaft, Macht zu verschenken, und der Wunsch, diese Macht zu übernehmen, erzeugen eine kompatible und symbiotische Frequenzausrichtung. Denken Sie über andere symbiotische Ausrichtungen nach, die oberflächlich wie Gegensätze erscheinen – und Sie werden erkennen, dass wir das anziehen, was wir selbst aussenden. Die Angst davor, zusammengeschlagen zu werden, hat eine symbiotische Wellenfeldbeziehung (bewusst und unterbewusst) mit den Leuten, die jemanden zusammenschlagen wollen. So ist es möglich, dass jemand beim ersten Mal, wenn er nachts durch einen Park geht, überfallen und verprügelt wird, während andere jede Nacht denselben Weg gehen und nie angegriffen werden. Bevor die New-Woke-Jünger jetzt ihren Empörungsknopf drücken, möchte ich betonen, dass ich nicht dem „Opfer" die Schuld gebe. Die Sache hat nämlich überhaupt nichts mit Schuld zu tun. Ich will nur die unsichtbaren Wellenfeldbeziehungen erläutern, die in der sichtbaren Welt zu Ereignissen führen.

Sich selbst und anderen die Schuld daran zu geben, was uns zustößt, ist schwachsinnig. Selbstvorwürfe treiben uns tiefer in den Selbsthass und niederfrequente Zustände, ändern aber nichts an dem, wofür wir uns die Schuld geben. Etwas Negatives kann man nur in etwas Positives verwandeln, indem man sich sein Verhalten eingesteht und es ändert. Aber ist es überhaupt immer etwas Negatives? Oder ist es nur eine Erfahrung, die es uns ermöglichte, etwas zu sehen, was wir sonst nicht erkannt hätten, und uns somit die Chance geboten hat, zu lernen, uns zu ändern und die Illusionen zu durchschauen, die wir bisher für real gehalten haben? Das Leben gibt uns (also: wir geben uns – durch Wellenverschränkung) oft die größten Geschenke, die hervorragend als unser schlimmster Albtraum getarnt sind. Genauso destruktiv ist es, anderen an unserem Schicksal die Schuld zu geben. Damit geben wir unsere Kraft auf die wohl tiefgreifendste Art an andere ab. Wenn wir sagen, dass er oder sie für etwas verantwortlich ist, was uns passiert ist, dann sagen wir damit, dass sie die Macht über unser Leben haben und nicht wir. In Wirklichkeit war das, was passiert ist, ein Resultat der Wellenverschränkung – und dazu gehören immer zwei.

Ich behaupte nicht einen Augenblick lang, dass Menschen sich anderen gegenüber nicht schlecht verhalten und dass sie nicht die Folgen ihres Verhaltens tragen sollen, zu denen auch die Wellenverschränkung mit einer Gefängniszelle gehören kann. Ich will damit nur sagen, dass man es dabei nicht belassen sollte, weil sich ansonsten die Erfahrung immer aufs Neue wiederholen kann. Wenn unsere Wellenfeldfrequenzen (Wahrnehmungen) sich nicht ändern, dann erzeugen dieselben alten Verschränkungen zwangsweise immer dieselben alten Erfahrungen. Vor Jahrzehnten berichtete ich in der BBC über Frauenhäuser, in denen Frauen Schutz vor gewalttätigen Partnern suchen können. Einige dieser Frauen hatten Beziehungen mit zwei, drei oder sogar vier Partnern hinter sich, die gewalttätig waren. Gegen die Männer, die sich so verhalten, sollte man gesetzlich vorgehen – aber warum ziehen die besagten Frauen immer wieder denselben Typus gewalttätiger Menschen an? Man muss diese Frage klären, damit so etwas nicht mehr vorkommt; im genannten Fall steckt wohl mangelndes Selbstwertgefühl hinter dem Problem. Mangelndes Selbstwertgefühl hat eine symbiotische Frequenzbeziehung zum Wunsch, über andere Menschen Macht auszuüben und deren Selbstwertgefühl zu zerstören. Siehe dazu auch die Beziehung zwischen Menschheit und Kult …

Vielleicht ist Ihnen schon aufgefallen, wie viele Frauen, die von gewalttätigen Männern aufs Brutalste und Bösartigste verprügelt werden, *sich selbst* die Schuld daran geben (mangelndes Selbstwertgefühl). Wenn wir die Verantwortung dafür übernehmen, das anzuziehen, was wir erleben, dann hören wir auf, unsere Macht an andere abzugeben – „Daran sind nur *die* schuld" – und holen sie uns zurück. Wir drücken damit aus, dass wir und niemand anderer unsere Erfahrungen und unser Erleben kontrolliert. Wir können den Weg ändern, den wir beschreiten, ebenso wie die Tatsache, mit wem wir unterwegs sind; dann müssen wir nicht immer dieselben Wellenmuster von Verhalten und Erfahrung wiederholen. Um dies zu bewerkstelligen, müssen wir erkennen, dass wir unsere Wahrnehmungen kontrollieren können, die wiederum unsere Wellenfelder steuern, die ergo unsere Erfahrungen anziehen. Ich habe in meinen Büchern – auch in diesem – ausführlich dargelegt, wie der Kult die Menschheit manipuliert, doch es ist die Menschheit selbst, die zulässt, dass diese Manipulation funktionieren kann. Es nützt nichts, alles auf den Kult zu schieben und dabei die wesentliche Rolle außer Acht zu lassen, die die Menschen selbst bei ihrer Versklavung spielen. Ein Schlüssel zur Antwort ist, dass die Menschheit die Verantwortung dafür übernimmt und einen Richtungswechsel vornimmt.

Unterbewusste Wahrnehmung

Der Kult programmiert den unterbewussten Verstand individuell und kollektiv in dem Wissen, dass entsprechende Erfahrungen folgen werden. Man manipuliere das Volk dazu, etwas zu fürchten, und es wird eine symbiotische Frequenzverbindung hergestellt, die die Wahrscheinlichkeit erhöht, dass sich das Gefürchtete manifestiert. Und wer wird es manifestieren? *Die Zielpersonen*. Es ist wichtig, den springenden Punkt über das *Unter*bewusste zu verstehen. Unser bewusster Verstand ist nur ein Bruchteil des Körpers/Intellekts, der zum Großteil in einem Bereich agiert, der dem Bewusstsein *un*bewusst ist – wenn Sie verstehen, was ich meine. Er ist dem menschlichen Bewusstsein unbewusst, obwohl er in seinem eigenen Wirkungsbereich sehr wohl bewusst ist. Ich zitiere vom Anfang des Buches:

> Jede Sekunde rattern 11 Millionen Sinneseindrücke über diese [Gehirn-]Bahnen. [...] Das Gehirn wird mit einer beängstigenden Fülle von Bildern, Tönen und Gerüchen konfrontiert, die es rigoros auf eine überschaubare Liste von etwa 40 Eindrücken herunterfiltert. Das heißt, dass 40 Sinneseindrücke pro Sekunde das ausmachen, was wir als Realität wahrnehmen.

Wenn man bedenkt, dass 40 Sinneseindrücke pro Sekunde die Wahrnehmung des bewussten Verstands ausmachen und die anderen 10.999.960 vom Unterbewussten aufgenommen werden, ist offensichtlich, warum das Unterbewusstsein eine zentrale Rolle bei der Festlegung unserer Wahrnehmungen, unseres Wellenfeldzustands und unserer Verschränkungen spielt. Erfahrungen, Traumata und andere Geschehnisse, die der bewusste Verstand längst vergessen hat, wirken sich weiterhin auf die Wellenfelder des Unterbewusstseins aus und erzeugen alles andere als zufällige Ereignisse, die uns widerfahren. Ich habe bereits erwähnt, wie wichtig es ist, sich bewusst zu machen, warum wir bestimmte Menschen und Erfahrungen anziehen oder warum wir bestimmte Ängste oder gesundheitliche Probleme haben. Sie sind unweigerlich mit unterbewussten emotionalen Mustern verbunden, die in unseren Wellenfeldern dahinschwingen, während der bewusste

Verstand längst nicht mehr daran denkt. Vielleicht hat ein Junge oder ein Mädchen, in den/das Sie in der Grundschule verknallt waren, ihnen plötzlich den Laufpass gegeben – und Jahrzehnte später sind Sie verheiratet, haben Kinder und können nicht begreifen, warum Sie dauernd fürchten, dass Ihr Partner Sie jederzeit verlassen könnte, obwohl es keinen bewussten Grund gibt, das anzunehmen. Die Möglichkeiten sind endlos.

Wenn Sie eine *bewusste* Verbindung zwischen einer Erfahrung, Angst oder gesundheitlichen Beeinträchtigung und ihrer *Ursache* im Unterbewusstsein herstellen, dann wird dadurch das emotionale Feld ausgeglichen, das Wellenfeld verändert – und die Erfahrung wiederholt sich nicht mehr zusammen mit der Angst und der gesundheitlichen Auswirkung. Erforschen Sie die Muster und versuchen Sie, den Auslöser zu finden. Manche Menschen haben Augenprobleme, weil sie etwas nicht sehen wollen oder irgendwann einmal nicht sehen wollten. Andere haben gesundheitliche Probleme im Hals, weil sie die unterbewusste Angst haben, die Wahrheit auszusprechen. Ich habe im Laufe der Jahre viele Beispiele für solche Muster gesehen und beobachtet, wie sie durch bewusstes Erkennen ihrer Quelle sowie der Ursache und Wirkung gelöscht werden konnten.

Die unterbewusste Verbindung zur Wahrnehmung wie zur Erfahrung ist der Grund dafür, dass der Kult einen bedeutenden Teil seiner Manipulation auf die unterbewusste oder unterschwellige Programmierung konzentriert, indem er unter anderem seine Symbole – wie bereits erwähnt – allerorten auftauchen lässt. „Unterschwellig" heißt, dass diese Bilder und Informationen unterhalb der Schwelle des bewussten Verstands funktionieren, das Bewusstsein umgehen und direkt vom Unterbewusstsein aufgenommen werden können. Aus diesem Grund wimmelt es in der Werbung nur so von ihnen. DAS BEWUSSTE GEWAHRSEIN der Tatsache, dass überall um uns herum unterschwellige Manipulation lauert, blockiert deren Wirkung. Das Prinzip ist dasselbe wie bei einer unterbewussten Manipulation durch Menschen in Ihrem Umfeld, die sich nur beenden lässt, wenn Sie sich ihrer *bewusst* werden.

Das Unterbewusstsein ist das Stadion, in dem der Kult sein Spiel inszeniert. In Abbildung 406 versteckt sich eine unterschwellige Botschaft, die offenbar nur von fünf Prozent aller Leute auf Anhieb erkannt wird. Ist man sich der unterschwelligen Symbolik aber erst einmal bewusst geworden, dann wird man sie sofort sehen, wenn man das Bild wieder betrachtet, weil der bewusste Verstand erkannt hat, was darin los ist. Daran zeigt sich die Macht DES BEWUSSTEN GEWAHRSEINS, unterbewusste Programme außer Kraft zu setzen. (Die unterschwellige Botschaft in dem Bild ist übrigens das Wörtchen „Sex".) Das Prinzip gilt ebenso für Smartphone und 5G-Frequenzen. Wenn Sie sich der Auswirkungen der von ihnen ausgestrahlten Wellen nicht bewusst sind, dann sind Sie offen dafür, dass Ihr Unterbewusstsein von diesen Wellenfeldern beein-

Abb. 406: Eine unterschwellige Botschaft, die die meisten Menschen beim ersten Mal nicht sehen können, wird bei jedem neuen Betrachten kristallklar, sobald man das Gewahrsein vom Unterbewusstsein ins Bewusstsein verlagert.

flusst wird. Das ist auch der Fall, wenn Sie über die Gefahren *Bescheid wissen* und sie fürchten. Eine Kombination aus der Erkenntnis, dass es diese Wellen gibt und was sie bewirken sollen, und dem bewussten *Wissen*, dass Sie mächtiger sind als die Wellen, ist die beste Verteidigung. Das trifft für alle Wellenfelder zu, ob technische oder nicht, einschließlich Menschen, Essen, Getränke, Umweltverschmutzung, Krankheit und so weiter. Der Körper ist eine Ausdrucksform des *Geistes*.

In meinen Tagträumen erforsche ich fast ununterbrochen die tieferen Ebenen Des Unterbewussten Gewahrseins und hole sie ins Bewusstsein. Es ist lebenswichtig, die Realität in einen bewussten Zustand zu bringen, weil die entscheidende Manipulationsmethode des Kults darin besteht, uns unbewusst zu halten. Ich meine nicht, dass wir alles mit unseren fünf Sinnen (die ja ohnehin zumeist Ausdruck von Mustern des Unterbewussten sind) erkennen sollten. Die fünf Sinne sind in diesem Zusammenhang irrelevant. Ich meine einfach, dass man sich der Informationen und Programmierungsmuster *bewusst* wird, die dem überwiegenden Teil der Menschheit normalerweise unbewusst sind. Die Erweiterung des Gewahrseins kann dazu führen, dass Menschen sich selbst durch ihren Geist heilen, wenn sie plötzlich die Zusammenhänge verstehen. Jede Krankheit ist eine Wellenfeldverzerrung, und der Verstand sendet ständig Wahrnehmungsfrequenzen aus, die auf dieses Feld einwirken. Was Sie wahrzunehmen glauben, und was Sie zu erleben wahrnehmen, gilt genauso stark für die Gesundheit. Wenn Sie daran glauben, dass ein bestimmtes Medikament oder eine Behandlung Sie heilen wird, dann sendet Ihr Verstand diese Wahrnehmungsfrequenz in das Wellenfeld und gleicht das Ungleichgewicht aus, das Ihr gesundheitliches Problem verursacht hat. Die Behandlung selbst hätte vielleicht gar nicht diese Wirkung erzielt. Glauben Sie aber stark genug daran, dass sie Sie gesund machen wird, dann ist es der *Glaube* an die Behandlung, der Sie gesund macht, wo die Behandlung alleine es nicht gekonnt hätte. Dieser „Placeboeffekt" kann zu Spontanheilungen führen, die die Schulmedizin verblüffen, weil sie nicht begreift, was der Körper ist und wie er als Erweiterung des Geistes funktioniert.

Umgekehrt können wir uns tot denken, wenn wir einem Arzt glauben, der uns erzählt, dass wir nur noch eine gewisse Zeit zu leben haben. Die meisten Menschen sterben auch tatsächlich innerhalb dieser Zeit – aber nicht, weil die Vorhersage des Arztes unbedingt richtig war. Bei manchen, die innerhalb der vom Arzt prognostizierten Zeitspanne sterben, wird bei der Autopsie nach ihrem Tod festgestellt, dass sie gar nicht an der Krankheit gelitten haben, wegen der ihnen der Arzt „höchstens noch sechs Monate" zu leben gab.

Wir alle müssen uns irgendwann verabschieden, sonst wären wir ewig hier – ein Albtraum! Wir haben jedoch viel mehr Macht darüber, wann wir abtreten, als sich die meisten Leute auch nur vorstellen können. Das kann so weit gehen, dass wir entscheiden, wann wir aus dem Leben scheiden wollen, bevor wir dieses Leben überhaupt begonnen haben, indem wir unsere Körperschwingung mit einem Endpunkt kodieren. Man kann das so sehen, als würde jemand einfach „aus heiterem Himmel tot umfallen". Dabei war er doch immer so fit und gesund …

Es gibt mehr zwischen Himmel und Erde, als wir jemals wissen dürfen – es sei denn, wir *entscheiden* uns dafür, es wissen zu wollen.

Wahrheitsschwingungen

Man muss sich auch bewusst machen, dass es andere Quellen des Bewusstseins und Gewahrseins gibt, die weit über die energetische Dichte und die Beschränkungen des Kults hinausgehen. Sie arbeiten daran, die Menschheit aus ihrem Wahrnehmungskoma zu locken. Es gibt Menschen auf unserer „Welt", die dieses GEWAHRSEIN repräsentieren und die man symbolisch als Söhne und Töchter DES EINEN sehen kann – so wie es Kult-Agenten gibt, die ihre nichtmenschlichen „Götter" repräsentieren. In den ersten Monaten meines eigenen Erwachens im Jahr 1990, das dann 1991 auf dem Hügel in Peru „explodierte", kam es auf synchronistischem Wege zu einer Reihe von Begegnungen mit professionellen Hellsehern. Ich traf die bewusste Entscheidung, nur eine von ihnen – Betty Shine – persönlich zu treffen, während die anderen der Reihe nach „zufällig" durch mein Leben gingen. Gemeinsam war ihnen die Aussage, dass sie gebeten worden waren, mir etwas mitzuteilen: Ein „Schwingungswandel" stehe bevor, der auch als „Neujustierung" bezeichnet wird. Dieser energetische Wandel würde (1) die Menschheit aus dem zu erwecken beginnen, was ich heute die Illusion nennen würde; und (2) „all das, was verborgen war", an die Oberfläche bringen.

Dem ersten Buch, das ich nach meinem Erwachen schrieb, gab ich den Titel „Truth Vibrations" [dt. etwa: „Wahrheitsschwingungen"], um die Wirkung dieser Erwachensfrequenz zu beschreiben. Ich nahm nicht einfach hin und glaubte ohne Hinterfragen, was die Hellseher mir gesagt hatten, obwohl das gemeinsame Motiv durchaus überzeugend war. Es fühlte sich richtig an, aber ich wartete ab und beobachtete. Jahrelang passierte nicht viel, doch dann ging es los. Heute stellt eine unglaubliche und stets zunehmende Anzahl von Menschen die Realität und die Hintergründe des Weltgeschehens infrage – und es werden immer mehr. Wenn Sie nur die Mainstreammedien verfolgen, werden Sie davon wahrscheinlich nichts bemerken. Ich bereise seit Jahren außerhalb des Mainstream-Einheitsbreis die Welt und kann Ihnen versichern, dass die menschliche Wahrnehmung in allen Lebensbereichen in Bewegung gerät, auch wenn dieser Trend noch weit von einer Mehrheit entfernt ist. Die Lockdowns haben eine Unmenge neuer Leute, die bisher nie an so etwas gedacht hätten, dazu gebracht, die Realität und die Ereignisse zu hinterfragen. Dies geschieht auf vielen Ebenen und natürlich nicht immer in Form eines völligen Erwachens. Das Hinterfragen nimmt derzeit jedoch erstaunlich schnell Fahrt auf, und Menschen öffnen ihren Geist für Möglichkeiten, die sie bislang nie in Betracht gezogen hätten. Ich lerne diese Menschen kennen, sooft ich das Haus verlasse und reise. Da ich mich noch gut erinnern kann, wie die Lage vor 30 Jahren war, erkenne ich das Ausmaß des Wandels, der gerade stattfindet. Sogar Leute, die ich als „Systemmenschen" bezeichnen würde, betrachten sich selbst und die Realität mittlerweile neu. Der Teil der Prophezeiung, in dem es darum ging, all das Verborgene an die Oberfläche zu bringen, wird derzeit auf spektakuläre Weise Wirklichkeit.

Man sehe sich an, was wir heute über die Manipulation der Welt und die dahinterstehenden Kräfte wissen, und vergleiche es mit dem, was ich 1990 über die Wahrheitsschwingungen und deren Auswirkungen erfahren habe. Der Zensurrausch, der Silicon

Abb. 407: Wahrheitsschwingungen und DAS GROSSE ERWACHEN.

Valley und andere Kult-Institutionen befallen hat, ist zum Großteil ein verzweifelter Versuch, dieses Erwachen zu verhindern, ebenso wie die KI-Gehirn-Verbindung und das Smart Grid. Pech für den Kult ist allerdings, dass er es heute mit Gewahrseinsebenen zu tun hat, die sehr viel mächtiger sind als er und seine Meister es in ihrem derzeitigen Zustand der Wahrnehmung und damit der Frequenz je sein werden. Ein Verständnis der Wellennatur der Realität und der Wellenverschränkung kann erklären, wie die Wahrheitsschwingungen sich auf das menschliche Gewahrsein auswirken (Abb. 407). Sie sind ein hochfrequentes Informationsfeld, das die Wellenfeldschwingungen derer verändert, die sich damit verbinden. Mir wurde gesagt, dass die ersten Menschen, die davon betroffen sein werden, die wachsten (oder am wenigsten schlafenden) sein werden. Irgendwann würden aber auch jene, die zu diesem Zeitpunkt noch am tiefsten schlafen, die Wirkung spüren. Das bedeutet nicht, dass wir uns einfach zurücklehnen und darauf warten können, dass diese Frequenzen alles zum Besseren verändern. Sie sind ein Frequenzband, mit dem wir uns synchronisieren müssen, um eine maximale Wirkung zu erzielen. Wie wir das tun können? Indem wir unsere *Herzen* öffnen.

Mit dem ganzen Herzen des Einen

Ich habe mich schon weiter oben mit dem Herzen als der stärksten Verbindung zu DEM EINEN auseinandergesetzt, die weit über das Frequenzband der Simulation hinausgeht. Je weiter sich unser Herzvortex öffnet, desto größer wird das energetische Tor, durch das wir Zugang zu Liebe im eigentlichen Sinne, Weisheit, Wissen, Intelligenz und potenziell UNENDLICHEM GEWAHRSEIN in seiner Gesamtheit haben (Abb. 408). Aus diesem Grund verspüren wir Intuition und Liebe in der Mitte unserer Brust. Nahtoderfahrene haben berichtet, wie sie außerhalb des Körpers dieselbe Liebe (wenn auch viel intensiver) erfahren haben, die wir *im* Körper durch das Herz verspüren können. Einer von ihnen erzählte:

Abb. 408: DIE ANTWORT: Die Herzvortex-Verbindung zum Unendlichen Selbst.

Da waren all dieses Licht und Liebe und Verjüngung. […] Ich spürte, wie ich mich in diesem Licht ausdehnte, als gäbe es keine Grenzen, und ich war einfach in diesem Licht und Teil dieses Lichts. [...] Ich fühlte mich, als wäre ich zu Hause. Ich fühlte mich [...] schwerelos. [...] Man merkt gar nicht, wie viel man in dieser Welt [niedrig schwingende emotionale Dichte] mit sich herumschleppt. Erst wenn es weg ist, erkennt man, wie leicht und schwerelos und frei [wir sind], wie ausgedehnt und Teil von etwas Großem, Gewaltigem. Es ist das Zuhause – und du weißt, dass es das ist. [...] Es fühlte sich an, als seien wir alle Teil einer Sache.

Abb. 409: „Ich bin eine einzigartige Ausdrucksform von Allem Was Ist" – *Die Antwort.*

Unser Herzvortex ist unsere Verbindung zu Dem Einen; daher kann man mit einem offenen Herzen eine solche Liebe verspüren (Abb. 409). Der Kult arbeitet zu seinem eigenen Vorteil mit aller Macht daran, das Herz zu verschließen, indem er Angst, Sorge, Depression, Hass, Groll, Schuldgefühle und andere niedrig schwingende Emotionen erzeugt, die Ursprung des Ausdrucks „Das tut mir im Herzen weh" sind. Diese Emotionen verlagern den Fokus der Aufmerksamkeit vom Herzen in den Darm und schaffen eine Rückkopplungsschleife zwischen dem niederfrequenten Gefühlszentrum des Bauchs und dem Kopf/Gehirn. Diese Schwingung ruft eine Wahrnehmung hervor, die durchweg von Emotionen dominiert wird. Die New-Woke-Bewegung ist dafür ein kollektives Beispiel. Das Bauch-Vortexzentrum sollte eigentlich eine phänomenale Quelle energetischer Kraft sein, wenn es ausgeglichen ist. Diese potenzielle kreative Kraft wird durch den chaotischen Einfluss niederfrequenter Emotionen folglich ebenfalls verringert. Der Kult weiß genau, was er tut, das steht fest.

Emotionale Reaktionen werden ständig mit einer Herzreaktion verwechselt; das liegt an dem manipulierten falschen Verständnis dessen, was Liebe wirklich ist. Anziehung alleine ist noch keine Liebe, ebenso wenig wie Emotionen, die Tugend demonstrieren sollen. Liebe in dem Sinn, von dem ich spreche, ist Gleichgewicht – das Gleichgewicht aller Kräfte in einer Ganzheit, in der alle Bestandteile *Eins* werden und keiner den anderen dominiert. Jeder trägt zum Ganzen bei, und keiner versucht es, an sich zu reißen. Mitgefühl und Empathie, die man nur für einen Teil der Menschheit aufbringt, sind keine Liebe in ihrem Unendlichen Sinn. Mitgefühl und Empathie für *alle*, nicht nur einige, ist das, was ich mit Dem Einen meine. In dieser Liebe geht es auch nicht *ausschließlich* um Mitgefühl und Empathie, sondern auch um Weisheit, Fairness, Gerechtigkeit und Unendliche Intelligenz. In ihrer Ganzheit, die alle Punkte miteinander verbindet, kommt Liebe aus einer Perspektive Des Gewahrseins, in dem alle Punkte miteinander verbunden sind. Liebe ist daher *clever* und sieht alles aus *allen* Blickwinkeln.

Der Kopf kann Informationen zu einer Wahrnehmung verarbeiten, die emotional vom Bauchgefühl beeinflusst wird. Das kann eine Form von Mitgefühl und Empathie mit dem Planeten, mit Migranten, mit Leuten, die sich als LGBTTQQFAGPBDSM identifizieren, oder jenen Menschen, die über eine Aussage anderer beleidigt sind, auslösen. Dies ist nur ein Aspekt der Unendlichen Liebe – und wenn es die einzige Ebene ist, zu der Menschen

Zugang haben, selbst wenn sie in gewissem Maße herzzentriert ist, dann sind sie leichte Opfer für den Kult. Erstens basiert ein bedeutender Teil der New-Woke-Ideologie auf Emotionen statt auf dem Herzen; wenn das Herz damit zu tun hat, dann werden nur jene Aspekte der wahrgenommenen Liebe, die zur dieser Haltung passen, Teil des Wahrnehmungsprozesses. Zum Beispiel: Ich „liebe" und empfinde Mitgefühl und Empathie für farbige und Transgendermenschen, aber weißen Menschen bringe ich absoluten *Hass* entgegen. Das ist nicht die Liebe Des Einen und auch nicht Mitgefühl und Empathie in ihrer eigentlichen Definition. Die Liebe Des Einen würde Empathie für farbige, Transgender- *und* weiße Menschen empfinden. Die Umstände, mit denen diese Menschen konfrontiert sind, rufen Empathie hervor, nicht ihre Hautfarbe oder sexuelle Ausrichtung. Die Liebe sieht die Dinge so, wie sie sind, und versucht sie nicht anders darzustellen, um damit eine persönliche oder kollektive Agenda zu bedienen.

Liebe wird Empathie für Migranten empfinden, die vor einem Krieg flüchten, sich aber gegen jene Migranten wenden, die als Kinderhändler agieren. In diesem Fall empfindet sie Mitgefühl für die Kinder. Wenn ich das Verhalten und die Reaktionen von New Woke und Ultrazionismus beobachte, sehe ich keine Liebe, sondern Hass. Ironischerweise wettern genau diese Leute aber gegen den wahrgenommenen „Hass" anderer. Das entspringt nicht dem Herzen, sondern dem Kopf und dem Bauch, und ist zudem eine Projektion – „ein unbewusster Abwehrmechanismus, der sich dadurch auszeichnet, dass eine Person ihre eigenen Probleme unbewusst jemand oder etwas anderem zuschreibt, als eine Form von Irrglauben oder Leugnung" und „eine Methode, anderen die Schuld an den eigenen negativen Gedanken zu geben, indem man sie verdrängt und jemand anderem zuschreibt".

Herzliebe ist keine menschliche Liebe

Wenn sich das Herz bis zu dem Punkt öffnet, wo wir mit Dem Einen verbunden sind, wird die bloße Vorstellung, Menschen nach ihren illusorischen menschlichen Etiketten zu beurteilen oder sich mit ihnen zu identifizieren, absolut lächerlich. Das gilt auch für den Begriff „menschlich". Wir sind nicht „menschlich", das ist nur eine kurze Erfahrung. Wir sind ein Aufmerksamkeitsbrennpunkt innerhalb Des Unendlichen Gewahrseins. Wenn wir es schaffen, unsere vom Kult herbeigeführten Wahrnehmungsprogramme zu löschen, können wir diese Ebene des Selbst leben. Ich meine damit nicht, dass wir unsere Einzigartigkeit in einem unterschiedslosen Kollektiv aufgehen lassen. Wir sollten vielmehr unsere Einzigartigkeit und unser Gefühl der persönlichen Souveränität auskosten, aber zugleich wissen, dass wir mehr als das sind. Wir sind ein einzigartiger Aufmerksamkeitsbrennpunkt *und* wir sind *Alles, Was Ist, War und Je Sein Kann*. Beides sollten wir feiern, doch die Vorstellung, dass Das Unendliche Gewahrsein Das Wahre Ich mit dem „Menschsein" identifiziert oder – noch schlimmer – mit den stets mehr werdenden Unterteilungen von „menschlich", kann einem wahrlich offenen Herzen nur verrückt erscheinen.

Das Herz versteht, warum Menschen durch lebenslange Wahrnehmungsindoktrination irgendwann zu ihren Etiketten werden. Etwas zu verstehen heißt aber noch lange nicht, dass man es angesichts der daraus resultierenden Konsequenzen kleinlaut hinnimmt. Bei Empathie geht es nicht immer darum, das zu sagen, was andere hören wollen – oft ist das Gegenteil der Fall. Wenn man Kinder vor allen Problemen und Herausforderungen beschützt, sind sie später der Gnade und dem Wohlwollen der Erwachsenenwelt ausgeliefert; das hat mit Empathie oder Liebe im weitesten Sinne nichts zu tun. Wie können Kinder, Jugendliche oder irgendjemand aus den Folgen ihres Handelns lernen und daran wachsen, wenn sie nie mit diesen Folgen konfrontiert werden? So entstehen jene emotional schwachen Menschen, die der Kult zum Frühstück, Mittagessen und Nachmittagstee verputzt. Empathie und Liebe bedeuten nicht, dass man Kindern aus eingebildeter „Freundlichkeit" auf Verlangen ein Smartphone in die Hand drückt, wenn die langfristigen Folgen eines solchen Geräts für ein Kind katastrophal sein können.

Die Liebe wird Menschen sagen, was sie *nicht* hören wollen, selbst wenn sie weiß, dass die Reaktion darauf negativ oder beleidigend sein wird. Die Liebe tut das, was sie für richtig hält. Sie strebt nicht nach dem emotionalen Nährwert lobender Worte und braucht ihn auch nicht, ebenso wenig wie ein Dopaminhoch. Was ich über die New-Woke-Jünger, den Klimawandel, die Masseneinwanderung, die politische Korrektheit, die Transgender-/Veganaktivisten und den Virusschwindel gesagt habe, wird garantiert auf viel Feindseligkeit stoßen. Ich weiß das, aber es ist mir egal. Wichtig ist mir, dafür zu sorgen, dass die Leute, die mich angreifen, nicht den Rest des Lebens in einer globalen Dystopie leben müssen. Ist das Liebe? Oder ist Liebe, ihnen das zu erzählen, was sie hören wollen, um damit mehr Likes auf Facebook zu bekommen? Das Erwachen des Herzens spielt sich auf vielen Ebenen ab und ist ein fortlaufender Prozess, in dessen Verlauf die Frequenzen des Kults so lange dagegenwirken, bis die Grenze überschritten ist, hinter der der Kult keinen Einfluss mehr hat. An diesem Punkt hat sich Ihre Selbstidentität vom ETIKETT-SELBST zum UNENDLICHEN SELBST gewandelt, und damit lösen Sie Ihr Wellenfeld von DEM PROGRAMM und dessen Einfluss auf ihre Wahrnehmungen (Abb. 410).

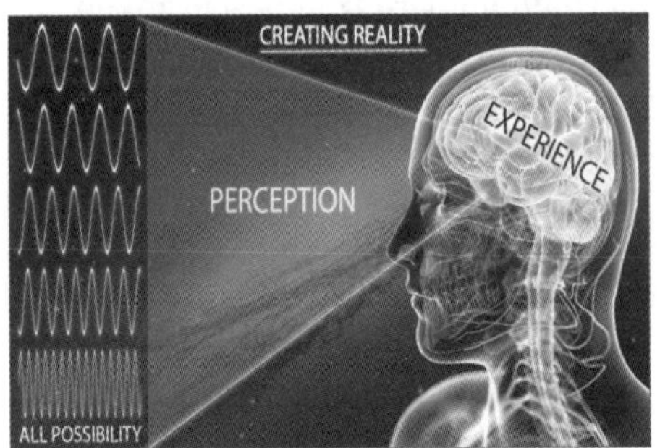

Abb. 410: DIE ANTWORT: Die Realität durch ein erweiteres Gewahrsein der Gesamtheit aller Möglichkeiten erschaffen.

Sie haben nun keine Angst mehr, Ihre Wahrheit auszusprechen. Auch die schlimmsten Einschüchterungsversuche bringen Sie nicht mehr zum Schweigen oder haben Einfluss darauf, wie Sie Ihr Leben leben. Sie fürchten den Tod nicht mehr und betrachten eine menschliche Erfahrung auch nicht mehr als das, was Sie sind. Sie fürchten *nichts* mehr, außer vielleicht als kurze biologische Reaktion, bis DAS ERWEITERTE GEWAHRSEIN aus der Perspektive DES EINEN zurückkommt. Die Rückkopplungsschleife der Wahrnehmung verlagert sich von Bauch-Hirn auf Herz-Hirn, und die Art, wie Sie die Welt, die Menschen und Ereignisse sehen, rührt von einem drastisch anderen Aufmerksamkeitsbrennpunkt her. Sie sind DAS EINE, das durch menschliche Augen beobachtet, und Sie sehen Einssein statt Getrenntsein, Einheit statt Spaltung. Sie wissen, dass Etiketten die Illusionen einer zutiefst manipulierten Welt sind. Aus dieser Perspektive entsteht Mitgefühl für Menschen, die immer noch dort sind, wo Sie einst waren, und sogar für die, die gemein zu Ihnen sind und Ihnen Schlechtes wünschen. Vergeben Sie ihnen – denn sie wissen buchstäblich nicht, was sie tun.

Das Herz weiß, dass DAS SYSTEM ein hoffnungsloser Fall ist

Der Prozess der Öffnung von Herz und Geist ist noch nicht lange im Gange, wenn alle Wahrnehmungssäulen der menschlichen Realität zu bröckeln beginnen. Die Vorstellung, dass es eine Rolle spielt, welcher Religion jemand angehört oder welche Hautfarbe er hat, wird plötzlich lachhaft. Wie sich diese Tatsache auf das *Verhalten* der jeweiligen Person gegenüber sich selbst und anderen auswirkt, muss vielleicht zu Recht infrage gestellt werden, doch der religiöse und ethnische Hintergrund *an sich* ist für ein erwachendes Herz nicht von Bedeutung. Letzten Endes, wenn der Schleier gelüftet ist, bin ich du, du bist ich, ich bin alles, und alles ist ich – und *du*. Das Befolgen von Regeln, Vorschriften und von außen auferlegten Glaubenssätzen *jedweder* Religion ist für ein sich öffnendes Herz völlig unverständlich. Wie kann ich mich auf ein Leben innerhalb der Grenzen beschränken, die eine „Heilige Schrift" mit vorschreibt, zumal dieses Dokument von irgendwem irgendwann und unter irgendwelchen Umständen verfasst wurde, wenn ich doch ALLES WAS IST bin und im grenzenlosen Reich DER UNENDLICHEN MÖGLICHKEITEN und DES UNENDLICHEN IMMER lebe? *Wirklich*? *Ernsthaft*? UNENDLICHES IMMER, ALLES WAS IST soll zulassen, dass seine Wahrnehmungen und Erfahrungen von einem Pfarrer, Bischof, Papst, Rabbi oder Imam diktiert werden? *WIE BITTE*? Diese Leute sind keine Vertreter „Gottes", sondern größtenteils Männer, die von Männern in von Männern geschaffenen Strukturen irdischer Macht und Kontrolle in ihre Positionen berufen wurden. Würde man Männer gegen Frauen mit derselben Realitätssicht austauschen, wäre das Ergebnis übrigens genau dasselbe.

Religionen sind irdische Strukturen, die aus irdischen Gründen geschaffen wurden, und haben absolut nichts mit der Realität zu tun, wie sie wirklich ist, oder mit DEM GEWAHRSEIN, das wir sind. Tut, was wir euch sagen, oder der „Gott", den wir angeblich auf Erden vertreten, wird euch in die ewige Verdammnis schicken. Gebt uns euren Verstand und eure Macht. Wir wurden von „Gott" dazu berufen, über euch zu herrschen, euch zu sagen, was ihr denken sollt, und euch gegen Anhänger anderer Religionen auszuspielen, die von Menschen geführt werden, die genauso sind wie wir und nur (oft nur geringfügige) andere Regeln und Einschränkungen haben. Du glaubst, dass du „Gott" *bist*, eine Ausdrucksform von ALLES WAS IST? *KETZER*!

Wir sollen akzeptieren, dass innerhalb der mikroskopisch kleinen Wahrnehmungsgrenzen des sichtbaren Lichts, das nur lächerliche 0,005 Prozent des Universums ausmacht, alles schriftlich festgehalten ist, was wir wissen müssen, um uns selbst und die Realität zu verstehen. Dabei zeichnen sich diese Schriften durch unzählige Widersprüche aus, die zwischen den verschiedenen heiligen Büchern oder manchmal auch in einem einzigen Buch zu finden sind. Auf der Grundlage dieser Schriften, die aus den Nebeln der „Geschichte" auftauchen, sich auf längst vergangene Zeitalter beziehen und im Laufe der Jahrhunderte oder gar Jahrtausende auch noch falsch übersetzt wurden, sollen wir unser Leben und unser Verhältnis zu anderen Menschen gestalten. Auf Geheiß irgendeiner religiösen Gestalt hin, über die häufig wenig oder überhaupt nichts bekannt ist, sollen wir auf die Knie fallen, uns gen Mekka richten, einer Mauer unsere Klagen darbringen oder im Ganges baden.

Ich habe einmal die folgende Beschreibung eines Hindu-Rituals am Ganges gelesen:

> Dieses beeindruckende religiöse Ritual findet in Indien alle zwölf Jahre statt und dauert 55 Tage. Bis zu 100 Millionen Pilger kommen dabei zur größten religiösen Versammlung der Welt zusammen. Der Ganges ist für die meisten Hindus die heiligste Stätte und ein Hauptziel des Kamya. Hindus glauben, dass die Göttin Ganga in dem Fluss lebte.
>
> Manche Hindus glauben auch, dass bei einer Schlacht zwischen Dämonen und Göttern der Kumbh oder Topf, der heiligen Nektar enthielt, vier Tropfen Wasser über der Erde ausschüttete und damit vier Städte segnete. Der Fluss Ganges fließt durch diese Orte. Hindus, die in ihm baden oder von seinem Wasser trinken, glauben, dass ihnen dies Glück bringt. Sie glauben auch, das der Fluss die Sünden der Badenden wegwaschen kann. Wenn Hindus die Asche eines Verstorbenen im Ganges verstreuen, glauben sie, dass sich dadurch das Karma dieser Person verbessert und diese Person früher Erlösung erlangt.

Warum glauben Hindus, dass die Göttin Ganga in dem Fluss lebte? Warum glauben sie, dass ein Topf, der heiligen Nektar enthielt, vier Tropfen Wasser über der Erde ausschüttete und damit vier Städte segnete? Warum glauben sie, dass der Fluss Sünden wegwaschen kann oder die Toten früher Erlösung erlangen lässt? Einzig und allein aus dem Grund, dass sie schon im Kindesalter darauf indoktriniert wurden und man Druck auf sie ausübte oder ihnen mit Konsequenzen drohte, wenn sie nicht daran oder an etwas anderes glaubten. Man befiehlt jungen Menschen, wen sie zu heiraten haben; auch das diskriminierende Kastensystem, das durch die Geburt diktiert wird, hat seinen Ursprung in Regeln, die vor Jahrtausenden erdacht wurden.

Dieses Motiv zieht sich durch alle Weltreligionen. Warum glauben Christen, was sie über „Jesus" glauben? *Aus demselben Grund.* Warum glauben Moslems, dass sie sich „Allah" unterwerfen und nach den Geboten Mohammeds leben müssen? *Aus demselben Grund.* Warum glauben Juden, dass sie das auserwählte Volk sind und ein jüdischer König kommen wird, der alle Juden sammeln und nach Israel führen wird? *Aus demselben Grund.* Würden Christen in eine jüdische Familie hineingeboren, oder ein Jude in den Islam, oder ein Moslem ins Christentum, dann würden sie an etwas anderes glauben – und zwar ebenso heftig und leidenschaftlich, wie sie ihren heutigen Glauben vertreten. Wie viele Menschen, die in den Islam hineingeboren werden, konvertieren zur jüdischen Religion oder umgekehrt? Wie viele Christen, Juden oder Hindus werden Moslems oder Mitglieder einer der anderen Weltreligionen? Sie folgen mit überwältigender Mehrheit der Religion, in die sie hineingeboren wurden, weil Religion eine Indoktrination der Wahrnehmung ist, die durch Angst und Schuldgefühle sowie angedrohte oder tatsächliche Konsequenzen kontrolliert wird. Die folgende Definition von Islam und Moslems (die wörtliche Übersetzung lautet „Sich-Unterwerfen") erfasst das ganze Wesen der Religion:

> Der Islam ist eine vollständige, ganzheitliche Lebensweise, die jeden Aspekt des Lebens umfasst. Der Islam spart kein Thema aus, um die Menschheit zu lehren, wie sie sich in jedem Bereich des Lebens zu verhalten hat: individuell, gesellschaftlich, materiell, moralisch, ethisch, rechtlich, kulturell, politisch, wirtschaftlich und global.

Wenn man darüber nachdenkt, sind alle Religionen so ziemlich gleich. Eine Religion sagt Ihnen – einem Aufmerksamkeitsbrennpunkt innerhalb von *Allem Was ist* –, wie Sie sich „in jedem Bereich des Lebens zu verhalten haben: individuell, gesellschaftlich, materiell, moralisch, ethisch, rechtlich, kulturell, politisch, wirtschaftlich und global". Vergessen Sie das mit dem „Lehren"; es geht ausschließlich um Zwang und Indoktrination, entweder direkt oder psychologisch. Aus all diesen Gründen liebt der Kult Religionen und hat sie als Wahrnehmungs- und Verhaltensgefängnis überhaupt erst erschaffen. Wer auf sie hereinfällt, kann keine eigene direkte Verbindung zu *Allem Was ist* herstellen, sondern muss dies durch eine irdische Figur tun, die irdische Interessen vertritt, um die Wahrnehmungen der Gläubigen im irdischen Bereich festzuhalten. Meine Definition von Religionen lautet so: „generationenübergreifende Illusion, die den nachfolgenden Generationen von denen indoktriniert wird, denen sie ebenfalls einmal indoktriniert wurde". Religion ist nichts als ein weiteres *Perpetuum mobile* in der Wahrnehmung.

Die gleiche Blaupause wie bei der Kontrolle durch Religion lässt sich auch im Szientismus, der New-Woke-Ideologie, dem Klimakult und der Verehrung von Gaia oder der Erde erkennen. Die Theologie wird beschlossen und dann durch Wiederholung sowie die Ausgrenzung, Dämonisierung und Zensur aller anderen Möglichkeiten indoktriniert. In diesem Satz habe ich jede Ausprägung des Gottesprogramms beschrieben – von den uralten Religionen bis zum Klimakult. Sie alle haben ihre eigenen Helden, auf die sich die Aufmerksamkeit der Gemeinde richten soll: Jesus, Abraham, Moses, Mohammed, Krishna, Shiva und Greta Thunberg. Sich öffnende Herzen können das Gottesprogramm durchschauen. Ein Teil DER ANTWORT – ein großer Teil – ist die Ablehnung der kurzsichtigen Religion, die sich die Wahrnehmung schnappt und sie ein ganzes Leben in einer Sackgasse parkt.

Das Herz ist unsere Verbindung zu der Liebe, die die Gesamtheit aller Möglichkeiten ist; es wird seine Unendlichkeit niemals zugunsten der programmierten Kurzsichtigkeit aufgeben. Es verlangt das Recht und die Selbstachtung, innerhalb der Unendlichkeit des Möglichen seine eigene Wahrheit zu erkunden, und lässt sich von den Überzeugungen anderer nicht einsperren, wie sehr man es auch einzuschüchtern versucht. Ich rufe allen Versionen des Gottesprogramms, die uns bestimmte Wahrnehmungen aufzwingen wollen, ein herzliches „Leck mich am Arsch!" entgegen. Das gilt auch für das theologische Dogma der „Wissenschaft" und die New-Woke-Ideologie. Sie alle sind nichts als Brandmauern vor dem Unendlichen Immer.

Wichtig bei dieser Ablehnung sind die Wörter „die uns bestimmte Wahrnehmungen aufzwingen wollen". Es geht mich nichts an, was jemand glauben will. Jeder Mensch muss die

Konsequenzen der Wellenverschränkungen tragen, die er mit seinen Glaubensvorstellungen anzieht, ob sie nun schön oder weniger schön sind. Ich wehre mich nur dagegen, dass diese Glaubensvorstellungen anderen auf die beschriebenen Weisen *aufgezwungen* werden. Die Menschheit kann nie frei sein, solange dieser Zwang nicht aufhört und solange die Menschen, die durch die Kraft des Herzens erweckt wurden, die Wahrnehmungstyrannei nicht ablehnen. Wenn Sie die Wellenfelder all der Menschen sehen könnten, die ohne jedes Hinterfragen dem Gottesprogramm in seinen offensichtlichen und weniger offensichtlichen religiösen Formen folgen, dann würden Sie feststellen, dass sie alle im selben Rhythmus schwingen. Die Namen an der Tür mögen andere sein, doch sie befinden sich im selben Wahrnehmungs-/Schwingungszustand.

Die Freiheit folgt einem völlig anderen Rhythmus.

Auf der Suche nach Gewissheit inmitten Unendlicher Ungewissheit

Die Grundlage der Schwingung jedes Gottesprogramms ist ein Bedürfnis nach Gewissheit und das Verlangen, eine externe Macht anzubeten, um diese Gewissheit zu erlangen. Beides entspringt der Unsicherheit. Innerhalb der Gesamtheit aller Möglichkeiten kann es keine Gewissheit geben. Damit müssen wir uns abfinden – wenn wir es nicht tun, kann das äußerst destruktive Folgen haben. Der größte Teil des menschlichen Lebens wird damit verbracht, Ungewissheit zu beseitigen, um die Unsicherheit und die Angst vor dem Unbekannten zu beschwichtigen. Die Menschen klammern sich an die „Gewissheit" religiöser Glaubensvorstellungen und blenden jede andere Möglichkeit aus, die sie in einen Zustand der Ungewissheit führen könnte. Die New-Woke-Religion und die maßgebende Priesterschaft im Kern der Schulwissenschaft streben nach der Sicherheit der Gewissheit und wehren daher alle andere Ansichten mit den Worten „Halt die Klappe, ich will das nicht hören!" ab. Was man nicht weiß oder sich zu wissen weigert, kann das Gefühl der Sicherheit nicht beeinträchtigen, das man sich selbst aufgebaut hat. Viele Menschen lehnen vehement und ohne auch nur einen Blick darauf zu werfen sämtliche Informationen ab, die die Realität hinter den Ereignissen aufdecken, weil ihr sicherheitsförderndes Gefühl der Gewissheit davon abhängt, dass sie diese Realität eben nicht kennen. Doch irgendwann setzt sich die Realität natürlich durch – nur werden wir dann auf dem Weg zur Tyrannei schon so weit vorangeschritten und die Menschen geistig und emotional so reaktionsunfähig sein, dass es für alles zu spät ist.

Insbesondere Kinder und Jugendliche werden von Schulen, Universitäten und der Gesellschaft im Allgemeinen speziell darauf programmiert, jede Ungewissheit zu fürchten und keine Risiken einzugehen. Das ist der wahre Grund, warum das traditionelle Treiben auf dem Spielplatz und die Kindheitsfreuden wie Schneeballschlachten, das Erklettern von Bäumen, Bockspringen, Murmelspiele, Fangenspielen und sogar Seilspringen von der Gedanken- und Verhaltenspolizei unter dem Vorwand von „Gesundheit und Sicherheit" zunehmend verboten werden. Als ich jung war (so lange ist das auch noch nicht her), gehörten diese und viele andere Aktivitäten, die inzwischen verboten sind, noch zum Erwachsenwerden. Wenn man hinfiel, lernte man dadurch, den Grund für den Sturz in Zukunft zu vermeiden. Man lernte aus Erfahrung – aber was, wenn einem die Erfahrung genommen wird? Man lernt *nichts*. Diese Aktivitäten, denen Kinder im Freien nachgingen und bei denen sie real miteinander interagieren konnten, wurden absichtlich durch gesichtslose, isolierende und verhaltensmodifizierende Videospiele und soziale Medien ersetzt. Man macht den Eltern Angst, sodass sie ihren Kindern verbieten, alleine oder mit Freunden nach draußen zu gehen. Dadurch werden die Isolation und die Angst vor der Ungewissheit noch weiter vorangetrieben, weil jedes noch so kleine Risiko aus ihrem Leben entfernt wird. Die Angst vor Ungewissheit und Risiko schränkt die Möglichkeiten und die Kreativität junger Menschen ein; dadurch wird der Weltregierung die Aufgabe übertragen, uns vor jeder Ungewissheit zu bewahren.

Die Leute, die Ungewissheit fürchten, orientieren sich an den Autoritäten, die ihnen eine vermeintliche Gewissheit durch den Entzug von Freiheiten geben. Natürlich muss man diese Freiheiten dann dem gesamten Volk wegnehmen, um Gewissheit durch automatenhafte Berechenbarkeit zu gewährleisten. Was sind Lockdowns und soziale Distanzierung denn anderes als die Manipulation von Gewissheit? Je mehr Gewalt und Chaos in eine Gesellschaft eingebracht werden können, desto mehr verfestigt sich dieser Wahrnehmungszustand. Die Besessenheit von der Ungewissheit hat sogar den Profifußball befallen: Eine Technologie namens „VAR" (Video Assistant Referee; dt.: Video-Assistent) analysiert jedes Tor in so winzigen Einzelheiten, dass es – oft nach längerer Wartezeit – wegen der Position der Achselhöhle eines Spielers für ungültig erklärt werden kann. Man ersetzt die Ungewissheit menschlicher Entscheidungen durch die Gewissheit (die es gar nicht ist) der Technik. Willkommen in der Technokratie.

Liebe dich selbst und du liebst die Welt

Wie viele von denen, die über die Notwendigkeit von Liebe, Mitgefühl und Empathie für andere reden, empfinden Liebe, Mitgefühl und Empathie für sich selbst? Es ist doch eigentlich immer so, dass sie außen vor bleiben. Wir kann ich denn mich selbst lieben – das ist doch Narzissmus, oder? Genau das Gegenteil ist der Fall. Sich selbst *nicht* zu lieben und respektieren führt zu Narzissmus. Dabei handelt es sich um eine Maske, die Menschen der Welt präsentieren, um vor sich selbst und anderen ihren Mangel an Selbstliebe, Selbstsicherheit und Selbstachtung zu verstecken. Menschen mit offenen Herzen, die der Tatsache gewahr sind, dass alles *Eins* ist, müssen der Welt kein falsches Gesicht zeigen. Warum sollten sie die Sichtweise anderer auf sich selbst auch beeinflussen wollen? Was soll ein Herz, das weiß, dass *Alles Was ist* seine wahre Identität ist, davon haben? Es gibt dazu noch ein paar andere Fragen: Warum sollte das Herz sich wünschen, andere mit einem falschen Bild von sich selbst zu beeindrucken? Warum sollte es seinen Selbstwert in Facebook-Likes und Emojis messen? Wen sollte man denn beeindrucken wollen, wenn man ohnehin bereits *alles* ist? Warum überhaupt jemanden beeindrucken? Hegt man die Absicht oder den Wunsch, andere zu beeindrucken, so bedeutet das, dass man sein WAHRES SELBST verändert, um den Wahrnehmungsanforderungen anderer zu genügen.

Das Streben nach Beliebtheit als Ziel an sich zerstört nur Ihre Einzigartigkeit. Sie sind *Sie* – nicht die anderen. Also *seien* Sie auch Sie – und nicht die anderen. Sie sind eine *einzigartige* Ausdrucksform DES EINEN. Es spielt keine Rolle, welches Gesicht Sie zeigen, ob das wahre oder ein falsches – manche Leute werden es nicht mögen, weil es ihnen in vielen Fällen an Selbstwertgefühl fehlt. Ich fühle mich unwürdig und werde auf dich losgehen, damit du dich auch so fühlst. Wollen wir zulassen, dass unser Selbstgefühl von anderen definiert wird? Oder lieber doch von uns selbst? Jungen Leuten, die über Angriffe gegen sie in den sozialen Medien verzweifelt sind, kann ich nur sagen: Lasst euch von niemandem definieren, außer von euch selbst. Ihr seid eine einzigartige Ausdrucksform von *Allem Was ist* – einzigartig! Warum solltet ihr wie jemand anderer sein wollen? Sehe ich nicht richtig aus, trage nicht die richtige Kleidung, habe ich nicht die richtigen Sportschuhe, sage ich nicht die richtigen Dinge? Ist doch scheißegal. *Das spielt alles keine Rolle.* Ihr lasst es nur so aussehen, als es eine Rolle spiele, wenn ihr euch darauf einlasst. *Also tut das nicht.* Du bist *du* und kein anderer. Einigen gefällt das nicht? Tja, Pech gehabt. Sie sollen so sein, wie sie wollen, und du solltest dir das gleiche Recht und die gleiche Selbstachtung zugestehen.

Je mehr Sie sich von anderen einschüchtern lassen, desto enger ist die Wellenverschränkung mit ihnen und desto mehr stören sie Ihr Wohlbefinden. Ich war jahrzehntelang öffentlichem Spott und Beschimpfungen durch Menschen ausgesetzt, die heute meine Bücher lesen, meine Videos anschauen und mich auf der Straße anhalten, um über meine Informationen zu sprechen. Gehen Sie den Weg Ihrer eigenen Wahrheit, sprechen Sie Ihre eigene Wahrheit aus, beten Sie nichts und niemanden an. Wenn Ihre Wahrheit richtig ist, wird die Welt schließlich zu Ihnen kommen – und nicht umgekehrt. Die Herdenmentalität hat die Gesellschaft geschaffen, in der wir heute leben, und wir werden Freiheit erlangen, wenn wir uns von der Herde lösen. Kooperation und gegenseitiger Respekt erfordern kein Klonen der Wahrnehmung. Liegt die wahre Natur des Respekts etwa darin, nur die zu „respektieren“, die Ihre Meinung teilen? Oder geht es nicht vielmehr darum, das Recht des anderen auf eine andere Meinung und eine andere Lebensweise zu respektieren? Diese Frage beantwortet sich wohl von selbst.

Nun ja, aber was ist, wenn die Leute *falschliegen*? Die Freiheit, sich zu irren (was ohnehin überwiegend subjektiv ist), ist grundlegend für jede echte Freiheit. Sobald man die Freiheit verliert, sich zu irren, bedeutet das, dass eine Macht darüber entscheidet, was richtig oder falsch ist. Wohin das führt, sehen wir gerade an der Massenzensur von „Fake News“, die oft gar nicht falsch sind, sondern nur das, was die Autoritäten uns nicht sehen lassen wollen. Wenn jemand etwas sachlich Falsches über uns sagt und diese falsche Darstellung sich auf unser Leben auswirkt, ist es nur angebracht, das zu widerlegen, wenn wir diesen Schritt für notwendig halten (meistens ist er es nicht). Reagiert man jedoch auf jede Kritik, jeden Spott und jede Beschimpfung, dann verleiht man diesen Dingen eine Macht, die sie nicht verdienen, und zeigt ein extremes Maß an Unsicherheit. Ich erkenne diese Eigenschaft zum Beispiel am Megatweeter Donald Trump, der der Welt das Angesicht eines Narzissten voller Angeberei und Selbstvertrauen präsentiert. Dahinter sehe ich einen verängstigten kleinen Jungen, der seinen Narzissmus und ein extremes Maß an Angeberei und scheinbarem Selbstvertrauen dazu einsetzt, diesen verängstigten kleinen Jungen vor sich selbst und der Welt zu verbergen. Beobachten Sie einmal, wie schnell und heftig er auf völlig irrelevante Kritik reagiert. Das ist das genaue Gegenteil von echter Selbstsicherheit, bei der es mir egal ist, was andere über mich sagen. Ich meine damit nicht, dass einem *alles* egal sein sollte; wir sollten uns alle Meinungen anhören, um zu sehen, ob sie berechtigt sind. Ich meine aber, dass es einem egal sein sollte, was die Welt über einen denkt. Das zeigt eine Freiheit und Sicherheit, die keine äußere Bestätigung ihrer selbst braucht. Sie bezieht ihre Identität nicht auf menschliche Etiketten, versucht nicht, sie anderen aufzudrängen oder mit den Etiketten anderer um Überlegenheit zu konkurrieren. Sie ist die Freiheit, die sich *selbst kennt*.

Das Herz einschüchtern? Keine Chance

Das Gewahrsein des Herzens ist Die Antwort, und daraus ergibt sich alles andere, sowohl das Wahrnehmbare als auch das Praktische. Das Herz in seiner wahren Kraft lässt sich nicht vor Angst versteinern und entgeht so auch all den damit einhergehenden Einschränkungen. Die Angst schwächt uns – und deshalb baut die Kontrolle des Kults auch auf Angst auf. Angst kann das menschliche Wellenfeld in Dichte erstarren lassen und den Herzvortex verschließen, der uns mit Dem Einen verbindet. Angst ist die Währung des Kults und seiner im Unsichtbaren wirkenden „Götter", wohingegen offene Herzen ohne Angst die Währung der Freiheit sind. Ohne Angst können sie uns nicht kontrollieren, und sie verstehen Menschen nicht, die keine Angst haben. Es verwirrt sie, weil sie selbst von Angst verzehrt werden. Da ihre Herzen für die Liebe verschlossen sind und sie den Einfluss Des Einen nicht verspüren, sind der Kult und seine „Götter" ängstliche kleine Spielplatzschläger. Sie haben eine große Klappe und reden Blödsinn, bis jemand ohne Angst aufsteht und sie niederstarrt. Dann verlieren sie plötzlich den Mut, weil sie wissen, dass sie die Menschheit mehr brauchen als wir sie. Wir brauchen sie eigentlich gar nicht, wohingegen sie wegen unserer Kreativität und als Quelle niedrig schwingender Energie auf uns angewiesen sind. Der Kult will – noch mehr als die Menschen – alles kontrollieren und jeden Zufall, jede *Unsicherheit* ausschalten. Niemand hat mehr Angst vor dem Unbekannten, dem Unvorhersehbaren, als der Kult und seine „Götter". Wenn die Menschheit einmal aufwacht, ist es mit dem Kult vorbei, und das weiß er auch.

Das zeigt sich in seinem verzweifelten Versuch, jede noch so kleine Opposition zu zensieren. Für den Kult, der mit einem schier unglaublichen Maß an Unsicherheit und Angst ausgestattet ist, wird sogar ein Jugendlicher, der von seinem Schlafzimmer aus Verschwörungsinformationen im Internet veröffentlicht, ein potenzieller Todfeind, der beseitigt gehört. Holen Sie Zuckerberg ans Telefon – *schnell*! Die extremen Maßnahmen, die Israel und dessen ultrazionistische Apologeten ergreifen, um jede Kritik und Aufdeckung im Keim zu ersticken, zeigen nur, wie extrem ihre Unsicherheit und ihre Angst vor Ungewissheit sind. Sie erwachen jeden Morgen mit dieser Angst im Bauch und gehen im selben Zustand abends wieder ins Bett. Die Zeit dazwischen bringen sie damit zu, sich selbst davon zu überzeugen, dass sie unantastbar sind und die Menschheit nie erkennen wird, was los ist. In Wirklichkeit wissen sie jedoch, dass sie alles andere als unantastbar sind, und laufen deshalb ständig mit einem Feuerwehrschlauch herum, um jede Informationsgefahr sofort zu löschen. Holen Sie Brin, Page und Wojcicki ans Telefon – *schnell*! Und dann möchte ich mit Bezos und Gates reden. Bei der Technokratie des Kults, die alles über KI und Technologie kontrollieren soll, geht es ebenso sehr darum, Unsicherheit und das Unbekannte zu beseitigen, wie um die Kontrolle um ihrer selbst willen. Wir sollen diese Leute fürchten und für überaus mächtig halten, obwohl sie in Wahrheit erbärmlich sind. Ich ziehe es vor, ihnen ins Gesicht zu lächeln und schallend über ihre haarsträubende Absurdität zu lachen. Die Behauptung, dass ich sie nicht fürchte, wäre eine tausendfache Untertreibung (wenn nicht noch mehr).

Das Herz weiß, dass die Macht des Kults nichts anderes ist als die *Wahrnehmung* der Macht des Kults. Wäre er wirklich mächtig, dann müsste er nicht rund um die Uhr daran arbeiten, die Macht anderer zu verringern, um seinen Willen durchzusetzen. Diese Leute, die so in ihren Illusionen verloren sind, dass sie nur überleben können, wenn sie die Menschheit in noch kleineren Illusionen versklaven, tun mir leid. Das Herz durchbricht diese Illusionen und gibt sich nicht der Angst hin. In beiden Fällen sind das Herz und die Liebe, mit der es uns verbindet, DIE ANTWORT.

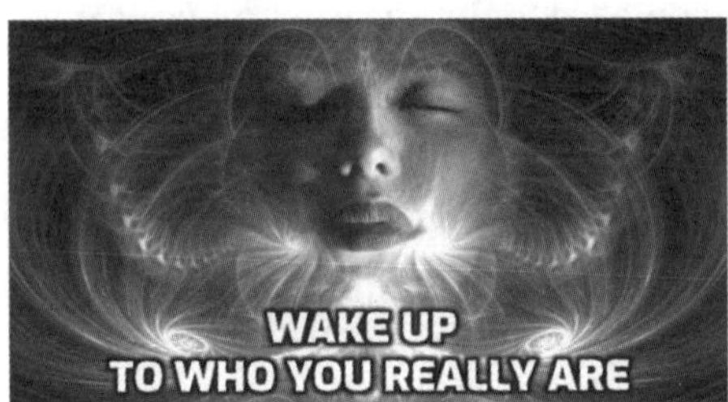

Abb. 411: „Erwacht zu dem, was ihr wirklich seid" – DIE ANTWORT.

Abb. 412: Sie sind nicht die Augen des Körpers – außer, das Programm beherrscht Sie. Sie sind die Augen der Unendlichkeit. Die Augen DES EINEN.

Wir sind GEWAHRSEIN, unzerstörbares ewiges GEWAHRSEIN. Wovor sollten wir Angst haben? Was auch immer in einer menschlichen Erfahrung geschieht – wir sind unzerstörbares ewiges GEWAHRSEIN und werden es immer bleiben. Heute ist der erste Tag vom Rest unserer Ewigkeit, so wie „gestern" und auch vorgestern schon (Abb. 411). Alles ändert sich, wenn du dein Herz öffnest und dein Herz dann deinen Geist öffnet. Alte Verschränkungen lösen sich auf, auch solche mit Süchten, und werden durch neue Verbindungen in einer höheren Frequenz ersetzt. Das Leben beginnt, sich zu verändern, um dies widerzuspiegeln (Abb. 412). Das Herz in seiner Weisheit beobachtet, wie das Kontrollsystem funktioniert, und weigert sich, mit dem zu kooperieren, was das System funktionieren lässt. Es weiß, dass „Teile und herrsche" die Grundlage der massenhaften Kontrolle ist, und lässt sich daher auf keinen Konflikt mit Leuten ein, die anderer Meinung sind. Es trägt seine Argumente vor, teilt seine Informationen und Meinungen mit, verfällt aber dabei nicht in niedrig schwingenden Hass und den Wunsch nach Zensur.

Das Herz sieht, dass Smartphones und 5G zu den Grundpfeilern der Kontrolle gehören. Die Weisheit des Herzens findet dann schnell einen Mülleimer, in den sie das Smartphone werfen kann, und startet eine Massenbewegung (oder schließt sich ihr an), die die wirklichen Folgen von 5G aufzeigt. Sie wird alles Nötige tun, außer Gewalt gegen Menschen anwenden, um sicherzustellen, dass das 5G-Netz nicht funktionieren kann. Anstatt Akteure des Silicon Valley wie Bill Gates, Elon Musk, Mark Zuckerberg, Larry Page, Sergey Brin, Susan Wojcicki und Jeff Bezos anzuhimmeln, wird es sich gegen sie stellen und ihre Verbrechen gegen die Menschlichkeit sowie die Vernichtung der Freiheit aufdecken. Die Weisheit des Herzens wird sich absolut nicht auf eine Verbindung mit der KI einlassen, sondern im Gegenteil jede Gelegenheit nutzen zu verkünden, worum es bei KI wirklich geht. Sie wird Bluetooth- oder Apple-Uhren und alle drahtlos verbundenen KI-Geräte am Körper wegschmeißen. Sie wird Impfungen, implantierte Nanochips und alles, was mit dem Smart Grid zu tun hat, einschließlich intelligenter Zähler, autonomer Fahrzeuge und Haushaltsgeräte, die drahtlos mit dem Internet verbunden sind, mit Sicherheit verweigern.

Computer können der Menschheit dienen, wenn sie nicht mit dem KI-Kontrollnetz und dem Internet der Dinge (das auch weg muss, um die menschliche Freiheit zu sichern) verbunden sind. Herzen werden jeden 5G-Sender vor jedem Haus bekämpfen, entweder in ihrer Gesamtheit oder wenn sie direkt davon betroffen sind. Die Weisheit des Herzens wird kein Gerät kaufen, das Überwachung und Verhaltensmodifikation ermöglicht. In einer Gesellschaft offener Herzen würden persönliche Assistenten wie Echo aus Mangel an Nachfrage verschwinden, ebenso wie „Ring“ und Kameras im Eigenheim, die eine Echtzeitüberwachung Ihres ganzen Lebens möglich machen. Eltern mit offenen Herzen würden sich massenhaft weigern, ihre Kinder in Schulen zu schicken, bis dort das Wi-Fi abgeschaltet ist – und sie nach Möglichkeit überhaupt keiner Schule aussetzen, wo sie jeden Tag wahrnehmungsprogrammiert werden. Wenn die Kinder aus familiären Gründen doch zur Schule gehen müssen, dann würden Eltern mit offenen Herzen zu Hause einen Ausgleich zu dieser Programmierung schaffen, indem sie sie hinterfragen und ihren Kindern andere Informationen zur Verfügung stellen. Ich habe zu meinen Kindern immer gesagt: „Denkt daran: Nur weil ein Lehrer euch etwas erzählt, heißt das nicht, dass es auch wahr ist. Hinterfragt alles.“

Das Herz ist der Querdenker

Die Weisheit des Herzens wird nicht zulassen, dass andere ihre Wahrnehmung bestimmen oder ihr ihren Willen aufzwingen. Das Herz ist der Querdenker, der seinen eigenen Weg geht, aber niemals versucht, anderen seinen Weg aufzuzwingen. Die Weisheit des Herzens zelebriert wahrhaftig die Vielfalt, weil sie weiß, dass *Einssein* die Gesamtheit aller Möglichkeiten ist, die nur darauf warten, erkundet und erfahren zu werden. Das Herz will nie andere zensieren, weil es weiß, dass diese anderen nur Ausdrucksformen seiner selbst sind und dass Grenzen der freien Meinungsäußerung immer nur zu einer Tyrannei führen, die das Herz verschließt. Grenzen der freien Meinungsäußerung sind das genaue Gegenteil des Herzbewusstseins. Das Herz *ist* Freiheit.

Das Herz ist auch nicht beleidigt über das, was andere sagen. Es weiß, dass diese Äußerungen keine Rolle spielen, außer wenn wir sie eine Rolle spielen lassen, indem wir beleidigt sind. Sie sind ALLES WAS IST, WAR UND JE SEIN KANN und regen sich darüber auf, dass irgendein anderer Teil Ihres Selbst Sie beschimpft? Ist das nicht ziemlich blöd? Wer beleidigt ist, gibt seine Macht ab, enthüllt seine Unsicherheit und liefert einen Vorwand dafür, dass die Freiheit beseitigt wird. Das Herz im Gewahrsein seiner Selbst kennt keine Unsicherheit. Es verfügt über die ultimative Sicherheit durch die Selbstverwirklichung seiner unendlichen Natur. Sagt doch zu mir, was ihr wollt – ich werde weitermachen, als ob nichts geschehen wäre. Warum sollten wir durch die Worte anderer verletzt sein, wenn diese Worte doch nur etwas über *die anderen* aussagen und nicht über uns? Was auch immer wir sagen, ist eine Aussage über uns selbst, und das können die Leute, die einen beschimpfen und beleidigen, einfach nicht begreifen. Lächeln Sie Beschimpfungen ins Gesicht und nehmen Sie ihnen damit sofort ihre Macht und böse Absicht. Wer beleidigt ist, gibt seine Macht an das ab, was ihn beleidigt hat.

Das Herz empfindet Mitgefühl und Empathie für all jene, die mit Beschimpfungen und Einschüchterungen hausieren gehen. Es weiß, dass diese Leute definitionsgemäß nicht mit dem Wahren „Ich" verbunden sind. Der Kult hat unser Mitgefühl und unsere Empathie verdient, wobei wir uns aber vehement dagegen wehren, sein Spiel mitzuspielen. Wie würde es sich anfühlen, jeden Morgen ohne jede Empathie, ohne jedes Mitgefühl im Zustand des permanenten Hasses (auf sich selbst und andere) aufzuwachen, den man benötigt, um dem Kult zu dienen? Stellen Sie sich vor, Sie wären einer der nichtmenschlichen Kontrolleure des Kults – was für ein schrecklicher Gedanke! Das Herz hasst den Kult nicht, weil das Herz nicht hassen kann und der Kult ohnehin schon in Hass ertrinkt; er braucht also bestimmt nicht noch mehr davon. Das Herz strebt nach Kooperation (nicht nach Konkurrenz), was alle grundlegenden Facetten von Freiheit, Gerechtigkeit und Fairness angeht. Es wünscht sich keine Macht über andere. Es will, dass jeder seine eigene Macht hat und lebt, statt von der aufgezwungenen Macht anderer unterjocht zu werden. Das Herz tut und sagt ohne jede Angst immer das, was es für richtig hält, und zensiert sich dabei nicht selbst, weil es die Folgen seines Handelns nicht fürchtet. Es überlegt sich, wie es dieses Ziel am besten erreichen kann, ohne dabei in Fallen zu tappen, aber es wird nie zulassen, dass die Angst vor Konsequenzen es zum Schweigen bringt; ebenso wird es nie desinteressiert oder vor Furcht zitternd danebenstehen, während die Freiheit beseitigt wird. Das Herz *lacht* auch – das ist entscheidend – und hat genug Selbstsicherheit, über

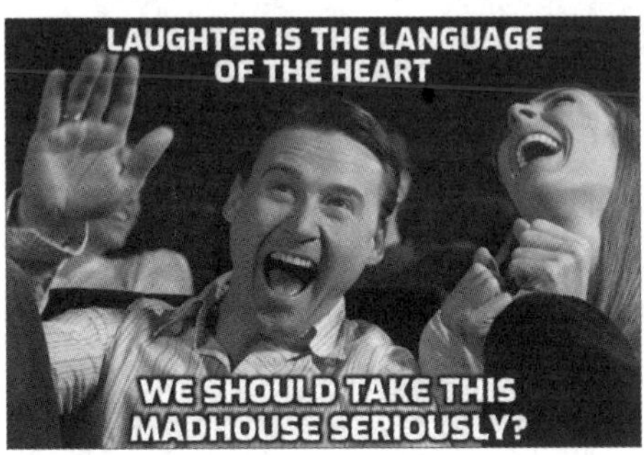

Abb. 413: „Lachen ist die Sprache des Herzens ... Sollen wir dieses Irrenhaus vielleicht ernst nehmen?" – *DIE ANTWORT.*

sich selbst lachen zu können. Man kann nicht wirklich lachen und gleichzeitig Angst empfinden. Die Welt ist so unerhört verrückt, dass Lachen das beste Gegenmittel dazu ist, alles zu ernst zu nehmen. Wir sind ALLES WAS IST, WAR UND JE SEIN KANN und glauben, dass wir Bill der Bäcker und Kate aus dem Callcenter sind. Das allein ist doch schon urkomisch (Abb. 413).

Das Herz öffnen und das Herz sein

Wie öffnen wir unsere Herzen? Wir *werden* zu ihnen. Wir *identifizieren* uns mit ihnen. „Wie meinen Sie das?", werden jetzt manche fragen. „Was meinen Sie mit dem Herzen?" Es ist DAS EINE. „Was ist DAS EINE?" „Es ist ALLES WAS IST, WAR UND JE SEIN KANN, die Gesamtheit aller Möglichkeiten, das *gesamte Potenzial*, das *gesamte Wissen*. „Wo finde ich das?" In Ihrem Herzen – sie sind dasselbe. DAS EINE – das Wahre „Ich" – war immer schon da, während Hirn und Bauch Wahrnehmung, Reaktion und Identität steuerten. Es ist auch jetzt da, mit offenen Armen für alle, ob „Heilige" oder „Sünder". Es gibt keinen Tag des Jüngsten Gerichts. Was wir sind, das ziehen wir so lange an, bis wir ändern, was wir sind, und damit etwas anderes anziehen. Das Herz ist der Schaltkreisunterbrecher menschlicher Rückkopplungsschleifen. Identifizieren Sie sich mit Ihrem Herzen, und Sie werden spüren, wie es an Einfluss gewinnt. Wenn Sie niedrig schwingende Emotionen verspüren, dann richten Sie Ihre Aufmerksamkeit auf das Herz, bevor Sie reagieren – und besagte Emotionen werden vergehen.

Ihr Herz wird Ihnen sagen, was wichtig ist und was nicht. Wenn Sie Ihre Aufmerksamkeit auf das energetische Herz richten, werden Sie eine stärkere Schwingung im Zentrum Ihres Brustkorbs bemerken, die immer intensiver wird, je mehr Wahrnehmungsprogramme Sie löschen. Dann sind Sie dabei, Ihren Aufmerksamkeitsbrennpunkt (Ihre Identität) vom Kopf ins Herz zu verlagern, bis Sie schließlich zum Herzen werden und das Herz zu Ihnen wird. Ich habe bereits erwähnt, wie eine Therapeutin Patienten ersuchte, ihre Probleme zuerst vom Kopf aus und dann vom Herz aus zu beschreiben, was ihrer Aussage nach so war, als würde man zu zwei verschiedenen Menschen sprechen (Abb, 414) Das passiert, wenn wir zum Herzen werden. Wir werden zu anderen Menschen und erweitern uns über unsere Identität als „Person" (persona – die Schauspielermaske) hinaus. Wir erkennen, dass wir eine falsche Identität in einer Welt der Illusionen gelebt haben und dass die Macht des Kults einzig und allein von dieser falschen Identität und Welt der Illusion abhängt.

Abb. 414: „Sind Sie Ihr Herz oder Ihr Hirn? Laut einer Studie definieren sich die meisten Menschen über ihr Hirn und nicht über das Herz. Ändern wir das und wir ändern die Welt" – *DIE ANTWORT.*

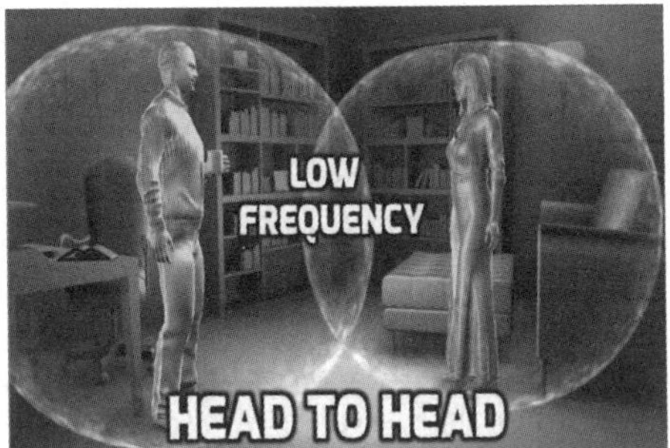

Abb. 415: „Niedrige Frequenz ... Kopf zu Kopf" – DAS PROBLEM.

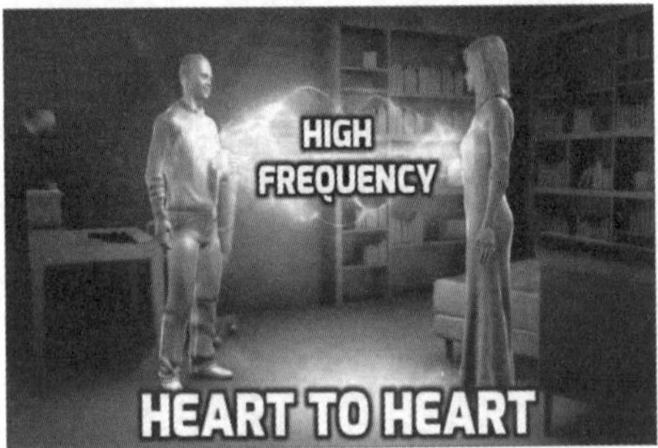

Abb. 416: „Hohe Frequenz ... Herz zu Herz" – *DIE ANTWORT.*

Aus diesem Grund ist das Herz DIE ANTWORT und wird die menschliche Interaktion verändern (Abb. 415 und 416). Alice sagt im Wunderland: „Ich kann nicht zurück ins Gestern gehen, da ich dort eine andere Person war." Wenn sich Ihr Herz öffnet, ist die Botschaft dieselbe. Die Fragen, die wir uns in unserer täglichen Erfahrung bei der Reise in das Herzgewahrsein stellen sollten, lauten: „Was würde DAS EINE tun?" und „Was sagt mein Herz?" Es spielt keine Rolle, was der menschliche Verstand in der gegebenen Situation tun würde. Was würde DAS EINE tun, das durch mein Herz spricht? Es würde mit Mitgefühl, Empathie, Liebe und Weisheit für alle Beteiligten reagieren. Das heißt nicht, dass man klein beigeben und andere auf sich herumtrampeln lassen muss. Es heißt vielmehr, dass man manchmal anderen Leuten widersprechen muss, damit sie die Erfahrungen anziehen, die sie befreien werden. Es heißt, dass auch wir dies brauchen, weshalb wir feststellen, dass es oft unsere schlimmsten Alpträume sind, die uns am meisten geben können. Wenn man aus dem Herzen kommt, wird die Ablehnung dessen, was man als unfair und ungerecht sieht, nicht mit Hass und dem Wunsch zu verletzen vorgetragen; gleichzeitig schreckt man aber auch nicht davor zurück, seine Position mutig zu vertreten. Sich gegen etwas zu wenden und es als falsch zu entlarven, bedeutet nicht, zu hassen und anderen Schaden zu wünschen. Zumindest muss es das nicht bedeuten.

Ein weiterer Realitätsfilter ist das, was ich „Totenbett-Wahrnehmung" nenne. Stellen Sie sich vor, Sie lägen im Sterben und hätten nur noch zehn Minuten zu leben. Was ist Ihnen jetzt noch wichtig? Denken Sie an all die Aufregungen, Ängste, emotionalen Traumata, den Hass, Zorn, Groll, die Ängste und Konflikte in Ihrem Leben, die Ihnen damals so wichtig erschienen. Spielen sie jetzt noch eine Rolle, wenn Sie sich in der Abflughalle des menschlichen Lebens befinden? Spielt es eine Rolle, dass Sie eine andere „Gottheit" oder einen anderen Gott verehrt haben als jemand anderes? Oder dass andere Leute eine andere Meinung hatten als Sie und Politiker gewählt haben, mit denen Sie nicht einverstanden waren? Oder dass Ihre Kinder einen eigenen Weg gegangen sind, statt das zu tun, was Sie von ihnen verlangten? Oder dass Ihre Kinder ihr Essen auf den Boden gekleckert und Ihnen nicht immer gehorcht haben? Oder dass jemand zu spät zu einer Besprechung gekommen ist, weil er im Stau steckte? Und wie sieht es mit Ihrer Hautfarbe und Ihrer sexuellen Ausrichtung im Vergleich zu anderen aus? Spielt das alles noch eine Rolle? Spielt es eine Rolle, mit welchen Etiketten Sie sich und andere belegt haben? Was ist mit der Feindseligkeit, die Sie anderen Ausdrucksformen von ALLES WAS IST entgegengebracht haben, weil sie Fans einer anderen Fußballmannschaft waren? Und wie sehen Sie jetzt die heftige Konkurrenz, in der Sie zu anderen gestanden sind – und wie Sie sich darüber geärgert haben, wenn diese Kollegen oder Bekannten ein paar Stufen höher auf der schmierigen und für alle Ewigkeit bedeutungslosen Karriereleiter aufgestiegen sind? Spielt es eine Rolle, dass Sie „gewonnen" und viel Geld verdient haben, von dem Sie sich nun verabschieden müssen?

DIE ANTWORT auf all diese Fragen wird für die überwiegende Mehrheit der Menschen *Nein* lauten. Das alles spielt keine Rolle. Es waren nur Illusionen. Was ist für die Totenbett-Wahrnehmung wirklich wichtig? Wie sehr Sie geliebt haben und geliebt wurden. Wie viel Freude Sie empfunden und wie oft Sie gelacht haben. Wie viel Freude Sie anderen bereitet haben und wie Sie mit ihnen in Harmonie und gegenseitiger Unterstützung zusammengearbeitet haben.

Wissen, was zählt

Viele Menschen im Ruhestand denken über solche Fragen nach. Was sollte das alles? Sie haben ihr Leben lang gearbeitet, um ein „Gewinner" zu sein. Sie machten jede Menge Überstunden und verpassten dabei, wie ihre Kinder aufwuchsen. Sie schickten die Kinder in die besten Internate, um sie ebenfalls zu Gewinnern zu machen, die sich dann im Ruhestand fragen können: „Was sollte das eigentlich?" Aber ja, sie mussten konkurrieren, fluchen und fauchen, um sich treten und sich so den Weg zum „Erfolg" erkämpfen. Im Leben geht es doch darum, dass der Stärkere gewinnt, oder? Das stimmt nur, wenn man sich dafür entscheidet. Es gibt auch andere Möglichkeiten – in der Gesamtheit aller Möglichkeiten gibt es die schließlich immer. Sie sind vielleicht nicht das, was der Kult von Ihnen will, aber sie stehen zur Wahl. Sie sind nicht VOM SYSTEM abhängig, sondern von Ihrem Wellenfeldzustand, der Sie mit Frequenzreflexionen seiner selbst versorgt. Wenn Sie glauben, DEM SYSTEM dienen zu müssen, dann werden Sie sich mit DEM SYSTEM verschränken, um die Illusion zu manifestieren, dass Sie dem System dienen müssen. Sollten Sie aber stattdessen Ihren eigenen Weg gehen und dabei wissen, dass Sie alles anziehen werden, was Sie benötigen, dann werden Sie alles anziehen, was Sie benötigen, und sich mit allem verschränken, was Sie benötigen, ohne DEM SYSTEM zu dienen. Gehen Sie jedoch Ihren eigenen Weg und fürchten sich vor den Konsequenzen dieses Handelns, dann werden Sie sich mit den Konsequenzen verschränken.

Die Perspektive der Totenbett-Wahrnehmung erlaubt es Ihnen, an jedem Punkt in Ihrem Leben zu sehen, was wirklich ist – und zwar lange bevor Sie tatsächlich einmal daliegen und auf „Gott" warten. Sehen Sie durch diese Augen, nehmen Sie durch dieses Herz wahr, und erkennen Sie, was hinter den Nebelwänden und Ablenkungen menschlicher Etiketten und Wahrnehmungen von „Erfolg" wirklich zählt. Es geht nur darum zu lieben und geliebt zu werden. Die Liebe zu sich selbst und allen anderen Ausdrucksformen DES EINEN ist die wahre Liebe. Symbole des menschlichen „Erfolgs“ sind nur das, was man uns über sie einredet – viel Geld, große Häuser, große Autos, Ruhm und Ehre. Ich habe viele Leute kennengelernt, die all das hatten, aber keiner von ihnen war glücklich, froh und in Frieden und Einklang mit sich selbst. Ich kenne einen Typen, der sein Leben damit zugebracht hat, andere Menschen um ihr Geld und ihren Besitz zu bringen. Dann erkrankte er an Krebs, ließ sich den Darm entfernen, und fing nach seiner Genesung sofort wieder damit an, Menschen um ihr Geld und ihren Besitz zu bringen. Je weniger wir es begreifen, desto extremer werden die Erfahrungen, die wir so lange anziehen, bis wir es endlich begreifen. Der Mann hat keinen Darm mehr, hatte mindestens einen Herzinfarkt und hält sich immer noch für einen „Gewinner“, so wie alle Psychopathen und Kriminellen, nur weil er viele Menschen um ihr Geld und ihren Besitz gebracht hat – ein typisches Beispiel für Wahrnehmungsirrsinn.

Die Wahrheit kommt oft aus dem Munde der Jüngsten, bevor Wahrnehmungsprogramme und Zynismus bei ihnen gegriffen haben. Ein Internetvideo zeigt eine Sechsjährige, die ihrer Mutter nach einem Streit mit dem Vater einen Rat gibt. Sie sagt, dass sie sich nur wünscht, dass die Menschen einander lieben. Sollten wir das nicht tun, dann gäbe es nur noch „Monster“:

> Ich will nur, dass alle Freunde sind. Wenn ich nett sein kann, können wir alle auch nett sein, glaube ich. Ich will, dass du, mein Papa und alle Freunde sind. Ich will, dass alle lächeln. … Mein Herz ist etwas wert. Das Herz von jedem anderen ist auch etwas wert. Wenn wir in einer Welt leben, wo jeder nur gemein ist, dann wird jeder irgendwann zum Monster. […] Ich will nur, dass alles in Ordnung ist. Nichts sonst. Ich möchte, dass alles so gut wie möglich ist.

Als ich diese Zeilen schreibe, haben bereits mehr als 40 Millionen Menschen das besagte Video gesehen. Und wissen Sie, warum? Weil wir *alle* das wollen. Die Welt ist voll von Menschen, die hinter ihren Aufregungen und Traumata, ihrem Konkurrenzdenken, ihren Ressentiments, ihrem Hass und ihrer Psychopathie nur geliebt werden wollen. Was ist das „Böse“, wenn nicht die Abwesenheit von Liebe? Der Kult hat der Welt so viel Liebe geraubt, und wir müssen sie zurückbringen – *das* ist DIE ANTWORT. Trotz der Anstrengungen des Kults sehen wir heute nach wie vor eine Fülle an Liebe in allen möglichen Gestalten. Wir alle können unsere Herzen für die grenzenlose Liebe öffnen, sobald wir uns dafür entscheiden (Abb. 417).

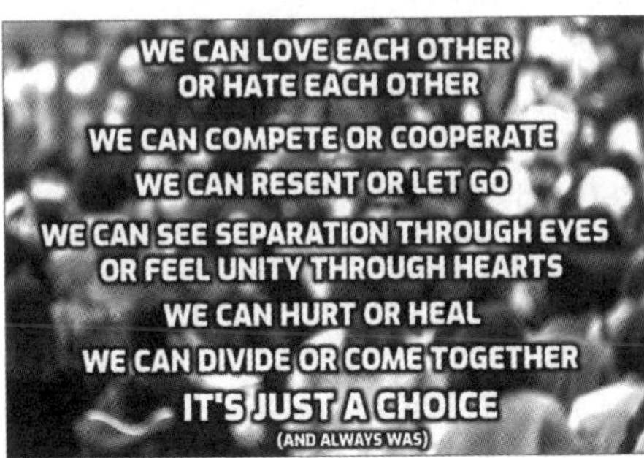

Abb. 417: „Wir können einander lieben oder hassen … Wir können konkurrieren oder kooperieren … Wir können übel nehmen oder loslassen … Wir können Trennung durch unsere Augen sehen, oder Einheit durch unsere Herzen spüren … Wir können verletzen oder heilen … Wir können uns entzweien oder zusammenkommen … Wir haben die Wahl (und hatten sie immer schon)“ – *Die Frage.*

Im Endspiel des Kults geht es darum, die Menschheit so vollständig mit Maschinen und KI zu verschränken, dass sämtliche Liebe und damit jede kraftvolle Verbindung zu DEM EINEN

Abb. 418: DIE ANTWORT. (Bild: Neil Hague)

und dem Wahren „Ich" ausgelöscht wird. Er will den Verstand und die Wahrnehmung isolieren, damit E. T. nicht mehr nach Hause telefonieren kann. Er arbeitet mit KI, Drogen, dem Smart Grid, 5G und 6G, synthetischer Biologie und digitalen „Avataren" an der Erschaffung eines neuen, postmenschlichen Wesens, in dem die Herzzentren verschlossen sind und der Verstand nicht mehr als Computersoftware ist. Wir sehen dieser Realität ins Auge und müssen sie unverzüglich als oberste Priorität behandeln: Wie können wir das postmenschliche Ende der Menschheit verhindern? Indem wir über das Menschliche hinausgehen (Abb. 418). Indem wir uns daran erinnern, wer wir sind und was wir sind, und unser Leben mit dieser Identität leben. Wenn wir das tun, ergibt sich alles andere von selbst. Wir ändern uns selbst und ändern damit unser Leben. Wenn genug von uns das tun, dann verändern wir gemeinsam „die Welt". Die Verhältnisse ändern sich nicht, wenn wir sie nicht ändern – oder besser gesagt uns selbst ändern. Der persische Poet und Mystiker Rumi konnte schon im 13. Jahrhundert über DAS PROGRAMM hinaussehen, weil sein offenes Herz ihn mit DEM EINEN verband. Er beschrieb sich selbst mit diesen Worten:

> Weder Christ noch bin ich Jude, und auch Pars' und Muslim nicht:
> Nicht von Osten, nicht von Westen, nicht vom Festland, nicht vom Meer,
> nicht stamm' ich vom Schoß der Erde und nicht aus Himmels Licht.
> Nicht aus Staube, nicht aus Wasser, nicht aus Feuer, nicht aus Wind,
> nicht vom Throne, nicht von der Gosse und auch aus Seien und Werden nicht.
> Nicht vom Diesseits, nicht vom Jenseits, nicht von Eden, nicht von der Hölle,
> nicht von Adam, nicht von Eva, auch vom Engel stamm' ich nicht.
> Mein Raum ist raumlos, mein Zeichen die Zeichenlosigkeit,
> ist weder Körper noch Seele, ich bin nur ein Teil von Seinem Licht.

Rumi schrieb diese Zeilen im 13. Jahrhundert. 800 Jahre später, unserer Illusion von „Zeit" folgend, sage ich auf meine eigene Art genau dasselbe. Es geht nämlich nicht um „Zeit" oder um die „Entwicklung" durch die „Zeit". Es geht nur um das Ausmaß DES GEWAHRSEINS, mit dem wir uns bewusst verbinden. DAS GEWAHRSEIN existierte, als Rumi „hier" war, und es existiert auch heute noch. Es existiert immer, für jeden, der sein Herz öffnet, um mit seiner Weisheit zu kommunizieren (Abb. 419). Rumi war seiner „Zeit" nicht voraus. Wie hätte er das auch sein sollen, wenn es keine Zeit gibt? Das Wahre „Ich" existiert *jenseits* der „Zeit" und all ihrer Illusionen. Er drückte das so aus:

Abb. 419: „We all shine on ... like the moon and the stars and the sun" – *DIE ANTWORT.*

Das Zentrum deines Herzens ist es, wo das Leben beginnt – der schönste Ort auf Erden. Liebe ist die Brücke zwischen dir und allem.

Er wusste dank dieser Verbindung, dass „Abschiede nur für diejenigen sind, die mit ihren Augen lieben [...] denn für diejenigen, die mit Herz und Seele lieben, gibt es keine Trennung". Er wusste, dass Freiheit nicht bedeutet, andere zu befreien oder von anderen befreit zu werden. Es geht darum, *sich selbst* zu befreien. „Ich will singen, wie die Vögel singen, ohne mich zu sorgen, wer zuhört oder was sie denken." Was Rumi erschlossen hat, können wir alle für uns erschließen; es liegt in der Stille, wo alles eins ist: „Da gibt es eine Stimme, die keine Worte benutzt. Höre ihr zu."

Öffnen Sie Ihr Herz für die Stille. DIE ANTWORT wartet dort auf Sie.

POSTSKRIPTUM

Die verzweifelten Versuche DES SYSTEMS, meine Aufdeckung des Pandemieschwindels zu ersticken, erreichten kurz vor der Drucklegung des vorliegenden Buches eine neue Stufe des Extremismus. Der britische Parlamentsabgeordnete Damian Collins forderte nämlich, dass es *illegal* für mich sein sollte, die offizielle Geschichte infrage zu stellen. Das entspricht schon recht weitgehend der Definition von Faschismus, finde ich. Der konservative Abgeordnete Collins, ehemaliger Vorsitzender des Unterhaus-Komitees für Digitales, Kultur, Medien und Sport, ist offensichtlich besessen davon, mich zum Schweigen zu bringen. Anscheinend will er jedes Infragestellen des offiziellen Narrativs der von Gates und dem Kult kontrollierten WHO, das von Regierungen und Technokraten in dunklen Anzügen auf der ganzen Welt papageienartig nachgeplappert wird, verbieten lassen.

Abb. 1: „Parlamentsabgeordneter Damian Collins, ein Feind der Freiheit" – *Der von „Bringt Icke zum Schweigen!" besessene Damian Collins.*

Warum ist Damian Collins so überaus aufgeregt darüber, dass *ein einziger Mann* eine andere Meinung über die „Pandemie" hat als das gesamte weltweite Regierungssystem, sämtliche Mainstreammedien auf dem Globus und jeder einzelne Insasse des im Kultbesitz befindlichen Silicon Valley? *Ein einziger Mann*! Vielleicht liegt es daran, dass ich die *Wahrheit* sage – und das fürchten sie mehr als alles andere auf der Welt. Collins könnte mit mir diskutieren, weil sich ja in der „freien Welt" bekanntlich alles um Diskussionen dreht, aber das wird er nicht tun, weil er nicht den Mumm dazu hat (Abb. 1). Er will mich nur zum Schweigen bringen und der enormen Zahl von Menschen weltweit, die hören wollen, was ich zu sagen habe, seinen Willen aufzwingen. Was ihm am meisten Angst einzujagen scheint, ist das Recht eines anderen auf *eine eigene Meinung*. Warum ist das so, meinen Sie? Er forderte neue „gesetzliche Anforderungen", um Leute wie mich daran zu hindern, „hartnäckig Fehlinformationen online zu verbreiten". Das heißt per definitionem, dass die Behörden festlegen sollen, was „Fehlinformationen" sind. Ich glaube, so was Ähnliches habe ich in „1984" gelesen …

„Wenn es einen bestimmten Kanal, eine Gruppe oder eine Einzelperson gibt, die solche Informationen beharrlich verbreitet, dann sollte diese Art von böswilligem Missbrauch der sozialen Medien in einem öffentlichen Gesundheitsnotstand ein strafbares Vergehen sein", sagte dieser Mann, der so atemberaubend arrogant ist, dass er glaubt, entscheiden zu können, was Sie zu sehen bekommen und was nicht. Schon bevor er forderte, dass meine Ansichten über die „Pandemie" gesetzwidrig sein sollten – womit er das nachahmt, was einst in Nazi-Deutschland geschehen ist und was heute noch in der Tyrannei China passiert –, hatte er am 30. März 2020 einen „Faktenchecker-Dienst" (Entschuldigung, ich muss lachen) namens Infotagion ins Leben gerufen, „um gegen Unwahrheiten während der Pandemie vorzugehen". Nein, nicht wirklich – sondern um Informationen aufs Korn zu nehmen, die die offizielle Version der Geschichte infrage stellen. Wir haben es hier mit einem Mann zu tun, der absolut darauf versessen ist, dass die Öffentlichkeit ausschließlich den bereits gründlich diskreditierten WHO(Gates)-Schwachsinn zu hören bekommt. Hier sehen Sie ein Beispiel für einen Collins/Infotagion-„Faktencheck":

> Behauptung: Gesundes Essen und Bewegung können eine natürliche Immunität gegen Covid-19 aufbauen.
>
> Antwort: Falsch. Die einzige Möglichkeit, eine Infektion zu verhindern, besteht darin, den Kontakt mit Trägern der Krankheit zu meiden.

Die bloße Vorstellung, dass eine Stärkung des Immunsystems kein Schutz vor *allen* Krankheiten sein soll, ist offensichtlich geistesgestört. Das Immunsystem ist schließlich dazu da, uns vor Krankheit zu schützen. Der einzig mögliche Grund, diese Behauptung als falsch zu bezeichnen, ist die offizielle Geschichte, die uns glauben machen will, dass man eine Infektion nur mittels Lockdown und sozialer Distanzierung verhindern kann. Wie bereits aus diesem einen Beispiel hervorgeht, betreibt Collins sein Infotagion also nicht, um „Fehlinformationen" zu stoppen, sondern vielmehr welche zu verbreiten, die den offiziellen Standpunkt von Gates, WHO und Behörden unterstützen sollen. Dies wird dadurch bestätigt, dass die von der britischen Regierung finanziell unterstützte Infotagion-Website zuerst erklärt, dass sie „unabhängig" sei – und dann, dass sie ihre Informationen „von der WHO, der britischen Regierung und aus anderen offiziellen behördlichen Ratschlägen" bezieht. Großartig! „Unabhängig" – und einfach nur die offizielle Version von allem nachplappern!

Infotagion wurde „in Partnerschaft" mit der Marketingfirma Iconic Labs gegründet, die ihre Kunden auffordert, auf die Tatsache zu reagieren, dass „LGBT+-Konsumenten bedeutender wären denn je – mit bis zur Hälfte der 18- bis 25-Jährigen, die sagen, dass sie nicht völlig heterosexuell sind". Iconic Labs wurde von Liam Harrington, John Quinlan und Sam Asante gegründet. Der Freiheitsfeind Collins sagte: „Fehlinformationen können Menschen töten." Das stimmt – man braucht sich nur anzusehen, wie viele Menschen bereits gestorben sind und welche Heerscharen noch sterben werden, weil die Fehlinformationen, die Collins so vehement vor der Aufdeckung bewahren will, zu den Lockdowns geführt haben. Was könnte eine offensichtlichere Fehlinformation sein als die Behauptung, dass eine Stärkung des Immunsystems nicht vor Krankheiten schützt?! Collins behauptet, durch David Sefton mit Iconic Labs in Kontakt gekommen zu sein. Besagter Sefton ist als Vorstandsvorsitzender von Iconic Labs zurückgetreten; schuld daran waren „Gerüchte und Marktspekulationen" über seine Rolle bei Anglo African Oil & Gas, wo er seit Juli 2019 nicht mehr in Amt und Würden ist. Der Journalist Tom Winnifrith schrieb Anfang 2020 darüber:

> David Sefton war gezwungen, Anglo African Oil & Gas (AAOG) nach Enthüllungen auf dieser Website über schreckliche, nicht deklarierte Interessenkonflikte, obszön hohe Ausgaben und andere Sachverhalte zu verlassen. Mittlerweile schreiben wir den 30. Januar [2020], und nach massivem Druck wegen irreführender Angaben gegenüber der Transparenzorganisation RNS [Regulatory News Service], damit zusammenhängender Geschäfte mit verbundenen Parteien und anderen Angele-

> genheiten darf ich nun wieder seinen Skalp fordern – diesmal bei der insolventen Firma Iconic (ICON).
>
> Iconic hält heute seine Jahreshauptversammlung in Sheffield ab, was garantiert dafür sorgen wird, dass niemand auftauchen wird, um angenehme Fragen zu stellen. Sefton stand zur Wiederwahl, hat aber über Weihnachten beschlossen, das Unternehmen mit sofortiger Wirkung nach der HV zu verlassen. Es hat jetzt zwar keine unabhängigen Direktoren, aber da es auch weder Bargeld noch eine Zukunft hat, ist das nicht wirklich ein Problem.

Damian Collins war einer der Unterzeichner der Petition des von Ultrazionisten finanzierten und von der Labour Party dominierten Center for Countering Digital Hate, die meine Sperrung bei Facebook und YouTube forderte. Die Labour Party und Boris Johnsons Konservative, denen Collins angehört, sind angeblich politische „Feinde", scheinen sich aber bei sämtlichen Kult-Zielsetzungen – nicht zuletzt einer drakonischen Zensur – völlig einig zu sein. Dr. Daniel Allington, ein Senior-Dozent für soziale und kulturelle künstliche Intelligenz am King's College London, wurde auch in dem Medienartikel zitiert, in dem Collins seine Forderung verbreiten durfte, meine Arbeit für illegal erklären zu lassen. Allington wurde vom Center for Countering Digital Hate für seine Hilfe bei der Erstellung des „Berichts" gewürdigt, der dazu geführt hatte, dass ich bei Facebook und YouTube gelöscht wurde. Er behauptete, „recherchiert" und dabei herausgefunden zu haben, dass Menschen, die an „Coronavirus-Verschwörungstheorien" glauben, eher als andere dazu neigen, sich über die Lockdown-Regeln hinwegzusetzen. Er hat „recherchiert"? Das hätte ihm auch jeder, der ein bisschen Grips hat, sagen können – dann hätte er sich die Mühe erspart. Allington fand, dass eher ich zum Schweigen gebracht werden müsse als „Prominente". Man hatte ihn nämlich darauf angesprochen, dass einige Prominente wie der britische Boxer Amir Khan Ansichten über die „Pandemie" gepostet hatten, die die offizielle Story infrage stellten. Doch diese Leute schienen Allington nicht sonderlich zu beunruhigen:

> Ich bin mir nicht sicher, ob ich Vorschriften darüber erlassen will, was jemand wie Amir Khan sagt. Aber dann gibt es natürlich noch Leute wie David Icke oder die (Verschwörungstheorie-Website) London Real, deren Geschäft es ist, Inhalte zu erstellen, die online erscheinen und die sie monetarisieren können.

Nun denn, Allington: In Wirklichkeit bekomme ich kein Geld für die Videos, die wir auf öffentlich zugänglichen Plattformen veröffentlichen. Vielleicht sollten Sie daher einen Faktencheck bei sich selbst durchführen. Warum ist Damian Collins so besessen davon, meine Informationen über die „Pandemie", die ich in diesem Buch ausführlich behandelt habe, zu unterdrücken? Wer ist dieser Mann und mit wem steht er in Verbindung? Diese Fragen sind durchaus legitim, weil er immerhin ein Abgeordneter des britischen Parlaments ist, das angeblich Freiheit und Demokratie verteidigt, aber offensichtlich beides missachtet (Abb. 2).

Ich hoffe, dass die Wähler in seinem Wahlkreis Folkestone and Hythe genug Selbstachtung und Respekt vor ihrer eigenen Freiheit haben, um bei der nächsten Wahl an dieses

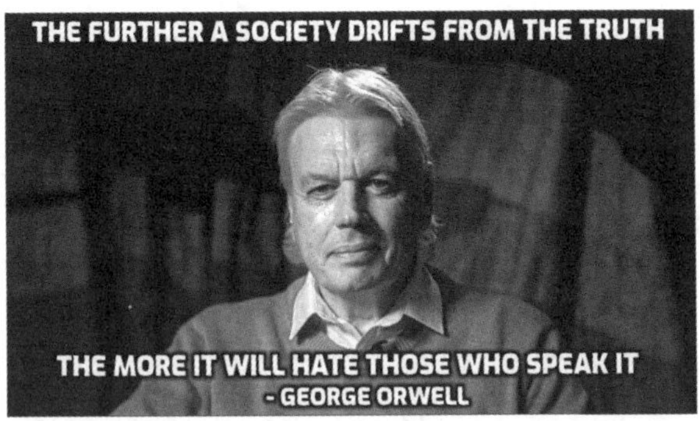

Abb. 2: „Je weiter sich eine Gesellschaft von der Wahrheit entfernt, desto mehr wird sie jene hassen, die sie aussprechen. – George Orwell" – *Ein Orwell-Zitat, das die Zensur gegen mich und meine Arbeit perfekt beschreibt.*

schockierende Verhalten zu denken, und dass die Öffentlichkeit diesen unverhohlenen Feind der Freiheit bei jeder Gelegenheit anprangert. Collins arbeitete sieben Jahre lang für M&C Saatchi, „eine internationale Werbeagentur" – genauer gesagt, einer 1995 als Konkurrenz für Saatchi & Saatchi gegründeten Propagandamaschine, die politische Werbekampagnen für Premierministerin Margaret Thatcher und die Conservative Party durchführte. CEO und Mitgründer von M&C Saatchi ist David Kershaw, ein ultrazionistisches Vorstandmitglied des seit Langem vehement gegen mich agierenden *Jewish Chronicle* mit seinem lächerlichen Chefredakteur Stephen Pollard. Das Blatt meldete im April 2020 seine freiwillige Liquidation an, bevor es von einem Investorenkonsortium gekauft wurde.

Damian Collins und sein „Infotagion" sind „Partnerschaften" mit Kershaws M&C Saatchi und Iconic Labs eingegangen, um gegen „Fehlinformationen" über die „Viruspandemie" vorzugehen – das heißt, wie immer: alle Informationen, die dem von der Gates-WHO verbreiteten Narrativ des Kults widersprechen. Vielleicht ist Ihnen aufgefallen, wie oft das ultrazionistische, neokonservative oder „Neocon"-Netzwerk in den USA auf den Seiten des vorliegenden Buches auftaucht. Ich habe in einigen meiner Werke, vor allem in „The Trigger", sehr viel ausführlicher darüber berichtet. Das sabbatianisch-frankistische Neocon-Netz brachte das Project for the New American Century und das eng damit verbundene American Enterprise Institute hervor. Damian Collins sitzt im Vorstand einer britischen Neocon-Filiale, der Israel verehrenden Henry Jackson Society, und unterzeichnete deren Grundsatzerklärung. Weitere Vorstandsmitglieder sind der britische Vize-Premierminister Michael Gove sowie die Ultrazionisten Adam Levin und Alan Mendoza. Levin ist Treuhänder der Organisation UK Lawyers for Israel [dt. etwa: Britische Anwälte für Israel], die aggressiv Unterstützer der pro-palästinensischen Kampagne Boycott, Divestment and Sanctions [dt. etwa: Boykott, Besitzentziehung und Sanktionen] ins Visier nimmt, indem sie Beschwerden bei den Aufsichtsbehörden einreicht und mit rechtlichen Schritten droht.

Man sieht, dass Collins ein paar wirklich nette Freunde hat. Zu den internationalen Gönnern der Henry Jackson Society zählen ultrazionistische Vertreter des Project for the New American Century wie dessen Mitgründer William Kristol, aber auch Richard Perle und der Ex-CIA-Direktor James Woolsey. Ich weiß nicht, wie es Ihnen geht, aber ich kann mir ein Bild davon machen, in welchen Kreisen Damian Collins verkehrt. Dass er es angesichts dessen auf mich und meine Informationen abgesehen hat, dürfte daher kaum überraschen.

Das „Hass"-Zensurnetzwerk

Ein Bürgerjournalist und Besucher von Davidicke.com begann, das von Collins unterstützte Center for Countering Digital Hate (CCDH) zu untersuchen, nachdem es sich dessen gerühmt hatte, meine Sperrung bei Facebook und YouTube bewirkt zu haben. (Ich bin mir sicher, dass sich die Netzwerke mit Händen und Füßen dagegen gewehrt haben ...) Er deckte dabei ein interessantes Netz aus Geldgebern, Unterstützern und Vereinigungen auf beiden Seiten des Atlantiks auf. Zu den angeführten CCDH-Direktoren gehört beispielsweise Simon Clark vom Center for American Progress, einer Einprozenter-Organisation des New Woke, die einen zentralen Einfluss auf die Demokratische Partei in den USA ausübt. Ihr Gründer, erster Präsident und CEO war der berüchtigte politische Drahtzieher John Podesta, der als Stabschef des Weißen Hauses unter Präsident Bill Clinton und Leiter des Präsidentschaftswahlkampfs von Hillary Clinton im Jahr 2016 fungierte. Wie ging noch das Sprichwort, dass man Leute an ihrem Umgang erkennt? Zu den wichtigsten Geldgebern des Center for American Progress gehören George Soros und seine Zionistenkollegen Peter Lewis, Steve Bing und Herbert Sandler.

Simon Clark, seines Zeichens „Senior Fellow" beim Center for American Progress, ist gleichzeitig Vorstandsmitglied der Anti-Icke-Organisation Hope not Hate (Hate not Hope), die Digital Hate (so viel Hass!) bei ihren Bemühungen unterstützte, mich aus den sozialen Netzwerken zu löschen, so wie das auch Damian Collins getan hat. Seine Frau Diana Shaw Clark ist Vorsitzende des nationalen Finanzkomitees der israelischen Lobbygruppierung J Street, die dafür bekannt ist, amerikanische Politiker finanziell zu fördern. Simon Clark, der Direktor von Digital Hate, ist zudem auch noch Berater der Scowcroft Group, der „internationalen Unternehmensberatungsfirma" von Brent Scowcroft, der Nationaler Sicherheitsberater der rechtsextremen US-Präsidenten Gerald Ford und „Vater" George Bush war. Wie willfährig und linientreu muss dieser Scowcroft doch gewesen sein, um den hasserfüllten Psychopathen Ford und Bush dienen zu können! Er kam übrigens schon in einigen meiner früheren Bücher vor und war stellvertretender Vorsitzender des zu Recht höchst berüchtigten Beratungsunternehmens Kissinger Associates des ultrazionistischen Neocon-Anführers Henry Kissinger, der während seines gesamten Erwachsenenlebens eine Galionsfigur des Kults war und sich außerdem in unvorstellbarem Ausmaß als Kriegsverbrecher bemerkbar machte. Kommt es nur mir seltsam vor, dass Simon Clark sich mit solchen Leuten abgibt, obwohl er enge Verbindungen zu selbsternannten „linken", „progressiven" Organisationen wie dem Center for American Progress und dem Center for Countering Digital Hate hat? Dies ist umso relevanter, als es in Clarks LinkedIn-Profil heißt, er habe „die Arbeit des Center for American Progress zur Bekämpfung des Rechtsextremismus" begonnen. Warum also der enge Kontakt zu einem Unternehmen, das von Brent Scowcroft geleitet wurde – einem Mann, der für rechtsextreme Megaterroristen wie „Vater" Bush und Henry Kissinger tätig war, die beide für Tod und Zerstörung – Terrorismus – in gigantischen Dimensionen verantwortlich waren, und zwar vorwiegend in nichtweißen Ländern?

Eine ähnliche Frage könnte man auch zu anderen Leuten stellen, die bei Digital Hate wichtige Rollen spielen. Im Hauptteil des Buches habe ich geschrieben, dass an der Gruppe (eine Gesellschaft mit beschränkter Haftung) auch „linke" Labour-Party-(Witz-)Figuren wie Imran Ahmed, Kirsty McNeill und Morgan McSweeney beteiligt sind, ebenso wie ein paar zensurbesessene Akademiker. Diese Labour-Aktivisten sind sich im Einparteienstaat Großbritannien aber ganz offensichtlich mit dem rechtskonservativen Neocon-Abgeordneten Damian Collins einig, wenn es darum geht, mich zu zensieren. Collins fordert, dass meine Informationen und mein Recht, diese Informationen zu äußern, für illegal erklärt werden sollen; Digital Hate wiederum hat nicht nur versucht, mich von allen Internetplattformen zu löschen, sondern auch Interviews mit mir auf anderen Quellen samt den Personen, die mich interviewt haben, ebenfalls zu verbieten. Bekannte Persönlichkeiten wie der Sänger Robbie Williams, die sich in irgendeiner Weise für mich einsetzen, werden zur Zielscheibe für Beschimpfungen der Berufshasser im Internet. Systemdiener haben Angst vor mir, weil sie Angst vor der Wahrheit haben, und machen sich bei dem Gedanken, dass jemand hören könnte, was ich zu sagen habe, wasserfallartig ins Höschen. Und wieder lautet die Frage: *Warum*? Die Antwort ist dieselbe wie bei Collins – sie fürchten die Meinung eines einzelnen Mannes, trotz all ihrer „mächtigen" Verbündeten, weil die offizielle „Virus"-Story so voller Löcher und Widersprüche steckt, dass sie nur durch die allerbrutalste Zensur vor der Zerstörung bewahrt werden kann.

Die Digital-Hate-Direktorin Kirsty McNeill, die mich so gern zensieren wollte, sitzt im Vorstand einer von Gates finanzierten Organisation namens Coalition for Global Prosperity, dem auch Carolyn Esser von der Gates-Stiftung angehört. Esser ist „verantwortlich für Entwurf und Umsetzung der Kommunikationsstrategie der Bill & Melinda Gates Foundation in Europa und im Nahen Osten". Die Coalition for Global Prosperity setzt sich für Massenimpfungen und die Unterdrückung von „Impfgegnern" in den sozialen Medien ein. Da kann ich mir doch gar nicht vorstellen, warum Gates diese Organisation finanziell unterstützt oder Kirsty McNeill will, dass Leute wie ich zensiert werden … McNeill ist auch Mitglied der Denkfabrik European Council on Foreign Relations, dessen Hauptfinanzier die Open Society Foundations des George Soros sind. Außerdem sitzt sie im Vorstand des Holocaust Educational Trust. Weitere Direktoren von Digital Hate sind Dr. Siobhan McAndrew, eine Akademikerin an der Universität Bristol; Lord Jonny Oates, Stabschef des ehemaligen britischen Vize-Premierministers und jetzigen Leiters der Unternehmenskommunikation von Facebook, Nick Clegg; und Ayesha Saran, Leiterin des Migrationsprogramms beim Barrow Cadbury Trust, der zu den finanziellen Unterstützern von Digital Hate zählt. Saran ist zudem Treuhänderin der von Barrow Cadbury finanzierten Denkfabrik British Future, die sich auf „Identität und Integration, Migration und Chancen" konzentriert. British Future erhält wiederum Geldmittel oder Sachleistungen von den Open Society Foundations des George Soros, aber auch von Facebook, der BBC, der Europäischen Kommission und den Digital-Hate-Geldgebern Unbound Philanthropy.

Digital Hate hat auch Verbindungen zum ultrazionistischen Community Security Trust (CST), einer „wohltätigen Organisation, die britische Juden vor Antisemitismus und damit zusammenhängenden Bedrohungen schützt", diese Bedrohungen ständig übertreibt und auch gegen Juden vorgeht, die Israel und den Zionismus zu kritisieren wagen. Die Verflechtung von Personen und Geldgebern ist ein riesiges Labyrinth. Digital Hate erhält finanzielle Unterstützung von der ultrazionistischen Pears Foundation und der bereits erwähnten, in New York ansässigen Organisation Unbound Philanthropy mit ihren Verbindungen zu George Soros. Der britische Programmdirektor von Unbound heißt Will Somervile und ist auch leitender Politikanalytiker für das Migration Policy Institute (MPI), eine Denkfabrik in Washington, D. C, sowie Gastprofessor an der University of Sheffield. Und auch er hat Verbindungen zu British Future. Somerville hat in der Kommission für Rassengleichheit, in der Strategieabteilung des britischen Premierministers, dem Cabinet Office und dem Institute for Public Policy Research gearbeitet. Man könnte ihn durchaus als „gut vernetzt" bezeichnen. Auf die Regierungsbehörde Cabinet Office werde ich später noch zu sprechen kommen.

Digital Hate steht auch in einer Nahverbindung mit der angeblich die Labour Party unterstützenden GmbH Labour Together, deren Direktor der ultrazionistische Geschäftsmann Trevor Chinn ist, dessen Herz ganz, ganz sicher für die Armen und Unterdrückten schlägt. Chinn sitzt im Exekutivausschuss des Britain Israel Communications and Research Centre (BICOM), einem britischen Propagandaarm der israelischen Regierung. Morgan McSweeney, der Gründungsdirektor von Digital Hate, ist Kampagnenmanager und Stabschef für Keir Starmer, dem stark an Israel orientierten Führer der Labour Party. Außerdem ist er noch Sekretär von Labour Together, das sich im selben Gebäude im Londoner Stadtteil East Finchley befindet wie Digital Hate. Echte Mitglieder der Labour Party sollten erkennen, dass es sich hier um die vereinnahmte „Partei" handelt, die von ihren Mitgliedsbeiträgen finanziert wird.

Die „Fernsehpersönlichkeit" Rachel Riley, eine Prominente aus der letzten Garnitur, tritt als Schirmherrin von Digital Hate auf und benutzt dauernd den Begriff „Antisemitismus", um Leute zu verteufeln und zum Schweigen zu bringen. All diese Charaktere taten sich zusammen, um gegen meine Informationen und meine Redefreiheit vorzugehen, und waren fest davon überzeugt, mir zu schaden. In Wahrheit gelang es ihnen aber nur, die Anzahl der neuen Interessenten an meiner Arbeit drastisch zu erhöhen, nachdem ich jahrzehntelang als „Spinner" abgetan worden und jetzt so sehr ins Visier der Zensur geraten war (Abb. 3). Die Angriffe nahmen weiter zu, als Hacker zur selben

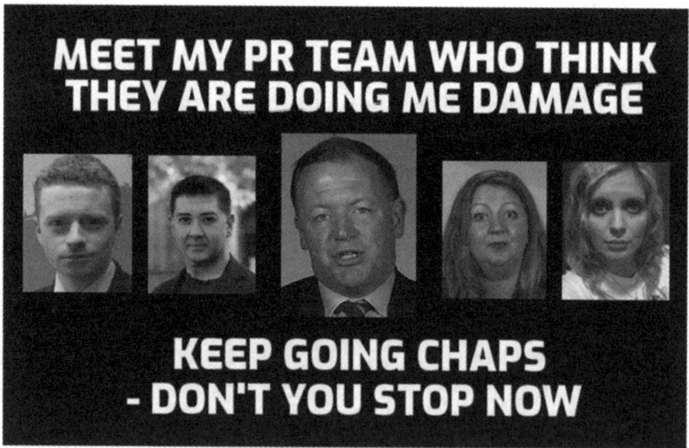

Abb. 3: „Lernen Sie mein PR-Team kennen, das glaubt, mir schaden zu können ... Weiter so, Leute – hört bloß nicht auf!" – *Von links nach rechts: Morgan McSweeney (Digital Hate und Labour Party), Imran Ahmed (Digital Hate und Labour Party), Damian Collins (Infotagion, Henry Jackson Society und Conservative Party), Kirsty McNeill (Digital Hate, Labour Party, Save the Children, Coalition for Global Prosperity), Rachel „Du bist ein Antisemit" Riley (Digital Hate).*

Zeit versuchten, die Websites Davidicke.com und Ickonic.com lahmzulegen, und dann PayPal mit seinem ultrazionistischen Präsidenten und CEO Daniel H. Schulman unser Konto kündigte. Das ist übrigens dasselbe Zahlungsunternehmen PayPal, das Palästinensern im Gazastreifen und im Westjordanland seine Dienste nicht zur Verfügung stellt, aber jüdische Menschen im illegal besetzten Westjordanland sehr wohl ein Konto eröffnen lässt. Aber das hat hundertprozentig nichts mit Rassismus zu tun.

Die Angriffe kamen von allen Seiten und werden auch weiterhin kommen – so läuft das, wenn man in einer Tyrannei die Wahrheit ausspricht. Während sich all das abspielte, ereignete sich auch eine gute Sache, als jemand die englischsprachige Wikipedia-Seite für Digital Hate redaktionell bearbeitete und dabei erstaunlicherweise die Wahrheit sagte. Sollte diese Version bis heute überlebt haben, empfehle ich die Lektüre, weil Digital Hate hier perfekt beschrieben wurde:

> Die Organisation setzt sich für die Einführung von Internetzensur gegen rivalisierende politische Akteure ein und betreibt Lobbyarbeit bei amerikanischen „Big Tech"-Unternehmen wie YouTube, Facebook, Amazon, Twitter, Instagram und Apple, um ein „Deplatforming" einzelner Personen zu erreichen, damit sie ihre Ansichten nicht mehr der Öffentlichkeit präsentieren können.

Das ist richtig – wobei „rivalisierende politische Akteure" nicht „Akteure" von rivalisierenden politischen *Parteien* bedeutet, sondern vielmehr rivalisierende Versionen des Weltgeschehens. Bei deren Erzählung agieren der Neocon-Konservative Damian Collins und die „linken" (ich scherze wieder ...) Mitglieder der Labour Party gemeinsam als Bande von Spielplatzschlägern, die sich gegen mich stellen. Dass die Hintergründe sich stets ähneln, sieht man an den professionellen Zensoren von NewsGuard, die Twitter einen „Icke muss gelöscht werden"-Bericht vorlegten. NewsGuard wurde von den ultrazionistischen Neocon-Amerikanern Gordon Crovitz und Steven Brill mit derselben Absicht gegründet wie Digital Hate und Infotagion von Damian Collins – um alle zum Schweigen zu bringen, die das offizielle Narrativ infrage stellen, das sie vertreten und verzweifelt zu schützen versuchen. Dazu kommt, dass der hauptberufliche „Berater" der britischen Regierung zum Thema „Antisemitismus" (das heißt die Verwendung des verleumderischen Begriffs Antisemitismus, um Kritiker des sabbatianisch-frankistischen israelischen Regimes zu zensieren und verteufeln) der ehemalige Labour-Abgeordnete John Mann ist, der bis tief hinein in seine DNS ein Ultrazionist ist. Bei all diesen Leuten und Organisationen muss es doch ein gemeinsames Thema und Muster geben, aber wo versteckt sich das bloß? Ich bin sicher, Sie werden es finden ...

Es ist schier unmöglich, dass alle diese Figuren und Organisationen nicht in ein und dasselbe riesige Netzwerk eingebunden sind, dem auch zahlreiche „Wohltätigkeitsorganisationen" angehören, die als Tarnfirmen dafür arbeiten. Imran Ahmed vom Center for Countering Digital Hate wurde in den Lenkungsausschuss der Task Force der britischen Regierungskommission zur Bekämpfung von Extremismus berufen, die von Sarah Khan geleitet wird. (Ahmed scheint ja wahrlich eine Menge mit „Bekämpfung" zu tun zu haben.) Ihr Center bezeichnet sich selbst als „unabhängig", was natürlich der übliche Unsinn ist, weil es in Wahrheit dazu da ist, Zensurmaßnahmen durchzusetzen, indem es seinen Zielpersonen Hass entgegenschleudert und zugleich behauptet, „gegen Hass" zu sein. Siehe dazu auch die hasserfüllten Kommentare von Digital Hate und Co. sowie Damian Collins über mich. Während dieses Gesindel versuchte, jede Infragestellung des offiziellen Narrativs im Keim zu ersticken, berichteten Ärzte und Bestattungsunternehmer weiterhin, dass Sterbeurkunden gefälscht wurden, weil auf ihnen „Covid-19" als Todesursache angegeben wurde, das in Wahrheit gar keine Rolle gespielt hatte.

Project Veritas, das auf eine lange Geschichte der Entlarvung offizieller Lügen zurückblicken kann, sprach mit Bestattungsunternehmern, die dies bestätigten. Einer von ihnen aus Williston Park im US-Bundesstaat New York sagte: „Prinzipiell steht jetzt auf jeder Sterbeurkunde, die uns vorgelegt wird, Covid." Jeder der kontaktierten Bestattungsunternehmer gab an, dass die Anzahl der „Covid-19"-Todesfälle künstlich aufgeblasen und jeder Todesfall in New York offiziell als Covid-Opfer eingetragen wird, ob nun ein Test zur Bestätigung gemacht wurde oder nicht (was nicht heißen soll, dass ein solcher Test von Nutzen wäre). Joseph Antioco vom Bestattungsinstitut Schafer Funeral Home sagte: „Sie schreiben Covid auf viele Sterbeurkunden von Menschen, die mit irgendeiner Art von Atemnot, Atemwegserkrankung, Lungenentzündung, Grippe usw. gekommen sind."

Ja, genau so läuft das – und das Netz der Zensur, das ich hier bloßstelle, will dafür sorgen, dass die Welt nichts davon erfährt. Was sagt das über diese Leute aus?

Das weltweit agierende „Team" für psychologische Kriegsführung der britischen Regierung

Das Cabinet Office ist eine Behörde der britischen Regierung, die „den Premierminister und das Kabinett" des Vereinigten Königreichs unterstützt". Dabei stehen „die Koordination der Regierungsarbeit, die effiziente Umsetzung der Regierungspolitik und gute Zusammenarbeit mit allen Behörden im Vordergrund". Nun ja, eines der Ziele muss auch darin bestehen, das Verhalten der britischen Öffentlichkeit und der Menschen in vielen Ländern der Welt zu manipulieren – immerhin ist das Cabinet Office ja einer der Eigentümer – zusammen mit der „Innovations-Wohltätigkeitsorganisation" Nesta – des Behavioural Insights Team (BIT). Das Spezialteam für „Verhaltenseinsichten" (eines von mittlerweile mehr als 80 weltweit) wird auch als „Nudge-Einheit" bezeichnet. Dieser Begriff ist von einem 2009 erschienenen Buch der Ultrazionisten Cass Sunstein, einem Berater des US-Präsidenten Obama, und Richard Thaler hergeleitet, das den Titel „Nudge: Wie man kluge Entscheidungen anstößt" trägt.

Thaler, ein Verfechter der sogenannten Verhaltensökonomie, ist „akademischer Partner" im Behavioural Insights Team des britischen Cabinet Office. Aufgabe dieser Mannschaft ist es, mittels „Nudge"-Taktik („nudge" bedeutet Stups oder Schubs, wird in diesem Zusammenhang aber im Sinne von „Denkanstoß" verwendet) das Verhalten seiner Zielpersonen zu manipulieren; damit hat diese Taktik eine wichtige Rolle beim Pandemieschwindel gespielt. Zu den weiteren führenden Namen in der Verhaltensökonomie gehören die

Ultrazionisten Daniel Kahneman und Robert J. Shiller – beide wurden ebenso wie Thaler für ihre Arbeit im Bereich der Verhaltensökonomie mit dem Alfred-Nobel-Gedächtnispreis für Wirtschaftswissenschaften ausgezeichnet. Die Verhaltensökonomie befasst sich laut eigener Definition mit der Erforschung „der Auswirkungen psychologischer, kognitiver, emotionaler, kultureller und sozialer Faktoren auf die Entscheidungen von Individuen und Institutionen". Wenn man den ganzen Blabla weglässt, bedeutet das: die Erforschung der psychologischen Faktoren, mit denen man das Verhalten anderer manipulieren oder „anstupsen" kann.

Das Behavioural Insights Team, ein *Privatunternehmen* mitten im Herzen der Regierung, wurde 2010 gegründet und ist global in Kooperationen mit diversen Universitäten wie Harvard, Oxford, Cambridge, dem University College London (UCL) und der University of Pennsylvania aktiv. Es prahlt damit, dass es weltweit 20.000 Staatsbedienstete und Praktiker in „Verhaltensökonomie" ausgebildet hat, bis heute „mehr als 750 Projekte, darunter 400 randomisierte kontrollierte Studien in Dutzenden Ländern" durchgeführt hat und dass es „allein im vergangenen Jahr in 31 Ländern aktiv" war. Das BIT unterhält ein Büro in New York und hat „mit Städten und deren Behörden sowie anderen Partnern in den gesamten Vereinigten Staaten und Kanada zusammengearbeitet, wobei es alleine im ersten Tätigkeitsjahr mehr als 25 randomisierte kontrollierte Studien durchführte". Bei dieser „Tätigkeit" geht es darum, das menschliche Verhalten zu manipulieren, und genau damit befasste sich das Team während der „Pandemie" sehr intensiv. Das Behavioural Insights Team geht mit „Psyops" – also psychologischer Kriegsführung – gegen Zielbevölkerungen vor. Als Psyops bezeichnet man „militärische Aktionen zur Beeinflussung der Wahrnehmungen und Einstellungen von Individuen, Gruppen und ausländischen Regierungen".

Da war es doch sehr passend, dass im März 2020, als der Virusbetrug gerade auf Hochtouren zu laufen begann, Rachel Coyle mit ihrer sechsjährigen Erfahrung im Verteidigungsministerium zur neuen BIT-Direktorin für Europa, den Nahen Osten und Afrika ernannt wurde, um bei der Entwicklung einer Pandemiestrategie behilflich zu sein. Die 77. Brigade, ihres Zeichens Psyop-Einheit des britischen Militärs, war garantiert überglücklich, eine der ihren in einer solchen Schlüsselposition zu wissen, da die Ziele beider Organisationen dieselben sind: die Öffentlichkeit mit allen Mitteln, von „Nudging" bis zu extremer Zensur, dazu zu bringen, sich wie gewünscht zu verhalten. Coyle ist eine hochrangige Persönlichkeit aus der Welt der Geheimdienste und der Verteidigung, die sich auf China und Cyberkriegsführung spezialisiert hat – Letzteres ein Begriff, der auch die Löschung meiner Person aus dem Internet beinhaltet, weil ich das Verbrechen begangen habe, dieses Netz der Täuschung zu entlarven.

Geleitet wird das Behavioural Insights Team wird vom Psychologen David Solomon Halpern, einem Gastprofessor am King's College London, der „als Teil der Scientific Advisory Group for Emergencies [dt. etwa: Wissenschaftliche Beratergruppe für Krisensituationen] die Reaktion der britischen Regierung auf die Covid-19-Pandemie beaufsichtigt und sich dabei auf Verhaltensänderungen konzentriert hat". Das glaube ich sofort. Der zentrale Akteur im Netzwerk der Verhaltensmanipulatoren ist der britische Cabinet Secretary und nationale Sicherheitsberater Mark Sedwill, der an der Spitze mehrerer verwandter Organisationen steht. Die Website UKColumn.org hat in ihren dreimal wöchentlich ausgestrahlten Sendungen hervorragende Arbeit geleistet und die Verbindungen von Sedwill und seiner Psyop-Garde Behavioural Insights Team zum Außenministerium, dem Nationalen Sicherheitsrat, der Kommunikationszentrale der britischen Regierung (Government Communications Headquarters; GCHQ), den Geheimdiensten MI5 und MI6, der 77. Brigade und der Rapid Response Unit [dt. etwa: schnelle Eingreiftruppe] aufgedeckt. Die Rapid Response Unit „überwacht digitale Trends, um aufkommende Probleme, einschließlich Fehlinformationen und Desinformation, zu erkennen und die besten Methoden zu finden, darauf zu reagieren" – sie zensiert und lügt also. Damit „unterstützt sie die Tätigkeit" der ebenfalls im *Cabinet Office* stationierten Media Monitoring Unit [dt. etwa: Medienüberwachungseinheit].

Das Netzwerk umfasst außerdem die Militäroperation jHub, das „Innovationszentrum" für das Verteidigungsministerium und das Strategic Command, *das an der „Symptomverfolgung" für den National Health Service beteiligt ist.* Im Endeffekt bestimmt das Militär, was zu geschehen hat; verantwortlich dafür ist die „Fusion Doctrine", die Zusammenlegung von militärischen und zivilen Strafverfolgungs- und Regierungsbehörden gemäß dem von mir beschriebenen „Hungerspiele"-Programm. Die britische Rundfunkzensurbehörde Ofcom und die BBC gehören sicher ebenfalls diesem Netzwerk an, weil Zensur für die Kontrolle der für die Öffentlichkeit bestimmten Informationen unumgänglich ist und man die Zensurbefugnisse von Ofcom unbedingt auf das Internet ausweiten will. Sollen wir wirklich glauben, dass das Imperial College London, das die apokalyptischen „Computermodelle" genau zum richtigen Zeitpunkt erstellte, um die Lockdowns zu rechtfertigen, nicht genau demselben Netzwerk angehört? Die chinesische Regierung ließ sich übrigens von der „Modell"-Katastrophe des Imperial College nicht beirren: Während des Lockdowns unterzeichnete das College ein fünfjähriges Kooperationsabkommen mit dem chinesischen Technologieriesen Huawei. Im Rahmen dieses Abkommens sollen „Huaweis 5G-Netzwerkgeräte für den Innenbereich" und eine „KI-Cloud-Plattform" im Technikcampus des College in West London installiert werden; zudem sponsert das chinesische Unternehmen „Venture Catalyst einen Wettbewerb für Unternehmergeist", den das Imperial College veranstaltet. Das Netz der Informationskontrolle und Verhaltensmanipulation, das sich aus dem Amtssitz des Premierministers in der Downing Street über das Cabinet Office ins ganze Land hinaus erstreckt, ist unglaublich ausgeklügelt. In anderen größeren Ländern wird sich die Situation wohl nicht besonders davon unterscheiden. Die USA gründeten beispielsweise im Jahr 2015 auf Anordnung des Betrügerpräsidenten Obama ebenfalls ein Social and Behavioral Sciences Team.

Und dann gibt es da noch ein neues, mit dem britischen *Cabinet Office* verbundenes Joint Biosecurity Center (JCB), das „Expertenberatung zu Pandemien" liefern soll. Seine Rolle wird offiziell so beschrieben: unabhängige (immer diese Witzchen) analytische Funktion zur Bereitstellung von Echtzeitanalysen über Infektionsausbrüche, um Ausbrüche von Covid-19 zu erkennen und darauf reagieren zu können; sowie Beratung der Regierung zur Reaktion bei Infektionsspitzen – „zum Beispiel durch die Schließung von Schulen und Arbeitsplätzen in Gebieten, wo die Infektionsraten gestiegen sind". Angeblich ist dieses neue Zentrum ein Teil des Joint Terrorism Analysis Centre, das Geheimdienstinformationen überprüft, um „Terror-Bedrohungsstufen" festzulegen. Tom Hurd, der Generaldirektor des

Office for Security and Counter-Terrorism [dt. etwa: Amt für Sicherheit und Terrorbekämpfung] und Berichten zufolge ein Favorit für den Posten des nächsten MI6-Chefs, wurde zum Leiter der neuen Einheit ernannt, die für die Kontaktverfolgung zuständig sein wird, auf die ich gleich näher eingehen werde. Hurd ist der Sohn des ehemaligen britischen Außenministers Douglas Hurd und entstammt einer bedeutenden Insiderfamily. Tom Hurd genoss eine Eliteausbildung am Eton College und an der Oxford University, gemeinsam mit Boris Johnson.

Was ich mit diesem Netz an Verflechtungen beschreiben will, ist die permanente Regierung oder DER TIEFE STAAT, der alles steuert, weit über die Sphären der Politiker hinaus, die in ein paar Monaten oder Jahren von ihrem Posten verschwunden und schon vom nächsten Kandidaten abgelöst worden sein könnten. Im Vergleich zu dieser Macht spielen Premierminister wie Johnson nur kleine, unbedeutende Nebenrollen, wie wir während des Pandemieschwindels so deutlich gesehen haben.

Der „Virus-Nudge" – oder vielmehr Virus-Tritt in den Hintern

Ein perfektes Beispiel für die systematische psychologische Manipulation durch dieses Netzwerk findet sich in einer Studie, die von der „Untergruppe für Verhaltenswissenschaft" der Scientific Advisory Group for Emergencies (SAGE) für die britische Regierung erstellt wurde. Den gemeinsamen Vorsitz von SAGE haben Sir Patrick Vallance, eine ehemalige Führungskraft des massiv mit Gates verbundenen Pharmaunternehmens GlaxoSmithKline, und der von Gates finanzierte Chief Medical Officer [dt. etwa: oberster Gesundheitsbeamter] Englands, Christopher Whitty. Diese beiden haben die „Virus"-Politik in Wahrheit vorangetrieben, wohingegen Premierminister Johnson sowieso nur das tut, was man ihm anschafft. Die Studie, die am 23. März 2020 „zur Diskussion" freigegeben wurde, ist ein klassisches Beispiel für die geplante Verhaltenskontrolle während der Lockdowns. Unter der Überschrift „Überzeugungsarbeit" steht darin:

> Das Gefühl der persönlichen Bedrohung muss bei denjenigen, die willfährig sind, verstärkt werden, und zwar durch eine knallharte Bewertung der Möglichkeiten zur Steigerung der emotionalen Botschaften in Richtung Social Distancing. Um wirksam zu sein, muss man die Menschen auch befähigen, indem man ihnen verdeutlicht, welche Handlungen sie setzen können, um die Bedrohung zu verringern.

Solche psychologischen Spiele, die sich vor allem um Angst und Bedrohung drehen, wurden seit Beginn der „Pandemie" ständig und gnadenlos eingesetzt. Während ich dies schreibe, wird die Angst vor dem Fake-„Virus" (oder einem Erreger, der für die überwiegende Mehrheit der Menschen nicht im Geringsten gefährlich ist, selbst wenn man daran glaubt, dass es ihn gibt) ausgenutzt, um ein massenhaftes Echtzeitüberwachungssystem unter dem Deckmantel der „Kontaktverfolgung" einzurichten, das einen Teil des Überwachungssystems in – *natürlich* – China imitiert. Das System beruht auf einer Wahrnehmungsmanipulation, der zufolge das „Virus" angeblich „tödlich" ist und die Kontaktverfolgung über Telefon daher zu Ihrem Schutz notwendig ist (Verhaltensmanipulation). Zu diesem Zweck werden Telefon-Apps eingeführt, die verfolgen sollen, mit wem man in Kontakt kommt und ob eine dieser Personen positiv auf „Covid-19" getestet wurde, obwohl diese Tests gar nicht auf „Covid-19" testen. In diesem Fall klopft nämlich bald ein Regierungsangestellter aus einem Heer von „Kontaktverfolgern" an Ihre Tür, um Sie mit einem Test zu testen, der gar nicht auf „Covid-19" testet; wenn Sie dann positiv sind, weil der Test genetisches Material in Ihnen gefunden hat, das sehr viele Menschen von Natur aus in ihren Körpern haben, dann werden Sie aufgefordert, sich zu isolieren, oder man zwingt Sie in Quarantäne. Dieses System ist so angelegt, dass man damit nach weiteren Verschärfungen Familien ihre Kinder wegnehmen kann, was ja ebenfalls ein Ziel des Kults ist. So ist es auch ganz einfach, jemanden ins Visier zu nehmen, indem man einfach behauptet, dass die betreffende Person in Kontakt mit Menschen war, die positiv auf etwas getestet wurden, auf das gar nicht getestet wurde. Ich schätze, die Papayas und Ziegen in Tansania zittern schon vor Angst …

Das alles wurde von langer Hand geplant. Der Ende 2019 vorgelegte Vorschlag der Europäischen Kommission, einen „gemeinsamen Impfausweis" für alle EU-Bürger einzuführen, kam gerade zur rechten Zeit. Die im Besitz des Kults befindlichen Firmen Google, Apple und andere Big-Tech-Unternehmen öffnen der Kontaktverfolgung Tür und Tor, weil sie ja so wahnsinnig um die Gesundheit der Menschen besorgt sind. Eine der amerikanischen Kontaktverfolgungsorganisationen namens Partners in Health gibt die Bill & Melinda Gates Foundation und die Open Society Foundations des George Soros als ihre offiziellen Partner an und hat noch dazu die Clinton-Tochter Chelsea in ihrem Kuratorium sitzen. Ein im April 2020 veröffentlichtes Dokument der Rockefeller Foundation, in dem die Stiftung ihren „Nationalen Maßnahmenplan für Covid-19-Tests" offenlegte, forderte die Einrichtung eine landesweite DNS-Datenbasis sowie Massentestungen und Kontaktverfolgung für alle amerikanischen Bürger. Meine Güte – und da sehen viele Leute noch immer nicht, was da los ist? Das gilt nicht zuletzt für die ahnungslosen, feigen Erfüllungsgehilfen in den Mainstreammedien. Es ist wirklich atemberaubend, wie manche Leute das Offensichtliche einfach nicht wahrnehmen können und wollen.

Der Virusschwindel ist einfach nur ein weiterer „Komm her, Miez, Miez"-Trick, bei dem sich die Geschichte ständig ändert, um immer noch weitere und schlimmere Freiheitseinschränkungen zu rechtfertigen. Erst haben sie behauptet, dass die Lockdowns notwendig seien, um die „Kurve abzuflachen". Als dies dann durch die Manipulation von Zahlen gelungen war, redete man uns ein, dass die „Normalität" erst dann wieder einkehren könne, wenn es ein „Heilmittel" oder eine „Impfung" gibt. Bei keiner anderen angeblichen Krankheit der Menschheitsgeschichte hat man die Gesunden isoliert und dann behauptet, dass dieser Hausarrest erst dann ein Ende haben könne, wenn es ein „Heilmittel oder eine Impfung" gibt. Was sie damit in Wahrheit meinen, ist ein Impfstoff, der das Volk unter anderem an das Smart Grid anschließen soll. Die Miez-Miez-Methode ist reine Verhaltensmanipulation, was man schon daran erkennen kann, dass die soziale Distanzierung und all die bis ins Detail gehenden Regeln, von denen die Leute glauben, dass sie sich von Gesetz wegen daran halten müssen, in den meisten Fällen nur Empfehlungen der Regierung sind, die keine Gesetzeskraft haben. Die Polizei, die Bußgelder verhängt und Menschen verhaftet hat, weil sie angeblich gegen Lockdown-Gesetze verstoßen hätten, muss nun zugeben, dass sie Verordnungen durchgesetzt hat, die gar nicht existieren und zu deren Durchsetzung sie kein Recht hatte. Aber genau das passiert eben, wenn man jede Anordnung befolgt, ohne Fragen zu stellen oder selbst Nachforschungen anzustellen.

In der Lockdown-Phase, die Boris Johnson eine Woche, bevor ich diese Zeilen schreibe, angekündigt hat, darf man einen Immobilienmakler, ein Kindermädchen oder eine Putzfrau ins Haus lassen, aber nicht die eigenen Eltern oder Großeltern. Man darf ein Eltern- oder Großelternteil treffen, aber nicht beide. Man darf sie in einem Park treffen, aber nicht im eigenen Garten, weil der britische Gesundheitsminister-Depp Hancock behauptet, dass man eventuell ein Haus durchqueren müsse, um in den Garten zu kommen. Ich schätze, auf dem Weg durchs Haus wird man eventuell auch den Immobilienmakler, das Kindermädchen und die Putzfrau treffen … Die Liste der lächerlich widersprüchlichen und völlig unsinnigen Regeln, die aus dem leeren Raum zwischen den Ohren der Regierungsmitglieder quellen, ließe sich nahezu endlos fortsetzen. Doch während idiotische Beamte uns diesen bizarren Irrsinn vorschreiben, hat der Wahnsinn in den Augen und Plänen des Behavioural Insights Team und ähnlicher Netzwerke auf der ganzen Welt natürlich Methode.

Abb. 4: „Die Welt ist verrückt und wird von Verrückten gelenkt … Gott beschütze die Kinder" – *Ein erschütterndes Zeugnis für die Psychopathie des Kults – und wie die Menschen sie hinnehmen.*

Abb. 5: „Teile-und-herrsche-Programmierung – Fürchte-deinen-Mitmenschen-Programmierung – vom Kindesalter an" – *Wo bleibt eure Selbstachtung?*

In den Medien sehen wir groteske Bilder von Kindern, die vom frühesten Alter an darauf vorbereitet werden, ihre Freunde zu fürchten und keinen Kontakt mehr zu ihnen zu haben; die gezwungen werden, sich am Spielplatz in abgesperrten Zonen aufzuhalten, während ihre maskierten Eltern im Zweimeterabstand Schlange stehen, um sie von mit Kreuzen markierten Stellen abzuholen, die ebenfalls zwei Meter voneinander entfernt sind (Abb. 4 und 5). Das ist Kindesmissbrauch, der von bedingungslos gehorchenden Eltern und Lehrern betrieben wird, die im Auftrag jener Psychopathen handeln, denen die falsche „Pandemic" dabei hilft, einfach alles zu tun, was sie wollen. Der Satz „So sehen eben die Regeln aus" ist absolut keine verdammte Entschuldigung dafür, Kindern so etwas anzutun und sie durch diese schändlichen Vorschriften zu entmenschlichen. Man trainiert Kinder und Erwachsene dazu, bis ins Kleinste ausgearbeitete Befehle zu befolgen, als wären sie Haustiere. Wenn lächerliche und eindeutig widersprüchliche Regeln aufgestellt werden, die die Leute trotzdem befolgen, dann weiß man, dass man sich dem Zustand der totalen, bedingungslosen Unterwürfigkeit annähert – oder ihn bei großen Teilen der Menschheit bereits erreicht hat. Wir stehen mittlerweile vor der Perspektive, in kleinen isolierten Gruppen, die offiziell unter der Bezeichnung „Blasen" firmieren, noch weiter versklavt zu werden. Wie passend dieser Begriff angesichts dessen, was ich weiter vorne in diesem Buch geschrieben habe, doch scheint. Das Gegenmittel gegen diese Zumutung der Wenigen für die Vielen lautet ganz einfach: „Fickt euch doch ins Knie – wir machen da nicht mit!"

Der von Gates beworbene und mitfinanzierte „Covid-19"-Impfstoff soll ein Verfahren nutzen, das bisher noch nie auf die Menschheit losgelassen wurde: eine Manipulation der DNS mit synthetischer DNS und einem elektrischen Impuls, um die körpereigenen Zellen für das Eindringen der Synthetik zu öffnen. Dieser Plan passt genau zu dem, was ich weiter oben im vorliegenden Werk über die Agenda zur Schaffung eines synthetischen Menschen geschrieben habe, ebenso wie zu meiner Behauptung, dass die Impfung selbstreplizierende Nanotechnologie enthalten wird. Sich und seinen Kindern den Gates-Impfstoff spritzen zu lassen, sollte somit als neue Definition von Wahnsinn gelten. Die britische Regierung hat sich geweigert, eine Impfpflicht mit dem Gates-Impfstoff auszuschließen, während der ultrazionistische Anwalt Alan Dershowitz, ein Freund (wie Bill Gates) und Strafverteidiger von Jeffrey Epstein, die Meinung äußerte, dass Amerikaner nicht das Recht hätten, eine Impfung abzulehnen, sollten Bundes- und Landesregierungen sie verpflichtend machen. Er zitierte dazu ein Urteil des Obersten Gerichtshofs der USA in der Rechtssache Jacobson gegen Massachusetts aus dem Jahr 1905, in dem das Recht der Bundesstaaten zum Erlass von Zwangsimpfungsgesetzen bestätigt wurde.

Der Oberste Gerichtshof, der sich ebenfalls im Besitz des Kults befindet, hat entschieden, dass die individuelle Freiheit durch die Macht des Staates außer Kraft gesetzt wird. Das Gericht befand schockierenderweise, dass es „unerheblich" sei, wenn einige Mitglieder der medizinischen Gemeinschaft die Impfung für „wertlos oder sogar schädlich" hielten. Der Staat habe das Recht, die Wahl zwischen einander widersprechenden medizinischen Theorien zu treffen und diese Entscheidung „an ein Gremium zu verweisen, das sich aus Personen aus der betroffenen Region zusammensetzt, die qualifiziert dazu sind, einen solchen Beschluss zu treffen" (oder auch vom Kult und den Pharmariesen kontrolliert werden, was auf dasselbe hinausläuft). Die Gerichte würden nicht eingreifen, wenn die Durchsetzung „im Wesentlichen mit der öffentlichen Gesundheit, Moral oder Sicherheit zusammenhängt und keinen eindeutigen, deutlichen Eingriff in die durch das Grundgesetz verbrieften Rechte darstellt". Der Zwang, sich eine potenziell schädliche Impfung verabreichen zu lassen, ist also kein „eindeutiger, deutlicher Eingriff" in die besagten Rechte? *Was für eine seltsame Rechtsprechung*! Das Gericht entschied außerdem, dass *es unerheblich ist, ob der Impfstoff tatsächlich wirksam ist oder nicht, solange die staatlichen Behörden davon überzeugt sind, dass die Impfpflicht das Gemeinwohl fördert*, und dass eine solche zwangsweise Durchführung *eine vernünftige und ordnungsgemäße Ausübung der polizeilichen Befugnisse darstellt*. Es sei „von überragender Notwendigkeit, dass eine Gemeinschaft das Recht hat, sich vor einer Krankheitsepidemie zu schützen, die die Sicherheit ihrer Mitglieder bedroht" – und natürlich auch dann, wenn dies nicht der Fall ist. Dies, meine Damen und Herren Amerikaner, ist der Präzedenzfall Ihres Obersten Gerichtshofs, der bis dato gilt, wenn der Psychopath Bill Gates sich darauf vorbereitet, seine Impfung allen Menschen aufzuzwingen.

Der „Außenseiter" (haha!) Donald Trump kündigte an, er werde das Militär einsetzen, um den Impfstoff zu verteilen, sobald er fertiggestellt sei – womöglich schon im Dezember 2020. Die britische Regierung erklärte wiederum, dass ihre Versuche sogar noch früher, im September, zu einer Massenimpfung führen könnten. Angesichts der Geschwindigkeit, mit der das alles geschieht, fragen sich sogar Impfbefürworter, wie dies möglich ist, wenn doch sogar die Entwicklung von Impfstoffen, die in der Vergangenheit Kindern wie Erwachsenen tödliche Schäden zugefügt haben, schon mehrere Jahre gedauert hat. Die Antwort darauf – und das sage ich bereits seit Beginn der „Pandemie" – lautet: Der Impfstoff war fertig und stand bereit, bevor die Ausrede für seinen massenhaften Einsatz überhaupt erst erfunden wurde. Die Vorstellung, man könne innerhalb weniger Monate eine Impfung gegen ein „Virus" entwickeln, dessen Existenz und dessen Rolle als Verursacher einer Krankheit überhaupt nie nachgewiesen wurde, mit einem PCR-Test, der nicht einmal auf „Covid-19" testet, ist offenkundig reiner Betrug. Man hat nicht nachgewiesen, dass das „Virus" existiert, hat nicht nachgewiesen, dass es Verursacher einer Krankheit ist, und man kann nicht darauf testen – aber einen Impfstoff dagegen hat man binnen weniger Monate gefunden. Das ist Unsinn und Verlogenheit in einem historischen Ausmaß. Sie versuchen, einen möglichst großen zeitlichen Abstand zwischen dem „Ausbruch" und der Impfung verstreichen zu lassen, um glaubwürdiger zu wirken, fürchten aber andererseits, zu lange zu warten – denn je länger die Verzögerung andauert, desto mehr Menschen werden erkennen, dass die „Pandemie" von Anfang bis Ende ein gigantischer Schwindel war.

Ihr Plan B für den Fall, dass genug Menschen die Impfung verweigern, besteht darin, alle weiterhin in Lockdowns einzusperren, bis sie geimpft sind; deshalb hören wir auch immer das Mantra, dass es „keine Rückkehr zur Normalität" geben wird, bis jeder geimpft ist. Das „Virus" ist laut dem Gates-Drehbuch tödlich, und die Menschheit steht vor einer derart schlimmen Krise, dass Sicherheit eventuell zugunsten von Schnelligkeit hintanstehen muss. Gates schrieb in seinem Blog:

> Würden wir den perfekten Impfstoff entwerfen, dann würden wir wollen, dass er absolut sicher und zu 100 Prozent wirksam ist. Er sollte in einer einzigen Dosis verabreicht werden, die uns für den Rest unseres Lebens schützt, und einfach zu lagern und transportieren sein. Ich hoffe, dass die Covid-19-Impfung all diese Eigenschaften haben wird, fürchte aber angesichts des Zeitdrucks, in dem wir uns befinden, dass dies vielleicht nicht der Fall sein wird.

Du weißt doch genau, was der Impfstoff ist und was er enthält, du verfluchter Lügner! Sie können den Anschein erwecken, dass die Impfung wirkt, indem sie einfach die Art und Weise ändern, wie sie Diagnosen stellen und Totenscheine ausfüllen, um „Covid-19" in dem Zeitraum verschwinden zu lassen, in dem geimpft wird. Aber zweifellos werden sie dieses Spiel noch über Jahre hinweg betreiben, mit immer neuen „Wellen" eines „Virus", das „mutiert" und wie die Grippe immer neue Impfungen erforderlich macht. Sie fügen sogar neue „Symptome" wie Geruchs- oder Geschmacksverlust hinzu, damit noch mehr Menschen glauben, dass sie infiziert sind, obwohl andere Ursachen dafür verantwortlich sind. Soviel ich weiß, werden sie nächste Woche bekannt geben, dass es ein neues Symptom ist, innerhalb von 30 Sekunden zweimal zu rülpsen. Zur Selbstdiagnose sollen offenbar Stoppuhren ausgegeben werden. Und dann war da noch die „Forschungsstudie", die uns einreden wollte, dass Sprechen „das Virus verbreiten" könne – mit „einer erheblichen Wahrscheinlichkeit, dass normales Sprechen eine Übertragung des Virus durch die Luft in beengten Umgebungen begünstigt". Also bleibt brav zu Hause, Leute, *und* haltet das Maul!

Während ich die Arbeit an diesem Postskriptum beende, werden die wirtschaftlichen Folgen des Pandemie-Schwindels klar, die eindeutig von allem Anfang bekannt und geplant waren: zerstörte Unternehmen, Arbeitsplätze und Träume. Die Zahl der Menschen, die aufgrund verspäteter Behandlungen und Diagnosen sterben, steigt ebenso wie die der Selbstmorde, und auch Drogenmissbrauch, Kindesmisshandlung und häusliche Gewalt nehmen zu. Laut einer Studie weist ein Drittel der Amerikaner Anzeichen von Angstzuständen und Depressionen auf; dementsprechend sind auch die Verschreibungen für stimmungsaufhellende Medikamente in die Höhe geschnellt. Die Gesellschaft bricht zusammen, wie das ja auch vorgesehen war. Der Stanford-Universitätsprofessor Michael Levitt sagte, dass die Lockdowns keine Leben gerettet, sondern stattdessen möglicherweise (nein, absolut sicher) Menschenleben gefordert hätten, und Neil Ferguson habe die Zahl der Todesopfer um das „10- bis 12-fache" überschätzt – ich würde eher sagen, um 100 Prozent. US-Bundesstaaten, die früh mit den Lockdowns begannen, waren im Durchschnitt nicht weniger oder mehr betroffen als andere, die überhaupt keine Lockdowns anordneten. Marko Kolanovic, ein Stratege im Dienst der Bank JP Morgan, äußerte die Ansicht, dass die Lockdowns den Verlauf der „Pandemie" nicht verändert und stattdessen „Millionen Existenzen zerstört" hätten. Dass dies von Anfang an der Plan war, wurde indes nicht zugegeben. Trotzdem erschienen sogar in den Mainstreammedien vereinzelt Artikel, die ein Ende des (kalkulierten) Wahnsinns der Lockdowns forderten.

In den Vereinigten Staaten wurde die faschistische Kontrolle auf Befehl der Gouverneure der Bundesstaaten eingeführt; das bedeutet, dass auf dieser Ebene 50 Menschen mit ihren diktatorischen Anordnungen über das Leben von 330 Millionen entschieden haben. Jeder von den Leuten, die so ihre Macht missbrauchten – und das waren sehr viele –, gehört zwangsweise aus seinem Amt entfernt. Kann man angesichts all dessen wirklich noch leugnen, dass die Geschicke der Welt von lächerlich wenigen Leuten gesteuert werden, solange die Menschen sich das gefallen lassen? Oder dass die Agenda besagter Leute aus den Abgründen des Bösen inszeniert wird? Nein – Leugnen ist jetzt nicht mehr möglich.

Wir sehen dem weltweiten Faschismus ins Auge und dürfen keinen Millimeter zurückweichen. Politiker und Mainstream-„Journalisten" erkennt man vor allem an der Geschwindigkeit, mit der sie rückwärts rennen. Aber sie sind ja auch das Problem und nicht die Lösung. *Wir sind das Volk* und müssen das in Ordnung bringen, sonst wird es niemand tun. Also dann – *legen wir los.*

Anhang 1

Eine Zusammenfassung dessen, was der ultrazionistische Kult-Insider Dr. Richard Day im Jahr 1969 bei bei einer Konferenz von Kinderärzten in Pittsburgh, Pennsylvania, über die geplante Zukunft der Welt sagte

Geburtenkontrolle; Erlaubnis zur Fortpflanzung; Umlenkung des Zwecks der Sexualität – Sex ohne Fortpflanzung und Fortpflanzung ohne Sex; allgemein zugängliche Empfängnisverhütung; Sexualerziehung und Kanalisierung der Jugend als Werkzeug der Weltregierung; steuerfinanzierte Abtreibung als Mittel zur Bevölkerungskontrolle; Ermunterung zur „Alles ist möglich"-Homosexualität; Einsatz von Technologie zur Fortpflanzung ohne Sex; geringere Bedeutung der Familie; Euthanasie und „Sterbepille"; beschränkter Zugang zu erschwinglicher medizinischer Versorgung, um die Beseitigung älterer Menschen zu erleichtern; strikte Kontrolle der Medizin; Abschaffung von Privatärzten; neue, schwer diagnostizier- und behandelbare Krankheiten; Unterdrückung von Krebsbehandlungen als Mittel zur Bevölkerungskontrolle; von außen herbeigeführte Herzinfarkte als Form von Attentaten; Bildung als Werkzeug zur Beschleunigung des Einsetzens der Pubertät und der Entwicklung; Vermischung aller Religionen ... die alten Religionen müssen weg; Veränderung der Bibel durch Änderung von Schlüsselwörtern; Umstrukturierung des Bildungswesens zum Instrument der Indoktrination; mehr Zeit in Schulen, wobei die Schüler aber „nichts lernen"; Kontrolle des Zugangs zu Informationen; Schulen als Dreh- und Angelpunkt der Gemeinschaft; Verschwindenlassen mancher Bücher aus Bibliotheken; Änderung von Gesetzen, um moralisches und soziales Chaos zu schaffen; Förderung des Drogenmissbrauchs, um in Groß- und Kleinstädten eine Dschungelatmosphäre zu schaffen; Förderung des Alkoholmissbrauchs; Reisebeschränkungen; die Notwendigkeit von mehr Gefängnissen und das Umfunktionieren von Krankenhäusern zur Gefängnissen; keine psychologische oder physische Sicherheit mehr; Verbrechen als Mittel zur Steuerung der Gesellschaft; Beschneidung der industriellen Vormachtstellung der USA; Bevölkerungs- und Wirtschaftsverlagerungen – und dadurch bedingtes Ausreißen der gesellschaftlichen Wurzeln; Sport als Werkzeug des Social-Engineering und der Veränderung der Gesellschaft; Förderung von Sex und Gewalt durch Unterhaltungsmedien; Gleichschaltung von Jungen und Mädchen; implantierte Identitätsausweise – Mikrochips; Lebensmittelkontrolle; Wetterkontrolle; durch Kenntnis der Reaktionen von Menschen ermöglichte Verhaltenskontrolle; gefälschte wissenschaftliche Forschung (siehe auch „globale Erwärmung"); Einsatz von Terrorismus; Überwachung, Implantate und Fernsehgeräte, die den Zuseher beobachten; Einsetzung eines totalitären weltweiten Regierungssystems.

Anhang 2

Noachidische Gebote = Kontrolle über die Menschheit

Die sieben sogenannten Noachidischen Gebote sollen von „Gott“ an Adam und Noah gegeben worden sein und sind für Nichtjuden verbindlich; wer sich nicht daran hält, den erwartet als in den meisten Fällen verhängte Strafe die Enthauptung. Weitere Strafen für Nichtjuden sind der Tod durch Steinigung, wenn ein Mann Verkehr mit einer jüdischen Frau hat, die mit einem anderen verlobt ist, oder durch Erdrosselung, wenn die jüdische Frau die Hochzeitszeremonien abgeschlossen, aber die Ehe noch nicht vollzogen hat. Wer diese Gesetze erlassen hat, ist also keinesfalls rassistisch oder verrückt oder so ...

„Gott“ hatte allerdings nichts mit den sieben Noachidischen Geboten zu tun, ebenso wenig wie „Adam“ und „Noah“. Sie wurden vielmehr von extremistischen talmudistischen Rabbinern mit dem Ziel ausgeheckt, sie der gesamten menschlichen Gesellschaft aufzuerlegen. Der Babylonische Talmud und der Jerusalemer Talmud beruhen auf den Interpretationen rabbinischer Irrer und sind unglaublich rassistisch. In diesem Schwindel wird behauptet, dass „Noah“ der Vater der ganzen nachsintflutlichen Menschheit sei, weshalb auch alle Nichtjuden den Noachidischen Geboten unterworfen seien, die ihm von „Gott“ gegeben wurden. Dabei war „Noah“ eine erfundene Figur, die auf „Sintflut“-Helden aus vielen Kulturen basiert. Von diesen Helden wurde lange vor der Zeit berichtet, als die Autoren des Alten Testaments ihre Legendengestalt konzipierten und ihr mit der „Arche“ zu weltweiter Bekanntheit verhalfen. Die Noachidischen Gebote lauten wie folgt:

1. Du sollst keine Götzen anbeten.
2. Du sollst Gott nicht lästern.
3. Du sollst Gerichte einführen, die die Noachidischen Gebote durchsetzen.
4. Du sollst nicht töten.
5. Du sollst keinen Ehebruch, keine Sodomie oder unmoralische sexuelle Handlung betreiben.
6. Du sollst nicht stehlen.
7. Du sollst nicht das Fleisch eines lebenden Tieres essen.

Der Teufel steckt hier – wie immer – im Detail. Das maßgebliche „Gebot“ ist die Einführung von Gerichten, die die Noachidischen Gebote durchsetzen und Todesurteile über Nichtjuden verhängen sollen, die sich nicht daran halten. Diese Gerichte würden von sabbatianisch-frankistischen, dem Todeskult angehörenden „Richtern“ kontrolliert und müssten sich nach deren Interpretation dessen richten, was „Götzen anbeten“, „Gott lästern“,

„Ehebruch", „unmoralische sexuelle Handlung" und die anderen Punkte bedeuten. Einige dieser ultrazionistischen Extremisten betrachten das Christentum als „Götzenanbetung". Genau darum geht es auch – wer nicht an den „Gott" glaubt, den die rabbinischen (sabbatianisch-frankistischen) „Gerichte" als den einzigen festlegen, der handelt automatisch gegen diesen „Gott" und dessen Gebote. Diese Eiferer behaupten, Israel sei verpflichtet, die ganze Welt zur Anbetung des sabbatianisch-frankistischen „Gottes" zu bringen. Jeder, der zu einem anderen oder gar keinem Gott betet, würde sich der „Götzenanbetung" oder „Gotteslästerung" schuldig machen.

Die Tatsache, dass besagte Gerichte auch die Ermordung jener Menschen anordnen würden, die sich nicht an eine Liste von „Geboten" halten, die den Paragrafen „Du sollst nicht töten" enthält, spielt für sie keine Rolle. Heuchelei ist ihr Lebenselixier. Ihre Gebote sollen für niemanden Sinn ergeben, der auch nur über eine einzige aktive Gehirnzelle verfügt. Sie sind nichts als eine kalkulierte Ausrede, um zu töten, wen sie wollen und wann sie wollen. Es gibt auch noch jede Menge andere „Gebote", die nur für Nichtjuden gelten – schon dann, wenn sie nicht das Gericht einführen, das die Todesurteile ausspricht, wird dies mit dem Tode bestraft.

Das alles könnte man als eine Form von Wahnsinn abtun, wenn man nicht wüsste, dass die Anerkennung der Noachidischen Gebote (einschließlich der Forderung, noachidische „Gerichte" einzuführen) in der nichtjüdischen Welt immer mehr verbreitet wird. US-Präsident Ronald Reagan unterzeichnete 1982 eine Proklamation, in der die „ewige Gültigkeit der Sieben Noachidischen Gebote, eines Moralkodex für uns alle, unabhängig von unserem religiösem Glauben", anerkannt wird. Der US-Kongress unterstützte dann 1991 die Noachidischen Gebote, als er einen „Bildungstag" zu Ehren des ultrazionistischen, im russischen Zarenreich geborenen, extremistischen, rassistischen Irren Rabbi Menachem Mendel Schneerson einführte,. Schneerson war Führer der Chabad-Lubawitsch-Bewegung und vertrat die Ansicht, dass Nichtjuden nur auf der Welt sind, um Juden zu dienen. Außerdem sagte er:

> Das ist es, was über den Körper gesagt werden muss: Der Körper eines jüdischen Menschen ist von völlig anderer Qualität als der Körper von [Mitgliedern] aller Nationen dieser Erde. [...] Der Unterschied in der inneren Qualität von Juden und Nichtjuden ist „so groß, dass ihre Körper als die von völlig verschiedenen Arten angesehen werden sollten". Ein noch größerer Unterschied besteht im Hinblick auf die Seele. Es gibt zwei gegensätzliche Arten von Seele: eine nichtjüdische Seele, die aus drei satanischen Sphären stammt, und die jüdische Seele, die der Heiligkeit entspringt.

Rassistischer geht es kaum noch – vor allem, da diese Behauptung von denen kommt, die ansonsten den Rest der Welt des Rassismus beschuldigen, obwohl das Judentum nicht einmal eine Volkszugehörigkeit bezeichnet, sondern ein Glaubenssystem. Die Resolution aus dem Jahr 1991 wurde während der Präsidentschaft von George Bush senior von beiden Kammern des US-Kongresses verabschiedet (H.J.Res. 104) und enthielt die folgenden Punkte:

- Der Kongress erkennt die historische Tradition der ethischen Werte und Prinzipien an, die die Grundlage der zivilisierten Gesellschaft bilden und auf denen unsere große Nation gegründet wurde.
- Diese ethischen Werte und Prinzipien sind seit Anbeginn der Zivilisation, als sie als die sieben Noachidischen Gebote bekannt waren, das Fundament der Gesellschaft.
- Ohne diese ethischen Werte und Prinzipien ist das Gebäude der Zivilisation ernsthaft in Gefahr, in Chaos zu verfallen.
- Die Gesellschaft ist zutiefst besorgt über die jüngste Schwächung dieser Prinzipien, die zu Krisen geführt hat, die das Gefüge der zivilisierten Gesellschaft bedrängen und bedrohen.
- Die berechtigte Beschäftigung mit diesen Krisen darf nicht dazu führen, dass die Bürger dieser Nation ihre Verantwortung aus den Augen verlieren, diese historischen ehtischen Werte aus unserer ruhmreichen Vergangenheit an die künftigen Generationen weiterzugeben.
- Die Lubawitscher Bewegung hat diese ethischen Werte und Prinzipien in der ganzen Welt gepflegt und gefördert.

Hier sind ein paar Dinge einzuwenden: Die Vereinigten Staaten wurden nicht auf Grundlage der Noachidischen Gebote gegründet, und diese Gebote waren auch nicht „seit Anbeginn der Zivilisation das Fundament der Gesellschaft“. Stattdessen wurden sie von talmudistischen Rabbinern verfasst, die einen kleinen Teil eines winzigen Teils (derzeit 0,2 Prozent) der Weltbevölkerung repräsentieren, aber von diesen arroganten Extremisten unter Androhung der Todesstrafe als für die gesamte Menschheit gültig erklärt wurden. Und die Kongresspolitiker behaupten tatsächlich, dass die zutiefst rassistische Chabad-Lubawitsch-Bewegung „diese ethischen Werte und Prinzipien in der ganzen Welt gepflegt und gefördert hat“? Macht euch doch nicht lächerlich! Aber wenn man durch Finanzierung und Einschüchterung dem sabbatianisch-frankistischen Todeskult gehört, plappert man eben jeden Mist nach, den einem die Meister vorsagen.

Geplant ist, einen universellen „noachidischen Kodex“ einzuführen, der auf den Noachidischen Geboten beruht und in einem von Jerusalem (siehe Smart Grid) aus kontrollierten Weltregierungssystem von rabbinischen Gerichten durchgesetzt wird; dieser „Kodex“ soll die nationale Souveränität ersetzen. Die Vereinten Nationen werden als Werkzeug zur Förderung dieser Agenda angesehen und „sind bestrebt“, viele Teile des noachidischen „universellen Kodex“ zu erfüllen. Der Plan sieht weiterhin vor, dass die weltweit gültigen Noachidischen Gebote von den biblischen Sanhedrin als Teil des Smart-Grid-Kontrollsystems und des Wiederaufbaus von „Salomons Tempel“ administriert werden. Wie es der Zufall will, wurde der Sanhedrin-Rat der jüdischen Nation am 13. Oktober 2004 zum ersten Mal seit 1.600 Jahren wieder eingesetzt. Die Zeremonie wurde in der israelischen Stadt Tiberias am Westufer des Sees Genezareth abgehalten, wo der Rat im Jahr 425 n. Chr. zum vordem letzten Mal tagte.

Die Schachfiguren werden mit immer größerer Geschwindigkeit in Position gebracht. Das Symbol der Noachidischen Gebote ist heute wieder überall zu sehen. Es sind die *Regenbogenfarben*, die den Regenbogen Noahs in der biblischen Erzählung von der Sintflut symbolisieren. Ist das inzwischen allgegenwärtige Symbol des Regenbogens (der auch als Symbol für das medizinische Personal während der „Pandemie“ herhalten musste) auch wieder nur ein Zufall?

Mitnichten.

Bibliografie

- Akin, William E: „Technocracy and the American Dream: The Technocrat Movement, 1900–1941“ (Berkeley: University of California Press, 1977)
- Bastardi, Joe: „The Climate Chronicles“ (North Charleston: CreateSpace, 2018)
- Brown, Floyd und Cefaratti, Todd: „Big Tech Tyrants: How Silicon Valley's Stealth Practices Addict Teens, Silence Speech, and Steal Your Privacy“ (Brentwood: Bombardier Books, 2019)
- Brzezinski, Zbigniew: „Between Two Ages: America's Role in the Technetronic Era“ (Westport: Greenwood Press, Neuauflage 1982)
- Crockford, Susan: „The Polar Bear Catastrophe That Never Happened“ (London: The Global Warming Policy Foundation, 2019)
- Evans, David und Naughton, Tom: „Low Cholesterol Leads to an Early Death: Evidence from 101 Scientific Papers“ (Tolworth: Grosvenor House, 2012)
- Figueres, Christiana und Rivett-Carnac, Tom: „The Future We Choose: Surviving the Climate Crisis“ (London: Manilla Press, 2020)
- Friedrichs, Rebecca: „Standing Up to Goliath“ (New York: Post Hill Press, 2018)
- Gerhardt, Dr. Sue: „Why Love Matters“ (London: Routledge, 2014)
- Grant, Kenneth: „Aleister Crowley & der verborgene Gott“ (Meschede: Edition Roter Drache, 2011)
- Groves, Barry: „Trick and Treat: How healthy eating is making us ill“ (London: Hammersmith Press, 2008)
- Huxley, Aldous: „Schöne neue Welt. Ein Roman der Zukunft“ (Frankfurt a. M.: Fischer Klassik, 2014)
- Iserbyt, Charlotte Thomson: „The Deliberate Dumbing Down of America“ (Conscience Press, 2011)
- Lanza, Robert und Berman, Bob: „Biocentrism“ (Dallas: BenBella Books, 2010)
- Lash, John Lamb: „Not In His Image“ (White River Junction: Chelsea Green Publishing, 2006)
- Lipton, Bruce: „Intelligente Zellen. Wie Erfahrungen unsere Gene steuern“ (Dorfen: Koha Verlag, 2016)
- Lester, Dawn und Parker, David: „What Really Makes You Ill? Why everything you thought you knew about disease is wrong“ (Eigenverlag, 2019)
- Lovelock, James: „Gaias Rache. Warum die Erde sich wehrt“ (Berlin: List, 2007)

- MacCormack, Patricia: „The Ahuman Manifesto“ (London: Bloomsbury Academic, 2019)
- Morano, Marc: „The Politically Incorrect Guide to Climate Change“ (Washington, D.C.: Regnery Publishing, 2018)
- Orwell, George: „1984“ (Köln: Anaconda Verlag, 2021)
- Siegel, Seth: „Troubled Water“ (New York: Macmillan USA, 2019)
- Talbot, Michael: „Das holographische Universum“ (Köln: Droemer Knaur, 1992)
- Tegmark, Max: „Unser mathematisches Universum. Auf der Suche nach dem Wesen der Wirklichkeit“ (Berlin: Ullstein, 2016)
- Wood, Patrick: „Technocracy Rising“ (Mesa: Coherent Publishing, 2014)
- Website des HeartMath-Instituts: Heartmath.com

Bevor Sie gehen ...

Weitere Details, Hintergründe und Beweise zu den Themen in Die Antwort – und noch zu vielen mehr – finden Sie in meinen anderen Büchern, u. a. „... und die Wahrheit wird euch frei machen, „Das größte Geheimnis", „Children of the Matrix", „The David Icke Guide to the Global Conspiracy", „Tales from the Time Loop", „Die Wahrnehmungsfalle", „Der Löwe erwacht", „Das Ich-Phantom", „Alles, was Sie wissen sollten, Ihnen aber nie jemand erzählt hat" und „The Trigger".

Sie können sich auch bei der fantastischen neuen Medienplattform Ickonic.com anmelden, wo Ihnen Hunderte Stunden topaktuelle, jede Woche aktualisierte Informationen in Form von Videos, Dokumentationen und Serien zu einer ganzen Reihe von Themen zur Verfügung stehen. Dazu gehört auch jeden Freitag meine jeweils 90-minütige Zusammenfassung der Nachrichten der Woche, in der ich erläutere, *warum* und mit welchem Ziel Ereignisse geschehen.

Index

B

C

D

E

T

U

V

W

X

Y

Z

BILDERGALERIE von NEIL HAGUE

„Blasenmenschen“ – Die gesamte Grundlage der menschlichen Kontrolle – Isolation in der Wahrnehmungsblase

Isoliere sie in der Fünf-Sinnes-Blase und programmiere dann ihre Wahrnehmung mit „Informations“-Quellen des Kults.

Die „physische“ Welt ist eine decodierte Projektion der Wellenfeld-Welt.

Wir interagieren ständig mit der Wellenfeldrealität, während es so aussieht, als würden wir „physisch" interagieren.

Durch das kollektive Feld sind wir alle Eins *– ob mit anderen Menschen oder der Natur.*

Wir machen die Erfahrung, „physische“ Nahrung zu uns zu nehmen, obwohl wir eigentlich Energiefelder sind, die andere Energiefelder absorbieren. Gesunde Nahrungsmittel haben eine energetische Schwingung. „Fast-Food“ und verarbeitete „Lebensmittel“ sind hingegen energetisch tot – entsprechend wirken sie sich auch auf den Körper aus.

Menschliche Wellenfelder verbinden sich mittels Wellenverschränkung mit anderen Feldern. Wir erleben dies als Beziehungen aller Art.

Was wir den Tod nennen, ist der Vorgang, wenn die Wellenverschränkung zwischen Körper und Geist aufgehoben und unser ewiger Bewusstseinszustand aus der informationsverarbeitenden Kurzsichtigkeit des Körpers freigesetzt wird. Diesen Zustand beschreiben Nahtoderfahrene als eine dramatische Erweiterung ihres Gewahrseins, wenn sie den Körper verlassen.

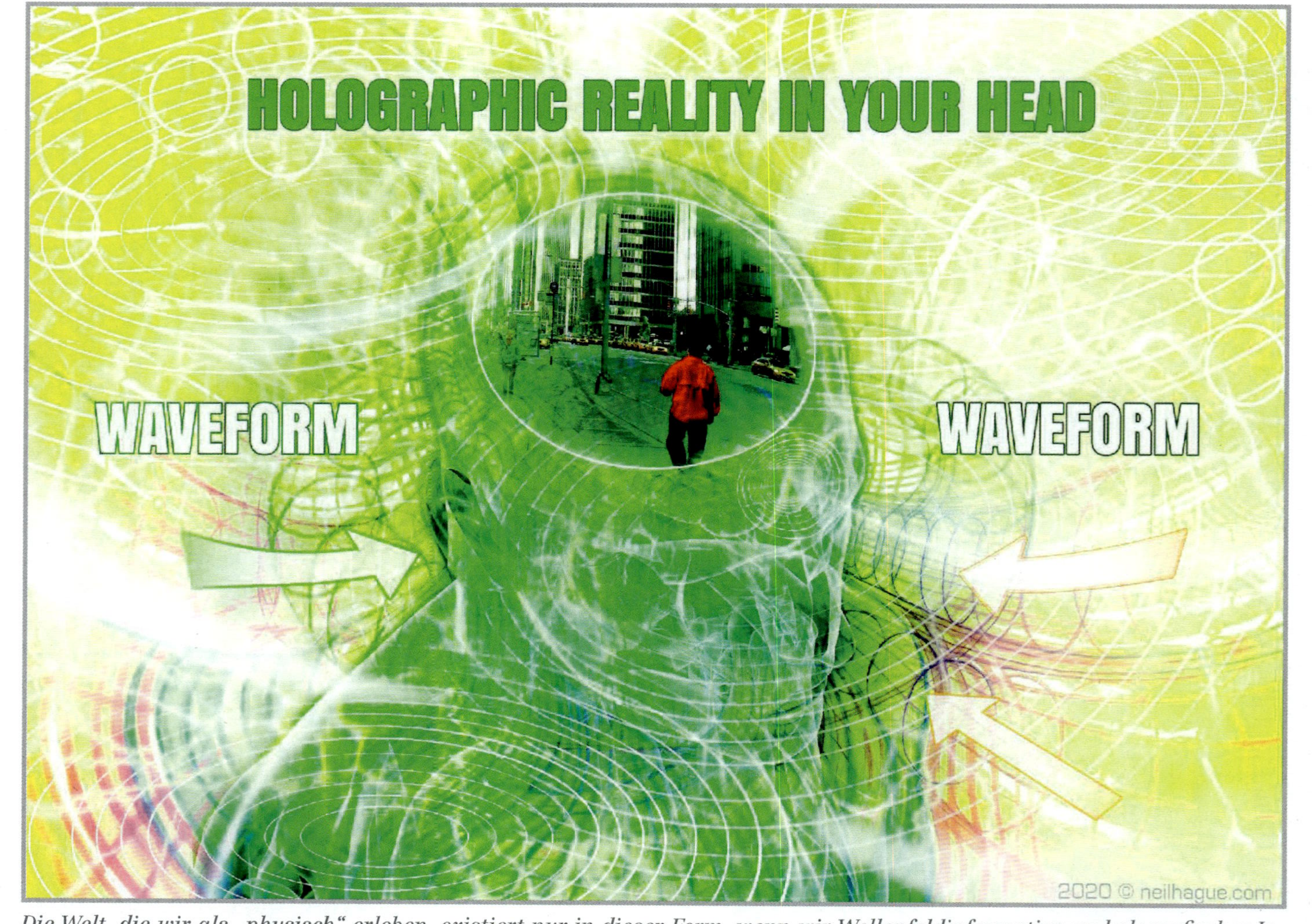

Die Welt, die wir als „physisch“ erleben, existiert nur in dieser Form, wenn wir Wellenfeldinformation zu holografischer Information decodieren. Die Welt befindet sich nicht außerhalb von uns, sondern in uns.

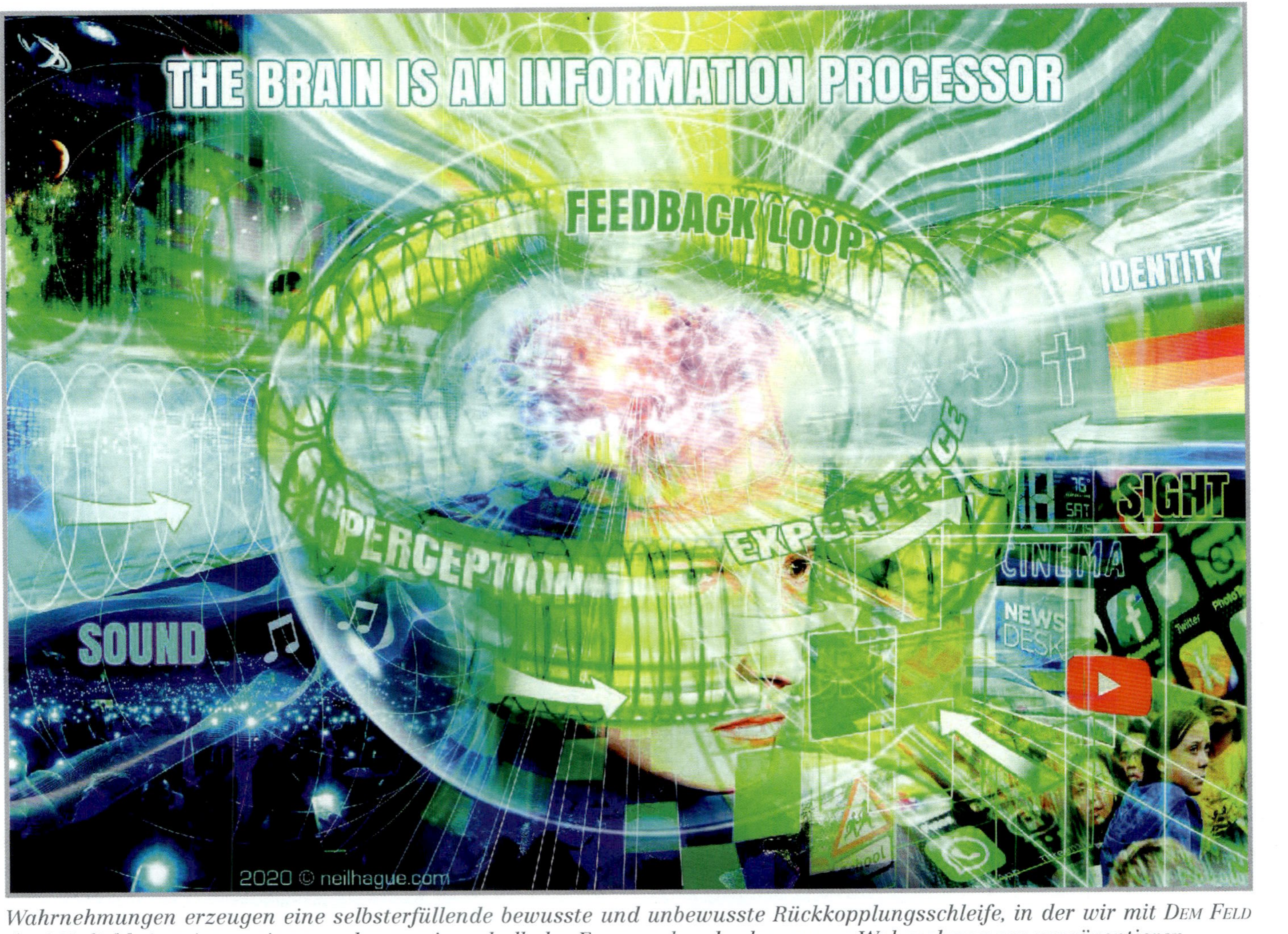

Wahrnehmungen erzeugen eine selbsterfüllende bewusste und unbewusste Rückkopplungsschleife, in der wir mit DEM FELD der Möglichkeiten interagieren – aber nur innerhalb des Frequenzbands, das unsere Wahrnehmungen repräsentieren.

„Vergangenheit", „Gegenwart" und „Zukunft" sind nur decodierte Wahrnehmungen. Alles passiert in ein und demselben Jetzt.

Das Eine ist über seine unendlich vielen Aufmerksamkeitsbrennpunkte – einschließlich uns – der Schöpfer aller Realität.

Wenn der Körper/Intellekt sich vom Einfluss des größeren Selbst – „Seele“, „höheres Selbst“ – abkoppelt, sind wir ausschließlich von den Wahrnehmungen unserer fünf Sinne abhängig.

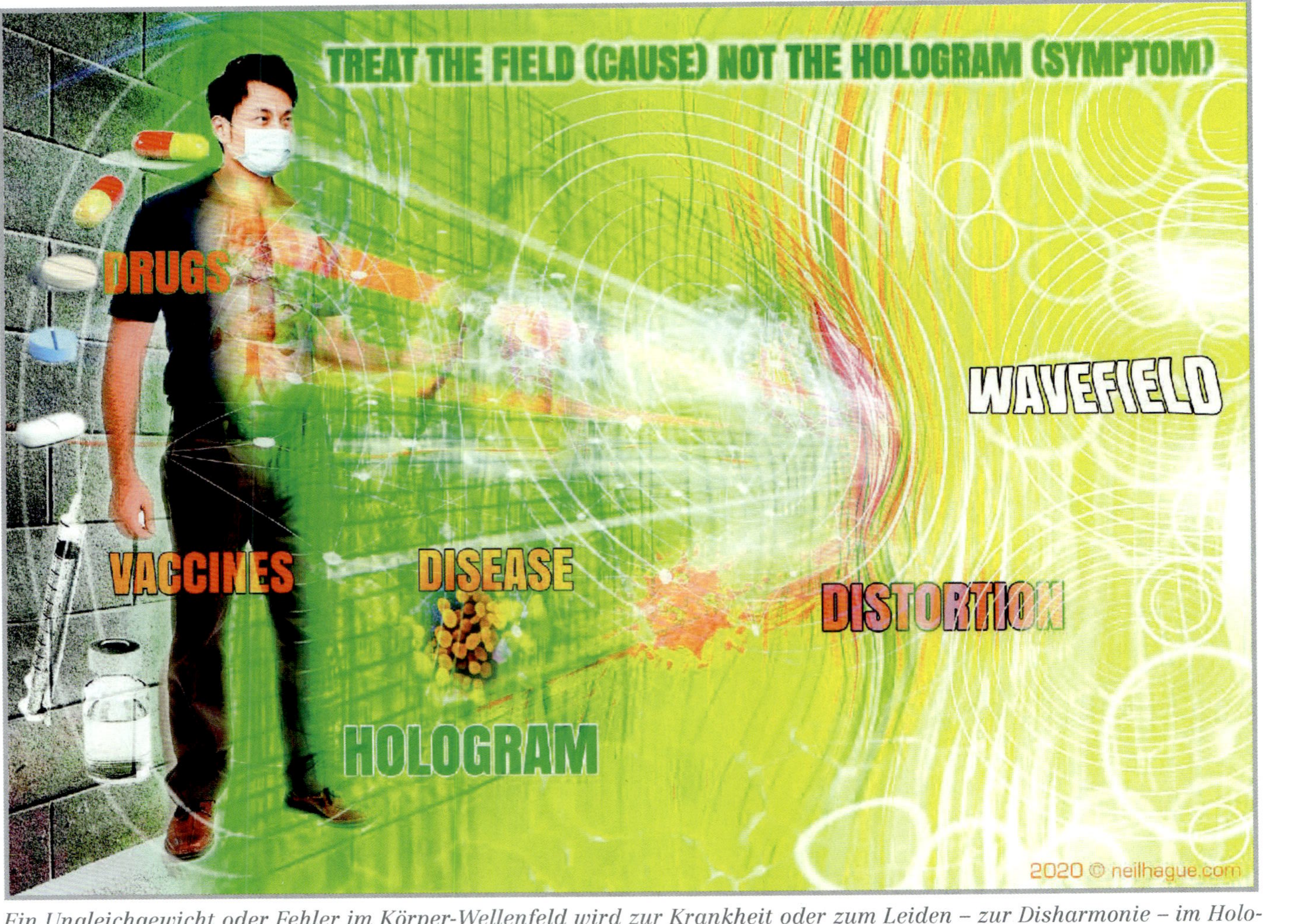

Ein Ungleichgewicht oder Fehler im Körper-Wellenfeld wird zur Krankheit oder zum Leiden – zur Disharmonie – im Hologramm. Wellenfeld-Balance = holografische „Gesundheit“, weil das eine die Reflektion des anderen ist.

Unser mentaler und emotionaler Zustand wird in Form von Wellen übertragen, die Gene ein- und ausschalten können, welche mit diesen Zuständen zu tun haben. Auf diese Art hat unser Geisteszustand gute und schlechte „genetische“ Konsequenzen.

Beziehungen aller Art gründen auf Wellenverschränkung und der Anziehung oder Abstoßung von „Schwingungen“.

Astrologie beruht auf der Wirkung der Wellenverschränkung zwischen Frequenzwellen von Planeten und Sternen mit Frequenzwellen von Menschen, Tieren und allem Leben.

Verschlossene Herzen haben uns hierher gebracht. Offene Herzen werden uns nach Hause bringen.

Smarte Technologie und Wi-Fi strahlen Frequenzwellen aus, die sich mit menschlichen Wellenfeldern verschränken, um Sucht zu erzeugen und menschliche Frequenzen in KI-Maschinenfrequenzen zu assimilieren. Wer hier kapituliert, wird immer maschinenähnlicher, bis er/sie eine Maschine ist.